COMPLIANCE E POLÍTICAS DE PROTEÇÃO DE DADOS

Diretora de Conteúdo e Operações Editoriais
Juliana Mayumi Ono

Gerente de Conteúdo
Milisa Cristine Romera

Editorial: Aline Marchesi da Silva, Diego Garcia Mendonça, Karolina de Albuquerque Araújo Martino e Quenia Becker

Gerente de Conteúdo Tax: Vanessa Miranda de M. Pereira

Direitos Autorais: Viviane M. C. Carmezim

Analista de Conteúdo Editorial: Juliana Menezes Drumond

Analista de Operações Editoriais: Alana Fagundes Valério

Analista de Conteúdo Editorial Júnior: Bárbara Baraldi

Estagiárias: Ana Amalia Strojnowski, Mariane Cordeiro e Mirna Adel Nasser

Produção Editorial
Gerente de Conteúdo
Andréia R. Schneider Nunes Carvalhaes

Especialistas Editoriais: Gabriele Lais Sant'Anna dos Santos e Maria Angélica Leite

Analistas de Operações Editoriais: Caroline Vieira, Damares Regina Felício, Danielle Castro de Morais, Mariana Plastino Andrade, Mayara Macioni Pinto, Patrícia Melhado Navarra e Vanessa Mafra

Analistas de Qualidade Editorial: Ana Paula Cavalcanti, Fernanda Lessa e Victória Menezes Pereira

Estagiárias: Bianca Satie Abduch, Gabrielly N. C. Saraiva, Maria Carolina Ferreira e Sofia Mattos

Capa: Linotec

Líder de Inovações de Conteúdo para Print
Camilla Furegato da Silva

Equipe de Conteúdo Digital
Coordenação
Marcello Antonio Mastrorosa Pedro

Analistas: Gabriel George Martins, Jonatan Souza, Maria Cristina Lopes Araujo e Rodrigo Araujo

Gerente de Operações e Produção Gráfica
Mauricio Alves Monte

Analistas de Produção Gráfica: Aline Ferrarezi Regis e Jéssica Maria Ferreira Bueno

Assistente de Produção Gráfica: Ana Paula de Araújo Evangelista

Dados Internacionais de Catalogação na Publicação (CIP)
(Câmara Brasileira do Livro, SP, Brasil)

Compliance e Política de Proteção de Dados / Ricardo Villas Bôas Cueva, Ana Frazão, coordenação. -- São Paulo : Thomson Reuters Brasil, 2021.

Vários autores.
Bibliografia.
ISBN 978-65-5991-540-8

1. Compliance 2. Direito à privacidade 3. Direito à privacidade - Brasil 4. Programas de compliance 5. Proteção de dados - Leis e legislação 6. Proteção de dados pessoais 7. Risco - Avaliação I. Cueva, Ricardo Villas Bôas. II. Frazão, Ana.

21-88641 CDU-342.721

Índices para catálogo sistemático:
1. Compliance : Proteção de dados pessoais : Direito 342.721

Cibele Maria Dias - Bibliotecária - CRB-8/9427

ANA FRAZÃO
RICARDO VILLAS BÔAS CUEVA
COORDENAÇÃO

COMPLIANCE E POLÍTICAS DE PROTEÇÃO DE DADOS

THOMSON REUTERS
REVISTA DOS TRIBUNAIS™

COMPLIANCE E POLÍTICAS DE PROTEÇÃO DE DADOS

Ana Frazão e Ricardo Villas Bôas Cueva
Coordenação

Thomson Reuters Brasil Conteúdo e Tecnologia Ltda.

Juliana Mayumi Ono
Diretora Responsável

Av. Dr. Cardoso de Melo, 1855 – 13º andar – Vila Olímpia
CEP 04548-005, São Paulo, SP, Brasil

Central de Relacionamento Thomson Reuters Selo Revista dos Tribunais
(atendimento, em dias úteis, das 9h às 18h)
Tel. 0800-702-2433

e-mail de atendimento ao consumidor: sacrt@thomsonreuters.com

e-mail para submissão dos originais: aval.livro@thomsonreuters.com

Conheça mais sobre Thomson Reuters: www.thomsonreuters.com.br

Acesse o nosso *eComm*

www.livrariart.com.br

Impresso no Brasil [12-2021]

Profissional

Fechamento desta edição [25.10.2021]

Editora afiliada

ISBN 978-65-5991-540-8

Apresentação

É com muita alegria que apresento ao público o livro *Compliance e Políticas de Proteção de Dados*, cuja coordenação eu compartilho com o querido e admirado Ministro Ricardo Villas Bôas Cueva que, não obstante todos os compromissos profissionais, sempre encontra tempo para se dedicar a projetos editoriais da mais alta importância, como é o caso do presente.

Com efeito, o tema tratado pelo livro não poderia ser mais atual e oportuno, pois a entrada em vigor da LGPD veio acompanhada de inúmeros desafios, considerando não apenas a importância, como também o alcance e a transversalidade do regime de proteção de dados por ela instituído. Assim, tornou-se urgente densificar os aspectos principais da LGPD e oferecer aos agentes de tratamento diretrizes confiáveis para as adaptações organizacionais e comportamentais que precisarão ser feitas para a adequação à legislação.

Trata-se de esforço que está longe de ser trivial, considerando a grande heterogeneidade dos agentes de tratamento, os quais precisarão encontrar soluções para se adaptar à lei de acordo com o seu porte, a sua atividade e também o risco do tratamento de dados a que se submete. A dificuldade é maior porque a ANPD ainda não conseguiu regulamentar vários dos aspectos controversos da LGPD, o que gera desafios adicionais para a estruturação dos programas de *compliance*.

Foi da necessidade prática de encontrar caminhos para orientar a conformidade dos agentes de tratamento que surgiu a ideia do presente livro, que reuniu doutrinadores de escol para tratar dos principais temas que têm intrigado as comunidades científica e empresarial.

Ao contrário do que costuma ocorrer em livros coletivos, a presente obra não foi uma reunião aleatória de artigos. Houve uma organização cuidadosa por parte dos coordenadores, que estruturaram o livro a partir dos assuntos que consideravam fundamentais, definiram os temas específicos e depois convidaram os autores para escrever sobre esses temas. Por essa razão, a disponibilidade e a dedicação dos autores foi certamente um dos grandes diferenciais para que um projeto de tal envergadura pudesse ser realizado.

Como o leitor poderá observar, o livro foi dividido em cinco partes.

A primeira trata de questões mais gerais e principiológicas, incluindo assuntos como inteligência artificial, internet das coisas e a necessária interação com a ANPD.

A segunda parte busca explorar os principais problemas dos programas de *compliance* de dados, tais como segurança da informação, término do tratamento de dados, transferência internacional de dados, mecanismos de transparência, prestação de contas e *accountability*, avaliação de riscos, discriminação algorítmica, acesso a dados e portabilidade e direito à explicação diante de decisões totalmente automatizadas. Além disso, houve a preocupação de abordar as necessidades específicas da proteção de dados sensíveis, de dados de crianças e adolescentes, bem como de dados públicos ou tornados públicos pelos titulares.

A terceira parte concentra-se nos procedimentos e nas medidas práticas necessárias para a implementação da LGPD, tais como mapeamento de dados, análise de risco, gestão de risco, relatório de impacto à proteção de dados pessoais e planos de resposta a incidentes de segurança. Tem-se aí um importante roteiro prático para orientar os processos de adaptação pelos agentes econômicos.

A quarta parte dedica-se aos principais atores dos programas de *compliance*, buscando explorar suas competências, deveres e responsabilidades. Daí a atenção nas figuras do encarregado, do operador e do controlador, nas diferentes formas como todos eles se relacionam entre si e na extensão da responsabilidade de cada um.

Por fim, a quinta parte congrega tópicos especiais, que abrangem diálogos importantes entre a LGPD e questões trabalhistas, societárias, criminais, do setor de seguros, do setor financeiro, do agronegócio, dos corretores de dados, do setor de segurança e vigilância, do setor de publicidade digital, dos médicos e profissionais de saúde, dos advogados e escritórios de advocacia e de instituições de ensino. Também houve um cuidado com as necessidades e os desafios específicos de determinados controladores, tais como companhias abertas, grupos de fato e pequenas empresas, assim como se tratou igualmente de alguns dos desafios do Poder Judiciário e especialmente da Justiça Eleitoral.

O objetivo de tal estrutura foi possibilitar ao leitor uma visão abrangente e aprofundada do tema e, o que é mais importante, com grande aplicação prática, já que uma das preocupações da obra foi a de atender aos anseios não apenas da comunidade científica, mas também de todos os profissionais que vêm enfrentando os desafios para a elaboração e a implementação dos programas de *compliance* de dados.

Como coordenadora, espero que esse objetivo tenha sido atingido e que os leitores possam aprender com a obra da mesma maneira que eu e o Ministro Ricardo Villas Bôas Cueva o fizemos durante o rico trabalho de coordenação.

Não poderia encerrar esse livro sem um agradecimento a todos os autores, que gentilmente atenderam ao nosso convite e à querida Barbara Arcanjo, que secretariou a organização da obra com muito zelo e carinho. Por fim, faço um agradecimento muito especial ao Ministro Ricardo Villas Bôas Cueva por mais esta parceria.

Brasília, setembro de 2021.

ANA FRAZÃO
Professora Associada de Direito Civil, Comercial e Econômico da Universidade de Brasília – UnB.

Sumário

Parte II
PAPEL DOS PROGRAMAS DE *COMPLIANCE* E DAS POLÍTICAS DE PROTEÇÃO DE DADOS

Parte IV
PRINCIPAIS ATORES DOS PROGRAMAS DE *COMPLIANCE* E DAS POLÍTICAS DE PROTEÇÃO DE DADOS: COMPETÊNCIAS, DEVERES E RESPONSABILIDADES

Parte V
TÓPICOS ESPECIAIS DE *COMPLIANCE* E POLÍTICA DE PROTEÇÃO DE DADOS

PARTE I
ASPECTOS GERAIS

Propósitos, desafios e parâmetros gerais dos programas de *compliance* e das políticas de proteção de dados

Ana Frazão[1]

Sumário: 1. Considerações iniciais; 2. Contextualizando o *compliance* de dados diante da importância e do papel do *compliance* em geral; 2.1. As limitações da regulação estatal baseada no comando-controle; 2.2. Os programas de *compliance* no contexto das novas perspectivas para a regulação jurídica dos mercados; 3. Programas de *compliance* de dados e tecnologia: a importância de se compreender a tecnologia como vetor regulatório; 4. Os parâmetros previstos pela LGPD e o seu diálogo com os requisitos gerais dos programas de *compliance*; 4.1. Aspectos gerais: mapeando os fluxos de dados e seus riscos; 4.2. Segurança e sigilo de dados; 4.3. Boas práticas e governança; 4.4. O papel da ANPD; 5. Considerações finais; 6. Referências bibliográficas.

1. Considerações iniciais

Há muito que se fala em uma economia movida a dados, expressão que realça o papel cada vez maior dos dados como insumos e vetores da atividade

---

1. Advogada e Professora Associada de Direito Civil, Comercial e Econômico da Universidade de Brasília – UnB.

empresarial. Todavia, tal expressão é apenas uma das faces de fenômeno mais abrangente e complexo, que diz respeito a uma sociedade movida a dados, a uma política movida a dados e às trajetórias pessoais dos indivíduos também movidas a dados.

Não seria exagero dizer que, na atualidade, todos os aspectos da vida humana, tanto em sua dimensão individual, como em sua dimensão coletiva, são direta ou indiretamente afetados pela coleta e pelo tratamento de dados. Daí a necessidade de um sistema protetivo que, longe de se preocupar apenas com a tutela da privacidade em um sentido mais clássico, vinculado à intimidade, possa compreender a proteção de dados vinculada à autodeterminação informativa e a direitos fundamentais da mais alta importância, tais como a liberdade, a igualdade e a própria cidadania[2].

Com efeito, em razão das diversas possibilidades de tratamento de dados com o objetivo de manipulação das pessoas por meio de variados mecanismos, um sistema eficiente de proteção de dados é fundamental para a manutenção do próprio livre-arbítrio, assim como da democracia, já que esta é baseada em escolhas livres, racionais e informadas[3].

Logo, longe de se restringirem apenas à economia, as discussões sobre o tratamento de dados apresentam importantes consequências também para a política, a sociedade e as próprias dimensões existenciais dos cidadãos, que passam a sofrer riscos cada vez mais graves conforme avança o capitalismo movido a dados.

Não é sem razão que, recentemente, o próprio Supremo Tribunal Federal reconheceu a proteção de dados como um direito fundamental autônomo, razão pela qual ficou claro que a sua proteção está diretamente relacionada aos riscos de processamentos de dados realizados por terceiros[4]. Daí por que, sob

---

2. FRAZÃO, Ana. Fundamentos da proteção dos dados pessoais. Noções introdutórias para a compreensão da importância da Lei Geral de Proteção de Dados. In: TEPEDINO, Gustavo; FRAZÃO, Ana; OLIVA, Milena Donato. *Lei Geral de Proteção de Dados Pessoais e suas repercussões no Direito Brasileiro*. 2ª edição. São Paulo: Thomson Reuters Brasil, 2020, pp. 23-52.
3. FRAZÃO, Ana. Proteção de dados e democracia: a ameaça da manipulação informacional e digital. In: FRANCOSKI, Denise; TASSO, Fernando. *A Lei Geral de Proteção de Dados Pessoais. Aspectos práticos e teóricos relevantes no setor público e no setor privado*. São Paulo: Thomson Reuters Brasil, 2021, pp. 739-762.
4. SUPREMO TRIBUNAL FEDERAL, ADI 6387 MC-Ref, Relator(a): ROSA WEBER, Tribunal Pleno, julgado em 07/05/2020, PROCESSO ELETRÔNICO, DJe-270 DIVULG 11-11-2020, PUBLIC 12-11-2020.

essa perspectiva, a proteção de dados passa a ter como pilares fundamentais a governança, a transparência e a sindicabilidade do tratamento de dados.

É nesse contexto que deve ser compreendida a Lei Geral de Proteção de Dados brasileira – a LGPD –, que tem como objetivos principais proteger os dados pessoais e de reforçar a autonomia informativa e a dignidade dos titulares dos dados, bem como a própria democracia.

Para isso, agentes públicos e agentes econômicos precisam justificar seus tratamentos de dados a partir de pelo menos uma das bases legais, assim como criar toda uma estrutura que possa ser compatível com os deveres e princípios aos quais têm que se submeter.

Diante de tantas finalidades, princípios e direitos assegurados aos titulares de dados, a aplicação da LGPD não é trivial, até porque é necessário modificar toda uma cultura, assim como diversas práticas empresariais e governamentais que foram implementadas sem nenhuma preocupação com a proteção de dados. Ademais, haver-se-á que encontrar um ponto de equilíbrio entre a tutela dos titulares de dados pessoais e os incentivos às inovações que podem decorrer de tratamento de dados.

Daí por que a compreensão e a efetivação da LGPD certamente exigirão de intérpretes e aplicadores o enfrentamento de diversos desafios e a solução de complexos *tradeoffs*, tais como proteção de dados, de um lado, e necessidade de desenvolvimento e progresso tecnológico, por outro, ou mesmo como o conflito existente entre transparência e *accountability* e a proteção do segredo de negócios.

Diante das dificuldades que já se anunciam para assegurar a efetividade da LGPD, o *compliance* de dados apresenta-se como um dos fatores fundamentais para tal propósito, razão pela qual a própria lei deposita muita expectativa na adesão voluntária dos agentes de tratamento aos seus comandos. Mais do que incentivar o cumprimento espontâneo da legislação pelos agentes de tratamento, o que se quer é também estimular a busca por soluções que sejam compatíveis e ajustáveis aos seus modelos de negócios, já que tudo leva a crer que seria desastroso pretender uma aplicação linear e absolutamente uniforme da LGPD a empresas que possuem distintas estruturas e portes, assim como realizam tratamentos de dados sujeitos a riscos muito diversos.

Além da necessária adaptação dos comandos gerais da LGPD à realidade de cada atividade econômica, o *compliance* de dados também precisará endereçar o necessário diálogo entre as regras específicas de proteção de dados com as demais regras que continuarão incidindo sobre diversas situações, tais o Direito Civil, o Direito Comercial, o Direito da Concorrência, o Direito do Trabalho, o Direito do Consumidor, o Direito Eleitoral, entre inúmeras outras.

De fato, até o Direito das Sucessões foi impactado pelos dados, pois hoje uma das discussões centrais da chamada "sucessão digital" é saber em que medida os dados pessoais podem ou devem ser transferidos aos sucessores, especialmente quando o falecido não deixou manifestação de vontade expressa nesse sentido, o que faz com que agentes de tratamento precisem estar preparados para demandas de sucessores nesse sentido.

Soma-se a isso o fato de que, por mais que a LGPD seja consideravelmente abrangente, ainda mais quando vista sob a perspectiva de diálogo com as demais ordens normativas, vários assuntos fundamentais para a proteção de dados continuam sem respostas claras. Não é sem razão que a União Europeia, mesmo tendo o GDPR, discute na atualidade novo regramento a respeito da utilização da inteligência artificial[5], questão cujo endereçamento é fundamental para uma efetiva proteção dos dados pessoais.

É no contexto dessas preocupações que o presente artigo pretende oferecer algumas reflexões para que se possa melhor compreender melhor o papel do *compliance* de dados, mapeando desde já alguns dos propósitos, dos desafios e dos parâmetros que deverão orientar a conduta dos agentes econômicos para que ajustem suas práticas aos novos parâmetros da LGPD.

2. CONTEXTUALIZANDO O *COMPLIANCE* DE DADOS DIANTE DA IMPORTÂNCIA E DO PAPEL DO *COMPLIANCE* EM GERAL

2.1. As limitações da regulação estatal baseada no comando--controle

Em uma definição mais simplificada, o *compliance* pode ser visto como um conjunto de ações a serem adotadas no ambiente corporativo para que se reforce a anuência da empresa à legislação vigente, de modo a prevenir a ocorrência de infrações ou, já tendo ocorrido o ilícito, propiciar o imediato retorno ao contexto de normalidade e legalidade.

Entretanto, a noção de *compliance* vai muito além disso. Mais do que o mero cumprimento da legislação, o *compliance* também tem por objetivo criar, difundir e consolidar uma cultura e uma prática de respeito às normas jurídicas e

5. EUROPEAN COMISSION. Proposal for a REGULATION OF THE EUROPEAN PARLIAMENT AND OF THE COUNCIL LAYING DOWN HARMONISED RULES ON ARTIFICIAL INTELLIGENCE (ARTIFICIAL INTELLIGENCE ACT) AND AMENDING CERTAIN UNION LEGISLATIVE ACTS. https://digital-strategy.ec.europa.eu/en/library/proposal-regulation-laying-down-harmonised-rules-artificial-intelligence. Acesso em 01.05.2021.

éticas, razão pela qual comumente é baseado em códigos de ética ou princípios, cuja finalidade é mostrar como os objetivos empresariais de cada agente econômico podem e devem ser buscados de forma compatível com a preservação dos valores defendidos pela organização.

No caso do *compliance* de dados, todos esses objetivos estarão relacionados ao cumprimento dos direitos dos titulares de dados, razão pela qual a LGPD certamente assume um papel importantíssimo na configuração dos programas e das políticas de cada empresa.

Entretanto, antes de ingressar nas funções e nos propósitos do *compliance* de dados pessoais, é importante tecer algumas considerações gerais sobre a própria proposta de *compliance* e do papel que se espera dos agentes econômicos para a compreensão e a observância das obrigações legais e éticas, pois todas elas serão aplicáveis também à questão dos dados pessoais.

Para isso, é importante lembrar que a regulação jurídica dos mercados arquitetada no século XIX baseava-se em acentuada dicotomia entre direito, de um lado, e ética e moral, de outro[6]. Sob essa perspectiva, somente as regras éticas e morais, que poderiam ser compreendidas a partir da noção kantiana de imperativo categórico, seriam cumpridas de forma absoluta e incondicional, na medida em que poderiam ser aceitas como leis universais. Já as regras jurídicas estariam associadas ao domínio dos imperativos hipotéticos, os quais, por estarem atrelados a determinados fins, seriam cumpridos de acordo com os interesses do agente em atingir ou não os referidos fins.

Nesse sentido, o temor de evitar a sanção é visto como a principal razão – senão a única – para o cumprimento das normas jurídicas. Logo, é esperado que a regulação jurídica dos mercados seja baseada na coercitividade do aparato sancionatório estatal, partindo-se da premissa de que isso seria suficiente para orientar os agentes econômicos para o respeito à legalidade. Não há, nesse contexto, maior preocupação com o fato de que as regras jurídicas também podem – ou mesmo devem – ser aplicadas em razão do seu valor intrínseco e independentemente das consequências negativas que decorrem da sua violação.

Tal forma de compreensão do direito está relacionada a modelos regulatórios que adotam a premissa de que regular juridicamente a atividade econômica é essencialmente emitir comandos, vigiar o seu cumprimento e punir os

6. O presente artigo não tratará das discussões a respeito das distinções entre ética e moral, utilizando as duas expressões como sinônimas e vinculadas à ideia de imperativo categórico, a fim de fazer contraste com a visão tradicional do direito, associada à ideia de imperativo hipotético.

infratores. Nesse sentido, o protagonismo do Estado decorre da possibilidade da utilização da força e de mecanismos coercitivos para assegurar a aplicação das normas jurídicas.

É interessante notar que tal perspectiva, que tem grande influência até hoje, não foi superada nem mesmo pela análise econômica do direito. Pelo contrário, a abordagem econômica mais difundida continua reconhecendo o protagonismo da sanção, ainda que por metodologia mais sofisticada, a partir da qual seria possível até mesmo quantificar o risco do descumprimento das normas jurídicas.

Um famoso exemplo, nesse sentido, é a proposta de Gary Becker[7], que procura compreender a decisão de praticar ou não o ilícito como o resultado de um processo de maximização de utilidade, em que o indivíduo confronta e sopesa os potenciais ganhos da ação criminosa com as perdas, a partir de análise que considera o valor da punição e as probabilidades de descoberta e aprisionamento.

Sob essa ótica, muda-se apenas o enfoque atribuído à sanção. O temor geral de estar sujeito aos mecanismos coercitivos estatais é substituído pelo cálculo preciso que possibilitará ao agente econômico concluir pela racionalidade ou não da prática da infração. Nesse contexto, caberá à regulação encontrar soluções nas quais os incentivos econômicos para o cumprimento das normas sejam superiores aos incentivos econômicos para o seu desrespeito.

Vê-se que tal postura continua se baseando na cisão entre direito, de um lado, e ética e moral, de outro, partindo da premissa de que o valor intrínseco da norma jurídica não será considerado pelo agente no momento de decidir pelo seu cumprimento, pois o que importa é a fria análise de custo-benefício realizada a partir da ótica do *homo oeconomicus*.

Após mais de dois séculos marcados pelo protagonismo desse modelo de regulação baseado na sanção, parece que, finalmente, ele está prestes a ruir ou pelo menos perder a sua exagerada centralidade. Nesse sentido, há diversas evidências que apontam que essa forma de compreender o direito e a regulação jurídica vem passando por uma transformação, diante da crise dos seus pressupostos e das evidências dos seus efeitos práticos reduzidos.

No que diz respeito aos pressupostos, é fácil observar que os modelos de regulação baseados apenas no temor da sanção não são necessariamente eficazes

---

7. BECKER, Gary; LANDES, William. *Essays in the economics of crime and punishment. Crime and punishment: an Economic approach.* Nova Iorque: Columbia University Press, 1976.

pois, como aponta Habermas[8], em uma sociedade cada vez mais plural e complexa, o direito não pode se impor apenas pela força, precisando se impor igualmente pela legitimidade, na medida em que, para ser efetivo, as pessoas precisam aceitar racionalmente aquilo que delas é exigido.

Da mesma maneira, não se pode adotar, como premissa de comportamento, a ideia de que o homem age sempre em favor do seu próprio interesse e a partir de um cálculo de custo-benefício entre as consequências positivas e negativas de cada alternativa.

Baseada no paradigma do *homo oeconomicus*, essa postura parte de premissas irreais, pois, como bem demonstram autores como Kahneman[9] e Thaler[10], as escolhas humanas são condicionadas pela racionalidade limitada, vieses e falhas de percepção. Soma-se a isso a assimetria informacional, que está presente na maior parte das decisões, ainda mais naquelas cujos efeitos ocorrerão a longo prazo, e chega-se à conclusão de que dificilmente as pessoas decidem com base em cálculos precisos e eficientes.

Do ponto de vista prático, tais evidências estão bem retratadas no livro de Eugene Soltes, *Why they do it*[11]. Depois de oito anos pesquisando os motivos que levam à prática dos ilícitos de colarinho branco, incluindo entrevistas com executivos processados ou presos por ilícitos dessa espécie, o professor concluiu que as práticas ilícitas, longe de decorrerem de um cálculo de custo-benefício, eram resultado de ações não calculadas e muitas vezes baseadas na suposição de que ajudariam as empresas a aumentarem os seus lucros[12].

Em sentido próximo, estudos da economia comportamental, da economia neoinstitucional e da sociologia econômica também vêm mostrando que as pessoas não cumprem ou deixam de cumprir a lei a partir de um cálculo de custo-benefício. Como seres sociais que são, as instituições, o meio social, os

8. HABERMAS, Jürgen. *Direito e democracia: entre facticidade e validade*. Rio de Janeiro: Tempo Brasileiro, 2011.
9. KAHNEMAN, Daniel. *Rápido e devagar*: duas formas de pensar. São Paulo: Objetiva, 2012.
10. THALER, Richard. *Misbehaving*: the making of behavioral economics. Nova Iorque: W. W. Norton & Company, 2016.
11. SOLTES, Eugene. *Why they do it: inside the mind of the white-collar criminal*. New York: Public affairs, 2016.
12. FRAZAO, Ana. *Relações entre corrupção e teorias que orientam gestão das companhias*. Disponível em: https://www.conjur.com.br/2017-jul-13/ana-frazao-relacoes-entre--corrupcao-gestao-companhias.

valores de determinada comunidade, as diversas dinâmicas de grupo, a cultura e mesmo o exemplo são fatores tão ou mais determinantes para a ação humana do que o cálculo racional de utilidades.

Tais reflexões obviamente não afastam por completo o modelo do *homo oeconomicus*, pois, sem dúvida, este representa parte da ação dos homens. Apenas mostram que a complexidade da natureza humana não pode ser reduzida ao cálculo autointeressado, fazendo do egoísmo um princípio não apenas de comportamento, mas sobretudo de racionalidade.

Afinal, se não se pode partir da premissa de que os homens ou agentes econômicos são anjos, igualmente não se pode partir da premissa de que são demônios, insensíveis ao meio social, aos valores comunitários e às outras pessoas. Acresce que, em razão das limitações da racionalidade, não necessariamente existe coerência entre os fins e os meios adotados na ação humana, que é muitas vezes errática e sujeita a fatores irracionais, como o efeito manada.

Tudo isso leva à conclusão de que a regulação jurídica não pode estar assentada unicamente em um conjunto eficiente de sanções, partindo ora da premissa do temor da coerção estatal, ora da premissa de que homens racionais conseguirão calcular adequadamente as consequências de suas escolhas, de forma que cumprirão as normas jurídicas apenas quando houver incentivos econômicos para tal.

A cisão entre direito e moral presente nessas abordagens é extremamente complicada, pois desconsidera o fato de que as pessoas precisam também entender o valor intrínseco das regras que lhes são impostas e essa compreensão, ainda mais quando endossada pelas instituições e práticas sociais, pode ser um móvel muito mais poderoso para o agir humano do que a sanção.

Não bastasse a crítica aos pressupostos da excessiva valorização da sanção, ainda há a questão pragmática de que o Estado não tem infraestrutura e condições necessárias para vigiar todos ao mesmo tempo, assegurando o *enforcement* de todas as regras por ele previstas e aplicando, de forma rápida e eficiente, a sanção para os infratores.

Logo, ainda que a regulação jurídica baseada na sanção fosse justificável do ponto de vista das premissas, teria – como de fato tem – alcance prático limitado, o que realça a necessidade de se encontrar diferentes caminhos e alternativas para a regulação dos mercados que possam superar as deficiências já apontadas. No caso específico da proteção de dados, por mais que a LGPD se baseie igualmente no *enforcement* a ser conferido pela ANPD, esta é apenas uma parte de um projeto maior, que envolve a cooperação entre os agentes e a criação de instituições fortes que possam lastrear tal propósito.

Por instituições, devemos entender as regras que definem o comportamento e a atuação das pessoas ou, no caso da atividade econômica, as regras do jogo[13]. As regras jurídicas são apenas uma parte de um conjunto muito mais sofisticado, no qual as regras sociais têm um peso tão ou mais importante do que o das regras jurídicas, sendo muitas vezes a principal causa de ineficácia destas últimas.

Portanto, pouco adiantará a existência de pesadas sanções se existem regras sociais que incentivam a ignorância das regras jurídicas ou mesmo o seu descumprimento frontal. Logo, um especial olhar precisa ser dedicado à cultura e aos valores sociais, bem como à importância do exemplo e das dinâmicas de grupo, os quais são muitas vezes os aspectos mais determinantes do comportamento humano, reduzindo ou mesmo minando os incentivos para o cumprimento das regras jurídicas.

Da mesma maneira, a ética pessoal é um vetor de alta importância, pois destaca o aspecto de que, quando as pessoas entendem o valor intrínseco de suas ações, sentem-se mais motivadas para cumprir as regras correspondentes, independentemente do temor da sanção ou mesmo do cálculo econômico. Acresce que a exteriorização da ética pessoal também tem importantes repercussões sociais, especialmente quando é feita por pessoas que exercem liderança, comando ou papéis sociais nos quais as outras pessoas podem se espelhar.

Logo, quando se analisa a questão do cumprimento das regras jurídicas pela perspectiva das instituições e da ética pessoal, observa-se que os incentivos decorrentes das sanções não são suficientes para endereçar os problemas apontados. Evidencia-se a necessidade de que a regulação jurídica possa estabelecer um diálogo com as instituições e com a ética pessoal e coletiva, preocupando-se com a legitimidade e aceitação racional das normas jurídicas pelos destinatários, bem como com a utilização eficiente do direito para a modificação das instituições e para o fomento da própria moral e da ética.

Tais questões mostram que a segregação marcante entre direito e moral precisa ser superada, a fim de se encontrar caminhos para a regulação jurídica que se baseiem igualmente na aceitação do valor intrínseco das regras jurídicas e no potencial transformador que estas podem ter no seio social, direcionando e transformando as práticas sociais e sendo fatores de estímulo e consolidação de valores morais e éticos.

É nesse sentido que se pode analisar as perspectivas da regulação jurídica dos mercados em suas diversas variações, dentre as quais os incentivos ao

13. NORTH, Douglass. *Institutions, institutional change and economic performance*. Cambridge: Cambridge University Press, 1990.

compliance em todas as searas e, como não poderia deixar de ser, igualmente no âmbito da proteção de dados.

Tem-se aí uma primeira importante conclusão a respeito do papel do *compliance* de dados: a necessidade de que ele possa esclarecer a todos aqueles que estarão sujeitos ao seu cumprimento as importantes razões pelas quais os dados pessoais devem ser protegidos e como tal proteção, além de ser fundamental para a tutela dos importantes objetivos previstos pela legislação, ainda pode criar valor para a empresa, tornando-se importante vetor de reputação, competitividade e posicionamento no mercado.

2.2. Os programas de *compliance* no contexto das novas perspectivas para a regulação jurídica dos mercados

Diante da crítica aos pressupostos e à eficácia prática do modelo de regulação jurídica baseado na sanção, a segregação absoluta entre direito e moral precisa ser superada, a fim de se encontrar caminhos para a regulação jurídica baseados igualmente na aceitação do valor intrínseco das regras jurídicas e no potencial transformador que estas podem ter no seio social, direcionando e transformando as práticas sociais e sendo fatores de estímulo e consolidação dos valores morais e éticos.

É nesse sentido que se deve analisar as perspectivas da regulação jurídica, tanto no que diz respeito à necessidade de encontrar pontes para o necessário diálogo entre o direito e a moral, como no que diz respeito a encontrar mecanismos funcionais de efetividade do direito.

No que diz respeito ao primeiro aspecto, há muito que se reconhece a superação da separação absoluta entre direito e moral. Várias das cláusulas gerais do atual Código Civil são exemplos evidentes disso. Basta verificar a boa-fé objetiva que, vinculada à diretriz da eticidade, converte em deveres jurídicos obrigações que são essencialmente morais, como a lealdade, a confiança, a honestidade e a probidade. Aliás, sobre a boa-fé, vale ressaltar que ela é também um princípio basilar da proteção de dados, nos termos do que prevê expressamente o art. 6º, *caput*, da LGPD.

Já do ponto de vista da regulação estatal, com a insuficiência do modelo baseado na sanção, criam-se novas possibilidades para se pensar em distintas funções do direito que não apenas a de obrigar coercitivamente as pessoas. Dentre essas funções, estão a de sinalização de valores, a de propiciar e estimular a cooperação entre o Estado e os cidadãos, bem como a de incentivar a autorregulação naquilo em que esta possa ser convergente com os propósitos da regulação estatal[14], aspectos que certamente são fundamentais para que se possa compreender o papel da ANPD – Autoridade Nacional de Proteção de Dados.

Há de se buscar, pois, uma nova forma de se ver a interação entre o direito e as instituições sociais, superando até mesmo a visão da economia neoinstitucional tradicional, que acaba compreendendo a relação entre instituições e direito a partir de perspectiva unidirecional, que apenas considera o quanto as instituições são determinantes para o direito.

De forma mais abrangente, as novas reflexões sobre o tema procuram mostrar também o importante papel do direito para a formação e a mudança das instituições, acentuando o fenômeno que Milhaupt e Pistor[15] chamam de *rolling relation*, situação em que direito e instituições se influenciam recíproca e dinamicamente.

Nesse contexto, é fácil entender o relevante papel dos programas de *compliance*, pois eles, além de reforçarem a necessidade do cumprimento das regras jurídicas, atendem simultaneamente à finalidade de aproximar o direito da moral e da ética, reforçando o valor intrínseco das regras por eles veiculadas, ao mesmo tempo que se ajustam às novas funções da regulação jurídica.

Com efeito, no que diz respeito a esse segundo ponto, os programas de *compliance* desafogam a regulação estatal ou a heterorregulação, tornando os agentes privados, por meio da autorregulação, colaboradores na implementação dos valores buscados por determinada sociedade, sendo corresponsáveis por tal objetivo.

Acresce que a criação de uma cultura corporativa de respeito à ética e às regras jurídicas, embora se inicie no plano individual, no âmbito de cada empresa, tende a se espraiar para todo o meio empresarial, a partir da influência do exemplo e dos próprios incentivos que um bom programa de *compliance* gera para o mercado. Um desdobramento a ser destacado é a preocupação de se exigir dos parceiros comerciais a adoção do *compliance*, com o que se espera criar um ambiente negocial em que o cumprimento da ética seja também uma necessidade competitiva.

Ao focar na autorregulação e na mudança e/ou consolidação da ética das empresas, tanto no plano individual como no plano coletivo, é inequívoco que

---

14. MILHAUPT, Curtis J.; PISTOR, Katharina. *Law and capitalism*: what corporate crises reveal about legal systems and economic development around the world. Chicago: The University of Chicago Press, 2008.

15. Op. cit.

os programas de *compliance* apresentam grande potencial de transformar as instituições, ou seja, as regras do jogo. Dessa maneira, criam-se outros incentivos, tanto de natureza econômica como de natureza não econômica, para que os agentes econômicos cumpram a legalidade e a ética que não apenas o temor da sanção ou o cálculo autointeressado.

Veja-se que, sob essa perspectiva, a ênfase na autorregulação não afasta a necessidade da heterorregulação, inclusive naquilo em que esta apresenta em termos de estruturas coercitivas. Afinal, já se mencionou anteriormente que os agentes econômicos dificilmente mudarão suas práticas e adotarão custosos e trabalhosos programas de *compliance* apenas pela crença no valor intrínseco da ética e da legalidade.

Dessa maneira, é importante destacar que ainda há espaço considerável para a heterorregulação e, nesse âmbito, para a previsão e aplicação de sanções, bem como para a concessão de incentivos econômicos adequados para que os agentes se comportem corretamente. Ao aproximar o direito da ética e da moral, o *compliance* evidentemente não afasta a importância do temor da sanção ou mesmo do cálculo interessado que propicia ao agente econômico saber, do ponto de vista econômico, se o descumprimento da norma jurídica é vantajoso ou não.

A proposta do *compliance* é a de oferecer um incentivo a mais – e mais eficiente – para o cumprimento da legislação, possibilitando a iniciativa e o protagonismo dos agentes econômicos não apenas na adoção dos programas, mas sobretudo na compreensão do valor intrínseco das regras por ele previstas.

Sob essa perspectiva, reitera-se que a aproximação do direito da moral e da ética não tem por finalidade fazer com que o direito abra mão da coercitividade ou mesmo do aparelho sancionatório, mas oferecer outros meios e alternativas para o cumprimento das regras jurídicas, a fim de possibilitar uma verdadeira mudança institucional, que tem por fundamento a aceitação racional das novas regras do jogo.

A partir da efetividade dos programas de *compliance*, pode-se chegar à situação ideal em que os agentes econômicos cumpram os comandos legais e éticos simultaneamente por neles acreditarem e por se sentirem socialmente impedidos de agir em sentido contrário – imperativo categórico –, mas também por temerem a sanção – imperativo hipotético.

Mais do que o cumprimento das regras legais, os programas de *compliance* de dados, como mostram Colin Bennet e Charles Raab[16], ainda podem

16. BENNETT, Colin J.; RAAB, Charles D. *The governance of privacy. Policy instruments in global perspective.* Cambridge: The MIT Press, 2006, pp. 151-152.

assumir importantes papéis, tais como: (i) evitar a legislação, (ii) antecipar a legislação, (iii) implementar a legislação e (iv) suplementar a legislação.

Em relação aos dois primeiros papéis, é importante lembrar que, por mais que a LGPD já esteja em vigor, existem diversos aspectos da proteção de dados que não foram tratados por ela. Aliás, a própria questão da inteligência artificial ainda desperta muitas questões que não foram endereçadas diretamente pela LGPD. Por essa razão, há vários campos em que bons programas de *compliance* podem tornar dispensáveis ou mesmo antecipar legislações supervenientes.

No que diz respeito ao papel de implementar a legislação, é inequívoco que a importância da autorregulação decorre do fato de que, diante da complexidade do tema, a LGPD é uma lei fundamentalmente principiológica, baseada em princípios, cláusulas gerais, *standards* de comportamento e conceitos abertos que, mais do que densificação, precisam ser adaptados à situação específica de cada agente de tratamento e dos riscos dos respectivos tratamentos.

Já no que diz respeito ao papel de suplementar a legislação, tem-se aqui importante papel da autorregulação, uma vez que a LGPD pretende ser a base normativa para o tratamento de dados, sem prejuízo de que os agentes de tratamento, por iniciativa própria, possam ir além dos padrões de cuidado e segurança previstos pela lei.

Ainda é preciso destacar que, como já foi lembrado, a aplicação linear da LGPD é incompatível com a existência de agentes econômicos com diferentes portes, atividades e tratamentos com diversos riscos. Assim, o *compliance* é também uma forma de adaptação da LGPD à realidade de cada agente econômico.

Todavia, para que possa atingir esses importantes objetivos, e ainda ser fator de estímulo a uma cultura de respeito de dados, reforçando o viés preventivo da LGPD, é importante considerar que a autorregulação não ocorre no vazio. Daí a importância da autoridade nacional para suprir e regulamentar matérias e criar incentivos para o cumprimento das obrigações legais e até mesmo o seu aperfeiçoamento. Um exemplo disso é o que pretende o art. 51, da LGPD, segundo o qual "A autoridade nacional estimulará a adoção de padrões técnicos que facilitem o controle pelos titulares dos seus dados pessoais."

É importante lembrar também que, diante da necessária interação entre heterorregulação e autorregulação, Diane Rowland, Uta Kohl e Andrew Charlesworth[17] mostram que o problema da regulação, especialmente no ambiente digital, não é, na prática, uma escolha rígida entre o modelo "comando-controle"

17. ROWLAND, Diane; KOHL, Uta; CHARLESWORTH, Andrew. *Information Technology Law*. New York: Routledge, 2017, pp. 20-21.

e a autorregulação, até porque os dois não são polos extremos que se excluem mutuamente.

Daí a discussão atual sobre um terceiro gênero – o da corregulação – que combinaria diferentes categorias de práticas regulatórias e exigiria o envolvimento central dos agentes privados e dos governos, a fim de propiciar muitas vantagens da autorregulação sem as mesmas desvantagens.

Apesar das controvérsias a respeito das eventuais distinções entre autorregulação e corregulação, o que importa é que, na seara do *compliance* de dados, a atuação complementar entre a iniciativa privada e o Estado seja intensa, consistente e frutífera. Daí por que a autorregulação e a corregulação têm papel central para dar concretude à lei e, se for o caso, até ir além dela.

Até por isso, um bom programa de *compliance* precisa se basear na análise de risco da atividade e na criação de uma organização compatível com o risco assumido, a fim de se evitar ilícitos ou, caso esses aconteçam, restaurar a legalidade da forma mais rápida e eficiente possível. Sob essa perspectiva, o dever de diligência dos administradores de sociedades empresárias ganha uma dimensão organizacional, já que eles passam a ter o ônus de estruturar e manter uma organização compatível com o gerenciamento do risco por eles criado.

Assim, é importante pensar nos mecanismos de reforço dos programas de *compliance*, de forma a se atingir o equilíbrio proposto anteriormente. A dificuldade é que, em razão dos altos custos de um bom programa de *compliance*, a regulação jurídica tradicional – a heterorregulação – exerce aqui um papel muito mais importante do que simplesmente o de poder exigir tais programas ou punir quem não os tenha: o seu foco passa a ser também o de criar incentivos adequados para que os agentes voluntariamente os adotem, tanto do ponto de vista valorativo – como imperativos categóricos – mas também do ponto de vista do interesse pessoal, especialmente o econômico – como imperativos hipotético.

Daí por que, como se verá adiante, é grande a importância da ANPD, tanto no que se refere à regulamentação de várias das normas cujos conteúdos extremamente abertos podem ser um obstáculo para a sua compreensão e aplicação, assim como para emitir os sinais adequados e prover os devidos incentivos para o cumprimento da LGPD. Por essa razão, a própria LGDP depositou muitas expectativas nos programas de *compliance*, o que será mais bem explorado na Seção 4.

3. Programas de *compliance* de dados e tecnologia: a importância de se compreender a tecnologia como vetor regulatório

A seção anterior tratou da importância da heterorregulação e da autorregulação para a tutela dos dados pessoais. Entretanto, também é importante levar em consideração a crescente importância da regulação pela própria tecnologia, especialmente nos mercados digitais, razão pela qual muitos dos compromissos exigidos pela LGPD deverão ser operacionalizados não somente por regras de condutas, mas também por soluções tecnológicas que já impeçam, determinem, facilitem ou dificultem determinadas ações.

Nesse sentido, Lawrence Lessig[18] já destaca, há bastante tempo, a importância da tecnologia como importante regulador de comportamentos, de forma que, ao lado do controle hierárquico (lei), do controle baseado na competição (mercado) e do controle baseado na comunidade (normas sociais), haveria também o controle baseado no *design* ou na arquitetura (tecnologia). É importante advertir que, ao assim propugnar, o autor não adere a uma concepção estritamente determinista, até por entender que a arquitetura da rede não é definida apenas por questões técnicas, mas sobretudo políticas e valorativas. Dessa maneira, assim como o desenvolvimento de uma tecnologia por um engenheiro pode ser capturado por atores externos, incluindo os próprios reguladores, também podemos construir, arquitetar ou codificar o ciberespaço para proteger valores que consideramos fundamentais.

Reidenberg[19], por sua vez, popularizou o conceito de *lex informatica* para explorar os vários caminhos por meio dos quais a tecnologia pode atuar como um verdadeiro regulador, com arquitetura, jurisdição, conteúdo, conjunto de regras e processos e mesmo mecanismos de *enforcerment* automático. O aspecto mais importante do fenômeno é que a *lex informatica* pode substituir o direito ou constranger a habilidade do direito para lidar com um problema.

Um ponto comum na reflexão dos autores mencionados é a de atribuírem uma importância diferenciada à tecnologia como meio de regulação, cujo poder é tal que pode tornar ineficaz a regulação jurídica. Em outras palavras, pouco adianta uma regulação de comportamentos – seja pela via da heterorregulação, seja pela via da autorregulação ou corregulação – se a "arquitetura" é incompatível com os comportamentos buscados pela primeira.

Por outro lado, é preciso dar especial atenção às relações entre o mercado e a tecnologia, na medida em que podem ser mais próximas do que muitos estudos supõem e, juntas, neutralizarem os outros vetores de regulação. Com efeito, a escolha da tecnologia não é neutra e, se ficar a cargo apenas dos agentes dominantes, certamente que serão adotadas apenas as tecnologias que se ajustem aos

---

18. LESSIG, Lawrence. *Code and other laws of cyberspace*. New York: Basic Books, 1999.
19. REIDENBERG, J. Lex informatica: the formulation of information policy rules through technology. *Texas Law Review* 76, 1998, pp. 552-593.

seus interesses, independentemente das repercussões sobre a sociedade e sobre os titulares de dados.

Esse aspecto é de fundamental importância e inclusive dá um novo colorido à analogia normalmente feita entre *lex informatica* e *lex mercatoria*. Longe de compartilharem as características da naturalidade e espontaneidade, ambas podem ser vistas como expressões de poder. Afinal, assim como a *lex mercatoria* foi produzida na Idade Média pela classe mercantil em prol dos seus interesses, com toda a estrutura das corporações de mercadores para lhe assegurar eficácia, também se pode dizer que a *lex informatica* tem sido produzida pelos grandes *players* dos mercados digitais em prol dos seus interesses e com soluções estruturais, inclusive tecnológicas, para assegurar a sua eficácia[20].

Logo, é preciso entender adequadamente esses fenômenos para, nos termos da advertência de Colin Bennet e Charles Raab[21], evitar o determinismo tecnológico, uma vez que é possível desenvolver políticas estratégicas para construir a proteção da privacidade. Para isso, é inequívoco que a regulação jurídica terá que disciplinar, dentre outros, alguns aspectos da escolha da tecnologia a ser utilizada, nem que seja em relação aos seus propósitos e níveis de segurança e mitigação de riscos, situações que obviamente não podem ficar a cargo apenas dos agentes interessados.

É diante desse contexto que crescem as perspectivas da implementação do que se chama de *privacy by design* e *privacy by default*. A primeira diz respeito ao fato de que, quando algum agente decide realizar qualquer tipo de tratamento de dados pessoais, deve pensar na privacidade em cada passo, o que inclui projeto, desenvolvimento de produtos e softwares, sistemas de informática, dentre outros, a fim de assegurar que a privacidade será garantida durante todo o ciclo do tratamento. Já a segunda diz respeito ao fato de que, ao lançar qualquer produto ou serviço ao público, as regras mais protetivas de tutela da privacidade devem ser aplicadas, sem que se exija do usuário qualquer iniciativa para tal propósito.

Daí a importância das tecnologias reforçadoras da privacidade ou *PETs – Privacy Enhancing Technologies*, que são exemplos de como a tecnologia pode

---

20. "Não é exagerada, portanto, a afirmação de Galgano de que o Direito Comercial nasceu como direito criado diretamente pela classe mercantil, sem mediação da sociedade política, como direito imposto em nome de uma classe e não em nome da comunidade. Daí por que a *lex mercatoria* medieval foi, essencialmente, um fenômeno de poder e não o resultado da mera interação espontânea dos agentes econômicos." (FRAZÃO, Ana. *Direito da Concorrência*. São Paulo: Saraiva, 2017, p. 74).

21. BENNETT, Colin J.; RAAB, Charles D. Op. cit., p. 187.

ser utilizada em prol da privacidade, o que se projeta desde a configuração de equipamentos eletrônicos, como *tablets* e *smartphones*,[22] até mesmo à estruturação de produtos e serviços.

Segundo Colin Bennet e Charles Raab[23], as funções da tecnologia, especialmente das PETs, são muitas, podendo ser importante complemento útil para as abordagens regulatórias e autorregulatórias.

Desde que orientada para a consecução de valores importantes e desde que seja compatível com os direitos dos que serão afetados, a regulação pela tecnologia tem muitas vantagens, até porque evita o problema do *moral agency*, na medida em que o comportamento das pessoas deixa de ser propriamente uma escolha entre cumprir determinado comando ou não e se torna uma decisão forçada por meio de restrições físicas. Se isso é bom por um lado, também tem repercussões sobre a liberdade das pessoas, porque elas perdem o direito de escolher[24].

Acresce que a regulação pela tecnologia também tem outros riscos, pois, como lembram Diane Rowland, Uta Kohl e Andrew Charlesworth[25], como o código não necessita de visibilidade para ser efetivo, pode-se facilmente influenciar o código – e consequentemente o comportamento – sem atrair tanta atenção. Essa mesma característica da regulação pela tecnologia pode trazer déficits de transparência e *accountability* democrática.

Essas advertências ressaltam que a tecnologia, em si, não é nem boa nem ruim. Tudo depende dos seus propósitos, da forma como foi desenhada para atingir tais propósitos e do grau de transparência que possibilite o controle sobre esses fatores. Daí por que a tecnologia pode, sim, ser poderoso instrumento para a tutela dos dados pessoais.

Todavia, no cenário atual, a tecnologia tem sido pautada prioritariamente – senão exclusivamente – pelo mercado, sem maiores preocupações com os direitos dos titulares de dados. A título de exemplo, pesquisa empírica de Chris Hoofnagle e outros[26], realizada em 2009 e 2011 com vários dos principais sites,

---

22. WALDMAN, Ari Ezra. Designing without privacy. *Houston Law Review* 55:3, pp. 659-727.
23. Op. cit., pp. 198-200.
24. ROWLAND, Diane; KOHL, Uta; CHARLESWORTH, Andrew. *Information Technology Law*. New York: Routledge, Op. cit., p. 14.
25. Op. cit., p. 12.
26. HOOFNAGLE, Chris Jay, SOLTANI, Ashkan, GOOD, Nathaniel; WANBACH, Dietrich J. Behavioral advertising: the offer you can't refuse. *Harvard Law & Policy Review*. V. 6, 2012, pp. 273-296.

descobriu que anunciantes estão usando persistentes tecnologias de rastreamento relativamente desconhecidas dos consumidores em volume cada vez maior, de forma a se tornarem inevitáveis.

Isso ressalta, como mostra Julie Cohen[27], o papel complementar do direito e da tecnologia na construção de um regime de proteção da privacidade centrado na autonomia. Em um mundo digital e conectado, a lei sozinha não conseguirá proteger a privacidade, mas continua tendo importância na medida em que pode determinar ou incentivar o desenvolvimento de tecnologias protetivas da privacidade.

Ciente disso, a LGPD, em diversos momentos, centra na escolha da tecnologia o núcleo central de eficácia de várias de suas soluções, como ocorre em relação à anonimização e à segurança de dados. Há também grande preocupação com o papel da autoridade nacional para regulamentar as tecnologias que podem ou devem ser usadas pelos agentes de tratamento, o que evidencia o entrelaçamento entre a heterorregulação e a regulação pela tecnologia.

É preciso aceitar, como ressaltam Colin Bennet e Charles Raab[28], que os problemas relacionados à privacidade são tanto políticos e jurídicos como também tecnológicos, motivo pelo qual o seu endereçamento requer o equacionamento entre todas essas dimensões. Daí a advertência dos autores[29] de que a governança da proteção de dados é um complexo regime, que inclui vários e múltiplos atores e estruturas e muitas ferramentas, o que se torna ainda mais complexo com o impacto da globalização.

Por essa razão, assim como não se pode negligenciar o papel da tecnologia na regulação dos mercados digitais, não se pode imaginar a tecnologia como o único ou o principal vetor dessa regulação, impondo-se a necessária interação com a heterorregulação, inclusive para o fim de evitar o determinismo tecnológico desenhado e imposto pelos agentes econômicos mais poderosos.

4. Os parâmetros previstos pela LGPD e o seu diálogo com os requisitos gerais dos programas de *compliance*

4.1. Aspectos gerais: mapeando os fluxos de dados e seus riscos

Explicados todos os pressupostos gerais sobre o *compliance*, vale lembrar que todas as premissas até agora expostas têm por finalidade assegurar o regime

27. COHEN, Julie E. Examined lives: informational privacy and the subject as object. *Stanford Law Review*, v. 52, 2000, pp. 1373-1438, p. 1377.

28. Op.cit., p. xv.

29. Op.cit., p. 233.

protetivo previsto pela LGPD e uma cultura organizacional que valorize e tutele os dados pessoais que estão sob o seu tratamento.

Para isso, será fundamental, em primeiro lugar, mapear todos os fluxos de dados de uma empresa, fazer uma avaliação dos riscos de cada um e perquirir sobre se e em que medida são necessários, adequados e justificáveis à luz de pelo menos uma das bases legais de tratamento, tal como preveem o arts. 7º e 11 da LGPD.

A partir daí, há que se buscar soluções para adequar todos os tratamentos de dados aos princípios gerais previstos pelo art. 6º e também aos direitos dos titulares. A depender da estrutura da atividade, diferentes tratamentos que envolvam dados distintos – dados sensíveis, por exemplo – ou com riscos diversos merecerão soluções diversas.

Por essa razão, um bom programa de *compliance* de dados, por mais que seja estruturado a partir de princípios comuns e deva ser visto a partir de uma unidade orgânica, deve ter flexibilidade suficiente para fazer as diferenciações necessárias, inclusive para efeitos de aumentar os padrões de cuidado e precaução em relação a tratamentos de dados que se mostrem de maior risco.

Além desses deveres, que certamente deverão ser considerados em todos os programas de *compliance*, a LGPD trata especificamente da questão no Capítulo VII (Da Segurança e Das Boas Práticas), que está dividido em duas seções que serão mais bem examinadas a seguir

4.2. Segurança e sigilo de dados

Na primeira seção do Capítulo VII, a LGPD dedica-se ao tema da segurança e do sigilo de dados, que certamente é um dos mais importantes para qualquer programa de *compliance*. Nesse sentido, a lei impõe as seguintes obrigações aos agentes de tratamento:

> (i) adoção de medidas de segurança, técnicas e administrativas aptas a proteger os dados pessoais de acessos não autorizados e de situações acidentais ou ilícitas de destruição, perda, alteração, comunicação ou qualquer forma de tratamento inadequado ou ilícito (LGPD, art. 46), medidas que devem ser observadas desde a concepção do produto ou do serviço até a sua execução (LGPD, art. 46, § 2º).
>
> (ii) garantia da segurança da informação em relação aos dados pessoais, mesmo após o término do tratamento de dados, obrigação que é igualmente estendida a qualquer pessoa que intervenha em qualquer das fases do tratamento (LGPD, art. 47).

> (iii) obrigação do controlador de comunicar à autoridade nacional e ao titular a ocorrência de incidente de segurança que possa acarretar risco ou dano relevante aos titulares (LGPD, art. 48).
>
> (iv) estruturação dos sistemas utilizados para o tratamento de dados pessoais de forma a atender aos requisitos de segurança, aos padrões de boas práticas e de governança e aos princípios gerais previstos na LGPD e nas demais normas regulamentares (LGPD, art. 49).

Observa-se, portanto, a partir da leitura da LGPD, uma preocupação prioritária com a questão da segurança dos dados, que é realmente um dos aspectos mais importantes de um regime eficiente de proteção de dados. No Brasil, trata-se de ponto a ser endereçado com urgência, considerando o passado recente de inúmeros vazamentos de dados, tanto em bases públicas como em bases privadas, muitos dos quais por falhas humanas que poderiam ser perfeitamente evitáveis caso houvesse um mínimo de cuidado.

Como fica claro pelo art. 46 da LGPD, a questão da segurança de dados envolve tanto questões técnicas como administrativas, ou seja, que envolvam cuidados na distribuição de competências entre os diversos membros de uma organização, a fim de que se saiba quem tem acesso a determinados dados e por qual razão. Em muitas situações, dependendo da natureza dos dados e dos riscos do tratamento, será aconselhável restringir e monitorar o acesso, a fim de se poder controlar melhor a dinâmica do tratamento e prevenir incidentes indesejáveis.

Como a questão da segurança dos dados envolve diretamente a questão da regulação pela tecnologia, é fundamental o papel da ANPD para determinar, conforme o caso, as tecnologias e medidas de segurança a serem tomadas. Não é sem razão que o art. 46, § 1º, da LGPD, prevê que "A autoridade nacional poderá dispor sobre padrões técnicos mínimos para tornar aplicável o disposto no *caput* deste artigo, considerados a natureza das informações tratadas, as características específicas do tratamento e o estado atual da tecnologia, especialmente no caso de dados pessoais sensíveis, assim como os princípios previstos no *caput* do art. 6º desta Lei".

Em outras palavras, até que haja a regulamentação da ANPD, os agentes econômicos terão considerável liberdade para implementar suas medidas de segurança, com base nas tecnologias disponíveis, desde que estas se mostrem adequadas para os objetivos por ela propostos.

Entretanto, diante da insegurança jurídica em torno das tecnologias adequadas – análise para a qual contam não apenas os juízos técnicos, mas também a viabilidade econômica e o grau de risco de cada agente econômico –, a regulamentação da ANPD tem sido aguardada para guiar o comportamento do mercado.

Além das medidas preventivas, a LGDP também prevê uma série de medidas para esclarecimento e mitigação de danos na hipótese de incidente de segurança, seja em razão da falha do agente econômico, seja em razão de ataques externos ou de hackers.

Com efeito, em seu art. 48, § 1º, a LGPD trata da comunicação do incidente de segurança, prevendo que "A comunicação será feita em prazo razoável, conforme definido pela autoridade nacional, e deverá mencionar, no mínimo: I – a descrição da natureza dos dados pessoais afetados; II – as informações sobre os titulares envolvidos; III – a indicação das medidas técnicas e de segurança utilizadas para a proteção dos dados, observados os segredos comercial e industrial; IV – os riscos relacionados ao incidente; V – os motivos da demora, no caso de a comunicação não ter sido imediata; e VI – as medidas que foram ou que serão adotadas para reverter ou mitigar os efeitos do prejuízo."

Um dos pontos preocupantes da LGPD é exatamente o de não estabelecer um prazo para a notificação do incidente. É importante ressaltar que a ANPD disponibilizou um documento sobre Comunicação de Incidentes de Segurança recomendando que, na pendência da regulamentação, a comunicação seja feita com a maior brevidade possível, sendo assim considerado a título indicativo o prazo de dois dias úteis a contar da data do conhecimento do incidente[30].

O art. 48, § 2º, também determina que "A autoridade nacional verificará a gravidade do incidente e poderá, caso necessário para a salvaguarda dos direitos dos titulares, determinar ao controlador a adoção de providências, tais como: I – ampla divulgação do fato em meios de comunicação; e II – medidas para reverter ou mitigar os efeitos do incidente."

Como se observa, tão importante quanto a comunicação do incidente é a adoção de medidas para reverter ou mitigar os seus efeitos, tal como já havia sido mencionado pelo inciso VI do § 1º do art. 48 da LGPD.

Ainda é preciso mencionar o § 3º do art. 48, ao prever que "No juízo de gravidade do incidente, será avaliada eventual comprovação de que foram adotadas medidas técnicas adequadas que tornem os dados pessoais afetados ininteligíveis, no âmbito e nos limites técnicos de seus serviços, para terceiros não autorizados a acessá-los."

Trata-se de mais uma demonstração da importância das medidas técnicas e da adoção de tecnologias confiáveis para a proteção de dados.

---

30. https://www.gov.br/anpd/pt-br/assuntos/incidente-de-seguranca.

4.3. Boas práticas e governança

A questão da segurança e do sigilo de dados obviamente não esgota o propósito de um bom programa de *compliance* de dados, razão pela qual a Seção II do Capítulo VII da LGPD dedica-se a tratar das boas práticas e da governança de dados, que abrangeriam todos os demais propósitos de uma política de proteção de dados.

Nesse sentido, o art. 50 da LGPD ressalta o protagonismo dos agentes de tratamento para, individualmente ou por meio de associações, formular regras para assegurar a tutela dos dados. De acordo com sua previsão, "Os controladores e operadores, no âmbito de suas competências, pelo tratamento de dados pessoais, individualmente ou por meio de associações, poderão formular regras de boas práticas e de governança que estabeleçam as condições de organização, o regime de funcionamento, os procedimentos, incluindo reclamações e petições de titulares, as normas de segurança, os padrões técnicos, as obrigações específicas para os diversos envolvidos no tratamento, as ações educativas, os mecanismos internos de supervisão e de mitigação de riscos e outros aspectos relacionados ao tratamento de dados pessoais."

Chama a atenção o fato de o artigo ressaltar as ações educativas, pois, como já se viu, é fundamental que o *compliance* possa gerar uma conscientização das pessoas que deverão cumprir as suas normas, a fim de que possa ser um passo consistente para a própria mudança da cultura organizacional. O artigo também destaca aspecto fundamental de qualquer programa de *compliance*: a existência de mecanismos internos de supervisão e de mitigação de riscos, partindo da premissa de que o acompanhamento do tratamento de dados deve ser dinâmico e atento à sua evolução, inclusive para o fim de fazer as adaptações necessárias.

Tal aspecto é ainda mais necessário em tratamentos de dados que envolvam utilização de sistemas de inteligência artificial nos quais, a exemplo do *machine learning*, possa haver alterações e adaptações constantes no código, de forma a exigir o monitoramento constante, para o fim de identificar e reparar resultados indesejáveis o mais rápido possível.

Prosseguindo em suas previsões, o § 1º do art. 50 da LGPD determina que "Ao estabelecer regras de boas práticas, o controlador e o operador levarão em consideração, em relação ao tratamento e aos dados, a natureza, o escopo, a finalidade e a probabilidade e a gravidade dos riscos e dos benefícios decorrentes de tratamento de dados do titular." Como se pode ver, trata de previsão que converge perfeitamente com o entendimento do Supremo Tribunal Federal já mencionado, no sentido de se priorizar, no tratamento de dados, os riscos que podem acarretar para os titulares.

Especificamente na questão da segurança e prevenção de danos aos titulares dos dados, o § 2º do art. 50 da LGPG já mostra alguns critérios que serão fundamentais para a configuração dos programas: (i) estrutura do agente econômico, (ii) escala e volume de suas operações, (iii) sensibilidade dos dados tratados e (iv) gravidade dos danos que podem surgir para os titulares de dados.

Embora o mencionado parágrafo tenha por foco os incisos VII e VIII do *caput* do art. 6º da LGPD, que são exatamente os princípios da segurança e da prevenção de danos, pode-se afirmar que tais parâmetros são aplicáveis, de forma geral, a todos os demais aspectos do *compliance* de dados, uma vez que o grau do dever de cuidado que se exige dos agentes de tratamento deve depende de uma série de circunstâncias, entre as quais as já mencionadas pelo § 2º.

De toda sorte, os §§ 2º e 3º do art. 50 da LGPD preveem os requisitos mínimos do que chama de programa de governança em privacidade, a partir dos seguintes indicativos que serão mais bem contextualizados a partir da seguinte tabela:

Parâmetros previstos pela LGPD	Propósitos
Comprometimento do controlador em adotar processos e políticas internas que assegurem o cumprimento, de forma abrangente, de normas e boas práticas relativas à proteção de dados pessoais (§ 2º, inciso I, alínea "a");	Tal requisito vai ao encontro da necessidade de que, para que seja efetivo, um programa de *compliance* precisa contar com o envolvimento efetivo do agente econômico para o seu funcionamento, inclusive no que diz respeito aos recursos financeiros e organizacionais para tal propósito. Também se exige o comprometimento da alta administração, até diante do poder simbólico para toda a organização e da importância do exemplo como fator indutor de comportamentos. Vale ressaltar que o comprometimento do controlador abrange não só o período do tratamento de dados, mas também após o período posterior, uma vez que a LGPD tem regras expressas para a extinção do tratamento de dados.
Aplicabilidade do programa a todo o conjunto de dados pessoais que estejam sob seu controle, independentemente do modo como se realizou sua coleta (§ 2º, inciso I, alínea "b")	Um bom *compliance* de dados precisa endereçar todos os tratamentos de dados que sejam realizados no interior de uma organização, sendo irrelevante o modo pelo qual se realizou a coleta, até porque a LGPD tem uma amplíssima definição de tratamento de dados. Logo, o mero acesso a dados

Parâmetros previstos pela LGPD	Propósitos
	já é considerado um tratamento e, portanto, deve ser abrangido pelo *compliance*. Obviamente que a necessidade de unidade orgânica do programa de *compliance* não afasta a necessidade de que diferentes graus de cuidado possam ser atribuídos a dados sensíveis ou a tratamentos que envolvam maiores riscos para os titulares.
Adaptação à estrutura, à escala e ao volume das operações, bem como à sensibilidade dos dados tratados (§ 2º, inciso I, alínea "c")	Trata-se de parâmetro importante, por ressaltar que não há soluções padronizadas, mas sim soluções que devem ser construídas individualmente a partir das características de cada agente econômico e da natureza dos dados tratados. Ao mesmo tempo que tal parâmetro impõe maior grau de rigor em relação a agentes com maior porte e que realizem tratamentos de dados mais arriscados, tais como os que incluem dados sensíveis, pode ser pensado também como um parâmetro que pode justificar a maior simplificação dos programas de *compliance* de pequenos e médios agentes, especialmente quando não realizarem tratamentos de dados com maior grau de risco. Especial atenção há que ser dada às pequenas e médias empresas, em relação às quais há que se encontrar um ponto de equilíbrio entre o cumprimento das regras da LGPD e os ônus organizacionais e financeiros que a elas sejam imputáveis.
Existência de políticas e salvaguardas adequadas com base em processo de avaliação sistemática de impactos e riscos à privacidade (§ 2º, inciso I, alínea "d")	Trata-se de requisito importantíssimo de qualquer programa de *compliance*, fundamental para a prevenção de ilícitos e de danos a terceiros, que pode ser desdobrado em dois: (i) existência de avaliação sistemática de riscos, medida com viés nitidamente preventivo e que envolve processo dinâmico e de reexame constante, que tem por objetivo manter uma organização compatível com os riscos assumidos e que possa se adaptar diante das modificações dos riscos;

Parâmetros previstos pela LGPD	Propósitos
	(ii) existência de medidas de salvaguardas que possam prevenir, dentro do possível, os riscos. Especial atenção deve ser dada a sistemas de inteligência artificial que, como é o caso do *machine learning*, são constantemente modificáveis e podem exigir monitoramento constante e avaliações de risco com a periodicidade necessária.
Programa que atenda o objetivo de estabelecer relação de confiança com o titular, por meio de atuação transparente e que assegure mecanismos de participação do titular (§ 2º, inciso I, alínea "e")	Se um bom programa de *compliance* de dados tem por finalidade precisamente a proteção dos titulares de dados, faz sentido que estes sejam pensados como os principais destinatários dos esforços e das iniciativas das empresas. Até porque a LGPD assegura diversos direitos de acesso e informação, é fundamental que a relação entre a empresa e os titulares de dados seja facilitada, aberta, transparente e se realize em um ambiente dialógico e transparente. Vale ressaltar que, em relação a tal requisito, é fundamental o papel do encarregado, já que um dos seus mais importantes papéis é o de atuar como canal de comunicação entre o controlador e os titulares de dados (LGPD, art. 5º, VIII).
Programa integrado na estrutura geral de governança e que estabeleça e aplique mecanismos de supervisão internos e externos (§ 2º, inciso I, alínea "f")	O requisito chama atenção para a necessidade um tratamento sistemático e racional do *compliance* de dados no contexto maior do *compliance* como um todo, até para que o primeiro possa se beneficiar dos mecanismos de supervisão internos e externos. Trata-se de requisito importante porque, por mais que o *compliance* possa ser desdobrado em diversas áreas, entre as quais a proteção de dados, precisa ser unido pelo mesmo fio condutor valorativo – os valores e o código de ética da empresa – e também por uma estrutura comum que, no seu conjunto, possa fazer frente aos riscos que a organização assume no seu todo. Tal aspecto torna-se ainda mais necessário quando se observa que a proteção de dados é um tema

Parâmetros previstos pela LGPD	Propósitos
	transversal e vai impactar em diversas outras áreas do *compliance*, tais como Direito do Trabalho, Direito do Consumidor, dentre inúmeras outras. Obviamente que a visão integrada do *compliance* não afasta a necessidade, conforme o caso, da existência de estruturas ou procedimentos específicos para o tratamento de dados, até para operacionalizar vários dos comandos da LGPD, tais como os relacionados aos papéis e deveres dos controladores, operadores e encarregados. Da mesma forma, os mecanismos gerais de supervisão internos e externos podem e devem ser usados para a proteção de dados, sem prejuízo da criação de mecanismos específicos.
Existência de planos de resposta a incidentes e remediação (§ 2º, inciso I, alínea "g")	Trata-se de requisito fundamental quando se observa que um bom programa de *compliance* serve não somente para evitar o ilícito, mas também para identificá-lo e saná-lo de forma rápida e eficiente. Especialmente em questões de incidente de segurança, a agilidade na resposta é fundamental, assim como a adoção de medidas de mitigação de danos.
Atualização constante com base em informações obtidas a partir de monitoramento contínuo e avaliações periódicas (§ 2º, inciso I, alínea "h")	Como já se apontou, um programa eficiente de conformidade é necessariamente dinâmico, razão pela qual é necessária constante supervisão, inclusive para o fim de que sejam feitas as modificações a atualizações necessárias a tempo. Tal cuidado é especialmente importante quando o agente econômico ampliar ou mudar suas atividades, assumir novos tratamentos de dados ou se utilizar de sistemas de inteligência artificial. Como muitas das questões relacionadas à efetividade da LGPD dependem de regulamentação da ANPD, os programas de conformidade precisam ficar atentos aos posicionamentos do regulador, criando mecanismos para que possam se ajustar o mais rápido possível.

Parâmetros previstos pela LGPD	Propósitos
Demonstração da efetividade do programa de governança em privacidade quando apropriado e, em especial, a pedido da autoridade nacional ou de outra entidade responsável por promover o cumprimento de boas práticas ou códigos de conduta, os quais, de forma independente, promovam o cumprimento da LGPD (§ 2º, inciso II)	Até por dizer respeito a questões de organização interna do agente econômico, que não são públicas nem de fácil acesso para terceiros, um bom programa de *compliance* precisa atender aos requisitos de prestação de contas perante a sociedade, aos afetados pelas atividades da empresa (como é o caso dos titulares de dados) e à própria ANPD. Assim, é importante que as empresas mantenham disponível, de forma organizada e devidamente documentada, todas as iniciativas relacionadas aos seus programas, até para que possam se justificar sempre que forem indagadas por terceiros interessados a respeito das medidas que adotaram, assim como as razões e os objetivos. Tal obrigação é especialmente importante diante da autoridade nacional e certamente que será uma importante função do encarregado.
Publicidade e atualização periódica das regras de boas práticas e de governança, que poderão ser reconhecidas e divulgadas pela autoridade nacional (§ 3º)	Passo importante para a consolidação da cultura de conformidade é a criação de ambiente de transparência e publicidade, bem como de prestação de contas perante a ANPD e os titulares de dados.

Fonte: Elaborada pela autora.

Como se pode observar, os parâmetros e requisitos previstos nos §§ 2º e 3º abrangem muito mais do que apenas os princípios da segurança e da precaução, mas, de certa medida, orientam o cumprimento de todos os demais princípios e deveres que estão previstos na LGPD, oferecendo um importante conjunto de critérios que devem ser observados para que os programas de *compliance* de dados possam ser considerados efetivos.

Outro ponto importante é que o atendimento dos requisitos previstos pela LGPD exige uma combinação inteligente de soluções pessoais – medidas de reorganização interna, realocação de competências, restrição de acesso a determinados dados etc. – e tecnológicas que garantam, em seu conjunto, a segurança e a proteção dos dados.

4.4. O papel da ANPD

Observa-se claramente que a LGPD pretende operacionalizar a já mencionada cooperação entre heterorregulação e autorregulação, oferecendo desde já os parâmetros para os programas de *compliance*, facilitando a vida dos agentes econômicos e possibilitando maior segurança jurídica.

É interessante notar ainda que o art. 51 prevê que "A autoridade nacional estimulará a adoção de padrões técnicos que facilitem o controle pelos titulares dos seus dados pessoais." Ao contrário da competência regulamentar prevista no art. 46, § 1º, o art. 51 trata da utilização da regulação na sua função de incentivo, ou seja, sem criar obrigações cogentes para os agentes de tratamento. Mais uma vez, fica clara a importância dos padrões técnicos para o cumprimento de diversos dos deveres da LGPD.

Por fim, ainda vale ressaltar que a LGPD criou incentivos adicionais para a adoção de programas de *compliance*, pois, ao tratar da dosimetria das sanções que podem ser aplicadas pela ANPD em caso de descumprimento da legislação, elenca três parâmetros que estão diretamente relacionados às iniciativas de conformidade, os quais poderão ser usados como atenuantes: (i) a adoção reiterada e demonstrada de mecanismos e procedimentos internos capazes de minimizar o dano, voltados ao tratamento seguro e adequado de dados, em consonância com o disposto no inciso II do § 2º do art. 48 (art. 52, § 1º, VIII), (ii) a adoção de política de boas práticas e governança (art. 52, § 1º, IX) e (iii) a pronta adoção de medidas corretivas ((art. 52, § 1º, X).

Acresce que outro importante parâmetro de dosimetria das sanções administrativas é a boa-fé do infrator (art. 52, § 1º, II), circunstância que normalmente é associada à adoção de um efetivo programa de *compliance*. Aliás, a experiência em outras searas, tais como é o caso do Direito Antitruste e do Direito Anticorrupção, apontam no sentido de uma política robusta de conformidade é um importante indício da boa-fé do agente econômico.

Como já se viu, assim como o temor da sanção pode ser um importante desincentivo para a prática da conduta ilícita, saber que haverá um tratamento diferenciado pelas autoridades quando, não obstante houver a prática do ilícito, existir um bom programa de *compliance* pode ser um importante incentivo para investir em tais programas.

Dessa maneira, observa-se que a LGPD não apenas valorizou os programas de *compliance*, como procurou criar incentivos para a sua adoção e realçar o papel que a ANPD nesse processo de facilitar, incentivar e monitorar a atuação dos agentes econômicos em prol da proteção de dados.

5. Considerações finais

O presente artigo procurou mostrar o cenário econômico, político e social que torna a proteção dos dados não apenas necessária, como imprescindível e urgente. Com efeito, a economia movida a dados expandiu-se muito rapidamente a partir da comoditização de dados pessoais dos usuários e da violação desses dados de forma maciça.

É nesse sentido que uma lei geral de proteção de dados, tal como a LGPD brasileira, pretende reequilibrar essas forças, aumentando o protagonismo por parte do titular de dados pessoais. Vale ressaltar que, como se adiantou nas considerações iniciais, o que está em jogo não é apenas a privacidade no sentido da intimidade, mas também a autonomia informativa e o controle sobre a informação, assim como uma série de questões relacionadas à igualdade e à própria liberdade, cuja tutela é imprescindível tanto sob a ótica individual, como sob a ótica social, considerando que as bases da democracia hoje dependem igualmente da regulação de dados.

Para tal complexidade, a LGPD brasileira, com forte inspiração no GDPR europeu, adota as premissas e os fundamentos necessários para que a proteção dos dados seja instrumento de preservação dos direitos fundamentais e valores mencionados, a fim de contornar, dentro do possível, os efeitos nefastos de um capitalismo cada vez mais baseado na vigilância e na opacidade.

Entretanto, não se pode imaginar que a lei, sozinha, possa resolver todos os problemas relacionados à proteção de dados pessoais. Afinal, a heterorregulação sobre os dados pessoais é matéria complexa e exigirá esforços de todas as searas que lidam com o problema.

Por outro lado, ainda que ocorra um profícuo e harmônico diálogo entre as diferentes fontes normativas, é importante ter em mente as limitações naturais da heterorregulação, de forma que todas as suas normas e garantias só ganharão efetividade caso haja a concorrência proveitosa da autorregulação ou corregulação. Daí por que a própria LGPD, além de reconhecer a importância dos programas de *compliance* de dados, procura criar vários incentivos para a sua adoção.

Consequentemente, é de esperar que os programas de *compliance* sejam fundamentais para a efetividade da LGPD e para a criação de uma cultura de proteção de dados, não apenas dando cumprimento aos comandos legais, como ajustando várias de suas normas abertas à realidade, ao porte e ao tipo de tratamento de dados de cada empresa.

Ademais, tais programas são geradores de benefícios diretos também para as empresas que os adotam, na medida em que possibilitam gestão adequada dos riscos inerentes aos tratamentos de dados, inclusive no que diz respeito à prevenção ou à mitigação de danos, o que certamente gera valor para a empresa, trazendo ganhos reputacionais e tornando-se importante diferencial competitivo.

Sob essa perspectiva, os programas de *compliance* de dados pretendem precisamente superar a dicotomia inicialmente apontada entre direito e ética, a partir do convencimento racional dos agentes econômicos de que a proteção de dados, ao mesmo tempo que é um valor intrínseco a ser buscado, justifica-se também a partir das vantagens que inequivocamente trará para os agentes econômicos.

Em outras palavras, mais do que um custo, o *compliance* de dados pode e deve ser visto como um importante investimento, do qual pode depender a rentabilidade e mesmo a manutenção dos agentes econômicos.

6. Referências bibliográficas

AUTORIDADE NACIONAL DE PROTEÇÃO DE DADOS – ANPD. Comunicação de Incidentes de Segurança. https://www.gov.br/anpd/pt-br/assuntos/incidente-de-seguranca. Acesso em 01.06.2021.

BECKER, Gary; LANDES, William. *Essays in the economics of crime and punishment. Crime and punishment: an Economic approach*. Nova Iorque: Columbia University Press, 1976.

BENNETT, Colin J.; RAAB, Charles D. *The governance of privacy. Policy instruments in global perspective*. Cambridge: The MIT Press, 2006.

COHEN, Julie E. Examined lives: informational privacy and the subject as object. *Stanford Law Review*, v. 52, 2000, pp. 1373-1438.

EUROPEAN COMISSION. Proposal for a REGULATION OF THE EUROPEAN PARLIAMENT AND OF THE COUNCIL LAYING DOWN HARMONISED RULES ON ARTIFICIAL INTELLIGENCE (ARTIFICIAL INTELLIGENCE ACT) AND AMENDING CERTAIN UNION LEGISLATIVE ACTS. https://digital-strategy.ec.europa.eu/en/library/proposal-regulation-laying-down-harmonised-rules-artificial-intelligence. Acesso em 01.05.2021.

FRAZÃO, Ana. Fundamentos para a proteção dos dados pessoais. Noções introdutórias para a compreensão da LGPD. Capítulo de livro desta coletânea. In: TEPEDINO, Gustavo; FRAZÃO, Ana; OLIVA, Milena Donato. *Lei Geral de Proteção de Dados Pessoais e suas repercussões no Direito Brasileiro*. 2ª edição. São Paulo: Thomson Reuters Brasil, 2020, pp. 23-52.

________. Proteção de dados e democracia: a ameaça da manipulação informacional e digital. In: FRANCOSKI, Denise; TASSO, Fernando. *A Lei Geral de Proteção de Dados Pessoais. Aspectos práticos e teóricos relevantes no setor público e no setor privado*. São Paulo: Thomson Reuters Brasil, 2021, pp. 739-762.

________. *Relações entre corrupção e teorias que orientam gestão das companhias*. Disponível em: https://www.conjur.com.br/2017-jul-13/ana-frazao-relacoes-entre-corrupcao-gestao-companhias.

________. *Direito da Concorrência*. São Paulo: Saraiva, 2017.

HABERMAS, Jürgen. *Facticidad y Validez*. Tradução de Manuel Jiménez Redondo. 3ª ed. Madri: Editorial Trota S/A, 2001.

HOOFNAGLE, Chris Jay, SOLTANI, Ashkan, GOOD, Nathaniel; WANBACH, Dietrich J. Behavioral advertising: the offer you can't refuse. *Harvard Law & Policy Review*. V. 6, 2012, pp. 273-296.

KAHNEMAN, Daniel. *Rápido e devagar. Duas formas de pensar*. Tradução de Cassio Arantes Leite. São Paulo: Objetiva, 2012.

LESSIG, Lawrence. *Code and other laws of cyberspace*. New York: Basic Books, 1999.

MILHAUPT, Curtis J.; PISTOR, Katharina. *Law and capitalism*: what corporate crises reveal about legal systems and economic development around the world. Chicago: The University of Chicago Press, 2008.

NORTH, Douglass. *Institutions, institutional change and economic performance*. Cambridge: Cambridge University Press, 1990.

REIDENBERG, J. Lex informatica: the formulation of information policy rules through technology. *Texas Law Review* 76, 1998, pp. 552-593.

ROWLAND, Diane; KOHL, Uta; CHARLESWORTH, Andrew. *Information Technology Law*. New York: Routledge, 2017.

SOLOVE, Daniel. *Understanding privacy*. Cambridge: Harvard University Press, 2008.

SOLTES, Eugene. *Why they do it: inside the mind of the white-collar criminal*. New York: Public affairs, 2016.

SUPREMO TRIBUNAL FEDERAL, ADI 6387 MC-Ref, Relator(a): ROSA WEBER, Tribunal Pleno, julgado em 07/05/2020, PROCESSO ELETRÔNICO DJe-270 DIVULG 11-11-2020 PUBLIC 12-11-2020.

THALER, Richard. *Misbehaving: the making of behavioral economics*. Nova Iorque: W. W. Norton & Company, 2016.

WALDMAN, Ari Ezra. Designing without privacy. *Houston Law Review* 55:3, pp. 659-727.

______. Relações entre [illegible] [illegible] dos computadores. [illegible] [illegible] http://www.[illegible] 2015 [illegible] [illegible] tipo [illegible].

______. [illegible] 2015.

FARKAS, [illegible] [illegible] de Manuel Junqueira. 2ª ed. Madrid: Editorial [illegible] 2008.

HIGH, [illegible] [illegible] WALMART [illegible] [illegible] Harvard Law & Policy Review, [illegible] pp. [illegible].

KAHN, [illegible]

LESSIG, [illegible]

OIT [illegible]

[illegible] University Press [illegible]

[illegible] Harvard University Press, 2008.

SCHOLZ, [illegible] Publications, 2016.

SUPREMO TRIBUNAL FEDERAL [illegible] PROCESSO [illegible] 2020 [illegible]

THALER, Richard [illegible]

[illegible]

IMPACTOS DO PROGRAMA DE *COMPLIANCE* DE DADOS SOBRE OUTROS PROGRAMAS DE *COMPLIANCE*

RICARDO VILLAS BÔAS CUEVA[1]

Sumário: 1. Introdução; 2. Do encarregado à construção de um sistema de cumprimento das normas de proteção de dados; 3. A peculiar relevância dos programas de *compliance* de dados; 4. Da tutela de direitos à gestão de riscos; 5. *Compliance* de dados em provedores de aplicação na internet; 6. Considerações finais; Referências bibliográficas.

1. INTRODUÇÃO

Discutem-se neste breve artigo alguns dos prováveis impactos do programa de *compliance* de dados sobre outros programas de conformidade. Como se sabe, a proteção de dados é um dos elementos centrais da matriz de controle de cumprimento de normas em qualquer organização pública ou privada, justamente por se tratar de conjunto de normas transversal a todos os setores.

1. Ministro do Superior Tribunal de Justiça, é mestre e doutor em Direito pela Universidade Harvard e pela Universidade de Frankfurt, respectivamente. Foi advogado, Procurador do Estado de São Paulo, Procurador da Fazenda Nacional e Conselheiro do Conselho Administrativo de Defesa Econômica.

Não sem razão, na Europa, ainda sob a égide da Diretiva 95/46/CE, eram constantes os esforços que as organizações dedicavam à adequação e à manutenção contínuas do cumprimento da legislação de proteção de dados. A previsão de auditoria, a obrigação de realizar revisão periódica dos programas de conformidade a cada dois anos, sob a fiscalização de autoridade de controle dotada de competência para impor sanções pecuniárias elevadas, bem como o custo reputacional elevado do descumprimento eram reconhecidos como fortes incentivos à autorregulação, paralelamente à percepção de que a obediência às normas tem efeito positivo sobre a imagem ou a marca da organização, para usuários, clientes ou potenciais consumidores, ao transmitir a sensação de segurança e credibilidade quanto à proteção da intimidade e da vida privada. Na nova legislação europeia, o Regulamento Geral de Proteção de Dados (RGPD), os programas de *compliance* assumem papel de ainda maior destaque, bastando ver os códigos de conduta, sua supervisão e a criação de certificação e de selo de garantia de cumprimento normativo que são previstos (art. 40 a 43) como instrumentos de autorregulação.[2]

No Brasil, a Lei Geral de Proteção de Dados (LGPD), fortemente inspirada na legislação europeia, de igual modo se destaca por sua orientação voltada não apenas à tutela dos direitos dos titulares de dado pessoais, mas também à gestão de riscos, inclusive no que diz respeito à segurança da informação. Daí por que a repercussão dos programas de governança em privacidade, na linguagem empregada em seu art. 50, transcende a proteção de dados pessoais, projetando seus efeitos sobre outros programas de conformidade.

Procura-se aqui, por isso, elencar alguns dos possíveis impactos que a aderência a esse novo modelo de administração de risco acarretará sobre outros programas de cumprimento de normas, a começar pela transformação no seio das organizações de grande porte, a exigir estreita colaboração entre o encarregado e a nova estrutura de *compliance*. Em seguida, destaca-se a peculiar relevância dos programas de governança em privacidade de dados e discorre-se acerca da política de gestão de riscos e do foco no dever de prestação de contas.

2. DO ENCARREGADO À CONSTRUÇÃO DE UM SISTEMA DE CUMPRIMENTO DAS NORMAS DE PROTEÇÃO DE DADOS

A ubiquidade dos sistemas informáticos em todos os âmbitos das empresas e das organizações, em geral, alterou o quadro que se desenhava nos anos

2. SARACÍBAR, Esmeralda; GONZÁLEZ, Carlos. IT Compliance: Privacidad y Protección de Dados, *in* PEÑA, Carlos Alberto Sáiz (coord.), Compliance: como gestionar los riesgos normativos em la empresa, Pamplona, Thomson Reuters, 2015, pp. 211 ss.

1970, quando surge a primeira geração de leis de proteção de dados. Na época, somente daqueles que trabalhassem diretamente com processamento de dados, em grandes computadores, era exigido conhecimento específico a respeito das novas leis e dos procedimentos e cuidados exigidos para atingir seus objetivos.

Naquele contexto, bastava concentrar no encarregado de proteção de dados a *expertise* na área, incumbindo-lhe treinar e aconselhar todos os departamentos ou subdivisões da entidade. Mas logo se demonstrou, ainda sob a égide das antigas legislações nacionais europeias, que, em grandes organizações, era necessário ir além, estruturando uma organização voltada à proteção de dados. Essa realidade foi reconhecida e positivada no art. 24, 1, 1, do RGPD, que impõe a adoção de medidas técnicas e organizacionais adequadas.

Em consequência, para as grandes organizações, a nova legislação europeia estabelece o dever de criar uma estrutura de *compliance* de proteção de dados. Desse dever decorrem duas perguntas. A primeira consiste em saber como se dividem as atribuições do encarregado de proteção de dados e da estrutura de *compliance* de dados, e a outra em entender como se organiza a cooperação entre esses dois setores.

Independentemente da organização interna da entidade e da divisão interna de tarefas, o sucesso da cooperação depende das pessoas que desempenham esses papéis. Além disso, é importante desenvolver procedimentos claros e transparentes, bem como um permanente acompanhamento das atividades práticas dos dois setores. Desse modo, caberá a ambos, em estrita cooperação, aconselhar e supervisionar o tratamento de dados pessoais no seio da organização que integram.[3]

3. A PECULIAR RELEVÂNCIA DOS PROGRAMAS DE *COMPLIANCE* DE DADOS

Como bem lembrado por Frazão, Oliva e Abílio[4], há três fatores que acentuam a importância dos programas de *compliance* de dados nas organizações em geral. O primeiro é o amplo campo de incidência da LGPD, que abarca não apenas as atividades nucleares da empresa, mas também atividades laterais. Vale dizer: a *compliance* de dados não se restringe ao relacionamento da organização

---

3. JAKSCH, Christian; VON DAACKE, Gerrit. "Datenschutzbeauftragter und Datenschutz-Organisation unter der DSGVO", *in* Datenschutz und Datensicherheit, Springer, 2018, vol. 12, pp. 758-763.

4. FRAZÃO, Ana; OLIVA, Milena Donato e ABILIO, Vivianne da Silveira. "Compliance de dados pessoais", *in* TEPEDINO, Gustavo, FRAZÃO, Ana e OLIVA, Milena Donato Oliva (coordenadores), *in* Lei Geral de Proteção de Dados Pessoais e suas repercussões no Direito Brasileiro, São Paulo, Thomson Reuters Brasil, 2019, pp. 677-715.

com os destinatários de atividades fim, os consumidores em sentido amplo, mas alcança também atividades laterais. Exemplos sempre lembrados: o condomínio edilício, que coleta, processa e armazena dados de condôminos, funcionários e visitantes, e o empregador, que trata dados pessoais de seus empregados além do justificável pela relação de emprego, sob risco de desvio de finalidade e uso discriminatório desses dados.

Em segundo lugar, a aplicação da Lei de Proteção de Dados é universal, mas comporta adaptações. Os destinatários de seus preceitos devem adaptá-los às suas próprias características. Preconiza-se a criação de códigos de conduta moldados às específicas atividades e necessidades de cada setor, levando-se em consideração também o tamanho e a complexidade da organização.

Vale lembrar, a propósito, que na exposição de motivos do RGPD já se consigna a importância de incentivar as associações ou as entidades de classe a elaborarem códigos de conduta com vista a assegurar a efetividade do direito, tanto maior quanto sejam atendidas as especificidades setoriais e as necessidades das micro, pequenas e médias empresas.[5] Essa preocupação materializa-se no art. 40 do RGPD, que autoriza as entidades representativas de categorias de agentes de tratamento a preparar códigos de conduta, os quais devem prever procedimentos que permitam efetuar supervisão obrigatória do cumprimento de suas disposições por parte de organismo independente e devidamente acreditado pela autoridade de proteção de dados[6], sem prejuízo de sua competência, obviamente. Os textos devem ser submetidos à autoridade nacional de proteção de dados. Caso aprovados, são registrados e divulgados. Na hipótese de se aplicarem a mais de um Estado-Membro, são submetidos ao Comitê Europeu para a Proteção de Dados[7], cujo parecer, quando confirmada a aderência do código de conduta aos preceitos do RGPD, é encaminhado às Comissão Europeia, que poderá decidir acerca de sua aplicabilidade geral na União.

---

5. V. o considerando 98 do RGPD: "As associações ou outras entidades que representem categorias de responsáveis pelo tratamento ou de subcontratantes deverão ser incentivadas a elaborar códigos de conduta, no respeito do presente regulamento, com vista a facilitar a sua aplicação efetiva, tendo em conta as características específicas do tratamento efetuado em determinados setores e as necessidades específicas das micro, pequenas e médias empresas. Esses códigos de conduta poderão nomeadamente regular as obrigações dos responsáveis pelo tratamento e dos subcontratantes, tendo em conta o risco que poderá resultar do tratamento dos dados no que diz respeito aos direitos e às liberdades das pessoas singulares".
6. Cf. art. 41, 1, do RGPD.
7. Cf. art. 68 do RGPD.

Na LGPD, por sua vez, os agentes de tratamento (controladores e operadores) são autorizados a formular, individualmente ou por meio de associações, regras de boas práticas e de governança, com obrigações específicas para os diversos envolvidos no tratamento de dados, levando em consideração "a natureza, o escopo, a finalidade e a probabilidade e a gravidade dos riscos e dos benefícios decorrentes de tratamento de dados do titular" (art. 50, § 1º). Na aplicação da lei e na concepção do programa de governança em privacidade, o controlador é incitado a observar "a estrutura, a escala e o volume de suas operações, bem como a sensibilidade dos dados tratados e a probabilidade e a gravidade dos danos" (art. 50, § 2º). A lei prevê, ainda, a publicação e a atualização periódicas das regras de boas práticas e de governança, que poderão ser reconhecidas e divulgadas pela autoridade nacional, a quem cabe estimular a adoção de padrões técnicos destinados a facilitar o controle pelos titulares de seus dados pessoais (art. 50, § 2º, II, e § 3º).

Finalmente, os programas de *compliance* de dados desempenham importante papel de complementação e especificação da lei de regência. Como se sabe, na LGPD há vasto emprego de cláusulas gerais, que exigem cuidadosa interpretação para que não se amplie em demasia o alcance da norma. Um exemplo sempre lembrado é a hipótese de tratamento de dados consistente no legítimo interesse do controlador. Para restringir a discricionariedade do controlador na definição do fato que justifique essa exceção ao consentimento do titular dos dados, bem como para disciplinar previamente uma situação que pode caracterizar conflito de interesse, o programa de governança em privacidade pode dispor a respeito das hipóteses específicas de tratamento de dados fundado no legítimo. Uma tal especificação do campo de incidência da LGPD, ao reforçar a previsibilidade e a segurança jurídica, beneficia diretamente os titulares de dados, os agentes de tratamento e a autoridade nacional, que pode passar a dedicar seus escassos recursos à persecução de outros fins que não o *enforcement*.

4. DA TUTELA DE DIREITOS À GESTÃO DE RISCOS

Na Europa, a proteção de dados pessoais desenvolveu-se segundo um modelo fundado em direitos, isto é, em normas e procedimentos que tendem a tutelar, com a máxima eficácia possível, os direitos subjetivos dos titulares de dados pessoais.

Partindo de outra perspectiva, a ideia de gestão ou controle de risco, comumente empregada nos EUA, não se baseia na certeza da incidência da norma protetiva a situações fáticas, mas é, antes, associada a cálculos probabilísticos de eventos futuros.

No RGPD, embora se tenha preservado o modelo de proteção de dados pessoais baseado em direitos, foram introduzidas ferramentas de controle de risco, o que tem suscitado críticas ao que se avalia como submissão a interesses empresariais, em confronto com a pureza do sistema até então prevalecente. A nova norma europeia teria, em suma, incorporado elementos indesejáveis do modo de incidência normativa empregado nos EUA, onde apenas se tende a exigir a comprovação do dano ao titular dos dados para que seus direitos sejam tutelados.

Os dois modelos podem ser comparados sob diversos enfoques. Em primeiro lugar, pode-se acentuar uma diferença em sua lógica e em seu *modus operandi*. O modelo fundado em direitos é binário: ou bem o tratamento de dados é lícito ou é ilícito; ou é fiel às normas protetivas ou não. Bem diversa é a lógica do modelo de gestão de riscos. Não se cogita saber se aquela operação de tratamento de dados é ou não arriscada, mas, sim, determinar qual o nível de risco é razoavelmente aceitável, dada a escala e a complexidade da operação.

Em segundo, essas sistemáticas podem levar a diferentes tipos de proteção dos bens jurídicos tutelados. O modelo fundado em direitos pressupõe a aplicação das mesmas normas a todos, independentemente do nível de risco ou de potencial danoso. Desse modo, procura-se assegurar, ao menos em tese, um nível de proteção mínimo para todos. Convém lembrar que esse é o padrão de tutela jurídica esperado, em vista do reconhecimento do direito fundamental à proteção de dados pessoais no art. 8º da Carta de Direitos Fundamentais da União Europeia.

De outra prumada, o modelo de gestão de riscos começa por avaliá-los para, somente em seguida, definir padrões de controle. Cuida-se, por definição, de normas que se aplicam de maneira desigual em função do nível de risco, segundo cálculos de custos e benefícios e de prejuízos possíveis, bem como dos custos a serem incorridos para que sejam evitados. É plausível supor que um tal modelo só se aplique a situações de alta periculosidade.

As ferramentas de gestão de risco são conhecidas há alguns anos. No direito ambiental já se encontram instrumentos desse tipo há muito tempo. Assim também no direito bancário e financeiro, como se vê da Lei Sarbanes-Oxley, aprovada nos EUA em 2002, e do 3º Acordo da Basileia, de 2011. Na área de segurança de informação igualmente se verifica o aumento de deveres de gestão de risco pelas entidades reguladas.[8]

8. V. GELLERT, pp. 2-4.

Antes do RGPD, que entrou em vigor em 2018, a Diretiva 95/46/EC exigia, em seu art. 18, a notificação de qualquer atividade de tratamento de dados pessoais. Na nova norma europeia tal obrigação não permanece. Atualmente, só quando houver risco elevado para os titulares de dados, deve a autoridade ser comunicada. Houve uma verdadeira guinada em favor da *accountability*.

A transparência, o fiel cumprimento das normas e o dever de prestar contas são promovidos por instrumentos que induzem não apenas à obediência ao direito, mas também à comprovação da efetividade dos programas de conformidade. Os relatórios de impacto à proteção de dados pessoais destacam-se como uma das principais ferramentas que flanqueiam essa nova abordagem.

Reflexos dessa nova tendência na LGPD são fáceis de identificar: o dever de prestação de contas (art. 6º, X), que inclui o relatório de impacto (art. 5º, XVII), selos (art. 33, II, *d*) e códigos de boas práticas e de governança (art. 50). Diversamente da norma europeia, contudo, a lei brasileira "não procedimentaliza minimamente como tais mecanismos deveriam ganhar vida, deixando para posterior regulação por parte da Autoridade Nacional de Proteção de Dados". Assim, os dois sistemas convergem quanto à ideia de corregulação, mas aqui a *accountability* deverá ser moldada em detalhes pela autoridade administrativa.[9]

Accountability é fundamento de legitimação de decisões de entes públicos em Estado de Direito. Traduz-se na capacidade de os cidadãos cobrarem de seus representantes que prestem contas de suas atividades, o que contribui para que estes se tornem mais responsivos em relação aos primeiros, isto é, para que ajam no interesse dos representados. Sua efetivação depende da conjugação de mecanismos institucionais e de governança, tanto públicos como privados, que conduzam a uma autorregulação regulada.

---

9. V. BIONI e MENDES, pp. 812-815: "todo o sistema é calibrado por esse voto de confiança e por uma série de ferramentas pelas quais os agentes de tratamento demonstrem a eficácia das medidas tomadas para estarem em conformidade com as regras de proteção de dados pessoais. Uma das principais ferramentas são os chamados relatórios de impacto à proteção de dados pessoais, pelo qual o controlador (...) deve obrigatoriamente executá-los quando houver um alto risco em jogo". V. também CUEVA: o RGPD "introduz uma cultura de *accountability*, que permite às empresas demonstrar sua observância das normas de proteção de dados pessoais e induz à adoção de programas de conformidade, em resposta à necessidade de proteger efetivamente os indivíduos em um universo em rápida mutação, com uma multiplicidade de atores, no qual a intervenção do juiz *ex post* perde relevância e funcionalidade. Para dar credibilidade a essa nova abordagem, o regulamento prevê sanções pecuniárias que podem chegar a 4% do faturamento mundial da empresa, ficando claro que a proteção de dados pessoais deve ser levada a sério pelos atores públicos e privados, a partir do quotidiano operacional das organizações".

Enquanto instrumento de corregulação, a *accountability* pressupõe a delegação de autoridade a agentes públicos e privados para que possam exercer suas atividades de forma autônoma, mas sob supervisão de autoridades estatais. Estas passam a ter à sua disposição mais e melhores meios de fiscalização e controle, podendo exigir a comprovação da conformidade das atividades exercidas pelo ente corregulado, bem como impor medidas executivas mais céleres e efetivas do que as de comando e controle. As sanções passam a se aplicar quando o contínuo monitoramento revelar quebra do dever de conformidade. Com isso, a autoridade estatal pode empregar seus recursos escassos de modo mais seletivo e estratégico.[10]

Outra questão fundamental é o dever de segurança da informação, que se reflete também nos cuidados exigidos da organização que estabeleça um programa de *compliance* de dados, o qual deve conter salvaguardas adequadas, definidas a partir de avaliação sistemática de impactos e riscos (art. 50, § 2º, I, d), e ser continuamente monitorado e atualizado (art. 50, § 2º, I, h) para que se possa demonstrar sua efetividade (art. 50, § 2º, II).

Para o estabelecimento de salvaguardas, deve-se levar em consideração o uso de técnica apta a tornar os dados indecifráveis, como recomendado no art. 48, § 3º. O programa de governança em privacidade deve contemplar, ainda, "planos de resposta a incidentes e remediação" (art. 50, § 2º, I, g).

Em outras palavras, os instrumentos de detecção e remediação tempestivas são indispensáveis em virtude da natureza inerentemente arriscada de tratamento de dados pessoais. A autoridade administrativa deve ser cientificada, em prazo razoável, de incidentes de segurança que possam acarretar risco ou dano relevante aos titulares, nos moldes do art. 48. Verificada a não conformidade, a apuração da responsabilidade e suas consequências deve ser efetuada de acordo com o estabelecido previamente no programa.[11]

Os programas de governança em privacidade, tal como disciplinados na LGPD, deixam claro que a segurança de informação e a proteção de dados pessoais estão intimamente interligadas, ainda que não se confundam. Não pode haver a tutela da privacidade no sentido que lhe têm atribuído as modernas normas de proteção de dados pessoais se não for preservada a segurança dos dados que se visa proteger. A segurança e a proteção da integridade dos dados são pré-requisitos da proteção da privacidade no sentido contemporâneo. A chave

10. SOMBRA, Thiago Luís Santos. Fundamentos da regulação da privacidade e proteção de dados pessoais: pluralismo jurídico e transparência em perspectiva, São Paulo, Thomson Reuters Brasil, 2019, pp. 209-214.

11. FRAZÃO, OLIVA e ABILIO, pp. 709-710.

para a compreensão desse entrelaçamento é o dever de prestação de contas (a *accountability*), que marca tanto a LGPD quanto a legislação europeia.

A segurança da informação é disciplinada tanto por regras técnicas quanto por normas estatais. Contudo, ainda mais que no campo estrito da proteção de dados pessoais, é norteada por deveres de cuidado e procedimentos verificáveis e auditáveis, sob regime de corregulação.[12]

5. *COMPLIANCE* DE DADOS EM PROVEDORES DE APLICAÇÃO NA INTERNET

Como se viu, o RGPD vale-se fortemente da *accountability*. Os agentes de tratamento de dados são induzidos a adotar programas de conformidade, a fim de demonstrar sua observância das normas de proteção de dados pessoais. Com isso, procura-se atender à necessidade de proteger efetivamente os indivíduos em um mundo em rápida mutação, com uma multiplicidade de atores, no qual a intervenção do juiz *ex post* perde relevância e funcionalidade. Para dar credibilidade a essa nova abordagem, o regulamento prevê sanções pecuniárias que podem chegar a 4% do faturamento mundial da empresa, deixando claro que a proteção de dados pessoais deve ser levada a sério pelos atores públicos e privados, a partir do quotidiano operacional das organizações.[13]

Os programas de *compliance* de dados são também muito relevantes para os provedores de aplicação da internet, cujos modelos de negócio, fundados na gratuidade dos serviços prestados em troca do uso intenso de dados pessoais para perfilhamento dos usuários, tendem a contrariar a legislação protetiva da privacidade. A autorregulação, aqui, é fundamental, desde a concepção e calibragem dos algoritmos utilizados, para que os dados pessoais, que constituem o principal insumo dessas empresas, sejam tratados de forma adequada.

Particularmente importante é a autorregulação no contexto da proteção da integridade e da veracidade das informações veiculadas pelas redes sociais. O problema dos discursos de ódio e das *fake news* tem sido crescentemente tratado na Europa por meio da autorregulação. A união europeia celebrou compromisso com as principais empresas do setor, no sentido de lhes atribuir

12. CUEVA, Ricardo Villas Bôas Cueva. "Segurança da informação e proteção de dados pessoais", *in* FRANCOSKI, Denise de Souza Luiz e TASSO, Fernando Antonio (coordenadores): A Lei Geral de Proteção de Dados: aspectos práticos e teóricos relevantes no setor público e privado, São Paulo, RT, 2021, pp. 539-550.

13. Falque-Pierrotin, Isabelle. "L'Europe des données ou l'individu au coeur d'un système de compliance", *in* Frison-Roche, Marie-Anne (org.), *Régulation, supervision, compliance*, Paris, Dalloz, 2017, pp. 29-33.

responsabilidade pelos conteúdos ilícitos por elas veiculados. Na Alemanha, entrou em vigor no início de 2018 uma lei (*Netzdurchsetzungsgesetz* ou *NetzDG*) que vai um passo além, ao impor às redes sociais com mais de 2 milhões de usuários o dever de remoção de conteúdos ilícitos, tal como definidos em tipos penais expressamente listados. Após notificação do prejudicado, as empresas devem remover o conteúdo em 24 horas. Em casos difíceis, o prazo é ampliado para 7 dias.

Os provedores que recebam mais de 100 reclamações anuais a respeito de conteúdos ilícitos são obrigados a apresentar relatórios semestrais na publicação oficial (*Bundesanzeiger*) e em seu próprio *site*. Os relatórios devem conter, entre outras, informações quanto às ferramentas disponíveis para a investigação das reclamações e aos critérios de decisão para bloqueio ou apagamento dos conteúdos ilícitos, à organização, ao pessoal disponível, bem como quanto a sua competência técnica e linguística, treinamento e supervisão para o processamento das reclamações (§ 2). O procedimento para processamento das reclamações deve ser efetivo e transparente (§ 3, 1). A direção das redes sociais deve supervisionar mensalmente o tratamento das reclamações (§ 3, 2).

O estabelecimento de uma regulação autorregulada será reconhecido, desde que (§ 3, 6): a) seja garantida a independência e a perícia de seus analistas; b) seja assegurada uma composição técnica e uma análise tempestiva no período de 7 dias; c) haja um código de procedimento que discipline o rito e a duração da análise, bem como os deveres de comunicação das redes sociais, e preveja a possibilidade de supervisão das decisões; d) seja instalado um centro de reclamações; e e) seja a entidade suportada por vários provedores de redes sociais ou instituições, que garantam composição técnica, e admita a entrada de outros provedores. Em suma, o sistema da *NetzDG* valoriza a transparência e a controlabilidade das regras e dos procedimentos por meio de auditorias periódicas e da autorregulação.

A lei alemã é criticada por supostamente comprometer a liberdade de expressão e por implicar delegação inconstitucional de atividade típica do Estado a entes privados. A guinada de um modelo fundado na reserva de jurisdição para outro, construído a partir da autorregulação regulada encontra fortes resistências, e não apenas na Alemanha. O reconhecimento de que os discursos de ódio e as campanhas de desinformação não podem ser tolerados tem induzido acalorados debates no Brasil e em muitos países.[14]

---

14. CUEVA, Ricardo Villas Bôas Cueva. "Funções e finalidades dos programas de compliance", *in* CUEVA, Ricardo Villas Bôas e FRAZÃO, Ana (coordenadores), Compliance:

6. CONSIDERAÇÕES FINAIS

Por seu caráter transversal, os programas de *compliance* de dados são vocacionados a influenciar todos os outros programas de conformidade, especialmente no contexto do novo paradigma da economia digital, na qual todos os dados pessoais, não somente os sensíveis, destacam-se como uma das principais fontes geradoras de riqueza.

A nova geração de leis protetivas da privacidade, no sentido contemporâneo, caracteriza-se por uma guinada metodológica, que ombreia a tutela dos direitos individuais dos titulares de dados à gestão de riscos. Sob essa nova perspectiva, não basta que os agentes de tratamento de dados comprovem sua estrita aderência aos comandos da lei; é preciso que também estejam preparados para arrostar os desafios inerentes ao incessante desenvolvimento tecnológico.

O modelo de gestão de riscos é particularmente significativo no que tange à segurança da informação, elemento que não se confunde com a proteção de dados pessoais, mas se entrelaça a ela, como requisito ou condição de possibilidade à sua efetivação. É que, sem a garantia da integridade dos sistemas informáticos, não é possível proteger os dados pertencentes às pessoas naturais.

Nesse quadro, é fácil perceber que os programas de *compliance* de dados, com sua ênfase na transparência e no dever de prestação de contas (*accountability*), são destinados a transformar de modo duradouro a própria ideia matriz dos programas de cumprimento de normas, fortalecendo, assim, a passagem de um modelo calcado na heterorregulação para outro mais afeito à autorregulação regulada.

REFERÊNCIAS BIBLIOGRÁFICAS

BIONI, Bruno e MENDES, Laura Schertel. "Regulamento europeu de dados pessoais e a lei geral brasileira de proteção de dados: mapeando convergências na direção de um nível de equivalência", *in* TEPEDINO, Gustavo, FRAZÃO, Ana e OLIVA, Milena Donato Oliva (coordenadores), *in* Lei Geral de Proteção de Dados Pessoais e suas repercussões no Direito Brasileiro, São Paulo, Thomson Reuters Brasil, 2019, pp. 797-820.

CUEVA, Ricardo Villas Bôas Cueva. "Funções e finalidades dos programas de compliance", *in* CUEVA, Ricardo Villas Bôas e FRAZÃO, Ana (coordenadores), Compliance: perspectivas e desafios dos programas de conformidade, Belo Horizonte, Fórum, 2018, pp. 53-69.

---

perspectivas e desafios dos programas de conformidade, Belo Horizonte, Fórum, 2018, pp. 53-69.

CUEVA, Ricardo Villas Bôas Cueva. "Alternativas para a remoção de *fake news* das redes sociais", *in* ABBOUD, Georges, NERY JR., Nelson e CAMPOS, Ricardo (org.): *Fake News* e Regulação, São Paulo, RT, 2020, 2ª ed, pp. 271-280.

CUEVA, Ricardo Villas Bôas Cueva. "Segurança da informação e proteção de dados pessoais", *in* FRANCOSKI, Denise de Souza Luiz e TASSO, Fernando Antonio (coordenadores): A Lei Geral de Proteção de Dados: aspectos práticos e teóricos relevantes no setor público e privado, São Paulo, RT, 2021, pp. 539-550.

FALQUE-PIERROTIN, Isabelle. "L'Europe des données ou l'individu au coeur d'un système de compliance", *in* Frison-Roche, Marie-Anne (org.), *Régulation, supervision, compliance*, Paris, Dalloz, 2017, pp. 29-33.

FRAZÃO, Ana; OLIVA, Milena Donato e ABILIO, Vivianne da Silveira. "Compliance de dados pessoais", *in* TEPEDINO, Gustavo, FRAZÃO, Ana e OLIVA, Milena Donato Oliva (coordenadores), *in* Lei Geral de Proteção de Dados Pessoais e suas repercussões no Direito Brasileiro, São Paulo, Thomson Reuters Brasil, 2019, pp. 677-715.

GELLERT, Raphäel. The risk-based approach to data prtection, Oxford, Oxford University Press, 2020.

JAKSCH, Christian; VON DAACKE, Gerrit. "Datenschutzbeauftragter und Datenschutz-Organisation unter der DSGVO", *in* Datenschutz und Datensicherheit, Springer, 2018, vol. 12, pp. 758-763.

SARACÍBAR, Esmeralda; GONZÁLEZ, Carlos. "IT Compliance: Privacidad y Protección de Dados", *in* PEÑA, Carlos Alberto Sáiz (coord.), Compliance: como gestionar los riesgos normativos em la empresa, Pamplona, Thomson Reuters, 2015, pp. 211 ss.

SOMBRA, Thiago Luís Santos. Fundamentos da regulação da privacidade e proteção de dados pessoais: pluralismo jurídico e transparência em perspectiva, São Paulo, Thomson Reuters Brasil, 2019, pp. 209-214.

Inteligência Artificial: desafios éticos e jurídicos

Eduardo Magrani[1]

Paula Guedes[2]

---

1. Advogado; pós-doutorado pelo Munich Center for Technology in Society da Universidade Técnica de Munique (TUM); formado, mestre e doutor pela Pontifícia Universidade Católica do Rio de Janeiro (PUC-Rio); professor Sênior de Direito e Tecnologia e Propriedade Intelectual em universidades do Brasil e exterior; filiado ao Berkman Klein Center for Internet & Society da Universidade de Harvard; e presidente do Instituto Nacional de Proteção de Dados (INPD) no Brasil.

2. Advogada; doutoranda em Direito e mestre em Direito Internacional e Europeu pela Universidade Católica Portuguesa – Escola do Porto (UCP Porto); pós-graduanda em Direito Digital pelo Instituto de Tecnologia e Sociedade do Rio de Janeiro (ITS-Rio) em parceria com a Universidade Estadual do Rio de Janeiro (UERJ); participante do grupo de pesquisa em Direito e Tecnologia da PUC-Rio (Legalité); pós-graduada em Direito Digital pela Fundação Escola Superior do Ministério Público (FMP); e formada pela Pontifícia Universidade Católica do Rio de Janeiro (PUC-Rio).

1. CONSIDERAÇÕES INICIAIS SOBRE A INTELIGÊNCIA ARTIFICIAL

A inteligência artificial (IA) está cada vez mais presente em nossas vidas, moldando a forma como acessamos informações, interagimos com dispositivos conectados, relacionamo-nos socialmente, compartilhamos informações pessoais e até aprendemos.[3] Progressivamente, novos produtos e serviços baseados nessa tecnologia são postos à nossa disposição, a exemplo de recomendações de filmes e séries no *Netflix*; criação de *feeds* de notícias em mídias sociais, como *Instagram* e *Facebook*; filtragem de *spam* em *e-mails*; assistentes virtuais, como *Siri* da *Apple* e *Alexa* da *Amazon*; indicações de resultados em mecanismos de busca, como *Google*; e até sugestões de rota de trânsito, como ocorre no *Waze* e no *Google Maps*.

Campo de estudo existente desde meados da década de 1950, a crescente popularidade desses sistemas é associada à crescente disponibilidade abundante de dados, barateamento da infraestrutura para processamento, avanços tecnológicos e maior conectividade.[4] Em poucas palavras, a inteligência artificial é um conjunto de tecnologias que combina dados, algoritmos e poder computacional,[5] capaz de comportar-se de forma similar à inteligência humana para alcançar um determinado objetivo específico, geralmente a solução de uma questão.[6]

Os sistemas baseados em IA podem ser puramente *softwares*, "limitados" ao ciberespaço, como assistentes de voz, mecanismos de busca e sistemas de tradução, ou acoplados a dispositivos de *hardware*, como carros autônomos, drones e produtos da Internet das Coisas.[7] No estado atual da arte, a tecnologia contribui para benefícios sociais e econômicos em diferentes campos ao melhorar a previsão de resultados, otimizar operações e alocação de recursos e personalizar a entrega de serviços, fornecendo vantagens competitivas significativas para as empresas que a domina.[8]

Áreas como saúde, agricultura, educação, gestão de infraestrutura, energia, transporte, serviços públicos, segurança e clima já são impactadas positivamente pela tecnologia.[9] Por exemplo, a IA tem potencial de melhorar o sistema

---

3. Article 19; Privacy International (2018, p. 4).
4. BIGONHA, Carolina (2018, p. 2).
5. European Commission (fev. 2020, p. 2).
6. European Commission (2018, p. 1).
7. European Commission (2018, p. 1).
8. European Commission (jul. 2020, p. 1).
9. European Commission (jul. 2020, p. 1).

de saúde, reduzir o consumo de energia, tornar os carros mais seguros, prever e mitigar mudanças climáticas, melhorar a gestão de risco financeiro, auxiliar na detecção de fraudes e ameaças à segurança cibernética e até auxiliar produtores a utilizar os recursos de forma mais eficiente.[10]

Porém, apesar de potencialmente benéfica para as pessoas e a sociedade como um todo, a IA desperta também novos desafios, já que torna possível o aprendizado de máquina e a implementação de decisões automatizadas, sem intervenção humana. Por isso, o rápido desenvolvimento e a aplicação irrefletida da tecnologia fazem com que a necessidade de implementação de princípios éticos e regulamentações para seu uso estejam na pauta do dia, principalmente quando falamos de máquinas com a capacidade de aprenderem sozinhas, gerando alta imprevisibilidade nos resultados e grandes potenciais lesivos aos direitos fundamentais.

A escala e o alcance dos sistemas de IA, a tendência de implantação rápida e descuidada e o impacto imediato que eles têm na vida de muitas pessoas, representam reforço a problemas já existentes e a criação de uma série de novas questões.[11]

2. Implicações jurídicas e éticas do uso da IA

O desenvolvimento, a implantação e o uso das tecnologias criadas com base em algoritmos complexos de inteligência artificial pode levar a problemas éticos e jurídicos substanciais. Danos e violações de direitos fundamentais, sejam imediatos ou potenciais, já são uma realidade resultante dessas ferramentas, a exemplo da falta de transparência e explicação de resultados, exposição de usuários a violações injustificadas de privacidade e proteção de dados, manipulação inconsciente de comportamento e discriminação.[12]

Com o intuito de mitigar algumas dessas ameaças e dos danos decorrentes do desenvolvimento, implantação e uso da IA, é necessário introduzir um debate ético e regulatório sobre possíveis limitações aplicáveis a essa tecnologia. Além de legislações vinculantes, diretrizes éticas também devem ser consideradas, a fim de minimizar os riscos atribuíveis a esses sistemas e, ao mesmo tempo, maximizar seus benefícios.[13]

---

10. European Commission (fev. 2020, p. 1).
11. ANDERSEN, L. (2018, p. 14).
12. MILANO, S., TADDEO, M., FLORIDI, L. (2019, p. 5-6).
13. EKSTRAND, J. D.; EKSTRAND, M. D. (2016, p. 2).

Atualmente, observa-se uma preocupação mundial em definir limites éticos para a inteligência artificial. Número crescente de iniciativas de diferentes partes interessadas definem recomendações e diretrizes para a construção de uma IA ética, confiável e centrada no ser humano. Até 2020, foram mapeadas pelo menos 84 iniciativas de definição de princípios éticos para orientar a tecnologia, vindas de organizações públicas e privadas.[14]

Tabela 1 – Princípios éticos identificados nas diretrizes de IA existentes[15]

Princípio Ético	Número de documentos	Diretrizes incluídas
Transparência	73/84	Transparência, explicabilidade, explicação, compreensibilidade, interpretabilidade, comunicação, divulgação, esclarecimento
Justiça	68/84	Justiça, imparcialidade, consistência, inclusão, igualdade, equidade, não discriminação, diversidade, pluralidade, acessibilidade, reversibilidade, remédio, reparação, desafio, acesso e distribuição
Não maleficência	60/84	Não maleficência, segurança, proteção, precaução, prevenção, integridade (corporal e mental), não subversão
Responsabilidade	60/84	Responsabilidade, prestação de contas, agir com integridade
Privacidade	47/84	Privacidade, informação privada ou pessoal
Beneficência	41/84	Beneficência, benefícios, bem-estar, paz, bem social, bem comum
Liberdade e autonomia	34/84	Liberdade, autonomia, consentimento, escolha, autodeterminação, fortalecimento
Confiança	28/84	Confiança
Sustentabilidade	14/84	Sustentabilidade, meio ambiente (natureza), energia, recursos
Dignidade	13/84	Dignidade
Solidariedade	6/84	Solidariedade, seguridade social, coesão

14. JOBIN, A., IENCA, M., VAYENA, E. (2019, p. 391); HARTMANN, I. A. *et al.* (2020, p. 6).
15. JOBIN, A., IENCA, M., VAYENA, E. (2019, p. 395).

A maioria dos documentos estabelece uma estrutura ética geral para IA, concentrando-se na proteção de pessoas vulneráveis e no tratamento de assimetrias de informação e poder.[16] Por isso, esses princípios básicos comuns podem ser diretamente aplicáveis a todas as ferramentas que utilizam a IA, principalmente as noções de transparência, não discriminação, autonomia humana, beneficência, não maleficência, responsabilidade, privacidade, justiça e confiança.[17]

Diante da atual insipiência quanto à regulamentação, à fiscalização, à conscientização e à transparência dos algoritmos de IA, vislumbrar essa tecnologia por meio das lentes dos princípios éticos pode ser um ponto de partida relevante para contrastar o quão longe seu desenvolvimento e uso estão de um caminho adequado, em que atue de forma mais benéfica do que prejudicial para a sociedade. Nesse sentido, para alcançar tal análise, os princípios de beneficência e maleficência desempenham um papel importante.

Segundo o princípio da beneficência, tecnologias impulsionadas por inteligência artificial devem ser desenvolvidas para criar uma "IA para o bem". Em outras palavras, a tecnologia deve promover bem-estar, dignidade, bem comum e sustentabilidade em todas as suas fases e *designs*, de forma a beneficiar as pessoas, a sociedade e o planeta.[18] Nesse sentido, essas ferramentas devem promover as potencialidades humanas, criando novas oportunidades que aumentem a autorrealização individual, autonomia, agência humana, coesão social e as capacidades individuais e coletivas.[19]

Iniciativas de IA benéficas devem alcançar o bem-estar físico e emocional em níveis individuais e coletivos, a exemplo da melhoria da assistência médica, fornecimento de benefícios públicos, expansão de resultados educacionais positivos e criação de ambientes mais seguros.[20] Assim, esse princípio não visa minar os grandes benefícios produzidos pela IA, mas garantir que essas tecnologias trabalhem a favor do ser humano e não contra ele.

Por exemplo, um sistema de recomendação, baseado em IA, bem projetado para auxiliar indivíduos doentes ou não saudáveis, apresenta uma grande oportunidade de ajudar as pessoas a alcançar uma melhor qualidade de vida, de

---

16. BEIL, M., *et al.* (2019, p. 4).
17. JOBIN, A., IENCA, M., VAYENA, E. (2019, p. 391-396).
18. GUSZCZA, J. *et al.* (2020, p. 72).
19. FLORIDI, L. *et al.* (2018, p. 690).
20. GUSZCZA, J. *et al.* (2020, p. 72-74).

acordo com a beneficência.[21] Atualmente, já existem iniciativas nesse sentido, como *wearables* com técnicas de gamificação e demais intervenções comportamentais em forma de "empurrãozinhos" ("*nudge*") criados para estimular comportamentos mais saudáveis.[22]

Já com base no princípio da não maleficência, os sistemas de inteligência artificial devem ser projetados para não prejudicar em nenhum sentido os seres humanos, evitando danos previsíveis, imprevistos e não intencionais, como decisões discriminatórias ou tendenciosas, disseminação de desinformação e violação de privacidade e proteção de dados.[23] O ponto principal, quando se trata da não maleficência, é prevenir o surgimento de qualquer tipo de dano, seja da intenção ou da imperícia do homem, seja de comportamento tecnológico imprevisto.[24]

Portanto, para evitar ferramentas de IA prejudiciais, é essencial compreender as limitações tecnológicas para gerenciar os possíveis riscos.[25] Assim, o princípio da não maleficência enfatiza a alarmante necessidade de se ter sistemas de IA de acordo com as normas e recomendações de proteção de dados, privacidade, cibersegurança e salvaguarda de direitos fundamentais como um todo *by design* e *by default*, além de um sistema de responsabilização e prestação de contas eficaz em caso de uso indevido.

Considerando as já existentes tecnologias baseadas em IA, ajustes e acordos de harmonização entre beneficência e não maleficência são fundamentais, o que exige a ponderação de benefícios e de riscos na prática.[26] Por exemplo, em mídias sociais, quando empresas utilizam filtros automatizados para envio direcionado de conteúdo, embora a filtragem de IA tenha intenções benéficas, como personalização e otimização da experiência *on-line*, isso pode violar a liberdade e a autonomia individual. Assim, é importante considerar, cuidadosamente, na prática, as possíveis maneiras pelas quais os sistemas podem ser mal utilizados ou causar danos não intencionais a um indivíduo ou à sociedade, para mitigar seus efeitos adversos.[27]

---

21. EKSTRAND, J. D.; EKSTRAND, M. D. (2016, p. 2).
22. GUSZCZA, J. *et al.* (2020, p. 73).
23. Ibid. p. 71.
24. FLORIDI, L. *et al.* (2018, p. 697).
25. GUSZCZA, J. *et al.* (2020, p. 71-72).
26. FLORIDI, L. *et al* (2018, p. 697).
27. EKSTRAND, J. D.; EKSTRAND, M. D. (2016, p. 2).

3. BOAS PRÁTICAS PARA A IA

Atualmente, a Lei Geral de Proteção de Dados (LGPD) representa no Brasil um sistema forte de proteção aos direitos dos indivíduos diante da inteligência artificial e das decisões automatizadas. Além de estabelecer princípios relevantes, como acesso à informação, não discriminação, transparência, prevenção de danos, responsabilização e prestação de contas, prevê também uma série de direitos que reforçam o controle do usuário sobre seus dados e estabelece obrigações para os responsáveis pelo tratamento desses dados, o que inclui a prestação de informações, a transparência e a implementação de medidas de segurança.[28]

Porém, diante da progressiva e constante complexidade dos sistemas de IA, a regulação apenas pelo Direito não é mais suficiente. Além dela, há outras formas de se endereçar os problemas associados à tecnologia de IA, o que perpassa por normas sociais, questões mercadológicas e pela própria forma de construção da arquitetura (código) dos sistemas.[29]

Nesse cenário, todos os atores devem atentar-se para padrões éticos aplicáveis aos algoritmos de inteligência artificial. Atualmente, como já exposto, há um amplo debate ao redor dessas diretrizes éticas que devem orientar todo o ciclo de vida dos sistemas e recomendação baseados em IA, incluindo o desenvolvimento, a implementação e o efetivo uso. Há urgência para que essas ferramentas se centrem no ser humano, protegendo seus interesses e direitos fundamentais, de forma a beneficiar a sociedade como um todo.[30] Diante da relevância de parâmetros éticos, como transparência, responsabilização, não discriminação, precaução, privacidade e segurança, muitas delas já foram incorporadas em regulações, como ocorreu nos princípios, nas regras e nos direitos da LGPD.

Dito isso, como os sistemas criados a partir da IA são incorporados por algoritmos autônomos e inteligentes, desencadeando questões legais e éticas, iniciativas de áreas diversas e multidisciplinares de especialização, como cientistas de dados, advogados e especialistas em pesquisa jurídica, cientistas sociais e especialistas em ética, são necessárias.[31] Nesse sentido, as soluções de IA devem ser desenvolvidas e implementadas por meio de uma colegialidade intersetorial e multidisciplinar, a fim de otimizar seus resultados em direção à ética e à legalidade.[32]

28. SOUZA, C. A.; PERRONE, C.; MAGRANI, E. (2021, p. 470-471).
29. LESSIG, L. (2016, p. 123).
30. BEIL, M., *et al.* (2019, p. 1).
31. CURRIE, G.; HAWK, K.E.; ROHREN, E.M (2020, p. 752).
32. European Parliament (2020, p. 52).

3.1. Regulação pela tecnologia: estratégias *by design* e *by default*

No contexto dessas "novas" tecnologias que interferem ativamente no nosso dia a dia, direcionando conteúdo personalizado e tomando decisões automatizadas sobre nós, a ética e os direitos humanos desempenham um papel importante em sua aplicação em prol do bem público. Para isso, a regulação da IA deve ocorrer também por meio do *design* da própria ferramenta, alinhada desde o início com diretrizes éticas e com a doutrina dos direitos humanos, como um elemento central da arquitetura dos sistemas.[33]

Essa abordagem de "*design* sensível à valores", como privacidade, segurança, ética e direitos humanos,[34] é adequada à ideia de que os benefícios e os efeitos positivos da inteligência artificial não podem ser garantidos apenas pelo cumprimento do quadro regulamentar, mas também assegurados por padrão,[35] desde o início do desenvolvimento do sistema e reforçados durante a sua utilização, de acordo com estratégias *by design* e *by default*.

Consequentemente, princípios éticos e legais, baseados em direitos e valores humanos, devem servir como critérios de *design* para o desenvolvimento de usos inovadores de IA e também para a revisão dos existentes, a fim de colocar o ser humano no centro da criação dessas tecnologias, guiando sua implantação e uso.[36] Tal disposição está de acordo com o art. 46, *caput* e § 2º, da LGPD, que demanda a adoção de medidas de segurança, técnicas e administrativas, para a proteção dos dados pessoais de tratamento inadequado ou ilícito, acessos não autorizados e situações acidentais ou ilícitas, o que deve abrange tanto a fase de concepção como sua execução.

Assim, no curto prazo, o *design* pode desempenhar um papel crucial na abordagem das questões éticas e jurídicas potencialmente desencadeadas pela IA, por exemplo, ao estabelecer mensagens *pop-ups* alertando os usuários sobre os resultados de indicações de conteúdo que levaram em consideração perfis comportamentais criados de forma automatizada, auxiliando a conscientização do público e o exercício de direitos. Porém, a longo prazo, é fundamental que a infraestrutura dos sistemas baseados em IA aplique por padrão normas e princípios éticos, como transparência, não discriminação e justiça, em todas suas fases.[37]

---

33. MAGRANI, E.; SILVA, P.; VIOLA, R. (2019, p. 128).
34. MAGRANI, E. (2019, p. 235).
35. CAVOUKIAN, A. (2009, p. 1).
36. GUSZCZA, J. *et al.* (2020, p. 80).
37. European Parliament (2020, p. 30).

3.2. Implementação de relatórios de impacto

Considerando os elevados riscos para os usuários e sociedade criado pelos modelos tecnológicos de IA, o que inclui manipulação, violação de privacidade e proteção de dados, discriminação e redução da autonomia individual, a realização prévia de relatório de impacto em direitos humanos e avaliação de conformidade com a legislação e diretrizes éticas são fundamentais para que essas ferramentas sejam utilizadas.[38] Atualmente, porém, essas tecnologias ainda são implementadas ao público sem a devida avaliação ética, legal e técnica que possa avaliar seus possíveis impactos e riscos na prática, o que coloca os direitos dos usuários em jogo.[39]

Por mais que a LGPD determine em seu artigo 38, *caput* e parágrafo único, a realização de relatórios de impacto à proteção de dados pessoais em alguns casos específicos, entende-se como boa prática que as empresas pratiquem avaliações e auditorias em todas as decisões automatizadas de IA, incluindo o perfilamento, o que pode ser feito por testagens, inspeção ou certificações.[40] Dessa forma, recomenda-se a implementação de auditorias de algoritmo e avaliações de impacto algorítmico para que se possa mapear os riscos associados a essas ferramentas.[41]

Nesse sentido, a auditoria de algoritmo deve avaliar tanto os dados como os algoritmos para buscar possíveis vieses (auditoria de viés), além de avaliar o nível de adequação do sistema aos regulamentos e às diretrizes éticas existentes (inspeção regulatória), especialmente em termos de direitos humanos. Além disso, os fornecedores também devem implementar avaliação de impacto algorítmica, incluindo avaliação de risco e de impacto dos algoritmos, o que pode acabar avaliando possíveis impactos sociais da inteligência artificial antes e durante sua implementação na prática.[42]

Ainda, tais processos devem ser desenvolvidos antes e durante a interação da tecnologia com os usuários.[43] Caso a IA não seja aprovada em tais processos, falhando em cumprir os requisitos legais e éticos, as falhas identificadas

38. European Commission (fev. 2020, p. 23).
39. REISMAN D. et al. (2018, p. 4).
40. European Commission (fev. 2020, p. 23).
41. Ada Lovelace Institute and DataKind UK (2020, p. 3).
42. Idem.
43. Idem.

devem ser corrigidas ou mitigadas, por meio de novas testagens ou imposição de mecanismos de salvaguarda e segurança.[44]

Além do controle prévio realizado pelos próprios provedores de sistemas baseados em IA, é importante que o controle posterior seja também realizado, não só por avaliações na tecnologia, mas também por meio de verificação de documentação e até auditorias externas por organizações especializadas. Esse monitoramento da conformidade deve fazer parte de um quadro de fiscalização contínua do mercado sob essas tecnologias.[45]

3.3. Garantia de maior transparência e explicação da inteligência artificial (*Explainable AI*)

Os sistemas que incorporam a IA devem ser projetados para explicar seu raciocínio e permitir que os humanos interpretem seus resultados. A explicação das funções e dos processos é vital para garantir o exercício de direitos, transparência, prestação de contas e responsabilização, o que está em consonância com a interpretação jurídica do art. 20, § 1º, da LGPD, que estabeleceu o direito à explicação.

A explicação dos sistemas de IA em si e de suas decisões, como dimensão do princípio da transparência, possibilitaria o equilíbrio entre interesses econômicos e sociais ao permitir a existência de decisões automatizadas e, ao mesmo tempo, diminuir as assimetrias informacionais entre os responsáveis pelo tratamento de dados e os usuários do sistema, já que torna a prestação de informações uma obrigação legal.[46]

De acordo com a Comissão Europeia, a opacidade dos sistemas de IA pode ser mitigada por meio de obrigações de transparência,[47] o que inclui acessibilidade e compreensibilidade das informações.[48] Sem a devida transparência nos processos e decisões, além de mecanismos concretos que garantam esclarecimentos e informações eficazes, os usuários podem ter dificuldades para entender os sistemas que utilizam e suas decisões, o que criaria dificuldades para garantir a responsabilização e prestação de contas em caso de danos. Assim, técnicas de IA explicáveis podem ser uma abordagem essencial para melhorar a transparência, a eficácia, a confiabilidade e a satisfação dos usuários com os sistemas.[49]

---

44. European Commission (fev. 2020, p. 23).
45. Idem.
46. SOUZA, C. A.; PERRONE, C.; MAGRANI, E. (2021, p. 472).
47. European Commission (fev. 2020, p. 15).
48. MITTELSTADT, B. D. *et al.* (2016, p. 6).
49. ZHANG, Y.; CHEN, X. (2020, p. 77).

Ferramentas de IA explicáveis, por exemplo, são essenciais para o *e-commerce*, pois aumentam a persuasão das sugestões e, ao mesmo tempo, ajudam os consumidores a tomar decisões *on-line* eficientes e informadas. Essa estratégia facilitaria o processo de tornar as tecnologias de IA socialmente responsáveis, pois garantiria tanto lucros comerciais quanto benefícios para os usuários. Além disso, alguns sistemas de IA podem fornecer informações essenciais e cruciais para a tomada de decisão sensível, como acontece nas ferramentas automatizadas para tratamento médico e diagnóstico, em que a explicação dos resultados do sistema é vital para garantir a salvaguarda eficaz da vida e da saúde de outras pessoas.[50]

3.4. Códigos de conduta (autorregulação)

Além da regulação jurídica pelo Estado e da criação de padrões éticos por organizações interessadas, é recomendado que as empresas que criam e utilizam ferramentas baseadas em IA também atuem proativamente na implementação de sistemas que respeitem a ética e os direitos humanos. A criação de códigos de conduta e padrões éticos para a utilização de IA e a tomada de decisões automatizadas com base nessa tecnologia pelas próprias plataformas pode ser uma ferramenta de autorregulação importante, auxiliando também as empresas na conformidade com a lei.[51]

Um exemplo nesse sentido foi a criação da "Parceria em Inteligência Artificial para Beneficiar as Pessoas e a Sociedade" (*Partnership on Artificial Intelligence to Benefit People and Society*), originalmente estabelecida por algumas das grandes empresas de tecnologia, como *Microsoft*, *Google*, *Amazon*, *Facebook* e IBM, para estudar e formular melhores práticas para a IA, de acordo com princípios éticos.[52] Entre os objetivos, busca-se avançar na compreensão do público sobre a tecnologia, além de servir como plataforma para discussão sobre a IA e seus possíveis impactos nas pessoas e na sociedade.[53]

3.5. Educação digital em IA

De cidadãos a funcionários de tecnologia, a sociedade deve ser educada sobre o uso benéfico, o mau uso e os potenciais danos da IA, principalmente

50. Ibid. p. 81.
51. Article 19; Privacy International (2018, p. 13 e 28).
52. Ibid. p. 13.
53. Partnership on AI. Disponível em: https://www.partnershiponai.org.

aquelas com maior risco de violarem direitos e garantias fundamentais.[54] É essencial que haja aumento da conscientização sobre IA em todos os níveis de educação, com o intuito de preparar os cidadãos para a atual era digital, tornando-os mais aptos a tomar decisões informadas que serão cada vez mais impactadas pela tecnologia.[55]

Nesse âmbito, o recente Plano de Ação para Educação Digital lançado pela Comissão Europeia, a ser aplicado entre 2021-2027, é um bom exemplo de projeto educacional aplicável aos sistemas de IA. Uma das principais metas estabelecidas foi o aprimoramento das competências digitais dos cidadãos desde a infância, o que inclui o investimento em conhecimento básico de IA, valores éticos associados a essas tecnologias e conscientização sobre a existência de direitos digitais.[56] Tais medidas funcionariam como estratégia relevante para a redução das assimetrias informacionais, além de prevenir riscos ao aumentar a conscientização pública, o empoderamento dos usuários e o consequente exercício efetivo de direitos.

A abordagem educacional é ainda mais importante para os profissionais privados que participam dos processos de desenvolvimento dessas tecnologias, pois devem entender não só como criar sistemas precisos, mas também os construir de acordo com as diretrizes éticas e legais, baseadas nos direitos humanos e nos valores democráticos. Por exemplo, outra iniciativa incentivada pela Comissão Europeia é a de transformar alguns dos princípios éticos em um "currículo" a ser seguido por desenvolvedores de IA, como uma das etapas de seu treinamento.[57] Ademais, seja por meio de iniciativas público ou privadas, é essencial o desenvolvimento de pesquisa relacionada à ética e às ferramentas de IA.

4. Conclusão

Em um mundo hiperconectado, marcado por *big data* e sobrecarga de informações, os sistemas baseados em IA estão cada vez mais presentes em nossas vidas, silenciosamente prevendo e inferindo nossos interesses e características, influenciando nossas decisões e nos categorizando em perfis comportamentais para envio de conteúdo personalizado, por exemplo. Apesar de benefícios inquestionáveis em termos de conveniência, gerenciamento de tempo e eficiência,

54. European Parliament (2020, p. 84).
55. European Commission (fev. 2020, p. 6).
56. European Commission (set. 2020).
57. European Commission (fev. 2020, p. 6).

ferramentas de IA representam riscos consideráveis para direitos fundamentais, a exemplo da autonomia, da privacidade, da proteção de dados e da não discriminação.

Consequentemente, diante do aumento da importância da tecnologia, em simultâneo ao crescimento dos riscos de efeitos adversos, há necessidade de aplicação efetiva e aprimoramento de políticas viáveis para enfrentar os desafios multifacetados causados pela IA. Em outras palavras, entende-se que a inteligência artificial deve ser regulada, de forma a evitar que os interesses privados sejam privilegiados em detrimento do princípio básico de "não causar danos" ("*do not harm*").

Nesse ambiente, a Lei Geral de Proteção de Dados representa um quadro regulatório fundamental para endereçar muitos dos riscos aos direitos humanos representados pela IA.[58] Como os dados são motor dessa tecnologia, a LGPD introduz uma estrutura positiva em prol de maior controle dos usuários sobre seus dados ao estabelecer uma série de direitos, princípios e requisitos para o tratamento de dados pessoais, especialmente no caso de decisões automatizadas e criação de perfis. Muitas dessas regras jurídicas são extraídas de diretrizes éticas, baseadas em direitos humanos e valores como transparência, justiça, não maleficência, beneficência, responsabilização, privacidade, liberdade, autonomia, dignidade e solidariedade, que são também fundamentais para endereçar as ameaças trazidas por sistemas de IA.

Essas normas legais e diretrizes éticas também devem ser reforçadas por regulações vindas da própria tecnologia, por meio de estratégias de "*design* centrado em valores", em que a arquitetura dos modelos de IA considera tais parâmetros em sua própria forma de funcionamento. Ademais, para que essas ferramentas trabalhem em prol do ser humano, é necessário também garantir sua adequação a partir de relatórios de impacto e auditoria de algoritmo, somadas ao estabelecimento de códigos de conduta pelos próprios atores do mercado. Não menos importante, políticas de "*media literacy*" são essenciais para o desenvolvimento de uma sociedade que será capaz de entender a lógica dos sistemas e, assim, tomar decisões efetivamente informadas para retomar o controle de suas vidas.

Portanto, com o intuito de potencializar os benefícios e mitigar os riscos associados aos sistemas de IA, para que essas ferramentas sejam benéficas e não maléficas para os indivíduos e a sociedade como um todo, é fundamental uma abordagem multisetorial e multidisciplinar, que coloque o ser humano como

58. ANDERSEN, L. (2018, p. 30-31).

centro e envolva todos os setores da sociedade, incluindo contribuições vindas do Direito, de diretrizes éticas, regulações tecnológicas, iniciativas de autorregulação do mercado e políticas educacionais.

BIBLIOGRAFIA

Ada Lovelace Institute and DataKind UK. *Examining the Black Box: Tools for Assessing Algorithmic System*. Ada Lovelace Report, 29 abr. 2020. Disponível em: https://www.adalovelaceinstitute.org/report/examining-the-black-box-tools-for-assessing-algorithmic-systems/. Acesso em 15 fev. 2021.

ANDERSEN, L. *Human Rights in the Age of Artificial Intelligence*. Access Now Report, nov. 2018.

Article 19; Privacy International. *Privacy and Freedom of Expression in the Age of Artificial Intelligence*. Abril de 2018. Disponível em: https://www.article19.org/wp-content/uploads/2018/04/Privacy-and-Freedom-of-Expression-In-the-Age-of-Artificial-Intelligence-1.pdf.

BEIL, M., *et al. Ethical considerations about artificial intelligence for prognostication in intensive care*. Intensive Care Medicine Experimental (ICMx), vol. 7, nº 70, 2019. DOI: https://doi.org/10.1186/s40635-019-0286-6.

BIGONHA, Carolina. *Inteligência Artificial em perspectiva*. Panorama setorial da Internet: Inteligência Artificial e ética, ano 10, nº 2, p. 1-9, out. 2018. CGI.BR/NIC.BR.

CAVOUKIAN, A. (2009, p. 1). *Privacy by Design: The 7 Foundational Principles*. Information and Privacy Commissioner of Ontario. Disponível em: https://www.ipc.on.ca/wp-content/uploads/resources/7foundationalprinciples.pdf.

CURRIE, G.; HAWK, K.E.; ROHREN, E.M (2020). *Ethical principles for the application of artificial intelligence (AI) in nuclear medicine*. European Journal of Nuclear Medicine and Molecular Imaging, vol. 47, 2020, p. 748–752. DOI: https://doi.org/10.1007/s00259-020-04678-1.

EKSTRAND, J. D.; EKSTRAND, M. D. *First Do No Harm: Considering and Minimizing Harm in Recommender Systems Designed for Engendering Health*. In Proceedings of the Workshop on Recommender Systems for Health at RecSys '16, 2016.

European Commission. *Artificial Intelligence for Europe*. Communication from the Commission to the European Parliament, the European Council, the Council, the European Economic and Social Committee and the Committee of the Regions. Bruxelas, COM(2018) 237 final, 24 apr. 2018.

European Commission. *White Paper on Artificial Intelligence: a European approach to excellence and trust*. Bruxelas, COM(2020) 65 final, 19 fev. 2020.

European Commission. *Digital Education Action Plan 2021-2027: Resetting education and training for the digital age*. COM(2020) 624 final, 30 set. 2020. Disponível em: https://ec.europa.eu/education/education-in-the-eu/digital-education-action-plan_en.

European Parliament. *The ethics of artificial intelligence: Issues and initiatives*. Panel for the Future of Science and Technology, março de 2020. Disponível em: https://www.europarl.europa.eu/RegData/etudes/STUD/2020/634452/EPRS_STU(2020)634452_EN.pdf.

FLORIDI, L. *et al. AI4People—An Ethical Framework for a Good AI Society: Opportunities, Risks, Principles, and Recommendations*. Minds & Machines, vol. 28, p. 689–707, 2018. DOI: https://doi.org/10.1007/s11023-018-9482-5.

GUSZCZA, J. *et al. Human values in the loop: Design principles for ethical AI*. Deloitte Review: Technology and Ethics, Issue 26, Complimentary Article Reprint, p. 65-81, janeiro de 2020.

HARTMANN, I. A. *et al. Regulação de Inteligência Artificial no Brasil: policy paper*. Contribuição do Centro de Tecnologia e Sociedade (CTS) – Fundação Getulio Vargas (FGV Direito Rio) à Consulta Pública do Ministério da Ciência Tecnologia Inovações e Comunicações – MCTIC sobre a Estratégia Brasileira de Inteligência Artificial, 2020.

JOBIN, A., IENCA, M., VAYENA, E. *The global landscape of AI ethics guidelines*. Nature Machine Intelligence, vol. 1, nº 9, p. 389–399, 2019. DOI: https://doi.org/10.1038/s42256-019-0088-2.

MAGRANI, E. *Entre dados e robôs: ética e privacidade na era da hiperconectividade*. 2ª ed. Porto Alegre: Arquipélago Editorial, 2019, 304 p.

MAGRANI, E.; SILVA, P.; VIOLA, R. *Novas Perspectivas sobre ética e responsabilidade de inteligência artificial* In: FRAZÃO, A.; MULHOLLAND, C. (eds.). *Inteligência Artificial e Direito: Ética, Regulação e Responsabilidade*. Revista dos Tribunais, 2019, 720 p.

MILANO, S., TADDEO, M., FLORIDI, L. *Recommender Systems ad their Ethical Challenges*. Oxford Internet Institute, University of Oxford, 2019. Disponível em: https://core.ac.uk/download/pdf/199235574.pdf.

MITTELSTADT, B. D. *et al. The ethics of algorithms: Mapping the debate*. Big Data & Society, p. 1-21, 2016. DOI: 10.1177/2053951716679679.

REISMAN D. *et al. Algorithmic Impact Assessments: A Practical Framework for Public Agency Accountability*. AI Now Institute, abr. 2018. Disponível em: https://ainowinstitute.org/reports.html. Acesso em 15 fev. 2021.

SOUZA, C. A.; PERRONE, C.; MAGRANI, E. *O Direito à Explicação: Entre a Experiência Europeia e a sua Positivação na LGPD*. In: DONEDA, D. et al. *Tratado de Proteção de Dados Pessoais*. Rio de Janeiro: Forense, 2021.

ZHANG, Y.; CHEN, X (2020). *Explainable Recommendation: A Survey and New Perspectives*. Foundations and Trends in Information Retrieval, vol. 14, nº 1, 2020, p. 1-101. DOI: 10.1561/1500000066.

Padrões de conformidade nacionais de proteção de dados pessoais: anotações na perspectiva de *compliance* após a invalidação do *Privacy Shield* firmado entre os Estados Unidos da América e a União Europeia

Alexandre Veronese[1]

Luiza Mendonça da Silva Belo Santos[2]

Sumário: 1. Introdução; 2. De princípios gerais, normas internacionais e diretrizes de boas práticas para modelos jurídicos;

---

1. Professor Associado de Teoria Social e do Direito da Faculdade de Direito da Universidade de Brasília (UnB). Pesquisador Associado do Centro de Estudos em Direito da União Europeia da Universidade do Minho (Portugal) e do Centro de Políticas, Direito, Economia e Tecnologias das Comunicação (CCOM) da UnB. Coordenador do Projeto de Pesquisa sobre Autoridades de Proteção de Dados na América Latina, com fomento da Fundação de Amparo à Pesquisa do Estado de São Paulo (FAPESP).
2. Advogada. Bacharela em Direito e Mestranda em Direito pela Universidade de Brasília (UnB) e Pesquisadora no Projeto de Pesquisa sobre Autoridades de Proteção de Dados na América Latina, com fomento da FAPESP. Integrante do Grupo de Pesquisa Constituição, Empresa e Mercado da UnB (GECEM/UnB).

3. Contribuições da teoria da regulação da internet para o debate sobre padrões internacionais nos fluxos de dados; 4. As diferentes construções jurídicas e culturais de privacidade e proteção de dados pessoais na UE e nos EUA e sua relação com os fluxos de dados; 5. O *Safe Harbor* e o caso "Schrems I"; 6. O *Privacy Shield*, o caso "Schrems II" e o atual cenário de transferência internacional de dados na UE; 7. Conclusão: em prol de um *compliance* global de proteção da privacidade e de dados pessoais; 8. Referências bibliográficas.

1. INTRODUÇÃO

A expansão da digitalização traz consigo uma crescente disputa global sobre padrões técnicos e jurídicos, os quais constituem uma nova fase do que foi denominado por Manuel Castells de uma sociedade em rede[3]. Como aponta esse autor, as redes de tecnologias digitais são a "coluna vertebral da sociedade em rede, da mesma forma que as redes de energia eram as infraestruturas sobre as quais a sociedade industrial foi construída"[4]. Na atualidade, essas redes digitais constituem uma base para novos modos de organização[5]. Nesse contexto, o tema das transferências internacionais de dados assumiu crescente importância, sobretudo, nos últimos anos. De acordo com Cristopher Kuner, essa importância foi impulsionada por, pelo menos, cinco fatores[6]. O primeiro deles é a globalização da economia mundial e das suas cadeias produtivas. O segundo é o aumento da importância econômica do processamento de dados. O terceiro fator é a ubiquidade das transferências internacionais de dados. O quarto é a maior participação dos indivíduos nos fluxos de dados transferidos. Por fim, o quinto fator é a perda da relevância das fronteiras geográficas. Especialmente no que se refere à ubiquidade e ao papel da territorialidade, a computação em

3. CASTELLS, Manuel. **A sociedade em rede**. São Paulo: Paz e Terra, 2005.

4. CASTELLS, Manuel. A sociedade em rede: do conhecimento à política. In: CASTELLS, Manuel; CARDOSO, Gustavo. **A sociedade em rede: do conhecimento à acção política**. Lisboa: Imprensa Nacional – Casa da Moeda, 4 a 5 mar. 2005, p. 18.

5. Ibidem, p. 17.

6. KUNER, Christopher. Regulation of transborder data flows under data protection and privacy law: past, present, and future. **TILT Law & Technology Working Paper**, n. 16, 2010, p. 10-11. Disponível: https://papers.ssrn.com/sol3/papers.cfm?abstract_id=1689483.

nuvem (*cloud computing*) ganha destaque no cenário de transferências internacionais de dados[7]. Essa computação em nuvem promove um ambiente de recursos de computação distribuído, permitindo a partilha global do processamento de dados, segundo Paul M. Schwartz[8].

Apesar da eficiência econômica, o fluxo internacional de dados suscitou, ao longo do tempo, preocupações no que diz respeito à privacidade e à proteção de dados pessoais. Isso porque a cultura jurídica, bem como as abordagens de regulação de privacidade e dos dados pessoais se distinguem a depender da região de origem ou do país, resultando em modelos regulatórios diferentes; ora mais severos, ora mais flexíveis. Tais disparidades, inclusive, podem ocasionar distorções regulatórias, já que o regime de proteção em determinados países poderia ser mais flexível justamente com o intuito de atrair diferentes empresas e negócios para o seu território. Essa é uma preocupação já estabelecida na literatura e que foi indicada como um tema relevante para a necessidade de construção de uma governança global da Internet[9]. Ainda que não seja essa a intenção, conforme a política regulatória adotada em uma região ou em algum país, há o risco de agentes estruturarem suas atividades de modo a contorná-la, como Joel R. Reidenberg se preocupava em demonstrar, ao analisar, logo após o advento da Diretiva 95/34/CE, tal risco para a União Europeia (UE)[10].

Entre as diferentes tradições sobre privacidade e proteção de dados pessoais, é possível citar a UE e os Estados Unidos da América (EUA) como modelos. Os EUA acabaram por não consolidar uma regulação estrita, apesar de terem contribuído de forma decisiva com o início do debate que desembocou na construção da atual Convenção 108+, do Conselho da Europa e nas Diretrizes

---

7. MILLARD, Christopher (ed.). **Cloud computing law**. Oxford: Oxford University Press, 2013; YOO, Christopher S. (ed.); BLANCHETTE, Jean-François (ed.). **Regulating the cloud: policy for computing infrastructure**. Cambridge, MA: The MIT Press, 2015.

8. SCHWARTZ, Paul M. **Information privacy in the cloud**. University of Pennsylvania Law Review, v. 161, p. 1623-1662, 2012, p. 1629. Disponível: https://www.pennlawreview.com/wp-content/uploads/2020/04/Schwartz-161-U-Pa-L-Rev-1623.pdf.

9. MARSDEN, Christopher T. Introduction: information and communications technologies, globalization and regulation. In: MARDESN Christopher T. (ed.). **Regulating the global information society**. Londres: Routledge, 2000. p. 19-21.

10. REIDENBERG, Joel R. Governing networks and rule-making in cyberspace. **Emory Law Journal**, v. 45, p. 911-930, 1996, p. 925. Disponível: https://www.semanticscholar.org/paper/Governing-Networks-and-Rule-Making-in-Cyberspace-Reidenberg/e7b0fbd0d8db48df69d08b028b31ed72845316fb?p2df.

da Organização para a Cooperação e Desenvolvimento Econômico (OCDE)[11]. Tais instrumentos internacionais endereçam prescrições jurídicas para a garantia dos direitos e liberdades dos indivíduos no contexto de transferências internacionais de dados pessoais, o que possibilita a formação de padrões de conformidade como meio para se buscar um *compliance* global de proteção da privacidade e dos dados pessoais.

A UE, por sua vez, tem buscado, desde a década de 1990 aplicar critérios estritos acerca das transferências internacionais de dados pessoais para qualquer país terceiro que não tenha um nível adequado de proteção[12]. Essa abordagem da UE tem servido de modelo para diversas outras leis nacionais. Além disso, a Comissão Europeia já decidiu que países como Argentina, Uruguai, Israel, Nova Zelândia e Suíça fornecem um nível adequado de proteção, por força do Artigo 45° (1) do Regulamento Geral sobre a Proteção de Dados (RGPD)[13]. Essas aprovações ocorreram ainda sob a égide da Diretiva 95/46/EC, mas estão mantidas até o momento, em razão do Artigo 45° (3) do RGPD. Assim, tanto a Diretiva 95/46/CE, quanto o RGPD, contêm o requisito de "adequação", como um dos meios para autorizar uma transferência internacional de dados pessoais dos seus Estados-membros para tratamentos além de suas fronteiras.

Todavia, existiam – e, ainda subsistem, outras três formas de autorização, como iremos descrever no próximo tópico. Caso o país não tenha esse nível adequado, sob o prisma da Comissão Europeia, a transferência poderá licitamente ocorrer, se houver, para um tratamento naquele país, caso sejam atendidas outras prescrições do RGPD. A partir dessa formulação e das práticas da UE, é possível avaliar a necessidade de construção de um padrão de conformidade, em termos de proteção da privacidade e dos dados pessoais, para que haja uma expansão segura das atividades econômicas, nesse contexto global.

---

11. VERONESE, Alexandre. Transferências internacionais de dados pessoais: o debate transatlântico norte e sua repercussão na América Latina e no Brasil. In: MENDES, Laura Schertel (coord.); DONEDA, Danilo (coord.); SARLET, Ingo Wolfgang (coord.); RODRIGUES JR., Otavio Luiz (coord.); BIONI, Bruno (coord.). **Tratado de Proteção de Dados Pessoais**. Rio de Janeiro: Forense, 2021, p. 689-726.
12. SCHWARTZ, Paul M.; PEIFER, Karl-Nikolaus. Transatlantic data privacy law. **Georgetown Law Journal**, v. 106, n. 1, p. 115-179, 2017. Disponível: https://escholarship.org/content/qt1ws1r1cz/qt1ws1r1cz.pdf.
13. UNIÃO EUROPEIA: Comissão Europeia. **Adequacy decisions: how the EU determines if a non-EU country has an adequate level of data protection**. Bruxelas, 2021. Disponível: https://ec.europa.eu/info/law/law-topic/data-protection/international-dimension-data-protection/adequacy-decisions_en.

Esse debate sobre conformidade possui duas vertentes. A primeira é jurídica e se refere ao tema desse artigo, o qual explicará a atual conjuntura do tema, sem perder de vista as indicações prospectivas sobre o avançar do problema, no futuro. A segunda é técnica e vem sendo travada pela tentativa de expandir padrões de certificação de proteção da privacidade e dos dados pessoais, por meio da configuração de sistemas. Um exemplo evidente da segunda vertente é o advento do conjunto de normas ISO/IEC 27700, em 2019, o qual oportuniza a criação de certificações de conformidade com o RGPD[14]. Apesar de fascinante, essa segunda vertente do debate não será aqui explorada.

O modelo da UE, portanto, começou a se tornar muito detalhado e complexo, do ponto de vista jurídico. Esse desenvolvimento passou a se tornar um impedimento para a expansão do comércio e das demais relações entre a UE e os EUA, na agenda digital, a partir dos anos 2000[15]. Para resolver o dilema, foram realizadas tratativas a fim de garantir a proteção da privacidade e dados pessoais nas transferências de dados por sobre fronteiras que resultaram, num primeiro momento, no *Safe Harbor Agreement* (2000) e, depois, no *Privacy Shield* (2016). Todavia, esses dois acordos de transferência de dados pessoais foram invalidados pelo Tribunal de Justiça da União Europeia (TJUE), respectivamente, nos processos C-362/14 – caso "Schrems", em 2015[16], e C-311/18 – caso "Schrems II", em 2020[17]. A invalidação dos acordos entre a UE e os EUA não teve o condão de nulificar a possibilidade de transferências lícitas de dados pessoais, uma vez que existem outros tipos de autorização previstos no RGPD. Assim, esse artigo objetiva analisar os fundamentos da decisão do TJUE que, em 16 de julho de 2020, invalidou o *Privacy Shield*.

---

14. LACHAUD, Eric. ISO/IEC 27701 Standard: threats and opportunities for GDPR certification. **European Data Protection Law Review**, v. 6, n. 2, p. 194-220, 2020.
15. VERONESE, Alexandre. Transferências internacionais de dados pessoais: o debate transatlântico norte e sua repercussão na América Latina e no Brasil. In: MENDES, Laura Schertel (coord.); DONEDA, Danilo (coord.); SARLET, Ingo Wolfgang (coord.); RODRIGUES JR., Otavio Luiz (coord.); BIONI, Bruno (coord.). **Tratado de Proteção de Dados Pessoais**. Rio de Janeiro: Forense, 2021, p. 689-726.
16. UNIÃO EUROPEIA: Tribunal de Justiça. **Acórdão do Tribunal de Justiça (Grande Secção) de 6 de outubro de 2015 – Maximillian Schrems contra Data Protection Commissioner – Processo C-362/14**. Luxemburgo, 6 out. 2015. Disponível: https://eur-lex.europa.eu/legal-content/PT/TXT/?uri=CELEX%3A62014CJ0362.
17. UNIÃO EUROPEIA: Tribunal de Justiça. **Acórdão do Tribunal de Justiça (Grande Secção) de 16 de julho de 2020 – Data Protection Commissioner contra Facebook Ireland Ltd e Maximillian Schrems – Processo C-311/18**. Luxemburgo, 16 jul. 2020. Disponível: http://curia.europa.eu/juris/liste.jsf?num=C-311/18.

Inicialmente, será realizada revisão da literatura sobre regulação da Internet e sua relação com a expansão de fluxo de dados, além da proteção da privacidade e dos dados pessoais no contexto da UE e dos EUA. Em seguida, será feita a contextualização do *Safe Harbor Agreement* e de sua posterior invalidação pelo TJUE. Será também analisada a recente decisão do TJUE que invalidou o *Privacy Shield* e o atual cenário de transferência internacional de dados pessoais após o posicionamento da UE. Finalmente, serão analisados elementos para debater a questão da meta de se fixar um *compliance* global de proteção da privacidade e dos dados pessoais. Preliminarmente, porém, cabe uma nota sobre a formulação jurídica geral e da UE sobre transferências internacionais de dados pessoais.

2. DE PRINCÍPIOS GERAIS, NORMAS INTERNACIONAIS E DIRETRIZES DE BOAS PRÁTICAS PARA MODELOS JURÍDICOS

Como foi adiantado na seção anterior, o debate sobre transferências internacionais de dados pessoais não é novo. Ele já constava de um relatório produzido pelo governo federal dos EUA em 1973 sobre proteção de dados pessoais. O Apêndice B do documento realiza uma breve análise sobre a evolução da discussão de proteção de dados pessoais em outros países. Ele cobre a Alemanha Ocidental, a Suécia, a França, o Reino Unido da Grã-Bretanha e da Irlanda do Norte e o Canadá. O parágrafo inicial dessa parte desse relatório merece ser transcrita, em tradução livre pelos autores:

> A maioria das nações industriais avançadas da Europa Ocidental e da América do Norte compartilha preocupações sobre o impacto social de sistemas computacionais de dados pessoais. Apesar de haver pequenas diferenças no foco e na intensidade dessas preocupações, é claro que não existe nada peculiarmente americano sobre o sentimento de que a disputa entre os indivíduos contra computadores é uma característica efetiva da vida moderna. Os debates que ocorrerem na maioria das nações industrializadas giram ao redor de assuntos que são familiares aos pesquisadores americanos, que estudam o problema: perda de individualidade, perda de controle sobre a informação; a possibilidade de serem relacionados bancos de dados para criar dossiês; processos rígidos de decisão feitos por burocracias centralizadas[18].

18. ESTADOS UNIDOS: Departamento de Saúde, Educação e Bem-estar. **Records, computers, and the rights of citizens**. Washington, DC: Department of Health, Education & Welfare, 1973. p. 167. Disponível: https://www.justice.gov/opcl/docs/rec-com-rights.pdf.

Pelo que se pode extrair de artigo publicado por Neil Richards, esse relatório comprova que os EUA estavam engajados na formulação, desde o início, de uma regulação para o tema[19]. Esse documento deu origem ao *Privacy Act* de 1974, que é a lei estatutária federal referente ao exercício desses direitos substantivos à privacidade em face do governo federal[20]. O fato foi que o caminho dos EUA sobre o tema se separou daquele que houve por se consolidar na UE. É possível indicar que a proteção da privacidade dos EUA se dá por meio de contratos privados e de sua revisão judicial, por um lado, bem como pela aplicação da Quarta Emenda da Constituição em casos policiais e criminais, por outro. Nenhuma agência federal ficou, por exemplo, com a missão específica de realizar a proteção da privacidade até 2007, quando uma reformulação legal criou a Divisão de Privacidade e Proteção da Identidade no âmbito do *Bureau of Consumer Protection* da *Federal Trade Commission* (FTC). Essa nova unidade foi uma reestruturação da Divisão de Práticas Financeiras, segundo o relatório comemorativo dos cem anos da FTC[21]. O ponto, que é relembrado por Lawrence Lessig e diversos outros autores, sobre esse protagonismo dos EUA no tema da privacidade se refere às boas práticas, indicadas pelo Relatório de 1973:

> – Não deve existir nenhum sistema de manutenção de registros de dados pessoais cujo existência seja secreta.
>
> – Deve existir um meio para que um indivíduo descubra qual informação sobre si está registrada e como ela é usada.
>
> – Deve existir um meio para que um indivíduo possa prevenir que informação sobre si, obtida para um determinado propósito, seja usada ou disponibilizada para outros propósitos sem o seu consentimento.
>
> – Deve existir um meio para que um indivíduo possa corrigir ou emendar um registro de informação identificável sobre si.

---

19. RICHARDS, Neil. Reconciling data privacy and the First Amendment. **UCLA Law Review**, v. 52, n. 4, p. 1149-1222, abr. 2005. p. Disponível: http://www.uclalawreview.org/wp-content/uploads/2019/09/29_52UCLALRev11492004-2005.pdf.

20. ESTADOS UNIDOS: Arquivo Nacional. **The Privacy Act of 1974 (5 USC, § 502a)**. Washington, DC: National Archives, 1974. Disponível: https://www.archives.gov/about/laws/privacy-act-1974.html.

21. ESTADOS UNIDOS: Federal Trade Commission. **The Federal Trade Commission at 100: into our 2nd century – the continuing pursuit of best practices**. Washington, DC: FTC, jan. 2009. p. 31. Disponível https://www.ftc.gov/sites/default/files/documents/public_statements/federal-trade-commission-100-our-second-century/ftc100rpt.pdf.

– Qualquer organização que cria, mantém, usa ou dissemina registros de dados pessoais identificáveis deve garantir a confiabilidade desses dados para o uso definido e deve tomar precauções para prevenir o uso indevido deles[22].

O mesmo relatório propunha a edição de um código de boas práticas, as quais deveriam conter, pelo menos, o que segue indicado a seguir:

– O Código deve definir "práticas informacionais justas" como aderentes aos requisitos de salvaguardas.

– O Código deve proibir a violação de qualquer requisito de salvaguarda como uma "prática informacional injusta".

– O Código deve prover que uma prática informacional injusta seja sujeita tanto a penalidade cíveis, quanto criminais.

– O Código deve prever ordens judiciais para prevenir violações de qualquer requisito de salvaguarda.

– O Código deve outorgar aos indivíduos o direito de ajuizar processos judiciais contra práticas informacionais injustas em prol de obter reparações de danos efetivos, liquidados e punitivos, por meio de ações individuais ou coletivas. Ele também deve garantir a reparação dos honorários e custos com advogados, além de outros custos desses litígios, suportados pelos indivíduos, que tenham sucesso nas causas[23].

A enunciação desses princípios e das linhas gerais de um código de proteção de dados pessoais, contudo, não teve o condão de alterar a tradição constitucional dos EUA, pela qual os conflitos de violação da privacidade em relações privadas, acabava por ser solucionado em cláusulas contratuais e na sua, eventual, revisão judicial. Esse foi – e ainda é – o maior ponto de divergência no debate jurídico que é examinado nesse artigo. A UE, ao longo dos vários anos foi construindo um sistema de proteção administrativa da proteção de dados pessoais, nos seus vários Estados-membros. Alguns deles já haviam feito isso antes do advento da Diretiva 95/46/CE[24]. Outros começaram essa construção com a

---

22. ESTADOS UNIDOS: Departamento de Saúde, Educação e Bem-estar. **Records, computers, and the rights of citizens**. Washington, DC: Department of Health, Education & Welfare, 1973. p. XX-XXI. Disponível: https://www.justice.gov/opcl/docs/rec-com-rights.pdf.

23. Ibidem, p. XXIII.

24. UNIÃO EUROPEIA. **Diretiva 95/46/CE do Parlamento Europeu e do Conselho, de 24 de outubro de 1995, relativa à proteção das pessoas singulares no que diz respeito ao tratamento de dados pessoais e à livre circulação desses dados**. Bruxelas, 24 out. 1995, Disponível: http://data.europa.eu/eli/dir/1995/46/oj.

transposição da Diretiva. Por fim, com a aprovação do RGPD em 2016[25], bem como com sua vigência em 2018, já havia uma tradição consolidada. É evidente que existem assimetrias entre as diversas Autoridades de Proteção de Dados (APD) dos Estados-membros. Não obstante, em princípio, toda pessoa que está no território do UE tem o direito de peticionar e de postular direitos subjetivos, previstos em leis nacionais, perante entidades administrativas que são, tendencialmente, independentes. Ainda, isso pode ser feito, inclusive em face da própria administração da UE, a qual possui uma autoridade administrativa (Autoridade Europeia de Proteção de Dados), com competência de supervisão sobre seus próprios órgãos e agências. Por fim, além das APD e da AEPD, existe o Comitê Europeu de Proteção de Dados, o qual serve como uma agência de coordenação da atuação das várias APD dos Estados-membros. Cada APD possui competência sobre a gestão e supervisão dos tratamentos de dados pessoais que ocorrem no espaço territorial do seu Estado-membro; ou, que tenham alguma relação extraterritorial com o seu espaço nacional. Isso explicará porque os casos relacionados com o *Safe Harbor Agreement* e com o *Privacy Shield* têm origem na República da Irlanda.

Contudo, o que se viu no cenário internacional, desde o final da década de 1970 e nos anos da década de 1980, foi a aprovação de normas internacionais e de padrões para tentar efetivar garantias aos cidadãos no cerne das transferências internacionais de dados pessoais. Em 1981, o Conselho da Europa aprovou a Convenção 108[26], bem como, em 1980, a Organização para a Cooperação e o Desenvolvimento Econômico (OCDE) aprovou suas diretrizes[27]. Ainda, o Conselho da Europa também aprovou a Convenção de Budapeste, que possui relevância para o tema dos crimes na Internet e dos usos das tecnologias digitais nas investigações e nos processos criminais, em 2001[28]. A Convenção 108 sofreu uma atualização recente – e virou a Convenção 108+, bem como o mesmo

---

25. UNIÃO EUROPEIA. **Regulamento (UE) 2016/679 do Parlamento Europeu e do Conselho, de 27 de abril de 2016, relativo à proteção das pessoas singulares no que diz respeito ao tratamento de dados pessoais e à livre circulação desses dados e que revoga a Diretiva 95/46/CE (Regulamento Geral sobre a Proteção de Dados)**. Bruxelas, 27 abr. 2016. Disponível: http://data.europa.eu/eli/reg/2016/679/oj.

26. CONSELHO DA EUROPA. **Convention for the protection of individuals with regard to automatic processing of personal Data**. Estrasburgo, 28 jan. 1981. Disponível: https://www.coe.int/en/web/conventions/full-list/-/conventions/treaty/108.

27. OCDE. **OECD Privacy Guidelines**. Paris, 2021. Disponível: https://www.oecd.org/sti/ieconomy/privacy-guidelines.htm.

28. CONSELHO DA EUROPA. **Convention on cybercrime**, Estrasburgo, 1 jul. 2004. Disponível: https://www.coe.int/en/web/conventions/full-list/-/conventions/treaty/185.

ocorreu com as diretrizes da OCDE. Por fim, muito recentemente, os EUA aprovaram uma lei federal para permitir a troca de dados pessoais em investigações criminais, o *CLOUD Act*, assim como a UE aprovou a Diretiva (EU) 2016/680 que trata dos dados pessoais em questões de investigação criminal e em processos penais[29]. Isso sem contar o já mencionado RGPD, também de 2016. Todos esses documentos pugnam pela existência de condições e características gerais em prol da liberdade dos fluxos transnacionais de dados pessoais. Eles indicam que, tanto os países remetentes e receptores quanto eventuais intervenientes, precisam atender ditames relacionados à garantia dos direitos e liberdades dos indivíduos e do Estado de Direito. Isso pode ser exemplificado pela explicação preliminar das Diretrizes da OCDE:

> Acima de tudo, os princípios para a proteção da privacidade e liberdades individuais, expressas nas Diretrizes, são válidos o tratamento de dados em geral, independentemente da tecnologia específica adotada. As Diretrizes, portanto, são aplicáveis aos dados pessoais em geral ou, mais precisamente, aqueles que, em razão do modo pelo qual são tratados, ou em razão do contexto, evidenciam riscos à privacidade e às liberdades individuais[30].

Outro exemplo é o *CLOUD Act*, por meio do qual foi incluída a Seção 2523 no Título 18 do *United States Code*, além de outras prescrições. Essa Seção trata da possibilidade de que os EUA firmem, com países estrangeiros, acordos executivos para que haja um fluxo de dados entre eles, com o fim de combater atividades criminosas. A transcrição do dispositivo, em tradução livre dos autores, elucida a menção ao tema de direitos e liberdades dos indivíduos:

> § 2523. Acordos executivos sobre acesso de dados por governos estrangeiros.
>
> (...)

---

29. UNIÃO EUROPEIA. **Diretiva (UE) 2016/680 do Parlamento Europeu e do Conselho, de 27 de abril de 2016, relativa à proteção das pessoas singulares no que diz respeito ao tratamento de dados pessoais pelas autoridades competentes para efeitos de prevenção, investigação, detecção ou repressão de infrações penais ou execução de sanções penais, e à livre circulação desses dados, e que revoga a Decisão-Quadro 2008/977/JAI do Conselho**. Bruxelas, 27 abr. 2016. Disponível: http://data.europa.eu/eli/dir/2016/680/oj.
30. OCDE. **OECD Guidelines on the protection of privacy and transborder flows of personal data**. Paris, 23 set, 1980. Disponível: https://www.oecd.org/sti/ieconomy/oecdguidelinesontheprotectionofprivacyandtransborderflowsofpersonaldata.htm.

(b) REQUISITOS PARA O ACORDO EXECUTIVO. – Para os propósitos desse capítulo, do capítulo 121 e do capítulo 206, um acordo executivo regulando o acesso, por um governo estrangeiro, de dados sujeitos a esse capítulo, ao capítulo 121 ou ao capítulo 206 deverá ser considerado a satisfazer os requisitos dessa Seção, caso o Procurador-geral (*Attorney General*), com a concordância do Secretário de Estado, determinar, bem como submeter uma certificação escrita dessa determinação ao Congresso, na qual:

(1) o direito nacional do governo estrangeiro, incluindo a implementação desse direito, oferece uma robusta proteção à privacidade e às liberdades civis, substantivas e procedimentais, à luz da coleta de dados e demais atividades desse governo estrangeiro, as quais estarão sujeitas ao acordo; se –

(A) tal determinação sob essa Seção levar em consideração, como apropriado, informação confiável e opiniões de especialistas; e

(B) os fatores a serem considerados na produção dessa determinação incluírem se o governo estrangeiro –

(i) tem direitos e leis adequados, substantivos e processuais, sobre cibercrime e provas eletrônico, como evidenciado por figurar como Estado-parte da Convenção sobre Cibercrime, firmada em Budapeste, em 23 de novembro de 2001, com entrada em vigor em 7 de janeiro de 2004, ou, por meio de um direito nacional que seja consistente com as definições e com os requisitos fixados nos capítulos I e II dessa Convenção;

(ii) demonstra respeito pelo Estado de Direito (*Rule of Law*) e princípios de não-discriminação;

(iii) adere às obrigações e compromissos aplicáveis dos direitos humanos internacionais ou demonstra respeito aos direitos humanos internacionais de cunho universal, incluindo – (I) proteção contra interferência arbitrária e ilícita na privacidade; (II) direitos referentes a julgamentos justos; (III) Liberdade de expressão, associação e de reunião pacífica; (IV) proibição contra prisões e detenções arbitrárias; e (V) proibição contra a tortura e tratamentos e penas cruéis, desumanos e degradantes;

(iv) existe competência jurídica e procedimentos claros que regulem as entidades do governo estrangeiro que são autorizadas a buscar dados sob o acordo executivo, incluindo procedimento por meio dos quais essas autoridades coletam, retém, usam e compartilham dados, bem como supervisão dessas atividades;

(v) há mecanismos suficientes para garantir responsabilidade e transparência apropriada no que se refere à coleta e ao uso dos dados eletrônicos pelo governo estrangeiro; e

> (vi) demonstra um compromisso para promover e proteger o fluxo global e livre de informações, bem como as características de abertura, distribuição e interconectividade da Internet; (...)[31]

Os exemplos anteriores já são suficientes para demonstrar o argumento de que existe um conjunto de prescrições jurídicas e de princípios para que seja possível se formar um padrão internacional, minimamente dotado de interoperabilidade. Não obstante, esse debate tem experimentado uma complexa situação fática para se estabelecer, como ficará claro com a exposição sobre o *Safe Harbor Agreement* e o *Privacy Shield.* Porém, antes de expor esses acordos, será tratado do debate teórico sobre a regulação da Internet, no que se refere aos fluxos de dados.

3. Contribuições da teoria da regulação da Internet para o debate sobre padrões internacionais nos fluxos de dados

Diferentes autores, na década de 1990 se dedicaram a demonstrar a possibilidade de regulação da Internet e o potencial empoderamento dos indivíduos. Essas análises foram produzidas quase sempre em contraposição às teorias jurídicas baseadas na ideia libertária de que a Internet seria um espaço inerentemente ausente de regulação, tomando como base a impossibilidade de influência estatal em termos de delimitação de jurisdição, território e soberania[32]. Segundo Joel R. Reidenberg, um dos principais problemas evidenciados no ambiente *on-line* dizia respeito à falta de harmonização para além das fronteiras nacionais de padrões legais para o tratamento de informações pessoais nos fluxos globais[33].

---

31. ESTADOS UNIDOS DA AMÉRICA: Congresso. **H.R.4943 – CLOUD Act – 115th Congress (2017-2018)**. Washington, 2 jun. 2018. Disponível: https://www.congress.gov/bill/115th-congress/house-bill/4943/text; CORNELL LAW SCHOOL: Legal Information Project. **18 U.S. Code § 2523 – Executive agreements on access to data by foreign governments**. Ithaca, 2021. Disponível: https://www.law.cornell.edu/uscode/text/18/2523.

32. JOHNSON, David R.; POST, David. Law and borders: the rise of law in cyberspace. **Stanford Law Review**, v. 48, p. 1367-1402, 1995-1996. Disponível: https://is.muni.cz/el/law/podzim2017/SOC022/um/59372843/Law_and_Borders--The_Rise_of_Law_in_Cyberspace.pdf; BARLOW, John Perry. **Declaration of independence for cyberspace**. 1996. Disponível: https://www.eff.org/cyberspace-independence.

33. REIDENBERG, Joel R. Lex informatica: The formulation of information policy rules through technology. **Texas Law Review**, v. 76, n. 3, p. 553-593, 1998, p. 554. Disponível: https://core.ac.uk/download/pdf/144222024.pdf.

Esse autor compreende que o ciberespaço, termo que utiliza para denominar o mundo virtual, ou seja, as aplicações de Internet, permite que tanto atividades benéficas, quanto ações nefastas prosperem. Todas essas aplicações podem servir de base para diversas interações nacionais e transnacionais envolvendo comércio, entretenimento e política[34]. Todavia, as diferentes formas de regulação local sobre a circulação de dados pessoais poderiam gerar conflitos de cunho nacional e internacional. Para ele, portanto, embora a tecnologia crie e agrave tais conflitos, ela também seria capaz de oferecer novas soluções e de acomodar políticas públicas em arenas jurídicas controversas[35]. Ele ainda explica o problema do tratamento justo (*fair treatment*) de informações pessoais a partir das conjunturas dos EUA e da UE. Nos EUA, os direitos seriam limitados, apesar de a preocupação pública com invasões da privacidade ser grande[36]. Já na UE, os direitos seriam mais abrangentes e o papel de *enforcement* desempenhado pelo governo seria mais proeminente.

Durante o período no qual Joel R. Reidenberg escrevia o seu texto, vale ressaltar que, nos EUA, o tratamento justo de informações pessoais e de proteção à privacidade encontrava previsão para práticas no setor público e para áreas específicas no âmbito privado, como telecomunicações, serviços financeiros e no marketing direto[37]. No mesmo momento histórico, a UE encontrava-se em um cenário de recente aprovação da Diretiva de Proteção de Dados 95/46/CE, a qual estabelecia tanto um quadro de obrigações e de salvaguardas – a serem respeitadas pelas entidades envolvidas no tratamento de dados pessoais –, quanto de direitos a serem exercidos pelos indivíduos e garantias para livre circulação dos dados[38]. A Diretiva 95/46/CE contribuiu para a criação de um modelo substantivo de proteção de dados e, também, influenciou significativamente o direito de outros países, inclusive na América Latina[39].

Não obstante, a ampla gama de padrões jurídicos para o tratamento de informações pessoais nos países poderia apresentar conflitos para os fluxos

34. Ibidem, p. 556.
35. Ibidem, p. 557.
36. Ibidem, p. 560-561.
37. SCHWARTZ, Paul; REIDENBERG, Joel R. **Data privacy law: a study of United States data protection**. Michie Law Publishers, Charlottesville, VA, 1996.
38. LYNSKEY, Orla. **The foundations of EU data protection law**. Oxford University Press, 2015. p. 4.
39. SCHWARTZ, Paul M. **The EU-US privacy collision: A turn to institutions and procedures**. Harvard Law Review, v. 126, p. 1966-2009, 2013. p. 1967. Disponível: http://cdn.harvardlawreview.org/wp-content/uploads/pdfs/vol126_schwartz.pdf.

globais de informação, uma vez que, ao desafiarem as jurisdições nacionais, a supervisão e a efetiva aplicação de poderes de interdição seriam de difícil implementação na esfera transnacional[40]. Desse modo, o Joel R. Reidenberg propõe o conceito de *Lex Informatica*, para apoiar sua proposta de renovação dos regimes regulatórios. Para ele, a regulação envolve padrões que seriam, ao mesmo tempo, técnicos e jurídicos[41]. Entre as particularidades dessa abordagem, destaca-se a arquitetura da rede como mecanismo regulatório, na medida em que essa define a estrutura básica e os modelos dos fluxos de informações. Assim, "a jurisdição da *Lex Informatica* seria a própria rede, uma vez que as regras se aplicariam aos fluxos de informações na esfera da rede e não em locais físicos"[42].

Outra importante consideração é a compreensão de desenvolvedores de tecnologia e usuários também como atores regulatórios[43]. Ao contrário dos regimes regulatórios que dependem principalmente de autoridades judiciais para a aplicação das regras *ex post*, a *Lex Informatica* permite a aplicação de regras de forma automatizada e autoexecutável *ex ante*[44]. Essa ideia será retomada, mais tarde, por Lawrence Lessig. Ele tomará o conceito de *Lex Informatica,* de Joel R. Reidenberg, como ponto de partida para a construção do seu conceito de *Code* como uma força regulatória[45].

Dessa forma, em sua obra *Code: version 2.0*, Lawrence Lessig trata da "regulabilidade", a qual consiste na capacidade de regular o comportamento e, no caso do ciberespaço, o comportamento *on-line*[46]. Ele, assim como Joel R. Reidenberg, pontua a necessidade de interação entre atores privados e o governo para a efetiva regulação do ciberespaço[47]. Segundo a teoria de Lawrence Lessig, haveria quatro fatores que ensejariam a regulação do comportamento: o direito, as normas sociais, o mercado e a arquitetura[48]. Eventuais mudanças em quaisquer dessas modalidades regulatórias poderiam afetar a regulação como

---

40. REIDENBERG, Joel R. Lex informatica: The formulation of information policy rules through technology. **Texas Law Review**, v. 76, n. 3, p. 553-593, 1998, p. 562. Disponível: https://core.ac.uk/download/pdf/144222024.pdf.
41. Ibidem, p. 568-569.
42. Ibidem, p. 570.
43. Ibidem, p. 571.
44. Ibidem, p. 572.
45. LESSIG, Lawrence. **Code: version 2.0**. Nova Iorque: Basic Books, 2006.
46. Ibidem, p. 23.
47. Ibidem, p. 38.
48. Ibidem, p. 123-125.

um todo, pois elas seriam interdependentes. O direito restringiria certas condutas por meio de sanções; as normas sociais fariam isso por meio do estigma que uma comunidade poderia impor; o mercado poderia facilitar ou dificultar o comportamento por meio dos custos; por fim, a arquitetura teria o potencial de impor limitações quase físicas.

Essa limitação quase física é construída teoricamente, por Lawrence Lessig, ao indicar a natureza das arquiteturas no ciberespaço. Para ele, em síntese, o *Code* é análogo à arquitetura. É por essa razão que o autor defende que o ciberespaço pode ser um ambiente mais regulado do que a realidade física, na medida em que seu design pode ser moldado principalmente a partir do *Code*, que são padrões técnicos, seja de software, seja de hardware. A sua máxima "*Code is Law*", portanto, inclui a importância do papel da tecnologia no discurso regulatório.

Ele também discorre sobre a regulação no âmbito da privacidade. Nesse tema, Lawrence Lessig identifica duas ameaças à privacidade que poderiam surgir com os avanços da Internet e das aplicações[49]. A primeira consistiria no poder de vigilância digital, isto é, a capacidade crescente de governos e de agentes privados monitorarem as atividades dos indivíduos. A segunda ameaça adviria de potenciais agregações de dados, sobretudo por entidades privadas. Sobre essas ameaças, tendo em vista que não havia – e não há, ainda – nenhuma solução única para problemas de gestão e governança da Internet e das aplicações, o autor propõe soluções possíveis, de acordo com cada uma das quatro modalidades regulatórias (direito, regras sociais, mercado e *Code*). Com a regulação pelo direito, seria possível controlar o comportamento diretamente com a imposição de sanções, a exemplo de uma proibição de venda de dados pessoais, coletados sem a permissão expressa do seu titular. Em síntese, o direito poderia ter como objetivo aumentar o poder de controle dos dados pessoais pelos indivíduos ou, ainda, desabilitar tal poder, ao tornar ilegais certas transações relacionadas à privacidade. Já com a regulação pelas normas sociais, haveria a possibilidade de se construir confiança em torno de certas práticas que assegurariam a proteção à privacidade. Por outro lado, com a regulação pelo mercado, na medida em que as pessoas valorariam a sua privacidade com pesos diferentes, seria possível criar incentivos em prol de garantir o adequado consentimento para o uso de dados pessoais pela ótica da propriedade. Finalmente, com a regulação pelo *Code,* a tecnologia poderia ser usada em favor da privacidade, dando mais controle técnico aos indivíduos sobre os seus dados pessoais[50].

49. Ibidem, p. 201-222.

50. Ibidem, p. 223.

A importância da tecnologia e da regulação pela arquitetura, desenhada por Joel R. Reidenberg e por Lawrence Lessig, corroboram com o conceito de *privacy by design* desenvolvido por Ann Cavoukian. Ela parte do entendimento de que o futuro da privacidade não pode ser garantido apenas pela conformidade com as estruturas jurídicas e regulatórias, devendo se tornar o modo de operação padrão de uma organização[51]. Embora *privacy by design* tenha começado como a noção de incorporar privacidade à tecnologia desde a sua concepção, ela evoluiu para servir de base para um modelo conceitual, o qual visaria a construção de um programa completo de privacidade[52]. Assim, o conceito contemporâneo de *privacy by design* estende-se a três aplicações abrangentes: aos sistemas de tecnologia da informação; às práticas de negócios com *accountability*; e, por fim, ao design físico dos sistemas e da infraestrutura de rede[53].

Um autor contemporâneo, que expande o conceito de Lawrence Lessig é Andrew D. Murray. Esse último tem desenvolvido pesquisas sobre a regulação do ciberespaço, considerando uma abordagem dinâmica e comunitária. Na sua obra *The Regulation of Cyberspace: control in the online environment*, de 2007, ele considera que os conflitos regulatórios, surgidos no ciberespaço, apresentam duas razões para os distinguir dos desafios anteriormente impostos por outras tecnologias. A primeira razão consiste no alcance global do ciberespaço, que torna ineficaz o modelo regulatório tradicional em que um órgão regulador estatal tem a capacidade de estabelecer determinações de forma hierárquica. A segunda, conforme já evidenciada por Lawrence Lessig, é a possibilidade de controlar o ciberespaço pelo *Code*, permitindo uma forma diferente de regulação, não mais baseada em determinações hierarquicamente impostas, mas sim no design ou na arquitetura. O ponto central para entender a *ciberregulação* seria a plasticidade do ambiente *on-line*[54]. Uma vez que o ciberespaço é um ambiente virtual, que dispensa a aplicação das leis da física, é possível uma relação mais flexível entre o direito, a sociedade e as arquiteturas[55].

---

51. CAVOUKIAN, Ann. **Privacy by design: take the challenge**. Toronto: Information and privacy commissioner of Ontario (Canada), 2009.

52. CAVOUKIAN, Ann; TAYLOR, Scott; ABRAMS, Martin E. Privacy by design: essential for organizational accountability and strong business practices. **Identity in the Information Society**, v. 3, n. 2, p. 405-413, ago. 2010. p. 408. Disponível: https://core.ac.uk/download/pdf/81526429.pdf.

53. CAVOUKIAN, Ann. **Privacy by design: take the challenge**. Toronto: Information and privacy commissioner of Ontario (Canada), 2009. p. 1.

54. Ibidem, p. 34-35.

55. Ibidem, p. 41.

Outra questão relevante é o destaque que Andrew D. Murray evidencia no caráter policêntrico da regulação. Segundo ele, a regulação raramente – ou, nunca – emana apenas de uma única fonte, sendo a regulação policêntrica definida como "a iniciativa de submeter a conduta humana à governança de controles externos, sejam estatais ou não estatais, intencionais ou não intencionais"[56]. Desse modo, Andrew D. Murray compreende que o objeto da regulação não é meramente passivo às forças regulatórias, mas qualifica-se também como parte do ambiente regulatório em um sistema complexo[57]. Não é possível distinguir, de forma tão simples, os reguladores dos regulados, já que todos atuam em ambas as funções simultaneamente, o que dificulta a previsão dos efeitos de uma intervenção regulatória[58]. Ele propõe quatro modalidades de regulação: controle hierárquico; controle baseado em mercado; controle baseado em comunidades; e, controle baseado em design. Diferentemente de Lawrence Lessig, portanto, Andrew D. Murray reconhece que "o desenvolvimento de estruturas regulatórias tem natureza orgânica, apesar de que órgãos reguladores, por meio do emprego de controles hierárquicos, possam moldar a estrutura de tais sistemas desenvolvidos organicamente"[59]. Ainda, embora o design seja uma ferramenta regulatória poderosa, a eficácia dos seus mecanismos de controle depende inteiramente de seu reconhecimento e de sua aceitação dentro de ambientes regulatórios em uma primeira ordem, a saber: mercado, sociedade e hierarquia[60]. Diante das tensões que podem advir da comunicação entre os diferentes atores, o autor desenvolve um modelo regulatório dinâmico, que registra todas as partes envolvidas e mapeia as suas determinações regulatórias[61].

Dando continuidade ao debate sobre como as comunidades se relacionam para além das fronteiras geográficas, Paul Schiff Berman apresenta a sua teoria para as questões do ciberespaço a partir de uma perspectiva pluralista associada à globalização[62]. Ele afirma que as limitações territoriais e a definição de comunidade são construções sociais e reconhece o caráter histórico da noção

---

56. Ibidem, p. 47.
57. Ibidem, p. 51.
58. Ibidem, p. 52.
59. Ibidem, p. 29.
60. Ibidem, p. 124.
61. Ibidem, p. 250.
62. BERMAN, Paul Schiff. The globalization of jurisdiction. **University of Pennsylvania Law Review**, v. 151, n. 2, p. 311-545, 2002. Disponível: https://scholarship.law.upenn.edu/cgi/viewcontent.cgi?article=3208&context=penn_law_review.

de Estado-nação[63]. Segundo ele, a concepção cosmopolita e pluralista de jurisdição abrange uma ampla variedade de filiações e de identificações com diferentes comunidades, partindo da mais local até à global. As comunidades são, por conseguinte, "momentos articulados em redes de relações sociais e entendimentos"[64]. Essa compreensão dinâmica da relação entre a comunidade local e outras formas de filiação às comunidades regionais, nacionais, transnacionais e internacionais permite conceituar jurisdição em termos de interações sociais como processos fluidos, em vez de demarcações imóveis congeladas no tempo e espaço[65].

A concepção cosmopolita e pluralista de jurisdição se posiciona no meio-termo entre os conceitos de territorialismo estrito e de universalismo expansivo. O primeiro – territorialismo estrito – deixaria de considerar a ampla gama de filiações comunitárias e de interações sociais, que não seriam restritas às fronteiras territoriais. O segundo – universalismo expansivo – consideraria as pessoas como cidadãos globais, em primeiro plano, para depois apreciar suas filiações locais[66]. Vale ressaltar que uma concepção pluralista de jurisdição entenderia que o direito não reside apenas nos comandos coercitivos de um poder soberano. Ele é constantemente construído por meio da concorrência de várias comunidades geradoras de normas jurídicas. Desse modo, mesmo sem poder coercitivo, decisões jurisdicionais – mesmo conflitantese, em princípio –abririam espaço para a articulação de várias normas jurídicas, as quais poderiam ser, posteriormente, incorporadas aos regimes jurídicos oficiais[67].

Logo, Paul Schiff Berman compreende que acordos, como o *Safe Habor Agreement*, poderiam criar um plano intermediário entre os requisitos conflitantes de comunidades diferentes. Isso porque, ao contrário de uma harmonização total das normas jurídicas, os seus princípios exigiriam que empresas, atuantes no plano internacional, sigam alguns, ainda que não todos, os padrões de várias comunidades estrangeiras[68]. Ainda, acordos como o *Safe Habor Agreement*, também poderiam funcionar como uma maneira pela qual o

63. Ibidem, p. 321.
64. Ibidem, p. 321.
65. Ibidem, p. 322.
66. Ibidem, p. 491.
67. Ibidem, p. 493.
68. BERMAN, Paul Schiff. Global legal pluralism. **Southern California Law Review**, v. 80, p. 1155-1238, 2006. p. 1127, Disponível: https://core.ac.uk/download/pdf/232643892.pdf.

direito – formal – incorporaria processos legislativos menos formais ou menos institucionalizados[69]. A partir dessas considerações iniciais sobre as teorias da regulação da Internet e de sua relação com a expansão de fluxo de dados é que se pretende analisar a proteção da privacidade e dos dados pessoais no contexto da UE e dos EUA, com base, primeiramente, no surgimento do *Safe Harbor Agreement* e do *Privacy Shield* e, finalmente, das suas respectivas invalidações.

4. AS DIFERENTES CONSTRUÇÕES JURÍDICAS E CULTURAIS DE PRIVACIDADE E PROTEÇÃO DE DADOS PESSOAIS NA UE E NOS EUA E SUA RELAÇÃO COM OS FLUXOS DE DADOS

Segundo Paul Schwartz e Karl-Nikolaus Peifer, a origem da desavença transatlântica sobre dados pessoais, existente entre a UE e os EUA, reside nas suas diferentes construções jurídicas e culturais de privacidade e de proteção de dados pessoais[70]. Da mesma forma, Christopher Kuner entende que os desacordos políticos sobre como regular as transferências internacionais de dados pessoais são particularmente prováveis diante de valores e conceitos como "privacidade" e "dados pessoais", os quais dependem do contexto cultural e social em que surgiram[71]. Os sistemas de proteção da privacidade e dos dados pessoais da UE e dos EUA contam com profundas distinções, o que tem promovido conflitos para identificar o significado dessas diferenças, bem como dificultado o alcance de um parâmetro colaborativo de proteção da privacidade e de dados pessoais[72].

Na UE e nos EUA, o *status* do indivíduo é uma das principais diferenças nas construções jurídicas e culturais de privacidade e de proteção de dados pessoais. A UE protege os dados pessoais dos indivíduos pela chave dos direitos fundamentais, criando uma ligação entre os titulares e as instituições que

69. Ibidem, p. 1128.

70. SCHWARTZ, Paul M.; PEIFER, Karl-Nikolaus. Transatlantic data privacy law. **Georgetown Law Journal**, v. 106, n. 1, p. 115-179, 2017. Disponível: https://escholarship.org/content/qt1ws1r1cz/qt1ws1r1cz.pdf.

71. KUNER, Christopher. Reality and illusion in EU data transfer regulation post Schrems. **German Law Journal**, v. 18, n. 4, p. 881-918, 2017. Disponível: https://www.cambridge.org/core/journals/german-law-journal/article/reality-and-illusion-in-eu-data-transfer-regulation-post-schrems/0341A0D14DC345730F9B48A496A968D3.

72. SCHWARTZ, Paul M.; PEIFER, Karl-Nikolaus. **Transatlantic data privacy law**. Georgetown Law Journal, v. 106, n. 1, p. 115-179, 2017. p. 118 Disponível: https://escholarship.org/content/qt1ws1r1cz/qt1ws1r1cz.pdf.

salvaguardam esses interesses. Em contraste, nos EUA prevalece a perspectiva de mercado no que diz respeito à privacidade dos indivíduos, na chave privada. No campo público, a regra é a restrição contra o poder do Estado. Os dados pessoais, na chave privada, são qualificados como matéria-prima de relações comerciais. Dessa forma, diversos diplomas normativos, dos EUA identificam os titulares de dados pessoais como consumidores[73]. Nesse sentido, no contexto da UE, o tema é submetido ao conceito de proteção de dados pessoais, enquanto nos EUA, fala-se em privacidade da informação (*informational privacy*)[74].

Em uma dimensão constitucional, na UE, a proteção de dados pessoais compreende a disciplina dos direitos fundamentais, ancorada na dignidade da pessoa humana, nos direitos de personalidade, na privacidade e na autodeterminação; além de avançar com o foco na relação entre particulares[75]. Observa-se uma retroalimentação de fontes internacionais e domésticas na tutela de direitos fundamentais[76]. A Convenção Europeia de Direitos do Homem de 1950[77] se destaca como um dos pilares do direito fundamental da vida privada para a UE e a Carta de Direitos Fundamentais da União Europeia de 2000[78], que passou a ser juridicamente vinculante para os seus Estados-membro em 2009 com a assinatura do Tratado de Lisboa, como importante documento que reconhece, em seu Artigo 8º, o direito de proteção de dados pessoais.

Nos EUA, as salvaguardas constitucionais mais significativas em relação à informação dizem respeito ao livre fluxo de dados e não à privacidade pessoal[79].

---

73. Ibidem. p. 121.
74. SOLOVE, Daniel J.; SCHWARTZ, Paul. **Information privacy law**. 6ª ed. Wolters Kluwer Law & Business, 2018.
75. SCHWARTZ, Paul M.; PEIFER, Karl-Nikolaus. Transatlantic data privacy law. **Georgetown Law Journal**, v. 106, n. 1, p. 115-179, 2017. p. 123, Disponível: https://escholarship.org/content/qt1ws1r1cz/qt1ws1r1cz.pdf.
76. CARNOTA, Walter F. El anclaje constitucional de la protección de datos personales. In: TRAVIESO, Juan Antonio (Dir.), **Régimen jurídico de los datos personales**. Buenos Aires: Abeledo Perrot, 2014.
77. CONSELHO DA EUROPA: Tribunal Europeu dos Direitos do Homem. **Convenção Europeia de Direitos do Homem**. Estrasburgo, 1950. Disponível: https://www.echr.coe.int/Documents/Convention_POR.pdf.
78. UNIÃO EUROPEIA. **Carta dos Direitos Fundamentais da União Europeia (2000/C 364/01)**. Bruxelas: Jornal Oficial das Comunidades Europeias, 18 dez. 2000. Disponível: http://www.europarl.europa.eu/charter/pdf/text_pt.pdf.
79. SCHWARTZ, Paul M.; PEIFER, Karl-Nikolaus. **Transatlantic data privacy law**. Georgetown Law Journal, v. 106, n. 1, p. 115-179, 2017. p. 134. Disponível: https://escholarship.org/content/qt1ws1r1cz/qt1ws1r1cz.pdf.

A fim de evitar qualquer regulação desnecessária ao fluxo de dados, de acordo com a lógica da "parcimônia regulatória", nos EUA é sempre permitido o tratamento de dados, a menos que uma disposição legal proíba especificamente a atividade[80]. Além disso, a proteção da Primeira Emenda à liberdade de expressão pode tanto reforçar a privacidade da informação, quanto restringi-la. Assuntos relacionados ao compartilhamento de informação e privacidade estão sujeitos ao escrutínio constitucional da liberdade de expressão do agente que fará o tratamento dos dados pessoais[81]. A proteção da privacidade, em âmbito constitucional, desenvolveu-se, principalmente, diante da preocupação contra a interveniência estatal[82]. A privacidade da informação tem como núcleo o direito de acesso a dados armazenados por órgãos públicos[83]. Assim, de acordo com a teoria da eficácia dos direitos fundamentais, exposta por Ingo Sarlet[84], em comparação com a aplicação "vertical" dos EUA, os direitos fundamentais, no caso, na UE, teriam efeitos "horizontais"[85]. Essa diferença desafia, particularmente no caso dos EUA, a doutrina judiciária da ação estatal (*state action doctrine*). Por tal doutrina, a maioria dos mandamentos constitucionais proíbe apenas condutas de atores governamentais, não abrangendo os agentes privados[86]. Porém, apesar desse panorama, as teorias da regulação da Internet postulam, cada vez mais, o reconhecimento da relevância do papel regulatório de entidades privadas.

---

80. SCHWARTZ, Paul M. **The EU-US privacy collision: A turn to institutions and procedures**. Harvard Law Review, v. 126, p. 1966-2009, 2013. p. 1976. Disponível: http://cdn.harvardlawreview.org/wp-content/uploads/pdfs/vol126_schwartz.pdf.
81. SCHWARTZ, Paul M. **The EU-US privacy collision: A turn to institutions and procedures**. Harvard Law Review, v. 126, p. 1966-2009, 2013. p. 1977. Disponível: http://cdn.harvardlawreview.org/wp-content/uploads/pdfs/vol126_schwartz.pdf.
82. SWIRE, Peter P.; LITAN, Robert E. **None of your business: world data flows, electronic commerce, and the European privacy directive**. Washington: Brookings Institution Press, 1998.
83. DONEDA, Danilo. A proteção dos dados pessoais como um direito fundamental. **Espaço Jurídico**. v. 12, n. 2, p. 91-108. Unoesc: Joaçaba, 2011. p. 94.
84. SARLET, Ingo Wolfgang. **A eficácia dos direitos fundamentais**. 5. ed. Porto Alegre: Livraria do Advogado, 2005.
85. SCHWARTZ, Paul M.; PEIFER, Karl-Nikolaus. Transatlantic data privacy law. **Georgetown Law Journal**, v. 106, n. 1, p. 115-179, 2017. p. 126. Disponível: https://escholarship.org/content/qt1ws1r1cz/qt1ws1r1cz.pdf.
86. BERMAN, Paul Schiff. Cyberspace and the state action debate: the cultural value of applying constitutional norms to private regulation. **University of Colorado Law Review**, v. 71, p. 1263-1310, 2000. p. 1266. Disponível: https://papers.ssrn.com/sol3/papers.cfm?abstract_id=228466.

Dessa forma, são muito pertinentes os apontamentos de Paul Schiff Berman, ao propor a superação da dicotomia público/privado para o debate de valores constitucionais e de seus benefícios sociais e culturais[87].

No âmbito infraconstitucional, atualmente, a disposição legal de referência na UE sobre o tema é o RGPD, que entrou em vigor em maio de 2018, substituindo a Diretiva 95/46/CE. Vale esclarecer que as diretivas, nos termos do Artigo 288º do Tratado sobre o Funcionamento da UE, ao contrário dos regulamentos, não vinculam diretamente os Estados-membros. É por isso que se exige a transposição das prescrições das diretivas para o plano jurídico nacional, o qual deverá seguir suas determinações. O RGPD, assim, se tornou imediatamente aplicável à ordem jurídica interna dos países da UE com a sua entrada em vigor. Em semelhança ao que já ocorria com a Diretiva 95/46/CE, o RGPD tem o objetivo duplo de proteger os dados pessoais e de assegurar a livre circulação de dados. Contudo, ao ser aplicado a todos os Estados-membros, sem uma maior margem de adaptação que a transposição de diretivas permite, o RGPD poderá, provavelmente, propiciar um ambiente regulatório mais uniforme e, assim, fortalecer a salvaguarda dos direitos fundamentais com melhor equilíbrio entre a proteção de dados pessoais e a livre circulação de dados[88].

A proteção de dados pessoais na UE se baseia em três principais pilares, quais sejam, as obrigações das entidades envolvidas no tratamento de dados, os direitos dos titulares de dados pessoais e as Autoridades de Proteção de Dados (APD)[89]. Por liderarem, em nível nacional, a regulação do tema, a independência das APD, tanto do mercado quanto do domínio político, é de suma importância[90]. O RGPD reforçou o papel das APD, alargando as suas competências singulares e colaborativas, definindo atribuições e poderes claros e criando um mecanismo para a sua cooperação em casos transnacionais.

---

87. Ibidem. p. 1305-1310.

88. LYNSKEY, Orla. **The foundations of EU data protection law**. Oxford University Press, 2015. p. 66.

89. GIURGIU, Andra; LARSEN, Tine A. Roles and powers of national data protection authorities. **European Data Protection Law Review**, v. 2, n. 3, p. 342-352, 2016. p. 342. Disponível: https://www.semanticscholar.org/paper/Roles-and-Powers-of-National-Data-Protection-Giurgiu-Larsen/fb3e33026e4a0e86eb55c64cf4888294ed5b9ed0?p2df.

90. SCHÜTZ, Philip. **Assessing formal independence of data protection authorities in a comparative perspective**. In: IFIP PrimeLife International Summer School on Privacy and Identity Management for Life. Berlim: Springer, 2011. p. 45. Disponível: http://dl.ifip.org/db/conf/primelife/primelife2011/Schutz11.pdf.

O RGPD manteve a transferência internacional de dados pessoais da UE para países terceiros, principalmente a partir da exigência do requisito da "adequação", que já era previsto na Diretiva 95/46/CE. Essa abordagem com base geográfica visa a proteção contra os possíveis riscos que o país – ou local, ou organismo internacional – para o qual os dados serão transferidos possa apresentar. Ela se diferencia da abordagem com base organizacional, que foca nos riscos apresentados pelas organizações ou entidades que recebem os dados pessoais[91]. O Artigo 44º do RGPD, por conseguinte, prevê que a transferência de dados pessoais para um país terceiro somente pode ocorrer se houver conformidade com os ditames do RGPD, incluindo as transferências subsequentes para outros países terceiros. Para tanto, ele disciplina parâmetros diferentes de proteção[92]. O primeiro, que representa o padrão mais elevado, é uma decisão de adequação proferida pela Comissão Europeia, a teor do Artigo 45º, que deve ser periodicamente revisada. O segundo diz respeito à existência de salvaguardas apropriadas de modo geral ou específico, tais como as cláusulas contratuais padrão, os certificados, os códigos de conduta ou, ainda, as regras corporativas vinculantes, nos termos dos Artigos 46º e 47º. Com isso, as entidades envolvidas no tratamento de dados pessoais devem garantir a exequibilidade dos direitos dos titulares, além de propiciar remédios e técnicos eficazes[93]. Finalmente, na ausência de uma decisão de adequação ou de garantias apropriadas, o Artigo 49º prevê derrogações às prescrições gerais do RGPD, conforme situações específicas.

Nos EUA, a regulação da privacidade da informação em âmbito legal tem caráter fragmentário, assumindo estatutos e regras em nível federal e estadual. As disposições legais setoriais compreendem o indivíduo como parte de uma relação específica, ou, ainda, como parte de mercados determinados, conforme Paul M. Schwartz e Karl-Nikolaus Peifer, em tradução livre dos autores:

---

91. KUNER, Christopher. Regulation of transborder data flows under data protection and privacy law: past, present and future. **OECD Digital Economy Papers**, n. 187. Paris: OECD Publishing, 2011, p. 20. Disponível em http://dx.doi.org/10.1787/5kg0s2fk-315f-en.

92. KUNER, Christopher. Reality and illusion in EU data transfer regulation post Schrems. **German Law Journal**, v. 18, n. 4, p. 881-918, 2017. p. 904-905. Disponível: https://www.cambridge.org/core/journals/german-law-journal/article/reality-and-illusion-in-eu-data-transfer-regulation-post-schrems/0341A0D14DC345730F9B48A496A968D3.

93. BRÄUTIGAM, Tobias. The land of confusion: international data transfers between Schrems and the GDPR. In: BRÄUTIGAM, Tobias (ed.); MIETTINEN, Samuli (ed.). **Data protection, privacy and European regulation in the digital age**. Helsinki: Unigrafia, 2016, p. 143-177. p. 149. Disponível: https://papers.ssrn.com/sol3/papers.cfm?abstract_id=2920181.

> Os direitos setoriais nos Estados Unidos enxergam o indivíduo estreitamente no âmbito de um relacionamento específico de mercado: como uma pessoa que deseja obter crédito (FCRA); que participa em transações com uma instituição financeira (*Gramm-Leach-Bliley Act*, GLBA); que assiste vídeos (*Video Privacy Protection Act*, VPPA). Como exemplos adicionais: a proteção à privacidade na saúde se estende apenas aos pacientes que recebem assistência por entidades engajadas na transmissão de informações eletrônicas para reembolso de seguros; e outras proteções à privacidade (*Califonia Online Privacy Protection Act*, CalOPPA) apenas se aplicam aos sítios eletrônicos de consumo e nesses propósitos[94].

A *Federal Trade Commission* (FTC), agência reguladora que protege o consumidor e promove a concorrência, vem desempenhando um papel cada vez maior de proteção à privacidade da informação por meio da fiscalização das trocas de dados pessoais contra práticas injustas e enganosas[95]. Porém, diferentemente da UE, os EUA não impõem fortes restrições ao consentimento, de modo que os estatutos normalmente preveem a divulgação obrigatória e a notificação de práticas de privacidade por parte das empresas para que, posteriormente, o consumidor consinta com o compartilhamento. Desse modo, a FTC atua pela abordagem "*notice-and-consent*", que é bem mais restrita do que a atuação da UE. Vale ressaltar, ainda, que a FTC se restringe aos setores que se enquadram na sua regulamentação orgânica[96].

As diferentes construções jurídicas e culturais de privacidade e proteção de dados pessoais na UE e nos EUA, além de imporem desafios substanciais para as transferências internacionais de dados, são acompanhadas pelos posicionamentos das duas partes. De um lado, a UE compreende que o entendimento sobre direitos fundamentais não avançou na realidade dos EUA, o que teria levado à estagnação de disposições sobre proteção da privacidade e dos dados pessoais no país. Para os legisladores da UE, o direito fundamental de proteção de dados pessoais não pode ser regido pela linguagem do mercado; de outro lado, nos EUA, alguns consideram a proteção de dados pessoais da UE como uma forma

---

94. SCHWARTZ, Paul M.; PEIFER, Karl-Nikolaus. Transatlantic data privacy law. **Georgetown Law Journal**, v. 106, n. 1, p. 115-179, 2017. p. 136. Disponível: https://escholarship.org/content/qt1ws1r1cz/qt1ws1r1cz.pdf.

95. SCHWARTZ, Paul M.; PEIFER, Karl-Nikolaus. Transatlantic data privacy law. **Georgetown Law Journal**, v. 106, n. 1, p. 115-179, 2017. p. 147. Disponível: https://escholarship.org/content/qt1ws1r1cz/qt1ws1r1cz.pdf.

96. Ibidem, p. 148-150.

de protecionismo comercial, sobretudo, em relação às empresas norte-americanas de tecnologia bem-sucedidas[97]. Para esses, a abordagem regulatória europeia é desfavorável à inovação e as suas normas de proteção de dados pessoais tenderiam a sufocar as empresas de tecnologia[98]. Diante de ambas alegações, é pertinente o diagnóstico de Julie Cohen de que os reguladores europeus possuem o desejo de ver as empresas europeias ganharem uma posição competitiva, da mesma forma que a postura dos EUA, não apenas em relação à proteção de dados pessoais, mas, também, quanto ao direito da concorrência, permitiram uma grande acúmulo de poder por seus agentes econômicos[99]. De toda sorte, com vistas à manutenção de relações, a UE e os EUA empenharam-se na promoção de acordos para a proteção dos dados pessoais advindos da Europa, conforme será analisado na seção seguinte.

5. O *Safe Harbor* e o caso "Schrems I"

Como consequência dos diferentes modelos regulatórios da privacidade e dos dados pessoais, a Comissão Europeia, sob a égide da Diretiva 95/46/CE, considerava que os EUA não forneciam um nível adequado de proteção. Importa notar que esse diagnóstico foi definido pela Comissão após a apresentação de um parecer do antigo Grupo de Trabalho "Artigo 29", órgão consultivo e independente composto por representantes das APD da UE[100]. Esse Grupo, com a entrada em vigor do RGPD, foi substituído pelo Comitê Europeu de Proteção de Dados. Embora o parecer não fosse vinculante, ele foi persuasivo, uma vez que, na ausência de objeções por parte dos Estados-membros, uma potencial decisão de adequação poderia ser automaticamente adotada[101].

97. Ibidem, p. 156.
98. Ibidem, p. 157.
99. COHEN, Julie E. The regulatory state in the information age. **Theoretical Inquiries in Law**, v. 17, n. 2, p. 369-414, 2016. p. 382. Disponível: http://din-online.info/pdf/th17-2-1.pdf.
100. UNIÃO EUROPEIA: Working Party. **Opinion 1/99 concerning the level of data protection in the United States and the ongoing discussions between the European Commission and the United States Government (5092/98/EN/final/WP15)**, 26 jan. 1999. Disponível: https://ec.europa.eu/justice/article-29/documentation/opinion-recommendation/files/1999/wp15_en.pdf.
101. VOSS, W. Gregory. The future of transatlantic data flows: Privacy Shield or bust? **Journal of Internet Law**, v. 19, n. 11, p. 1-18, 2016. p. 8. Disponível: https://papers.ssrn.com/sol3/papers.cfm?abstract_id=2794261.

Com o comércio de dados entre a UE e os EUA, ambas as partes tiveram incentivos consideráveis para buscar soluções que unissem as suas distintas abordagens sobre a matéria[102]. Assim, foram iniciadas as negociações entre os representantes do Departamento de Comércio dos EUA e da Comissão Europeia. Em 2000, o *Safe Harbor Agreement* foi concluído, resultando em uma disposição que criava um programa voluntário de auto certificação para as empresas norte-americanas em relação às suas políticas de privacidade, contando com a supervisão de agências federais dos EUA, notavelmente a FTC[103]. Com isso, as empresas norte-americanas poderiam receber dados pessoais recolhidos na UE. O acordo foi materializado por uma decisão de adequação da Comissão Europeia, pelo anexo contendo sete princípios de privacidade de "porto seguro" e pelas "Perguntas Frequentes". publicadas pelo Departamento de Comércio dos EUA[104-105]. Como indica Paul Schiff Berman, os princípios de privacidade de "porto seguro" submeteram as empresas norte-americanas a padrões mais altos de proteção da privacidade e de dados pessoais, em comparação com aqueles dispostos no seu ordenamento jurídico interno[106]. Em contrapartida, ao dar cumprimento aos princípios, as empresas dos EUA não estariam sujeitas a contestações sob os parâmetros de proteção de dados pessoais, potencialmente mais rigoroso, da UE. Fora da situação de transferência internacional de dados pessoais, os princípios não criam outras obrigações para os EUA, mantendo a

---

102. SCHWARTZ, Paul M.; PEIFER, Karl-Nikolaus. Transatlantic data privacy law. **Georgetown Law Journal**, v. 106, n. 1, p. 115-179, 2017. p. 158. Disponível: https://escholarship.org/content/qt1ws1r1cz/qt1ws1r1cz.pdf.

103. SCHWARTZ, Paul M. **The EU-US privacy collision: A turn to institutions and procedures**. Harvard Law Review, v. 126, p. 1966-2009, 2013. p. 1981. Disponível: http://cdn.harvardlawreview.org/wp-content/uploads/pdfs/vol126_schwartz.pdf.

104. UNIÃO EUROPEIA: Comissão das Comunidades Europeias. **2000/520/CE: Decisão da Comissão, de 26 de Julho de 2000, nos termos da Diretiva 95/46/CE do Parlamento Europeu e do Conselho e relativa ao nível de proteção assegurado pelos princípios de "porto seguro" e pelas respectivas questões mais frequentes (FAQ) emitidos pelo Department of Commerce dos Estados Unidos da América.** Bruxelas, 25 ago. 2000. Disponível: https://eur-lex.europa.eu/legal-content/PT/TXT/HTML/?uri=CELEX:32000D0520.

105. VOSS, W. Gregory. The future of transatlantic data flows: Privacy Shield or bust? **Journal of Internet Law**, v. 19, n. 11, p. 1-18, 2016. p. 9. Disponível: https://papers.ssrn.com/sol3/papers.cfm?abstract_id=2794261.

106. BERMAN, Paul Schiff. Global legal pluralism. **Southern California Law Review**, v. 80, p. 1155-1238, 2006. p. 1127, Disponível: https://core.ac.uk/download/pdf/23 2643892.pdf.

sua soberania para aplicar a sua abordagem de proteção da privacidade e dos dados pessoais. Por isso, consoante o autor citado, o *Safe Harbor Agreement* representava uma forma de regulação pluralista, ao reter espaço para a legislação local e, também, por promover a interação entre comunidades transnacionais.

A despeito do otimismo à época da conclusão do acordo, com o tempo, críticas relativas ao *Safe Harbor* foram se intensificando e cada vez mais entidades passaram a acompanhá-las. O próprio Grupo de Trabalho "Artigo 29" que, em 2000, havia divulgado parecer favorável, sustentando ser o *Safe Harbor* "um marco de progresso para o aprimoramento da proteção de dados"[107], passou a compreendê-lo como "questionável"[108-109]. Em especial, as revelações de Edward Snowden impactaram negativamente a confiança nos fluxos de dados pessoais por sobre fronteiras entre a UE e os EUA. O *Safe Harbor Agreement* estava no centro das preocupações, tendo a própria Comissão Europeia questionado a eficácia de sua proteção e emitido recomendações para a melhoria do acordo[110].

Nesse contexto, o austríaco Maximillian Schrems apresentou, em 2013, uma reclamação à APD irlandesa contra o Facebook, pedindo a proibição da transferência de seus dados pessoais aos EUA. Assim como outros residentes da UE, os dados pessoais dele eram transferidos pelo Facebook Irlanda para servidores pertencentes ao Facebook Inc., localizados nos EUA. Em sua reclamação, ele alegou que as disposições legais e as práticas nos EUA não ofereciam proteção suficiente contra o acesso de autoridades públicas aos dados pessoais. Particularmente, ele estava preocupado com o fato de a NSA – *National Security*

---

107. UNIÃO EUROPEIA: Working Party. **Opinion 4/2000 on the level of protection provided by the 'Safe Harbor Principles**, 16 may 2000. Disponível em: https://ec.europa.eu/justice/article-29/documentation/opinion-recommendation/files/2000/wp32_en.pdf.

108. UNIÃO EUROPEIA: Working Party. **Letter from the Article 29 Working Party to Vice-President Viviane Reding (10 April 2014)**. Bruxelas, 10 abr. 2014. Disponível: https://ec.europa.eu/justice/article-29/documentation/other-document/files/2014/20140410_wp29_to_ec_on_sh_recommendations.pdf.

109. BRÄUTIGAM, Tobias. The land of confusion: international data transfers between Schrems and the GDPR. In: BRÄUTIGAM, Tobias (ed.); MIETTINEN, Samuli (ed.). **Data protection, privacy and European regulation in the digital age**. Helsinki: Unigrafia, 2016, p. 143-177. p. 146. Disponível: https://papers.ssrn.com/sol3/papers.cfm?abstract_id=2920181.

110. VOSS, W. Gregory. The future of transatlantic data flows: Privacy Shield or bust? **Journal of Internet Law**, v. 19, n. 11, p. 1-18, 2016. p. 10. Disponível: https://papers.ssrn.com/sol3/papers.cfm?abstract_id=2794261.

Agency – ter acesso em massa aos servidores com base na exceção da segurança nacional contida no *Safe Harbor Agreement*[111]. A reclamação foi inicialmente rejeitada pela APD da Irlanda, sob o argumento principal de que já havia uma decisão de adequação vigente para o *Safe Harbor* pela Comissão Europeia. No entanto, Schrems recorreu à *High Court* irlandesa, que submeteu questões prejudiciais ao exame do TJUE[112]. Em 6 de outubro de 2015 o TJUE decidiu pela invalidação da decisão de adequação do *Safe Harbor Agreement* no processo C-362/14 ("Schrems I")[113]. Entre os fundamentos que levaram a esse entendimento, o TJUE concluiu que o nível de proteção em um país terceiro deveria ser "essencialmente equivalente" ao nível fornecido pelos Estados-membros da UE. Desse modo, apesar de os meios de proteção poderem ser diferentes, eles deveriam conduzir ao mesmo resultado. Compreendeu-se que, ao tomar uma decisão de adequação, a tarefa da Comissão consistia em analisar não só o conteúdo das normas jurídicas, mas também as práticas destinadas à proteção de dados pessoais[114]. Quanto ao papel das APD nacionais, o TJUE firmou que elas deveriam ser capazes de examinar, com total independência, qualquer reclamação relativa à proteção de uma pessoa no que diz respeito ao tratamento de dados pessoais, independentemente da existência prévia de uma decisão de adequação[115]. A queda do *Safe Harbor* deu origem à necessidade de se construir outro acordo.

---

111. BRÄUTIGAM, Tobias. The land of confusion: international data transfers between Schrems and the GDPR. In: BRÄUTIGAM, Tobias (ed.); MIETTINEN, Samuli (ed.). **Data protection, privacy and European regulation in the digital age**. Helsinki: Unigrafia, 2016, p. 143-177. p. 153. Disponível: https://papers.ssrn.com/sol3/papers.cfm?abstract_id=2920181.

112. Ibidem. p. 153.

113. UNIÃO EUROPEIA. Tribunal de Justiça. **Acórdão (Grande Seção) de 8 abr. 2014: Digital Rights Ireland Ltd contra Minister for Communications, Marine and Natural Resources e outro e Kärntner Landesregierung e outro (processos apensos C293/12 e C594/12)**. Disponível: https://eur-lex.europa.eu/legal-content/pt/TXT/?uri=CELEX%3A62012CJ0293.

114. BRÄUTIGAM, Tobias. The land of confusion: international data transfers between Schrems and the GDPR. In: BRÄUTIGAM, Tobias (ed.); MIETTINEN, Samuli (ed.). **Data protection, privacy and European regulation in the digital age**. Helsinki: Unigrafia, 2016, p. 143-177. p. 154. Disponível: https://papers.ssrn.com/sol3/papers.cfm?abstract_id=2920181.

115. WEISS, Martin A.; ARCHICK, Kristin. **US-EU data privacy: from safe harbor to privacy shield**. Washington, DC: Congressional Research System, 2016. p. 7. Disponível: https://www2.epic.org/crs/R44257.pdf.

6. O *PRIVACY SHIELD*, O CASO "SCHREMS II" E O ATUAL CENÁRIO DE TRANSFERÊNCIA INTERNACIONAL DE DADOS NA UE

Segundo Christopher Kuner, o Caso "Schrems I" demonstrou a fragilidade de mecanismos legais, sozinhos, regularem de forma eficaz a privacidade e os dados pessoais para além das fronteiras da UE[116]. Esses mecanismos, apesar de satisfazerem os requisitos formais das disposições legais de proteção de dados pessoais, não tiveram uma execução efetiva na prática. Da mesma forma, as APD nacionais, da UE, encontraram limitações para fazer cumprir o acordo em outra jurisdição. Para esse autor, não seria realista imaginar que possa haver uma única solução legal abrangente para disputas sobre a regulamentação da transferência de dados pessoais, a menos que as todas as partes estejam dispostas a realizar uma acomodação que vai além da afirmação de seus próprios valores[117]. Tal constatação se aproxima das teorias jurídicas sobre regulação da Internet que observam a relevância de outros fatores como a tecnologia e a interação entre as diferentes comunidades do ciberespaço na busca por uma abordagem mais pragmática. Embora os mecanismos legais não possam, por si, encerrar as desavenças internacionais sobre a regulamentação de transferência internacional de dados pessoais, eles podem assegurar linhas de compatibilidade e de comunicação entre diferentes sistemas de proteção[118]. Após a invalidação do *Safe Harbor Agreement*, a Comissão Europeia e a administração federal dos EUA começaram a negociar uma substituição, sob grande pressão, principalmente, em função da lacuna legal para as empresas que tinham o acordo como base para suas transferências de dados.

O *Privacy Shield* foi adotado em 2016, ainda sob o respaldo da Diretiva 95/46/CE, mas já com a aprovação do RGPD[119]. Esse novo arranjo foi formalizado por uma comunicação da Comissão Europeia, que apresentava o contexto

---

116. KUNER, Christopher. Reality and illusion in EU data transfer regulation post Schrems. **German Law Journal**, v. 18, n. 4, p. 881-918, 2017. p. 911-913. Disponível: https://www.cambridge.org/core/journals/german-law-journal/article/reality-and-illusion-in-eu-data-transfer-regulation-post-schrems/0341A0D14DC345730F9B48A496A968D3.

117. Ibidem, p. 917.

118. Ibidem, p. 918.

119. UNIÃO EUROPEIA: Comissão Europeia, **Commission implementing decision of 12.7.2016 pursuant to Directive 95/46/EC of the European Parliament and of the Council on the adequacy of the protection provided by the EU-U.S. Privacy Shield C (2016) 4176 final**. Bruxelas, 12 jul. 2016. Disponível em: https://eur-lex.europa.eu/legal-content/EN/TXT/?uri=uriserv%3AOJ.L_.2016.207.01.0001.01.ENG.

político, pela decisão de adequação e, por fim, pelos seus anexos, incluindo compromissos de funcionários de segurança nacional dos EUA em relação à proteção conferida a dados de cidadãos da UE, além de conter cartas e declarações de outros funcionários do governo norte-americano[120-121]. Assim como o *Safe Harbor Agreement*, o *Privacy Shield* formou outro programa em que as empresas norte-americanas poderiam auto certificar voluntariamente, contando com a fiscalização principal da FTC e configurando uma combinação dos padrões europeus com os norte-americanos. Do ponto de vista de um titular de dados pessoais, na UE, o *Privacy Shield* ofereceria melhorias em comparação ao instrumento invalidado pelo TJUE, sobretudo quanto aos aspectos práticos de supervisão e de reparação, além de dispositivos mais detalhados[122]. Em suma, o *Privacy Shield* teria aprimorado os aspectos levantados pelo TJUE no julgamento do Caso Schrems I[123]. Em primeiro lugar, as empresas norte-americanas precisariam se comprometer com obrigações robustas, com destaque para notificações detalhadas, condições restritas para transferência ulterior e regime de responsabilidade, limites de retenção de dados e conformação com propósitos. Em segundo lugar, o Departamento de Comércio iria monitorar o cumprimento, juntamente com a FTC, que atribuiria sanções ou a perda da possibilidade de legitimar a transmissão de dados pelo *Privacy Shield* às empresas que descumprissem o novo arranjo. Em terceiro lugar, haveria um aumento das salvaguardas e limitações sobre órgãos de inteligência norte-americanos, bem como uma revisão anual conjunta UE-EUA, abordando também a questão do acesso com fins de segurança nacional. Por fim, em quarto lugar, estariam disponíveis possibilidades de reparação aos titulares, incluindo, no caso de acesso por agências de inteligência, a criação de um *Ombudsman*, ligado ao Departamento de Estado dos EUA.

---

120. VOSS, W. Gregory. The future of transatlantic data flows: Privacy Shield or bust? **Journal of Internet Law**, v. 19, n. 11, p. 1-18, 2016. p. 12. Disponível: https://papers.ssrn.com/sol3/papers.cfm?abstract_id=2794261.

121. KUNER, Christopher. Reality and illusion in EU data transfer regulation post Schrems. **German Law Journal**, v. 18, n. 4, p. 881-918, 2017. p. 902. Disponível: https://www.cambridge.org/core/journals/german-law-journal/article/reality-and-illusion-in-eu-data-transfer-regulation-post-schrems/0341A0D14DC345730F9B48A496A968D3.

122. VOSS, W. Gregory. The future of transatlantic data flows: Privacy Shield or bust? **Journal of Internet Law**, v. 19, n. 11, p. 1-18, 2016. p. 16. Disponível: https://papers.ssrn.com/sol3/papers.cfm?abstract_id=2794261.

123. WEISS, Martin A.; ARCHICK, Kristin. **US-EU data privacy: from safe harbor to privacy shield**. Washington, DC: Congressional Research System, 2016. p. 10. Disponível: https://www2.epic.org/crs/R44257.pdf.

Contudo, o *Privacy Shield* desde logo enfrentou desafios, a exemplo da mudança da liderança norte-americana e a afirmação do Presidente dos EUA, Donald Trump, de que iria revogar todas as ordens executivas emitidas pelo ex-Presidente Barack Obama, sendo certo que algumas delas constituíam elementos essenciais ao novo arranjo[124]. Já na UE, a entrada em vigor do RGPD passaria a exigir que o *Privacy Shield* fosse "essencialmente equivalente" aos seus ditames. Entre as reações ao novo arranjo, as avaliações negativas prevaleceram[125]. Na sequência da invalidação do *Safe Harbor Agreement* pelo TJUE, a discussão sobre a transferência de dados pessoais continuou a repercutir. O caso foi remetido do TJUE para a APD da Irlanda, que anulou o arquivamento da reclamação proposta por Maximilian Schrems e a encaminhou para exame por seu Comissário. No âmbito da investigação por ele instaurada, o Facebook Irlanda alegou que grande parte dos dados pessoais de cidadãos europeus era transferida para os EUA com base nas cláusulas contratuais padrão (*standard contractual clauses*, SCC). Com essas informações, o Comissário possibilitou que Schrems reformulasse sua reclamação.

Tendo em vista diferentes bases jurídicas para a transferência internacional de dados pessoais na UE, em princípio, a invalidação da decisão de adequação do *Safe Harbor*, por não oferecer proteção essencialmente equivalente, não torna inválida, também, toda e qualquer remessa de dados pessoais. Afinal, seria juridicamente lícito que uma remessa pudesse ser feita por meio de uma SCC, mesmo não havendo decisão de adequação em relação ao destino. No entanto, se as razões que resultaram na invalidação de uma decisão de adequação também puderem ser aplicadas aos padrões de proteção de outra base jurídica, passar-se-ia a ser possível levantar questões sobre a continuidade da viabilidade da remessa, de um modo mais amplo[126]. Por conseguinte, Maximilian Schrems

124. KUNER, Christopher. Reality and illusion in EU data transfer regulation post Schrems. **German Law Journal**, v. 18, n. 4, p. 881-918, 2017. p. 903. Disponível: https://www.cambridge.org/core/journals/german-law-journal/article/reality-and-illusion-in-eu-data-transfer-regulation-post-schrems/0341A0D14DC345730F9B48A496A968D3.

125. BRÄUTIGAM, Tobias. The land of confusion: international data transfers between Schrems and the GDPR. In: BRÄUTIGAM, Tobias (ed.); MIETTINEN, Samuli (ed.). **Data protection, privacy and European regulation in the digital age**. Helsinki: Unigrafia, 2016, p. 143-177. p. 165. Disponível: https://papers.ssrn.com/sol3/papers.cfm?abstract_id=2920181.

126. KUNER, Christopher. Reality and illusion in EU data transfer regulation post Schrems. **German Law Journal**, v. 18, n. 4, p. 881-918, 2017. p. 905. Disponível: https://www.cambridge.org/core/journals/german-law-journal/article/reality-and-illusion-in-eu-data-transfer-regulation-post-schrems/0341A0D14DC345730F9B48A496A968D3.

apresentou uma nova reclamação em 1º de dezembro de 2015, contestando, dessa vez, as SCC em face do uso de dados pessoais de cidadãos europeus em programas de vigilância norte-americanos. O Comissário levou a matéria à *High Court* irlandesa em 31 de maio de 2016, abrangendo também o nível de proteção da privacidade e dados pessoais fornecido pelo *Privacy Shield*[127]. Em 4 de maio de 2018, a *High Court* submeteu questões ao TJUE, a saber, em tradução livre pelos autores:

> (i) se o RGPD se aplica às transferências de dados entre operadores econômicos em situações em que os dados possam ser processados em um terceiro país para fins de segurança pública e *enforcement* de suas leis; (ii) qual nível de proteção é aplicado pelas SCC a teor do Artigo 46º do RGPD; (iii) se as autoridades de proteção de dados (APD) são obrigadas a suspender ou proibir as transferências de dados sob as SCC caso estas cláusulas não forem cumpridas ou se o nível de proteção não puder ser assegurado; (iv) se as SCC são válidas à luz dos Artigos 7º, 8º e 47º da Carta de Direitos Fundamentais da União Europeia; e (v) se o *Privacy Shield* garante um nível adequado de proteção de acordo com o Artigo 45º do RGPD.[128]

Em 16 de julho de 2020, o TJUE proferiu decisão no processo C-311/18 ("Schrems II"), invalidando a decisão de adequação do *Privacy Shield*, mas mantendo a validade das SCC[129]. Certos autores consideram que o entendimento firmado foi como um reviver da decisão anteriormente determinada em "Schrems I"[130]. De fato, as conclusões de "Schrems II" não foram inesperadas,

---

127. UNIÃO EUROPEIA: Tribunal de Justiça. **Acórdão do Tribunal de Justiça (Grande Secção) de 16 de julho de 2020 – Data Protection Commissioner contra Facebook Ireland Ltd e Maximillian Schrems – Processo C-311/18**. Luxemburgo, 16 jul. 2020. Disponível: http://curia.europa.eu/juris/liste.jsf?num=C-311/18.

128. KUNER, Christopher. **International data transfers, standard contractual clauses, and the Privacy Shield: the AG Opinion in Schrems II.** European Law Blog. jan. 2020. p. 1. Disponível: https://europeanlawblog.eu/2020/01/07/international-data-transfers-standard-contractual-clauses-and-the-privacy-shield-the-ag-opinion-in-schrems-ii.

129. UNIÃO EUROPEIA: Tribunal de Justiça. **Acórdão do Tribunal de Justiça (Grande Secção) de 16 de julho de 2020 – Data Protection Commissioner contra Facebook Ireland Ltd e Maximillian Schrems – Processo C-311/18**. Luxemburgo, 16 jul. 2020. Disponível: http://curia.europa.eu/juris/liste.jsf?num=C-311/18.

130. CHURCHES, Genna; ZALNIERIUTE, Monika. A groundhog day in Brussels: Schrems II and international data transfers. **UNSW Law Research Paper**, n. 20-31, p. 1-7, 2020. p. 2. Disponível: https://ssrn.com/abstract=3664484.

na medida em que o fortalecimento de padrões de proteção para transferência internacional de dados pessoais, bem como o papel relevante das APD, está alinhado às afirmações do TJUE, nos últimos anos, em relação à proteção de dados pessoais[131]. Assim, inicialmente, o TJUE considerou que o RGPD se aplica às transferências de dados pessoais para propósitos comerciais por um agente econômico estabelecido em um Estado-membro para outro, estabelecido em um país terceiro, mesmo se, no momento da transferência ou em uma transferência subsequente, o dado pessoal possa ser tratado por uma autoridade do país terceiro para os fins de segurança nacional. Foi enfatizado, contudo, que a transferência ulterior não pode ser excluída do escopo de proteção do RGPD[132]. A respeito do nível de proteção que deve ser assegurado nas transferências internacionais de dados pessoais, o TJUE afirmou que as bases jurídicas dispostas no RGPD, em relação às salvaguardas apropriadas, exigem a exequibilidade de direitos e de remédios legais eficazes. Esses meios de proteção devem ser interpretadas no sentido de que aos titulares, cujos dados pessoais são transferidos para países terceiros de acordo com SCC, devem ser concedidos níveis substantivos de proteção, essencialmente equivalente ao garantido na UE, à luz do RGPD e da Carta de Direitos Fundamentais da União Europeia. Essa equivalência vale também para o acesso das autoridades públicas, de eventual destino, que recebe dados pessoais advindos dos Estados-membros[133]. Quanto às obrigações de supervisão e aos poderes das APD nacionais, dos Estados-membros, foi reiterado pelo TJUE que essas entidades têm competência para suspender ou para proibir as transferências de dados pessoais por sobre fronteiras, quando sua análise concluir que as SCC não foram, ou não poderiam, ser cumpridas no destino, bem como quando não existam outros meios de garantir a proteção dos dados pessoais transferidos[134].

Ao tratar das SCC, o TJUE sustentou que as cláusulas contratuais não são, por si, inválidas, diante do fato de não vincularem as autoridades públicas do

---

131. KUNER, Christopher. **The Schrems II judgment of the Court of Justice and the future of data transfer regulation.** European Law Blog. jul 2020. p. 2. Disponível: https://europeanlawblog.eu/2020/07/17/the-schrems-ii-judgment-of-the-court-of-justice-and-the-future-of-data-transfer-regulation.

132. UNIÃO EUROPEIA: Tribunal de Justiça. **Acórdão do Tribunal de Justiça (Grande Secção) de 16 de julho de 2020 – Data Protection Commissioner contra Facebook Ireland Ltd e Maximillian Schrems – Processo C-311/18.** Luxemburgo, 16 jul. 2020. Disponível: http://curia.europa.eu/juris/liste.jsf?num=C-311/18.

133. Ibidem. parágrafos 90-105.

134. Ibidem. parágrafos 106-121.

local de destino para o qual os dados pessoais são transferidos. A validade, contudo, depende da inclusão de mecanismos efetivos que tornem possível, na prática, o cumprimento com o nível de proteção requerido nas disposições legais da UE, além de permitir a eventual suspensão ou proibição de transferências, em caso de violação ou de impossibilidade de cumprimento das cláusulas. As SCC, portanto, foram consideradas válidas, pontuando-se que há uma obrigação para o agente que exporta e para aquele que importa os dados pessoais de verificar, antes da transferência, se o nível de proteção é respeitado no destino, assim como comunicar qualquer impossibilidade de cumprimento das cláusulas[135].

Desse modo, deve haver uma verificação, caso a caso, se o direito do destino garante proteção adequada, fornecendo, se necessário, as salvaguardas adicionais às cláusulas[136]. Com isso, a manutenção das SCC pelo TJUE frisa haver uma maior responsabilidade para os agentes envolvidos no tratamento de dados pessoais, especialmente os controladores; serão eles que deverão tomar medidas protetivas, primariamente. Finalmente, o TJUE expôs os fundamentos pelos quais considerou inválida a decisão de adequação do *Privacy Shield*. Em primeiro lugar, da mesma forma que o caso "Schrems I", foi verificada a primazia de aspectos como a segurança nacional, interesse público e *enforcement* do direito dos EUA, o que – potencialmente – poderia prejudicar a fruição de direitos fundamentais no destino. Em particular, isso ocorreria porque eventuais programas de vigilância, em prol da segurança nacional, não se restringiriam apenas ao que seria estritamente necessário para bem funcionar. Ainda, em relação aos meios de proteção, o TJUE consignou que a solução do *Ombudsman* não forneceria, aos titulares de dados pessoais, capacidade de atuação com garantias substancialmente equivalentes às exigidas na UE, tal como a independência e a possibilidade de tomar decisões que vinculem as autoridades de inteligência norte-americanas[137].

Na esteira da decisão do TJUE, o Comitê Europeu de Proteção de Dados emitiu, por uma iniciativa própria, recomendações, pelas quais indica etapas futuras a serem seguidas, sobretudo para identificar medidas suplementares adequadas quando necessário, para dar suporte aos exportadores de dados

---

135. Ibidem. parágrafos 122-149.

136. SOLOVE, Daniel J. The Schrems II Decision. **Privacy + Security Blog**, jul. 2020. Disponível: https://teachprivacy.com/the-schrems-ii-decision.

137. UNIÃO EUROPEIA: Tribunal de Justiça. **Acórdão do Tribunal de Justiça (Grande Secção) de 16 de julho de 2020 – Data Protection Commissioner contra Facebook Ireland Ltd e Maximillian Schrems – Processo C-311/18**. Luxemburgo, 16 jul. 2020. Disponível: http://curia.europa.eu/juris/liste.jsf?num=C-311/18.

pessoais[138]. De acordo com essa entidade, o primeiro passo a ser tomado seria mapear todas as transferências internacionais envolvidas[139]. Para ter conhecimento total de suas transferências, controladores e operadores poderiam aproveitar os registros de atividade de tratamento de dados, requisito exigido no Artigo 30º do RGPD[140]. Ainda, seria importante considerar, nesses mapeamentos, as transferências subsequentes, desenvolvidas essas, por exemplo, por suboperadores de dados[141].

A segunda etapa consistiria em identificar quais disposições de licitude nas transferências internacionais de dados pessoais, previstas no Artigo 45º, 46º, 47º e 49º do RGPD, daria respaldo aos exportadores, discriminando as decisões de adequação, das salvaguardas apropriadas e dos casos de derrogação[142]. Em geral, as salvaguardas apropriadas possuem natureza contratual e poderiam ser aplicadas às transferências de dados para todos os destinos e países terceiros. Contudo, a depender da situação do destino ou do país terceiro, medidas adicionais poderiam ser exigidas para garantir um nível equivalente de proteção à UE[143].

Nesse sentido, ao optar pelas disposições que tratam de salvaguardas apropriadas, principalmente aquelas disciplinadas pelo Artigo 46º do RGPD, a terceira etapa seria verificar se essas ferramentas têm efetividade[144]. Em colaboração, o importador poderia fornecer fontes e informações relevantes relativas ao destino ou país terceiro e ao direito aplicável à transferência[145]. Os direitos dos titulares de dados pessoais e a possibilidade de seu exercício deveriam ser garantidos no destino. Adicionalmente, deveria ser avaliada a existência de normas jurídicas locais que estabeleçam requisitos para a divulgação de dados pessoais às autoridades públicas, conforme o que seria necessário e proporcional em uma sociedade democrática[146].

---

138. UNIÃO EUROPEIA: Comitê Europeu de Proteção de Dados. **Recommendations 01/2020 on measures that supplement transfer tools to ensure compliance with the EU level of protection of personal data. Bruxelas**, 10 nov. 2020.

139. Ibidem, p. 18.

140. Ibidem, p. 8.

141. Ibidem, p. 9.

142. Ibidem, p. 10.

143. Ibidem, p. 11.

144. Ibidem, p. 12.

145. Ibidem, p. 12.

146. Ibidem, p. 13.

No entender do Comitê, caso tenha sido identificado que não haveria efetividade, a quarta etapa seria considerar se medidas suplementares adicionais às salvaguardas, contidas nas ferramentas de transferência, poderiam assegurar que os dados transferidos receberiam, no destino ou país terceiro, um nível de proteção essencialmente equivalente ao da UE. Essas seriam análises que deveriam ser feitas caso a caso e as medidas poderiam ter caráter contratual, organizacional ou técnico, além de poderem ser combinadas de forma a aumentar o nível de proteção[147]. Finalmente, a transferência não deve seria iniciada – e, caso já estivesse em curso, deveria ser suspensa – se as medidas suplementares de proteção não garantirem a efetividade pretendida. As autoridades de supervisão e controle competentes poderiam suspender, ou até determinar o término, de transferências de dados pessoais para um destino, ou país terceiro, que não garanta uma proteção dos dados pessoais adequada, tal como exigida pelo direito da UE. Essas análises sobre proteção deveriam ser revistas, de tempos em tempos, com o fito de se verificar a existência de evolução no destino, ou país terceiro, que possa afetar as suas avaliações inicialmente produzidas[148]. Como pode ser compreendido, o julgamento dos dois casos pelo TJUE evidencia que existe – por parte desse órgão da UE – um roteiro básico para a produção de regras em prol de um novo padrão geral. Porém, fica claro, cada vez mais, que um eventual padrão jurídico deverá ser marcado por práticas efetivas e auditáveis, informadas essas por outras forças regulatórias, como padrões técnicos, arranjos de mercado, bem como pela ação dos atores sociais.

7. CONCLUSÃO: EM PROL DE UM *COMPLIANCE* GLOBAL DE PROTEÇÃO DA PRIVACIDADE E DE DADOS PESSOAIS

Apesar das diferentes culturas e tradições jurídicas de privacidade e proteção de dados na UE e nos EUA, é possível sustentar que, desde a década de 1970, há uma tendência rumo à consolidação de princípios básicos. Como já indicado, nos EUA, há um Relatório de 1973, contendo um conjunto de propostas práticas para proteção da privacidade, a fim de garantir aos indivíduos meios de controle sobre as suas próprias informações[149]. Tais medidas apresentaram

147. Ibidem, p. 15.

148. Ibidem, p. 19.

149. ESTADOS UNIDOS: Departamento de Saúde, Educação e Bem-estar. **Records, computers, and the rights of citizens.** Washington, DC: Department of Health, Education & Welfare, 1973. p. XXIII. Disponível: https://www.justice.gov/opcl/docs/rec-com-rights.pdf.

importantes valores, como o direito do indivíduo de evitar que as informações a seu respeito obtidas para um determinado fim fossem utilizadas ou disponibilizadas para outros propósitos sem o seu consentimento[150], os quais passaram a encontrar expressão em um núcleo de princípios presentes em várias normativas sobre proteção de dados pessoais do início de 1980, a exemplo da Convenção 108 do Conselho da Europa e das Diretrizes da OCDE[151].

Não obstante a referida convergência de princípios, o *Safe Harbor Agreement* e o *Privacy Shield* teriam representado pontos focais para a compreensão do regime de proteção de dados europeu por parte das organizações norte-americanas. Conforme assinala Paul M. Schwartz, a adoção voluntária dos programas de auto certificação pelas empresas teria permitido que advogados, consultores e políticos nos EUA ganhassem familiaridade com a legislação de proteção de dados pessoais da UE[152]. Não é sem razão, portanto, que o *California Consumer Protection Act* (CCPA), de 2018, teria incorporado uma série de conceitos parecidos com aqueles usados na UE, tais como: o direito de o indivíduo saber quais informações uma empresa coletou sobre ele; o direito de recusar que uma empresa venda as informações pessoais para terceiros; o direito de exclusão; e o direito de portabilidade dos dados[153].

Para além da adequação de disposições legais, é razoável argumentar que o *compliance* global de proteção da privacidade e dos dados pessoais passa pelo requisito da equivalência, considerando práticas efetivas, tanto sociais quanto jurídicas, capazes de alcançar o nível proteção da privacidade e dos dados pessoais almejado. Diante de um ambiente cada vez mais interconectado, uma abordagem geral e abrangente de padrões pode tornar o modelo regulatório da UE mais acessível de ser adotado, quando comparado com as regulamentações setoriais e esparsas[154]. Assim, com a expansão do modelo europeu, pode-se afirmar que o reconhecimento de equivalência entre as partes observará padrões de conformidade que envolvem as obrigações direcionadas aos agentes de tratamento de dados, os direitos assegurados aos indivíduos que possuem seus dados pessoais tratados e, finalmente, as funções e capacidades de entidades reguladoras.

150. LESSIG, Lawrence. **Code: version 2.0**. Nova Iorque: Basic Books, 2006. p. 227.

151. DONEDA, Danilo. A proteção dos dados pessoais como um direito fundamental. **Espaço Jurídico**. v. 12, n. 2, p. 91-108. Unoesc: Joaçaba, 2011. p. 98.

152. SCHWARTZ, Paul M. Global data privacy: the EU way. **New York University Law Review**, v. 94, p. 771-818, 2019. p. 799. Disponível: https://www.nyulawreview.org/wp-content/uploads/2019/10/NYULAWREVIEW-94-4-Schwartz.pdf.

153. Ibidem. p. 799.

154. Ibidem. p. 800.

É certo que a regulação por meio de mecanismos formais legais mostrou-se insuficiente na prática. Após a invalidação do *Safe Harbor Agreement* e a recente decisão do TJUE que também levou à invalidação do *Privacy Shield*, um terceiro acordo entre a UE e os EUA não promoveria a proteção desejada, nem concederia segurança jurídica às partes envolvidas nas transferências transatlânticas de dados. Com a mitigação de conceitos tradicionais como fronteiras territoriais e jurisdição, a Internet e a digitalização exigem orientações voltadas para os seus desafios. Assim, a partir do julgamento do caso "Schrems II", a atribuição de maior responsabilidade aos agentes de tratamento de dados no que diz respeito às transferências internacionais de dados demonstra um direcionamento para uma abordagem com base organizacional e não apenas geográfica. Daí a necessidade de se considerar também medidas de natureza contratual, organizacional ou técnica como meio de se alcançar um *compliance* global de proteção da privacidade e dos dados pessoais.

8. REFERÊNCIAS BIBLIOGRÁFICAS

BARLOW, John Perry. **Declaration of independence for cyberspace**. 1996. Disponível: https://www.eff.org/cyberspace-independence.

BERMAN, Paul Schiff. Cyberspace and the state action debate: the cultural value of applying constitutional norms to private regulation. **University of Colorado Law Review**, v. 71, p. 1263-1310, 2000. Disponível: https://papers.ssrn.com/sol3/papers.cfm?abstract_id=228466.

BERMAN, Paul Schiff. Global legal pluralism. **Southern California Law Review**, v. 80, p. 1155-1238, 2006. p. 1127, Disponível: https://core.ac.uk/download/pdf/232643892.pdf.

BERMAN, Paul Schiff. The globalization of jurisdiction. **University of Pennsylvania Law Review**, v. 151, n. 2, p. 311-545, 2002. Disponível: https://scholarship.law.upenn.edu/cgi/viewcontent.cgi?article=3208&context=penn_law_review.

BRÄUTIGAM, Tobias. The land of confusion: international data transfers between Schrems and the GDPR. In: BRÄUTIGAM, Tobias (ed.); MIETTINEN, Samuli (ed.). **Data protection, privacy and European regulation in the digital age**. Helsinki: Unigrafia, 2016, p. 143-177. Disponível: https://papers.ssrn.com/sol3/papers.cfm?abstract_id=2920181.

CARNOTA, Walter F. El anclaje constitucional de la protección de datos personales. In: TRAVIESO, Juan Antonio (Dir.), **Régimen jurídico de los datos personales**. Buenos Aires: Abeledo Perrot, 2014.

CASTELLS, Manuel. **A sociedade em rede**. São Paulo: Paz e terra, 2005.

CASTELLS, Manuel. A sociedade em rede: do conhecimento à política. In: CASTELLS, Manuel; CARDOSO, Gustavo. **A sociedade em rede: do conhecimento à acção política**. Lisboa: Imprensa Nacional – Casa da Moeda, 4 a 5 mar. 2005.

CAVOUKIAN, Ann. **Privacy by design: take the challenge**. Toronto: Information and privacy commissioner of Ontario (Canada), 2009.

CAVOUKIAN, Ann; TAYLOR, Scott; ABRAMS, Martin E. Privacy by design: essential for organizational accountability and strong business practices. **Identity in the Information Society**, v. 3, n. 2, p. 405-413, ago. 2010. Disponível: https://core.ac.uk/download/pdf/81526429.pdf.

CHURCHES, Genna; ZALNIERIUTE, Monika. A groundhog day in Brussels: Schrems II and international data transfers. **UNSW Law Research Paper**, n. 20-31, p. 1-7, 2020. p. 2. Disponível: https://ssrn.com/abstract=3664484.

COHEN, Julie E. The regulatory state in the information age. **Theoretical Inquiries in Law**, v. 17, n. 2, p. 369-414, 2016. Disponível: http://din-online.info/pdf/th17-2-1.pdf.

CONSELHO DA EUROPA. **Convention for the protection of individuals with regard to automatic processing of personal data**. Estrasburgo, 28 jan. 1981. Disponível: https://www.coe.int/en/web/conventions/full-list/-/conventions/treaty/108.

CONSELHO DA EUROPA. **Convention on cybercrime**, Estrasburgo, 1 jul. 2004. Disponível: https://www.coe.int/en/web/conventions/full-list/-/conventions/treaty/185.

CONSELHO DA EUROPA: Tribunal Europeu dos Direitos do Homem. **Convenção Europeia de Direitos do Homem**. Estrasburgo, 1950. Disponível: https://www.echr.coe.int/Documents/Convention_POR.pdf.

CORNELL LAW SCHOOL: Legal Information Project. **18 U.S. Code § 2523 – Executive agreements on access to data by foreign governments**. Ithaca, 2021. Disponível: https://www.law.cornell.edu/uscode/text/18/2523.

DONEDA, Danilo. A proteção dos dados pessoais como um direito fundamental. **Espaço Jurídico**. v. 12, n. 2, p. 91-108. Unoesc: Joaçaba, 2011.

ESTADOS UNIDOS DA AMÉRICA: Congresso. **H.R.4943 – CLOUD Act – 115th Congress (2017-2018)**. Washington, 2 jun. 2018. Disponível: https://www.congress.gov/bill/115th-congress/house-bill/4943/text.

ESTADOS UNIDOS: Arquivo Nacional. **The Privacy Act of 1974 (5 USC, § 502a)**. Washington, DC: National Archives, 1974. Disponível: https://www.archives.gov/about/laws/privacy-act-1974.html.

ESTADOS UNIDOS: Departamento de Saúde, Educação e Bem-estar. **Records, computers, and the rights of citizens**. Washington, DC: Department of Health, Education & Welfare, 1973. Disponível: https://www.justice.gov/opcl/docs/rec-com-rights.pdf.

ESTADOS UNIDOS: Federal Trade Commission. **The Federal Trade Commission at 100: into our 2nd century – the continuing pursuit of best practices**. Washington, DC: FTC, jan. 2009. Disponível https://www.ftc.gov/sites/default/files/documents/public_statements/federal-trade-commission-100-our-second-century/ftc100rpt.pdf.

GIURGIU, Andra; LARSEN, Tine A. Roles and powers of national data protection authorities. **European Data Protection Law Review**, v. 2, n. 3, p. 342-352, 2016. Disponível: https://www.semanticscholar.org/paper/Roles-and-Powers-of-National-Data-Protection-Giurgiu-Larsen/fb3e33026e4a0e86eb55c64cf4888294ed5b9ed0?p2df.

JOHNSON, David R.; POST, David. Law and borders: the rise of law in cyberspace. **Stanford Law Review**, v. 48, p. 1367-1402, 1995-1996. Disponível: https://is.muni.cz/el/law/podzim2017/SOC022/um/59372843/Law_and_Borders--The_Rise_of_Law_in_Cyberspace.pdf.

KUNER, Christopher. **International data transfers, standard contractual clauses, and the Privacy Shield: the AG Opinion in Schrems II.** European Law Blog. jan. 2020. p. 1. Disponível: https://europeanlawblog.eu/2020/01/07/international-data-transfers-standard-contractual-clauses-and-the-privacy-shield-the-ag-opinion-in-schrems-ii.

KUNER, Christopher. Reality and illusion in EU data transfer regulation post Schrems. **German Law Journal**, v. 18, n. 4, p. 881-918, 2017. Disponível: https://www.cambridge.org/core/journals/german-law-journal/article/reality-and-illusion-in-eu-data-transfer-regulation-post-schrems/0341A0D14DC345730F9B48A496A968D3.

KUNER, Christopher. Regulation of transborder data flows under data protection and privacy law: past, present, and future. **TILT Law & Technology Working Paper**, n. 16, 2010. Disponível: https://papers.ssrn.com/sol3/papers.cfm?abstract_id=1689483.

KUNER, Christopher. Regulation of transborder data flows under data protection and privacy law: past, present and future. **OECD Digital Economy Papers**, n. 187. Paris: OECD Publishing, 2011. Disponível em http://dx.doi.org/10.1787/5kg0s2fk315f-en.

LACHAUD, Eric. ISO/IEC 27701 Standard: threats and opportunities for GDPR certification. **European Data Protection Law Review**, v. 6, n. 2, p. 194-220, 2020.

LESSIG, Lawrence. **Code: version 2.0**. Nova Iorque: Basic Books, 2006.

LYNSKEY, Orla. **The foundations of EU data protection law**. Oxford University Press, 2015.

MARSDEN, Christopher T. Introduction: information and communications technologies, globalization and regulation. In: MARDESN Christopher T. (ed.). **Regulating the global information society**. Londres: Routledge, 2000. p. 19-21.

MENDES, Laura Schertel. **Privacidade, proteção de dados e defesa do consumidor: linhas gerais de um novo direito fundamental**. São Paulo: Saraiva, 2017.

MILLARD, Christopher (ed.). **Cloud computing law**. Oxford: Oxford University Press, 2013.

MURRAY, Andrew D. **The regulation of cyberspace: control in the online environment**. Routledge, 2007.

OCDE. **OECD Guidelines on the protection of privacy and transborder flows of personal data**. Paris, 23 set, 1980. Disponível: https://www.oecd.org/sti/ieconomy/oecdguidelinesontheprotectionofprivacyandtransborderflowsofpersonaldata.htm.

OCDE. **OECD Privacy Guidelines**. Paris, 2021. Disponível: https://www.oecd.org/sti/ieconomy/privacy-guidelines.htm.

REIDENBERG, Joel R. Governing networks and rule-making in cyberspace. **Emory Law Journal**, v. 45, p. 911-930, 1996. Disponível: https://www.semanticscholar.org/paper/Governing-Networks-and-Rule-Making-in-Cyberspace-Reidenberg/e7b0fbd0d8db48df69d08b028b31ed72845316fb?p2df.

REIDENBERG, Joel R. Lex informatica: The formulation of information policy rules through technology. **Texas Law Review**, v. 76, n. 3, p. 553-593, 1998. Disponível: https://core.ac.uk/download/pdf/144222024.pdf.

RICHARDS, Neil. Reconciling data privacy and the First Amendment. **UCLA Law Review**, v. 52, n. 4, p. 1149-1222, abr. 2005. p. Disponível: http://www.uclalawreview.org/wp-content/uploads/2019/09/29_52UCLALRev11492004-2005.pdf.

SARLET, Ingo Wolfgang. **A eficácia dos direitos fundamentais**. 5. ed. Porto Alegre: Livraria do Advogado, 2005.

SCHÜTZ, Philip. **Assessing formal independence of data protection authorities in a comparative perspective**. In: IFIP PrimeLife International Summer School on Privacy and Identity Management for Life. Berlim: Springer, 2011. Disponível: http://dl.ifip.org/db/conf/primelife/primelife2011/Schutz11.pdf.

SCHWARTZ, Paul M. Global data privacy: the EU way. **New York University Law Review**, v. 94, p. 771-, 2019. Disponível: https://www.nyulawreview.org/wp-content/uploads/2019/10/NYULAWREVIEW-94-4-Schwartz.pdf.

SCHWARTZ, Paul M. Information privacy in the cloud. **University of Pennsylvania Law Review**, v. 161, p. 1623-1662, 2012. Disponível: https://www.pennlawreview.com/wp-content/uploads/2020/04/Schwartz-161-U-Pa-L-Rev-1623.pdf.

SCHWARTZ, Paul M.; PEIFER, Karl-Nikolaus. Transatlantic data privacy law. **Georgetown Law Journal**, v. 106, n. 1, p. 115-179, 2017. Disponível: https://escholarship.org/content/qt1ws1r1cz/qt1ws1r1cz.pdf.

SCHWARTZ, Paul; REIDENBERG, Joel R. **Data privacy law: a study of United States data protection**. Michie Law Publishers, Charlottesville, VA, 1996.

SOLOVE, Daniel J. The Schrems II Decision. **Privacy + Security Blog**, jul. 2020. Disponível: https://teachprivacy.com/the-schrems-ii-decision.

SWIRE, Peter P.; LITAN, Robert E. **None of your business: world data flows, electronic commerce, and the European privacy directive**. Washington: Brookings Institution Press, 1998.

UNIÃO EUROPEIA. **Carta dos Direitos Fundamentais da União Europeia (2000/C 364/01)**. Bruxelas: Jornal Oficial das Comunidades Europeias, 18 dez. 2000. Disponível: http://www.europarl.europa.eu/charter/pdf/text_pt.pdf.

UNIÃO EUROPEIA. **Diretiva (UE) 2016/680 do Parlamento Europeu e do Conselho, de 27 de abril de 2016, relativa à proteção das pessoas singulares no que diz respeito ao tratamento de dados pessoais pelas autoridades competentes para efeitos de prevenção, investigação, detecção ou repressão de infrações penais ou execução de sanções penais, e à livre circulação desses dados, e que revoga a Decisão-Quadro 2008/977/JAI do Conselho.** Bruxelas, 27 abr. 2016. Disponível: http://data.europa.eu/eli/dir/2016/680/oj.

UNIÃO EUROPEIA. **Diretiva 95/46/CE do Parlamento Europeu e do Conselho, de 24 de outubro de 1995, relativa à proteção das pessoas singulares no que diz respeito ao tratamento de dados pessoais e à livre circulação desses dados.** Bruxelas, 24 out. 1995, Disponível: http://data.europa.eu/eli/dir/1995/46/oj.

UNIÃO EUROPEIA. **Regulamento (UE) 2016/679 do Parlamento Europeu e do Conselho, de 27 de abril de 2016, relativo à proteção das pessoas singulares no que diz respeito ao tratamento de dados pessoais e à livre circulação desses dados e que revoga a Diretiva 95/46/CE (Regulamento Geral sobre a Proteção de Dados).** Bruxelas, 27 abr. 2016. Disponível: http://data.europa.eu/eli/reg/2016/679/oj.

UNIÃO EUROPEIA: Comissão das Comunidades Europeias. **2000/520/CE: Decisão da Comissão, de 26 de julho de 2000, nos termos da Diretiva 95/46/CE do Parlamento Europeu e do Conselho e relativa ao nível de proteção assegurado pelos princípios de "porto seguro" e pelas respectivas questões mais frequentes (FAQ) emitidos pelo Department of Commerce dos Estados Unidos da América.** Bruxelas, 25 ago. 2000. Disponível: https://eur-lex.europa.eu/legal-content/PT/TXT/HTML/?uri=CELEX:32000D0520.

UNIÃO EUROPEIA: Comissão Europeia, **Commission implementing decision of 12.7.2016 pursuant to Directive 95/46/EC of the European Parliament and of the Council on the adequacy of the protection provided by the EU-U.S. Privacy Shield C (2016) 4176 final.** Bruxelas, 12 jul. 2016. Disponível em: https://eur-lex.europa.eu/legal-content/EN/TXT/?uri=uriserv%3AOJ.L_.2016.207.01.0001.01.ENG.

UNIÃO EUROPEIA: Comissão Europeia. **Adequacy decisions: how the EU determines if a non-EU country has an adequate level of data protection.** Bruxelas, 2021. Disponível: https://ec.europa.eu/info/law/law-topic/data-protection/international-dimension-data-protection/adequacy-decisions_en.

UNIÃO EUROPEIA: Comitê Europeu de Proteção de Dados. **Recommendations 01/2020 on measures that supplement transfer tools to ensure compliance with the EU level of protection of personal data. Bruxelas,** 10 nov. 2020. Disponível em: https://edpb.europa.eu/our-work-tools/public-consultations-art-704/2020/recommendations-012020-measures-supplement-transfer_pt.

UNIÃO EUROPEIA: Tribunal de Justiça. **Acórdão (Grande Seção) de 8 abr. 2014: Digital Rights Ireland Ltd contra Minister for Communications, Marine and Natural Resources e outro e Kärntner Landesregierung e outro (processos apensos C293/12 e C594/12).** Disponível: https://eur-lex.europa.eu/legal-content/pt/TXT/?uri=CELEX%3A62012CJ0293.

UNIÃO EUROPEIA: Tribunal de Justiça. **Acórdão do Tribunal de 6 de novembro de 2003. Processo-crime contra Bodil Lindqvist – Processo C-101/01**. Bruxelas, 6 nov. 2003. Disponível: https://eur-lex.europa.eu/legal-content/PT/TXT/?uri=CELEX%3A62001CJ0101.

UNIÃO EUROPEIA: Tribunal de Justiça. **Acórdão do Tribunal de Justiça (Grande Secção) de 6 de outubro de 2015 – Maximillian Schrems contra Data Protection Commissioner – Processo C-362/14**. Luxemburgo, 6 out. 2015. Disponível: https://eur-lex.europa.eu/legal-content/PT/TXT/?uri=CELEX%3A62014CJ0362.

UNIÃO EUROPEIA: Tribunal de Justiça. **Acórdão do Tribunal de Justiça (Grande Secção) de 16 de julho de 2020 – Data Protection Commissioner contra Facebook Ireland Ltd e Maximillian Schrems – Processo C-311/18**. Luxemburgo, 16 jul. 2020. Disponível: http://curia.europa.eu/juris/liste.jsf?num=C-311/18.

UNIÃO EUROPEIA: Working Party. **Letter from the Article 29 Working Party to Vice-President Viviane Reding (10 April 2014)**. Bruxelas, 10 abr. 2014. Disponível: https://ec.europa.eu/justice/article-29/documentation/other-document/files/2014/20140410_wp29_to_ec_on_sh_recommendations.pdf.

UNIÃO EUROPEIA: Working Party. **Opinion 1/99 concerning the level of data protection in the United States and the ongoing discussions between the European Commission and the United States Government (5092/98/EN/final/WP15)**, 26 jan. 1999. Disponível: https://ec.europa.eu/justice/article-29/documentation/opinion-recommendation/files/1999/wp15_en.pdf.

UNIÃO EUROPEIA: Working Party. **Opinion 4/2000 on the level of protection provided by the 'Safe Harbor Principles**, 16 may 2000. Disponível em: https://ec.europa.eu/justice/article-29/documentation/opinion-recommendation/files/2000/wp32_en.pdf.

VERONESE, Alexandre. Transferências internacionais de dados pessoais: o debate transatlântico norte e sua repercussão na América Latina e no Brasil. In: MENDES, Laura Schertel (coord.); DONEDA, Danilo (coord.); SARLET, Ingo Wolfgang (coord.); RODRIGUES JR., Otavio Luiz (coord.); BIONI, Bruno (coord.). **Tratado de Proteção de Dados Pessoais**. Rio de Janeiro: Forense, 2021.

VOSS, W. Gregory. European Union data privacy law reform: General Data Protection Regulation, Privacy Shield, and the right to delisting. **The Business Lawyer**, v. 72, n. 1, p. 221-234, 2016. Disponível: https://www.researchgate.net/profile/W-Voss/publication/312093729_European_Union_Data_Privacy_Law_Reform_General_Data_Protection_Regulation_Privacy_Shield_and_the_Right_to_Delisting/links/5a3a94424585155ac76f56ca/European-Union-Data-Privacy-Law-Reform-General-Data-Protection-Regulation-Privacy-Shield-and-the-Right-to-Delisting.pdf.

VOSS, W. Gregory. The future of transatlantic data flows: Privacy Shield or bust? **Journal of Internet Law**, v. 19, n. 11, p. 1-18, 2016. Disponível: https://papers.ssrn.com/sol3/papers.cfm?abstract_id=2794261.

WEISS, Martin A.; ARCHICK, Kristin. **US-EU data privacy: from safe harbor to privacy shield**. Washington, DC: Congressional Research System, 2016. Disponível: https://www2.epic.org/crs/R44257.pdf.

YOO, Christopher S. (ed.); BLANCHETTE, Jean-François (ed.). **Regulating the cloud: policy for computing infrastructure**. Cambridge, MA: The MIT Press, 2015.

Elementos essenciais para estruturação de efetivos programas de *compliance* de proteção de dados

Milena Donato Oliva[1]

Vivianne da Silveira Abílio[2]

André Brandão Nery Costa[3]

Sumário: I. Introdução; II. Função, conteúdo e elementos essenciais do programa de *compliance*; III. Programa de *compliance* de privacidade e de proteção de dados pessoais; IV. Estruturação de efetivos programas de *compliance* de proteção de dados; V. Conclusão; VI. Referências bibliográficas.

1. Professora de Direito Civil e do Consumidor da Universidade do Estado do Rio de Janeiro – UERJ. Sócia do Escritório Gustavo Tepedino Advogados – GTA.
2. Mestre em Direito Civil pela Universidade do Estado do Rio de Janeiro – UERJ. Sócia do Escritório Gustavo Tepedino Advogados – GTA.
3. Doutor pela Universidade de Roma "La Sapienza". Mestre pela Universidade de Paris I Panthéon-Sorbonne. Mestre e graduado pela Universidade do Estado Rio de Janeiro – UERJ. Sócio do Escritório Gustavo Tepedino Advogados – GTA e habilitado à advocacia na França.

I. INTRODUÇÃO

A Lei Geral de Proteção de Dados Pessoais – LGPD (Lei nº. 13.709/2018) sedimentou novo paradigma: os dados não são reputados de titularidade de quem os coleta, mas sim da pessoa natural à qual se referem.[4] A proteção de dados pessoais mostra-se essencial à tutela da dignidade humana,[5] vez que busca evitar discriminações que não encontrem amparo constitucional e afastar práticas que possam fragilizar a liberdade e a autonomia dos indivíduos.

Nesse contexto, a estruturação de programa de *compliance* afigura-se de extrema relevância, especialmente por este ser importante aliado na prevenção de danos.[6] A tutela preventiva, registre-se desde já, deve assumir papel proeminente, haja vista que a lesão aos dados pessoais nem sempre é passível de reversão, o que sujeita o lesado a se contentar com a insuficiente tutela ressarcitória.

O programa de *compliance* envolve a criação de mecanismos de autorregulação e de autorresponsabilidade pelas corporações, a acarretar sua permanente autovigilância.[7] Estrutura-se o ambiente corporativo com base em normas de conduta que devem ser por todos acatadas, especialmente pelos membros da alta administração, que devem estar permanentemente engajados em assegurar a efetividade do programa de *compliance*.[8]

---

4. Cf. art. 5º, V da LGPD. V. tb. OLIVA, Milena Donato; VIÉGAS, Francisco de Assis. Tratamento de dados para a concessão de crédito. In: FRAZÃO, Ana Frazão; TEPEDINO, Gustavo; OLIVA, Milena Donato (Coords.). A Lei Geral de Proteção de Dados Pessoais e suas repercussões no direito brasileiro. São Paulo: Revista dos Tribunais, 2020, 2ª ed., pp. 561-600.

5. V. art. 1º da LGPD.

6. Eduardo Saad-Diniz e Renato Mello Jorge Silveira ressaltam que o *compliance* "orienta-se, em verdade, pela finalidade preventiva, por meio da programação de uma série de condutas (condução de cumprimento) que estimulam a diminuição dos riscos da atividade. Sua estrutura é pensada para incrementar a capacidade comunicativa da pena nas relações econômicas ao combinar estratégia de defesa da concorrência leal e justa com as estratégias de prevenção de perigos futuros" (SAAD-DINIZ, Eduardo; SILVEIRA, Renato Mello Jorge. *Criminal compliance*: limites revisitados da cooperação normativa quanto à lavagem de dinheiro. In: *Compliance*, direito penal e lei anticorrupção. São Paulo: Saraiva, 2015, p. 255).

7. BARROSO, Luís Roberto. Prefácio: Compliance e a Refundação do Brasil. In: CUEVA, Ricardo Villas Bôas; FRAZÃO, Ana. Compliance: perspectivas e desafios dos programas de conformidade. Belo Horizonte: Fórum, 2018, p. 19.

8. Cf. FRAZÃO, Ana. Programas de compliance e critérios de responsabilização de pessoas jurídicas por ilícitos administrativos. In: ROSSETTI, Maristela Abla; PITTA,

Instituir um programa de *compliance* é desafiador, pois este deve ser adaptado à concreta realidade de determinada corporação, conformando-se aos riscos da atividade desenvolvida. Além disso, deve-se permanentemente avaliar sua adequação, vez que as regras de *compliance* precisam acompanhar as mudanças e os novos riscos da corporação.[9]

O *compliance* de dados pessoais, em particular, requer a definição das medidas necessárias para a observância da LGPD, o que implicará, inevitavelmente, alterações na estrutura da organização. Para a confecção do programa diversos fatores hão de ser considerados, como os riscos e benefícios do tratamento de dados aos titulares, a relevância do tratamento para um determinado setor de mercado, quais mitigadores de riscos podem ser encampados, qual será o protocolo de reação em caso de violação de dados, e assim por diante. A Autoridade Nacional de Proteção de Dados (ANPD) sem dúvida desempenhará papel fundamental no estabelecimento de parâmetros mínimos a serem observados por programa de *compliance* que se pretenda efetivo.

A adoção de programa de governança de privacidade e proteção de dados pessoais necessariamente envolve força de trabalho multidisciplinar, desempenhando o setor de desenvolvimento de tecnologia e de segurança da informação papel de destaque. Nesse contexto, alude-se a *compliance* digital,[10] a denotar perspectiva mais ampla, que transcende a proteção de dados pessoais, abrangendo dados em geral, que, a despeito de não serem pessoais, devem ser protegidos por disposição legal ou mesmo contratual, a exemplo do sigilo bancário de pessoa jurídica.

Andre Grunspun (Coords.). Governança corporativa: avanços e retrocessos. São Paulo: Quartier Latin, 2017, pp. 43-44; OLIVA, Milena Donato; SILVA, Rodrigo da Guia, *Notas sobre o* compliance *no direito brasileiro*, in Quaestio Iuris, vol. 11, nº. 04, Rio de Janeiro, 2018. pp. 2.708-2.729.

9. OLIVA, Milena Donato; SILVA, Rodrigo da Guia. Origem e evolução histórica do *compliance* no direito brasileiro. In: FRAZÃO, Ana; CUEVA, Ricardo Villas Bôas (coords.). *Compliance*: perspectivas e desafios dos programas de conformidade. Belo Horizonte: Fórum, 2018, p. 34; e FRAZÃO, Ana; MEDEIROS, Ana Rafaela Martinez. Desafios para a efetividade dos programas de *compliance*. In: *Compliance*: perspectivas e desafios dos programas de conformidade. FRAZÃO, Ana; CUEVA, Ricardo Villas Bôas (coord.). Belo Horizonte: Fórum, 2018, p. 71-104.

10. O presente texto abordará o fenômeno da governança de dados sob a perspectiva jurídica. No entanto, o programa de conformidade deve ser implementado com abordagem interdisciplinar (jurídica, econômica, contábil e de gestão empresarial). Cf. DEAKIN, Simon; HUGHES, Alan. Enterprise and community: New Directions in Corporate Governance. Cambridge: Blackwell, 1997.

Nessa perspectiva, o presente trabalho abordará a função, o conteúdo e os elementos essenciais do programa de *compliance*; em seguida, será tratado do programa de governança de dados pessoais, em especial a sua disciplina na LGPD, assim como as vantagens de sua adoção. O item IV versará sobre os elementos essenciais para a construção de efetivo programa de *compliance* de dados, de modo que os operadores possam considerá-lo no desenvolvimento do seu próprio programa, adequado às suas características e aos riscos derivados da sua atividade de tratamento.

II. Função, conteúdo e elementos essenciais do programa de *compliance*

O programa de *compliance* representa o compromisso da corporação com a legalidade. A meta de se alcançar a plena observância das normas legais conforma a estrutura da organização e integra o norte de todos os programas de *compliance*. Autovigilância, autorregulação e autorresponsabilidade são as noções fundamentais que elucidam o alcance dos programas de conformidade, que se propõem a regular desde a prevenção até reparação do dano porventura causado pelo eventual descumprimento da lei.

Nessa direção, o programa de *compliance* institui mecanismos de governança no ambiente corporativo para assegurar a adesão – de maneira eficiente – às regras legais e às políticas da entidade.[11] Traduz-se em rotinas e práticas voltadas a prevenir a ocorrência de infrações e, uma vez que estas ocorram, em como contribuir para a pronta reparação e o retorno ao estado de normalidade.[12]

O *compliance* cria controles internos no ambiente corporativo, em complementação e em reforço à regulação estatal,[13] auxiliando os agentes econômicos

11. CUEVA, Ricardo Villas Bôas. Funções e finalidades dos programas de *compliance*. In: CUEVA, Ricardo Villas Bôas; FRAZÃO, Ana. *Compliance*: perspectivas e desafios dos programas de conformidade. Belo Horizonte: Fórum, 2018, pp. 53-54.
12. CUEVA, Ricardo Villas Bôas. Funções e finalidades dos programas de *compliance*. In: CUEVA, Ricardo Villas Bôas; FRAZÃO, Ana. *Compliance*: perspectivas e desafios dos programas de conformidade. Belo Horizonte: Fórum, 2018, p. 54.
13. Cf. CUEVA, Ricardo Villas Bôas. Funções e finalidades dos programas de *compliance*. In: CUEVA, Ricardo Villas Bôas; FRAZÃO, Ana. *Compliance*: perspectivas e desafios dos programas de conformidade. Belo Horizonte: Fórum, 2018, p. 54. V., também, as obras monográficas SCHAPIRO, Mario; MARINHO, Sarah Matos. *Compliance concorrencial:* cooperação regulatória na defesa da concorrência. São Paulo: Almedina, 2019; HOFFMANN-RIEM, Wolfgang. Teoria geral do direito digital: transformação digital, desafios para o direito. Rio de Janeiro: Forense, 2020. pp. 153.

a se manterem em conformidade com a legalidade. Há grande riqueza na composição prática do programa de integridade, tendo em vista as especificidades das atividades desempenhadas pela corporação e dos riscos nelas envolvidos.[14]

Na medida em que contribuem diretamente para a criação de ambiente corporativo saudável e comprometido com a legalidade, os programas de *compliance* conferem vantagens às entidades que os adotam, tais como: (i) permitem uma mais acurada gestão do risco da atividade e auxiliam na prevenção de ilícitos; (ii) viabilizam a pronta identificação de eventual descumprimento, bem como a remediação de danos daí decorrentes, auxiliando, assim, na minoração dos prejuízos; (iii) fomentam a criação de cultura corporativa de observância às normas legais; (iv) inspiram maior credibilidade aos *stakeholders*; e (v) podem servir como atenuante no caso de punições administrativas.[15]

Para serem alcançados tais benefícios, o programa de *compliance* deve ser efetivo, ou seja, não pode ter existência apenas formal, mas deve integrar, verdadeiramente, o dia a dia da organização, contando com o engajamento da alta administração para sua observância por todos.[16] Com efeito, um "programa de fachada, que não preencha os requisitos mínimos ou que preencha apenas formalmente, pode de fato resultar em penalidades maiores do que aquelas que seriam aplicáveis em sua ausência".[17]

---

14. FRAZÃO, Ana; MEDEIROS; MARTINEZ, Ana Rafaela., Desafios para a efetividade dos programas de *compliance*. In: CUEVA, Ricardo Villas Bôas; FRAZÃO, Ana. *Compliance*: perspectivas e desafios dos programas de conformidade. Belo Horizonte: Fórum, 2018. p. 80. Cf. tb. BARROSO, Luís Roberto. Prefácio: Compliance e a Refundação do Brasil. In: CUEVA, Ricardo Villas Bôas; FRAZÃO, Ana. *Compliance*: perspectivas e desafios dos programas de conformidade. Belo Horizonte: Fórum, 2018, p. 19.

15. V. OLIVA, Milena Donato; SILVA, Rodrigo da Guia. Origem e Evolução Histórica do *Compliance* no Direito Brasileiro. In: CUEVA, Ricardo Villas Bôas; FRAZÃO, Ana. Compliance: perspectivas e desafios dos programas de conformidade. Belo Horizonte: Fórum, 2018, p. 33.

16. Sobre o tema, cf. FRAZÃO, Ana; MEDEIROS, Ana Rafaela Martinez. Desafios para a efetividade dos programas de *compliance*. In: CUEVA, Ricardo Villas Bôas; FRAZÃO, Ana. Compliance: perspectivas e desafios dos programas de conformidade. Belo Horizonte: Fórum, 2018. p. 90-104; e FRAZÃO, Ana; OLIVA, Milena Donato; ABÍLIO, Vivianne da Silveira. Compliance de Dados Pessoais. In: TEPEDINO, Gustavo; FRAZÃO, Ana; OLIVA, Milena Donato (org.). Lei Geral de Dados Pessoais e suas repercussões no Direito Brasileiro. São Paulo: Revista dos Tribunais, 2020. Cap. 10. pp. 685 ss.

17. CUEVA, Ricardo Villas Bôas. Funções e finalidades dos programas de *compliance*. In: CUEVA, Ricardo Villas Bôas; FRAZÃO, Ana. *Compliance*: perspectivas e desafios dos programas de conformidade. Belo Horizonte: Fórum, 2018. p. 61.

Os elementos essenciais para a estruturação de programa de conformidade efetivo podem ser extraídos não apenas da prática internacional, mas também das regras e recomendações nacionais, notadamente aquelas empregadas para evitar a configuração de práticas anticoncorrenciais, a saber:[18]

> a) *Avaliação contínua de riscos e atualização do programa.* Os programas devem promover análise contínua de riscos, pela qual seja possível a identificação das vulnerabilidades da empresa em relação à observância de determinada legislação. Essa complexa análise permite orientar e personalizar as políticas e diretrizes a serem implementadas, bem como fortalecer a tomada de medidas preventivas proporcionais e adaptadas aos riscos identificados.
>
> b) *Elaboração de Códigos de Ética e de Conduta.* Os Códigos de Ética e de Conduta consistem em documentos em que se estabelecem os valores e os princípios a serem observados, bem como se formalizam as práticas estimuladas e aquelas proibidas dentro do ambiente corporativo. O acesso a tais documentos deve ser disponibilizado a todos os colaboradores, priorizando-se a redação simples e direta. É também estimulada a estruturação de canais para recebimento de dúvidas e de propostas de esclarecimentos, de tal modo a promover uma alteração da cultura organizacional da empresa.
>
> c) *Organização compatível com o risco da atividade.* Além das regras previstas em tais códigos, a organização deve adotar procedimentos e controles internos compatíveis com os riscos detectados. Os agentes econômicos podem criar setor independente de *compliance*, a fim de garantir que tais procedimentos internos sejam respeitados. Afigura-se importante, ainda, a instituição de canal de denúncia, para que

---

18. Entre as regras internacionais, destacam-se o Guia do Governo britânico elaborado como instrumento para adequação das empresas ao *UK Bribery Act* e as *US Sentencing Guidelines*. Já no Direito brasileiro, mencionem-se o Guia para Programas de *Compliance* do CADE e o Decreto nº. 8.420/2015, que regulamenta a Lei nº. 12.846 e que traz os parâmetros de avaliação de programas de conformidade às normas anticorrupção. A CGU também elaborou guia detalhado para auxiliar na elaboração de programa de *compliance* no que tange às práticas anticorrupção. Confiram-se, também, as obras monográficas sobre programa de *compliance* em outras searas jurídicas: MENDES, Francisco Schertel; CARVALHO, Vinicius Marques de. *Compliance:* concorrência e combate à corrupção, São Paulo: Trevisan Editora, 2017; VERÍSSIMO, Carla. *Compliance:* incentivo à adoção de medida anticorrupção. São Paulo: Saraiva, 2017; e SILVEIRA, Renato de Mello Jorge; SAAD-DINIZ, *Compliance,* direito penal e lei anticorrupção. São Paulo: Saraiva, 2015.

violações a normas legais ou da corporação sejam comunicadas e, em seguida, enfrentadas internamente. Os canais devem ser seguros e há de se garantir mecanismos de proteção dos informantes.

d) *Comprometimento da alta administração.* O comprometimento dos membros da alta administração se revela necessário para que o cumprimento das diretivas internas seja percebido por todos como essencial para a corporação. A alta administração também serve de exemplo e legitima a exigência de respeito aos procedimentos internos criados.

e) *Autonomia e independência do setor de* compliance. Em geral, a implementação de programa de *compliance* exige uma reformulação da estrutura interna da organização, com a criação de setor próprio e independente para cumprimento da função de supervisionar e executar as normas de tal programa.

f) *Cultura corporativa de* compliance. A adoção de cultura corporativa de *compliance* representa elemento primordial para o respeito das normas legais, pois torna a observância do programa de conformidade parte da rotina dos colaboradores, o que garante a permanente vigilância de todos e o respeito à legalidade.

g) *Treinamentos periódicos.* Todos os colaboradores da organização devem estar cientes da existência do programa de *compliance* e de que devem segui-lo. Por isso, devem ser constantemente treinados e capacitados para serem parte efetiva no cumprimento das regras de integridade.

h) *Monitoramento constante dos controles e processos.* O monitoramento das diretivas presentes no programa de conformidade permite verificar, permanentemente, sua (i) adequação aos eventuais novos riscos oriundos das atividades desenvolvidas pela entidade; (ii) adesão pelos colaboradores; (iii) a efetividade das medidas adotadas com relação àqueles que não observam adequadamente o programa de *compliance*; (iv) eficiência; e (v) permanente conformidade com a evolução legislativa. Esse compromisso com a vigilância deve ser comprovado e ser refletido nas normas internas, as quais deverão ser atualizadas em função das conclusões decorrentes desse permanente monitoramento e das tecnologias disponíveis.

i) *Detecção, apuração e punição de condutas contrárias ao programa de* compliance. Com essas medidas, a entidade mantém-se a par do que acontece dentro de sua estrutura, atuando em prevenção ao ilícito ou aplicando punições quando este já houver acontecido. É necessário assegurar a observância da legalidade na investigação e na avaliação da conduta, assim como tratamento igualitário aos colaboradores.

III. Programa de *compliance* de privacidade e de proteção de dados pessoais

A LGPD consolidou a noção de que os dados pessoais são de titularidade da pessoa natural a que se referem, a tornar incompatível com o ordenamento jurídico condutas que considerem os dados pessoais propriedade dos agentes econômicos. Diante desse paradigma, a adoção de procedimentos de boas práticas pelos agentes econômicos torna-se passo fundamental para garantir a adequação à nova lei.

a) O papel do programa de *compliance* de privacidade e de proteção de dados pessoais na LGPD

O programa de conformidade auxilia as corporações a aplicarem de maneira eficaz as regras de proteção de dados, de modo a minimizar incidentes e a responsabilidade deles decorrente.[19] A LGPD traz em seu núcleo central a noção de responsabilização e de prestação de contas por aqueles que tratam dados pessoais (art. 6º, X), o que impõe a adoção de medidas eficazes e a comprovação de observância e cumprimento das normas legais. Em complementação ao princípio da *accountability*, o princípio da segurança (art. 6º, VII) exige o emprego de medidas técnicas e administrativas aptas a proteger os dados pessoais de acessos não autorizados ou ilícitos. Por sua vez, o princípio da prevenção (art. 6º, VIII) impõe a elaboração de procedimentos e ações para prevenir a ocorrência de danos aos titulares dos dados.[20] Como se percebe, o programa de *compliance* se torna, à luz desse arcabouço normativo que tem por objetivo fulcral proteger o livre desenvolvimento da personalidade humana, expediente fundamental para o alcance dessa finalidade (art. 50, § 2º).

Os programas de conformidade de proteção de dados pessoais devem se preocupar com a correta identificação das bases legais (arts. 7º e 11) que legitimam o tratamento dos dados. Além disso, devem viabilizar o fornecimento de informações adequadas aos titulares dos dados (arts. 6º, VI, e 9º, II e V) e

---

19. BLUM, Renato Opice; e ZAMPERLIN, Emelyn. *Compliance*, responsabilidade empresarial e segurança da informação. *Lex Magister*. Disponível em: https://www.lex.com.br/doutrina_27159943_COMPLIANCE_RESPONSABILIDADE_EMPRESARIAL_E_SEGURANCA_DA_INFORMACAO.aspx. Acesso em: 15.5.2021.

20. "Eis o potencial do *compliance* como mecanismo de atuação da função promocional do direito, em complemento da sua função repressiva" (OLIVA, Milena Donato; SILVA, Rodrigo da Guia. Origem e evolução histórica do compliance no direito brasileiro. In: CUEVA, Ricardo Villas Bôas; FRAZÃO, Ana. *Compliance*: perspectivas e desafios dos programas de conformidade. Belo Horizonte: Fórum, 2018. p. 47).

disponibilizar mecanismos para o exercício de direitos pelos titulares (art. 18). Também devem garantir que haja (i) o registro de todas as atividades de tratamento realizadas (art. 37); (ii) a apresentação, pelo controlador, quando requisitado, de relatório de impacto à proteção de dados pessoais (art. 38); (iii) a observância, pelos agentes de tratamento, das normas de segurança (art. 46); (iv) a notificação à ANPD e aos titulares acerca da ocorrência de incidente de segurança em caso de risco de dano relevante aos titulares dos dados (art. 48); e (v) a elaboração de avaliação do tratamento baseado no legítimo interesse da companhia (art. 10, § 3º).

A LGPD consubstancia norma com forte carga principiológica e que faz largo uso de cláusulas gerais, conceitos jurídicos indeterminados e *standards* de condutas, a denotar a significativa abertura de seus preceitos.[21] Diante disso, as organizações acabam sendo impulsionadas a adotar programa de conformidade de proteção de dados para conferir concretude à LGPD e segurança e previsibilidade às suas atividades.[22] O programa de *compliance*, assim, traduz ferramenta capaz de auxiliar os agentes econômicos a enfrentar os desafios para implementar a LGPD.[23]

Com efeito, os agentes de tratamento poderão adotar *regras de boas práticas e de governança* (art. 50, *caput*); o controlador também pode construir

---

21. A adoção dessas técnicas legislativas mostra-se inevitável com o ritmo da inovação científica e tecnológica. A esse respeito, cf. o texto clássico de RODOTÀ, Stefano. Il tempo delle clausole generali. In: Rivista Critica di Diritto Privato, 1987, especialmente pp. 721-722. Sobre as cláusulas gerais, v. tb. a obra monográfica de VELLUZZI, Vito, Le Clausole Generali: semantica e politica del diritto. Milão: Giuffrè, 2010.

22. FRAZÃO, Ana; OLIVA, Milena Donato; ABÍLIO, Vivianne da Silveira. Compliance de Dados Pessoais. In: TEPEDINO, Gustavo; FRAZÃO, Ana; OLIVA, Milena Donato (org.). Lei Geral de Dados Pessoais e suas repercussões no Direito Brasileiro. São Paulo: Revista dos Tribunais, 2020. p. 689.

23. Tal papel é reconhecido, por exemplo, no relatório elaborado pelo Centre for Information Policy Leadership (CIPL) e o Centro de Direito, Internet e Sociedade do Instituto Brasiliense de Direito Público (CEDIS-IDP), intitulado *Prioridades das Organizações Públicas e Privadas Implementarem de Forma Eficaz a Nova Lei Geral Brasileira de Proteção de Dados (LGPD)*, 2020. Mencionem-se também as sugestões operacionais indicadas pela IAPP – International Association of Privacy Professionals, formuladas com base no Regulamento Geral de Proteção de Dados Pessoais, da União Europeia, mas aplicável *mutatis mutandis* às entidades localizadas no Brasil. Cf. também listagem elaborada por PECK, Patricia. Proteção de dados pessoais. São Paulo: Saraiva, 2020. p. 63 ss. Em uma abordagem técnica, v. BARBIERI, Carlos. Governança de dados: prática, conceitos e novos caminhos. Rio de Janeiro: Alta Books, 2020, *passim*.

programa de governança em privacidade (art. 50, § 2º, I), que possui conteúdo mínimo disciplinado legalmente. Ao especificar as regras de seu programa, os agentes de tratamento deverão considerar a natureza, o escopo, a finalidade e a probabilidade e gravidade dos riscos e dos benefícios decorrentes de tratamento de dados do titular (art. 50, § 1º), assim como a estrutura, a escala e volume de suas operações. Exige-se, também, que tais regras sejam publicadas e atualizadas periodicamente (art. 50, § 3º).

As *regras de boas práticas e de governança* versam sobre aspectos operacionais do tratamento de dados, com o objetivo de servir como instrumento de definição dos padrões técnicos e da estrutura do sistema a ser empregado. Tais regras especificam os procedimentos a serem adotados no tratamento de dados, as normas de segurança, as obrigações específicas para todos os envolvidos, as ações educativas a serem empreendidas, bem como os mecanismos de supervisão e de mitigação de riscos (art. 50, *caput*).[24] As regras também podem ser estipuladas por associação, franqueando-se sua adesão pelas entidades.[25]

Já o *programa de governança em privacidade* possui conteúdo mais abrangente, com os elementos mínimos estabelecidos na lei (art. 50, § 2º). Tal programa confere ao controlador a possibilidade de demonstrar o adequado cumprimento da legislação, quando solicitado pela autoridade de dados, ou quando exigido por outra entidade responsável por assegurar o cumprimento de boas práticas ou códigos de conduta (art. 50, § 2º, II). Esse programa de conformidade deve demonstrar "o comprometimento do controlador em adotar processos e políticas internas que assegurem o cumprimento, de forma abrangente, de normas e boas práticas relativas à proteção de dados pessoais" (art. 50, § 2º, I, "a"). Por exemplo, podem ser adotadas diversas medidas, como o estabelecimento de relação de confiança com o titular por meio de atuação transparente e promovendo sua participação ativa (art. 50, § 2º, I, "e"); a definição de organização compatível com o risco da atividade desenvolvida (art. 50, § 2º, I, "c") a fim de

24. Sobre o tema, v. SIMÃO FILHO, Adalberto. A Governança Corporativa Aplicada às Boas Práticas e *Compliance* na Segurança dos Dados. In: LIMA, Cíntia Rosa Pereira de (coord.). Comentários à Lei Geral de Proteção de Dados. São Paulo: Almedina, 2020. p. 343.

25. O Regulamento Geral Proteção de Dados Pessoais, da União Europeia, disciplina a adequação dos agentes de tratamento seja por meio da adesão a código de conduta previamente desenvolvido, seja por meio da certificação; em ambos os casos, as entidades devem ser creditadas pela autoridade de dados competente (arts. 24, 40, 42; considerandos 98, 99, 100, 148, 150 e 151). A LGPD, apesar da referência à adesão às boas práticas formuladas por associação, não disciplina como se daria o processo.

assegurar que a estrutura corporativa seja capaz de cumprir as determinações legais; ou a designação de setor com a função própria de *compliance* (art. 50, § 2º, I, "f").

b) Vantagens da implementação de programa de *compliance* de proteção de dados pessoais

Consoante exposto, o programa de conformidade de dados pessoais, embora não seja obrigatório, configura importante expediente para a adequação às regras legais, além de proporcionar várias vantagens. Além daquelas identificadas no item II, *supra*, há outras específicas de um programa de *compliance* de privacidade, a saber:

> a) contribuir para a construção de ambiente de confiança entre os titulares de dados e os agentes de tratamento, o que pode representar diferencial competitivo do agente de tratamento, assim como pode melhorar a reputação da empresa e favorecer a inovação;[26] esse benefício é, inclusive, identificado pela legislação, ao estabelecer como conteúdo mínimo do *programa de governança em privacidade* construir "relação de confiança com o titular, por meio de atuação transparente e que assegure mecanismos de participação do titular" (art. 50, § 2º, I, "e");
>
> b) comprovar o tratamento adequado dos dados pessoais pelo agente de tratamento, o que pode se tornar relevante para (i) afastar sua responsabilidade com base no art. 43, II; e (ii) demonstrar o cumprimento de determinados deveres cujo ônus da prova lhe pode ser imposto (arts. 8º, § 2º, e 42, § 2º);
>
> c) configurar critério atenuante no estabelecimento das sanções administrativas pela ANPD (art. 52, § 1º, VIII e IX); e
>
> d) diminuir o número de incidentes de segurança.[27]

---

26. Explicam Mario Viola e Daniel Bucar: "Mais do que isso, a decisão de implantar programa de conformidade reflete-se em aspectos concorrenciais. A publicidade do programa de *compliance* gera confiança aos consumidores, uma vez que a demonstração de segurança nos serviços tem se revelado exigência de parceiros contratuais e, em última medida, de inserção no mercado. Dito de outra forma, em muitos dos casos a conformidade é exigida para participação no próprio mercado" (BUCAR, Daniel; VIOLA, Mario. Compliance e Proteção de Dados. In: OLIVEIRA, Rafael Coelho Rezende; ACOCELLA, Jéssica (org.). Governança Corporativa e *Compliance*. Salvador: JusPodivm, 2019, p. 163).
27. De acordo com o *Data Privacy Benchmark Study 2020* elaborado pela Cisco, pode-se obter até mesmo o retorno do dobro do investimento em privacidade de dados.

IV. ESTRUTURAÇÃO DE EFETIVOS PROGRAMAS DE *COMPLIANCE* DE PROTEÇÃO DE DADOS

Com a análise do conteúdo e da função do programa de *compliance*, passa-se ao exame específico dos elementos que contribuem para sua estruturação efetiva. Para tanto, serão abordadas as etapas para a construção do programa de *compliance*, assim como as principais medidas que devem estar nele contidas.

a) Etapas para a construção de programa efetivo de *compliance* de dados pessoais

O programa de conformidade à LGPD pode ser dividido em três principais fases: (i) *a identificação de riscos*; (ii) a *elaboração de proposições*; e (iii) a *implementação do programa e a sua contínua manutenção e monitoramento*.[28] Tais etapas não devem ser compreendidas de maneira estanque, pois a implementação de programa de governança de privacidade representa processo interativo, contínuo e dinâmico, adaptando-se em função de fatores externos, de mudanças legais e tecnológicas e de novos riscos encontrados.[29]

Cf. *Data Privacy Benchmark Study 2020*. Disponível em: https://www.cisco.com/c/en_uk/products/security/security-reports/data-privacy-report-2020.html#:~:text=The%202020%20Cisco%20Data%20Privacy,2800%20professionals%20in%2013%20countries.&text=Over%2070%20percent%20of%20organisations,efficiency%2C%20agility%2C%20and%20innovation. Acesso em: 15.5.2021.

28. A divisão de programa de *compliance* em tais fases se extrai da prática do setor.

29. Em importante advertência, notam Ana Frazão, Milena Donato Oliva e Vivianne Abílio a interseção entre o programa de *compliance* de dados, as tecnologias e o princípio do *privacy by design*: "o papel da arquitetura, ou seja, do código, é fundamental para a regulação jurídica do ciberespaço, pois de nada adianta que a lei e outras formas de regulação, como os programas de *compliance*, contemplem determinadas regras se a arquitetura pode torná-las ineficazes ou mesmo levar a resultados opostos. Daí a necessidade de que os programas de *compliance* de dados não se limitem apenas à previsão de princípios ou regras de comportamento, mas visem também à adoção de tecnologias que possam ser compatíveis com a eficácia de tais regras. É essa uma das principais preocupações decorrentes da ideia de *privacy by design*, em que a escolha da tecnologia utilizada na oferta de produtos e serviços é pensada, desde o início, para a proteção dos dados pessoais. Logo, a escolha da tecnologia passa a ser um ponto fundamental para os programas de *compliance* de dados. É precisa a advertência de Bruno Bioni no sentido de que há que se dar especial atenção às chamadas *privacy enhancing techologies* – PETs, a fim de que o titular dos dados, diante da sua hipervulnerabilidade, possa ser empoderado por meio da arquitetura da rede e de tecnologias amigáveis (*usable-friendly*) que possam assegurar o seu controle sobre os dados pessoais e as suas escolhas" (FRAZÃO, Ana; OLIVA, Milena Donato; ABÍLIO, Vivianne

O primeiro passo a ser realizado consiste na designação dos responsáveis pela estruturação do programa, que devem representar os diversos setores da organização, haja vista o caráter transversal do *compliance*. Além disso, há de ser definida a eventual contratação de colaboradores externos para auxiliar com a construção do programa, a depender do tamanho da corporação e dos riscos envolvidos. Uma vez formado o grupo de trabalho, mostra-se relevante definir o cronograma de implementação do programa, o qual deve compor a agenda dos projetos prioritários e contar com o envolvimento da alta administração.

O programa de conformidade da entidade deve ser *au fur et à mesure* dos riscos relevantes detectados. O agente de tratamento deverá apurar os riscos jurídicos e operacionais envolvidos por meio do mapeamento do fluxo de dados,[30] bem como das práticas adotadas. Existem diferentes maneiras de identificação dos riscos, assim como distintas metodologias para avaliá-los.[31] A apuração dos riscos pode ocorrer, por exemplo, por meio do envio de questionários e da realização de entrevistas com as áreas envolvidas. Avaliam-se também os documentos corporativos, o relacionamento com terceiros, como os parceiros comerciais, e os procedimentos internos globalmente considerados.

Com o mapeamento dos riscos, na etapa seguinte, de *elaboração de proposições*, passa-se à consolidação das análises e classificação de riscos, usualmente produzindo-se relatório analítico,[32] assim como se elabora plano de ação, com sugestão de priorização que leva em conta tanto a relevância e a premência de algumas mudanças, como a rapidez, a facilidade e o baixo custo na imediata

---

da Silveira. Compliance de Dados Pessoais. In: TEPEDINO, Gustavo; FRAZÃO, Ana; OLIVA, Milena Donato (org.). Lei Geral de Dados Pessoais e suas repercussões no Direito Brasileiro. São Paulo: Revista dos Tribunais, 2020. p. 702).

30. Em regra, a avaliação do fluxo de dados da entidade deverá detectar (i) em que momentos da sua atividade ocorre o emprego de dados pessoais; (ii) quais são os dados tratados; (iii) como e por quem esses dados foram coletados; (iv) como a utilização desses dados se relaciona com a atividade desenvolvida pela organização; (v) o processamento dos dados uma vez que ingressam na organização; e, finalmente, (vi) se e como saem do controle da organização. Nesse sentido, FRAZÃO, Ana; OLIVA, Milena Donato; ABÍLIO, Vivianne da Silveira. *Compliance* de Dados Pessoais. In: TEPEDINO, Gustavo; FRAZÃO, Ana; OLIVA, Milena Donato (org.). Lei Geral de Dados Pessoais e suas repercussões no Direito Brasileiro. São Paulo: Revista dos Tribunais, 2020. p. 692.

31. Existem diversas metodologias para o cálculo dos riscos, como a metodologia COSO, HAREM, SEMEA e SWAT.

32. Não existe uma única metodologia indicada para a elaboração de relatório de *gap analysis*.

implementação de certos ajustes. As medidas de adequação devem ser calibradas em função do contexto, dos riscos, dos objetivos e da dimensão da corporação.[33]

A definição do ciclo de vida dos dados pessoais na entidade pode garantir a precisão da identificação das operações de tratamento de dados pessoais e das medidas a serem implementadas. Com esse reconhecimento, examina-se o enquadramento da operação em uma das bases legais estabelecidas pela LGPD (arts. 7º e 11 da LGPD), viabiliza-se o fornecimento aos titulares das informações corretas sobre o tratamento (art. 6º, VI, e art. 9º, II e V), e a disponibilização de estrutura para o exercício de direitos pelos titulares (art. 18), permitindo-lhes, por exemplo, acessar seus dados ou eliminá-los. Avaliam-se, também, a essencialidade dos dados para a finalidade que legitimou o tratamento (princípios da finalidade, adequação e necessidade, *ex* art. 6º, I, II e III), e a identificação do agente como controlador ou como operador, considerando que a LGPD atribui deveres diferentes em função dessa qualificação (art. 37).[34]

As entidades podem também elaborar ou adaptar os documentos corporativos (Códigos de Conduta e/ou de Ética) para detalhar os procedimentos internos a serem adotados no tratamento de dados e guiar os funcionários e a alta administração. Essas regras de boas práticas e de governança podem conter as condições de organização, o regime de funcionamento, os procedimentos (inclusive de reclamações e petições de titulares), as normas de segurança, os padrões técnicos, as obrigações específicas para todos os envolvidos, as ações educativas a serem empreendidas e os mecanismos de supervisão e de mitigação de riscos (art. 50, *caput*).

Com tais análises e proposições, segue-se à última etapa do programa: a sua implementação e a sua contínua manutenção e monitoramento. Embora

33. As PMEs exigem que a análise e as adaptações necessárias à legislação de dados sejam mais ágeis e menos custosas, sob pena de perderem a sua competitividade. Considerando tais objetivos, a LGPD estabeleceu que caberá à autoridade de dados fixar regras mais flexíveis a elas (art. 55-J, XVIII).

34. As avaliações realizadas após a identificação das operações de processamento de dados pessoais não se esgotam nos exemplos indicados. Existem inúmeros exames do tratamento que podem ser realizados, a depender da sua natureza, do seu escopo e da sua finalidade. Citem-se também (i) a determinação das salvaguardas implementadas para permitir a transferência internacional de dados (arts. 3º e 33 ss.); (ii) o registro da atividade de tratamento de dados (art. 37); (iii) a elaboração dos relatórios de impacto à proteção dos dados pessoais e dos tratamentos fundados no legítimo interesse do controlador (arts. 38 e 10, § 3º); e (iv) a realização da atividade de anonimização, pseudonimização e minimização de dados para reduzir os riscos e ônus decorrentes da obrigação de conformidade da organização (arts. 5º, XI, 6º, II, 12 e 16, IV).

seja a derradeira etapa, não existe, a rigor, prazo final do programa, considerando que é necessária a sua contínua atualização, conservação e monitoramento.[35] O plano de ação elaborado poderá exigir a adoção de diversas medidas, como a elaboração de uma *política de privacidade*, de códigos internos, de termos de uso e aviso de *cookies* do sítio eletrônico da entidade, de cartilhas e outros documentos internos e externos que orientam sobre o tratamento de dados pessoais.[36]

Além dos procedimentos voltados à gestão interna da entidade, um programa de *compliance* de dados efetivo deve também rever os instrumentos contratuais celebrados com consumidores, fornecedores, parceiros comerciais e colaboradores, à luz das orientações estabelecidas na política de privacidade e na LGPD.

Deve-se, ainda, instituir canal para exercício de direitos pelo titular dos dados pessoais (*Data Subject Access Request*). O processo de implementação também exige treinar os colaboradores, com a realização de *workshops*, elucidando os conceitos jurídicos basilares da LGPD e o procedimento de registro das atividades de tratamento de dados pessoais. O programa de conformidade em privacidade deve ser submetido a um contínuo processo de atualização, de modo a ser constantemente avaliada a existência de vulnerabilidade nos fluxos de dados da corporação.

b) Elementos para a estruturação de efetivos programas de *compliance* de proteção de dados

A descrição das etapas para a construção de programa de conformidade de dados pessoais, efetuada no subitem anterior, ainda que instrutiva, não contém

---

35. O monitoramento a ser realizado pelo agente de tratamento deve incluir avaliação não apenas dos procedimentos internos, como também o dos parceiros comerciais e das práticas por eles adotadas. Por exemplo, é importante se certificar que os dados recebidos foram adequadamente coletados e tratados, bem como que os dados legitimamente compartilhados estão sendo armazenados em consonância com a legislação.

36. Entre tais documentos internos, destaca-se a elaboração de *Política Interna de Processamento de Dados Pessoais*, que não deve ser confundida com a política de privacidade disponibilizada no sítio eletrônico da organização. Aquela política funciona como código de boas práticas e conduta para os colaboradores, parceiros, fornecedores e prestadores de serviço; a segunda explicita ao titular dos dados o fundamento do processamento de dados, permitindo ajustar as expectativas deste. Esses documentos são complementares. Além dessa política, recomenda-se, exemplificativamente e a depender das características da organização, também a formulação (i) de Política de Atendimento de Direitos dos Titulares de Dados, (ii) de Política de *Privacy by Design*, (iii) de Política de Segurança da Informação, (iv) de Política de Resposta a Incidentes e Vazamentos de Dados, e (v) de Política de Tratamento de Dados Sensíveis pelo RH.

todas as informações necessárias à implementação de uma política efetiva. Para tanto, é fundamental a observância de alguns elementos essenciais, partindo-se dos elementos expostos no item II, *supra*, devidamente especificados de acordo com as particularidades da proteção de dados.

a) *Avaliação contínua de riscos e atualização do programa*. Em primeiro lugar, as entidades devem conhecer seu fluxo de dados, isto é: (i) em que momentos da sua atividade ocorre o emprego de dados pessoais; (ii) quais são os dados tratados; (iii) como e por quem esses dados foram coletados; (iv) como a utilização desses dados se relaciona com a atividade desenvolvida pela organização; (v) o processamento dos dados uma vez que ingressam na organização; e, finalmente, (vi) se e como saem do controle da organização. Para tanto, as organizações adotam questionários e entrevistas, assim como a análise de documentos para realizar uma profunda verificação desses fluxos e dos seus processos internos – o *data assessment*. A complexidade e a estrutura da organização também devem ser avaliadas, considerando que existem maiores riscos nas entidades mais complexas. É necessário também monitorar continuamente o programa de governança corporativa e atualizá-lo com informações daí derivadas (art. 50, § 2º, I, "h"), com as ressalvas adequadas em decorrência da "avaliação sistemática de impactos e riscos à privacidade" (art. 50, § 2º, I, "d").

b) *Elaboração de Códigos de Ética e de Conduta*. Tais códigos devem ser elaborados à luz da avaliação contínua de riscos relativos ao descumprimento da legislação de dados pessoais pelas entidades. Estas podem também elaborar ou adaptar os documentos corporativos para detalhar os procedimentos internos a serem adotados no tratamento de dados e guiar os funcionários e a alta administração. Nesse sentido, tais códigos podem:

(i) estabelecer as condições de organização, o regime de funcionamento, os procedimentos (inclusive de reclamações e petições de titulares), as normas de segurança, os padrões técnicos, as obrigações específicas para todos os envolvidos, as ações educativas a serem empreendidas, os mecanismos de supervisão e de mitigação de riscos (art. 50, *caput*);

(ii) explicitar quais dados podem ser tratados, em quais hipóteses e para quais finalidades (art. 50, § 2º, I, "b");

(iii) prever de maneira minuciosa os comportamentos a serem adotados para cada hipótese de tratamento (por exemplo, no caso de tratamento com base no consentimento do titular, o código de conduta deve indicar aos funcionários o procedimento a ser adotado, determinando a obtenção de consentimento nos moldes dos arts. 8º e 9º, bem como assegurando-se que o tratamento se limitará à finalidade para a qual se destina);

(iv) estabelecer instrumentos de alerta para as situações mais sensíveis de tratamento, com maior risco para o titular, permitindo aos funcionários identificar essas hipóteses e empregar maior cuidado;

(v) orientar os funcionários a revelarem a realização de tratamento de dados, assim como a realizarem-na apenas quando necessária;

(vi) recomendar o período de armazenamento autorizado dos dados (que pode também redundar na elaboração de uma política de conservação de dados) e a sua revisão periódica, bem como determinar a modalidade de guarda de dados;

(vii) estabelecer quais funcionários podem acessar que espécie de informações;

(viii) indicar a obrigação de manter registro de todo tratamento realizado, com especial destaque no caso de operações justificadas com base no legítimo interesse do controlador (também conhecido por seu acrônimo em inglês, "LIA"; art. 10, § 3º);

(ix) destacar as hipóteses de compartilhamento de dados e os requisitos de tal compartilhamento, em especial quando se tratar de transferência internacional de dados pessoais (art. 33 ss.);

(x) prever os requisitos necessários para a contratação de parceiros, tais como cláusulas padrão, a exigência de prévia certificação ou adoção de política de governança como requisito para a celebração de acordo;

(xi) estabelecer relação de confiança com o titular, por meio de atuação transparente e de instrumentos de sua participação (art. 50, § 2º, I, "e"). Para efetivar tal diretriz, é possível também indicar no código de conduta ou outro instrumento corporativo destinado à divulgação ao público, como a política de privacidade, (i) as escolhas do agente de tratamento relacionadas ao tratamento de dados; (ii) as cautelas adotadas para a proteção do dado; (iii) os procedimentos assumidos no caso de eventual vulnerabilidade; (iv) as medidas tomadas para eventual recuperação de dados perdidos; (v) as opções do titular quanto a eventuais dados coletados nos serviços prestados e qual o emprego que lhes será dado; (vi) as formas por meio das quais os titulares poderão exercer os direitos garantidos pela LGPD e garantir a qualidade do dado; e, por fim, (vii) constar a indicação clara, expressa e destacada a respeito do encarregado pelo tratamento dos dados.

c) *Organização compatível com o risco da atividade.* É necessário estabelecer organização compatível com o risco da atividade, com a estrutura da entidade, a escala e o volume de suas operações e a sensibilidade dos dados tratados (art. 50, § 2º, I, "c") a fim (i) de assegurar que a estrutura corporativa seja capaz de cumprir as determinações legais, por meio da adoção de procedimentos especificamente delineados para as hipóteses de tratamento, e (ii) de aplicar essa proteção a "todo o conjunto de dados pessoais que estejam sob seu controle, independentemente do modo como se realizou sua coleta" (art. 50, § 2º, I, "b"). Nesse sentido, podem os agentes de tratamento:

(i) designar os responsáveis pelo programa, detalhando-se a coordenação dos diversos membros dentro da organização. Essa tarefa pode ser mais facilmente executada com a estruturação de um grupo de trabalho ou um comitê de governança de privacidade e proteção de dados, preferencialmente multidisciplinar.[37] Essa equipe constituída ficará responsável por concretizar o programa de governança em privacidade.[38] Esse setor também poderá designar indivíduos em cada área da entidade para serem responsáveis pelo programa e para apoiarem a sua implementação, a exemplo dos embaixadores da privacidade (*privacy champions*);

(ii) promover a implementação de processos que garantam desde a concepção a proteção dos dados pessoais (*privacy by design*). Os programas de *compliance* de dados devem adotar tecnologias compatíveis para garantir a eficácia das regras da LGPD;

(iii) elaborar processo de conformidade com a LGPD na contratação dos parceiros comerciais;

(iv) estabelecer plano de resposta a incidentes (art. 50, § 2º, I, "g"), instrumento de detecção e remediação das condutas incompatíveis com o programa de governança em boas práticas e com a LGPD, assim como mecanismos de investigação dos responsáveis e sua adequada punição.

d) *Comprometimento da alta administração*. É necessário envolver a alta administração, garantindo que ela esteja próxima na implementação das boas práticas corporativas. Os administradores devem liderar

---

37. BUCAR, Daniel; VIOLA, Mario. *Compliance* e Proteção de Dados. In: OLIVEIRA, Rafael Coelho Rezende; ACOCELLA, Jéssica (org.). Governança Corporativa e *Compliance*. Salvador: JusPodivm, 2019. p. 163.

38. Centre for Information Policy Leadership (CIPL) e Centro de Direito, Internet e Sociedade do Instituto Brasiliense de Direito Público (CEDIS-IDP), *Prioridades das Organizações Públicas e Privadas Implementarem de Forma Eficaz a Nova Lei Geral Brasileira de Proteção de Dados (LGPD)*, 2020.

o processo de adaptação e participar intensivamente na definição dos riscos envolvidos, de modo a se dedicarem na construção de uma cultura corporativa de observância à legislação de proteção dos dados. A sua compreensão a respeito do impacto da LGPD na organização permite o seu alinhamento com os objetivos do programa, a afetação dos recursos necessários à sua efetivação e o seu entendimento dos riscos derivados do descumprimento dessa legislação (por exemplo, as ações de responsabilidade civil, as sanções administrativas, e o impacto reputacional com a difusão de notícias que possam prejudicar a marca e a confiança do consumidor).

e) *Autonomia e independência do setor de* compliance. Em geral, a implementação de programa de *compliance* exige uma reformulação da estrutura interna da organização, com a criação de setor próprio e independente para cumprimento da função de supervisionar e executar as normas de tal programa. Um membro da administração pode ser o responsável pelo setor de *compliance* (o *compliance officer* ou *chief compliance officer*), com atribuição para supervisionar o programa. A LGPD (art. 41) torna, em regra, obrigatória a designação de um encarregado pelo tratamento de dados pessoais; mesmo que tal mecanismo venha a se tornar facultativo, como autoriza o § 3º, deve ser considerado pelas pessoas jurídicas diante de seu potencial na construção de práticas conformes à LGPD. O encarregado tem como funções (i) se comunicar com os titulares dos dados pessoais e com a autoridade de dados; e (ii) orientar os colabores a respeito das práticas a serem adotadas em relação à proteção de dados pessoais (art. 41, § 2º). Na prática, ele funcionará como responsável pelo programa de governança em privacidade, realizando planejamento, implementação e supervisão do programa de governança. Em princípio, a legislação de dados não impõe a independência da atividade do encarregado, o que poderá ser alterado pela ANPD; de todo modo, as boas práticas recomendam evitar nomear tal figura existindo a potencialidade de conflito de interesse no exercício de sua função.[39] É necessário estabelecer canal de comunicação entre o *compliance officer* e os órgãos de administração da companhia.

f) *Cultura corporativa de* compliance. A efetiva implementação de programa de *compliance* pressupõe alteração da cultura da corporação, a

39. A autoridade de dados belga, em 28 de abril de 2020, aplicou multa de 50.000 euros à entidade que escolheu o seu *Data Protection Officer* e lhe atribuiu competências na organização que poderiam resultar em conflito de interesse na sua atuação (v. decisão nº. 18/2020).

fim de reconhecer que a titularidade e o controle dos dados pertencem aos respectivos titulares, de forma que as práticas empresariais deverão ser reestruturadas com esse propósito.

g) *Treinamentos periódicos*. Como elemento do programa, revela-se necessária a realização de treinamento e conscientização dos seus colaboradores, de modo a construírem efetiva cultura de dados pessoais.[40] Nesse sentido, além do treinamento específico para delimitar como devem atuar ao lidar com dados pessoais, é importante explicar aos colaboradores as principais noções e conceitos da LGPD, de maneira a tornar efetiva as medidas propostas na organização. Tal treinamento deve ser realizado sobretudo para aqueles que trabalham com tecnologia da informação e que efetuam o procedimento de registro das atividades de tratamento de dados pessoais.

h) *Monitoramento constante dos controles e processos*. O programa de *compliance* deve estar integrado à estrutura geral de governança e aplicar mecanismos de supervisão internos e externos (art. 50, § 2º, I, "f"). Tal programa precisará de atualizações conforme evolução das tecnologias para a proteção de dados. O monitoramento realizado pelo agente de tratamento deve incluir também os parceiros comerciais e as práticas por eles adotadas. Em particular, o controlador de dados deve avaliar se os dados foram coletados e tratados por seus parceiros em conformidade à legislação e se tais dados pessoais não foram indevidamente compartilhados.

i) *Canais seguros e abertos de comunicação de infrações e mecanismos de proteção dos informantes*. No caso específico da legislação de proteção de dados, além de canais abertos de comunicação de infrações, o agente de tratamento deve disponibilizar canal para exercício de direitos pelo titular dos dados pessoais (*Data Subject Access Request*).

j) *Detecção, apuração e punição de condutas contrárias ao programa de* compliance. Com as medidas de detecção, apuração e punição de condutas contrárias ao programa, a entidade mantém-se a par do que acontece dentro de sua estrutura.

É fundamental não apenas que o programa de conformidade de dados possua efetividade, como também que o agente de tratamento consiga demonstrar

40. A esse respeito, veja-se: FRAZÃO, Ana; CARVALHO, Ângelo Gamba Prata de. Corrupção, cultura e *compliance*: o papel das normas jurídicas na construção de uma cultura de respeito ao ordenamento. In: CUEVA, Ricardo Villas Bôas; FRAZÃO, Ana. *Compliance*: perspectivas e desafios dos programas de conformidade. Belo Horizonte: Fórum, 2018. p. 146.

o comprometimento em adotar processos e políticas internas que assegurem o cumprimento, de forma abrangente, de normas e boas práticas relativas à proteção de dados (art. 50, § 2º, I, "a", e II). Essa comprovação, além de transmitir maior confiança aos consumidores e parceiros comerciais, será essencial para que a autoridade de dados possa considerar tal programa como circunstância atenuante em caso de aplicação de sanção administrativa (art. 52, § 1º, IX).

V. CONCLUSÃO

Os programas de *compliance* de dados pessoais ganham cada vez mais espaço no ambiente corporativo, especialmente diante das peculiaridades da LGPD. Com sua adoção, instituem-se mecanismos de governança para assegurar a adesão às regras legais de proteção de dados e às políticas da entidade, por meio de rotinas e práticas voltadas a prevenir a ocorrência de infrações e, uma vez que estas ocorram, contribuir para a pronta reparação e o retorno ao estado de normalidade. Trata-se de importante aliado na prevenção de danos – escopo fundamental para a efetiva proteção de dados pessoais.

Assim, a adoção de programa de conformidade pelas organizações representa importante etapa no respeito e na concretização das regras estabelecidas na LGPD, permitindo a conformação das atividades desenvolvidas aos riscos associados ao tratamento de dados e a sua adaptação às mudanças tecnológicas – a resultar em expressivas vantagens às entidades que os adotam.

Para estruturar efetivos programas de *compliance* de proteção de dados, os agentes econômicos devem, entre outras medidas, (i) avaliar continuamente os riscos da sua atividade por meio do exame de seu fluxo de dados e de seus processos internos; (ii) elaborar Códigos de Ética e de Conduta à luz dessa avaliação dos riscos relativos ao descumprimento da legislação de dados pessoais; (iii) estabelecer organização compatível com os riscos da atividade, com a estrutura da entidade, a escala e o volume de suas operações e a sensibilidade dos dados tratados; (iv) garantir que a alta administração se dedique a construir cultura corporativa de observância à legislação de proteção dos dados pessoais; (v) caso seja adequado à estrutura da organização, reformular a estrutura interna da organização, com a criação de setor próprio e independente para cumprimento da função de supervisionar e executar as normas de tal programa; (vi) alterar a cultura da corporação, com o treinamento e a conscientização dos seus colaboradores; (vi) aplicar mecanismos de supervisão internos e externos; (vii) instituir canais abertos de comunicação de infrações e disponibilizar canal para exercício de direitos pelo titular dos dados pessoais; e (viii) implementar medidas de detecção, apuração e punição de condutas contrárias ao programa.

Portanto, embora facultativo, o *compliance* de dados pessoais denota o comprometimento da corporação com a legalidade e consubstancia importante instrumento para a concretização da LGPD, além de garantir previsibilidade e segurança ao agente de tratamento, assim como ao titular dos dados, o qual deve ter preservados seus direitos existenciais, em especial a liberdade e a autodeterminação informativa.

VI. REFERÊNCIAS BIBLIOGRÁFICAS

ARAGÃO, Alexandre. Agências Reguladoras. Rio de Janeiro: Gen, 2013.

ARTESE, Gustavo. *Compliance* digital e privacidade. In: Manual de compliance. Rio de Janeiro: Forense, 2020.

BARBIERI, Carlos. Governança de dados: prática, conceitos e novos caminhos. Rio de Janeiro: Alta Books, 2020.

BARROSO, Luís Roberto. Prefácio: *Compliance* e a Refundação do Brasil. In: CUEVA, Ricardo Villas Bôas; FRAZÃO, Ana. *Compliance*: perspectivas e desafios dos programas de conformidade. Belo Horizonte: Fórum, 2018.

BLUM, Renato Opice; ZAMPERLIN, Emelyn. *Compliance*, responsabilidade empresarial e segurança da informação. *Lex Magister*. Disponível em: [https://www.lex.com.br/doutrina_27159943_COMPLIANCE_RESPONSABILIDADE_EMPRESARIAL_E_SEGURANCA_DA_INFORMACAO.aspx]. Acesso em: 15.5.2021.

BUCAR, Daniel; VIOLA, Mario. *Compliance* e Proteção de Dados. In: OLIVEIRA, Rafael Coelho Rezende; ACOCELLA, Jéssica (org.). Governança Corporativa e *Compliance*. Salvador: JusPodivm, 2019. Cap. 7. p. 157-178.

CAOVILLA, Renato; DUFLOTH, Rodrigo; PAZINE, Letícia. Proteção de Dados Pessoais: Desafios e impactos práticos para as organizações. *Revista de Direito Recuperacional e Empresa*, São Paulo, v. 13, abr.-jun. 2019.

CUEVA, Ricardo Villas Bôas Cueva. Funções e Finalidades dos Programas de Compliance. In: CUEVA, Ricardo Villas Bôas; FRAZÃO, Ana. *Compliance*: perspectivas e desafios dos programas de conformidade. Belo Horizonte: Fórum, 2018.

DEAKIN, Simon; HUGHES, Alan. Enterprise and community: New Directions in Corporate Governance. Cambridge: Blackwell,1997.

FRAZÃO, Ana. Programas de *compliance* e critérios de responsabilização de pessoas jurídicas por ilícitos administrativos. In: ROSSETTI, Maristela Abla; PITTA, Andre Grunspun (Coords.). Governança corporativa: avanços e retrocessos. São Paulo: Quartier Latin, 2017.

FRAZÃO, Ana; OLIVA, Milena Donato; ABÍLIO, Vivianne da Silveira. Compliance de Dados Pessoais. In: TEPEDINO, Gustavo; FRAZÃO, Ana; OLIVA, Milena Donato (org.). Lei Geral de Dados Pessoais e suas repercussões no Direito Brasileiro. São Paulo: Revista dos Tribunais, 2020. Cap. 10. p. 677-715.

FRAZÃO, Ana; MEDEIROS; MARTINEZ, Ana Rafaela., Desafios para a efetividade dos programas de *compliance*. In: CUEVA, Ricardo Villas Bôas; FRAZÃO, Ana. *Compliance*: perspectivas e desafios dos programas de conformidade. Belo Horizonte: Fórum, 2018.

FRAZÃO, Ana; CARVALHO, Ângelo Gamba Prata de. Corrupção, cultura e *compliance*: o papel das normas jurídicas na construção de uma cultura de respeito ao ordenamento. In: CUEVA, Ricardo Villas Bôas; FRAZÃO, Ana. *Compliance*: perspectivas e desafios dos programas de conformidade. Belo Horizonte: Fórum, 2018.

HOFFMANN-RIEM, Wolfgang. Teoria geral do direito digital: transformação digital, desafios para o direito. Rio de Janeiro: Forense, 2020.

MENDES, Laura Schertel. Comentário à nova Lei de Proteção de Dados (Lei 13.709/2018): O novo paradigma da proteção de dados no Brasil. *Revista de Direito do Consumidor*, São Paulo, v. 120 p. 555-587, nov.-dez. 2018.

MENDES, Francisco Schertel; CARVALHO, Vinicius Marques de. *Compliance*: concorrência e combate à corrupção, São Paulo: Trevisan Editora, 2017.

OLIVA, Milena Donato; SILVA, Rodrigo da Guia. Origem e Evolução Histórica do *Compliance* no Direito Brasileiro. In: CUEVA, Ricardo Villas Bôas; FRAZÃO, Ana. *Compliance*: perspectivas e desafios dos programas de conformidade. Belo Horizonte: Fórum, 2018.

OLIVA, Milena Donato; VIÉGAS, Francisco de Assis. Tratamento de dados para a concessão de crédito. In: FRAZÃO, Ana Frazão; TEPEDINO, Gustavo; OLIVA, Milena Donato (Coords.). A Lei Geral de Proteção de Dados Pessoais e suas repercussões no direito brasileiro. São Paulo: Revista dos Tribunais, 2020.

OLIVA, Milena Donato; SILVA, Rodrigo da Guia, Notas sobre o *compliance* no direito brasileiro, in Quaestio Iuris, vol. 11, nº. 04, Rio de Janeiro, 2018. pp. 2.708-2.729.

PECK, Patricia. Proteção de dados pessoais. São Paulo: Saraiva, 2020.

REIS, Beatriz de Felippe. A Cultura de Compliance em Matéria de Proteção de Dados e sua Adoção no Âmbito Laboral. *Revista de Direito do Trabalho*, São Paulo, v. 214, p. 323-340, nov.-dez. 2020.

REOLON, Carlos; GUTIERREZ, Andriei. Lições e boas práticas do setor de tecnologia para todas as organizações: segurança e governança de dados. In: LGPD aplicada. São Paulo: Atlas, 2021.

RODOTÀ, Stefano. Il tempo delle clausole generali. In: Rivista Critica di Diritto Privato, 1987.

SAAD-DINIZ, Eduardo; URBAN, Mariana. Análise qualitativa sobre a implementação dos programas de *compliance* no Brasil (2014-2019). In: Revista dos Tribunais, v. 1027/2021.

SCHAPIRO, Mario; MARINHO, Sarah Matos. *Compliance concorrencial:* cooperação regulatória na defesa da concorrência. São Paulo: Almedina, 2019.

SILVA, Fabiani Oliveira Borges da. A Responsabilidade do Compliance Officer na Proteção de Dados Pessoais. *Revista de Direito e as Novas Tecnologias*, São Paulo, v. 3, abr.-jun. 2019.

SILVEIRA, Renato de Mello Jorge; SAAD-DINIZ, *Compliance*, direito penal e lei anticorrupção. São Paulo: Saraiva, 2015.

SIMÃO FILHO, Adalberto. A Governança Corporativa Aplicada às Boas Práticas e *Compliance* na Segurança dos Dados. In: LIMA, Cíntia Rosa Pereira de (coord.). Comentários à Lei Geral de Proteção de Dados. São Paulo: Almedina, 2020.

VELLUZZI, Vito, Le Clausole Generali: semantica e politica del diritto. Milão: Giuffrè, 2010.

VERÍSSIMO, Carla. *Compliance:* incentivo à adoção de medida anticorrupção. São Paulo: Saraiva, 2017.

WERVLOET, Sabrina; ROCHA, Cláudio Janotti da; MOUSSALLEM, Tarék Moysés. A incidência da Lei Geral de Proteção de Dados e o compliance nas relações de trabalho como instrumentos para a proteção de dados pessoais do trabalhador na 4ª Revolução Industrial. In: Revista dos Tribunais, São Paulo, v. 1022, p. 255-270, dez. 2020.

Inteligência artificial e seus principais desafios para os programas de *compliance* e as políticas de proteção de dados

Caitlin Mulholland[1]

Rodrigo Dias de Pinho Gomes[2]

1. Introdução

A Lei Geral de Proteção de Dados Pessoais brasileira (Lei nº 13.709/18) – LGPD – possui características marcantes, sendo duas destacadas para fins de desenvolvimento deste artigo.

---

1. Professora do Departamento de Direito da PUC-Rio. Coordenadora do Grupo de Pesquisa Legalite – Direito e Novas Tecnologias. Doutora em Direito Civil (UERJ).
2. Advogado. Doutorando e Mestre em Direito Civil pela Universidade do Estado do Rio de Janeiro. Coordenador de Direito e Tecnologia da Escola Superior de Advocacia da OAB/RJ.

A primeira delas é a sua estrutura principiológica. O artigo 6º da LGPD reconhece uma série de princípios que devem ser observados pelos agentes de tratamento de dados em suas atividades. Significa dizer que tanto o controlador quanto o operador devem promover suas funções considerando a ordenação axiológica das normas de proteção de dados. Na tutela dos dados pessoais, não basta ao agente de tratamento o cumprimento das regras previstas na Lei, devendo sempre atuar com vistas à promoção dos valores que se encontram insculpidos no seu sistema.

A segunda característica é referente ao reconhecimento na lei da obrigação do agente de tratamento de formular regras de boas práticas e de governança de dados que, conforme previsto no artigo 50 da LGPD,

> estabeleçam as condições de organização, o regime de funcionamento, os procedimentos, incluindo reclamações e petições de titulares, as normas de segurança, os padrões técnicos, as obrigações específicas para os diversos envolvidos no tratamento, as ações educativas, os mecanismos internos de supervisão e de mitigação de riscos e outros aspectos relacionados ao tratamento de dados pessoais (*omissis*)

A soma dessas duas características da Lei – princípios e boas práticas – impõe ao agente de tratamento a assunção de condutas que têm a função de mitigar os riscos nas atividades de tratamento de dados pessoais, com vistas a dar transparência ao exercício de sua função e afastar eventual responsabilização por danos causados aos titulares de dados (arts. 42 a 45, LGPD).

Entre os princípios relevantes para a adequação das condutas dos agentes de tratamento, estão o princípio da transparência (art. 6º, VI, LGPD), que exige a "garantia, aos titulares, de informações claras, precisas e facilmente acessíveis sobre a realização do tratamento e os respectivos agentes de tratamento, observados os segredos comercial e industrial"; e o da responsabilização e prestação de contas (art. 6º, X, LGPD), que exige do agente de tratamento de dados a demonstração "da adoção de medidas eficazes e capazes de comprovar a observância e o cumprimento das normas de proteção de dados pessoais e, inclusive, da eficácia dessas medidas".

De outro lado, deve-se buscar dar concretude a esses princípios, por meio de compromisso assumido pelos agentes de tratamento de dados pessoais, de adequar – ou conformar (dar conformidade) – suas atividades aos padrões exigidos para uma adequada e eficiente governança de dados. Essa função será cumprida, essencialmente, por uma atividade corporativa conhecida como "*compliance*".

O *compliance* pode ser definido como a adesão dos agentes de tratamento de dados pessoais a padrões e normas, oriundas de leis, do mercado e das próprias organizações, aos princípios de boa governança e aos padrões éticos e sociais comumente aceitos.[3] Existem três instrumentos para antecipar a conformidade das atividades de tratamento de dados pessoais: (i) os códigos e procedimentos internos formulados pelos próprios agentes de tratamento e/ou (ii) os padrões de governança impostos por organização de classe (*i.e.* sindicatos) e/ou (iii) a regulação de boas práticas imposta pela Autoridade Nacional de Proteção de Dados Pessoais (ANPD). São exemplos de boa governança de dados o desenvolvimento de Relatórios de Impacto à Proteção de Dados (RPID) e de Relatórios de Segurança da Informação (RSI), além da adoção de padrões de proteção de dados *by design* e *by default*, entre outros. Evidentemente, há desafios para a execução de um adequado programa de *compliance*, não só do ponto de vista de sua implementação, como de acompanhamento constante de sua integridade.

Uma das dificuldades para a implementação de programas de *compliance* é o uso de *softwares* de Inteligência Artificial (IA) no processamento de dados, especialmente considerando a obrigação do agente de tratamento de dados pessoais de atender aos princípios da transparência, responsabilização e prestação de contas em suas atividades.

Dada a eventual característica de autonomia de sistemas de IA, indaga-se como será possível a mitigação de riscos e a prevenção de danos, quando ao próprio agente de tratamento de dados não é provável identificar *a priori* tais riscos. Considerando a necessidade de tutela dos direitos dos titulares de dados pessoais – direitos fundamentais –, deve-se atentar que o uso da Inteligência Artificial aplicada a uma base de dados ou ao modelo de negócios de um agente de tratamento pode se caracterizar como um instrumento de violação de tais direitos.

Deve-se garantir que os riscos do uso de IA – e sua mitigação – sejam devidamente endereçados em programas de boas práticas e governança de dados.

---

3. *"Compliance is defined as 'adhering to the requirements of legal, industry, and organizational standards and codes, to principles of good governance, and to accepted community and ethical standards'. Sadiq & Governatori define compliance as ensuring that business processes, operations and practice are in accordance with a prescribed and/or agreed set of norms. [6]"*. (GOLTZ, Nachshon; MAYO, Michael. **Enhancing Regulatory Compliance by Using Artificial Intelligence Text Mining to Identify Penalty Clauses in Legislation.** Apresentado no MIREL 2017 – Workshop on MIning and Reasoning with Legal texts, realizado em conjunto com o 16th International Conference on Artificial Intelligence and Law, King's College, London, UK, 2017. p. 1. Disponível em: <https://ssrn.com/abstract=2977570>. Acesso em: 14 maio 2021).

Tal salvaguarda é fundamental para que se atendam aos princípios da proteção de dados previstos na LGPD. Para alcançar o desafio, é necessário compreender a interlocução entre IA e proteção de dados.

2. INTELIGÊNCIA ARTIFICIAL E PROTEÇÃO DE DADOS PESSOAIS: CONEXÕES NECESSÁRIAS[4]

O uso de programas de aprendizado por máquinas, conhecido pelo termo *machine learning*, permite que sejam criados sistemas de Inteligência Artificial (IA) que desenvolvem a capacidade de tomadas de decisão absolutamente autônomas em relação à interferência humana. Isto é, torna-se possível, por meio de tratamento de dados em massa – *inputs* –, o desenvolvimento de autoaprendizagem das máquinas – i.e. programas e sistemas – que permite o alcance de determinados resultados – *outputs* –, independentemente de qualquer mediação por um ser humano. Ou seja, o próprio sistema alcança resultados por meio de processos dedutivos e análises estatísticas que vão sendo determinados com base em correlações realizadas pela IA. Esses resultados, em não raras vezes, são obtidos sem que seja possível, *a priori*, reconhecer os padrões adotados pela IA para a análise de dados selecionados e o modo de trabalho que levaram a esses *outputs*.

Quando diante de um cenário como esse, faz-se necessária a investigação de como se dará a segurança desses dados coletados e, por consequência, como serão tutelados os titulares dos dados, cujo tratamento serviu como insumo para que a IA alcançasse a tomada de decisão que poderia, concretamente, negar ou não promover direitos, ou gerar processos discriminatórios abusivos ou ilegítimos. Assim, diante da progressão dessa tecnologia rumo à onipresença e à onisciência[5], o uso de algoritmos de aprendizado de máquina[6] tem sido objeto

---

4. Esse item encontra-se publicado em: MULHOLLAND, Caitlin; FRAJHOF, Isabella Zalcberg. Inteligência artificial e a Lei Geral de Proteção de Dados Pessoais: breves anotações sobre o Direito à Explicação perante a tomada de decisões por meio de Machine Learning. In: FRAZÃO, Ana; MULHOLLAND, Caitlin (Coord.). **Inteligência artificial e direito**: ética, regulação e responsabilidade. 2. ed. São Paulo: Revista dos Tribunais, 2020. p. 267-292.

5. O sentido desses termos, nesse contexto, é como Yuval Noah Harari atribui aos aspectos da nova economia dos dados. O autor acredita que com a ampla difusão da inteligência artificial, em que cada vez mais informações são coletadas, processadas, tratadas e armazenadas, as aplicações de IA se tornarão cada vez mais oniscientes e onipresentes sobre todos os aspectos humanos e não humanos. (HARARI, Yuval Noah. **Homo Deus**: uma breve história do amanhã. São Paulo: Companhia das Letras, 2016).

6. Cabe notar que existem alguns tipos de algoritmos. Os algoritmos tradicionais, que executam um conjunto definido de instruções sobre os dados de entrada, e aqueles

de estudo por diversas outras áreas para além dos tecnocratas, que têm analisado o seu processo de criação de maneira crítica.[7] Atualmente, a aplicação de IA está cada vez mais inserida nos mais variados aspectos da vida contemporânea. Ela não apenas modula a percepção da realidade humana através do filtro bolha[8], mas também participa das nossas escolhas (Google) e preferências musicais, cinematográficas (Netflix) e de compras *on-line*, identificando e disponibilizando exatamente aquilo que estaríamos possivelmente interessados em ver, de acordo com o que já ouvimos, vimos e compramos em um passado recente.[9]

O *big data* torna as pesquisas no Google mais eficientes e rápidas, inclusive sugerindo termos em tempo real enquanto o usuário digita, denominado "preenchimento automático", pois o algoritmo do motor de pesquisa se baseia nas bilhões de informações pesquisadas por outros usuários, porém filtrando e adaptando às especificidades daquele usuário específico. Quando comparadas as vendas com sugestões de editores humanos com aquelas realizadas através de sugestões automatizadas por algoritmo, o segundo tem se mostrado muito mais bem-sucedido em determinadas plataformas, como no *website* Amazon.com, no qual 1/3 das transações decorrem das recomendações do próprio sistema com base na análise do perfil do usuário.[10]

É justamente a abrangência de situações que têm se valido dessa tecnologia e as possíveis afetações que seus resultados têm gerado que vêm intensificando os questionamentos sobre sua transparência e *accountability*. Esses questionamentos são naturais em razão da sua forma de funcionamento, que torna pouco inteligível aos humanos o seu modo de trabalho e o que motivou seu

---

desenvolvidos no âmbito da subárea da Ciência da Computação, chamada Aprendizado de Máquina. Esta área tem por objetivo criar algoritmos que evoluem seu comportamento à medida que aprendem com os dados que recebem.

7. KITCHIN, Rob. **Thinking critically about and researching algorithms**. County Kildare: The Programmable City Working Paper 5, 28 out. 2014. Disponível em: <https://papers.ssrn.com/sol3/papers.cfm?abstract_id=2515786>. Acesso em: 30 ago. 2017.
8. PARISER, Eli. **The Filter Bubble**. Londres: Penguin, 2011.
9. Como analisado por Fernanda Bruno, os algoritmos: "pesquisam, colam, organizam, categorizam, agrupam, juntam, analisam, criam perfis, modelam, simulam, visualizam e regulam pessoas, processos e lugares. Eles moldam a forma como compreendemos o mundo e eles trabalham e moldam o mundo através da sua execução por software, com profundas consequências". (BRUNO, Fernanda. **Máquinas de ver, modos de ser**: vigilância, tecnologia e subjetividade. Porto Alegre: Sulina, 2013. p. 13).
10. GOMES, Rodrigo Dias de Pinho. BIG DATA: desafios à tutela da pessoa humana na sociedade da informação.. 2. ed. Rio de Janeiro: Lumen Juris, 2019. v. 1. p. 30-31.

resultado.[11] Outra preocupação que se revela no estudo de algoritmos e de inteligência artificial é a crença de que "algoritmos 'preditivos' racionalizam o processo de tomada de decisão ao resumir todas as informações relevantes de uma maneira mais eficiente do que o cérebro humano".[12] O mito sobre a objetividade, a neutralidade, racionalidade e a imparcialidade dos algoritmos tem sido paulatinamente desconstruído a partir da condução de diversas pesquisas.[13] Essas têm demonstrado que os vieses existentes na cultura humana são inevitavelmente replicados nos algoritmos, pois esses acabam reproduzindo, em larga escala, preconceitos e estereótipos (O'NEIL, 2016) que repercutem negativamente na mediação entre o humano e a máquina. Assim como nós humanos estamos sujeitos a heurísticas e a vieses em nossas tomadas de decisão[14], os algoritmos também estão.

Considerando que as aplicações de *machine learning* "têm testemunhado uma grande aprovação da sua adoção diante da sua habilidade de radicalmente melhorar a tomada de decisão baseada em dados, por um custo e em uma escala incomparáveis aos humanos"[15], a sua abrangência faz com que eles exerçam um

---

11. Não são todos os algoritmos preditivos que são considerados "caixas pretas", no sentido de não ser possível compreender o seu método de trabalho. Os algoritmos que criam essa tensão, e são considerados como problemáticos e controversos, são aqueles em que não é possível averiguar seus processos internos, e justamente geram esses questionamentos sobre a ausência de transparência e *accountability*.

12. Tradução livre de: "*Predictive algorithms rationalize the decision-making process by summarizing all relevant information in a more efficient way than the human brain*". (CHRISTIN, Angèle; ROSENBLAT, Alexa; BOYD Danah. **Courts and Predictive Algorithms**. Nova Iorque: New York University, Criminal Justice Policy Program, 2015. p. 1. Disponível em: <http://www.law.nyu.edu/sites/default/files/upload_-documents/Angele%20Christin.pdf>. Acesso em: 30 ago. 2017.

13. Por exemplo: ARAÚJO, Camila Souza; MEIRA JR., Wagner; ALMEIDA, Virgilio. **Identifying Stereotypes in the Online Perception of Physical Attractiveness**. 08 ago. 2016. Disponível em: <https://arxiv.org/pdf/1608.02499v1.pdf>. Acesso em: 04 set. 2017; SLAM-CALISKAN, Aylin; BRYSON, Joanna J.; NARAYANAN, Arvind. Semantics derived automatically from language corpora necessarily contain human biases. **Science**, v. 356, n. 6334, p. 183-186, 2017. Disponível em: <https://www.princeton.edu/~aylinc/papers/caliskan-islam_semantics.pdf>. Acesso em: 06 set. 2017; BUOLAMWINI, Joy. **How I'm fighting bias in algorithms**. Disponível em: <https://www.ted.com/talks/joy_buolamwini_how_i_m_fighting_bias_in_algorithms#t-26257>. Acesso em: 04 ago. 2017.

14. Ver em: SCOTT, Plous. **The Psychology of Judgement and Decision Making**. McGraw-Hill Education, 1993.

15. Tradução livre de: "*are witnessing unprecedented rates of adoption due to their ability to radically improve datadriven decision-making at a cost and scale incomparable to that of*

papel importante na regulação das nossas vidas, seja no seu uso pelo sistema judiciário para avaliar a probabilidade de que um sujeito reincida em determinado crime[16], para decidir se um indivíduo deve ou não ter seu crédito concedido por uma instituição financeira, ou até mesmo no seu uso pelo próprio governo para decidir estratégias de realocação de mercado.[17]

Nesse cenário, formas de assegurar a proteção dos titulares de dados tornam-se essenciais, por se tratar o direito à proteção de dados como um Direito Fundamental[18], e em razão do enorme impacto que essas decisões poderão ter em aspectos sensíveis da vida dos titulares de dados, mas principalmente pelo potencial de ocorrerem discriminações no tratamento desses dados. Na ausência de regulação jurídica sobre o assunto, a observação de princípios éticos pode ser importante para maximizar os benefícios da IA e diminuir seus riscos.[19] A questão que se coloca é: quais princípios éticos? A utilização de princípios éticos como instrumento para a regulação da Inteligência Artificial, apesar de não conter uma natureza coercitiva e sancionatória típica da regulação jurídica, permite a criação de guias deontológicos e de boas práticas que serão constituídos como a razão *prima facie* e o fundamento para o desenvolvimento e implementação da IA. Nesse caso, a governança da Inteligência Artificial – e dos

---

humans". (CASEY, Bryan; FARHANGI, Ashkon; VOGL, Roland. Rethinking Explainable Machines: The GDPR's 'Right to Explanation' Debate and the Rise of Algorithmic Audits in Enterprise. **Berkeley Technology Law Journal, Forthcoming**, 19 fev. 2018. p. 7. Disponível em: <https://ssrn.com/abstract=3143325>. Acesso em: 21 abr. 2018).

16. Ver em: TASHEA, Jason. Courts Are Using AI to Sentence Criminals. That Must Stop Now. **Wired**, 17 abr. 2017. Disponível em: <https://www.wired.com/2017/04/courts-using-ai-sentence-criminals-must-stop-now/?mbid=email_onsiteshare>. Acesso em: 07 set. 2017.

17. Ver em: NIKLAS, Jędrzej. Can an algorithm hurt? Polish experiences with profiling of the unemployed. **CIHR**, mar. 2017. Disponível em: <https://cihr.eu/can-an-algorithm-hurt/>. Acesso em: 1º jun. 2018.

18. Ver, nesse sentido, MULHOLLAND, Caitlin Sampaio. Dados pessoais sensíveis e a tutela de direitos fundamentais: uma análise à luz da Lei Geral de Proteção de Dados (Lei 13.709/18). **Revista de Direitos e Garantias Fundamentais**, v. 19, p. 159-180, 2018 e DONEDA, Danilo. O direito fundamental à proteção de dados pessoais. In: MARTINS, Guilherme Magalhães; LONGHI, João Victor Rozatti (Org.). **Direito digital**: direito privado e internet. 2. ed. Indaiatuba: Foco, 2019. p. 123-154.

19. MULHOLLAND, Caitlin; FRAJHOF, Isabella Zalcberg. Entre as leis da robótica e a ética: regulação para o adequado desenvolvimento da Inteligência Artificial. In: BARBOSA, Mafalda Miranda; NETTO, Felipe Braga; SILVA, Michael César; FALEIROS JÚNIOR, José Luiz de Moura (Org.). **Direito digital e inteligência artificial**: diálogos entre Brasil e Europa. Indaiatuba: Foco, 2021. v. 1. p. 72-74.

dados pessoais por ela utilizados – será baseada em princípios que imporão uma regulação leve (*soft law* ou *soft regulation*), na medida em que servirão de limite para a expansão da IA, sem, contudo, prever uma penalidade específica em caso de desvio do padrão constituído. Tanto a União Europeia quanto outros organismos internacionais – por exemplo, a OCDE e a *Access Now* – e instituições privadas – por exemplo, a IBM e a Microsoft – instituíram guias de recomendação para a adoção de princípios éticos para a regulação de IA.

Os princípios éticos indicados pelos documentos consultados partem de um mesmo pressuposto, qual seja, a necessidade de fomentar o desenvolvimento de uma Inteligência Artificial confiável e que seja auditável, permitindo que seus processos sejam conhecidos e controlados – ou controláveis – pelo ser humano. Respaldado por esses pressupostos, os princípios-guias que foram primeiramente eleitos para iniciar a construção de uma "Ética para a IA" foram importados da experiência da Bioética, considerada exemplar por promover, ao mesmo tempo, a proteção da pessoa humana e o desenvolvimento da ciência. Esses princípios – beneficência; não maleficência; autonomia e justiça – são a base para a constituição de outros três princípios – esses específicos da IA – que servem de justificativa para a confiabilidade dos sistemas: (i) o princípio da justiça (*fairness*); (ii) o princípio da acurácia (*accuracy*); e (iii) o princípio da inteligibilidade (*intelligibility*). O reconhecimento desses princípios representa, resumidamente, a adoção de medidas que (i) impeçam a aplicação de sistemas de IA que violem o princípio da igualdade de tratamento; (ii) permitam reconhecer que os insumos utilizados pela IA e os resultados que advém de seu tratamento sejam precisos; e (iii) proporcionem à pessoa humana o conhecimento dos processos de decisão tomados pela IA.

Entre os documentos analisados, os Princípios de Asilomar – produto da *Asilomar Conference on Beneficial AI*, realizado em 2017 – é dos mais relevantes, por se tratar de iniciativa multissetorial, reunindo em nível internacional acadêmicos, indústria, ONGs, entre outros atores, em busca de uma melhor compreensão dos limites para o desenvolvimento da IA. Dos 23 princípios reconhecidos, 13 se referem à Ética e Valores (*ethics and values*). Não serão analisados todos os princípios, sendo destacados os seguintes: (i) princípio da segurança e precaução a danos; (ii) princípio da transparência sobre incidentes de segurança; (iii) princípio da responsabilidade pelas implicações morais do uso da IA; (iv) princípio da proteção e controle de dados pessoais; e (v) atendimento a valores humanos, entre os quais se destacam os ideais de dignidade humana, liberdade e diversidade cultural.

A ideia geral por trás desses guias deontológicos é garantir que os processos em torno do desenvolvimento e da utilização dos sistemas de IA cumpram determinados pressupostos, entre os quais podemos destacar a obrigatoriedade de supervisão humana dos processos. Significa dizer que toda IA deve necessariamente ser centrada na pessoa humana, a ela direcionada e por ela supervisionada, engajando os sistemas para servir à coletividade, no sentido de amplificar não só a sua segurança, mas também garantir a autonomia e a capacidade de decidir das pessoas. Considerando essas premissas, os sistemas de IA devem, a um só tempo, potencializar os benefícios que geram para a humanidade e prevenir os riscos que venham a causar à coletividade. A tarefa, à toda evidência, não é simples e requer um verdadeiro compromisso por parte não só dos desenvolvedores de sistemas de IA, mas também da sociedade como um todo, no sentido de apoiar a IA quando confiável ou denunciar a IA que foge aos escopos dos códigos de ética e valores constituídos.

Por outro lado, ao sustentar que a IA deve ser centrada no humano (*human centered*), pode-se inferir que a regulação do desenvolvimento e uso da IA extrapola aquela determinada pelos princípios éticos e encontra guarida na tutela jurídica dos direitos fundamentais, previstos tanto na Constituição Federal quanto em outras normas de caráter universal, como declarações e tratados internacionais. Assim, a abordagem à ética da IA seria também baseada nos direitos fundamentais, no sentido de ser por eles apoiada. O princípio da dignidade humana, o direito à liberdade e à igualdade, seriam as fontes para a construção de uma IA ética, confiável e humano-centrada.

3. PROBLEMAS NA APLICAÇÃO DE SISTEMAS DE INTELIGÊNCIA ARTIFICIAL

A aplicação da IA traz diversos casos de sucesso, avanços e benefícios econômico-sociais. Nos serviços de saúde pública norte-americano, denominados Medicare e Medicaid, utilizou-se o sistema denominado *Watson*, que analisa grande quantidade de informações submetidas pelos milhões de usuários do sistema, sinalizando casos prováveis de fraudes nos reembolsos solicitados, verificando pontos de convergência em pedidos comprovadamente fraudulentos.[20] A tecnologia visa auxiliar no combate à ineficiência

20. *"Overall, we believe our estimate of $300 billion to $450 billion in reduced health care spend could be conservative, as many insights and innovations are still ahead."* (GROVES, Peter; KAYYALI, Basel; KNOTT, David; VAN KUIKEN, Steve. **The 'big data' revolution in healthcare**: accelerating value and innovation. New York: McKinsey&Company, 2013. p. 50). Tradução livre: "No geral, acreditamos que a nossa estimativa de US $ 300 bilhões a US $ 450 bilhões em redução de gastos com assistência médica poderia ser conservadora, já que muitas ideias e inovações ainda estão à frente."

de gastos públicos, com potencial de alcançar uma economia de até U$D 100 bilhões ao ano.[21]

Porém, sabe-se que, a despeito dos inegáveis avanços em produtividade e resultados tidos como positivos, a utilização de IA não está livre de riscos. Muito pelo contrário. Atenta aos problemas e desafios trazidos pelos sistemas ditos inteligentes, Cathy O'Neil traz o alerta de que "[...] os oceanos de dados comportamentais, nos próximos anos, vão alimentar diretamente os sistemas de inteligência artificial. E estes permanecerão, para os olhos humanos, caixas pretas".[22] O'Neil reforça a premissa de que a dignidade humana, a liberdade e a igualdade devem servir como fontes para a construção de aplicações de tecnologias de Inteligência Artificial éticas, confiáveis e centradas na pessoa humana.[23]

Essa conclusão acabou estampada em alguns dispositivos jurídicos, por exemplo, no considerando 71 do Regulamento Geral sobre a Proteção de Dados editado pelo Parlamento Europeu e do Conselho – Regulamento nº 2.016/679[24] –, que reconhece ao titular de dados pessoais o direito de não ficar sujeito a uma decisão que se baseie exclusivamente no tratamento automatizado e que afetem significativamente sua dignidade.

Com base no Regulamento Europeu, o tratamento deverá ser acompanhado de garantias adequadas, que deverão incluir a informação específica ao titular dos dados e o direito de obter a intervenção humana, de manifestar o seu ponto de vista, de obter uma explicação sobre a decisão tomada na sequência dessa avaliação e de contestar a decisão. Devem ser tomados em conta os

---

21. WATSON HEALTH. A smarter fight against fraud. **IBM**, 22 jan. 2021. Disponível em: <https://www.ibm.com/blogs/watson-health/smarter-fight-against-fraud/>. Acesso em: 02 maio 2021.

22. Tradução livre da versão inglesa da obra: *"My point is tha oceans of behavioral data, in coming years, will feed straight into artificial intelligence systems. And these will remain, to human eyes, black boxes"*. (O'NEIL, Cathy. **Weapons of math destruction**: How big data increases inequality and threatens democracy. New York: Broadway Books, 2016. p. 173).

23. "Ao direito civil apresenta-se o desafio de incentivar os novos horizontes da ciência e tecnologia sem perder de vista, contudo, a promoção da pessoa humana". (TEPEDINO, Gustavo. O direito civil-constitucional e suas perspectivas atuais. In: **Temas de direito civil**. Rio de Janeiro: Renovar, 2009. Tomo III. p. 23).

24. "(71) O titular dos dados deverá ter o direito de não ficar sujeito a uma decisão, que poderá incluir uma medida, que avalie aspetos pessoais que lhe digam respeito, que se baseie exclusivamente no tratamento automatizado e que produza efeitos jurídicos que lhe digam respeito ou o afetem significativamente de modo similar, como a recusa automática de um pedido de crédito por via eletrónica ou práticas de recrutamento eletrónico sem qualquer intervenção humana".

potenciais riscos para os interesses e direitos do titular dos dados, visando prevenir, por exemplo, efeitos discriminatórios.[25]

O legislador brasileiro, igualmente reconhecendo os riscos inerentes ao tratamento de dados, trouxe regramentos com vistas a coibir ações discriminatórias na internet, muitas delas possibilitadas e/ou potencializadas pela IA, como se observa na Lei 12.965/2014 (Marco Civil da Internet)[26], no Decreto nº 8.771/16 sobre dados pessoais[27] e, recentemente, na Lei Geral de Proteção de Dados Pessoais – Lei nº 13.709/18[28].

---

25. Destaca-se ainda, no mesmo regulamento, em seu artigo 13º, a exigência de exigência de transparência adicional para os agentes de tratamento de dados pessoais quando diante de mecanismos que adotem decisões automatizadas. "[...] Artigo 13 [...] 2. Para além das informações referidas no nº 1, aquando da recolha dos dados pessoais, o responsável pelo tratamento fornece ao titular as seguintes informações adicionais, necessárias para garantir um tratamento equitativo e transparente: [...] f) A existência de decisões automatizadas, incluindo a definição de perfis, referida no artigo 22, nºs 1 e 4, e, pelo menos nesses casos, informações úteis relativas à lógica subjacente, bem como a importância e as consequências previstas de tal tratamento para o titular dos dados".

26. "Art. 9º O responsável pela transmissão, comutação ou roteamento tem o dever de tratar de forma isonômica quaisquer pacotes de dados, sem distinção por conteúdo, origem e destino, serviço, terminal ou aplicação. [...] § 2º Na hipótese de discriminação ou degradação do tráfego prevista no § 1º, o responsável mencionado no caput deve: [...] IV – oferecer serviços em condições comerciais não discriminatórias e abster-se de praticar condutas anticoncorrenciais".

27. "Art. 10. As ofertas comerciais e os modelos de cobrança de acesso à internet devem preservar uma internet única, de natureza aberta, plural e diversa, compreendida como um meio para a promoção do desenvolvimento humano, econômico, social e cultural, contribuindo para a construção de uma sociedade inclusiva e não discriminatória".

28. "Art. 20. O titular dos dados tem direito a solicitar a revisão de decisões tomadas unicamente com base em tratamento automatizado de dados pessoais que afetem seus interesses, incluídas as decisões destinadas a definir o seu perfil pessoal, profissional, de consumo e de crédito ou os aspectos de sua personalidade. (Redação dada pela Lei nº 13.853, de 2019)
§ 1º O controlador deverá fornecer, sempre que solicitadas, informações claras e adequadas a respeito dos critérios e dos procedimentos utilizados para a decisão automatizada, observados os segredos comercial e industrial.
§ 2º Em caso de não oferecimento de informações de que trata o § 1º deste artigo baseado na observância de segredo comercial e industrial, a autoridade nacional poderá realizar auditoria para verificação de aspectos discriminatórios em tratamento automatizado de dados pessoais.
Art. 21. Os dados pessoais referentes ao exercício regular de direitos pelo titular não podem ser utilizados em seu prejuízo".

No setor de seguros, destaca-se documento produzido pela Organização para Cooperação e Desenvolvimento Econômico (OCDE)[29] que examinou os benefícios e os riscos trazidos pela inteligência artificial, informando que, embora haja avanços significativos, como melhora na velocidade e eficiência na avaliação e resposta aos sinistros, podem haver certos custos sociais ao fazê-lo, diante de seu potencial danoso aos direitos da personalidade, especialmente à privacidade e à proteção de dados pessoais.

Sabe-se que a coleta, o cruzamento e a organização dos dados pessoais provenientes de diferentes fontes auxilia na melhor definição do preço para a apólice. Nesse sentido, percebe-se que os dados pessoais constituem um insumo indispensável ao mercado de seguros e que a viabilidade dessa modalidade de negócio adentra na esfera de tutela da privacidade e proteção de dados pessoais, muitas vezes porque as informações necessárias estão ligadas a dados muitas vezes sensíveis, tais como condição de saúde, estado físico e demais informações como histórico financeiro, entre outros.

Dados pessoais podem igualmente ser obtidos em órgãos públicos e até mesmo por mera pesquisa na Internet, por mecanismos de buscas, redes sociais e outros, de modo a contribuir ainda mais detalhadamente para o perfil a ser estabelecido em relação a determinada pessoa que pretende contratar o seguro ou para verificar a viabilidade, preenchimento de requisitos ou mesmo adequar determinado produto ou serviço ao perfil do consumidor objeto de fornecimento.

Ponderando a preservação da intimidade e da privacidade com a livre-iniciativa e as regras de mercado, identifica-se então, nos contratos de seguro, um terreno fértil para potenciais violações aos direitos da personalidade das pessoas naturais, notadamente quando se identifica a necessidade de delineação de um perfil comportamental de cada proponente.

Diante da extrema facilidade de se angariar dados pessoais relativos a um cliente e potenciais consumidores, a seguradora poderá, eventualmente, adotar postura discriminatória, por exemplo, aumento de preço para pessoas simplesmente em razão de raça, convicção religiosa, orientação, sexual, uma mera postagem em rede social[30], entre outros dados – sensíveis ou não – cujo tratamento não representa uma árdua tarefa.

---

29. ORGANIZAÇÃO PARA COOPERAÇÃO E DESENVOLVIMENTO ECONÔMICO (OECD). **The Impact of Big Data and Artificial Intelligence (AI) in the Insurance Sector**. Disponível em: <http://www.oecd.org/daf/fin/insurance/impact-big-data-ai-in-the-insurance-sector.htm>. Acesso em: 02 maio 2021.

30. Tradução livre: "O principal regulador financeiro de Nova York vai permitir que as seguradoras de vida usem dados da mídia social e outras fontes não tradicionais ao

Ciente desse cenário, o legislador pátrio incluiu o § 5º no art. 11 da Lei Geral de Proteção de Dados – Lei nº 13.709/2018 (LGPD), que contém a seguinte redação:

> § 5º É vedado às operadoras de planos privados de assistência à saúde o tratamento de dados de saúde para a prática de seleção de riscos na contratação de qualquer modalidade, assim como na contratação e exclusão de beneficiários.

Na medida em que aplicações de IA permitem, através de análise de grande quantidade de dados pessoais, uma melhor segmentação e compreensão do comportamento do consumidor, definir quais dados podem ser objeto de tratamento, quais fontes poderão ser consultadas, quem poderá ter acesso a quais dados e quais medidas e salvaguardas administrativas internas serão adotadas pela organização, representa um substancial desafio, sendo fundamental a criação de programas de *compliance* de dados para fazer frente a tais situações.

4. PROGRAMAS DE GOVERNANÇA DE DADOS E A ADEQUAÇÃO DO USO DE SISTEMAS DE IA

A LGPD – assim como o GDPR – identifica os princípios para a proteção de dados pessoais, conforme referido acima. No que diz respeito ao desenvolvimento, implementação e acompanhamento de resultados decorrentes do uso de tecnologias de IA, além dos princípios já mencionados (transparência, responsabilização e prestação de contas), podemos somar os princípios da finalidade (art. 6º, I); necessidade – e seu correlato, minimização – (art. 6º, III) e qualidade dos dados (art. 6º, V).

Como decorrência da aplicação de tais princípios, para que se possa determinar que a política de boas práticas e a governança de dados no tratamento de dados pessoais realizado por meio de sistemas de IA esteja em conformidade

definir as taxas de prêmio, embora as seguradoras tenham que provar que as informações não discriminam injustamente certos clientes. Nova York é o primeiro estado a definir orientações específicas que regem como as seguradoras de vida usam algoritmos para vasculhar tudo, desde registros de propriedade a pontuação de crédito e uso da Internet em um esforço para avaliar o risco de um requerente." (SCISM, Leslie. New York Insurers Can Evaluate Your Social Media Use—If They Can Prove Why It's Needed. **The Wall Street Journal**, 30 jan. 2019. Disponivel em: <https://www.wsj.com/articles/new-york-insurers-can-evaluate-your-social-media-useif-they-can-prove-why-its-needed-11548856802>. Acesso em: 02 maio 2021).

com a LGPD, é fundamental que sejam construídos modelos transparentes que permitam não só a "explicabilidade" nas tomadas de decisão da IA, como também a auditoria desses sistemas. Devem ser garantidas ao titular de dados pessoais informações claras sobre o uso de IA no tratamento de seus dados pessoais e quais as finalidades e os resultados esperados em tais aplicações. Ao mesmo tempo, mostra-se importante buscar métodos que possibilitem a minimização de dados ou o uso de processos de anonimização, assim como investir no desenvolvimento de iniciativas que garantam a privacidade *por design*[31] e *por default*, como forma de proteger os interesses dos titulares de dados.

Uma vez garantida a concretização de tais princípios por meio da adoção dos métodos acima referidos, será possível implementar uma auditoria eficiente dos sistemas e das atividades de tratamento de dados pessoais realizadas por meio de *softwares* de IA. Geralmente, a auditoria sobre os sistemas de IA e seu uso no tratamento de dados pessoais deve ser realizada tendo como ponto de partida os relatórios de impacto à proteção de dados pessoais (RIPD[32] ou DPIA, para o GDPR[33]) e os relatórios de registro das operações de tratamento de dados pessoais[34] (ROPA, para a GDPR).[35] Importante salientar que tais documentos são apresentados

---

31. De acordo com Ann Cavoukian, "*privacy must be incorporated into networked data systems and technologies, by default. Privacy must become integral to organizational priorities, project objectives, design processes, and planning operations. Privacy must be embedded into every standard, protocol and process that touches our lives*". (CAVOUKIAN, Ann. **Privacy by Design**: The 7 Foundational Principles. Implementation and Mapping of Fair Information Practices. Disponível em: <https://www.ipc.on.ca/wp-content/uploads/resources/7foundationalprinciples.pdf>. Acesso em: 05 maio 2021.).
32. De acordo com o art. 5º, XVII, da LGPD, relatório de impacto à proteção de dados pessoais é a "documentação do controlador que contém a descrição dos processos de tratamento de dados pessoais que podem gerar riscos às liberdades civis e aos direitos fundamentais, bem como medidas, salvaguardas e mecanismos de mitigação de risco".
33. Considerando 91 – "*Necessity of a Data Protection Impact Assessment. This should in particular apply to large-scale processing operations which aim to process a considerable amount of personal data at regional, national or supranational level and which could affect a large number of data subjects and which are likely to result in a high risk, for example, on account of their sensitivity, where in accordance with the achieved state of technological knowledge a new technology is used on a large scale as well as to other processing operations which result in a high risk to the rights and freedoms of data subjects, in particular where those operations render it more difficult for data subjects to exercise their rights*".
34. Art. 37 da LGPD – O controlador e o operador devem manter registro das operações de tratamento de dados pessoais que realizarem, especialmente quando baseado no legítimo interesse.
35. ROPA (*Register of Processing Activities*) é o documento em que o agente de tratamento identifica e mapeia os fluxos de dados de suas atividades de tratamento, indicando

pelo agente de tratamento de dados – em regra, o controlador – à Autoridade Nacional de Proteção de Dados, a seu requerimento.[36] Isto é, tais relatórios, apesar de não serem exigíveis pelos titulares de dados, são altamente recomendáveis, na medida em que, além de se constituírem como documentos para a adequada auditoria, gestão dos dados e *compliance* à LGPD, podem ser requisitados a qualquer tempo pela ANPD, em cumprimento à sua função fiscalizatória e sancionatória.

Em relação à conformidade das atividades de tratamento de dados pessoais, os artigos 50[37] e 51[38] da LGPD reconhecem a necessidade de adoção de políticas de boas práticas e governança de dados, indicando a necessidade de adoção, por parte dos agentes de tratamento de dados, de uma série de condutas com o objetivo de permitir o adequado tratamento de dados pessoais. O cerne dessa previsão legal é que se verifique, diante das especificidades[39] de cada agente de tratamento de dados, garantir a segurança contra incidentes que possam

---

minimamente as seguintes informações: (i) o nome da sua organização e detalhes de contato, seja um controlador ou um processador (e quando aplicável, o controlador conjunto, seu representante e o DPO); (ii) as finalidades do processamento; (iii) uma descrição das categorias de titulares e de dados pessoais; (iv) as categorias dos destinatários de dados pessoais; (v) detalhes das transferências para países terceiros, incluindo um registo das salvaguardas do mecanismo de transferência em vigor; (vi) cronogramas de retenção; e (vii) uma descrição das medidas técnicas e organizacionais de segurança em vigor (artigo 30 do GDPR).

36. De acordo com o artigo 38 da LGPD, "a autoridade nacional poderá determinar ao controlador que elabore relatório de impacto à proteção de dados pessoais, inclusive de dados sensíveis, referente a suas operações de tratamento de dados, nos termos de regulamento, observados os segredos comercial e industrial".

37. "Art. 50. Os controladores e operadores, no âmbito de suas competências, pelo tratamento de dados pessoais, individualmente ou por meio de associações, poderão formular regras de boas práticas e de governança que estabeleçam as condições de organização, o regime de funcionamento, os procedimentos, incluindo reclamações e petições de titulares, as normas de segurança, os padrões técnicos, as obrigações específicas para os diversos envolvidos no tratamento, as ações educativas, os mecanismos internos de supervisão e de mitigação de riscos e outros aspectos relacionados ao tratamento de dados pessoais".

38. "Art. 51. A autoridade nacional estimulará a adoção de padrões técnicos que facilitem o controle pelos titulares dos seus dados pessoais".

39. "Art. 50 [...] § 2º Na aplicação dos princípios indicados nos incisos VII e VIII do caput do art. 6º desta Lei, o controlador, observados a estrutura, a escala e o volume de suas operações, bem como a sensibilidade dos dados tratados e a probabilidade e a gravidade dos danos para os titulares dos dados, poderá:"

causar danos[40] aos titulares, como também a criação de documentos contemplando procedimentos efetivos que assegurem o respeito às regras de proteção de dados pessoais e privacidade, assim como o fomento de uma cultura de proteção de dados dentro da própria instituição.

Trata-se de decorrência de três princípios de tratamento de dados pessoais inscritos no artigo 6º da LGPD, já mencionados. São eles a segurança, através da "utilização de medidas técnicas e administrativas aptas a proteger os dados pessoais de acessos não autorizados e de situações acidentais ou ilícitas de destruição, perda, alteração, comunicação ou difusão"; a prevenção, consistente na "adoção de medidas para prevenir a ocorrência de danos em virtude do tratamento de dados pessoais", e da responsabilização e prestação de contas, qual seja, pela "demonstração, pelo agente, da adoção de medidas eficazes e capazes de comprovar a observância e o cumprimento das normas de proteção de dados pessoais e, inclusive, da eficácia dessas medidas".

Na Europa, o Regulamento Europeu traz previsão similar em seu artigo 40, igualmente decorrente dos princípios[41] de tratamento. No entanto, no Velho Continente, os chamados Código de Conduta elaborados pelos agentes de tratamento de dados pessoais poderão, inclusive, ser submetidos às Autoridades

---

40. "Art. 50 [...] § 1º Ao estabelecer regras de boas práticas, o controlador e o operador levarão em consideração, em relação ao tratamento e aos dados, a natureza, o escopo, a finalidade e a probabilidade e a gravidade dos riscos e dos benefícios decorrentes de tratamento de dados do titular".

41. "*Article 5 par. 2 states that the controller shall be responsible for, and be able to demonstrate compliance with paragraph 1 ("accountability"). In broad terms, a principle of accountability would place upon data controllers the burden of implementing within their organizations specific measures in order to ensure that data protection requirements are met. Such measures could include the implementation of data protection impact assessments or employing a privacy-by-design system architecture. Accountability is further emphasised by several provisions throughout the GDPR that promote it such as Article 24 of the GDPR that requires organisations to implement "appropriate technical and organisational measures" to be able to 'demonstrate' their compliance with the Regulation, which shall also include "the implementation of appropriate data protection policies". Data processors are also bound by the accountability principle. Demonstrating compliance means among others that the controller should be able to explain how personal data processing was implemented and how a particular decision was reached*". (MITROU, Lilian. Data Protection, Artificial Intelligence and Cognitive Services: Is the General Data Protection Regulation (GDPR) 'Artificial Intelligence-Proof'? **SSRB Eletronic Journal**, 03 jan. 2019. p. 60-61. Disponível em: <https://ssrn.com/abstract=3386914>. Acesso em: 14 maio 2021).

Garantes, as quais terão competência para emitir um parecer[42] sobre a conformidade do projeto com as regras do Regulamento.

Resta evidente que a LGPD e o Regulamento Europeu sinalizam para a adoção, por parte dos agentes de tratamento de dados, de verdadeiros programas de governança de dados, denominados, respectivamente, "programa de governança em privacidade" (art. 50, § 2º, I – LGPD) e "Códigos de conduta" (art. 40 – RGPD).

Diante da utilização da IA e suas especificidades, especialmente diante da opacidade e da falta de transparência[43], muitas vezes funcionando como verdadeiras caixas-pretas[44], identifica-se um reforço da necessidade dos programas de *compliance* através da efetiva implementação da governança de dados.

A governança de dados, assim, implica pelo menos três atividades: (i) a identificação e a manutenção de processos de entrada, processamento e armazenamento de dados pessoais, (ii) o desenvolvimento de políticas, contratos e termos para o tratamento de dados pessoais, e (iii) a implementação de sistemas de segurança da informação que atendam a critérios adequados de proteção de dados pessoais.

---

42. "Artigo 40. Códigos de conduta. 1. Os Estados-Membros, as autoridades de controlo, o Comité e a Comissão promovem a elaboração de códigos de conduta destinados a contribuir para a correta aplicação do presente regulamento, tendo em conta as características dos diferentes setores de tratamento e as necessidades específicas das micro, pequenas e médias empresas. [...] 5. As associações e outros organismos a que se refere o nº 2 do presente artigo que tencionem elaborar um código de conduta, ou alterar ou aditar a um código existente, apresentam o projeto de código, a alteração ou o aditamento à autoridade de controlo que é competente por força do artigo 55. A autoridade de controlo emite um parecer sobre a conformidade do projeto de código de conduta ou da alteração ou do aditamento com o presente regulamento e aprova este projeto, esta alteração ou este aditamento se determinar que são previstas garantias apropriadas suficientes".

43. *In AI environment, responding to accountability requirements seems not to be an easy task, given the opacity of processing and the use of algorithms that do not have a decision tree structure but rely on the analysis of large amounts of data to establish correlations. Artificial intelligence powered systems whose decisions cannot be explained raise fundamental questions of accountability.*" (MITROU, Lilian. Data Protection, Artificial Intelligence and Cognitive Services: Is the General Data Protection Regulation (GDPR) 'Artificial Intelligence-Proof'? **SSRB Eletronic Journal**, 03 jan. 2019. p. 60-61. Disponível em: <https://ssrn.com/abstract=3386914>. Acesso em: 14 maio 2021).

44. PASQUALE, Frank. **The Black Box Society**: The Secret Algorithms That Control Money and Information. Cambridge: Harvard University Press, 2015.

Tais critérios ainda deverão ser determinados, seja pela própria cultura e desenvolvimento corporativo por meio de associações ou similares, seja por determinação da Autoridade Nacional de Proteção de Dados, por meio de resoluções[45] que estabeleçam quais os requisitos mínimos para a implementação e manutenção desses sistemas de segurança.

5. CONCLUSÃO

O uso de sistemas de Inteligência Artificial, seja na condução de atividades empresariais, seja nas de natureza pública-administrativa, impõe alguns desafios[46] para o desenvolvimento e acompanhamento de políticas de proteção de dados pessoais. Esses eventuais obstáculos referem-se tanto à implementação de estruturas de *compliance*, que permitam a realização adequada de auditoria de tais aplicações, quanto ao desenvolvimento de uma apropriada governança de dados, calcada, especialmente, na efetivação dos princípios de proteção de dados, previstos no artigo 6º da LGPD.

O maior desafio identificado é a auditabilidade de tais sistemas, tema que se liga diretamente aos objetivos da previsibilidade e precaução no uso da Inteligência Artificial. Há uma preocupação quanto à capacidade de implementação de tais programas – *compliance*, governança de dados e políticas de proteção de dados pessoais –, que tem uma natureza não só de inspeção e acompanhamento de processos (*due diligence*), mas também de prevenção de riscos ao exercício de direitos.

Considerando que dados de diversas naturezas – mais especialmente os pessoais – são os insumos utilizados por sistemas de Inteligência Artificial para

---

45. Alguns exemplos: "Art. 12. [...] § 3º A autoridade nacional poderá dispor sobre padrões e técnicas utilizados em processos de anonimização e realizar verificações acerca de sua segurança, ouvido o Conselho Nacional de Proteção de Dados Pessoais".
"Art. 18 [...] V – portabilidade dos dados a outro fornecedor de serviço ou produto, mediante requisição expressa, de acordo com a regulamentação da autoridade nacional, observados os segredos comercial e industrial;"
"Art. 23 [...] § 1º A autoridade nacional poderá dispor sobre as formas de publicidade das operações de tratamento".
"Art. 30. A autoridade nacional poderá estabelecer normas complementares para as atividades de comunicação e de uso compartilhado de dados pessoais".

46. *"Por vezes, aliás, tem-se a sensação de que cresce a distância entre o velocíssimo mundo da inovação tecnológica e aquele lentíssimo do planejamento sócio-institucional"*. (RODOTÀ, Stefano. **A vida na sociedade de vigilância**: a privacidade hoje. Rio de Janeiro: Renovar, 2008. p. 42).

alcançar os objetivos por eles pretendidos, mostra-se fundamental que seja permitido ao titular de dados o conhecimento dos mecanismos de seu funcionamento, a fim de permitir a ele a compreensão dos resultados alcançados pela IA.

Esse entendimento, por óbvio, deve ser o suficiente para permitir ao titular de dados uma explicação – que se sustenta no princípio da transparência –, a conceder ao titular o exercício do direito de oposição ao tratamento de suas informações.

Considerando tais premissas e visando à tutela e à promoção dos direitos dos titulares de dados pessoais, todo aquele que se utiliza de sistemas de IA em sua atividade deverá cumprir e respeitar os princípios da transparência, da prestação de contas (*accountability*) e da responsabilização, no cumprimento da Lei Geral de Proteção de Dados Pessoais e na implementação de métodos de auditoria capazes de dar previsibilidade e prevenção quanto aos riscos em seu uso.

REFERÊNCIAS

ARAÚJO, Camila Souza; MEIRA JR., Wagner; ALMEIDA, Virgilio. **Identifying Stereotypes in the Online Perception of Physical Attractiveness**. 08 ago. 2016. Disponível em: <https://arxiv.org/pdf/1608.02499v1.pdf>. Acesso em: 04 set. 2017.

BODIN, Maria Celina de; TEFFÉ, Chiara. Redes sociais virtuais: privacidade e responsabilidade civil. Análise a partir do Marco Civil da Internet. **Revista Pensar**, Fortaleza, v. 22, n. 1, p. 108-146, 2017.

BRASIL. Decreto nº 8.771, de 11 de maio de 2016. Regulamenta a Lei nº 12.965, de 23 de abril de 2014, para tratar das hipóteses admitidas de discriminação de pacotes de dados na internet e de degradação de tráfego, indicar procedimentos para guarda e proteção de dados por provedores de conexão e de aplicações, apontar medidas de transparência na requisição de dados cadastrais pela administração pública e estabelecer parâmetros para fiscalização e apuração de infrações. Disponível em: <http://www.planalto.gov.br/ccivil_03/_ato2015-2018/2016/decreto/d8771.htm>. Acesso em: 14 maio 2021.

BRASIL. Lei nº 12.965, de 23 de abril de 2014. Estabelece princípios, garantias, direitos e deveres para o uso da Internet no Brasil. Disponível em: <http://www.planalto.gov.br/ccivil_03/_ato2011-2014/2014/lei/l12965.htm>. Acesso em: 14 maio 2021.

BRASIL. Lei nº 13.709, de 14 de agosto de 2018. Lei Geral de Proteção de Dados Pessoais (LGPD). Disponível em: <http://www.planalto.gov.br/ccivil_03/_ato2015-2018/2018/lei/l13709.htm>. Acesso em: 14 maio 2021.

BRUNO, Fernanda. **Máquinas de ver, modos de ser**: vigilância, tecnologia e subjetividade. Porto Alegre: Sulina, 2013.

BUOLAMWINI, Joy. **How I'm fighting bias in algorithms**. Disponível em: <https://www.ted.com/talks/joy_buolamwini_how_i_m_fighting_bias_in_algorithms#t-26257>. Acessa em: 04 ago. 2017.

CASEY, Bryan; FARHANGI, Ashkon; VOGL, Roland. Rethinking Explainable Machines: The GDPR's 'Right to Explanation' Debate and the Rise of Algorithmic Audits in Enterprise. **Berkeley Technology Law Journal, Forthcoming**, 19 fev. 2018. Disponível em: <https://ssrn.com/abstract=3143325>. Acesso em: 21 abr. 2018.

CAVOUKIAN, Ann. **Privacy by Design**: The 7 Foundational Principles. Implementation and Mapping of Fair Information Practices. Disponível em: <https://www.ipc.on.ca/wp-content/uploads/resources/7foundationalprinciples.pdf>. Acesso em: 05 maio 2021.

CHRISTIN, Angèle; ROSENBLAT, Alexa; BOYD Danah. **Courts and Predictive Algorithms**. Nova Iorque: New York University, Criminal Justice Policy Program, 2015. Disponível em: <http://www.law.nyu.edu/sites/default/files/upload_-documents/Angele%20Christin.pdf>. Acesso em: 30 ago. 2017.

DONEDA, Danilo. O direito fundamental à proteção de dados pessoais. In: MARTINS, Guilherme Magalhães; LONGHI, João Victor Rozatti (Org.). **Direito digital**: direito privado e internet. 2. ed. Indaiatuba: Foco, 2019. p. 123-154.

DONEDA, Danilo; ALMEIDA, Virgílio. O que é governança de algoritmos? In: BRUNO, Fernanda et al. (Org.) **Tecnopolíticas da vigilância**: perspectivas da margem. Tradução de Heloísa Cardoso Mourão et al. São Paulo: Boitempo, 2019. p. 141-148.

EUROPEAN COMMISSION. **Article 29 Data Protection Working Party**: Guidelines on Automated individual decision-making and Profiling for the purposes of Regulation 2016/679. 2018. Disponível em: <http://ec.europa.eu/newsroom/article29/item-detail.cfm?item_id=612053>. Acesso em: 20 abr. 2018.

EUROPEAN COMMISSION. **Article 29 Data Protection Working Party**: Guidelines for identifying a controller or processor's lead supervisory authority. 2017. Disponível em: [http://ec.europa.eu/newsroom/document.cfm?doc_id=44102]. Acesso em: 31.03.2018.

FRAZÃO, Ana. Controvérsias sobre direito à explicação e à oposição diante de decisões automatizadas. **JOTA**, 12 dez. 2018. Disponível em: <https://www.jota.info/paywall?redirect_to=//www.jota.info/opiniao-e-analise/colunas/constituicao-empresa-e-mercado/controversias-sobre-direito-a-explicacao-e-a-oposicaodiante-de-decisoes-automatizadas-12122018>. Acesso em: 02 mar. 2019.

_____. Nova LGPD: ainda sobre a eficácia do direito à explicação e à oposição. **JOTA**, 28 dez. 2018. Disponível em: <https://www.jota.info/paywall?redirect_to=//www.jota.info/opiniao-e-analise/colunas/constituicao-empresae-mercado/nova-lgpd-ainda-sobre-a-eficacia-do-direito-a-explicacao-e-aoposicao-26122018>. Acesso em: 31 mar. 2019.

_____. O direito à explicação e à oposição diante de decisões totalmente automatizadas. **JOTA**, 05 dez. 2018. Disponível em: <https://www.jota.info/paywall?redirect_to=//www.jota.info/opiniao-e-analise/colunas/constituicaoempresa-e-mercado/o-direito-a-explicacao-e-a-oposicao-diante-de-decisoes-totalmente-automatizadas-05122018>. Acesso em: 02 mar. 2019.

GOLTZ, Nachshon; MAYO, Michael. **Enhancing Regulatory Compliance by Using Artificial Intelligence Text Mining to Identify Penalty Clauses in Legislation.** Apresentado no MIREL 2017 – Workshop on MIning and Reasoning with Legal texts, realizado em conjunto com o 16th International Conference on Artificial Intelligence and Law, King's College, London, UK, 2017. Disponível em: <https://ssrn.com/abstract=2977570>. Acesso em: 14 maio 2021.

GOMES, Rodrigo Dias de Pinho. **BIG DATA**: desafios à tutela da pessoa humana na sociedade da informação. 2. ed. Rio de Janeiro: Lumen Juris, 2019.

_____. Breves considerações sobre o Big Data e os contratos de seguro. In: GOLDBERG, Ilan; JUNQUEIRA, Thiago (Org.). **Temas atuais de direito dos seguros**. São Paulo: Thomson Reuters, 2020. v. 1. p. 152-165.

_____. Carros autônomos e os desafios impostos pelo ordenamento jurídico: uma breve análise sobre a responsabilidade civil envolvendo veículos inteligentes. In: FRAZÃO, Ana; MULHOLLAND, Caitlin (Org.). **Inteligência artificial e direito**. São Paulo: Thomson Reuters Brasil, 2019. p. 567-585.

_____. Do consentimento aos legítimos interesses: novas formas e requisitos de licitude para o tratamento de dados pessoais no contexto da inteligência artificial. In: TEPEDINO, Gustavo; GUIA, Rodrigo da Silva (Org.). **O direito civil na era da inteligência artificial**. São Paulo: Thomson Reuters Brasil, 2020. v. 1. p. 317-335.

GOODMAN, Bryce; FLAXMAN, Seth. **EU Regulations on Algorithmic Decision Making and "a Right to an Explanation"**. Icml Workshop on Human Interpretability in Ml, 2016. Disponível em: <https://arxiv.org/abs/1606.08813>. Acesso em: 21 abr. 2018.

GROVES, Peter; KAYYALI, Basel; KNOTT, David; VAN KUIKEN, Steve. **The 'big data' revolution in healthcare**: accelerating value and innovation. New York: McKinsey&Company, 2013.

HARARI, Yuval Noah. **Homo Deus**: uma breve história do amanhã. São Paulo: Companhia das Letras, 2016.

KAMINSKI, Margot E. The Right to Explanation, Explained. University of Colorado Law Legal Studies Research Paper, n. 18-24; **Berkeley Technology Law Journal**, v. 34, n. 1, 2019. Disponível em: <https://ssrn.com/abstract=3196985>. Acesso em: 31 mar. 2019.

KELLER, Daphne. The Right Tools: Europe's Intermediary Liability Laws and the 2016 General Data Protection Regulation. 22 mar. 2017. Disponível em: <https:// papers.ssrn.com/sol3/papers.cfm?abstract_id=2914684>. Acesso em: 24 maio 2017.

KITCHIN, Rob. **Thinking critically about and researching algorithms**. County Kildare: The Programmable City Working Paper 5, 28 out. 2014. Disponível em: <https://papers.ssrn.com/sol3/papers.cfm?abstract_id=2515786>. Acesso em: 30 ago. 2017.

LEITE, Renato. **Existe um direito à explicação na Lei Geral de Proteção de Dados Pessoais do Brasil?** Artigo Estratégico 24. Rio de Janeiro: Instituto Igarapé, 2018.

Disponível em: <https://igarape.org.br/wp-content/uploads/2018/12/Existe-umdireito-a-explicacao-na-Lei-Geral-de-Protecao-de-Dados-no-Brasil.pdf>. Acesso em: 31 mar. 2019.

MITROU, Lilian. Data Protection, Artificial Intelligence and Cognitive Services: Is the General Data Protection Regulation (GDPR) 'Artificial Intelligence-Proof'? **SSRB Eletronic Journal**, 03 jan. 2019. Disponível em: <https://ssrn.com/abstract=3386914>. Acesso em: 14 maio 2021.

MITTELSTADT, Brent; RUSSELL, Chris; WACHTER, Sandra. **Explaining Explanations in AI**. Proceedings of FAT* '19: Conference on Fairness, Accountability, and Transparency (FAT* '19), Atlanta, GA, USA. ACM, New York, NY, USA, 29-31 jan. 2019. Disponível em: <https://ssrn.com/abstract=3278331>. Acesso em: 31 mar. 2019.

MULHOLLAND, Caitlin Sampaio. Dados pessoais sensíveis e a tutela de direitos fundamentais: uma análise à luz da lei geral de proteção de dados (Lei 13.709/18). **Revista de Direitos e Garantias Fundamentais**, v. 19, p. 159-180, 2018.

MULHOLLAND, C.; FRAJHOF, Isabella Zalcberg. Inteligência artificial e a Lei Geral de Proteção de Dados Pessoais: breves anotações sobre o direito à explicação frente à tomada de decisões por meio de machine learning. In: FRAZÃO, Ana; MULHOLLAND, Caitlin (Coord.). **Inteligência artificial e direito**: ética, regulação e responsabilidade. Rio de Janeiro: Revista dos Tribunais, 2019. v. 1. p. 1-12.

_____. Inteligência artificial e a Lei Geral de Proteção de Dados Pessoais: breves anotações sobre o Direito à Explicação perante a tomada de decisões por meio de Machine Learning. In: FRAZÃO, Ana; MULHOLLAND, Caitlin (Coord.). **Inteligência artificial e direito**: ética, regulação e responsabilidade. 2. ed. São Paulo: Revista dos Tribunais, 2020. p. 267-292.

_____. Entre as leis da robótica e a ética: regulação para o adequado desenvolvimento da Inteligência Artificial. In: BARBOSA, Mafalda Miranda; NETTO, Felipe Braga; SILVA, Michael César; FALEIROS JÚNIOR, José Luiz de Moura (Org.). **Direito digital e inteligência artificial**: diálogos entre Brasil e Europa. Indaiatuba: Foco, 2021. v. 1. p. 65-80.

NIKLAS, Jędrzej. Can an algorithm hurt? Polish experiences with profiling of the unemployed. **CIHR**, mar. 2017. Disponível em: <https://cihr.eu/can-an-algorithm-hurt/>. Acesso em: 1º jun. 2018.

O'NEIL, Cathy. **Weapons of math destruction**: How big data increases inequality and threatens democracy. New York: Broadway Books, 2016.

ORGANIZAÇÃO PARA COOPERAÇÃO E DESENVOLVIMENTO ECONÔMICO (OECD). **The Impact of Big Data and Artificial Intelligence (AI) in the Insurance Sector**. Disponível em: <http://www.oecd.org/daf/fin/insurance/impact-big-data-ai-in-the-insurance-sector.htm>. Acesso em: 02 maio 2021.

PARISER, Eli. **The Filter Bubble**. Londres: Penguin, 2011.

PARLAMENTO EUROPEU. Regulamento (UE) 2016/679, do Parlamento Europeu e do Conselho, de 27 de abril de 2016. Relativo à proteção das pessoas singulares no que diz respeito ao tratamento de dados pessoais e à livre circulação desses dados e que revoga a Diretiva 95/46/CE. Disponível em: <https://op.europa.eu/en/publication-detail/-/publication/3e485e15-11bd-11e6-ba9a-01aa75ed71a1/language-pt/format-PDFA1A>. Acesso em: 14 maio 2021.

PASQUALE, Frank. **The Black Box Society**: The Secret Algorithms That Control Money and Information. Cambridge: Harvard University Press, 2015.

RODOTÀ, Stefano. **A vida na sociedade de vigilância**: a privacidade hoje. Rio de Janeiro: Renovar, 2008.

SARMENTO, Daniel. **Direitos fundamentais e relações privadas**. Rio de Janeiro: Lumen Juris, 2008.

SCISM, Leslie. New York Insurers Can Evaluate Your Social Media Use—If They Can Prove Why It's Needed. **The Wall Street Journal**, 30 jan. 2019. Disponivel em: <https://www.wsj.com/articles/new-york-insurers-can-evaluate-your-social-media-useif-they-can-prove-why-its-needed-11548856802>. Acesso em: 02 maio 2021.

SCOTT, Plous. **The Psychology of Judgement and Decision Making**. McGraw-Hill Education, 1993.

SELBST, Andrew D.; POWLES, Julia. Meaningful Information and the Right to Explanation. **International Data Privacy Law**, v. 7, n. 4, p. 233-242, 2017. Disponível em: <https://ssrn.com/abstract=3039125>. Acesso em: 21 abr. 2018.

SLAM-CALISKAN, Aylin; BRYSON, Joanna J.; NARAYANAN, Arvind. Semantics derived automatically from language corpora necessarily contain human biases. **Science**, v. 356, n. 6334, p. 183-186, 2017. Disponível em: <https://www.princeton.edu/~aylinc/papers/caliskan-islam_semantics.pdf>. Acesso em: 06 set. 2017.

TASHEA, Jason. Courts Are Using AI to Sentence Criminals. That Must Stop Now. **Wired**, 17 abr. 2017. Disponível em: <https://www.wired.com/2017/04/courts-using-ai-sentence-criminals-must-stop-now/?mbid=email_onsiteshare>. Acesso em: 07 set. 2017.

TEPEDINO, Gustavo. O direito civil-constitucional e suas perspectivas atuais. In: **Temas de direito civil**. Rio de Janeiro: Renovar, 2009. Tomo III.

WACHTER, Sandra; MITTELSTADT, Brent; FLORIDI, Luciano. Why a Right to Explanation of Automated Decision-Making Does Not Exist in the General Data Protection Regulation. **International Data Privacy Law**, 2017. Disponível em: <https://ssrn.com/abstract=2903469>. Acesso em: 21 abr. 2018.

WACHTER, Sandra; MITTELSTADT, Brent; RUSSELL, Chris. Counterfactual Explanations Without Opening the Black Box: Automated Decisions and the GDPR. **Harvard Journal of Law & Technology**, v. 31, n. 2, 2018. Disponível em: <https://ssrn.com/abstract=3063289>. Acesso em: 31 mar. 2019.

WATSON HEALTH. A smarter fight against fraud. **IBM**, 22 jan. 2021. Disponível em: <https://www.ibm.com/blogs/watson-health/smarter-fight-against-fraud/>. Acesso em: 02 maio 2021.

Internet das Coisas e seus principais desafios para os programas de *compliance* e as políticas de proteção de dados

Daniel Douek[1]

Giulia de Paola[2]

Sumário: 1. Introdução; 2. Proteção de dados pessoais e IoT na LGPD; 3. Possíveis respostas aos desafios para adequação de IoT à LGPD; 4. Conclusão.

1. Introdução

"Internet das Coisas" ("Internet of Things" – IoT) procura designar um conjunto de serviços e dispositivos com capacidade de conexão física ou virtual entre objetos com tecnologias da informação e comunicação, interoperáveis. Em outras palavras, soluções de IoT reúnem ao menos três características:

---

1. Advogado em São Paulo e possui pós-graduação pela Fundação Getulio Vargas do Rio de Janeiro (FGV Direito Rio) em Direito do Estado e Regulação e mestrado (LL.M.) em Direito da Concorrência pela King's College London (Reino Unido).
2. Bacharel em Direito pela Escola de Direito de São Paulo da Fundação Getulio Vargas (FGV Direito SP).

conectividade, uso de sensores/atuadores, e capacidade computacional de processamento e armazenamento de dados. Além de presentes como dispositivos comuns da vida privada de indivíduos (e.g., monitores de saúde e atividades esportivas, dispositivos para casas inteligentes etc.), soluções IoT vêm sendo desenvolvidas como importantes instrumentos para executar políticas públicas em diferentes países, otimizando serviços de saneamento básico, iluminação pública, gestão de resíduos sólidos, transporte público, entre outros[3]. Nesse contexto, soluções IoT ganham relevância no desenvolvimento social e sustentável, especialmente para países em desenvolvimento[4].

Com o avanço de tecnologias IoT, estima-se que em 2025 o impacto de IoT na economia global será de 4% a 11% do produto interno bruto mundial, equivalente a valores entre 3,9 e 11,1 trilhões de dólares, dos quais até 40% devem ser capturados por economias emergentes. No caso específico do Brasil, a estimativa é de que, em 2025, o impacto econômico anual seja de 50 a 200 bilhões de dólares.

Não à toa, tem-se observado, cada vez mais, propostas de iniciativas regulatórias para endereçar o tema. No Brasil, o desenvolvimento do tema foi impulsionado principalmente a partir de 2018, com a chamada pública do estudo "Internet das Coisas: um plano de ação para o Brasil", promovido pelo Banco Nacional de Desenvolvimento Econômico e Social ("BNDES") em parceria com o Ministério da Ciência, Tecnologia, Inovações e Comunicações ("MCTIC"), atual Ministério da Ciência, Tecnologia e Inovações ("MCTI").[5-6]

---

3. No ambiente de cidades inteligentes, por exemplo, verifica-se o desenvolvimento de soluções em iluminação pública inteligente e conectada, o que poderá, no futuro, agregar também outras funcionalidades, como o monitoramento do tráfego de veículos e pedestres e detecção em tempo real de disparos de armas de fogo. No campo, o uso de drones, máquinas autônomas, sensores e atuadores na produção agrícola vêm abrindo novas perspectivas de produtividade com o surgimento de uma agricultura baseada na análise de dados ("agricultura de precisão"). De forma similar, o setor de saúde também tem visto inúmeras oportunidades de soluções que podem incluir desde monitoramento remoto das condições de saúde de pacientes até telemedicina e identificação e controle de epidemias. DOUEK, Daniel et al. O Direito da Internet das Coisas: desafios e perspectivas de IoT no Brasil. JOTA, São Paulo, 09 jan. 2018. Disponível em https://www.jota.info/opiniao-e-analise/artigos/o-direito-da-internet-das-coisas-desafios-e-perspectivas-de-iot-no-brasil-09012018.
4. BIGGS, Philippa et al. Harnessing the Internet of Things for global development. 2016.
5. Em 10 de junho de 2020, foi anunciado o desmembramento do MCTIC para criar o Ministério das Comunicações, separando-o do MCTIC, o qual se tornou o atual MCTI.
6. BNDES. Internet das coisas, um plano de ação para o Brasil. Rio de Janeiro: Banco Nacional de Desenvolvimento Econômico e Social (BNDES), 2018. 305 p. Disponível

O Estudo, conduzido por um consórcio formado por empresa de consultoria, instituição de pesquisa e escritório de advocacia ao longo dos anos de 2017 e 2018, procurou mapear os principais desafios tecnológicos, jurídicos e regulatórios relacionados ao desenvolvimento de Internet das Coisas no Brasil. Seus resultados foram essenciais para dar início a iniciativas públicas concretas para a promoção de IoT no país. Em 2019, o Poder Executivo aprovou o Plano Nacional de Internet das Coisas ("Decreto nº 9.854/2019" ou "Plano Nacional de IoT"), que tem por objetivo estabelecer conceitos e diretrizes para a promoção e o desenvolvimento da IoT no Brasil.

Além de definir conceitos importantes, como "Internet das Coisas" (Art. 2º, I) e "sistemas de comunicação máquina a máquina" (Art. 8º, *caput*)[7], o Plano foi responsável por criar (i) o Observatório Nacional para o Acompanhamento da Transformação Digital no país, que tem por objetivo monitorar as políticas públicas e o desenvolvimento de projetos voltados para IoT, e (ii) a Câmara de Gestão e Acompanhamento do Desenvolvimento de Sistemas de Comunicação Máquina a Máquina e Internet das Coisas, que reúne representantes do MCTI de diferentes ministérios e diversas instituições públicas e privadas para atuar conjuntamente na pesquisa, na discussão e na promoção do desenvolvimento de IoT no país.

Com a publicação do Plano Nacional de IoT, algumas medidas para incentivar a promoção de tecnologias foram introduzidas. Em especial, o setor de telecomunicações, palco importante para inovações e experimentações relacionadas à IoT, passou por mudanças regulatórias para adequar a regulação setorial. A Agência Nacional de Telecomunicações (Anatel) alterou, em 2020, algumas de suas normas, tradicionalmente concebidas para comunicação interpessoal, a fim de flexibilizar obrigações para comunicação máquina a máquina envolvendo dispositivos de IoT[8]. No mesmo ano, foi também publicada

---

em: https://www.bndes.gov.br/wps/portal/site/home/conhecimento/pesquisaedados/estudos/estudo-internet-das-coisas-iot.

7. De acordo com o Art. 2º, inciso II do Decreto nº 9.854/2019, "IoT" deve ser compreendido como "a infraestrutura que integra a prestação de serviços de valor adicionado com capacidades de conexão física ou virtual de coisas com dispositivos baseados em tecnologias da informação e comunicação existentes e nas suas evoluções, com interoperabilidade". Já de acordo com Art. 8º, *caput*, do mesmo Decreto, "sistemas de comunicação máquina a máquina" são "as redes de telecomunicações, incluídos os dispositivos de acesso, para transmitir dados a aplicações remotas com o objetivo de monitorar, de medir e de controlar o próprio dispositivo, o ambiente ao seu redor ou sistemas de dados a ele conectados por meio dessas redes."

8. A Resolução ANATEL nº 735/2020 promoveu alterações no Regulamento Geral de Direitos do Consumidor de Serviços de Telecomunicações ("RGC", Resolução ANATEL

a Lei nº 14.108/2020, que além de dispensar a obtenção de licença para funcionamento de estações de telecomunicações com equipamentos e dispositivos de IoT ("máquina a máquina"), reduziu a zero o pagamento de taxas de fiscalização de instalação (TFI) e de fiscalização de funcionamento (TFF) ao Fistel, bem como das Contribuições CFRP (Contribuição para o Fomento da Radiodifusão Pública) e Condecine, para esses sistemas de comunicação.

A despeito do incentivo proporcionado por essas alterações normativas, o desenvolvimento do mercado de IoT deve ser acompanhado pela garantia da livre circulação de dados, *"observadas as diretrizes de segurança da informação e de proteção de dados pessoais"*.[9] A observância dessas diretrizes é crucial para o desenvolvimento de soluções IoT, visto que, para fornecerem benefícios e experiências personalizadas, tais aplicações dependem necessariamente da coleta e do tratamento de dados[10].

Essa característica, essencial ao funcionamento desses dispositivos, pode, entretanto, representar riscos à privacidade de usuários. Isso porque dispositivos de IoT podem incluir sensores espaciais, capturas ao vivo de áudio e imagem, tecnologias de reconhecimento de voz e facial, sensores de temperatura ambiente e corporal, entre outras tecnologias que interagem com o mundo físico e coletam dados pessoais em larga escala. A coleta de dados a partir de sensores vinculados a dispositivos físicos e o seu compartilhamento com uma infinidade de agentes presentes nas diferentes camadas de uma estrutura de rede de soluções de IoT pode resultar em uma série de riscos aos titulares dos dados pessoais, inclusive a adoção de práticas abusivas e discriminatórias.

---

nº 632/2014) e no Regulamento Geral de Portabilidade ("RGP", Resolução ANATEL nº 460/2007) para limitar a aplicação das referidas normas no caso de dispositivos de IoT. O art. 4º da Resolução altera o art. 1º do RGC para dispor que "[a]s obrigações previstas neste Regulamento não se aplicam a acessos destinados exclusivamente à conexão de dispositivos de Internet das Coisas – IoT" (caput), e indicar que "[a]s prestadoras abrangidas por esta Norma devem, em todos os documentos relacionados às ofertas de acessos destinados exclusivamente à conexão de dispositivos de Internet das Coisas – IoT, informar aos consumidores as condições de uso do serviço." (§ 2º).

9. Dispõe o Art. 1º do Plano Nacional de Internet das Coisas: "Art. 1º Fica instituído o Plano Nacional de Internet das Coisas com a finalidade de implementar e desenvolver a Internet das Coisas no País e, com base na livre concorrência e na livre circulação de dados, observadas as diretrizes de segurança da informação e de proteção de dados pessoais."

10. WACHTER, Sandra. Normative challenges of identification in the Internet of Things: Privacy, profiling, discrimination, and the GDPR. Computer law & security review, v. 34, n. 3, p. 436-449, 2018.

Nesse sentido, é imperiosa a regulamentação de diretrizes e obrigações voltadas para a proteção de dados para garantir a segurança e a adequação de dispositivos e equipamentos focados em tecnologias IoT. Alinhado com as preocupações de diferentes jurisdições na proteção aos dados e à privacidade de seus cidadãos, o Brasil publicou, em 2018, a Lei Geral de Proteção de Dados (Lei nº 13.709/2018). Inspirada no regulamento europeu de proteção de dados ("General Data Protection Regulation" – GDPR), reconhecida como a legislação mais abrangente e progressista na matéria, a LGPD procura estipular princípios e diretrizes que devem ser observados no tratamento de dados pessoais. Como não poderia ser diferente, operações de tratamento de dados que possam ser enquadrados como pessoais realizadas por soluções IoT deverão observar os princípios e as diretrizes estabelecidos pela LGPD.

O objetivo do presente artigo é identificar alguns desafios e preocupações associados ao tratamento de dados pessoais por soluções de IoT. Longe de esgotar o tema, a ideia é identificar os principais desafios para os programas de compliance de LGPD por fornecedores de soluções de IoT e propor algumas recomendações. Para tanto, o presente artigo é dividido em três tópicos, além desta breve introdução. Na seção 2, são abordadas as principais dificuldades na adequação de tratamentos de dados a partir de tecnologias IoT à luz de princípios, obrigações e direitos previstos na LGPD. Na seção 3, são abordadas as principais soluções práticas levantadas por literatura recente para mitigar os problemas identificados. Por fim, na seção 4, procura-se ponderar sobre os ganhos decorrentes dos desafios e das soluções desenvolvidas no contexto de programas de compliance em LGPD, especialmente para o desenvolvimento de IoT no Brasil.

2. PROTEÇÃO DE DADOS PESSOAIS E IOT NA LGPD

A implementação da LGPD foi um grande salto para adequar a regulação de proteção de dados brasileira, que até então era coberta de maneira fragmentada e conceitualmente imprecisa pela Constituição Federal[11], pelo Código Civil[12], pelo Código de Defesa do Consumidor[13] e o pelo Marco Civil da Internet[14],

11. Constituição Federal, Art. 5º, X, XI, XII e LXXII.
12. Lei nº 10.406/2002, Art. 12, Art. 20 e Art. 21.
13. Lei nº 8.078/1990, Art. 43.
14. Lei nº 12.965/2014, Art. 3º, III e Art. 7º, I, II, III, VII, VIII, IX e X, Art. 8º, Art. 10, Art. 11, Art. 13, Art. 14, Art. 15 e Art. 16.

principalmente. Assim, a LGPD foi responsável por estabelecer definições relevantes na condução de tratamento de dados, estipular princípios e bases legais que devem justificar operações de tratamento, descrever direitos garantidos aos titulares, bem como tratar das responsabilidades e das penalidades no caso de violações às regras de proteção de dados pessoais. Embora as obrigações e os direitos trazidos pela LGPD devam ser observados em qualquer tratamento de dados pessoais[15], a sua implementação em operações de tratamento de dados a partir de tecnologias IoT se mostra ainda mais desafiadora.

Como já mencionado, soluções de IoT permitem o tratamento de um volume maior e mais abrangente de dados. De fato, atualmente sensores eletrônicos são onipresentes em nosso cotidiano, como indicam os nossos smartphones, carros, casas, dispositivos de saúde e monitores fitness. Esses dispositivos baseados em sensores conectados criam novos tipos e quantidades sem precedentes de informações detalhadas e de alta qualidade sobre nossas ações diárias, hábitos, personalidades e preferências.

Essa enorme quantidade de dados coletados e compartilhados entre soluções de IoT levanta uma questão importante em relação à privacidade e à conscientização dos titulares de dados pessoais sobre como seus dados são coletados e compartilhados. A proteção dos titulares e de seus dados pessoais contra o uso e a distribuição não autorizados tem sido um desafio. Para o usuário comum, é muito difícil ter informações claras e precisas sobre o tratamento de seus dados e controlar o compartilhamento dessas informações com terceiros a partir dos dispositivos que possui. Além disso, outro risco à sua privacidade ocorre quando o acúmulo e o processamento desenfreado de seus dados levam ao vazamento de informações pessoais.

A LGPD muda radicalmente a forma como os dados são tratados e cria padrões para a proteção dos dados dos titulares em aplicações de IoT. Além de estabelecer conceitos (e.g. dado pessoal, dado pessoal sensível, controlador, anonimização, pseudonimização etc.) e princípios (e.g. finalidade, necessidade,

---

15. Excetua-se a aplicação da LGPD o tratamento de dados realizado (i) por pessoa natural para fins exclusivamente particulares e não econômicos; (ii) para fins exclusivamente, jornalístico, artísticos acadêmicos, de segurança pública, defesa nacional, segurança do Estado ou atividades de investigação e repressão de infrações penais, ou (iii) fora do território nacional e que não sejam objeto de comunicação, uso compartilhado de dados com agentes de tratamento brasileiros ou objeto de transferência internacional de dados com outro país que não o de proveniência, desde que o país de proveniência proporcione grau de proteção de dados pessoais adequado ao previsto na LGPD (Art. 4º, LGPD).

transparência, não discriminação, prestação de contas etc.) importantes para qualquer tratamento de dados, a lei aborda questões, como o tipo de dados que podem ser tratados e em quais circunstâncias, a finalidade da coleta desses dados, a quantidade de dados que podem ser coletados, o período de retenção dos dados, as informações que os titulares devem receber e quais são os seus direitos (e.g. informação, acesso, retificação, portabilidade, revogação/exclusão). Dito de maneira mais direta: a LGPD visa devolver o controle dos dados pessoais ao usuário.

No caso de soluções de IoT é possível identificar os seguintes desafios para projetos de adequação à LGPD: as dificuldades inerentes aos processos de **anonimização** de dados em soluções de IoT; a importância do princípio da **transparência** sobre a realização do tratamento; o risco de **discriminação**; o princípio da **responsabilização e prestação de contas**; e a necessidade de obter o **consentimento** inequívoco do titular para realizar o tratamento de seus dados pessoais.

Um primeiro tema relevante a qualquer discussão sobre tratamento de dados se refere às práticas de **anonimização**. De acordo com a LGPD, dados anonimizados são aqueles que não possuem mais a possibilidade de associação com seu titular, o qual não poderá ser identificado. Dessa forma, o uso de dados anonimizados garante a privacidade e proteção de informações pessoais de titulares, sendo prática recorrente entre empresas responsáveis por tratamento de dados adotar processos de anonimização de dados (na condução de pesquisas que permitam a coleta de dados sensíveis, em etapas de desenvolvimento de software, etc) para proteger a identificação do titular.

No caso de soluções de IoT, existe, porém, discussões sobre a capacidade de anonimização completa dos dados coletados, tendo em vista o caráter singular da informação coletada por dispositivos de IoT e a possibilidade de reassociação desses dados aos seus titulares[16]. Realmente, em soluções de IoT a anonimização se mostra difícil por envolver o tratamento de dados nos quais um indivíduo pode ser distinguido de outros indivíduos por apenas alguns atributos, em especial, pelo uso de sensores, comuns a tecnologias IoT[17]. Além de

---

16. PEPPET, Scott R. Regulating the internet of things: first steps toward managing discrimination, privacy, security and consent. **Tex. L. Rev.**, v. 93, p. 85, 2014.

17. A exemplo, pesquisa de 2013 realizada pelo MIT que analisou 1,5 milhão de usuários de telefones celulares na Europa ao longo de quinze meses constatou que, com certa facilidade, seria possível extrair informações de localização completas sobre uma única pessoa a partir de um conjunto de dados anônimos contendo mais de um milhão de pessoas. A partir da localização de um único usuário a centenas de metros de um transmissor de telefone celular, no período de uma hora, em quatro ocasiões em um ano, foi possível identificar noventa e cinco por cento dos usuários no conjunto de dados.

não permitir o afastamento da incidência da LGPD, esse desafio se torna relevante para o exercício de direitos de titulares, visto que a LGPD garante ao titular a possibilidade de requerer a anonimização dos seus dados[18].

Outro tema importante no contexto de IoT diz respeito à observância do princípio da **transparência**[19]. Nos termos da LGPD, qualquer atividade de tratamento de dados pessoais, inclusive aquelas realizadas em aplicações de IoT, deve garantir, aos titulares, a obtenção de informações claras, precisas e facilmente acessíveis sobre a realização do tratamento e os respectivos agentes de tratamento.

Nesse contexto, controladores de dados (responsáveis pelas decisões sobre as formas e os fins do tratamento de dados) em aplicações de IoT enfrentam alguns desafios: (i) enquanto a solução de IoT é projetada para funcionar ininterruptamente com inúmeros outros sistemas de coleta e tratamento de dados, eles devem manter os usuários informados e no controle de seus dados, e (ii) as informações podem ser insuficientes para garantir a transparência aos titulares dos dados quanto à complexidade e à incerteza inerentes ao uso de uma solução de IoT, assim como os mecanismos que sejam necessários para o exercício dos direitos garantidos ao titular, como o direito à confirmação da existência de tratamento e de acesso aos dados a qualquer momento mediante requisição[20-21].

Na mesma linha pode-se citar o princípio da não **discriminação**, que proíbe a realização de tratamento de dados para fins discriminatórios ilícitos ou abusivos.[22] A dificuldade em garantir que tecnologias IoT não realizem práticas

---

18. Sobre isso, dispõe o artigo 18, inciso IV da LGPD: "Art. 18. O titular dos dados pessoais tem direito a obter do controlador, em relação aos dados do titular por ele tratados, a qualquer momento e mediante requisição: (...) IV – anonimização, bloqueio ou eliminação de dados desnecessários, excessivos ou tratados em desconformidade com o disposto nesta Lei;"
19. Estabelece o artigo 6º, inciso VI da LGPD: "Art. 6º As atividades de tratamento de dados pessoais deverão observar a boa-fé e os seguintes princípios: (...) VI – transparência: garantia, aos titulares, de informações claras, precisas e facilmente acessíveis sobre a realização do tratamento e os respectivos agentes de tratamento, observados os segredos comercial e industrial;"
20. Entre outros direitos, garante o artigo 18, incisos I e II da LGPD: "Art. 18 (...) I – confirmação da existência de tratamento; II – acesso aos dados;"
21. WACHTER, Sandra. The GDPR and the Internet of Things: a three-step transparency model. Law, Innovation and Technology, v. 10, n. 2, p. 266-294, 2018.
22. A esse respeito, define a LGPD em seu artigo 6º, inciso IX: Art. 6º (...) IX – não discriminação: impossibilidade de realização do tratamento para fins discriminatórios ilícitos ou abusivos;"

discriminatórias está especialmente ligada ao fato de que sua principal função é coletar e analisar a maior quantidade possível de informações a respeito dos usuários dos serviços. Para que se evite o uso desses dados para fins discriminatórios, a LGPD exige que os controladores usem somente dados necessários para atingir fins legítimos, específicos e claros ao titular, em linha com os princípios da finalidade e necessidade[23].

Garantir o atendimento a tais princípios no desenvolvimento de dispositivos IoT, que dependem do constante tratamento de grandes quantidades de dados pessoais, pode ser mais complexo do que em operações onde as decisões de tratamento são tomadas previamente, em especial, por pessoas físicas e não algoritmos[24]. Como observado, dispositivos IoT tem como maior atributo oferecer resultados instantâneos baseados em decisões tomadas a partir de inferências sobre diversos tipos de informações. A exemplo, no contexto de *smart homes*, o uso de sensores em diferentes dispositivos (eletrodomésticos, conectados a *smartphones*) para ativar diferentes funções permite a coleta de dados pessoais, seja pelo comando de voz para acionar dispositivos, pela captura de imagem, movimento e áudio em sistemas de segurança, ou pela captura de temperatura de objetos e corpos por monitores de temperatura de ambientes. Nesse caso, limitar a coleta de dados somente àquilo considerado "necessário" pode inviabilizar o pleno funcionamento da solução, dado que a captura de dados na forma bruta e abrangente ocorre justamente para que a inteligência artificial por trás da tecnologia tenha condições de tomar a melhor decisão possível.

O princípio da **responsabilização e prestação de contas**[25], segundo o qual o agente de tratamento de dados deve ser capaz de demonstrar a adoção de medidas eficazes e capazes de comprovar a observância e o cumprimento das normas de proteção de dados pessoais e, inclusive, da eficácia dessas medidas, também assume especial relevância no contexto de IoT. Isso porque, ao ser

23. Define a LGPD, em seu artigo 6º, incisos I e III: "Art. 6º (...) I – finalidade: realização do tratamento para propósitos legítimos, específicos, explícitos e informados ao titular, sem possibilidade de tratamento posterior de forma incompatível com essas finalidades; (...) III – necessidade: limitação do tratamento ao mínimo necessário para a realização de suas finalidades, com abrangência dos dados pertinentes, proporcionais e não excessivos em relação às finalidades do tratamento de dados;"

24. WACHTER, Sandra. GDPR and the Internet of Things: Guidelines to Protect Users' Identity and Privacy. Social Science Research Network (SSRN). 2018.

25. Conforme estabelece o artigo 6º, inciso X da LGPD: "Art. 6º (...) X – responsabilização e prestação de contas: demonstração, pelo agente, da adoção de medidas eficazes e capazes de comprovar a observância e o cumprimento das normas de proteção de dados pessoais e, inclusive, da eficácia dessas medidas."

projetada para funcionar ininterruptamente com inúmeros outros sistemas de coleta e tratamento de dados, controladores de dados em soluções de IoT teriam dificuldade em (i) cumprir integralmente com a obrigação de manter registros de suas atividades de tratamento de dados[26] e (ii) implementar mecanismos de *privacy by design*[27].

Além de princípios e direitos que devem ser observados durante o tratamento, a LGPD prevê um rol de bases legais que devem justificar todo tratamento de dados, tal como o cumprimento de obrigações legais, a execução de obrigações contratuais, a tutela de saúde por profissionais de saúde, entre outras[28]. Entre essas bases legais, destacam-se, no contexto de IoT, o legítimo interesse do controlador[29] e a obtenção do consentimento[30].

---

26. Sobre isso, estabelece a LGPD, em seu artigo 37: "Art. 37. O controlador e o operador devem manter registro das operações de tratamento de dados pessoais que realizarem, especialmente quando baseado no legítimo interesse."
27. Tais mecanismos são previstos no artigo 46, § 2º da LGPD, que estabelece: "Art. 46. Os agentes de tratamento devem adotar medidas de segurança, técnicas e administrativas aptas a proteger os dados pessoais de acessos não autorizados e de situações acidentais ou ilícitas de destruição, perda, alteração, comunicação ou qualquer forma de tratamento inadequado ou ilícito. (...) § 2º As medidas de que trata o caput deste artigo deverão ser observadas desde a fase de concepção do produto ou do serviço até a sua execução."
28. De acordo com o artigo 7º da LGPD, o tratamento de dados pessoais deve ser realizado nas seguintes hipóteses: (i) mediante o consentimento pelo titular; (ii) para o cumprimento de obrigação legal ou regulatória pelo controlador; (iii) pela administração pública, para o tratamento e uso compartilhado de dados necessários à execução de políticas; (iv) para a realização de estudos por órgão de pesquisa, garantida, sempre que possível, a anonimização dos dados pessoais; (v) quando necessário para a execução de contrato ou de procedimentos preliminares relacionados a contrato do qual seja parte o titular, a pedido do titular dos dados; (vi) para o exercício regular de direitos em processo judicial, administrativo ou arbitral; (vii) para a proteção da vida ou da incolumidade física do titular ou de terceiro; (viii) para a tutela da saúde, exclusivamente, em procedimento realizado por profissionais de saúde, serviços de saúde ou autoridade sanitária; (ix) quando necessário para atender aos interesses legítimos do controlador ou de terceiro, exceto no caso de prevalecerem direitos e liberdades fundamentais do titular que exijam a proteção dos dados pessoais; ou (x) para a proteção do crédito, inclusive quanto ao disposto na legislação pertinente. Já o tratamento de dados pessoais sensíveis deve ser realizado conforme as hipóteses do artigo 11 da Lei.
29. Dispõe a LGPD em seu artigo 7º, inciso IX: "Art. 7º O tratamento de dados pessoais somente poderá ser realizado nas seguintes hipóteses: (...) IX – quando necessário para atender aos interesses legítimos do controlador ou de terceiro, exceto no caso de prevalecerem direitos e liberdades fundamentais do titular que exijam a proteção dos dados pessoais;"
30. Vide Art. 7º, I, da LGPD: "Art. 7º (...) I – mediante o fornecimento de consentimento pelo titular;"

Quanto à primeira hipótese, o tratamento com base no "legítimo interesse do controlador" diz respeito ao tratamento de dados necessário para apoiar e promover atividades do controlador, onde se enquadra o tratamento destinado a tomar decisões automatizadas personalizadas aos usuários de IoT. Embora essa base legal possa abranger parte de tratamento de dados por dispositivos IoT, a LGPD ressalva que, nos tratamentos de dados realizados com base no legítimo interesse de controladores, devem ser respeitadas as legítimas expectativas, direitos e liberdades fundamentais de titulares[31].

Nesse sentido, o tratamento de dados por soluções de IoT de maneira incompatível com as expectativas legítimas de usuários de dispositivos IoT não poderá ser realizado com base no legítimo interesse do controlador. De qualquer forma, a LGPD prevê mecanismos para avaliar riscos de tratamento de dados que possam implicar violações de privacidade, tal qual o RIPD (Relatório de Impacto à Proteção de Dados), que deve ser elaborado para todo tratamento que possa gerar riscos às liberdades civis e aos direitos fundamentais de titulares. Dessa forma, é natural que o tratamento de dados por tecnologias IoT possa envolver a elaboração de um RIPD, diante dos riscos inerentes à coleta de dados a partir desses sistemas de comunicação. No contexto de IoT, porém, dada a imprevisibilidade dos dados que podem ser coletados, bem como as possíveis inferências que podem ser extraídas dos dispositivos e dos serviços de IoT, a avaliação de possíveis riscos é limitada ou tornada demasiadamente genérica, reduzindo a proteção originalmente buscada pelos RIPDs[32].

Ainda, o tratamento fundamentado pelo legítimo interesse não poderá ser realizado sobre dados pessoais sensíveis, os quais, de acordo com a LGPD, correspondem àqueles passíveis de um risco maior de discriminação – entre eles, dados genéticos, biométricos ou relativos à saúde, comuns em diferentes tecnologias IoT. Para esses casos, empresas que ofertam soluções de IoT deverão recorrer a outra base legal para legitimar o tratamento dos dados.

Nesse sentido, o **consentimento** de titulares deve ser obtido para o tratamento de dados que não puder ser suportado por outras bases legais. Segundo

31. O artigo 10 da LGPD dispõe que: "Art. 10. O legítimo interesse do controlador somente poderá fundamentar tratamento de dados pessoais para finalidades legítimas, consideradas a partir de situações concretas, que incluem, mas não se limitam a: I – apoio e promoção de atividades do controlador; e II – proteção, em relação ao titular, do exercício regular de seus direitos ou prestação de serviços que o beneficiem, respeitadas as legítimas expectativas dele e os direitos e liberdades fundamentais, nos termos desta Lei."

32. WACHTER, Sandra. The GDPR and the Internet of Things: a three-step transparency model. Law, Innovation and Technology, v. 10, n. 2, p. 266-294, 2018.

a LGPD, o consentimento deve representar manifestação livre, informada e inequívoca do titular, por meio da qual esse concorda com o tratamento de seus dados pessoais para uma finalidade determinada[33]. Aqui, a obtenção de consentimento válido no contexto de IoT pode se mostrar um desafio também.

Como visto, em aplicações de IoT dificilmente é possível apresentar ao titular todas as finalidades determinadas para o tratamento de dados, visto que o funcionamento dessas soluções se baseia na coleta de dados brutos sobre os quais são feitas diversas e imprevisíveis inferências. Ainda, a garantia de informações ostensivas e claras a titulares sobre os fins do tratamento se mostra particularmente difícil em vista das limitações físicas de equipamentos IoT: dispositivos de IoT, diferentes de plataformas *on-line* ou quaisquer ambientes que contem com campos limitados para apresentar informações detalhadas sobre o tratamento de dados, como no caso de *wearables* (dispositivos usados como vestimenta, como relógios e pulseiras, portanto, com campos de informação reduzidos). A dificuldade em fornecer essas informações de forma específica e clara pode prejudicar a obtenção do consentimento de forma livre e informada. Esse problema se mostra ainda mais sensível no caso de tratamento de dados de crianças e adolescentes, em que os cuidados com informações e obtenção de consentimento devem ser redobrados, em linhas com as exigências da LGPD[34].

Em suma, a adequação de tecnologias IoT à LGPD apresenta diversos desafios em vista de características essenciais para seu funcionamento e resultados. Isso não significa, entretanto, que não seja possível garantir graus elevados de proteção de dados no desenvolvimento dessas soluções. Nesse sentido, a literatura recente tem sugerido alguns caminhos que podem ser explorados por empresas e profissionais para adequação de projetos de IoT aos elevados padrões de proteção de dados pessoais previstos na LGPD.

---

33. Dispõe o artigo 5º, inciso XII da LGPD: "Art. 5º Para os fins desta Lei, considera-se: (...) XII – consentimento: manifestação livre, informada e inequívoca pela qual o titular concorda com o tratamento de seus dados pessoais para uma finalidade determinada;"

34. A LGPD estabelece que o tratamento de dados pessoais de crianças fundamentado na obtenção de consentimento deve ser realizado mediante consentimento específico e em destaque dado por pelo menos um dos pais ou responsável legal. Além disso, prevê que as informações sobre o tratamento de dados deverão ser fornecidas de maneira simples, clara e acessível, consideradas as características físico-motoras, perceptivas, sensoriais, intelectuais e mentais do usuário, com uso de recursos audiovisuais quando adequado, de forma a proporcionar a informação necessária aos pais ou ao responsável legal e adequada ao entendimento da criança, garantida a divulgação pública da informação sobre os dados coletados, a forma de sua utilização e procedimentos para exercício dos direitos garantidos na LGPD (Art. 14).

3. POSSÍVEIS RESPOSTAS AOS DESAFIOS PARA ADEQUAÇÃO DE IOT À LGPD

Os princípios e as obrigações previstos na LGPD, embora devam ser observados por todos os agentes de tratamento envolvidos na coleta de dados por dispositivos IoT, apresentam, como visto, limitações para seu cumprimento no ambiente de IoT. Nesse sentido, diferentes respostas para facilitar a adequação do tratamento de dados no contexto de IoT a padrões de proteção de dados vem sendo discutidas pela literatura, das quais se destacam o desenvolvimento de mecanismos de transparência, gestão do tratamento pelos próprios titulares e sistemas de verificação de cumprimento.

Dessa forma, uma primeira forma de mitigar os obstáculos identificados parte da compreensão de que, na adequação de IoT aos padrões de proteção de dados previstos na LGPD, é inviável e ilusório exigir que controladores de dados tratados por tecnologias IoT façam promessas absolutas a respeito da privacidade de seus usuários[35], visto que o funcionamento dessas tecnologias depende de análises sobre uma multiplicidade de dados, cujas conclusões podem ser imprevisíveis para fins de informação prévia ao titular.

Em vista disso, literatura recente entende ser primordial que controladores de dados em soluções IoT informem, aos titulares, os riscos de tratamento de dados por soluções IoT, as dificuldades e os limites à anonimização dos dados pessoais, os mecanismos existentes para limitar decisões automatizadas a partir inferências indesejadas ou discriminatórias, bem como os planos de contingenciamento em caso de incidentes de segurança[36-37]. Nesse sentido, ainda que seja difícil transmitir de forma específica e clara aos usuários de soluções IoT informações sobre as exatas finalidades de tratamento de dados (como observado no tópico anterior), a disponibilização de informações relativas aos possíveis riscos, planos e mecanismos de mitigação disponíveis permitem que titulares possam tomar decisões mais conscientes sobre o tratamento de seus dados, em especial quando necessária a obtenção de seu consentimento para o tratamento de dados pessoais.

Para garantir a transparência dos riscos relacionados ao tratamento de dados por dispositivos IoT, sugere-se, por exemplo, que os RIPDs, instrumentos

35. WACHTER, Ibid.
36. Ibid.
37. KOUNOUDES, Alexia Dini; KAPITSAKI, Georgia M. A mapping of IoT user-centric privacy preserving approaches to the GDPR, Internet of Things, Volume 11, 2020.

que naturalmente deverão ser elaborados em decorrência da coleta de dados por esses equipamentos em vista do seu alto risco para os direitos e liberdades de titulares, sejam divulgados publicamente[38]. Embora haja previsão de sua elaboração na LGPD, a lei não obriga a publicização do RIPD ou mesmo sua disponibilização aos titulares de dados tratados[39]. Assim, a divulgação pública deste documento representa um nível extra de transparência e garantia de informação precisa ao titular sobre os riscos do tratamento de seus dados e sobre os planos de mitigação no caso de incidentes.

Cabe ressaltar, em vista da complexidade dos processos de análise de dados inerentes ao funcionamento de dispositivos IoT, que a compreensão do titular sobre os riscos do tratamento de seus dados pode ser comprometida se controladores interpretarem o princípio da transparência como uma exigência de comunicações concisas, objetivas e em linguagem simples. Embora seja intuitivo comunicar o titular de maneira mais concisa, a qualidade da informação sendo transmitida ao titular pode ser reduzida quando simplificada, especialmente considerando a dificuldade de compreensão de análise de dados a partir de sensores e recursos analíticos de Big Data. Nesse sentido, um detalhamento mais minucioso do tratamento deve ser priorizado para garantir que os usuários de soluções IoT tenham informações suficientes para fazer escolhas informadas sobre o uso contínuo e gerenciamento de seus dados, ou mesmo para tomar medidas adicionais para proteger sua privacidade após uma violação[40].

Além disso, recomenda-se que as informações a respeito de inferências e decisões automatizadas sobre dados de usuários sejam personalizadas ao titular, apresentando mais do que uma visão geral sobre o funcionamento das tomadas de decisões e o racional das inferências[41]. Assim, para ajudar o titular a compreender quais dados são usados em processos de personalização e permitir que

---

38. WACHTER, Ibid.
39. A LGPD apenas prevê que a autoridade nacional de dados poderá requerer a elaboração de RIPD pelo controlador quando assim entender ser necessário, bem como solicitar a entrega de RIPD no caso de tratamento fundamento pelo legítimo interesse do controlador.
40. WACHTER, Ibid.
41. Alguns mecanismos já existentes podem fornecer um ponto de partida. O gerenciador de anúncios do Google (disponível em https://adssettings.google.com/authenticated?hl=en-GB, para usuários com contas Google), por exemplo, além de apresentar informações sobre os dados que são usados para a personalização de anúncios para determinado usuário, relata como essas informações foram obtidas e como são usadas para inferir interesses de usuários.

esses gerenciem imprecisões ou inferências indesejadas, divulgações em níveis individuais são preferíveis. Dessa forma, esse padrão ético também contribui para otimizar soluções de IoT (para usuários que optam por corrigir inferências problemáticas) e aumentar a confiança dos usuários sobre o tratamento de dados realizado[42].

Assim, é possível implementar mecanismos para que titulares possam limitar quais categorias de dados podem sofrer inferências, ainda que isso possa reduzir as funcionalidades de dispositivos do interesse do titular. Por exemplo, o usuário de um relógio esportivo inteligente pode limitar as inferências feitas a partir de sua localização – nessa hipótese, mesmo sendo possível calcular passos e quilômetros percorridos pelo usuário, não será possível identificar os caminhos percorridos por ele, em uma corrida, por exemplo.[43]

Para além da gestão do tratamento e das inferências que podem ser realizadas a partir de dados de titulares, a literatura sugere que opções para desabilitar o uso de coleta de dados sejam ofertadas a usuários de equipamentos IoT. Essa possibilidade, inclusive, assemelha-se à garantia prevista no regulamento europeu de proteção de dados quanto ao exercício de direito do titular de opor-se à criação de perfis para fins de publicidade direcionada, objeção essa que sempre superará os interesses de controladores de dados, impedindo o uso da base legal do legítimo interesse para esses casos[44]. Ainda que a LGPD não preveja direito similar, mas tão somente a possibilidade de revogar o consentimento, para incentivar os titulares dos dados a compartilhar e a consentir com o tratamento de seus dados, recomenda-se que controladores de dados os informem sobre os benefícios sociais ou individuais do processo, garantindo-lhes renunciar a esses benefícios, desativando por completo a coleta de dados que não seja essencial para o funcionamento do dispositivo ou do serviço[45]. Isso permite que os usuários possam avaliar razoavelmente os custos de oportunidade da coleta de dados

42. WACHTER, Ibid.

43. As plataformas da rede social Instagram e do buscador Google, por exemplo, oferecem a seus usuários a possibilidade de desabilitarem a personalização de publicidade direcionada a partir da coleta de seus dados, de forma que a publicidade veiculada ainda ocorrerá, mas sem direcionamento a partir de inferências sobre dados de usuários.

44. UNIÃO EUROPEIA. Regulamento (UE) nº 2016/679 do Parlamento Europeu e do Conselho, de 23 de abril de 2016, relativo à proteção das pessoas singulares no que diz respeito ao tratamento de dados pessoais e à livre circulação desses dados e que revoga a Diretiva 95/46/CE (Regulamento Geral sobre a Proteção de Dados). Jornal Oficial da União Europeia, Estrasburgo, 04/05/2016. Artigo 21.

45. Ibid.

anteriormente ao tratamento, conferindo mais confiança ao usuário no que se refere ao serviço, o que se mostra especialmente relevante no contexto de dispositivos IoT, que se caracterizam pelo tratamento ininterrupto de dados.

Mesmo que a transparência quanto aos riscos do tratamento de dados por dispositivos IoT seja crucial para garantir que titulares possuam maior consciência sobre o destino de seus dados e possam tomar decisões mais acertadas sobre o tratamento de suas informações, as sugestões acima não afastam o risco de controladores utilizarem os dados coletados para fins não legítimos. Uma forma de promover a mitigação desses riscos de maneira mais direta é:

> (i) fazer uso de mecanismos que capturem a natureza do controle exercido por cada agente de tratamento em sistemas de IoT (e.g. desenvolvedores de sistema teriam obrigações relacionadas ao controle de dados sobre protocolos de comunicação entre componentes do sistema; fabricantes de dispositivos têm controle de entrada, já que determinam quais dados são coletados e transmitidos pela rede; desenvolvedores de *drivers* ou aplicativos têm controle interpretativo, pois determinam como os dados ou o padrão de dados podem ser traduzidos em decisões)[46]; e
>
> (ii) implementar auditorias, internas e externas (nesse último caso, por terceiros independentes) sobre os processos de decisões automatizadas, incluindo análises sobre o racional por trás dos resultados de inferências específicas sobre dados de usuários em dispositivos IoT[47]. Assim, essa abordagem fornece um mecanismo de supervisão sobre processos de tratamentos cujas características são muito complexas para a compreensão de titulares.

Além da realização de processos de auditorias de forma esporádicas, tem-se discutido e implementado o uso de *contratos inteligentes*, por tecnologias de *blockchain*, para garantir o cumprimento de padrões de segurança no uso de tecnologias de IoT[48] e, mais recentemente, de privacidade, em linha com

---

46. Jiahong Chen, Lilian Edwards, Lachlan Urquhart, Derek McAuley, Who is responsible for data processing in smart homes? Reconsidering joint controllership and the household exemption, International Data Privacy Law, Volume 10, Issue 4, November 2020, Pages 279-293.
47. FLORIDI, Luciano; MITTELSTADT, Brent; WACHTER, Sandra. Why a right to explanation of automated decision-making does not exist in the General Data Protection Regulation. **International Data Privacy Law**, v. 7, n. 2, p. 76-99, 2017.
48. ZHU, Qingyi et al. Applications of distributed ledger technologies to the internet of things: A survey. **ACM computing surveys** (CSUR), v. 52, n. 6, p. 1-34, 2019.

obrigações previstas na LGPD. O *blockchain* pode ser compreendido como um livro contábil e imutável de transações, distribuído em uma rede global de "nós" (computadores e pontos de conexão via Internet) que permitem o frequente registro e verificação de transações. Nesse sentido, a literatura tem explorado o uso de *blockchain* para rastrear tratamentos de dados e verificar o cumprimento de padrões de proteção de dados de maneira imediata, fornecendo maior confiança para usuários de dispositivos IoT quanto à segurança de sua privacidade.

Em estudo publicado pelo IEEE Access (jornal acadêmico do *Institute of Electrical and Electronics Engineers*)[49], três contratos inteligentes são propostos como uma solução prática para apoiar a verificação automatizada das operações de tratamento de dados realizadas por dispositivos IoT. Cada um desses contratos, hospedados em um sistema *blockchain*, procura (i) identificar as finalidades e os dados necessários para a atividade de tratamento e a obtenção de consentimento do titular; (ii) identificar quais informações de fato foram coletadas no processo; e (iii) ao comparar as informações obtidas pelos dois primeiros contratos, verificar se a atividade de tratamento está em conformidade com os padrões de proteção de dados previsto em determinada política de privacidade.

Tomando como exemplo o cenário de um edifício inteligente, onde diversos aparelhos conectados entre si coletam, transferem e analisam dados, o controlador dos dados, responsável pela administração do sistema *blockchain*, deverá registrar dispositivos IoT que coletam e tratam dados no respectivo sistema, assim como suas respectivas políticas de privacidade. Assim, um primeiro contrato inteligente identifica o tratamento a ser conduzido (e.g. a transferência de dados), a finalidade do tratamento de dados a ser conduzido (e.g. monitorar movimento de pessoas no edifício) e os dados necessários para determinado tratamento (e.g. localização de usuários), informações essas disponibilizadas pelo controlador dos dados, previamente ao tratamento.

Além disso, esse contrato prevê que o usuário, ao se conectar via portal com o sistema *blockchain*, poderá consentir ou se opor ao tratamento para determinado dispositivo registrado no sistema. A partir do momento em que o usuário se conecta com um dispositivo inteligente registrado no sistema, um segundo contrato é responsável por coletar e armazenar informações a partir dos sensores do dispositivo IoT, incluindo também a coleta do endereço do titular (conta no sistema *blockchain*) e o *status* de criptografia da atividade. Essas informações serão posteriormente verificadas por um terceiro contrato, por meio do

49. BARATI, Masoud et al. GDPR Compliance Verification in Internet of Things. **IEEE Access**, v. 8, p. 119697-119709, 2020.

qual um verificador, também conectado ao sistema *blockchain*, deverá verificar a conformidade da atividade de tratamento aos padrões de proteção de dados, conforme as informações declaradas pelo controlador de dados e pelo usuário, no primeiro contrato, e as informações coletadas pelo segundo contrato, ambas registradas no sistema.

Dessa forma, permite-se que seja avaliado se o tratamento de dados está em conformidade com a finalidade do tratamento de dados identificado anteriormente, se o controlador recebeu o consentimento do usuário para o tratamento que se justifica por essa base legal, se coletou somente os dados necessários para o tratamento e se a criptografia dos dados foi realizada ou não[50]. Assim, a verificação permitida pelo sistema *blockchain* garante a adequação do tratamento de dados em dispositivos IoT aos princípios da finalidade, necessidade/minimização, transparência e responsabilização/prestação de contas, além de garantir a obtenção do consentimento livre e informado do titular nos termos da LGPD.

4. Conclusão

A LGPD representa um desafio para controladores de dados envolvidos em tratamento a partir de dispositivos IoT. Diferentemente de outros tratamentos de dados, no contexto de IoT, a possibilidade de realizar inferências e tomar decisões sobre informações coletadas a partir da relação de usuários de aplicações com o ambiente físico pode apresentar maiores riscos para a proteção de dados de titulares, como o tratamento de dados sensíveis, a possibilidade de inferências discriminatórias e indesejadas e a dificuldade em garantir transparência e *accountability* (responsabilização e prestação de contas) em processos de análise de dados tão complexos – algumas complicações características desses sistemas.

Algumas respostas a esses desafios já foram exploradas pela literatura especializada recente. Nesses trabalhos, os autores sugerem mecanismos que (i) promovam maior transparência sobre os riscos no tratamento de dados em dispositivos IoT, (ii) ferramentas para gerenciamento do tratamento dos dados pelo próprio usuário, e (iii) modelos de auditoria e verificação de cumprimento de obrigações previstas na LGPD a partir da implementação de sistemas *blockchain*, por exemplo. Importante ressaltar, no entanto, que as soluções desenvolvidas possuem limitações para responder a todos os desafios identificados em sistemas de IoT, em vista das características de funcionamento desse sistema de comunicação.

50. Ibid.

As soluções exploradas, porém, ainda que não respondam a todos os desafios inerentes aos processos de tratamento de dados em IoT, servem como um importante ponto de partida para aprimorar boas práticas na adequação à LGPD por controladores de dados de sistemas de IoT. O avanço na adoção de soluções de IoT no Brasil dependerá do equilíbrio entre a proteção de dados pessoais dos usuários e os inúmeros benefícios para o desenvolvimento econômico, social e sustentável de nossa sociedade.

Programas de *Compliance* e a LGPD: A interação entre autorregulação e a regulação estatal

Miriam Wimmer[1]

Octavio Penna Pieranti[2]

Sumário: 1. Introdução; 2. Estratégias empresariais: da evasão à transformação; 3. Estratégias regulatórias: do comando ao diálogo; 4. A abordagem da LGPD; 5. Conclusão; 6. Referências.

1. Introdução

A entrada em vigor da Lei Geral de Proteção de Dados Pessoais – LGPD[3], em setembro de 2020, representou importante marco no amadurecimento do

1. Doutora em Políticas de Comunicação e Cultura (Faculdade de Comunicação da UnB), Mestre em Direito Público e bacharel em Direito (UERJ). Professora do corpo permanente do Mestrado Profissional em Direito do IDP Brasília. E-mail: miriam.wimmer@yahoo.com.br.
2. Doutor em Administração e Mestre em Administração Pública (EBAPE/FGV), com pós-doutorado em comunicação (FAC/UnB). Bacharel em Direito (IESB) e em Comunicação Social/Jornalismo (ECO/UFRJ), onde realiza atualmente pesquisa de pós-doutorado. Professor no Programa de Pós-graduação em Mídia e Tecnologia da Faculdade de Arquitetura, Artes e Comunicação da Universidade Estadual Paulista (PPGMiT/Unesp). É autor/organizador de nove livros. E-mail: octavio.pieranti@gmail.com.
3. Lei n. 13.709, de 14 de agosto de 2018.

país quanto à temática da proteção de dados. Essa trajetória havia se iniciado cerca de uma década antes, com o início das discussões sobre um anteprojeto de lei para disciplinar o tema. A partir de um processo de construção envolvendo múltiplos atores, a discussão legislativa culminou com a aprovação da LGPD, em agosto de 2018, fruto de improvável aliança entre diferentes segmentos da sociedade civil, da comunidade acadêmica e do setor empresarial.

Entretanto, como é sabido, em país em que há leis que "não pegam", a aprovação de uma lei não é o bastante para promover modificações sociais significativas, visto que sua eficácia depende, de maneira mais fundamental, de seu reconhecimento e de sua aceitação pela sociedade. A aprovação de uma norma jurídica pode ser recebida com a não conformidade seletiva ou mesmo com a "desobediência heroica"; em outros casos, a mudança comportamental já estava em curso e a introdução da nova legislação apenas sacramenta tal tendência (FRIEDMAN, 2016).

Tal constatação é particularmente verdadeira no caso da LGPD: sem uma longa tradição de discussão de proteção de dados pessoais no país, é possível prever que a incorporação de novas regras e princípios ao ordenamento jurídico não necessariamente será suficiente, por si só, para promover a mudança cultural almejada pela norma. É nesse contexto que se torna imperativo lançar um olhar cuidadoso sobre os diferentes mecanismos regulatórios introduzidos pela LGPD, assim como sobre os incentivos estabelecidos para que os entes regulados busquem, efetivamente, a conformidade com a nova legislação, por meio da adoção de um comportamento virtuoso voltado à proteção de dados pessoais.

Antes de adentrar na discussão propriamente dita, é importante notar que em diversos momentos deste trabalho serão utilizados exemplos de estratégias adotadas em setores da economia sujeitos à atuação de agências reguladoras. Cabe, entretanto, advertir que embora a estrutura de *enforcement* concebida pela LGPD guarde alguns paralelos com a lógica que impulsionou a criação das agências reguladoras, existem também importantes diferenças. Apesar de possuir competências de normatização, fiscalização e sancionamento, assim como autonomia técnica e decisória, a autoridade administrativa criada para zelar pela proteção dos dados pessoais no Brasil – a Autoridade Nacional de Proteção de Dados (ANPD) – não é uma agência reguladora, não apenas em razão de suas características jurídicas no momento em que se conclui este capítulo (um órgão da Administração Pública Direta, vinculado à Presidência da República), mas, sobretudo, em razão de sua missão institucional, voltada não à regulação de determinado mercado ou serviço público, mas à proteção de direitos fundamentais. Ressalvando-se essa importante distinção, o termo regulação será utilizado, neste estudo, em sua acepção mais ampla, compreendido como toda forma de influência econômica ou social, oriunda normalmente do Estado ou ainda de outras fontes, que afetem o comportamento de organizações ou de pessoas (GUNNINGHAM, SINCLAIR, 1998).

Desse modo, a partir de uma discussão teórica sobre as variadas estratégias empresariais para lidar com exigências jurídicas, assim como sobre as diferentes abordagens regulatórias para incentivar o *compliance*, o presente estudo pretende avaliar em que medida a LGPD dialoga com teorias regulatórias modernas, pautadas na combinação de instrumentos para promover a conformidade à legislação, na existência de mecanismos dialógicos e na atribuição, ao regulado, de um papel relevante na conformação do ambiente jurídico no qual está inserido.

2. ESTRATÉGIAS EMPRESARIAIS: DA EVASÃO À TRANSFORMAÇÃO

Em artigo publicado em 2008, Richard Bird salientou não existir uma forma consistente segundo a qual os agentes empresariais lidam com normas jurídicas: em alguns casos, empresas utilizam as obrigações legais para a criação de valor; em outros, exigências legais são obedecidas a contragosto, como uma espécie de mal necessário para a condução dos negócios, enxergando-se a lei como um inútil fardo concebido por advogados para garantir seu próprio sustento (BIRD, 2008:8).

Para Kagan e Scholz (1984), existem três principais razões pelas quais uma empresa viola a legislação: cálculo econômico (a empresa entende que é mais custoso cumprir com a lei do que arcar com eventuais sanções); discordância da legislação (a empresa questiona a razoabilidade ou legitimidade da norma jurídica); e incompetência organizacional (a empresa não tem estrutura gerencial competente ou é incapaz de compreender as exigências legais). Em linha parecida, analisando os motivos pela não conformidade com regras jurídicas, Baldwin (1990, p. 324) descreve quatro tipos de organizações: (i) as bem-intencionadas e bem-informadas; (ii) as bem-intencionadas e mal-informadas; (iii) as mal-intencionadas e mal-informadas; e (iv) as problemáticas, que muitas vezes são itinerantes ou efêmeras.

De fato, como ressalta Friedman (2016:60), os termos *compliance* e *non-compliance* podem ser melhor compreendidos em termos de uma escala, com inúmeras formas intermediárias de reação a uma determinada norma jurídica ou doutrina. Entre a conformidade e a não conformidade existem muitos tons de cinza, particularmente diante de normas que são sutis, ambíguas ou complexas. Assim, o comportamento empresarial frequentemente variará em função de seu conhecimento da norma e da percepção de riscos e benefícios, levando em conta elementos como o custo da conformidade, a probabilidade de ser sancionado, a severidade das sanções que podem ser impostas e a celeridade do processo sancionador.

Para os fins deste estudo, interessa examinar de maneira mais detalhada as diferentes estratégias empresariais para lidar com obrigações legais. Segundo a categorização proposta por Bird (2008), é possível vislumbrar cinco diferentes estágios: em um extremo, encontra-se a estratégia da evasão, buscando-se a todo custo evitar o cumprimento da lei; no outro, a da transformação empresarial a partir de uma lógica de *compliance*. Pela sua relevância para a discussão subsequente, vale brevemente retomar as características desses diferentes estágios.

O primeiro– o da *evasão* – sequer pode ser categorizado como uma estratégia jurídica, uma vez que a lei é vista como essencialmente injusta e uma barreira ao crescimento econômico. Nesse cenário, é comum que sejam buscadas brechas e ambiguidades na legislação, ou que ela seja simplesmente ignorada, preferindo-se arcar com o risco de eventuais sanções e ações judiciais.

O segundo estágio identificado por Bird é aquele no qual a empresa busca conformidade com a legislação, mas ainda a partir da lógica de que o *compliance* consiste em um custo necessário para operar no mercado. Empresas nesse estágio frequentemente possuem um código de conduta empresarial, com características marcadamente legalísticas. Seu objetivo principal é proteger a empresa e seus executivos da aplicação de penalidades.

Um terceiro estágio – o da *prevenção* – é alcançado quando exigências legais são incorporadas como forma de reforçar e promover objetivos empresariais; busca-se não mais apenas evitar violações à lei, mas também pretende-se incutir, na organização, determinados valores e práticas que conduzam à tomada de decisões corretas de maneira quase instintiva.

O quarto estágio descrito por Bird – o da *vantagem* – retrata a abordagem segundo a qual a lei é utilizada com vistas à obtenção de vantagens competitivas, por meio da utilização estratégica de mecanismos jurídicos para criação de valor. Exemplos comuns são o uso de mecanismos de propriedade intelectual para reforçar uma posição de mercado, ou o atendimento de requisitos de transparência financeira para aumentar a confiança de investidores.

Por fim, o último estágio apresentado na categorização de Bird é o da *transformação*. Nesse cenário, recursos legais são usados para obter vantagens sustentáveis ao longo do tempo, aprimorando o funcionamento da organização e podendo até mesmo resultar na transformação de sua missão.

É evidente que as diferentes posturas de uma organização face às exigências legais poderão também produzir efeitos jurídicos e ensejar diferentes respostas por parte do regulador. Edelman e Talesh (2011), por exemplo, discutem a ideia de que as organizações têm um papel ativo na construção e na reconstrução dos significados de *compliance* e da própria lei, ao reinterpretá-la para favorecer seus próprios objetivos. Para os autores, é possível, em muitos casos, verificar que as organizações inicialmente respondem às ambiguidades legais criando estruturas para simbolizar a observância à lei; e que, posteriormente, tais estruturas são utilizadas para disputar a interpretação da legislação, em linha com a lógica gerencial e com as metas organizacionais. Com o passar do tempo, essas construções jurídicas passam a ser incorporadas também pelos tribunais (ou pelo regulador) em seus processos decisórios. Dessa forma, o discurso e os valores gerenciais passam a moldar o próprio significado da legislação e da conformidade à lei.

A melhor compreensão da estrutura de incentivos a que estão submetidos os agentes empresariais tem também conduzido a ajustes nas estratégias regulatórias que buscam promover a conformidade às leis. Ao longo das últimas décadas, tem sido possível observar uma evolução em tais estratégias, passando-se de uma abordagem voltada ao comando e ao controle para abordagens mais baseadas em negociação e diálogo, adotando o regulador uma postura responsiva ao comportamento e às motivações do ente regulado.

É o que se examina a seguir.

3. ESTRATÉGIAS REGULATÓRIAS: DO COMANDO AO DIÁLOGO

Ao tratar da gestão de recursos naturais, Holling e Meffe (1996) ressaltaram a predileção humana pelo controle. Tenta-se controlar o comportamento humano por ameaças, incentivos, normas e contratos; os efeitos de fenômenos climáticos, pela construção de moradias seguras; a disponibilidade de gêneros alimentícios, por estratégias de plantação e estocagem; e patogenias, por boa higiene e tecnologias médicas:

> "Essa forma de solucionar problemas pode ser chamada de 'comando e controle', em que um problema é percebido e a solução para o seu controle é desenvolvida e implementada. A expectativa é uma solução direta, apropriada, factível e efetiva em um horizonte espacial e temporal relevante. Espera-se principalmente que comando-e-controle resolva o problema seja por controle dos processos que levam ao problema (por exemplo, boa higiene para prevenir doenças, ou leis que coordenam o comportamento humano), seja por mitigação do problema depois que ele ocorre (por exemplo, remédios que eliminam causadores de doenças ou prisões para quem comete crimes)" (HOLLING; MEFFE, 1996, p. 329, tradução livre).

No Brasil, a abordagem de comando-e-controle levou as então novas agências reguladoras a adotar um mesmo padrão de atuação a partir da década de 1990. Regulamentava-se – e como! –, tentando-se enfrentar cada problema, às vezes no detalhe[4]. Esse modelo, contudo, começou a apresentar fissuras em seu casco no início do atual século.

Interessam a este capítulo especificamente quatro causas que levaram à fragilização da estratégia de comando-e-controle. A primeira: serviços e produtos antes de uso quase restrito passaram a ser objeto de acesso massificado ou universal, ampliando o mercado consumidor e o número de cidadãos em busca da garantia de seus direitos. A título de exemplo, em 1997, às vésperas da privatização das operadoras integrantes do Sistema Telebrás, 17 milhões de aparelhos fixos estavam em serviço; em 2008, esse número já era de 41,2 milhões (ANATEL, 2017). Mais acessos, mais reclamações: no biênio 2015-2016, a Anatel recebeu cerca de quatro milhões de reclamações anuais, total que caiu até se fixar no patamar atual de cerca de três milhões (ANATEL, 2021). Não havia e não há estrutura de fiscalização e sancionamento possível para lidar com o tratamento individualizado de reclamações, considerando seu aumento.

Essa observação leva à segunda causa: como cada situação era única, a apuração de infrações possivelmente cometidas pelos regulados tendia a ser tratada de forma individual ou pouco agrupada. Com isso, o órgão regulador, em diversos segmentos econômicos, desviava-se do tratamento do problema no nível macro, consumindo tempo e força de trabalho em análises pontuais e episódicas.

Daí advém uma terceira causa: muitos processos arrastavam-se por anos, sem que o consumidor experimentasse uma solução para o seu problema. Quando chegavam ao fim, uma eventual sanção era comumente objeto de recurso na esfera administrativa ou, não raro, tornava-se motivo de disputa judicial, o que tornava a punição, na prática, pouco efetiva. Em 2016, quinze entidades federais com competência sancionatória arrecadaram, em média, menos de 3% do valor total das multas aplicadas (TCU, 2020), o que, segundo qualquer parâmetro, é muito pouco.

---

4. Essa abordagem, aliás, não se restringia às agências reguladoras: vale lembrar que um decreto assinado pelo Presidente da República e pelo ministro da Justiça fixa em sessenta segundos o tempo máximo para a transferência de uma ligação para o setor competente, quando o consumidor entrar em contato com um *call center* (Decreto nº 6.523/2008, art. 10, § 1º). Em regra, se o cidadão tivesse problemas, em um setor regulado, esperava-se que o órgão ou entidade competente fosse capaz de resolvê-lo, sancionando a entidade regulada ou, no mínimo, mediando uma solução. E assim o faria por dispor de poder de polícia e, presumivelmente, da estrutura de fiscalização necessária.

Assim, chega-se à quarta causa que se pretende destacar no processo de fragilização da estratégia de comando-e-controle: sua inefetividade parcial. Sem que seja possível aprofundar este ponto, dado o espaço disponível para este capítulo, a capacidade de *enforcement* de órgãos reguladores para fazer valer suas normas detalhadas revelou-se limitada. Reclamações aumentaram e percentual significativo das multas não foi recolhido, duas evidências de, ao mesmo tempo, violação das regras e incapacidade de aplicação de sanções efetivas. Assim os mesmos autores citados anteriormente resumiram a crise da estratégia de comando-e-controle:

> "A estratégia de comando-e-controle implicitamente presume que o problema é bem delimitado, definido claramente, relativamente simples e geralmente linear em termos de relação causa-efeito. Mas quando essa mesma estratégia é aplicada a um complexo, não-linear e pouco compreendido mundo natural, e quando os mesmos resultados previsíveis são esperados, porém raramente obtidos, os resultados são carregados de prejuízos ecológicos, sociais e econômicos" (HOLLING; MEFFE, 1996, p. 329, tradução livre).

Uma nova estratégia parecia ser, então, necessária, como consequência do que chegou a ser chamado de "guerra contra o comando-e-controle" (MALLOY, 2010). E essa nova construção teve seus alicerces fincados, no plano internacional, em um momento desafiador para o Estado nacional: nos anos seguintes às reformas liberais de Reagan e Thatcher, quando alguns autores, ainda comemorando essa antítese à atividade estatal, tentavam encontrar uma síntese. Osborne e Gaebler (1992), entre tantos outros, criticavam a atuação estatal e, ao mesmo tempo, ressaltavam a necessidade de empoderamento, valorizavam o tecnicismo, clamavam por governos orientados por missões e resultados, calcados na descentralização e voltados ao consumidor[5]. Neste contexto, a estratégia de comando-e-controle, nos Estados Unidos e em parte da Europa (e, dali a alguns anos, no Brasil) começaria a ser fortemente questionada.

Inaugurava-se, então, o que seria chamado de regulação responsiva (*responsive regulation*). Livro de Ayres e Braithwaite (1992) costuma ser citado como obra fundamental sobre o tema; em graus diferentes de originalidade, autores diversos recorreram também a novas formulações, extrapolações e derivações, tais como *smart regulation* (GUNNINGHAM; GRABOSKY; SINCLAIR,

5. Não é objetivo deste capítulo criticar as fragilidades teóricas (e, consequentemente, práticas) deste novo modelo proposto para o Estado nacional – o que, aliás, já foi feito por um dos autores anteriormente (PECI; PIERANTI; RODRIGUES, 2008) e por diversos outros pesquisadores.

1998), *really responsive regulation* (BALDWIN; BLACK, 2008) e uma multiplicidade de pirâmides para explicar esses modelos. Não é objetivo deste capítulo diferenciá-los, mas sim buscar alguns pontos de contato entre eles para embasar a discussão subsequente sobre o modelo regulatório instituído pela LGPD.

A característica central ao novo modelo é a construção de saídas dialogadas e pactuadas, pressupondo-se a existência de um fluxo regulatório contínuo ("fluxo institucional"). Assim, a regulação passa a ser responsiva à estrutura da indústria regulada; às motivações que importam aos atores regulados; e ao comportamento do regulado (ARANHA; LOPES, 2019).

Em linhas gerais, um primeiro momento envolve a definição do problema macro que se quer enfrentar pelo órgão regulador, que cobra uma solução dos regulados. A partir deste diálogo, é elaborado um cronograma com metas e eventualmente um plano de ação a ser implementado pelos regulados, com acompanhamento do órgão regulador. Assim, o regulado compromete-se efetivamente com uma solução planejada e uma rotina de prestação de contas.

Existem, claro, variados desafios a serem considerados para a consolidação deste modelo. Um deles envolve a incorporação de atores diversos a esta rotina de diálogo:

> "(...) fortalecer terceiros (comerciais e não comerciais) para atuarem como reguladores 'substitutos', alcançando, assim, não apenas melhores resultados a um custo menor, mas também oferecendo recursos regulatórios para situações em que a intervenção do governo não é possível" (GUNNINGHAM; SINCLAIR, 1998).

Se no Brasil, o diálogo entre regulador e regulado é, em geral, passível de ser estabelecido segundo parâmetros técnicos e em frequência razoáveis, nem sempre o mesmo ocorre em relação à sociedade civil de maneira mais ampla. Registre-se que as agências reguladoras, a partir da década de 1990, foram responsáveis pela implantação de mecanismos de participação social inovadores para a administração pública nacional, porém, transcorridos mais de vinte anos da inauguração desse modelo, ainda há muito a se fazer.

Consultas e audiências públicas são espaços importantes para a participação, assim como a análise de impacto regulatório, de implantação mais recente. No entanto, o hermetismo técnico das propostas em discussão é, em muitos casos, obstáculo para que o cidadão possa se manifestar de forma coerente (WIMMER e PEIXOTO, 2008). Algumas agências reguladoras, como Anatel e Anvisa, costumeiramente publicam materiais para tentar traduzir e desmistificar textos mais complexos, mas essa ainda não é uma prática generalizada em todas as agências. Além disso, conselhos e comitês regulares e integrados majoritariamente por cidadãos (consumidores ou usuários, sem que se pretenda problematizar essa terminologia neste espaço) existem em algumas agências reguladoras, como Aneel e Anatel. A nova Lei das Agências Reguladoras (Lei n. 13.848, de 25 de junho de 2019), por sua vez, busca uniformizar exigências de controle e participação social.

Um segundo desafio consiste em demonstrar ao cidadão os benefícios reais desta nova estratégia regulatória. Nesse ponto, convém recorrer a um exemplo hipotético: suponha-se que o órgão responsável por regular o funcionamento de planos de saúde mapeie a necessidade de atuar sobre a fixação de percentuais de reajustes de mensalidades. Seguindo o fluxo resumido abordado anteriormente, seria estabelecida uma mesa de diálogo com os regulados, que levaria ao apontamento de metas e ao delineamento de um plano de ação. Ainda no plano hipotético, seria possível alcançar uma solução benéfica para o cidadão. Pois bem: mesmo assim, os milhares de cidadãos que reclamaram dos reajustes anteriormente, na prática convencendo a agência reguladora de que esse era um problema que deveria ser enfrentado, terão aguardado meses, talvez anos, para vivenciar a mudança e – pior – eventualmente sequer verificarão qualquer mudança objetiva em relação ao reajuste anterior do plano que eles contrataram.

Para que a regulação responsiva surta efeito, tem sido apontado como necessário o estabelecimento, pelo órgão regulador, de um escalonamento de ameaças e sanções, o que pesquisadores diversos têm projetado na forma de pirâmides (ARANHA; LOPES, 2019). Alguns formatos de sanção, antes não aplicados de forma frequente no Brasil, como *naming and shaming*, têm sido colocados em prática. Normalmente as pirâmides têm, na base, a tentativa de solução do problema por meio de autorregulação, autorregulação regulada ou corregulação, e, no pico, sanções impactantes, como a proibição de prestação do serviço pelo regulado. Assim, um regulado refratário à solução do problema poderia, em tese, ser forçado a interromper suas atividades.

Daí emerge uma primeira questão: qual é o *enforcement* do órgão regulador para a aplicação de sanções efetivas que efetivamente gerem temor ao regulado? Já se mencionou anteriormente o baixo recolhimento de multas aplicadas por órgãos na esfera federal, logo essa sanção, que deveria ser temida a ponto de ser evitada pelo regulado, nem sempre o é. A depender do setor econômico, outras sanções também surtem efeito prático limitado.

Há, ainda, diversas questões envolvendo essa sistemática, sendo conveniente ressaltar mais uma a título de exemplo: nem sempre é possível ou recomendável escalonar decisões. Se, por exemplo, o regulador antevê uma catástrofe potencial, fruto do comportamento do regulado, não poderá iniciar o processo com uma sugestão de autorregulação, sob pena de a catástrofe ocorrer de fato (BALDWIN, CAVE e LODGE, 2012, p. 261). Além disso, deverá o regulador propor a autorregulação ou outras práticas brandas se já souber, por experiências anteriores, que o regulado causador do problema opta deliberadamente por se opor ao diálogo construtivo em torno da busca de uma solução (BALDWIN, BLACK, 2008)? Caso não a proponha, estaria o regulador procedendo a uma diferenciação de tratamento injustificável do ponto de vista legal?

Por fim, faz-se necessário ressaltar que a busca de estratégias regulatórias que fujam ao comando-e-controle clássico vem sendo defendida por organizações internacionais. Esse é o caso, por exemplo, da Organização para a Cooperação e Desenvolvimento Econômico (OCDE), que disponibiliza, em seu sítio na internet, material diversificado sobre regulação responsiva, incluindo estudos e modelos de boas práticas internacionais. Em regra, a defesa de novas estratégias regulatórias passa pelos argumentos tratados nesta seção e pela convicção de que um mundo complexo como o atual exige soluções menos lineares e limitadoras – uma complexidade que, enfim, também norteia o problema da proteção de dados pessoais.

4. A abordagem da LGPD

A incorporação de lógicas mais responsivas nas normas de proteção de dados pessoais não é tendência recente. Com efeito, já em 1980, as diretrizes da OCDE sobre privacidade e fluxos transnacionais de dados *(OECD Guidelines on the Protection of Privacy and Transborder Flows of Personal Data)*, posteriormente atualizadas em 2013, estabeleceram que os países membros deveriam, ao implementar domesticamente os princípios de proteção de dados, encorajar e apoiar a autorregulação, na forma de códigos de conduta ou por meio de outros mecanismos. O mesmo documento consagrou, também, o princípio de *accountability*, ao enunciar que um controlador de dados deve ser *accountable* por cumprir com medidas que deem efetividade aos princípios estabelecidos na Diretriz.

A ideia de *accountability* tem, de fato, sido tremendamente influente em toda a discussão sobre modelos regulatórios e de governança associados à proteção de dados pessoais. A despeito das dificuldades de tradução do termo para outros idiomas[6], esforços consideráveis têm sido depreendidos para dar mais

---

6. Tal dificuldade já havia sido identificada pelo Working Party 29, em documento produzido sobre o assunto em 2010: "O termo 'accountability' deriva do mundo anglo-saxão, onde tem uso comum e há uma compreensão amplamente compartilhada

concretude ao conceito, buscando-se chegar a consensos sobre medidas efetivas e demonstráveis a serem adotadas por agentes de tratamento de modo a dar cumprimento às normas de proteção de dados pessoais. Assim, pode se compreender que a ideia de *accountability* pressupõe que uma organização tenha...

> "... processos internos efetivos para cumprir com suas obrigações legais e regulatórias. Assim, o termo *accountability* pode ser descrito como uma moldura capaz de operacionalizar e traduzir leis principiológicas em efetivas políticas, procedimentos, controles e programas de governança, com orientação externa de reguladores e conselheiros. Isso requer que as organizações sopesem os riscos aos seus negócios e aos indivíduos afetados, que estabeleçam efetivos controles e incentivos que impulsionem comportamentos *éticos* e responsáveis, e que demonstrem que isso de fato ocorre. Requer que as organizações demonstrem que estão plenamente cientes e no controle do seu impacto sobre as pessoas e sobre os ambientes nos quais operam." (CIPL, 2019, p. 2, tradução livre).

Baseando-se nas reflexões internacionais sobre o tema, tais conceitos foram explicitamente incorporados na LGPD, tanto na forma do princípio de responsabilização e prestação de contas – definido, no art. 6º, inciso X, como a *"demonstração, pelo agente, da adoção de medidas eficazes e capazes de comprovar a observância e o cumprimento das normas de proteção de dados pessoais e, inclusive, da eficácia dessas medidas"* –, como também por meio da previsão expressa, no art. 50 da Lei, da possibilidade de formulação de regras de boas práticas e de governança, passíveis de reconhecimento e divulgação pela autoridade nacional. Soma-se a tal previsão a referência a mecanismos de *privacy and security by*

---

sobre o seu significado – muito embora seja complexo definir o que, exatamente, 'accountability' significa na prática. Em termos gerais, entretanto, a ênfase está em demonstrar como a responsabilidade é exercida e em tornar tal fato demonstrável. Responsabilidade e 'accountability' são dois lados da mesma moeda e ambos constituem elementos essenciais de boa governança. Somente quando se pode demonstrar na prática o exercício da responsabilidade é que a confiança pode se desenvolver. Na maior parte dos outros idiomas europeus, devido principalmente a diferenças em sistemas jurídicos, o termo 'accountability' não é facilmente traduzido. Como consequência, o risco de interpretações divergentes do termo e, consequentemente, de falta de harmonização, é substantivo. Outras expressões que têm sido sugeridas para capturar o significado de 'accountability' são 'reinforced responsibility', 'assurance', 'reliability', 'trustworthiness' e, em francês, 'obligation de rendre comptes' etc. Pode-se também sugerir que 'accountability' se refere à 'implementação de princípios de proteção de dados'" (WP29, 2010, p. 7, tradução livre).

design (art. 46, § 2º, LGPD), reconhecendo-se a importância da própria tecnologia em configurar as expectativas do titular de dados e de determinar os contextos em que decisões são tomadas (WIMMER, 2020).

Interessa notar que as regras de boas práticas e de governança previstas no art. 50 da LGPD poderão, nos termos da legislação, ser formuladas individualmente ou por meio de associações. Nesse sentido, Carvalho, Mattiuzzo e Ponce (2021, p. 365) indicam que os instrumentos de governança formulados individualmente são usualmente chamados de programas de conformidade, integridade ou *compliance* e possuem a vantagem de serem feitas "sob medida". Os instrumentos de boas práticas implementados no âmbito de associações são categorizados, pelos autores, como ferramentas de autorregulação e dependerão do compromisso de cada agente de tratamento associado e das medidas por ele adotadas.

Uma vez que a LGPD caracteriza a criação de regras de boas práticas de governança como uma faculdade dos agentes de tratamento, cabe questionar: por qual razão um agente empresarial teria interesse em voluntariamente estabelecer tais mecanismos?

Para Friedman (2016, p. 150), em muitos casos faz sentido, do ponto de vista empresarial, adotar uma "regulação preventiva", de modo a antecipar a regulação estatal, calibrando as regras de acordo com a visão do próprio ente regulado quanto à razoabilidade ou exequibilidade das regras. A adoção voluntária de mecanismos autorregulatórios pode ter por objetivo afastar a regulação mais intensa ou mais hostil por parte do Estado ou, ainda, evitar a incidência de normas equivocadas ou insensíveis às necessidades da indústria. Há benefícios de imagem, para as empresas, em atuarem como bons cidadãos; assim como podem também existir vantagens competitivas em tais condutas. Para o próprio Poder Público, a autorregulação pode representar uma alternativa interessante, por conferir maior abrangência e profundidade à atuação regulatória, por viabilizar a atuação com maiores níveis de *expertise* e conhecimento técnico e por aliviar a pressão sobre recursos orçamentários e humanos escassos.

Analisando o contexto europeu, Voss e Bouthinon-Dumas (2021:83-84) comentam que a não conformidade com normas de proteção de dados pessoais pode ensejar multas pesadas, destruição de valor, impactos reputacionais e perda de confiança dos consumidores. Inversamente, estratégias de *compliance* podem ser usadas para conquistar a confiança dos consumidores e podem até mesmo ser apresentadas como diferencial competitivo na oferta de produtos e serviços com soluções inovadoras de privacidade ou segurança. No caso específico dos gigantes da tecnologia que operam em múltiplas jurisdições é possível, ainda, visualizar estratégias de incorporação voluntária dos elevados padrões europeus de proteção de dados por meio de esforços privados de *compliance*, antecipando-se à possibilidade de adoção, no médio prazo, de normas desse tipo em seu país de origem e em outras jurisdições.

Por outro lado, a autorregulação pura também possui algumas limitações. Como mencionam Ayres e Braithwaite (1992, p. 106-116), corporações podem ser mais eficientes que governos em regular suas atividades empresariais, mas não necessariamente estarão mais dispostas a regular de maneira efetiva, particularmente quando tal regulação impuser consequências de longo prazo ou ensejar custos relevantes. Nesse sentido, os autores distinguem entre a autorregulação pura; a corregulação (compreendida como a autorregulação com algum nível de supervisão ou ratificação governamental); e o *enforced self-regulation* ou autorregulação regulada, em que existe a possibilidade de imposição, pelo Estado, de medidas de *enforcement* privado, assim como o *enforcement* público de regras privadas[7].

Na sistemática da LGPD, pode-se observar a abertura não apenas para mecanismos puramente autorregulatórios, mas também para instrumentos híbridos, com participação do Estado. Tal possibilidade é evidenciada de maneira mais clara, por exemplo, no art. 50, § 2º, inciso II, que requer que os controladores e operadores possam demonstrar à autoridade nacional (ou a outra entidade responsável por promover o cumprimento de boas práticas ou códigos de conduta) a efetividade de seu programa de governança em privacidade; e no mesmo art. 50, § 3º, que define que as regras de boas práticas e de governança deverão ser publicadas e atualizadas periodicamente e poderão ser reconhecidas e divulgadas pela autoridade nacional.

Vale notar que, na sistemática do art. 50 da LGPD, a participação do poder público é tratada como uma possibilidade, e não como uma exigência. Assim, à luz do texto legal, tal mecanismo parece não corresponder plenamente à lógica de "autorregulação regulada" tal como concebida por Ayres e Braithwaite (1992), aproximando-se mais de uma estratégia corregulatória ou de uma ferramenta de metarregulação[8]. A interpretação a ser conferida ao art. 50 pela ANPD,

7. Para AYRES e BRAITHWAITE (1992), as estratégias de *enforced self-regulation* ou autorregulação regulada têm por pressuposto dois elementos-chave: (i) o *enforcement* público de regras definidas de maneira privada; e (ii) a determinação pública e o monitoramento público quanto ao *enforcement* privado de tais regras.

8. O termo metarregulação é utilizado para se referir a processos em que a autoridade regulatória supervisiona um sistema de controle ou gestão de riscos, ao invés de regular

por meio de sua regulamentação na esfera infralegal, terá papel decisivo para caracterizar a receptividade do ambiente jurídico a estratégias regulatórias mais flexíveis à participação dos atores regulados.

Observa-se, por fim, que, na LGPD, tal como preconizado pela teoria de regulação responsiva, mecanismos auto e corregulatórios andam de braços dados com ferramentas regulatórias tradicionais. De fato, a lógica da LGPD tem como pressuposto a existência de uma autoridade administrativa dotada de competências normativas, fiscalizadoras e sancionatórias, a exemplo do que ocorre também em outros países. A não conformidade com a legislação pode resultar em sanções de até R$50 milhões e na proibição do exercício de atividades relacionadas ao tratamento de dados, além de sanções de natureza reputacional, mediante publicização da infração.

Por outro lado, o comportamento responsável das organizações deve necessariamente ser considerado pela autoridade administrativa no momento da aplicação das sanções, ponderando-se a boa-fé do infrator, a adoção reiterada e demonstrada de mecanismos e procedimentos internos capazes de minimizar o dano e a adoção de políticas de boas práticas e governança. Além disso, a LGPD prevê a aplicação escalonada de sanções, determinando que as sanções mais gravosas, de suspensão do funcionamento de banco de dados e de suspensão ou proibição das atividades de tratamento de dados pessoais, somente podem ser aplicadas após a imposição de ao menos uma das sanções mais leves previstas na Lei.

5. Conclusão

Diante do exposto, é possível compreender que a LGPD prevê um leque de instrumentos regulatórios para promover a conformidade à lei, pautando-se tanto em instrumentos regulatórios tradicionais, sob a lógica de comando-e-controle, como também abrindo espaço para mecanismos auto e corregulatórios: a lei prevê a possibilidade de auto-organização dos regulados por meio de códigos de conduta voluntários, adota mecanismos de escalonamento de ameaças e sanções, e premia o comportamento responsável por parte das organizações, incorporando, assim, pelo menos em parte, a lógica de *accountability* e de regulação responsiva que vem sendo desenvolvida ao longo das últimas décadas.

---

diretamente. As principais responsabilidades de controle são desempenhadas dentro dos sistemas de gestão de riscos das organizações reguladas, e o papel do regulador é o de auditar, monitorar e incentivar tais sistemas (BALDWIN, CAVE e LODGE, 2012, p. 147).

A análise da LGPD revela que as regras nela previstas e os parâmetros para a atuação da ANPD privilegiam uma visão moderna da regulação, não como uma ferramenta para restringir comportamentos, mas como um elemento de facilitação para que as atividades sejam desempenhadas de maneira ordenada. Os diversos mecanismos estabelecidos pela Lei permitem que a autoridade competente possa avaliar qual estratégia regulatória é mais apropriada para determinado contexto, levando em consideração também a boa-fé do regulado. Vale notar, ainda, que, conforme o amplo debate doutrinário que versa sobre *law in action versus law in the books*, a LGPD apresenta um ponto de partida para a atuação de regulador e regulados, mas a concretização do arranjo regulatório possibilitado pela LGPD dependerá da interpretação e aplicação da legislação no dia a dia por organizações públicas e privadas, bem como das feições institucionais da ANPD.

Assim, por fim, é preciso reforçar que não basta a LGPD ter previsto objetivamente mecanismos de proteção de dados e instrumentos regulatórios apropriados – a efetividade desses comandos depende fortemente de sua implementação. Em outras palavras, a efetiva garantia de direitos fundamentais, objetivada pela lei, depende não só de como a ANPD atuará, mas também do comportamento do setor público, da iniciativa privada, da sociedade civil e, a médio prazo, da geração de uma cultura de proteção de dados que perpasse todos esses atores.

6. REFERÊNCIAS

ANATEL. **Histórico de acesso de telecomunicações no Brasil**. Brasília-DF, 2017. Disponível em: https://dados.gov.br/dataset/historico-acessos-telecomunicacoes. Acesso em: 7 mar. 2021.

_____. **Anatel divulga balanço de reclamações em 2020.** Brasília-DF, 2021. Disponível em: https://www.gov.br/anatel/pt-br/consumidor/destaques/anatel-divulga-balanco-de-reclamacoes-em-2020. Acesso em: 7 mar. 2021.

ARANHA, M. I.; LOPES, O. de. A. **Estudo sobre Teorias Jurídicas da Regulação apoiadas em incentivos**. Pesquisa e Inovação Acadêmica em Regulação apoiada em incentivos na Fiscalização Regulatória. Projeto ANATEL-UnB (Meta 5). Brasília: Centro de Políticas, Direito, Economia e Tecnologias das Comunicações da UnB, 2019.

AYRES, I.; BRAITHWAITE, J. **Responsive regulation: Transcending the deregulation debate**. Oxford University Press, USA, 1992.

BALDWIN, R.; BLACK, J. Really Responsive Regulation. **The Modern Law Review** 71(1), 2008, pp. 59-94.

BALDWIN, R.; CAVE, M.; LODGE, M. **Understanding Regulation: Theory, Strategy, and Practice**. 2. ed. Oxford: Oxford University Press, 2012.

BALDWIN, R. Why Rules Don't Work. **The Modern Law Review**, Vol. 53, No. 3 (1990), pp. 321-337.

BIRD, R. C., Pathways of Legal Strategy. **Stanford Journal of Law, Business, and Finance**, Vol. 14, No. 1, 2008. Disponível em: https://ssrn.com/abstract=3171065, consultado em abril de 2021.

BRAITHWAITE, J. Enforced Self-Regulation: A New Strategy for Corporate Crime Control. **Michigan Law Review**, v. 80, n. 7, p. 1466- 1507, Jun. 1982.

CARVALHO, V. M.; MATTIUZZO, M.; PONCE, P. P. "Boas práticas e governança na LGPD". In: MENDES, L. S.; DONEDA, D.; SARLET, I. W.; RODRIGUES JUNIOR, O. L. (Org.). **Tratado de Proteção de Dados Pessoais**. Rio de Janeiro: Forense, 2020, v. 1, p. 361-374.

CIPL – CENTER FOR INFORMATION POLICY LEADERSHIP. **Organisational Accountability – Past, Present and Future** (2019). Disponível em: [https://www.informationpolicycentre.com/uploads/5/7/1/0/57104281/cipl_white_paper_-_organisational_accountability_-_past_present_and_future__30_october_2019_.pdf], consultado em abril de 2021.

EDELMAN, L. B.; TALESH, S. A. "To Comply or Not to Comply – that isn't the Question: How Organizations Construct the Meaning of Compliance". In: PARKER, C.; NIELSEN, V. L. (org.) **Explaining Compliance: Business Responses to Regulation. Cheltenham, Northampton: Edward Elgar Publishing, 2011**. Disponível em: [https://www.law.uci.edu/faculty/full-time/talesh/Talesh_EdelmanExplaining%20Compliance.pdf], consultado em abril de 2011.

FRIEDMAN, L. M. **Impact. How Law Affects Behavior.** Cambridge: Harvard University Press, 2016.

GUNNINGHAM, N.; GRABOSKY, P.; SINCLAIR, D. Smart regulation. **Regulatory Theory**, v. 133, 1998.

HOLLING, C. S.; MEFFE, G. K. Command and control and the pathology of natural resource management. **Conservation biology**, v. 10, n. 2, 1996, pp. 328-337.

KAGAN, Robert A.; SCHOLZ, John T. "The 'Criminology of the Corporation' and Regulatory Enforcement Strategies,". In: BLANKENBURG, E.; LENK, K. (org.) **Organisation und Recht. Jahrbuch für Rechtssoziologie und Rechtstheorie**, vol 7. VS Verlag für Sozialwissenschaften, 1980, pp. 352-377.

MALLOY, T. F. The social construction of regulation: Lessons from the war against command and control. **Buff. L. Rev.**, v. 58, 2010.

OECD – ORGANISATION FOR ECONOMIC CO-OPERATION AND DEVELOPMENT. **The OECD Privacy Framework** (2013). Disponível em: https://www.oecd.org/sti/ieconomy/oecd_privacy_framework.pdf, consultado em abril de 2021.

OSBORNE, D.; GAEBLER, T. **Reinventing Government. How the entrepreneurial spirit is transforming the public sector.** Addison-Wesley Publishing Company: Reading, MA, 1992.

PECI, A.; PIERANTI, O. P.; RODRIGUES, S. Governança e New Public Management: convergências e contradições no contexto brasileiro. **Organizações & Sociedade**, v. 15, n. 46, p. 39-55, 2008.

TCU. Processo TC 024.820/2018-0 – Relatório. Brasília-DF, 1º abr. 2020. Disponível em: https://portal.tcu.gov.br/lumis/portal/file/fileDownload.jsp?fileId=8A81881E-7160FC63017173C0D4581400. Acesso em: 7 mar. 2021.

VOSS, W. G.; BOUTHINON-DUMAS, H. EU General Data Protection Regulation Sanctions in Theory and in Practice, **37 Santa Clara High Tech. L.J.**, 2021. Disponível em: https://digitalcommons.law.scu.edu/chtlj/vol37/iss1/2, consultado em abril de 2021.

WIMMER, M.; PEIXOTO, E. V. L. Participação e Democracia nas Agências Reguladoras: como se conjugam Autonomia Decisória, Especialização Técnica e Participação Popular na Anatel. In: **EnAnpad 2008**, 2008, Rio de Janeiro. EnANPAD 2008. Rio de Janeiro: Anpad, 2008.

WIMMER, M. "Os desafios do enforcement na LGPD: fiscalização, aplicação de sanções administrativas e coordenação intergovernamental". In: MENDES, L. S.; DONEDA, D.; SARLET, I. W.; RODRIGUES JUNIOR, O. L. (Org.). **Tratado de Proteção de Dados Pessoais**. Rio de Janeiro: Forense, 2020, v. 1, p. 375-388.

WP29 – WORKING PARTY 29. **Opinion 3/2010 on the Principle of Accountability.** Adopted on 13 July 2010. Disponível em: https://ec.europa.eu/justice/article-29/documentation/opinion-recommendation/files/2010/wp173_en.pdf, consultado em abril de 2021.

PARTE II
PAPEL DOS PROGRAMAS DE *COMPLIANCE* E DAS POLÍTICAS DE PROTEÇÃO DE DADOS

O PAPEL DA ESTRATÉGIA DE SEGURANÇA DA INFORMAÇÃO NOS MECANISMOS DE *COMPLIANCE* DE DADOS: EM BUSCA DE UMA ABORDAGEM INTEGRADA

ANGELO PRATA DE CARVALHO[1]

Sumário: I. Introdução; II. A segurança da informação na Lei Geral de Proteção de Dados; III. Medidas de segurança da informação e programas de *compliance*; IV. O desenvolvimento de estratégias integradas de *compliance* de dados e de segurança da informação; V. Considerações finais; Referências.

I. INTRODUÇÃO

As reflexões sobre privacidade e proteção de dados ganharam expressivo protagonismo nas discussões jurídicas ao redor do mundo, sobretudo na esteira da edição de diplomas de grande importância como o Regulamento Geral de Proteção de Dados europeu (RGPD) e, no caso brasileiro, a Lei Geral de Proteção de Dados (LGPD), razão pela qual igualmente ganharam relevância estratégias voltadas a implementar efetivamente essas normas no interior das diversas organizações submetidas a tais diplomas.

---

1. Advogado. Mestre e Doutorando em Direito na Universidade de Brasília. Professor voluntário na Faculdade de Direito da Universidade de Brasília. Vice-líder do GECEM – Grupo de Estudos Constituição, Empresa e Mercado.

Acontece que, ao lado da proteção de dados, localiza-se um conjunto de preocupações que igualmente tem ocupado posição de destaque nos debates sobre o *compliance* envolvendo sistemas digitais: a segurança da informação. As preocupações relacionadas à segurança da informação não existem tão somente em virtude da dependência dos mais diversos setores da sociedade de soluções tecnológicas, mas principalmente diante da miríade de ameaças à integridade de dados armazenados em sistemas informatizados.

Não é sem motivo que a própria Lei Geral de Proteção de Dados, por diversas vezes, alude à segurança da informação como conceito importante para a própria proteção de dados, de tal maneira que, no inciso VII de seu art. 6º, define segurança como a "utilização de medidas técnicas e administrativas aptas a proteger os dados pessoais de acessos não autorizados e de situações acidentais ou ilícitas de destruição, perda, alteração, comunicação ou difusão". O aludido diploma, aliás, dedica capítulo específico à segurança e ao sigilo de dados, atribuindo aos agentes de tratamento o dever de garantia de segurança das informações sob sua responsabilidade, estabelecendo o art. 46 que "Os agentes de tratamento devem adotar medidas de segurança, técnicas e administrativas aptas a proteger os dados pessoais de acessos não autorizados e de situações acidentais ou ilícitas de destruição, perda, alteração, comunicação ou qualquer forma de tratamento inadequado ou ilícito".

Verifica-se, dessa maneira, que mesmo as normas de proteção de dados vigentes no direito brasileiro não afastam preocupações com a segurança da informação. Pelo contrário, estabelecem relação direta entre proteção de dados e segurança, de tal forma que não se pode proteger adequadamente uma das searas sem incorporar preocupações que são próprias da outra. Por esse motivo, a estruturação de programas de *compliance* de dados necessariamente deve estar alinhada com uma política de segurança da informação robusta.

Dessa maneira, o presente trabalho procurará explorar os meios de compatibilização das medidas de proteção de dados aos mecanismos de segurança da informação em programas de *compliance*, de modo a desmistificar as aparentes contradições existentes entre a proteção de uma seara e a de outra. Para tanto, o primeiro capítulo do artigo tratará de expor os principais parâmetros normativos atualmente existentes para a compreensão da segurança da informação à luz das normas de proteção de dados pessoais, de modo a demonstrar a complementariedade e o necessário equilíbrio a ser buscado entre as duas searas. Em seguida, o segundo capítulo tratará da inserção de medidas de segurança da informação em programas de *compliance* e dos riscos e das contingências a serem enfrentados nesse contexto. Por fim, pretende-se abordar os mecanismos de integração de uma estratégia de segurança da informação a uma política de proteção de dados, considerando as sinergias – reconhecidas pela própria Lei Geral de Proteção de Dados – existentes entre os dois métodos de tutela e gestão de informações.

II. A SEGURANÇA DA INFORMAÇÃO NA LEI GERAL DE PROTEÇÃO DE DADOS

Como já se adiantou, a segurança da informação ocupa papel de destaque na Lei Geral de Proteção de Dados, figurando entre os princípios regentes do aludido diploma, expostos em seu art. 6º. Cabe, nesse sentido, aprofundar a compreensão sobre a noção de segurança da informação adotada pela legislação brasileira para que se verifique de que maneira o princípio legal em questão se traduz em medidas concretas aptas a serem inseridas em um programa de *compliance* de dados. A relação de complementariedade entre as duas abordagens, nesse sentido, é evidente a partir da leitura da Lei Geral de Proteção de Dados, haja vista que a preocupação com incidentes de segurança é uma das mais evidentes, tendo em vista o impacto social e mesmo midiático produzido por grandes vazamentos de dados.

Entretanto, a segurança da informação e a proteção de dados não raro são descritas como searas opostas, produzindo-se aparente *tradeoff* entre a importância de se realizar investimentos robustos em mecanismos de segurança da informação – de forma que os dados dos usuários estariam protegidos de tal maneira que não haveria qualquer risco de tratamento indevido por terceiros, como *hackers* e outros potenciais invasores – e a necessidade de se proteger a privacidade dos usuários – assim limitando a capacidade do próprio agente de tratamento de explorar os dados que lhe são confiados[2]. No entanto, trata-se de áreas verdadeiramente complementares, de tal maneira que abordagens de uma dificilmente poderiam ser consideradas completas caso ignorassem a outra[3].

Acontece que, como demonstra Daniel Solove, em análise mais ampla sobre a contraposição entre segurança e privacidade (abrangendo inclusive discussões sobre a proteção da privacidade diante de interesses relacionados à ideia de "segurança nacional"), o aludido *tradeoff* é falacioso, na medida em que é perfeitamente possível construir um sistema no qual tanto as preocupações com segurança podem também ser limitadas e fiscalizadas a partir de parâmetros de

2. Ver: KOSSEFF, Jeff. *Cybersecurity law.* Nova Jersey: John Wiley & Sons, 2017. p. 24499c.
3. KOSSEFF, Op. cit., p. 24499c.

proteção à privacidade quanto a proteção à privacidade pode ser fortalecida caso acompanhada de mecanismos de segurança efetivos[4]. No que diz respeito ao debate sobre os dados pessoais e a segurança da informação no interior das organizações, é importante salientar que a implementação de medidas de segurança da informação, por mais que possa ser capaz de dificultar o vazamento de dados ou outros incidentes de segurança – e, portanto, de mitigar os riscos de responsabilização da organização –, não é suficiente para garantir direitos de pessoas naturais[5].

A segurança da informação, cabe notar, tem escopo muito mais amplo do que a própria proteção de dados pessoais, que, à luz do inciso I do art. 5º da Lei Geral de Proteção de Dados brasileira, refere-se apenas a informações relacionadas "a pessoa natural identificada ou identificável". A segurança da informação, por sua vez, pode abranger todo tipo de informação considerado relevante por determinada organização, de sorte que, para além de compreender um conjunto de estratégias relacionadas inclusive à escolha dos mecanismos de segurança atrelados ao *software* e ao *hardware* a ser utilizado, contém necessariamente um procedimento destinado a definir quais informações deverão ser submetidas ao regime de segurança adotado pelo agente em questão[6]. Os dados pessoais, assim, por mais que já contem com proteção legal voltada a proteger direitos de seus titulares, também estarão sujeitos a esses procedimentos de classificação quanto ao nível de segurança a ser empregado para proteger aquelas informações no âmbito da estratégia articulada pela organização.

Assim, ao passo que os dados pessoais se encontram no centro de diplomas como a Lei Geral de Proteção de Dados, de tal forma que os riscos relacionados a violações legais decorrem de violações diretamente vinculadas ao objeto de proteção da lei, a segurança da informação diz respeito ao meio em que dados processados por uma determinada organização são explorados. Daí dizerem Fabiano Menke e Guilherme Goulart que "a segurança que se espera não é aplicada exatamente aos dados em si, mas sim aos sistemas que os mantêm (medidas técnicas) e ao ambiente geral da instituição (medidas organizativas). Isso significa que não bastam as medidas técnicas, como o uso de firewalls, métodos

4. Ver: SOLOVE, Daniel. *Nothing to hide*: the false tradeoff between privacy and security. New Haven: Yale University Press, 2011.
5. Nesse sentido: GUERRIER, Claudine. *Security and privacy in the digital era*. Londres: John Wiley & Sons, 2016. pp. 211-220.
6. BEHLING, Thorsten B.; ABEL, Ralf B. *Praxishandbuch Datenschutz Im Unternehmen*. Berlim: De Gruyter, 2014. pp. 618-620.

criptográficos e controles de conteúdo, se elas não vierem acompanhadas de outras medidas, como treinamentos de segurança, criação de políticas de segurança da informação, inventários de ativos etc."[7]

A ênfase nos meios de proteção às informações e não aos dados pessoais propriamente, assim, justifica-se pelo fato de que medidas de segurança da informação servem tanto para proteger os direitos dos titulares de dados contra acessos indevidos, invasões e outros incidentes de segurança quanto para proteger o patrimônio intangível da entidade em questão. Os dados pessoais, nesse sentido, evidentemente devem ser compreendidos, à luz da Lei Geral de Proteção de Dados, como bens jurídicos dignos de proteção sob a ótica da tutela de direitos da pessoa humana[8] e mesmo sob o signo dos direitos e das garantias fundamentais previstos pelo texto constitucional[9].

No entanto, igualmente devem ser considerados na sua dimensão patrimonial e estratégica para as organizações que os detêm, de tal maneira que, ao lado da proteção dos direitos dos titulares (que, como já se viu, está intimamente relacionada à garantia da segurança), dados são verdadeiros ativos das empresas na economia atual. Daí afirmar Ana Frazão que "Do ponto de vista econômico, dados importam na medida em que podem ser convertidos em informações necessárias ou úteis para a atividade econômica. Consequentemente, os dados precisam ser processados para gerar valor"[10].

Significa dizer que a garantia de segurança da informação não está relacionada unicamente à conformidade com a legislação de proteção de dados, mas diz respeito também à preservação de ativos intangíveis da organização em questão – que, em última análise, podem ser considerados inclusive segredos de

7. MENKE, Fabiano; GOULART, Guilherme. Segurança da informação e vazamento de dados. In: MENDES, Laura Schertel et al. *Tratado de proteção de dados pessoais*. Rio de Janeiro: Forense, 2021.

8. Nesse sentido: SOUZA, Eduardo Nunes; SILVA, Rodrigo da Guia. Tutela da pessoa humana na lei geral de proteção de dados pessoais: entre a atribuição de direitos e a enunciação de remédios. *Pensar: Revista de Ciências Jurídicas*. v. 24, n. 3, pp. 1-22, jul./set. 2019.

9. Ver, por todos: MENDES, Laura Schertel. *Privacidade, proteção de dados e defesa do consumidor*: linhas gerais de um novo direito fundamental. São Paulo: Saraiva, 2014.

10. FRAZÃO, Ana. Fundamentos da proteção dos dados pessoais – noções introdutórias para a compreensão da importância da Lei Geral de Proteção de Dados. In: TEPEDINO, Gustavo; FRAZÃO, Ana; OLIVA, Milena Donato. *Lei Geral de Proteção de Dados Pessoais e suas repercussões no Direito Brasileiro*. São Paulo: Revista dos Tribunais, 2019. p. 26.

negócio[11] –, de sorte que eventuais vazamentos ou outros incidentes de segurança tanto podem ter o condão de violar direitos de titulares de dados pessoais quanto gerar prejuízos financeiros diretos à entidade que os detém[12].

Observe-se, por conseguinte, que a tutela da segurança da informação à luz da Lei Geral de Proteção de Dados brasileira pressupõe que a implementação de uma estratégia de segurança consiste em passo fundamental para a adequada proteção da privacidade dos titulares de dados. Contudo, não se pode esquecer que a implementação de uma estratégia de segurança da informação tem escopo mais amplo, de forma que deve passar por um esforço de compatibilização entre as demandas mais amplas – inclusive as relacionadas à proteção de dados componentes do ativo intangível da entidade ou mesmo de dados que não se submetam à Lei Geral de Proteção de Dados (como é o caso de dados de pessoas jurídicas – e a proteção da privacidade.

Assim, deve-se minimamente superar a falaciosa premissa segundo a qual mecanismos de segurança da informação consistem em estratégias de ocultação de dados ou mesmo de processos ilegítimos de tratamento de dados[13], tendo em vista que se trata de abordagem que, embora independente de uma política de proteção de dados em virtude de sua maior abrangência, atua de maneira incisiva para garantir a observância dos princípios constantes da Lei Geral de Proteção de Dados. Para que tais diretrizes sejam implementadas, a legislação prevê uma série de medidas para sua efetivação que, como se mostrará a seguir, dependem fundamentalmente do comprometimento da organização em que se estruturam essas soluções.

III. Medidas de segurança da informação e programas de *compliance*

O art. 46 da Lei Geral de Proteção de Dados cria um dever geral aos agentes de tratamento para que adotem medidas técnicas e administrativas de garantia

---

11. Nesse sentido: BANTERLE, Francesco. The Interface between Data Protection and IP Law: The Case of Trade Secrets and the Database sui generis Right in Marketing Operations, and the Ownership of Raw Data in Big Data Analysis. *Personal Data In Competition, Consumer Protection And Intellectual Property Law*. pp. 411-443, 2018.

12. LE COEUR, Jérôme. Sécuriser les données personnelles de son entreprise. *I2D – Information, données & documents*. v. 53, n. 1, pp. 25-26, 2016.

13. Ver: SHASTRI, Supreeth; WASSERMAN, Melissa; CHIDAMBARAM, Vijay. GDPR Anti-patterns. *Communications of the ACM*. v. 64, n. 2, pp. 60-66, fev. 2021; SHASTRI, Supreeth; WASSERMAN, Melissa; CHIDAMBARAM, Vijay. The seven sins of personal-data processing systems under GDPR. Disponível em: https://www.usenix.org/system/files/hotcloud19-paper-shastri.pdf. Acesso em: 2 jun. 2021.

da segurança dos dados pessoais, assim protegendo-os de acessos não autorizados e situações ilícitas de destruição, perda, alteração, comunicação ou qualquer forma de tratamento inadequado ou ilícito. O legislador brasileiro, no entanto, optou por delegar à Autoridade Nacional de Proteção de dados, nos termos do § 1º do art. 46 da Lei Geral de Proteção de Dados, a definição de diretrizes e padrões técnicos mínimos para que se dê efetividade à obrigação de garantia da segurança da informação pelos agentes de tratamento, tratando de estabelecer, no art. 48, uma sistemática de comunicação com a Autoridade que permita tanto a publicidade quanto o acompanhamento atento das medidas de mitigação da riscos adotadas por determinada organização.

Nesse sentido, a Autoridade Nacional de Proteção de Dados brasileira recentemente divulgou formulário para a notificação de incidentes de segurança[14], de maneira a garantir a vigência do art. 48 da Lei Geral de Proteção de Dados, segundo o qual "[o] controlador deverá comunicar à autoridade nacional e ao titular a ocorrência de incidente de segurança que possa acarretar risco ou dano relevante aos titulares". Assim, o § 1º do mesmo art. 48 estabelece que, por ocasião da comunicação à Autoridade, deve-se indicar: (i) a descrição da natureza dos dados pessoais afetados; (ii) as informações sobre os titulares envolvidos; (iii) a indicação das medidas técnicas e de segurança utilizadas para a proteção dos dados, observados os segredos comercial e industrial; (iv) os riscos relacionados ao incidente; (v) os motivos da demora, no caso de a comunicação não ter sido imediata; e (vi) as medidas que foram ou que serão adotadas para reverter ou mitigar os efeitos do prejuízo. Note-se, assim, que, muito embora a Lei Geral de Proteção de Dados brasileira não contenha diretrizes específicas quanto às medidas de segurança a serem adotadas pelos agentes de tratamento, o diploma atribuiu à Autoridade Nacional a prerrogativa de acompanhar de maneira atenta e abrangente os incidentes de segurança que lhe são notificados.

O Regulamento Geral de Proteção de Dados europeu, por outro lado, ao oferecer disciplina mais detalhada a respeito das medidas de segurança a serem perseguidas pelos agentes de tratamento, pode se apresentar como importante parâmetro de interpretação da Lei Geral de Proteção de Dados Brasileira, tendo em vista que, nos termos de seu art. 31, "Tendo em conta as técnicas mais avançadas, os custos de aplicação e a natureza, o âmbito, o contexto e as finalidades do tratamento, bem como os riscos, de probabilidade e gravidade variável, para os direitos e liberdades das pessoas singulares, o responsável pelo tratamento e

14. ANPD. Comunicação de incidentes de segurança. Disponível em: https://www.gov.br/anpd/pt-br/assuntos/incidente-de-seguranca. Acesso em: 2 jun. 2021.

o subcontratante aplicam as medidas técnicas e organizativas adequadas para assegurar um nível de segurança adequado ao risco", incluindo, de acordo com o que for adequado: (i) a pseudonimização e a cifragem dos dados pessoais; (ii) a capacidade de assegurar a confidencialidade, a integridade, a disponibilidade e a resiliência permanentes dos sistemas e dos serviços de tratamento; (iii) a capacidade de restabelecer a disponibilidade e o acesso aos dados pessoais de forma atempada no caso de um incidente físico ou técnico; e (iv) um processo para testar, apreciar e avaliar regularmente a eficácia das medidas técnicas e organizativas para garantir a segurança do tratamento.

Note-se, por conseguinte, que o próprio Regulamento europeu já trata de estabelecer alguns elementos relacionados à segurança da informação que, porém, guardam estreita relação com a proteção da privacidade dos titulares de dados. Basta ver que são fixados atributos *dos dados* a serem preservados pelas medidas de segurança, notadamente a confidencialidade – "característica da informação que precisa ser protegida contra um acesso ou uso não autorizado"[15] –, integridade – "atributo que visa a garantir que a informação não foi alterada no seu ciclo de vida (a não ser quando a alteração é autorizada)"[16] –, disponibilidade – "atributo que garante que a informação estará disponível quando for necessário ser acessada" – e resiliência – atributo que garante que "as funcionalidades sejam restabelecidas após o erro ou incidente"[17].

O Regulamento Geral de Proteção de Dados europeu, portanto, estabelece um conjunto de princípios gerais que devem guiar uma estratégia de segurança da informação e, assim, oferece alguns caminhos para a integração entre a estratégia de segurança da informação e a política de proteção de dados. Contudo, por mais que os princípios em questão possam ser parâmetros normativos importantes, especialmente no que diz respeito à necessidade de construção de estratégias de segurança da informação que sejam proporcionais ao porte e à complexidade dos dados armazenados pela organização, é necessário que se traduzam em medidas de segurança concretas e efetivas.

Não é sem motivo que o próprio art. 46 da Lei Geral de Proteção de Dados faz menção a "medidas de segurança, técnicas e administrativas", ou seja, relacionadas tanto a sistemas informatizados – e, portanto, à adoção de soluções

15. MENKE; GOULART, Op. cit.
16. MENKE; GOULART, Op. cit.
17. MENKE; GOULART, Op. cit. Ver também: GONSCHEROWSKI, Susan; HANSEN, Marit; ROST, martin. Resilienz – eine neue Anforderung aus der Datenschutz-Grundverordnung. *Datenschutz und Datensicherheit*. v. 42, pp. 442-446, 2018.

internas aos sistemas informatizados, como a contratação de serviços de antivírus, a definição de senhas seguras, a instituição de controles de acesso, entre outros – quanto a diretrizes a serem observadas pelos membros da organização – como a criação de códigos de melhores práticas, a criação de ambientes separados para o armazenamento de informações sensíveis, a contratação de servidores dedicados, entre outros.

Há, por conseguinte, uma miríade de medidas de segurança capazes de garantir a observância dos princípios contidos na Lei Geral de Proteção de Dados, de forma que dificilmente seria possível elencar ou sistematizar todas as possíveis soluções. Contudo, por mais que não se possa antecipar todos os riscos decorrentes do uso de tecnologias da informação, pode-se construir uma sistemática ampla de medidas que, ao mesmo tempo que servem para cumprir as obrigações constantes da Lei Geral de Proteção de Dados, compõem estratégia voltada a conferir tratamento adequado a contingências relacionadas à segurança. Conforme sugere Arturo Garnacho, a partir da forma de intervenção, medidas de segurança da informação podem ser: (i) de prevenção, que têm por intuito evitar que um ataque chegue a afetar determinado sistema; (ii) de detecção, que pretendem descobrir eventual ataque em momento anterior à sua implementação; (iii) de correção, que têm por objetivo combater o ataque em questão.

Cada uma dessas etapas, segundo o autor, não está limitada a um único conjunto de soluções, mas desencadeia diversos grupos de medidas de segurança em várias searas de atuação, desde as eminentemente técnicas (isto é, que se dão no âmbito de sistemas informatizados) até as administrativas e organizativas (relacionadas à expedição de diretrizes por gestores e à indicação de profissionais responsáveis por elaborar e cumprir normas de segurança) ou mesmo as medidas físicas (voltadas a evitar ameaças materiais, provenientes do entorno operativo da organização ou de ações humanas deliberadas ou não)[18]. Ademais, não se pode esquecer que, em todas essas etapas, permanece o dever de comunicação de incidentes à Autoridade Nacional de Proteção de Dados, que deverá promover o acompanhamento conjuntural tanto dos incidentes de segurança quanto das medidas de proteção adotadas pelas organizações.

Assim, pode-se construir estratégia que, ainda que não seja capaz de lidar com todas as incertezas que são próprias do uso de tecnologias, ofereça aos agentes de tratamento tanto as ferramentas quanto o preparo para lidar com

18. GARNACHO, Op. cit., pp. 379-380.

esses riscos e mesmo interagir com a Autoridade Nacional de Proteção de Dados de maneira eficiente[19]. A gestão de riscos cibernéticos por intermédio de estratégias de segurança da informação, cabe notar, constitui tarefa árdua não somente em virtude da intensidade da inovação que marca a tecnologia da informação, mas também por causa da escassez de dados estatísticos e históricos quanto aos impactos que podem decorrer de incidentes de segurança. Isso porque as tecnologias da informação, ao mesmo tempo que contribuem para o incremento da sensibilidade da sociedade em relação a novos riscos e para a própria percepção desses riscos, são também elas mesmas fontes desses novos riscos[20]. Dessa maneira, os riscos cibernéticos manifestam-se de maneiras particulares e por fluxos de informação e técnicas variadas, de forma que sua principal característica não é a sua historicidade (que caracteriza fundamentalmente outros tipos de risco e facilita em grande medida a sua mitigação, por exemplo, por mecanismos securitários), mas sim a sua capacidade de disseminação e reinvenção[21].

Por essa razão, medidas de segurança de informação, especialmente quando incorporadas a programas de *compliance* de dados, não dizem respeito a um rol fechado de medidas básicas para a proteção em face de invasões (como a contratação de antivírus, a utilização de *firewall* ou a realização de cópias de segurança), mas a um conjunto dinâmico de técnicas que sejam capazes de prevenir e mitigar os riscos a que se submete cada organização. Por conseguinte, estratégias de segurança da informação devem ser proporcionais ao porte da

---

19. Nesse sentido: "Medidas dessa natureza visam evitar a ocultação de situações danosas, como vazamentos, comercialização ou utilização indevida – para citar alguns exemplos – de largos bancos de dados de usuários. O papel da ANPD, nesse percurso, dependerá da avaliação da gravidade do incidente, sendo certo que a aferição do impacto deverá levar em conta todo o arcabouço de medidas de segurança implementadas para a prevenção do evento (o que realça o papel normativo-vinculante do artigo 46 aos parâmetros de segurança versados na lei)" (MARTINS, Guilherme Magalhães; FALEIROS JÚNIOR, José Luiz de Moura. Segurança, boas práticas, governança e compliance. In: LIMA, Cíntia Rosa Pereira. *Comentários à Lei Geral de Proteção de Dados*. São Paulo: Almedina, 2020. pp. 355-356).

20. VAN LOON, Joost. Risk and technological culture: towards a sociology of virulence. Londres: Routledge, 2002. p. 13.

21. PRATA DE CARVALHO, Angelo; XAVIER, Vitor Boaventura. Seguro contra riscos cibernéticos: Elementos dogmáticos para a construção de mecanismos securitários em face dos riscos oriundos das tecnologias da informação. In: TZIRULNIK, Ernesto; BLANCO, Ana Maria; XAVIER, Vitor Boaventura. *Direito do Seguro Contemporâneo*. São Paulo: Contracorrente, 2021.

organização, à natureza e à quantidade dos dados tratados, ao grau de sigilo a ser conferido às informações, entre outros elementos a partir dos quais se pode modular as medidas de segurança de acordo com as necessidades e contingências da entidade.

Diante desse cenário, tanto a enumeração de contingências quanto a listagem de potenciais medidas de segurança consistem em esforços eminentemente casuísticos e que podem variar de organização para organização ou mesmo podem ser frustrados pela ascensão de novas ameaças. Contudo, alguns esforços de sistematização, baseados sobretudo em pesquisas empíricas com profissionais de segurança da informação, são capazes de produzir tipologias, em ordem de frequência de incidência, de ameaças à segurança da informação e das medidas mais comuns em estratégias de segurança da informação[22].

Tabela 1. Ameaças mais prováveis à segurança da informação (por ordem de probabilidade)

1	Falhas humanas
2	Falhas de *hardware*
3	Falhas de *software*
4	Obsolescência tecnológica
5	Ataques externos a *software*
6	Qualidade dos serviços empregados
7	Fenômenos da natureza
8	Violações a propriedade intelectual
9	Furto de informações
10	Invasões físicas
11	Sabotagem ou vandalismo de estruturas físicas
12	Sabotagem quanto às informações

Fonte: Adaptado de Whitman (2003) e Sumner (2009).

22. Ver: WHITMAN, Michael E. Enemy at the gate: threats to information security. *Communications of the ACM*. v. 46, n. 8, pp. 91-95, ago. 2003; SUMNER, Mary. Information security threats: a comparative analysis of impact, probability, and prapAredness. *Information systems management*. v. 26, n. 1, pp. 2-12, 2009.

Tabela 2. Medidas de segurança mais frequentes em estratégias de segurança da informação (por ordem de frequência)

1	Uso de senhas
2	Uso de *backup*
3	Antivírus
4	Treinamento de funcionários
5	Procedimentos de auditoria
6	Política de segurança consistente
7	*Firewall*
8	Incentivos à comunicação de violações
9	*Logoff* automático de contas
10	Monitoramento do uso de computadores
11	Publicação de regulamento formal de segurança
12	Controle de estações de trabalho
13	Detecção de intrusões em redes
14	Detecção de intrusões baseadas em *host*
15	Treinamentos em ética
16	Ausência de conexões físicas externas
17	Uso exclusivo de *softwares* pagos
18	Ausência de redes internas
19	Uso exclusivo de *softwares* desenvolvidos internamente
20	Ausência de conexão a redes externas
21	Ausência de conexão à internet

Fonte: Adaptado de Whitman (2003) e Sumner (2009).

Evidentemente que as tipologias acima apresentadas, por decorrerem de dados empíricos e por terem sido elaboradas em momento distinto do atual, podem variar em ordem e mesmo podem incluir outros riscos que são próprios de outros ambientes ou outras épocas. No entanto, é interessante notar, considerando a variedade de ameaças e medidas de segurança, que a integração entre as diversas estratégias mencionadas é fundamental. Basta ver que, sendo as falhas humanas as mais frequentes, a mera contratação de sofisticados sistemas informacionais de segurança pode ser completamente ineficaz caso não sejam adotadas outras medidas de prevenção e conscientização.

Dessa maneira, o que se pretendeu demonstrar é que medidas de segurança da informação que garantam a adequada conformidade à Lei Geral de Proteção de Dados devem ser pensadas em concreto, de acordo com a estrutura da organização em questão e de acordo com as contingências e os riscos aplicáveis ao caso particular, de tal maneira que, muito embora a enunciação de princípios e deveres gerais possa ter uma função interpretativa importante, não se trata de medidas suficientes para a garantia da segurança. Acontece que, para que se possa efetivamente garantir a conformidade com a Lei Geral de Proteção de Dados, é essencial que a estratégia de segurança da informação seja vista de maneira integrada à proteção de dados – como, aliás, propões a própria lei brasileira –, como se mostrará no próximo capítulo.

IV. O DESENVOLVIMENTO DE ESTRATÉGIAS INTEGRADAS DE *COMPLIANCE* DE DADOS E DE SEGURANÇA DA INFORMAÇÃO

Certamente que a descrição de possíveis medidas de segurança a serem avaliadas pelas organizações ao estruturarem seus programas de *compliance* – que, repise-se, à luz de suas necessidades e riscos, normalmente verificáveis com o auxílio de profissionais de segurança da informação, podem variar – constitui importante exercício de conformidade à legislação vigente e deve constar entre as prioridades para a adequação à Lei Geral de Proteção de Dados. Não obstante, não se pode esquecer que, ainda que a segurança da informação possua escopo mais abrangente e possa ser estruturada inclusive para proteger interesses econômico-patrimonial da própria organização, as obrigações legais de instituição de medidas de segurança têm por finalidade precípua garantir direitos de titulares de dados.

Por esse motivo, com vistas a endereçar adequadamente tanto as preocupações relacionadas estritamente à privacidade quanto as relacionadas aos riscos à segurança da informação, é fundamental que as medidas exploradas no capítulo anterior sejam estruturadas juntamente de outras ferramentas de *compliance* de dados. Vale, nesse sentido, mencionar o texto do art. 49 da Lei Geral de Proteção de Dados, segundo o qual "Os sistemas utilizados para o tratamento de dados pessoais devem ser estruturados de forma a atender aos requisitos de segurança, aos padrões de boas práticas e de governança e aos princípios gerais previstos nesta Lei e às demais normas regulamentares". A própria lei, por conseguinte, enfatiza a necessidade de privacidade e segurança serem duas faces de uma mesma moeda, de tal maneira que uma não sirva para limitar a outra, mas sim para permitir a máxima fruição dos direitos fundamentais envolvidos – o que, como já se comentou, igualmente tem o condão de traduzir-se em ganhos econômicos à organização.

Não sem motivo, a Lei Geral de Proteção de Dados, no § 2º de seu art. 46, estabelece que "As medidas de que trata o caput deste artigo [que estabelece o dever de adoção de medidas de segurança] deverão ser observadas desde a fase de concepção do produto ou do serviço até a sua execução". Significa dizer que o desenvolvimento de soluções tecnológicas deve, desde sua gênese – e não apenas por ocasião de incidentes de segurança –, estar comprometido com a proteção da segurança das informações exploradas por intermédio do sistema em questão "em todas as suas fases de concepção, desenvolvimento, aplicação e avaliação"[23]. Significa dizer que a integração entre segurança e privacidade deve ser a configuração padrão de todos os momentos do tratamento de dados, de forma que as medidas de segurança – como ocorre também com a proteção à privacidade – devem ser uma constante na tomada de decisão e na condução do cotidiano da organização.

Muito embora tal dispositivo legal comumente esteja associado à noção de *privacy by design* – segundo a qual "a proteção de dados pessoais deve orientar a concepção de um produto ou serviços, devendo eles ser embarcados com tecnologias que facilitem o controle e a proteção das informações pessoais"[24] –, não se pode esquecer que o assunto do próprio art. 46 é fundamentalmente à segurança da informação. Dessa maneira, não se pode falar no desenvolvimento de aplicações que desde sua gênese estejam comprometidas com a privacidade caso a aplicação em questão não tenha sido pensada de maneira a mitigar os riscos decorrentes das ameaças já conhecidas e a reproduzir as melhores práticas de segurança da informação[25].

A segurança da informação, por conseguinte, deve ser um elemento básico de qualquer aplicação que venha a ser implementada, de modo inclusive a desencadear rotinas automáticas em lugar de procedimentos dependentes de

---

23. SOUZA, Carlos Affonso Pereira. Segurança e sigilo dos dados pessoais: primeiras impressões à luz da Lei 13.709/2018. In: TEPEDINO, Gustavo; FRAZÃO, Ana; OLIVA, Milena Donato. *Lei Geral de Proteção de Dados Pessoais e suas repercussões no Direito Brasileiro*. São Paulo: Revista dos Tribunais, 2019. p. 427.

24. BIONI, Bruno. *Proteção de dados pessoais*: a função e os limites do consentimento. Rio de Janeiro: Forense, 2020.

25. BALDASSARRE, Maria Teresa et al. Integrating security and privacy in software development. *Software quality journal*. v. 28, pp. 987-1018, 2020.

ação humana, como é o caso da elaboração automática de senhas complexas em lugar da solicitação a um usuário de que periodicamente altere sua senha[26]. Isso porque a falta de uma estratégia de segurança pode comprometer a própria política de privacidade, especialmente considerando que a privacidade preconiza soluções proativas, integrativas e criativas que igualmente fortalecem mecanismos de segurança[27]. Trata-se, assim, de searas verdadeiramente complementar que, em lugar de realizarem concessões recíprocas no intuito de alcançar um equilíbrio que concilie as demandas conflitantes de cada uma, fortalecem-se mutuamente.

É diante desse cenário que, conforme ensina Inge Hanschke[28], as organizações devem adotar um sistema de gerenciamento integrado de proteção de dados e segurança da informação que seja capaz de: (i) controlar e administrar todos os procedimentos internos relacionados a essas searas; e (ii) garantir o cumprimento tempestivo de todos os requisitos e normas legais aplicáveis, bem como as diretrizes internas relacionadas à proteção de dados e à segurança da informação. Apesar de tais diretrizes serem aparentemente genéricas e até triviais, elas se justificam pelo fato de que o papel de estratégias integradas é o de harmonizar normas que, por mais que guardem relevantes semelhanças, podem ser conflitantes, dispendiosas e mesmo redundantes. Dessa maneira, um programa de *compliance* que integre preocupações tem a função fundamental de conciliar essas diretrizes e tomar (sempre de maneira documentada) decisões organizacionais quanto ao planejamento e implementação dessas medidas.

De acordo com a autora, uma abordagem integrada entre proteção de dados e segurança da informação exige a criação de um sistema de controles internos abrangente, holístico e padronizado, com diretrizes, regras e processos claramente definidos. Dessa forma, propões Hanschke que um programa de *compliance* integrado esteja fundado nos seguintes passos:

> (i) A definição da **estratégia** (Strategie) da organização para a condução de suas atividades, estabelecendo-se com clareza tanto uma *política de proteção de dados* – que delineará os objetivos da organização com o tratamento de dado e de que maneira os cuidados com a

26. BALDASSARRE et al., Op. cit.
27. BALDASSARRE et al., Op. cit.
28. HANSCHKE, Inge. *Informationssicherheit und Datenschutz systematisch und nachhaltig gestalten*: Eine kompakte Einführung in die Praxis. Wiesbaden: Springer, 2019. pp. 29-32.

privacidade de titulares de dados serão implementados – quanto uma *estratégia de segurança da informação* – que servirá para expor as características da estrutura interna de segurança da entidade, os riscos a que está submetida e as razões pelas quais determinadas medidas de segurança serão tomadas[29].

(ii) As **condições** (*Anforderungen*) em que ocorre o tratamento de dados, expondo-se quais os riscos a que a organização se submete, quais os critérios eleitos pela organização para definir seu grau de aceitação de risco, qual procedimento se adota para gerenciar tais riscos e quais os mecanismos de revisão e documentação desses critérios e procedimentos[30].

(iii) As **diretrizes, organização, instruções e condições técnicas** (*Richtlinien, Organisation, Handlungsanweisungen und technische Umsetzung*) destinadas a operacionalizar as políticas de proteção de dados e segurança da informação, entre as quais se destacam, a partir de padrões de gestão como o ISO 27001 e parâmetros do direito positivo: (a) a criação de Códigos de Conduta relacionados à proteção de dados e à segurança da informação; (b) a incorporação de soluções organizacionais, como a indicação de encarregados pela proteção de dados e pela segurança da informação; (c) a capacitação do pessoal; (d) o gerenciamento de recursos disponíveis para a implementação das políticas e criação de uma arquitetura de proteção de dados e segurança da informação; (e) a implementação de mecanismos de controle de acesso; (f) a utilização de soluções de criptografia; (g) o emprego de ferramentas de segurança para ativos físicos; (h) mecanismos de segurança operacional no ambiente de trabalho; (i) mecanismos de segurança nas comunicações; (j) aquisição, desenvolvimento e manutenção de sistemas; (k) diretrizes de relacionamento com fornecedores; (l) mecanismos de gestão de incidentes de segurança; (m) mecanismos de gestão da continuidade dos serviços; (n) a redação de uma política de conformidade; (o) elaboração de relatórios de processamento de dados; (p) métodos de arquivamento e exclusão; (q) fixação de obrigações para funcionários e parceiros; (r) adequação de portais eletrônicos às normas de proteção de dados; (s) mecanismos de proteção aos direitos dos titulares de dados; (t) diretrizes a serem tomadas diante de violações; (u) mecanismos de treinamento e informação[31].

---

29. HANSCHKE, Op. cit., p. 31.
30. HANSCHKE, Op. cit., p. 32.
31. HANSCHKE, Op. cit., pp. 32-33.

(iv) A **documentação** (*Nachweise*) e o registro de evidências quanto às medidas adotadas no âmbito do programa de *compliance*, o que inclui a realização de auditorias periódicas das estratégias de proteção de dados e segurança da informação implementadas pela organização[32].

A estrutura proposta por Inge Hanschke é interessante em virtude do fato de que permite identificar quais elementos dizem respeito a cada uma das políticas, porém seus contornos abarcantes deixam claro que não se pode pensar em privacidade sem que sejam levadas em consideração estratégias efetivas de segurança da informação. Evidentemente que o modelo de Hanschke não esgota todas as possibilidades de medidas de *compliance* de dados ou de segurança da informação, mas certamente serve como relevante ponto de partida, que pode ser complementado e adaptado tanto às necessidades concretas de cada organização quanto às exigências a serem apresentadas pela Autoridade Nacional de Proteção de Dados.

O que se pretendeu demonstrar a partir da sistematização acima apresentada foi justamente que a segurança da informação, longe de constituir dado meramente técnico, deve estar eficientemente integrada à política de proteção de dados, de tal maneira que programas de conformidade que cuidem exclusiva ou predominantemente de uma em detrimento da outra estarão incompletos não somente por violarem disposições legais, mas por desguarnecerem dados pessoais de barreiras capazes de mitigar riscos muitas vezes desconhecidos de antemão.

V. Considerações finais

A segurança da informação se encontra entre os princípios regentes da Lei Geral de Proteção de Dados e, por conseguinte, deve ser preocupação central de qualquer abordagem de *compliance* de dados, ao lado dos demais princípios previstos pelos incisos do art. 6º do aludido diploma. Contudo, a segurança da informação possui escopo muito mais amplo, de forma que abrange outros tipos de dados não cobertos pela Lei Geral de Proteção de Dados e, por esse motivo, já inspirou diversas estratégias de proteção muitas vezes desvinculadas da proteção à privacidade, na medida em que sua finalidade precípua no mais das vezes seria a de proteger o patrimônio da organização em questão.

Evidentemente que o advento da Lei Geral de Proteção de Dados não tornou imprestáveis as estratégias de segurança da informação que ainda não

32. HANSCHKE, Op. cit., p. 33.

estavam alinhadas com a proteção à privacidade. A lei veio, na verdade, para reconduzir o foco dessas estratégias também aos direitos de pessoas físicas cujos dados são submetidos a processos de tratamento, sem prejuízo de estratégias de segurança servirem para proteger o patrimônio de determinada entidade – que, aliás, pode ser em grande medida composto por agregados de dados pessoas, que logicamente devem ser explorados a partir da observância das devidas salvaguardas legais.

O que se propôs no presente trabalho, por conseguinte, foi uma sistematização de medidas de segurança da informação e de proteção à privacidade de titulares de dados que partisse da visão integrada que a própria Lei Geral de Proteção de Dados propõe. Dessa maneira, entende-se que as duas searas, por mais que possam ser desenvolvidas de maneira independente e conduzidas por departamentos distintos (que, obviamente, devem estar em constante contato), constituem duas faces de uma mesma moeda, de sorte que as medidas que são próprias a uma servem em grande medida para potencializar os benefícios das medidas mais associadas à outra.

Referências

ANPD. Comunicação de incidentes de segurança. Disponível em: https://www.gov.br/anpd/pt-br/assuntos/incidente-de-seguranca. Acesso em: 2 jun. 2021.

BALDASSARRE, Maria Teresa et al. Integrating security and privacy in software development. *Software quality journal.* v. 28, pp. 987-1018, 2020.

BANTERLE, Francesco. The Interface between Data Protection and IP Law: The Case of Trade Secrets and the Database sui generis Right in Marketing Operations, and the Ownership of Raw Data in Big Data Analysis. *Personal Data In Competition, Consumer Protection And Intellectual Property Law*. pp. 411-443, 2018.

BEHLING, Thorsten B.; ABEL, Ralf B. *Praxishandbuch Datenschutz Im Unternehmen.* Berlim: De Gruyter, 2014.

BIONI, Bruno. *Proteção de dados pessoais*: a função e os limites do consentimento. Rio de Janeiro: Forense, 2020.

FRAZÃO, Ana. Fundamentos da proteção dos dados pessoais – noções introdutórias para a compreensão da importância da Lei Geral de Proteção de Dados. In: TEPEDINO, Gustavo; FRAZÃO, Ana; OLIVA, Milena Donato. *Lei Geral de Proteção de Dados Pessoais e suas repercussões no Direito Brasileiro.* São Paulo: Revista dos Tribunais, 2019.

GONSCHEROWSKI, Susan; HANSEN, Marit; ROST, martin. Resilienz – eine neue Anforderung aus der Datenschutz-Grundverordnung. *Datenschutz und Datensicherheit.* v. 42, pp. 442-446, 2018.

GUERRIER, Claudine. *Security and privacy in the digital era*. Londres: John Wiley & Sons, 2016.

HANSCHKE, Inge. *Informationssicherheit und Datenschutz systematisch und nachhaltig gestalten*: Eine kompakte Einführung in die Praxis. Wiesbaden: Springer, 2019.

KOSSEFF, Jeff. *Cybersecurity law*. Nova Jersey: John Wiley & Sons, 2017. p. 24499c.

LE COEUR, Jérôme. Sécuriser les données personnelles de son entreprise. *I2D – Information, données & documents*. v. 53, n. 1, pp. 25-26, 2016.

MARTINS, Guilherme Magalhães; FALEIROS JÚNIOR, José Luiz de Moura. Segurança, boas práticas, governança e compliance. In: LIMA, Cíntia Rosa Pereira. *Comentários à Lei Geral de Proteção de Dados*. São Paulo: Almedina, 2020.

MENDES, Laura Schertel. *Privacidade, proteção de dados e defesa do consumidor*: linhas gerais de um novo direito fundamental. São Paulo: Saraiva, 2014.

MENKE, Fabiano; GOULART, Guilherme. Segurança da informação e vazamento de dados. In: MENDES, Laura Schertel et al. *Tratado de proteção de dados pessoais*. Rio de Janeiro: Forense, 2021.

PRATA DE CARVALHO, Angelo; XAVIER, Vitor Boaventura. Seguro contra riscos cibernéticos: Elementos dogmáticos para a construção de mecanismos securitários em face dos riscos oriundos das tecnologias da informação. In: TZIRULNIK, Ernesto; BLANCO, Ana Maria; XAVIER, Vitor Boaventura. *Direito do Seguro Contemporâneo*. São Paulo: Contracorrente, 2021.

SHASTRI, Supreeth; WASSERMAN, Melissa; CHIDAMBARAM, Vijay. GDPR Anti-patterns. *Communications of the ACM*. v. 64, n. 2, pp. 60-66, fev. 2021.

SHASTRI, Supreeth; WASSERMAN, Melissa; CHIDAMBARAM, Vijay. The seven sins of personal-data processing systems under GDPR. Disponível em: https://www.usenix.org/system/files/hotcloud19-paper-shastri.pdf. Acesso em: 2 jun. 2021.

SOLOVE, Daniel. *Nothing to hide*: the false tradeoff between privacy and security. New Haven: Yale University Press, 2011.

SOUZA, Carlos Affonso Pereira. Segurança e sigilo dos dados pessoais: primeiras impressões à luz da Lei 13.709/2018. In: TEPEDINO, Gustavo; FRAZÃO, Ana; OLIVA, Milena Donato. *Lei Geral de Proteção de Dados Pessoais e suas repercussões no Direito Brasileiro*. São Paulo: Revista dos Tribunais, 2019.

SOUZA, Eduardo Nunes; SILVA, Rodrigo da Guia. Tutela da pessoa humana na lei geral de proteção de dados pessoais: entre a atribuição de direitos e a enunciação de remédios. *Pensar: Revista de Ciências Jurídicas*. v. 24, n. 3, pp. 1-22, jul./set. 2019.

SUMNER, Mary. Information security threats: a comparative analysis of impact, probability, and praparedness. *Information systems management*. v. 26, n. 1, pp. 2-12, 2009.

VAN LOON, Joost. *Risk and technological culture*: towards a sociology of virulence. Londres: Routledge, 2002.

WHITMAN, Michael E. Enemy at the gate: threats to information security. *Communications of the ACM*. v. 46, n. 8, pp. 91-95, ago. 2003.

[illegible] [illegible] [illegible] [illegible] [illegible], 2021.

A importância do *compliance* para o término do tratamento de dados

Gisela Sampaio da Cruz Guedes[1]

Rose Melo Vencelau Meireles[2]

Sumário: 1. Introdução; 2. Término do tratamento de dados; 3. O *compliance* no término de tratamento de dados; 4. O impacto dos programas de *compliance* na responsabilidade civil; 5. Conclusão.

> "In questo momento storico, il termine 'privacy' sintetiza appunto um insieme di potere che, originati dall'antico núcleo dell diritto a essere lasciato in pace, si sono via via evoluti e diffusi nella società proprio per consentire forme di controllo sui diversi soggetti che exercitanp la sorveglianza".
>
> – Stefano Rodotà, *Il mondo in rete.*

---

1. Doutora e Mestre em Direito Civil pela Universidade do Estado do Rio de Janeiro – UERJ. Professora Adjunta de Direito Civil da UERJ. Professora Permanente do Programa de Pós-Graduação em Direito (Mestrado e Doutorado) da UERJ. Professora dos cursos de pós-graduação da PUC-Rio, do CEPED/UERJ, da EMERJ, da EPM e da AASP. Advogada, parecerista e árbitra.

2. Doutora e Mestre em Direito Civil pela Universidade do Estado do Rio de Janeiro – UERJ. Professora Adjunta de Direito Civil da Faculdade de Direito da UERJ. Procuradora da UERJ. Advogada.

1. INTRODUÇÃO

A Lei n.º 13.709/2018 (Lei Geral de Proteção de Dados Pessoais ou "LGPD") considera dado pessoal qualquer informação relacionada à pessoa natural identificada ou identificável (art. 5º, I); diferenciando o dado pessoal sensível, entendido como aquele sobre origem racial ou étnica, convicção religiosa, opinião política, filiação a sindicato ou a organização de caráter religioso, filosófico ou político, dado referente à saúde ou à vida sexual, dado genético ou biométrico, quando vinculado a uma pessoa natural (art. 5º, II). Assim, a LGPD destina-se a tutelar e regulamentar as relações jurídicas que envolvam o tratamento de dados pessoais realizado por pessoa natural ou jurídica que a eles tenham acesso.

A regulamentação estabelecida pela LGPD baseia-se, precipuamente, na tutela conferida pela Constituição da República Federal ("CF") à inviolabilidade e à intimidade da vida privada, reconhecidas como verdadeiros direitos fundamentais (art. 5º, X, CF). A tutela dos dados pessoais conferida pela LGPD situa-se, precisamente, nesse amplo aspecto da vida privada. Nesse sentido, o Supremo Tribunal Federal, no julgamento de medida cautelar na ADI n.º 6.389, reconheceu a existência do direito à proteção de dados pessoais como uma garantia fundamental presente na ordem constitucional brasileira.[3]

Dessa forma, toda e qualquer situação que envolva o manuseio e o tratamento de informações pessoais pelo controlador ou operador, há de levar em consideração que a titularidade dos dados tratados pertence à pessoa natural (LGPD, art. 5º, V), que estará amparada pela garantia constitucional da liberdade e privacidade, sob pena de lesão a esses direitos.

Nesse contexto, os programas de compliance mostram-se instrumentos valiosos para adequação das condutas e processos organizacionais à LGPD e, em última análise, ao comando constitucional. Tais programas acompanham todo o fluxo de informações, desde a sua obtenção até a sua eliminação. Não é demais pontuar, ainda de forma introdutória, que a manipulação de dados pessoais com

---

3. Vide trecho da ementa: "1. Decorrências dos direitos da personalidade, o respeito à privacidade e à autodeterminação informativa foram positivados, no art. 2º, I e II, da Lei nº 13.709/2018 (Lei Geral de Proteção de Dados Pessoais), como fundamentos específicos da disciplina da proteção de dados pessoais. 2. Na medida em que relacionados à identificação – efetiva ou potencial – de pessoa natural, o tratamento e a manipulação de dados pessoais hão de observar os limites delineados pelo âmbito de proteção das cláusulas constitucionais assecuratórias da liberdade individual (art. 5º, caput), da privacidade e do livre desenvolvimento da personalidade (art. 5º, X e XII), sob pena de lesão a esses direitos" (STF, ADI 6.389/DF, Rel. Min. Rosa Weber, julg. 07.05.2020).

o garantismo de direitos fundamentais depende da consolidação de uma cultura da informação em que o compliance exerce papel importantíssimo. Com esse viés, o foco deste trabalho situa-se no tratamento de dados no âmbito da atividade econômica, inserida na proteção da dignidade humana.

A princípio, será abordado o término do tratamento de dados. Ora, na medida em que a titularidade dos dados não se transmite ao controlador ou ao operador, o tratamento apresenta-se como ambulatório, tendente a acabar. Por isso, é relevante discorrer sobre a importância dos programas de integridade, sobretudo na fase do término do tratamento de dados, já que as normas trazidas pela LGPD são, na maioria das vezes, genéricas, a depender de regulação interna para seu cumprimento. Além disso, não se poderia deixar de abordar o impacto do compliance na responsabilidade civil. É verdade que a não observância da LGPD pode acarretar sanções administrativas e civis. Nesse sentido, o compliance, ou conformidade, pode auxiliar as organizações a se adequarem a essa nova perspectiva da informação pessoal.

2. Término do tratamento de dados

Já em 2018, a Lei n.º 12.965, o Marco Civil da Internet, no seu art. 7º, inciso X, previu a exclusão dos dados pessoais como um direito do usuário da internet:

> "Art. 7º O acesso à internet é essencial ao exercício da cidadania, e ao usuário são assegurados os seguintes direitos:
>
> (...)
>
> X – exclusão definitiva dos dados pessoais que tiver fornecido a determinada aplicação de internet, a seu requerimento, ao término da relação entre as partes, ressalvadas as hipóteses de guarda obrigatória de registros previstas nesta Lei".

A finalidade do dispositivo é a de permitir ao usuário o controle das suas informações, conferindo-lhe o direito de solicitar a exclusão definitiva dos seus dados pessoais ao final da relação entre as partes, caso entenda conveniente.[4] Além dessa previsão específica de exclusão dos dados por requerimento do titular, o Marco Civil da Internet também regulamenta as hipóteses em que a guarda dos dados será vedada, conforme previsto em seu art. 16:

> "Art. 16. Na provisão de aplicações de internet, onerosa ou gratuita, é vedada a guarda:

4. BITELLI, Marcos Alberto Sant'Anna. "A Lei 12.965/2014 – O marco civil da internet", *Revista de Direito das Comunicações*, vol. 7/2014, pp. 291-333, jan.-jun./2014, p. 11.

> I – dos registros de acesso a outras aplicações de internet sem que o titular dos dados tenha consentido previamente, respeitado o disposto no art. 7º; ou
>
> II – de dados pessoais que sejam excessivos em relação à finalidade para a qual foi dado consentimento pelo seu titular".

Observa-se que a previsão do Marco Civil da Internet traz dois aspectos fundamentais quanto à guarda dos dados repetidos na LGPD: i) o consentimento; e ii) a finalidade específica. A eficácia do consentimento condiciona-se à finalidade das operações envolvendo as informações pessoais, atribuindo-se, assim, ao titular maior controle dos dados.[5]

Na LGPD, as hipóteses em que se observará o término do tratamento de dados pessoais (em geral) foram regulamentadas no art. 15:

> "Art. 15. O término do tratamento de dados pessoais ocorrerá nas seguintes hipóteses:
>
> I – verificação de que a finalidade foi alcançada ou de que os dados deixaram de ser necessários ou pertinentes ao alcance da finalidade específica almejada;
>
> II – fim do período de tratamento;
>
> III – comunicação do titular, inclusive no exercício de seu direito de revogação do consentimento conforme disposto no § 5º do art. 8º desta Lei, resguardado o interesse público; ou
>
> IV – determinação da autoridade nacional, quando houver violação ao disposto nesta Lei".

Essas hipóteses de término do tratamento de dados pessoais estipuladas pelo art. 15 da LGPD podem ser organizadas da seguinte forma: i) término pelo esgotamento funcional da utilização dos dados; ii) término pelo prazo; iii) término pela autodeterminação do titular; e iv) término por ilegalidade.[6]

---

5. "Este consentimento pode ser concedido, basicamente, de duas maneiras: por meio do opt-in (sistema por meio do qual o titular tem de dar seu consentimento expressamente antes de haver a coleta e uso de dados) ou o opt-out (sistema por meio do qual o titular opta por não dar o consentimento, após coleta ou eventual uso dos dados)" (RIBEIRO, Juliana Tedesco Racy. "Proteção dos dados pessoais no direito brasileiro". In: *Panorama legal sobre as relações de consumo no Brasil*, São Paulo: Editora Singular, 2017, p. 89). O legislador brasileiro optou pelo sistema opt-in, conforme artigo 8º da LPDP.

6. Como ressalta a doutrina, "um dos requisitos de validade do tratamento de dados é o limite de atuação do procedimento, e tal ideia é relativa tanto ao limite de informações

Em relação ao término pelo esgotamento funcional da utilização dos dados, destaca-se o fato de uma das preocupações centrais da LGPD ser, justamente, a finalidade específica do tratamento que se faz dos dados. Nesse sentido, o art. 6º da referida lei enuncia como norteadores das atividades de tratamento de dados os princípios da finalidade, da adequação e da necessidade. Ora, a realização do tratamento de dados deve ocorrer para propósitos legítimos, específicos, explícitos e informados ao titular, sem possibilidade de tratamento posterior de forma incompatível com essas finalidades.

Além disso, esse tratamento deve ser realizado de forma compatível ou adequada com as finalidades informadas ao titular, de acordo com o contexto do tratamento e, ainda, no limite do mínimo necessário para a realização de suas finalidades, com abrangência dos dados pertinentes, proporcionais e não excessivos em relação às finalidades do tratamento. Utiliza-se do princípio da proporcionalidade, ou seja, o tratamento dos dados é protegido na medida em que o meio é adequado e necessário para o fim almejado. No término pelo esgotamento funcional, respeita-se a função (para que serve) do tratamento de dados.

Assim, se a finalidade consiste em coleta de dados para acesso a conteúdos gratuitos de um *blog* ou jornal eletrônico, não podem eles ser mantidos para envio de material de *marketing* não especificado. A finalidade pode ser continuada ou não. O tratamento de dados para uma compra *on-line*, por exemplo, esgota-se com a finalização da própria compra, salvo se o titular autorizar o armazenamento dos dados para compras futuras. Da mesma forma, os dados coletados para a concessão de um financiamento de um imóvel, por exemplo, devem ser eliminados tão logo a análise da concessão seja efetuada. Já na hipótese de término pelo prazo, o tratamento de dados está vinculado a um lapso temporal específico, cujo fim obstará qualquer operação com aqueles dados coletados.

Diante dessas duas hipóteses de término do tratamento, nota-se que é possível, de um lado, haver um lapso funcional e, de outro, um lapso temporal, ao término dos quais devem ser finalizadas as operações dos dados pessoais respectivos. Essas duas primeiras hipóteses decorrem do princípio do consentimento – ou autodeterminação informativa, como foi nomeado na seara da proteção de dados. Isto é, a finalidade e o tempo constituem limites estabelecidos pela autodeterminação. Veja-se que, para os fins da LGPD, consentimento consiste na "manifestação livre, informada e inequívoca pela qual o titular concorda com

---

a serem coletadas quanto à finitude do procedimento no tempo" (PINHEIRO, Patricia Peck. *Proteção de dados pessoais*: comentários à Lei n. 13. 709/2018 (LGPD), 3. ed. São Paulo: Saraiva, 2021, p. 36).

o tratamento de seus dados pessoais para uma finalidade determinada" (LGPD, art. 5º, XII). Significa dizer que o consentimento desvinculado da finalidade ou do tempo para o qual foi concedido não é, de fato, um verdadeiro consentimento e, portanto, não pode ser considerado legítimo.

Ao mesmo tempo, a terceira hipótese de término – pela autodeterminação do titular – busca resguardar o interesse público e consagra o que se chamou de princípio do consentimento qualificado.[7] A respeito da importância do consentimento na disciplina dos atos de conteúdo não patrimonial, sublinha-se constantemente a exigência – mais que isso, a necessidade – de que o consenso do autor do ato seja pleno, efetivo, nunca presumido, atual, espontâneo, consciente, informado: características, essas, nem sempre requeridas com a mesma intensidade para a validade dos contratos, nos quais se registra uma impostação prevalentemente objetiva. Assim, o princípio do consentimento qualificado atribui à vontade interna do declarante uma relevância que nas situações patrimoniais não existe. Note-se que o termo "qualificado" é utilizado para se evidenciar a maior importância dada à vontade subjetiva do declarante.

Como corolário do princípio do consentimento qualificado, tem-se, especialmente, as seguintes consequências para o regulamento das situações jurídicas subjetivas existenciais: i) a vontade interna deve prevalecer sobre a declarada; ii) a manifestação de vontade é pessoal; iii) a manifestação de vontade é revogável. A revogabilidade decorre do princípio do consentimento qualificado, sobretudo quando da disposição resulte limitação ao exercício de direito da personalidade, pois somente a limitação voluntária é admissível. A revogabilidade do consentimento é marcante na LGPD,[8] prevista como uma das hipóteses de término do tratamento de dados pessoais.[9]

---

7. Sobre o ponto, vide MEIRELES, Rose Melo Vencelau. *Autonomia privada e dignidade Humana*, Rio de Janeiro: Renovar, 2009.

8. Sobre a revogação do consentimento na LGPD, o § 5º do art. 8º da LGPD determina que poderá o consentimento ser revogado "a qualquer momento mediante manifestação expressa do titular, por procedimento gratuito e facilitado, ratificados os tratamentos realizados sob amparo do consentimento anteriormente manifestado enquanto não houver requerimento de eliminação, nos termos do inciso VI do caput do art. 18 desta Lei". Note-se que o legislador não fixa parâmetros ou limites ao direito de revogar o consentimento, o que parece querer dizer que se trata de ato puramente volitivo do titular.

9. Explica a doutrina que: "A revogação manifestada pelo titular, evidentemente, somente conduz ao fim do tratamento quando o consentimento foi o motivo que o autorizou. Nas outras várias situações em que o tratamento é permitido, especialmente

Imagine-se, por exemplo, o consentimento de uso de dados pessoais para determinada pesquisa científica oferecido por uma pessoa natural quando ainda criança, e, naturalmente, sem conhecimento de todos os riscos inerentes à tal concessão. Nessa hipótese, esse consentimento poderá, mais tarde, ser suprimido, de modo a se excluir os dados pessoais, inclusive da internet. Por envolver direitos da personalidade, ainda antes da maioridade pode ser requerido o término do tratamento[10]. Em contrapartida, eventual conservação dos dados pessoais, como será visto a seguir, poderá ocorrer em situações específicas, nas quais o legislador limitou a autodeterminação do sujeito para tutelar outro interesse que, sopesado com a autonomia, haveria de prevalecer no caso concreto.

Finalmente, a quarta hipótese de término é a determinação da autoridade nacional de proteção de dados nos casos em que houver alguma violação aos preceitos da LGPD.

A consequência do término do tratamento dos dados pessoais é, naturalmente, a sua eliminação que, em regra, deve ser automaticamente realizada.[11] Nesses termos, o art. 16 da LGPD assim dispõe:

> "Art. 16. Os dados pessoais serão eliminados após o término de seu tratamento, no âmbito e nos limites técnicos das atividades, autorizada a conservação para as seguintes finalidades:
>
> I – cumprimento de obrigação legal ou regulatória pelo controlador;
>
> II – estudo por órgão de pesquisa, garantida, sempre que possível, a anonimização dos dados pessoais;
>
> III – transferência a terceiro, desde que respeitados os requisitos de tratamento de dados dispostos nesta Lei; ou
>
> IV – uso exclusivo do controlador, vedado seu acesso por terceiro, e desde que anonimizados os dados".

---

quando contra a vontade do titular, não cabe a este proibi-lo, ao menos enquanto perdurarem no tempo os motivos que configuram a autorização legal" (MARCACINI, Augusto Tavares Rosa. "Regras aplicadas ao tratamento de dados pessoais". In: LIMA, Cíntia Rosa Pereira (coord.). *Comentários à lei geral de proteção de dados*. São Paulo: Almedina, 2020, p. 159).

10. MENDES, Jorge Barros. "O novo regulamento de proteção de dados", *Revista luso*, vol. 27, set./2017, Pronta.indd 13, p. 26.

11. Caso os dados não sejam automaticamente eliminados com o término do tratamento, o titular dos dados pessoais poderá pleitear a sua eliminação, nos termos do art. 18, VI, da LGPD.

Admite-se, então, excepcionalmente, a conservação dos dados apenas para se alcançar as finalidades disciplinadas na lei, e, por ser regra de exceção, a interpretação deve ser restritiva, de forma a não admitir outras hipóteses, ainda que análogas. A primeira exceção é a conservação para o cumprimento de dever legal ou regulatório pelo controlador. Da mesma forma, em caso de tratamento realizado para estudo em pesquisa científica, os dados podem ser mantidos, garantida a anonimatização, sendo essa a segunda exceção. Veja-se, nesse caso, o exemplo da pesquisa clínica para desenvolvimento de novos medicamentos, cujas informações pessoais de determinado participante não podem ser removidas do conjunto de dados da pesquisa sem afetar seu resultado estatístico e, portanto, a própria comprovação científica da eficácia e da segurança do medicamento em fase de testes. A terceira exceção apresenta-se na hipótese em que as informações são transferidas a terceiros: desde que respeitados os requisitos para o tratamento de dados, não há eliminação. Por fim, não são eliminados os dados para uso exclusivo do controlador, garantida a anonimatização.

Vale, ainda, mencionar que o legislador não previu qualquer prazo para a conservação dos dados pessoais nas hipóteses do referido artigo. O Marco Civil da Internet, por outro lado, determina que o provedor de aplicações de internet "deverá manter os respectivos registros de acesso a aplicações de internet, sob sigilo, em ambiente controlado e de segurança, pelo prazo de 6 (seis) meses, nos termos do regulamento" (art. 15). Com efeito, na ausência de lapso temporal para a guarda ou conservação dos dados pessoais, poder-se-ia aplicar o prazo previsto no Marco Civil da Internet[12] ou, até mesmo, entender-se que não há qualquer limitação temporal.

Em síntese, a regra geral é a completa eliminação dos dados pessoais pelo controlador quando o tratamento se encerra, nos moldes do art. 16 da LGPD. Trata-se de modelo que visa a diminuir os riscos do uso não autorizado ou indevido das informações pessoais, buscando uma maior tutela do seu titular.

Analisadas as principais características do término do tratamento de dados no âmbito da LGPD, passa-se à análise da importância do compliance nesse momento de eliminação dos dados já tratados pelos controladores.

3. O *COMPLIANCE* NO TÉRMINO DE TRATAMENTO DE DADOS

Os programas de compliance visam fomentar a eticidade e a legalidade no âmbito da gestão empresarial. Com efeito, o art. 170 da Constituição da

12. Nesse sentido, consulte-se RIBEIRO, Juliana Tedesco Racy. "Proteção dos dados pessoais no direito brasileiro", cit., p. 89.

República estabelece que a ordem econômica tem por fim assegurar a todos existência digna, o que, em última análise, concretiza-se também a partir da função social da empresa.[13] Nesse sentir, a atividade empresarial há de se emoldurar a partir do atendimento a valores e a normas voltadas para a garantia da dignidade humana e da justiça social, sendo o compliance valioso meio para a formação dessa moldura normativa.

Trata-se de programa, integrante das boas práticas de governança corporativa, que estabelece ferramentas para a conformidade da atividade empresarial com a normativa vigente, com objetivo de prevenir, identificar ou punir irregularidades praticadas na própria empresa ou por colaboradores. Na medida em que há diversos modelos de negócio, o desenvolvimento do programa de compliance é único para cada empresa, a ser customizado de acordo com as peculiaridades de sua atividade. Não obstante, verifica-se quatro pilares fundamentais na construção de um programa de compliance: i) o comprometimento da alta gestão, ii) o constante mapeamento e análise de riscos, iii) a reunião dos valores e normas em um Código de Conduta e iv) monitoramento constante das atividades empresariais.[14]

A alta gestão da empresa, constituída pelos executivos dos mais altos cargos, deve estar comprometida com o atendimento das conformidades, de modo

---

13. "Função social da empresa é princípio que decorre de um conjunto de normas presentes no ordenamento jurídico brasileiro, e que tem como objetivo fazer com que o Direito logre êxito na busca pela justiça social preconizada pela Constituição Federal" (SIQUEIRA, Vitor da Costa Honorato de. "O surgimento dos programas de compliance e sua aplicação na seara trabalhista à luz da função social da empresa". *Revista dos Tribunais*, vol. 1019. São Paulo: Revista dos Tribunais, set. 2020, pp. 319-332).

14. Acerca da estruturação de um programa de compliance robusto, Ana Frazão, Milena Donato Oliva e Viviane Abílio enumeram 10 pontos centrais: i) avaliação contínua de riscos e atualização do programa, ii) elaboração de códigos de ética e conduta; iii) organização compatível com o risco da atividade; iv) comprometimento da alta administração; v) autonomia e independência do setor de compliance; vi) treinamentos periódicos; vii) criação de uma cultura corporativa de respeito à ética e às leis; viii) monitoramento constante dos controles e processos, inclusive para fins de atualização do programa; ix) canais seguros e abertos de comunicação de infrações e mecanismos de proteção dos informantes; x) detecção, apuração e punição de condutas contrárias ao programa de compliance (FRAZÃO, Ana; OLIVA, Milena Donato; e ABILIO, Vivianne da Silveira. "Compliance de dados pessoais". In: TEPEDINO, Gustavo; FRAZÃO, Ana; e OLIVA, Milena Donato (coord.). *Lei geral de proteção de dados pessoais e suas repercussões no Direito brasileiro*, 2.ª ed., São Paulo: RT, 2020, pp. 687-697).

a transparecer a sua importância para toda a organização. O mapeamento e a análise dos riscos, por sua vez, apresenta-se central porque o objetivo primeiro do compliance é eliminar os riscos próprios da atividade. O Código de Conduta mostra-se relevante por reunir todos os valores, normas, processos e meios de controle, a nortear a conduta de todos, gestores, empregados e colaboradores. Por fim, o compliance requer o acompanhamento constante do atendimento do Código de Conduta estabelecido. Apenas com a verificação do cumprimento das normas é possível amadurecer e aperfeiçoar as normas de compliance.

A instituição de um programa de compliance efetivo – que não seja, obviamente, apenas de fachada, para "inglês ver"[15] – provoca verdadeira mudança de cultura no bojo da sociedade, fomentando entre seus empregados, clientes, parceiros e colaboradores o respeito a uma cultura corporativa séria, com a observância das normas legais.[16] Por estimular o cumprimento dos comandos legais, a implementação de um programa de compliance efetivo normalmente é levada em consideração, por exemplo, pelos órgãos reguladores na dosimetria da pena, servindo como potencial atenuante de sanções administrativas. Atentos a isso, os empresários têm procurado adequar-se a essa nova realidade, até para, aos poucos, construir a reputação das empresas sob o seu comando.

O impacto reputacional de um programa de compliance bem-feito é inegável, tanto mais agora diante da crescente relevância dos fatores ESG.[17] A si-

---

15. Como já observado, "[a] mera elaboração de políticas de compliance que carecem de efeitos na prática corporativa – os chamados 'programas de papel' – não consiste em mecanismo de efetivo autocontrole. Por consequência, a tendência é que sejam desconsiderados pelos órgãos regulatórios, sem que resultem na atenuação das sanções a serem aplicadas. Um 'programa de fachada', que não preencha os requisitos mínimos ou que preencha apenas formalmente, pode de fato resultar em penalidades maiores do que aquelas que seriam aplicáveis em sua ausência. Com efeito, ressalta-se que um programa de compliance mal concebido, que não envolva suficientemente as lideranças corporativas ou careça do suporte financeiro para seu regular desempenho dissemina entre os funcionários de que o programa é um embuste" (FRAZÃO, Ana; OLIVA, Milena Donato; e ABILIO, Vivianne da Silveira. "Compliance de dados pessoais", cit., p. 678).

16. Há quem entenda, inclusive, que a implementação de um programa de compliance é "condição para o atingimento da função social da empresa" (SIQUEIRA, Vitor da Costa Honorato de. "O surgimento dos programas de compliance e sua aplicação na seara trabalhista à luz da função social da empresa", cit., pp. 324 e seguintes).

17. Para mais informações sobre os fatores ESG, vale conferir: "ESG de A Z: Tudo o que você precisa saber sobre o tema", relatório elaborado pela XP Investimentos, disponível em: < https://conteudos.xpi.com.br/esg/esg-de-a-a-z-tudo-o-que-voce-precisa-saber-sobre-o-tema/>. Acesso em 31.05.2021.

gla "ESG" advém do termo em inglês "Environmental, Social and Governance" (ou, em português, ASG, referindo-se a "Ambiental, Social e Governança"). Nos últimos anos, investidores de toda parte do mundo se engajaram na busca do chamado "investimento responsável", impulsionado pela crescente conscientização de questões como mudanças climáticas, diversidade de gênero, políticas de anticorrupção etc. É no "S", de social, em que se situa o debate sobre proteção de dados pessoas. Embora as discussões acerca dos fatores ESG tenham ganhado notoriedade apenas recentemente no Brasil, quando se volta para o restante do mundo fica evidente que esse assunto não é novo e, mais do que isso, que não se trata de uma tendência passageira, mas antes de uma nova realidade que veio para ficar.[18] Os programas de compliance inserem-se perfeitamente nessa nova realidade em que a palavra de ordem é *prevenção*.

São, enfim, inúmeras as vantagens atribuídas aos programas de compliance, mas aqui, para efeito deste artigo, importa destacar três delas, por estarem mais ligadas à responsabilidade civil: (i) os programas de compliance auxiliam os empresários a realizar uma adequada gestão dos riscos da atividade, porque permitem identificar os chamados pontos sensíveis, em que há maior exposição a riscos e, consequentemente, mais chance de a sociedade vir a ser responsabilizada;[19] (ii) com a identificação das fragilidades, os programas acabam ajudando na implementação de medidas preventivas, que vão diminuir as chances de ocorrerem danos;[20] e, finalmente, (iii) auxiliam também na remediação/mitigação dos danos eventualmente existentes.

---

18. Do lado ambiental, discute-se o uso de recursos naturais, emissões de gases de efeito estufa (CO2, gás metano), eficiência energética, poluição, gestão de resíduos e efluentes. Já em relação aos fatores sociais, a discussão passa pelas políticas adotadas quanto às relações de trabalho, inclusão e diversidade, engajamento dos funcionários, treinamento da força de trabalho, direitos humanos, relações com comunidades, privacidade e proteção de dados. No aspecto da governança, também são inúmeras as discussões: independência do conselho de administração, política de remuneração da alta administração, diversidade na composição do conselho de administração, estrutura dos comitês de auditoria e fiscal, ética e transparência.
19. FRAZÃO, Ana; OLIVA, Milena Donato; e ABILIO, Vivianne da Silveira. "Compliance de dados pessoais", cit., p. 678.
20. Nesse sentido: "Diante desta nova premissa, o Compliance, que é compreendido como um sinônimo de prevenção, pode assumir um importante papel na sociedade. O conceito de Compliance pode ser ampliado, ao ser pensado um programa de Criminal Compliance como busca de enquadramento ético de uma entidade empresarial, face à nova sociedade globalizada, inclusive quanto ao fato de buscar isenção de responsabilidades em fatos, que ainda não estejam previstos em lei, como por exemplo, as

Antes mesmo da elaboração do programa de compliance, há uma primeira fase em que serão identificados os pontos mais vulneráveis da empresa, tornando-se possível avaliar os riscos aos quais ela mais constantemente se submete. Nessa fase, tenta-se antecipar todas as questões mais delicadas, com potencial de gerar contingências futuras. O propósito dessa fase, que antecede a própria elaboração do programa, não é outro senão o de mapear possíveis problemas com potencial de gerar a responsabilização da pessoa jurídica. É essa fase que "garante que os programas não sejam reduzidos a medidas meramente profiláticas, orientadas por *standards* universalmente válidos que, na maioria dos casos, diz pouco ou nenhum respeito à dinâmica concreta dos negócios e às especificidades das empresas ou grupos econômicos nos quais se implementam os programas".[21]

Identificados os problemas, passa-se, então, para uma segunda fase de análise mais pormenorizada dos riscos, que permitirá a elaboração de um programa de compliance personalizado, capaz de antecipar questões concretas e apontar possíveis soluções. Ainda antes do programa de compliance, serão elaborados códigos de ética e de conduta que expressem, por escrito, os valores e os princípios da entidade, a serem observados não só pelos seus funcionários, mas também pelos seus parceiros e colaboradores. Esses códigos servirão como espécie de guia, verdadeira norma de conduta que deverá conduzir aquela comunidade que gira em torno da empresa.

Apenas na terceira fase é que o programa de compliance é elaborado, com o objetivo de criar uma cultura corporativa compatível com a legislação que regula o setor. O programa deve trazer regras objetivas e concretas para aquela realidade, aptas a prevenirem situações com potencial de gerar danos e estabelecerem as correspondentes sanções em caso de descumprimento. O programa deve criar também um canal de comunicação seguro dentro da empresa para receber denúncias, identificadas ou anônimas, de casos que contrariem as normas estabelecidas. A alta administração precisa participar desse processo não só para dar o exemplo, mas também para garantir que o programa será implementado e cumprido.

---

nanotecnologias" (TONIN, Alexandre Baraldi. "*Compliance*: uma visão do compliance como forma de mitigação de responsabilidade", *Revista dos Tribunais*, vol. 983. São Paulo: RT, set. 2017, p. 268).

21. Saad-Diniz, Eduardo. "Análise qualitativa sobre a implementação dos programas de compliance no Brasil (2014-2019)". *Revista dos Tribunais*, vol. 1027. São Paulo: RT, mai. 2021, p. 46.

Na quarta fase, passa-se para a implementação propriamente dita do programa de compliance. É nessa quarta fase que o programa será posto a teste, então é importante que seja criado um setor de compliance com autonomia suficiente para acompanhar toda essa mudança de cultura e monitorar os processos de controle e a aplicação das sanções cabíveis. O programa precisa ser constantemente atualizado e os funcionários da empresa treinados para seguir sempre na direção certa, afastando-se das situações que contrariem as regras instituídas.[22] Os programas de compliance difundiram-se no Brasil, mas ainda há poucos dados a respeito da sua efetividade, sob o ponto de vista da modificação dos padrões éticos na atividade empresarial.[23]

O cuidado com a proteção dos dados pessoais, desde a sua coleta até o término do tratamento e sua posterior eliminação, deve permear todas essas quatro fases. Já na primeira fase, quando serão mapeados os pontos mais vulneráveis da empresa, será necessário avaliar em que situações e como a empresa colhe os dados pessoais, quais são esses dados, se e como esses dados são armazenados, em que momentos tais dados são utilizados, quais são os tipos de tratamento realizados com esses dados – lembrando aqui que, para a LGPD, a mera coleta dos dados já é, em si, considerada um tipo de tratamento[24] –, como esses dados se relacionam com a atividade da empresa, em que circunstâncias esses dados ficam mais expostos a risco, como ocorre o encerramento do tratamento e, finalmente, se e como os dados pessoais são descartados.

O programa de compliance precisa ter regras expressas e muito claras para orientar como deve ocorrer o encerramento do tratamento de dados e como deve se dar o seu descarte, prevendo também as sanções para o caso de

---

22. Apesar do custo de implementação, o programa "evitará não apenas as sanções previstas na LGPD e a judicialização de demandas, mas também reduzirá os custos sociais, pois, ao prevenir o tratamento inadequado de dados, promoverá o desenvolvimento e bem-estar no ambiente laboral, ao mesmo tempo em que protegerá direitos fundamentais" (Wervloet, Sabrina. "A incidência da lei geral de proteção de dados e o compliance nas relações de trabalho como instrumentos para a proteção de dados pessoais do trabalhador na 4ª revolução industrial". *Revista dos Tribunais*, vol. 1022. São Paulo: RT, dez. 2020, pp. 255-270).

23. Sobre o ponto, vide SAAD-DINIZ, Eduardo. "Análise qualitativa sobre a implementação dos programas de compliance no brasil (2014-2019)", cit., *passim*.

24. De acordo com o art. 5º, inciso X, da LGPD, considera-se tratamento "toda operação realizada com dados pessoais, como as que se referem a coleta, produção, recepção, classificação, utilização, acesso, reprodução, transmissão, distribuição, processamento, arquivamento, armazenamento, eliminação, avaliação ou controle da informação, modificação, comunicação, transferência, difusão ou extração".

descumprimento. Com isso, o próprio programa poderá criar o *standard* de conduta que deverá ser sempre observado no encerramento do tratamento e, posteriormente, no momento em que haverá o descarte dos dados, prevenindo potenciais situações lesivas. Quanto mais precisas e claras forem as regras, mais efetivo será o programa; quanto mais suas regras e medidas preventivas forem observadas, menor será o risco de ocorrer algum incidente de segurança.

O art. 50 da LGPD[25] estabelece diretrizes para as boas práticas e governança, a serem definidas pelos controladores e operadores de dados pessoais.

---

25. "Art. 50. Os controladores e operadores, no âmbito de suas competências, pelo tratamento de dados pessoais, individualmente ou por meio de associações, poderão formular regras de boas práticas e de governança que estabeleçam as condições de organização, o regime de funcionamento, os procedimentos, incluindo reclamações e petições de titulares, as normas de segurança, os padrões técnicos, as obrigações específicas para os diversos envolvidos no tratamento, as ações educativas, os mecanismos internos de supervisão e de mitigação de riscos e outros aspectos relacionados ao tratamento de dados pessoais.
§ 1º Ao estabelecer regras de boas práticas, o controlador e o operador levarão em consideração, em relação ao tratamento e aos dados, a natureza, o escopo, a finalidade e a probabilidade e a gravidade dos riscos e dos benefícios decorrentes de tratamento de dados do titular.
§ 2º Na aplicação dos princípios indicados nos incisos VII e VIII do caput do art. 6º desta Lei, o controlador, observados a estrutura, a escala e o volume de suas operações, bem como a sensibilidade dos dados tratados e a probabilidade e a gravidade dos danos para os titulares dos dados, poderá:
I – implementar programa de governança em privacidade que, no mínimo:
a) demonstre o comprometimento do controlador em adotar processos e políticas internas que assegurem o cumprimento, de forma abrangente, de normas e boas práticas relativas à proteção de dados pessoais;
b) seja aplicável a todo o conjunto de dados pessoais que estejam sob seu controle, independentemente do modo como se realizou sua coleta;
c) seja adaptado à estrutura, à escala e ao volume de suas operações, bem como à sensibilidade dos dados tratados;
d) estabeleça políticas e salvaguardas adequadas com base em processo de avaliação sistemática de impactos e riscos à privacidade;
e) tenha o objetivo de estabelecer relação de confiança com o titular, por meio de atuação transparente e que assegure mecanismos de participação do titular;
f) esteja integrado a sua estrutura geral de governança e estabeleça e aplique mecanismos de supervisão internos e externos;
g) conte com planos de resposta a incidentes e remediação; e
h) seja atualizado constantemente com base em informações obtidas a partir de monitoramento contínuo e avaliações periódicas;
II – demonstrar a efetividade de seu programa de governança em privacidade quando apropriado e, em especial, a pedido da autoridade nacional ou de outra entidade

As regras de compliance devem atentar para a organização, o regime de funcionamento, os procedimentos, incluindo reclamações e petições de titulares, as normas de segurança, os padrões técnicos, as obrigações específicas para os diversos envolvidos no tratamento, as ações educativas, os mecanismos internos de supervisão e de mitigação de riscos, entre outros aspectos. Entre os critérios para a criação das normas de compliance, destacam-se a natureza, o escopo, a finalidade e a probabilidade e a gravidade dos riscos e dos benefícios decorrentes de tratamento de dados do titular.

No que tange ao término de dados pessoais, como visto acima, há de se verificar as quatro hipóteses previstas na lei: i) o esgotamento da finalidade; ii) a observância do período; iii) a revogação do consentimento; iv) a determinação da autoridade nacional, por violação à LGPD. O desenvolvimento das regras de compliance deve pautar-se, portanto, nessa linha. Vale dizer, estabelecer os processos e os meios de controle adequados para definir quando ocorre o término do tratamento de dados naquela dada atividade e como acontecerá a sua eliminação,[26] isto é, a exclusão de dado ou de conjunto de dados armazenados.

Como se sabe, a LGPD entrou em vigor em 01.05.2021.[27] A ausência de normas de conduta que indiquem procedimentos para o término do tratamento de dados certamente poderá acarretar infrações à LGPD, na medida em que a eliminação constitui consequência resultante do próprio término. Assim, se no âmbito da gestão não for possível delimitar quando ocorre o término, também não haverá a eliminação dos dados, a configurar infração administrativa,[28] além de outras sanções.

---

responsável por promover o cumprimento de boas práticas ou códigos de conduta, os quais, de forma independente, promovam o cumprimento desta Lei.
§ 3º As regras de boas práticas e de governança deverão ser publicadas e atualizadas periodicamente e poderão ser reconhecidas e divulgadas pela autoridade nacional".

26. Art. 16. Os dados pessoais serão eliminados após o término de seu tratamento, no âmbito e nos limites técnicos das atividades, autorizada a conservação para as seguintes finalidades:
I – cumprimento de obrigação legal ou regulatória pelo controlador;
II – estudo por órgão de pesquisa, garantida, sempre que possível, a anonimização dos dados pessoais;
III – transferência a terceiro, desde que respeitados os requisitos de tratamento de dados dispostos nesta Lei; ou
IV – uso exclusivo do controlador, vedado seu acesso por terceiro, e desde que anonimizados os dados.

27. Com exceção dos artigos 52, 53 e 54, que entram em vigor a partir de 01/08/2021.

28. Art. 52. Os agentes de tratamento de dados, em razão das infrações cometidas às normas previstas nesta Lei, ficam sujeitos às seguintes sanções administrativas aplicáveis pela autoridade nacional:

O programa de compliance, portanto, deve mapear quando se dá o esgotamento da finalidade do tratamento de dados, a fim de que possa estabelecer procedimentos para a identificação dessa hipótese de término, e indicar qual o método a ser utilizado para a eliminação dos dados, por exemplo, a informação ao titular, ou atribuição de prazo para coleta dos dados antes da sua eliminação. Se há um período para o tratamento de dados, o programa de compliance deve indicar as condutas para o controle do prazo e sua regular eliminação ao fim desse período.

Há de se observar ainda que a LGPD atribui centralidade ao titular dos dados. Sobretudo em relação aos dados sensíveis, o consentimento livre e atual do titular mostra-se necessário, salvo poucas exceções. Desse modo, o compliance também se ocupa em criar procedimentos para o consentimento e sua revogação; e sendo dados sensíveis, cuidar para que seja fornecido de forma específica e destacada, para finalidades específicas, ao fim das quais o tratamento igualmente finda.

Os programas de compliance, portanto, apresentam-se como meio eficaz para o cumprimento da LGPD, inclusive no término e na eliminação dos dados pessoais. É preciso que se respeitem as hipóteses legais que levam ao término do tratamento de dados, bem como mecanismos para controle e sanção no caso de descumprimento.

I – advertência, com indicação de prazo para adoção de medidas corretivas;
II – multa simples, de até 2% (dois por cento) do faturamento da pessoa jurídica de direito privado, grupo ou conglomerado no Brasil no seu último exercício, excluídos os tributos, limitada, no total, a R$ 50.000.000,00 (cinquenta milhões de reais) por infração;
III – multa diária, observado o limite total a que se refere o inciso II;
IV – publicização da infração após devidamente apurada e confirmada a sua ocorrência;
V – bloqueio dos dados pessoais a que se refere a infração até a sua regularização;
VI – eliminação dos dados pessoais a que se refere a infração;
VII – (Vetado);
VIII – (Vetado);
IX – (Vetado);
X – suspensão parcial do funcionamento do banco de dados a que se refere a infração pelo período máximo de 6 (seis) meses, prorrogável por igual período, até a regularização da atividade de tratamento pelo controlador; (Incluído pela Lei nº 13.853, de 2019)
XI – suspensão do exercício da atividade de tratamento dos dados pessoais a que se refere a infração pelo período máximo de 6 (seis) meses, prorrogável por igual período;
XII – proibição parcial ou total do exercício de atividades relacionadas a tratamento de dados.

4. O IMPACTO DOS PROGRAMAS DE *COMPLIANCE* NA RESPONSABILIDADE CIVIL

Diante da pouca valia da simples reparação – incerta e, no mais das vezes, excessivamente onerosa –, a prevenção quase sempre é a melhor, quando não a única, solução. De fato, inúmeros são os danos irreparáveis ou de difícil reparação, pelo que nem sempre o Direito pode contentar-se com meras indenizações.[29]

No campo de incidência da LGPD, com mais razão, *prevenir* sempre será melhor do que *remediar*, tanto mais em se tratando de dados sensíveis. Afinal, depois de ocorrido o vazamento ou o mau uso dos dados, por exemplo, é bem mais complicado conter as possíveis consequências e desdobramentos que podem advir do incidente.[30] Ao estabelecer o procedimento a ser seguido para o encerramento do tratamento de dados, o objetivo do programa de compliance deve ser o de estabelecer verdadeira referência normativa para as práticas da empresa, com especial atenção para a identificação da cadeia de responsabilidade, para a adoção de medidas de prevenção em relação a potenciais condutas que infrinjam a lei e para as formas de remediação/mitigação dos danos.

O compliance atua, portanto, tanto no *ex ante*, estabelecendo medidas preventivas, como no *ex post*, aplicando as sanções cabíveis e direcionando a remediação dos prejuízos causados. Considerando que a LGPD é permeada de conceitos jurídicos indeterminados, que precisam ser necessariamente concretizados, tomando por base a realidade de cada agente econômico, "(...) é fundamental que, ao lado do papel regulamentador da autoridade nacional, os agentes econômicos possam também ter a iniciativa de dar concretude aos comandos legais, adaptando-os à sua realidade a partir dos incentivos e dos esclarecimentos que recebem do próprio Estado".[31]

---

29. O dano moral, por exemplo, não se sujeita a "ressarcimentos", mas antes se "compensa", como o dano extrapatrimonial de maneira geral. A dificuldade reside no fato de essa compensação ser feita, na maioria dos casos, por meio da deflagração do dever de indenizar – de cunho estritamente patrimonial –, como se essa fosse a única resposta possível do ordenamento jurídico para as inúmeras lesões à dignidade humana, vale dizer, aos interesses existenciais.

30. Em outro campo, exemplo de comportamento preventivo, que merece especial destaque, é o procedimento conhecido por *recall*, cada vez mais comum na prática, em que o próprio fabricante de produtos de consumo duráveis conclama seus consumidores a comparecerem às agências concessionárias para que as peças defeituosas de seus produtos sejam trocadas gratuitamente. O procedimento de *recall* tem sido muito utilizado não só pelos fabricantes de veículos, mas também de aparelhos eletrodomésticos.

31. FRAZÃO, Ana; OLIVA, Milena Donato; e ABILIO, Vivianne da Silveira. "Compliance de dados pessoais", cit., p. 677.

As medidas de prevenção serão fiscalizadas pela autoridade nacional de proteção de dados, que assume, nesse cenário, papel de enorme relevância. Em outras searas, quando, por exemplo, as autoridades incumbidas da fiscalização de certo setor produtivo impedem ou, simplesmente, não autorizam a fabricação de determinado medicamento cujo fator de risco supera eventuais benefícios, "então aí se terá obtido o efeito preventivo de proteção à saúde do público consumidor em geral".[32] Nem sempre, porém, a fiscalização acerta. Se falharem tais mecanismos, ainda é possível, em alguns casos, evitar ou, pelo menos, mitigar os efeitos do *eventus damni*, preventivamente por meio das ações cautelares. Já as sanções administrativas, bem como as infrações penais, atuam repressivamente, isto é, *a posteriori*.

Quanto às sanções administrativas, previstas no art. 52 da LGPD,[33] nota-se que, ainda que o programa de compliance não tenha impedido ou prevenido o *eventus damni*, ele poderá impactar de forma relevante na apreciação e na aplicação da sanção pela autoridade nacional. Isso porque, o próprio art. 52, em seu parágrafo primeiro, deixa expresso que as sanções serão aplicadas de acordo

---

32. FILOMENO, José Geraldo Brito. In: GRINOVER, Ada Pelledrini *et al* (Org.). *Código brasileiro de defesa do consumidor: comentado pelos autores do anteprojeto*. 5. ed. Rio de Janeiro: Forense Universitária, 1998, p. 117.

33. Art. 52. Os agentes de tratamento de dados, em razão das infrações cometidas às normas previstas nesta Lei, ficam sujeitos às seguintes sanções administrativas aplicáveis pela autoridade nacional:
I – advertência, com indicação de prazo para adoção de medidas corretivas;
II – multa simples, de até 2% (dois por cento) do faturamento da pessoa jurídica de direito privado, grupo ou conglomerado no Brasil no seu último exercício, excluídos os tributos, limitada, no total, a R$ 50.000.000,00 (cinquenta milhões de reais) por infração;
III – multa diária, observado o limite total a que se refere o inciso II;
IV – publicização da infração após devidamente apurada e confirmada a sua ocorrência;
V – bloqueio dos dados pessoais a que se refere a infração até a sua regularização;
VI – eliminação dos dados pessoais a que se refere a infração;
VII – (vetado);
VIII – (vetado);
IX – (vetado);
X – suspensão parcial do funcionamento do banco de dados a que se refere a infração pelo período máximo de 6 (seis) meses, prorrogável por igual período, até a regularização da atividade de tratamento pelo controlador;
XI – suspensão do exercício da atividade de tratamento dos dados pessoais a que se refere a infração pelo período máximo de 6 (seis) meses, prorrogável por igual período;
XII – proibição parcial ou total do exercício de atividades relacionadas a tratamento de dados.

com as peculiaridades do caso concreto, considerados alguns parâmetros e critérios, entre eles: a adoção reiterada e demonstrada de mecanismos e procedimentos internos capazes de minimizar o dano, voltados ao tratamento seguro e adequado de dados; a adoção de política de boas práticas e governança; e a pronta adoção de medidas corretivas.

Dessa forma, a existência de um programa de compliance eficaz, que regulamente de forma clara e objetiva as diretrizes para a rápida remediação de eventuais prejuízos causados ao longo do tratamento, e mesmo após o seu término, será relevante para a apreciação das sanções aplicáveis. E isso poderá ocorrer não só no âmbito da responsabilidade administrativa, como também na responsabilidade civil.

Como se sabe, na esfera da responsabilidade civil, a reparação do dano deve ser integral. Nesse sentido, o *caput* do art. 944 do Código Civil, ao disciplinar que a indenização se mede pela extensão do dano, consagra o princípio da reparação integral, afastando qualquer escopo punitivo da responsabilidade civil.[34] Contudo, o parágrafo único desse art. 944 positiva o abrandamento desse princípio, permitindo que o juiz reduza, equitativamente, a indenização "se houver excessiva desproporção entre a gravidade da culpa e o dano".

Apesar de o dispositivo mencionar o "grau de culpa" para a análise da excessiva desproporção, o elemento a ser analisado há de ser o nexo causal e a adequação dos efeitos produzidos por certo ato, e não a culpa do agente e suas

34. Nas últimas décadas, tem-se identificado, sobretudo nos tribunais estaduais, tentativa de se atribuir à responsabilidade civil função punitiva, ao lado da reparatória/compensatória, o que tem sido feito, de regra, por meio da majoração do valor devido a título de danos morais, seja afirmando-se expressamente a existência dessa pretensa função punitiva, seja utilizando-se de parâmetros tipicamente punitivos para a quantificação da indenização, a exemplo da situação patrimonial do ofensor e da reprovabilidade de sua conduta. Não obstante a prática judicial reiterada, o ordenamento jurídico pátrio, *de lege lata*, não admite a condenação do ofensor à verba punitiva, que, a rigor, vai de encontro à repersonalização do direito civil. É possível destacar diversos fatores que afastam a função punitiva da responsabilidade civil, entre eles: (i) a responsabilidade civil brasileira tem como regra fundamental a indenização de acordo com a extensão do dano; (ii) a indenização punitiva implicaria punição sem prévia cominação legal visto que não é prevista em lei; (iii) muitos dos ilícitos civis também configuram ilícitos penais e/ou administrativos, e, com isso, a indenização punitiva levaria o agente a ser punido em diferentes esferas pelo mesmo fato, configurando *bis in idem*. Para um estudo completo do assunto, v. BODIN DE MORAES, Maria Celina. "*Punitive damages* em sistemas civilistas: problemas e perspectivas". *Revista trimestral de direito civil*, v. 18. Rio de Janeiro: Padma, abr./jun. 2004, pp. 45-78.

subjetivas e proscritas gradações. Esse dispositivo revela a preocupação do legislador com a reparação justa, sobrepondo à disciplina do dano uma espécie de limite de causalidade legítima, de modo a autorizar o magistrado a eliminar da indenização o *quantum* que transcenda os efeitos razoavelmente atribuídos, na percepção social, à conta de determinado comportamento. Como já se teve a oportunidade de explicar em outra obra:

> "A redução da indenização decorre, por conseguinte, da ausência de nexo causal direto e imediato entre a conduta do agente e a parcela desproporcional de dano causado. Tendo-se em conta o resultado razoavelmente esperado para certas condutas, por vezes corriqueiras, da atividade humana, o legislador admite hipótese em que o resultado danoso excede a causalidade que se pode esperar. O resultado mais grave, portanto, decorreria da presença de concausa externa e excepcional não imputável ao agente. Trata-se de concausa que, extrapolando a causalidade razoavelmente esperada para determinado comportamento, conduz à extraordinária majoração do dano. Se o agente deve suportar o dano na medida em que o tenha produzido, isto é, na proporção em que sua conduta interferiu no evento danoso, não será responsável pela parcela extraordinária do dano decorrente da concausa".[35]

Nesses termos, é possível que os efeitos da aplicação do programa de compliance influenciem na adoção de comportamentos que funcionem para afastar, ainda que não totalmente, pelo menos parte da responsabilidade do agente de tratamento pelos eventuais danos envolvendo o término do tratamento e a eliminação dos dados pessoais, com base na redução equitativa da indenização. Trata-se, evidentemente, de medida excepcional, que cria uma exceção à regra geral da reparação integral.

Não fosse só isso, a possibilidade de mitigação dos danos por meio da aplicação de um programa de compliance eficaz parece também afastar a utilização da técnica *in re ipsa* para a reparação do dano moral no âmbito da LGPD.[36]

---

35. TEPEDINO, Gustavo; TERRA, Aline de Miranda Valverde; GUEDES, Gisela Sampaio da Cruz. *Fundamentos do direito civil*, v. 3, 2. ed. São Paulo: GEN Forense, 2021, p. 125.

36. Sobre a questão do dano moral *in re ipsa* no âmbito da LGPD, remete-se o leitor a GUEDES, Gisela Sampaio da Cruz. "Dano moral *in re ipsa* e a Lei Geral de Proteção de Dados Pessoais: 'presunção e água benta, cada um toma a que quer'". No prelo a ser publicado em obra coletiva coordenado por Felipe Palhares.

Diante de uma situação em que ocorra um vazamento de dados pessoais, por exemplo, é possível que o responsável/controlador, baseado em programa de compliance, tenha tomado diversas providências específicas que lhe cabiam não só para evitar, como também para minimizar os prejuízos desse vazamento, de tal forma que até mesmo inexista, no caso concreto, razão para uma responsabilização por danos morais.[37]

Em precedente julgado pelo Tribunal de Justiça do Rio Grande do Sul,[38] foi justamente a mitigação do dano que determinou a inexistência de dano moral. Ao analisar situação em que houve um vazamento de dados cadastrais de alunos em um grupo de e-mail de um curso de uma universidade, o Tribunal levou em consideração que a universidade comprovou ter tomado todas as providências pertinentes a fim de minimizar os prejuízos decorrentes do vazamento de informações, lançando nota em jornal local, registrando Boletim de Ocorrência, advertindo os alunos que receberam o e-mail com os dados para que não os repassassem, anotação junto ao SPC e SERASA por meio de intervenção judicial, entre outras. Por fim, o Tribunal ainda ressaltou que "a ocorrência de divulgação de dados – diga-se, não sigilosos – por si só, não evidencia dano moral, uma vez que à míngua de comprovação específica, por não ser presumido, não resta caracterizado".

A aplicação do artifício *in re ipsa*, tão utilizado quando se trata, por exemplo, de uso indevido de imagem,[39] parece não se adequar à miríade de situações que podem decorrer da LGPD. A conclusão a que se chega é a de que, se, em razão do exercício de atividade de tratamento de dados pessoais ou de um incidente de segurança ocorrido na fase final de descarte dos dados, uma pessoa natural tiver

---

37. Diante da realidade atual dos dados digitais, como já se observou, "não faria sentido adotar uma interpretação da responsabilidade civil que fosse calcada em um ideal fantasioso de precaução ilimitada e segurança absoluta. Com dados circulando em uma velocidade estonteante, além de hackers dispostos a usar de todos os artifícios possíveis (digitais ou não), é fundamental ter uma perspectiva real, inclusive considerando penas e multas estipulados na legislação para não inibir a atividade produtiva e empreendedora que é o motor da sociedade" (CORRÊA, Leonardo; CHO, Tae. "Responsabilidade civil na LGPD é subjetiva". Disponível em: https://www.conjur.com.br/2021-jan-29/correa-cho-responsabilidade-civil-lgpd-subjetiva#author. Acesso em: 02.06.2021).

38. TJ/RS, 1ª Turma Recursal Cível, Recurso Cível n.º 71004371027, Rel. Des. Marta Borges Ortiz, j. 26.11.2013.

39. Vide o Enunciado da Súmula 403 do STJ, segundo o qual: "Independe de prova do prejuízo a indenização pela publicação não autorizada de imagem de pessoa com fins econômicos ou comerciais".

seus dados pessoais indevidamente divulgados, não necessariamente ela sofrerá dano moral. E, ainda que reste configurado o dano, não é recomendável que o julgador aplique, *ipso facto*, a técnica das presunções para deixar de avaliar a configuração e a extensão do dano no caso concreto.[40]

Afastar a metodologia *in re ipsa* não fragiliza a aplicação da LGPD no que diz respeito à responsabilização dos agentes de tratamento. Permanecem esses vinculados à proibição de utilização indevida e irregular dos dados pessoais, fundada na tutela da privacidade e intimidade dos titulares dos dados, os quais, no entanto, não farão jus a uma reparação extrapatrimonial automática, sem maiores considerações ao caso concreto, quando aquela vedação for descumprida. A ocorrência e a reparação de eventual dano moral sofrido pelo titular dos dados vazados continua plenamente possível, sendo apenas necessária, para a sua aferição, uma ponderação mais concreta, que não se baseie na sensível metodologia das presunções.

No Brasil, a reparação do dano moral enfrenta diariamente diversos desafios. A reparação *in natura* se mostra particularmente eficaz tendo em vista os valores relativamente baixos das indenizações arbitradas para os danos extrapatrimoniais, sobretudo nos casos mais grave, o que faz com que a vítima não se sinta devidamente reparada. Com a reparação *in natura*, o pagamento da indenização pode eventualmente ser substituído ou cumulado com medidas de retratação ou da publicação da sentença de procedência do pedido de indenização por dano moral,[41] tornando mais efetiva a compensação[42] e desestimulando a difusão das ações meramente mercenárias.

---

40. Na linha do Enunciado n.º 455, da V Jornada de Direito Civil, organizada pelo Conselho da Justiça Federal: "Embora o reconhecimento dos danos morais se dê, em numerosos casos, independentemente de prova (*in re ipsa*), para a sua adequada quantificação, deve o juiz investigar, sempre que entender necessário, as circunstâncias do caso concreto, inclusive por intermédio da produção de depoimento pessoal e da prova testemunhal em audiência".

41. O que não necessariamente precisa ocorrer no Diário de Justiça; a depender do caso, a reparação será mais efetiva se a sentença for publicada em informativo local, que circule mais pelo público diante do qual o lesado ficou exposto.

42. Na legislação brasileira, a Lei de Imprensa (Lei n.º 5.250/67) prevê algumas formas de reparação que têm sido consideradas modalidades de reparação *in natura*, como a retratação do ofensor, o desmentido, a retificação da notícia injuriosa, a divulgação da resposta e, até mesmo, a publicação da sentença condenatória. Vale observar que, em 30 de abril de 2009, o Supremo Tribunal Federal brasileiro, por maioria, julgou procedente a Arguição de Descumprimento de Preceito Fundamental – ADPF n.º 130/DF, ajuizada pelo Partido Democrático Trabalhista – PDT em face da Lei de Imprensa,

Tão sedutora é a reparação *in natura* que, por vezes, se chega mesmo a afirmar o caráter subsidiário da "reparação" (compensação) pecuniária, que só seria chamada a atuar quando a reparação *in natura* se revelasse insuficiente para tutelar a vítima. O que se tem observado, contudo, é justamente o contrário: a reparação pecuniária tem sido a regra, e a *in natura*, a exceção, tendo em vista, sobretudo, os acanhados mecanismos dessa modalidade de reparação, que não oferecem tutela satisfatória à compensação de diversos danos extrapatrimoniais.[43]

Nos poucos casos em que a reparação *in natura* é posta em prática, as decisões, de regra, limitam-se a condenar o agente ofensor a alguma medida de retratação, quando viável, ou a providenciar a publicação da sentença, o que pode mesmo criar um efeito reverso (ou perverso) para a vítima.[44] Em casos tais, a reparação pecuniária, à míngua de outro mecanismo de reparação *in natura* mais eficiente, parece o melhor instrumento de compensação dos danos sofridos.

No caso dos dados pessoais, a LGPD desafiará novos mecanismos de tutela, com o fito de garantir, em meio ao fomento à inovação e às novas tecnologias, a autodeterminação do titular dos dados. Agora prevenir, tal como a experiência popular tem demonstrado, sempre será melhor do que remediar e, nesse

---

declarando que a referida lei não havia sido recepcionada pela ordem constitucional de 1988, por ferir os princípios da Constituição Federal. Apesar disso, tais formas de reparação *in natura*, ali previstas, continuam sendo aplicadas na prática. A doutrina indica também como exemplo a retirada do mercado do livro supostamente ofensivo à honra de uma pessoa pública (para outros exemplos, cf. ASSIS, Araken de, "Liquidação do dano", *Revista dos Tribunais*, vol. 759, São Paulo: RT, jan./1999, pp. 14-23). Na opinião do Min. Paulo de Tarso Vieira Sanseverino, tais "(...) medidas previstas na nossa legislação ou indicadas pela doutrina não constituem propriamente casos de reparação natural, pois não se consegue apagar completamente os prejuízos extrapatrimoniais, sendo apenas tentativas de minimização dos seus efeitos por não ser possível a recomposição dos bens jurídicos sem conteúdo econômico atingido, como ocorre com os direitos da personalidade" (SANSEVERINO, Paulo de Tarso Vieira, *Princípio da reparação integral*, São Paulo: Saraiva, 2010, pp. 34-40/275-277).

43. Assim, "[n]ão obstante seu caráter subsidiário, a indenização em dinheiro é mais frequente, dadas as dificuldades opostas, na prática, à reparação natural pelas circunstâncias e, notadamente, em face do dano, pela impossibilidade de restabelecer a rigor a situação anterior ao evento danoso" (DIAS, José de Aguiar, *Da responsabilidade civil*, 11. ed., Rio de Janeiro: Renovar, 2006, pp. 985-988).

44. Pense-se, por exemplo, na situação da pessoa cuja vida privada tenha sido exposta em matéria jornalística falsa. A depender das circunstâncias do caso concreto, a publicação da sentença de procedência do pedido de indenização por dano moral pode submeter a vítima a nova exposição na mídia, trazendo, uma vez mais, à tona assunto já adormecido aos olhos do grande público.

aspecto, os programas de compliance se alinham perfeitamente com essa nova realidade. Para além da responsabilidade civil, na medida em que a personalidade não se esgota no aspecto negativo (dever de não violar), os programas de compliance tem muito a oferecer à chamada tutela positiva das situações jurídicas existenciais, instituindo mecanismos voltados à autodeterminação informativa, em colaboração com a realização desse valor.[45] É a chamada "mudança de cultura" apregoada nos programas efetivos de compliance.

5. CONCLUSÃO

A LGPD tem a finalidade de permitir o controle do tratamento de dados pessoais pelo com próprio titular, eis que o consentimento não implica a transferência da titularidade para o controlador ou operador, que tem limites a serem atendidos. O art. 15 da lei enuncia as hipóteses de término do tratamento de dados pessoais, que podem ser organizadas da seguinte forma: i) pelo esgotamento funcional da utilização dos dados; ii) pelo término do prazo; iii) pela autodeterminação do titular; e iv) por ilegalidade. Em síntese, a regra é a eliminação dos dados pessoais quando seu tratamento se encerra, nos moldes do art. 16. Trata-se de modelo que visa a diminuir os riscos do uso não autorizado ou indevido dos dados pessoais.

A importância desse modelo é evidente quando se percebe que a lógica da reparação dos danos não se mostra suficiente quando ocorre a violação dos direitos do titular dos dados pessoais. Em sua maioria, trata-se de violação a situações existenciais cujo retorno ao estado anterior é impossível, e o valor do dano imensurável. É exatamente por esse motivo que a tutela positiva das situações existenciais há de ser reforçada, aqui com a garantia da autodeterminação informativa, que confere ao titular o poder de decisão sobre os seus dados pessoais.

Os programas de compliance se adequam perfeitamente a esse modelo, já que têm a finalidade precípua de implementar medidas preventivas para reduzir a ocorrência de danos, além de criarem procedimentos para a contenção dos prejuízos. A ideia de prevenção reflete as novas correntes filosóficas que criticam

45. Consulte-se sobre o tema: MEIRELES, Rose Melo Vencelau, *Autonomia privada e dignidade humana*, Rio de Janeiro: Renovar, 2009, pp. 53-61, valendo trazer a distinção entre tutela positiva e negativa: "A tutela positiva das situações existenciais permite que a autonomia privada possa ser também instrumento de regulação de interesses existenciais, a fim de garantir o livre desenvolvimento do seu titular. É chamada *positiva* porque realizada mediante a autodeterminação do titular, muitas vezes, com colaboração de outrem; enquanto que a tutela *negativa* diz respeito a comportamentos omissivos gerais, os quais tem repercussão jurídica apenas depois da lesão", p. 57.

as carências e as limitações da responsabilidade civil clássica. Propugna-se, com isso, a passagem do "dever de reparar" ao "dever de prevenir". A responsabilidade pelo dano injusto praticado vai, pouco a pouco, cedendo lugar, ou melhor, sendo alargada, por uma responsabilidade orientada para a prevenção de novos impactos e para o controle das atividades, de modo a garantir maior proteção aos titulares de dados pessoais.

Para além da prevenção do dano, o compliance exerce função de extrema relevância para a tutela da pessoa humana, que consiste na construção de processos voltados para a promoção da dignidade, escapando dos moldes tradicionais de inviolabilidade da vida privada. Isso porque o enfoque deixa de ser a violação (preventiva ou repressiva), passando a estruturar *standards* de comportamento voltados para a cultura da autonomia na seara dos dados pessoais. Acrescente-se ao "dever de prevenir" o "dever de colaborar".

A Bolha e o Escudo: oportunidades e desafios da transferência internacional de dados

Ronaldo Lemos[1]

Christian Perrone[2]

1. Advogado, especialista em tecnologia. Cofundador e cientista chefe do Instituto de Tecnologia e Sociedade do Rio de Janeiro (ITS). Professor de Direito na Graduação e na Pós-Graduação da UERJ, graduado em Direito pela Universidade de São Paulo, mestre em Direito pela Universidade de Harvard, doutor em Direito pela Universidade de São Paulo. Professor da Universidade de Columbia. Foi Membro e vice-presidente do Conselho de Comunicação Social do Congresso Nacional, com sede no Senado Federal. Em 2015 foi eleito pelo Fórum Econômico Mundial como um dos "Jovens Líderes Globais".
2. Jurista, pesquisador Fulbright (Universidade de Georgetown, EUA) além de Doutorando (UERJ) com foco em regulação internacional e tecnologia. Possui também LL.M. em Direito Internacional pela Universidade de Cambridge (Reino Unido) e Diploma em Direito Internacional dos Direitos Humanos pelo Instituto Universitário Europeu (EUI, Itália). Versou como Secretário da Comissão Jurídica Interamericana da OEA e Especialista em Direitos Humanos da Comissão e da Corte Interamericana de Direitos Humanos. Atualmente, seus interesses versam em políticas públicas em tecnologia e regulação. Além de advogado e Consultor de Políticas Públicas, é Head das áreas de Direitos e Tecnologia e GovTech no ITS Rio (Instituto de Tecnologia e Sociedade do Rio de Janeiro).

I. INTRODUÇÃO: OS FLUXOS GLOBAIS DE DADOS

Da decoração das pirâmides às estátuas renascentistas, dos filósofos gregos aos pensadores árabes, a circulação internacional da informação sempre foi parte integrante do desenvolvimento social, cultural e econômico das diferentes nações.[3] Atualmente, a internet – e os serviços que se desenvolveram por meio dessa tecnologia – possibilitaram que o volume e a velocidade dessas trocas de informações aumentassem de maneira exponencial. Há muito pouco o que não se beneficia de fluxos globais de dados.[4] Com a digitalização do mundo, os

3. Smith and Browne colocam da seguinte forma: "A civilização sobre se debruçou sobre informações". E eles continuam explicitando que desde que "surgiu a fagulha que originou a chama do conhecimento: a habilidade de armazenar, recuperar e compartilhar o que foi escrito [e o que foi dito igualmente]" é uma atividade primordial de qualquer sociedade.

4. McKinsey declarou que os fluxos internacionais de dados são "*the connective tissue holding the global economy together.*" (MCKINSEY GLOBAL INSTITUTE. Globalization

intercâmbios de dados ganharam ainda mais peso impactando diretamente na vida diárias dos indivíduos.

Apesar dessa fluidez, são limitados os meios internacionais de salvaguardar e garantir a proteção dessa circulação transfronteiriça de dados, particularmente quanto a dados referentes a indivíduos (pessoais). Como instrumento internacional de regulação, pode-se apontar para a Convenção 108 do Conselho da Europa.[5] Esse foi o primeiro e até hoje único meio vinculante internacional que agrega a um número significativo de participantes e que busca regular os fluxos transnacionais de dados (no caso, pessoais).

Nesse espaço aberto, diferentes países e regiões exploram modelos e mecanismos que permitam regular esses fluxos, justo por entender que a existência de meios seguros e responsáveis para circular dados pessoais é fundamental ao desenvolvimento das sociedades. Há referências como no Regulamento Europeu de Proteção de Dados (conhecido como seu acrônimo em inglês "GDPR", "*General Data Protection Regulation*") e na Lei Geral de Proteção de Dados Pessoais do Brasil ("LGPD") que regulam unilateralmente o tratamento de dados pessoais mesmo além (ou independentemente) das fronteiras territoriais da região ou do país. Nesse sentido, essas iniciativas criam "bolhas de proteção" que envolvem os dados à medida que saem dos limites geográficos jurisdicionais.[6] No contexto dessas regulações, dados pessoais podem fluir internacionalmente sempre e quando certos critérios são observados.[7]

Diversas organizações são diretamente impactadas por esses marcos jurídicos. Muitas vezes o modo como as empresas se estruturam depende da

---

in transition: the future of trade and value chains. Janeiro de 2019, p. 25. Disponível em: https://www.mckinsey.com/~/media/McKinsey/Featured%20Insights/%20Innovation/Globalization%20in%20transition%20The%20future%20of%20trade%20and%20value%20chains/MGI-Globalization%20in%20transition-The-future-of-trade-and-value-chains-Full-report.ashx).

5. Conselho da Europa. *Convention for the Protection of Individuals with regard to Automatic Processing of Personal Data,* 1981, Convenção No.: 108. Em 2001, foi aprovado um novo protocolo para essa convenção que expande o âmbito, encorajando o tratamento de dados legítimo e equitativo.

6. Os artigos terceiros de ambas as peças de regulação (GDPR e LGPD) estabelecem o seu escopo de aplicação (geográfico ou para além de um elemento territorial). Veja: SVANTESSON, D. Article 3. Territorial Scope. *In*.: KUNER, C.; BYGRAVE, L. A.; DOCKSEY, C.; DRECHSLER, L.; e TOSONI, L. The EU General Data Protection Regulation: A Commentary/Update of Selected Articles. 2021. Disponível em: https://ssrn.com/abstract=3839645 ou http://dx.doi.org/10.2139/ssrn.3839645.

7. Explora-se posteriormente que classe de critérios seriam esses.

possibilidade de transferir dados de um lado a outro de fronteiras. Isso pode advir de motivos de origem administrativa – como dados de funcionários que trabalham para uma subsidiária no estrangeiro – ou mesmo econômicos, pois o modelo de negócios é pensado para que exista tratamento de dados em outro país. O exemplo mais comum talvez seja de serviços na nuvem. Os servidores (onde se armazena e/ou processa dados), em diversas circunstâncias, não estão no mesmo país em que a empresa prestadora de serviço se encontra ou mesmo onde o consumidor final (muitas vezes titular dos dados) efetivamente se localiza.[8]

Resta, então, a pergunta sobre como uma empresa pode transferir dados de maneira segura e responsável cruzando fronteiras estatais. Para responder a esse questionamento, deve-se analisar os modelos atuais de regulação que permitem transferências internacionais de dados e verificar suas oportunidades e desafios. Posteriormente, então, pode-se sugerir um caminho no qual "*compliance*" e políticas de privacidade robustas servem de ferramentas para transferências internacionais seguras, legítimas e responsáveis.

II. A "BOLHA DE PROTEÇÃO": DESAFIOS GLOBAIS DA PROTEÇÃO DE DADOS

Em 2010, a *The Economist* declarou que "*[t]he internet is as much a trade pact as an invention*". A revista estava chamando atenção para o fato de a internet estar redefinindo aspectos significativos do comércio internacional. Se antigamente o comércio internacional dependia de estradas e rotas marítimas (ou aéreas), hoje

8. Há que se mencionar que essa prestação de serviços pela via da nuvem ou de servidores que estão em outros países não é algo que somente ocorre diante das empresas. Muitos serviços de governos se utilizam dessa possibilidade, seja porque é mais barato, mais seguro ou por outro motivo de interesse. Em diversas instâncias, o serviço somente existe ou é prestado por empresas estrangeiras ou cujos servidores não estão no país.
Efetivamente, como expõe Julie E. Cohen, os diferentes atores econômicos que estruturam seus serviços de forma a prestá-los pela via digital possuem interesse em que os dados possam fluir internacionalmente: "*The new information-economy actors that profit from those services—including global platform companies and financial services firms but also any firm that engages in offshoring of functions such as customer support and human resources—have interests in defining and controlling their own global operations in ways that may include transfers of data for processing, cloud storage spanning multiple jurisdictions, and cross-border provision of services to end users. Data flows between networked devices— ranging from personal communications devices to industrial sensors—are central concerns of internet governance processes.*" (COHEN, Julie E. Between Truth and Power: the legal construction of informational capitalism. Nova Iorque: OUP, 2019, pp. 214–15).

a dependência está nos cabos transoceânicos por onde os dados fluem. Se antes as discussões se davam sobre a regulação de entrada e saída de mercadorias, atualmente, dá-se com relação à circulação de dados pessoais.[9]

Temos regulações internacionais de diferentes portes para o comércio internacional, desde os pactos que constituem a Organização Mundial do Comércio até tratados bilaterais de livre comércio, mas efetivamente muito pouco sobre dados. Na falta, diferentes países e regiões buscaram estruturar variados mecanismos unilaterais de regulação.

A lógica utilizada foi primeiro regular nacionalmente a proteção de dados e buscar formas de estender essa proteção para quando houvesse transferência internacional. O esforço regulatório busca envolver os dados transferidos em uma "redoma" de proteção que os acompanha para onde sejam levados, inclusive mesmo cruzando fronteiras. Forma-se, então, uma espécie de "bolha de proteção" (legal) ao redor dos dados que deve ser mantida por aqueles que exportam e importam dados.[10]

II.1. Os modelos de proteção de dados

Em linhas gerais, existem três grandes modelos de regulação nacional da proteção de dados para a circulação internacional: (i) o de fluxo livre de dados; (ii) o de obrigações para os exportadores de dados de garantir um nível adequado de proteção; e (iii) um modelo híbrido em que para alguns países – considerados com nível adequado de regulação de proteção – há uma liberdade de circulação e para outros há que se encontrar um mecanismo que permita a transferência, usualmente através do uso de cláusulas contratuais padrão.

II.1.1. O modelo de fluxo livre

A lógica de um fluxo completamente livre de dados na prática efetivamente não existe. Mas há países como os Estados Unidos que entendem que o ponto

9. Uma discussão sobre a intersecção de dados e o debate de livre comércio pode ser encontrada no relatório da Internet & Jurisdiction Policy Network: DE LA CHAPELLE, B. e PORCIUNCULA, L. We Need to Talk About Data: Framing the Debate Around Free Flow of Data and Data Sovereignty. Internet and Jurisdiction Policy Network, 2021. pp. 21 e ss. Disponível em: https://www.internetjurisdiction.net/uploads/pdfs/We-Need-to-Talk-About-Data-Framing-the-Debate-Around-the-Free-Flow-of-Data-and-Data-Sovereignty-Report-2021.pdf.

10. https://blogs.dlapiper.com/privacymatters/uk-ico-clarifies-position-in-respect-of-international-transfers-under-the-gdpr/.

de partida de uma regulação de transferência internacional de dados deva ser a liberdade e somente em situações pontuais, para proteger o interesse público, pode-se restringir a circulação internacional de dados.[11]

Há que se notar que a organização da ordem jurídica dos EUA como federação faz com que os estados possam regular a matéria de proteção de dados de maneira diferente. Estados como a Califórnia regulam de maneira geral a proteção de dados impondo certas limitações ao fluxo internacional.[12]

O mais importante a se entender desse modo de estruturar os fluxos internacionais é que há uma maior autonomia para as partes lidarem com essas transferências de dados. Pressupõe que os envolvidos nos diferentes pontos do processo de circulação de dados se comprometem com a sua proteção, no entanto, não estão adstritos a uma fórmula específica prevista em lei. Além do mais, presume que dentro de um mercado livre, por meio da competição, os atores que melhor protejam dados prevalecerão.[13]

II.1.2. Modelo de obrigações para os exportadores de dados

Outros países, como o Canadá, estruturam seus mecanismos de proteção de dados em caso de transferência internacional de dados de modo a impor

---

11. A lei que protege dados de crianças (COPPA), por exemplo, é entendida como aplicável a tratamento de dados no exterior. A autoridade responsável pela supervisão dessa lei, a "Federal Trade Commission" ("FTC"), em suas guias esclarece o seguinte: "*Foreign--based websites and online services must comply with COPPA if they are directed to children in the United States, or if they knowingly collect personal information from children in the U.S.*" (FTC, Complying with COPPA: Frequently Asked Questions. Parte B, 7. Disponível em: https://www.ftc.gov/tips-advice/business-center/guidance/complying-coppa--frequently-asked-questions-0#D.%20Websites%20and%20Online%20Services).
12. No caso da legislação da Califórnia ("CCPA"), o seu escopo é relativamente amplo, incluindo todas as organizações que "negociam" ("do business") no estado. A interpretação faz com que seja amplo o escopo para além das fronteiras do estado e independe de onde os dados efetivamente estão. Importante ressaltar que a regulação não impõe restrições para transferências de dados.
13. Há pouco, no entanto, que leve a se imaginar que haverá uma "*race to the top*" – busca de maior proteção – em oposição a "*race to the bottom*" – busca de situações em que haja menos proteção e, por conseguinte, um menor custo. Analisando de um ponto de vista das estruturas de poder internacionais está Shaffer, que entende que diferentes atores acabam sendo levados a impor mecanismos de proteção para poder competir no mercado internacional. (SHAFFER, Gregory. Globalization and Social Protection: The Impact of EU and International Rules in the Ratcheting Up of U.S. Privacy Standards. *In.:* YALE J. INT'L L., vol. 25, n. 1, 2000, pp. 4 e ss.).

obrigações para a instituição exportadora de dados. Essa deve garantir que haja um instrumento (contratual) que obrigue a parte importadora a manter o nível de proteção de dados que existe no país. Em outras palavras, a transferência internacional depende de a parte no Canadá e a parte em outro país entrarem em um acordo para que os dados possam fluir, levando a proteção existente no Canadá para o outro país.

II.1.3. Modelo híbrido

Outros locais, notadamente a Europa e agora o Brasil, adotam um modelo que busca confluir em ambas as lógicas. De um lado, permite a livre circulação de dados entre países considerados adequados, com níveis de proteção de dados similares ou mais protetivas; e, de outro, cria mecanismos (mais que tudo contratuais) que obrigam a proteção de dados por parte dos exportadores e importadores, para que dados possam cruzar as fronteiras e mesmo assim estarem protegidos.

De fato, na Europa, com o GDPR, e no Brasil, com a LGPD, o que se estabeleceu com base nesse modelo é uma estratégia dúplice. Primeiro, o escopo das normas é estendido geograficamente para além das fronteiras territoriais. Ou talvez mais bem compreendido, a aplicação das normas deve ser feita a despeito das limitações territoriais ou independentemente da organização territorial dos Estados. Percebe-se, por exemplo, nos artigos 3º tanto do GDPR como da LGPD que a definição do escopo de aplicação das normas é amplo,[14] sendo pensado para que a proteção dada pela normativa exista mesmo que o dado não esteja sendo tratado nos limites territoriais da região e do país, respectivamente.[15]

---

14. SVANTESSON, D. Article 3. Territorial Scope. *In*.: KUNER, C.; BYGRAVE, L. A.; DOCKSEY, C.; DRECHSLER, L.; e TOSONI, L. The EU General Data Protection Regulation: A Commentary/Update of Selected Articles. 2021. Disponível em: https://ssrn.com/abstract=3839645 ou http://dx.doi.org/10.2139/ssrn.3839645.

15. Uma leitura paralela de ambos os artigos mostra que foram pensados para que a lei fosse aplicável de maneira extraterritorial. É se ver que a Comissão da União Europeia, na exposição de motivos do GDPR, previa que a lógica do art. 3º seria que a proteção de dados colhidos na Europa deveria continuar mesmo quando cruzasse as fronteiras. (Comissão Europeia, *Communication from the Commission to the European Parliament, the Council, the European Economic and Social Committee and the Committee of the Regions, Safeguarding Privacy in a Connected World—A European Data Protection Framework for the 21st Century*, COM(2012) 9/3, 25 de janeiro de 2012, pp. 10 e ss. Disponível em: https://eur-lex.europa.eu/legal-content/EN/TXT/PDF/?uri=CELEX:52012DC0009&from=en).

Segundo, há uma limitação nas transferências internacionais de dados, essas podendo ocorrer somente em situações nas quais a normativa permite. Em ambos os casos (EU e Brasil) pode ocorrer a transferência quando for para países considerados adequados, quando houver um mecanismo que permita e garanta a proteção (usualmente cláusulas contratuais padrão de proteção de dados) ou quando estiver presente alguma exceção (como consentimento específico e pontual para transferência).[16]

Nesse sentido, os diferentes modelos estabelecem regimes diferentes para a circulação internacional de dados. Em um plano inicial, há um regime de comportas que equivalem às fronteiras estatais. No primeiro modelo, estão escancaradas ou não existem; no segundo, estas se abrem após a estruturação de uma relação contratual; no terceiro, estão abertas para países considerados adequados; e quanto aos outros, dependem de mecanismos outros (usualmente contratuais) que permitam a sua abertura. Em outro plano, a proteção que acompanha os dados – "a bolha de proteção" – possui diferentes naturezas. No primeiro, depende do interesse das partes e é regida pelas relações contratuais. No segundo, há uma obrigação legal de estruturação de regimes de proteção contratual. E, no terceiro, a origem deve ser legal, estendendo a aplicação da normativa e do padrão de proteção por obrigação legal. Como o Brasil segue esse terceiro modelo, vamos explorá-lo mais detidamente.

II.2. Adequação e outros meios

A estruturação de modelos híbridos para lidar com transferências internacionais de dados traz consigo a necessidade de organizar mecanismos para definir os países considerados adequados e passíveis de circulação livre. Há diferentes meios de fazê-lo, sendo os mais comuns através da publicação de listas de países considerados adequados, ou como a União Europeia e o Brasil, que preveem e necessidade de decisões específicas que reconhecem a adequação de países específicos.[17]

---

16. Para uma ótima explicação de como essas duas estratégias se ligam, veja: KUNER, Christopher. Territorial Scope and Data Transfer Rules in the GDPR: Realising the EU's Ambition of Borderless Data Protection. *In*.: Legal Studies: Research Paper Series. Cambridge University Press, PAPER NO. 20/2021, Abril, 2021. Disponível em: http://dx.doi.org/10.2139/ssrn.3827850.

17. Para uma comparação sobre aplicação extraterritorial de leis de proteção de dados e o modo com elas impactam as transferências internacionais de dados veja: UN CEPAL e Internet & Jurisdiction Policy Network. Regional Status Report: Latin America and

II.2.1. Decisões de adequação na Europa

Desde a regulação europeia presente na Diretiva 95/46[18] e mais ainda com o GDPR, há uma obrigação para a Comissão Europeia de identificar os países considerados adequados para a circulação de dados. Isso se dá por um processo que examina uma série de elementos não só da regulação deste segundo Estado, como também da efetiva proteção de dados existente (incluindo aqui segurança da informação). Só aí, tendo em vista parâmetros específicos presentes no art. 45 do GDPR, tal como a existência de autoridades independentes de proteção de dados e a possibilidade de titulares exercerem seus direitos, é que a Comissão deve iniciar um processo interno de consultas para finalmente chegar a uma decisão final quanto à adequação do país.[19]

Usualmente, o exame do sistema dos outros países tende a envolver um processo que, ainda que não se entenda como uma negociação *per se*, inclui a contraparte e permite que haja uma melhor compreensão do funcionamento da regulação e das instituições internas. Atualmente, 12 países e territórios são considerados adequados do ponto de vista europeu: Andorra, Argentina, Canadá (para organizações comerciais), Guernsey, Ilhas Faroe, Jersey, Israel, Nova Zelândia, Japão, Suíça e Uruguai.

Há que se entender que a adição do Japão[20] à lista é bastante recente e vem na esteira de anos de tratativas entre os países para garantir que exista uma equivalência de proteção aos dados pessoais. Similarmente, após longas aproximações, a Comissão e a Coreia do Sul indicaram ter chegado a um acordo que deve levar a uma decisão de adequação.[21]

Caribbean. 2020. Disponível em: https://www.cepal.org/sites/default/files/publication/files/46421/S1901092_en.pdf.

18. Article 29 Working Party. Transfers of personal data to third countries: Applying Article 25 and 26 of the EU data protection directive. Working Paper nº 12, 1998, pa. 24.
19. Para uma visão global sobre decisões de adequação, veja: VIOLA, Mario. Transferência de dados entre Europa e Brasil: Análise da Adequação da Legislação Brasileira. Rio de Janeiro. ITS Rio, Novembro, 2019. Disponível em: https://itsrio.org/wp-content/uploads/2019/12/Relatorio_UK_Azul_INTERACTIVE_Justificado.pdf. Para uma visão oficial, veja: Grupo de Trabalho do Artigo 29. Documento de referência relativo à adequação. Disponível em https://ec.europa.eu/newsroom/article29/items/614108.
20. Veja sobre isso no site da Comissão Europeia: https://eur-lex.europa.eu/legal-content/EN/TXT/?uri=uriserv:OJ.L_.2019.076.01.0001.01.ENG&toc=OJ:L:2019:076:TOC.
21. Joint Statement by Commissioner Reynders and Yoon Jong In, Chairperson of the Personal Information Protection Commission of the Republic of Korea. 30 de Março

Igualmente, com a saída do Reino Unido da União Europeia ("Brexit"), não é possível contar com o GDPR como instrumento que permita a livre fluxo de dados da União e vice-versa. Tornou-se necessário, então, que exista um reconhecimento mútuo de adequação.[22]

II.2.2. Decisões de adequação no Brasil

No Brasil, a LGPD, arts. 33 e seguintes, estabelece que entre os casos em que se permite a transferência internacional de dados está "para países ou organismos internacionais que proporcionem grau de proteção de dados pessoais adequado", a ser determinado pela Autoridade Nacional de Proteção de Dados (ANPD). Nesse sentido, o Brasil segue uma lógica similar à europeia, dependendo de uma análise do contexto regulatório e efetivo de proteção de dados em outros países, para então determinar a adequação do país e ser permitida a transferência internacional de dados.

Deve-se frisar aqui que a autoridade encarregada ainda não definiu os procedimentos necessários para a obtenção dessa decisão, apesar de ser parte de sua agenda regulatória, ainda não restou definida.[23] Nesse sentido, do ponto de vista nacional, não há países, no momento, considerados adequados.

II.2.3. Outros meios para transferência internacional de dados

Como o número diminuto de países considerados adequados pela Comissão Europeia e a inexistência – no momento atual – de definição por parte da ANPD deixam claro, há a necessidade de outros meios que permitam a transferência internacional de dados. Nesse sentido, na falta da adequação do ordenamento jurídico ou de elementos de proteção adequados, há a necessidade de que existam mecanismos que garantam um nível suficiente de proteção para

---

de 2021. Disponível em: https://ec.europa.eu/commission/presscorner/detail/en/statement_21_1506.

22. Para mais informações sobre esse processo que envolve a adequação quanto à proteção de dados em geral (diante dos procedimentos advindos do GDPR) e uma adequação para transferência de dados para fins de segurança pública e investigação criminal (diante dos procedimentos da Diretiva 680/2016) veja: Comissão Europeia. Brexit [proteção de dados]. Disponível em: https://ec.europa.eu/info/law/law-topic/data-protection/international-dimension-data-protection/brexit_en.

23. A agenda regulatória da ANPD está disponível em: https://www.in.gov.br/en/web/dou/-/portaria-n-11-de-27-de-janeiro-de-2021-301143313.

que os titulares de dados possam gozar de seus direitos e tenham a seu dispor medidas jurídicas efetivas diante de possíveis violações.

Tanto o GDPR (art. 46) como a LGPD (art. 33) prescrevem a necessidade de instrumentos outros que vinculem e obriguem um nível de proteção adequado. Por esse ângulo, as normas prescrevem que aqueles que queiram exportar e os que queiram importar se obriguem juridicamente através de normas contratuais (cláusulas-padrão e contratuais específicas para transferência de dados pessoais, aprovada pelas autoridades de proteção);[24] códigos de conduta vinculantes (e normas corporativas globais vinculantes aprovadas pelas autoridades); e selos e certificados de proteção de dados pessoais (emitidos por entidade aprovada pela autoridade).[25]

Na prática, isso quer dizer que mesmo organizações menores, quando queiram transferir dados internacionalmente (por exemplo, beneficiar-se de um sistema de serviço na nuvem internacional) terão que, ou buscar lidar somente com parceiros de lugares já previamente considerados como adequados, ou se utilizar de um meio que garanta proteção. De modo geral, as estimativas são, sob um ponto de vista europeu, de que em torno de 85% das organizações utilizam cláusulas contratuais padrão para realizar transferências internacionais de dados.[26] Ou seja, mesmo a "padaria da esquina", uma pequena empresa, deve se utilizar de um mecanismo contratual para poder circular dados e tratá-los em países não adequados – o que, no caso do Brasil, por não haver nenhuma decisão de adequação até o momento, são todos. Há essa camada de obrigações de "compliance" que deve ser levada em consideração.

II.2.4. Derrogações e exceções

Não se pode deixar de mencionar que os diferentes sistemas – e tanto o europeu quanto o brasileiro também são assim – prescrevem uma série de

24. A Comissão aprovou já as seguintes cláusulas contratuais padrão: https://ec.europa.eu/info/law/law-topic/data-protection/international-dimension-data-protection/standard-contractual-clauses-scc_en. Outras autoridades de proteção podem aprovar cláusulas específicas.
25. Há outros meios, mais que tudo relacionados ao setor público, em que é possível a transferência pela via da cooperação internacional, por exemplo.
26. Existem diferentes estimativas que parece variar de 85 a 95% das organizações. Um exemplo de estimativa pode ser encontrada no estudo: Digital Europe. SCHREMS II IMPACT SURVEY REPORT. Disponível em: https://www.digitaleurope.org/wp/wp-content/uploads/2020/11/DIGITALEUROPE_Schrems-II-Impact-Survey_November-2020.pdf.

circunstâncias nas quais a circulação de dados é permitida, mesmo sem ser para países adequados ou por meio de mecanismos específicos que garantam a proteção. Em linhas gerais, essas derrogações ou exceções se relacionam a situações pontuais (e não permanentes) nas quais e/ou o risco para o titular de dados é baixo ou há um direito ou interesse público que efetivamente se sobrepõe.[27] Os casos específicos normalmente se relacionam a (i) consentimento específico (destacado); (ii) cooperação jurídica internacional; (iii) autorização presente em acordo de cooperação; (iv) proteção da vida e integridade (do titular); (v) autorização específica da autoridade; e (vi) para execução de política pública (dentro das competências do órgão no interesse público).

Deve-se notar que a possibilidade de transferência não exime o controlador de suas responsabilidades diante da proteção de dados do titular. Devem existir modos de salvaguardar tanto os direitos do titular como também a possibilidade de tomar medidas tanto judiciais quanto de outra natureza ainda que sejam no sentido de indenizar por potenciais danos.[28]

III. SEM O "ESCUDO DE PRIVACIDADE": OPORTUNIDADES E BARREIRAS EM UM MUNDO APÓS SCHREMS II

A circulação internacional de dados pressupõe confiança e segurança. De um lado, essa confiança pode advir de uma relação interestatal. Digamos que o ponto de partida é a existência de Estados com concepções de proteção de dados similares e que se propõem a ter em seus ordenamentos jurídicos salvaguardas que protejam essa visão.[29] De outro, as partes envolvidas (controladores e pro-

27. Nas palavras do Grupo de Trabalho art. 29, antecessor do EDPB: "*[it is meant to cover situations were] the risks to the data subject are relatively small [or] other interests (public interests or those of the data subject himself) override the data subject's right to privacy*". (Article 29 Working Party. Transfers of personal data to third countries: Applying Article 25 and 26 of the EU data protection directive. Working Paper nº 12, 24 de julho de 1998, p. 24.

28. Article 29 Working Party. Transfers of personal data to third countries: Applying Article 25 and 26 of the EU data protection directive. Working Paper nº 12, 24 de julho de 1998, p. 24.

29. De um ponto de vista global, a proposta do Japão no G-20 de 2019 de certa forma mostra isso. Há uma ideia de que há uma necessidade de desenvolver a proximidade dos países de gerar uma teia de Estados "*like-minded*", com visões similares, em que se possa gerar confiança. (. G20 (2019), G20 Osaka Leaders' Declaration. Disponível em: https://www.mofa.go.jp/policy/economy/g20_summit/osaka19/en/documents/final_g20_osaka_leaders_declaration.html).

cessadores) devem ser passíveis de não só serem eles mesmos confiáveis, mas também responsáveis e "responsabilizáveis" ("*accountable*").

Do ponto de vista de países que estruturam as suas regulações de fluxos internacionais de dados, a seguir o que se chamou de um modelo híbrido (países da UE e o Brasil, por exemplo), a organização legal se dá ao redor desses dois níveis de confiança e segurança – um público (estatal) e outro privado (contratual). Decisões de adequação facilitam a circulação, entendendo que o ordenamento do segundo Estado também protegerá os dados. No caso de ser necessária ou conveniente a transferência para país não considerado adequado, o uso de outros meios foca nas garantias que os controladores e operadores prestam – usualmente cláusulas contratuais padrão. Nas situações, muito pontuais, em que há a possibilidade de utilização de derrogações e exceções – como o consentimento específico e em apartado do titular – pressupõe-se um risco menor ou interesse que se sobreponha.

Esse arranjo, no entanto, não é de todo perfeito. De fato, na Europa, em pelo menos dois momentos foi posto em xeque. Interessantemente, as duas vezes foi pelo ativista austríaco Schrems e ambas diante da rede social Facebook.[30] Schrems recorreu à Corte de Justiça da União Europeia para questionar se, na prática, os acordos entre a UE e os Estados Unidos que permitiam decisões de adequação por parte da Comissão eram suficientes para atingir o grau de proteção efetivo. Nos dois casos a Corte acabou anulando as decisões de adequação, impactando os fluxos de dados de milhares de controladores e operadores. Não só nos Estados Unidos – afetados pela perda do mecanismo que permitia o fluxo livre com fim da decisão de adequação –, mas, sim, pela situação de potencial insegurança que gerou aos que dependem de outras decisões de adequação, inclusive nos países que almejam uma decisão de adequação.

III.1. Os desafios de Schrems: as decisões que anularam a adequação dos EUA

O objeto central das discussões trazidas pelo ativista austríaco Schrems foi o questionamento dos acordos entre os EUA e a UE que serviam de base para as decisões de adequação da Comissão Europeia. Em outras palavras, os Estados Unidos faziam parte do grupo de países considerados adequados (*vide* acima). No entanto, essa adequação dependia de acordos internacionais que criavam um

30. TORRE, L. de la. Schrems and the future of EU-US data transfers (or lack thereof...). *In*. Golden Data medium Jun 30, 2019. Disponível em: https://medium.com/golden--data/schrems-and-the-future-of-eu-us-cross-border-data-transfers-13970bf500b6.

regime de proteção de dados específico para aqueles controladores e operadores que escolhessem participar. Há que se entender que houve duas negociações entre EUA e UE. O resultado da primeira foi o acordo internacional intitulado "*Safe Harbor*" ("Porto Seguro"); já o resultado da segunda, chamou-se de "*Privacy Shield*" ("Escudo de Privacidade"). Em ambas as circunstâncias, a Corte de Justiça da União Europeia ("CJEU") invalidou as decisões de adequação.

III.1.1. Schrems I e o fim do Porto Seguro

Na primeira decisão, que invalidou o acordo "*Safe Harbor*", Schrems indicava que escândalos como as revelações do ex-funcionário da inteligência norte-americana Snowden[31] deixavam claro que existia uma troca de informações entre as empresas norte-americanas de tecnologia e as diferentes agências de segurança nacional norte-americanas. Nesse sentido, o acordo que servia de base para a decisão de adequação parecia não ser o suficiente para a proteção de dados de cidadãos europeus quando transferidos para os Estados Unidos. De certa forma, mesmo com o acordo, os dados estariam à mercê da aplicação das leis de segurança nacional que permitiam o acesso a dados tratados nos EUA.

Um dos principais argumentos da decisão foi que os titulares dos dados na Europa não tinham um recurso efetivo para garantir os seus direitos e salvaguardar os seus dados enquanto esses estavam no território norte-americano. Ou seja, a proteção que deveria advir do acordo internacional não era "essencialmente equivalente"[32] à europeia.[33]

Essa invalidação da decisão de adequação dos EUA pela Corte levou a uma corrida pela negociação e o endereçamento das potenciais brechas que existiam no acordo "*Safe Harbor*". O resultado foi um acordo ("*Privacy Shield*") que seguia um modelo similar ao anterior – não modificava a legislação norte-americana, mas criava um regime que permitia às empresas aderirem e se obrigarem a garantir uma proteção mais elevada, adequada para o regime europeu. Uma

---

31. Sobre as revelações ver: The NSA Files. *In.*: The Guardian. Disponível em: https://www.theguardian.com/us-news/the-nsa-files.

32. Para uma comparação muito interessante do sistema norte-americano e europeu buscando entender o quão próximos e "essencialmente equivalentes" eles podem ser, veja: Sidley. ESSENTIALLY EQUIVALENT
A comparison of the legal orders for privacy and data protection in the European Union and United States, 2016. Disponível em: http://datamatters.sidley.com/wp-content/uploads/2016/01/Essentially-Equivalent-Final-Just-Executive-Summary.pdf.

33. CJEU.

série de elementos foram acrescentados, particularmente maiores poderes para os titulares exercerem diante dos controladores no outro lado do Atlântico. Com base nesse instrumento, a Comissão decidiu pela adequação dos EUA.

III.1.2. Schrems II[34] e queda do Escudo de Privacidade

A entrada em vigor do Regulamento Geral de Proteção de Dados da União Europeia ("GDPR") em princípio incrementou os requisitos para decisões de adequação pela Comissão, mais que tudo criou um mecanismo de revisão constante por parte da Comissão. No sentido de não comprometer os arranjos já existentes, o regulamento estabelece que as decisões de adequação anteriores – baseadas na Diretiva 95/46/EC[35] – se mantêm em vigor (art. 45(9) GPDR).[36] Assim, a decisão de adequação dos EUA baseada no acordo "*Privacy Shield*" continuou válida.

Novamente Schrems desafiou essa segunda decisão de adequação da Comissão na Corte de Justiça da União Europeia. No dia 16 de julho de 2020, a Corte julgou o caso (Caso Schrems II)[37] e entendeu que mesmo este segundo acordo ("Privacy Shield") havendo mitigado muitos dos pontos de tensão do anterior ("Safe Harbor"), ainda não está em conformidade com a normativa vigente de proteção de dados.[38]

---

34. Há que se entender que recentemente a Corte Superiora na Irlanda deu continuidade ao julgamento. Vide decisão: https://noyb.eu/sites/default/files/2021-05/High%20Court%20Judgement%202021-05-14.pdf.

35. União Europeia. Diretiva 95/46/EC, 1995. Disponível em: https://eur-lex.europa.eu/legal-content/EN/TXT/HTML/?uri=CELEX:31995L0046.

36. União Europeia. GDPR, 2016, art. 45(9):
"Art. 45 Transferências com base numa decisão de adequação
9. As decisões adotadas pela Comissão com base no artigo 25.°, n° 6, da Diretiva 95/46/CE permanecem em vigor até que sejam alteradas, substituídas ou revogadas por uma decisão da Comissão adotada em conformidade com o n° 3 ou o n° 5 do presente artigo."

37. CJEU: Data Protection Commissioner v Facebook Ireland Limited, Maximillian Schrems – Caso C-311/18, 2020. Disponível em: http://curia.europa.eu/juris/document/document.jsf?text=&docid=228677&pageIndex=0&doclang=EN&mode=lst&dir=&occ=first&part=1&cid=9745404.

38. Não era exatamente uma novidade as deficiências do acordo; na análise de revisão do instrumento já apareciam elementos de preocupação justamente com relação ao acesso a dados para efeitos de segurança pública e nacional. (EDPB. EU – U.S. Privacy Shield – Second Annual Joint Review. Decisão de 22 de janeiro de 2019). Disponível

Diante da Corte, na realidade, estavam duas questões principais: 1) se o mecanismo existente no acordo "Privacy Shield" correspondia com o nível de proteção do GDPR em vista do fato de que no país de transferência (EUA) as autoridades de segurança nacional podem requerer os dados pessoais inclusive importados (trazidos da Europa para os EUA); e 2) se as cláusulas-padrão contratuais (SCCs no acrônimo inglês) são instrumentos válidos de transferência internacional no contexto de as leis locais dos países de importação poderem não garantir a proteção necessária para os dados pessoais. Nesse sentido, esse segundo caso não só questionava a decisão de adequação, mas também o mecanismo adicional de cláusulas padrão, o que de certa forma põe em xeque o modelo em si.

Quanto ao primeiro ponto (validade da decisão baseada no "*Privacy Shield*"), a Opinião do Advogado-Geral (AG) provia uma saída, distinguindo entre processamento de acordo com a transferência e aqueles para fins de segurança pública ou nacional.[39] A Corte, porém, parece não ter sido persuadida por essa distinção e acabou invalidando a decisão da Comissão. Alguns dos fatores principais que levaram a Corte a decidir nesse sentido foram: i) a continuidade da possibilidade de organismos de segurança requererem dados advindos da UE sem garantias ou a devida análise de proporcionalidade;[40] e ii) a inexistência de mecanismo efetivo para os titulares de dados da UE se oporem a esse processamento de dados por autoridades públicas.[41]

Já com relação às cláusulas contratuais padrão, a Corte não as invalidou *per se* como mecanismo possível. No entanto, foram expandidas as obrigações dos controladores quanto a situações nas quais a lei local do país de importação exige o processamento de dados para além dos padrões estabelecidos na normativa europeia. Em outras palavras, em consonância com o Considerando 109 do GDPR, a CJEU tornou os controladores responsáveis por realizar

---

em: https://edpb.europa.eu/sites/default/files/files/file1/20190122edpb_2ndprivacyshieldreviewreport_final_en.pdf.

39. CJEU. Caso Data Protection Commissioner v Facebook Ireland Limited, Maximillian Schrems (C- 311/18), Opinião do Advogado Geral. 2020, para. 104. Disponível em: http://curia.europa.eu/juris/document/document.jsf?text=&docid=221826&pageIndex=0&doclang=EN&mode=lst&dir=&occ=first&part=1&cid=342785.

40. CJEU. Caso Data Protection Commissioner v Facebook Ireland Limited, Maximillian Schrems (C-311/18), 2020, paras. 164 a 185.

41. CJEU. Caso Data Protection Commissioner v Facebook Ireland Limited, Maximillian Schrems (C-311/18), 2020, paras. 191 e 2.

uma "mini-análise de adequação"[42] sobre a capacidade do país de importação de cumprir com os padrões de proteção. Os controladores devem inclusive ter cláusulas adicionais ou tomar medidas suplementares que garantam a proteção para os titulares de dados na Europa.

Esse caso, então, acabou adicionando um grau maior de complexidade ao processo de transferências internacionais de dados. Controladores e operadores de dados que almejarem transferir internacionalmente dados devem ter um cuidado redobrado, assim como a própria análise da Comissão deve seguir a visão mais criteriosa prevista pela Corte.

III.2. Impactos para o modelo híbrido: como manter a bolha?

A decisão do Caso Schrems I teve um impacto direto nos fluxos de dados entre Estados Unidos e Europa. Controladores e operadores nos dois lados do Atlântico tiveram que rapidamente se adaptar e encontrar meios legais para transferir dados da UE para os EUA. Uma das consequências na realidade foi o uso de cláusula-padrão de proteção de dados em escala mais ampla. Outra foi a busca de uma rápida solução através da negociação de um novo acordo ("*Privacy Shield*") que permitiu retomar o *status* de adequação (dentro do regime desse instrumento).

Já o posicionamento no Caso Schrems II acabou tendo implicações mais amplas. Não só para a relação entre controladores e operadores (UE-EUA), mas serviu de indicativo de como as outras decisões de adequação devem ser avaliadas. Talvez ainda mais impactante é o fato de o mecanismo das cláusulas contratuais padrão ter sofrido uma análise. Nesse sentido, a decisão não só obriga um redesenho do modo como dados devem fluir para os EUA (e em que contextos podem circular), como também para virtualmente todos os outros países que não fazem parte da UE.

III.2.1. Fronteiras virtuais

Com a diretiva 95/46/EC e com o GDPR, a Europa explicitou uma visão de um espaço de circulação de dados que reestabelece, em sentido análogo, as fronteiras agora em espaço virtual. Há uma livre circulação dentro do âmbito europeu

---

42. Kuner, C. The Schrems II judgment of the Court of Justice and the future of data transfer regulation. European Law Blog, 17 de julho de 2020. Disponível em: https://europeanlawblog.eu/2020/07/17/the-schrems-ii-judgment-of-the-court-of-justice-and-the-future-of-data-transfer-regulation/.

e uma checagem na saída dos dados – além de interessantemente uma avaliação (e a contínua necessidade de proteção) dos dados mesmo após essa saída.[43]

O mecanismo de adequação deveria permitir a expansão desse "espaço de livre circulação" – expandindo as "fronteiras virtuais" do espaço europeu. Efetivamente esse é seu objetivo. O que os casos Schrems I e II denotaram é que existem dificuldades e complexidades de interoperabilidade dos diferentes ordenamentos jurídicos que não são muito fáceis de serem resolvidas.

Especificamente quanto aos EUA, o que serve de pano de fundo aos casos é o acesso a dados mais que tudo para fins de segurança nacional por parte de autoridades norte-americanas. Com relação à UE, segurança nacional é ainda competência que os Estados nacionais mantêm. Isso leva a que qualquer arranjo futuro que venha a substituir o "*Privacy Shield*" muito provavelmente não venha a tratar desse tema, permitindo que uma lacuna ainda exista.

Quanto ao fluxo para os outros países que hoje são considerados adequados, o efeito na realidade é indireto. A decisão em si não os impacta, mas gera um grau extra de insegurança jurídica para os controladores e operadores que atuam em transferências internacionais. O GDPR, diferentemente da diretiva anterior, prevê que as decisões de adequação devam ser revistas de maneira periódica (art. 45 (3)) e que a situação destes países seja monitorada de maneira constante (art. 45(4)). As decisões de adequação, então, podem ser suspensas, emendadas ou repelidas (art. 45(5)) se houver um câmbio no nível de proteção do país receptor. Nesse contexto, o Caso Schrems II evidencia como a continuidade do *status* de adequado pode ser alterada. Há uma necessidade de cuidado, controladores e operadores devem também cuidar das circunstâncias dos países em que atuam.

III.2.2. Circulando para não adequados

No caso de países que não se beneficiam de uma decisão de adequação – caso dos EUA após a decisão e do Brasil ainda, por exemplo – os diferentes mecanismos que permitem a transferência internacional, mormente as cláusulas padrão contratuais, também foram afetadas. Na visão da Corte, aparentemente também não são em si mesmos suficientes e devem sofrer maior escrutínio.[44] Na

43. https://www.internetjurisdiction.net/uploads/pdfs/We-Need-to-Talk-About-Data--Framing-the-Debate-Around-the-Free-Flow-of-Data-and-Data-Sovereignty-Report-2021.pdf.

44. Veja os diferentes guias das autoridades de supervisão europeias que buscam prestar informações para as diferentes entidades que transferem dados para fora do território

interpretação feita pelo EDPB, a lógica do GDPR é que "*the protection granted to personal data in the European Economic Area (EEA) must travel with the data wherever it goes.*"[45] Em outras palavras, a "bolha de proteção" que deve envolver os dados continua mesmo quando estes cruzam as fronteiras; ela "viaja" junto com os dados em qualquer transferência internacional.

Nesse sentido, controladores e operadores ficam obrigados a um dever de analisar o *status* da proteção de dados de países para os quais estão enviando dados. Não só há uma necessidade de cuidado com a escolha de parceiros – verificar se esses podem cumprir com as suas obrigações diante das cláusulas-padrão de proteção, mas também se o país onde se encontram permite honrar com os deveres e o nível de proteção assumidos. Essa "minianálise de adequação", como coloca Kuner, torna mais complexa a possibilidade de envio de dados. Nem todas as organizações têm condições de arcar com esse ônus adicional. Transferências para o Brasil, por exemplo, deverão levar em consideração os riscos relacionados às normativas internas – como dilemas quanto à independência da autoridade ou potenciais acessos por entidades de segurança pública.[46]

III.3. Efeitos no sistema de proteção de dados dos Brasil

Ainda que a decisão não tenha efeitos direitos no ordenamento jurídico brasileiro, ela serve de fonte de inspiração para a interpretação da estrutura de transferências internacionais presente na LGPD. A Autoridade Nacional de Proteção de Dados (ANPD) ainda não publicou nenhuma guia nem sobre o processo de adequação, nem sobre como devem ser feitas as transferências internacionais.[47] É de se esperar que a decisão Schrems II influencie a ANPD no desenho tanto do

---

europeu: Lista de Guias das Autoridades de Supervisão de Dados. IAPP, 2020. Disponível em: https://iapp.org/resources/article/dpa-and-government-guidance-on-schrems-ii-2/.

45. EDPB. Recommendations 01/2020 on measures that supplement transfer tools to ensure compliance with the EU level of protection of personal data. 10 de Novembro, 2020, p. 2.

46. Os futuros resultados de processos legislativos, como a lei específica de proteção de dados e segurança pública requerida pelo art. 4º da LGPD e o projeto de lei das "Fake News" (PL 2630 de 2020), podem trazer elementos de preocupação. Quanto a este segundo, da forma como foi aprovado no Senado, possui provisões que podem permitir que autoridades de segurança pública tenham acesso a dados, situação muito similar a dos EUA que invalidou o acordo "*Privacy Shield*".

47. Deve-se notar que na agenda da ANPD aparece a lida com o tema de transferências internacionais de dados na fase 2, que se inicia no ano de 2022. Para a agenda, *vide*:

processo de adequação como de funcionamento dos outros meios permissivos, mormente as cláusulas contratuais padrão. O quadro de proteção "essencialmente equivalente" muito provavelmente deve ser um padrão mesmo para o Brasil, pelo menos como uma melhor prática a ser seguida.

IV. CONCLUSÃO: A SOLUÇÃO POR MEIO DE "*COMPLIANCE*" E POLÍTICAS DE PRIVACIDADE

Os questionamentos trazidos pelos casos Schrems I e II levaram a uma necessidade de mudança na compreensão de controladores e operadores sobre como administrar transferências internacionais. Fiar-se nos mecanismos de adequação ou cláusulas contratuais padrão (ou mesmo outros meios) não é mais suficiente. A decisão da CJEU obriga exportadores de dados a irem além; devem incluir em seus programas de "*compliance*" uma análise também dos ambientes legais dos países para os quais estão enviando dados. Adicionalmente, onde após o exame, o sistema jurídico do local de importação proporcionar riscos, a organização tem a difícil decisão de, ou mudar o local, ou implementar medidas técnicas e/ou jurídicas adicionais, sendo que como veremos nem sempre poderão suprimir ou efetivamente mitigar os riscos.

As recomendações do *European Data Protection Board* ("EDPB") indicam que "*[t]he transfer tool must ensure that the level of protection guaranteed by the GDPR is not undermined by the transfer [art. 44]. In other words, your transfer tool must be effective in practice*".[48] Nesse sentido, o EDPB está explicitando que na sua visão exportadores de dados têm a obrigação adicional de garantir a efetividade da proteção.

As disposições presentes no art. 44 do GDPR indicam uma obrigação de assegurar que "não [seja] comprometido o nível de proteção das pessoas singulares garantido pelo [Regulamento]." De fato, esse dispositivo cria uma exigência para os exportadores de buscar garantias dos importadores para que, *na prática,* exista um grau de proteção consistente com a do GDPR.

As decisões da Corte adicionam um porém: não basta essa relação contratual e o exame dos procedimentos e das garantias jurídicas e técnicas prestadas

---

ANPD, PORTARIA Nº 11, DE 27 DE JANEIRO DE 2021. Disponível em: https://www.in.gov.br/en/web/dou/-/portaria-n-11-de-27-de-janeiro-de-2021-301143313.

48. EDPB. Recommendations 01/2020 on measures that supplement transfer tools to ensure compliance with the EU level of protection of personal data. 10 de novembro de 2020. Disponível em: https://edpb.europa.eu/sites/default/files/consultation/edpb_recommendations_202001_supplementarymeasurestransferstools_en.pdf.

pelas organizações importadoras de dados. Entende que essas garantias e salvaguardas devam ser efetivas mesmo diante das obrigações legais (leis e ordens nacionais) dos países de importação de dados. Ou seja, se do ponto de vista do padrão de proteção de dados estabelecido na Europa a requisição de dados de uma autoridade em um país de importação for ilegítima ou injustificada – seja porque não há uma forma de contestar a entrega de dados ou por não proteger de alguma forma direitos dos titulares –, devem existir meios de juridicamente ou tecnicamente proteger o dado.

O que ocorre é que controladores e operadores, buscando exportar dados, devem além de definir os meios de transferência internacional (adequação, outros meios ou derrogações), buscar fazer com que a "bolha de proteção" se mantenha. Há uma responsabilidade pela "efetiva proteção", que é dividida com os exportadores de dados.[49] Esses devem, então: (i) analisar todo o processo de transferência incluindo o ambiente de importação (e monitorá-lo constantemente); e (ii) tomar medidas para eliminar ou diminuir riscos que possam existir. Há, enfim, um esforço maior de "*compliance*" e verificação de medidas a serem tomadas.

IV.1. Passos para a análise do ambiente de importação

Logo após a publicação da decisão Schrems II, uma série de autoridades de supervisão (de proteção de dados) se manifestaram, [50] sendo que algumas chegaram a ponto de indicar que os fluxos de dados para os Estados Unidos deveriam ser suspensos caso pendente a necessidade de novas medidas de garantia.[51] De fato, há autoridades que requereram a suspensão do tráfico de dados. Um exemplo recente é o da autoridade portuguesa que em uma decisão requereu a suspensão

49. A lógica é de que exportadores têm uma obrigação de responsabilidade ("*accountability*") proativa com relação aos seus atos que podem colocar dados de indivíduos em risco (vide art. 5(2) GDPR). Pode-se dizer que uma obrigação nesse sentido já efetivamente existia, mas a verdade é que a interpretação dada pela Corte é mais ampla do que se pode deduzir das guias já existentes. (Veja decisões sobre as Cláusulas Contratuais Padrão da UE, disponível em: https://eur-lex.europa.eu/legal-content/EN/TXT/HTML/?uri=CELEX:32010D0087&from=en#ntr2-L_2010039EN.01001001-E0002).

50. Uma lista como as respectivas manifestações está disponível na página da IAPP: https://iapp.org/resources/article/dpa-and-government-guidance-on-schrems-ii-2/.

51. Veja especificamente a manifestação da Autoridade de Proteção do estado da Renânia-Palatinado: https://www.datenschutz.rlp.de/de/themenfelder-themen/datenuebermittlung-in-drittlaender/.

da transferência internacional de dados entre um censo e seu tratamento na empresa de serviço na nuvem, Cloudfare, com sede na Califórnia, EUA.[52]

Nesse contexto, as recomendações de análise e busca de medidas adicionais são significativas. O EDPB publicou duas recomendações que parecem ser primordiais para os esforços de organizações envolvidas em transferências internacionais. O primeiro trata de um passo a passo para a "compliance" com o nível de proteção da UE.[53] O segundo foca nos pontos de análise que devem ser necessários para verificar se o Estado para o qual se busca transferir dados tem uma proteção "essencialmente equivalente" ou traz certos riscos, como no caso dos EUA com relação a atividades de segurança.[54] Esses dois documentos parecem mostrar os caminhos que os exportadores de dados devem seguir.

IV.1.1. O passo a passo de "compliance" com os níveis de proteção da União Europeia

O EDPD estabelece 6 passos:

(i) Conheça as suas transferências ("*Know your Transfers*");[55]

Refere-se à necessidade de mapear e inspecionar as transferências internacionais que a organização realiza. Isso é extremamente importante para os casos de múltiplas transferências, ainda mais para jurisdições diferentes. Em se tratando do uso de serviços na nuvem em que é comum o armazenamento de informações em diversos servidores, pode ser um desafio. Igualmente, em organizações cujas estruturas sejam mais complexas, como em contextos de compartilhamento de dados.

---

52. CNPD. CENSOS 2021: CNPD SUSPENDE FLUXOS PARA OS EUA. 27 de abril de 2021. Disponível em: https://www.cnpd.pt/comunicacao-publica/noticias/censos-2021-cnpd-suspende-fluxos-para-os-eua/.

53. EDPB. Recommendations 01/2020 on measures that supplement transfer tools to ensure compliance with the EU level of protection of personal data. Disponível em: https://edpb.europa.eu/sites/edpb/files/consultation/edpb_recommendations_202001_supplementarymeasurestransferstools_en.pdf.

54. EDPB. Recommendations 02/2020 on the European Essential Guarantees for surveillance measures. Disponível em: https://edpb.europa.eu/sites/edpb/files/files/file1/edpb_recommendations_202002_europeanessentialguaranteessurveillance_en.pdf.

55. A referência aqui parece ser a expressão "*know your customer*" ("conheça o seu consumidor ou cliente"), que se refere à obrigação de algumas empresas de entender o que o cliente faz com o serviço ou bem provido pela organização. Usualmente se refere à prevenção de fraudes, por exemplo, bancárias, ou mesmo financiamento para atos terroristas.

(ii) Indentifique os meios utilizados (“*Identify the transfer tools you are relying on*”);

A organização deve ter claro e registrado o mecanismo em que se apoia a transferência, se é a decisão de adequação do país ao qual se exporta os dados, se são cláusulas contratuais padrão, normas corporativas globais, ou mesmo se são derrogações ou exceções. Dependendo do meio, análises diferentes e outras garantias e salvaguardas devem ser pensadas.

(iii) Analise se os meios utilizados para transferir proporcionam uma proteção efetiva em face das circunstâncias da transferência (“*Assess whether the Article 46 GDPR transfer tool you are relying on is effective in light of all circumstances of the transfer*”);

É nesse ponto que as organizações exportadoras de dados devem realizar a “minianálise de adequação” (*vide* mais abaixo). O importante é entender que a obrigação envolve o processo de transferência como um todo. Ainda nos casos de derrogação que não necessitam de uma proteção “essencialmente equivalente”, como consentimento específico do titular, por exemplo, há a necessidade de exame do risco efetivo e se este está sendo revelado para a parte de maneira transparente.

(iv) Adote medidas suplementares (“*Adopt supplementary measures*”);

Após a análise, podem existir casos em que – como o dos EUA – exista algum risco na transferência internacional e que o meio de transferência legal padrão não seja suficiente, sendo necessário que se avalie como é possível manter a proteção mesmo diante desses riscos. Para tanto, o EDPB, seguindo a lógica da decisão da Corte, recomenda que se busque medidas a suplementar os mecanismos de proteção. Medidas essas que podem ter diferentes naturezas, desde obrigações legais extras, até reestruturação técnica da transferência ou modificações organizacionais para que a proteção se mantenha.

(v) Implemente as medidas suplementares identificadas para efetivar a proteção (“*Procedural steps if you have identified effective supplementary measures*”);

Não basta que sejam conhecidas as medidas suplementares, faz-se necessário implementar as medidas de forma a efetivamente criar essa proteção. Nesse ponto, é relevante ter em mente que há atores nas duas pontas na exportação e na importação dos dados, logo, sua execução tem que se dar em ambas as extremidades. Do ponto de vista do exportador, deve buscar garantias do importador de que está cumprindo seu papel. Digamos que numa analogia, pode-se dizer que seria similar a uma empresa que para manter a integridade de sua marca verifica se o importador toma os devidos cuidados. Deve existir uma possibilidade de verificação de que as medidas jurídicas, técnicas e administrativas surtem efeito. Se forem, como veremos posteriormente, medidas técnicas de criptografia, não deve existir forma de ter acesso a chaves criptografadas, por exemplo.

(vi) Revise constantemente ("*Re-evaluate at appropriate intervals*");

Assim como a Comissão deve se manter vigilante constantemente, exportadores e importadores têm de revisar o seu arranjo também. A questão aqui é entender como estão as circunstâncias, mudanças de legislação e de padrões técnicos. É possível que a mudança de governo em um país possa ter um efeito na garantia de proteção. Um evento como um ataque terrorista pode ter um impacto nas leis de segurança nacional. Ou mesmo avanços tecnológicos podem tornar as garantias técnicas ineficientes.

Nota-se que a visão do EDPB – compartilhada por diversas autoridades de proteção de dados da Europa – é de que esses passos são uma guia de análise, mas que cada situação deve ser vista individualmente. O mais importante para os controladores e operadores é buscar uma proteção *efetiva*. Na prática, há que se entender que existe um ônus imposto aos exportadores e importadores para se manterem alinhados com a normativa europeia, vez que demanda um cuidado e diligência constante.

IV.1.2. Exame do ordenamento jurídico do país de transferência

É importante compreender que dentro do passo 3 visto acima está a necessidade de uma "minianálise de adequação", para usar a terminologia proposta por Kuner. Para tal, há dois lados a se considerar, a questão aqui é uma de comparação. A ideia de "essencialmente equivalente" pressupõe a compreensão tanto da proteção existente na Europa como do país de importação.

No caso da Europa, o EDPB sugere não só como uma noção do GDPR, como também de uma série de outros instrumentos. Alguns dos pontos mencionados são os seguintes:

- A jurisprudência e os precedentes jurídicos da Corte de Justiça da União Europeia (CJEU) e da Corte Europeia de Direitos Humanos (ECHR);[56]

---

56. Importante notar que na teia jurídica legal, proteção de dados é um direito humano protegido não somente pelos instrumentos e instituições que compõem a União Europeia, mas também pelo Conselho da Europa, do qual a Corte Europeia de Direitos Humanos faz parte.

- Resoluções; decisões e guias de autoridades de supervisão; e
- Instrumentos que tratam da matéria de organizações internacionais das quais a UE faz parte.

Do lado dos países de importação, deve existir um conhecimento aprofundado do seu ordenamento jurídico no que tange à proteção de dados, mas também de matérias correlatas. Nos casos Schrems I e II, a questão envolvia, para além da proteção de dados, o acesso a dados para questões de segurança.[57] Existe uma necessidade também de compreensão das práticas jurídicas, da cultura institucional e mesmo da política e conformação geopolítica dos países. Pois, em diferentes situações, isso pode interferir na possibilidade de garantir a proteção de dados (importados da UE) ante o acesso injustificado.

O EDPB explicita que a análise deve tomar em consideração os seguintes elementos:

- Decisões judiciais e administrativas de autoridades competentes que tratem de proteção de dados;
- Decisões de adequação dos países de destino quando aplicável (como no caso do Brasil);
- Relatórios e informativos de organizações internacionais, de organizações da sociedade civil e da academia que explicitem a situação de proteção de dados do país; e
- Obrigações internacionais que o país tenha com terceiros.[58]

Nota-se que essa não é uma lista exaustiva, há a necessidade de analisar a efetividade, o que pode envolver diversos outros elementos.

IV.2. Soluções contratuais e garantias adicionais

A Corte no Caso Schrems II não invalidou completamente o sistema de soluções contratuais como cláusulas-padrão (SCCs), normas corporativas globais ou

57. Pode-se dizer, como bem expõe Julie Cohen, que essa é em si um elemento de proteção da privacidade. Mas o mais importante é ter em mente que no dia a dia da prática de proteção de dados a questão de segurança pública ou nacional não é a preocupação primordial. Tende a ser o tratamento pela organização, pelos subcontratados ou parceiros e a possibilidade de incidentes de segurança. (COHEN, J.E. Between Truth and Power: The Legal Constructions of Informational. Nova Iorque: OUP, 2019).

58. O acordo entre Reino Unido e Estados Unidos em torno da legislação norte-americana intitulada "*Cloud Act*" que permite a requisição direta de dados para fins de segurança pública e investigação criminal é um desses elementos que foram levantados que deveriam ser levados em consideração.

mesmo derrogações como meios que possibilitem a transferência internacional de dados. No entanto, explicitou que esses meios em si mesmos não são suficientes.

O ponto 4 das recomendações do EDPB visto acima explicita a necessidade de verificação de quais outros mecanismos poderão ser utilizados para atingir a efetiva proteção mesmo após a transferência. Para tanto, duas categorias de medidas são propostas: (i) novas obrigações legais e (ii) medidas administrativas e técnicas suplementares.

IV.2.1. Obrigações legais adicionais

Após a decisão da Corte e logo depois das recomendações do EDPB, a Comissão colocou em movimento um processo de consulta de novas cláusulas contratuais padrão.[59] Deve-se perceber que elas vêm para potencialmente facilitar o processo de transferências internacionais. Em tese, levam em consideração a decisão Schrems II. No entanto, como o comunicado conjunto do EDPB e do *European Data Protection Supervisor* ("EDPS") indica, elas em si mesmas também não satisfazem as obrigações de proteção efetiva assim como estabelecidas pela Corte. Segundo o comunicado:

> *In order to be valid, SCCs must incorporate effective mechanisms that make it possible, in practice, to ensure compliance with the level of protection required by EU law and that transfers of personal data pursuant to these clauses are suspended or prohibited in the event of the breach of such clauses or if it is impossible to honour them.*[60]

As SCCs devem, então, ser entendidas como um mínimo legal de proteção e a análise deve envolvê-las, podendo que sejam ainda assim necessários novos elementos jurídicos (e medidas suplementares). Isso porque as cláusulas contratuais padrão não vinculam os países para os quais os dados estão sendo

59. Para entender o processo e as contribuições veja: Comissão Europeia. Data protection – standard contractual clauses for transferring personal data to non-EU countries (implementing act). 12 de novembro, 2020. Disponível em: https://ec.europa.eu/info/law/better-regulation/have-your-say/initiatives/12741-Data-protection-standard-contractual-clauses-for-transferring-personal-data-to-non-EU-countries-implementing-act-_en.

60. EDPB e EDPS. EDPB – EDPS Joint Opinion 2/2021 on the European Commission's Implementing Decision on standard contractual clauses for the transfer of personal data to third countries for the matters referred to in Article 46(2)(c) of Regulation (EU) 2016/679. 14 de janeiro, 2021. Disponível em: https://edpb.europa.eu/sites/default/files/files/file1/edpb_edps_jointopinion_202102_art46sccs_en.pdf.

enviados. Autoridades públicas (como as de inteligência nos EUA) não são obrigadas a levar em consideração essas cláusulas.

As novas SCCs, como propostas pela Comissão, no entanto, endereçam alguns pontos importantes. Elas estabelecem a necessidade de realizar a análise de risco e das partes de indicarem que não percebem existir nos ordenamentos jurídicos nada que denote a impossibilidade de tratar dados no país de importação conforme o proposto nas cláusulas. Adicionalmente, criam uma obrigação de notificação em caso de uma requisição de acesso por parte do governo do país de importação e de tomar medidas de mitigação e proteção quando perceberem que, da forma como estão, as salvaguardas não são suficientes.

O EDPB igualmente nota que devam existir as seguintes garantias no caso de o país de importação requerer dados para fins de segurança:

- O tratamento de dados deve se basear em regras claras e acessíveis;
- Quanto ao tratamento legítimo deve ser demonstrada a necessidade e a proporcionalidade dos objetivos perseguidos;
- Deve existir um mecanismo de supervisão independente; e,
- Devem existir garantias para que os titulares possam exercer a defesa de seus direitos ("*effective remedies*").

Pode ser que existam especificidades necessárias para alcançar a proteção "essencialmente equivalente" e efetiva. Há, então, que buscar a autoridade de proteção para verificar a possibilidade de modificar e acrescentar novas obrigações legais.

Outro ponto de análise se refere a normas corporativas globais; em princípio, aparentemente a decisão não as impediu (mesmo que países onde o grupo possua estabelecimentos também sejam não adequados, como os EUA). Recentemente, as normas globais da empresa Tetra Pak foram aprovadas.[61] Há, no entanto, que se ter cuidado, pois elas também não vinculam as autoridades de países terceiros, podendo fazer com que a proteção nessas situações não seja efetiva.

IV.2.2. Medidas suplementares e garantias adicionais

Somente a caracterização de obrigações legais, em muitos casos, não será suficiente para a transferência internacional ocorrer de acordo com o padrão

61. Autoridade Sueca de Proteção de dados. Datainspektionen. Decision approving the Binding Corporate Rules of Tetra Pak Group. 2020. Disponível em: https://edpb.europa.eu/sites/default/files/bcr_decision_sa/se_sa_final_decision_bcr-c_tetra-pak_2020081_7_en.pdf.

de proteção efetivo. O EDPB, por exemplo, sugere uma série de cenários e potenciais medidas a serem tomadas. Essas podem incluir encriptação dos dados em trânsito e enquanto armazenados, além de anonimização e pseudoanonimização – sendo que somente o local de envio pode ser capaz de identificar os indivíduos especificamente. Medidas administrativas também podem ser, e em muitos casos serão, necessárias para que as salvaguardas sejam eficazes, o que deve incluir treinamento de funcionários para lidar com, por exemplo, requisições de acesso a dados por parte de autoridades públicas. Devem ser tratados de maneira apropriada os dados importados da Europa.

De um modo geral, a tabela a seguir resume as sugestões trazidas:[62]

Medidas Técnicas	Encriptação algorítmica automática
	Encriptação em que somente o exportador na Europa tenha a chave de acesso
	Divisão e tratamento multidimensional e multilocal dos dados e que nenhuma parte tenha condições de entrega do dado como um todo (e compreensão de que as autoridades podem requerer o dado e que há a necessidade de cuidado quanto à entrega para autoridades).
	Anonimização em que não se possa reidentificar os dados
	Pseudoanonimização em que somente o exportador possa reidentificar os dados
Medidas Administrativas	Treinamento dos funcionários para responder a requisições de acesso a dados por parte de autoridades públicas.
	Alocação de responsabilidade para responder a requisições de acesso a dados por parte de autoridades públicas.
	Políticas de privacidade que restrinjam o acesso a dados e o controle de forma que no tratamento no país de importação não haja quem possa acessar e entregar o dado sem autorização do exportador.

62. Interessantes visões sobre como as sugestões do EDPB podem ser implementadas na prática, encontram-se em: FENELON, J. e SCHÜßLER, L. EDPB Publishes draft recommendations on data transfer post Schrems II – path forward for many transfers remains uncertain. Bird&Bird, Novembro de 2020. Disponível em: https://www.twobirds.com/en/news/articles/2020/global/edpb-publishes-draft-recommendations-on-data-transfer-post-schrems-ii.

Ao visualizar as medidas sugeridas se percebe que há muitos cenários que não estão necessariamente cobertos. Os exportadores e os importadores devem buscar medidas que tornam efetivas as proteções, independentemente de serem sugeridas ou não pelo EDPB ou outra autoridade de supervisão europeia.[63]

Por fim, os exportadores devem verificar a efetiva necessidade da transferência internacional. Algumas empresas já buscaram transferir seus dados e o processamento desses para o ambiente digital europeu.[64] Não se trata aqui de uma localização forçada de dados, mas de uma forma para diminuir e limitar os riscos para a proteção de dados que advém de transferências internacionais.

IV.3. A fronteira nacional: como exportar de dados desde o Brasil

Da perspectiva brasileira, fica a pergunta se para exportar dados ao exterior a carga de "*compliance*" é similar à europeia após Schrems II. O ponto de partida é entender que a legislação brasileira é inspirada na europeia e os objetivos de proteção são os mesmos. A linguagem e os critérios são similares. Então, é de se esperar que a implementação siga um rumo próximo.

No entanto, deve-se ter em mente as circunstâncias pontuais tanto da legislação brasileira como a posição econômica e geopolítica do país. A lógica de ter um sistema de proteção avançado se deve justamente para permitir a entrada mais aprofundada e responsável nos fluxos internacionais de dados. Se a Europa pode buscar impulsionar a elevação dos níveis de proteção de dados no mundo inteiro, mesmo que isso faça com que, em alguns casos, certos serviços e potencialmente muitas empresas não estejam disponíveis ou não consigam estar em seu mercado comum,[65] o Brasil, por bem ou por mal, não está nessa mesma

63. Um ponto que deve ser tomado em consideração também é que a autoridade de supervisão primária na Europa pode ter indicações mais flexíveis ou mais rigorosas do que as sugeridas pelo EDPB e essa é uma consideração relevante.

64. Para um exemplo claro, veja a declaração da Microsoft: SMITH, Brad. Answering Europe's Call: Storing and Processing EU Data in the EU. Microsoft, fala do Presidente, 6 de maio de 2021. Disponível em: https://blogs.microsoft.com/eupolicy/2021/05/06/eu-data-boundary/.

65. Entende-se aqui que existem diversos serviços que não estão disponíveis na Europa, haja vista a necessidade de cumprir com os níveis de proteção "essencialmente equivalente" da União Europeia. O famoso caso do Chicago Tribune, que colocou uma mensagem de que não estava disponível, pois não adequado para o GDPR, chama atenção. Mas certamente há um grande número de pequenas e médias empresas

posição. Justamente o contrário, deve se beneficiar de maiores fluxos de dados com países parceiros.

Nesse sentido, seria prudente da Autoridade Nacional de Proteção de Dados buscar uma maneira mais simplificada de dar vazão à estrutura imposta pelo mecanismo de transferência internacional de dados presente na LGPD. O padrão de "essencialmente equivalente" compreendido como na Europa traria dificuldades significativas para a sua implementação (e posterior fiscalização) dentro do sistema brasileiro.

O que não quer dizer que a proteção não deva existir, longe disso, deve ser pensada uma forma de garantir um nível de proteção elevado e, ainda assim, permitir a circulação internacional de dados. Efetivamente, o que se sugere é considerar a sistemática de interoperabilidade de regimes de proteção de dados no mundo e encontrar meios flexíveis o suficiente para garantir proteção e manter o fluxo responsável de dados pessoais.

Para as organizações, enquanto não há uma definição clara da ANPD, um grau de prudência demanda pelo menos três etapas: (1) mapeamento de dados; (2) uso de meios que garantam um grau de proteção; e (3) análise dos parceiros comerciais para verificação de que podem e cumprem com os padrões de proteção de dados estabelecidos em contratos de transferência.

---

que não podem arcar com os custos de transferência internacional e tampouco podem modificar o seu serviço para espaço comum europeu. (Um comentário sobre o assunto pode ser encontrado em: DE LA CHAPELLE, B. e PORCIUNCULA, L. We Need to Talk About Data: Framing the Debate Around Free Flow of Data and Data Sovereignty. Internet and Jurisdiction Policy Network, 2021. pp. 41 e ss. Disponível em: https://www.internetjurisdiction.net/uploads/pdfs/We-Need-to-Talk-About-Data-Framing-the-Debate-Around-the-Free-Flow-of-Data-and-Data-Sovereignty-Report-2021.pdf.)

Risco, *compliance* e proteção de dados

Bruno Dantas[1]

Leonardo Rigotti de Ávila e Silva[2]

Sumário: 1. Introdução; 2. *Compliance;* 3. O risco; 4. A Lei Geral de Proteção de Dados; 5. Conclusão; Referências bibliográficas.

1. Introdução

Desde o começo do século passado, os Estados e organizações internacionais vêm editando uma série de normas relativas ao combate à corrupção que foram fundamentais para induzir no Brasil modificações normativas e culturais

1. Ministro do Tribunal de Contas da União (TCU). Pós-Doutor em Direito pela UERJ, Doutor e Mestre em Direito pela PUC-SP. Pesquisador visitante na Benjamin N. Cardozo School of Law (Nova York, EUA), no Max Planck Institute for Regulatory Procedural Law (Luxemburgo) e no Institute de Recherche Juridique da Universidade Paris 1 Panthéon-Sorbonne. Professor Titular do Mestrado e Doutorado em Direito da UNINOVE. Professor Associado do Mestrado e Doutorado em Direito da Regulação da FGV-Direito Rio. Professor-Adjunto da Graduação, Mestrado e Doutorado em Direito da UERJ.
2. Graduando em Direito na Universidade de Brasília. Pesquisador da Fiocruz.

a respeito da ética, transparência e integridade na condução dos negócios públicos e privados[3].

Fruto desse movimento, a prática do *compliance* foi recebida com entusiasmo pelo país e vem sendo difundida especialmente pelos *players* do setor privado, já que a manutenção de procedimentos internos voltados à preservação de riscos estimula a sustentabilidade econômica da empresa, e o incentivo à conformidade tanto às tradicionais normas jurídicas aplicáveis, quanto às normas éticas, promove sua reputação junto ao mercado.

De fato, inúmeros são os campos do mercado e do direito que se têm mostrado permeáveis ao *compliance*. O impulso dado pelo combate à corrupção foi apenas um primeiro passo. O processo não parou nisso e os riscos que o *compliance* hoje busca prevenir são mais amplos, variando conforme as características do setor e da pessoa jurídica em que é implementado. Para este artigo, interessa-nos o campo do *tratamento de dados pessoais*, que recentemente recebeu importantes subsídios da Lei Geral de Proteção de Dados – LGPD (Lei nº 13.709/2018) – no que tange à prevenção de riscos através da implementação de programas de integridade.

Este breve artigo objetiva demonstrar quais são os riscos associados ao tratamento de dados pessoais e como o princípio da responsabilização e prestação de contas, previsto no art. 6º, inciso X, da LGPD – que conclama medidas *efetivas* de *compliance*, aquelas que não se confundem com simulacros de programas –, ao alinhar o Estado e os *players* privados em torno de um objetivo comum, tende a criar um espaço regulatório mais confiável para a preservação da privacidade dos usuários.

A fim de cumprir esse objetivo, organizou-se o trabalho em três partes: a primeira reservada a um breve estudo do *compliance* à luz da legislação brasileira; a segunda destinada ao estudo sistemático do risco, com exemplos de como lidar com ele na atualidade; e a terceira, por fim, voltada à análise da LGPD e seus pontos de contato com o *compliance* e o risco.

---

3. Podemos observar debates sobre compliance desde 1907 na Conferência de Haia. Notadamente, nos EUA, o US Foreign Corrupt Practices; no Reino Unido, o UK Bribery Act; no Brasil, a Lei Anticorrupção (nº 12.846/2013). Organizações internacionais se movimentaram para reforçar medidas de *compliance* para combate a corrupção, como a OCDE com a Convention on Combating Bribery of Foreign Public Officials e United Nations Convention against Corruption, realizada em 2004 na cidade de Nova Iorque. O relatório final desta última convenção está disponível no sítio eletrônico: <https://www.unodc.org/documents/treaties/UNCAC/Publications/Convention/08-50026_E.pdf>.

2. *COMPLIANCE*

A etimologia da palavra *compliance*[4] vem do latim *complere*, que significa fazer o que foi solicitado. Atualmente, entende-se *compliance* como uma ferramenta de concretização dos valores de uma empresa[5], expressos em diretrizes internas ao empreendimento, que atuam em um determinado mercado regulado por normas jurídicas e extrajurídicas. Consiste, basicamente, no processo de colocar-se em conformidade tanto com as normas internas da empresa quanto com as normas externas, impostas àquela e aos seus funcionários.

É possível observar o *compliance* a partir de três momentos bem definidos.

O primeiro diz respeito ao conhecimento das regras que regem o ambiente no qual a empresa e, individualmente, cada um dos seus funcionários[6], se inserem; o segundo momento corresponde a efetivamente agir em conformidade com essas regras; e o terceiro relaciona-se com as medidas a serem tomadas em casos de violação das normas, tendo por base os procedimentos devidamente estabelecidos.

É neste sentido que Candeloro, Rizzo e Pinho[7] afirmam que *compliance* "é um conjunto de regras, padrões, procedimentos éticos e legais, que, uma vez definido e implantado, será a linha mestra que orientará o comportamento da instituição no mercado em que atua, bem como a atitude dos seus funcionários".

O Decreto nº 8.420/2015[8], que regulamenta a Lei Anticorrupção, arremata a questão ao trazer no artigo 41 a definição de programa de integridade:

---

4. Não pretendemos aqui encerrar o conceito de *compliance* em todas as suas nuances. Por sua polissemia, seria imprudente agir nesse sentido. Para uma definição mais completa, ver Veríssimo, Carla; Compliance: *incentivo à adoção de medidas anticorrupção*, Saraiva, São Paulo, 2017. Ver também SCHOLZ, John T. Voluntary Compliance and Regulatory Enforcement. Law & Policy, v. 6, n. 4, p. 385-404, 1984.

5. RIBEIRO, Marcia Carla Pereira; DINIZ, Patrícia Dittrich Ferreira. Compliance e lei anticorrupção nas empresas. Revista de Informação Legislativa. Ano 52, n. 205, p. 87-105, jan./mar. 2015. Disponível em: https://www12.senado.leg.br/ril/edicoes/52/205/ril_v52_n205_p87.pdf. Acesso em: 13 abr. 2021.

6. Neste ponto, o objetivo é reforçar que há regras aplicadas a gerentes e pessoas em posição de comando diferentes das regras aplicadas a seus subordinados, não obstante haver regras que se apliquem a todos.

7. CANDELORO, Ana Paula P.; RIZZO, Maria Balbina Martins de; PINHO, Vinícius. Compliance 360: riscos, estratégias, conflitos e vaidades no mundo corporativo. São Paulo: Trevisan Editora Universitária, 2012. p. 30.

8. BRASIL. Decreto nº 8.420 de 18 de março de 2015. Regulamenta a Lei nº 12.846, de 1º de agosto de 2013, que dispõe sobre a responsabilização administrativa de pessoas

> [...] conjunto de mecanismos e procedimentos internos de integridade, auditoria e incentivo à denúncia de irregularidades e na aplicação efetiva de códigos de ética e de conduta, políticas e diretrizes com objetivo de detectar e sanar desvios, fraudes, irregularidades e atos ilícitos praticados contra a administração pública, nacional ou estrangeira.

Acerca dos objetivos da implementação de um programa de *compliance*, em juízo de análise apriorístico, descortinam-se três apontados como principais, cada qual correspondente a um momento de aplicação do programa de *compliance* em uma organização. Tais objetivos seriam (i) fazer as normas e regulamentos, internos e externos à empresa, tornarem-se conhecidos, (ii) depois de conhecidos, o objetivo passa a ser torná-los efetivos mediante a alteração de comportamento dos envolvidos e, por fim, (iii) caso tenha havido algum comportamento que se desvie do esperado, que se possa voltar ao estado anterior o mais rápido possível, já tendo sido identificado o que foi feito e por quem foi feito.

Apesar de útil, a análise apriorística dos objetivos é de difícil constatação e não nos fornece bases sólidas para medirmos os resultados da implementação do programa.

Desta maneira, a doutrina majoritária prefere trabalhar com a análise finalística (ou teleológica)[9] do *compliance*. Não por outro motivo, Ana Frazão e Ana Rafaela Medeiros[10] ressaltam que os objetivos principais do *compliance* são "prevenir a ocorrência de infrações ou, já tendo ocorrido o ilícito, de propiciar o imediato retorno ao contexto de normalidade e legalidade". Podemos ver essa abordagem teleológica sendo utilizada, inclusive, em casos mais práticos, como a cartilha[11] produzida pelo comitê de *compliance* da ABBI – Associação Brasileira de Bancos Internacionais- informando que a missão do *compliance* é:

---

jurídicas pela prática de atos contra a administração pública, nacional ou estrangeira e dá outras providências. Brasília, DF: Presidência da República, [2015]. Disponível em: http://www.planalto.gov.br/ccivil_03/_ato2015-2018/2015/decreto/d8420.htm. Acesso em: 11 abr. 2019.

9. HUFF, Kevin. The role of corporate compliance programs in determining corporate criminal liability: a suggested approach. Columbia Law Review. Vol. 95, nº 5. 1996. p. 1252-1298.

10. FRAZÃO, Ana; MEDEIROS, Ana Rafaela Martinez. Desafios para a efetividade dos programas de compliance. In: Compliance: perspectivas e desafios dos programas de conformidade. Org. Ricardo Villas Bôas Cuevas, Ana Frazão (Coord.) Belo Horizonte: Fórum, 2018.

11. ABBI – Associação Brasileira de Bancos Internacionais e FEBRABAN – Federação Brasileira de Bancos. Função Compliance. Texto disponível em: http://www.abbi.com.br/download/funcaodecompliance_09.pdf. Acesso em 20 abr. 2021.

> Assegurar, em conjunto com as demais áreas, a adequação, fortalecimento e o funcionamento do sistema de controles internos da instituição, procurando mitigar os riscos de acordo com a complexidade de seus negócios, bem como disseminar a cultura de controles para assegurar o cumprimento de leis e regulamentos existentes. Além de atuar na orientação e conscientização à prevenção de atividades e condutas que possam ocasionar riscos à imagem da instituição.

É importante notar que a análise finalística, por mais que se pareça com a análise apriorística da terceira etapa, com ela não se confunde, uma vez que a última foca nas causas, enquanto a primeira repousa nas consequências.

A principal lei federal a reger o tema, a Lei Anticorrupção (Lei nº 12.846/2013), parece adotar esse mesmo posicionamento ao prever em seu artigo 7º, inciso VIII[12], que se deve levar em consideração "a existência de mecanismos e procedimentos internos de integridade, auditoria e incentivo à denúncia de irregularidades e a *aplicação efetiva* de códigos de ética e de conduta no âmbito da pessoa jurídica" (grifos nossos) na aplicação de sanções. A expressão chave para este entendimento consiste em "aplicação efetiva", indicando que para além de existir, o programa deve ir mais adiante e gerar os efeitos que efetivamente dele se espera.

Dentro desse contexto, convém questionar: quais os parâmetros para mensurar a aplicação efetiva de um programa de *compliance*? Esta indagação foi objeto de normatização pelo Decreto 8.420/2015, ao dispor acerca da necessidade de que os programas de *compliance* sejam estruturados, aplicados e atualizados de acordo com as características e riscos atuais das atividades de cada pessoa jurídica[13], além de trazer um rol extenso, no artigo 42, sobre como deverá ser avaliado o programa de integridade.

Ademais, os programas de *compliance* seguem linhas gerais em todas as empresas, mas sua efetividade é medida na unicidade e especialidade da pessoa jurídica, uma vez que cada empresa possui características e riscos próprios. Dessa maneira, a mentalidade a ser levada em consideração, seja na posição do mercado ou na da organização interna, é que nenhuma empresa é igual a outra e, portanto, não devem pretender ter programas de integridade idênticos.

---

12. BRASIL. Lei nº 12.846, de 1º de agosto de 2013. Dispõe sobre a responsabilização administrativa e civil de pessoas jurídicas pela prática de atos contra a administração pública, nacional ou estrangeira, e dá outras providências. Brasília, DF: Presidência da República, [2020]. Disponível em: http://www.planalto.gov.br/ccivil_03/_ato2011-2014/2013/lei/l12846.htm. Acesso em: 24 mar. 2021.
13. Ver o Artigo 41, Parágrafo Único do Decreto 8.420/2015.

3. O RISCO

É importante notar a posição central dada ao risco na construção normativa. A preocupação com o risco tomou força nas últimas quatro décadas, a partir dos estudos cuidadosos de Niklas Luhmann e Urich Beck, tendo o primeiro contribuído para o entendimento moderno do risco ao diferenciá-lo do perigo.

Segundo Luhmann, risco ocorre dentro do sistema social de referência quando o dano provável é consequência da ação, independendo da sua percepção por parte de quem irá decidir. Desta forma, só seria cabível falar em risco quando se puder falar em não risco. Caso contrário, estar-se-ia falando de perigo. Este, por sua vez, é exógeno ao sistema de referência, vindo do meio ambiente em que o sistema opera para dentro dele.[14]

Urich Beck, por sua vez, cunhou o termo *Sociedade de Risco*, trazendo a noção de que juntamente com a produção de riqueza, a modernidade também trouxe consigo a produção maciça de riscos[15]. Uma representação desta sociedade de riscos se revela na própria noção de digitalização da sociedade, explorada por Dávideková e Manazmentu[16]. A digitalização mudou radicalmente os padrões da produção, da definição e da distribuição da riqueza no mundo, trazendo consigo novos paradigmas de risco. Se antes os riscos estavam associados à propriedade material (fazendas, fábricas, móveis etc.), agora passam a estar ligados também à violação da propriedade intelectual, ao vazamento e perda de dados pessoais, entre outros.

Tendo em perspectiva esse panorama de risco, a sociedade atual procura meios para tratá-lo objetivamente. Há estudos estatísticos complexos para

---

14. LUHMANN, Niklas. Sociologia del riesgo. Tradução de Silvia Pappe, Brunhilde Erker, Luis Felipe Segura, Javier Torres Nafarrate. México: Universidad Iberoamericana, 1992. p. 33-39.

15. BECK, Ulrich. Sociedade de risco: rumo a uma outra modernidade. Tradução de Sebastião Nascimento. São Paulo: Ed. 34, 2010. p. 23. Vale a transcrição do que o autor entender por modernização: "Modernização significa o salto tecnológico de racionalização e a transformação do trabalho e da organização, englobando para além disto muito mais: a mudança dos caracteres sociais e das biografias padrão, dos estilos e formas de vida, das estruturas de poder e controle, das formas políticas de opressão e participação, das concepções de realidade e das normas cognitivas. O arado, a locomotiva e o microchip são, na concepção sóciocientífica da modernização, indicadores visíveis de um processo de alcance muito mais profundo, que abrange e reconfigura toda a trama social, no qual se alteram, em última instância, as fontes de certeza das quais se nutre a vida."

16. DÁVIDEKOVÁ, Monika; MANAZMENTU, Vysoká Skola. Digitalization of Society: Smartphone – a Threat? 8th International Research Conference Management Challenges in the 21st Century, Bratislava, April 12, 2016.

tentar definir a probabilidade de ocorrer algum evento e o impacto deste no âmbito em que se pretende verificar. Como resultado desses estudos guias de gestão de risco são produzidos juntamente com protocolos de *compliance* para servirem como base de atuação no mercado. Dessa forma, o risco, entendido aqui como o efeito da incerteza sobre os objetivos[17], foi internalizado para que se operacionalizasse o funcionamento da empresa.

Apenas de maneira exemplificativa, tome-se o Manual de Gestão de Riscos do INPI – Instituto Nacional da Propriedade Intelectual[18].

Nele, vê-se que a gestão de riscos começa identificando as vulnerabilidades ou fontes de risco (as causas do risco), como se dá o evento ou a irregularidade advinda deste risco (o evento em si) e, por fim, qual foi o impacto causado nos objetivos institucionais (as consequências). Esses impactos podem ser positivos, chamados de oportunidades, ou negativos, chamados de ameaças. O esquema a seguir é uma ilustração que simplifica a explicação acima:

Figura 1 – Componentes do risco

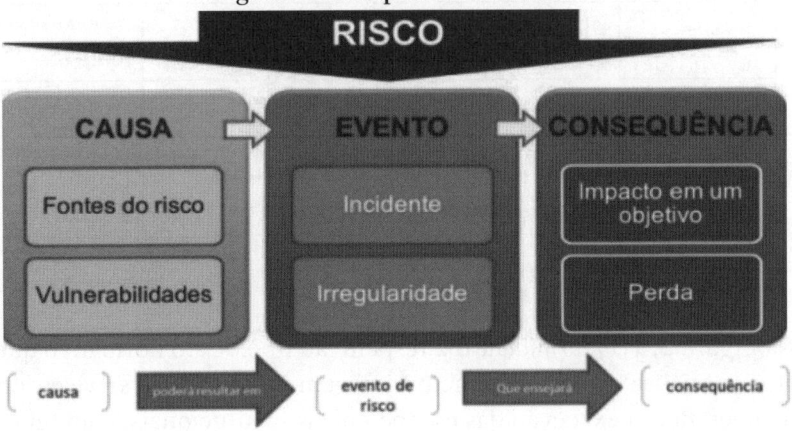

Fonte: Manual de Gestão 2.0 – INPI (2020)[19]

---

17. ABNT – Associação Brasileira de Normas Técnicas. NBR ISO 37001:2017 – Atualizada em 2019. Sistemas de gestão antissuborno — Requisitos com orientações para uso. 2017. Disponível em: https://www2.camara.leg.br/atividade-legislativa/comissoes/grupos-de-trabalho/55a-legislatura/comissao-de-juristas-administracao-publica/documentos/outros-documentos/NBRISO370012017.pdf. Acesso em 14 de abr. de 2021.

18. Apesar de ser uma autarquia federal e não uma empresa, esta citação cumpre papel importante ao demonstrar o molde de como são feitos estes manuais, não necessariamente um exemplo perfeito, mas tão somente uma amostra da realidade.

19. INPI – Instituto Nacional da Propriedade Intelectual. Manual de Gestão de Riscos do INPI. Aprovado em 31/03/2020. Disponível em: https://www.gov.br/inpi/pt-br/

Partindo dessa análise, faz-se uma espécie de multiplicação de matrizes, em que figure nas colunas a probabilidade de risco e nas linhas o impacto na organização dada a ocorrência do risco. O produto dessa multiplicação é chamado de "matriz de riscos", que expõe os limites pelos quais se guiará o tratamento do risco. A avaliação do impacto na organização seguiria moldes semelhantes a este:

Figura 2 – Tabela de Avaliação de Impacto

Grau	Escala	Impacto – fatores para análise		
		Conformidade	Reputação	Negócios/Serviços à Sociedade
		25%	25%	50%
5	Extremo	Impacto no cumprimento de atos que determinam a interrupção das atividades	Com destaque na mídia nacional e internacional, podendo atingir os objetivos estratégicos e a missão	Prejudica o alcance da missão institucional
4	Alto	Impacto no cumprimento de atos de caráter pecuniário (multas)	Com algum destaque na mídia nacional, provocando exposição significativa	Prejudica o alcance da missão da Unidade
3	Médio	Impacto no cumprimento de atos de caráter corretivo	Pode chegar à mídia provocando a exposição por um curto período de tempo	Prejudica o alcance dos objetivos estratégicos
2	Baixo	Impacto no cumprimento de atos de caráter orientativo	Tende a limitar-se às partes envolvidas	Prejudica o alcance das metas do processo
1	Insignificante	Nenhum impacto no cumprimento de normativos que regulamentam o objeto	Impacto apenas interno / sem impacto	Pouco ou nenhum impacto nas metas do processo

Fonte: Manual de Gestão 2.0 – INPI (2020)[20]

Na Figura 2, a *conformidade* diz respeito ao tipo de ato normativo que rege o objeto em análise; *reputação* remete à imagem institucional; *serviços*, por sua vez, faz referência à execução das competências institucionais, com reflexo no valor público[21].

---

governanca/integridade-publica/arquivos/documentos/manualdegestoderiscosv2-0_gequgrimn0001_aprovado.pdf. Acesso em: 16 de abr. 2021. p. 3.

20. Ibid., p. 10.

21. Ibid., p. 10.

Figura 3 – Escala de probabilidade

Grau	Escala	Definições da Escala	Frequência Observada/Esperada
5	Muito alta	Evento esperado que ocorra na maioria das circunstâncias	> 90%
4	Alta	Evento provavelmente ocorra na maioria das circunstâncias	> 50% <= 90%
3	Média	Evento deve ocorrer em algum momento	> 30% <= 50%
2	Baixa	Evento pode ocorrer em algum momento	> = 10% <= 30%
1	Muito baixa	Evento pode ocorrer apenas em circunstâncias excepcionais	< 10%

Fonte: Manual de Gestão 2.0 – INPI (2020)[22]

O resultado da combinação da escala de probabilidade com a avaliação do impacto é expresso nos seguintes termos:

Figura 4 – Matriz de Probabilidade x Impacto, com linha de apetite

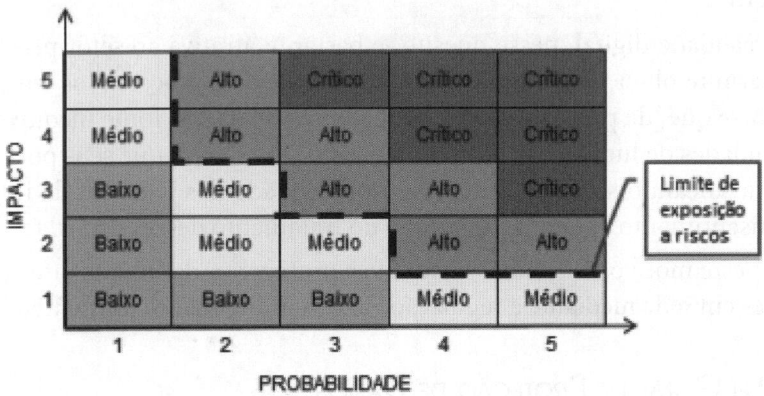

Fonte: Manual de Gestão 2.0 – INPI (2020)[23]

A matriz permite estabelecer qual risco se está disposto a correr para atingir determinado objetivo da empresa. A linha tracejada evidencia o limite de exposição ao risco, variando conforme a necessidade ou vontade dos agentes e stakeholders. Os níveis críticos, com probabilidade alta e impacto alto, são chamados de *megatendências* (*megatrends*)[24], apontando ser desejável um tratamento imediato. Quando a probabilidade é alta, mas o impacto não, chama-se *tendência*; sendo, normalmente, desejável o tratamento. Quando a probabilidade

22. Ibid., p. 9.
23. Ibid., p. 11.
24. NAISBITT, John. Megatrends; megatendências. São Paulo: Livros Abril/Círculo do Livro, 1983. p. 251.

é baixa e o impacto é alto, dá-se o nome de *Cisne Negro*, sendo geralmente os eventos com maior dano, pois, com uma frequência relativamente alta, não se está preparado para eles[25], contudo, são possíveis de ser tratados. Quando o risco é baixo e o impacto também, em regra, não se toma providência alguma, por ser inviável, seja por motivo econômico ou por qualquer outro.

O entendimento preciso dos riscos permite que as empresas criem e utilizem ferramentas de controle destinadas à sua redução, como ocorre, por exemplo, com o uso da lei dos grandes números[26], segundo a qual os resultados reais se aproximam dos resultados esperados conforme o número de exposições aumenta[27]. Neste sentido, quanto mais informações uma empresa obtiver de seus consumidores, com mais precisão ela conseguirá definir o resultado que dela se espera, de melhor forma poderá se posicionar no mercado, auferindo, assim, mais lucro[28].

A realidade digital, nesse quesito, é bastante atrativa ao setor privado, já que o permite obter uma vasta quantidade de dados e processá-los em seu favor. Ocorre que, de posse desse vasto arcabouço de dados, fonte inequívoca de oportunidades de lucro, a prática tem revelado ser comum que seus portadores acabem avançando sobre os direitos e a privacidade dos usuários da internet, cujo consentimento não raro é ignorado no tratamento desses dados.

Por este motivo, o Estado é chamado a proteger os dados e as informações presentes em rede mediante a regulação e o constrangimento normativo.

4. A Lei Geral de Proteção de Dados

A Lei Geral de Proteção de Dados (Lei nº 13.709/2018) inaugurou no Brasil um regime geral de proteção de dados. Tendo por objetivo a proteção dos direitos fundamentais de liberdade, privacidade e livre desenvolvimento da

25. TALEB, Nassim. Antifrágil: coisas que se beneficiam com o caos. Tradução: Eduardo Rieche. 1 ed. – Rio de Janeiro: Best Business, 2015.

26. Lei matemática segundo a qual quanto maior for o número de amostras, mais perto do valor estatístico esperado a média das amostras tenderá a estar. Assim, a diferença entre a média amostral e média populacional tenderá a zero quanto maior for o número de amostras.

27. CRANE, Frederick G. Insurance Principles and Practices, 1st edition. New York: John Wiley & Sons, 1980. p. 145-147.

28. STIGLITZ, Joseph E.; WEISS, Andrew. Credit rationing in markets with imperfect information. The American Economic Review, v. 71, n. 3, pp. 393-410, 1981.

pessoa natural[29], a norma buscou endereçar o problema da harmonização desses direitos com os riscos inerentes ao processamento de dados.

Como explica Danilo Doneda[30], a atividade de tratamento dos dados não está imune de riscos, pois especialmente quando ocorre por processos automatizados, o risco "se concretiza na possibilidade de exposição e utilização indevida ou abusiva de dados pessoas, na eventualidade desses dados não serem corretos e representarem erroneamente seu titular, em sua utilização por terceiros sem o conhecimento deste."

Estendendo os exemplos de Doneda, os riscos ligados à proteção de dados, se manifestam, por exemplo[31], (i) no acesso não autorizado, que consiste no acesso indevido a um ambiente físico ou lógico; (ii) na coleção excessiva, coleta de dados pessoais em quantidades superiores ao mínimo necessário à finalidade do tratamento ou atividade que fará uso do dado pessoal; (iii) falha em considerar os direitos do titular dos dados pessoais, faltando em garantir o atendimento dos direitos do titular dos dados, nos moldes dos artigos 17 a 23 da LGPD. Também se verificam riscos[32] (iv) na falha ou no erro de processamento, por exemplo quando os dados de entrada não são corretamente validados ou as operações de tratamento automatizadas de sistema que modificam de maneira inapropriada a composição do dado armazenado; (v) na informação insuficiente sobre a finalidade de tratamento; (vi) na modificação não autorizada; (vii) nas perdas, provocadas por ações intencionais de usuários oriundas de uma exclusão indevida ou devida e não comunicada, e provenientes de ações não intencionais, como falhas nos sistema, sobrescrita de dados, falhas em hardwares, entre outras. Além desses já citados, é possível constatar riscos[33] (viii) na reidentificação de dados pseudonimizados, dados que podem ser novamente identificados através do cruzamento de dados; (ix) na remoção não autorizada, quando o usuário não possuir a devida permissão para copiar ou retirar dados pessoais para outro local, (x) na retenção desnecessária de dados pessoais,

29. Artigo 1º da Lei nº 13.709/2018.
30. DONEDA, Danilo. A Proteção dos Dados Pessoais como um Direito Fundamental. Joaçaba: Espaço Jurídico, v. 12, n. 2, p. 92, 2011.
31. BRASIL. Ministério da Economia. Guia de Avaliação de Riscos de Segurança e Privacidade – Lei Geral de Proteção de Dados. Versão 1.0. Brasília, novembro de 2020. Disponível em https://www.gov.br/governodigital/pt-br/governanca-de-dados/guia-de--avaliacao-de-riscos-de-seguranca-e-privacidade.pdf. Acesso em: 22 abr. 2021. p. 12.
32. Ibidem. p. 13.
33. Ibidem. p. 14.

(xi) no roubo dos dados, (xii) na vinculação indevida, direta ou indireta, dos dados pessoais do titular, não atendendo aos requisitos da Lei Geral de Proteção de Dados. Longe de ser uma lista taxativa, estes são apenas alguns exemplos de riscos relacionados à proteção de dados.

Sistematizando todo esse complexo de riscos, Souto[34] explica que na LGPD os riscos se concentram em duas principais categorias: privacidade para o indivíduo e conformidade para os agentes de tratamento. O primeiro consistiria no risco de violação do direito individual, enquanto o segundo se refere à perda ocasionada pela inobservância, violação ou interpretação indevida de regulamentos e normas[35].

O risco de *compliance* já foi calculado em alguns contextos e constatou-se que quanto maior for o descompasso entre o benefício pela conduta correta e o malefício pela incorreta, maior tende a ser o incentivo para que se aja corretamente.

Arnold Schilder, ex-membro do Conselho de Administração do Banco Central Holandês, por exemplo, estudando o custo do *compliance*, concluiu que para a média das empresas, a cada dólar investido na implantação de um programa de *compliance*, outros cinco seriam economizados em processos, danos reputacionais e perda de produtividade[36].

Para fazer esse cálculo é necessário levar em consideração o arcabouço jurídico no qual a empresa está inserida. Se as leis, as punições e os incentivos forem bem arranjados, maior a probabilidade de se gerar um estímulo para a conformidade.

É precisamente sobre este ponto que recaem grandes críticas à Lei Anticorrupção brasileira. Ao adotar o sistema de responsabilidade objetiva administrativa e civil, do ponto de vista da racionalidade econômica, a lei parece não gerar suficientes incentivos para a adoção dos programas de integridade, uma vez que, de qualquer maneira, a empresa ainda poderá ser condenada pela sua

---

34. SOUTO, Gabriel Araújo. Vazamento de dados no setor privado brasileiro: a gestão do risco como parâmetro para a responsabilidade empresarial. Revista de Direito e Novas Tecnologias. Vol. 7/2020. Abr – Jun/2020.

35. Assi, 2012 *apud* SOUTO, Gabriel Araújo. Vazamento de dados no setor privado brasileiro: a gestão do risco como parâmetro para a responsabilidade empresarial. Revista de Direito e Novas Tecnologias. Vol. 7/2020. Abr – Jun/2020.

36. COIMBRA, Marcelo de Aguiar; MANZI, Vanessa Alessi (Coord.). Manual de Compliance: preservando a boa governança e a integridade das organizações. São Paulo: Atlas, 2010.

conduta em casos de dano – ainda que a pena seja atenuada pela presença do programa de *compliance*[37].

Foi precisamente com vistas a dar o estímulo correto à adoção de medidas no sentido de evitar o risco, ou melhor lidar com ele, que a LGPD dispôs que a responsabilidade civil pelos danos causados a outrem pela atividade de tratamento de dados pessoais será, em regra, subjetiva[38].

Esse ambiente normativo faz com que a ação dos particulares tenda a ser mais eficaz, no sentido de agir conforme as normas, pois dá-se maior ênfase à responsabilidade do agente, tentando alinhar os objetivos da norma aos interesses daqueles que a ela se subordinam[39]. Assim, busca-se conformar um espaço regulatório no qual os próprios particulares compartilhem com o Estado o dever e o interesse de zelar pela observância das leis.

A lei faz coro ao que Márcio Iório Aranha chama de Princípio da Cooperação Social[40], estabelecendo que no Estado Regulador, o particular é um ator do ambiente regulatório, partilhando com o primeiro a responsabilidade pela consecução do interesse público.

Essa parece ter sido uma das preocupações iniciais do legislador, ao trazer logo nas Disposições Preliminares, o princípio da responsabilização e da prestação de contas, festejado como *accountability*. O artigo 6º, no inciso X, estabelece que:

> As atividades de tratamento de dados pessoais deverão observar a boa-fé e os seguintes princípios:
>
> [...]
>
> X – responsabilização e prestação de contas: demonstração, pelo agente, da adoção de medidas eficazes e capazes de comprovar a observância e o cumprimento das normas de proteção de dados pessoais e, inclusive, da eficácia dessas medidas.

---

37. FRAZÃO, Ana. Corrupção e compliance: um exame da questão à luz das relações entre direito, ética e moral. In: Compliance: essência e efetividade. Org: Claudio Lamachia, Caroline Petrarca. Coord. Izabela Frota Melo, Roberta Codignoto. Brasília: OAB, Conselho Federal, 2018.
38. Artigos 42 a 45 da Lei Geral de Proteção de Dados (Lei nº 13.709/2018).
39. GUEDES, Gisela; e MEIRELES, Rose. Término do tratamento de dados. In: A lei geral de proteção de dados pessoais e suas repercussões no direito brasileiro. Coord. Ana Frazão; Gustavo Tepedino, Milena Donato Oliva. 1 ed. São Paulo: Thomson Reuters Brasil, 2019.
40. ARANHA, Márcio Iório. Manual de Direito Regulatório: Fundamentos de Direito Regulatório. Ed. rev. Ampl. – London: Laccademia Publishing, 2019. p. 29.

A inteligência do dispositivo impõe um dever ao agente responsável pela atividade de tratamento de dados de demonstrar que está tomando medidas *efetivas* para o cumprimento das normas e para a própria eficácia dessas medidas. Não basta a criação de métodos "para inglês ver", propagandísticos ou de nula indução comportamental positiva, como a experiência não raro tem revelado em certos programas de *compliance*. Busca, a norma, estimular que se utilize os mecanismos de conformidade como método para que a avaliação do risco seja feita de maneira prévia, visando minimizar o risco atrelado à operação (risco de *compliance* e risco de proteção de dados pessoais) complementando, desta forma, a atividade estatal, que será exercida pela Agência Nacional de Proteção de Dados (ANPD).

A própria LGPD prevê expressamente no artigo 50[41] (Capítulo VII, Seção II – intitulada Das Boas Práticas e da Governança) a possibilidade de controladores e operadores, cada qual no âmbito de sua competência, elaborarem regras de boas práticas e de governança para que haja maior estruturação das responsabilidades e, também, mitigação de riscos.

A prevenção dos riscos inerentes ao processo de digitalização é o ponto de contato entre o *compliance* e a proteção de dados. Nesse contexto, o *compliance* aparece como catalisador da realização dos objetivos legais na mitigação dos riscos e eventuais danos.

Com a LGPD, porém, a consecução desses objetivos deixa de ser obra exclusivamente dos mecanismos estatais tradicionais, nela desempenhando relevante papel os próprios processos e normas não estatais estabelecidos pelos *players* privados.

Dessa maneira, todo o sistema passa a ser "calibrado por esse voto de confiança [ao setor privado] e por uma série de ferramentas pelas quais os agentes de tratamento de dados demonstrem a *eficácia* das medidas tomadas para estarem em conformidade com as regras de proteção de dados pessoais." (grifos nossos).[42]

---

41. In verbis: *Art. 50. Os controladores e operadores, no âmbito de suas competências, pelo tratamento de dados pessoais, individualmente ou por meio de associações, poderão formular regras de boas práticas e de governança que estabeleçam as condições de organização, o regime de funcionamento, os procedimentos, incluindo reclamações e petições de titulares, as normas de segurança, os padrões técnicos, as obrigações específicas para os diversos envolvidos no tratamento, as ações educativas, os mecanismos internos de supervisão e de mitigação de riscos e outros aspectos relacionados ao tratamento de dados pessoais.*

42. MENDES, Laura Schertel; e BIONI, Bruno. O Regulamento Europeu de Proteção de Dados Pessoais e a Lei Geral de Proteção de Dados Brasileira: mapeando convergências

5. CONCLUSÃO

O reconhecimento de mecanismos extralegais que tenham como objetivo melhorar eficácia da lei aponta para certa maturidade do ordenamento jurídico brasileiro, que não mais se apega a modelos estritamente estatais para alcançar objetivos públicos.

Desde o impulso inicial dado pela legislação em torno do combate à corrupção, muito vem sendo propagado o *compliance*. Se aquele objetivo moveu seus desenvolvimentos iniciais, hoje seu escopo e objeto são múltiplos, variando conforme o setor e a pessoa jurídica em que se implementam programas de integridade. Observou-se que o tratamento de dados, em virtude dos riscos inerentes ao seu armazenamento e malversação dos últimos, merece especial cuidado da legislação, o que se procurou endereçar com a edição da Lei Geral de Proteção de Dados.

Como foi visto, o risco é um dos fatores essenciais a ser considerado pelos particulares ao tentarem se posicionar no mercado. Nesse sentido, a LGPD deu grande passo em favor do cumprimento das normas que objetivam a proteção de dados ao positivar o princípio da responsabilização e prestação de contas, cujo objetivo é sedimentar, entre os particulares, a adoção de medidas efetivas para a observância e o cumprimento das normas de proteção de dados e mitigação dos riscos inerentes ao processo de tratamento. Ao fazê-lo, a lei demonstra preocupação (e aversão) à adoção de programas de integridade de nula indução comportamental e, rearranjando incentivos, viabiliza que o Estado conte o auxílio do interesse da iniciativa privada para a consecução da difícil tarefa de proteção de dados na sociedade digital.

REFERÊNCIAS BIBLIOGRÁFICAS

ABBI – Associação Brasileira de Bancos Internacionais e FEBRABAN – Federação Brasileira de Bancos. Função Compliance. Texto disponível em: http://www.abbi.com.br/download/funcaodecompliance_09.pdf. Acesso em 20 abr. 2021.

ABNT – Associação Brasileira de Normas Técnicas. NBR ISO 37001:2017 – Atualizada em 2019. Sistemas de gestão antissuborno — Requisitos com orientações para uso. 2017. Disponível em: https://www2.camara.leg.br/atividade-legislativa/comissoes/grupos-de-trabalho/55a-legislatura/comissao-de-juristas-administracao-publica/documentos/outros-documentos/NBRISO370012017.pdf. Acesso em 14 de abr. de 2021.

na direção de um nível de equivalência. Revista de Direito do Consumidor. vol. 124. ano 28. p. 157-180. São Paulo: Ed. RT, jul.-ago. 2019.

ARANHA, Márcio Iório. Manual de Direito Regulatório: Fundamentos de Direito Regulatório. Ed. ver. Ampl. – London: Laccademia Publishing, 2019.

BECK, Ulrich. Sociedade de risco: rumo a uma outra modernidade. Tradução de Sebastião Nascimento. São Paulo: Ed. 34, 2010.

BRASIL. Decreto nº 8.420 de 18 de março de 2015. Regulamenta a Lei nº 12.846, de 1º de agosto de 2013, que dispõe sobre a responsabilização administrativa de pessoas jurídicas pela prática de atos contra a administração pública, nacional ou estrangeira e dá outras providências. Brasília, DF: Presidência da República, [2015]. Disponível em: http://www.planalto.gov.br/ccivil_03/_ato2015-2018/2015/decreto/d8420.htm. Acesso em: 11 abr. 2019.

BRASIL. INPI – Instituto Nacional da Propriedade Intelectual. Manual de Gestão de Riscos do INPI. Aprovado em 31/03/2020. Disponível em: https://www.gov.br/inpi/pt-br/governanca/integridade-publica/arquivos/documentos/manualdegestoderiscosv2-0_gequgrimn0001_aprovado.pdf. Acesso em: 16 de abr. 2021.

BRASIL. Lei nº 12.846, de 1º de agosto de 2013. Dispõe sobre a responsabilização administrativa e civil de pessoas jurídicas pela prática de atos contra a administração pública, nacional ou estrangeira, e dá outras providências. Brasília, DF: Presidência da República, [2020]. Disponível em: http://www.planalto.gov.br/ccivil_03/_ato2011-2014/2013/lei/l12846.htm. Acesso em: 24 mar. 2021.

BRASIL. Lei nº 13.709, de 14 de agosto de 2018. Lei Geral de Proteção de Dados Pessoais (LGPD). (Redação dada pela Lei nº 13.853, de 2019). Brasília, DF: Presidência da República, [2021]. Disponível em: http://www.planalto.gov.br/ccivil_03/_ato2015-2018/2018/lei/l13709.htm. Acesso em: 15 abril. 2021.

BRASIL. Ministério da Economia. Guia de Avaliação de Riscos de Segurança e Privacidade – Lei Geral de Proteção de Dados. Versão 1.0. Brasília, novembro de 2020. Disponível em https://www.gov.br/governodigital/pt-br/governanca-de-dados/guia-de-avaliacao-de-riscos-de-seguranca-e-privacidade.pdf. Acesso em: 22 abr. 2021.

CANDELORO, Ana Paula P.; RIZZO, Maria Balbina Martins de; PINHO, Vinícius. Compliance 360º: riscos, estratégias, conflitos e vaidades no mundo corporativo. São Paulo: Trevisan Editora Universitária, 2012.

COIMBRA, Marcelo de Aguiar; MANZI, Vanessa Alessi (Coord.). Manual de Compliance: preservando a boa governança e a integridade das organizações. São Paulo: Atlas, 2010.

CRANE, Frederick G. Insurance Principles and Practices, 1st edition. New York: John Wiley & Sons, 1980.

DÁVIDEKOVÁ, Monika; e MANAŽMENTU, Vysoká škola. *Digitalization of Society: Smartphone – a Threat?* 8th International Research Conference Management Challenges in the 21st Century, Bratislava, April 12, 2016.

DONEDA, Danilo. A Proteção dos Dados Pessoais como um Direito Fundamental. Joaçaba: Espaço Jurídico, v. 12, n. 2, p. 92, 2011.

FRAZÃO, Ana; MEDEIROS, Ana Rafaela Martinez. Desafios para a efetividade dos programas de compliance. In: Compliance: perspectivas e desafios dos programas de conformidade. Org. Ricardo Villas Bôas Cuevas, Ana Frazão (Coord.) Belo Horizonte: Fórum, 2018.

FRAZÃO, Ana. Corrupção e Compliance: um exame da questão à luz das relações entre direito, ética e moral. In: Compliance, essência e efetividade. Organizadores: Cláudio Lamachia, Carolina Petraca; coordenadores Izabela Frota Melo, Roberta Codignoto. Brasília: OAB, Conselho Federal, 2018.

GUEDES, Gisela; e MEIRELES, Rose. Término do tratamento de dados. In: A Lei Geral de Proteção de Dados Pessoais e suas repercussões no direito brasileiro. Coord. Ana Frazão; Gustavo Tepedino, Milena Donato Oliva. 1 ed. São Paulo: Thomson Reuters Brasil, 2019.

HUFF, Kevin. The role of corporate compliance programs in determining corporate criminal liability: a suggested approach. Columbia Law Review. Vol. 95, nº 5. 1996. p. 1252-1298.

LUHMANN, Niklas. Sociologia del riesgo. Tradução de Silvia Pappe, Brunhilde Erker, Luis Felipe Segura, Javier Torres Nafarrate. México: Universidad Iberoamericana, 1992.

RIBEIRO, Marcia Carla Pereira; DINIZ, Patrícia Dittrich Ferreira. Compliance e Lei Anticorrupção nas empresas. Revista de Informação Legislativa. Ano 52, n. 205, p. 87-105, jan./mar. 2015. Disponível em: https://www12.senado.leg.br/ril/edicoes/52/205/ril_v52_n205_p87.pdf. Acesso em: 13 abr. 2021.

MENDES, Laura Schertel; e BIONI, Bruno. O Regulamento Europeu de Proteção de Dados Pessoais e a Lei Geral de Proteção de Dados Brasileira: mapeando convergências na direção de um nível de equivalência. Revista de Direito do Consumidor. vol. 124. ano 28. p. 157-180. São Paulo: Ed. RT, jul.-ago. 2019.

SOUTO, Gabriel Araújo. Vazamento de dados no setor privado brasileiro: a gestão do risco como parâmetro para a responsabilidade empresarial. Revista de direito e novas tecnologias. Vol. 7/2020. Abr. – Jun./2020.

STIGLITZ, Joseph E.; WEISS, Andrew. Credit rationing in markets with imperfect information. The American Economic Review, v. 71, n. 3, pp. 393-410, 1981.

TALEB, Nassim. Antifrágil: coisas que se beneficiam com o caos. Tradução: Eduardo Rieche. 1. ed. – Rio de Janeiro: Best Business, 2015.

O USO DO *COMPLIANCE* E DAS POLÍTICAS DE PROTEÇÃO DE DADOS COMO FORMAS DE COIBIR A DISCRIMINAÇÃO ALGORÍTMICA

COMO ESSAS FERRAMENTAS PODEM RESGUARDAR AS EMPRESAS, PROTEGER OS USUÁRIOS E AINDA AJUDAR NA DIMINUIÇÃO DA DISCRIMINAÇÃO DE MINORIAS

MARIA CRISTINE LINDOSO[1]

1. Advogada. Mestre em Direito Civil pela Universidade de Brasília (UnB). Doutoranda em Direito Civil pela mesma instituição. Professora voluntária da Universidade de Brasília (UnB) e professora adjunta do IDP.

INTRODUÇÃO

Os programas preditivos, inteligências artificiais e *softwares* que se utilizam do tratamento de dados pessoais são, cada vez mais, parte do cotidiano humano. É verdade que a maior parte da população global ainda não possui condições técnicas de desenvolver essas tecnologias[2], mas, para os países em desenvolvimento e para todos os países desenvolvidos, a implementação de máquinas, robôs e algoritmos para automatização de trabalhos humanos é uma realidade.

Essa realidade é marcada, em grande medida, pela exploração de dados pessoais através de algoritmos[3] (mais ou menos complexos, a depender da tecnologia empregada), que objetivam matematizar pensamentos, antecipar desejos e, até mesmo, influenciar comportamentos. A interpretação de dados pessoais para estudos, formulação de políticas públicas e melhor compreensão da população sempre foi uma realidade[4], mas o paradigma da Quarta Revolução

---

2. O desenvolvimento das tecnologias é marcado pelo que se convencionou chamar de Quarta Revolução Industrial (SCHWAB, Klaus, 2016) e é caracterizado pela sofisticação da computação e dos *softwares*, pela transformação da internet, pelas inovações tecnológicas e pela exploração de dados como um dos principais tipos de comércio desenvolvidos. Esse momento da Quarta Revolução Industrial, contudo, representa uma minoria no globo, especialmente porque apenas 17% da população mundial passou pela fase da Primeira Revolução Industrial, já que muitos ainda não possuem, sequer, acesso à energia elétrica. Assim, é importante destacar que a premissa de que as tecnologias preditivas e as inteligências artificiais são, cada vez mais, parte do cotidiano, é restrita a uma pequena parte da população mundial. Nesse sentido, ver: SCHWAB, Klaus. *A Quarta Revolução Industrial*. São Paulo: Edipro, 2016.
3. HARTMANN PEIXOTO e SILVA compreendem os algoritmos como "um conjunto de regras que define, precisamente, uma sequência de operações, para várias finalidades, tais como modelos de previsão, classificação, especializações.". Ver: HARTMANN PEIXOTO, Fabiano; SILVA, Roberta Zumblick Martins da. *Inteligência Artificial e Direito*. 1. ed. Curitiba: Alteridade Editora, 2019.
4. A existência dos dados pessoais é tão antiga quanto a existência da humanidade, sendo muito anterior à automatização e à internet. A coleta de dados crus – hoje chamados de *raw data* – sempre foi utilizada para censos demográficos, desenvolvimento de políticas públicas, aprimoramento de mercados, pesquisa com consumidores, testes de medicamentos, entre outros. Esses estudos eram feitos manualmente por cidadãos, e, durante muito tempo, a consolidação dos dados não era uma realidade. Para os países que vivem o paradigma da Quarta Revolução Industrial, esses estudos passaram a ser feitos de forma automatizada, e com uma quantidade muito superior de dados – especialmente em razão do *big data*, com profunda sistematização dos dados em bases únicas.

Industrial transformou esse sistema de obtenção de informações em um mercado profundamente lucrativo, que ganhou muito espaço sobrepondo a lógica da matematização de informações por uma máquina, com pretensa neutralidade e ausência de vieses, à racionalidade humana, marcada por subjetividades até hoje incompreendidas do subconsciente humano[5].

Durante muito tempo, a exploração desses dados pessoais por algoritmos foi feita de forma desregulamentada. Em países europeus, como a Alemanha, os primeiros diplomas de proteção de dados surgiram ainda em 1970, mas em vários outros lugares, como o Brasil e a China, um sistema robusto de proteção de dados somente entrou em vigor em 2021. Também por causa dessa discrepância global na regulamentação do uso dos dados pessoais, mas, ainda, em razão do profundo desconhecimento da população em geral sobre a importância dos dados e seu potencial de uso, as tecnologias preditivas, as inteligências artificiais e, ao fim e ao cabo, o uso de algoritmos para leitura de dados, substituíram seres humanos em processos decisórios dos mais variados.

Hoje existem *softwares* para substituir juízes, advogados, investidores; algoritmos para filtrar notícias, selecionar anúncios e direcionar conteúdo; programas preditivos que antecipam oscilações no mercado, quais compras um determinado consumidor vai realizar e qual propaganda política tem maior apelo com um eleitor. De decisões pequenas (como escolher uma loja para comprar uma roupa) até decisões grandes (como em quem votar ou em quanto tempo condenar determinada pessoa), os dados pessoais se tornaram a base para que algoritmos pudessem substituir os seres humanos.

O que se vê, contudo, é que esse processo de substituição não ocorreu de forma justa. Sua principal justificativa era de que poderia tornar processos mais eficientes, menos enviesados e menos subjetivos, mas a realidade vem mostrando uma situação diferente. Apesar de as decisões serem, de fato, tomadas de formas muito mais rápidas, essas decisões se mostraram, em muitos cenários, discriminatórias e prejudiciais para grupos minoritários, o que afasta, de imediato, qualquer pretensão de neutralidade que elas poderiam possuir.

Diante dessas considerações, o presente estudo objetiva mapear, em um primeiro momento, o que pode ser chamado de tratamento discriminatório

---

5. Daniel Kahneman, a esse respeito, destaca que o processo de tomada de decisão do ser humano pode ser influenciado por diversos aspectos do mundo externo, mas que também possuem elementos incontroláveis de natureza subconsciente. A esse respeito, ver: KAHNEMAN, Daniel. *Thinking Fast and Slow*. Farrar, Staus & Giroux, 2011.

feito por algoritmos[6]. Em seguida, e considerando a importância de adequar a realização das mais variadas atividades econômicas ao novo marco normativo da Lei Geral de Proteção de Dados, o presente estudo irá analisar quais os principais elementos que precisam ser levados em consideração para estruturação de programas de *compliance* focados em coibir a discriminação algorítmica, bem como quais podem ser as vantagens da adoção desses programas para os agentes que tratam dados pessoais, bem como para os titulares dos dados.

O QUE É DISCRIMINAÇÃO ALGORÍTMICA

Para tratar da discriminação algorítmica, é importante reconhecer, inicialmente, que não há neutralidade nas decisões automatizadas tomadas a partir de análise de dados pessoais.

A neutralidade foi uma das premissas justificadoras para substituição de decisões humanas por tecnologias preditivas, como um todo. Em razão da pretensa cientificidade dada ao *big data* e à predição algorítmica – feita por uma fórmula matemática, através de leitura de dados massivos e sem a participação e intervenção direta (ao menos em tese) do ser humano – foi, e até hoje é, comumente difundido que decisões tomadas por máquinas possuem menos vieses e são neutras quando comparadas com decisões tomadas por seres humanos.[7]

Mas a verdade é que diversos fatores podem impactar na tomada da decisão algorítmica, de modo que a ausência de determinados dados, a existência de dados não representativos da realidade e o uso de dados sensíveis (inseridos ou suprimidos no processo de tratamento) são determinantes para indicar se aquela predição final será neutra, estatisticamente apurada ou, até mesmo, correta[8].

Não só: o próprio desenho do algoritmo que irá tratar esses dados, bem como as possibilidades de realização de inferências e correlações, são elementos que também podem ser determinantes para interferir nas predições fornecidas de forma

---

6. Considerando que os algoritmos são uma base para quase todo tipo de tecnologia preditiva, incluindo inteligências artificiais, o presente artigo irá focar em endereçar as questões relacionadas à discriminação algorítmica, para que elas possam ser aproveitadas para os sistemas mais simples e também mais complexos.
7. BAROCAS, Solon; SELBST, Andrew D. *Big Data's Disparate Impact*. California Law Review, 2016, p. 2.
8. LINDOSO, Maria Cristine. *Discriminação de Gênero no Tratamento Automatizado de Dados Pessoais*. Como a automatização incorpora vieses de gênero e perpetua a discriminação de mulheres. Belo Horizonte: Editora Processo, 2021.

automatizada[9]. Ou seja, a neutralidade de todo tratamento de dados não existe, já que diversos fatores externos podem interferir nos resultados produzidos.

Essa discussão sobre a ausência de neutralidade de máquinas que utilizam algoritmos, análises de dados em massa (*big data* como um todo) e tecnologias preditivas ganhou especial projeção no governo do Presidente Barack Obama, em 2014, quando a Casa Branca dos Estados Unidos da América divulgou um memorando sobre a importância de cuidados necessários no uso de tecnologias que exploravam *big data*. A partir de então, a mídia passou a difundir histórias que tentavam elucidar a falta de igualdade decisória quando máquinas faziam análises de crédito, cálculos de seguros ou até mesmo quando realizavam buscas em uma plataforma *on-line* ou direcionavam anúncios para usuários.

Exemplos incontáveis foram mapeados pela mídia e por pesquisadores, a fim de demonstrar que a pretensão de neutralidade das decisões automatizadas nunca passou, de fato, de uma pretensão. E, hoje em dia, à luz da LGPD, pode-se dizer que há um reconhecimento expresso do potencial discriminatório dos dados pessoais, especialmente porque um dos princípios gerais do marco normativo brasileiro (e também de legislações de outros países) é o princípio da não discriminação[10].

Afastada a pretensa neutralidade de algoritmos que tratam dados pessoais, é possível discutir o que pode ser entendido como discriminação algorítmica. E essa definição, por si só, guarda suas dificuldades técnicas, pois todo processo de tratamento de dados e criação de predições está fundado na seleção e no agrupamento de dados. O padrão de funcionamento dos algoritmos que analisam *big data* e dados pessoais como um todo se dá por leitura matemática de repetição, identificando comportamentos padronizados através de *inputs* para, espelhando-se em um modelo, gerar resultados (*outputs*).

Ou seja, a identificação de padrões (e a própria criação desses padrões) pressupõem algum tipo de tratamento diferenciado dos dados, discriminando aqueles que possam se aproximar mais ou menos dos resultados (*outputs*) esperados.

A grande questão é que esse tratamento de diferenciação e esse processo de agrupamento de dados não deve produzir resultados negativos para determinados

---

9. LINDOSO, Maria Cristine. Op. cit., 2021.

10. É o que diz o art. 6º, IX, da LGPD, segundo o qual "As atividades de tratamento de dados pessoais deverão observar a boa-fé e os seguintes princípios [...] não discriminação: impossibilidade de realização do tratamento para fins discriminatórios ilícitos ou abusivos."

grupos, especialmente para grupos minoritários. Se o objetivo das tecnologias de predição algorítmica é produzir *outputs* para um processo decisório, então, assim como as escolhas que são feitas pelos seres humanos, esses resultados não podem ser tomados levando-se em consideração condições ou características específicas de determinados grupos, a fim de lhes causar algum tipo de prejuízo ou impacto negativo.

É adequado entender discriminação – no sentido negativo do termo – como sendo um tratamento injustificadamente diferenciado, sendo que um dos elementos para esse tratamento é justamente alguma característica de relevante significado social e que está fora do controle individual[11] – como a raça, o gênero ou a orientação sexual[12].

Assim, caracterizar a discriminação algorítmica pressupõe reconhecer que a diferenciação de dados para gerar resultados, por si só, não é problemática, mas ela pode se mostrar discriminatória quando causa prejuízo direto a grupos minoritários, pois se utiliza de determinadas características socialmente significadas, e que estão fora do controle individual, para conferir um tratamento injustificadamente diferenciado para certos grupos. Esse é o tratamento discriminatório ilícito ou abusivo que pode ser extraído do art. 6º, IX, da LGPD.

Reconhecendo a ausência de neutralidade do tratamento de dados por algoritmos, e por causa disso, verificado ser possível causar discriminação a determinados grupos, é importante compreender em quais momentos pode ocorrer essa discriminação. Lindoso detalhou, a esse respeito, que ela pode ser uma consequência do uso de dados e das bases de dado, ou uma consequência da própria manipulação indevida dos algoritmos em si.

Ao reconhecer a possibilidade de discriminação algorítmica como uma consequência do uso de dados e das bases de dados, percebe-se que ela se mostra uma consequência da falta de cuidado com a seleção de conteúdo que irá alimentar os algoritmos para tomarem decisões (ou seja, falta de cuidado com os *inputs*). Pode ocorrer quando (i) os dados não são suficientemente representativos; (ii) os dados refletem comportamentos pretéritos que já são considerados discriminatórios – e que serão repetidos, naturalmente, pelos algoritmos ; (iii) pela falta de cuidado no uso de dados pessoais sensíveis – seja pela supressão desses dados, que pode autorizar inferências e correlações espúrias, seja

11. STF. Ação Direta de Inconstitucionalidade 5.617/DF. Relator: Min. Edson Fachin, 2018.

12. SILVA, Jorge Cesa Ferreira da. A proteção contra discriminação no direito contratual brasileiro. *Revista de Direito Civil Contemporâneo*. São Paulo, v. 1, n. 1, 2014, p. 43.

pelo uso desautorizado e pouco cuidadoso desses dados que, por já traduzirem informações potencialmente discriminatórias, podem interferir no processo decisório; e (iv) pela anonimização de dados pessoais que pode acabar sendo revertida pela leitura do algoritmo.[13]

A grande percepção que se tem da discriminação algorítmica pelo uso pouco cuidadoso dos dados pessoais é um reflexo do próprio potencial discriminatório que os dados podem possuir. Os dados traduzem informações cotidianas e que, por possuírem significado social, podem ser consideradas discriminatórias.

Já quando a discriminação ocorre por consequência direta da manipulação do algoritmo, ela pode ser uma consequência (v) do desenho algorítmico, desenhada para prestigiar ou prejudicar, de forma injustificada, grupos específicos; (vi) do modelo e treinamento do algoritmo, que pode vir a ser ensinado a produzir *outputs* discriminatórios; e (vii) das correlações e inferências produzidas no processo de leitura dos dados – e que, em grande medida, ocorrem como consequência da opacidade algorítmica –, mas que podem produzir resultados não condizentes com a realidade e injustificadamente prejudiciais para determinados grupos.[14]

Em relação aos algoritmos, a ideia central é que as estruturas algorítmicas possuem uma natureza mista, que em determinados momentos pode ser controlada pelo ser humano (especialmente quando é desenvolvida – isto é, o ser humano é quem cria a fórmula de acordo com seus interesses), mas que, em outros momentos, é considerado opaco e autônomo (em maiores ou menores medidas a depender da tecnologia em si), produzindo resultados inesperados e incontroláveis pelo ser humano.[15] Essa opacidade é que permite que algoritmos façam associações (inferências e correlações) que não seriam feitas em análises de dados estritamente humanas, especialmente quando os dados analisados são do tipo *big data*, sendo incontroláveis os resultados (*outputs*) que serão produzidos.[16]

---

13. LINDOSO, Maria Cristine. *Discriminação de Gênero no Tratamento Automatizado de Dados Pessoais*. Como a automatização incorpora vieses de gênero e perpetua a discriminação de mulheres. Belo Horizonte: Editora Processo, 2021.
14. LINDOSO, Maria Cristine. *Discriminação de Gênero no Tratamento Automatizado de Dados Pessoais*. Como a automatização incorpora vieses de gênero e perpetua a discriminação de mulheres. Belo Horizonte: Editora Processo, 2021.
15. DONEDA, Danilo; ALMEIDA, Virgílio A. F. *What is algorithm governance?* IEEE Internet Computing, v. 20, p. 60-63, p. 60.
16. DONEDA, Danilo; ALMEIDA, Virgílio. Op. cit.

Desse modo, a discriminação algorítmica pode ser uma consequência da manipulação pouco cuidadosa de dados ou da estruturação pouco cuidadosa de algoritmos, seja no desenho algorítmico, seja na interpretação dos resultados (*outputs*) produzidos.

A importância dos programas de *compliance* e da adoção de políticas de proteção de dados

Compreendida a percepção do que pode ser caracterizado como discriminação algorítmica, é importante pensar de que maneira os agentes que tratam dados pessoais podem ser responsáveis pela produção dos resultados discriminatórios.

Em relação à possibilidade de discriminação pelo uso de dados, é facilmente perceptível que os agentes possuem deveres em relação à seleção do conteúdo que deverá ser submetido às análises algorítmicas. Pela própria descrição de como pode ocorrer a discriminação algorítmica em relação aos dados pessoais, nota-se que o agente poderia minimizar os riscos, de forma considerável, caso observasse cuidadosamente quais dados estão sendo coletados, se eles estão corretos, se são representativos, se traduzem comportamentos pretéritos que são discriminatórios e são sensíveis.

Esse cuidado com os dados coletados, inclusive, tornou-se uma obrigação com a LGPD, na medida em que se impôs ao agente uma série de obrigações na coleta dos dados – como a necessidade de consentimento expresso na coleta daqueles dados; a imposição de que somente sejam coletados os dados necessários para aquela finalidade declarada, ou, ainda, como a necessidade de manter as bases atualizadas e corrigir informações sempre que for solicitado pelo titular.

Da análise de tais obrigações, inclusive, pode-se dizer que há, mais uma vez, o reconhecimento pelo legislador do potencial discriminatório do tratamento de dados como um todo, ainda que eles não sejam enquadrados como sensíveis. Dessa forma, impõem-se deveres legais para que haja o mínimo de cuidado na seleção dos dados que vão ser submetidos a um algoritmo para alguma análise preditiva.

Note-se que, hoje em dia, tais cuidados em relação aos dados não se trata mais de uma possibilidade que os agentes poderiam possuir para evitar discriminação. Trata-se de obrigações legais que decorrem, expressamente, do diploma nacional de proteção de dados. Em verdade, antes mesmo da LGPD, já havia uma obrigação constitucional de não gerar discriminação. Assim, qualquer agente que percebesse a produção de um sistema discriminatório no uso dos dados coletados deveria, imediatamente, atuar para corrigir a questão.

Não só. Existe um arcabouço normativo anterior à LGPD que já impunha aos agentes que tratam dados pessoais uma série de deveres em relação ao potencial discriminatório dos dados[17]. O *habeas data*, por exemplo, sempre conferiu ao titular a possibilidade de corrigir os dados a seu respeito. O Código Civil também impunha aos agentes os deveres de boa-fé como norteadores das relações jurídicas, de modo que um tratamento de dados abusivo, visivelmente discriminatório em decorrência da falta de cuidado com os dados pessoais, certamente ensejaria o dever de reparação. O Código de Defesa do Consumidor também não autorizava a coleta indiscriminada de dados pessoais e assegurava o acesso do consumidor aos dados coletado a seu respeito, e a Lei nº 12.414/2011 (Lei do Cadastro Positivo) também regulou o uso de dados para formação de histórico de crédito, especialmente vedando o uso de informações excessivas para análise.[18]

Certamente a LGPD consolidou essas orientações dispersas de forma coesa e mais precisa, mas o dever de não discriminar sempre foi uma imposição legal aos agentes, ainda que se tratando da análise de dados pessoais.

---

17. É o que dizem OLIVEIRA e LOPES, ao consignarem que a LGPD se insere em um amplo contexto normativo anterior que sempre manifestou preocupação com a proteção da privacidade e dos dados pessoais. Ver: OLIVEIRA, Marco Aurélio Bellizze; LOPES, Isabela Maria Pereira. Os princípios norteadores da proteção de dados pessoais no Brasil e sua otimização pela Lei nº 13.709/2018. In: FRAZÃO, Ana; TEPEDINO, Gustavo; OLIVA, Milena Donato (coord.). *A Lei Geral de Proteção de Dados Pessoais e Suas Repercussões no Direito Brasileiro*. Revista dos Tribunais: São Paulo, 2019.
18. Tal questão foi tratada pela Ministra Nancy Andrighi do Superior Tribunal de Justiça no Julgamento do Recurso Especial nº 1758799, julgado em 19.11.2019. Confira-se a ementa do referido julgado: "RECURSO ESPECIAL. FUNDAMENTO NÃO IMPUGNADO. SÚM. 283/STF. AÇÃO DE COMPENSAÇÃO DE DANO MORAL. BANCO DE DADOS. COMPARTILHAMENTO DE INFORMAÇÕES PESSOAIS. DEVER DE INFORMAÇÃO. VIOLAÇÃO. DANO MORAL IN RE IPSA. JULGAMENTO: CPC/15 [...] 5. A gestão do banco de dados impõe a estrita observância das exigências contidas nas respectivas normas de regência – CDC e Lei 12.414/2011 – dentre as quais se destaca o dever de informação, que tem como uma de suas vertentes o dever de comunicar por escrito ao consumidor a abertura de cadastro, ficha, registro e dados pessoais e de consumo, quando não solicitada por ele. 6. O consumidor tem o direito de tomar conhecimento de que informações a seu respeito estão sendo arquivadas/comercializadas por terceiro, sem a sua autorização, porque desse direito decorrem outros dois que lhe são assegurados pelo ordenamento jurídico: o direito de acesso aos dados armazenados e o direito à retificação das informações incorretas [...]" Ver: STJ. Recurso Especial nº 1.758.799. Relatora: Min. Nancy Andrighi, j. 19.11.2019. Disponível em: <https://processo.stj.jus.br/processo/revista/documento/mediado/?componente=ITA&sequencial=1888267&num_registro=201700065219&data=20191119&peticao_numero=-1&formato=PDF>. Acesso em 25 abr. 2021.

Já em relação à discriminação algorítmica que tem por vertente exclusiva o algoritmo, há uma maior dificuldade do agente em controlar os resultados produzidos a fim de ser responsável pela não produção de resultados discriminatórios. Isso porque, como mencionado anteriormente, há uma parte da estrutura algorítmica que pode ser controlada pelo ser humano, que é o desenho do algoritmo. Quanto a esse aspecto, certamente se pode perceber com facilidade a responsabilidade de quem organizou a estrutura, pois o agente não pode, de forma deliberada, organizar uma fórmula matemática que irá tratar dados de forma intencionalmente discriminatória determinadas pessoas. E essa estrutura pode ser submetida a auditorias e a controles externos, não só para assegurar que ela será desenhada de forma minimamente neutra, mas também para aperfeiçoá-la.

A grande questão está relacionada à parte incontrolável dos algoritmos, que produzem resultados opacos e intangíveis, muitas vezes, à racionalidade humana. De fato, o termo utilizado por Frank Pasquale de "caixa-preta" afasta muitas das pretensões de transparência que existem em relação aos algoritmos, e uma boa parte das correlações e inferências feitas não pode ser controlada pelos seres humanos. Por outro lado, os resultados e sua utilização, certamente, são passíveis de controle humano. Se o agente não consegue assumir a responsabilidade pelo processo de produção de um *output*, cabe a ele assegurar que esse *output* será revisado de alguma forma – seja por um ser humano, seja por uma máquina – para assegurar que não há discriminação naquele resultado.[19]

Não só: verificando a produção de resultados discriminatórios, ainda que as inferências e correlações não possam ser controladas pelo agente, cabe a ele submeter sua estrutura algorítmica a auditorias e a controles externos, e até mesmo a um novo design[20], para coibir a produção desses resultados e tentar investigar, minimamente, suas origens. Assim, mesmo havendo uma etapa decisória que foge completamente ao controle humano, não se pode atribuir a produção de decisões discriminatórias à opacidade, a fim de eximir os agentes

19. MAGRANI, Eduardo. *Entre dados e robôs*. Ética e privacidade na era da hiperconectividade. Porto Alegre: Arquipélago Editorial, 2019, p. 170.

20. Foi a situação ocorrida com o mecanismo de busca mais famoso do mundo, que, em mais de uma oportunidade, teve que reestruturar sua fórmula algorítmica para evitar a produção de resultados discriminatórios quando eram inseridas determinados termos de busca. Sofiya Noble cita o exemplo do racismo (NOBLE, Sofiya Umoja. *Algorithms of Oppression*. How Search Engines Reinforce Racism. Ney York University Press, 2018), e Julia Marinho cita o exemplo da homofobia com mulheres lésbicas (MARINHO, Julia. *Google muda algoritmo para que 'lésbica' não seja mais sinônimo de 'pornô'*, 2019. Disponível em: <https://www.tecmundo.com.br/internet/144805-google-muda-algoritmo--lesbica-nao-seja-sinonimo-porno.htm>, acesso em 25 abr. 2021).

de responsabilidade, se eles poderiam ter feito controle dos resultados e ter antecipado potenciais problemas.[21]

Esse é, inclusive, o espírito da LGPD, que não está focada estritamente na sanção e na punição de agentes que incorram em incidentes no uso de dados pessoais, mas direciona grande parte de seus esforços à colaboração dos agentes com a Autoridade Nacional de Proteção de dados para assegurar sistemas seguros e não discriminatórios. A preocupação da Lei, certamente, não é punir, mas sim evitar que situações de exposição de dados e de sistemas de tratamentos de dados causem prejuízos aos titulares, pois esses prejuízos podem ser, em muitas situações, irreparáveis.

Diante dessa percepção da Lei, é evidente que há uma grande preocupação com a instauração de programas de conformidade normativa (ou, como comumente são conhecidos, de *compliance*), para que as empresas possam se adequar ao novo paradigma de proteção de dados.

Frise-se que, de qualquer modo, independente da discriminação algorítmica ser uma decorrência do uso pouco cuidadoso dos dados pessoais ou da falta de revisão de decisões automatizadas, fato é que a obrigação constitucional de não discriminar é anterior à LGPD e sempre esteve presente em todo o ordenamento jurídico brasileiro como um dos princípios norteadores de todas as atividades. Por isso, se a LGPD impõe a existência de programas de *compliance* para proteção de dados como um todo, a existência do arcabouço constitucional anterior à Lei, que veda a discriminação, traz ainda mais urgência para que os agentes insiram a preocupação com os grupos minoritários em seus processos de tratamento de conteúdo.

Elementos de um programa de *compliance* voltado para coibir a discriminação algorítmica

Como visto, a discriminação algorítmica pode ocorrer (i) quando os dados não são suficientemente representativos; (ii) quando os dados refletem comportamentos pretéritos que já são considerados discriminatórios ; (iii) pela falta de cuidado no uso de dados pessoais sensíveis – seja pela supressão desses dados, que pode autorizar inferências e correlações espúrias, seja pelo uso desautorizado e pouco cuidadoso desses dados; (iv) pela anonimização de dados pessoais que pode acabar sendo revertida pela leitura do algoritmo; (v) pelo desenho

21. NOBLE, Sofiya Umoja. *Algorithms of Oppression*. How Search Engines Reinforce Racism. Ney York University Press, 2018.

algorítmico; (vi) pelo modelo e treinamento do algoritmo; e (vii) através das correlações e inferências produzidas no processo de leitura dos dados.[22]

Nesse sentido, um programa de *compliance* que consiga cobrir todo o escopo da LGPD precisa considerar, além das questões de segurança de dados, as possibilidades que podem ensejar resultados discriminatórios através das decisões tomadas com base no uso de dados pessoais. Todos os elementos acima elencados demonstram potenciais riscos da discriminação algorítmica e, junto com eles, o agente deve observar algumas questões importantes para evitar os resultados indesejáveis.

Um programa de *compliance* voltado para coibir discriminação de minorias deve considerar, primeiro, que grupos minoritários são, frequentemente, sub-representados através dos dados[23], muitas vezes por não terem acesso (considere-se, por exemplo, que a maior parte da população mundial não tem acesso à internet), e muitas vezes em razão das barreiras existentes em determinados espaços de poder (é o caso da maior parte das posições de liderança, dos espaços decisórios, da produção técnica e científica, entre outros). Por isso, um primeiro ponto a se considerar, a fim de evitar decisões discriminatórias, deve ser a qualidade das bases de dados utilizadas[24], para que elas possam ilustrar perspectivas suficientemente representativas (e igualitárias) da realidade que se pretende ensinar ao algoritmo.[25]

Note-se que a preocupação com a qualidade dos dados, muitas vezes, pode implicar um problema, já que faltam dados produzidos em relação aos grupos minoritários. A realidade em si já é preconceituosa e as barreiras de acesso existem, mas não deve ser reproduzidas por sistemas automatizados. Por isso, além da preocupação com a ausência de dados, é preciso se preocupar com o conteúdo histórico que dados podem informar[26], a fim de que a realidade discriminatória não seja simplesmente copiada.

---

22. LINDOSO, Maria Cristine. *Discriminação de Gênero no Tratamento Automatizado de Dados Pessoais*. Como a automatização incorpora vieses de gênero e perpetua a discriminação de mulheres. Belo Horizonte: Editora Processo, 2021.
23. É essa a tese central construída pela autora Caroline Criado Perez ao tratar da lacuna de dados existentes sobre mulheres nos mais variados espaços. Nesse sentido, ver: PEREZ, Caroline Criado. *Invisible Women:* Data bias in a world designed for men. Abrams Press, 2019.
24. BAROCAS, Solon; SELBST, Andrew. *Big Data's disparate impact*. California Law Review, 2016, p. 1.
25. KLEINBERG, Jon *et al. Discrimination in the age of algorithms*, 2019, p. 22.
26. CALDERS, Toon; ZLIOBAITÈ, Indrè. Why Unbiased Computation Process Can Lead to Discriminative Decision Procedures. In: CUSTERS, Bart *et al.* (org.). *Discrimination*

O cuidado com dados pessoais sensíveis também deve estar inserido em programas de conformidade orientados a coibir discriminação algorítmica, evitando que a supressão automática de dados, apenas para evitar adequação quanto ao uso específico de dados sensíveis, não acabe viabilizando inferências e correlações estatísticas preconceituosas. Por isso, usar os dados, muitas vezes é melhor do que os suprimir, preservado, sempre, o princípio da necessidade.[27]

O uso de dados anonimizados traz preocupações semelhantes, justamente porque, dificilmente será possível eliminar todas as características do dado pessoal. Nos dias de hoje, a tecnologia possui alcance muito maior, que consegue, por meio de inferências e correlações muito complexas, restabelecer as características que foram, supostamente, eliminadas.[28] Assim, é preciso pensar em formas de assegurar que a anonimização, se for feita, será efetiva e definitiva, e que eventuais características eliminadas não serão inferidas para serem utilizadas contra o próprio titular de dados através de *outputs* preconceituosos.

Como visto, em relação aos dados, a preocupação sempre diz respeito à qualidade dos dados, para assegurar que são representativos e confiáveis e que não traduzem preconceitos pretéritos.

A conformidade normativa, no que diz respeito ao algoritmo em si, também precisa observar uma série de considerações, especialmente no que a LGPD trata quanto às possibilidades de auditoria e da produção de relatórios de impacto.

As auditorias são mecanismos conhecidos e que podem ser feitos interna ou externamente para assegurar que os resultados são apurados e seguros, e que a fórmula matemática em si não está trabalhando além ou aquém de suas capacidades.

As auditorias, dos mais variados tipos, devem fazer parte da rotina de processamento de dados, pois elas constituem uma ferramenta importante para assegurar que o *design* do algoritmo está adequado – isso quer dizer, não discriminatório –; que os resultados produzidos estão dentro do esperado e que eventuais falhas vão ser detectadas na primeira oportunidade, para serem prontamente corrigidas.

---

and Privacy in the Information Society: Data Mining and Profiling in Larg Databases. Springer: 2013, p. 46.

27. WILLIAMS, Betsy Anne; BROOKS, Catherine F.; SHMARGAD, Yotam. *How Algorithms Discriminate Based on the Data They Lack*: Challenges, Solutions and Policy Implications. Journal of Information Policy, v. 8, 2019, p. 78.

28. SCHWARTZ, Paul M; SOLOVE, Daniel J. *The PII Problem:* Privacy and a new concept of personally identifiable information. New York University Law Review, v. 86, 2011.

Já os relatórios de impacto se mostram medidas interessantes inseridas pela Lei e que podem ser solicitadas a qualquer momento pela autoridade e que, nos termos do art. 5º, XVII, constituem um relatório com a descrição dos processos de tratamento de dados que podem gerar riscos ao usuário e aos seus direitos fundamentais. Nesse documento, registrado pelo controlador dos dados, devem constar não só os processos, como também as medidas empregadas para minimizar os riscos aos direitos dos titulares.[29]

O relatório de impacto ainda deverá ser regulado futuramente, especificamente para detalhar seu procedimento, quais informações e como elas deverão estar dispostas para o controle das autoridades. Apesar disso, é certo que programas de conformidade normativa preocupados com o potencial discriminatório dos tratamentos de dados devem considerar a recomendação de documentos detalhados, indicando com clareza os processos e as medidas de proteção aos direitos fundamentais dos usuários, a fim de se assegurar o que se chama hoje de *algorithmic accountability*.[30]

Nas palavras de Bruno Bioni, a *accountability* é um vetor de "democratização do próprio processo de regulação" da tecnologia, especialmente de inteligências artificiais.[31] Trata-se de um princípio que pode ser decorrente da transparência e que permite conferir ao titular dos dados informações sobre os processos de tomadas de decisão, dos riscos toleráveis durante esses processos automatizados e como os agentes de tratamento de dados lidam com essas informações. É fundamental, a esse respeito, que programas de conformidade considerem esse nível de transparência com o usuário, não só para gerar uma relação de confiança (que, como será detalhado a seguir, pode trazer muitos benefícios), mas também para que haja um conhecimento por parte do titular quanto aos riscos que ele pode estar exposto em cada processo.

Também é importante destacar que a possibilidade de o titular dos dados solicitar a revisão das decisões automatizadas tomadas a seu respeito é um direito consagrado na LGPD, bem como de obter esclarecimentos sobre os procedimentos utilizados.[32] Ou seja, o *modus operandi* do agente de tratamento de

---

29. BIONI, Bruno Ricardo; LUCIANO, Maria. O Princípio da Precaução na Regulação de Inteligência Artificial: Seriam as Leis de Proteção de Dados o Seu Portal de Entrada? In: FRAZÃO, Ana; MULHOLLAND, Caitlin (org.). *Inteligência artificial e direito*: ética, regulação e responsabilidade. São Paulo: Thomson Reuters Brasil, 2019.
30. BIONI, Bruno Ricardo; LUCIANO, Maria. Op. cit., 2019.
31. BIONI, Bruno Ricardo; LUCIANO, Maria. Op. cit., 2019.
32. VERONESE, Alexandre. Os direitos de explicação e de oposição frente às decisões totalmente automatizadas: comparando a RGPD da União Europeia com a LGPD Brasileira,

dados, apesar de protegido pelas Leis que preserva segredos industriais, deve ser compatível com o fornecimento de informações ao usuário que lhe assegurem o conhecimento de como aquele resultado final foi obtido.

Por fim, cabe destacar que a revisão de decisões automatizadas também vem se mostrando um procedimento importante e recomendável para empresas que se utilizam de processos automatizados para tomada de decisões. Muitas das decisões são fundamentais para a vida dos titulares, e, diante da opacidade algorítmica, o controle de *inputs* pode ser insuficiente para assegurar – ou, ao menos, mitigar riscos – de preconceito contra grupos minoritários.[33] Por isso, pode ser que um controle humano feito *a posteriori* se mostre fundamental, ao menos para alguns processos estratégicos e mais relevantes.

Note-se que esse controle humano também pode ser uma medida a ser incluída nos relatórios de impacto e que está alinhado com a percepção de *accountability*, pois demonstra para o usuário que eventuais situações discriminatórias e o próprio risco do usuário poderá ser mitigado no momento final de análise dos resultados produzidos.

Ao fim, pode-se resumir um programa de conformidade normativa orientado para eliminar a discriminação algorítmica em um programa que se preocupe com quatro vertentes principais: (i) qualidade dos dados; (ii) constância em procedimentos de auditoria; (iii) *accountability*; e (iv) possibilidade de revisão das decisões automatizadas.

Vantagens para os agentes que tratam dados pessoais

Como mencionado, a necessidade de se adotarem programas de *compliance* se tornou uma exigência legal da LGPD para estimular a proteção dos dados pessoais. Apesar disso, o dever de não discriminar sempre foi uma imposição constitucional para todas as pessoas, jurídicas ou naturais, de modo que seria difícil justificar a postura de uma gente que, ciente da produção de resultados discriminatórios antes da LGPD, nada tenha feito para tentar remediar ou controlar a situação que expunha determinados grupos.

A obrigação legal, por si só, é uma das grandes estimuladoras para que os agentes adotem programas de *compliance* focados, também, na produção de

---

p. 406. In: FRAZÃO, Ana; MULHOLLAND, Caitlin (org.). *Inteligência artificial e direito*: ética, regulação e responsabilidade. São Paulo: Thomson Reuters Brasil, 2019.

33. JUNQUEIRA, Tiago. *Tratamento de dados pessoais e a discriminação algorítmica de seguros*. São Paulo: Revista dos Tribunais, 2020, p. 321.

resultados não discriminatórios. A LGPD, nesse sentido, estabelece graus diferentes de sanções para aqueles agentes que manifestam preocupações anteriores aos incidentes e que, desde sempre, tentaram se manter dialógicos com a Autoridade Nacional de Proteção de Dados, transparentes com os titulares e preocupados com a observância da Lei.

O artigo 52, § 1º, da LGPD, por exemplo, estabelece que as sanções administrativas decorrentes de incidentes no uso de dados deverão levar em consideração, entre outras coisas, a boa-fé do infrator, a cooperação, a adoção reiterada e demonstrada de mecanismos e procedimentos internos capazes de minimizar o dano, a existência de políticas de boas práticas e governança e a pronta adoção de medidas coercitivas. Ou seja, a preocupação do agente com o potencial do dano causado é apenas mais um dos elementos, que é medido em consonância com o grau de preocupação real que o agente manifestou, ao longo de todo o tempo que tratou dados pessoais, com a possível ocorrência de incidentes.

Nelson Rosenvald faz esse mesmo destaque, detalhando que, nos termos do art. 944 do Código Civil, a possibilidade de adoção de programas de *compliance* pode funcionar como forma de mitigação equitativa de valores indenizatórios, na medida em que o agente comprove não ter medido esforços para adequar-se à Lei Geral de Proteção de Dados, independentemente do risco de sua atividade.[34]

E note-se que, a esse respeito, não pode ser considerado como incidente apenas o vazamento de dados pessoais ou a invasão, por *hackers*, de bases de dados. Todo o tratamento de dados (que é feito por algoritmos) está orientado para não produzir resultados discriminatórios ou abusivos. Juntamente com outros diplomas que complementam a LGPD, como a Constituição Federal, o Código Civil e o Código de Defesa do Consumidor, a preocupação com os resultados discriminatórios talvez seja ainda maior do que a existência de vazamentos, pois manifesta uma preocupação mais concreta e nitidamente prejudicial a uma pessoa ou grupo de pessoas.

Assim, estruturar programas de conformidade que estejam focados não só na segurança dos dados, para impedir invasões e vazamentos, mas também na produção de resultados justos, orientados por padrões éticos que busquem eliminar o potencial discriminatório dos dados e dos algoritmos, é um dever legal

34. ROSENVALD, Nelson. *O compliance e a redução equitativa da indenização na LGPD*. Migalhas, 19 de março de 2021. Disponível em: < https://www.migalhas.com.br/coluna/migalhas-de-protecao-de-dados/342032/o-compliance-e-a-reducao-equitativa-da-indenizacao-na-lgpd>, acesso em 01 maio 2021.

dos agentes que pode ser extraído da LGPD e do próprio ordenamento jurídico constitucional brasileiro.

Mas as vantagens para adoção de programas de *compliance* focado na não discriminação não são positivas apenas sob essa perspectiva. Além de servirem como atenuantes para imposição de sanções administrativas (e, como deverá caminhar a jurisprudência, para imposição do dever de reparação), há também que se levar a responsabilidade social empresarial como fator positivo e que gera atrativos para os consumidores e usuários.

Isso quer dizer que existem vantagens para agentes que estão dispostos a irem além da regulação e estabelecem programas fortes preocupados com o impacto decisório em relação a grupos minoritários. Essas vantagens estão dentro do chamado "mercado da virtude", que remunera empresas que investem em padrões éticos mais rígidos com a confiança e a fidelidade dos consumidores[35]. Trata-se de manifestar uma preocupação real em efetivar o proposito legal – nesse caso, de não produzir resultados discriminatórios – de forma mais rápida e segura, e que acaba conquistando um nicho de mercado que possui essas mesmas preocupações.

E a própria LGPD estimula a adoção desses padrões éticos mais rígidos, pois, assim como outros diplomas mundo afora – especialmente o GDPR europeu –, há forte incentivo para que os agentes criem diretrizes concretas, planos de ação, formas de checagem, atuação e implementação de normas eficazes e adequadas para cada modelo de negócios.

Quanto a esse ponto, Nelson Rosenvald também destaca que a adoção de programas de *compliance* foi amplamente estimulada pelo legislador também a nível de *accountability*, justamente para "criar uma espécie de cadastro positivo de louváveis agentes econômicos, cuja publicidade propicie um aceno à 'corrida por incentivos'".[36] E essa corrida possui reflexos patrimoniais e morais para empresas que exploram o chamado "mercado da virtude"[37], mostrando que agentes que adotem determinadas políticas de boas práticas criam novos padrões

---

35. VOGUEL, David. *The Market for Virtue*: the potential and limits of corporate social responsibility. Brookings Institution Press, 2015.
36. ROSENVALD, Nelson. *O compliance e a redução equitativa da indenização na LGPD*. Migalhas, 19 de março de 2021. Disponível em: < https://www.migalhas.com.br/coluna/migalhas-de-protecao-de-dados/342032/o-compliance-e-a-reducao-equitativa-da-indenizacao-na-lgpd >, acesso em 01 maio 2021.
37. VOGUEL, David. *The Market for Virtue*: the potential and limits of corporate social responsibility. Brookings Institution Press, 2015.

para o mercado como um todo, além de estimularem um efeito pedagógico de inibir novos entrantes de ingressarem no setor com compromissos éticos em níveis menores.[38]

A criação de novos *standars* na cadeia de agentes que tratam dados também é uma decorrência da solidariedade criada pela LGPD, que passa a obrigar que os negócios se desenvolvam, apenas, entre aqueles que observam a adequação normativa e se preocupam com a conformidade. Há um tipo de pressão indireta, como destaca Bruno Bioni, para que o mercado de dados se torne cada vez mais fechado, apenas para agentes que agem em conformidade com as leis de proteção de dados, assegurando, ao fim e ao cabo, vantagens competitivas e valorização dos serviços prestados e produtos ofertados.[39]

Bioni também destaca que a adoção de programas de *compliance* voltados à proteção de dados pessoais abre uma janela de oportunidade, especialmente para criação de novos produtos e serviços – como consultorias e empresas de revisão de políticas públicas voltadas à adequação da LGPD; para a revisão de produtos e modelos de negócios; e para a "geração de valor através do diagnóstico e prognósticos recorrentes e dinâmicos, ao invés de avaliações estanques e focadas apenas no risco regulatório".[40]

Vantagens para os usuários e titulares de dados

Se os benefícios para os agentes de mercado são consideráveis, para os usuários, os programas de *compliance* se mostram verdadeiras bases de segurança quanto à preservação dos dados pessoais. O direito à proteção de dados pessoais possui natureza de direito fundamental[41], e a segurança de que os agentes de tratamento de dados estão adotando padrões de conformidade normativa é, sem dúvida, um conforto para os titulares dos dados.

---

38. ROSENVALD, Nelson. *O compliance e a redução equitativa da indenização na LGPD*. Migalhas, 19 de março de 2021. Disponível em: < https://www.migalhas.com.br/coluna/migalhas-de-protecao-de-dados/342032/o-compliance-e-a-reducao-equitativa-da-indenizacao-na-lgpd >, acesso em 01 maio 2021.
39. BIONI, Bruno. *Regulação de dados é uma janela de oportunidade*. 29 de março de 2019. Disponível em: < https://brunobioni.com.br/blog/2019/03/29/regulacao-de-dados-e-uma-janela-de-oportunidade/ > , acesso em 01 maio 2021.
40. BIONI, Bruno. Op. cit.
41. FUSTER, Gloria González. *The Emergence of Personal Data Protection as a Fundamental Right of the EU*. Law, Governance and Technology Series, v. 16, Srpinger International. Bélgica: Publishing Switzarland, 2014.

Tratando especificamente da perspectiva de coibir a discriminação de minorias por meio do tratamento de dados, os programas de *compliance* se mostram uma importante ferramenta que pode, inclusive, ajudar a diminuir ou acabar com os tratamentos preconceituosos, tanto no mundo virtual, como no mundo real.

Como foi mencionado anteriormente, o fato de a LGPD criar um regime de solidariedade entre todos os agentes da cadeia de tratamento de dados, faz com que seja necessário observar as contratações e o desenvolvimento de negócios, prestigiando aqueles que adotam padrões de conformidade normativa. Isso quer dizer que, muito em breve, e considerando a atuação forte da Autoridade Nacional de Proteção de Dados para ajudar a adequar e efetivar as normas dispostas na LGPD, todos os agentes que tratam dados pessoais deverão observar se seus sistemas geram, ou não, discriminação contra grupos minoritários, sob risco não só de sofrerem sanções administrativas, de terem que arcar com indenizações para casos pessoais, mas também de serem isolados do mercado em si.

Veja que a adoção de programas de conformidade precisa levar em consideração os efeitos das decisões tomadas com base no tratamento de dados, de modo que não é uma escolha do agente investir somente em segurança para evitar ataques externos às suas bases, e ignorar que dados sensíveis estão sendo utilizados de forma descuidada e estão promovendo decisões discriminatórias. Esses padrões também precisam constar em programas de conformidade, como já foi mencionado.

Para o usuário, que muitas vezes não possui conhecimento técnico suficiente para medir se estão sendo feitas inferências e correlações estatísticas discriminatórias a seu respeito, a segurança de que os dados não estão sendo tratados de forma discriminatória representa a chance de furar o teto de vidro do preconceito, que até hoje é limitante para mulheres, negros, homossexuais e outros membros de grupos minoritários. As decisões automatizadas carregam construções sociais anteriores à criação da plataforma automatizada[42], de modo que uma preocupação efetiva com o potencial discriminatório das decisões pode ser um dos elementos principais para modificar a realidade do preconceito e criar novos parâmetros de igualdade.

Saídas como a possibilidade de obter esclarecimentos sobre a exploração de dados, a própria possibilidade de revisão das decisões e a existência de relatórios de impacto são mecanismos que conferem ao usuário alguma segurança de

42. FRIEDMAN, Batya; NISSENBAUM, Helen. *Bias in Computer Systems*. ACM Transactions on Information Systems, v. 14, n. 3, 1996, p. 333.

que todo o processo de tratamento, especialmente os resultados produzidos, estão sendo constantemente monitorados pela autoridade de proteção de dados, pelo agente de tratamento e pelo usuário.

CONCLUSÕES

A adoção de programas de conformidade, comumente conhecidos como programas de *compliance*, ganhou muito espaço na discussão com a edição da LGPD no Brasil. A maior parte do debate, contudo, ficou centrada nas questões de segurança, a fim de proteger os dados coletados e explorados pelos agentes de mercado. Essa não é a única preocupação que se deve ter.

O tratamento de dados pessoais por meio de algoritmos, mais ou menos complexos, não é neutro e, por isso, pode acabar culminando em discriminação de grupos minoritários. Por esse motivo, os programas de conformidade também devem ter em mente o potencial discriminatório dos algoritmos, a fim de mapear potenciais decisões que possam aumentar as distorções sofridas por mulheres, negros e negras, membros do grupo LGBTQIA+, entre outros.

Por isso, o objetivo do presente artigo foi mapear, à luz da doutrina já existente, em quais momentos a discriminação pode ocorrer, qual a importância de pensar que esses sistemas não são neutros e quais as principais preocupações que programas de *compliance* voltados para o combate à discriminação algorítmica precisam ser levados em consideração. Em seguida, foram mapeados alguns dos principais pontos positivos da adoção desses programas, com foco também na proteção das minorias, seja pela perspectiva de empresas, seja pela perspectiva dos titulares de dados pessoais.

REFERÊNCIAS BIBLIOGRÁFICAS

BAROCAS, Solon; SELBST, Andrew D. *Big Data's Disparate Impact*. California Law Review, 2016.

BIONI, Bruno Ricardo; LUCIANO, Maria. O Princípio da Precaução na Regulação de Inteligência Artificial: Seriam as Leis de Proteção de Dados o Seu Portal de Entrada? In: FRAZÃO, Ana; MULHOLLAND, Caitlin (org.). *Inteligência artificial e direito*: ética, regulação e responsabilidade. São Paulo: Thomson Reuters Brasil, 2019.

BIONI, Bruno. *Regulação de dados é uma janela de oportunidade*. 29 de março de 2019. Disponível em: <https://brunobioni.com.br/blog/2019/03/29/regulacao-de-dados-e-uma-janela-de-oportunidade/> , acesso em 01 mai 2021.

CALDERS, Toon; ZLIOBAITÈ, Indrè. Why Unbiased Computation Process Can Lead to Discriminative Decision Procedures. In: CUSTERS, Bart *et al.* (org.). *Discrimination and Privacy in the Information Society*: Data Mining and Profiling in Larg Databases. Springer: 2013.

DONEDA, Danilo; ALMEIDA, Virgílio A. F. *What is algorithm governance?* IEEE Internet Computing, v. 20, pp. 60-63.

FRIEDMAN, Batya; NISSENBAUM, Helen. *Bias in Computer Systems*. ACM Transactions on Information Systems, v. 14, n. 3, 1996.

FUSTER, Gloria González. *The Emergence of Personal Data Protection as a Fundamental Right of the EU*. Law, Governance and Technology Series, v. 16, Srpinger International. Bélgica: Publishing Switzarland, 2014.

HARTMANN PEIXOTO, Fabiano; SILVA, Roberta Zumblick Martins da. *Inteligência Artificial e Direito*. 1. ed. Curitiba: Alteridade Editorai, 2019.

JUNQUEIRA, Tiago. *Tratamento de dados pessoais e a discriminação algorítmica de seguros*. São Paulo: Revista dos Tribunais, 2020.

KAHNEMAN, Daniel. *Thinking Fast and Slow*. Farrar, Staus & Giroux, 2011.

KLEINBERG, Jon *et al*. *Discrimination in the age of algorithms*, 2019.

LINDOSO, Maria Cristine. *Discriminação de Gênero no Tratamento Automatizado de Dados Pessoais*. Como a automatização incorpora vieses de gênero e perpetua a discriminação de mulheres. Belo Horizonte: Editora Processo, 2021.

MAGRANI, Eduardo. *Entre dados e robôs*. Ética e privacidade na era da hiperconectividade. Porto Alegre: Arquipélago Editorial, 2019.

MARINHO, Julia. *Google muda algoritmo para que 'lésbica' não seja mais sinônimo de 'pornô'*, 2019. Disponível em: <https://www.tecmundo.com.br/internet/144805-google-muda-algoritmo-lesbica-nao-seja-sinonimo-porno.htm>, acesso em 25 abr. 2021.

NOBLE, Sofiya Umoja. *Algorithms of Oppression*. How Search Engines Reinforce Racism. Ney York University Press, 2018.

OLIVEIRA, Marco Aurélio Bellizze; LOPES, Isabela Maria Pereira. Os princípios norteadores da proteção de dados pessoais no Brasil e sua otimização pela Lei nº 13.709/2018. In: FRAZÃO, Ana; TEPEDINO, Gustavo; OLIVA, Milena Donato (coord.). *A Lei Geral de Proteção de Dados Pessoais e Suas Repercussões no Direito Brasileiro*. Revista dos Tribunais: São Paulo, 2019.

PEREZ, Caroline Criado. *Invisible Women:* Data bias in a world designed for men. Abrams Press, 2019.

ROSENVALD, Nelson. *O compliance e a redução equitativa da indenização na LGPD*. Migalhas, 19 de março de 2021. Disponível em: <https://www.migalhas.com.br/coluna/migalhas-de-protecao-de-dados/342032/o-compliance-e-a-reducao-equitativa-da-indenizacao-na-lgpd >, acesso em 01 maio 2021.

SCHWAB, Klaus. *A Quarta Revolução Industrial*. São Paulo: Edipro, 2016.

SCHWARTZ, Paul M; SOLOVE, Daniel J. *The PII Problem:* Privacy and a new concept of personally identifiable information. New York University Law Review, v. 86, 2011.

SILVA, Jorge Cesa Ferreira da. A proteção contra discriminação no direito contratual brasileiro. *Revista de Direito Civil Contemporâneo*. São Paulo, v. 1, n. 1, 2014.

STF. Ação Direta de Inconstitucionalidade 5.617/DF. Relator: Min. Edson Fachin, 2018.

STJ. Recurso Especial nº 1.758.799. Relatora: Min. Nancy Andrighi, j. 19.11.2019. Disponível em: <https://processo.stj.jus.br/processo/revista/documento/mediado/?componente=ITA&sequencial=1888267&num_registro=201700065219&data=20191119&peticao_numero=-1&formato=PDF>. Acesso em 25 abr. 2021.

VERONESE, Alexandre. Os direitos de explicação e de oposição frente às decisões totalmente automatizadas: comparando a RGPD da União Europeia com a LGPD Brasileira, p. 406. In: FRAZÃO, Ana; MULHOLLAND, Caitlin (org.). *Inteligência artificial e direito*: ética, regulação e responsabilidade. São Paulo: Thomson Reuters Brasil, 2019.

VOGUEL, David. *The Market for Virtue*: the potential and limits of corporate social responsibility. Brookings Institution Press, 2015.

WILLIAMS, Betsy Anne; BROOKS, Catherine F.; SHMARGAD, Yotam. *How Algorithms Discriminate Based on the Data They Lack*: Challenges, Solutions and Policy Implications. Journal of Information Policy, v. 8, 2019.

O PAPEL DOS MECANISMOS DE *COMPLIANCE* E DAS POLÍTICAS DE PROTEÇÃO DE DADOS PARA A PROTEÇÃO DE DADOS SENSÍVEIS

CARLOS NELSON KONDER[1]

LEONARDO FAJNGOLD[2]

---

1. Doutor e Mestre em direito civil pela Universidade do Estado do Rio de Janeiro (UERJ). Especialista em direito civil pela Universidade de Camerino (Itália). Professor do Departamento de Direito Civil da UERJ e do Departamento de Direito da Pontifícia Universidade Católica do Rio de Janeiro (PUC-Rio). Advogado.
2. Doutorando e Mestre em direito civil pela Universidade do Estado do Rio de Janeiro (UERJ). Pós-graduado em direito civil constitucional pela UERJ. Especialista em direito dos contratos pelo Instituto Brasileiro de Direito Civil (IBDCivil). Pesquisador da Clínica de Responsabilidade Civil da Faculdade de Direito da UERJ. Integrou o Conselho Assessor da Revista Brasileira de Direito Civil (RBDCivil). Advogado.

Introdução

Em 2012, a *New York Times Magazine* trouxe a público uma matéria intitulada "*How companies learn your secrets*".[3] O título chamativo foi acompanhado por um exemplo que acabou se tornando referência sobre os controversos efeitos da associação entre dados pessoais e algoritmos.

Segundo consta na reportagem, a companhia *Target*, após aprimorar a análise de dados envolvendo gestantes, recebeu, em uma de suas lojas, um sujeito inconformado com comunicados recebidos pela sua filha acerca de cupons de desconto para a aquisição de berço e roupas de bebê. Inicialmente imaginando que se tratava de publicidade para incentivar a gravidez e, assim, a venda de produtos do gênero, veio a se desculpar, alguns dias depois, afirmando que havia situações em sua casa das quais não tinha conhecimento. Em resumo, a *Target* teria descoberto, antes que o pai, sobre a gravidez da filha.

Para além das calorosas discussões relacionadas ao avanço das técnicas de tratamento de dados, a temática vem estampando jornais e revistas em função de aspecto ainda mais delicado: os vazamentos que têm se repetido, com espantosa frequência, ao longo do tempo. Em âmbito nacional, os incidentes são tantos e tão profundos que, após recente e massiva exposição de dados, concluiu-se que "os dados pessoais de 100% da população brasileira foram vazados ilicitamente e estão à venda pela internet".[4]

Para mitigar esse tenebroso quadro, a esperança está sendo depositada, desde a promulgação da Lei nº 13.709/2018 (Lei Geral de Proteção de Dados), na observância às suas previsões normativas, que estariam aptas a gerar "repercussão extraordinária em toda a sociedade".[5] Contudo, mesmo passado pouco tempo da sua entrada em vigor, já é possível perceber que a mudança profunda demandará, mais que isso, a superação de antigos costumes e o fortalecimento de condutas protetivas quanto a dados pessoais.[6]

---

3. Tradução livre: "Como as companhias aprendem os seus segredos". Disponível em: <https://www.nytimes.com/2012/02/19/magazine/shopping-habits.html>. Acesso em: 17 abr. 2021.
4. Disponível em: <https://politica.estadao.com.br/blogs/fausto-macedo/o-impacto-do-maior-vazamento-de-dados-pessoais-da-historia-do-brasil/>. Acesso em: 17 abr. 2021.
5. TEPEDINO, Gustavo. Desafios da Lei Geral de Proteção de Dados (LGPD). *Revista Brasileira de Direito Civil – RBDCivil*, Belo Horizonte, v. 26, out./dez. 2020, p. 11.
6. Observação similar consta em: DONEDA, Danilo; MENDES, Laura Schertel. Reflexões iniciais sobre a nova Lei Geral de Proteção de Dados. *Revista de Direito do Consumidor*, v. 120, a. 27, nov./dez. 2018, p. 482.

Daí advém, conforme se verá, o protagonismo dos programas de *compliance*, como suporte concreto ao atendimento dos desígnios da legislação, a repercutir decisivamente sobre o direito à privacidade de um modo geral, mas, sobretudo, no que toca a um de seus universos mais delicados, o dos dados sensíveis.

1. *COMPLIANCE* E DADOS SENSÍVEIS: UMA COMBINAÇÃO NECESSÁRIA

Na última década, poucos temas demonstraram uma vocação tão multidisciplinar e encontraram amplo reconhecimento no ambiente jurídico como as políticas de *compliance*.[7] Com a finalidade de criar uma "cultura de respeito à legislação",[8] os programas de conformidade têm sido associados a diversos benefícios àquele que os implementa,[9] tais como: (i) prevenção de riscos relacio-

---

7. A despeito de as raízes dos programas de *compliance* no Brasil remontarem a "questões concernentes ao direito penal, ao direito econômico e às práticas regulatórias e anticorrupção", entende-se que, na atualidade, há "proliferação e propagação de novos modais capazes de gerar impactos jurídicos sobre todos os ramos do direito, e, até mesmo, para a implementação da Lei Geral de Proteção de Dados" (FALEIROS JÚNIOR, José Luiz de Moura; MARTINS, Guilherme Magalhães. Segurança, Boas Práticas, Governança e *Compliance*. In: LIMA, Cíntia Rosa Pereira de (Coord.). Comentários à Lei Geral de Proteção de Dados: Lei n. 13.709/2018, com alteração da Lei n. 13.853/2019. São Paulo: Almedina, 2020, p. 362).
8. A afirmação consta no "Guia para Programas de *Compliance*", elaborado pelo Conselho Administrativo de Defesa Econômica (CADE). Disponível em: <https://cdn.cade.gov.br/Portal/centrais-de-conteudo/publicacoes/guias-do-cade/guia-compliance-versao-oficial.pdf>. Acesso em: 27 mar. 2021. Também é o que prevê o art. 41 do Decreto nº 8.420/2015, que regulamenta a Lei nº 12.846/2013 (Lei Anticorrupção): "Para fins do disposto neste Decreto, programa de integridade consiste, no âmbito de uma pessoa jurídica, no conjunto de mecanismos e procedimentos internos de integridade, auditoria e incentivo à denúncia de irregularidades e na aplicação efetiva de códigos de ética e de conduta, políticas e diretrizes com objetivo de detectar e sanar desvios, fraudes, irregularidades e atos ilícitos praticados contra a administração pública, nacional ou estrangeira". Um panorama mais profundo sobre a questão pode ser encontrado em: CUEVA, Ricardo Villas Bôas. Funções e finalidades dos programas de compliance. In: CUEVA, Ricardo Villas Bôas; FRAZÃO, Ana (Coords.). *Compliance*: perspectivas e desafios dos programas de conformidade. Belo Horizonte: Fórum, 2018, p. 53-69.
9. Não por coincidência, constatou-se "o potencial do *compliance* como mecanismo de atuação da função promocional do direito, em complemento da sua função repressiva" (OLIVA, Milena Donato; SILVA, Rodrigo da Guia. Origem e evolução histórica do *compliance* no direito brasileiro. In: CUEVA, Ricardo Villas Bôas; FRAZÃO, Ana. *Compliance*: perspectivas e desafios dos programas de conformidade. Belo Horizonte:

nados à atividade desempenhada; (ii) mitigação de danos; (iii) afastamento de sanções, que podem alcançar patamar elevado; (iv) melhoria da reputação perante clientes, funcionários e parceiros comerciais, a ponto de gerar, em certos casos, vantagem competitiva no mercado; e (v) possibilidade de contratação em algumas hipóteses, sobretudo com a Administração Pública.[10]

Embora no Brasil ainda não haja um tratamento legislativo, de caráter geral, em relação à matéria,[11] observa-se, sobretudo a partir da entrada em vigor da Lei nº 12.846/2013 (Lei Anticorrupção), um incremento desse modelo de abordagem em novos atos normativos.[12] Como resultado, a doutrina já identifica repercussões jurídicas próprias dos programas de conformidade[13] e há advertência jurisprudencial de que a falta de *compliance* representa, para alguns

---

Fórum, 2018, p. 47). Sobre o assunto, em grau mais abstrato, v. BOBBIO, Norberto. *Da estrutura à função*: novos estudos de teoria do direito. Trad. Daniela Beccaccia Versiani. Barueri: Manole, 2017, p. 1-21.

10. A exemplo, tem-se a Lei nº 7.753/2017, do Estado do Rio de Janeiro, cuja ementa é a seguinte: "Dispõe sobre a instituição do programa de integridade nas empresas que contratarem com a administração pública do estado do Rio de Janeiro e dá outras providencias". Em especial, veja-se o art. 1º, *caput*: "Fica estabelecida a exigência do Programa de Integridade às empresas que celebrarem contrato, consórcio, convênio, concessão ou parceria público-privado com a administração pública direta, indireta e fundacional do Estado do Rio de Janeiro, cujos limites em valor sejam superiores ao da modalidade de licitação por concorrência, sendo R$ 1.500.000,00 (um milhão e quinhentos mil reais) para obras e serviços de engenharia e R$ 650.000,00 (seiscentos e cinquenta mil reais) para compras e serviços, mesmo que na forma de pregão eletrônico, e o prazo do contrato seja igual ou superior a 180 (cento e oitenta) dias". Alguns julgados também debatem o assunto, como: TJRJ, 3ª C.C., Ag. 0053790-30.2019.8.19.000, Rel. Des. Renata Cotta, j. 10/06/2020; e TJRJ, 15ª C.C., Ag. 0036371-65.2017.8.19.0000, Rel. Des. Maria Regina Fonseca Nova Alves, j. 27/03/2018.
11. OLIVA, Milena Donato; SILVA, Rodrigo da Guia. Notas sobre o *compliance* no direito brasileiro. *Quaestio Iuris*, Rio de Janeiro, v. 11, n. 4, jan. 2018, p. 2.709.
12. São paradigmáticos nesse sentido: o Decreto nº 8.420/2015, que regulamenta Lei nº 12.846/2013; os arts. 6º e 9º da Lei nº 13.303/2016 ("Dispõe sobre o estatuto jurídico da empresa pública, da sociedade de economia mista e de suas subsidiárias, no âmbito da União, dos Estados, do Distrito Federal e dos Municípios"); e as instruções da CVM nº 505/2011 e nº 558/2015, posteriormente substituídas pelas Rresoluções nº 35/2021 e nº 21/2021, respectivamente.
13. "[...] assiste-se, progressivamente, à atribuição de efeitos jurídicos explícitos ao *compliance*, que é tratado na legislação como: (i) prática incentivada por meio da previsão legal de consequências favoráveis (*v. g.* dosimetria da pena) ou (ii) obrigação legal em sentido estrito (como no caso da imposição, pela legislação federal, da obrigatoriedade

setores, uma "inadmissível falta de bom senso [...], para não dizer comportamento irresponsável ao extremo".[14]

Diante de tamanho prestígio conferido a programas de *compliance* no país, não é surpresa alguma verificar que os dados pessoais – tidos como o novo "petróleo",[15] capazes, até, de reconfigurar o sistema jurídico[16] –, são também alcançados por essa lógica, oferecendo um ambiente fértil à aplicação e ao desenvolvimento de políticas dessa natureza, como extensão da proteção conferida em sede constitucional.[17]

Tanto assim que a imbricação dos programas de conformidade com o adequado tratamento de dados pessoais é objeto de referência na própria Lei nº 13.709/2018 (Lei Geral de Proteção de Dados – LGPD), em especial no art. 41, § 2º, III, que prevê a obrigação de o encarregado "orientar os funcionários e os contratados da entidade a respeito das práticas a serem tomadas em relação à proteção de dados pessoais", e no art. 50, voltado à implementação de regras de boas práticas e de governança.[18]

---

de as empresas estatais adotarem programas de *compliance*)" (OLIVA, Milena Donato; SILVA, Rodrigo da Guia. Notas sobre o *compliance* no direito brasileiro, cit., p. 2.712).

14. STJ, 2ª T., REsp 1.802.790/SP, Rel. Min. Herman Benjamin, j. 01/10/2019.

15. "Vistos já como o novo petróleo, os dados são hoje insumos essenciais para praticamente todas as atividades econômicas e tornaram-se, eles próprios, objeto de crescente e pujante mercado. Não é sem razão que se cunhou a expressão *data-driven economy*, ou seja, economia movida a dados, para designar o fato de que, como aponta Nick Srnicek, o capitalismo do século XXI passou a centrar-se na extração e no uso de dados pessoais" (FRAZÃO, Ana. Fundamentos da proteção dos dados pessoais – Noções introdutórias para a compreensão da importância da Lei Geral de Proteção de Dados. In: FRAZÃO, Ana; OLIVA, Milena Donato; TEPEDINO, Gustavo (Coords.). *Lei Geral de Proteção de Dados Pessoais e suas repercussões no direito brasileiro*. São Paulo: Thomson Reuters Brasil, 2019, p. 24).

16. "O tecido social está datificado. Em razão desse contexto, leis gerais de proteção de dados pessoais, como a Lei nº 13.709/2018, são elevadas ao patamar de um novo contrato social. Nelas se encontram as 'regras do jogo' para o próprio funcionamento pacífico e democrático da sociedade" (BIONI, Bruno. Nota do coordenador. *Revista do Advogado da Associação dos Advogados de São Paulo*, a. XXXIX, n. 144, nov. 2019, p. 6).

17. Em particular, arts. 1º, III, e 5º, X, da CRFB/88.

18. A opção foi alvo de aplausos: "Quiçá o dispositivo de maior potencial da Lei Geral de Proteção de Dados, o artigo 50 é um importante marco normativo para a propagação do chamado *compliance* no Brasil" (FALEIROS JÚNIOR, José Luiz de Moura; MARTINS, Guilherme Magalhães. Segurança, Boas Práticas, Governança e *Compliance*, cit., p. 359).

Em outras palavras, diferentemente do que ocorre com outros diplomas normativos, nos quais a lógica do *compliance* surge de maneira externa às previsões legais, a Lei nº 13.709/2018 integra a preocupação ao texto, reforçando a função de destaque atribuída a esses mecanismos, com vistas a promover, em última análise, uma tutela efetiva do direito à autodeterminação informativa.[19] A propósito, se o explícito cuidado já se destina, abstratamente, a qualquer dado pessoal, com mais ênfase se dirige ao dado entendido como sensível,[20] que dialoga com o chamado "núcleo duro da dignidade humana".[21]

De forma corrente, indica-se que o critério distintivo para enquadramento de um dado em uma categoria ou em outra está na sua aptidão a estigmatizar socialmente o indivíduo (a propiciar, inclusive, tratamento discriminatório),[22] gravitando em torno dos dados sensíveis um "potencial de dano qualificado no que tange à pessoa humana".[23] Sem prejuízo, a LGPD, seguindo, em boa medida, o preceito utilizado pela Lei nº 12.414/2011[24] (Lei do Cadastro Positivo)

---

19. "[...] parece cada vez mais frágil a definição de 'privacidade' como o 'direito a ser deixado só', que decai em prol de definições cujo centro de gravidade é representado pela possibilidade de cada um controlar o uso das informações que lhe dizem respeito" (RODOTÀ, Stefano. *A vida na sociedade da vigilância*: a privacidade hoje. Trad. Danilo Doneda e Luciana Cabral Doneda. Rio de Janeiro: Renovar, 2008, p. 15).

20. É o que indica, por exemplo, o art. 50, §2º, I, "c", da LGPD, ao fazer referência à sensibilidade como fator importante à estruturação de um programa de governança em privacidade.

21. MORAES, Maria Celina Bodin de; QUEIROZ, João Quinelato de. Autodeterminação informativa e responsabilização proativa: novos instrumentos de tutela da pessoa humana na LGDP. *Cadernos Adenauer*, a. XX, n. 3, 2019, p. 119.

22. SILVA, Rodrigo da Guia; SOUZA, Eduardo Nunes de. Tutela da pessoa humana na Lei Geral de Proteção de Dados Pessoais: entre a atribuição de direitos e a enunciação de remédios. *Pensar*, v. 24, n. 3, jul./set. 2019, p. 13; KORKMAZ, Maria Regina Detoni Cavalcanti Rigolon; NEGRI, Sergio Marcos Carvalho de Ávila. A normatividade dos dados sensíveis na lei geral de proteção de dados: ampliação conceitual e proteção da pessoa humana. *Revista de Direito, Governança e Novas Tecnologias*, Goiânia, v. 5, n. 1, jan./jun. 2019, p. 64; MULHOLLAND, Caitlin Sampaio. Dados pessoais sensíveis e a tutela de direitos fundamentais: uma análise à luz da Lei Geral de Proteção de Dados (Lei 13.709/18). *Revista de Direitos e Garantias Fundamentais*, Vitória, v. 19, n. 3, set./dez. 2018, p. 166; e DONEDA, Danilo. *Da privacidade à proteção de dados pessoais*. Rio de Janeiro: Renovar, 2005, p. 160.

23. KONDER, Carlos Nelson. O tratamento de dados sensíveis à luz da Lei 13.709/2018. In: FRAZÃO, Ana; OLIVA, Milena Donato; TEPEDINO, Gustavo (Coords.). *Lei Geral de Proteção de Dados Pessoais e suas repercussões no direito brasileiro*. São Paulo: Thomson Reuters Brasil, 2019, p. 446.

24. A alusão a "informações sensíveis" aparece no art. 3º, §3º, II, da legislação.

e o constante no Regulamento Geral de Proteção de Dados da União Europeia (GDPR),[25] anunciou, em seu art. 5º, II, ser dado sensível aquele relacionado à "origem racial ou étnica, convicção religiosa, opinião política, filiação a sindicato ou a organização de caráter religioso, filosófico ou político, dado referente à saúde ou à vida sexual, dado genético ou biométrico".

A doutrina, no entanto, vem advogando, com razão, que esse rol, complementado pelo que consta no art. 11, § 1º, da LGPD,[26] é meramente exemplificativo,[27] de modo que a configuração de um dado como sensível deverá ocorrer mediante exame da hipótese específica, inclusive considerando a possibilidade de um cruzamento de informações.[28] Somente a partir dessa necessária funcionalização do conceito de dado ao tratamento realizado no caso concreto,[29] será possível compreender a disciplina normativa aplicável[30] e, consequentemente, as (necessárias) políticas de *compliance* a serem adotadas.

---

25. O art. 9º orienta o tratamento de categorias especiais de dados pessoais.
26. "Art. 11. [...] § 1º Aplica-se o disposto neste artigo a qualquer tratamento de dados pessoais que revele dados pessoais sensíveis e que possa causar dano ao titular, ressalvado o disposto em legislação específica".
27. "Há casos, por exemplo, registrados nos Estados Unidos, de negativa de concessão de crédito para pessoas em razão do bairro onde moram ou em razão de seus prenomes, estatisticamente, serem os mais recorrentes em determinadas comunidades. Assim, o simples domicílio ou o prenome, em certo contexto, torna-se dado sensível para fins de tutela da igualdade. Nessa direção, a previsão legal de dados sensíveis não deve ser considerada taxativa, somente sendo possível caracterizar certa informação pessoal como dado sensível tendo-se em conta o tratamento a ser efetuado, seu contexto e a finalidade a que se destina" (TEPEDINO, Gustavo. Desafios da Lei Geral de Proteção de Dados (LGPD), cit., p. 13). Igualmente, v. MULHOLLAND, Caitlin Sampaio. Dados pessoais sensíveis e consentimento na Lei Geral de Proteção de Dados Pessoais. *Revista do Advogado da Associação dos Advogados de São Paulo*, a. XXXIX, n. 144, nov. 2019, p. 48.
28. "Dados que pareçam não relevantes em determinado momento ou que não façam referência a alguém diretamente, uma vez transferidos, cruzados e/ou organizados, podem resultar em dados bastante específicos sobre determinada pessoa, trazendo informações inclusive de caráter sensível sobre ela" (TEFFÉ, Chiara Spadaccini de; TEPEDINO, Gustavo. O consentimento na circulação de dados pessoais. *Revista Brasileira de Direito Civil – RBDCivil*, Belo Horizonte, v. 25, jul./set. 2020, p. 89).
29. MULHOLLAND, Caitlin Sampaio. Dados pessoais sensíveis e consentimento na Lei Geral de Proteção de Dados Pessoais, cit., p. 23.
30. Para um estudo mais aprofundado acerca da distinção entre a tutela dos dados sensíveis e dos não sensíveis na LGPD, remeta-se a KONDER, Carlos Nelson. O tratamento de dados sensíveis à luz da Lei 13.709/2018, cit., p. 456-460.

Especificamente em relação aos dados sensíveis, os programas de conformidade assumem um duplo papel: (i) figuram como mecanismo de expressão para assegurar a tutela efetiva das informações referentes aos "aspectos mais íntimos da pessoa humana";[31] e (ii) complementam e conferem adequada interpretação às rigorosas diretrizes normativas da LGPD.

Quanto ao primeiro ponto, à luz de uma severa proteção legal conferida aos dados sensíveis,[32] as políticas de *compliance* servirão à implementação de um tratamento capaz de observar esse regramento mais cauteloso (como se observa nos arts. 11 a 13 da LGPD),[33] inclusive a fim de se evitar a configuração de alguma das amplas hipóteses de responsabilização e a incidência de sanções com grau acentuado.[34]

Sob esse aspecto, os programas de conformidade ostentam relevância amplificada. A uma, pela exigência de cuidadosa identificação, no caso concreto, de quais dados seriam sensíveis, para que possa haver o tratamento compatível. A duas, pela alta expectativa de que, a partir da estruturação da Autoridade Nacional de Proteção de Dados (Decreto nº 10.474/2020), surjam novas orientações, limitações e imposições de mecanismos adicionais de controle em relação a dados dessa natureza (a teor do que consta, por exemplo, nos arts. 11, § 3º,[35] e 13, § 3º,[36] da LGPD, e no art. 4º, II, "a", do Anexo I do Decreto

---

31. SCHREIBER, Anderson. Proteção de Dados Pessoais no Brasil e na Europa. *Carta Forense*, 05/09/2018. Disponível em: <http://www.cartaforense.com.br/conteudo/colunas/protecao-de-dados-pessoais-no-brasil-e-na-europa/18269>. Acesso em: 28 mar. 2021.

32. SILVA, Rodrigo da Guia; SOUZA, Eduardo Nunes de. Tutela da pessoa humana na Lei Geral de Proteção de Dados Pessoais: entre a atribuição de direitos e a enunciação de remédios, cit., p. 13.

33. KORKMAZ, Maria Regina Detoni Cavalcanti Rigolon; NEGRI, Sergio Marcos Carvalho de Ávila. A normatividade dos dados sensíveis na Lei Geral de Proteção de Dados: ampliação conceitual e proteção da pessoa humana, cit., p. 81; e ABILIO, Vivianne da Silveira; FRAZÃO, Ana; OLIVA, Milena Donato. *Compliance* de dados pessoais. In: FRAZÃO, Ana; OLIVA, Milena Donato; TEPEDINO, Gustavo (Coords.). *Lei Geral de Proteção de Dados Pessoais e suas repercussões no direito brasileiro*. São Paulo: Thomson Reuters Brasil, 2019, p. 700.

34. Ilustrativo, nesse sentido, é o fato de a LGPD determinar, em seu art. 52, §1º, I, que a natureza dos direitos pessoais afetados sirva como critério à aplicação de sanções.

35. "Art. 11. [...] § 3º A comunicação ou o uso compartilhado de dados pessoais sensíveis entre controladores com objetivo de obter vantagem econômica poderá ser objeto de vedação ou de regulamentação por parte da autoridade nacional, ouvidos os órgãos setoriais do Poder Público, no âmbito de suas competências".

36. "Art. 13. Na realização de estudos em saúde pública, os órgãos de pesquisa poderão ter acesso a bases de dados pessoais, que serão tratados exclusivamente dentro do

10.474/2020),[37] o que torna primordial a atenção a atualizações pertinentes quanto às práticas exercidas.[38]

O segundo papel dialoga com a ideia de autorregulação regulada (corregulação), que é característica dos programas de conformidade.[39] Em matéria de proteção de dados, essa conjuntura aparece com maior nitidez, na medida em que a técnica legislativa utilizada pela LGPD remete a "diversos *standards* e conceitos abertos, que precisam ser necessariamente contextualizados diante da realidade de cada agente econômico, do contexto social e econômico e da evolução tecnológica do momento em que forem aplicados".[40]

Assim, os mecanismos de *compliance* ajudarão a moldar a própria forma de controle e de tratamento de dados,[41] de maneira a colaborar com os propósitos da LGPD e a conferir adequada interpretação às suas previsões normativas[42] – o que tende a alcançar, em especial, os dados sensíveis, à conta da proteção mais destacada.

órgão e estritamente para a finalidade de realização de estudos e pesquisas e mantidos em ambiente controlado e seguro, conforme práticas de segurança previstas em regulamento específico e que incluam, sempre que possível, a anonimização ou pseudonimização dos dados, bem como considerem os devidos padrões éticos relacionados a estudos e pesquisas. [...] § 3º O acesso aos dados de que trata este artigo será objeto de regulamentação por parte da autoridade nacional e das autoridades da área de saúde e sanitárias, no âmbito de suas competências".

37. "Art. 4º. Ao Conselho Diretor, órgão máximo de direção da ANPD, compete: [...] II – regulamentar: a) a comunicação ou o uso compartilhado de dados pessoais sensíveis entre controladores com o objetivo de obter vantagem econômica, permitida a sua vedação, ouvidos os órgãos públicos setoriais competentes".

38. BUCAR, Daniel; VIOLA, Mario. *Compliance* e proteção de dados. In: ACOCELLA, Jéssica; OLIVEIRA, Rafael Carvalho Rezende. *Governança corporativa e compliance*. Salvador: JusPodivm, 2019, p. 164.

39. CUEVA, Ricardo Villas Bôas. Funções e finalidades dos programas de *compliance*, cit., p. 55; e FRAZÃO, Ana; MEDEIROS, Ana Rafaela Martinez. Desafios para a efetividade dos programas de *compliance*. In: CUEVA, Ricardo Villas Bôas; FRAZÃO, Ana (Coords.). *Compliance*: perspectivas e desafios dos programas de conformidade. Belo Horizonte: Fórum, 2018, p. 75.

40. ABILIO, Vivianne da Silveira; FRAZÃO, Ana; OLIVA, Milena Donato. *Compliance* de dados pessoais, cit., p. 685.

41. De forma mais explícita, é o que consta no § 3º do art. 50 da LGPD: "As regras de boas práticas e de governança deverão ser publicadas e atualizadas periodicamente e poderão ser reconhecidas e divulgadas pela autoridade nacional".

42. ABILIO, Vivianne da Silveira; FRAZÃO, Ana; OLIVA, Milena Donato. *Compliance* de dados pessoais, cit., p. 685.

Compreendida a estreita relação entre *compliance* e tratamento de dados sensíveis, restará a indagação que move o trabalho em direção à natural etapa seguinte: quais as consequências da ausência ou da inadequação de um programa de conformidade reservado a essa temática?

2. O INADEQUADO *COMPLIANCE* EM MATÉRIA DE DADOS SENSÍVEIS E SEUS EFEITOS SOBRE A RESPONSABILIDADE CIVIL

Além da função promocional que o *compliance* desempenha, sua ausência ou seu implemento inadequado pode dar ensejo à atuação repressiva das normas protetivas de dados pessoais, desencadeando diversas sanções. No tocante aos dados sensíveis, em especial, a doutrina vem se esforçando por apontar aspectos distintivos frente aos demais dados pessoais também no que tange aos efeitos da violação, de modo a justificar a relevância normativa da distinção. De modo geral, costuma-se apontar uma diferença quantitativa na reação do ordenamento à sua violação, em comparação com os dados não sensíveis, que se justifica pela "proteção recrudescida" em razão do "potencial lesivo de sua utilização".[43] Assim, os dados sensíveis objeto de inadequado *compliance* ensejariam hipóteses mais amplas de responsabilização e maior rigor na aplicação das penas: a sensibilidade dos dados atuaria como métrica para o aumento da sanção.

Com efeito, já no âmbito das sanções administrativas previstas no artigo 52 da LGPD e vigentes a partir de agosto de 2021 – que inclui multas de até cinquenta milhões de reais, suspensão do funcionamento do banco de dados e até proibição do exercício de atividade – está expressamente indicado como critério de gradação "a gravidade e a natureza das infrações e dos direitos pessoais afetados" (art. 52, § 1º, I). Assim, a sensibilidade será considerada tanto no que toca à natureza do direito pessoal afetado, quanto em relação à gravidade da infração, de modo que a ausência de *compliance* nessa seara implicará condenações mais duras.

Indo além das sanções administrativas, a falta de adequado *compliance* dá ensejo à responsabilização civil pelos danos decorrentes dessa omissão, como prevê o artigo 42 da LGPD.[44] A redação do dispositivo – que não faz uso das tradicionais referências da responsabilidade subjetiva ("ação ou omissão voluntária,

43. *Ibid.*, p. 680.

44. "Art. 42. O controlador ou o operador que, em razão do exercício de atividade de tratamento de dados pessoais, causar a outrem dano patrimonial, moral, individual ou coletivo, em violação à legislação de proteção de dados pessoais, é obrigado a repará-lo [...]".

negligência ou imprudência") nem da responsabilidade objetiva ("independentemente de culpa") – motivou significativa controvérsia sobre o regime aplicável nesses casos. A similaridade com a redação do Código de Defesa do Consumidor, em especial a do artigo 43 da LGPD, que prevê as excludentes,[45] levou a que parte da doutrina sustentasse a objetivação da responsabilidade.[46]

Entretanto, a interpretação sistemática da LGPD parece indicar regime de responsabilização baseado na culpa, ainda que presumida, até mesmo porque as hipóteses de relação de consumo continuam a ser regidas pelo regime de responsabilidade objetiva do CDC, fundado em defeito do produto ou do serviço.[47] De fato, a referência constante, ao longo da lei, a deveres e padrões de conduta a serem seguidos no tratamento de dados é indicativa da importância de se avaliar o grau de diligência e cuidado dos agentes envolvidos.[48] Em especial, entre as excludentes de responsabilidade figura justamente a ausência de "violação à legislação de proteção de dados" (art. 43, II) e a irregularidade do tratamento é definida levando em conta "as técnicas de tratamento de dados pessoais disponíveis à época em que foi realizado" (art. 44, III), o que corrobora essa interpretação.[49]

---

45. "Art. 43. Os agentes de tratamento só não serão responsabilizados quando provarem: I – que não realizaram o tratamento de dados pessoais que lhes é atribuído; II – que, embora tenham realizado o tratamento de dados pessoais que lhes é atribuído, não houve violação à legislação de proteção de dados; ou III – que o dano é decorrente de culpa exclusiva do titular dos dados ou de terceiro".

46. NOVAKOSKI, André Luis Mota; NASPOLINI, Samyra Haydêe Dal Farra. Responsabilidade civil na LGPD: problemas e soluções. *Conpedi Law Review*, v. 6, n. 1, 2020, p. 158-174; GONDIM, Glenda. A responsabilidade civil no uso indevido dos dados pessoais. *Revista Iberc*, v. 4, n. 1. Belo Horizonte: jan./abr. 2021, p. 19-34.

47. "Art. 45. As hipóteses de violação do direito do titular no âmbito das relações de consumo permanecem sujeitas às regras de responsabilidade previstas na legislação pertinente".

48. GUEDES; Gisela Sampaio da Cruz; MEIRELES, Rose Melo Vencelau. Término do tratamento de dados. In: FRAZÃO, Ana; OLIVA, Milena Donato; TEPEDINO, Gustavo (Coords.). *Lei Geral de Proteção de Dados Pessoais e suas repercussões no direito brasileiro*. São Paulo: Thomson Reuters Brasil, 2019, p. 232.

49. "Art. 44. O tratamento de dados pessoais será irregular quando deixar de observar a legislação ou quando não fornecer a segurança que o titular dele pode esperar, consideradas as circunstâncias relevantes, entre as quais: I – o modo pelo qual é realizado; II – o resultado e os riscos que razoavelmente dele se esperam; III – as técnicas de tratamento de dados pessoais disponíveis à época em que foi realizado". Sobre o tema, v. DANTAS BISNETO, Cícero. Reparação por danos morais pela violação à LGPD e ao RGPD: uma abordagem de direito comparado. *Civilistica.com*, a. 9. n. 3, 2020, p. 16.

Trata-se, naturalmente, de uma avaliação de culpa distinta daquela que, por vezes, sobrevive na perspectiva civilística clássica. Com efeito, a avaliação de culpa vem se transformando significativamente. Por um lado, afasta-se da excessiva abstração e injustiça do arcaico padrão do "homem médio" ou, pior, do "bom pai de família", que, como ressaltava Pasolini, "*è un mostro, un pericoloso delinquente, conformista, razzista, schiavista, qualunquista*".[50] Por outro lado, não deve resvalar para uma exclusiva avaliação moral, quase arbitrária, das circunstâncias do caso concreto. Entre a objetividade da abstração e a subjetividade da concretização, a culpa tem se encaminhado para certo equilíbrio.[51] Isso envolve pautar-se cada vez mais em padrões de conduta objetivos, mas específicos, muitas vezes guiados por *standards* profissionais de comportamento ou mesmo normas técnicas voltadas para aquele tipo de atividade. Esse processo referido como a "fragmentação dos modelos de conduta"[52] acaba por conduzir à ideia de culpa normativa e, consequentemente, para uma visão mais objetiva do juízo de culpabilidade. Essa objetivação da culpa – e não propriamente da responsabilidade – pode ser constatada no modelo concebido pela LGPD, ensejando ao intérprete o dever de verificar a compatibilidade das medidas de cuidado no tratamento de dados com as técnicas apropriadas para as circunstâncias do caso e o grau de desenvolvimento da tecnologia disponível.

Sob essa perspectiva, o *compliance* configura elemento essencial à avaliação da culpabilidade. De um lado, o adequado *compliance* pode atuar como excludente de responsabilidade civil em caso de danos decorrentes da divulgação ou da utilização indevida de dados, por descaracterizar a violação à LGPD e afastar a irregularidade do tratamento, tendo em vista a utilização apropriada das técnicas de tratamento disponíveis. De outro lado, a falta ou inadequação do *compliance* indica conduta culposa, servindo de suporte à responsabilização e, consequentemente, ao dever de indenizar os danos eventualmente produzidos. Como destacado em doutrina, a inserção do princípio de *accountability* e o estímulo a práticas de auto-organização dos agentes de tratamento de dados,

---

Disponível em: <http://civilistica.com/reparacao-por-danos-morais-pela-violacao/>. Acesso em: 30 mar. 2021.

50. Em tradução livre, "um homem comum é um monstro, um delinquente perigoso, conformista, racista, escravo, alienado". A frase está no episódio *La ricotta*, do filme *Ro.Go.Pa.G.*

51. CALIXTO, Marcelo Junqueira. *A culpa na responsabilidade civil*. Rio de Janeiro: Renovar, 2008, p. 18.

52. A expressão é de SCHREIBER, Anderson. *Novos paradigmas da responsabilidade civil*. São Paulo: Atlas, 2007, p. 41.

com base na seção das boas práticas e da governança, reforçam o viés subjetivo e atuam como um "gatilho para deflagrar a responsabilidade civil".[53]

No tocante aos dados sensíveis, tendo em vista a já apontada tutela mais intensa, com exigências mais rigorosas, a responsabilização será mais comum e a sua exclusão mais difícil. Se há tratamento de informações sensíveis, incumbe-se a adoção de técnicas mais eficazes e procedimentos mais minuciosos, cuja falta enseja a culpabilidade de plano. Exemplificativamente, se há procedimento de segurança de custo médio que costuma ser adotado de forma satisfatória pelos operadores daquela atividade específica, a sua adoção pode fazer parte de um programa de *compliance* suficiente para o tratamento de dados pessoais não sensíveis, enquanto para o tratamento de dados sensíveis a ausência de procedimento que, embora mais custoso, ofereça maior grau de segurança pode caracterizar *compliance* insuficiente e atuação culposa, desencadeando a responsabilização.

Deve-se ter atenção, todavia, que a adequação ou não do *compliance* interfere com a caracterização ou não da culpa, mas não com a extensão de eventual indenização, que se pauta exclusivamente pela extensão dos danos gerados. Em síntese, na seara da responsabilidade civil, ou bem houve adequado *compliance* e isenta-se o agente do dever de indenizar, ou ocorreu *compliance* insatisfatório, sendo o agente culpado e responsável pela totalidade dos danos sofridos, pois "a lei não olha para o causador do prejuízo a fim de medir-lhe o grau de culpa e, sim, para o dano, a fim de avaliar-lhe a extensão".[54]

Em sentido diverso, cogita-se em doutrina que o *compliance*, ainda que insatisfatório, pudesse ensejar a aplicação do parágrafo único do artigo 944 do Código Civil, que mitiga o princípio da reparação integral e permite a redução da indenização quando houver "excessiva desproporção entre a gravidade da culpa e o dano".[55] A interpretação do dispositivo é bastante controvertida, com

---

53. BIONI, Bruno; DIAS, Daniel. Responsabilidade civil na proteção de dados pessoais: construindo pontes entre a Lei Geral de Proteção de Dados Pessoais e o Código de Defesa do Consumidor. *Civilistica.com*, v. 9, n. 3, 2020, p. 9. Disponível em: <http://civilistica.com/responsabilidade-civil-na-protecao-de-dados-pessoais/>. Acesso em: 10 abr. 2021.

54. ALVIM, Agostinho. *Da inexecução das obrigações e suas consequências*. 4. ed. São Paulo: Saraiva, 1972, p. 199.

55. Nesse sentido, v. ROSENVALD, Nelson. O compliance e a redução equitativa da indenização na LGPD. *Migalhas*, 19 mar. 2021. Disponível em: <https://www.migalhas.com.br/coluna/migalhas-de-protecao-de-dados/342032/o-compliance-e-a-reducao-equitativa-da-indenizacao-na-lgpd>. Acesso em: 20 abr. 2021.

afirmações inclusive de inconstitucionalidade,[56] pois ele não seguiu em sua literalidade os modelos europeus, que somente cogitam de sua aplicação quando, além da culpa leve, a indenização será um "encargo opressivo para o réu", em razão de suas condições socioeconômicas.[57] Tendo isso em vista, parece que, não se tratando de concorrência de culpa (*rectius*, causa)[58] com a vítima ou terceiro, a redução da indenização não seria possível somente com base na leveza da culpa do ofensor – no caso, a existência de programa de *compliance* insuficiente – sem que houvesse também ameaça de que o dever de indenizar privasse o ofensor de seu mínimo existencial.[59]

3. O TRATAMENTO DE DADOS PESSOAIS SENSÍVEIS E A CONFIGURAÇÃO DE DANO MORAL

3.1. A ocorrência de dano moral individual

Em termos de responsabilidade civil, para além de uma distinção quantitativa no tocante ao tratamento de dados pessoais sensíveis em relação aos não

56. BUSTAMANTE, Thomas; SILVA, Denis Franco da. *Neminem laedere*: o novo Código Civil brasileiro e a integral reparabilidade dos danos materiais decorrentes de ato ilícito. *Revista Trimestral de Direito Civil*, n. 20. Rio de Janeiro: Padma, out./dez. 2004, p. 251 e ss.

57. Nos trabalhos do *European Group on Tort Law*, responsável por elaborar os princípios de responsabilidade civil que viriam a integrar o Código Civil europeu, os comentários acerca do recente dispositivo também se pautam em exemplos, tais como o de um garoto de 14 anos, filho de desempregados, que vai a um campo de esqui com a escola e, durante as atividades recreativas, perde controle do esqui e tromba com estrela do rock multibilionária, cuja face sofre ferimentos que lhe impedem de cantar em noite de gala pela qual ganharia dois milhões de euros (MORÉTEAU, O. Reduction of Damages, *Principles of european tort law*, 2005, p. 181, n. 10-11, *apud* BERGH, Roger Van den; VISSCHER, Louis. The Principles of European Tort Law: The Right Parth to Harmonisation? *German Working Papers in Law and Economics*, paper n. 8, vol. 2003. Disponível em: <http://www.bepress.com/gwp/default/vol2006/iss1/art8>. Acesso em: 20 abr. 2021).

58. Sobre a distinção entre o disposto nos artigos 944 e 945 do Código Civil e a indicação de que a concorrência se dá no plano da causalidade e não da culpabilidade, v. CRUZ, Gisela Sampaio da. *O problema do nexo causal na responsabilidade civil*. Rio de Janeiro: Renovar, 2005, p. 333.

59. KONDER, Carlos Nelson. A redução eqüitativa da indenização em virtude do grau de culpa: apontamentos acerca do parágrafo único do art. 944 do Código Civil. *Revista Trimestral de Direito Civil*, v. 29, 2007, p. 3-34. Sobre o tema, v. também BANDEIRA, Paula Greco. A evolução do conceito de culpa e o art. 944 do Código Civil. *Revista da EMERJ*, v. 11, 2008, p. 227-249; MONTEIRO FILHO, Carlos Edison do Rêgo. Artigo 944

sensíveis, há outra consequência significativa: a aplicação de uma tutela qualitativamente diversa.[60] Mais precisamente, pretende-se examinar como cada uma das categorias se relaciona com o instituto do dano moral.

Sabe-se que a reparação do dano moral corresponde a um dos mais recentes avanços no direito brasileiro,[61] como efeito de uma imprescindível reconstrução do sistema capaz de acolher e atribuir precedência aos valores existenciais.[62] Contudo, apesar de a promulgação da Constituição da República de 1988 ter encerrado o debate sobre a sua admissibilidade no ordenamento jurídico,[63] a avaliação acerca da incidência no caso concreto e o estabelecimento dos efeitos daí originados ainda ocupam lugar de destaque nas investigações feitas sobre a matéria.[64]

A conjugação de três elementos aparenta contribuir para esse quadro palpitante: a jovem aceitação do instituto no país, a excessiva referência na cena jurídica (de que são exemplo os alarmantes números no Judiciário)[65] e a cambiante compreensão da sua natureza nos últimos anos. Sobre esse terceiro ponto,

---

do Código Civil: o problema da mitigação do princípio da reparação integral. *Revista de Direito da Procuradoria Geral do Estado do Rio de Janeiro*, v. 63, 2008, p. 69-94.

60. PERLINGIERI, Pietro. *Perfis do Direito Civil*: introdução ao Direito Civil Constitucional. 3. ed. Trad. Maria Cristina De Cicco. Rio de Janeiro: Renovar, 2007, p. 34.

61. MONTEIRO FILHO, Carlos Edison do Rêgo. O conceito de dano moral e as relações de trabalho. *Civilistica.com*, Rio de Janeiro, a. 3, n. 1, jan./jun. 2014, p. 2. Disponível em: <http://civilistica.com/o-conceito-de-dano-moral-nas-relacoes-de-trabalho/>. Acesso em: 30 mar. 2021.

62. TEPEDINO, Gustavo. O papel atual da doutrina do Direito Civil entre o sujeito e a pessoa. In: ALMEIDA, Vitor; TEIXEIRA, Ana Carolina Brochado; TEPEDINO, Gustavo (Coords.). *O Direito Civil entre o sujeito e a pessoa*: estudos em homenagem ao professor Stefano Rodotà. Belo Horizonte: Fórum, 2016, p. 20-21.

63. KONDER, Carlos Nelson. Critérios para a reparação do dano moral. *Direito, Estado e Sociedade*, v. 9, n. 18, jan./jun. 2001, p. 48.

64. GUEDES, Gisela Sampaio da Cruz; TEPEDINO, Gustavo; TERRA, Aline de Miranda Valverde. *Fundamentos do direito civil*: responsabilidade civil. v. 4. Rio de Janeiro: Forense, 2020, p. 40.

65. A grave situação é reportada em relatório divulgado anualmente pelo Conselho Nacional de Justiça ("Justiça em números"). No documento disponibilizado referente ao ano de 2020, além da identificação específica de milhões de ações sobre o assunto, consta a seguinte declaração na página 241: "o assunto 'indenização por dano moral' (direito civil/responsabilidade civil) é um nó presente em diversos tribunais. Os assuntos 'responsabilidade do fornecedor/indenização por dano moral e obrigações/espécies de contratos' são nós centrais dentro do mapa, o que significa que, em quase todos os tribunais é uma causa frequentemente acionada na Justiça".

paralelamente a uma paulatina percepção do dano como lesão a um interesse juridicamente protegido,[66] a própria noção de dano moral, tradicionalmente enxergada sob a veste subjetiva, evoluiu em direção a uma conotação mais objetiva, ancorada na dignidade da pessoa humana.[67]

Essa adequada apreensão do conceito será essencial à aferição das consequências extrapatrimoniais em hipótese de falha atinente ao tratamento de dados pessoais, a demandar particular consideração por parte daqueles que estão direta ou indiretamente envolvidos com programas de *compliance*. Em síntese, importará distinguir o que é capaz de gerar afronta à esfera de interesses existenciais da vítima, assim entendidos os titulares de dados pessoais ou eventuais terceiros.[68]

À luz de um especial zelo exigido à disciplina das situações existenciais,[69] a conclusão a que se chega é a de que os dados pessoais não sensíveis, pela incapacidade de "expor o indivíduo a discriminações lesivas à sua dignidade (ao contrário dos dados sensíveis)", atraem, via de regra, uma tutela menos intensa, apropriada à ocupação de uma "zona periférica do direito à privacidade".[70] Dito em outros termos, ao mesmo tempo que se busca individuar os dados sensíveis, que constituem núcleo central da concepção de privacidade, "tende-se a liberalizar a circulação de informações pessoais de cunho econômico".[71]

Disponível em: <https://www.cnj.jus.br/pesquisas-judiciarias/justica-em-numeros/>. Acesso em: 30 mar. 2021.

66. ZANNONI, Eduardo A. *El daño en la responsabilidad civil*. 2. ed. Buenos Aires: Editorial Astrea, 1993, p. 24-25; e MARTINS-COSTA, Judith. *Comentários ao novo Código Civil*: do inadimplemento das obrigações. v. V, t. II. Rio de Janeiro: Forense, 2003, p. 105-106.

67. MORAES, Maria Celina Bodin de. *Danos à pessoa humana*: uma leitura civil-constitucional dos danos morais. 2. ed. Rio de Janeiro: Processo, 2017, p. 183-184. V., ainda, GUEDES, Gisela Sampaio da Cruz; TEPEDINO, Gustavo; TERRA, Aline de Miranda Valverde. *Fundamentos do direito civil*: responsabilidade civil, cit., p. 42-43.

68. MORAES, Maria Celina Bodin de; QUEIROZ, João Quinelato de. Autodeterminação informativa e responsabilização proativa: novos instrumentos de tutela da pessoa humana na LGDP, cit., p. 126.

69. TEPEDINO, Gustavo. Itinerário para um imprescindível debate metodológico. *Revista Trimestral de Direito Civil*, Rio de Janeiro, v. 35, jul./set. 2008, p. 3.

70. SILVA, Rodrigo da Guia; SOUZA, Eduardo Nunes de. Tutela da pessoa humana na Lei Geral de Proteção de Dados Pessoais: entre a atribuição de direitos e a enunciação de remédios, cit., p. 13.

71. RODOTÀ, Stefano. *A vida na sociedade da vigilância*: a privacidade hoje, cit., p. 78.

Por consequência, a lógica espelhará a configuração de dano moral em cada um dos casos. De fato, se o traço peculiar do dado sensível é a presumida lesão à dignidade a partir da sua exposição, um incidente de segurança que se refira a dado dessa natureza implicará, igualmente de forma presumida, na provocação de um dano moral. O raciocínio inverso também é verdadeiro, pelo que a divulgação de um dado não sensível faz presumir, por sua própria natureza, a ausência de um dano moral na hipótese – o que não impede, naturalmente, a responsabilização do ofensor por outros fundamentos, de acordo com as prescrições e sanções típicas da LGPD (art. 52 e ss.) ou em função de danos patrimoniais eventualmente gerados.[72]

Ilustrativamente, há presunção de ausência de dano moral a partir do vazamento de um endereço de *e-mail*, desacompanhado de qualquer outra circunstância excepcional. Do lado oposto, vislumbra-se a presunção da ocorrência de um dano dessa natureza a partir da exposição de dados referentes à orientação sexual de um indivíduo. Ainda nessa linha, também serve de exemplo o vazamento de dados ocorrido com um *site* de encontros para relacionamentos fora do casamento.[73] Por mais que a divulgação de um nome não contemple, em princípio, dado sensível, o contexto do incidente é capaz de gerar estigmatização

72. A cautela necessária a uma avaliação do dano moral no âmbito de dados pessoais já foi devidamente assinalada: "Pode-se concluir, destarte, que nem todas as violações à legislação de proteção de dados devem ensejar a reparação por danos morais, em virtude da necessidade de restar devidamente comprovada a lesão a direito da personalidade da vítima. O fato que servirá de fundamento à pretensão ressarcitória deverá ser grave o suficiente a ponto de macular atributo personalíssimo do ofendido, de forma que, ainda que infringida norma da LGPD ou do RGPD, deve-se perquirir se a conduta ilícita efetivamente acarretou uma lesão de caráter imaterial [...] Em conclusão, defendeu-se que a mera violação da legislação de proteção de dados não gera, automaticamente, o dever de reparar. Faz-se necessário que se comprove a existência de lesão a interesse existencial juridicamente tutelado [...]" (DANTAS BISNETO, Cícero. Reparação por danos morais pela violação à LGPD e ao RGPD: uma abordagem de direito comparado, cit., p. 22-25). Em viés distinto, confira-se: "Todavia, na maioria dos casos, a utilização indevida lesa a extrapatrimonialidade, ou seja, algo imaterial sem o vínculo patrimonial para o ofendido. Desta forma, revela-se que não tendo impacto diretamente sobre o patrimônio da vítima (repita-se, usualmente), será considerado como dano extrapatrimonial/moral e, por isso, deverá ser reparado como tal" (GONDIM, Glenda Gonçalves. A responsabilidade civil no uso indevido dos dados pessoais, cit., p. 28).

73. Disponível em: <https://g1.globo.com/tecnologia/noticia/site-de-traicao-ashley-madison-vai-pagar-us-112-milhoes-e-encerrar-acao-sobre-vazamento-de-dados.ghtml>. Acesso em: 25 abr. 2021.

social, lesando a dignidade dos envolvidos, a confirmar a sensibilidade da informação exposta e a presunção de dano moral daí originada.

Ainda, digno de registro que a formulação proposta não coincide com a teoria do dano moral *in re ipsa* no direito brasileiro,[74] cuja larga citação na esfera jurisprudencial[75] tem merecido importantes críticas feitas em doutrina.[76] Em rigor, o que se anuncia é que as características singulares dos dados sensíveis e dos não sensíveis demarcam uma presunção, de ordem relativa, no sentido da ocorrência ou da ausência de um dano moral.[77]

Por fim, no campo dos interesses existenciais, não apenas o risco individual de produção de dano moral exprime um desafio à elaboração de um apurado programa de *compliance*. Há que se ponderar também, conforme será visto adiante, sobre a tutela coletiva de eventuais danos morais individuais ou, ainda, sobre a possibilidade de provocação de danos morais coletivos.

---

74. Vale ver que a construção, da forma como é comumente exibida, invoca uma espécie de presunção absoluta a partir da prova do evento: "Em outras palavras, o dano moral existe *in re ipsa*; deriva inexoravelmente do próprio fato ofensivo, de tal modo que, provada a ofensa, ipso facto está demonstrado o dano moral à guisa de uma presunção natural, uma presunção *hominis* ou *facti*, que decorre das regras da experiência comum" (CAVALIERI FILHO, Sergio. *Programa de responsabilidade civil*. 10. ed. São Paulo: Atlas, 2012, p. 97).
75. Como exemplo, já se apontou que as circunstâncias a seguir geram dano moral *in re ipsa*: interrupção do fornecimento de energia elétrica (STJ, 1ª T., AgInt no AREsp 771.013/RS, Rel. Min. Napoleão Nunes Maia Filho, j. 13/10/2020); protesto indevido de título ou inscrição irregular em cadastro de inadimplentes (STJ, 4ª T., AgInt no AREsp 1457019/PB, Rel. Min. Raul Araujo, j. 29/10/2019); e recusa indevida, por operadora de plano de saúde, quanto à cobertura financeira de tratamento médico (STJ, 4ª T., AgInt no AREsp 1544942/SP, Rel. Min. Antonio Carlos Ferreira, j. 22/06/2020).
76. SCHREIBER, Anderson. *Manual de direito civil contemporâneo*. 1. ed. São Paulo: Saraiva, 2018, p. 628.
77. A possibilidade de presunção no que tange à responsabilização por danos morais em hipótese de violação à privacidade já foi explicitamente admitida em doutrina: "Em outros casos, a prova é considerada mais difícil, justamente por faltar-lhe materialidade visível. É o que ocorre, normalmente, no dano à honra, no dano à privacidade e assim por diante. Quem, nesse sentido, alega dano à honra por força de uma notícia falsa veiculada em jornal ou revista pode enfrentar dificuldade em demonstrar que a sua reputação foi efetivamente abalada pela conduta lesiva. Nessas hipóteses, pode o juiz se valer de presunções, considerando o próprio conteúdo da notícia, mas isso não exime o autor de tentar demonstrar o dano sofrido por todos os meios de prova admitidos, incluindo a prova testemunhal" (*Ibid.*, p. 628).

3.2. A tutela coletiva do dano moral e o dano moral coletivo

Embora a dimensão coletiva do dano moral não seja tema propriamente novo na esfera jurídica,[78] especialmente em função das previsões dos arts. 6º, VI, do CDC[79] e 1º, IV, da Lei nº 7.347/85 (Lei da Ação Civil Pública),[80] segue despertando grandes controvérsias em doutrina e jurisprudência. Nada obstante, aos poucos, com superação de resistência que faz recordar aquela relativa à própria dimensão individual,[81] os embates têm se concentrado menos na esfera de admissibilidade[82] e mais na de qualificação e estabelecimento dos efeitos produzidos a partir da configuração no caso concreto.[83]

O texto da LGPD, atento a essa realidade, que conjuga o reconhecimento de bens jurídicos transindividuais com uma tendência de coletivização dos conflitos, anuncia, no art. 22, que a "defesa dos interesses e dos direitos dos titulares de dados poderá ser exercida em juízo, individual ou coletivamente".

---

78. A título exemplificativo, a admissão do dano moral coletivo no direito brasileiro já era defendida, desde a década de noventa, por Carlos Alberto Bittar Filho, como consta em: BITTAR FILHO, Carlos Alberto. Do dano moral coletivo no atual contexto jurídico brasileiro. *Revista de Direito do Consumidor*, v. 12, out./dez. 1994, p. 44-62.

79. "Art. 6º São direitos básicos do consumidor: [...] VI – a efetiva prevenção e reparação de danos patrimoniais e morais, individuais, coletivos e difusos".

80. "Art. 1º Regem-se pelas disposições desta Lei, sem prejuízo da ação popular, as ações de responsabilidade por danos morais e patrimoniais causados: [...] IV – a qualquer outro interesse difuso ou coletivo".

81. MARTINS, Guilherme Magalhães. A dimensão coletiva do dano moral nas relações de consumo. In: OLIVEIRA, Andressa Jarletti Gonçalves de; XAVIER, Luciana Pedroso (Orgs.). *Repensando o Direito do Consumidor III* – 25 anos de CDC: conquistas e desafios. Curitiba: OABPR, 2015, p. 114.

82. Sobre o acolhimento do dano moral coletivo no ordenamento brasileiro, v. SCHREIBER, Anderson. *Manual de direito civil contemporâneo*, cit., p. 634-635; e CARPENA, Heloisa. Questões atuais sobre o ressarcimento do dano moral coletivo. In: MARTINS, Guilherme Magalhães (Coord.). *Temas de responsabilidade civil*. Rio de Janeiro: Lumen Juris, 2012, p. 224-235. Em âmbito jurisprudencial, v. STJ, 4ª T., REsp 1.610.821/RJ, Rel. Min. Luis Felipe Salomão, j. 15/12/2020; STJ, 1ª T., AgInt no REsp 1.542.272/RJ, Rel. Min. Benedito Gonçalves, j. 13/10/2020; e STJ, 3ª T., REsp 1.737.428/RS, Rel. Min. Nancy Andrighi, j. 12/03/2019.

83. "[...] quando o assunto é a reparação de danos de ordem extrapatrimonial, a doutrina se mostra unânime em relação à dificuldade que permeia tanto o processo de qualificação como principalmente o de quantificação dos danos" (BARBOSA, Fernanda Nunes; MULTEDO, Renata Vilela. Danos extrapatrimoniais coletivos. *Revista de Direito do Consumidor*, v. 93, mai./jun. 2014, p. 31).

Adiante, no art. 42, *caput*, indica que o controlador e o operador estarão obrigados a reparar "dano patrimonial, moral, individual ou coletivo" causado em razão do exercício de atividade de tratamento de dados pessoais. Para finalizar, o § 3º desse dispositivo registra que "as ações de reparação por danos coletivos que tenham por objeto a responsabilização nos termos do caput deste artigo podem ser exercidas coletivamente em juízo, observado o disposto na legislação pertinente".

Diante disso, uma primeira consideração é fundamental. Na esteira do que tem sido apontado, em grau mais abstrato, no tocante aos interesses coletivos, seria possível, em rigor, considerar apenas duas categorias de dano moral de natureza materialmente coletiva, isto é, as que se voltam a interesses difusos e a interesses coletivos *stricto sensu* (art. 81, parágrafo único, I e II, do CDC),[84] já que os danos morais envolvendo interesses individuais homogêneos (art. 81, parágrafo único, III, do CDC)[85] possuem natureza substancialmente individual, restringindo-se o caráter coletivo à forma de tutela processual.[86]

Feita a distinção, caberia a seguinte indagação: quais desses interesses a LGPD tutela? Um exame aplicado revela que a legislação alcança a todos, reservando a cada qual uma resposta oportuna. Basta pensar no tratamento inadequado de dados pessoais realizado pela administração pública em relação a sujeitos que vivem em determinado local (interesses difusos), no inapropriado tratamento de dados realizado por uma sociedade em relação aos seus

---

84. "Art. 81. A defesa dos interesses e direitos dos consumidores e das vítimas poderá ser exercida em juízo individualmente, ou a título coletivo. Parágrafo único. A defesa coletiva será exercida quando se tratar de: I – interesses ou direitos difusos, assim entendidos, para efeitos deste código, os transindividuais, de natureza indivisível, de que sejam titulares pessoas indeterminadas e ligadas por circunstâncias de fato; II – interesses ou direitos coletivos, assim entendidos, para efeitos deste código, os transindividuais, de natureza indivisível de que seja titular grupo, categoria ou classe de pessoas ligadas entre si ou com a parte contrária por uma relação jurídica base".

85. "Art. 81. [...] III – interesses ou direitos individuais homogêneos, assim entendidos os decorrentes de origem comum".

86. "A tutela coletiva abrange dois tipos de interesses ou direitos: a) os essencialmente coletivos, que são os 'difusos', definidos no inc. I do parágrafo único do art. 81, e os 'coletivos' propriamente ditos, conceituados no inc. II do parágrafo único do art. 81; b) os de natureza coletiva apenas na forma em que são tutelados, que são os 'individuais homogêneos', definidos no inc. III do parágrafo único do art. 81" (GRINOVER, Ada Pellegrini; NERY JUNIOR, Nelson; WATANABE, Kazuo. *Código Brasileiro de Defesa do Consumidor*: comentado pelos autores do anteprojeto. v. II. 10. ed. Rio de Janeiro: Forense, 2011, p. 70).

consumidores (interesses coletivos *stricto sensu*), ou, ainda, em um vazamento de ampla base de dados que gere exposição de diversas pessoas (interesses individuais homogêneos).[87]

É verdade que a sistemática vinculada a danos morais coletivos de qualidade difusa ou coletiva *stricto sensu* se distinguirá daquela própria aos de caráter individual homogêneo, na medida em que, por exemplo, os recursos angariados com os primeiros serão destinados ao Fundo de Defesa de Direitos Difusos (FDD), de que cuida o art. 13 da Lei nº 7.347/85, enquanto os valores obtidos no último caso serão, em princípio,[88] destinados às vítimas e aos seus sucessores.

Para efeito de *compliance* em matéria de dados pessoais, ambas as hipóteses traduzem risco a ser observado, ainda mais se considerada a percepção de que as ações coletivas podem proporcionar, de maneira mais eficaz, soluções a danos provocados nesse campo,[89] o que tende a elevar o ajuizamento de demandas com esse perfil. Tomando-se em conta a ponderação exibida no item anterior, a respeito da presunção relativa de dano moral em caso de incidente envolvendo dados sensíveis – igualmente aplicável a uma dimensão material ou processual coletiva –, competirá a controladores e operadores adotar um singular cuidado em relação a tratamento de dados com essa natureza, sob pena de rígidas condenações de ordem pecuniária ou não pecuniária.[90]

---

87. Os exemplos podem ser encontrados em: ROQUE, André. A tutela coletiva dos dados pessoais na Lei Geral de Proteção de Dados. *Revista Eletrônica de Direito Processual*, a. 13, v. 20, n. 2, mai./ago. 2019, p. 10. Disponível em: <https://www.e-publicacoes.uerj.br/index.php/redp/article/view/42138>. Acesso em: 02 abr. 2021.

88. O art. 100 do CDC estabelece que, após o prazo de um ano sem habilitação de interessados em número compatível com a gravidade do dano, poderão os legitimados do art. 82 promover a liquidação e execução da indenização, que reverterá ao Fundo de Defesa de Direitos Difusos (FDD).

89. GONDIM, Glenda Gonçalves. A responsabilidade civil no uso indevido dos dados pessoais, cit., p. 30; e FALEIROS JÚNIOR, José Luiz de Moura; TEIXEIRA NETO, Felipe. Dano moral coletivo e vazamentos massivos de dados pessoais: uma perspectiva luso-brasileira. *Revista de Direito da Responsabilidade*, a. 3, 2021, p. 283.

90. Para ilustrar, a Netshoes e o Ministério Público do Distrito Federal e Territórios celebraram, nos autos do Inquérito Civil Público nº 08190.044813/18-44, um Termo de Ajustamento de Conduta (TAC) prevendo o pagamento de R$ 500.000,00 ao Fundo de Defesa de Direitos Difusos, além da implementação de medidas como "ações de adequação à Lei Geral de Proteção dos Dados Pessoais"; "atualização contínua de sua Política de Segurança Cibernética"; "realizar esforços de orientação de consumidores, a aumentar o nível de conhecimento sobre os riscos cibernéticos e medidas de proteção de seus dados pessoais, por meio de campanha de conscientização"; e "disseminar

Vê-se, portanto, que o tratamento dos dados sensíveis suscitará grande diligência dos envolvidos, de modo a também afastar a configuração de danos morais coletivos ou mesmo a incidência de tutela coletiva de danos morais individuais, situações capazes de impactar profundamente a atividade desempenhada.

4. Conclusão

A mesma companhia *Target*, noticiada em 2012 por ter vazado para um pai a informação de que sua filha estava grávida ao lhe enviar cupons de desconto para a aquisição de berço e roupas de bebê, conforme relatado na introdução deste artigo, hoje adota uma política minuciosa de privacidade, atualizada periodicamente, bem como um código de ética para seus funcionários, todos disponíveis em seu *site* de compras.[91] O presente artigo buscou analisar o papel e os efeitos desse tipo de medida de *compliance* no tocante ao tratamento de dados sensíveis.

Nesse sentido, destacou-se que a lógica do *compliance* na LGPD não surge de maneira externa, mas integrando a preocupação do texto legal com uma tutela efetiva do direito à autodeterminação informativa. Considerando especialmente a centralidade que a proteção dos dados sensíveis assume na legislação, os programas de conformidade servem não somente a assegurar a tutela mais efetiva da pessoa humana, mas também a complementar as rigorosas diretrizes normativas já impostas pela LGPD.

---

ao mercado as melhores práticas para privacidade e proteção de dados pessoais, por meio da participação em fóruns e eventos especializados". Eventual descumprimento implicaria em "imediata propositura de ação cível de reparação pelos danos morais coletivos, no valor de R$ 10.000.000,00 (dez milhões de reais), além da propositura de ação cível de reparação pelos danos patrimoniais causados, com pedido no valor de R$ 85.000.000,00 (oitenta e cinco milhões de reais) – R$ 5,00 (cinco reais) por titular do dado pessoal comprometido". Disponível em: <https://www.mpdft.mp.br/portal/pdf/tacs/espec/TAC_Espec_2019_001.pdf>. Acesso em: 04 abr. 2021. Ainda sobre medidas não pecuniárias de reparação do dano moral, o Banco Inter e o Ministério Público do Distrito Federal e Territórios, na ação civil pública nº 0721831-64.2018.8.07.0001, proposta em função de danos morais coletivos decorrentes do vazamento de dados de mais de 19 mil correntistas, firmaram TAC envolvendo a doação de valores a instituições públicas que combatem crimes cibernéticos e a instituições de caridade. Disponível em: <https://www.mpdft.mp.br/portal/index.php/comunicacao-menu/sala-de-imprensa/noticias/noticias-2018/10524-2018-12-19-10-27-31>. Acesso em: 04 abr. 2021. Para uma abordagem abrangente sobre o tema, v. FAJNGOLD, Leonardo. *Dano moral e reparação não pecuniária*: sistemática e parâmetros. São Paulo: Thomson Reuters Brasil, 2021.

91. Disponível em: <https://www.target.com/c/target-privacy-policy/-/N-4sr7p>. Acesso em: 20 abr. 2021.

A ausência de programa adequado de *compliance* relacionado aos dados sensíveis, por sua vez, desencadeia consequências de diversas naturezas, entre as quais se destacam os efeitos sobre a responsabilidade civil. Nesse sentido, assim como o adequado *compliance* pode atuar como excludente de responsabilidade civil em caso de danos provocados pela divulgação ou utilização indevida de dados, por descaracterizar a violação à LGPD e afastar a irregularidade do tratamento, a falta ou inadequação do *compliance* indica conduta culposa, servindo de suporte à responsabilização e, consequentemente, ao dever de indenizar os danos eventualmente produzidos. Observou-se especialmente que, no tocante ao universo dos dados sensíveis, em que as sanções possuem maior amplitude e rigor, incumbe-se a adoção de técnicas mais eficazes e procedimentos mais minuciosos, cuja falta enseja a culpabilidade de plano, de modo que a responsabilização será mais comum e a sua exclusão mais difícil.

Para além dessa distinção quantitativa relacionada às repercussões de incorreções envolvendo o tratamento de dados sensíveis em relação aos não sensíveis na esfera da responsabilidade civil, constatou-se que há, também, uma diferença qualitativa. Tendo em vista que a natureza sensível de um dado se manifesta pela suscetibilidade de seu uso lesionar a personalidade do titular; entende-se que o tratamento inadequado gera, por consequência, a presunção de produção de danos morais à vítima, ao passo que o dado não sensível, por sua própria essência, importa em presunção em via oposta. Diante desse cenário, o *compliance* envolvendo tratamento de dados sensíveis será determinante para evitar ou mitigar a ocorrência de danos morais.

Ademais, verificou-se que o regular *compliance* voltado ao tratamento de dados sensíveis também se mostra fundamental para impedir a incidência de danos morais de natureza materialmente coletiva, isto é, os que se voltam a interesses difusos e a interesses coletivos *stricto sensu*, bem como danos morais envolvendo interesses individuais homogêneos, que, embora possuam natureza substancialmente individual, têm caráter coletivo quanto à forma de tutela processual. Foi destacado que ambas as hipóteses traduzem risco a ser observado, competindo a controladores e operadores adotar um singular cuidado em relação a tratamento de dados com essa natureza, sob pena de rígidas condenações de ordem pecuniária ou não pecuniária.

5. Referências

ABILIO, Vivianne da Silveira; FRAZÃO, Ana; OLIVA, Milena Donato. *Compliance* de dados pessoais. In: FRAZÃO, Ana; Oliva, Milena Donato; TEPEDINO, Gustavo (Coords.). *Lei geral de proteção de dados pessoais e suas repercussões no direito brasileiro*. São Paulo: Thomson Reuters Brasil, 2019, p. 677-715.

ALVIM, Agostinho. Da inexecução das obrigações e suas consequências. 4. ed. São Paulo: Saraiva, 1972.

BANDEIRA, Paula Greco. A evolução do conceito de culpa e o art. 944 do código civil. *Revista da EMERJ*, v. 11, 2008, p. 227-249.

BARBOSA, Fernanda Nunes; MULTEDO, Renata Vilela. Danos extrapatrimoniais coletivos. *Revista de Direito do Consumidor*, v. 93, mai./jun. 2014, p. 29-45.

BERGH, Roger Van den; VISSCHER, Louis. The Principles of European Tort Law: The Right Parth to Harmonisation?. *German Working Papers in Law and Economics*, paper n. 8, vol. 2003. Disponível em: <http://www.bepress.com/gwp/default/vol2006/iss1/art8>.

BIONI, Bruno. Nota do coordenador. *Revista do Advogado da Associação dos Advogados de São Paulo*, a. XXXIX, n. 144, nov. 2019, p. 6.

________; DIAS, Daniel. Responsabilidade civil na proteção de dados pessoais: construindo pontes entre a Lei Geral de Proteção de Dados Pessoais e o Código de Defesa do Consumidor. *Civilistica.com*, v. 9, n. 3, 2020, p. 91-23. Disponível em: <http://civilistica.com/responsabilidade-civil-na-protecao-de-dados-pessoais/>.

BITTAR FILHO, Carlos Alberto. Do dano moral coletivo no atual contexto jurídico brasileiro. *Revista de Direito do Consumidor*, v. 12, out./dez. 1994, p. 44-62.

BOBBIO, Norberto. *Da estrutura à função*: novos estudos de teoria do direito. Trad. Daniela Beccaccia Versiani. Barueri: Manole, 2017.

BUCAR, Daniel; VIOLA, Mario. *Compliance* e proteção de dados. In: ACOCELLA, Jéssica; OLIVEIRA, Rafael Carvalho Rezende. *Governança corporativa e compliance*. Salvador: JusPodivm, 2019, p. 157-176.

BUSTAMANTE, Thomas; SILVA, Denis Franco da. *Neminem laedere*: o novo Código Civil brasileiro e a integral reparabilidade dos danos materiais decorrentes de ato ilícito. *Revista Trimestral de Direito Civil*, n. 20. Rio de Janeiro: Padma, out./dez. 2004.

CALIXTO, Marcelo Junqueira. *A culpa na responsabilidade civil*. Rio de Janeiro: Renovar, 2008.

CAVALIERI FILHO, Sergio. *Programa de responsabilidade civil*. 10. ed. São Paulo: Atlas, 2012.

CARPENA, Heloisa. Questões atuais sobre o ressarcimento do dano moral coletivo. In: MARTINS, Guilherme Magalhães (Coord.). *Temas de responsabilidade civil*. Rio de Janeiro: Lumen Juris, 2012, p. 224-235.

CRUZ, Gisela Sampaio da. *O problema do nexo causal na responsabilidade civil*. Rio de Janeiro: Renovar, 2005.

CUEVA, Ricardo Villas Bôas. Funções e finalidades dos programas de compliance. In: CUEVA, Ricardo Villas Bôas; FRAZÃO, Ana (Coords.). *Compliance*: perspectivas e desafios dos programas de conformidade. Belo Horizonte: Fórum, 2018, p. 53-69.

DANTAS BISNETO, Cícero. Reparação por danos morais pela violação à LGPD e ao RGPD: uma abordagem de direito comparado. *Civilistica.com*, a. 9, n. 3, 2020, p. 1-29. Disponível em: <http://civilistica.com/reparacao-por-danos-morais-pela--violacao/>.

DONEDA, Danilo. *Da privacidade à proteção de dados pessoais*. Rio de Janeiro: Renovar, 2005.

________; MENDES, Laura Schertel. Reflexões iniciais sobre a nova Lei Geral de Proteção de Dados. *Revista de Direito do Consumidor*, v. 120, a. 27, nov./dez. 2018, p. 469-483.

FAJNGOLD, Leonardo. *Dano moral e reparação não pecuniária*: sistemática e parâmetros. São Paulo: Thomson Reuters Brasil, 2021.

FALEIROS JÚNIOR, José Luiz de Moura; MARTINS, Guilherme Magalhães. Segurança, Boas Práticas, Governança e *Compliance*. In: LIMA, Cíntia Rosa Pereira de (Coord.). Comentários à lei geral de proteção de dados: Lei n. 13.709/2018, com alteração da lei n. 13.853/2019. São Paulo: Almedina, 2020, p. 349-371.

________; TEIXEIRA NETO, Felipe. Dano moral coletivo e vazamentos massivos de dados pessoais: uma perspectiva luso-brasileira. *Revista de Direito da Responsabilidade*, a. 3, 2021, p. 265-287.

FRAZÃO, Ana. Fundamentos da proteção dos dados pessoais – Noções introdutórias para a compreensão da importância da Lei Geral de Proteção de Dados. In: FRAZÃO, Ana; OLIVA, Milena Donato; TEPEDINO, Gustavo (Coords.). *Lei geral de proteção de dados pessoais e suas repercussões no direito brasileiro*. São Paulo: Thomson Reuters Brasil, 2019, p. 23-52.

________; MEDEIROS, Ana Rafaela Martinez. Desafios para a efetividade dos programas de *compliance*. In: CUEVA, Ricardo Villas Bôas; FRAZÃO, Ana (Coords.). *Compliance*: perspectivas e desafios dos programas de conformidade. Belo Horizonte: Fórum, 2018, p. 71-104.

GONDIM, Glenda Gonçalves. A responsabilidade civil no uso indevido dos dados pessoais. *Revista IBERC*, Belo Horizonte, v. 4, n. 1, jan./abr. 2021, p. 19-34. Disponível em: <https://revistaiberc.responsabilidadecivil.org/iberc/article/view/140>.

GRINOVER, Ada Pellegrini; NERY JUNIOR, Nelson; WATANABE, Kazuo. *Código Brasileiro de Defesa do Consumidor*: comentado pelos autores do anteprojeto. v. II. 10. ed. Rio de Janeiro: Forense, 2011.

GUEDES; Gisela Sampaio da Cruz; MEIRELES, Rose Melo Vencelau. Término do tratamento de dados. In: FRAZÃO, Ana; OLIVA, Milena Donato; TEPEDINO, Gustavo (Coords.). *Lei Geral de Proteção de Dados Pessoais e suas repercussões no direito brasileiro*. São Paulo: Thomson Reuters Brasil, 2019, p. 217-236.

________; TEPEDINO, Gustavo; TERRA, Aline de Miranda Valverde. *Fundamentos do direito civil*: responsabilidade civil. v. 4. Rio de Janeiro: Forense, 2020.

KONDER, Carlos Nelson. Critérios para a reparação do dano moral. *Direito, Estado e Sociedade*, v. 9, n. 18, jan./jun. 2001, p. 47-58.

________. A redução eqüitativa da indenização em virtude do grau de culpa: apontamentos acerca do parágrafo único do art. 944 do Código Civil. *Revista Trimestral de Direito Civil*, v. 29, 2007, p. 3-34.

________. O tratamento de dados sensíveis à luz da Lei 13.709/2018. In: FRAZÃO, Ana; OLIVA, Milena Donato; TEPEDINO, Gustavo (Coords.). *Lei Geral de Proteção de Dados Pessoais e suas repercussões no direito brasileiro*. São Paulo: Thomson Reuters Brasil, 2019, p. 445-463.

KORKMAZ, Maria Regina Detoni Cavalcanti Rigolon; NEGRI, Sergio Marcos Carvalho de Ávila. A normatividade dos dados sensíveis na lei geral de proteção de dados: ampliação conceitual e proteção da pessoa humana. *Revista de Direito, Governança e Novas Tecnologias*, Goiânia, v. 5, n. 1, jan./jun. 2019, p. 63-85.

MARTINS, Guilherme Magalhães. A dimensão coletiva do dano moral nas relações de consumo. In: OLIVEIRA, Andressa Jarletti Gonçalves de; XAVIER, Luciana Pedroso (Orgs.). *Repensando o Direito do Consumidor III* – 25 anos de CDC: conquistas e desafios. Curitiba: OABPR, 2015, p. 110-133.

MARTINS-COSTA, Judith. *Comentários ao novo Código Civil*: do inadimplemento das obrigações. v. V, t. II. Rio de Janeiro: Forense, 2003.

MONTEIRO FILHO, Carlos Edison do Rêgo. O conceito de dano moral e as relações de trabalho. *Civilistica.com*, Rio de Janeiro, a. 3, n. 1, jan./jun. 2014, p. 1-16. Disponível em: <http://civilistica.com/o-conceito-de-dano-moral-nas-relacoes-de-trabalho/>.

________. Artigo 944 do Código Civil: o problema da mitigação do princípio da reparação integral. *Revista de Direito da Procuradoria Geral do Estado do Rio de Janeiro*, v. 63, 2008, p. 69-94.

MORAES, Maria Celina Bodin de. *Danos à pessoa humana*: uma leitura civil-constitucional dos danos morais. 2. ed. Rio de Janeiro: Processo, 2017.

________; QUEIROZ, João Quinelato de. Autodeterminação informativa e responsabilização proativa: novos instrumentos de tutela da pessoa humana na LGDP. *Cadernos Adenauer*, a. XX, n. 3, 2019, p. 113-135.

MULHOLLAND, Caitlin Sampaio. Dados pessoais sensíveis e a tutela de direitos fundamentais: uma análise à luz da lei geral de proteção de dados (Lei 13.709/18). *Revista de Direitos e Garantias Fundamentais*, Vitória, v. 19, n. 3, set./dez. 2018, p. 159-180.

________. Dados pessoais sensíveis e consentimento na Lei Geral de Proteção de Dados Pessoais. *Revista do Advogado da Associação dos Advogados de São Paulo*, a. XXXIX, n. 144, nov. 2019, p. 47-53.

NOVAKOSKI, André Luis Mota; NASPOLINI, Samyra Haydêe Dal Farra. Responsabilidade civil na LGPD: problemas e soluções. *Conpedi Law Review*, v. 6, n. 1, 2020, p. 158-174.

OLIVA, Milena Donato; SILVA, Rodrigo da Guia. Notas sobre o *compliance* no direito brasileiro. *Quaestio Iuris*, Rio de Janeiro, v. 11, n. 4, jan. 2018, p. 2.708-2.729.

________. Origem e evolução histórica do *compliance* no direito brasileiro. In: CUEVA, Ricardo Villas Bôas; FRAZÃO, Ana. *Compliance*: perspectivas e desafios dos programas de conformidade. Belo Horizonte: Fórum, 2018.

PERLINGIERI, Pietro. *Perfis do Direito Civil*: introdução ao Direito Civil Constitucional. 3. ed. Trad. Maria Cristina De Cicco. Rio de Janeiro: Renovar, 2007.

RODOTÀ, Stefano. *A vida na sociedade da vigilância*: a privacidade hoje. Trad. Danilo Doneda e Luciana Cabral Doneda. Rio de Janeiro: Renovar, 2008.

ROQUE, André. A tutela coletiva dos dados pessoais na Lei Geral de Proteção de Dados. *Revista Eletrônica de Direito Processual*, a. 13, v. 20, n. 2, mai./ago. 2019, p. 1-19. Disponível em: <https://www.e-publicacoes.uerj.br/index.php/redp/article/view/42138>.

ROSENVALD, Nelson. O compliance e a redução equitativa da indenização na LGPD. *Migalhas*, 19 mar. 2021. Disponível em: <https://www.migalhas.com.br/coluna/migalhas-de-protecao-de-dados/342032/o-compliance-e-a-reducao-equitativa-da-indenizacao-na-lgpd>.

SCHREIBER, Anderson. *Manual de direito civil contemporâneo*. 1. ed. São Paulo: Saraiva, 2018.

________. *Novos paradigmas da responsabilidade civil*. São Paulo: Atlas, 2007.

________. Proteção de Dados Pessoais no Brasil e na Europa. *Carta Forense*, 05/09/2018. Disponível em: <http://www.cartaforense.com.br/conteudo/colunas/protecao-de--dados-pessoais-no-brasil-e-na-europa/18269>.

SILVA, Rodrigo da Guia; SOUZA, Eduardo Nunes de. Tutela da pessoa humana na Lei Geral de Proteção de Dados Pessoais: entre a atribuição de direitos e a enunciação de remédios. *Pensar*, v. 24, n. 3, jul./set. 2019, p. 1-22.

TEFFÉ, Chiara Spadaccini de; TEPEDINO, Gustavo. O consentimento na circulação de dados pessoais. *Revista Brasileira de Direito Civil – RBDCivil*, Belo Horizonte, v. 25, jul./set. 2020, p. 83-116.

TEPEDINO, Gustavo. Desafios da Lei Geral de Proteção de Dados (LGPD). *Revista Brasileira de Direito Civil – RBDCivil*, Belo Horizonte, v. 26, out./dez. 2020, p. 11-15.

________. Itinerário para um imprescindível debate metodológico. *Revista Trimestral de Direito Civil,* Rio de Janeiro, v. 35, jul./set. 2008, p. 1-3.

________. O papel atual da doutrina do Direito Civil entre o sujeito e a pessoa. In: ALMEIDA, Vitor; TEIXEIRA, Ana Carolina Brochado; TEPEDINO, Gustavo (Coords.). *O Direito Civil entre o sujeito e a pessoa*: estudos em homenagem ao professor Stefano Rodotà. Belo Horizonte: Fórum, 2016.

ZANNONI, Eduardo A. *El daño en la responsabilidad civil*. 2. ed. Buenos Aires: Editorial Astrea, 1993.

O PAPEL DOS MECANISMOS DE *COMPLIANCE* E DAS POLÍTICAS DE PROTEÇÃO DE DADOS PARA A PROTEÇÃO DE DADOS PESSOAIS DE CRIANÇAS E ADOLESCENTES

ISABELLA HENRIQUES[1]

Sumário: 1. Introdução; 2. Doutrina da proteção integral de crianças e adolescentes; 3. Proteção de dados pessoais de crianças e adolescentes; 4. *Compliance* na proteção de dados pessoais de crianças e adolescentes; 5. Considerações finais; 6. Referências bibliográficas.

1. INTRODUÇÃO

É fato de conhecimento geral que a humanidade vivencia um fenômeno contemporâneo sem precedentes no tocante à massiva utilização de dados pessoais dos indivíduos, não só, mas prioritariamente por meio das novas tecnologias da informação e comunicação e, em especial, no ambiente digital. Essa ampla utilização, como também é notório, tem sido capitaneada pelas grandes empresas de tecnologia em todo o mundo, de forma que se tem o surgimento,

1. Advogada. Diretora Executiva do Instituto Alana. Doutoranda em Direitos das Relações Sociais – Direitos Difusos e Coletivos – pela PUC-SP. *Global Leader for Young Children* pela World Forum Foundation. Líder Executiva em Primeira Infância pelo Center on the Developing Child da Harvard University. Conselheira do Conselho Consultivo da Ouvidoria da Defensoria Pública do Estado de São Paulo.

não só de uma nova economia de dados, mas de uma nova ordem econômica, já denominada por SHOSHANA ZUBOFF de 'capitalismo de vigilância'[2].

Essa nova ordem econômica ampliou ainda mais a assimetria de poder entre indivíduos e corporações responsáveis pelo tratamento de dados pessoais, ampliando o rol de consequências prejudiciais às pessoas, de forma geral e, especialmente, em relação à garantia de seus direitos fundamentais de liberdade e de privacidade e ao livre desenvolvimento de sua personalidade.

Nesse contexto, imperioso o desenvolvimento de novas regulações que façam frente aos desafios atuais, imponham limites e tenham a dignidade da pessoa humana como fundamento precípuo. Contudo, para que as normas alcancem concreta aplicação e, por conseguinte, a eficácia almejada é, também, necessário que haja um real comprometimento por parte das corporações quanto à plena conformidade com o novo ambiente regulatório, bem como com parâmetros éticos corporativos.

Daí a relevância dos sistemas e mecanismos de *compliance* no âmbito da proteção de dados pessoais. Não se relega a importância, e mesmo a essencialidade, dos marcos normativos. Entende-se, porém, benéfica a complementariedade do sistema estatal com o de *compliance*, por parte das corporações, de forma a se alcançar o efetivo cumprimento legal na sua completude. Nesse sentido, a própria regulação serve como estímulo ao *compliance*.

Quando se trata de dados pessoais de crianças e adolescentes[3] a essas questões soma-se a hipervulnerabilidade dessas pessoas, que estão vivendo uma fase

---

2. *"1. A new economic order that claims human experience as free raw material for hidden commercial practices of extraction, prediction, and sales; 2. A parasitic economic logic in which the production of goods and services is subordinated to a new global architecture of behavioral modification; 3. A rogue mutation of capitalism marked by concentrations of wealth, knowledge, and power unprecedented in human history; 4. The foundational framework of a surveillance economy; 5. As significant a threat to human nature in the twenty-first century as industrial capitalism was to the natural world in the nineteenth and twentieth; 6. The origin of a new instrumentarian power that asserts dominance over society and presents startling challenges to market democracy; 7. A movement that aims to impose a new collective order based on total certainty; 8. An expropriation of critical human rights that is best understood as a coup from above: an overthrow of the people's sovereignty."* ZUBOFF, Shoshana. The age of surveillance capitalism – The fight for a human future at the new frontier of power. New York: Public Affairs, 2019.
3. Estatuto da criança e do adolescente: "Art. 2º Considera-se criança, para os efeitos desta Lei, a pessoa até doze anos de idade incompletos, e adolescente aquela entre doze e dezoito anos de idade." Convenção sobre os direitos da criança: "*Artigo 1.* Para efeitos da presente Convenção considera-se como criança todo ser humano com

de desenvolvimento peculiar, assim como o alto risco envolvido em caso de violação de seus direitos, seja à sua proteção integral, seja ao livre desenvolvimento da sua personalidade. E no que tange à legislação, cumpre ressaltar a determinação expressa no artigo 227 da Constituição Federal, de que a sociedade – aí englobando-se também as empresas –, juntamente com o Estado e as famílias, têm o dever de promover e garantir os direitos fundamentais de crianças e adolescentes com prioridade absoluta.

Em meio a esse cenário, o objetivo do presente artigo é aprofundar a análise dos marcos legais atinentes aos direitos de crianças e adolescentes no âmbito da proteção de seus dados pessoais, bem como dos sistemas de *compliance* de dados para o *enforcenment* da própria legislação e, por consequência, para a garantia e promoção dos direitos fundamentais dessas pessoas. Será demonstrada a função dos mecanismos de *compliance* para a proteção de dados pessoais de crianças e adolescentes, como esforço complementar, conquanto essencial, para que se atinja a concretude da proteção integral desses entes da sociedade.

Para isso, o artigo está dividido em três partes, além desta introdução e das considerações finais. Na primeira parte será apresentado o panorama regulatório acerca dos direitos de crianças e adolescentes ao longo da história e na contemporaneidade. Na segunda, serão apresentadas algumas das questões mais relevantes no que diz respeito à proteção de dados pessoais de crianças e adolescentes no país. Na última e terceira parte será apresentado um breve olhar sobre o *compliance* da iniciativa privada de forma ampla e, em seguida, uma análise mais aprofundada do *compliance* de dados pessoais de crianças e adolescentes. Em síntese, o artigo pretende demonstrar qual o papel dos mecanismos de *compliance* e das políticas de proteção de dados para a proteção de dados pessoais de crianças e adolescentes.

2. Doutrina da proteção integral de crianças e adolescentes

A criança e o adolescente são pessoas às quais se garante maior proteção e cuidado por serem mais vulneráveis[4] em relação a outros entes da sociedade. Não foi sempre assim. No passado, crianças e adolescentes eram considerados

---

menos de dezoito anos de idade, a não ser que, em conformidade com a lei aplicável à criança, a maioridade seja alcançada antes."

4. MARQUES, Claudia Lima; MIRAGEM, Bruno. O novo direito privado e a proteção dos vulneráveis. São Paulo: Revista dos Tribunais, 2012.

'adultos em miniatura' e perante a lei não possuíam quaisquer diferenciação[5]. A criança e o adolescente não tinham voz e eram invisibilizados[6], na medida em que o próprio conceito de infância não existia[7].

Com o passar dos séculos, a infância tornou-se reconhecida social e culturalmente como um período relevante para o ser humano, durante o qual a pessoa está em peculiar fase de desenvolvimento biológico e psicossocial[8] e, por isso, deve receber tratamento específico[9]. Mais recentemente, as descobertas

---

5. "(...) em 1814, fora aprovada uma legislação que pela primeira vez na história inglesa tornou o ato de roubar uma criança um delito passível de indiciação. (...) Mas a lei não mostrava tal relutância em impor penas para crimes cometidos *por* crianças. Ainda em 1780 as crianças podiam ser condenadas por qualquer um dos mais de duzentos crimes cuja pena era o enforcamento. Uma menina de sete anos foi enforcada em Norwich por roubar uma anágua e depois dos distúrbios de Gordon, várias crianças foram enforcadas em praça pública. 'Nunca vi meninos chorarem tanto', disse George Selwyn, uma testemunha das execuções." POSTMAN, Neil. O desaparecimento da infância. Rio de Janeiro: Graphia, 1999, pp. 67-68.
6. "A passagem da criança pela família e pela sociedade era muito breve e muito insignificante para que tivesse tempo ou razão de forçar a memória e tocar a sensibilidade. Contudo, um sentimento superficial da criança – a que chamei 'paparicação'– era reservado à criancinha em seus primeiros anos de vida, enquanto ela ainda era uma coisinha engraçadinha. As pessoas se divertiam com a criança pequena como com um animalzinho, um macaquinho impudico. Se ela morresse então como muitas vezes acontecia, alguns podiam ficar desolados, mas a regra geral era não fazer muito caso, pois uma outra criança logo a substituiria. A criança não chegava a sair de uma espécie de anonimato." ARIÈS, Philippe. História Social da Criança e da Família. Rio de Janeiro: LTC, 2019, p. X.
7. "(...) é justo concluir que os gregos nos deram um prenúncio da ideia de infância. A exemplo de tantas ideias que aceitamos como parte de uma mentalidade civilizada, devemos aos gregos esta contribuição. Eles certamente não inventaram a infância, mas chegaram suficientemente perto para que dois mil anos depois, quando ela *foi* inventada, pudéssemos reconhecer-lhes as raízes. Os romanos, é claro, tomaram emprestado aos gregos a ideia de escolarização e ainda desenvolveram uma compreensão da infância que superou a noção grega. (...) os romanos começaram a estabelecer uma conexão, aceita pelos modernos, entre a criança em crescimento e a noção de vergonha. (...) A questão é, simplesmente, que *sem uma noção bem desenvolvida de vergonha a infância não pode existir*." POSTMAN, Neil. O desaparecimento da infância. Rio de Janeiro: Graphia, 1999, pp. 22-24.
8. 'Jean Piaget conduzido por Yves de La Taille'. Disponível em https://www.youtube.com/watch?v=2OzhE4pX_ng. (Acesso em 16.3.2021).
9. "*Considerando* que a criança, em decorrência de sua imaturidade física e mental, precisa de proteção e cuidados especiais, inclusive proteção legal apropriada, antes e depois do nascimento." *In* Declaração dos Direitos da Criança, aprovada pela

da neurociência ratificaram a defesa do cuidado especial de crianças[10] e adolescentes[11], por estarem vivenciando um período decisivo para o desenvolvimento humano, que pode, até mesmo, ser determinante para toda a vida adulta do indivíduo.

Assembleia Geral da ONU, em 1959. Disponível em: http://www.direitoshumanos.usp.br/index.php/Crian%C3%A7a/declaracao-dos-direitos-da-crianca.html. (Acesso em 16.3.2021). Vale dizer que o referido documento foi inspirado na Declaração de Genebra dos Direitos da Criança, de 1924, primeiro documento internacional sobre a necessidade de proteção especial às crianças. Disponível em https://www.humanium.org/en/text-2/. (Acesso em 16.3.2021).

10. "Desde o final dos anos 1990, essa defesa pôde ser reforçada por outras evidências científicas advindas, sobretudo, do campo das neurociências e da epigenética. O aprimoramento dos exames de imagem permitiu o conhecimento mais aprofundado da estrutura e funcionamento do cérebro, a ponto de a década de 1990 ser conhecida como a 'década do cérebro'. Esse conhecimento da plasticidade cerebral indica que existem períodos sensíveis ou 'janelas de oportunidades', nos quais a possibilidade de conexões neuronais ocorre em uma velocidade muito intensa (de 700 a mil novas conexões por segundo). Tais períodos de formação da arquitetura cerebral são mais intensos nos primeiros mil dias (desde a gestação até os 2 anos de vida) e dependem do tipo de cuidado que o bebê recebe da mãe e/ou dos adultos que compartilham o seu cuidado. (...) Com as evidências dos períodos sensíveis para o desenvolvimento cerebral, no entanto, destacamos também o período de até os 3 anos de idade como a Primeiríssima Infância." CHIESA, Anna Maria. A importância da primeira infância: um olhar da neurociência. *In* HENRIQUES, Isabella (coord.). Primeira Infância no sistema de garantia de direitos de crianças e adolescentes: uma experiência a ser replicada. São Paulo: Instituto Alana, 2019, pp. 49-57.

11. "*Scientific advances over the past decade have contributed to a much greater understanding of the growth of the human brain from birth to adulthood. Latest evidence illuminates the adolescent brain as a 'work in progress', and adolescence as a critical period to build on early investments, offering a second chance for those who have not fared well in early childhood. Neuroscientific research in particular is integral to improving our understanding of the cerebral transformations that take place during this time and how they are influenced by interactions between the evolving adolescent brain and the environment in which it develops. (...) Adolescence is a time of both opportunity and vulnerability. Many problematic and risky behaviours are activated in adolescence, including substance abuse, and behaviours that can lead to sexually transmitted diseases (STIs), 10 The Adolescent Brain: A second window of opportunity HIV/AIDS, road injuries, drowning and other negative outcomes (Mokdad, 2016). It is a time when mental illness and the incidence of suicide sharply increases (Petroni, Patel and Patton, 2016) and when experiences of bullying, inter-personal violence and exclusion often leave a long-term mark on the individual (Lupien, 2012). The vulnerability of adolescents is significantly exacerbated by growing up in environments of chronic stress, such as armed conflict, violence and extreme poverty.*" *In* The Adolescent Brain: A second window of opportunity – A Compendium. Florença: United Nations Children's Fund – UNICEF, 2017.

Foram os horrores das duas últimas guerras mundiais que sensibilizaram a comunidade internacional, no sentido de, respectivamente, iniciarem e reforçarem marcos regulatórios garantidores dos direitos de crianças e adolescentes ao redor do mundo. Na esteira da Declaração de Genebra dos Direitos da Criança, de 1924, seguida pela Declaração dos Direitos da Criança, de 1959, foi adotada, em 1989, a vigente Convenção sobre os Direitos da Criança pela Assembleia Geral da ONU. Até hoje, a Convenção já foi ratificada por 196 países, sendo o instrumento de direitos humanos mais aceito na história, não tendo sido ratificado somente pelos Estados Unidos[12]. O Brasil ratificou a Convenção em 1990, promulgando-a, posteriormente, pelo Decreto 99.710/90.

A Convenção sobre os Direitos da Criança da ONU é, sem dúvidas, documento de extrema importância para a infância e adolescência contemporâneas, especialmente em um mundo cada vez mais marcado por desafios transfronteiriços. Até porque, é por meio da Convenção que a doutrina da proteção integral da criança e do adolescente consagrou-se no plano internacional, de forma que o seu 'melhor interesse' fosse efetivamente reconhecido[13] nos planos nacionais e internacional.

No Brasil, a história das crianças e dos adolescentes é marcada por muitos abusos que se sobrepuseram ao longo dos anos, em grande medida, decorrentes também da pobreza[14]. Atualmente, o país conta com uma população de 69,3 milhões de pessoas entre zero e 19 anos[15], que abarca múltiplas infâncias e adolescências, dadas as diferenças sociais, culturais e econômicas existentes no vasto território brasileiro[16].

---

12. https://www.unicef.org/brazil/convencao-sobre-os-direitos-da-crianca. (Acesso em 16.3.2021).

13. FERREIRA LOPES, Jaqueline. O 'Melhor Interesse da Criança' e o 'Cuidado' na Interface Psicologia e Direito. In DA SILVA PEREIRA, Tânia e DE OLIVEIRA, Guilherme. Cuidado e Responsabilidade. São Paulo: Atlas, 2011, pp. 111-137.

14. RIZZINI, Irma. Pequenos trabalhadores do Brasil. *In* DEL PRIORI, Mary (org.). História das crianças no Brasil. São Paulo: Contexto, 2018, pp. 376-406.

15. Conforme dados do 'Cenário da infância e adolescência no Brasil – 2020', da Fundação Abrinq. Disponível em https://www.fadc.org.br/sites/default/files/2020-03/cenario-brasil-2020-1aedicao.pdf?utm_source=noticia-cenario. (Acesso em 16.3.2021).

16. Vale destacar a inominável desigualdade social, que prejudica sobremaneira a mobilidade social e faz com que crianças nascidas em famílias de renda baixa demorem até nove gerações para alcançar a renda média do país, conforme dados da Organização para a Cooperação e Desenvolvimento Econômico – OECD. Um elevador social quebrado? Como promover a mobilidade social. Direção do Emprego,

As diferenças socioeconômicas da infância e da adolescência brasileiras já foram demarcadas em norma, quando vigente o Código de Menores – em definição que infelizmente insiste perdurar[17], não obstante a revogação daquela lei –, por meio do qual crianças e adolescentes em situação de vulnerabilidade socioeconômica ou aos quais se imputava 'infração penal' eram denominados 'menores', enquanto os de lares mais bem providos eram diferenciados, chamados, efetivamente, de 'crianças' ou 'adolescentes'. Era o tempo em que o Estado, textualmente, eximia-se da obrigação de prover seus cidadãos mais vulneráveis durante as fases da infância e adolescência, criminalizando-os e referindo-se a eles como em situação de perigo moral ou material ou em 'situação irregular'.

Desde a Constituição Federal de 1988, que rompeu com a doutrina menorista, no âmago da redemocratização do Brasil, crianças e adolescentes são considerados sujeitos de direitos[18], que gozam de proteção integral, com prioridade absoluta, nos exatos termos do artigo 227 da Constituição Federal, o qual, ademais, prevê a responsabilidade compartilhada de famílias, sociedade e Estado, no dever de garantirem e promoverem os direitos fundamentais de crianças e adolescentes no país[19].

Importa ressaltar que o artigo 227 é o único dispositivo em toda a Constituição Federal que une as palavras 'absoluta' e 'prioridade'[20], de forma a garantir a crianças, adolescentes e jovens[21] a primazia na consecução de seus direitos fundamentais, assegurando-lhes oportunidades que propiciem seu desenvolvimento físico, mental, moral, espiritual e social em condições de liberdade e

---

Trabalho e Assuntos Sociais. Disponível em https://www.oecd.org/brazil/social-mobililty-2018-BRA-PT.pdf. (Acesso em 16.3.2021).

17. http://www.andi.org.br/help-desk/por-que-nao-se-deve-utilizar-o-termo-menor-de-idade-ao-se-referir-criancas-e-adolescentes. (Acesso em 16.3.2021).

18. FARIAS TAVARES, José de. Direito da infância e da juventude. Belo Horizonte: Del Rey, 2001.

19. "Art. 227. É dever da família, da sociedade e do Estado assegurar à criança, ao adolescente e ao jovem, com absoluta prioridade, o direito à vida, à saúde, à alimentação, à educação, ao lazer, à profissionalização, à cultura, à dignidade, ao respeito, à liberdade e à convivência familiar e comunitária, além de colocá-los a salvo de toda forma de negligência, discriminação, exploração, violência, crueldade e opressão."

20. GOMES SODRÉ, Marcelo. Duas palavrinhas importantes: Uma ausente, outra presente. *In* FONTENELLE, Lais (org.). Criança e Consumo – 10 anos de Transformação. São Paulo: Instituto Alana, 2016.

21. Os 'jovens' foram incluídos, posteriormente, por força da Emenda Constitucional 65/2010.

dignidade. Em especial, a crianças e adolescentes, por conta do previsto no artigo 4º do Estatuto da Criança e do Adolescente – Lei 8.069/90[22] –, que define a exata compreensão da garantia de prioridade absoluta.

Com isso, pode-se dizer que o Brasil é uma nação que colocou no topo da hierarquia de importância em relação ao cuidado, à proteção e à promoção de direitos, os referidos entes sociais. Dessa forma, os direitos fundamentais assegurados às crianças e aos adolescentes devem ser respeitados e efetivados com prioridade absoluta, ou seja, em primeiro lugar por Estado, sociedade – aí incluindo-se as empresas – e famílias, os quais têm o dever, compartilhado, cada qual no seu âmbito de atuação, de garantir seus melhores esforços e de tomar as medidas necessárias para cumprir esse que é um mandamento constitucional.

3. PROTEÇÃO DE DADOS PESSOAIS DE CRIANÇAS E ADOLESCENTES

A proteção de dados pessoais de crianças e adolescentes é derivada da nova disciplina da proteção de dados pessoais do indivíduo, que diz respeito à tutela da sua personalidade e à sua própria dignidade, e que pode ser compreendida como um fenômeno coletivo, na medida em que o processamento de dados pessoais atinge a coletividade de maneira difusa[23]. Vai além da privacidade entendida como controle de informações pessoais da esfera íntima ou privada da pessoa, para tratar, inclusive, de dados públicos[24]. Fruto da linha evolutiva da privacidade[25], que, como ensinava STEFANO RODOTÀ, passou a ser relativa ao *"direito de manter o controle sobre as próprias informações e de determinar as*

---

22. "Art. 4º É dever da família, da comunidade, da sociedade em geral e do poder público assegurar, com absoluta prioridade, a efetivação dos direitos referentes à vida, à saúde, à alimentação, à educação, ao esporte, ao lazer, à profissionalização, à cultura, à dignidade, ao respeito, à liberdade e à convivência familiar e comunitária.
    Parágrafo único. A garantia de prioridade compreende:
    a) primazia de receber proteção e socorro em quaisquer circunstâncias;
    b) precedência de atendimento nos serviços públicos ou de relevância pública;
    c) preferência na formulação e na execução das políticas sociais públicas;
    d) destinação privilegiada de recursos públicos nas áreas relacionadas com a proteção à infância e à juventude."
23. SCHERTEL MENDES, Laura. Privacidade, proteção de dados e defesa do consumidor – Linhas gerais de um novo direito fundamental. São Paulo: Saraiva, 2014, p. 35.
24. BIONI, Bruno Ricardo. Proteção de dados pessoais – a função e os limites do consentimento. Rio de Janeiro: Forense, 2019, pp. 66 e 67.
25. DONEDA, Danilo. Da privacidade à proteção de dados pessoais. São Paulo: Thomson Reuters/Revista dos Tribunais, 2020, p. 30.

modalidades de construção da própria esfera privada"[26], a proteção de dados pessoais é condição essencial ao livre desenvolvimento da personalidade do indivíduo, além de basilar à democracia[27].

Nessa esteira, o desenvolvimento das novas tecnologias digitais da informação e comunicação, somado à massificação do seu uso e à ubiquidade da Internet, transformaram não só os hábitos das pessoas, mas criaram uma verdadeira economia de dados[28], que tem sido, cada vez mais, fortalecida com a profusão de dados disponíveis nos atuais tempos de *big data*[29]. A referida onipresença dessas novas tecnologias e a expansão quantitativa no fluxo informacional, por sua vez, têm ampliado a assimetria de poder existente entre indivíduos[30]

---

26. RODOTÀ, Stefano. A vida na sociedade da vigilância – A privacidade hoje. Organização, seleção e apresentação de Maria Celina Bodin de Moraes. Tradução: Danilo Doneda e Luciana Cabral Doneda. Rio de Janeiro: Renovar, 2008, p. 109.
27. BIONI, Bruno Ricardo. Proteção de dados pessoais – a função e os limites do consentimento. Rio de Janeiro: Forense, 2019, p. 94.
28. HENRIQUES, Isabella e HARTUNG, Pedro. Nova economia dos dados: crianças são exploradas sem que pais percebam. Disponível em: https://www.uol.com.br/tilt/noticias/redacao/2020/07/18/nova-economia-dos-dados-criancas-sao-exploradas-sem-que-pais-percebam.htm. (Acesso em 26.3.2021).
29. "*Big Data* é um termo em evolução que descreve qualquer quantidade volumosa de dados estruturados, semiestruturados ou não estruturados que têm o potencial de ser explorados para obter informações. (...) A primeira propriedade envolvendo *big data* consiste no volume crescente de dados. (...) Outra propriedade envolve a alta velocidade com que os dados são produzidos, analisados e visualizados." MAGRANI, Eduardo. A internet das coisas. Rio de Janeiro: FGV Editora, 2018, p. 22.
30. Importante ressaltar, em que pese o uso corrente da locução '*homem médio*' ou '*pessoa média*, também para fins de estudo e análise da disciplina da proteção de dados pessoais, que referido termo, bem como seu suposto significado, não fazem qualquer sentido para tanto, na medida em que, por conta do princípio da boa-fé previsto no *caput* do artigo 6º da LGPD, o que se deve ter em mente é a proteção da pessoa não média, mas mínima – lembrando-se, a propósito, que a razão principal da LGPD é proteger a pessoa titular dos dados pessoais e não os dados *per se* como ensina SCHERTEL MENDES, Laura. Privacidade, proteção de dados e defesa do consumidor – Linhas gerais de um novo direito fundamental. São Paulo: Saraiva, 2014, p. 32. Ou seja, é a pessoa mais vulnerável que intenta a norma proteger, não alguém supostamente 'médio', seja lá o que isso queira significar, especialmente em um país como o Brasil, marcado por profundas desigualdades socioeconômicas e com todos os seus reflexos, por exemplo, no tocante ao nível de escolaridade e educação da população. Por tudo isso, a assimetria aqui mencionada diz respeito à pessoa mais vulnerável e, no caso de crianças e adolescentes, com uma vulnerabilidade exacerbada, haja vista o período peculiar de desenvolvimento no qual se encontram.

e instituições responsáveis pelo tratamento[31] dos seus dados pessoais[32-33], na medida em que esse novo quadro fático acarretou em "*mudança na natureza e nos eixos de equilíbrio na equação entre poder – informação – pessoa – controle*"[34].

Por tudo isso, tem havido, mundo afora, um aprofundamento das discussões em torno da matéria e também inúmeras novas iniciativas regulatórias com o objetivo de garantir a efetiva proteção dos dados pessoais dos indivíduos no contexto contemporâneo. Especialmente, após a relevante decisão da Corte Constitucional alemã da década de 1980[35], que reconheceu o direito à autodeterminação informacional da pessoa, elevando-a à condição de protagonista no processo de tratamento de seus dados pessoais[36].

---

31. A Lei 13.709/2018, Lei Geral de Proteção de Dados Pessoais (LGPD), no seu artigo 5º, conceitua tratamento de dados pessoais nos seguintes termos: "X – tratamento: toda operação realizada com dados pessoais, como as que se referem a coleta, produção, recepção, classificação, utilização, acesso, reprodução, transmissão, distribuição, processamento, arquivamento, armazenamento, eliminação, avaliação ou controle da informação, modificação, comunicação, transferência, difusão ou extração".
32. SCHERTEL MENDES, Laura. Privacidade, proteção de dados e defesa do consumidor – Linhas gerais de um novo direito fundamental. São Paulo: Saraiva, 2014, pp. 79, 80 e 82.
33. "A coleta e a utilização maciça de dados ensejou a constituição de uma nova forma de capitalismo, fundado na vigilância constante e no controle disperso sobre os cidadãos, a fim de possibilitar uma geração crescente de dados e aplicações. (...)
Tais modificações, longe de se restringirem apenas à economia, apresentam importantes consequências também para a política, a sociedade e as próprias dimensões existenciais dos cidadãos. (...)
Os problemas que decorrem da exploração dos dados pessoais são muito mais extensos do que a mera violação da privacidade, especialmente se tal direito for compreendido sob a sua acepção clássica, ou seja, no sentido de intimidade e do direito de ser deixado só. Além da privacidade, há vários outros desdobramentos da personalidade que são colocados em risco pela economia movida a dados, como a própria individualidade e autonomia. Mais do que isso, não é exagero afirmar que a própria democracia também passa a estar sob ameaça." FRAZÃO, Ana. Direitos básicos dos titulares de dados pessoais. *In* Revista do Advogado, n. 144, 2019, pp. 33-34.
34. DONEDA, Danilo. Da privacidade à proteção de dados pessoais. São Paulo: Thomson Reuters/Revista dos Tribunais, 2020, pp. 34 e 35.
35. Ainda que a primeira lei de proteção de dados de que se tenha notícia seja a do estado alemão de Hesse, de 1970, considerada a pioneira por apresentar um modelo normativo autônomo, e o primeiro país a incorporar uma lei nacional sobre a matéria tenha sido a Suécia, em 1973. DONEDA, Danilo. Panorama histórico da proteção de Dados Pessoais. *In* DONEDA, Danilo [et al.] (coord.). Tratado de proteção de dados pessoais. Rio de Janeiro: Forense, 2021, pp. 8-9.
36. SCHERTEL MENDES, Laura. Privacidade, proteção de dados e defesa do consumidor – Linhas gerais de um novo direito fundamental. São Paulo: Saraiva, 2014, pp. 30 e 31.

No Brasil, a tutela dos dados pessoais foi alçada a direito fundamental autônomo em recentíssima decisão proferida pelo Supremo Tribunal Federal, quando julgou medida cautelar nas Ações Diretas de Inconstitucionalidade 6387, 6388, 6389, 6393, 6390, de forma a suspender a aplicação da Medida Provisória 954/2018[37], que obrigava operadoras de telefonia a repassarem ao Instituto Brasileiro de Geografia e Estatística – IBGE – dados identificados de seus consumidores de telefonia móvel, celular e endereço[38-39].

Antes disso, a promulgação da Lei 13.709/2018 – Lei Geral de Proteção de Dados Pessoais (LGPD) – introduziu o termo 'proteção de dados pessoais' na legislação pátria. Até então, além da previsão do artigo 5º, incisos X, XII e LXXII, da Constituição Federal, o arcabouço legal relacionado à matéria, no país, incluía: o capítulo II, *"Dos Direitos da Personalidade"*, do Código Civil; o Código de Defesa do Consumidor, a Lei do Cadastro Positivo (Lei 12.414/2011), a Lei de Acesso à Informação (Lei 12.527/2011) e o Marco Civil da Internet (Lei 12.965/2014). Contudo, foi com a LGPD que o país inovou na matéria, seja porque tratou-se da primeira normativa geral a regular o tema, seja porque inseriu no ordenamento uma série de conceitos e institutos próprios, bem como princípios específicos à proteção de dados pessoais e o próprio direito do titular.[40]

No que diz respeito aos direitos de crianças e adolescentes, quanto à proteção de seus dados pessoais, importa destacar, de partida, a imprescindibilidade de que sejam considerados, além das mencionadas normativas sobre o tema da proteção de dados, todo o arcabouço normativo referente aos direitos dessas pessoas em desenvolvimento, em especial, o artigo 227 da Constituição

---

37. http://www.stf.jus.br/portal/cms/verNoticiaDetalhe.asp?idConteudo=442902. (Acesso em 26.3.2021).

38. SCHERTEL MENDES, Laura. Decisão histórica do STF reconhece direito fundamental à proteção de dados pessoais – Novo direito fundamental precisará ter contornos definidos tanto pela jurisprudência, quanto pela doutrina. Disponível em https://www.jota.info/opiniao-e-analise/artigos/decisao-historica-do-stf-reconhece-direito-fundamental-a-protecao-de-dados-pessoais-10052020. (Acesso em 26.3.2021).

39. SCHERTEL MENDES, Laura; RODRIGUES JUNIOR, Otavio Luiz; SOARES DA FONSECA, Gabriel Campos. O Supremo Tribunal Federal e a proteção constitucional dos dados pessoais: rumo a um direito fundamental autônomo. *In* DONEDA, Danilo [et al.] (coord.). Tratado de proteção de dados pessoais. Rio de Janeiro: Forense, 2021, pp. 61-71.

40. DONEDA, Danilo. Panorama histórico da proteção de Dados Pessoais. *In* DONEDA, Danilo [et al.] (coord.). Tratado de proteção de dados pessoais. Rio de Janeiro: Forense, 2021, pp. 3-20.

Federal, o Estatuto da Criança e do Adolescente e o Marco Legal da Primeira Infância (lei 13.257/2016).

A LGPD possui uma previsão específica sobre crianças e adolescentes, que está no seu artigo 14[41] e dispõe sobre o tratamento de dados pessoais de crianças e adolescentes. O requisito fundamental trazido pelo legislador infraconstitucional, em plena consonância com a doutrina da proteção integral da criança e do adolescente, é que todo e qualquer tratamento de dados pessoais dessas pessoas só possa acontecer se for no seu *"melhor interesse"*. A norma não explicita ou define os limites quanto ao entendimento do que vem a ser esse *"melhor interesse"*, para isso necessário se faz a interpretação sistemática do ordenamento e também a contribuição da jurisprudência e da doutrina mais conceituada, além de compreensões trazidas por outros ramos que tratam da infância e adolescência, para além do Direito. Relevante dizer que o *"melhor interesse"* a que se refere a norma sobrepõe-se, até mesmo, aos interesses de seus responsáveis legais, mães e pais – assim como à administração pública e à atividade comercial.

---

41. "Art. 14. O tratamento de dados pessoais de crianças e de adolescentes deverá ser realizado em seu melhor interesse, nos termos deste artigo e da legislação pertinente.
§ 1º O tratamento de dados pessoais de crianças deverá ser realizado com o consentimento específico e em destaque dado por pelo menos um dos pais ou pelo responsável legal.
§ 2º No tratamento de dados de que trata o § 1º deste artigo, os controladores deverão manter pública a informação sobre os tipos de dados coletados, a forma de sua utilização e os procedimentos para o exercício dos direitos a que se refere o art. 18 desta Lei.
§ 3º Poderão ser coletados dados pessoais de crianças sem o consentimento a que se refere o § 1º deste artigo quando a coleta for necessária para contatar os pais ou o responsável legal, utilizados uma única vez e sem armazenamento, ou para sua proteção, e em nenhum caso poderão ser repassados a terceiro sem o consentimento de que trata o § 1º deste artigo.
§ 4º Os controladores não deverão condicionar a participação dos titulares de que trata o § 1º deste artigo em jogos, aplicações de internet ou outras atividades ao fornecimento de informações pessoais além das estritamente necessárias à atividade.
§ 5º O controlador deve realizar todos os esforços razoáveis para verificar que o consentimento a que se refere o § 1º deste artigo foi dado pelo responsável pela criança, consideradas as tecnologias disponíveis.
§ 6º As informações sobre o tratamento de dados referidas neste artigo deverão ser fornecidas de maneira simples, clara e acessível, consideradas as características físico-motoras, perceptivas, sensoriais, intelectuais e mentais do usuário, com uso de recursos audiovisuais quando adequado, de forma a proporcionar a informação necessária aos pais ou ao responsável legal e adequada ao entendimento da criança."

O melhor interesse[42] da criança e do adolescente visa, com efeito, garantir o gozo pleno e efetivo de todos os direitos reconhecidos na legislação pátria, notadamente os direitos fundamentais estabelecidos no artigo 227 da Constituição Federal, bem como aqueles previstos no Estatuto da Criança e do Adolescente e os inseridos no ordenamento brasileiro por força da recepção da Convenção sobre os Direitos da Criança da ONU. Refere-se, ainda, à promoção do desenvolvimento holístico da criança e do adolescente, enquanto sujeitos de direito aptos a manifestar suas vontades e pontos de vista em tudo o que lhes disser respeito, com a garantia de sua plena participação na avaliação de seus melhores interesses[43].

Dessa forma, o tratamento de dados pessoais de crianças e adolescentes só poderá se dar de maneira a promover ou proteger seus direitos legalmente previstos no ordenamento positivado, com prioridade absoluta, sem que resulte, em nenhuma hipótese, em violação ou exploração da inerente e, portanto, presumida vulnerabilidade infanto-juvenil, inclusive do ponto de vista comercial.

---

42. Segundo o Comentário Geral n. 14 do Comitê dos Direitos da Criança da Organização das Nações Unidas (ONU): "*The concept of the child's best interests is aimed at ensuring both the full and effective enjoyment of all the rights recognized in the Convention and the holistic development of the child. The Committee has already pointed out that 'an adult's judgment of a child's best interests cannot override the obligation to respect all the child's rights under the Convention.' It recalls that there is no hierarchy of rights in the Convention; all the rights provided for therein are in the 'child's best interests' and no right could be compromised by a negative interpretation of the child's best interests.*" Disponível em https://www.refworld.org/docid/51a84b5e4.html. (Acesso em 26.3.2021).

43. Segundo o Comentário Geral n. 14 do Comitê dos Direitos da Criança da Organização das Nações Unidas (ONU): "53. *Article 12 of the Convention provides for the right of children to express their views in every decision that affects them. Any decision that does not take into account the child's views or does not give their views due weight according to their age and maturity, does not respect the possibility for the child or children to influence the determination of their best interests.*
54. The fact that the child is very young or in a vulnerable situation (e.g. has a disability, belongs to a minority group, is a migrant, etc.) does not deprive him or her of the right to express his or her views, nor reduces the weight given to the child's views in determining his or her best interests. The adoption of specific measures to guarantee the exercise of equal rights for children in such situations must be subject to an individual assessment which assures a role to the children themselves in the decision-making process, and the provision of reasonable accommodation and support, where necessary, to ensure their full participation in the assessment of their best interests." Disponível em https://www.refworld.org/docid/51a84b5e4.html. (Acesso em 26.3.2021).

Uma vez atendido o preceito do melhor interesse, o tratamento de dados pessoais de crianças pode se dar, tal qual previsto no artigo 14 da LGPD: (i) com base no consentimento "*específico e em destaque*" por um dos pais ou responsável legal, nos termos do respectivo § 1º; e (ii) sem o referido consentimento de um dos pais ou responsável legal, desde que para a proteção da própria criança ou na hipótese de ser necessário o contato com seus responsáveis legais, nos termos do respectivo § 3º.

No caso dos adolescentes – acerca dos quais o artigo 14 da LGPD é silente no que diz respeito à base legal do consentimento para o tratamento de seus dados pessoais – por uma interpretação atenta ao disposto no artigo 227 da Constituição Federal e também ao Código Civil, que estabelece a prerrogativa de mães, pais e responsáveis legais, pelo poder familiar, de representá-los até os 16 anos nos atos da vida civil e assisti-los após essa idade, até os 18 anos[44], entende-se indispensável o consentimento parental ou por pessoa responsável legal para o tratamento de dados pessoais de crianças e adolescentes de até 16 anos. No caso de adolescentes entre 16 e 18 anos, o consentimento deverá se dar também pelo próprio adolescente titular, além de por um de seus pais ou responsável legal.[45]

Relevante apontar que à Autoridade Nacional de Proteção de Dados – ANPD – caberá enumerar exceções à mencionada regra, quando necessário for para o atendimento do melhor interesse dos adolescentes, haja vista o fato de o artigo 14, § 1º da LGPD não os citar especificamente[46].

---

44. Código Civil: "Art. 3º. São absolutamente incapazes de exercer pessoalmente os atos da vida civil os menores de 16 (dezesseis) anos. Art. 4º. São incapazes, relativamente a certos atos ou à maneira de os exercer: I – os maiores de dezesseis e menores de dezoito anos. (...) Art. 5º. A menoridade cessa aos dezoito anos completos, quando a pessoa fica habilitada à prática de todos os atos da vida civil. (...) Art. 1.634. Compete a ambos os pais, qualquer que seja a sua situação conjugal, o pleno exercício do poder familiar, que consiste em, quanto aos filhos: (...) VII – representa-los judicial e extrajudicialmente até os 16 (dezesseis) anos, nos atos da vida civil, e assisti-los, após essa idade, nos atos em que forem partes, suprindo-lhes o consentimento; (...)".

45. HENRIQUES, Isabella; PITA, Marina e HARTUNG, Pedro. A proteção de dados pessoais de crianças e adolescentes. *In* DONEDA, Danilo [et al.] (coord.). Tratado de proteção de dados pessoais. Rio de Janeiro: Forense, 2021, pp. 212-213.

46. Situação na qual, a ANPD poderá contar com a colaboração do Conselho Nacional dos Direitos da Criança e do Adolescente – CONANDA. HENRIQUES, Isabella; PITA, Marina e HARTUNG, Pedro. A proteção de dados pessoais de crianças e adolescentes. *In* DONEDA, Danilo [et al.] (coord.). Tratado de proteção de dados pessoais. Rio de Janeiro: Forense, 2021, p. 213.

Em todos os casos relacionados a tratamento de dados de crianças e adolescentes, o consentimento deverá ser específico[47] e em destaque[48], tal qual exigido pelo artigo 14, § 1º da LGPD, bem como livre, informado e inequívoco, como previsto no artigo 5º, XII, da LGPD[49].

Além da base legal do consentimento, outras hipóteses são possíveis, mesmo porque não seria factível fosse o consentimento a única base legal permitida para o tratamento de dados pessoais de crianças e adolescentes na medida em que, por exemplo, a administração pública necessita fazê-lo para fins de políticas públicas. Assim, o tratamento de dados pessoais de crianças e adolescentes, desde que observado seu melhor interesse[50], também será possível nas hipóteses previstas no artigo 11, II da LGPD, que trata dos dados pessoais sensíveis, independentemente de, estritamente, serem ou não sensíveis – nesse caso, por equiparação –, nos termos do artigo 5º, II, da LGPD[51].

---

47. "(...) sob o ponto de vista de técnica legislativa, teria sido melhor que a LGPD tivesse adotado o adjetivo expresso, tal como fez a GDPR, bem como o Marco Civil da Internet e a Lei do Cadastro Positivo, quando se quis prever um tipo de consentimento especial. (...) Apesar dessa diferença semântica entre os qualificadores expresso e específico, a consequência normativa tende a ser a mesma." *In* BIONI, Bruno Ricardo. Proteção de dados pessoais – a função e os limites do consentimento. Rio de Janeiro: Forense, 2019, p. 203.
48. "Já o consentimento 'em destaque' será alcançado quando for clara a identificação do usuário em relação ao tratamento que será realizado com seus dados pessoais. Isso é especialmente relevante quando o consentimento estiver contemplado dentro de documento que contemple outras autorizações, situações em que o trecho relacionado ao tratamento de dados pessoais deve ser realçado, em relação às demais partes do texto, do vídeo ou do áudio." NOBREGA MALDONADO, Viviane; OPICE BLUM, Renato (coord.). LGPD – Lei Geral de Proteção de Dados comentada. São Paulo: Revista dos Tribunais, 2019, p. 209.
49. BIONI, Bruno Ricardo e LUCIANO, Maria. O consentimento como processo: em busca do consentimento válido. *In* DONEDA, Danilo [et al.] (coord.). Tratado de proteção de dados pessoais. Rio de Janeiro: Forense, 2021, pp. 149-161.
50. "Princípio do melhor interesse é, pois, o norte que orienta todos aqueles que se defrontam com as exigências naturais da infância e juventude. Materializa-lo é o dever de todos." ANDRADE MACIEL, Kátia Regina Ferreira Logo (coord.). Curso de direito da criança e do adolescente – aspectos teóricos e práticos. São Paulo: Saraiva, 2014, p. 70.
51. Com especial atenção à proibição do tratamento de dados pessoais para fins de direcionamento de publicidade a crianças de até 12 anos de idade e à possível abusividade no tratamento de dados pessoais de adolescentes, de 12 a 18 anos, para fins de envio de mensagens publicitárias, em razão do seu melhor interesse. HENRIQUES, Isabella;

Isso se dá por conta da similitude de condições conferidas pelo legislador ao consentimento do artigo 14 – que trata de crianças e adolescentes – e ao do artigo 11 – que trata de dados pessoais sensíveis – no sentido de que sejam, em ambos os casos, mais qualificados, específico e em destaque, dado o fato de referirem-se a dados pessoais igualmente especiais[52] em razão da natureza existencial e fundamental dos conteúdos a que se referem[53].

De fato, eventuais danos que venham a ser causados em eventual incidente de segurança, relacionado ao tratamento de dados pessoais de crianças ou adolescentes ou de dados pessoais sensíveis, são potencialmente mais graves, seja porque tratam de pessoas mais vulneráveis, seja porque podem causar tratamento prejudicial discriminatório ao titular dos dados. Nesse sentido, também no caso de tratamento de dados pessoais de crianças e adolescentes, tal qual ocorre no caso de dados pessoais sensíveis, cujas bases legais estão previstas no artigo 11, II, da LGPD, não será possível valer-se das bases legais do legítimo interesse[54] e da proteção do crédito, previstas no artigo 7º, IX e X da LGPD, respectivamente.

Em todos os casos, o tratamento de dados pessoais de crianças e adolescentes deverá respeitar o disposto no artigo 14, § 6º da LGPD, que prevê a necessidade de as informações relacionadas ao tratamento de dados dessas pessoas

---

PITA, Marina e HARTUNG, Pedro. A proteção de dados pessoais de crianças e adolescentes. *In* DONEDA, Danilo [et al.] (coord.). Tratado de proteção de dados pessoais. Rio de Janeiro: Forense, 2021, pp. 199-225. E também à abusividade em relação à prática de micro-segmentação publicitária com base em dados pessoais de crianças e adolescentes, de zero a 18 anos.

52. HENRIQUES, Isabella; PITA, Marina e HARTUNG, Pedro. A proteção de dados pessoais de crianças e adolescentes. *In* DONEDA, Danilo [et al.] (coord.). Tratado de proteção de dados pessoais. Rio de Janeiro: Forense, 2021, p. 214.

53. Relevante apontar que o conceito de dados pessoais sensíveis abarca outras hipóteses não previstas no texto da lei, em razão do efeito potencialmente lesivo do seu tratamento, entendendo-se, a esse respeito, que a definição do artigo 5º, II, da LGPD não é taxativa ou exaustiva, mas exemplificativa. MULHOLLAND, Caitlin. Dados pessoais sensíveis e consentimento na Lei Geral de Proteção de Dados Pessoais. Revista do Advogado, n. 144, 2019, pp. 47-53.

54. A propósito, vale ser observado que o artigo 6º do General Data Protection Regulation – GDPR – dispõe o seguinte: "*processing is necessary for the purposes of the <u>legitimate interests</u> pursued by the controller or by a third party, <u>except</u> where such interests are overridden by the interests or fundamental rights and freedoms of the data subject which require protection of personal data, <u>in particular where the data subject is a child</u>.*" (grifos inseridos).

serem fornecidas de maneira a atender às necessidades do respectivo titular e com o uso de recursos audiovisuais que proporcionem o adequado entendimento por parte da criança.

Como não poderia deixar de ser, em qualquer caso de tratamento de dados pessoais de crianças ou de adolescentes, deve-se ter em perspectiva que a respectiva disciplina tem como fundamentos aqueles elencados no artigo 2º da LGPD e que as atividades de tratamento deverão observar a boa-fé e os princípios da finalidade, adequação, necessidade, livre acesso, qualidade dos dados, transparência, segurança, prevenção, não discriminação, responsabilização e prestação de contas, tal qual previsto no artigo 6º da LGPD.

4. *COMPLIANCE* NA PROTEÇÃO DE DADOS PESSOAIS DE CRIANÇAS E ADOLESCENTES

Na sua essência, *compliance* significa a observância às normas legais e regulamentares aplicáveis, assim como dos valores éticos, dos códigos de conduta específicos e das legítimas expectativas da sociedade, bem como diz respeito ao conjunto de ações adotadas no ambiente corporativo por meio de mecanismos e programas de incentivos a tais condutas[55]. Fundamenta-se na valorização da autonomia privada dos agentes econômicos, no sentido de que sejam estimulados à adoção, difusão e exigência do cumprimento da legalidade e da ética empresarial em relação a todos os empregados, contratados e administradores da empresa, de modo a prevenir infrações ou, uma vez que ocorram, propiciar o imediato retorno ao contexto de normalidade e legalidade[56].

O *compliance* de dados, por sua vez, deve fazer parte de um sistema maior de gestão de *compliance*, sendo que os seus elementos são semelhantes aos de uma área regular de *compliance* – que não seja meramente de fachada[57] –, tais

55. Programas e mecanismos de *compliance* têm sido referidos como programas e mecanismos de integridade, conformidade ou cumprimento.

56. VILLAS BÔAS CUEVA, Ricardo e FRAZÃO, Ana (Coord.). Compliance – Perspectivas e desafios dos programas de conformidade. Belo Horizonte: Fórum, 2018, pp. 23-25.

57. “A despeito de suas óbvias vantagens, os programas de *compliance* também podem representar perigos para a empresa, seja porque fundados em premissas falsas, seja porque mal executados. Assim, pode ocorrer o agravamento das sanções quando os programas tenham sido mal concebidos ou mal implementados. Um programa de fachada, que não preencha os requisitos mínimos ou que os preencha apenas formalmente, pode de fato resultar em penalidades maiores do que aquelas que seriam aplicáveis em sua ausência.” VILLAS BÔAS CUEVA, Ricardo. Funções e finalidades

como, código de ética e conduta, políticas, procedimentos e controles internos, investigações internas, treinamentos, canais de denúncia, auditoria, *due diligence*, relatórios de análise de riscos e envolvimento da alta administração[58].

A sua especificidade diz respeito ao fato de que a realidade no país em relação à proteção de dados pessoais é ainda muito distante dos comandos da nova LGPD, sendo fundamentais os procedimentos de boas práticas corporativas, a serem implementados pelos agentes econômicos privados, no sentido de propiciar-se a efetiva adequação à citada norma[59]. Também porque o *compliance* tem como característica ser complementar à regulação e suas sanções e, no caso da proteção de dados pessoais, os agentes econômicos podem apoiar o Estado a concretizar a implementação da nova lei, a partir dos próprios incentivos e direcionamentos estatais.

Diante da ampla noção de tratamento de dados trazida pela LGPD é difícil imaginar algum agente econômico que não esteja sujeito à nova lei, ainda que a forma e a abrangência do tratamento de dados, bem como seus respectivos riscos, possam variar, consideravelmente, conforme caso a caso, a complexidade e a estrutura da organização e ante uma análise individualizada a ser realizada. Em geral, serão maiores os riscos, tanto mais complexas sejam as corporações[60] ou quando forem responsáveis pelo tratamento de dados pessoais sensíveis ou análogos, como é o caso dos dados pessoais de crianças e adolescentes, por conta de suas eventuais repercussões em caso de violação à lei e dada a hipervulnerabilidade presumida dessas pessoas[61].

---

dos programas de *compliance*. *In* VILLAS BÔAS CUEVA, Ricardo e FRAZÃO, Ana (Coord.). Compliance – Perspectivas e desafios dos programas de conformidade. Belo Horizonte: Fórum, 2018, pp. 53-69.

58. SAAVEDRA, Giovani Agostini. *Compliance* de dados. *In* DONEDA, Danilo [et al.] (coord.). Tratado de proteção de dados pessoais. Rio de Janeiro: Forense, 2021, pp. 727-741.

59. FRAZÃO, Ana; DONATO OLIVA, Milena; ABILIO, Vivianne da Silveira. *Compliance* de dados pessoais. *In* TEPEDINO, Gustavo; FRAZÃO, Ana; DONATO OLIVA, Milena. (coord.). Lei Geral de Proteção de Dados Pessoais – e suas repercussões no Direito Brasileiro. São Paulo, Thompson Reuters – Revista dos Tribunais, 2019, pp. 677-716.

60. FRAZÃO, Ana; DONATO OLIVA, Milena; ABILIO, Vivianne da Silveira. *Compliance* de dados pessoais. *In* TEPEDINO, Gustavo; FRAZÃO, Ana; DONATO OLIVA, Milena. (coord.). Lei Geral de Proteção de Dados Pessoais – e suas repercussões no Direito Brasileiro. São Paulo, Thompson Reuters – Revista dos Tribunais, 2019, pp. 677-716.

61. A propósito, o artigo 50, § 2º, da LGPD dispõe sobre "a sensibilidade dos dados tratados e a probabilidade e a gravidade dos danos para os titulares dos dados".

Na LGPD, o legislador expressou a necessidade de sistemas de gestão de *compliance* de dados, por parte das corporações, ao expressar os princípios da responsabilização e prestação de contas (*accountability*), conceituados no artigo 6º, X, da LGPD como "demonstração, pelo agente, da adoção de medidas eficazes e capazes de comprovar a observância e o cumprimento das normas de proteção de dados pessoais e, inclusive, da eficácia dessas medidas". No mesmo sentido, o artigo 46 e seguintes da LGPD, que tratam da segurança e do sigilo de dados, também adotam a sistemática de *compliance*, deixando indubitável, a propósito, que as medidas de segurança devem ser observadas desde "a fase de concepção do produto ou do serviço até a sua execução".

Da mesma forma, o artigo 50 da LGPD, sobre boas práticas e governança, prevê a possibilidade de controladores e operadores formularem regras de boas práticas e governança, de maneira a considerar a complexidade do tratamento específico e as regras mínimas para a implementação de um adequado programa de governança em privacidade, cuja efetividade deve ser demonstrada quando a pedido de entes do Estado ou de entidades independentes que tenham tal propósito. Já o artigo 51 reforça o estímulo legal à adoção de sistemas de gestão de *compliance*, prevendo que a autoridade nacional de proteção de dados pessoais "estimulará a adoção de padrões técnicos que facilitem o controle pelos titulares dos seus dados pessoais".

Por tudo isso, é que mecanismos de *compliance* são fundamentais não só para a devida proteção de dados pessoais em geral, mas, também, e de forma ainda mais rigorosa, no caso de tratamento de dados pessoais de crianças e adolescentes, que sempre deve atender ao melhor interesse dessas pessoas em desenvolvimento[62]. Um ótimo parâmetro inicial, para tanto, é considerar a própria LGPD, que apresenta seus fundamentos no artigo 2º e seus princípios no artigo 6º, bem como define todos os direitos dos titulares dos dados pessoais no artigo 18 – sempre de forma atenta ao disposto no artigo 1º, a respeito do seu

62. "36. *States parties should take measures, including through the development, monitoring, implementation and evaluation of legislation, regulations and policies, to ensure compliance by businesses with their obligations to prevent their networks or online services from being used in ways that cause or contribute to violations or abuses of children's rights, including their rights to privacy and protection, and to provide children, parents and caregivers with prompt and effective remedies. They should also encourage businesses to provide public information and accessible and timely advice to support children's safe and beneficial digital activities.*" Comentário Geral n. 25 Comitê dos Direitos da Criança da ONU. Disponível em https://www.ohchr.org/EN/HRBodies/CRC/Pages/GCChildrensRightsRelationDigitalEnvironment.aspx. (Acesso em 31.3.2021).

"objetivo de proteger os direitos fundamentais de liberdade e de privacidade e o livre desenvolvimento da personalidade da pessoa natural"[63]. E, no caso de crianças e adolescentes, garantir a prioridade absoluta na consecução de seus direitos fundamentais, tal qual estabelecido pelo artigo 227 da Constituição Federal e demais normas infraconstitucionais.

Como em qualquer programa de conformidade, o primeiro passo para o *compliance* de dados é identificar os riscos relacionados à atividade do agente de tratamento. Assim, o primeiro mecanismo a ser implementado é a análise de riscos, por meio de um relatório de diagnóstico, que deve englobar as etapas de conhecimento da empresa, do ambiente legal e suas obrigações de *compliance*, identificação de riscos e fatores de risco, avaliação de probabilidade, desenvolvimento de uma matriz de riscos e monitoramento. Também o mapa de dados é elemento essencial, posto que "serve para indicar como os dados estão compartilhados, organizados e onde eles estão localizados".[64]

A partir daí é a vez do relatório de impacto à proteção de dados pessoais[65]. A LGPD não traz expressa a obrigação quanto à elaboração do referido relatório, prevendo, contudo, situações nas quais poderá ser solicitado ao controlador, como no caso de utilização da base legal do legítimo interesse, conforme dispõe o artigo 10, § 3º – hipótese que não se coaduna com a proteção de dados pessoais de crianças e adolescentes, em razão dessa base legal não servir a tal propósito, consoante asseverado no capítulo anterior. Outra situação na qual é prevista a possibilidade de solicitação, por parte da autoridade estatal, de relatório de impacto à proteção de dados pessoais é a prevista no artigo 32 da LGPD, que diz respeito ao tratamento de dados pessoais por parte do Poder Público.

Já o artigo 38 da LGPD prevê a possibilidade de a ANPD determinar ao controlador que elabore relatório de impacto à proteção de dados pessoais, inclusive de dados sensíveis, nos termos de regulamento a ser estabelecido. Em

---

63. Nessa direção, o artigo 10, item 85, da Convenção 108+, Convention for the protection of individuals with regard to the processing of personal data, Conselho da Europa, 2018. Disponível em https://rm.coe.int/convention-108-convention-for-the--protection-of-individuals-with-regar/16808b36f1. (Acesso em 1.4.2021).

64. SAAVEDRA, Giovani Agostini. *Compliance* de dados. *In* DONEDA, Danilo [et al.] (coord.). Tratado de proteção de dados pessoais. Rio de Janeiro: Forense, 2021, pp. 734-735.

65. Definido no artigo 5º, XVII da LGPD como: "documentação do controlador que contém a descrição dos processos de tratamento de dados pessoais que podem gerar riscos às liberdades civis e aos direitos fundamentais, bem como medidas, salvaguardas e mecanismos de mitigação de risco".

sentido semelhante, o artigo 55-J, XIII da LGPD, que apresenta a competência da ANPD para editar regulamentos e procedimentos acerca dos relatórios de impacto "para os casos em que o tratamento representar alto risco à garantia dos princípios gerais de proteção de dados pessoais".

Referidos dispositivos denotam a intenção de proteger com mais rigor os dados sensíveis e aqueles que apresentem maiores riscos aos princípios gerais da proteção de dados pessoais. Assim, por tudo o que já foi desenvolvido no presente artigo, pode-se dizer que demostram a importância de que se garanta, aos dados pessoais de crianças e de adolescentes, uma maior e mais robusta proteção, em consonância com a doutrina da proteção integral, com absoluta prioridade. Dessa forma, não há outra conclusão possível se não a de que, em quaisquer circunstâncias, a efetiva proteção dos dados pessoais de crianças e adolescentes exige, obrigatoriamente, a elaboração de relatório de impacto por parte do controlador[66].

Isso se deve ao alto risco que representa o tratamento de dados pessoais de crianças e adolescentes em qualquer circunstância, não só quanto aos princípios gerais da proteção de dados pessoais, mas, igualmente, dada a hipervulnerabilidade dessas pessoas enquanto titulares de dados pessoais. Por tudo o que já foi demonstrado até aqui, crianças e adolescentes necessitam de maior proteção e cuidado e os riscos a que estão expostos quando têm seus dados pessoais tratados é, sobremaneira, maior em relação ao que acontece com as pessoas adultas, seja porque têm menos consciência dos impactos dos respectivos tratamentos, seja porque a exploração que se possa fazer de seus dados, contrariamente às normas legais, pode causar-lhes prejuízos incomensuráveis.[67]

---

66. "(...) o importante em uma avaliação de risco é estabelecer método (escolha de metodologia, justificativa para essa escolha, desenvolvimento de matriz de risco com indicadores e elaboração de procedimento interno de avaliação de impacto para verificar a necessidade do relatório). Para isso, é necessário estabelecer indicadores mínimos de análise. Volume de dados, espécie dos dados (pessoal e/ou sensível) e <u>tipo de titulares de dados</u>, são, por exemplo, indicadores na avaliação do risco em operações de tratamento. Se uma operação de tratamento possui um grande volume de dados, <u>provenientes de crianças</u> e que são sensíveis (dados de saúde, p. ex.), é possível qualificar essa operação de tratamento de dados como de alto risco. E, a partir disso, analisar qual é o impacto dela nas liberdades civis e nos direitos fundamentais desses titulares." (grifos inseridos). OLIVEIRA GOMES, Maria Cecilia. Entre o método e a complexidade: compreendendo a noção de risco na LGPD. *In* Temas atuais de proteção de dados. PALHARES, Felipe (Coord.). São Paulo: Thomson Reuters Brasil, 2020, pp. 245-271.
67. Consultative Committee of the Convention for the Protection of individuals with regard to automatic processing of personal data convention 108 – Children's Data

Vale dizer que o relatório de impacto deve analisar uma operação específica ou um conjunto de operações que podem gerar riscos aos direitos dos titulares dos dados pessoais, direitos fundamentais e liberdades, de forma a indicar medidas, salvaguardas e formas para se prevenir e mitigar tais riscos, ou seja, trata-se de exercício de mensuração dos possíveis efeitos adversos ao titular dos dados[68].

Há também o relatório de impacto de privacidade, que facilita a implementação da privacidade por *design*, uma exigência da GDPR[69]. A LGPD determina, no artigo 46, que as medidas que prevê acerca da segurança e sigilo dos dados pessoais sejam observadas desde a fase de concepção do produto ou serviço, até a sua execução. Daí o surgimento do '*privacy by design framework*', que, no caso da garantia dos direitos de crianças e adolescentes, também deve se fazer presente, como parte de um sistema de gestão de *compliance* de dados que permeie todo o ciclo de vida de produtos e serviços usufruídos por essas pessoas[70].

Protection in an Education setting Guidelines: "*7.3. Risk assessment 7.3.1. <u>Controllers must assess the likely impact of intended data processing on the rights and fundamental freedoms of the child, prior to the commencement of data processing</u>, in accordance with Article 10 of the Convention 108+, and shall design the data processing in such a manner as to prevent or minimise the risk of interference with those rights and fundamental freedoms, with regard to Article 10 of the Convention 108+ and all its other principles. 7.3.2. The procurement of tools and services that process children's data shall ensure respect for children as data subjects and their legal guardian's rights and their reasonable expectations, as part of the decision-making in the introductions of any product whether bought or so-called freeware. 7.3.3. Where freedom of information laws applies to public bodies, Codes of Practice could include a suggestion as best practice that Data Protection Impact Assessments may be made accessible as part of routine publication schemes, to facilitate broad transparency and accountability. 7.3.4. As best practice, and in accordance with domestic and international law, children's views should be part of any child rights' impact assessment carried out in order to include their perspective with regard to their data processing.*" (Grifos inseridos). Disponível em https://rm.coe.int/t-pd-2019-6bisrev5-eng-guidelines-education-setting-plenary-clean-2790/1680a07f2b. (Acesso em 1.4.2021).

68. OLIVEIRA GOMES, Maria Cecilia. LGPD: Desafios da regulamentação do relatório de impacto – ANPD publicou portaria que tornou pública a sua agenda regulatória para o biênio 2021-2022. Disponível em https://www.jota.info/opiniao-e-analise/colunas/agenda-da-privacidade-e-da-protecao-de-dados/desafios-da-regulamentacao-do-relatorio-de-impacto-11022021. (Acesso em 1.4.2021).

69. SAAVEDRA, Giovani Agostini. *Compliance* de dados. *In* DONEDA, Danilo [et al.] (coord.). Tratado de proteção de dados pessoais. Rio de Janeiro: Forense, 2021, p. 735.

70. "*The design of services and products matters. It forms the architecture in which children will be able or not to express their potentialities, identities and rights. It is the means by which children will find a safe and caring environment, or will experience the permanence of a business model with numerous violations of their rights through practices that permit privacy and safety violations, economic exploitation, freedom violations and discrimination.*"

A LGPD exige, ainda, que as corporações tenham seus códigos de conduta, que podem ser elaborados de forma a refletir os valores de cada empresa, com a respectiva criação de um comitê interno de dados e um canal de denúncia. Também exige a figura do encarregado pelo tratamento de dados pessoais, para gerenciar o sistema de gestão de dados pessoais. Em se tratando de dados pessoais de crianças e adolescentes é imprescindível que haja, ainda, a possibilidade concreta de escuta das crianças e dos adolescentes, basilar para a efetiva garantia dos seus melhores interesses. Ou seja, devem ser sistemas pensados de maneira que sejam amigáveis a crianças e a adolescentes.

Da mesma forma, as políticas de privacidade e proteção de dados, elaboradas de acordo com os riscos envolvidos em cada caso, devem ser também acessíveis a crianças e adolescentes quando forem eles os titulares dos dados pessoais objeto de tratamento. Isso em atenção ao disposto no artigo 14, § 6º, da LGPD, o qual determina que informações sobre o tratamento de dados de crianças e adolescentes devem ser "fornecidas de maneira simples, clara e acessível, consideradas as características físico-motoras, perceptivas, sensoriais, intelectuais e mentais do usuário" e com uso de recursos audiovisuais que proporcionem o adequado entendimento pela criança.

Por fim, alguns outros mecanismos de *compliance* podem ser bastante úteis para o *compliance* de dados, como a criação de política de terceiros e *due diligence*[71], de forma a se exigir um comprometimento também de toda a cadeia de fornecedores a agir em conformidade com as exigências da LGPD. Igualmente, relevante a realização de auditoria para se averiguar a correta aplicação das políticas e medidas do sistema de gestão de *compliance* de dados, tal qual ocorre em outros sistemas[72] de conformidade.[73]

HARTUNG, Pedro. The children's rights-by-design standard for data use by tech companies. Disponível em https://www.unicef.org/globalinsight/media/1286/file/%20UNICEF-Global-Insight-DataGov-data-use-brief-2020.pdf. (Acesso em 31.3.2021).

71. Sobre o tema, ver os parágrafos 62 a 65 do Comentário Geral n. 16 do Comitê dos Direitos da Criança da ONU sobre as obrigações do Estado em relação ao impacto do setor empresarial nos direitos das crianças, que tratam de '*child-rights due diligence*'. Disponível em https://tbinternet.ohchr.org/_layouts/15/treatybodyexternal/Download.aspx?symbolno=CRC%2fC%2fGC%2f16&Lang=en. (Acesso em 31.3.2021).

72. Controladoria-Geral da União – CGU. Programa de Integridade – Diretrizes para empresas privadas. Brasília, 2015. Disponível em https://www.gov.br/cgu/pt-br/centrais-de-conteudo/publicacoes/integridade/arquivos/programa-de-integridade-diretrizes-para-empresas-privadas.pdf. (Acesso em 31.3.2021).

73. SAAVEDRA, Giovani Agostini. *Compliance* de dados. *In* DONEDA, Danilo [et al.] (coord.). Tratado de proteção de dados pessoais. Rio de Janeiro: Forense, 2021, pp. 738-739.

5. CONSIDERAÇÕES FINAIS

Pode-se, dizer, assim, que o principal papel dos mecanismos de *compliance* e das políticas de proteção de dados pessoais de crianças e adolescentes é fazer com que as empresas assumam a sua responsabilidade[74] de respeitar os direitos das crianças e dos adolescentes, comprometendo-se, para valer e não por ações de mera fachada, a apoiar os direitos fundamentais de crianças e adolescentes[75] que estejam relacionados ao próprio direito fundamental à proteção de seus dados pessoais. Dessa forma, tais mecanismos possibilitarão às corporações que estejam mais atentas ao cumprimento do disposto no artigo 227 da Constituição Federal, de forma a também adotarem, universalmente, as melhores tecnologias disponíveis para todas as crianças e todos os adolescentes, a fim de garantir-lhes a escuta qualificada, bem como práticas de minimização do uso de seus dados pessoais para o desenvolvimento de produtos e serviços que venham a disponibilizar perante o público infanto-juvenil.

É também papel dos mecanismos de *compliance* de dados pessoais de crianças e adolescentes promover e garantir, sempre, o melhor interesse dessas

---

74. "Em relação aos danos causados em relação ao tratamento indevido de dados pessoais, é necessário que se compreenda a existência de um dever de segurança imputável aos agentes de tratamento (controladores e operadores de dados), que é segurança legitimamente esperada daqueles que exercem a atividade em caráter profissional, e por esta razão presume-se que tenham a expertise suficiente para assegurar a integridade dos dados e a preservação da privacidade de seus titulares. Daí porque a responsabilidade dos agentes de tratamento decorre do tratamento indevido ou irregular dos dados pessoais do qual resulte o dano. Exige-se a falha do controlador ou do operador, que caracteriza o nexo causal do dano. Contudo, não se deve perquirir se a falha se dá por dolo ou culpa, senão que apenas sua constatação é suficiente para atribuição da responsabilidade, inclusive com a possibilidade de inversão do ônus da prova em favor do titular dos dados, nas mesmas hipóteses de hipossuficiência e verossimilhança que a autorizam no âmbito das relações de consumo (art. 42, § 2º, da LGPD)". MIRAGEM, Bruno. A Lei Geral de Proteção de Dados (LEI 13.709/2018) e o Direito do Consumidor. Revista dos Tribunais, vol. 1009, 2019.
75. *"When companies take a compliance-based approach towards ICT safety that focuses on meeting national legislation, following international guidance when national legislation is not present, and avoiding adverse impacts on children and young people's rights, companies proactively promote children and young people's development and well-being through voluntary actions that advance children and young people's rights to access information, freedom of expression, participation, education and culture."* International Telecommunication Union – ITU. Guidelines for industry on child online protection. ITU, 2020. Disponível em https://www.unicef.org/media/90796/file/ITU-COP-guidelines%20for%20industry-2020.pdf. (Acesso em 31.3.2021).

pessoas, que estão vivenciando um peculiar processo de desenvolvimento, de forma a se contemplar as múltiplas infâncias – em sua diversidade e frente às inúmeras vulnerabilidades que se sobrepõem, por exemplo, em relação a deficiências[76], gênero, situação socioeconômica e raça – e a se garantir o seu direito ao desenvolvimento integral. Nesse sentido, os programas de conformidade de dados de crianças e adolescentes deverão preocupar-se em adotar uma visão interdisciplinar acerca da definição do melhor interesse da criança e do adolescente em relação aos produtos e serviços a que se referem. E promover a utilização de técnicas de indução (*nudges*) apenas no melhor interesse das crianças e dos adolescentes, permitindo a parentalidade positiva e a educação para o uso das novas tecnologias da informação e comunicação.

Ainda, é papel das corporações contribuir para a eliminação de todas as formas de exploração comercial de crianças e adolescentes em todas as atividades de tratamento de dados pessoais desses indivíduos, para o quê, os mecanismos de *compliance* terão inegável relevância. A conformidade com as normas brasileiras sobre o tema exige o fim do processamento prejudicial de dados pessoais de titulares crianças ou adolescentes, de maneira que ferramentas de comunicação e marketing não tenham impacto negativo no desenvolvimento desses indivíduos. Poderá, ademais, contribuir para o fim do direcionamento de publicidade ao público menor de 12 anos de idade, bem como para a não realização de microssegmentação publicitária, com base no perfilamento decorrente do tratamento de dados pessoais, para todas as crianças e adolescentes até 18 anos de idade[77]. Além de promover o desenvolvimento de configurações por padrão de alta privacidade, livres de exploração comercial, *profiling* para direcionamento de publicidade, identificação biométrica ou geolocalização[78].

---

76. A respeito do tema, a Lei Brasileira de Inclusão da Pessoa com Deficiência (Estatuto da Pessoa com Deficiência), Lei 13.146/2015. Disponível em http://www.planalto.gov.br/ccivil_03/_ato2015-2018/2015/lei/l13146.htm. (Acesso em 31.3.2021).

77. "*Ban target (ie, data-driven behavioral) advertising to individuals younger than 18 years.*" American Academy of Pediatrics. Digital Advertising to Children. Disponível em https://pediatrics.aappublications.org/content/146/1/e20201681. (Acesso em 1.4.2021).

78. "Embora a perda da privacidade possa ser a primeira coisa que vem à cabeça de muitos quando se debate o tema da vigilância, é fácil comprovar que a privacidade não é a baixa mais relevante. As questões do anonimato, da confidencialidade e da privacidade não devem ser ignoradas, mas também estão estreitamente ligadas a imparcialidade, justiça, liberdades civis e direitos humanos. Isso porque (...) a categorização social é basicamente o que a vigilância realiza hoje, para o bem ou para o mal." BAUMAN, Zygmunt e LYON, David. Vigilância Líquida. Rio de Janeiro: Zahar, 2013, p. 20.

Da mesma forma, o *compliance* de dados de crianças e adolescentes, além de apoiar ações estatais que protejam e façam cumprir os direitos dessas pessoas, pode influenciar as corporações a desenvolver produtos e serviços que, desde a sua origem, sejam, de fato, seguros a essas pessoas, no sentido de que não lhes causar danos mentais, morais ou físicos, restringindo-se, com efetividade, o acesso àqueles produtos ou serviços que não sejam apropriados a crianças ou adolescentes – tudo, de forma a garantir que não haja qualquer discriminação ou atentado à liberdade de expressão ou ao acesso à informação. Paralelamente, os mecanismos de *compliance* podem incrementar o tratamento de dados pessoais de crianças e de adolescentes, no sentido de que contribua para a melhora da condição de suas vidas e a ampliação de oportunidades que lhes sejam positivas e também podem garantir a existência de produtos e serviços que privilegiem direitos de uso, brincar, aprender, expressar-se e participar sem coleta de dados pessoais.

O *compliance* pode, ademais, proporcionar uma maior garantia do direito de crianças e adolescentes de desconectarem-se, pelo desenvolvimento de ferramentas de limite de tempo de uso, sem *design* persuasivo e que fomentem a interação da criança e do adolescente com suas famílias e comunidades e com a natureza. Também os mecanismos de *compliance* e as políticas de proteção de dados pessoais de crianças e adolescentes terão como papel o fomento à adoção de padrões de segurança adequados que previnam a superexposição das crianças e dos adolescentes e de seus dados, de forma a dificultar o contato indesejado de terceiros e a circulação de pornografia infantil, combatendo-se, com isso, ações de violência e abusos, inclusive sexuais.

Em resumo, ressalta-se que mecanismos de *compliance*, de forma geral e no caso específico de dados pessoais de crianças e adolescentes, não tiram o papel e a relevância das normas positivadas no ordenamento jurídico, ao revés, são a elas complementares[79]. No caso de direitos de crianças e adolescentes pode-se dizer são também decorrentes do mandamento constitucional que estabelece a responsabilidade compartilhada entre Estado, sociedade – aí incluindo-se as empresas – e famílias quanto ao cuidado dessas pessoas, que, por sua vulnerabilidade exacerbada, merecem maior atenção e prioridade absoluta na garantia e na promoção de seus direitos fundamentais, tal qual determina o artigo 227 da Constituição Federal. Além do mais, no âmbito da temática de proteção

79. FRAZÃO, Ana e MARTINEZ MEDEIROS, Ana Rafaela. Desafios para a efetividade dos programas de *Compliance*. VILLAS BÔAS CUEVA, Ricardo e FRAZÃO, Ana (Coord.). Compliance – Perspectivas e desafios dos programas de conformidade. Belo Horizonte: Fórum, 2018.

de dados pessoais, que não só, mas também e muitíssimo, relaciona-se com o ambiente digital, é imperioso reconhecer-se que as inovações tecnológicas caminham a passos largos, o quê gera uma verdadeira exigência às empresas, especialmente as de grande porte do setor de tecnologia, de fazerem sua parte para garantir a efetividade de direitos humanos e fundamentais consagrados universalmente, enquanto ao legislador pátrio tem sido mais difícil acompanhar *pari passu* o complexo emaranhado do ambiente digital. Mais ainda quando o assunto refere-se à proteção de dados pessoais de crianças e adolescentes, tema tão pouco cuidado e tratado, de maneira geral, – em que pese a massiva presença dessas pessoas também no ambiente digital e em situações nas quais se faz o tratamento de seus dados pessoais.

6. Referências bibliográficas

ANDRADE MACIEL, Kátia Regina Ferreira Logo (coord.). Curso de direito da criança e do adolescente – aspectos teóricos e práticos. São Paulo: Saraiva, 2014.

ARIÈS, Philippe. História Social da Criança e da Família. Rio de Janeiro: LTC, 2019.

BAUMAN, Zygmunt e LYON, David. Vigilância Líquida. Rio de Janeiro: Zahar, 2013.

BIONI, Bruno Ricardo. Proteção de dados pessoais – a função e os limites do consentimento. Rio de Janeiro: Forense, 2019.

BIONI, Bruno Ricardo e LUCIANO, Maria. O consentimento como processo: em busca do consentimento válido. *In* DONEDA, Danilo [et al.] (coord.). Tratado de proteção de dados pessoais. Rio de Janeiro: Forense, 2021.

CHIESA, Anna Maria. A importância da primeira infância: um olhar da neurociência. *In* HENRIQUES, Isabella (coord.). Primeira Infância no sistema de garantia de direitos de crianças e adolescentes: uma experiência a ser replicada. São Paulo: Instituto Alana, 2019.

DONEDA, Danilo. Da privacidade à proteção de dados pessoais. São Paulo: Thomson Reuters/Revista dos Tribunais, 2020.

DONEDA, Danilo. Panorama histórico da proteção de Dados Pessoais. *In* DONEDA, Danilo [et al.] (coord.). Tratado de proteção de dados pessoais. Rio de Janeiro: Forense, 2021.

FARIAS TAVARES, José de. Direito da infância e da juventude. Belo Horizonte: Del Rey, 2001.

FERREIRA LOPES, Jaqueline. O 'Melhor Interesse da Criança' e o 'Cuidado' na Interface Psicologia e Direito. In DA SILVA PEREIRA, Tânia e DE OLIVEIRA, Guilherme. Cuidado e Responsabilidade. São Paulo: Atlas, 2011.

FRAZÃO, Ana. Direitos básicos dos titulares de dados pessoais. *In* Revista do Advogado, n. 144, 2019.

FRAZÃO, Ana; DONATO OLIVA, Milena; ABILIO, Vivianne da Silveira. *Compliance* de dados pessoais. *In* TEPEDINO, Gustavo; FRAZÃO, Ana; DONATO OLIVA, Milena. (coord.). Lei Geral de Proteção de Dados Pessoais – e suas repercussões no Direito Brasileiro. São Paulo, Thompson Reuters – Revista dos Tribunais, 2019.

FRAZÃO, Ana e MARTINEZ MEDEIROS, Ana Rafaela. Desafios para a efetividade dos programas de *Compliance*. VILLAS BÔAS CUEVA, Ricardo e FRAZÃO, Ana (Coord.). Compliance – Perspectivas e desafios dos programas de conformidade. Belo Horizonte: Fórum, 2018.

GOMES SODRÉ, Marcelo. Duas palavrinhas importantes: Uma ausente, outra presente. *In* FONTENELLE, Lais (org.). Criança e Consumo – 10 anos de Transformação. São Paulo: Instituto Alana, 2016.

HENRIQUES, Isabella; PITA, Marina e HARTUNG, Pedro. A proteção de dados pessoais de crianças e adolescentes. *In* DONEDA, Danilo [et al.] (coord.). Tratado de proteção de dados pessoais. Rio de Janeiro: Forense, 2021.

MAGRANI, Eduardo. A internet das coisas. Rio de Janeiro: FGV Editora, 2018.

MARQUES, Claudia Lima; MIRAGEM, Bruno. O novo direito privado e a proteção dos vulneráveis. São Paulo: Revista dos Tribunais, 2012.

MIRAGEM, Bruno. A Lei Geral de Proteção de Dados (LEI 13.709/2018) e o Direito do Consumidor. Revista dos Tribunais, vol. 1009, 2019.

MULHOLLAND, Caitlin. Dados pessoais sensíveis e consentimento na Lei Geral de Proteção de Dados Pessoais. Revista do Advogado, n. 144, 2019.

NOBREGA MALDONADO, Viviane; OPICE BLUM, Renato (coord.). LGPD – Lei Geral de Proteção de Dados comentada. São Paulo: Revista dos Tribunais, 2019.

OLIVEIRA GOMES, Maria Cecilia. Entre o método e a complexidade: compreendendo a noção de risco na LGPD. *In* Temas atuais de proteção de dados. PALHARES, Felipe (Coord.). São Paulo: Thomson Reuters Brasil, 2020.

POSTMAN, Neil. O desaparecimento da infância. Rio de Janeiro: Graphia, 1999.

RIZZINI, Irma. Pequenos trabalhadores do Brasil. *In* DEL PRIORI, Mary (org.). História das crianças no Brasil. São Paulo: Contexto, 2018.

RODOTÀ, Stefano. A vida na sociedade da vigilância – A privacidade hoje. Organização, seleção e apresentação de Maria Celina Bodin de Moraes. Tradução: Danilo Doneda e Luciana Cabral Doneda. Rio de Janeiro: Renovar, 2008.

SAAVEDRA, Giovani Agostini. *Compliance* de dados. *In* DONEDA, Danilo [et al.] (coord.). Tratado de proteção de dados pessoais. Rio de Janeiro: Forense, 2021.

SCHERTEL MENDES, Laura. Privacidade, proteção de dados e defesa do consumidor – Linhas gerais de um novo direito fundamental. São Paulo: Saraiva, 2014.

SCHERTEL MENDES, Laura; RODRIGUES JUNIOR, Otavio Luiz; SOARES DA FONSECA, Gabriel Campos. O Supremo Tribunal Federal e a proteção constitucional dos dados pessoais: rumo a um direito fundamental autônomo. *In* DONEDA,

Danilo [et al.] (coord.). Tratado de proteção de dados pessoais. Rio de Janeiro: Forense, 2021.

VILLAS BÔAS CUEVA, Ricardo. Funções e finalidades dos programas de *compliance*. *In* VILLAS BÔAS CUEVA, Ricardo e FRAZÃO, Ana (Coord.). Compliance – Perspectivas e desafios dos programas de conformidade. Belo Horizonte: Fórum, 2018.

VILLAS BÔAS CUEVA, Ricardo e FRAZÃO, Ana (Coord.). Compliance – Perspectivas e desafios dos programas de conformidade. Belo Horizonte: Fórum, 2018.

ZUBOFF, Shoshana. The age of surveillance capitalism – The fight for a human future at the new frontier of power. New York: Public Affairs, 2019.

Dados manifestamente públicos e dados não sujeitos à LGPD – diferenciando conceitos e estabelecendo parâmetros

Marcela Mattiuzzo[1]

Iasmine Lima Favaro[2]

Sumário: 1. Introdução; 2. Dados tornados públicos *versus* dados não sujeitos à LGPD; 2.1. O conceito de "dados manifestamente tornados públicos"; 2.1.1. A extensão da exceção às demais bases legais; 2.1.2. Os limites do "manifestamente público"; 2.1.3. Aplicabilidade dos direitos e princípios da LGPD aos dados

1. Sócia do VMCA, nas áreas de proteção de dados e concorrência, doutoranda em direito comercial pela Universidade de São Paulo (USP), mestra e bacharela pela mesma instituição. Também é coordenadora do Núcleo de Direito Concorrencial e Economia Digital (Nuced) da Faculdade de Direito da USP. Foi assessora e chefe de gabinete no gabinete da presidência do CADE.
2. Estagiária do VMCA na área de proteção de dados, graduanda em Direito pela Universidade de São Paulo (USP), foi bolsista do Programa de Educação Tutorial de Sociologia Jurídica (PET-SJ), vinculado à Secretaria de Educação Superior (Sesu), do Ministério da Educação em parceria com o Departamento de Filosofia e Teoria Geral do Direito da USP, publicou os artigos acadêmicos "Os Dados e o Vírus: tensões jurídicas em torno da adoção de tecnologias de combate à Covid-19", pela revista Direitos Fundamentais & Justiça, da PUC-RS, e um capítulo no livro "LGPD na Saúde", organizado por Analluza Dallari e por Gustavo Mônaco.

1. INTRODUÇÃO

A Lei Geral de Proteção de Dados (LGPD), formulada com o intuito de garantir às pessoas físicas direitos e maior controle em relação a seus dados pessoais dado o enorme crescimento da relevância das informações (não só pessoais, vale frisar) na economia atual, trouxe em seu corpo diversas hipóteses, conhecidas como bases legais, nas quais o controlador dos dados deve apoiar-se para realizar o tratamento de dados em concreto, além de uma série de princípios e salvaguardas que devem ser respeitados e seguidos, de acordo com a especificidade de cada atividade de tratamento em concreto.

O objetivo do presente capítulo é analisar a aplicabilidade da LGPD no que diz respeito a duas categorias específicas de dados pessoais mencionados na própria legislação: aqueles tornados manifestamente públicos pelo titular (art. 7º, § 4º) e aqueles que, por força do art. 4º, não estão sujeitos às regras ali dispostas, de forma a melhor orientar as iniciativas de *compliance* que devem ser implementadas por setores público e privado a fim de adaptar-se ao emergente sistema normativo de proteção de dados brasileiro.

A fim de abordar essa temática, alguns esclarecimentos iniciais se fazem necessários. Em primeiro lugar, cabe ressaltar que, quando falamos em proteção de dados pessoais, é possível, à primeira vista, adotar a interpretação errônea de que só teriam de ser resguardados pelo quadro normativo os dados de alguma maneira confidenciais ou sigilosos, ou seja, dados que o titular dos dados optou por manter restritos. Essa análise, apesar de extremamente comum, é pouco precisa pois não cuida de separar os conceitos de privacidade e proteção de dados pessoais. Tais conceitos diferem justamente na medida em que, enquanto a proteção de dados é uma liberdade positiva associada ao direito de se autodeterminar enquanto indivíduo, a privacidade é uma liberdade negativa (*the right to be left alone* ou o dever, de terceiros, de não interferência na vida privada). A noção de que os dados pessoais seriam sempre dados sigilosos pode geralmente ser atribuída a essa ideia de que eles dizem respeito à esfera da vida privada, o que não é necessariamente correto.

Por se tratar de uma manifestação do direito da personalidade, o dado pessoal, assim categorizado, pode ser considerado como um prolongamento do seu titular (Rodotà, 2012) e, nesse sentido, não diz respeito apenas às informações que o indivíduo mantém em sigilo ou mantém guardadas apenas para si próprio. É por ser entendido como extensão da personalidade que o dado pessoal é definido como todo aquele que seja identificável com uma pessoa natural, tanto na Lei Geral de Proteção de Dados quanto na Lei de Acesso à Informação (LAI), ambas optando por adotar um conceito expansionista (Bioni, 2019) e deixando de lado a natureza pública ou privada dessa ou daquela informação como fator determinante.

O conceito de autodeterminação informativa, adotado pela primeira vez na década de 1980 pela Corte Constitucional Alemã e refletido num movimento de criação de normas de proteção de dados pessoais em todo o continente Europeu e outras partes do mundo (como a própria América Latina), nas chamadas "ondas" de proteção de dados, traz consigo a ideia de que o titular dos dados pessoais tem o direito de controlar seus dados de forma ativa, em processos decisórios sobre como e com qual finalidade serão utilizados.

As legislações centralizadas no controle pelo titular dos dados, tais como o General Data Protection Regulation (GDPR) e a LGPD, deixam clara a ideia de que aos dados tornados públicos pelo titular também se aplicam os ditames legais, ainda que com alguma modificação. Na LGPD, por exemplo, há uma exceção no que diz respeito a esse tipo de dado e, em seu art. 7, § 4º apresenta-se:

> **É dispensada a exigência do consentimento previsto** no *caput* deste artigo para os dados tornados manifestamente públicos pelo titular, resguardados os direitos do titular e os princípios previstos nesta Lei. [grifos nossos].

Observando o texto normativo, é simples verificar que, ainda que componha uma hipótese de exceção ao consentimento, o tratamento de dados tornados públicos deve respeitar e resguardar os direitos dos titulares, bem como os princípios mobilizados pela Lei. Nesse sentido, com a clareza de que o legislador ao regular o tratamento de dados públicos não os isentou da aplicação da lei, é evidente que o *compliance* é de interesse tanto dos agentes de tratamento, que precisam demonstrar a conformidade com as normas e princípios vigentes, quanto dos titulares dos dados, que continuam tendo os direitos dispostos na LGPD em relação a tais informações.

Além disso, o próprio conceito de "dados tornados manifestamente públicos" ainda é nebuloso, na medida em que há uma linha tênue entre, por exemplo, os dados que um usuário fornece para ter acesso a um determinado serviço, como um aplicativo que oferece músicas na forma de *streaming*, e são através deste aplicativo tornados públicos, e uma legítima vontade, expectativa ou consciência do titular de que esses dados realmente sejam publicizados, acessados ou tratados por terceiros.

Ao passo que é possível compreender, como visto, que dados tornados públicos também estão sujeitos à legislação vigente, um segundo passo necessário dessa discussão é diferenciá-los das hipóteses de tratamentos que, de fato, não estão sujeitas à LGPD, como para fins jornalísticos, acadêmicos ou artísticos (art. 4º, II, alíneas a e b). O presente artigo pretende compreender o conceito de dado tornado público, através de revisão bibliográfica nacional e internacional sobre o tema e a partir do resgate dos debates legislativos que aconteceram entre 2010 e 2015 (1ª e 2ª Consultas Públicas para o APL de proteção de dados pessoais do Ministério da Justiça) e, a partir da análise, diferenciá-los dos dados que não estão sujeitos à Lei, apresentando o papel dos mecanismos de *compliance* para o tratamento de dados públicos em que a lei é efetivamente aplicável e quais seriam medidas a serem tomadas por agentes de tratamento nesse contexto.

2. Dados tornados públicos *versus* dados não sujeitos à LGPD

2.1. O conceito de "dados manifestamente tornados públicos"

A LGPD não define expressamente o conceito de "dados tornados públicos" pelo titular. Ou seja, não há uma definição mais precisa do que a lei entende ser o ato de tornar público um dado pessoal, uma maior clareza de formas pelas quais se entenderia que isso pode ocorrer, ou situações em que a legislação predetermine que essa exceção não é cabível. Nesse sentido, caberia à comunidade acadêmica, aos doutrinadores e às autoridades, em especial à Autoridade Nacional de Proteção de Dados (ANPD)[3], consolidar a interpretação do conceito.

Numa análise superficial, poderia se compreender o conceito de dado tornado público como qualquer dado disponível para terceiros, manifestamente disponibilizados em algum momento pelo titular dos dados pessoais. No entanto, o debate em torno da construção dessa definição tem se dado de modo a compreender, de forma esmiuçada, se há de fato uma legítima expectativa do titular de que tais dados sejam tornados públicos e acessíveis por quaisquer

---

3. Art. 55-J. Compete à ANPD: XX – deliberar, na esfera administrativa, em caráter terminativo, sobre a interpretação desta Lei, as suas competências e os casos omissos.

pessoas – ou seja, tem-se discutido a necessidade de ciência, por parte do titular, de que tais dados ficarão publicamente disponíveis.

No primeiro Anteprojeto de Lei (APL) de proteção de dados pessoais proposto pelo Ministério da Justiça em parceria com o Observatório Brasileiro de Políticas Digitais do Centro de Tecnologia e Sociedade da Fundação Getulio Vargas do Rio de Janeiro (CTS) em 2010[4], o conceito de "dado tornado manifestamente público" já aparecia e era encontrado dentre as hipóteses de tratamento de dados sensíveis (Art. 21, § 1º, V). A proposta de alocação desse conceito dentro das hipóteses de exceção para exigência de base legal no caso de dados sensíveis foi rechaçada na primeira Consulta Pública, sob sugestões de supressão total do inciso[5] ou apontando a necessidade de que o titular apresentasse o consentimento direto para o tratamento de dados sensíveis, ainda que estes fossem manifestamente tornados públicos pelo titular[6].

Na mesma consulta pública, apresentaram-se questionamentos quanto ao conceito de "dado manifestamente tornado público", apontando-se para a omissão do texto normativo em propor algum critério mais palpável que permitisse averiguar a intenção efetiva do titular em tornar os dados públicos. Segundo Rodrigo Veleda, "de acordo com a atual redação, as impressões digitais que são deixadas em copos, para citar um exemplo, são tornadas públicas". O advogado sugeriu como nova redação o seguinte inciso, que seria ainda naquele momento incluído dentro do rol de exceções para fins de tratamento de dados sensíveis: "V – for relativo a dados manifesta **e intencionalmente** tornados públicos pelo seu titular". (grifo nosso).

4. Disponível em: http://pensando.mj.gov.br/dadospessoais/texto-em-debate/anteprojeto-de-lei-para-a-protecao-de-dados-pessoais/.

5. Conforme, por exemplo, manifestação do Instituto Brasileiro de Defesa do Consumidor (Idec): "O IDEC apontou viável à supressão integral do inciso, uma vez que afirma que os dados sensíveis não podem ser tratados sem regulamentação, e seu tratamento não pode ter finalidade desconhecida pelo titular, especialmente no que tange à iniciativa privada".

6. Conforme, por exemplo, manifestação da Fundação Procon de São Paulo: "A Fundação Procon São Paulo aponta que a Lei Portuguesa no. 67/98 (que transpôs a Diretiva 95/46/DE para p território português), em seu artigo 7o, alínea D, estabelece a necessidade de que o titular apresente consentimento direto para o tratamento de dados sensíveis, não sendo suficiente a mera manifestação pública das informações. Assim, é sugerida a seguinte redação: 'V – for relativo a dados manifestamente tornados públicos pelo seu titular e cujo consentimento para o tratamento dos dados seja inequívoco.'"

Também no referido APL encontrava-se a dispensa ao consentimento no que tange a "dados provenientes de registros, atos ou documentos públicos de acesso público irrestrito", demonstrando que, nesse caso, havia uma leitura possível de que só se consideraria dado público aquele que fosse proveniente de bases públicas ou governamentais de acesso público irrestrito. Quanto ao assunto, a Câmara Brasileira de Comércio Eletrônico sugeriu que se somasse à exceção ao consentimento "dados ou bases de dados que se encontrarem à disposição do público, podendo ser consultados por qualquer pessoa sem restrições de normas limitadoras ou de pagamento de contraprestação".

Já na segunda Consulta Pública realizada pelo Ministério da Justiça, em 2015, a Confederação Nacional das Seguradoras (CNSeg) e Associação Brasileira da Internet (Abranet) propuseram que o conceito de dado de acesso público irrestrito fosse o seguinte: "dado que esteja disponível à consulta pública gratuita, por obrigação legal ou por livre divulgação pelo próprio titular, por qualquer meio, ao público", adotando uma concepção também menos restritiva do conceito. Já SindiTeleBrasil e Vivo propuseram que a definição se desse da seguinte forma: "dado que seja manifestamente público ou dados que o seu titular tenha tornado públicos por sua própria iniciativa", como por exemplo dados constantes em listas telefônicas (Internetlab, 2016), ilustrados por nome, endereço, CEP e telefone fixo. Outras contribuições, como a da US Business Council e da Câmara dos Deputados do Brasil, propuseram que o conceito fosse restrito a bancos de dados públicos.

Em contrapartida, Joana Varon, diretora fundadora do *think tank* Coding Rights, apontou que a definição "deveria ser contextual a ser determinada pela autoridade de garantia de proteção de dados pessoais" porque, na medida em que sempre existiria a possibilidade de que os dados de acesso público fossem sensíveis, seria igualmente sempre necessária "uma análise contextual da exceção a ser balizada pela Autoridade"[7].

A proposta de Varon reflete a percepção de que a finalidade principal da legislação de proteção de dados pessoais seria a de garantir aos indivíduos, enquanto titulares dos dados pessoais, o controle sobre as informações a seu respeito. Como apontado, o conceito de proteção de dados descolado do conceito de privacidade e em consonância com a autodeterminação informativa não poderia, a priori, se restringir a um efeito taxativo de aplicabilidade a "dados publicados" ou "dados privados" pois, em ambas as hipóteses, o efeito para a

7. Disponível em: http://pensando.mj.gov.br/dadospessoais/texto-em-debate/anteprojeto-de-lei-para-a-protecao-de-dados-pessoais/.

personalidade do titular dependeria da finalidade do tratamento e da sua conformidade com os princípios estipulados pela legislação.

Outra importante contribuição na segunda Consulta Pública foi a do Instituto Tecnologia e Sociedade (ITS-Rio) em que se sugeriu que a dispensa do consentimento para o tratamento de dados tornados públicos deveria respeitar as demais obrigações previstas em lei, com ênfase ao princípio da finalidade[8].

O que essa breve reconstrução do debate legislativo demonstra é que existem três questões principais que precisam ser endereçadas para melhor compreender e discutir o conceito de dado manifestamente tornado público pelo titular, e o que propriamente essa ideia significa. Primeiramente, é importante entender o motivo pelo qual a redação faz menção expressa ao consentimento (e ele apenas, sem qualquer tipo de referência às demais bases legais) e se isso tem alguma consequência específica. Em segundo lugar, é importante elucidar qual é exatamente a extensão do que se deve considerar "manifestamente público" para fins de interpretação desse parágrafo do art. 7º. Por fim, cabe avaliar qual é o efeito prático real de que um dado pessoal se encaixe nessa categoria no que diz respeito à aplicabilidade dos demais ditames da LGPD. É o que faremos nos itens a seguir.

2.1.1. A extensão da exceção às demais bases legais

É possível depreender, observando o histórico legislativo da criação da LGPD até aqui apresentado, que o conceito de "dado tornado público" se manteve anexado à hipótese de exceção do consentimento muito por consequência de, no primeiro APL proposto pelo Ministério da Justiça, a única base legal existente ser a do consentimento e esse conceito encontrar-se anexado à tal hipótese. Com o aprimoramento do texto normativo – e o reconhecimento de que adotar como única base legal o consentimento provavelmente levaria a resultados deletérios em diversos sentidos, prejudicando titulares e agentes de tratamento – o conceito continuou fazendo referência expressa ao consentimento, mas surgiu a dúvida sobre se deveria ser aplicável também a todas as demais bases legais – ou seja, se existiria uma exceção ao uso de qualquer das bases dos artigos 7º e 11 no caso de o dado ser tornado manifestamente público pelo titular.

---

8. Segundo o ITS-Rio: "Assim, não poderia o dado ser tratado para uma finalidade incompatível com aquela para a qual o fora inicialmente. Um dos defensores dessa tese argumenta que essa finalidade deve ser vista de acordo com o motivo pelo qual o dado pessoal foi publicizado. Desta forma, impedir-se-ia que tais dados pessoais fossem comercializados, evitando-se que empresas centralizassem tais informações para a criação perfis e categorização dos cidadãos."

Entendemos que não caberia limitar a hipótese do § 4º apenas à base legal do consentimento, e esta pode ser uma dedução lógica ao se observar que a prerrogativa se refere ao *caput* do art. 7º, que diz respeito a todas as bases legais propostas. Do mesmo modo, não poderia limitar-se à base legal do consentimento o que propõe o parágrafo pois, se assim o fosse, seria forçoso concluir que haveria uma hierarquia entre as bases legais apresentadas pela lei, em que reinaria a base legal do consentimento – essa é uma discussão que foi travada de maneira bastante marcada, e que hoje pode ser considerada superada, na medida em que há clareza de que as bases legais previstas na legislação são todas igualmente válidas e aplicáveis e podem ser amplamente utilizadas de acordo com as especificidades de cada tratamento[9].

Esse esclarecimento, no entanto, não afasta a questão anterior – e talvez mais importante, qual seja, definir em concreto o que significa um dado que o titular optou por tornar manifestamente público, nem o ponto subsequente: se não há necessidade de base legal, é ainda preciso esclarecer se outros conceitos e obrigações decorrentes da LGPD também não se aplicam, ou se sua aplicabilidade continua válida.

2.1.2. Os limites do "manifestamente público"

Como dito, é de extrema importância que se debruce sobre a compreensão do adjetivo "manifestamente" agregado à noção de dados tornados públicos proposto pela LGPD para melhor compreensão da extensão dessa categoria. O intérprete da norma, ao observar essa caracterização, pode concluir que tal adjetivo confere um determinado grau de ciência, por parte do titular, da publicização de tais dados.

No entanto, os dois polos interpretativos desse "grau" de ciência podem ser compreendidos de tal maneira que, (i) para se considerar um dado manifestamente público é preciso que o agente de tratamento colete uma "prova positiva" da ciência do titular ou, opostamente, (ii) considerar que, uma vez que o titular tornar públicas as suas informações, haveria uma presunção relativa de que o titular estaria ciente do impacto de tal publicização.

Observando a primeira concepção, é possível concluir que a exigência de coleta de uma comprovação específica da ciência da publicidade dos dados pelo

9. Exceção de dados sensíveis, em que o legítimo interesse não pode ser utilizado e, via de regra, deve-se adotar a base legal do consentimento, conforme consta no art. 11 da Lei Geral de Proteção de Dados.

titular burocratizaria enormemente o processo. Além disso, seria na prática exigir dos agentes de tratamento medidas altamente onerosas e talvez não factíveis, como assinatura de termos de ciência por parte de cada um dos titulares, o que – diga-se de passagem – inviabilizaria qualquer tratamento de dados pessoais utilizando dados tornados públicos, o que, como foi possível observar, não era a finalidade almejada pelo legislador.

A título de exemplo, imagine-se, no caso de uma procuração concedida pelo cliente ao advogado para fins de representação judicial, o Poder Público, antes da publicação dos documentos, tenha que coletar algum tipo de confirmação por parte do advogado, para que ele demonstre que o dado pode se tornar público e que ele está ciente disso – já que não seria possível presumir que o advogado tem consciência dos impactos da juntada do documento aos autos. Por óbvio, isso representaria um salto na burocracia em relação a um procedimento simples em que a publicidade é, de fato, a sua natureza.

No caso de qualquer rede social, o impacto seria igualmente intenso – e igualmente pouco razoável. Se se adotasse a premissa de necessidade de algum tipo de prova concreta da ciência do titular sobre a publicidade, a plataforma teria que coletar esse elemento para toda e qualquer publicação, ainda que a publicação de informações seja basicamente o fundamento da utilização das redes sociais e, em muitos casos, as plataformas já concedam mecanismos que permitem ao usuário modular o alcance da informação (por exemplo, é possível que numa plataforma como o Twitter o usuário define de antemão se deseja que seus tweets sejam visíveis a qualquer pessoa ou se somente a conexões). Nesse caso, a própria usabilidade ficaria comprometida e o uso da ferramenta, muito menos interessante.

Em sentido oposto, adotando-se a interpretação de que qualquer dado publicado pelo titular pode ser considerado um dado manifestamente público, é possível que se caia em uma lógica igualmente pouco razoável, em que se considera que o titular dos dados pessoais irá sempre agir de maneira diligente e absolutamente informada, compreendendo perfeitamente quais ambientes são públicos ou não e, mais importante, que mesmo em situações nas quais o titular foi levado a erro pelo agente de tratamento ou que seus dados foram publicizados de maneira ilegítima (i.e., em decorrência de incidentes de segurança), na prática não haveria qualquer diferença e a exigência de base legal estaria igualmente afastada.

Nos parece, no entanto, que há duas formas razoavelmente simples de solucionar o problema aqui colocado por esses extremos. A primeira é uma na qual se reconhece que, na verdade, existe uma presunção *relativa* pelo agente de tratamento de que um dado tornado público pelo titular inexige base legal para tratamento. Com isso queremos dizer que o agente pode, de fato, partir dessa premissa, mas que ela pode ser contestada e que há um dever de diligência em relação a situações nas quais é evidente que existe algum tipo de vício em concreto na publicização.

A segunda será melhor abordada no próximo item, mas resumidamente diz respeito à existência (ou não) de isenção não apenas em relação a bases legais, quando do tratamento de dados tornados manifestamente públicos pelo titular, mas a outros direitos e obrigações da LGPD.

2.1.3. Aplicabilidade dos direitos e princípios da LGPD aos dados manifestamente públicos

Podemos, por tudo quanto já exposto, concluir que qualquer que seja o conceito final de "dado manifestamente tornado público" adotado pela lei (seja um que parta de uma premissa bastante restritiva e entenda que só se pode considerar como manifestação válida do titular uma externação inequívoca e registrada da sua vontade, seja um mais flexível, que entende que, salvo em situações limítrofes nas quais há evidências muito concretas de que o titular não tinha como saber que seu dado se tornaria público, o agente de tratamento pode partir da premissa de que o dado publicamente disponível está apto a ser utilizado sem referência a uma base legal) este conceito evoluiu, em consonância com o texto normativo, para afirmar que, apesar de ser hipótese de exceção, o tratamento de tais dados estaria sujeito às demais obrigações previstas pela lei.

Em nosso entendimento, é essa particularidade que torna a discussão sobre a definição precisa de "manifestamente público" abordada no item anterior menos central. Não que o debate não seja importante – como visto, ele é – mas fato é que, uma vez que se reconhece que a exceção do art. 7º, § 4º determina unicamente um afastamento das bases legais e não um afastamento da legislação como um todo, percebe-se que o agente de tratamento ainda tem um sem-número de obrigações a cumprir e, mais, que o titular, na linha de proteção da sua autodeterminação, continua tendo amplo controle sobre seus dados pessoais.

Em outras palavras, nada leva a crer – nem a letra da lei, nem os debates legislativos, nem uma leitura sistemática da LGPD – que porque o dado foi tornado público pelo titular, esse titular imediatamente renunciou a todos os direitos que lhe são garantidos pela legislação, ou mesmo que as demais obrigações que não a de garantir uma base legal cabível não se aplicam ao agente de tratamento.

Nesse sentido, essa exceção não confere uma carta branca para que com aquela informação se faça o que quiser, ignorando por completo a LGPD. Pelo contrário: há ainda direitos a serem observados. Como bem apontam Paul Voigt e Axel Bussche no contexto do GDPR, ao criarem um guia prático para aplicação da lei[10], agentes de tratamento como operadores de mecanismos de busca processam os dados pessoais na medida em que encontram informação publicizada na Internet, indexando-a automaticamente, armazenando-a temporariamente e colocando-a à disposição do internauta de acordo com uma determinada ordem ou preferência. Nesse caso, se um titular de dados exigir informações acerca do tratamento empregado aos seus dados pessoais por parte dessa empresa, esta deverá conferir todo o rol de direitos previstos pelas leis de proteção de dados (Bussche & Voigt, 2017).

A própria existência do instituto do habeas data, incluído no ordenamento brasileiro pela Constituição de 1988, denota a importância de que o tratamento de dados – ainda que se dê a partir de um banco de dados público – esteja em conformidade com a legislação, especialmente no que diz respeito aos direitos dos titulares de manter um nível de qualidade adequado e atualizado dos dados pessoais, além de garantir o direito à exclusão do tratamento, por exemplo.

A raspagem[11] de dados é uma atividade de tratamento que possui uma ligação forte com a temática, uma vez que, na grande maioria das vezes, a prática se dá através da extração de dados, de forma automatizada (e, portanto, massiva) de plataformas digitais e sítios eletrônicos em geral (inclusive sites de órgãos governamentais). A raspagem de dados tornados públicos pelo titular é um exemplo claro de como a lei pode incidir, ainda que o titular tenha publicado por vontade própria informações sobre si. Se, por exemplo, a raspagem coletar dados e utilizá-los para uma finalidade diversa da qual o titular tornou os dados manifestamente públicos, ele deve estar pautado nos princípios da finalidade e necessidade, além de ter que cumprir obrigações legais para com os titulares, por exemplo, o direito de exclusão ou retirada do tratamento.

Vale apontar que a perfilização de titulares, prática recorrentemente adotada no contexto da Big Data, pode se utilizar majoritariamente de dados considerados públicos para traçar perfis específicos sobre cada indivíduo e assim direcionar escolhas do indivíduo, filtrar acesso a determinados conteúdos e até mesmo direcionar a interação do usuário com outras pessoas em uma rede

10. The EU General Data Protection Regulation (GDPR): A Practical Guide.

11. A raspagem de dados (ou, em inglês, scraping) é uma técnica computacional na qual um programa extrai dados de saída legível somente para humanos, proveniente de serviço ou aplicativo e os estrutura em formato padrão como CSV, XML ou JSON (Wikipedia).

social (Bioni, 2019). Nesse sentido, ela pode representar um risco para a própria concepção do indivíduo sobre si próprio e impactar aspectos relevantes da personalidade, se feita de maneira pouco cautelosa. Como definido na LGPD,[12] há direitos voltados a fornecer ao titular, em processos de perfilização, a revisão do tratamento, caso tal processo baseie-se em mecanismo automatizado. Essa regra evidentemente também é plenamente aplicável para perfis traçados através de informações tornadas públicas pelo titular, sendo irrelevante saber se houve ou não uso de uma base legal para o tratamento.

No próximo item, a fim de concretizar as discussões anteriormente levantadas, abordaremos brevemente um caso específico no qual o uso de dados tornados manifestamente públicos pelo titular é bastante intenso: a corretagem de dados, levada a cabo pelos assim chamados data brokers.

2.2. Um breve estudo de caso: o exemplo dos data brokers

Os data brokers (ou corretores de dados) já foram considerados a catálise da economia digital (Gu, Madio & Reggiani, 2019). Estas são empresas que têm como atividade primordial a coleta de dados pessoais sobre titulares a partir de uma enorme variedade de fontes (Federal Trade Commission, 2014). Os data brokers agregam, analisam e compartilham essas informações pessoais para diversas finalidades, como publicidade direcionada, preços personalizados, mitigação de riscos, aprendizagem algorítmica, personalização de produtos e mais um sem-número de objetivos, e seu funcionamento está intrinsecamente ligado à obtenção de informações de alguma forma publicizadas pelos titulares dos dados.

Essas empresas atuam, de modo geral, no mercado upstream[13] e, na maioria esmagadora das vezes, não têm qualquer tipo de contato com o consumidor final, que geralmente não sabe da sua existência ou pelo menos não a associa

---

12. Art. 20. O titular dos dados tem direito a solicitar a revisão de decisões tomadas unicamente com base em tratamento automatizado de dados pessoais que afetem seus interesses, incluídas as decisões destinadas a definir o seu perfil pessoal, profissional, de consumo e de crédito ou os aspectos de sua personalidade. (Redação dada pela Lei nº 13.853, de 2019) § 1º O controlador deverá fornecer, sempre que solicitadas, informações claras e adequadas a respeito dos critérios e dos procedimentos utilizados para a decisão automatizada, observados os segredos comercial e industrial.
13. Segundo o glossário da Thomson Reuters: "Mercados que estão ligados ao mercado em questão, mas estão em níveis 'acima' ou 'antes' dele (por exemplo, certos mercados de produtos químicos estão a montante dos mercados de tintas e revestimentos)."

diretamente com qualquer tratamento de dados em concreto (Gu, Madio & Reggiani, 2019). A coleta, agregação (ou combinação) e compartilhamento desses dados se dá, no mais das vezes, de forma automatizada e pode envolver todo tipo de informação, incluindo usabilidade de redes sociais, viagens realizadas, fotos, e até informações sensíveis, como aquelas relacionadas à saúde, que por vezes podem ser obtidos (ou inferidos) através da interação do titular em diversos ambientes virtuais.

Segundo a OCDE[14], há muitos tipos distintos de corretagem de dados. As empresas especializadas *business-to-business*, por exemplo oferecem uma completa verificação de antecedentes complexos de todas as informações sobre potenciais parceiros de negócios. Seu escopo, portanto, é muito mais amplo do que apenas os dados pessoais. Corretores "regulares" de dados, por sua vez, costumam fornecer informações e soluções para consumidores e pequenas empresas usando registros públicos e informações publicamente disponíveis.

É certo que, caso a doutrina e a jurisprudência brasileiras adotassem uma visão restritiva pautada no sentido de que o conceito de dados manifestamente tornados públicos pelo titular envolvesse algum tipo de prova de validação da ciência do titular, a atividade dos data brokers não teria mais qualquer viabilidade e, não apenas um mercado altamente relevante seria inviabilizado, como os eventuais serviços prestados deixariam de ser fornecidos, serviços estes que são relevantes para diferentes atividades de inúmeros setores da economia.

Nesse sentido, a adoção da segunda concepção, explicitada no item 2.1.2, com a implementação de uma presunção relativa de ciência da publicidade dos dados pessoais na utilização das redes sociais, por exemplo, permitiriam, por um lado, que os *data brokers* mantivessem as suas atividades, sem a necessidade de especificamente ter que adotar uma base legal para todos os tratamentos realizados, mas tendo a responsabilidade de fazer cumprir todos os outros requisitos legais para os tratamentos (desde, é claro, que os dados dos titulares tenham sido legitimamente publicizados).

Não teria qualquer cabimento, evidentemente, defender a hipótese de tratamento de dados pessoais por *data brokers* (ou por qualquer outro agente de tratamento, na realidade) se estes tivessem como fonte um vazamento de dados de qualquer tipo. Esta seria uma hipótese, portanto, da não aplicação da exceção à adoção das bases legais aqui discutida, uma vez que a presunção relativa

14. OECD (2013-04-02), "Exploring the Economics of Personal Data: A Survey of Methodologies for Measuring Monetary Value", OECD Digital Economy Papers, No. 220, OECD Publishing, Paris. http://dx.doi.org/10.1787/5k486qtxldmq-en.

estaria afastada e o tratamento, por ser proveniente de fonte ilícita, não estaria adequado ao quadro normativo.

O uso desse breve exemplo permite concluir com mais clareza que adotar na prática a presunção relativa da ciência do titular não tem como consequência um desordenamento da aplicabilidade da legislação, muito menos uma permissibilidade completa e afastamento da legislação, em prejuízo aos titulares. Permitir que o modelo de negócio de *data brokers* se mantenha não significa dizer que seria permitido que tratamentos estapafúrdios ocorressem – como a coleta massiva de dados tornados públicos para a criação de perfis políticos e posterior venda para campanhas eleitorais, já que esse é um tipo de atividade que é proibida em decorrência das obrigações outras determinadas pela LGPD, que se aplicam sendo o dado público ou não[15], como o princípio da finalidade, da não discriminação, entre outros. Mas também manteria uma abertura relevante para o desenvolvimento de iniciativas cuja relevância para a inovação é considerável.

2.3. Dados não sujeitos à LGPD

Para além do art. 7º, § 4º e da discussão a respeito de dados tornados manifestamente públicos, a LGPD fornece em seu art. 4º as hipóteses taxativas de exceção à sua aplicação. A principal diferença entre essas hipóteses está no fato de que, em relação ao rol exaustivo do art. 4º, de fato há inaplicabilidade da lei em sua totalidade – ou seja, nenhuma das suas disposições que não a própria exceção se aplica aos tratamentos de dados pessoais. Essa diferença, como visto, é tudo menos residual, já que há uma série de direitos e obrigações da legislação que vão muito além das exigências de bases legais para os tratamentos.

Ao se observar o artigo e suas hipóteses, é possível notar que há dois parâmetros centrais para a não aplicação da Lei: aquele que se relaciona com o sujeito que realiza o tratamento de dados (e não propriamente com o tipo de dado tratado, uma vez que o texto normativo não faz qualquer limitação expressa nesse sentido), e aquele relacionado às finalidades específicas do tratamento que comporiam exceção à regra.

Essa lógica fica clara ao se observar os três primeiros incisos do art. 4º: enquanto o inciso I refere-se ao sujeito "pessoa natural" e a fins "exclusivamente particulares e não econômicos", os incisos II e III falam, ambos, em finalidade.

---

15. Sobre esse assunto, cabe dizer, pode-se entender que o dado pessoal tornado público pelo titular ou até mesmo uma informação não considerada pessoal, caso seja utilizada para a perfilização de um indivíduo, seria considerada como dado pessoal e o seu tratamento, dessa forma, deverá adotar uma base legal para estar adequado à Lei.

O inciso IV, por sua vez, tem outra lógica, e apoia-se num critério que é melhor compreendido pela leitura do art. 3º: na verdade, o objetivo ali é definir, de alguma maneira, qual é o escopo de aplicação da própria lei do ponto de vista territorial.

Nos próximos itens, faremos uma análise mais detida de cada um dos incisos do artigo 4º, para melhor compreender sua exata aplicabilidade.

2.3.1. A pessoa natural e os fins exclusivamente particulares

O inciso I define que há exceção à aplicação da lei nos casos em que o tratamento seja "I – realizado por pessoa natural para fins exclusivamente particulares e não econômicos". Ao observar o texto normativo, é possível depreender, logo à primeira vista, que ser ou não pessoa natural é condição necessária, mas não suficiente para que a exceção se aplique. E, nesse caso, há uma importante reflexão quanto ao enquadramento da finalidade "não econômica" e o que pode ou não caber no guarda-chuva dessa hipótese.

Claramente, o objetivo aqui é afastar a LGPD de situações particulares, sem relevância econômica, e principalmente nas quais o tratamento de dados, se ocorrer, será lateral. Um exemplo claro de enquadramento no inciso seria o de uma pessoa natural que coleta os nomes e telefones dos amigos da faculdade para convidá-los para uma festa de aniversário. É evidente, aqui, que se trata de uma pessoa natural (enquadramento inicial), realizando um tratamento de dados para uma finalidade particular e não econômica (enquadramento sequencial).

Um exemplo menos óbvio seria um contrato de aluguel, em que o locatário coleta diferentes informações pessoais do locador para diferentes finalidades, como garantias, prevenção à fraude etc. Trata-se de um tratamento de dados pessoais por pessoa natural para fins particulares, mas cabe indagar se poderia a finalidade do tratamento ser considerada econômica. Evidente que as situações concretas determinarão a resposta exata a essa pergunta, mas entendemos que para a LGPD, em consonância com ditames de direito econômico, a lógica interpretativa exige que a finalidade econômica esteja intrinsecamente ligada ao tratamento de dados pessoais, ou seja, o agente de tratamento deve obter uma vantagem econômica que se dá a partir do tratamento de dados.

Se não for assim, fato é que, com exceção de um grupo muito restrito de tratamentos, teremos uma enorme gama de situações efetivamente particulares sujeitas ao regramento legal. O caso do aluguel é paradigmático porque, evidentemente, um contrato de aluguel envolve algum tipo de pagamento. Assim, em algum sentido, ele tem uma "finalidade econômica". Mas também é inegável que, quando uma pessoa física trata dados pessoais nesse contexto, ela no mais das vezes só o faz de forma totalmente lateral – é preciso ter o nome da pessoa física que está locando o imóvel para transferência de contas de energia elétrica e de água, seu telefone para eventual contato etc. – e não porque pretende de qualquer maneira extrair desses dados qualquer ganho econômico.

Como dito, a situação em concreto definirá se a exceção legal é aplicável ou não, mas é importante ter em mente que uma interpretação coerente da ideia de "fins não econômicos" é peremptória e definidora para a utilidade do inciso e a manutenção da lógica da legislação.

2.3.2. *Finalidades jornalísticas, acadêmicas ou artísticas*

Conforme esclarecido, a lei faz uso de dois parâmetros principais para definir os conceitos de sua própria inaplicabilidade: a finalidade e a subjetividade. O inciso II do art. 4º, ao utilizar o termo "para fins jornalísticos, acadêmicos ou artísticos", marca de maneira muito evidente o uso desse primeiro parâmetro. Não devemos por isso concluir, no entanto, que a subjetividade é aqui irrelevante, pelo contrário. Se o sujeito responsável pela atividade finalística fosse irrelevante, bastaria que qualquer instituição realizasse o tratamento para as finalidades apontadas para que se pudesse concluir pela não aplicabilidade da Lei. Na medida em que a delimitação da finalidade jornalística, acadêmica e – especialmente – artística, comporta margem de interpretação razoável (o que, afinal, deve ser considerado arte?), a delimitação do sujeito é relevante e pode funcionar como um proxy da própria finalidade.

Para que o tratamento se enquadre em uma das hipóteses de exceção, é praticamente essencial que o agente de tratamento seja, de fato, uma pessoa – física ou jurídica – voltada para a finalidade apontada, uma vez que não sendo um veículo de imprensa ou uma instituição de pesquisa, o ônus argumentativo de dizer que a sua atividade é jornalística ou acadêmica seria imenso. Não queremos com isso dizer que essa possibilidade não existe, mas que ela é muito mais restrita exatamente porque sua consequência prática é a inaplicabilidade total da LGPD.

Para dar clareza ao assunto, seria possível pensar em, por exemplo, uma indústria que utiliza dados pessoais para realizar pesquisas que poderiam ser enquadradas como atividades de fins acadêmicos. Essa afirmação está longe de ser fantasiosa, como a pandemia da Covid-19 bem demonstra. Existem várias empresas que efetivamente desenvolvem pesquisa, cuja aplicabilidade acadêmica é notável. No entanto, sabe-se que em regra tais pesquisas e seus resultados serão utilizados para futuro ganho econômico da própria indústria, aplicando a pesquisa realizada à produção de um bem ou serviço – novamente no exemplo da pandemia, as pesquisas a respeito de vacinas de RNA foram utilizadas por empresas para produzir imunizantes a serem vendidos mundo a fora. Nesse sentido, ainda que a finalidade "acadêmica" possa ter sido lateralmente atingida, é inegável que a finalidade precípua é econômica.

A atividade de tratamento para fins acadêmicos presume que o agente seja, de fato, uma instituição de pesquisa acadêmica, pública ou privada, mas que possui como finalidade a própria pesquisa científica – o que é diferente de dizer, por óbvio, que pesquisas acadêmicas não podem ter outros usos e aplicabilidade. Nesse sentido, cabe dizer que estariam cobertos pela hipótese de exceção as universidades, fundações, *think tanks* etc., que consigam realmente demonstrar seu propósito científico. Aqui, caberia de maneira evidente a referência ao inciso XVIII do art. 5º, cujo objetivo é exatamente definir o que é um órgão de pesquisa.

Vale por fim observar que, no caso específico das finalidades acadêmicas, ainda que a lei não se aplique de modo geral aos tratamentos de dados realizados por tais sujeitos, a própria alínea b do inciso II deixa claro que eles devem observar os artigos 7º e 11, que dizem respeito respectivamente às bases legais para tratamento de dados pessoais e dados pessoais sensíveis.

2.3.3. Atividades investigativas e segurança pública

Ao determinar, no inciso III do art. 4º, que a LGPD não se aplica para tratamentos com finalidade exclusiva de "a) segurança pública; b) defesa nacional; c) segurança do Estado; ou d) atividades de investigação e repressão de infrações penais" o legislador objetivou tanto dar a importância necessária para o tema, quanto reconhecer que o tratamento de dados nesse contexto pode ser bastante relevante. Nesse sentido, tal hipótese aparece não porque não deva existir legislação aplicável às atividades de segurança pública, mas porque, de tão específicas e relevantes, as atividades carecem de um novo processo legislativo, com a criação de uma lei específica para o tema que seja capaz de promover a proteção de dados pessoais nesse contexto.

Para tanto, foi criada uma Comissão no Congresso Nacional, com quinze membros, a fim de redigir um Anteprojeto de Lei para a proteção de dados pessoais no contexto da segurança pública[16]. O APL foi publicado em dezembro de 2020, com 68 artigos que estão hoje em debate.

---

16. Fonte: https://www.camara.leg.br/noticias/618483-maia-cria-comissao-de-juristas--para-propor-lei-sobre-uso-de-dados-pessoais-em-investigacoes/.

A discussão é extensa e até o momento não se apresentam soluções definitivas ou precisas para o tema. Desse modo, essa temática certamente terá de ser retomada uma vez que essa discussão estiver melhor delineada.

2.3.4. Aplicação territorial

O art. 4º, inciso IV[17], ao determinar a hipótese de exceção através do critério territorial, também guarda relevante complexidade, uma vez que seu conceito é o único que não é determinado nem pelo sujeito e nem pela finalidade, mas pelo possível trânsito ou comunicação dos dados pessoais no Brasil.

Mais especificamente, o inciso afirma que não haverá aplicabilidade se os dados não só vierem de fora do Brasil, como também não forem objeto de comunicação, uso compartilhado com agentes de tratamento brasileiros, ou objeto de transferência internacional de qualquer tipo. Em relação à transferência internacional, a lei diz ainda que a exceção só vale se o país do qual os dados são originários proporcionar "grau de proteção de dados pessoais adequado ao previsto nesta Lei".

Na prática, o que essa disposição prevê é que se um agente de tratamento localizado fora do Brasil realizar uma coleta de dados de cidadãos não brasileiros e não realizar qualquer tipo de transferência ou uso compartilhado de tais dados com nenhuma organização, empresa ou órgão público brasileiro, a este tratamento a lei brasileira, presumidamente, não se aplicará. A exceção é interrompida no momento em que tais dados passam por agentes de tratamentos localizados no Brasil (por meio de transferência, uso compartilhado ou compartilhamento) ou se, por exemplo, o referido agente de tratamento passar a coletar dados pessoais advindos do território brasileiro. Essa dedução está bastante em linha com o princípio da territorialidade e com o próprio art. 3º da LGPD – ainda que caibam reflexões mais pormenorizadas sobre o conceito de aplicação territorial da lei que não serão aqui empreendidas.

3. CONSIDERAÇÕES FINAIS

Como bem apontou a contribuição do ITS-Rio à segunda Consulta Pública do APL para proteção de dados pessoais proposto pelo Ministério da Justiça, a

---

17. "IV – provenientes de fora do território nacional e que não sejam objeto de comunicação, uso compartilhado de dados com agentes de tratamento brasileiros ou objeto de transferência internacional de dados com outro país que não o de proveniência, desde que o país de proveniência proporcione grau de proteção de dados pessoais adequado ao previsto nesta Lei."

dispensa do consentimento para o tratamento de dados manifestamente tornados públicos vem anexada com a prerrogativa de que tal tratamento respeite todas as outras obrigações impostas pela Lei, com destaque especial para o princípio da finalidade. Conforme explicitado ao longo desse capítulo, essa previsão tem implicações importantes, já que a exceção do art. 7º, § 4º diz respeito tão somente à necessidade de base legal para o tratamento.

Uma das principais implicações é a forma como os tratamentos devem ser em concreto levados a cabo por agentes, sejam controladores ou operadores. Não é de qualquer maneira possível dizer que, porque o dado foi tornado público pelo titular, a LGPD como um todo pode ser ignorada. Caso as entidades se comportem dessa maneira, o potencial de contestação pelas autoridades é extremamente elevado e as consequências, severas.

Por essa razão, é muito relevante que, no desenho de programas de *compliance* e de ferramentas de adequação de maneira geral, esse tema seja bem compreendido. Foram desenvolvidos muitos mecanismos para que os agentes possam ter ciência mais abrangente dos seus processos de tratamento e assim consigam adaptá-los adequadamente, implementando controles para garantir o atendimento das obrigações legais. Todo esse ferramental continua sendo extremamente útil e necessário para os dados conceituados no art. 7º, § 4º.

Já em relação ao art. 4º da LGPD, o principal ponto de destaque é que, diferentemente do que se poderia inicialmente supor em uma leitura pouco atenta da legislação, a aplicabilidade das exceções à incidência da lei é de fato reduzida, e portanto para boa parte dos agentes essa não será uma alternativa efetiva para justificar a ausência de mecanismos de adequação. Caso qualquer agente opte por apoiar-se nessa alternativa, é ainda essencial que registre de forma suficiente as razões que permitiram aquela conclusão – por exemplo, no caso de organizações que desejem fazer uso das prerrogativas de finalidades acadêmicas, o mínimo necessário seria uma previsão explícita, nos instrumentos constitutivos, da pesquisa como objetivo explícito da entidade.

Certamente todo esse processo e a extensão exata dessas exceções serão enormemente beneficiados pelos esforços (já iniciados) das autoridades, especialmente da ANPD, de regulamentação e interpretação em concreto da LGPD. Mas é fundamental que as entidades se engajem na promoção, interpretação e compreensão dessas questões ainda antes de uma decisão definitiva ou de regulamentação específica, para resguardarem-se dos riscos apresentados e também para que possam eles mesmos auxiliar na construção desse ambiente normativo.

4. Referências bibliográficas

BIONI, Bruno. Proteção de Dados Pessoais: A Função e os Limites do Consentimento. Ed. Forense, São Paulo, 2019.

DONEDA, Danilo. Da privacidade à proteção de dados pessoais: elementos da formação da Lei Geral de Proteção de Dados. Thomson Reuters, Brasil, 2020.

GU, YIQUAN & MADIO, Leonardo and Reggiani, Carlo. Data Brokers Co-Opetition. CESifo Working Paper No. 7523, 2019. Disponível em SSRN: <https://ssrn.com/abstract=3343854>, acesso em 12.05.2021.

INTERNETLAB. O que está em jogo no debate sobre dados pessoais no Brasil? Relatório final sobre o debate público promovido pelo Ministério da Justiça sobre o Anteprojeto de Lei de proteção de dados pessoais. São Paulo, 2016. Disponível em <https://www.internetlab.org.br/wp-content/uploads/2016/05/reporta_apl_dados_pessoais_final.pdf>, acesso em 17.05.2021.

MINISTÉRIO DA JUSTIÇA. Comentários ao Anteprojeto de Lei para Proteção de Dados Pessoais (2010). Disponível em <http://pensando.mj.gov.br/dadospessoais/texto-em-debate/anteprojeto-de-lei-para-a-protecao-de-dados-pessoais/>, acesso em 17.05.2021.

OECD. Exploring the Economics of Personal Data: A Survey of Methodologies for Measuring Monetary Value, OECD Digital Economy Papers, No. 220, OECD Publishing, Paris, 2013. Disponível em <http://dx.doi.org/10.1787/5k486qtxldmq-en>.

RODOTÀ, Stefano. Il diritto di avere diritti. Bari: Laterza, 2012.

VOIGT, Paul. BUSSCHE, Axel von dem. The EU General Data Protection Regulation (GDPR): a practical guide, ed. Springer, Alemanha, 2017.

Compliance de dados pessoais disponíveis publicamente: boas práticas para a confirmação da licitude do tratamento dos dados de acesso público e tornados manifestamente públicos pelo titular

Giovanna Milanez[1]

Sumário: 1. Introdução; 2. Em busca de uma definição para os dados pessoais disponíveis publicamente; 2.1. Definição preliminar de dados pessoais de acesso público; 2.2. Definição preliminar de dados pessoais tornados manifestamente públicos pelo titular; 3. Parâmetros legais para o tratamento dos dados pessoais disponíveis publicamente; 3.1. Critérios específicos para o tratamento equivalente de dados de acesso público; 3.2. Requisitos específicos para o tratamento equivalente de dados pessoais tornados

1. Pós-graduanda em Direito da Proteção de Dados pela Universidade de Lisboa. Bacharela em Direito pela Universidade de Brasília (UnB). Coordenadora Adjunta do Observatório da LGPD da Universidade de Brasília (UnB). Advogada no Mattos Filho, Veiga Filho, Marrey Jr. e Quiroga Advogados, com foco em Tecnologia, Proteção de Dados e Cibersegurança. Fundadora do canal de estudo jurídico "O que os dados falam".

manifestamente públicos pelo titular; 3.3. Parâmetros legais para o tratamento posterior dos dados pessoais disponíveis publicamente; 4. *Compliance* de dados pessoais disponíveis publicamente; 4.1. Boas práticas para a publicização dos dados pessoais de acesso público; 4.2. Boas práticas para o tratamento de dados pessoais disponíveis publicamente pelo setor privado; 5. Considerações finais; 6. Referências bibliográficas.

1. Introdução

Os dados pessoais são um importante e estratégico ativo econômico para as empresas na atual sociedade da informação. Mesmo que não seja possível, ainda, compreender a extensão exata do poder econômico, político e social decorrente da sua utilização, é bastante visível o quão grande ele pode ser, especialmente diante das novas possibilidades de sua utilização, que surgiram a partir do crescimento exponencial do *Big Data* e do *Big Analytics*.[2]

Exatamente por isso, inclusive, foi cunhada a expressão *data-driven economy*, isto é, economia movida a dados, que representa, no final das contas, a própria forma de organização econômica, social e política das sociedades contemporâneas, centradas no processamento massivo de dados pessoais e na extração de informações estratégicas e relevantes deles.

Somado a isso, há que se destacar também o crescimento – em termos de variedade – e a modernização – em termos de funcionalidades – das tecnologias e técnicas de processamento, cruzamento e refinamento de dados pessoais. É possível afirmar, inclusive, que tais tecnologias são cada vez mais sofisticadas e permitem análises ainda mais completas e pormenorizadas do titular a que se referem, permitindo a estruturação de uma complexa estratégia de análise de dados para fortalecer e expandir suas redes de relacionamento.[3]

Portanto, torna-se evidente que o intenso e apurado processamento de dados pessoais tem permitido a extração de informações cada vez mais precisas

---

2. FRAZÃO, Ana. Fundamentos da proteção dos dados pessoais – Noções introdutórias para a compreensão da importância da Lei Geral de Proteção de Dados. *In:* TEPEDINO, Gustavo (coord.); FRAZÃO, Ana (coord.); DONATO, Milena (coord.). *Lei Geral de Proteção de Dados Pessoais e suas repercussões no Direito Brasileiro.* 2ª ed. São Paulo: Thomson Reuters, 2020. pp. 24-25.
3. SCHERTEL, Laura. *Privacidade, proteção de dados e defesa do consumidor. Linhas gerais de um novo direito fundamental.* São Paulo: Saraiva, 2014. p. 117.

dos indivíduos, oferecendo previsibilidade de mercado e fornecendo informações valiosas para as empresas. Contudo, surge o questionamento a respeito dos eventuais limites na utilização de tais técnicas à luz dos riscos que elas oferecem ao titular dos dados, especialmente em relação aos seus direitos fundamentais e às suas liberdades e garantias individuais, resguardadas não apenas na Lei Geral de Proteção de Dados Pessoais (LGPD), mas especialmente na Constituição de 1988.

A mineração de dados, por exemplo, é uma tecnologia de alto risco, porque permite (i) a classificação potencialmente discriminatória dos indivíduos; (ii) o descumprimento do princípio da finalidade (seja porque a finalidade da mineração não ficou clara para o titular, seja porque ela nem mesmo foi apresentada pela empresa num primeiro momento); e (iii) a transformação de dados pessoais em informações de caráter altamente sensível, que revelam questões sobre as quais o titular esperava sigilo. Um outro exemplo é a criação de perfis, que se torna problemática diante da possibilidade de que, através dos perfis criados, sejam tomadas decisões que afetem negativamente o titular, influenciando, inclusive, o seu acesso a oportunidades sociais.[4]

No final das contas, a conclusão é apenas uma: atualmente, os dados pessoais são submetidos a técnicas de processamento massivo cada vez mais robustas e apuradas em nome de uma exploração econômica agressiva que permita o crescimento exponencial de empresas e do mercado como um todo, especialmente em termos lucrativos. Contudo, não se sabe ao certo todos os (re)usos que são (e podem vir a ser) feitos dos dados pessoais disponíveis publicamente, ou seja, diante de tamanhos riscos na utilização das técnicas mencionadas, o receio principal gira em torno exatamente dos limites desta utilização.

Nessa lógica, já existem, inclusive, agentes que trabalham tão somente com a coleta, o processamento, a venda, a revenda e o compartilhamento de dados pessoais, os denominados *data brokers*. Eles coletam informações sobre consumidores de diversas fontes *online* (especialmente públicas, como redes sociais), combinando-as com outros dados pessoais, a fim de predizer o comportamento do titular e extrair inferências potencialmente sensíveis a seu respeito, utilizando o *know-how* alcançado para atividades de *marketing*, serviços de mitigação de riscos, bem como serviços de localização de pessoas e verificação de identidade, especialmente para prevenção de fraudes.[5]

---

4. SCHERTEL, Op. cit., 2014, p. 111.
5. FEDERAL TRADE COMISSION. *Data Brokers. A Call for transparency and accountability*. 2014.

É exatamente nesse contexto que os dados pessoais disponíveis publicamente ganham ainda maior destaque e relevância. Isso porque, além de serem extremamente valiosos enquanto ativos estratégicos para as organizações, também chamam bastante atenção em virtude da sua publicidade e ampla acessibilidade, que, no final das contas, facilitam ainda mais o seu processamento e, por consequência, a predição de preferências do titular, tornando-se, nesse sentido, importantes *inputs* em processos decisórios empresariais.

O grande problema, no entanto, é que toda essa estratégia competitiva, baseada na combinação de dados pessoais disponíveis publicamente, compromete e muito o potencial de difusão de informações na *Internet* e coloca em risco os direitos e as liberdades fundamentais dos titulares, na medida em que auxilia na consolidação de poder e riqueza nas mãos de grandes agentes econômicos, cujas atividades, na maioria das vezes, não são nem mesmo monitoradas ou reguladas.

Nesse sentido, torna-se cada vez mais evidente que, pouco a pouco, caminha-se para uma sociedade da classificação,[6] na qual perfis tornam-se representações virtuais fidedignas dos seus respectivos titulares,[7] em que simples "curtidas" em uma rede social podem criar um retrato fiel do comportamento de um usuário e facilitar a extração de informações precisas que permitem, muitas vezes, que o algoritmo saiba mais sobre ele que ele próprio.[8]

Há que se destacar também a dificuldade em monitorar, por completo ou até mesmo de forma parcial, o que é feito com os dados pessoais disponíveis publicamente. Não existem, hoje, mecanismos suficientes para monitorar toda a *Internet*, de forma que, muitas vezes, o titular não sabe como os seus dados pessoais são utilizados após a publicização. Na verdade, na maioria delas, os titulares nem mesmo sabem se as novas finalidades conferidas ao tratamento posterior dos seus dados são compatíveis com as suas expectativas naquela situação específica.

Exatamente por isso, o Brasil adotou, na LGPD, o modelo *ex ante* de proteção de dados, que se caracteriza essencialmente pela previsão de que o controlador somente poderá realizar atividades de tratamento de dados pessoais

6. RODOTÀ, Stefano. *A vida na sociedade da vigilância. A privacidade hoje*. Trad. Danilo Doneda e Laura Cabral Doneda. Rio de Janeiro: Renovar, 2008. pp. 111-139.

7. DONEDA, Danilo. *Da privacidade à proteção de dados pessoais*. Rio de Janeiro: Renovar, 2006. pp. 174-175.

8. KOSINSKI, Michal; STILLWELL, David; GRAEPEL, Thore. *Private traits and attributes are predictable from digital records of human behavior*. p. 1.

quando estiver amparado em uma base legal, restringindo assim as hipóteses de utilização dos dados, de forma a proteger preventivamente os direitos e as liberdades dos seus titulares.[9]

Essa racionalidade regulatória e normativa *ex ante* e horizontal de proteção de dados sustenta-se a partir de três pilares fundamentais, quais sejam (i) a adoção de um conceito expansionista de dado pessoal, partindo da premissa de que não existem mais dados irrelevantes ou inúteis no atual contexto do processamento eletrônico massivo de dados;[10] (ii) a necessidade de que todo e qualquer tratamento de dados pessoais se fundamente em uma base legal; e (iii) a previsão do legítimo interesse como hipótese autorizativa para o tratamento de dados, desde que observada a sua condicionante específica de realização de um teste de balanceamento de interesses, o chamado *Legitimate Interest Assessment* (LIA) ou Teste de Proporcionalidade.[11]

Há que se observar, contudo, que, entre os três pilares desse modelo, a observância obrigatória de uma das bases legais para o tratamento ganha posição de destaque. No final das contas, é ele que determina, *ab initio*, as condições de legitimidade para a utilização dos dados pessoais. Ou seja, o tratamento somente é permitido nas hipóteses legais autorizativas e desde que os indivíduos saibam exatamente quais dados estão sendo coletados, para quais finalidades e, ainda, com quem estão sendo compartilhados.

Nesse raciocínio, destaca-se o modelo de três níveis proposto por Laura Schertel Mendes para a aplicação da LGPD,[12] a partir do qual torna-se necessário analisar, já num primeiro nível, as condições de legitimidade para o tratamento de dados. Assim, evidente que qualquer tratamento só pode ser iniciado se uma das condições de legitimidade for atendida.

---

9. MENDES, Laura Schertel. A Lei Geral de Proteção de Dados Pessoais: um modelo de aplicação em três níveis. *In:* SOUZA, Carlos Affonso; MAGRANI, Eduardo; SILVA, Priscila (Coord.). *Lei Geral de Proteção de Dados – Caderno Especial.* São Paulo: Revista dos Tribunais, 2019. pp. 35-56.

10. A constatação foi feita pelo Tribunal Constitucional Federal alemão na década de 80, na decisão que consolidou o direito à autodeterminação informativa.

11. BIONI, Bruno R.; MENDES, Laura Schertel. Regulamento Europeu de Proteção de Dados Pessoais e a Lei Geral brasileira de Proteção de Dados: mapeando convergências na direção de um nível de equivalência. *In:* TEPEDINO, Gustavo (coord.); FRAZÃO, Ana (coord.); DONATO, Milena (coord.). *Lei Geral de Proteção de Dados Pessoais e suas repercussões no Direito Brasileiro.* 2ª ed. São Paulo: Thomson Reuters, 2020.

12. MENDES, Op. cit., 2019. p. 46. Ver também: MENDES, Op. cit., 2014. pp. 203-204.

Exatamente por isso, esse primeiro nível de aplicação da LGPD é condicionante e pressuposto fundamental para a realização de toda e qualquer atividade de tratamento. Dessa forma, especificamente para o tratamento de dados pessoais,[13] a LGPD exige o atendimento das seguintes condições: (i) fundamentar-se em uma das bases legais previstas no art. 7º ou no art. 23 da LGPD e (ii) observar os princípios previstos no art. 6º da Lei. Somente assim o tratamento será legítimo.

Há que se destacar, contudo, que as regras específicas para o tratamento dos dados pessoais de acesso público e tornados manifestamente públicos pelo titular estão dispostas fora do rol de bases legais dos incisos do art. 7º da LGPD. Elas foram inseridas, na verdade, nos §§ 3º, 4º e 7º desse mesmo artigo.

Nessa lógica, o problema aqui apresentado não é propriamente a disponibilização pública do dado em si, mas a inobservância das regras dispostas nos §§ 3º, 4º e 7º do art. 7º da LGPD para o tratamento dos dados disponíveis publicamente. Ou seja, a grande dificuldade não é identificar *quem* tem acesso a eles, mas *se* estes agentes realizam o tratamento de tais dados de forma equivalente ou compatível com àquela que justificou a publicização num primeiro momento, transferindo-se, assim, toda a cadeia de tratamento para dentro da esfera de legítima expectativa do titular dos dados.

2. EM BUSCA DE UMA DEFINIÇÃO PARA OS DADOS PESSOAIS DISPONÍVEIS PUBLICAMENTE

As discussões em torno do tratamento dos dados disponíveis publicamente estão presentes desde o primeiro debate público sobre o tema no Brasil, que se iniciou em 2010, por meio de uma consulta pública organizada pelo Ministério da Justiça acerca do Marco Normativo de Privacidade e Proteção de Dados, o Anteprojeto de Lei que é o primeiro antecedente direto do que hoje é a LGPD. Após os debates realizados ao longo dos anos, o texto final da LGPD, aprovado em 14 de agosto de 2018, dispôs acerca do tratamento dos dados pessoais disponíveis publicamente em dois momentos distintos.

Em um, faz referência especificamente aos dados pessoais de acesso público e, no outro, trata dos dados pessoais tornados manifestamente públicos pelo titular. Assim, é possível confirmar que, desde o início, a proposta normativa da LGPD é romper com a lógica binária entre o público e o privado, destacando

---

13. As bases legais para o tratamento de dados pessoais sensíveis estão dispostas no art. 11 da LGPD.

que o mais importante, na verdade, é a análise do contexto no qual os dados são publicamente acessíveis.[14]

Dessa forma, a LGPD não deixa dúvidas de que os dados de caráter público continuam sendo pessoais ainda que não expressem informações privadas ou íntimas do indivíduo, superando definitivamente o entendimento, antes comum, de que dados obtidos de fontes públicas, que são de livre circulação e acesso amplo, poderiam ser utilizados por qualquer um, de qualquer forma e para qualquer finalidade.

Contudo, as duas subcategorias de dados pessoais disponíveis publicamente não só tiveram trajetórias legislativas diferenciadas, como possuem também regras distintas para o seu tratamento. Exatamente por isso, as diferenças conceituais entre ambas se tornam ainda mais relevantes sob os pontos de vista teórico e prático.

2.1. Definição preliminar de dados pessoais de acesso público

Inicialmente, cumpre destacar que a possível definição de dados pessoais de acesso público não está prevista expressamente na LGPD, mas pode ser construída implicitamente a partir do seu texto e da teoria da privacidade contextual. Ou seja, não existem dados que sejam de caráter público por natureza, mas dados que, a depender do contexto pelo qual são publicamente acessíveis, podem se submeter a um regime de tratamento diferenciado. Nessa lógica, os dados habitualmente fornecidos pelos indivíduos em suas relações negociais e empresariais continuam sendo dados pessoais *latu sensu* até que sejam divulgados de forma pública, a partir do livre acesso por qualquer pessoa.

É fundamental, portanto, esclarecer possíveis critérios de identificação desta subcategoria conceitual. Isso porque, o seu vocábulo nuclear – "de acesso público" – torna o seu alcance normativo bastante amplo, abarcando qualquer dado pessoal que tenha sido divulgado intencionalmente e que seja de livre acesso por qualquer cidadão, ou seja, esteja disponível, em algum nível, para o público geral.

Nesse sentido, inclui-se na definição de dados pessoais de acesso público: (i) dados pessoais cuja divulgação é obrigatória por lei, como o fato de alguém ser proprietário de um imóvel, sócio de uma empresa ou até mesmo casado,[15]

14. BIONI, Bruno Ricardo. *Proteção de Dados Pessoais: a função e os limites do consentimento*. 1ª ed. Rio de Janeiro: Forense, 2019. p. 271.

15. INTERNETLAB. *[especial] O que são dados públicos?* Internet Lab Reporta, 2016. Comentários de Marcel Leonardi.

bem como nome, cargo e renda de servidores públicos para fins de transparência; (ii) dados pessoais geridos pela Administração Pública, como a distribuição de ações judiciais, os protestos, os registros de nascimento, a inscrição em cadastro de contribuintes;[16] (iii) dados pessoais constantes em bancos de dados públicos, como da Receita Federal (em que o CPF é consultado normalmente para fins de confirmação de titularidade para operações financeiras),[17] do Repositório do TSE, de cartórios públicos, de diários oficiais, de diários de justiça, de sites públicos da *Internet*, do Datasus, do Inep, do sistema SIDRA do IBGE; (iv) dados pessoais que constam de cadastros públicos e podem ser facilmente encontrados na *Internet*; (v) dados pessoais disponibilizados pelo Poder Judiciário em processos judiciais; (vi) dados pessoais abertos – a exemplo das iniciativas Cepesp Data (para dados eleitorais) e Brasil.io (para dados da Covid-19); (vii) informações de interesse geral ou coletivo de divulgação pública obrigatória por órgãos e entidades públicas em decorrência da Lei de Acesso à Informação;[18] entre tantos outros.

Portanto, a qualificação de um dado pessoal como de acesso público, para fins da LGPD, deve considerar essencialmente os seguintes critérios de identificação: (i) a publicidade ampla do dado, ou seja, seu livre acesso pelo público geral e (ii) a divulgação do dado por terceiros que não o próprio titular.

2.2. Definição preliminar de dados pessoais tornados manifestamente públicos pelo titular

A possível definição da subcategoria dos dados pessoais tornados manifestamente públicos pelo titular também pode ser extraída de uma leitura sistemática da LGPD, por não haver uma definição expressa e delimitada em seu texto. Para compreendê-la de maneira satisfatória, faz-se necessário analisar separadamente os seus dois vocábulos nucleares – "tornados [...] pelo titular" e "manifestamente públicos" – em razão de serem eles que, em conjunto, definem o alcance normativo da hipótese de tratamento do art. 7º, § 4º, da Lei.

---

16. INTERNETLAB, 2016, Op. cit. Comentários de Vanessa Butalla.

17. VIOLA, Mario; TEFFÉ, Chiara Spadaccini de. Tratamento de dados pessoais na LGPD: Estudo sobre as bases legais dos artigos 7.º e 11. *In*: DONEDA, Danilo (coord.); SARLET, Ingo Wolfgang (coord.); MENDES, Laura Schertel (coord.); RODRIGUES JUNIOR, Otavio Luiz (coord.); BIONI, Bruno Ricardo (coord.). *Tratado de Proteção de Dados Pessoais*. Rio de Janeiro: Forense, 2021. p. 125.

18. CONTROLADORIA-GERAL DA UNIÃO. Manual da Lei de Acesso à Informação para Estados e Municípios. Brasília: Secretaria de Prevenção da Corrupção e Informações Estratégicas, 2013. p. 14-15.

O primeiro elemento nuclear da definição – "tornados [...] pelo titular" – é um dos grandes diferenciais dessa subcategoria de dados. Isso porque, aqui, é requisito obrigatório que a disponibilização da informação tenha se dado por iniciativa única e exclusiva do próprio titular e nunca de terceiros. Ou seja, essa subcategoria não abrange todos os dados de acesso público, mas apenas aqueles que o próprio indivíduo tornou públicos, pressupondo assim um ato deliberado e intencional do titular.

Nesse sentido, há uma grande diferença entre (i) o indivíduo divulgar ativamente seus dados e estar ciente disso e (ii) o indivíduo concordar com a divulgação dos seus dados pessoais por terceiros.[19] Por exemplo, quando o Poder Público divulga os nomes, cargos e renda dos servidores públicos, evidentemente tais informações não foram tornadas públicas pelo titular.[20] Situação diversa é aquela na qual o próprio indivíduo indica, em uma publicação no perfil público de uma rede social, o valor do seu salário e o cargo que ocupa.

Assim, para que o dado pessoal seja realmente considerado como tornado manifestamente público pelo titular, deve restar inequívoca sua pretensão e expectativa de que seus dados sejam tratados em momento ulterior.[21] É importante, dessa forma, avaliar se o indivíduo intencionalmente adotou as medidas que tornaram os seus dados manifestamente públicos ou se o ato foi não intencional ou acidental.

Além disso, deve-se analisar se a decisão tomada foi consciente, ou seja, se o titular compreendia, no momento da divulgação, que os seus dados tornar-se-iam manifestamente públicos a partir daquele momento, bem como se ele desejava e esperava que esses dados continuassem a ser tratados posteriormente. Portanto, por óbvio, dados revelados por terceiros não se encaixam na hipótese de dispensa de consentimento do art. 7º, § 4º, da LGPD.

Já o segundo elemento nuclear da definição – "manifestamente público" – pressupõe que os dados pessoais estejam realisticamente acessíveis ao público em geral. Ou seja, a informação deve estar manifestamente pública. A questão, aqui, não é se a informação está teoricamente acessível ao público, mas se, na prática, ela pode ser acessada pelo público geral de forma irrestrita.

Por exemplo, os dados contidos em certidões sobre processos judiciais disponibilizadas pelo Poder Judiciário para aferir a capacidade de solvência do

19. COUNCIL OF EUROPE. *Handbook on European Data Protection Law.* Luxembourg: Publications Office of the Europe Union, 2014. p. 68.

20. BIONI, 2019, Op. cit., p. 269.

21. VIOLA; TEFFÉ, Op. cit., 2021, p. 125.

devedor (réu de uma ação) não são manifestamente públicos, já que, além de terem sido divulgados por terceiros, para acessá-los, é preciso consultar a base de dados do Poder Judiciário, ou seja, aplicar uma espécie de "filtro".[22] Nesse sentido, divulgações para um público limitado não podem ser consideradas manifestamente públicas para fins legais. Ora, os dados não são necessariamente públicos apenas porque uma pessoa específica tem acesso a eles, mas somente caso todos possam acessá-los indistintamente.

Exatamente por isso, a publicação de informações em perfis de redes sociais é um caso limítrofe que merece destaque. Isso porque, se o indivíduo faz uma postagem em um perfil público de rede social, os dados, por óbvio, serão plenamente acessíveis por quem quer que seja e podem, nesse sentido, ser considerados manifestamente públicos.

Em um segundo caso, se o perfil da rede social for privado ou as configurações de privacidade da publicação em específico estiverem ajustadas para que apenas amigos e familiares consigam visualizá-la, não é possível demonstrar, de forma realística, que as informações foram tornadas manifestamente públicas.

A questão fica mais complexa, contudo, em situações nas quais o titular faça uma postagem que se torna pública em virtude das configurações padrão da rede social, mas que intencionalmente era destinada apenas a familiares e amigos.[23] Aqui, é mais difícil ainda demonstrar que alguém tornou as informações manifestamente públicas,[24] ou seja, que o titular intencionalmente divulgou os seus dados pessoais de forma que estes pudessem ser visualizados por todos de forma irrestrita e utilizados ulteriormente.

Nesse sentido, para confirmar se os dados pessoais foram tornados manifestamente públicos pelo titular, é fundamental analisar (i) quem divulgou os dados (se foi o próprio titular ou um terceiro); (ii) o contexto no qual o dado foi tornado público (se há alguma espécie de restrição ou "filtro"); e (iii) a intenção do titular no momento da divulgação.

---

22. BIONI, 2019, Op. cit., p. 270.
23. MANTOUVALOU, Virginia. 'I Lost My Job Over a Facebook Post – Was that Fair?' Discipline and Dismissal for Social Media Activity, 2019. *International Journal of Comparative Labour Law and Industrial Relations*. Faculty of Laws University College London Law Research Paper nº. 2/2018.
24. INFORMATION COMISSIONER'S OFFICE (ICO). *What are the conditions for processing?*

3. PARÂMETROS LEGAIS PARA O TRATAMENTO DOS DADOS PESSOAIS DISPONÍVEIS PUBLICAMENTE

3.1. Critérios específicos para o tratamento equivalente de dados de acesso público

O § 3º do art. 7º da LGPD determina expressamente que o tratamento de dados pessoais de acesso público deve considerar os princípios da boa-fé (art. 6º, *caput*) e da finalidade (art. 6º, I), bem como o interesse público que justificou sua disponibilização. Essa ressalva, em primeiro plano, representa o rompimento definitivo da lógica binária entre o público e o privado e reforça a importância da teoria da privacidade contextual, que leva em especial consideração o contexto pelo qual os dados pessoais são publicamente acessíveis.[25]

Assim, partindo de uma análise contextual a respeito do motivo da publicização, é possível concluir que a compatibilidade do tratamento dos dados de acesso público com as legitimas expectativas do titular e a finalidade e o interesse público pelos quais tais dados foram disponibilizados define a sua legalidade e calibra, no final das contas, os possíveis (re)usos que podem ser feitos desses dados.[26] Ou seja, não há uma combinação perfeita *ex ante* para parametrizar o tratamento, devendo-se analisar contextualmente, caso a caso, como ele deve ser empreendido à luz dos requisitos legais para tanto.

A aplicação do princípio da boa-fé (art. 6º, *caput*, da LGPD) ao tratamento equivalente de dados de acesso público implica, em suma, na observância obrigatória das legítimas expectativas dos titulares, ou seja, remete à ideia de fidelidade no cumprimento da expectativa alheia, honestidade, lealdade e confiança, sob pena de se configurar abuso de direito.

Já o princípio da finalidade, previsto mais especificamente no art. 6º, I, da LGPD, exige que qualquer tratamento de dados pessoais seja realizado para propósitos legítimos, específicos, explícitos e informados ao titular, sem a possibilidade de tratamento posterior de forma incompatível com essas finalidades.

---

25. WIMMER, Miriam. O regime jurídico do tratamento de dados pessoais pelo Poder Público. *In*: DONEDA, Danilo (coord.); SARLET, Ingo Wolfgang (coord.); MENDES, Laura Schertel (coord.); RODRIGUES JUNIOR, Otavio Luiz (coord.); BIONI, Bruno Ricardo (coord.). *Tratado de Proteção de Dados Pessoais*. Rio de Janeiro: Forense, 2021. pp. 277-278.
26. BIONI, Op. cit., 2019, p. 269.

Deve-se respeitar assim a correlação entre o tratamento dos dados pessoais e a finalidade informada ao titular no momento da coleta.[27]

Esse é talvez o critério mais importante para o tratamento dessa subcategoria de dados, já que permite ao agente de tratamento valorar a razoabilidade da utilização de determinados dados pessoais para uma finalidade específica, fora da qual haveria real abusividade.[28] Assim, o princípio da finalidade determina se o tratamento de um dado pessoal recai ou não no campo da ilicitude, tendo em vista que tratar dados em desconformidade com os fins informados não é permitido na LGPD.

O último requisito exigido é a observância do interesse público que justificou a publicização do dado pessoal. O interesse público, em definição consagrada na doutrina brasileira,[29] é aquele resultante do conjunto dos interesses pessoais dos indivíduos quando considerados em sua qualidade de cidadãos. Contudo, há uma enorme dificuldade de delimitação e identificação prática deste conceito, que é tão abstrato. Assim, a compreensão do interesse público assenta-se na proteção dos direitos fundamentais, que transcendem os interesses particulares dos próprios titulares,[30] tornando possível, inclusive, a definição de uma premissa importante: dados pessoais indispensáveis ao atendimento da transparência pública são passíveis de publicização, afastando-se do conhecimento público os demais.[31]

---

27. CUEVA, Ricardo Villas Bôas. A incidência da Lei Geral de Proteção de Dados Pessoais nas atividades do Poder Judiciário. *In:* DONEDA, Danilo (coord.); MENDES, Laura Schertel (coord.); CUEVA, Ricardo Villas Bôas (coord.). Lei Geral de Proteção de Dados (Lei nº 13.709/2018). *A caminho da efetividade: contribuições para a implementação da LGPD*. São Paulo: Thompson Reuters Brasil, 2020. p. 202.

28. SOUZA, Carlos Affonso; MAGRANI, Eduardo; CARNEIRO, Giovana. Lei Geral de Proteção de Dados Pessoais: uma transformação na tutela dos dados pessoais. *In:* MULHOLLAND, Caitlin. *A LGPD e o novo marco normativo no Brasil*. Porto Alegre: Arquipélago, 2020. p. 53.

29. BANDEIRA DE MELLO, Celso Antônio. *Curso de Direito Administrativo*. São Paulo: Malheiros, 2013. p. 62.

30. CUEVA, Ricardo Villas Bôas. Proteção de dados pessoais e direito ao esquecimento. *In*: DONEDA, Danilo (coord.); SARLET, Ingo Wolfgang (coord.); MENDES, Laura Schertel (coord.); RODRIGUES JUNIOR, Otavio Luiz (coord.); BIONI, Bruno Ricardo (coord.). *Tratado de Proteção de Dados Pessoais*. Rio de Janeiro: Forense, 2021. p. 637.

31. MATOS, Ana Carla Harmatiuk; RUZYK, Carlos Eduardo Pianovski. Diálogos entre a Lei Geral de Proteção de Dados e a Lei de Acesso à Informação. *In:* TEPEDINO, Gustavo (coord.); FRAZÃO, Ana (coord.); DONATO, Milena (coord.). *Lei Geral de*

Diante de todo o exposto, é possível concluir que os critérios específicos para o tratamento de dados de acesso público estão intrinsicamente ligados e são interdependentes. Ora, a boa-fé (representada pela legítima expectativa do titular) é consequência da finalidade do tratamento (representada pelo seu objetivo principal), que é pautada pelo interesse público que justificou a disponibilização (representado pelo motivo pelo qual aquele dado deve ser publicizado, ou seja, em virtude da necessidade de proteção e promoção do direito fundamental de acesso do cidadão à informação). Em outras palavras, o motivo (interesse público) da publicização define o objetivo (finalidade) da disponibilização pública do dado pessoal, que delimita, no final das contas, a legítima expectativa do titular (boa-fé).

3.2. Requisitos específicos para o tratamento equivalente de dados pessoais tornados manifestamente públicos pelo titular

A LGPD também disciplina requisitos específicos para o tratamento equivalente de dados pessoais tornados manifestamente públicos pelo titular (art. 7º, § 4º, da Lei), de forma a proteger os dados que são publicados e compartilhados nas redes sociais, bem como os usuários a quem eles se referem. É possível extrair do texto legal a exigência de que o tratamento observe os princípios da LGPD e resguarde os direitos do titular, ainda que seja dispensada a exigência do consentimento prevista no *caput* do art. 7º.

Para além desses requisitos específicos expressos, há que se observar também, assim como na hipótese de dados de acesso público, o contexto no qual tais dados foram tornados manifestamente públicos,[32] especialmente o motivo (ou a intenção do titular) e a finalidade que justificaram a disponibilização,[33]

Proteção de Dados Pessoais e suas repercussões no Direito Brasileiro. 2ª ed. São Paulo: Thomson Reuters, 2020. p. 206.

32. TEPEDINO, Gustavo; TEFFÉ, Chiara Spadaccini de. Consentimento e proteção de dados pessoais na LGPD. *In:* TEPEDINO, Gustavo (coord.); FRAZÃO, Ana (coord.); DONATO, Milena (coord.). *Lei Geral de Proteção de Dados Pessoais e suas repercussões no Direito Brasileiro.* 2ª ed. São Paulo: Thomson Reuters, 2020. pp. 298-299. Ver também: BIONI, Op. cit., 2019, p. 270.

33. FRAJHOF, Izabella Z.; MANGETH, Ana Lara. As bases legais para o tratamento de dados pessoais. *In:* MULHOLLAND, Caitlin. *A LGPD e o novo marco normativo no Brasil.* Porto Alegre: Arquipélago, 2020. p. 86. Ver também: COUNCIL OF EUROPE, Op. cit., 2014, p. 68.

bem como as suas expectativas legítimas em relação ao tratamento que pode vir a ser realizado por terceiros em um segundo momento.[34]

Nesse sentido, é fundamental que a finalidade que motivou a publicização dos dados pessoais seja sempre analisada, para que seja possível averiguar as razões que levaram o titular a disponibilizar certas informações suas publicamente em um contexto específico. Isso porque, caso os dados tornados manifestamente públicos sejam tratados de forma incompatível com o contexto originário, por óbvio, o tratamento será ilegítimo.

De qualquer forma, é certo que os agentes de tratamento deverão observar os princípios da LGPD (art. 6º) e resguardar os direitos dos titulares (arts. 17 a 22) no tratamento dessa subcategoria de dados. Se todos esses critérios forem observados, o tratamento equivalente poderá então ser realizado.

3.3. Parâmetros legais para o tratamento posterior dos dados pessoais disponíveis publicamente

Por fim, o § 7º do art. 7º da LGPD autoriza expressamente o tratamento posterior dos dados pessoais disponíveis publicamente para novas finalidades. Contudo, para tanto, exigem-se quatro requisitos cumulativos, ou seja, o tratamento só poderá ser realizado (i) se as novas finalidades forem legítimas, específicas e compatíveis; (ii) se preservados os direitos do titular nos arts. 17 a 22 da LGPD; (iii) se observados os fundamentos previstos no art. 2º da LGPD; e (iv) se observados os princípios previstos no art. 6º da LGPD. Somente assim, será possível tratar dados pessoais de acesso público e tornados manifestamente públicos para uma nova finalidade, diferente da que justificou a publicização, mas compatível com ela.

De início, cumpre destacar a importância da especificação da finalidade, que determina, em suma, os propósitos para os quais os dados pessoais serão tratados e, indiretamente, até mesmo quais dados pessoais são necessários, adequados e relevantes para o cumprimento de tais propósitos. Dessa forma, são estabelecidos os limites específicos das finalidades para as quais o agente de tratamento pode utilizar os dados coletados, condicionando a sua própria conformidade legal.[35]

---

34. MENDES, Op. cit., 2014, p. 212.
35. ARTICLE 29 DATA PROTECTION WORKING PARTY. *Opinion 03/2013 on purpose limitation, adopted in 2 April 2013*, 2013. p. 15.

Uma finalidade verdadeiramente específica é aquela que é suficientemente detalhada ao ponto de delimitar quais operações de tratamento podem ser realizadas. Ainda, se a finalidade for realmente específica, ela também garantirá previsibilidade ao titular e facilitará a própria avaliação de compatibilidade do tratamento posterior.

Somado a isso, a nova finalidade deve ser legítima, ou seja, deve estar em conformidade com a lei em sentido amplo, o que, a depender do contexto do tratamento, pode envolver não apenas a LGPD, mas também o Código de Defesa do Consumidor, o Marco Civil da Internet, a Lei de Acesso à Informação, a Constituição Federal, ou até mesmo precedentes judiciais. Exatamente por isso, a legitimidade de uma determinada finalidade pode alterar-se com o passar do tempo, a depender do desenvolvimento tecnológico e das mudanças socioeconômicas e culturais.[36]

Não basta, entretanto, que a nova finalidade seja tão somente específica e legítima. Ela deve ser também compatível com a finalidade original. Essa, inclusive, é a própria racionalidade do tratamento posterior dos dados disponíveis publicamente, visto que a flexibilidade adicional conferida pelo § 7º do art. 7º não é ilimitada, mas, já num primeiro momento, condicionada à observância de propósitos legítimos, específicos e compatíveis.

Exatamente por isso, o papel do princípio da finalidade no tratamento posterior não é impedir o uso dinâmico dos dados pessoais e nem mesmo vedar, de forma absoluta, a reutilização de dados, mas restringir o tratamento para novas finalidades incompatíveis com a finalidade original e oferecer uma abordagem normativa balanceada em termos de deveres e obrigações. Concilia-se, de um lado, a tão necessária previsibilidade e segurança jurídica para o titular e, de outro, a necessidade de certo grau de flexibilidade para as empresas tratarem tais dados para novas finalidades.[37]

Somado a isso, destaca-se que a própria redação do princípio da finalidade no art. 6º, I, da LGPD, é marcada pela dupla negativa, ou seja, pela proibição da incompatibilidade ("sem possibilidade de tratamento posterior de forma incompatível com essas finalidades"), o que indica que o legislador optou por conferir certa flexibilidade à utilização posterior dos dados pessoais, inclusive daqueles disponíveis publicamente.[38]

36. ARTICLE 29 DATA PROTECTION WORKING PARTY, Op. cit., 2013, p. 20.

37. WIMMER, Op. cit., 2021, p. 281.

38. ARTICLE 29 DATA PROTECTION WORKING PARTY, Op. cit., 2013, p. 21.

Assim, o fato de o tratamento posterior ser realizado para uma nova finalidade, diferente daquela que justificou a disponibilização pública, não implica automática e necessariamente na incompatibilidade do novo tratamento.[39] Tal análise deve ser feita caso a caso e, por isso, novamente aqui, a teoria da privacidade contextual ganha um papel de destaque. A avaliação de compatibilidade, nesse sentido, acaba sendo bastante complexa e essencialmente contextual. Não é possível, de pronto, avaliar se determinada nova finalidade é ou não compatível sem avaliar todos os critérios anteriormente expostos.

Contudo, independentemente disso, o art. 7º, § 7º, da LGPD exige ainda, para que os dados pessoais disponíveis publicamente possam ser posteriormente tratados para uma nova finalidade, que sejam preservados os direitos do titular e observados os fundamentos e os princípios previstos na LGPD, o que demonstra a necessidade de que a Lei seja sempre interpretada sistematicamente.

Isso porque, ao exigir tal obrigação adicional, a LGPD acaba criando importantes balizas que condicionam a própria moldura legal da hipótese de tratamento posterior dos dados pessoais de acesso público e tornados manifestamente públicos pelo titular. Ou seja, ela prevê uma espécie de "pacote" de requisitos para que o tratamento posterior seja possível. Sem que todos os elementos do "pacote" estejam resguardados, os dados não poderão ser tratados para uma nova finalidade, ainda que ela seja legítima, específica e compatível.

Dessa forma, a maneira que a LGPD encontrou para salvaguardar a contextualização das informações tornadas públicas foi exigir que, ao longo de toda a cadeia de tratamento posterior, ainda que os dados pessoais sejam tratados para novas finalidades (legítimas, específicas e compatíveis), o agente confira previsibilidade ao tratamento, por meio da observância dos princípios e fundamentos da LGPD, e permita que o titular continue exercendo os direitos que lhe são garantidos na Lei em relação aos seus dados pessoais.

Vê-se então que a hipótese autorizativa de tratamento prevista no art. 7º, § 7º não é um cheque em branco nas mãos do agente de tratamento, mas apenas uma válvula de escape, de um lado, à "fadiga do consentimento" para o titular – que não precisa, a todo momento, consentir com cada novo tratamento realizado para uma nova finalidade – e, de outro, à "trava do consentimento" para os agentes de tratamento – que não precisam, a todo momento, coletar o consentimento do titular para qualquer tratamento posterior que forem realizar, desonerando-os de tarefa árdua e, por vezes, inexequível.

---

39. COTS, Márcio; OLIVEIRA, Ricardo. *Lei Geral de Proteção de Dados Pessoais comentada*. 3ª ed. São Paulo: Thomson Reuters Brasil, 2019. p. 78.

Com isso, a LGPD garante, de uma só vez, flexibilidade e segurança jurídica e permite que suas disposições sejam elásticas o suficiente para exigir o cumprimento dos requisitos supramencionados em quaisquer novos tratamentos que venham a ser realizados, o que se torna especialmente importante considerando o atual cenário em que as inovações tecnológicas crescem exponencialmente e ocorrem de forma cada vez mais rápida.

4. *COMPLIANCE* DE DADOS PESSOAIS DISPONÍVEIS PUBLICAMENTE

4.1. Boas práticas para a publicização dos dados pessoais de acesso público

Não há dúvida de que a análise de equivalência ou compatibilidade do tratamento dos dados pessoais de acesso público exige, por vezes, um alto grau de subjetividade e um exercício essencialmente interpretativo, a ser realizado sempre contextualmente e a partir de um caso concreto. Isso acaba criando um espaço de excessiva discricionariedade ao terceiro que trata esses dados já publicizados. Dessa forma, é fundamental que os agentes que disponibilizam publicamente tais dados pessoais, em virtude de uma obrigação legal de publicidade, construam uma cultura de boas práticas, a fim de limitar, na medida do possível, os eventuais (re)usos que podem ser feitos desses dados.

Contudo, como isso poderia ser realizado na prática? Inicialmente, ainda que, na maioria dos casos, os dados pessoais de acesso público tenham sido coletados de forma compulsória, a exemplo daqueles tratados pelo Poder Judiciário, os propósitos do tratamento são facilmente compreendidos pelo contexto da relação entre o titular e o agente de tratamento e, ainda, em virtude da própria natureza dos dados disponibilizados.

Dessa forma, caso o próprio agente disponibilizador forneça informações mais precisas e apuradas acerca da finalidade da publicização, por exemplo, será ainda mais fácil analisar quais são as legítimas expectativas do titular dos dados e, assim, avaliar se o tratamento que se pretende realizar seria permitido ou não à luz das regras específicas da LGPD.

Exatamente por isso, questiona-se como o agente de tratamento pode confirmar, de maneira segura, a "finalidade que justificou a disponibilização" do dado pessoal de acesso público. Ora, seria possível definir finalidades gerais e permanentes para cada base de dados pública? Ou então, defini-las de acordo com cada interesse público específico? Em princípio, a resposta parece ser positiva. O quadro a seguir sintetiza alguns exemplos nesse sentido.

Quadro 1 – Tabela exemplificativa de finalidades gerais extraídas à luz do propósito específico das bases de dados de acesso público

Origem	Finalidade Geral
Registro Público de Imóveis	Garantir a autenticidade, segurança e eficácia dos atos jurídicos relacionados às transações imobiliárias, especialmente quanto à identificação exata do titular do domínio do imóvel e da existência ou inexistência de ônus reais incidentes sobre ele (art. 1º da Lei nº. 6.015/73).
Registro Público de Empresas	Dar garantia, publicidade, autenticidade, segurança e eficácia aos atos jurídicos das empresas mercantis, submetidos a registro; cadastrar as empresas nacionais e estrangeiras em funcionamento no Brasil e manter atualizadas as informações pertinentes; e proceder à matrícula dos agentes auxiliares do comércio, bem como ao seu cancelamento (art. 1º da Lei nº. 8.934/94).
Portal da Transparência	Permitir ao cidadão conhecer, questionar e atuar como fiscal da aplicação de recursos públicos para assegurar que estes sejam bem empregados em benefício da coletividade, a partir do acompanhamento e da verificação das ações da gestão pública na execução das políticas públicas, avaliando os objetivos, processos e resultados (conforme disposto no *site* do Portal da Transparência).
Certidão Judicial	Identificar os termos circunstanciados, inquéritos ou processos em que a pessoa a respeito da qual é expedida figura no polo passivo da relação processual originária (art. 6º da Resolução nº. 121 do Conselho Nacional de Justiça).
Repositório de Dados Eleitorais do TSE	Permitir que pesquisadores, advogados, estudantes, jornalistas e outras pessoas interessadas realizem análises de dados de eleitorado, das candidaturas, dos resultados das eleições, do comparecimento e da abstenção, dos partidos políticos, das prestações de contas eleitorais e partidárias e dos processos e pesquisas eleitorais, viabilizando uma maior participação popular e um maior controle social das ações governamentais e garantindo ao cidadão o acesso às informações de interesse público (conforme disposto no *site* do Tribunal Superior Eleitoral).

Fonte: Elaborada pelos autores.

Caso as finalidades antes destacadas, por exemplo, já fossem indicadas junto à base de dados de acesso público, a discricionariedade e a própria subjetividade da análise de equivalência ou compatibilidade do tratamento desses dados pelo setor privado seriam ínfimas, já que, sendo a finalidade clara, o esforço interpretativo é expressivamente menor. Assim sendo, a indicação da finalidade de publicização de tais dados é uma primeira boa prática que deve ser adotada, na medida do possível, por todos os agentes que disponibilizam dados pessoais publicamente em virtude de uma obrigação legal.

Somado a isso, é também importante requerer um compromisso formal do terceiro que trata esses dados de acesso público, ou seja, que realiza o *download* da base de dados pública e utiliza tais informações em seu modelo de negócio. Isso porque, ainda que tal prática não implique necessariamente em um maior controle sobre a circulação dos dados pessoais de acesso público, certamente inibirá eventuais reusos ilícitos ou discriminatórios, de forma que tais agentes sejam reconduzidos a um ambiente de colaboração, fora do qual eles acabariam conscientemente arriscando-se a serem punidos com alguma sanção mais rígida.

Assim, requerer uma concordância expressa e positiva do agente privado que deseja tratar os dados pessoais de acesso público é fundamental para auxiliar na construção de uma nova cultura de proteção de dados pessoais, seja, por exemplo, a partir da coleta de alguma informação identificadora ou até mesmo permitindo o *download* da base de dados pública tão somente após *login* no *site*. Assim, essa é outra boa prática que deve ser incentivada.

4.2. Boas práticas para o tratamento de dados pessoais disponíveis publicamente pelo setor privado

Especificamente para aqueles que tratam os dados pessoais disponíveis publicamente, é essencial que realizem uma avaliação criteriosa e extensiva de todos os requisitos disciplinados pela LGPD para o tratamento de tais dados em cada um dos possíveis cenários, quais sejam: tratamento equivalente de dados pessoais de acesso público (art. 7º, § 3º, da LGPD), tratamento equivalente de dados pessoais tornados manifestamente públicos pelo titular (art. 7º, § 4º, da LGPD) e tratamento posterior compatível de dados disponíveis publicamente (art. 7, § 7º, da LGPD).

Nesse sentido, o quadro a seguir sintetiza alguns questionamentos práticos que devem ser feitos à luz do caso concreto para confirmar a licitude do tratamento equivalente ou posterior dos dados pessoais disponíveis publicamente.

Quadro 2 – Tabela com questionamentos práticos para confirmação da equivalência ou compatibilidade do tratamento dos dados disponíveis publicamente

Critério	Hipótese de tratamento	Aplicação prática
Princípio da boa-fé	Tratamento equivalente de dados pessoais de acesso público	É possível prever que o tratamento dos dados se encontra dentro dos limites das legítimas expectativas do titular? É razoável prever que o titular dos dados espera que aquele tratamento seja realizado?
	Tratamento equivalente de dados pessoais tornados manifestamente públicos pelo titular	

<table>
<tr><th>Critério</th><th>Hipótese de tratamento</th><th>Aplicação prática</th></tr>
<tr><td rowspan="3">Princípio da finalidade</td><td>Tratamento equivalente de dados pessoais de acesso público</td><td rowspan="3">Qual o objetivo da disponibilização daquele dado?
O tratamento equivalente será realizado para uma finalidade idêntica àquela que justificou a publicização num primeiro momento?
No caso do tratamento posterior, a nova finalidade é específica, legítima e compatível? Ou seja, ela é suficientemente detalhada ao ponto de delimitar quais operações de tratamento poderão ser realizadas, está em conformidade com a lei em sentido amplo e é ainda compatível com aquela que justificou a publicização do dado pessoal?</td></tr>
<tr><td>Tratamento equivalente de dados pessoais tornados manifestamente públicos pelo titular</td></tr>
<tr><td>Tratamento posterior dos dados disponíveis publicamente</td></tr>
<tr><td>Interesse público</td><td>Tratamento equivalente de dados pessoais de acesso público</td><td>Qual o fundamento ou motivo da disponibilização daquele dado?
O novo tratamento estará relacionado ao atendimento da transparência pública ou utilizará de tal pretexto para tratar os dados de forma a garantir benefícios indiretos (por exemplo, por meio da comercialização)?</td></tr>
<tr><td rowspan="2">Princípios da LGPD</td><td>Tratamento equivalente de dados pessoais tornados manifestamente públicos pelo titular</td><td rowspan="2">Todos os princípios da LGPD dispostos no art. 6º serão adequadamente respeitados?</td></tr>
<tr><td>Tratamento posterior dos dados disponíveis publicamente</td></tr>
<tr><td rowspan="2">Direitos do titular</td><td>Tratamento equivalente de dados pessoais tornados manifestamente públicos pelo titular</td><td rowspan="2">Todos os direitos do titular previstos nos arts. 17 a 22 da LGPD serão adequadamente garantidos?</td></tr>
<tr><td>Tratamento posterior dos dados disponíveis publicamente</td></tr>
<tr><td>Fundamentos da LGPD</td><td>Tratamento posterior dos dados disponíveis publicamente</td><td>Os fundamentos da LGPD previstos no art. 2º serão adequadamente observados?</td></tr>
</table>

Fonte: Elaborada pelos autores.

Destaca-se ainda que, para o cumprimento dos requisitos mais gerais de observância dos princípios e fundamentos da LGPD e de garantia dos direitos do titular, é fundamental que seja realizado uma avaliação "personalizada" à luz da natureza dos dados disponíveis publicamente e do contexto no qual eles foram publicizados.

Por exemplo, quando o titular solicitar acesso aos dados pessoais disponíveis publicamente por meio de uma declaração completa (art. 19, II, da LGPD), é recomendável que o agente de tratamento informe detalhadamente a origem de tais dados, indicando a base de dados pública ou a rede social originária, bem como quais categoriais de dados foram lá coletadas e, ainda, sempre que possível, a indicação do *site* ou *link* direto da página em que tais informações foram coletadas. Somente assim, será possível garantir satisfatoriamente o cumprimento desses requisitos mais gerais anteriormente destacados.

5. CONSIDERAÇÕES FINAIS

O presente capítulo buscou realizar uma análise inicial acerca dos parâmetros legais impostos pela LGPD ao tratamento dos dados pessoais de acesso público e dos dados pessoais tornados manifestamente públicos, nomeados, aqui, de forma mais ampla, como dados pessoais disponíveis publicamente, bem como destacar algumas boas práticas que podem ser adotadas na publicização e no tratamento desses dados pessoais.

Quanto aos dados pessoais de acesso público, foi possível verificar que sua qualificação deve considerar essencialmente os seguintes critérios de identificação: (i) a publicidade ampla do dado, ou seja, seu livre acesso pelo público geral; e (ii) a divulgação do dado por terceiros que não o próprio titular. Já em relação aos dados pessoais tornados manifestamente públicos pelo titular, conclui-se ser fundamental analisar (i) quem divulgou os dados; (ii) o contexto no qual o dado foi tornado público; e (iii) a intenção do titular no momento da divulgação.

A partir disso, tornou-se possível analisar detalhadamente os requisitos específicos disciplinados pela LGPD para o tratamento de cada uma dessas subcategorias de dados. Quanto aos critérios específicos para o tratamento de dados pessoais de acesso público previstos no § 3º do art. 7º, constatou-se a existência de três requisitos, quais sejam (i) boa-fé, (ii) finalidade e (iii) interesse público, que estão intrinsicamente ligados e são interdependentes. Paralelamente, quanto aos requisitos específicos para o tratamento de dados pessoais tornados manifestamente públicos pelo titular previstos no § 4º do art. 7º, verificou-se que a equivalência dessa hipótese de tratamento exige uma análise contextual e perpassa ainda a checagem prática dos seguintes critérios normativos: (i) a observância dos princípios da LGPD e (ii) a garantia dos direitos dos titulares.

Quanto à hipótese de tratamento prevista no § 7º do art. 7º da LGPD, que disciplina os parâmetros para o tratamento posterior dos dados pessoais disponíveis publicamente, verificou-se que o tratamento posterior somente poderá ser realizado (i) se as novas finalidades forem legítimas, específicas e compatíveis; (ii) se preservados os direitos do titular; (iii) se observados os fundamentos previstos no art. 2º da LGPD; e (iv) se observados os princípios previstos no art. 6º da LGPD.

Contudo, certamente, para que tais parâmetros sejam observados na prática, torna-se fundamental a adoção de boas práticas específicas, tanto pelos agentes que publicizam os dados pessoais de acesso público, tanto pelos agentes privados que tratam os dados pessoais disponíveis publicamente.

Nesse aspecto, as condutas sugeridas no presente capítulo não devem ser adotadas de forma isolada, mas se somar a tantas outras que venham a ser construídas de forma colaborativa, inclusive em conjunto com a Autoridade Nacional de Proteção de Dados (ANPD), a fim de que a análise de equivalência ou compatibilidade do tratamento dessa categoria de dados torne-se cada vez menos discricionária. Somente assim, será possível construir parâmetros verdadeiramente objetivos para confirmar os possíveis (re)usos lícitos que podem vir a ser realizados a partir dos dados pessoais disponíveis publicamente.

6. REFERÊNCIAS BIBLIOGRÁFICAS

ARTICLE 29 DATA PROTECTION WORKING PARTY. *Opinion 03/2013 on purpose limitation, adopted in 2 April 2013*, 2013.

BANDEIRA DE MELLO, Celso Antônio. *Curso de Direito Administrativo*. São Paulo: Malheiros, 2013.

BIONI, Bruno Ricardo. *Proteção de Dados Pessoais: a função e os limites do consentimento*. 1ª ed. Rio de Janeiro: Forense, 2019.

BIONI, Bruno R.; MENDES, Laura Schertel. Regulamento Europeu de Proteção de Dados Pessoais e a Lei Geral brasileira de Proteção de Dados: mapeando convergências na direção de um nível de equivalência. *In:* TEPEDINO, Gustavo (coord.); FRAZÃO, Ana (coord.); DONATO, Milena (coord.). *Lei Geral de Proteção de Dados Pessoais e suas repercussões no Direito Brasileiro*. 2ª ed. São Paulo: Thomson Reuters, 2020.

CONTROLADORIA-GERAL DA UNIÃO. Manual da Lei de Acesso à Informação para Estados e Municípios. Brasília: Secretaria de Prevenção da Corrupção e Informações Estratégicas, 2013.

COTS, Márcio; OLIVEIRA, Ricardo. *Lei Geral de Proteção de Dados Pessoais comentada.* 3ª ed. São Paulo: Thomson Reuters Brasil, 2019.

COUNCIL OF EUROPE. *Handbook on European Data Protection Law.* Luxembourg: Publications Office of the Europe Union, 2014.

CUEVA, Ricardo Villas Bôas. A incidência da Lei Geral de Proteção de Dados Pessoais nas atividades do Poder Judiciário. *In:* DONEDA, Danilo (coord.); MENDES, Laura Schertel (coord.); CUEVA, Ricardo Villas Bôas (coord.). Lei Geral de Proteção de Dados (Lei nº 13.709/2018). *A caminho da efetividade: contribuições para a implementação da LGPD.* São Paulo: Thompson Reuters Brasil, 2020.

CUEVA, Ricardo Villas Bôas. Proteção de dados pessoais e direito ao esquecimento. *In*: DONEDA, Danilo (coord.); SARLET, Ingo Wolfgang (coord.); MENDES, Laura Schertel (coord.); RODRIGUES JUNIOR, Otavio Luiz (coord.); BIONI, Bruno Ricardo (coord.). *Tratado de Proteção de Dados Pessoais.* Rio de Janeiro: Forense, 2021.

DONEDA, Danilo. *Da privacidade à proteção de dados pessoais.* Rio de Janeiro: Renovar, 2006.

FEDERAL TRADE COMISSION. *Data Brokers. A Call for transparency and accountability.* 2014.

FRAJHOF, Izabella Z.; MANGETH, Ana Lara. As bases legais para o tratamento de dados pessoais. *In:* MULHOLLAND, Caitlin. *A LGPD e o novo marco normativo no Brasil.* Porto Alegre: Arquipélago, 2020.

FRAZÃO, Ana. Fundamentos da proteção dos dados pessoais – Noções introdutórias para a compreensão da importância da Lei Geral de Proteção de Dados. *In:* TEPEDINO, Gustavo (coord.); FRAZÃO, Ana (coord.); DONATO, Milena (coord.). *Lei Geral de Proteção de Dados Pessoais e suas repercussões no Direito Brasileiro.* 2ª ed. São Paulo: Thomson Reuters, 2020.

INFORMATION COMISSIONER'S OFFICE (ICO). *What are the conditions for processing?*

INTERNETLAB. *[especial] O que são dados públicos?* Internet Lab Reporta, 2016.

KOSINSKI, Michal; STILLWELL, David; GRAEPEL, Thore. *Private traits and attributes are predictable from digital records of human behavior.*

MANTOUVALOU, Virginia. 'I Lost My Job Over a Facebook Post – Was that Fair?' Discipline and Dismissal for Social Media Activity, 2019. *International Journal of Comparative Labour Law and Industrial Relations.* Faculty of Laws University College London Law Research Paper nº. 2/2018.

MATOS, Ana Carla Harmatiuk; RUZYK, Carlos Eduardo Pianovski. Diálogos entre a Lei Geral de Proteção de Dados e a Lei de Acesso à Informação. *In*: TEPEDINO, Gustavo (coord.); FRAZÃO, Ana (coord.); DONATO, Milena (coord.). *Lei Geral de Proteção de Dados Pessoais e suas repercussões no Direito Brasileiro.* 2ª ed. São Paulo: Thomson Reuters, 2020.

MENDES, Laura Schertel. A Lei Geral de Proteção de Dados Pessoais: um modelo de aplicação em três níveis. *In:* SOUZA, Carlos Affonso; MAGRANI, Eduardo; SILVA, Priscila (Coord.). *Lei Geral de Proteção de Dados – Caderno Especial.* São Paulo: Revista dos Tribunais, 2019.

RODOTÀ, Stefano. *A vida na sociedade da vigilância. A privacidade hoje.* Trad. Danilo Doneda e Laura Cabral Doneda. Rio de Janeiro: Renovar, 2008.

SCHERTEL, Laura. *Privacidade, proteção de dados e defesa do consumidor. Linhas gerais de um novo direito fundamental.* São Paulo: Saraiva, 2014.

SOUZA, Carlos Affonso; MAGRANI, Eduardo; CARNEIRO, Giovana. Lei Geral de Proteção de Dados Pessoais: uma transformação na tutela dos dados pessoais. *In:* MULHOLLAND, Caitlin. *A LGPD e o novo marco normativo no Brasil.* Porto Alegre: Arquipélago, 2020.

TEPEDINO, Gustavo; TEFFÉ, Chiara Spadaccini de. Consentimento e proteção de dados pessoais na LGPD. *In:* TEPEDINO, Gustavo (coord.); FRAZÃO, Ana (coord.); DONATO, Milena (coord.). *Lei Geral de Proteção de Dados Pessoais e suas repercussões no Direito Brasileiro.* 2ª ed. São Paulo: Thomson Reuters, 2020.

VIOLA, Mario; TEFFÉ, Chiara Spadaccini de. Tratamento de dados pessoais na LGPD: Estudo sobre as bases legais dos artigos 7.º e 11. *In*: DONEDA, Danilo (coord.); SARLET, Ingo Wolfgang (coord.); MENDES, Laura Schertel (coord.); RODRIGUES JUNIOR, Otavio Luiz (coord.); BIONI, Bruno Ricardo (coord.). *Tratado de Proteção de Dados Pessoais.* Rio de Janeiro: Forense, 2021.

WIMMER, Miriam. O regime jurídico do tratamento de dados pessoais pelo Poder Público. *In*: DONEDA, Danilo (coord.); SARLET, Ingo Wolfgang (coord.); MENDES, Laura Schertel (coord.); RODRIGUES JUNIOR, Otavio Luiz (coord.); BIONI, Bruno Ricardo (coord.). *Tratado de Proteção de Dados Pessoais.* Rio de Janeiro: Forense, 2021.

O PAPEL DOS MECANISMOS DE *COMPLIANCE* PARA A OPERACIONALIZAÇÃO DO ACESSO A DADOS E DA PORTABILIDADE

DANIELA COPETTI CRAVO[1]

DANIELA SEADI KESSLER[2]

1. Doutora e Pós-Doutora em Direito pela UFRGS. Procuradora do município de Porto Alegre. Diretora Acadêmica da ESDM. Integrante do GT de implementação da LGPD no município de Porto Alegre. Autora do livro "Direito à Portabilidade de Dados" (2018) e Coautora do Livro "Portabilidade de Dados na Lei Geral de Proteção de Dados" (2020).
2. Advogada. Mestre em Direito pela UFRGS. Pós-Graduada (L.L.M.) em Direito dos Negócios pela UNISINOS. Graduada pela PUCRS, com intercâmbio acadêmico na *Universidad Autónoma de Madrid* – UAM. Professora convidada para ministrar aulas em cursos livres e cursos de Direito em Universidades nacionais. Palestrante em eventos nacionais e internacionais. Coautora do livro "Direito à Portabilidade na Lei Geral de Proteção de Dados" (2020).

1. INTRODUÇÃO

A entrada em vigor da Lei Geral de Proteção de Dados (LGPD) – Lei n.º 13.709/2018 – trouxe a necessidade imediata de conformação dos agentes de tratamento com as previsões legais, traduzida na adoção de medidas que visem ao cumprimento dos princípios atinentes à proteção de dados pessoais.

Entre os princípios norteadores da proteção de dados, pode-se citar o *accountability*, ou princípio da responsabilização e prestação de contas, previsto no art. 6º, inciso X, da LGPD, por meio do qual objetiva-se que os agentes de tratamento adotem "*medidas eficazes e capazes de comprovar a observância e o cumprimento das normas de proteção de dados pessoais e, inclusive, da eficácia dessas medidas*".

Para fins de adequação a tal princípio, o sistema de gestão de *compliance* de dados mostra-se como a medida apta a promover o cumprimento das normas protetivas de dados pessoais de forma eficaz.[3] Isso porque o *compliance* tem como objetivo definir um complexo conjunto de mecanismos – políticas, controles internos e procedimentos – que permite assegurar, diante de um cenário de riscos potenciais, com a necessária eficácia, a conformidade dos envolvidos à determinada orientação normativa.[4]

O risco, sua análise e seu gerenciamento, são, portanto, os motivos da existência de um sistema de gestão de *compliance*.[5] Na construção de um programa de *compliance*, entre os principais riscos a serem identificados, associados à proteção de dados, está a garantia da implementação de um sistema que assegure, de forma plena, o exercício dos direitos dos titulares dos dados pessoais.

---

3. SAAVEDRA, Giovani Agostini. Compliance de dados. In: MENDES, Laura Schertel; DONEDA, Danilo; SARLET, Ingo Wolfgang; RODRIGUES JR., Otavio Luiz. *Tratado de proteção de dados pessoais*. Rio de Janeiro: Forense, 2021, p. 731.
4. SAAVEDRA. *Op. Cit.*, 2021, p. 729.
5. SAAVEDRA. *Op. Cit.*, 2021, p. 734.

Isto é, a entidade que trata dados deve realizar uma análise investigativa para verificar se é possível identificar a totalidade de dados tratados de um mesmo indivíduo, para garantir a esse titular o pleno acesso aos seus dados, assim como a possibilidade de retificá-los, apagá-los, opor-se ao seu tratamento, portá-los, receber cópia desses dados, e assim por diante.[6]

A LGPD, como é possível verificar do seu texto, previu um extenso rol de direitos aos titulares dos dados, de forma a garantir sua participação ativa na gestão dos dados. Entre esses direitos, cujo exercício deve ser assegurado pelo controlador, previstos no art. 18 da LGPD, e que aqui interessam, estão o (i) direito ao acesso (art. 18, II, LGPD) e o (ii) direito à portabilidade de dados (art. 18, V, da LGPD).

Assim, para fins de possibilitar tanto o acesso aos dados como a portabilidade de dados pessoais pelo titular, é necessário que o agente que realiza o tratamento desses dados avalie se possui processos estruturados e meios de atendimento a tais direitos nas formas da lei.[7] Ou seja, se seus canais de atendimento estão aptos a receber o requerimento dos titulares dos dados (art. 18, § 3º, da LGPD), sem a imposição de quaisquer custos e no tempo e na forma previstos em futuro regulamento (art. 18, § 5º, da LGPD).

Quanto ao acesso, como uma etapa anterior necessária ao exercício da maior parte dos outros direitos dos titulares dos dados,[8] já que para o exercício dos demais direitos o titular necessita obter do controlador a informação acerca de quais dados exatamente são tratados e como são tratados, é necessário que o agente de tratamento, para fins de cumprir a lei, investigue se os dados são de fato acessíveis pelos titulares.[9]

Já no que toca à portabilidade de dados, uma preocupação recorrente diz respeito aos custos de *compliance*, que podem ser um ônus muito grande para pequenas empresas. Segundo Carolina Banda, as grandes empresas podem

---

6. FRAZÃO, Ana; OLIVA, Milena Donato; ABILIO, Vivianne da Silveira. *Compliance de dados pessoais*. In: TEPEDINO, Gustavo; FRAZÃO, Ana; OLIVA, Milena Donato (coord.). Lei geral de proteção de dados pessoais e suas repercussões no direito brasileiro. São Paulo: Thomson Reuters Brasil, 2019, p. 677-715, p. 701.
7. BUTALLA, Vanessa Araújo. Uma abordagem prática sobre a implementação da LGPD. In: BLUM, Renato Opice (org.). Proteção de dados: desafios e soluções na adequação à lei. Rio de Janeiro: Forense, 2020, p. 275.
8. AUSLOOS, Jef; DEWITTE, Pierre. Shattering one-way mirrors – data subject access rights in practice. *International Data Privacy Law*, vol. 8, n. 1, 2018, p. 4-28.
9. FRAZÃO; OLIVA; ABILIO. *Op. Cit.*, 2019, p. 701.

estar dispostas a desenvolver *softwares* para responder à portabilidade. Já para as pequenas empresas e *startups*, os esforços são consideráveis, além de poder representar até mesmo uma barreira de entrada no mercado.[10]

Ao mesmo tempo que a portabilidade é uma das maiores inovações trazidas nas contemporâneas legislações de proteção de dados, essa também representa um dos maiores desafios ao mercado. Preocupações quanto à segurança na transmissão dos dados ou quanto à interoperabilidade são inevitáveis. Assim, inúmeras dúvidas surgem quanto à forma de implementação da portabilidade de dados e aos seus contornos.

2. DIREITO DE ACESSO

2.1. O que é o Direito de Acesso

A LGPD trouxe um catálogo específico de direitos ao titular dos dados, no seu Capítulo III. Ao lado dos direitos conhecidos como ARCO (acesso, retificação, cancelamento e oposição),[11] há uma série de outros direitos destinados aos titulares que foram previstos pela LGPD, como o da portabilidade de dados.

O direito de acesso, em específico, visa ao empoderamento dos indivíduos e tem como objetivo o incremento do *monitoramento* dos dados pelos seus titulares. Trata-se da possibilidade de acesso a (i) quais dados pessoais seus são mantidos pelos controladores; (ii) como esses dados estão sendo processados e (iii) com quem estão sendo ou podem vir a ser compartilhados esses dados. Portanto, é a capacidade de obter acesso aos principais objetivos do processamento, a identidade e a localização do controlador que caracterizam o direito de acesso.[12]

Esse direito ao acesso, portanto, oportuniza o rompimento das assimetrias informacionais tão presentes no contexto da prestação de serviços e produtos na sociedade da informação. Sua atuação é vista, inclusive, como "pré-condição natural", uma primeira etapa necessária para permitir o exercício da maior parte dos outros direitos dos titulares dos dados. A retificação, o apagamento, o bloqueio dos dados pessoais ou mesmo a oposição ao tratamento não seriam

10. BANDA, Carolina, Enforcing Data Portability in the Context of EU Competition Law and the GDPR. *MIPLC Master Thesis Series*, 2016/17.

11. FEIGELSON, Bruno; SIQUEIRA, Antonio Henrique Albani (Coord.). Comentários a Lei Geral de Proteção de Dados – Lei 13.709/2018. São Paulo: Thomson Reuters Brasil, 2019, p. 119.

12. AUSLOOS; DEWITTE. *Op. Cit.*, 2018.

de simples exercício, ou até mesmo possíveis, se o titular dos dados não tivesse meios de obter do controlador a informação acerca de quais dados exatamente são tratados e como são tratados.

Além disso, o direito de acesso é uma ferramenta estratégica para avaliar o cumprimento da legislação de proteção de dados de forma mais ampla, possibilitando aos titulares dos dados *monitorarem* a conformidade dos responsáveis pelo tratamento com os princípios gerais que regem o tratamento de dados pessoais – artigo 6º da LGPD.[13]

2.2. Diferença entre o direito à portabilidade e o direito de acesso

Durante os trâmites do processo legislativo do RGPD (Regulamento Geral sobre a Proteção de Dados), sustentou-se a possibilidade de inserir a portabilidade de dados dentro do direito de acesso. Não foi essa a opção adotada no texto final do Regulamento, que acabou consagrando a portabilidade como um direito autônomo e distinto do direito de acesso.[14] Isso porque, ainda que ambos os direitos estejam centrados no aumento de controle dos titulares sobre seus dados, o direito de acesso, diferentemente da portabilidade, atende ao monitoramento dos dados e não à sua circulação, de maneira que sua limitação transparecerá justamente no que diz respeito à *reutilização* e livre mobilidade dos dados pessoais acessados.

Nesse sentido, o Grupo de Trabalho do Artigo 29, ao tratar das diretrizes sobre o direito à portabilidade de dados, esclarece que o verdadeiro problema enfrentado pelos titulares dos dados quando solicitam o *acesso* aos seus dados é a "*limitação do formato escolhido pelo responsável pelo tratamento para fornecer as informações solicitadas*".[15] Por tal razão é que se entende que o direito à portabilidade de dados *complementa o direito de acesso*, uma vez que a portabilidade de dados buscará trazer precisão quanto ao formato em que as informações devem ser fornecidas, já que, para sua efetivação, é necessário que os dados sejam passíveis de reutilização.[16]

13. AUSLOOS; DEWITTE. *Op. Cit.*, 2018.
14. FIDALGO, Vitor Palmela. O direito à portabilidade de dados pessoais. *Revista de Direito e Tecnologia*, vol. 1, n. 1, 2019, p. 91.
15. ARTICLE 29 DATA PROTECTION WORKING PARTY. *Guidelines on the right to data portability*. Brussels: European Commission, 2016, p. 3.
16. AUSLOOS; DEWITTE. *Op. Cit.*, 2018.

É possível perceber, assim, que enquanto no direito de acesso não resta assegurada a reutilização dos dados por outro responsável pelo tratamento, essa possibilidade está no coração do direito à portabilidade. É a reutilização a necessidade primária para a consagração da portabilidade.

A portabilidade, portanto, pode ser vista como um passo à frente, uma evolução diante do direito de acesso, já que o formato dos dados não estaria mais limitado ao escolhido pelo controlador, além de possibilitar a reutilização dos dados[17] pelo próprio titular ou por outro controlador. Daí se depreende que o direito à portabilidade é uma verdadeira novidade do RGPD, já que a antiga Diretiva 95/46/CE não trazia esse direito tão moderno.[18]

No âmbito do direito ao acesso, como previsto na Diretiva europeia 95/46/EC, ao titular dos dados era permitido o acesso a todos os dados a si relacionados, porém, ficando limitado ao formato escolhido pelo controlador dos dados, já que, como dito, não é o objetivo do direito de acesso a transferência dos dados a outro controlador ou a livre circulação desses dados no universo digital. Por outro lado, o novo direito à portabilidade, que visa ao *empoderamento* dos sujeitos com relação aos seus dados pessoais,[19] recebe a *interoperabilidade* com salutar relevância para o seu exercício.[20]

Outra diferença entre o direito de acesso e de portabilidade pode ser retirada da sua aplicação no âmbito europeu, em que é possível verificar com mais clareza os limites e a aplicabilidade de cada um desses. É possível denotar do RGPD que a portabilidade abrange apenas os dados fornecidos pelo titular, e tão somente quando o tratamento é automatizado e baseado no consentimento ou na execução de um contrato.[21] Tais restrições e limitações, no entanto, não

---

17. DUARTE, Diogo Pereira; GUSEINOV, Alexandra. *O direito de portabilidade de dados pessoais*. In: CORDEIRO, Antônio Menezes; OLIVEIRA, Ana Perestrelo; DUARTE, Diogo Pereira Duarte (coord.). FinTechII: Novos estudos sobre tecnologia financeira. Coimbra: Almedina, 2019, p. 110.
18. Cabe mencionar, no entanto, que já havia, na Diretiva 95/46/CE, o direito de acesso.
19. MARTINELLI, Silvia. *Sharing data and privacy in the platform economy: the right to data portability and "porting rights"*. In: Reins L. (ed.). Regulating New Technologies in Uncertain Times. Information Technology and Law Series, vol. 32, T.M.C Asser Press, The Hague, 2019.
20. DUARTE; GUSEINOV. *Op. Cit.*, 2019.
21. GRAEF, Inge, HUSOVEC, Martin Husovec, PURTOVA, Nadezhda. Data portability and data control: lessons for an emerging concept in EU law. *German Law Journal 2018*, vol. 19, no. 6, 2017, p. 1367.

se aplicam ao direito de acesso no âmbito do RGPD, de forma que o direito de acesso e o direito à portabilidade acabam se complementando.[22]

No Brasil, não houve uma clara distinção entre portabilidade e direito de acesso, como aconteceu no âmbito europeu. Alguns aspectos que no RGPD constam dentro do direito à portabilidade, foram inseridos, na LGPD, no âmbito do direito de acesso, como pode ser visto no § 3º do artigo 19 da LGPD.

Cabe a reflexão se essa escolha do legislador brasileiro foi acertada, uma vez que parece existir certo descompasso e desarmonia entre o previsto no inciso V do artigo 18, que não limita a portabilidade ao tratamento embasado no consentimento ou em um contrato, e o disposto no § 3º do artigo 19 da LGPD. Ademais, no âmbito brasileiro, facultou-se ao titular a escolha quanto ao meio de fornecimento do direito de acesso, se por meio eletrônico ou sob forma impressa (art. 19, § 2º, da LGPD).

2.3. Como implementar o direito de acesso

A adoção de mecanismos de *compliance* que garantam aos titulares o direito de acesso a seus dados se traduz em valioso instrumento para a prevenção de danos aos titulares dos dados e para assegurar a conformação dos agentes de tratamento com a LGPD.[23] Qualquer que seja a base legal autorizativa para o tratamento dos dados pessoais, o agente deve observar o cumprimento dos ditames legais.[24]

Dessa forma, como medida prévia para assegurar a conformidade com a lei no que diz respeito ao direito de acesso, é importante que seja analisado pelo controlador dos dados o seguinte ponto: é possível ao titular dos dados realizar a consulta gratuita e facilitada a todos os seus dados pessoais tratados pela empresa, inclusive sobre a forma como são tratados e a duração do tratamento?

A depender da resposta dada ao referido questionamento, será possível averiguar se o tratamento dos dados pessoais está sendo realizado em conformidade com a norma norteadora do direito ao acesso e, mais especificamente, com o princípio do livre acesso aos dados (art. 6º, IV, da LGPD).[25] Para fins de

---

22. STIFTUNG DATENSCHUTZ. *Practical Implementation of the Right to Data Portability*. Disponível em: <https://stiftungdatenschutz.org/fileadmin/Redaktion/Datenportabilitaet/studie-datenportabilitaet.pdf>. Acesso em: 3 de out. de 2020.
23. FRAZÃO; OLIVA; ABILIO. *Op. Cit., 2019*, p. 682.
24. BUTALLA. *Op. Cit.*, p. 275.
25. *Idem.*

cumprimento da eventual requisição de acesso por parte dos titulares, a empresa deve ser capaz de compreender quem são os titulares dos dados que estão sendo tratados e quais os dados sobre esse titular são objeto de tratamento pela empresa, inclusive onde são coletados, como são gerenciados, qual seu fluxo na empresa e quem tem acesso a esses dados.[26]

Assim, uma das formas de assegurar o atendimento, de maneira efetiva e eficaz, a um pedido de acesso aos dados pessoais é por meio da realização prévia de mapeamento de dados (*data maping* ou *data map*) e de inventários de dados.[27] A realização do mapeamento de dados é um dos mecanismos considerados indispensáveis a um sistema de *compliance*.[28]

A partir da elaboração do *data maping*, torna-se possível averiguar os fluxos internos das diferentes classes de dados pessoais objetos de tratamento por determinada entidade, mediante um registro meticuloso das operações de tratamento, possibilitando a identificação: (i) dos dados tratados; (ii) de como é realizada a coleta dos dados; (iii) da origem dos dados tratados; (iv) da finalidade do tratamento de cada dado pessoal objeto de tratamento; (v) do setor interno da empresa responsável pelo tratamento de cada dado; (vi) de eventuais entidades com as quais determinado dado é compartilhado ou por meio da qual é recebido; (vii) do período de guarda e retenção dos dados tratados; (viii) das medidas de segurança adotadas; (ix) das categorias especiais de dados objeto de tratamento.[29]

A implementação de um mapa de dados e sua manutenção requerem esforço e tempo por parte dos setores da empresa, mediante o envolvimento de não apenas uma única área, mas de várias, como o jurídico, a área de TI, o encarregado e a área de segurança da informação. Por isso a importância de se criar um *teamwork* para tal finalidade.[30]

---

26. JAUSOVEC, Sabina. How to operationalize privacy compliance and data subject request? In: BLUM, Renato Opice; VAINZOF, Rony; MORAES, Henrique Fabretti (coord.). Data protection officer (encarregado): teoria e prática de acordo com a LGPD e o GDPR. 1. ed. São Paulo: Thomson Reuters Brasil, 2020, p. 210.
27. *Idem.*
28. CARVALHO, Vinicius Marques de; MATTIUZZO, Marcela; PONCE, Paula Pedigoni. Boas práticas e governança na LGPD. In: MENDES, Laura Schertel; DONEDA, Danilo; SARLET, Ingo Wolfgang; RODRIGUES JR., Otavio Luiz. Tratado de proteção de dados pessoais. Rio de Janeiro: Forense, 2021, p. 361-387, p. 367.
29. *Idem.*
30. JAUSOVEC, Sabina. How to operationalize privacy compliance and data subject request? In: BLUM, Renato Opice; VAINZOF, Rony; MORAES, Henrique Fabretti (coord.). Data protection officer (encarregado): teoria e prática de acordo com a LGPD e o GDPR. 1. ed. São Paulo: Thomson Reuters Brasil, 2020, p. 199-223, p. 212.

Outro mecanismo de *compliance* de dados que pode auxiliar na observância do direito de acesso é por meio da utilização de uma Plataforma de Gestão de Consentimento. Tal plataforma é capaz de coletar e armazenar informações sobre o consentimento do titular, bem como gerenciar as solicitações desse.

2.4. A quem deve ser feito o pedido de acesso?

No artigo 18, *caput*, a LGPD menciona que o titular dos dados tem direito a obter do "controlador" os seus direitos. Já no § 1º do mesmo artigo a lei determina que o titular dos dados tem o direito de peticionar contra o "controlador". No § 4º também há menção ao controlador, que deve responder ao titular. Ainda, no artigo 20, § 1º, da LGPD, há previsão de que a explicação pelas decisões automatizadas deve ser feita pelo controlador.

Veja-se, portanto, que a LGPD faz expressa menção ao controlador. Apenas no § 3º do art. 18 que a lei fala em agente de tratamento, amplo senso. De qualquer forma, mesmo assim é possível concluir que cabe ao controlador atender aos direitos dos titulares, embora possa pedir auxílio ou colaboração do operador.[31]

Ainda, em um cenário de uma organização que trata uma quantidade razoável de dados, a figura de um *data protection officer* – DPO ("encarregado") – recebe especial relevância no que diz respeito ao atendimento ao requerimento de acesso aos dados realizado pelos titulares. Conforme a LGPD prevê, em seu art. 41, § 2º, I, está entre as atribuições do encarregado "*aceitar reclamações e comunicações dos titulares, prestar esclarecimentos e adotar providências*", evidenciando-se o relevante papel desse agente no que diz respeito ao exercício dos direitos dos titulares dos dados e à mitigação de riscos.

2.5. Mecanismos para recebimento dos pedidos de acesso

Para que seja possível atender aos pedidos de acesso feitos pelos titulares de forma eficiente, é relevante que a empresa esteja munida de um programa de governança desenhado de forma a possibilitar a sistematização das solicitações feitas pelos titulares dos dados. Para tanto, além da necessidade de sustentação dos mapas de dados, é importante: contar com funcionários treinados para o atendimento às solicitações e com mecanismos que facilitem esse atendimento; desenvolver políticas internas para o atendimento a tais pedidos; bem como

31. EDPB. *Guidelines 07/2020 on the concepts of controller and processor in the GDPR*. Disponível em: Guidelines 07/2020 on the concepts of controller and processor in the GDPR | Comitê Europeu para a Proteção de Dados (europa.eu). Acesso em: 15 de fev. de 2021.

manter-se em constante monitoramento acerca dos principais indicadores de desempenho da empresa em tal sentido.[32]

Considerando que as empresas estão livres para estabelecer a forma pela qual o titular deve realizar a solicitação, a criatividade dos setores envolvidos na criação de mecanismos aptos à garantia do exercício do direito de acesso pode ser explorada, desde que, ao final, mostre-se eficiente, eficaz e sem custos ao titular.

2.6. Autenticação do titular

Um ponto de inflexão diz respeito a possíveis violações aos princípios da LGPD quando no procedimento de autenticação do titular para fins do exercício de algum direito. Nessa fase, é importante que não haja a coleta desnecessária de mais dados pessoais, bem como é preciso evitar fraudes por pessoas mal-intencionadas.

Uma possibilidade é a utilização da autenticação por dois fatores ou a solicitação de que o requerente digite sua senha. Ainda, pode ser enviado um e-mail ao endereço de cadastro do requerente, a fim de que ele confirme se realmente deseja continuar com aquela requisição (e até mesmo impeça a transferência caso não reconheça aquela requisição).[33]

Tais vulnerabilidades no exercício dos direitos dos titulares reforçam a necessidade da confecção de normas complementares ou orientações pela Autoridade Nacional de Proteção de Dados (ANPD) no Brasil. Infelizmente, os direitos dos titulares ficaram na Fase 3 da Agenda Regulatória, com previsão de início do processo de regulamentação apenas para o primeiro semestre de 2022.[34]

2.7. Resposta ao titular (prazo e outras peculiaridades)

O prazo para atendimento ao requerimento realizado pelo titular dos dados – ou seu representante legal – é mais um dos pontos em aberto previstos na LGPD. O art. 18, § 5º, deixa claro que tal questão será objeto de futura regulamentação.

Portanto, o que se tem, por enquanto, é a previsão do § 4º do art. 18, que estabelece que deve haver, por parte do controlador, "*a adoção imediata da*

---

32. JAUSOVEC. *Op. Cit.*, 2020, p. 212.
33. FACEBOOK. Comments to the Federal Trade Commission on Data Portability. Disponível em: <https://about.fb.com/wp-content/uploads/2020/08/Facebook-Comments-to-FTC-on-Data Portability.pdf>. Acesso em 25 de out. de 2020.
34. BRASIL. PORTARIA Nº 11, DE 27 DE JANEIRO DE 2021. Disponível em: https://www.in.gov.br/en/web/dou/-/portaria-n-11-de-27-de-janeiro-de-2021-301143313. Acesso em: 15 de fev. de 2021.

providência" requerida pelo titular dos dados, e o dever de, no caso de impossibilidade de atendimento instantâneo à requisição, "*indicar as razões de fato ou de direito que impedem a adoção imediata da providência*".

O RGPD, no ponto, foi mais específico, prevendo a obrigatoriedade de observância do prazo máximo de um mês do recebimento da requisição de portabilidade para os controladores tomarem as medidas. Além disso, a própria lei europeia permite a extensão desse prazo ao tempo máximo de dois meses, na medida em que o pedido se mostrar complexo ou que o controlador esteja enfrentando uma quantidade grande de pedidos.[35] Nesse caso, em se verificando a necessidade de prorrogação do prazo ou mesmo impossibilidade de efetivação da medida, o controlador está obrigado a informar ao titular dos dados os motivos da demora e ainda da possibilidade de realizar reclamação perante a autoridade de proteção de dados ou ingressar com processo judicial.

Quanto à resposta ao titular, o § 4º do artigo 18 da LGPD dispõe que, no caso de impossibilidade de providências imediatas para o exercício do direito, o controlador enviará ao titular resposta em que poderá: (i) comunicar que não é agente de tratamento dos dados e indicar, sempre que possível, o agente; (ii) indicar as razões de fato ou de direito que impedem a adoção imediata da providência.

Ainda, o § 5º do referido artigo menciona que o requerimento será atendido sem custos para o titular,[36] nos prazos e nos termos previstos em regulamento, o que vale também para a portabilidade.

3. Direito à portabilidade de dados pessoais

3.1. O que é portabilidade de dados pessoais

De forma ampla, a portabilidade de dados pode ser definida como uma hipótese *per se* de reuso dos dados pessoais pelo titular. Tal direito tem o condão de transformar "passive data subjects into active reusers".[37]

---

35. BANDA. *Op. Cit.*, p. 38.

36. Como bem afirma Ana Frazão: "o direito à portabilidade, para atingir tais propósitos, deve ser fácil, gratuito e assegurado de modo a permitir a usabilidade dos dados com eficiência e segurança" (FRAZÃO, Ana. *Nova LGPD: direito à portabilidade*. Disponível em: <https://www.jota.info/opiniao-e-analise/colunas/constituicao-empresa-e-mercado/nova-lgpd-direito-a-portabilidade-07112018>. Acesso em: 5 de janeiro de 2019.). Ademais, há a defesa de que o titular não precisa apresentar uma justificativa para exercer o seu direito à portabilidade.

37. CUSTERS, Bart; URŠI , Helena. Big data and data reuse: a taxonomy of data reuse for balancing big data benefits and personal data protection. *International Data Privacy Law*, 2016.

Ao positivar o direito à portabilidade de dados pessoais, a LGPD foi extremamente sintética, limitando-se a afirmar que (i) a portabilidade será realizada entre um fornecedor a outro, mediante requisição expressa, de acordo com a regulamentação da autoridade nacional, observados os segredos comercial e industrial (inciso V do art. 18);[38] (ii) que não se inclui nessa os dados já anonimizados (art. 18, § 7º); (iii) que a autoridade nacional poderá dispor sobre padrões de interoperabilidade para fins de portabilidade (art. 40); e (iv) que o uso compartilhado entre controladores de dados pessoais sensíveis referentes à saúde é vedado, exceto, entre outras exceções, para permitir a portabilidade de dados quando solicitada pelo titular (§ 4º, inciso I, do art. 11).

Apesar dessa redação bem limitada da LGPD, entende-se que a portabilidade de dados no Brasil deve ter um conceito amplo, podendo ser definida da seguinte forma (em uma linha semelhante com o que foi estabelecido no artigo 20 do RGPD):

> a portabilidade de dados pessoais é o direito do titular dos dados (i) de receber do controlador os dados pessoais que lhe digam respeito, num formato eletrônico, para uso e/ou armazenamento; (ii) de transmitir esses dados a outro controlador, no momento presente ou futuro; e (iii) de requerer que os seus dados pessoais sejam transferidos diretamente a outro controlador (receptor), sempre que isso seja tecnicamente possível.[39]

Veja-se que as duas primeiras hipóteses (i) e (ii) já encontram embasamento legal no Brasil, muito embora dentro do direito de acesso, como pode ser visualizado no § 3º do artigo 19 da LGPD. Assim, essas duas formas de exercício podem ser exigidas pelo titular, bem como a hipótese (iii), prevista no próprio inciso da portabilidade de dados (art. 18, inciso V, da LGPD).

Cabe a reflexão, no entanto, se essa divisão da portabilidade (duas primeiras hipóteses dentro do direito de acesso e a terceira no direito à portabilidade) pelo legislador foi acertada, uma vez que parece existir certo descompasso e

---

38. Tal disposição dá a entender que essa transferência será direta entre os controladores.
39. Defende-se que a expressão "tecnicamente possível" não deve ser interpretada de maneira ampla, uma vez que a transferência direta de dados entre controladores é a forma mais efetiva de portabilidade, em termos de efeitos positivos à sociedade e ao mercado. GRAEF, Inge; HUSOVEC, Martin; VAN DEN BOOM, Jasper. Spill-Overs in Data Governance: The Relationship Between the GDPR's Right to Data Portability and EU Sector-Specific Data Access Regimes, *TILEC Discussion Paper No. DP 2019-005*, 2019, p. 23.

desarmonia entre o previsto no inciso V do artigo 18, que não limita a portabilidade ao tratamento embasado no consentimento ou em um contrato, e o disposto no § 3º do artigo 19 da LGPD.

Justamente para evitar essa fragmentação, entende-se que essas formas de exercício (cópia dos dados e utilização/transferência a outro controlador) deveriam constar dentro da disciplina da portabilidade, como ocorrido no RGPD, no artigo 20 (n.º 1 e n.º 2)[40]. Ademais, como o direito trazido no § 3º do artigo 19 da LGPD possibilita o reuso, entende-se que tal possibilidade está muito mais afeta à portabilidade do que ao direito de acesso.

Por fim, é importante registrar que o exercício da portabilidade de dados não implica, por si só, o encerramento da relação estabelecida entre o titular e o controlador (transmissor), nem a eliminação dos dados, exceto se assim desejar o titular.

3.2. Dados abarcados

Da mesma forma como acontece no RGPD (considerando número 26), não estão abrangidos na portabilidade os dados anônimos, conforme dispõe o § 7º do artigo 18 da Lei 13.709/2018. Todavia, defende-se que, sempre que for possível identificar o titular dos dados por meio do fornecimento de informações adicionais,[41] tais dados devem ser abrangidos pela portabilidade (a exemplo dos dados pseudonimizados). Com relação aos tipos de dados abrangidos (fornecidos, observados e inferidos[42]), há uma ausência de definição específica

---

40. No âmbito do Regulamento Europeu, o direito de acesso é diferente do direito de portabilidade, já que o primeiro não permite a reutilização do dado. Por tais razões, talvez fosse mais adequado não haver essa confusão entre direito de acesso e de portabilidade como houve na LGPD.

41. Ver artigo 11 do RGPD.

42. Tal classificação de tipos de dados diz respeito às formas pelas quais os dados podem ser coletados, que são as seguintes: (i) *fornecimento voluntário* dos dados pelos seus titulares, que inserem inúmeras informações suas voluntariamente, como os dados para registro (nome, endereço, CPF), dados do cartão de crédito para compras, ou mesmo escolaridade, local de trabalho, *hobbys* etc. (*dados fornecidos*); (ii) por meio da *observação e registro da movimentação e atividades* dos titulares dos dados, como os locais pelos quais navega na internet, a localização do seu telefone celular no momento do uso de determinados serviços, os aplicativos que acessa durante a utilização do seu aparelho de celular (*dados observados*); e, além disso, (iii) por meio das *inferências*, ou seja, os dados inferidos com base na análise dos dados pessoais que foram alimentados pelo titular dos dados, como as pontuações de crédito que podem ser calculadas

na LGPD. No âmbito do RGPD, a portabilidade de dados restou limitada aos dados fornecidos.[43]

Entende-se que será necessária uma maior reflexão no que toca à ausência de definição específica no inciso V do artigo 18. Ainda resta controverso se tal ausência pode ser considerada como um silêncio eloquente do legislador, a fim de abarcar todos os "dados tratados" (isto é, fornecidos, observados e inferidos),[44] ou se tal definição foi reservada à regulamentação da ANPD.

3.3. Bases legais

No âmbito do RGPD, a portabilidade de dados ficou limitada às hipóteses de tratamento realizadas com base no consentimento ou necessárias para a execução de contrato (considerando 68 e artigo 20, n. 1, alínea "a"). Além disso, é necessário que o tratamento tenha sido realizado de forma automatizada, isto é, de forma digital, não se aplicando aos casos de dados tratados de forma física, em papel (artigo 20, n. 1, alínea "b").

Na LGPD, o direito à portabilidade de dados não sofreu qualquer delimitação com relação às bases legais (apenas houve tal restrição no direito de acesso, na modalidade prevista no § 3º do artigo 19). No entanto, entende-se que uma abrangência muito ampla da portabilidade pode ocasionar efeitos colaterais, justamente pela dificuldade e pelos custos decorrentes do *compliance*. Portanto, levanta-se a reflexão quanto à possibilidade de tal questão vir a ser abarcada na regulamentação a ser feita pela ANPD.

---

em razão de inúmeros fatores presentes no histórico financeiro dos usuários (*dados inferidos*). MARTINELLI. *Op. Cit.*, 2019.

43. Entende-se que dentro dos dados fornecidos estão abarcados também os observados. Assim, dados de perfis não estariam abrangidos na portabilidade de dados prevista no RGPD. No entanto, as empresas poderiam promover esse tipo de portabilidade voluntariamente, como um sinal de conformidade e confiança. U VRABEC, Helena. *Unfolding the New-Born Right to Data Portability: Four Gateways to Data Subject Control.* Disponível em: <https://ssrn.com/abstract=3176820>. Acesso em: 10 de out. de 2020.

44. Conforme relata Paula Ponce, tal questão foi debatida no Congresso, quando da apreciação da Medida Provisória nº 869/2018. Foi proposta a Emenda de nº 42 para fins de excluir os dados derivados da portabilidade. No entanto, a emenda foi rejeitada pela Comissão Mista, que entendeu que a portabilidade diria respeito apenas aos dados gerados pelo próprio titular e não àqueles gerados ou complementados pelo controlador. PONCE, Paula Pedigoni, Direito à portabilidade de dados: entre a proteção de dados e a concorrência. *Revista de Defesa da Concorrência*, vol. 8, nº 1, p. 148, junho 2020.

3.4. Abrangência – Aspecto Subjetivo

Uma leitura rápida e literal do artigo 18, inciso V, da LGPD poderia levar à conclusão de que a portabilidade de dados apenas se aplicaria aos controladores que se enquadrassem no conceito de "fornecedor". E, para definir esse conceito, seria necessário um diálogo com as normas do Código de Defesa do Consumidor (CDC).[45]

Nesse ponto, entende-se que a LGPD não adotou a melhor técnica ao utilizar a expressão "fornecedor" no inciso V do artigo 18, uma vez que a portabilidade de dados é um direito individual, não se limitando à promoção do bem-estar do consumidor e da concorrência.

Ademais, a portabilidade de dados tem uma íntima relação com a autodeterminação informativa, razão pela qual deveria se aplicar ao tratamento de dados de forma ampla e não apenas àqueles desenvolvidos dentro de uma relação de consumo. Um exemplo são as relações trabalhistas, em que a portabilidade de dados pode ser importante e útil ao titular dos dados.

3.5. Cuidados e deveres na implementação da portabilidade de dados

No que toca aos deveres relacionados ao exercício da portabilidade, além do dever geral de segurança, é possível identificar deveres específicos em cada etapa da portabilidade.[46]

A primeira fase, a da solicitação da portabilidade, é uma das mais sensíveis, já que será necessário verificar se aquele que solicita a portabilidade é de fato o titular dos dados. E para tanto é importante que não haja a coleta desnecessária

---

45. No âmbito europeu, o RGPD, em seu considerando 68, expressamente fala que, por natureza própria, a portabilidade não deverá ser exercida em relação aos responsáveis pelo tratamento que tratem dados pessoais na prossecução das suas atribuições públicas ou para o exercício da autoridade pública. Ou seja, no poder público, sua aplicação será extremamente vestigial, apenas quando atuar com base em um contrato ou no consentimento (o que é a exceção e tem como exemplo a coleta de dados por meio de uma *newsletter*). No entanto, pode a portabilidade de dados ser adotada como uma boa prática pelo setor público para os demais casos (EUROPEAN COMMISSION. *GDPR Data Portability and Core Vocabularies*, 2018, p. 7.).

46. CRAVO, Daniela Copetti; KESSLER, Daniela Seadi; DRESCH, Rafael de Freitas Valle. Responsabilidade civil na portabilidade de dados. In: Nelson Rosenvald; Guilherme Magalhães Martins. (Org.). *Responsabilidade Civil e Novas Tecnologias*. 1. ed. Indaiatuba: Editora Foco, 2020, v. 1, p. 185-202.

de mais dados pessoais, bem como evitar incidentes de segurança, da mesma forma como já salientado no capítulo sobre o direito de acesso.

Já na fase de pré-transferência, surge a dúvida se o controlador deve verificar a legitimidade do destinatário. Deverá o controlador se certificar de que o destino cumpre ou tem políticas consistentes de proteção de dados? Deverá avisar o titular sobre os possíveis riscos? Segundo o Art. 29 WP, o controlador de dados remetente não é responsável pela adequação do controlador de dados receptor à lei de proteção de dados, uma vez que não participa da escolha do destinatário.[47-48]

Na terceira fase, a da transferência, devem ser adotadas medidas para que os dados sejam transmitidos de forma segura e para o destino correto (medidas de autenticação do destino). Aqui, ganha destaque o uso de formatos adequados, bem como medidas de criptografia de ponta a ponta[49] e novas tecnologias, como o *blockchain*.[50]

Por fim, na fase de pós-transferência, os controladores remetentes não serão responsáveis pelo tratamento feito no destino, ainda que esse seja abusivo.[51] Porém, os remetentes ainda são responsáveis pelos dados mantidos no seu sistema.[52]

Ainda, o controlador remetente pode ser responsabilizado no caso do envio de dados corrompidos,[53] devendo inclusive se certificar de que os dados

---

47. ARTICLE 29 DATA PROTECTION WORKING PARTY. *Guidelines on the right to data portability*. Brussels: European Commission, 2016.
48. A respeito, a Federação Europeia de Bancos emitiu um comentário no seguinte sentido: "acreditamos que seja necessário enfatizar que o controlador remetente não pode impedir qualquer efeito adverso decorrente de terceiros envolvidos no contexto de portabilidade" (EUROPEAN BANKING FEDERATION. Comments to the working party 29 guidelines on the right to data portability. Disponível em: <https://www.ebf.eu/wp-content/uploads/2017/04/EBF_025448E-EBF-Comments-to-the-WP-29-Guidelines_Right-of-data-portabi...pdf>. Acesso em: 27 de out. de 2020).
49. REINO UNIDO. *Data Mobility: the data portability growth opportunity for the UK economy*. Disponível em: <https://www.ctrl-shift.co.uk/reports/DCMS_Ctrl-Shift_Data_mobility_report_full.pdf>. Acesso em: 25 de out. de 2020.
50. EUROPEAN COMMISSION. *A European strategy for data*. Disponível em: <https://ec.europa.eu/info/sites/info/files/communication-european-strategy-data-19feb2020_en.pdf>. Acesso em: 25 de out. de 2020.
51. VIOLA, Mario; HERINGER, Leonardo. A Portabilidade na Lei Geral de Proteção de Dados. Rio de Janeiro: ITS, 2020. Disponível em: <https://itsrio.org/wp-content/uploads/2020/10/A-Portabilidade-na-LGPD.pdf>. Acesso em: 26 de out. de 2020. p. 9.
52. ARTICLE 29 DATA PROTECTION WORKING PARTY. *Op. cit.*, p. 9.
53. SINGAPURA. *Comissão de Proteção de Dados Pessoais. Response to Feedback on the Public Consultation on Proposed Data Portability and Data Innovation Provisions.*

foram corretamente entregues no destino.[54] Na condição de novo controlador, o receptor precisará assegurar uma base legal apropriada para o processamento de dados, seja dos dados do titular requerente, seja dos dados de terceiros.[55]

3.6. Interoperabilidade

Inicialmente, é preciso diferenciar os conceitos de "formato interoperável" e de "interoperabilidade". O formato interoperável diz respeito aos padrões mínimos que possibilitam a troca de dados e a sua reutilização.[56] Já um sistema interoperável, ou a interoperabilidade, refere-se à capacidade de comunicação, execução de programas ou a transferência de dados entre diversas unidades funcionais sem que haja a necessidade de conhecimento das características exclusivas de cada unidade.[57]

A LGPD possibilita, no seu artigo 40, que a autoridade nacional disponha de padrões de interoperabilidade para fins de portabilidade. Porém, a responsabilidade quanto ao fomento da interoperabilidade não precisa ficar apenas com a ANPD, de forma que em setores regulados é possível que o fomento seja promovido também por outras autoridades reguladoras (a exemplo do que já vem ocorrendo no *Open Banking*). Ademais, o próprio mercado pode tomar o protagonismo no desenvolvimento da interoperabilidade, por meio de boas práticas, à luz do artigo 50 da LGPD.

Nesse ponto, é importante destacar a importância do desenvolvimento de APIs (*Application Programming Interface)* padronizadas em determinados setores. O uso de APIs padronizadas permitiria uma portabilidade contínua,[58] além

Disponível em: <https://www.pdpc.gov.sg/Legislation-and-Guidelines/Public-Consultations>. Acesso em: 20 de out. de 2020.

54. VIOLA; HERINGER. *Op. cit.*, p. 8.
55. INFORMATION COMMISSIONER'S OFFICE. *Right to Data Portability*. Disponível em: <https://ico.org.uk/>. Acesso em: 25 de out. de 2020.
56. EUROPEAN COMMISSION. *GDPR Data Portability and Core Vocabularies*, 2018.
57. PUCCINELLI, Oscar Raúl. El derecho a la portabilidad de los datos personales. Orígenes, sentido y alcances. *Pensamiento Constitucional*, vol. 22, n. 22, Gale Onefile: Informe Académico, p. 207, 2017.
58. CENTRE ON REGULATION IN EUROPE (CERRE). Making data portability more effective for the digital economy. Disponível em: <https://www.cerre.eu/sites/cerre/files/cerre_making_data_portability_more_effective_for_the_digital_economy_june2020.pdf >. Acesso em: 6 de julho de 2020.

de facilitar o acesso a dados por usuários autorizados independentemente da localização desses dados, o que seria um impulso para a portabilidade.[59]

Além das APIs, também podem ser úteis para operacionalizar a portabilidade de dados as soluções do setor PIMS (*Personal Information Management Systems*). Esses sistemas de gerenciamento de informações pessoais podem atuar como *hubs* entre as entidades para as quais os conjuntos de dados solicitados devem ser transferidos.[60]

Como – até a edição de uma regulação no Brasil – não há a necessidade da interoperabilidade entre os serviços, se aparecerem barreiras técnicas quando da execução de uma portabilidade (nomeadamente no caso da transferência direta dos dados a um novo controlador), o controlador deverá explicar essas barreiras ao indivíduo requerente de maneira transparente, à luz do § 4º do artigo 18 da Lei.

A inexistência dos padrões de interoperabilidade, todavia, não retira o dever do controlador de fornecer os dados em formatos que possibilitem a sua reutilização (formato interoperável). Tal conclusão é obtida a partir de uma leitura finalística da norma, uma vez que, sem o uso de um formato interoperável, talvez a portabilidade não traga nenhum benefício ao titular, justamente pela dificuldade na reutilização dos dados.[61]

Apesar de o RGPD não definir os formatos interoperáveis a serem adotados, ele elencou alguns requisitos mínimos a serem observados na portabilidade, os quais também devem ser observados no Brasil:

> *formato estruturado* (de maneira a permitir que possam ser reutilizados, parcial ou totalmente, e que facilite sua exportação para outros responsáveis pelo tratamento), de *uso corrente* (como cada setor de

---

59. EUROPEAN DATA PROTECTION SUPERVISOR. EDPS Opinion on the European Commission's White Paper on Artificial Intelligence – A European approach to excellence and trust. Disponível em: <https://edps.europa.eu/sites/edp/files/publication/20-06-19_opinion_ai_white_paper_en.pdf>. Acesso em: 6 de julho de 2020.

60. RIECHERT, Anne. Data Portability Policy Paper. Stiftung Datenschutz, Frankfurt University of Applied Sciences. Disponível em: https://stiftungdatenschutz.org/fileadmin/Redaktion/Datenportabilitaet/SDS_Datenportabilitaet-PolicyPaper2020-05-22_EN.pdf. Acesso em: 29 de abril de 2021.

61. COLOMBO, Cristiano; GOULART, Guilherme. Direito póstumo à portabilidade de dados pessoais no ciberespaço à luz do Direito brasileiro. In: FLORES, Alfredo de Jesus Dal Molin. (Org.). *Perspectivas do discurso jurídico: revolução digital e sociedade globalizada*. 1. ed. Rio Grande: Editora da Furg, 2020, v. 1, p. 94.

atividade pode ter um formato, devem ser excluídos aqueles que sejam inalteráveis) e de *leitura automática* (que seja facilmente possível identificar, reconhecer e extrair dele dados específicos).[62-63-64]

Especificando um pouco mais esses formatos mínimos, pode-se dizer que o formato de *leitura automática,* ou seja, legível por máquina, trata de garantir o atendimento à linguagem padrão de computadores, como o XML, que pode ser lido de forma automática por um sistema de computador ou navegador de internet.[65]

Já o formato de *uso corrente* está diretamente relacionado com a situação em que cada indústria ou setor específico, em regra, utiliza um formato típico dentro das atividades que executa, como a utilização do MP3 ou AAC pela indústria da música.[66] Nos setores em que não se identificam formatos de dados de uso comum, a sugestão dada pelo Grupo de Trabalho do Art. 29 é a de que os controladores forneçam os dados requisitados pelo titular em formatos abertos comumente utilizados, como o XML, JSON, CSV, acompanhados de todos os metadados que se mostrem úteis, obedecendo ao melhor nível de granularidade possível.[67]

O interessante do formato de arquivo XML é que ele permite que o conteúdo seja legível tanto por humanos quanto por máquinas. O XML pode ser facilmente processado por APIs (Interfaces de Programação de Aplicativos), facilitando significativamente a intercâmbio de dados.

Nessa senda, o desenvolvimento ou a implementação de uma API mostra-se uma boa opção para que se torne possível e de fácil execução a portabilidade desses dados em formato XML, seja para transferência direta dos dados por outros controladores ou mesmo para armazenamento pelos próprios titulares, para posterior utilização.[68]

---

62. Grifos nossos.
63. FIDALGO. *Op. Cit.*, 2019, p. 89-135.
64. ARTICLE 29 DATA PROTECTION WORKING PARTY. *Op. cit.*, p. 17.
65. BOZDAG, Engin. Data portability under GDPR: technical challenges. *Philips International BV*, 2018. Disponível em: <https://ssrn.com/abstract=3111866>. Acesso em: 28 de fevereiro de 2021.
66. FIDALGO. *Op. Cit.*, 2019, p. 105.
67. ARTICLE 29 DATA PROTECTION WORKING PARTY. *Op. Cit.*, 2016.
68. INFORMATION COMMISSIONER'S OFFICE. *Op. Cit.*

O formato CSV, por sua vez, é utilizado para realização de trocas de dados e é suportado de forma abrangente por aplicativos de *software*. Trata-se de um formato estruturado, de uso comum, e legível por máquina, sendo, portanto, apropriado para atender às solicitações dos titulares dos dados.[69]

Por fim, o formato JSON é um formato de arquivo baseado na linguagem JavaScript utilizado por muitos *sites* e também para fins de intercâmbio de dados. Assim como o XML, ele pode ser lido por humanos e máquinas. E é também um formato aberto padronizado.[70]

3.7. Segredos Comercial e Industrial

O controlador poderá justificar eventual negativa ou limitação ao direito de acesso ou à portabilidade de dados com base na observância dos segredos comercial e industrial, desde que assim proceda de forma transparente e expressa. Alegações genéricas não podem servir de embasamento para restringir os direitos do titular (é importante ter documentado padrões e políticas da instituição que demonstrem o investimento na proteção do segredo).

Além disso, a restrição ao direito deve ser limitada ao necessário para proteção do segredo, sem abuso ou excesso por parte do controlador. A esse respeito, mostra-se necessária uma atuação da ANPD, para fins de controlar possíveis negativas ou restrições abusivas.

4. Considerações finais

Para fins de garantir o efetivo cumprimento da LGPD, é indispensável o desenvolvimento de um sistema de gestão de *compliance* de dados pelas instituições. Dentro desse sistema, deverão constar mecanismos que promovam os direitos dos titulares dos dados, nomeadamente, o direito de acesso e o de portabilidade dos dados.

Dessarte, é necessário que o controlador avalie se possui processos estruturados e meios de atendimento a uma requisição de acesso ou de portabilidade de dados. Em especial, e como medida preliminar, é importante assegurar a existência de canais de atendimento aptos a receber o requerimento dos titulares dos dados (art. 18, § 3º, da LGPD), sem a imposição de quaisquer custos e no tempo e na forma previstos em futuro regulamento (art. 18, § 5º, da LGPD).

---

69. *Idem.*

70. *Idem.*

Alguns mecanismos de *compliance* acabam servindo como facilitadores nesse atendimento aos direitos dos titulares, prevenindo a ocorrência de ilícitos e de danos. Nesse sentido, citam-se o mapeamento de dados e a plataforma de gestão de consentimento como duas ferramentas bastante úteis para o atendimento das requisições dos titulares.

Além disso, é relevante que a empresa esteja munida de um programa de governança desenhado de forma a possibilitar a sistematização das solicitações feitas pelos titulares dos dados. Para tanto, além da necessidade dos mapas de dados, é importante: contar com funcionários treinados para o atendimento às solicitações e com mecanismos que facilitem esse atendimento; desenvolver políticas internas para o atendimento a tais pedidos; bem como manter-se em constante monitoramento acerca dos principais indicadores de desempenho da organização em tal sentido.

Considerando que as empresas estão livres para estabelecer a forma pela qual o titular deve realizar a solicitação, a criatividade dos setores envolvidos na criação de mecanismos aptos à garantia do exercício do direito de acesso pode ser explorada, desde que, ao final, mostre-se eficiente, eficaz e sem custos ao titular.

Para o atendimento satisfatório do direito de acesso, o controlador precisa garantir as seguintes informações ao titular: (i) dados tratados; (ii) como é realizada a coleta dos dados; (iii) origem dos dados tratados; (iv) finalidade do tratamento de cada dado pessoal objeto de tratamento; (v) setor interno da empresa responsável pelo tratamento de cada dado; (vi) eventuais entidades com as quais determinado dado é compartilhado ou por meio da qual é recebido; (vii) período de guarda e retenção dos dados tratados; (viii) medidas de segurança adotadas; (ix) categorias especiais de dados objeto de tratamento.

Quanto ao direito à portabilidade de dados pessoais, ainda há dúvidas no que toca à sua extensão, ao seu conteúdo e às bases legais aplicáveis, sendo, portanto, a regulamentação por parte da ANPD indispensável para garantir uma correta e segura implementação desse direito. Preocupações quanto à segurança na transmissão dos dados ou quanto à interoperabilidade são inevitáveis, bem como com relação ao custo do *compliance*.

De qualquer forma, a ausência de regulamentação pela ANPD não impede a imediata oferta da portabilidade de dados pelos controladores, inclusive por meio de iniciativas conjuntas de setores do mercado, com supervisão e apoio das autoridades reguladoras (especialmente nos setores regulados). Para tanto, é importante o fomento de padrões e formatos uniformes para o envio de dados, bem como o desenvolvimento de APIs.

5. Referências

ARTICLE 29 DATA PROTECTION WORKING PARTY. *Guidelines on the right to data portability*. Brussels: European Commission, 2016.

AUSLOOS, Jef; DEWITTE, Pierre. Shattering one-way mirrors – data subject access rights in practice. *International Data Privacy Law*, vol. 8, n. 1, 2018, p. 4-28.

BANDA, Carolina, Enforcing Data Portability in the Context of EU Competition Law and the GDPR. *MIPLC Master Thesis Series*, 2016/17.

BOZDAG, Engin. Data portability under GDPR: technical challenges. *Philips International BV*, 2018. Disponível em: <https://ssrn.com/abstract=3111866>. Acesso em: 28 de fevereiro de 2021.

BRASIL. PORTARIA Nº 11, DE 27 DE JANEIRO DE 2021. Disponível em: PORTARIA Nº 11, DE 27 DE JANEIRO DE 2021 – PORTARIA Nº 11, DE 27 DE JANEIRO DE 2021 – DOU – Imprensa Nacional (in.gov.br). Acesso em: 15 de fev. de 2021.

BUTALLA, Vanessa Araújo. Uma abordagem prática sobre a implementação da LGPD. In: BLUM, Renato Opice (org.). *Proteção de dados: desafios e soluções na adequação à lei*. Rio de Janeiro: Forense, 2020, p. 271-278.

CARVALHO, Vinicius Marques de; MATTIUZZO, Marcela; PONCE, Paula Pedigoni. Boas práticas e governança na LGPD. In: MENDES, Laura Schertel; DONEDA, Danilo; SARLET, Ingo Wolfgang; RODRIGUES JR., Otavio Luiz. *Tratado de proteção de dados pessoais*. Rio de Janeiro: Forense, 2021, p. 361-387.

CENTRE ON REGULATION IN EUROPE (CERRE). Making data portability more effective for the digital economy. Disponível em: <https://www.cerre.eu/sites/cerre/files/cerre_making_data_portability_more_effective_for_the_digital_economy_june2020.pdf>. Acesso em: 6 de julho de 2020.

COLOMBO, Cristiano; GOULART, Guilherme. Direito póstumo à portabilidade de dados pessoais no ciberespaço à luz do Direito brasileiro. In: FLORES, Alfredo de Jesus Dal Molin. (Org.). *Perspectivas do discurso jurídico: revolução digital e sociedade globalizada*. 1. ed. Rio Grande: Editora da Furg, 2020.

CRAVO, Daniela Copetti; KESSLER, Daniela Seadi; DRESCH, Rafael de Freitas Valle. Responsabilidade civil na portabilidade de dados. In: Nelson Rosenvald; Guilherme Magalhães Martins. (Org.). *Responsabilidade Civil e Novas Tecnologias*. 1. ed. Indaiatuba: Editora Foco, 2020, v. 1, p. 185-202.

CUSTERS, Bart; URŠI , Helena. Big data and data reuse: a taxonomy of data reuse for balancing big data benefits and personal data protection. *International Data Privacy Law*, 2016.

DUARTE, Diogo Pereira; GUSEINOV, Alexandra. *O direito de portabilidade de dados pessoais*. In: CORDEIRO, Antônio Menezes; OLIVEIRA, Ana Perestrelo; DUARTE, Diogo Pereira Duarte (coord.). FinTechII: Novos estudos sobre tecnologia financeira. Coimbra: Almedina, p. 105-127. 2019.

EDPB. *Guidelines 07/2020 on the concepts of controller and processor in the GDPR*. Disponível em: Guidelines 07/2020 on the concepts of controller and processor in the GDPR | Comité Europeu para a Proteção de Dados (europa.eu). Acesso em: 15 de fev. de 2021.

EUROPEAN BANKING FEDERATION. Comments to the working party 29 guidelines on the right to data portability. Disponível em: <https://www.ebf.eu/wp-content/uploads/2017/04/EBF_025448E-EBF-Comments-to-the-WP-29-Guidelines_Right-of-data-portabi.._.pdf>. Acesso em: 27 de out. de 2020.

EUROPEAN COMMISSION. *A European strategy for data*. Disponível em: <https://ec.europa.eu/info/sites/info/files/communication-european-strategy-data-19feb2020_en.pdf>.

EUROPEAN COMMISSION. *GDPR Data Portability and Core Vocabularies*, 2018.

EUROPEAN DATA PROTECTION SUPERVISOR. EDPS Opinion on the European Commission's White Paper on Artificial Intelligence – A European approach to excellence and trust. Disponível em: <https://edps.europa.eu/sites/edp/files/publication/20-06-19_opinion_ai_white_paper_en.pdf>. Acesso em: 6 de julho de 2020.

FACEBOOK. Comments to the Federal Trade Commission on Data Portability. Disponível em: <https://about.fb.com/wp-content/uploads/2020/08/Facebook-Comments-to-FTC-on-Data Portability.pdf>. Acesso em: 25 de out. de 2020.

FIDALGO, Vitor Palmela. O direito à portabilidade de dados pessoais. *Revista de Direito e Tecnologia*, vol. 1, n. 1, 2019, p. 89-135.

FRAZÃO, Ana. *Nova LGPD: direito à portabilidade*. Disponível em: <https://www.jota.info/opiniao-e-analise/colunas/constituicao-empresa-e-mercado/nova-lgpd-direito-a-portabilidade-07112018>. Acesso em: 5 de janeiro de 2019.

FRAZÃO, Ana; OLIVA, Milena Donato; ABILIO, Vivianne da Silveira. *Compliance de dados pessoais*. In: TEPEDINO, Gustavo; FRAZÃO, Ana; OLIVA, Milena Donato (coord.). Lei geral de proteção de dados pessoais e suas repercussões no direito brasileiro. São Paulo: Thomson Reuters Brasil, 2019, p. 677-715.

GRAEF, Inge, HUSOVEC, Martin; PURTOVA, Nadezhda. Data portability and data control: lessons for an emerging concept in eu law. *German Law Journal 2018*, vol. 19, no. 6, 2017.

GRAEF, Inge; HUSOVEC, Martin; VAN DEN BOOM, Jasper. Spill-Overs in Data Governance: The Relationship Between the GDPR's Right to Data Portability and EU Sector-Specific Data Access Regimes, *TILEC Discussion Paper No. DP 2019-005*, 2019.

INFORMATION COMMISSIONER'S OFFICE. *Right to Data Portability*. Disponível em: <https://ico.org.uk/>. Acesso em: 25 de out. de 2020.

JAUSOVEC, Sabina. How to operationalize privacy compliance and data subject request? In: BLUM, Renato Opice; VAINZOF, Rony; MORAES, Henrique Fabretti (coord.). Data protection officer (encarregado): teoria e prática de acordo com a LGPD e o GDPR. 1. ed. São Paulo: Thomson Reuters Brasil, 2020, p. 199-223.

MARTINELLI, Silvia. *Sharing data and privacy in the platform economy: the right to data portability and "porting rights"*. In: Reins L. (ed.), Regulating New Technologies in Uncertain Times. Information Technology and Law Series, vol. 32, T.M.C Asser Press, The Hague, 2019.

PONCE, Paula Pedigoni, Direito à portabilidade de dados: entre a proteção de dados e a concorrência, *Revista de Defesa da Concorrência*, vol. 8, nº 1, p. 148, junho 2020.

PUCCINELLI, Oscar Raúl. El derecho a la portabilidad de los datos personales. Orígenes, sentido y alcances. *Pensamiento Constitucional*, vol. 22, n. 22, Gale Onefile: Informe Académico, p. 230-228, 2017.

REINO UNIDO. *Data Mobility: the data portability growth opportunity for the UK economy*. Disponível em: <https://www.ctrl-shift.co.uk/reports/DCMS_Ctrl-Shift_Data_mobility_report_full.pdf>. Acesso em: 25 de out. de 2020.

RIECHERT, Anne. Data Portability Policy Paper. Stiftung Datenschutz, Frankfurt University of Applied Sciences. Disponível em: https://stiftungdatenschutz.org/fileadmin/Redaktion/Datenportabilitaet/SDS_Datenportabilitaet-PolicyPaper2020-05-22_EN.pdf. Acesso em: 29 de abril de 2021.

SAAVEDRA, Giovani Agostini. Compliance de dados. In: MENDES, Laura Schertel; DONEDA, Danilo; SARLET, Ingo Wolfgang; RODRIGUES JR., Otavio Luiz. *Tratado de proteção de dados pessoais*. Rio de Janeiro: Forense, 2021, p. 727-741.

SINGAPURA. Comissão de Proteção de Dados Pessoais. *Response to Feedback on the Public Consultation on Proposed Data Portability and Data Innovation Provisions*. Disponível em: <https://www.pdpc.gov.sg/Legislation-and-Guidelines/Public-Consultations>. Acesso em: 20 de out. de 2020.

STIFTUNG DATENSCHUTZ. *Practical Implementation of the Right to Data Portability*. Disponível em: <https://stiftungdatenschutz.org/fileadmin/Redaktion/Datenportabilitaet/studie-datenportabilitaet.pdf>. Acesso em: 3 de out. de 2020.

U VRABEC, Helena. *Unfolding the New-Born Right to Data Portability: Four Gateways to Data Subject Control*. Disponível em: <https://ssrn.com/abstract=3176820>. Acesso em: 10 de out. de 2020.

VIOLA, Mario; HERINGER, Leonardo. *A Portabilidade na Lei Geral de Proteção de Dados*. Rio de Janeiro: ITS, 2020. Disponível em: <https://itsrio.org/wp-content/uploads/2020/10/A-Portabilidade-na-LGPD.pdf>. Acesso em: 26 de out. de 2020.

O PAPEL DOS MECANISMOS DE *COMPLIANCE* PARA A OPERACIONALIZAÇÃO DO DIREITO À EXPLICAÇÃO DE DECISÕES TOTALMENTE AUTOMATIZADAS

ISABELLA Z. FRAJHOF[1]

Sumário: 1. Introdução; 2. O Direito à explicação; 3. Mecanismos de *compliance*; 3.1. Métodos *ex ante*; 3.1.1. Relatório de Impacto de Proteção de Dados Pessoais; 3.1.2. Código de Boas Práticas e Governança e Código de Conduta; 3.2. Métodos *ex post*; 3.2.1. Documentação; 3.2.2. Auditoria; 3.2.3. Métodos de interpretação e explicação de ML; 4. Conclusão; 5. Referências bibliográficas.

1. INTRODUÇÃO

Desde a publicação do Regulamento Geral Europeu de Proteção de Dados Pessoais (*General Data Protection Regulation – GDPR*), em maio de 2016, e ao longo da sua *vacatio legis*, um dos direitos que tem movimentado o debate acadêmico é o chamado direito à explicação. Apesar das divergências e discussões acerca de quais garantias estariam abarcadas por tal direito,[2] ele assume um

---

1. Doutoranda e Mestre (2018) em Teoria do Estado e Direito Constitucional na Pontifícia Universidade Católica do Rio de Janeiro – PUC-Rio. Integra o Núcleo de Direito e Novas Tecnologias – DROIT. É pesquisadora do Legalite (PUC-Rio).

2. Para compreender a discussão jurídica sobre o tema no âmbito da União Europeia, ver: MULHOLLAND, Caitlin; FRAJHOF, Isabella Z. Inteligência Artificial e a Lei

papel central no atual contexto tecnológico, em que a maior parte das relações humanas passa a ser mediada pela tecnologia e é afetada por ela. Cada vez mais decisões que eram inerentemente humanas são delegadas a sistemas de Inteligência Artificial (IA), em especial, sistemas desenvolvidos a partir de algoritmos[3] de aprendizado de máquina (*machine learning – ML*), tal como a definição de qual paciente da Covid-19 terá acesso a leitos de UTI[4] ou quais casos devem ser investigados para avaliar a ocorrência de abuso infantil.[5] Tendo em vista o impacto que essas decisões têm diretamente por aqueles afetados, quanto aos que indiretamente podem potencialmente estar sujeitos, e, considerando que esses sistemas de IA têm como principal insumo o uso de dados pessoais para a sua tomada de decisão, quais são as garantias que devem ser asseguradas aos titulares dos dados pessoais?

É nesse contexto que a Lei Geral de Proteção de Dados Pessoais (Lei nº 13.709, de 14 de agosto de 2018 – LGPD) previu o direito à explicação, que busca oferecer "uma espécie de devido processo legal para proteger os cidadãos contra a 'tirania' dos julgamentos automatizados".[6] Essas garantias e proteções visam dar transparência sobre a justificativa e as motivações que ocasionaram uma decisão automatizada, para que a pessoa afetada tenha a possibilidade de contestá-la, pedindo a sua revisão. A explicação sobre uma decisão automatizada, no entanto, extrapola a própria redoma individual da pessoa afetada, pois

---

Geral de Proteção de Dados Pessoais: breves anotações sobre o direito à explicação perante a tomada de decisões por meio de machine learning. In: Ana Frazão; Caitlin Mulholland. (Org.). *Inteligência Artificial e Direito: ética, regulação e responsabilidade*. 1. ed. São Paulo: Thomson Reuters, 2019, v. 1, p. 265-290.

3. O algoritmo nada mais é do que um conjunto de passos definidos que, se atendidos corretamente, vão produzir o resultado desejado e esperado. O exemplo mais corriqueiro é a sua comparação a uma receita de bolo, em que uma pessoa, ao seguir a receita, colocando os ingredientes necessários, na ordem que eles devem ser misturados, e assar o bolo no forno, o objetivo final deverá ser bem-sucedido.
4. MATIUZZO, Mariana. Distribuição de UTIs a pacientes de Covid-19 por algoritmo não elimina dilema ético. *Folha de São Paulo*, 13 de abril de 2020. Disponível em: shorturl.at/oFJLP. Acesso em: 20.03.2021.
5. MCINYRE, Niamh; PEGG, David. Councils use 377,000 people's data in efforts to predict child abuse. *The Guardian*, 16 de setembro de 2018. Disponível em: shorturl.at/uwAEY. Acesso em: 20.03.2021.
6. FRAZÃO, Ana. O direito à explicação e à oposição diante de decisões totalmente automatizadas. *Revista JOTA*, 05 de dezembro de 2018. Disponível em: <shorturl.at/epAH7>. Acessado em: 02.03.2019.

ela também pode fornecer subsídios que permitam compreender e avaliar a legitimidade e adequação do sistema como um todo.

Esse direito, no entanto, tem gerado preocupações, principalmente para a comunidade de *machine learning*, pois um dos aspectos da explicação exigida é que seja apresentada uma interpretação humana[7] do processo de trabalho do algoritmo para explicar como que um determinado resultado foi alcançado. Isso é um desafio relevante para os algoritmos de aprendizado de máquina, pois eles evoluem seu comportamento à medida que aprendem com os dados que recebem e, dependendo do modelo utilizado, seu modo de trabalho não permite identificar o que exatamente motivou o resultado alcançado, tornando quase ininteligível o seu modo de trabalho. Por tal razão que tais algoritmos têm sido comumente denominados como caixas-pretas (*black box*),[8] diante da inerente opacidade[9] atribuída à sua forma de trabalho.

Dessa maneira, como será possível atender ao preceito legal para fornecer explicações e revisão de decisões automatizadas? Quais informações devem ser fornecidas e como essas devem ser encaminhadas? Como será possível operacionalizar o direito à explicação a decisões totalmente automatizadas, em especial, decisões envolvendo algoritmos de ML?

O presente artigo tem por objetivo apresentar algumas alternativas, de naturezas diferentes, para permitir que o uso de sistemas de inteligência artificial destinados à tomada de decisão possa atender aos preceitos normativos

---

7. GOODMAN, B.; FLAXMAN, S. EU Regulations on Algorithmic Decision Making and "a Right to an Explanation" *Icml Workshop on Human Interpretability in Ml*, 2016. Disponível em: https://arxiv.org/abs/1606.08813. Acessado em: 21.04.2018.
8. Frank Pasquale, em seu livro *The Black Box Society* (2015), chama atenção sobre o impacto que a sociedade sofre por ser governada pelo *big data* e pelos algoritmos. Ele cunha o termo "caixa preta" (*black box*) para explicar a forma de funcionamento misteriosa dos algoritmos.
9. Jenna Burrell reconhece a existência de três tipos de opacidade inerentes aos algoritmos de ML. A primeira estaria relacionada ao segredo comercial e industrial que protege os algoritmos, que justificaria a manutenção do segredo do código do algoritmo; a segunda se refere à *expertise* técnica necessária para compreender como eles funcionam, excluindo não especialistas de acessarem e compreenderem como o algoritmo funciona; e, por fim, também existiria uma opacidade inerente à complexidade do algoritmo e ao seu modo de funcionar. BURRELL, Jenna. How the machine thinks: Understanding opacity in machine learning algorithms. *Big Data & Society 3(1)*, janeiro de 2016. Disponível em: https://journals.sagepub.com/doi/pdf/10.1177/2053951715622512. Acesso em: 01.02.2021.

da LGPD, no que se refere ao direito à explicação, indicando como alguns mecanismos do *compliance* têm um papel fundamental para esse fim. A primeira parte do artigo se dedicará a compreender o que é o direito à explicação à luz da LGPD, organizando as exigências legais que devem ser atendidas. Em seguida, serão avaliadas diferentes maneiras de garantir a *accountability* a essas exigências, e como isso pode ser implementado em um contexto de *compliance*.

Como se verá, a discussão sobre o direito à explicação é um assunto que não se limita ao contexto da LGPD.[10] Tal direito também pode se fazer presente em um contexto que não se relaciona com a proteção de dados pessoais, afetando direitos e interesses diversos, tal como no *score* do cadastro positivo de crédito ou até mesmo na moderação de conteúdo das plataformas de aplicação.[11] Portanto, o direito à explicação ganha importância como uma maneira de assegurar formas mais amplas de *accountability* sobre o aspecto da "explicabilidade" e "interpretabilidade" da IA, em especial, de algoritmos de tomada de decisão de ML.

2. O DIREITO À EXPLICAÇÃO

O direito à explicação previsto no art. 20 da LGPD, assim como no próprio GDPR, não diz respeito a um mero pedido de acesso a informações, o que implicaria uma transparência irrestrita do código do algoritmo, algo que é bastante rechaçado.[12] Aquele deve ser compreendido como um conjunto de direitos e

10. Ana Frazão e Carlos Goettenauer reconhecem a existência de discussões sobre a incompatibilidade de se valer das normas de proteção de dados pessoais para regular a inteligência artificial. Ainda assim, os autores reconhecem que elas "têm sido identificadas como remédios em face das possíveis ameaças às liberdades individuais apresentadas pelo uso massivo de algoritmos". FRAZÃO, Ana; GOETTENAUER, Carlos. O jogo da imitação jurídica: o direito à revisão de decisões algorítmicas como um mecanismo para a necessária conciliação entre linguagem natural e infraestrutura matemática. In: TEPEDINO, Gustavo; SILVA, Rodrigo da Guia (Org.). O Direito Civil na era da Inteligência Artificial. São Paulo: Thomson Reuters Brasil, 2020, p. 57.

11. É o caso, por exemplo, do Projeto de Lei nº 2.630/2020, conhecido como o "PL das *Fake News*". Em seu art. 12, o PL regula o procedimento da moderação de conteúdo dos provedores de aplicação e estabelece uma espécie de devido processo legal para que o usuário possa recorrer quando há a remoção de conteúdo. Disponível em: https://www.camara.leg.br/proposicoesWeb/prop_mostrarintegra;jsessionid=node0js3ox6cdjzn6b72pgi3q2wqc9261346.node0?codteor=1909983&filename=PL+2630/2020. Acessado em: 20.03.2021.

12. ANANNY, Mike; CRAWFORD, Kate. Seeing without knowing: Limitations of the transparency ideal and its application to algorithmic accountability. *New media & Society*, Vol. 20(3), 2018, p. 978.

prerrogativas que o titular de dados pode exercer quando for impactado por uma decisão automatizada, que afete "seus interesses, incluídas as decisões destinadas a definir o seu perfil pessoal, profissional, de consumo e de crédito ou os aspectos de sua personalidade". Assim, surge para o titular de dados a possibilidade de demandar: (i) um pedido de revisão (*caput* do art. 20), (ii) acesso a "informações claras e adequadas a respeito dos critérios e dos procedimentos utilizados para a decisão automatizada" (art. 20, § 1º), e (iii) à Autoridade Nacional de Proteção de Dados Pessoais (ANPD), por meio de petição, que seja realizada uma auditoria, caso o controlador se negue a fornecer estas informações com base no alegado segredo comercial e industrial (art. 20, § 2º, c/c art. 18, § 1º). Tal conjunto visa a que ninguém possa "ficar sujeito, de forma irrestrita e sem garantias, aos julgamentos decorrentes de decisões totalmente automatizadas".[13]

Embora a LGPD tenha reunido em seu artigo 18 alguns dos direitos que o titular de dados poderá requerer perante o controlador,[14] o legislador já vinha os enunciando desde o art. 1º da Lei, de forma que o referido artigo tem a função de sistematizar e reunir direitos anteriormente estabelecidos.[15] A previsão do art. 20, da mesma forma, também reúne e organiza uma série de prerrogativas que decorrem não apenas da autodeterminação informativa do titular de

13. FRAZÃO, Ana. Controvérsias em torno do direito à explicação e à oposição diante de decisões totalmente automatizadas. *Revista JOTA*, 12 de dezembro de 2018b. Disponível em: <shorturl.at/nCKU3>. Acessado em: 02.03.2019. Merece ser ressaltado que a autora também aponta para a existência de um direito a se opor à decisão automatizada, com base no art. 18, § 2º, da LGPD. Contudo, ressalvo que, embora o GDPR estabeleça de maneira mais explícita que nos casos em que há o tratamento de dados pessoais automatizado o titular de dados poderá se opor ao referido tratamento, na LGPD isso apenas poderá ocorrer apenas quando o tratamento de dados pessoais tiver como fundamento uma das hipóteses legais que não o consentimento, e quando esse estiver descumprindo uma das disposições legais da LGPD.

14. São eles: (i) confirmação da existência de tratamento; (ii) acesso aos dados; (iii) correção de dados; (iv) anonimização, bloqueio ou eliminação de dados desatualizados, excessivos ou tratados em desconformidade com a lei; (v) portabilidade de dados; (vi) eliminação dos dados pessoais tratados com o consentimento, (vii) informações sobre o compartilhamento de dados; (viii) informação sobre a possibilidade de não fornecer consentimento e sobre as consequências da negativa; (ix) revogação do consentimento. O direito à portabilidade é verdadeiramente a única novidade prevista no referido artigo.

15. SILVA, Regina Priscilla. Os direitos dos titulares de dados. In: MULHOLLAND, Caitlin (Org.). *A LGPD e o novo marco normativo*. Porto Alegre: Arquipélago, 2020, p. 195.

dados[16] (art. 2º, II), mas dos próprios princípios da Lei: "(i) livre acesso (art. 6º, IV), (ii) qualidade e a clareza dos dados (art. 6º, V), (iii) transparência dos dados, (art. 6º, VI), (iv) a prevenção de danos (art. 6º, VII), (v) não discriminação (art. 6º, IX) e (vi) responsabilização e prestação de contas (art. 6º, X)".[17]

O art. 20, entretanto, sofreu um revés que fragiliza esse amplo conjunto de direitos do titular de dados diante de uma decisão automatizada. A redação original da Lei aprovada pelo Congresso estabelecia que tal revisão fosse realizada por "pessoa natural", o que foi vetado pela Medida Provisória nº 869/2018, convertida na Lei nº 13.853/2019,[18] o que removeu a possibilidade de que um humano pudesse revisar a decisão automatizada. A ausência de uma pessoa para analisar o pedido de revisão torna a sua efetividade questionável, diante do desafio técnico de implementar sistemas aptos a analisarem esse requerimento e procederem à revisão, além de limitar a autonomia do sujeito que requer a revisão, pois esse pode não ter conhecimento específico para interagir com o sistema, bem como com as respostas fornecidas por ele.

A LGPD não definiu o que seria considerada como uma decisão totalmente automatizada, embora já tenha sido apresentado no Senado um projeto de lei propondo uma definição.[19] Nesse sentido, o antigo Grupo de Trabalho do

---

16. FRAZÃO, Ana. O direito à explicação e à oposição diante de decisões totalmente automatizadas. *Revista JOTA*, 05 de dezembro de 2018a. Disponível em: <shorturl.at/epAH7>. Acessado em: 02.03.2019.

17. FRAZÃO, Ana. Op. cit., 2018a..

18. As razões ao veto apresentado pelo Presidente Jair Bolsonaro foram: "A propositura legislativa, ao dispor que toda e qualquer decisão baseada unicamente no tratamento automatizado seja suscetível de revisão humana, contraria o interesse público, tendo em vista que tal exigência inviabilizará os modelos atuais de planos de negócios de muitas empresas, notadamente das startups, bem como impacta na análise de risco de crédito e de novos modelos de negócios de instituições financeiras, gerando efeito negativo na oferta de crédito aos consumidores, tanto no que diz respeito à qualidade das garantias, ao volume de crédito contratado e à composição de preços, com reflexos, ainda, nos índices de inflação e na condução da política monetária" Disponível em: <http://www.planalto.gov.br/ccivil_03/_Ato2019-2022/2019/Msg/VEP/VEP-288.htm>. Acessado em: 20.03.2021.

19. O Senador Styvenson Valentim (PODEMOS/RN) propôs o Projeto de Lei nº 4496, de 2019, para incluir no inciso no art. 5º, que traz os conceitos da LGPD, a definição do que seja uma decisão automatizada. O PL não traz ao debate a questão levantada pelo GTA29 sobre a interferência humana no processo de tomada de decisão, elencando uma série de atividades que poderiam ser objeto de automação, em pouco auxiliando na resolução do assunto. O PL encontra-se disponível em: https://www25.senado.leg.br/web/atividade/materias/-/materia/138136. Acessado em: 20.01.2021.

Artigo 29 (GTA29) (*Article 29 Working Party – A29WP*), substituído pelo Comitê Europeu para a Proteção de Dados (CEPD) (*European Data Protection Board – EDPB*), elaborou um parecer analisando especificamente a previsão do GDPR que trata sobre o direito à explicação.[20] Em seu parecer, o GTA29 indiciou que decisões "tomada[s] exclusivamente com base no tratamento automatizado" (*based solely on automated processing*) ocorrem quando não há qualquer interferência humana no processo decisório. Caso uma pessoa reavalie uma decisão automatizada, por exemplo, levando em consideração outros fatores para a decisão final, a decisão não será considerada como exclusivamente automatizada (GTA29, 2016, p. 9). Ainda, caso haja uma interferência humana na decisão, essa ainda assim será considerada como automatizada se a interferência não influenciar o resultado final, não for significativa para ela, ou se realizada por alguém que não possui autoridade ou competência para alterá-la (GTA29, 2016, p. 10). Essa preocupação é relevante, pois o que se busca evitar é que uma intervenção humana seja simulada para evitar a incidência dos referidos direitos.[21]

No contexto do GDPR, pode-se dizer que o mesmo pode ser extraído do art. 22, que trata de decisões individuais automatizadas, incluindo *profiling*,[22] dos Considerandos 71 e 62, e dos arts. 13, 14 e 15, que tratam sobre as informações que devem ser fornecidas aos titulares de dados quando seus dados pessoais forem coletados e tratados, e o direito que eles possuem de acessá-los. O artigo 22 prevê a possibilidade de que o titular de dados não fique sujeito a uma "decisão tomada exclusivamente com base no tratamento automatizado", sempre quando essa decisão "produz[ir] efeitos na sua esfera jurídica ou que o afete significativamente de forma similar" (art. 22 (1)), indicando exceções de quando essa pode ocorrer.[23]

---

20. ARTICLE 29 DATA PROTECTION WORKING PARTY. *Guidelines on Automated individual decision-making and Profiling for the purposes of Regulation 2016/679.* Disponível em <http://ec.europa.eu/newsroom/article29/item-detail.cfm?item_id=612053>. Acessado em: 20.04.2018.
21. Esse trecho é transcrição integral do artigo MULHOLLAND; FRAJHOF, Op. Cit., p. 274.
22. Segundo a definição do artigo 4(4) do GDPR, *profiling* é: "qualquer forma de tratamento automatizado de dados pessoais que consista em utilizar esses dados pessoais para avaliar certos aspetos pessoais de uma pessoa singular, nomeadamente para analisar ou prever aspetos relacionados com o seu desempenho profissional, a sua situação econômica, saúde, preferências pessoais, interesses, fiabilidade, comportamento, localização ou deslocações".
23. As exceções são previstas pelo artigo 22(2): "a) For necessária para a celebração ou a execução de um contrato entre o titular dos dados e um responsável pelo tratamento;

O Considerando 71, embora não tenha força normativa, serve como diretriz interpretativa da norma. Ele indica que, na incidência da previsão do art. 22, é necessário que sejam asseguradas as garantias previstas pelo regulamento. Isso inclui que o indivíduo seja informado sobre o tratamento de seus dados quando houver uma tomada de decisão automatizada, tendo ele o "direito de obter a intervenção humana, de manifestar o seu ponto de vista, de obter uma explicação sobre a decisão tomada na sequência dessa avaliação, e de contestar a decisão" (artigo (21)).[24]

Os arts. 13, 14 e 15 se relacionam com o referido dispositivo, pois exigem que os titulares de dados sejam informados quando seus dados forem utilizados para fins de tomada de decisão automatizada, sobre informações úteis da lógica envolvida subjacente do algoritmo, e as consequências que poderão surgir da decisão tomada.

No que diz respeito, ainda, às diferenças entre a LGPD e o GDPR, devem ser ressaltadas as diferentes naturezas de comando das normas que tratam do direito à explicação: no GDPR esse possui uma natureza proibitiva, enquanto, na LGPD, ele possui uma natureza atributiva de direitos.[25] O art. 22 do GDPR proíbe que seja realizada uma decisão exclusivamente autônoma quando essa produzir efeitos legais ou afete a sua vida significativamente (ou substancialmente), elencando as exceções de quando essa decisão poderá ocorrer. Por sua vez, o art. 20 da LGPD aponta que o titular de dados poderá pleitear seu direito à explicação quando uma decisão totalmente automatizada "negue eficácia ou deixe de promover os seus direitos",[26] afetando seus interesses, sendo certo que as hipóteses listadas no *caput* devem ser compreendidas como sendo exemplificativas, e não taxativas.[27] Por ser bastante amplo e vago, será um trabalho importante da ANPD e da doutrina fornecer exemplos do que sejam tais interesses, para além dos listados pela Lei.

---

b) For autorizada pelo direito da União ou do Estado-Membro a que o responsável pelo tratamento estiver sujeito, e na qual estejam igualmente previstas medidas adequadas para salvaguardar os direitos e liberdades e os legítimos interesses do titular dos dados; ou c) For baseada no consentimento explícito do titular dos dados".

24. Esse trecho é transcrição integral do artigo MULHOLLAND; FRAJHOF, Op. Cit., p. 278.
25. Esse trecho é transcrição integral do artigo MULHOLLAND; FRAJHOF, Op. Cit., p. 275.
26. MULHOLLAND; FRAJHOF, Op. Cit., p. 275.
27. MONTEIRO, Op. Cit., p. 10.

Inclusive, esse foi um dos exercícios realizados pelo antigo GTA29, que, em seu parecer, desenvolveu o que eles chamam do teste de "*substantial effect*", que visa avaliar quando uma decisão automatizada, mesmo que não cause efeitos jurídicos na vida do titular de dados, pode impactar outros aspectos da sua vida e ocasionar danos emocionais, restringir oportunidades, afetar circunstâncias econômicas ou criar situações de vulnerabilidade para determinados grupos.[28] Ainda, o próprio GDPR, em seu Considerando 71, apresenta exemplos de quando uma decisão poderá impactar significativa ou substancialmente a vida do titular de dado: quando ela realiza "previsão de aspectos relacionados com o desempenho profissional, a situação econômica, saúde, preferências ou interesses pessoais, fiabilidade ou comportamento, localização ou deslocações do titular dos dados".[29]

Soma-se à indeterminação do que poderiam se constituir como os "interesses" indicados pelo *caput* do art. 20 a questão sobre quais informações devem ser disponibilizadas pelo controlador para que seja possível cumprir o dever indicado no art. 20, § 1º. Uma discussão sobre esse tema iniciou-se[30] quando da promulgação do GDPR, a partir do artigo de Goodman e Flaxman,[31] seguido por Wachter et al.,[32] e contestado por Selbst e Powles,[33] em que Wachter et al. questionavam a existência do referido direito[34] e debatiam sobre o que deveria ser fornecido ao titular de dados a título de explicação.

---

28. ARTICLE 29 WORKING PARTY. Op. Cit., p. 4. Esse teste foi desenvolvido diante da linguagem do próprio art. 22 do GDPR, que indica que: "o titular dos dados tem o direito de não ficar sujeito a nenhuma decisão tomada exclusivamente com base no tratamento automatizado, incluindo a definição de perfis, que *produza efeitos na sua esfera jurídica ou que o afete significativamente de forma similar*" (grifos nossos).

29. Tendo em vista a relevância do tema, a ANPD já incluiu em sua agenda regulatória de 2021-2022 o tema dos direitos dos titulares de dados pessoais, indicando expressamente o art. 20.

30. Mais uma vez, ver em: MULHOLLAND; FRAJHOF, Op. Cit.

31. GOODMAN; FLAXMAN, Op. Cit.

32. WACHTER, S.; MITTELSTADT, B.; FLORIDI, L. Why a Right to Explanation of Automated Decision-Making Does Not Exist in the General Data Protection Regulation. *International Data Privacy Law*, 2017. Disponível em: https://ssrn.com/abstract=2903469. Acessado em: 21.04.2018.

33. SELBST, A. D.; POWLES, J. Meaningful Information and the Right to Explanation. *International Data Privacy Law*, vol. 7(4), 2017, pp. 233-242. Disponível em: https://ssrn.com/abstract=3039125. Acessado em: 21.04.2018.

34. Por meio de uma análise linguística da regulamentação, e a comparação com versões anteriores do GDPR, os autores argumentam que tal direito não teria sido adotado

Essa discussão é importante, pois dá suporte ao que poderá ser exigido pelos titulares de dados para fins de explicação sobre a decisão automatizada. De acordo com Wachter et al., existiriam dois tipos de explicações que poderiam ser fornecidas quando há uma decisão automatizada. A primeira se refere a uma explicação *ex ante,* que não se refere a aspectos relacionados a uma decisão concreta, mas em abstrato, sobre a funcionalidade do sistema, e visa obter explicações sobre a "lógica, significância, consequências previstas e funcionalidades gerais de um sistema automatizado de tomada de decisões, e.g. as especificações sobre os requerimentos do sistema, a árvore de decisão, os modelos pré-definidos, critérios e classificação de estruturas".[35] O segundo tipo de explicação, *ex post,* diz respeito à decisão em si, especialmente ao "*rationale*, às razões e circunstâncias individuais de uma decisão automatizada específica, e.g. o peso atribuído às características, casos definidos de maneira automatizada pela máquina e regras de decisões específicas, informações sobre grupos de referência ou perfil".[36-37] Ao final, os autores se posicionam no sentido de que o que poderia ser extraído do GDPR seria um direito a ser informado, limitado ao primeiro tipo de explicação.

Selbst e Powles, por sua vez, defendem que a diferenciação feita pelos autores seria irrelevante, pois o que é fundamental nesses casos é que as informações fornecidas ao sujeito devem ser consideradas significativas e úteis para ele,

---

intencionalmente pelos legisladores. Ao realizarem uma leitura conjunta dos artigos 22, 13, 14 e 15, o que se poderia extrair daquela norma é o que os autores sustentam um "direito a ser informado", que possui um significado estreito e com aplicação limitada. Por sua vez, contestando essa posição, Selbst e Powles sustentam que um "direito à explicação" poderia, sim, ser extraído do GDPR. Os autores defendem a necessidade de uma interpretação funcional e flexível que permita aos indivíduos exercerem seus direitos à luz dessa legislação, bem como da normativa de direitos humanos. De acordo com os autores, esse direito não se encontra diretamente positivado em um artigo, mas ele decorre de uma leitura sistemática e conjunta das previsões enfrentadas por Wachter et al.

35. Tradução livre de: "significance, envisaged consequences and general functionality of an automated decision-making system, e.g. the system's requirements specification, decision trees, pre-defined models, criteria, and classification structures". WACHTER et al., Op. Cit., p. 6.

36. Tradução livre de: "rationale, reasons, and individual circumstances of a specific automated decision, e.g. the weighting of features, machine-defined case- specific decision rules, information about reference or profile groups". WACHTER et al., Op. Cit., p. 6.

37. Esse trecho é transcrição integral do artigo MULHOLLAND; FRAJHOF, Op. Cit., p. 279-280.

para que possa exercer seus direitos, independentemente de estar rigidamente estabelecido o tipo de conteúdo que deverá ser fornecido.[38] Além disso, para explicar uma decisão em particular, deve se pressupor, em algumas ocasiões, que se tenha acesso a informações relativas à funcionalidade do sistema, como uma documentação de quais seriam as consequências pretendidas pelo modelo. Esse tipo de informação pode auxiliar na compreensão da finalidade para a qual o modelo foi desenvolvido, os tipos de classificações que são realizadas, eventuais danos que podem advir disso, a fim de auxiliar no por que uma decisão foi tomada no caso concreto. Assim, seja para fornecer uma explicação sobre a decisão automatizada, realizar a sua revisão ou ter elementos para proceder a uma auditoria, será necessário fornecer informações que não se limitem a elementos sobre a decisão concreta.

Dessa forma, atender ao comando do art. 20 da LGPD irá implicar a adoção de uma série de medidas prévias e posteriores, técnicas e não técnicas, que abrangem o sistema envolvido na tomada de decisão automatizada. Serão necessárias condutas que não sejam apenas reativas, mas preventivas,[39] gerando um "grande dever de cuidado aos agentes de processamento".[40] Embora em um primeiro momento a discussão sobre o direito à explicação no GDPR tenha caminhado para discutir qual o tipo de explicação que poderia ser exigido, atualmente, o que está em andamento é uma discussão mais ampla sobre *accountability* algorítmica.[41] Por sua vez, o direito à explicação tem se colocado como uma das maneiras de implementar essa prestação de contas,[42] contribuindo

---

38. Esse trecho é transcrição integral do artigo MULHOLLAND; FRAJHOF, Op. Cit., p. 282.

39. Até mesmo em atenção ao princípio da prevenção (art. 6º, VIII) e responsabilização e prestação de contas (art. 6º, X).

40. FRAZÃO, Ana. Nova LGPD: ainda sobre a eficácia do direito à explicação e à oposição. Revista JOTA, 26 de dezembro de 2018c. Disponível em: <shorturl.at/fquA6>. Acessado em: 02.03.2019.

41. KAMINSKY, E. Margot. Binary Governance: Lessons from the GDPR Approach to Algorithmic Accountability. *Southern California Law Review, Vol. 92, No. 6, 2019 1529 U of Colorado Law Legal Studies Research Paper No. 19-9*. Disponível em: https://southerncalifornialawreview.com/wp-content/uploads/2019/12/92_6_Kaminski.pdf. Acessado em: 06.01.2021.

42. Como indicado por Doshi-Velez e Mason: "While there are many tools to increasing accountability in AI systems, we shall focus on one in this report: explanation. (We briefly discuss alternatives in Section 7.) By exposing the logic behind a decision, explanation can be used to prevent errors and increase trust. Explanations can also be used to ascertain whether certain criteria were used appropriately or

para questões que transcendem a discussão sobre proteção de dados, tal como o debate sobre o desenvolvimento de uma IA confiável e ética.[43] A seguir serão apresentadas algumas maneiras que permitem a operacionalização do direito à explicação, que pode contar com alguns dos mecanismos de *compliance* para a sua plena efetivação.

3. MECANISMOS DE *COMPLIANCE*

Como aponta Heloísa Carpena, o *compliance* não deve se limitar ao mero cumprimento de leis e regulamentos.[44] Ele deve ser compreendido como "um instrumento de governança e administração, utilizado para identificar e reduzir riscos corporativos pelas próprias empresas", por meio da criação de procedimentos que protejam bens jurídicos tutelados pelo ordenamento. Seu objetivo, aponta, "é, de forma concreta, eliminar as práticas que possam ser consideradas infrações, seja à lei penal, às normas concorrenciais, ambientais, tributárias, trabalhistas e também às leis de proteção ao consumidor"[45] e, adicionamos aqui, à lei de proteção de dados pessoais.

Esse objetivo pretendido pelo *compliance* é atendido por meio da implementação de programas que são *tailor-made* para cada organização. Ele envolve uma série de medidas, como: "comprometimento da alta direção; avaliação de riscos; código de conduta; regras e procedimentos; auditoria; treinamento dos colaboradores; comunicação; investigação e aplicação de sanções".[46] Tais programas e mecanismos têm um viés operacional e preventivo[47] para atender aos

---

inappropriately in case of a dispute". DOSHI-VELEZ, Finale; MASON, Kortz. *Accountability of AI Under the Law: The Role of Explanation*. Berkman Klein Center Working Group on Explanation and the Law, Berkman Klein Center for Internet & Society working paper, 2017, p. 2. Disponível em: <https://dash.harvard.edu/bitstream/handle/1/34372584/2017-11_aiexplainability-1.pdf>. Acessado em: 20.03.2021.

43. COMISSÃO EUROPEIA. *Ethics Guidelines for Trustworthy AI*. 2019. Disponível em: <https://ec.europa.eu/digital-single-market/en/news/ethics-guidelines-trustworthy-ai>. Acessado em: 14.04.2020.

44. CARPENA, Heloísa. O compliance consumerista e criação de um mercado ético e produtivo. *Conjur*, 1º de agosto de 2018. Disponível em: https://www.conjur.com.br/2018-ago-01/garantias-consumo-compliance-consumerista-criacao-mercado-etico-produtivo. Acessado em: 20.03.2021.

45. CARPENA, Op. Cit.

46. CARPENA, Op. Cit.

47. FRAZÃO, Ana; OLIVA, Milena Donato; ABILIO, Vivianne da Silveira. *Compliance* de dados pessoais. In: TEPEDINO, Gustavo; FRAZÃO, Ana; OLIVA, Milena Donato

comandos normativos, prevenir atos ilícitos (e caso esses venham a ocorrer, minorar seus efeitos) e aplicar sanções a eventuais responsáveis.[48] O *compliance* no contexto de processamento de dados pessoais tem um enorme benefício, pois é uma oportunidade para que agentes de tratamento se mantenham aderentes à LGPD, dando maior concretude à regulação estatal, traduzindo os deveres legais em condutas organizacionais e técnicas, além de prever maneiras de mitigar e prevenir eventuais danos.[49]

Dessa forma, este artigo não vai tratar de todos esses pontos do programa de *compliance,* mas vai analisar, especificamente em relação ao direito à explicação, quais são as medidas que devem ser implementadas para que os preceitos normativos da LGPD sejam atendidos, e como alguns instrumentos do *compliance* podem auxiliar nessa operacionalização. Para tanto, será necessário separar tais medidas em dois momentos distintos. Inicialmente, em linha com o que é entendido como o primeiro passo dos programas de *compliance*,[50] deverá ser implementada uma maneira de avaliar previamente os riscos e danos que decisões automatizadas podem ocasionar a potenciais impactados, quais são as possíveis maneiras de mitigar esses riscos – e reduzir eventuais danos – e também discriminações que possam advir dessas decisões. Ou seja, essa é uma avaliação que deve ocorrer antes mesmo da implementação de um algoritmo destinado à tomada de decisão. Ainda nesse momento, caso se opte por implementar tal algoritmo, deverá ser incluída uma análise do seu impacto, e a adequação e proporcionalidade para o contexto que será aplicado. Decidindo-se pela implementação, devem ser abarcados também quais são os métodos de interpretação aplicáveis para compreender as "razões de decidir" do algoritmo, que pode variar de acordo com a sua complexidade.

Portanto, para operacionalizar o direito à explicação, quando do desenvolvimento dos respectivos instrumentos e mecanismos desenvolvidos pelo programa de *compliance*, impõe-se uma análise *ex ante* relacionada aos potenciais riscos e adequação de se implementar uma decisão algorítmica a um dado contexto e, nesse momento, devem ser definidos quais são os métodos disponíveis para fornecer explicações sobre a decisão automatizada (*ex post*).

(Org.). *Lei Geral de Proteção de Dados Pessoais e as suas repercussões no direito brasileiro.* 2ª edição. São Paulo: Thomson Reuters Brasil, 2020, p. 674.

48. FRAZÃO et al., Op. Cit., p. 675.
49. FRAZÃO et al., Op. Cit.
50. FRAZÃO et al., Op. Cit., p. 679.

No que se refere a esse momento *ex ante*, uma série de mecanismos e instrumentos se coloca à disposição, tais como: o Relatório de Impacto de Proteção de Dados Pessoais, Códigos de Boas Práticas e Códigos de Conduta. Por sua vez, uma análise de uma decisão *post hoc* (ou *ex post*) do algoritmo dependerá da produção de: documentação, auditoria, e métodos de interpretação e explicação dos comportamentos e resultados de algoritmos. A seguir, será analisado brevemente cada um desses mecanismos de *accountability* do direito à explicação, sendo certo que cada um deles contribui para assegurar a operacionalização e o *compliance* dos agentes de tratamento sobre esse tema.

3.1. Métodos *ex ante*

3.1.1. Relatório de Impacto de Proteção de Dados Pessoais

A LGPD, assim como o GDPR, estabelece que, quando um determinado tratamento de dados pessoais implica um risco para os direitos e as liberdades dos titulares de dados pessoais, será necessário elaborar o Relatório de Impacto à Proteção de Dados Pessoais (RIPDP), também conhecido como *Data Protection Impact Assessment* (DPIA). Esse relatório consiste na elaboração de uma documentação, por parte do controlador, que contém: "a descrição dos processos de tratamento de dados pessoais que podem gerar riscos às liberdades civis e aos direitos fundamentais, bem como medidas, salvaguardas e mecanismos de mitigação de risco" (art. 5º, XVII).

O GDPR foi mais específico em seu art. 35, ao prever que tal relatório deva ser realizado quando o controlador estiver diante de tratamento com potencial risco e de uso de novas tecnologias, sendo obrigatória a sua elaboração quando há uma "avaliação sistemática e completa dos aspectos pessoais relacionados com pessoas singulares, baseada no tratamento automatizado, incluindo a definição de perfis, sendo com base nela adotadas decisões que produzem efeitos jurídicos relativamente à pessoa singular ou que a afetem significativamente de forma similar" (art. 35 (3) (a)). Já a LGPD deixa a cargo da ANPD a discricionariedade em exigir a elaboração do RIPDP,[51] e não deixa "claro qual é o grau de comprometimento dos controladores com a referida obrigação",[52] indicando

---

51. O art. 10, que traz parâmetros para a aplicação da base legal de tratamento de dados pessoais do legítimo interesse do controlador, indica em seu § 3º que a ANPD poderá solicitar ao controlador o RIPDP, "quando o tratamento tiver como fundamento seu interesse legítimo, observados os segredos comercial e industrial".

52. FRAZÃO, Ana. Op. cit., 2018c.

apenas que será a ANPD a responsável por definir quando esse será mandatório (art. 38).

Tendo em vista que uma das finalidades do direito à explicação é justamente evitar resultados que afetem a liberdade e igualdade dos titulares de dados, a elaboração do RIPDP torna-se fundamental para minimizar impactos negativos. Nesse sentido, a autoridade de proteção de dados pessoais do Reino Unido, *Information Commissioner's Officer* (ICO), em um documento elaborado em conjunto com o *Alan Turing Institute* sobre o direito à explicação, aponta que a elaboração de DPIAs é mandatória quando houver o uso de sistemas de IA, devendo ser tratados como "documentos vivos" constantemente atualizados,[53] desde o seu desenvolvimento até a sua implementação e posterior uso.[54]

Nesse mesmo sentido, no âmbito do desenvolvimento de inteligência artificial, tem sido defendida a importância de se elaborar relatórios de impacto próprios para esse contexto,[55] a fim de que essa tecnologia seja confiável, além de atender a finalidades éticas lastreadas em três princípios básicos: *fairness, accountability* e *transparency* (FAT),[56] que podem ser traduzidos como equidade, prestação de contas/responsabilização e transparência. O FAT busca evitar que sistemas de IA produzam resultados discriminatórios, cometam injustiças ou erros, ocasionando danos. Sendo assim, a transparência é central para assegurar *insights* sobre a IA, permitindo explicações, contestações e a sua *accountability*.[57] Tendo em vista que a maior parte desses sistemas tem como insumo uma

---

53. INFORMATION COMMISSIONER'S OFFICE; THE ALAN TURING INSTITUTE. *Explaining decisions made with AI, Part 1*, 20 de maio de 2020. Disponível em: shorturl.at/bqCGR. Acesso em: 20.03.2021.

54. COMISSÃO EUROPEIA. *Ethics Guidelines for Trustworthy AI*. 2019a, p. 20. Disponível em: <https://ec.europa.eu/digital-single-market/en/news/ethics-guidelines-trustworthy-ai>. Acessado em: 20.03.2021.

55. COMISSÃO EUROPEIA, Op. Cit.

56. O assunto já vem sendo debatido por alguns anos na academia. A criação da *Association for Computing Machinery Fairness, Accountability and Transparency* (ACM FAT) em *Machine Learning* demonstra esse interesse. Há, também, uma grande produção de artigos sobre o assunto, como demonstra: LINARDATOS, Pantelis; PAPASTEFANOPOULOS, Vasilis; KOTSIANTIS, Sotiris. Explainable AI: A Review of Machine Learning Interpretability Methods. *Entropy*, 2021, 23, 18. https://dx.doi.org/ 10.3390/e23010018. Disponível em: https://www.mdpi.com/1099-4300/23/1/18. Acessado em: 20.03.2021.

57. ARTICLE 19. *Governance with teeth:* How human rights can strengthen FAT and ethics initiatives on artificial intelligence. Londres, abril de 2019, p. 13. Disponível em: https://www.article19.org/wp-content/uploads/2019/04/Governance-with-teeth_A19_April_2019.pdf. Acessado em: 20.03.2020.

quantidade enorme de dados, que são utilizados para treinar esses artefatos, a elaboração de ambos os relatórios pode se dar de maneira complementar, ou, até mesmo, pode-se pensar em um único documento que atenda ambas as finalidades, quando cabível.

O relatório de impacto, portanto, deve considerar qual a natureza, o escopo, o contexto e a finalidade do tratamento, a origem dos riscos e a probabilidade de eles ocorrerem, além de como esses devem ser mitigados e endereçados por meio de salvaguardas.[58] Em relação ao direito à explicação, deve ser avaliado qual método de interpretação e explicação do algoritmo foi implementado ou é passível de ser aplicado. Além disso, esse documento pode ser uma evidência importante em eventuais auditorias.

3.1.2. Código de Boas Práticas e Governança e Código de Conduta

Como indicado por Frazão et al., o Código de Boas Práticas e Governança[59] bem como o Código de Condutas[60] podem ser instrumentos importantes para o *compliance*, sendo formas de demonstrar a *accountability* dos agentes de tratamento em relação à legislação, tendo em vista que eles são capazes de oferecer maneiras de operacionalizar e concretizar comandos abertos propostos pela lei. O Código de Boas Práticas e Governança se destina a estabelecer questões operacionais do processamento de dados, definindo padrões técnicos e os

58. ARTICLE 29 DATA PROTECTION WORKING PARTY. *Guidelines on Data Protection Impact Assessment (DPIA) and determining whether processing is "likely to result in a high risk" for the purposes of Regulation 2016/679*. Adotado em 4 de abril de 2017, p. 17. Disponível em: <http://ec.europa.eu/newsroom/document.cfm?doc_id=44137>. Acessado em: 11.04.2020.

59. Previsto no art. 50, *caput*, da LGPD: "Os controladores e operadores, no âmbito de suas competências, pelo tratamento de dados pessoais, individualmente ou por meio de associações, poderão formular regras de boas práticas e de governança que estabeleçam as condições de organização, o regime de funcionamento, os procedimentos, incluindo reclamações e petições de titulares, as normas de segurança, os padrões técnicos, as obrigações específicas para os diversos envolvidos no tratamento, as ações educativas, os mecanismos internos de supervisão e de mitigação de riscos e outros aspectos relacionados ao tratamento de dados pessoais".

60. Art. 50, § 2º, II, da LGPD: "demonstrar a efetividade de seu programa de governança em privacidade quando apropriado e, em especial, a pedido da autoridade nacional ou de outra entidade responsável por promover o cumprimento de boas práticas ou códigos de conduta, os quais, de forma independente, promovam o cumprimento desta Lei".

mecanismos que devem ser observados para estruturar o sistema. O Código de Conduta visa especificar detalhes do procedimento de tratamento de dados pessoais, estabelecendo instruções gerais (como quais dados podem ser tratados, em quais hipóteses e para qual finalidade) e os valores a serem seguidos pelos funcionários e pela alta administração em relação às decisões relativas ao tratamento de dados.[61] O objetivo desse último é o de "trazer a aplicação efetiva da lei para o cotidiano das atividades de tratamento de dados, e consequentemente facilitar a prova de conformidade com a legislação".[62]

Como visto, as hipóteses em que o direito à explicação na LGPD poderá ser exigido são muito amplas. No que diz respeito à "explicabilidade", tais instrumentos devem exigir que sejam documentados os seguintes aspectos do uso de algoritmos de tomada de decisão: (i) apresentação de justificativas que motivaram o uso de sistemas de IA para aquele determinado contexto; (ii) indicação de quais tipos de métodos e modelos de interpretação e explicação do resultado do modelo de ML foram considerados e implementados; (iii) registro da origem dos dados utilizados para o treinamento e teste do modelo, (iv) indicação de como foi realizado o pré-processamento dos dados, e como potenciais discriminações foram consideradas; (v) apontamento de quais foram os critérios para a escolha do modelo em relação à capacidade de interpretação e explicação dos seus resultados, e as ferramentas utilizadas para tanto; (vi) apresentação dos resultados da aprendizagem e testagem do modelo; e (vii) indicação de como e qual tipo de explicação[63] está sendo fornecida para o titular de dados.[64]

Esses documentos corporativos podem exigir a adoção de padrões "do *design*, do desenvolvimento, das práticas de negócio [que] podem funcionar como um gerenciamento de qualidade de sistemas de IA para usuários, consumidores,

61. FRAZÃO et al., Op. Cit., p. 693-694.

62. PALMEIRA, Op. Cit., p. 337.

63. O ICO e o *Alan Turing Institute* fazem um exercício interessante em classificar diferentes tipos de explicação que podem ser fornecidas, e o que cada uma deve apresentar como conteúdo. São elas: *Rationale explanation; Responsibility explanation, Data explanation; Fairness explanation; Safety and performance explanation; Impact explanation.* Tendo em vista o escopo deste artigo, essa discussão não será abordada. INFORMATION COMMISSIONER'S OFFICE; THE ALAN TURING INSTITUTE. *Explaining decisions made with AI, Part 1*, 20 de maio de 2020. Disponível em: shorturl.at/kJO68. Acesso em: 20.03.2021.

64. INFORMATION COMMISSIONER'S OFFICE; THE ALAN TURING INSTITUTE. Explaining decisions made with AI, Part 3, 20 de maio de 2020. Disponível em: shorturl.at/kJO68. Acesso em: 20.03.2021.

organizações, instituições de pesquisa e governos".[65] Eles permitem a rápida identificação de que determinado padrão foi atendido e podem ser atestados por meio de certificações. Ainda, são instrumentos aptos a demonstrar a *accountability* dos agentes de tratamento à legislação, sendo verdadeiras ferramentas de *compliance* da LGPD.

Ademais, o Código de Boas Práticas e Governança e o Código de Condutas são mecanismos eficazes para estabelecer e definir: o que é uma decisão automatizada, quando que essa poderá ser implementada, quais os interesses envolvidos, em qual contexto ela poderá ocorrer, se haverá uma intervenção humana nesse processo decisório, ou se a interferência humana apenas ocorrerá em eventual pedido de revisão da decisão, se o contexto permite que seja utilizado um algoritmo considerado caixa-preta ou não, formas de transparência e explicação dos seus resultados, indicação de como os titulares de dados poderão exercer seu direito, procedimento para limpeza de dados quando há o uso de algoritmos de ML para evitar discriminações, padrões de documentação, entre outras medidas que busquem respostas para as perguntas indicadas anteriormente. Quanto a esse último ponto, é importante que as organizações tenham uma equipe diversa e inclusiva, com poder decisório e influência, contribuindo com pontos de vista diferentes e novas perspectivas, evitando a reprodução de estigmas e discriminações nos algoritmos de tomada de decisão.[66]

Tais documentos são capazes de criar uma cultura organizacional que preza pela importância de se garantir formas de explicação e interpretação de decisões algorítmicas, promovendo, disseminando e implementando esse conhecimento. Ainda, a participação da sociedade civil na construção das normas corporativas é um elemento importante para indicar a robustez do programa.[67]

3.2. Métodos *ex post*

3.2.1. Documentação

A documentação do desenvolvimento de um sistema é fundamental para que outras pessoas, que não apenas os seus desenvolvedores, compreendam o

65. Tradução livre de: "design, manufacturing and business practices, can function as a quality management system for AI users, consumers, organisations, research institutions and governments". COMISSÃO EUROPEIA, Op. Cit., p. 22.

66. Sobre a importância dessa abordagem, ver: UNESCO. *I'd blush if I could*: closing gender divides in digital skills through education. 2019. Disponível em: <https://unesdoc.unesco.org/ark:/48223/pf0000367416>. Acessado em: 12.09.2019.

67. FRAZÃO et al., Op. Cit., p. 696.

seu funcionamento. Seu objetivo, portanto, é redigir em linguagem humana as escolhas das regras, dos métodos, das variáveis, das entidades de relacionamento, do(s) algoritmo(s) que compõe(m) o sistema. A mera apresentação do código de um determinado algoritmo – o que muitas vezes não irá ocorrer, diante da proteção assegurada pelo segredo empresarial ou propriedade intelectual –[68] não significa que terceiros, inclusive profissionais com *expertise* técnica, conseguirão interpretar e compreender seu funcionamento.

É comum que não haja padronização de como uma documentação deve ser feita. É nesse sentido que o *model cards (for model reporting)*[69] foi proposto, visando oferecer uma padronização da documentação de modelos de aprendizado de máquina. O *model card* é uma carta que reúne diversas informações sobre o modelo de ML, tais como: resultados do seu comportamento (*performance*), os casos para os quais ele foi desenvolvido, o contexto que será aplicado e seus potenciais riscos, métricas para avaliar vieses e discriminações, resultados dos seus testes, quais foram os dados que foram utilizados, entre outras. O objetivo do *model card*[70] é a propositura de um padrão ético de documentação de modelos de ML, para que as pessoas envolvidas no seu desenvolvimento sejam capazes de estabelecer uma métrica ética para avaliar esses algoritmos, principalmente em relação a potenciais discriminações advindas dos dados utilizados para o aprendizado do modelo. Como consequência, essa documentação fornece maior transparência e conhecimento sobre o artefato para um público mais amplo, como desenvolvedores de *software*, especialistas em ML e IA, reguladores, organizações, e pessoas impactadas, indicando as limitações do modelo, os tipos de erros, as discriminações e injustiças que podem ocorrer.[71]

---

68. Sendo algo bastante criticado pela literatura, tal como indicado por Frank Pasquale (PASQUALE, Frank. *The Black Box Society*. Cambridge: Harvard University Press, 2015) e Sandra Wachter e Brent Mittelstadt (WACHTER, Sandra; MITTELSTADT, Brent. A Right to Reasonable Inferences: Re-Thinking Data Protection Law in the Age of Big Data and AI. *Columbia Business Law Review*, 2019(2). Disponível em: https://ssrn.com/abstract=3248829. Acessado em: 02.02.2021).
69. MITCHELL, Margareth; WU, Simone; ZALDIVAR, Andrew; BARNES, Parker; VASSEMAN, Lucy; HUTCHINSON, Ben; SPITZER, Elena; RAJI, Deborah Iniluwa; GEBRU, Timnit. Model Cards for Model Reporting. *FAT*'19*, Atlanta, GA, USA, 2019, pp. 220-229.
70. De acordo com os autores: "Model cards serve to disclose information about a trained machine learning model. This includes how it was built, what assumptions were made during its development, what type of model behavior different cultural, demographic, or phenotypic population groups may experience, and an evaluation of how well the model performs with respect to those groups" (MITCHELL et al., Op. Cit., p. 221).
71. Mitchell et al., Op. Cit., p. 221.

A documentação apresentada dessa forma é interessante por dois motivos principais. O primeiro é que devem ser fornecidas informações relevantes para se avaliar o modelo de aprendizado de máquina, sem necessariamente exigir a abertura de informações que estariam protegidas pelo segredo empresarial e/ou propriedade intelectual. O segundo é que se exigem também informações e métricas sobre os resultados dos testes do modelo, oferecendo insumos para apoiar uma investigação sobre os porquês dos resultados. Ainda, como o *model card* pretende avaliar os resultados e o comportamento do modelo de ML, diante da apresentação de resultados insatisfatórios, tanto em relação à sua qualidade quanto em termos éticos, a decisão do seu uso pode ser postergada até que resultados melhores se façam presentes, podendo até mesmo ocasionar a rejeição do seu uso. Embora essa documentação tenha sido desenvolvida para o contexto de ML, ela ainda poderia ser utilizada por algoritmos mais simples, que não se valem de ML, tal qual uma árvore de decisão.

A adoção desse tipo de documentação pode ser uma exigência arrolada em certificações, bem como nos Códigos de Boas Práticas e Código de Conduta das organizações. O fato de se propor a uma finalidade ética também serve como suporte para um dos objetivos dos programas de *compliance*, que é a criação de uma cultura corporativa de respeito à ética e às leis[72]. Ademais, as informações elencadas nos *model cards* são sugestões que podem e devem ser complementadas para operacionalizar o direito à explicação.

3.2.2. Auditoria

A auditoria tem sido uma solução que tem ganhado certa aceitação para investigar resultados e predições algorítmicas, pois seria uma forma de assegurar uma transparência qualificada (*qualified transparency*) de algoritmos caixa-preta. A auditoria consistiria na reunião de um grupo de pessoas, tidas como "auditores confiáveis", internos ou externos à organização, para que possam avaliar a legitimidade e a conformidade do algoritmo.[73] Foi nesse sentido que o art. 20, § 2º, da LGPD pareceu caminhar, ao prever que caso o controlador não ofereça informações relacionadas à decisão automatizada, invocando a proteção ao segredo comercial e industrial, a ANPD poderá realizar uma auditoria "para verificação de aspectos discriminatórios em tratamento automatizado de dados

72. FRAZÃO et al., Op. Cit., p. 683.

73. PASQUALE, Frank. *The Black Box Society*. Cambridge: Harvard University Press, 2015, p. 142.

pessoais". Toda a documentação produzida mencionada anteriormente certamente servirá para apoiar essa investigação.

A auditoria, no entanto, por ser restrita a um grupo de *experts*, não implica a disponibilização de explicações de uma maneira mais ampla como propõe o *model card*. A auditoria é um instrumento adequado para inspecionar potenciais discriminações e erros, se a decisão foi legítima e aderente aos comandos normativos (por exemplo, não se valendo de conteúdos protegidos, vedados por lei),[74] mas ela não necessariamente resulta no fornecimento de uma explicação sobre o resultado de uma decisão. Portanto, caso uma auditoria ocorra, seja aquela determinada pela LGPD, seja a conduzida internamente, seria importante que houvesse a comunicação do seu resultado, como uma forma de melhor informar o debate público sobre os problemas e as dificuldades do universo de IA, além de gerar maior confiança dos resultados gerados.[75] Além disso, seria possível prover algum tipo de transparência de forma a incentivar que outras entidades possam proceder a alterações e a correções que se façam necessárias ao seu próprio algoritmo.

3.2.3. Métodos de interpretação e explicação de ML

O maior desafio para fornecer explicações é quando a decisão automatizada é tomada por um algoritmo que se vale de um modelo de aprendizado de máquina. Dependendo do modelo desenvolvido, seu modo de trabalho e sua constante evolução e modificação não permitem identificar o que exatamente motivou o resultado alcançado, tornando quase impossível e inteligível a uma pessoa natural o seu modo de trabalho. Nesses casos, para operacionalizar e atender ao comando normativo previsto no art. 20, § 1º, da LGPD, para fornecer

74. Como determina o art. 7º-A, inciso I, da Lei de Cadastro Positivo (Lei n. 12.414/2011), que veda o uso de dados relacionados "à origem social e étnica, à saúde, à informação genética, ao sexo e às convicções políticas, religiosas e filosóficas" na análise de risco de crédito.

75. Nesse sentido: "(...) lack of transparency leads affected persons to speculate that algorithmic decision making is arbitrary. Opacity further hinders their ability to question the outcome and understand the process. Here too, transparency measures – such as disclosing which factors were used or the rate of statistical error in predicting the outcome – could be adopted to mitigate these concerns". ZARSKY, Tal. The Trouble with Algorithmic Decisions: An Analytic Road Map to Examine Efficiency and Fairness in Automated and Opaque Decision Making. *Science, Technology, & Human Values*. 41(1):118-132, 2016, p. 130. Disponível em: https://journals.sagepub.com/doi/abs/10.1177/0162243915605575. Acessado em: 20.03.2021.

ao titular de dados "informações claras e adequadas a respeito dos critérios e dos procedimentos utilizados" pode ser um grande desafio.

Atualmente, há um grande esforço de pesquisadores da área de Ciência da Computação para estudar métodos de interpretação de algoritmos de aprendizado de máquina, tendo sido inaugurada a área chamada de *Explainable Artificial Intelligence* (XAI), que visa "compreender e interpretar o comportamento de sistemas de IA"[76] por meio de diferentes métodos, que buscam atender diferentes finalidades. Eles podem ser separados em quatro tipos: métodos para explicar modelos *black-box*, métodos para criar modelos *white-box*, métodos para promover equidade (*fairness*) e evitar discriminações, e métodos para analisar a sensibilidade para predição de modelos.[77] De forma sintética, o primeiro busca aplicar métodos que forneçam explicações e interpretem o resultado dos modelos de ML, com alguns estudos voltados para verificar a relação entre os dados de entrada (*input*) e o respectivo resultado (*output*); o segundo visa propor modelos de ML que considerem desde a sua concepção uma preocupação em fornecer explicações e interpretações sobre os seus resultados; o terceiro busca criar métricas para definir o que é *fairness* (equidade), analisando os dados e verificando a presença de vieses e se o resultado pode ser considerado justo; e o último visa aplicar métodos para avaliar a confiança dos resultados.

Dessa forma, para que o controlador seja capaz de fornecer explicações sobre uma decisão automatizada,[78] com exceção das soluções *white-box*, será necessário prever quais desses métodos *ex post*, ou *post hoc*, serão os mais adequados e se passíveis de serem aplicados aos modelos de ML. Por exemplo, nos artigos que investigam métodos para desenvolver modelos de ML que buscam equidade, há uma discussão bastante relevante sobre explicações contrafactuais (*counterfactual explanations*).[79] Essas visam explicar o resultado de um modelo

76. LINADARTOS et al. Op. Cit., p. 2.

77. LINADARTOS et al. Op. Cit.

78. Uma discussão constante trata das predições e dos resultados dos algoritmos de ML, que, na maior parte das vezes, são alcançados por relações de correlação, e não de causalidade. Alguns autores defendem que apenas relações causais possam ser consideradas como legítimas e válidas (ZARSKY, Tal. Transparent Predictions. *University of Illinois Law Review*, Vol. 2013, No. 4, 2013. Disponível em: https://ssrn.com/abstract=2324240. Acessado em: 20.03.2021).

79. WACHTER, Sandra; MITTELSTADT, Brent; RUSSELL, Chris. Counterfactual Explanations Without Opening the Black Box: Automated Decisions and the GDPR. *Harvard Journal of Law and Technology*, 31 (2), 2018. Disponível em: <https://ssrn.com/abstract=3063289>. Acesso em: 20.03.2021; MITTELSTADT, Brent; RUSSELL,

de ML indicando o que deveria estar presente para que o resultado fosse diferente, ou seja, quais são os fatores que devem ser modificados e alterados para influenciar o *output* do modelo de ML. Por exemplo: Maria teve seu pedido de concessão de crédito negado por uma decisão automatizada, pois a sua renda anual é de R$ 28 mil, e é necessário que uma pessoa apresente uma renda anual mínima de R$ 30 mil para ser beneficiada pelo empréstimo. Essa forma de dar explicações permite uma melhor compreensão do resultado,[80] fortalecendo a liberdade e a autonomia do titular de dados para modificar essa situação.

Assim, desde a concepção do algoritmo de tomada de decisão deverá ser avaliado qual o método de interpretação e explicação sobre os seus resultados são passíveis de serem aplicados. Ainda, deve haver o sopesamento do contexto e a sensibilidade da situação em que a decisão algorítmica será aplicada, a fim de decidir o nível de transparência exigida diante do potencial risco que aquela poderá ter sobre as liberdades e os direitos dos titulares de dados.

4. Conclusão

Como visto, são diversos os desafios que se colocam, que envolvem desde a complexidade inerente à própria tecnologia até as indeterminações normativas. Nesse cenário, o *compliance* de dados, especificamente no que toca ao direito à explicação, vai depender de um conjunto de medidas que devem ser aplicadas para viabilizar a sua operacionalização. Este artigo pretendeu destacar alguns dos instrumentos de tais programas que podem auxiliar nesse fim, além de indicar outros métodos e mecanismos que podem apoiar a adequação ao direito à explicação.

Essas medidas devem ser adotadas *ex ante* da implementação de um algoritmo de tomada de decisão, a fim de avaliar os riscos envolvidos nesse contexto, indicando a adoção de métodos e a aplicação de parâmetros que visem evitar ou reduzir eventuais danos e discriminações que possam advir de tal decisão, além de indicar quando que um contexto deverá exigir decisões automatizadas "interpretáveis" e "explicáveis". Ainda, a operacionalização do direito à explicação

Chris; WACHTER, Sandra. Explaining Explanations in AI. *Proceedings of FAT* '19: Conference on Fairness, Accountability, and Transparency* (FAT* '19), January 29-31, 2019, Atlanta, GA, USA. ACM, New York, NY, USA. Disponível em: <https://ssrn.com/abstract=3278331>. Acesso em: 20.03.2021.

80. Conforme demonstram os autores, alguns estudos evidenciam que o humano tem uma maior compreensão sobre determinado evento quando explicações contrastivas são oferecidas. MITTELSTADT et al. Op. Cit.

também depende de uma análise *ex post*, que vai permitir uma investigação da decisão algorítmica concreta, oferecendo meios para a sua interpretação, explicação e subsídios para avaliar se houve algum erro ou discriminação.

Percebe-se que a operacionalização do conjunto de direitos que surgem a partir do direito à explicação vai depender da adoção de diversificados instrumentos, de análises que ocorrem em momentos diferentes no tempo, e de uma análise que é multifacetada e multidisciplinar.

5. Referências bibliográficas

ANANNY, Mike; CRAWFORD, Kate. Seeing without knowing: Limitations of the transparency ideal and its application to algorithmic accountability. *New media & Society*, 2018, Vol. 20(3), pp. 973-989.

ARTICLE 19. *Governance with teeth:* How human rights can strengthen FAT and ethics initiatives on artificial intelligence. Londres, abril de 2019. Disponível em: https://www.article19.org/wp-content/uploads/2019/04/Governance-with-teeth_A19_April_2019.pdf. Acessado em: 20.01.2020.

ARTICLE 29 DATA PROTECTION WORKING PARTY. *Guidelines on Automated individual decision-making and Profiling for the purposes of Regulation 2016/679*. Disponível em: <http://ec.europa.eu/newsroom/article29/item-detail.cfm?item_id=612053>. Acessado em: 20.04.2018.

ARTICLE 29 DATA PROTECTION WORKING PARTY. *Guidelines on Data Protection Impact Assessment (DPIA) and determining whether processing is "likely to result in a high risk" for the purposes of Regulation 2016/679*. Adotado em 4 de abril de 2017. Disponível em: <http://ec.europa.eu/newsroom/document.cfm?doc_id=44137>. Acessado em: 11.04.2020.

BURRELL, Jenna. How the machine thinks: Understanding opacity in machine learning algorithms. *Big Data & Society 3(1)*, janeiro de 2016. Disponível em: https://journals.sagepub.com/doi/pdf/10.1177/2053951715622512. Acesso em: 01.02.2021.

CARPENA, Heloísa. O compliance consumerista e criação de um mercado ético e produtivo. *Conjur*, 1º de agosto de 2018. Disponível em: https://www.conjur.com.br/2018-ago-01/garantias-consumo-compliance-consumerista-criacao-mercado--etico-produtivo. Acessado em: 20.03.2021.

COMISSÃO EUROPEIA. *Ethics Guidelines for Trustworthy AI*. 2019a. Disponível em: <https://ec.europa.eu/digital-single-market/en/news/ethics-guidelines-trustworthy-ai>. Acessado em: 14.04.2020.

DESAI, Deven R.; KROLL, Joshua A. Trust But Verify: A Guide to Algorithms and the Law. *Harvard Journal of Law & Technology*, vol. 31(2). Disponível em: https://ssrn.com/abstract=2959472. Acessado em: 04.03.2021.

DOSHI-VELEZ, Finale; MASON, Kortz. *Accountability of AI Under the Law:* The Role of Explanation. Berkman Klein Center Working Group on Explanation and the Law,

Berkman Klein Center for Internet & Society working paper, 2017. Disponível em: <https://dash.harvard.edu/bitstream/handle/1/34372584/2017-11_aiexplainability-1.pdf>. Acessado em: 20.03.2021.

EUROPEAN DATA PROTECTION BOARD. *Guidelines 1/2018 on certification and identifying certification criteria in accordance with Articles 42 and 43 of the Regulation*. Versão 3.0, adotada em 04 de junho de 2019, p. 7. Disponível em: https://edpb.europa.eu/sites/edpb/files/files/file1/edpb_guidelines_201801_v3.0_certificationcriteria_annex2_en.pdf. Acessado em: 20.03.2021.

FRAZÃO, Ana. O direito à explicação e à oposição diante de decisões totalmente automatizadas. *Revista JOTA*, 05 de dezembro de 2018a. Disponível em: <shorturl.at/epAH7>. Acessado em: 02.03.2019.

________, Ana. Controvérsias em torno do direito à explicação e à oposição diante de decisões totalmente automatizadas. *Revista JOTA*, 12 de dezembro de 2018b. Disponível em: <shorturl.at/nCKU3>. Acessado em: 02.03.2019.

________, Ana. Nova LGPD: ainda sobre a eficácia do direito à explicação e à oposição. Revista JOTA, 26 de dezembro de 2018c. Disponível em: <shorturl.at/fquA6>. Acessado em: 02.03.2019.

________, Ana; OLIVA, Milena Donato; ABILIO, Vivianne da Silveira. *Compliance* de dados pessoais. In: TEPEDINO, Gustavo; FRAZÃO, Ana; OLIVA, Milena Donato (Org.). *Lei Geral de Proteção de Dados Pessoais e as suas repercussões no direito brasileiro*. 2ª edição. São Paulo: Thomson Reuters Brasil, 2020, pp. 669-704.

________, Ana; GOETTENAUER, Carlos. O jogo da imitação jurídica: o direito à revisão de decisões algorítimicas como um mecanismo para a necessária conciliação entre linguagem natural e infraestrutura matemática. In: TEPEDINO, Gustavo; SILVA, Rodrigo da Guia (Org.). *O Direito Civil na era da Inteligência Artificial*. São Paulo: Thomson Reuters Brasil, 2020, p. 45-65.

GOODMAN, B.; FLAXMAN, S. EU Regulations on Algorithmic Decision Making and "a Right to an Explanation" *Icml Workshop on Human Interpretability in Ml*, 2016. Disponível em: https://arxiv.org/abs/1606.08813. Acessado em: 21.04.2018.

INFORMATION COMMISSIONER'S OFFICE; THE ALAN TURING INSTITUTE. Explaining decisions made with AI, Part 1, 20 de maio de 2020. Disponível em: shorturl.at/bqCGR. Acesso em: 20.03.2021.

INFORMATION COMMISSIONER'S OFFICE; THE ALAN TURING INSTITUTE. Explaining decisions made with AI, Part 3, 20 de maio de 2020. Disponível em: shorturl.at/kJO68. Acesso em: 20.03.2021.

KAMINSKY, E. Margot. Binary Governance: Lessons from the GDPR Approach to Algorithmic Accountability. *Southern California Law Review, Vol. 92, No. 6, 2019 1529 U of Colorado Law Legal Studies Research Paper No. 19-9*. Disponível em: https://southerncalifornialawreview.com/wp-content/uploads/2019/12/92_6_Kaminski.pdf. Acessado em: 06.01.2021.

LINARDATOS, Pantelis; PAPASTEFANOPOULOS, Vasilis; KOTSIANTIS, Sotiris. Explainable AI: A Review of Machine Learning Interpretability Methods. *Entropy*, 2021, 23, 18. https://dx.doi.org/ 10.3390/e23010018. Disponível em: https://www.mdpi.com/1099-4300/23/1/18. Acessado em: 20.03.2021.

MITCHELL, Margareth; WU, Simone; ZALDIVAR, Andrew; BARNES, Parker; VASSEMAN, Lucy; HUTCHINSON, Ben; SPITZER, Elena; RAJI, Deborah Iniluwa; GEBRU, Timnit. Model Cards for Model Reporting. *FAT*'19*, Atlanta, GA, USA, 2019, pp. 220-229.

MITTELSTADT, Brent; RUSSELL, Chris; WACHTER, Sandra. Explaining Explanations in AI. *Proceedings of FAT*'19: Conference on Fairness, Accountability, and Transparency* (FAT*'19), January 29-31, 2019, Atlanta, GA, USA. ACM, New York, NY, USA. Disponível em: <https://ssrn.com/abstract=3278331>. Acesso em: 20.03.2021.

MONTEIRO, Renato Leite. Existe um direito à explicação na Lei Geral de Proteção de Dados do Brasil?. Instituto Igarapé. Artigo Estratégico 39, dezembro de 2018, p. 10. Disponível em: <shorturl.at/dtxU8>. Acessado em: 20.03.2021.

MULHOLLAND, Caitlin; FRAJHOF, Isabella Z. Inteligência Artificial e a Lei Geral de Proteção de Dados Pessoais: breves anotações sobre o direito à explicação perante a tomada de decisões por meio de machine learning. In: FRAZÃO, Ana; MULHOLLAND, Caitlin. (Org.). *Inteligência Artificial e Direito: Ética, Regulação e Responsabilidade*. 1. ed. São Paulo: Thomson Reuters, 2019, v. 1, p. 265-290.

PALMEIRA, Mariana de Moraes. A segurança e as boas práticas no tratamento de dados pessoais. *In*: Caitlin Mulholland. (Org.). *A LGPD e o novo marco normativo no Brasil*. 1ª ed. Porto Alegre: Arquipélago Editorial, 2020, pp. 319-342.

SELBST, A. D.; POWLES, J. Meaningful Information and the Right to Explanation. *International Data Privacy Law*, vol. 7(4), 2017, pp. 233-242. Disponível em: https://ssrn.com/abstract=3039125. Acessado em: 21.04.2018.

SILVA, Regina Priscilla. Os direitos dos titulares de dados. In: MULHOLLAND, Caitlin (Org.). *A LGPD e o novo marco normativo*. Porto Alegre: Arquipélago, 2020, p. 195-216.

WACHTER, S.; MITTELSTADT, B.; FLORIDI, L. Why a Right to Explanation of Automated Decision-Making Does Not Exist in the General Data Protection Regulation. *International Data Privacy Law*, 2017. Disponível em: https://ssrn.com/abstract=2903469. Acessado em: 21.04.2018.

__________, Sandra; MITTELSTADT, Brent; RUSSELL, Chris. Counterfactual Explanations Without Opening the Black Box: Automated Decisions and the GDPR. *Harvard Journal of Law and Technology*, 31 (2), 2018. Disponível em: <https://ssrn.com/abstract=3063289>. Acesso em: 20.03.2021.

ZARSKY, Tal. The Trouble with Algorithmic Decisions: An Analytic Road Map to Examine Efficiency and Fairness in Automated and Opaque Decision Making. *Science, Technology, & Human Values*. 41(1):118-132, 2016. Disponível em: https://journals.sagepub.com/doi/abs/10.1177/0162243915605575. Acessado em: 20.03.2021.

PARTE III
PRÁTICAS E PROCEDIMENTOS DOS PROGRAMAS DE *COMPLIANCE* E DAS POLÍTICAS DE PROTEÇÃO DE DADOS

Mapeamento de dados pessoais: pontapé inicial do processo de *compliance* à LGPD

Celina Bottino[1]

Vinicius Padrão[2]

I. Introdução

Com o avanço da sociedade da informação, verifica-se tendência global de adoção de legislações de proteção de dados pessoais. Trata-se de esforço capitaneado principalmente pela União Europeia, que, desde 1995, já contava com a Diretiva 95/46/CE, regulamento voltado para a tutela dos dados pessoais. Vale

1. LL.M. pela Universidade de Harvard. Diretora de projetos do Instituto de Tecnologia e Sociedade do Rio de Janeiro (ITS RIO). Advogada.
2. Mestrando em Direito Civil pela Universidade do Estado do Rio de Janeiro (UERJ). Pesquisador associado ao Instituto de Tecnologia e Sociedade do Rio de Janeiro (ITS RIO). Advogado.

ressaltar que, mais recentemente, a referida diretiva foi substituída pelo Regulamento Geral sobre Proteção de Dados (em inglês, *General Data Protection Regulation* – GDPR).[3] Nesse mesmo caminho, o Brasil aprovou, em 2018, a Lei Federal nº 13.709, conhecida como Lei Geral de Proteção de Dados (LGPD). Apesar de aprovada em 2018, a LGPD somente entrou em vigor em setembro de 2020, sendo certo que, em razão das alterações promovidas pela Lei Federal nº 14.010/20, as sanções administrativas previstas na lei só passaram a vigorar em agosto de 2021.

Consoante dispõe o seu artigo 3º, a LGPD é aplicável a qualquer operação de dados pessoais realizada, desde que *(i)* a operação de tratamento seja realizada no território nacional; *(ii)* a atividade de tratamento tenha por objetivo a oferta ou o fornecimento de bens ou serviços ou o tratamento de dados de indivíduos localizados no território nacional; ou *(iii)* os dados pessoais objeto do tratamento tenham sido coletados no Brasil. Nesse sentido, desde que não se enquadrem nas exceções previstas no art. 4º da LGPD,[4] as empresas e as

---

3. Sobre o novo momento inaugurado pela GDPR, confira-se: "O RGPD é o ponto de chegada de uma longa jornada européia no campo de proteção de dados pessoais. Após ter sido incluído o direito à proteção de dados como um direito fundamental na Carta de Direitos Fundamentais da UE e anos de vigência da Diretiva 95/46, houve o diagnóstico em torno da necessidade de uma abordagem mais consistente e uniforme da proteção de dados por todo o bloco econômico europeu. A diretiva consistia em orientações de como os países membros da UE deveriam formular suas respectivas leis nacionais, havendo, por conseguinte, bastante espaço para variação jurídica por cada um dos países membros. Já o regulamento é um mecanismo do direito comunitário europeu com eficácia imediata, sem a necessidade de internalização dos seus países membros e muito mais prescritivo. Como apontam os considerandos do RGPD, o objetivo principal mira na criação de um regime jurídico harmônico e uniforme sobre proteção de dados por toda a UE". BIONI, Bruno; MENDES, Laura Schertel. Regulamento Europeu de proteção de dados pessoais e a lei geral brasileira de proteção de dados: mapeando convergências na direção de um nível de equivalência. In: TEPEDINO, Gustavo; FRAZÃO, Ana; DONATO, Milena. *Lei Geral de Proteção de Dados Pessoais e suas repercussões no direito brasileiro*. 1. ed. São Paulo: Thomson Reuters Brasil, 2019. pp. 803-804.
4. O art. 4º da LGPD dispõe que: "Art. 4º Esta Lei não se aplica ao tratamento de dados pessoais: I – realizado por pessoa natural para fins exclusivamente particulares e não econômicos; II – realizado para fins exclusivamente: a) jornalístico e artísticos; ou b) acadêmicos, aplicando-se a esta hipótese os arts. 7º e 11 desta Lei; III – realizado para fins exclusivos de: a) segurança pública; b) defesa nacional; c) segurança do Estado; ou d) atividades de investigação e repressão de infrações penais; ou IV – provenientes de fora do território nacional e que não sejam objeto de comunicação, uso compartilhado de dados com agentes de tratamento brasileiros ou objeto de

instituições (doravante chamadas de "agentes de tratamento") que realizam o tratamento de dados pessoais precisam, desde setembro de 2020, adequar-se às obrigações previstas na LGPD. O processo de *compliance* à LGPD demanda investimento dos interessados, o que inclui não apenas esforços financeiros, mas também de tempo e dedicação.

Em levantamento realizado pela consultoria RSM em 2019, um ano depois da entrada em vigor da GDPR, 30% (trinta por cento) das empresas na Europa reconheceram que ainda não estavam em conformidade com as disposições da GDPR.[5] Não se trata de fenômeno isolado. No Brasil, segundo pesquisa realizada pela ICTS Protiviti,[6] aproximadamente 80% (oitenta por cento) das empresas atuantes reconheceram que estavam atrasadas no seu processo de adequação à LGPD. Em que pese se tratar de um processo custoso, adequar-se às legislações de dados pessoais é uma necessidade: não só pelas sanções decorrentes do descumprimento da regulação,[7] mas também pelo fator reputacional. Com efeito, em uma economia cada vez mais digitalizada e dependente do tratamento de da-

---

transferência internacional de dados com outro país que não o de proveniência, desde que o país de proveniência proporcione grau de proteção de dados pessoais adequado ao previsto nesta Lei".

5. "30% of European businesses are still not compliant with GDPR", de 22 de julho de 2019. Disponível em: <https://www.rsm.global/news/30-european-businesses-are-still-not-compliant-gdpr>. Acesso em: 19.05.2021.
6. Para mais informações sobre a pesquisa desenvolvida pelo ICTS-Proviti, acessar: <https://icts.com.br/icts-news/icts-protiviti-82-das-empresas-ainda-estao-despreparadas-para-cumprir-a-lgpd>.
7. As sanções administrativas a serem aplicadas pela Autoridade Nacional de Proteção de Dados no caso de descumprimento da LGPD estão previstas no art. 52. Confira-se: "Art. 52. Os agentes de tratamento de dados, em razão das infrações cometidas às normas previstas nesta Lei, ficam sujeitos às seguintes sanções administrativas aplicáveis pela autoridade nacional: I – advertência, com indicação de prazo para adoção de medidas corretivas; II – multa simples, de até 2% (dois por cento) do faturamento da pessoa jurídica de direito privado, grupo ou conglomerado no Brasil no seu último exercício, excluídos os tributos, limitada, no total, a R$ 50.000.000,00 (cinquenta milhões de reais) por infração; III – multa diária, observado o limite total a que se refere o inciso II; IV – publicização da infração após devidamente apurada e confirmada a sua ocorrência; V – bloqueio dos dados pessoais a que se refere a infração até a sua regularização; VI – eliminação dos dados pessoais a que se refere a infração; (...) X – suspensão parcial do funcionamento do banco de dados a que se refere a infração pelo período máximo de 6 (seis) meses, prorrogável por igual período, até a regularização da atividade de tratamento pelo controlador; XI – suspensão do exercício da atividade de tratamento dos dados pessoais a que se refere a infração pelo período

dos pessoais, a confiança dos titulares – em regra, consumidores ou potenciais consumidores de um produto ou serviço oferecido – aumenta à medida que as instituições, uma vez adequadas à LGPD, pautam sua atuação em princípios de proteção, tratam dados em hipóteses limitadas (as chamadas bases legais) e possibilitam o exercício de uma série de direitos por parte desses titulares.

Ademais, nota-se a necessidade de se nomear um "encarregado", pessoa indicada pelo agente de tratamento para, além de ser o responsável pelo tema de proteção de dados internamente, atuar como canal de comunicação entre o controlador, os titulares dos dados e a Autoridade Nacional de Proteção de Dados (ANPD). Nessa mesma direção, o *compliance* à LGPD proporciona aumento na segurança da informação, pois os agentes de tratamento passarão a adotar medidas técnicas e administrativas para resguardar os seus bancos de dados de incidentes de segurança.[8]

Os incidentes de segurança, além de proporcionarem prejuízos, tanto patrimoniais quanto extrapatrimoniais, aos titulares dos dados, podem implicar perdas financeiras significativas para os agentes de tratamento afetados. Em recente estudo divulgado pela IBM, constatou-se que o custo de uma violação de dados aumentou 12% nos últimos cinco anos e está em torno de aproximadamente 4 (quatro) milhões de dólares em média por organização.[9] A preocupação com a questão da segurança da informação também impacta o uso da internet pelas pessoas. De acordo com o relatório da Eurostat, em 2019, 44% (quarenta e quatro por cento) dos cidadãos europeus com idades entre 16 (dezesseis) e

---

máximo de 6 (seis) meses, prorrogável por igual período; XII – proibição parcial ou total do exercício de atividades relacionadas a tratamento de dados".

8. Entre tantos, cf. "O termo 'incidente de segurança' pode ser definido, à luz do art. 46 da LGPD, como a violação de medidas adotadas pelos agentes de tratamento para salvaguardar a integridade e o sigilo dos dados pessoais sob sua administração, resultando em acessos não autorizados e em situações acidentais ou ilícitas de destruição, perda, alteração, comunicação ou qualquer forma de tratamento inadequado ou ilícito. Em outras palavras, o conceito de incidente de segurança engloba essencialmente cinco espécies de infrações: (i) o acesso não autorizado; (ii) a destruição de dados; (iii) a perda de dados; (iv) a alteração de dados; e (v) qualquer forma de tratamento inadequado ou ilícito". SOUZA, Carlos Affonso; PADRAO, Vinicius. Incidentes de segurança e dever de notificação à luz da lei geral de proteção de dados. In: SOUZA, Carlos Affonso; MAGRANI, Eduardo; SILVA, Priscila (coords.). Caderno especial: Lei Geral de Proteção de Dados (LGPD). São Paulo: Thomson Reuters Brasil, 2019, p. 217.
9. IBM Security (2019), Cost of a Data Breach Report, IBM, Armonk, New York. Disponível em: <https://databreachcalculator.mybluemix.net/>. Acesso em: 20.05.2021.

74 (setenta e quatro) anos alegaram que tinham limitado suas atividades privadas na internet nos 12 (doze) meses que antecederam o estudo por questões de segurança.[10]

Em território nacional, o *compliance* à LGPD proporcionará um ecossistema no qual a utilização e o compartilhamento de dados pessoais serão mais seguros. Embora não subsistam dúvidas sobre os impactos positivos da LGPD, com a sua entrada em vigor, surgiram dúvidas sobre quais empresas deveriam se adequar e, principalmente, sobre como esse processo de adequação deveria ser conduzido. Em síntese, costuma-se dizer que o processo de adequação compreende diversas etapas, que, a despeito da nomenclatura adotada, podem ser assim sintetizadas: (i) mapeamento; (ii) realização de diagnóstico; e (iii) fase de implementação a partir da elaboração de documentos jurídicos e organizacionais.

No presente trabalho, dedicamo-nos a explorar, com maior riqueza de detalhes, a fase de mapeamento. Conforme será demonstrado, a fase de mapeamento é crucial e determinante para a execução de um bom processo de adequação à LGPD, pois é o ponto de partida do processo e, por essa razão, influencia e afeta todas as etapas subsequentes.

II. CONSIDERAÇÕES SOBRE O PROCESSO DE *COMPLIANCE* À LGPD

Com efeito, a aprovação de uma legislação de proteção de dados busca proporcionar aos titulares maior controle sobre o tratamento ao qual seus dados pessoais serão submetidos. Ao mesmo tempo, confere também maior segurança jurídica às empresas e às instituições que cada vez mais têm na coleta, no armazenamento e no tratamento de dados um aspecto relevante das suas atividades, econômicas ou não.[11] Para tanto, a LGPD estabelece as circunstâncias que legitimam o tratamento de dados, os direitos que os titulares de dados podem exercer em face do agente de tratamento, além de outras disposições sobre dados sensíveis, transferência internacional de dados, medidas de segurança da informação e sanções aplicáveis para os casos de seu descumprimento.

Dessa forma, com a entrada em vigor da LGPD, as empresas que realizam o tratamento de dados pessoais vão precisar revisar as suas práticas para torná-las

10. IDC and Lisbon Council (2018). Updating the European Data Market Monitoring Tool. Disponível em: https://datalandscape.eu/sites/default/files/report/EDM_D2.1_1stReport-FactsFigures_revised_21.03.2018.pdf.

11. VIOLA, Mario; SOUZA, Carlos Affonso; PADRAO, Vinicius. Considerações iniciais sobre os interesses legítimos do controlador na lei geral de proteção de dados. Direito Público, Brasília, v. 16, n. 90, nov./dez. 2019, p. 111.

adequadas aos novos termos da legislação nacional. Em outros termos, a LGPD "transformará o modo pelo qual empresas e governos lidam com dados pessoais e a mudança não é pequena, envolvendo a criação de novas rotinas, de procedimentos de segurança e de transparência".[12] O processo de *compliance* à LGPD pretende, em última instância, implementar e concretizar seus conceitos e objetivos. Por definição, *compliance* refere-se "ao conjunto de ações a serem adotadas no ambiente corporativo para que se reforce anuência da empresa à legislação vigente, de modo a prevenir a ocorrência de infrações ou, já tendo ocorrido o ilícito, propiciar o imediato retorno ao contexto de normalidade e legalidade".[13]

Em termos de *compliance* à LGPD, o conjunto de ações a serem tomadas dentro da instituição envolverá a participação de praticamente a totalidade dos setores de uma empresa ou organização, na medida em que as atividades envolvendo dados pessoais não estão restritas a apenas um setor. Ao contrário, cada vez mais, todos os setores de uma instituição dependem, de uma forma ou de outra, do tratamento de dados pessoais. Nesse sentido, um correto processo de *compliance* deve ser resultado de um esforço coletivo e multidisciplinar que naturalmente deverá envolver as mais diversas áreas, tais como: recursos humanos, financeiro, *marketing*, TI e administrativo, entre outros. Além disso, na análise jurídica, também inerente ao processo de *compliance*, o agente de tratamento deverá contar ou com a assessoria de um escritório de advocacia externo ou com o seu respectivo setor jurídico.

Em breve síntese, o processo de *compliance* à LGPD pode ser dividido, depois da organização interna inicial, em três fases: (i) **fase de mapeamento** dos dados pessoais tratados no exercício das atividades das empresas/organizações; (ii) **fase de diagnóstico** das informações levantadas na fase de mapeamento e elaboração de **plano de ação**; e (iii) **fase de implementação**, que consiste na concretização das medidas identificadas no plano de ação. Em geral, essas medidas incluem, entre outras, a revisão de documentos jurídicos, a elaboração de políticas e procedimentos internos e o treinamento de funcionários, a fim de consolidar uma cultura de proteção de dados na organização. Confira-se, a seguir, com mais detalhes, cada uma das etapas.

Montar uma equipe multidisciplinar e identificar os responsáveis por cada setor. Como o processo de *compliance* envolve diversos setores de uma

12. VIOLA, Mário; SOUZA, Carlos Affonso; PADRAO, Vinicius. *Op. Cit.* p. 112.

13. FRAZÃO, Ana. Programas de *compliance* e critérios de responsabilização de pessoas jurídicas por ilícitos administrativos. In: ROSSETTI, Maristela Abla; PITTA, Andre Grunspun. Governança corporativa: avanços e retrocessos. São Paulo: Quartier Latin, 2007. p. 42.

organização, é necessário identificar um representante de cada área considerada crítica e montar uma equipe multidisciplinar para acompanhar e auxiliar no processo. De fato, esses representantes estão mais aptos a fornecer um panorama mais completo sobre as operações (complexas ou não) que são realizadas no dia a dia de cada setor e que envolvem o tratamento de dados pessoais. O ideal é que esse processo seja liderado por um profissional especialista em LGPD e que, inicialmente, sejam promovidos treinamentos e/ou *workshops* para que todos os participantes tenham uma base teórica para compreender e estar preparado para participar do processo.

Mapeamento dos dados pessoais tratados. Selecionada a equipe que será envolvida no processo de adequação, o próximo passo consiste na elaboração do mapeamento dos dados pessoais tratados ao longo do desenvolvimento das atividades da organização, desde a sua captura até a sua eliminação. Conforme será desenvolvido de forma mais detalhada a seguir, a fase de mapeamento é crucial para que o processo de *compliance* seja considerado bem-sucedido ao final. Essa etapa tem como objetivo tirar uma fotografia de todos os dados tratados pela organização. Como que os dados pessoais são coletados? Em quais circunstâncias? Para quais finalidades? Em qual formato eles ficam armazenados? Por quanto tempo? Essas são algumas das perguntas que devem ser respondidas pelos responsáveis por meio de questionário e posteriormente complementadas por entrevistas conduzidas pela equipe especialista responsável por liderar o processo de *compliance*.

Diagnóstico e plano de ação. Com o mapeamento realizado, passa-se à fase de análise das informações obtidas, bem como dos documentos e das políticas, caso existam, para identificar quais os *gaps* e riscos que precisam ser mitigados e corrigidos por aquele agente de tratamento. Assim, o objetivo nessa etapa é identificar os riscos legais, operacionais e reputacionais à empresa em decorrência das políticas e práticas existentes. É altamente recomendável que essa análise seja consolidada em relatório de diagnóstico que conterá uma avaliação jurídica sobre as atividades de tratamento de dados pessoais verificadas na fase de mapeamento, levando em consideração a atribuição das bases legais para o tratamento dos dados pessoais (ex.: consentimento, cumprimento de obrigação legal ou regulatória, execução de contrato, legítimo interesse, entre outras). Nesse contexto, será possível sistematizar os *gaps*/riscos relacionados às atividades de tratamento de dados pessoais realizadas pela empresa e, por meio de um plano de ação, indicar os ajustes que deverão ser adotados para garantir a conformidade do agente de tratamento à LGPD.

Em breve síntese, o plano de ação deve conter as tarefas e os documentos necessários para adequar as operações da empresa às principais exigências da

LGPD, como elaboração de política de privacidade, política de segurança da informação e ajustes em contratos com fornecedores. Idealmente, o plano de ação deve vir acompanhado de um cronograma para auxiliar na organização interna das tarefas necessárias para a fase de implementação.

Implementação. A última fase do processo de *compliance* diz respeito à concretização das tarefas identificadas no plano de ação. Nessa fase deve-se, levando em consideração todas as informações mapeadas ao longo do tratamento, elaborar e revisar os documentos jurídicos necessários para que a organização esteja efetivamente em conformidade com a LGPD. A depender das necessidades do agente de tratamento, os documentos a serem elaborados ou revisados podem incluir: (i) política de privacidade;[14] (ii) política de tratamento de dados de colaboradores/funcionários;[15] (iii) política de segurança da informação;[16] e (iv) política de *cookies*.[17]

Portanto, para a correta realização do processo de *compliance*, é importante que os agentes de tratamento entendam os objetivos e usos dos documentos

---

14. A política de privacidade representa um documento com informações sobre as atividades de tratamento de dados pessoais realizadas pelo agente de tratamento durante a interação do usuário com os seus produtos e/ou serviços. O documento deve indicar, de forma detalhada, as atividades de tratamento realizadas com dados pessoais, de forma a oferecer a seus respectivos titulares informação sobre o tratamento de seus dados (coleta, armazenamento, compartilhamento, finalidade), bem como a respeito do exercício dos seus direitos (acesso, correção, deleção, portabilidade, bloqueio, entre outros). Entre outras razões, o documento é relevante especialmente por (i) permitir ao usuário um fácil acesso sobre as condições sob as quais os seus dados pessoais serão tratados, e (ii) informar de maneira mais expressa para os clientes e demais atores do mercado (como concorrentes e reguladores) a adequação do agente de tratamento em relação à legislação e às melhores práticas de proteção de dados pessoais.
15. A Política de Tratamento de Dados Pessoais de Funcionários apresenta informações sobre como é feito o tratamento de dados pessoais de colaboradores e funcionários do agente de tratamento. Trata-se de documento particularmente relevante para os colaboradores da área de Recursos humanos, na medida em que pretende orientar o tratamento de dados pessoais desde o processo de admissão dos funcionários até as atividades de tratamento de dados de ex-funcionários.
16. A Política de Segurança da Informação e Gestão de Incidentes define diretrizes relacionadas à segurança da informação e à gestão e enfrentamento a incidentes de segurança da informação (ex.: técnicas de controle de acesso e diretrizes para o armazenamento e descarte seguros de mídias físicas e digitais, canais de comunicação em caso de incidentes), a fim de assegurar elevados padrões de segurança, controle e gestão de riscos e de governança no tratamento de informações.
17. As orientações sobre *cookies* são um documento com informações a respeito da implementação de avisos de uso de *cookies* nas plataformas digitais do agente de tratamento e que apresenta diretrizes a respeito da coleta de *cookies* essenciais e não essenciais.

elaborados para que possam ser aplicados corretamente em suas atividades diárias. Nesse sentido, é importante que o processo de *compliance* finalize da mesma forma que foi iniciado: com um momento dedicado ao treinamento dos funcionários e colaboradores, de modo a promover uma conscientização acerca dos riscos relacionados ao tratamento desses dados, e fazer com que repliquem em suas áreas de atuação as boas práticas de proteção de dados pessoais. Trata-se de medida recomendável para a consolidação de uma cultura institucional de proteção de dados pessoais. Uma vez que o tema de proteção de dados seja efetivamente incorporado pela organização, é importante que o encarregado realize atualizações periódicas, revisando especialmente o registro de todas as atividades que envolvem o tratamento de dados pessoais, objeto da fase de mapeamento.

III. O MAPEAMENTO DAS OPERAÇÕES DE TRATAMENTO DE DADOS PESSOAIS

Uma vez definida a equipe multidisciplinar que participará e acompanhará o processo de adequação, passa-se à fase de mapeamento, que, em breve síntese, tem como objetivo identificar as operações de tratamento de dados pessoais que são essenciais para as atividades exercidas pelo agente em questão. Com efeito, trata-se de fase essencial para todo o processo de adequação, na medida em que consolida o material e as informações que serão utilizadas nas demais etapas. Não é possível, por exemplo, compreender com exatidão quais instrumentos contratuais precisam ser revistos se não houver um mapeamento dos fluxos contratuais que impõem o compartilhamento de dados pessoais. Da mesma forma, não é possível entender quais dados pessoais precisam ser descartados ou o prazo adequado de armazenamento caso o agente de tratamento não saiba com precisão quais são as finalidades almejadas.

Em um primeiro momento, portanto, a fase de mapeamento dedica-se a identificar quais são os dados pessoais tratados pelo agente em fase de adequação. Para maior celeridade nessa etapa, recomenda-se a escolha de representantes dos principais setores/áreas para que sejam conduzidas entrevistas com esses responsáveis e, na sequência, já com os conceitos da LGPD consolidados, seja compartilhado questionário para preenchimento por parte de cada setor. Na entrevista inicial, o papel do condutor do projeto (que, em geral, costuma ser um escritório de advocacia ou setor jurídico interno) é explicitar aos representantes, em especial, (i) os objetivos da adequação; (ii) os conceitos básicos da LGPD; (iii) a tarefa a ser realizada, que consiste no mapeamento das atividades do setor que aquele indivíduo representa; e (iv) fornecer informações sobre como deverá ser preenchido o questionário de mapeamento, que será submetido na sequência.

Depois das entrevistas iniciais, os representantes deverão preencher questionário no qual deverão apontar individualmente todas as atividades de tratamento de dados realizadas pelo seu setor. Note que se trata de verdadeiro exercício de *brainstorming*, razão pela qual a consultoria especializada se mostra necessária, sobretudo para, em caso de dúvidas, orientar adequadamente os representantes do agente de tratamento envolvidos. Vale destacar também que, para além da reunião inicial, o grupo condutor do projeto deve se mostrar à disposição para, a qualquer momento, tirar dúvidas pontuais que eventualmente apareçam durante a resposta aos questionários. Uma vez identificadas as atividades, o representante deverá indicar, em cada uma delas (i) descrição da atividade; (ii) categoria dos titulares envolvidos no tratamento em questão; (iii) categoria dos dados pessoais tratados; (iv) finalidade do tratamento; (v) origem dos dados pessoais; (vi) local de armazenamento dos dados; (vii) medidas de segurança atualmente utilizadas para proteção desses dados; e (viii) a existência de política para exclusão desses dados pessoais.

III.1. Requisitos para o tratamento de dados pessoais

Com efeito, conforme já mencionado, o mapeamento é tarefa complexa, sobretudo para aqueles que não estão acostumados com os conceitos previstos na LGPD, razão pela qual a fase de mapeamento – assim como todo o projeto – deve ser acompanhada de perto pelo responsável do projeto. Ainda na fase de mapeamento, uma vez preenchidas as informações mencionadas anteriormente, o questionário deve ser submetido à análise jurídica, de modo a se verificar qual base legal prevista na LGPD autoriza cada uma das atividades de tratamento de dados pessoais identificadas. Com efeito, a LGPD estabelece as hipóteses taxativas em que o tratamento de dados pessoais poderá ocorrer. Nesse sentido, o art. 7º da LGPD estabelece os dez requisitos que legitimam o tratamento de dados pessoais não sensíveis. Confira-se:

> Art. 7º O tratamento de dados pessoais somente poderá ser realizado nas seguintes hipóteses:
>
> I – mediante o fornecimento de consentimento pelo titular;
>
> II – para o cumprimento de obrigação legal ou regulatória pelo controlador;
>
> III – pela administração pública, para o tratamento e uso compartilhado de dados necessários à execução de políticas públicas previstas em leis e regulamentos ou respaldadas em contratos, convênios ou instrumentos congêneres, observadas as disposições do Capítulo IV desta Lei;
>
> IV – para a realização de estudos por órgão de pesquisa, garantida, sempre que possível, a anonimização dos dados pessoais;

> V – quando necessário para a execução de contrato ou de procedimentos preliminares relacionados a contrato do qual seja parte o titular, a pedido do titular dos dados;
>
> VI – para o exercício regular de direitos em processo judicial, administrativo ou arbitral, esse último nos termos da Lei nº 9.307, de 23 de setembro de 1996 (Lei de Arbitragem);
>
> VII – para a proteção da vida ou da incolumidade física do titular ou de terceiro;
>
> VIII – para a tutela da saúde, exclusivamente, em procedimento realizado por profissionais de saúde, serviços de saúde ou autoridade sanitária; (Redação dada pela Lei nº 13.853, de 2019)
>
> IX – quando necessário para atender aos interesses legítimos do controlador ou de terceiro, exceto no caso de prevalecerem direitos e liberdades fundamentais do titular que exijam a proteção dos dados pessoais; ou
>
> X – para a proteção do crédito, inclusive quanto ao disposto na legislação pertinente.

Como mencionado, à luz desse dispositivo, o agente de tratamento somente poderá tratar dados pessoais quando pelo menos uma dessas hipóteses estiver presente. A título exemplificativo, vale mencionar exemplo corriqueiro no setor de recursos humanos: tratamento de dados para realização do pagamento dos funcionários, cuja base legal aplicável é aquela prevista no art. 7º, V, na medida em que se trata de tratamento essencial para a correta execução do contrato de trabalho. Outro exemplo comum é a análise de currículos enviados por interessados em determinada vaga de emprego. Nessa hipótese, o tratamento é também legitimado pelo art. 7º, V, da LGPD, pois se trata de procedimento preliminar relacionado a um contrato (em regra, contrato de trabalho), sendo certo que a análise foi requisitada pelo próprio titular, interessado na vaga.

Nesse ponto, vale destacar que o consentimento (art. 7º, I) não é a única hipótese autorizativa e não tem posição privilegiada em relação às demais situações previstas no artigo 7º. De fato, ainda quando o tratamento for realizado sem o consentimento do titular, o controlador continuará obrigado aos princípios e deveres previstos na LGPD. A análise anteriormente mencionada sobre quais são os dados pessoais tratados em cada uma das atividades mostra-se relevante porque, como já dito, as hipóteses autorizativas para o tratamento de dados pessoais sensíveis[18] são diversas. Com efeito, por se tratar de informação par-

18. Por definição, dados pessoais sensíveis é "dado pessoal sobre origem racial ou étnica, convicção religiosa, opinião política, filiação a sindicato ou a organização de caráter

ticularmente relevante ao titular e por vezes até mesmo dotada de potencial discriminatório, a LGPD, entendendo que tais dados necessitam de uma maior proteção, confere a eles regime jurídico diferenciado. Dessa forma, caso a atividade envolva o tratamento de dados pessoais sensíveis, será necessário atender a pelo menos uma das bases legais previstas no artigo 11 da LGPD.[19] Veja-se:

> Art. 11. O tratamento de dados pessoais sensíveis somente poderá ocorrer nas seguintes hipóteses:
>
> I – quando o titular ou seu responsável legal consentir, de forma específica e destacada, para finalidades específicas;
>
> II – sem fornecimento de consentimento do titular, nas hipóteses em que for indispensável para:
>
> a) cumprimento de obrigação legal ou regulatória pelo controlador;
>
> b) tratamento compartilhado de dados necessários à execução, pela administração pública, de políticas públicas previstas em leis ou regulamentos;
>
> c) realização de estudos por órgão de pesquisa, garantida, sempre que possível, a anonimização dos dados pessoais sensíveis;
>
> d) exercício regular de direitos, inclusive em contrato e em processo judicial, administrativo e arbitral, este último nos termos da Lei nº 9.307, de 23 de setembro de 1996 (Lei de Arbitragem);
>
> e) proteção da vida ou da incolumidade física do titular ou de terceiro;
>
> f) tutela da saúde, exclusivamente, em procedimento realizado por profissionais de saúde, serviços de saúde ou autoridade sanitária; ou
>
> g) garantia da prevenção à fraude e à segurança do titular, nos processos de identificação e autenticação de cadastro em sistemas

---

religioso, filosófico ou político, dado referente à saúde ou à vida sexual, dado genético ou biométrico, quando vinculado a uma pessoa natural" (Art. 5º, II, da LGPD).

19. No art. 11, tal como no art. 7º, o consentimento é base legal para o tratamento dos dados. Novamente, a intenção do legislador é a de munir os titulares com informações claras sobre as finalidades do tratamento, garantindo um maior controle das atividades desenvolvidas pelos agentes de tratamento. Todavia, também se verifica, nesse dispositivo, a existência de outras hipóteses autorizativas que não dependem de consentimento por parte do titular. No entanto, chama a atenção o fato de que, quando estamos diante do tratamento de dados pessoais sensíveis, as exceções ao consentimento não estão diretamente relacionadas às atividades comerciais desenvolvidas pelos controladores. Outrossim, merece destaque a exclusão do instituto de "interesse legítimo" das hipóteses autorizativas para o tratamento de dados pessoais sensíveis.

eletrônicos, resguardados os direitos mencionados no art. 9º desta Lei e exceto no caso de prevalecerem direitos e liberdades fundamentais do titular que exijam a proteção dos dados pessoais.

III.2. A principiologia da LGPD

Depois de identificar quais são as bases legais aplicáveis a cada uma das atividades, o exercício, também na esfera jurídica, passa a ser o de avaliar se os princípios previstos na LGPD estão sendo observados. Nesse contexto, assume particular relevância o princípio da necessidade, segundo o qual os dados tratados devem se limitar ao "mínimo necessário para a realização de suas finalidades, com abrangência dos dados pertinentes, proporcionais e não excessivos em relação às finalidades do tratamento de dados" (art. 6º, III, da LGPD). No campo principiológico, o art. 6º determina que, além da boa-fé, as atividades de tratamento de dados deverão ser pautadas nos seguintes princípios:

> Art. 6º As atividades de tratamento de dados pessoais deverão observar a boa-fé e os seguintes princípios:
>
> I – finalidade: realização do tratamento para propósitos legítimos, específicos, explícitos e informados ao titular, sem possibilidade de tratamento posterior de forma incompatível com essas finalidades;
>
> II – adequação: compatibilidade do tratamento com as finalidades informadas ao titular, de acordo com o contexto do tratamento;
>
> III – necessidade: limitação do tratamento ao mínimo necessário para a realização de suas finalidades, com abrangência dos dados pertinentes, proporcionais e não excessivos em relação às finalidades do tratamento de dados;
>
> IV – livre acesso: garantia, aos titulares, de consulta facilitada e gratuita sobre a forma e a duração do tratamento, bem como sobre a integralidade de seus dados pessoais;
>
> V – qualidade dos dados: garantia, aos titulares, de exatidão, clareza, relevância e atualização dos dados, de acordo com a necessidade e para o cumprimento da finalidade de seu tratamento;
>
> VI – transparência: garantia, aos titulares, de informações claras, precisas e facilmente acessíveis sobre a realização do tratamento e os respectivos agentes de tratamento, observados os segredos comercial e industrial;
>
> VII – segurança: utilização de medidas técnicas e administrativas aptas a proteger os dados pessoais de acessos não autorizados e de situações acidentais ou ilícitas de destruição, perda, alteração, comunicação ou difusão;

> VIII – prevenção: adoção de medidas para prevenir a ocorrência de danos em virtude do tratamento de dados pessoais;
>
> IX – não discriminação: impossibilidade de realização do tratamento para fins discriminatórios ilícitos ou abusivos;
>
> X – responsabilização e prestação de contas: demonstração, pelo agente, da adoção de medidas eficazes e capazes de comprovar a observância e o cumprimento das normas de proteção de dados pessoais e, inclusive, da eficácia dessas medidas.

A LGPD estabelece, pois, núcleo comum a ser respeitado pelos agentes que realizam o tratamento de dados. Os princípios em questão norteiam todo o arcabouço regulatório trazido pela lei. Do princípio da finalidade, por exemplo, decorre a exigência de que o agente responsável pelas operações de dados informe aos titulares as justificativas para a coleta e as finalidades que pretende atingir com o posterior tratamento desses dados, determinando, inclusive, a nulidade de cláusulas genéricas. Nessa mesma linha, a legislação, estruturada nos conceitos de transparência e de livre acesso, lança mão de ferramentas para que os titulares possam consultar o estado do tratamento dos seus dados e, caso seja de seu interesse, solicitar a interrupção dessas atividades quando contrárias ao disposto na LGPD.

Em síntese, tais princípios garantem aos titulares das informações um maior controle sobre os tratamentos aos quais seus dados pessoais são submetidos. Na atividade de mapeamento, a análise de cada uma das atividades à luz dos princípios da LGPD permite identificar, com maior facilidade, quais são os aspectos da operação que devem ser alterados. A título exemplificativo, vale ressaltar que é nessa etapa que o agente de tratamento em adequação deve garantir que (i) apenas os dados estritamente necessários para atingir a finalidade pretendida estão sendo tratados; (ii) a atividade é realizada para propósitos legítimos, específicos, explícitos e informados ao titular; (iii) os titulares estão recebendo informações claras, precisas e facilmente acessíveis dos tratamentos realizados; e (iv) estão sendo adotadas medidas técnicas e administrativas aptas a proteger os dados pessoais tratados.

III.3. Mecanismos para exercício dos direitos dos titulares

Além de definir as hipóteses nas quais os dados pessoais poderão ser tratados, a LGPD, novamente com o objetivo de garantir controle maior dos titulares em relação a seus dados pessoais, reconhece a esses titulares uma série de direitos que podem ser exercidos em face do controlador. Nesse sentido, deve-se identificar quais são os titulares envolvidos em cada atividade mapeada e, na sequência, entender se o agente de tratamento possui métodos adequados para atender a cada um desses direitos. Os direitos dos titulares estão previstos no art. 18 da LGPD. Confira-se:

> Art. 18. O titular dos dados pessoais tem direito a obter do controlador, em relação aos dados do titular por ele tratados, a qualquer momento e mediante requisição:
>
> I – confirmação da existência de tratamento;
>
> II – acesso aos dados;
>
> III – correção de dados incompletos, inexatos ou desatualizados;
>
> IV – anonimização, bloqueio ou eliminação de dados desnecessários, excessivos ou tratados em desconformidade com o disposto nesta Lei;
>
> V – portabilidade dos dados a outro fornecedor de serviço ou produto, mediante requisição expressa, de acordo com a regulamentação da autoridade nacional, observados os segredos comercial e industrial;
>
> VI – eliminação dos dados pessoais tratados com o consentimento do titular, exceto nas hipóteses previstas no art. 16 desta Lei;
>
> VII – informação das entidades públicas e privadas com as quais o controlador realizou uso compartilhado de dados;
>
> VIII – informação sobre a possibilidade de não fornecer consentimento e sobre as consequências da negativa;
>
> IX – revogação do consentimento, nos termos do § 5º do art. 8º desta Lei.

Para a fase de mapeamento, basta ao agente identificar se (i) aos titulares são oferecidos canais de comunicação para o exercício desses direitos; (ii) internamente existe um procedimento padronizado para o atendimento dessas solicitações; bem como (iii) existem medidas técnicas aptas a garantir a exclusão caso assim seja solicitado pelo titular. De fato, esses pontos serão pormenorizados e mais bem trabalhados durante a fase de diagnóstico e farão parte do plano de ação a ser elaborado e posteriormente implementado na terceira fase do processo de adequação. Nesse momento, verifica-se, mais uma vez, a relevância de uma correta fase de mapeamento, já que influenciará todas as demais etapas do processo de adequação do agente de tratamento.

III.4. Transferência internacional de dados pessoais

Por fim, a última etapa da fase de mapeamento consiste em identificar se, nos fluxos mapeados, há transferência internacional de dados[20] por parte do

20. A LGPD define transferência internacional como a transferência "de dados pessoais para país estrangeiro ou organismo internacional do qual o país seja membro" (Art. 5º, XV, da LGPD).

agente de tratamento. Trata-se de medida importante na medida em que a legislação impõe parâmetros rígidos a serem observados nessas hipóteses. Confiram-se as hipóteses em que a LGPD permite a transferência internacional de dados pessoais:

> Art. 33. A transferência internacional de dados pessoais somente é permitida nos seguintes casos:
>
> I – para países ou organismos internacionais que proporcionem grau de proteção de dados pessoais adequado ao previsto nesta Lei;
>
> II – quando o controlador oferecer e comprovar garantias de cumprimento dos princípios, dos direitos do titular e do regime de proteção de dados previstos nesta Lei, na forma de:
>
> a) cláusulas contratuais específicas para determinada transferência;
>
> b) cláusulas-padrão contratuais;
>
> c) normas corporativas globais;
>
> d) selos, certificados e códigos de conduta regularmente emitidos;
>
> III – quando a transferência for necessária para a cooperação jurídica internacional entre órgãos públicos de inteligência, de investigação e de persecução, de acordo com os instrumentos de direito internacional;
>
> IV – quando a transferência for necessária para a proteção da vida ou da incolumidade física do titular ou de terceiro;
>
> V – quando a autoridade nacional autorizar a transferência;
>
> VI – quando a transferência resultar em compromisso assumido em acordo de cooperação internacional;
>
> VII – quando a transferência for necessária para a execução de política pública ou atribuição legal do serviço público, sendo dada publicidade nos termos do inciso I do caput do art. 23 desta Lei;
>
> VIII – quando o titular tiver fornecido o seu consentimento específico e em destaque para a transferência, com informação prévia sobre o caráter internacional da operação, distinguindo claramente esta de outras finalidades; ou
>
> IX – quando necessário para atender as hipóteses previstas nos incisos II, V e VI do art. 7º desta Lei.

Cumpre ressaltar que, apesar de, em um primeiro momento, parecer se tratar de procedimento dotado de alta complexidade técnica, fato é que as transferências internacionais fazem parte do dia a dia das empresas e instituições. A título exemplificativo, vale destacar o armazenamento em nuvem utilizado por grande parte dos agentes de tratamento. Em muitas situações, os servidores físicos dessas empresas estão localizados no exterior, de modo que esse armazenamento, processo técnico simples, consiste, à luz da definição prevista na LGPD, em procedimento de transferência internacional de dados.

Ainda no campo exemplificativo, pode-se destacar o compartilhamento de dados pessoais com parceiros internacionais ou até mesmo com a empresa do mesmo grupo econômico localizada no exterior. Também nessas hipóteses, existem transferências internacionais de dados e, portanto, o mapeamento deverá identificá-las para que, nas fases seguintes da adequação, elas sejam corretamente abordadas.

IV. CONCLUSÃO

Conforme exposto, a realização de um processo de *compliance* à LGPD não só é obrigatório, nos casos nos quais a lei é aplicável, mas também desejável para a promoção de um ecossistema que garanta mais segurança e promova a confiança dos titulares em uma economia cada vez mais digitalizada e dependente de dados pessoais. Nesse sentido, empresas e instituições que estejam de acordo com a LGPD reduzem a possibilidade da ocorrência de incidentes de segurança de informação e aumentam a sua confiança perante os titulares de dados, já que passarão a pautar-se pelos princípios de proteção de dados dos titulares de dados e esses terão a possibilidade de exercício de uma série de direitos. Além disso, o processo de *compliance* pode provocar a revisão de processos, tornando as atividades mais eficientes e trazendo até economia para a empresa.

Com efeito, o processo de *compliance* à LGPD deve ser fruto de um esforço multidisciplinar e liderado por um profissional especializado no tema. Como é um processo que é dividido em etapas encadeadas, a primeira fase é crucial para o desenvolvimento de todo o processo. Isso porque, caso o mapeamento seja feito de forma incompleta, a análise ficará comprometida e consequentemente não serão desenvolvidos os documentos necessários para a conclusão de um processo de *compliance* que cumpra com o seu objetivo final: adequar o agente à LGPD.

Depois da fase de mapeamento, espera-se que o agente de tratamento tenha, em suas mãos, retrato fiel das operações de tratamento de dados pessoais que são necessárias para o correto exercício de suas atividades. Esse documento, para fins legais, constitui o "registro de operações de tratamento de dados pessoais", exigido pela LGPD em seu artigo 37 ("o controlador e o operador devem manter registro das operações de tratamento de dados pessoais que realizarem, especialmente quando baseado no legítimo interesse").

Conforme exposto, o documento em questão deverá, em um primeiro momento, com participação de representantes dos principais setores do agente, identificar as atividades de tratamento de dados realizadas por cada setor. Na sequência, deverá ser indicado, para cada uma delas: (i) descrição da atividade; (ii) categoria dos titulares envolvidos no tratamento em questão; (iii) categoria dos dados pessoais tratados; (iv) finalidade do tratamento; (v) origem dos dados pessoais; (vi) local de armazenamento dos dados; (vii) medidas de segurança atualmente utilizadas para proteção desses dados; e (viii) a existência de política para exclusão desses dados pessoais.

Na sequência, com o apoio de uma consultoria jurídica especializada, o agente deverá identificar: (i) quais são as bases legais que justificam a continuidade do tratamento de cada uma daquelas atividades; (ii) em que medida as atividades de tratamento estão em conformidade com os princípios da LGPD, já identificando pontos de atenção; (iii) se os titulares envolvidos naquela atividade têm, à sua disposição, mecanismos para exercer os direitos que lhe são resguardados pela LGPD; e (iv) a existência de transferências internacionais de dados pessoais. Nesse contexto, o agente contará com documento sólido que, ao ilustrar todas as operações de dados pessoais realizadas, servirá como base para as demais etapas do processo de adequação. Cumpre destacar que esse registro de operações deverá ser atualizado periodicamente pelo agente, de modo a contemplar novas atividades de tratamento.

REFERÊNCIAS

BIONI, Bruno; MENDES, Laura Schertel. Regulamento Europeu de proteção de dados pessoais e a lei geral brasileira de proteção de dados: mapeando convergências na direção de um nível de equivalência. In: TEPEDINO, Gustavo; FRAZÃO, Ana; DONATO, Milena. Lei Geral de Proteção de Dados Pessoais e suas repercussões no direito brasileiro. 1. ed. São Paulo: Thomson Reuters Brasil, 2019.

FRAZÃO, Ana. Programas de *compliance* e critérios de responsabilização de pessoas jurídicas por ilícitos administrativos. In: ROSSETTI, Maristela Abla; PITTA, Andre Grunspun. Governança corporativa: avanços e retrocessos. São Paulo: Quartier Latin, 2007.

SOUZA, Carlos Affonso; PADRÃO, Vinicius. Incidentes de segurança e dever de notificação à luz da lei geral de proteção de dados. In: SOUZA, Carlos Affonso; MAGRANI, Eduardo; SILVA, Priscila (coords.). Caderno especial: Lei Geral de Proteção de Dados (LGPD). São Paulo: Thomson Reuters Brasil, 2019, p. 217.

VIOLA, Mario; SOUZA, Carlos Affonso; PADRÃO, Vinicius. Considerações iniciais sobre os interesses legítimos do controlador na Lei Geral de Proteção de Dados Pessoais. Direito Público, Brasília, v. 16, n. 90, nov./dez. 2019, p. 111.

Gestão de risco em projetos de adequação: benefícios e desafios de uma abordagem baseada em risco na LGPD

Juliana Pacetta Ruiz[1]

Sofia Lima Franco[2]

Sumário: 1. Introdução; 2. A presença e o papel do risco na proteção de dados pessoais; 2.1. A avaliação do risco é inerente à proteção de dados pessoais; 2.2. Abordagens relacionadas à regulação do risco; 3. Gestão de risco em projetos de adequação às leis de proteção de dados pessoais; 3.1. A regulação do risco pela LGPD; 3.2. Avaliação do risco em projetos de adequação à LGPD; 3.3. Aspectos práticos da gestão de risco em projetos de adequação à LGPD; 3.3.1. Relatório de Impacto à Proteção de Dados Pessoais (RIPD); 3.3.2. Comunicação de incidentes de segurança da informação; 4. Considerações finais; 5. Referências bibliográficas.

1. Graduada em direito pela Universidade de São Paulo (USP), com intercâmbio na Sciences Po – Paris, e Mestra em Administração Pública e Governo pela Fundação Getulio Vargas (FGV-SP). Atua como advogada corporativa na área de proteção de dados pessoais em São Paulo (SP).
2. Graduada em Direito na Universidade de São Paulo (USP), com intercâmbio na Sciences Po – Paris e especialização em Direito e Tecnologia da Informação na PECE-POLI/USP. Atua como advogada na área de proteção de dados pessoais.

1. INTRODUÇÃO

Tratar dados pessoais é uma atividade que, em determinadas situações, pode envolver risco. Esses riscos são de naturezas diversas, como os exemplos do monitoramento de cidadãos em larga escala por meio da análise de dados de geolocalização (tal qual realizado por governos estaduais no Brasil durante a pandemia da Covid-19 para fins de medição de taxas de isolamento social)[3] ou da ocorrência de incidentes de segurança da informação que fornecem subsídios para que agentes maliciosos possam cometer fraudes com a identidade alheia (especialmente nos casos de megavazamentos, que expõem grande quantidade de dados de milhões de indivíduos).[4-5]

Essa presença de riscos nas atividades de tratamento de dados pessoais não significa que o uso de dados pessoais será ilícito, mas indica alguma probabilidade de que determinado tratamento de dados resulte em afronta a direitos de titulares de dados e a intensidade com a qual deverão ser adotadas medidas para mitigar esses riscos. Assim, uma atividade de tratamento de dados pessoais que imponha elevado risco não será por pressuposto ilícita, mas demandará maiores esforços por parte dos agentes de tratamento em comprovar a necessidade do tratamento e em adotar medidas para evitar que ocorram danos aos direitos de titulares de dados.

Por isso, é importante diferenciar a presença de risco em determinada atividade de tratamento de dados pessoais da licitude ou ilicitude do tratamento.

---

3. Vide: MACIEL, Rui. Monitoramento de celulares para combate à Covid não viola privacidade, diz TJ-SP. *CanalTech*, 08/06/2020. Disponível em: https://canaltech.com.br/governo/monitoramento-de-celulares-para-combate-a-covid-nao-viola-privacidade-diz-tj-sp-166172/. Acesso em: 20/06/2021.
4. Vide: MEGAVAZAMENTO de dados de 223 milhões de brasileiros: o que se sabe e o que falta saber. *G1*, 28/01/2021. Disponível em: https://g1.globo.com/economia/tecnologia/noticia/2021/01/28/vazamento-de-dados-de-223-milhoes-de-brasileiros-o-que-se-sabe-e-o-que-falta-saber.ghtml. Acesso em: 20/06/2021.
5. Mas não são apenas situações de fronteira que apresentam riscos. Em diversos casos, como na execução de um determinado serviço ou para o cumprimento de uma obrigação legal, é necessário que dados pessoais circulem, e essa circulação também envolverá certa parcela de risco. Por exemplo, ao fazer compras em uma loja com cartão de crédito, espera-se que os dados do consumidor sejam enviados para bancos e outras empresas intermediárias do serviço de pagamentos, de forma a permitir a conclusão da operação. Outro exemplo recorrente consiste na necessidade de o governo receber dados sobre funcionários de uma empresa para fins de recolhimento previdenciário. Contudo, a depender das medidas adotadas pelos agentes de tratamento, haverá maior ou menor risco nessa utilização dos dados.

Isso porque o risco está relacionado à potencialidade de determinada atividade de tratamento de dados provocar danos a direitos de titulares de dados pessoais e à intensidade das medidas de mitigação que deverão ser adotadas. Ou seja, quanto maior o risco, maior o ônus dos agentes de tratamento de dados pessoais em relação às medidas de adequação à lei (ex.: assegurar maior transparência e adotar sistemas mais robustos de segurança da informação).

Com efeito, o amplo conceito de tratamento de dados pessoais trazido pela Lei nº 13.709/2018 (Lei Geral de Proteção de Dados ou LGPD),[6] envolvendo atividades desde o acesso e coleta dos dados até seu armazenamento, análise ou exclusão, impõe aos agentes de tratamento a necessidade de conhecer o que poderia ser considerada uma atividade de tratamento de dados pessoais. Por essa razão, durante a realização de projetos de adequação à LGPD (também conhecidos como projetos de *compliance* de dados pessoais), é a partir do mapeamento e do conhecimento das circunstâncias particulares de tratamento que se pode entender quais são os potenciais riscos aos titulares de dados e adotar as medidas adequadas para saná-los. Quanto mais situações são compreendidas como tratamento de dados pessoais, maior será o alcance das atividades desenvolvidas por um agente de tratamento de dados que deverão estar adequadas aos termos da lei.

Portanto, o risco é um fator constante na LGPD, sobretudo a fim de indicar que a sua análise é fundamental tanto na realização de determinadas atividades de tratamento quanto na escolha sobre quais medidas de mitigação deverão ser adotadas, no intuito de evitar a ocorrência de danos a direitos dos titulares de dados e/ou mitigar os seus impactos.

No entanto, a medição do risco ou a adoção de medidas de mitigação adequadas variam conforme a situação específica. Como não há uma solução universal ou desejável para todos os possíveis problemas, é essencial conhecer a situação objetiva e sua dimensão. Isto é, embora seja desejável haver orientações sobre como avaliar riscos relacionados às atividades de tratamento, a qualificação do caso concreto irá variar segundo a combinação de suas particularidades (ex.: natureza do dado, quantidade de titulares afetados e salvaguardas).

Para fins ilustrativos, apresentamos o exemplo hipotético de duas empresas que tratam dados pessoais: duas lidam com quantidades similares de dados

6. LGPD, art. 5º, X: "tratamento: toda operação realizada com dados pessoais, como as que se referem a coleta, produção, recepção, classificação, utilização, acesso, reprodução, transmissão, distribuição, processamento, arquivamento, armazenamento, eliminação, avaliação ou controle da informação, modificação, comunicação, transferência, difusão ou extração".

pessoais, mas possuem regras distintas de gestão de acesso a dados por seus funcionários. Quando se mensura o risco apenas na dimensão relativa ao registro de acesso,[7] a empresa que possui controles frágeis para que funcionários possam acessar os dados realiza atividades de tratamento assumindo maiores riscos.[8] No entanto, a depender do critério que se adote para avaliar a situação, a alocação de maiores graus de risco poderá ser distinta. Por exemplo, uma empresa poderá tratar essencialmente dados sensíveis, ou ainda poderá não assegurar aos titulares de dados pessoais formas eficazes de exercer seus direitos, o que pode acarretar maiores riscos para si.

A despeito dessa relevância da noção de risco, a LGPD não apresenta uma definição para o risco e fornece reduzidos parâmetros para a sua avaliação. A lei elenca poucas situações que poderão oferecer maiores riscos e determina amplamente que os agentes de tratamento de dados pessoais deverão adotar medidas para avaliar e mitigar os riscos, como por meio da elaboração de relatório de impacto à proteção de dados pessoais ou da notificação em casos de incidentes de segurança da informação que imponham riscos relevantes aos titulares de dados.

De todo modo, importante destacar, desde já, que mesmo as atividades que a LGPD sinaliza que poderão oferecer maior risco, como o tratamento de dados sensíveis, nem sempre resultarão em risco elevado. Como se verá, o risco é variável de acordo com o contexto do tratamento de dados, de forma que devem ser considerados isoladamente fatores como a natureza dos dados, a quantidade de dados tratados, quem são os titulares de dados ou a forma do tratamento dos dados. Esses elementos deverão ser avaliados em conjunto, sendo possível haver baixo risco em atividades apontadas pela LGPD como de maior risco.

Diante do exposto, neste artigo buscaremos apresentar de que maneira a gestão de risco é abordada na LGPD, especificamente ao verificar a sua influência em determinadas etapas dos projetos de adequação à LGPD, bem como pontuar a sua relevância no sentido de viabilizar uma maior compatibilização entre desenvolvimento de novos modelos de negócio e proteção aos direitos dos titulares de dados pessoais.

---

7. Outras dimensões possíveis do risco seriam: limitações de acesso para determinados grupos de funcionários, a depender da necessidade do acesso ao dado, o tipo de dado pessoal que é tratado (se são dados sensíveis, se se trata de informação financeira etc.).
8. Além disso, uma medida possível para a gestão de risco é utilizar sistemas com registros de acesso. Em alguns sistemas, pode-se identificar quem foi a pessoa que acessou determinado arquivo e, em determinados casos, quais foram as modificações realizadas nesses arquivos.

Para tanto, em um primeiro momento, abordaremos como o risco vem sendo tratado no campo da proteção de dados pessoais. Em seguida, falaremos sobre como a LGPD endereça o risco em seus dispositivos, e de que maneira a gestão do risco permeia os projetos de adequação à LGPD, sobretudo em relação à elaboração de relatório de impacto e aos aspectos relativos a incidentes de segurança da informação. Apresentaremos ainda sugestões de avaliação de risco que podem ser úteis em projetos de adequação à LGPD, levando em consideração recomendações e experiências de autoridades estrangeiras diversas, e pontuaremos possíveis debates a serem realizados a fim de aprofundar as discussões sobre o tema e auxiliar na promoção de uma maior segurança jurídica em termos de análise de risco à proteção de dados pessoais.

2. A presença e o papel do risco na proteção de dados pessoais

2.1. A avaliação do risco é inerente à proteção de dados pessoais

Conforme afirma Demetzou (2019), o tratamento de dados pessoais pode envolver risco. Ao contrário do direito à privacidade, cuja lógica de proteção seria predominantemente binária (relevar-ocultar), um dos principais aspectos da proteção de dados pessoais é promover a circulação de determinadas informações sobre pessoas naturais identificadas ou identificáveis.[9] Para tanto, devem-se estabelecer critérios para que essa circulação possa ocorrer de maneira segura e legítima, o que irá variar a depender da situação e do tipo de dado em questão. Diante disso, Quelle (2018) entende que leis de proteção de dados podem ser caracterizadas como marcos de regulação de risco, com destaque para os dispositivos que buscam endereçar e mitigar os riscos introduzidos pelas novas tecnologias na sociedade.

---

9. "A dinâmica de proteção dos dados pessoais foge à dicotomia do público e do privado, diferenciando-se substancialmente do direito à privacidade. Propugnar que o direito à proteção dos dados pessoais seria uma mera evolução do direito à privacidade é uma construção dogmática falha que dificulta a sua compreensão. É um direito que opera fora da lógica binária do público e do privado, bastando que a informação esteja atrelada a uma pessoa – conceito de dado pessoal – para deflagrá-lo. [...] Há, portanto, uma série de liberdades individuais, atreladas ao direito à proteção dos dados pessoais, que não são abraçadas pelo direito à privacidade. Além disso, o centro gravitacional da proteção dos dados pessoais é diferente do direito à privacidade – i.e., a percepção de que a sua tutela jurídica opera fora da dicotomia do público e do privado". Cf. BIONI, Bruno Ricardo. **Proteção de dados pessoais: a função e os limites do consentimento**. Rio de Janeiro: Forense, 2019.

E foi justamente esse o entendimento traduzido em leis de proteção de dados nos mais diversos países, nas quais a gestão de risco aparece como requisito explícito para o tratamento desses dados.[10] Em especial, destaca-se a sua presença na legislação europeia de proteção de dados pessoais (a *Regulation (EU) 2016/679 of the European Parliament and of the Council – General Data Protection Regulation* ou GDPR) e em normas que, em alguma medida, espelham-se nas suas disposições, a exemplo da própria LGPD. Segundo essas normas, ao controlador de dados pessoais foi atribuída a responsabilidade de entender quais seriam os riscos atrelados às suas atividades de tratamento de dados pessoais, oferecer respostas para mitigar os riscos diagnosticados, e estabelecer processos capazes de demonstrar que está em conformidade com as obrigações legais.

De acordo com o *National Institute of Standards and Technology Privacy Framework* (NIST), entidade norte-americana reconhecida pelas suas técnicas, métricas e *standards* na área de tecnologia, o risco remeteria aos potenciais problemas que os indivíduos podem experienciar e que surgem de operações com dados feitas por sistemas, produtos ou serviços.[11] Por outro lado, o *Article 29 Data Protection Working Party* (WP29), em sua Opinião sobre Avaliação de Impacto sobre Dados Pessoais,[12] argumentou que o risco pode ser avaliado pela descrição de determinado evento e as suas consequências e será estimado em termos de severidade e probabilidade.

Para Foitzik (2020), o risco em contexto de proteção de dados pessoais e direitos relacionados à privacidade pode ser compreendido como a possibilidade de consequências não desejadas ou não aguardadas, pelo indivíduo ou por uma coletividade, que causam algum nível de dano ou incômodo, resultando na perda de confidencialidade, integridade ou disponibilidade (questões típicas de segurança da informação) dos seus dados pessoais, ou em um

---

10. KUNER, Christopher, CATE, Fred H., MILLARD, Christopher, SVANTESSON, Dan J. B. e LYNSKEY, Orla. Risk management in data protection. **International Data Privacy Law**, 2015, vol. 5, No. 2, p. 95-98.
11. NATIONAL INSTITUTE OF STANDARDS AND TECHNOLOGY PRIVACY FRAMEWORK. **NIST privacy framework: a tool for improving privacy through enterprise risk management, version 1.0**. 16/01/2020. Disponível em: https://nvlpubs.nist.gov/nistpubs/CSWP/NIST.CSWP.01162020.pdf. Acesso em: 20/06/2021.
12. *Article 29 Data Protection Working Party* (WP29) refere-se ao grupo de trabalho europeu independente que lidou com as questões relacionadas à proteção de dados pessoais e privacidade até 25 de maio de 2018 (data de entrada em vigor da GDPR).

nível insuficiente de previsibilidade, gerenciabilidade ou dissociabilidade (falha em alcançar objetivos de engenharia de privacidade) em relação aos seus dados pessoais.[13]

Gellert (2018), por sua vez, entende que o risco envolve duas operações básicas: prever eventos futuros (tanto negativos quanto positivos) e tomar decisões com base nesses riscos. Além disso, o autor afirma que haveria duas dimensões no entendimento do risco: (i) objetiva, que se refere a uma situação existente ou evento e fatos presentes; e (ii) subjetiva, que diz respeito a efeitos desejáveis que se desenham a partir de uma situação existente, ou seja, possibilidades de futuro de acordo com o contexto existente.

Diante disso, Quelle (2018) argumenta que essas dimensões objetiva e subjetiva do risco podem se traduzir em algumas etapas do processo de *compliance* em proteção de dados. A dimensão objetiva seria correspondente ao mapeamento dos fatos objetivos (*risk assessment*), enquanto a dimensão subjetiva remeteria às sugestões oferecidas para mitigar tais riscos (*risk management*) – em outras palavras, a "gestão dos riscos". Essa divisão entre *risk assessment* e *risk management* também é feita nas *guidelines* da *International Organization for Standardization* (ISO). Por sua vez, o WP29 entende que a abordagem baseada em risco precisa ir além de uma abordagem baseada em danos, que foca basicamente essa questão, e deve levar em consideração todo potencial e real efeito adverso, com base em uma escala ampla que varia desde o impacto a um único indivíduo até um impacto social mais geral.[14]

Portanto, conforme mencionado por Macenaite (2017), o risco seria uma espécie de fronteira no campo da proteção de dados, bem como um indicador fundamental na decisão sobre quais salvaguardas legais e procedimentais adicionais são requeridas em um determinado contexto, a fim de proteger os titulares dos dados de impactos negativos potenciais derivados de atividades de tratamento específicas.

Nesse sentido, o objetivo da gestão de risco – entendida pelo WP29 como o conjunto de atividades coordenadas destinadas a nortear e controlar o

13. FOITZIK, Piotr. **How to manage privacy risk under both the GDPR and CCPA**. IAPP, 25/02/2020. Disponível em: https://iapp.org/news/a/how-to-manage-privacy-risk-under-both-the-gdpr-and-ccpa/. Acesso em: 20/06/2021.

14. ARTICLE 29 DATA PROTECTION WORKING PARTY. **Statement on the role of a risk-based approach in data protection legal frameworks**. 30/05/2014. Disponível em: https://ec.europa.eu/justice/article-29/documentation/opinion-recommendation/files/2014/wp218_en.pdf. Acesso em: 20/06/2021.

risco[15] – não consiste em eliminar o risco em si, mas, sim, em reduzi-lo no limite do praticável, e em ser explícito sobre os riscos remanescentes e sobre como eles serão geridos para que os controladores entendam os riscos e os compromissos que restarem. Afinal, de acordo com Gellert (2015; 2018), quando se trata de proteção de dados, entende-se que, na grande maioria dos casos, é impossível reduzir o risco a zero, razão pela qual é necessário decidir quais possibilidades futuras negativas seriam as mais aceitáveis e tentar diminuí-las ao máximo possível. A gestão de risco pode também identificar respostas apropriadas e efetivas na mitigação de riscos, bem como fortalecer o argumento de que a gestão de risco envolve necessariamente uma "calibragem" dos riscos, conforme iremos desenvolver nos próximos tópicos.[16]

2.2. Abordagens relacionadas à regulação do risco

No âmbito da proteção de dados pessoais, há diferentes possibilidades para abordagens que levam o risco em consideração. Gellert (2018) e Quelle (2018; 2017) indicam que, durante um determinado período, o contexto europeu foi palco de debates sobre a compatibilidade do GDPR com uma abordagem baseada em riscos (*risk based approach*) ou com uma abordagem baseada em direitos (*right based approach* ou um *compliance approach*). Esse debate se deve ao fato de que, em uma análise preliminar, essas duas abordagens seriam incompatíveis, sobretudo pelo fato de que a abordagem baseada em direitos supostamente seria mais rígida e requereria a garantia de determinadas proteções de maneira integral, independentemente do nível do risco apresentado pela atividade de tratamento.[17]

Além disso, parte da sociedade demonstrou preocupação com a possibilidade de que uma abordagem baseada em riscos pudesse "enfraquecer" a garantia de direitos ou dar margem para que organizações escolhessem simplesmente não respeitar determinados direitos caso sua violação pudesse não representar risco elevado.

---

15. ARTICLE 29 DATA PROTECTION WORKING PARTY. **Guidelines on Data Protection Impact Assessment (DPIA) and determining whether processing is "likely to result in a high risk" for the purposes of Regulation 2016/679**. 04/04/2017. Disponível em: https://ec.europa.eu/newsroom/article29/items/611236. Acesso em: 20/06/2021.

16. KUNER, Christopher, CATE, Fred H., MILLARD, Christopher, SVANTESSON, Dan J. B. e LYNSKEY, Orla. Risk management in data protection. **International Data Privacy Law**, 2015, vol. 5, No. 2, p. 95-98.

17. Cf. Gellert. 2018, p. 4.

No entanto, em primeiro lugar, a abordagem baseada em riscos não implicaria maior permissibilidade para os agentes de tratamento que realizam atividades de tratamento menos arriscadas, mas, sim, resultaria em maior ônus para os agentes que realizam atividades mais arriscadas, havendo algumas obrigações comuns e incontornáveis referentes a direitos dos titulares de dados pessoais.

Em segundo lugar, sabe-se que nem sempre o direito consegue inovar no mesmo ritmo em que se desenvolvem os avanços tecnológicos, de maneira que, por vezes, o apontamento de obrigações demasiadamente específicas poderia culminar em uma rápida defasagem dessas leis.

Adicionalmente, a amplitude de *players* que realizam tratamento de dados pessoais torna praticamente impossível que autoridades fiscalizem, individualmente, a maior parte deles e de suas atividades. Por essas razões, enfatizar a responsabilidade dos controladores, isto é, sua *accountability*,[18] apresenta-se como um caminho interessante e possível em um contexto de rápido desenvolvimento de tecnologias e negócios que cada vez mais se apoiam no tratamento de dados pessoais.

Além disso, conforme aduz Gellert (2018), a abordagem baseada em riscos seria uma simples maneira de escalar e calibrar as suas obrigações de conformidade com a lei, por meio da adoção de medidas concretas de mitigação de risco a serem adotadas pelos controladores. A vantagem é que se trata de uma abordagem com maior lastro em evidências, com maior apoio no uso de ferramentas científicas de gestão de risco, levando a uma regulação balanceada mais objetiva e transparente, no entendimento de Macenaite (2017). É por essa razão que Schertel e Bioni (2018) concluem que, na abordagem baseada em riscos, haveria um sistema calibrado pela confiança no agente de tratamento e pela adoção de uma série de ferramentas pelas quais possam demonstrar a eficácia das suas medidas de adequação à lei.

Vale ainda pontuar que Quelle (2017; 2018) e Gellert (2018) argumentam ser possível conciliar as duas abordagens. Considerar uma abordagem de risco permite que as soluções possam ser adaptadas para cada contexto e a tecnologia em questão, em oposição a métodos em que apenas se verifica se determinados requisitos formais foram ou não cumpridos. De qualquer forma, há um

18. DEMETZOU, Katerina. Data Protection Impact Assessment: A tool for accountability and the unclarified concept of 'high risk' in the General Data Protection Regulation. **Computer Law & Security Review**, volume 35, edição 6, novembro/2019.

papel muito importante das autoridades de proteção de dados e da sociedade em discutir parâmetros do que seriam consequências indesejáveis ou inaceitáveis (ex.: exposição de determinado tipo de dado, tratamentos que reforçam determinadas discriminações negativas, entre outros), de maneira que outros agentes possam levar esses elementos em consideração em suas próprias análises de risco. Além disso, essa abordagem permite que diferentes soluções sejam aplicadas a diferentes setores e tratamentos de dados com escopos diferentes, o que pode inclusive auxiliar em uma real efetivação de direitos. Isso porque a ideia de "*one size fits all*" nem sempre é um mecanismo eficiente para garantir uma adequada proteção aos dados pessoais tratados em uma determinada circunstância.

Em suma, alguns dos **benefícios atrelados à adoção de uma perspectiva baseada em risco** envolvem **(i)** a capacidade de promover práticas de proteção de dados mais efetivas e contextualizadas, em detrimento de modelos meramente prescritivos; **(ii)** o fomento à prestação de contas, à transparência e à cultura de proteção de dados entre os controladores; **(iii)** a flexibilidade diante de novos avanços tecnológicos, evitando o risco de obsolescência de medidas de adequação atualmente adotadas, e até mesmo **(iv)** questões econômicas, por meio da possibilidade de redução de riscos de administração e de conformidade às empresas, com apelo particular para micro e pequenas empresas. Por essa razão, essa pode ser uma abordagem escalável e proporcional para que os controladores atestem a sua conformidade com a LGPD[19] por meio da implementação de normas legais abstratas de maneira apropriada e efetiva.[20]

A fim de regular de que maneira a avaliação de riscos em meio à especificidade das atividades de tratamento se traduziria na prática, são estabelecidos alguns parâmetros pela doutrina. No entendimento de Quelle (2018), a abordagem baseada em risco requer que os controladores assegurem a proteção aos direitos e às liberdades dos titulares de dados de uma maneira proporcional e balanceada.[21] Essa abordagem pode ser resumida no seguinte: controladores

---

19. MACENAITE, Milda. The "Riskification" of European Data Protection Law through a two-fold Shift. **European Journal of Risk Regulation**, 8(03), 2017, p. 506-540.
20. QUELLE, Claudia. Enhancing Compliance under the General Data Protection Regulation: The Risky Upshot of the Accountability – and Risk-based Approach. **European Journal of Risk Regulation**, 9(3), 2018, p. 502-526.
21. QUELLE, Claudia. Enhancing Compliance under the General Data Protection Regulation: The Risky Upshot of the Accountability – and Risk-based Approach. **European Journal of Risk Regulation**, 9(3), 2018, p. 502-526.

devem implementar a lei de maneira que levem em consideração a maneira pela qual assumem riscos aos direitos e às liberdades dos titulares de dados.[22] Dessa forma, a abordagem baseada em risco não elimina as obrigações e a necessidade de prestação de contas por parte dos controladores, mas, sim, proporciona uma maior **escalabilidade**,[23] razão pela qual Quelle (2018) conclui que a lei de proteção de dados combina gestão de risco com os princípios e as regras tradicionais de proteção de dados.

Para o *Statement on the role of a risk-based approach in data protection legal frameworks* do WP29, a escalabilidade das obrigações legais baseadas em risco se dirige justamente a mecanismos de *compliance*, de modo que o controlador que realiza o tratamento de maior risco tenderá a ter mais esforços para cumprir com as suas obrigações legais, em relação a controladores cujas atividades de tratamento envolvem menor risco. Entretanto, há que se ressaltar que nem toda obrigação de prestação de contas é necessária em todo caso, como em situações em que o tratamento de dados pessoais ocorre em pequena escala e com baixo grau de risco.[24]

Portanto, entendemos que a avaliação de risco em projetos de adequação à LGPD não indica que os princípios de proteção de dados serão postos de lado. Pelo contrário, o emprego dessa avaliação apenas reforça o fato de que a aplicação dos princípios nem sempre é uniforme e que deve ser analisada conforme a situação e os elementos do caso concreto, devendo os princípios serem sopesados entre si.

O próprio *Statement on the role of a risk-based approach in data protection legal frameworks* do WP29 é claro ao afirmar que, mesmo com a adoção de uma abordagem baseada em risco, não há qualquer risco de enfraquecimento aos direitos dos titulares de dados pessoais. Isso indica que os direitos endereçados aos titulares pela lei devem ser respeitados independentemente do nível de risco

---

22. QUELLE, Claudia. Enhancing Compliance under the General Data Protection Regulation: The Risky Upshot of the Accountability – and Risk-based Approach. **European Journal of Risk Regulation**, 9(3), 2018, p. 502-526.
23. MACENAITE, Milda. The "Riskification" of European Data Protection Law through a two-fold Shift. **European Journal of Risk Regulation**, 8(03), 2017, p. 506-540.
24. ARTICLE 29 DATA PROTECTION WORKING PARTY. **Statement on the role of a risk-based approach in data protection legal frameworks**. 30/05/2014. Disponível em: https://ec.europa.eu/justice/article-29/documentation/opinion-recommendation/files/2014/wp218_en.pdf. Acesso em: 20/06/2021.

envolvido no seu tratamento.[25] Trata-se de entendimento respaldado por Macenaite (2017), que ressalta a necessidade de comprometimento dos controladores na viabilização desses direitos.[26]

Nessa mesma linha, Quelle (2018) sustenta que a abordagem baseada em risco não substitui os princípios e as regras de proteção de dados, mas, na realidade, requer aos controladores uma **calibração** do que significa, de acordo com a lei, a proteção aos direitos e às liberdades dos titulares. Não reduz, portanto, a proteção de dados a uma análise de risco, mas, sim, usa a noção de risco para regular a maneira pela qual os controladores podem implementar a lei na prática. Não se trata, pois, de uma escolha, mas, sim, de uma obrigação legal de calibração. E, ao permitir a calibração de determinados comandos da lei, os controladores são capazes de ajustar as suas obrigações à luz dos riscos e dos outros fatores especificados na própria lei.

Assim, a gestão de risco em projetos de *compliance* pode: **(i)** auxiliar na priorização de investimentos a fim de proteger a privacidade e fazer valer as suas obrigações de proteção de dados; **(ii)** identificar riscos sérios à privacidade e medidas para mitigá-los; **(iii)** expandir a compreensão sobre a gama de riscos que o tratamento de dados pessoais pode apresentar aos indivíduos, às organizações e à sociedade (especialmente em um contexto de vigilância, computação em nuvem e conectividade avançada); e **(iv)** ajudar a trazer rigor sobre tratamento de dados e maximizar seus benefícios de maneira concomitante à redução dos seus custos.[27]

Além disso, para serem considerados efetivos, os mecanismos de gestão de risco devem funcionar na prática, o que requer que as suas ferramentas sejam **(i)** eficientes, **(ii)** escaláveis e **(iii)** flexíveis, de modo que possam se aplicar desde MPEs até grandes organizações.[28]

---

25. ARTICLE 29 DATA PROTECTION WORKING PARTY. **Statement on the role of a risk-based approach in data protection legal frameworks**. 30/05/2014. Disponível em: https://ec.europa.eu/justice/article-29/documentation/opinion-recommendation/files/2014/wp218_en.pdf. Acesso em: 20/06/2021.
26. MACENAITE, Milda. The "Riskification" of European Data Protection Law through a two-fold Shift. **European Journal of Risk Regulation**, 8(03), 2017, p. 506-540.
27. KUNER, Christopher, CATE, Fred H., MILLARD, Christopher, SVANTESSON, Dan J. B. e LYNSKEY, Orla. Risk management in data protection. **International Data Privacy Law**, 2015, vol. 5, No. 2, p. 95-98.
28. KUNER, Christopher, CATE, Fred H., MILLARD, Christopher, SVANTESSON, Dan J. B. e LYNSKEY, Orla. Risk management in data protection. **International Data Privacy Law**, 2015, vol. 5, No. 2, p. 95-98.

3. GESTÃO DE RISCO EM PROJETOS DE ADEQUAÇÃO ÀS LEIS DE PROTEÇÃO DE DADOS PESSOAIS

Apresentado um panorama acerca do risco em proteção de dados e as possíveis abordagens a ele relacionadas e adotadas em normas específicas, passa-se a verificar como esses critérios são refletidos na LGPD, a fim de que seja possível não apenas realçar a manifestação da gestão de risco prescrita pela lei, mas também ressaltar as nuances entre elas, o que inevitavelmente impacta os critérios a serem adotados na gestão de risco em projetos de *compliance* (sem prejuízo de novos critérios a serem indicados pela ANPD no futuro).

No aspecto prático, os projetos de *compliance* constituem uma das ferramentas mais recorrentes na disseminação da aplicação da LGPD no mercado. Conforme mencionado por Frazão et al. (2020), esses programas envolvem a fixação de controles internos que, em reforço à regulação estatal, auxiliam agentes econômicos a se manterem em conformidade tanto com a lei quanto com as suas próprias políticas corporativas. Dessa forma, a autovigilância tende a ser mais exitosa na medida em que é permitida uma certa flexibilidade na determinação das práticas corporativas, a fim de que sejam customizadas de acordo com as especificidades das atividades de tratamento, do tamanho dos agentes de tratamento e dos riscos assumidos por eles.

De acordo com as autoras, a ideia de corregulação – por meio da atuação conjunta da iniciativa privada e do Estado – fica ainda mais evidente devido à grande plasticidade dos dispositivos da LGPD, ao empregar uma série de conceitos abertos que devem ser contextualizados à luz da realizado do agente de tratamento, do contexto social e econômico e da evolução tecnológica do momento de sua aplicação.[29]

Em meio a esse contexto, a gestão de riscos está no cerne dos projetos de adequação à LGPD, vez que envolve a identificação de aspectos delicados nos quais o agente de tratamento está exposto ao descumprimento da lei, bem como o auxílio na prevenção de ilícitos. Por essa razão, uma adequada avaliação dos riscos é fundamental para a elaboração de um programa de *compliance* efetivo, razão pela qual deverá envolver um conhecimento aprofundado das

29. FRAZÃO, Ana; OLIVA, Milena Donato; ABILIO, Vivianne da Silveira. Compliance de dados pessoais. In FRAZÃO, Ana; TEPEDINO, Gustavo; OLIVA, Milena Donato (coord.). Lei Geral de Proteção de Dados Pessoais e suas repercussões no direito brasileiro. 2. ed., São Paulo: Thomson Reuters Brasil, 2020.

especificidades do agente de tratamento, e a reavaliação constante dos riscos[30] à luz da legislação aplicável.

3.1. A regulação do risco pela LGPD

A LGPD não apresenta uma definição específica da expressão risco, cabendo à ANPD apresentar esclarecimentos adicionais sobre os critérios e procedimentos que deverão ser observados para sua aferição.[31] A despeito dessa lacuna conceitual, a LGPD não se furta a mencionar a importância da realização de uma análise de risco e da adoção de medidas de mitigação durante as atividades de tratamento de dados pessoais.

O conceito aparece expressamente na LGPD especialmente em dispositivos relacionados (i) à qualificação e regulamentação sobre a elaboração de relatórios de impacto à proteção de dados pessoais, (ii) ao enfrentamento de incidentes de segurança da informação, (iii) ao estabelecimento de programas de governança por parte dos agentes de tratamento de dados pessoais para adequar suas atividades às exigências da LGPD, e (iv) ao ressarcimento de danos provocados aos titulares de dados.

Além disso, a LGPD também regula o risco de forma indireta por meio dos princípios elencados no art. 6º, entre os quais destacam-se os princípios da adequação, necessidade, livre acesso, segurança, prevenção[32] e prestação de contas. Em conjunto, esses princípios exigem que (i) o tratamento de dados pessoais seja realizado na medida do necessário e esperado pelo titular de dados, (ii) sejam adotadas e registradas medidas para prevenir a ocorrência de danos em virtude do tratamento de dados pessoais, e (iii) ao titular de dados sejam oferecidas salvaguardas técnicas ou jurídicas destinadas a assegurar seus direitos e minimizar os danos atrelados ao tratamento de seus dados pessoais.

---

30. FRAZÃO, Ana; OLIVA, Milena Donato; ABILIO, Vivianne da Silveira. Compliance de dados pessoais. In FRAZÃO, Ana; TEPEDINO, Gustavo; OLIVA, Milena Donato (coord.). Lei geral de proteção de dados pessoais e suas repercussões no direito brasileiro. 2. ed., São Paulo: Thomson Reuters Brasil, 2020.
31. GOMES, Maria Cecília de Oliveira. Capítulo 9. Entre o Método e a Complexidade: compreendendo a noção de risco na LGPD. In: PALHARES, Felipe. **Temas Atuais de Proteção de Dados – Ed. 2020**. São Paulo (SP): Editora Revista dos Tribunais, 2020.
32. Enquanto o princípio da segurança envolve o emprego de medidas (sejam elas técnicas ou administrativas) capazes de proteger os dados pessoais de acessos não autorizados e de situações acidentais ou ilícitas de destruição, perda, alteração, comunicação ou difusão, o princípio da prevenção prescreve a adoção de medidas para prevenir a ocorrência de danos em virtude do tratamento de dados pessoais.

A primeira referência expressa ao risco diz respeito ao **dever de elaboração pelos controladores de Relatórios de Impacto à Proteção de Dados Pessoais (RIPD)**, documentos que deverão conter uma descrição dos riscos às liberdades civis e aos direitos fundamentais, bem como as medidas, salvaguardas e mecanismos de mitigação de risco. Esses relatórios devem ser formulados em situações em que, embora os riscos oferecidos pelo tratamento de dados sejam mais elevados, são adotadas medidas de mitigação que permitem o prosseguimento da atividade dentro das expectativas razoáveis dos titulares de dados.

No entanto, a redação da LGPD não oferece indícios suficientes sobre a maneira pela qual essa avaliação de risco deverá ser realizada pelos agentes de tratamento. Para tanto, a ANPD iniciou, em maio de 2021, um processo de inscrição para participação de especialistas em suas reuniões técnicas sobre relatório de impacto de proteção de dados pessoais,[33] cujo cronograma consolidado foi disponibilizado em 17/06/2021.[34] Referidos especialistas foram selecionados para responderem questionamentos relacionados, de maneira geral, (i) à metodologia para elaboração do RIPD, (ii) aos responsáveis pela elaboração do RIPD (bem como as exceções para a sua realização), e (iii) às circunstâncias em que um tratamento com base no legítimo interesse deve ser precedido por um RIPD.

A LGPD também se refere expressamente à avaliação de risco quando regula os cuidados que deverão ser adotados pelo controlador nos casos de **incidente de segurança da informação**. De forma sucinta, a LGPD exige que controladores notifiquem a ANPD e os titulares de dados nos casos em que o incidente acarretar risco ou dano relevante a esses titulares.

Tal como em relação à definição de situações que demandam a elaboração de relatórios de impacto, também há alguma incerteza sobre os critérios que deverão orientar a decisão do controlador sobre notificar ou não a Autoridade e/ou os titulares de dados em casos de incidentes. Diante disso, a ANPD publicou,

---

33. Vide: BRASIL. ANPD abre inscrições para participação em reunião técnica sobre relatório de impacto de proteção de dados pessoais. *Gov.br*, 25/05/2021. Disponível em: https://www.gov.br/anpd/pt-br/assuntos/noticias/anpd-abre-inscricoes-para-participacao-em-reuniao-tecnica-sobre-relatorio-de-impacto-de-protecao-de-dados-pessoais. Acesso em: 16/06/2021.

34. Vide: BRASIL. ANPD divulga cronograma completo de reuniões técnicas sobre relatório de impacto à proteção dos dados pessoais. *Gov.br*, 17/06/2021. Disponível em: https://www.gov.br/anpd/pt-br/assuntos/noticias/anpd-divulga-cronograma-completo-de-reunioes-tecnicas-sobre-relatorio-de-impacto-a-protecao-dos-dados-pessoais. Acesso em: 20/06/2021.

em fevereiro de 2021, a Nota Técnica nº 3/2021/CGN/ANPD,[35] por meio da qual iniciou a tomada de subsídios sobre a notificação de incidentes de segurança, bem como disponibilizou formulário de comunicação de incidente de segurança com dados pessoais à ANPD e documento que contém orientações sobre o que fazer em caso de um incidente, enquanto não emite regulamentação sobre o tema.[36]

Vale ressaltar que ambos os temas (RIPD e comunicação de incidentes) remetem à Portaria nº 11, de 27 de janeiro de 2021,[37] publicada pela ANPD a fim de divulgar a agenda regulatória da entidade para o biênio de 2021/2022, e fazem parte do rol de iniciativas da agenda regulatória cujo início do processo regulatório deverá ocorrer em até um ano.

Outra situação em que a LGPD expressamente se refere ao elemento de risco diz respeito à recomendação que agentes de tratamento adotem **programa de governança interno** que conte, entre outras medidas, com políticas e salvaguardas adequadas e processo de avaliação sistemática de impactos e riscos à privacidade (art. 50, § 2º, I, d). A LGPD prevê também a possibilidade de esses programas serem orientados por regras de boas práticas que, por sua vez, deverão considerar as condições particulares das atividades de tratamento, como quais dados são tratados, para quais finalidades, bem como a probabilidade e a gravidade dos riscos e dos benefícios decorrentes do tratamento regulado. Além disso, a própria ideia de ***privacy by design***, presente no art. 46, § 2º, da LGPD, sugere uma abordagem baseada em avaliação de risco por parte dos agentes de tratamento de dados, de modo a nortear as suas atividades de tratamento durante todo o ciclo de vida dos dados.[38]

Nesse mesmo sentido, o art. 52 da LGPD indica que a ANPD deverá considerar como parâmetros para a aplicação de sanções, entre outros, além da gravidade e a natureza das infrações e dos direitos afetados (art. 52, § 1º, I), a adoção

35. Vide: https://www.gov.br/anpd/pt-br/documentos-e-publicacoes/sei_00261-000098_2021_67-nt-ts-incidente.pdf. Acesso em: 20/06/2021.

36. Vide: BRASIL. ANPD inicia processo de regulamentação sobre incidentes de segurança com tomada de subsídios. *Gov.br*, 22/02/2021. Disponível em: https://www.gov.br/anpd/pt-br/assuntos/noticias/anpd-inicia-processo-de-regulamentacao-sobre-incidentes-de-seguranca-com-tomada-de-subsidios. Acesso em: 20/06/2021.

37. Disponível em: https://www.in.gov.br/en/web/dou/-/portaria-n-11-de-27-de-janeiro-de-2021-301143313. Acesso em: 20/06/2021.

38. FOITZIK, Piotr. **How to manage privacy risk under both the GDPR and CCPA**. IAPP, 25/02/2020. Disponível em: https://iapp.org/news/a/how-to-manage-privacy-risk-under-both-the-gdpr-and-ccpa/. Acesso em: 20/06/2021.

demonstrada de mecanismos capazes de minimizar o dano (art. 52, § 1º, VIII) e adoção de política de boas práticas e governança (art. 52, § 1º, IX). Ou seja, a depender das medidas de mitigação adotadas (ou medidas ligadas à dimensão do *risk management*), poderá haver variação nas sanções aplicadas pela ANPD aos agentes de tratamento.

Assim, a partir da leitura do texto da lei, é possível extrair que a avaliação de risco no Brasil deverá considerar, diante das salvaguardas que o agente de tratamento dispõe no momento, a probabilidade de um evento futuro negativo efetivamente ocorrer. O evento negativo deverá ser mitigado pela adoção das salvaguardas e, quando o risco ou dano forem relevantes, deverão ser adotadas medidas específicas como a elaboração de RIPD ou o envio de notificação para a ANPD e/ou aos titulares de dados. Em outras palavras, a LGPD determina que os agentes de tratamento considerem, ao elencar as medidas de proteção a dados pessoais, quais seriam as mais adequadas diante da possibilidade de efetivamente ocorrer evento negativo futuro.

Com base nesse entendimento, apresentamos a seguir reflexões sobre a maneira pela qual a avaliação de risco pode ser realizada durante os projetos de adequação à LGPD, com destaque para uma análise voltada à elaboração de relatórios de impacto e à comunicação de incidentes de segurança da informação envolvendo dados pessoais.

3.2. Avaliação do risco em projetos de adequação à LGPD

Para avaliar os riscos inerentes às atividades de tratamento de dados pessoais realizadas, programas de adequação à LGPD devem sempre começar com uma etapa de **mapeamento** dos dados pessoais tratados. Em linhas gerais, referido mapeamento deve ser capaz de oferecer um detalhamento acerca **(i)** dos tipos de atividades de tratamento de dados que são realizadas e quais as suas finalidades; **(ii)** dos tipos de dados pessoais tratados; **(iii)** da maneira pela qual as responsabilidades são alocadas internamente e **(iv)** das salvaguardas adotadas em relação aos direitos dos titulares. Por meio desse mapeamento (também conhecido como *gap analysis*), é possível comparar os padrões de proteção de dados vigentes com os requerimentos necessários para adequá-los à legislação de proteção de dados, e assim auxiliar na identificação das lacunas a serem colmatadas ao longo do processo de adequação.[39]

39. VOIGT, Paul; BUSSCHE, Axel Von Dem. The EU General Data Protection Regulation (GDPR) – A Practical Guide. Gewerbestrasse. Ed. Springer, 2017.

De acordo com o documento *Statement on the role of a risk-based approach in data protection legal frameworks*, do WP29, os riscos das atividades de tratamento de dados devem ser determinados levando em consideração critérios objetivos específicos, como **(i)** a natureza do dado pessoal (ex.: dado pessoal trivial ou dado pessoal sensível), **(ii)** a categoria do titular de dados (ex.: dados pessoais de adolescentes), **(iii)** o número de titulares afetados pela atividade de tratamento, e **(iv)** a finalidade do tratamento. Também a severidade e a probabilidade de impactos nos direitos e nas liberdades dos titulares representam elementos a serem considerados ao se avaliarem os riscos à privacidade dos titulares.[40]

Os itens elencados no parágrafo anterior devem, portanto, ser considerados nesse mapeamento, com vistas a melhor compreender o escopo do tratamento de dados. Além disso, essa identificação de lacunas estaria fortemente relacionada a uma abordagem baseada em risco, tendo em vista que a extensão das obrigações de uma entidade seria proporcional à susceptibilidade de risco (em relação à proteção dos direitos e das liberdades dos titulares) decorrente das suas atividades de tratamento.[41]

Em seguida, em fase posterior do projeto de *compliance*, deve-se realizar um **diagnóstico** ou análise de risco (*risk analysis*), cujo foco reside na identificação das atividades de tratamento que representam maior risco às operações da entidade e aos direitos dos titulares.

Depois dessa compreensão do escopo, para aqueles que estão no início do processo de estruturação de um programa de proteção de dados pessoais, é possível atribuir bases legais para as atividades de tratamento identificadas no mapeamento. Apesar de a escolha da base legal não ser um elemento de risco da atividade de tratamento *per se*, ela poderá contribuir na medição do risco. Isso porque há situações em que não é claro ou obrigatório atribuir determinada base legal, de forma que, a depender do contexto, o controlador poderá escolher entre mais de uma opção. Ainda, essa afirmação tampouco quer dizer que há bases legais naturalmente menos ou mais arriscadas, porém, ela indica a necessidade de justificação da aplicação da base legal e, em determinados casos, da

40. ARTICLE 29 DATA PROTECTION WORKING PARTY. Statement on the role of a risk-based approach in data protection legal frameworks. 30/05/2014. Disponível em: https://ec.europa.eu/justice/article-29/documentation/opinion-recommendation/files/2014/wp218_en.pdf. Acesso em: 20/06/2021.

41. VOIGT, Paul; BUSSCHE, Axel Von Dem. The EU General Data Protection Regulation (GDPR) – A Practical Guide. Gewerbestrasse. Ed. Springer, 2017.

operacionalização de recursos técnicos para a concretização da base legal. Por exemplo, se há a escolha do consentimento como base legal, deve-se preocupar com as diversas dimensões do consentimento, como: verificar se os requisitos legais para o cumprimento do consentimento estão sendo cumpridos (se há informações suficientes aos titulares, entre outros), ao mesmo tempo que se garante que há mecanismos para que os titulares possam exercê-los, entre outros requisitos.

Outro fator relevante na avaliação do risco consiste na compreensão sobre como os princípios de tratamento de dados pessoais são considerados nas circunstâncias em que o tratamento é realizado. Por exemplo, em uma empresa com diversos departamentos e muitos funcionários, deve-se realizar uma avaliação diferenciada sobre a aplicação do princípio da necessidade, a depender de quem pode ou não acessar determinados dados. Além disso, devido ao princípio da transparência, o agente de tratamento de dados pessoais deverá informar aos titulares de dados as finalidades e condições em que utilizam seus dados. Caso isso não seja endereçado de forma adequada, clara e acessível, aumentam-se os riscos das atividades realizadas.

Depois dessa análise de risco, é necessário endereçar de maneira adequada as medidas necessárias para adequar as atividades de tratamento realizadas pela entidade, priorizando aquelas que representem maior risco. Nos projetos de *compliance*, isso ocorre por meio da elaboração de um **plano de ação**, no qual serão fixadas as tarefas voltadas à conformidade da entidade com a legislação de proteção de dados, os responsáveis pela sua realização e os prazos a serem cumpridos de acordo com a sua priorização. Essas tarefas deverão ser posteriormente adotadas, em uma fase de **implementação**,[42] na qual os novos parâmetros de proteção de dados a serem incorporados pela entidade são postos em prática.

Para tanto, parte-se justamente dos resultados da análise de risco realizada durante a fase de diagnóstico, e das estimativas firmadas na fase de plano de ação, por meio de tarefas como elaboração de documentos jurídicos (ex.: políticas de privacidade, ajustes contratuais, *checklist* de adequação de fornecedores) e treinamentos oferecidos aos colaboradores da entidade. Ao fim do projeto de *compliance*, o objetivo primordial é o de incorporar uma cultura de proteção de dados dentro da entidade, capaz de permear as suas operações de maneira ampla, e assim mitigar os seus riscos no que concerne ao descumprimento da legislação em vigor.

---

42. VOIGT, Paul; BUSSCHE, Axel Von Dem. **The EU General Data Protection Regulation (GDPR) – A Practical Guide**. Gewerbestrasse. Ed. Springer, 2017.

Todos esses elementos, assim como as medidas técnicas adequadas e o endereçamento aos princípios de proteção de dados, devem estar presentes no decorrer de um projeto de adequação. De todo modo, dois pontos de destaque na regulação da LGPD em relação à avaliação e mitigação de riscos pelo controlador é regulada, sobretudo, em dois momentos: na elaboração do relatório de impacto à proteção de dados pessoais e na comunicação da ocorrência de incidentes de segurança envolvendo dados pessoais, os quais serão apresentados em maior detalhe a seguir.

3.3. Aspectos práticos da gestão de risco em projetos de adequação à LGPD

3.3.1. Relatório de Impacto à Proteção de Dados Pessoais (RIPD)

O relatório de impacto à proteção de dados pessoais já apresenta a noção de risco na sua própria concepção. Afinal, na LGPD, o RIPD é apresentado como uma documentação do controlador que contém a descrição dos processos de tratamento de dados pessoais que podem gerar riscos às liberdades civis e aos direitos fundamentais, bem como medidas, salvaguardas e mecanismos de mitigação de risco (art. 5º, XVII).

Tendo em vista que esses processos capazes de acarretar riscos aos direitos e às liberdades dos titulares podem variar bastante de acordo com as suas modalidades (ex.: digitais ou manuais) e estágios (ex.: novos processos ou atualização de processos existentes), raramente haverá um método único para identificar, avaliar ou endereçar riscos à proteção de dados deles decorrentes. Destaca-se, portanto, a relevância do RIPD na identificação das circunstâncias específicas na avaliação desses riscos, razão pela qual a sua elaboração deverá acompanhar também outras fases e aspectos relacionados a esses processos, a fim de se obter mais informações ou esclarecer dúvidas sobre determinadas atividades de tratamento ocorridas em outros momentos.[43]

De acordo com a LGPD, o RIPD não será necessário para todas as atividades de tratamento previamente identificadas e registradas pelo controlador, restringindo-se àquelas que apresentam maior risco aos direitos e às liberdades dos

43. PERSONAL DATA PROTECTION COMMISSION (SINGAPORE). **Guide to Data Protection Impact Assessments**. 2017. Disponível em: https://www.pdpc.gov.sg/-/media/Files/PDPC/PDF-Files/Other-Guides/guide-to-dpias---011117.pdf?la=en. Acesso em: 20/06/2021.

titulares. Mais especificamente, o texto legal expresso estabelece que a ANPD poderá determinar a elaboração do RIPD ao controlador (i) quando as atividades de tratamento tenham como base legal o legítimo interesse (art. 10, § 3º), (ii) quando o tratamento for realizado por agentes do poder público (art. 32), e (iii) para operações de tratamento em geral, incluindo quando o tratamento envolver dados pessoais sensíveis (art. 38, *caput*).

Isso não significa que está dispensado o registro das atividades que representam menor risco, mas, sim, que o RIPD não será o único documento útil para a análise de risco.[44] Nesse sentido, para determinadas atividades, o próprio mapeamento (a depender de seu formato) pode se mostrar uma ferramenta adequada para o registro de algumas atividades, conforme já indicado neste artigo. Além disso, isso também não significa que deverá ser realizado um RIPD para qualquer atividade de tratamento de dados pessoais que tenha como base legal o legítimo interesse – em verdade, entende-se que o RIPD sequer seria o instrumento legal mais apropriado para realizar essa prática de *accountability* –, mas somente para aquelas que imponham maior risco aos direitos e às liberdades dos titulares. O mesmo racional se aplica também para o tratamento de dados sensíveis.

Ainda de acordo com a LGPD, os requisitos mínimos a estarem presentes no RIPD, em termos práticos, seriam (i) a descrição dos tipos de dados coletados, (ii) a metodologia utilizada para a coleta e para a garantia da segurança das informações, e (iii) a análise do controlador com relação a medidas, salvaguardas e mecanismos de mitigação de risco adotados (art. 38, parágrafo único). Conforme já mencionamos anteriormente, é de grande importância que a ANPD apresente orientações aos agentes de tratamento quanto à sua elaboração, e que ela leve em consideração inclusive a particularidade desses agentes.

---

44. Nesse sentido, vale ressaltar que, no âmbito da regulamentação europeia de proteção de dados, mesmo o DPIA pode não fornecer ferramentas suficientemente claras para a devida mitigação dos riscos identificados. Isso porque não está claro sob quais circunstâncias o DPIA leva a obrigações vinculantes relacionadas às medidas que foram identificadas, questionando, por exemplo, casos em que tais medidas sejam inviáveis por parte do controlador. De maneira similar, tampouco haveria especificações sobre o que significa adotar medidas adequadas, ou quando o controlador deve abandonar uma determinada operação de tratamento em decorrência dos seus riscos. Cf. QUELLE, Claudia. Enhancing Compliance under the General Data Protection Regulation: The Risky Upshot of the Accountability – and Risk-based Approach. **European Journal of Risk Regulation**, 9(3), 2018, p. 502-526. Ainda que houvesse a possibilidade de os controladores incorrerem em descumprimento à LGPD em decorrência de RIPD, isso não os isentaria dos riscos decorrentes das atividades de tratamento realizadas por eles.

Sobre esse respeito, vale ressaltar que, no âmbito da elaboração do RIPD, a quantificação do risco na LGPD consiste em tarefa árdua, conforme aduz Gomes (2020). Como esse risco possui características qualitativas e valorativas, é recomendável atribuir ao risco qualificações como alto, médio e baixo, em detrimento de métricas quantitativas[45] que não são capazes de traduzir a sua realidade de maneira adequada. De todo modo, como bem aponta Gomes (2020), não há problemas na existência de metodologias diversas de avaliação de riscos, desde que haja uma devida fundamentação em métodos capazes de contemplar as características dos riscos existentes.

De todo modo, a seguir apresentamos alguns entre os possíveis elementos que podem ser considerados para a classificação de risco durante a realização do RIPD.

O ***Information Commissioner's Office*** **(ICO)**, autoridade inglesa de proteção de dados, apresenta uma série de critérios para auxiliar na identificação e na avaliação de riscos no âmbito da elaboração de um DPIA.[46] Para tanto, parte-se da verificação do potencial impacto e de qualquer tipo de dano ou prejuízo (sejam eles materiais ou imateriais) que o tratamento de dados pode causar nos indivíduos. Isso envolveria, por exemplo, **(i)** a inabilidade do exercício dos direitos dos titulares; **(ii)** a inabilidade ao acesso a serviços ou oportunidades; **(iii)** a perda de controle sobre o uso dos dados pessoais; **(iv)** roubo de identidade ou fraude; **(v)** perda financeira; **(vi)** dano reputacional; **(vii)** dano físico; **(viii)** perda de confidencialidade; **(ix)** reidentificação de dados pseudonimizados; ou **(x)** qualquer outra desvantagem econômica ou social significativa. Além disso, devem ser identificados os riscos de segurança, incluindo **(i)** fontes dos riscos e **(ii)** os potenciais impactos de cada tipo de incidente.

A fim de avaliar o grau de risco, o ICO entende ser necessário considerar tanto a probabilidade quanto a severidade do possível dano. Assim, municiado das informações indicadas anteriormente, o agente de tratamento deverá realizar uma avaliação objetiva dos riscos, podendo se valer da seguinte proposta oferecida pela entidade inglesa:

---

45. GOMES, Maria Cecília Oliveira. Capítulo 9. Entre o método e a complexidade: compreendendo a noção de risco na LGPD. In: PALHARES, Felipe. **Temas Atuais de Proteção de Dados – Ed. 2020**. São Paulo (SP): Editora Revista dos Tribunais. 2020.

46. INFORMATION COMMISSIONER'S OFFICE. **How do we do a DPIA?** Disponível em: https://ico.org.uk/for-organisations/guide-to-data-protection/guide-to-the-general-data-protection-regulation-gdpr/data-protection-impact-assessments-dpias/how-do-we-do-a-dpia/#how10. Acesso em: 16/06/2021.

Severidade do impacto	Dano grave	Baixo risco	Alto risco	Alto risco
	Algum impacto	Baixo risco	Médio risco	Alto risco
	Impacto mínimo	Baixo risco	Baixo risco	Baixo risco
		Remoto	Possibilidade razoável	Mais provável que não provável
		Probabilidade da ocorrência do dano		

Fonte: INFORMATION COMMISSIONER'S OFFICE. *How do we do a DPIA?* Disponível em: https://ico.org.uk/for-organisations/guide-to-data-protection/guide-to-the-general-data-protection-regulation-gdpr/data-protection-impact-assessments-dpias/how-do-we-do-a-dpia/#how10. Acesso em: 16/06/2021. Tradução livre.

Ainda no contexto do GDPR, a ***Agencia Española de Protección de Datos* (AEPD)** formulou o *Guía para la Evaluación de Impacto en la Protección de los Datos Personales*, documento que oferece diretrizes para a elaboração de DPIAs, de maneira a proporcionar uma cultura proativa de privacidade a partir da disponibilização de um marco de referência para a elaboração do DPIA, voltado, ao fim e ao cabo, ao fortalecimento da proteção eficaz dos direitos dos titulares.[47]

Assim, na primeira fase do DPIA, deve-se descrever um nível de informação suficiente para poder identificar as ameaças e os riscos aos quais o tratamento está exposto. Na sequência, a AEPD indica as bases para a identificação e a avaliação de riscos propriamente ditas: **(i)** identificar a origem dos riscos, por meio da análise dos potenciais cenários de riscos aos quais os dados pessoais podem estar expostos – em outras palavras, identificar os potenciais cenários de risco que possam afetar negativamente os direitos e as liberdades dos indivíduos derivados de um tratamento inadequado dos seus dados; **(ii)** analisar as situações que geram risco, levando em consideração os fatores e as características a serem apreciados no momento de determinação do nível de risco que implicam; **(iii)** valorar os riscos, levando em consideração a probabilidade de que um evento não desejado se produza e o impacto que pode acarretar; e **(iv)** tratar os riscos, visando diminuir seu nível de exposição com medidas de controle que permitam reduzir a probabilidade – ou seu impacto – de que se materializem, e indicando orientações sobre os passos a seguir no processo de gestão de riscos.

---

47. AGENCIA ESPAÑOLA DE PROTECCIÓN DE DATOS. **Guía para la Evaluación de Impacto en la Protección de los Datos Personales.** Disponível em: https://www.aepd.es/es/documento/guia-evaluaciones-de-impacto-rgpd.pdf. Acesso em: 20/06/2021.

A AEPD apresenta ainda a ideia de risco inerente, compreendido como o risco intrínseco de cada atividade, sem levar em consideração as medidas de controle que mitigam ou reduzem o seu nível de exposição. O cálculo do risco inerente pode ser feito da seguinte maneira:

Risco = Probabilidade x Impacto	
Probabilidade	É determinada com base nas possibilidades de materialização da ameaça.
Impacto	É determinado com base nos possíveis danos que podem ser produzidos se a ameaça se materializar.

Fonte: AGENCIA ESPAÑOLA DE PROTECCIÓN DE DATOS. **Guía para la Evaluación de Impacto en la Protección de los Datos Personales.** Disponível em: https://www.aepd.es/es/documento/guia-evaluaciones-de-impacto-rgpd.pdf. Acesso em: 20/06/2021. Tradução livre.

Nesse contexto, a AEPD sugere uma metodologia de valoração da probabilidade e do impacto com base em 4 níveis, de acordo com a ISO 29134:

	Classificação	Probabilidade	Risco
1.	**Depreciável**	A possibilidade de ocorrência é muito baixa (ex.: evento que pode ocorrer de forma fortuita).	O impacto é muito baixo (ex.: evento cujas consequências são praticamente depreciáveis sem impacto sobre o interessado).
2.	**Limitada**	A possibilidade de ocorrência é baixa (ex.: evento que pode ocorrer de forma ocasional).	O impacto é baixo (ex.: evento cujas consequências implicam um dano menor sem impacto relevante sobre o interessado).
3.	**Significativa**	A possibilidade de ocorrência é alta (ex.: evento que pode ocorrer com bastante frequência).	O impacto é alto (ex.: evento cujas consequências implicam um dano elevado com impacto sobre o interessado).
4.	**Máxima**	A possibilidade de ocorrência é muito elevada (ex.: evento que ocorre com bastante frequência).	O impacto é muito alto (ex.: evento cujas consequências implicam um dano muito elevado e um impacto crítico sobre o interessado).

Fonte: AGENCIA ESPAÑOLA DE PROTECCIÓN DE DATOS. **Guía para la Evaluación de Impacto en la Protección de los Datos Personales.** Disponível em: https://www.aepd.es/es/documento/guia-evaluaciones-de-impacto-rgpd.pdf. Acesso em: 20/06/2021. Tradução livre.

Com base na classificação indicada anteriormente, a AEPD propõe a seguinte matriz de risco, cujos resultados permitem o enquadramento do risco em uma das classificações indicadas a seguir:

Probabilidade					
Probabilidade	Máxima (4)	4	8	12	16
	Significativa (3)	3	6	9	12
	Limitada (2)	2	4	6	8
	Depreciável (1)	1	2	3	4
		Depreciável (1)	Limitada (2)	Significativa (3)	Máxima (4)
		Impacto			

Risco	Valor
Baixo	Valor resultante entre 1 e 2
Médio	Valor resultante maior que 2 ou menor/igual a 6
Alto	Valor resultante maior que 6 ou menor/igual a 9
Muito alto	Valor resultante maior que 9

Fonte: AGENCIA ESPAÑOLA DE PROTECCIÓN DE DATOS. **Guía para la Evaluación de Impacto en la Protección de los Datos Personales.** Disponível em: https://www.aepd.es/es/documento/guia--evaluaciones-de-impacto-rgpd.pdf. Acesso em: 20/06/2021. Tradução livre.

Interessante ressaltar também o entendimento do *Personal Data Protection Commission de Singapura* (PDPC) em seu *Guide to Data Protection Impact Assessments.*[48] Ao abordar a identificação e a avaliação de riscos, o documento também mensura os riscos de proteção de dados pessoais de uma determinada atividade de tratamento com base na probabilidade e no risco. Com isso, a classificação do risco é calculada pela multiplicação de valores que indicam a probabilidade com valores que indicam o risco. Esses valores deverão variar entre 1 e 5, e o valor da multiplicação será diretamente proporcional ao grau de risco.

Diferentemente da metodologia da AEPD, essa classificação ocorre de acordo com os seguintes parâmetros:

---

48. PERSONAL DATA PROTECTION COMMISSION (SINGAPORE). **Guide to Data Protection Impact Assessments**. 2017. Disponível em: https://www.pdpc.gov.sg/-/media/Files/PDPC/PDF-Files/Other-Guides/DPIA/Guide-to-Data-Protection-Impact--Assessments-14-Sep-2021.pdf?la=en. Acesso em: 20/06/2021.

	Probabilidade	
	Classificação	**Explicação**
1.	Rara	Remoto e não concebível.
2.	Improvável	Concebível, mas sem indicação ou evidências para sugerir a possibilidade de ocorrência em curto prazo.
3.	Possível	Indicações sugerem possibilidade de ocorrência em curto prazo.
4.	Provável	Indicações sugerem ocorrência esperada em curto prazo.
5.	Quase certo	Indicações sugerem alta probabilidade de ocorrência em curto prazo.

	Impacto	
	Classificação	**Explicação**
1.	Insignificante	Remoto e sem impacto.
2.	Menor	Pode experienciar inconveniência, mas sem indicações ou evidências para sugerir maior dano que resultará em perda financeira/reputacional.
3.	Moderado	Pode experienciar certa inconveniência ou consequências, porém, as indicações que sugerem dano podem ser superadas ou recuperadas em curto espaço de tempo.
4.	Maior	Pode experienciar consequências significativas, e indicações que sugerem danos serão disseminadas, resultando em perdas financeiras, reputacionais e suporte de *stakeholders*.
5.	Severo	Pode experienciar consequências severas, e indicações sugerem que o dano pode impedir que a empresa atue de maneira usual por um período prolongado ou não passível de ser superado.

Fonte: AGENCIA ESPAÑOLA DE PROTECCIÓN DE DATOS. **Guía para la Evaluación de Impacto en la Protección de los Datos Personales.** Disponível em: https://www.aepd.es/es/documento/guia-evaluaciones-de-impacto-rgpd.pdf. Acesso em: 20/06/2021. Tradução livre.

Gomes (2020) aponta que, exclusivamente com base nos critérios elencados na LGPD, não seria possível quantificar o risco numericamente, de 1 a 100 ou de 1 a 10.[49] Isso porque a LGPD apresenta características qualitativas

49. GOMES, Maria Cecília Oliveira. Capítulo 9. Entre o método e a complexidade: compreendendo a noção de risco na LGPD In: PALHARES, Felipe. **Temas Atuais de Proteção de Dados** – Ed. 2020. São Paulo (SP): Editora Revista dos Tribunais. 2020.

e valorativas, sendo mais compatível a atribuição de qualificações como risco alto, médio, baixo. De qualquer forma, os exemplos apresentados neste tópico apresentam diversos aspectos e dimensões relacionados ao risco em proteção de dados pessoais e podem ser utilizados como parâmetro na avaliação de riscos existentes em atividades de tratamento de dados pessoais conduzidas por diversos tipos de entidades.

3.3.2. Comunicação de incidentes de segurança da informação

A LGPD, em seu art. 48, afirma que o controlador deverá comunicar à ANPD e ao titular acerca da ocorrência de incidente de segurança que possa acarretar risco ou dano relevante aos titulares. A avaliação do risco aos direitos e às liberdades dos titulares depois de um incidente de segurança da informação possui um foco distinto em relação à análise de risco para fins de RIPD – embora esse último precise incluir tanto os riscos das atividades de tratamento realizadas quanto os riscos identificados em caso de incidentes de segurança.[50] Nesse caso, o risco figuraria como um fator determinante para a aplicação de medidas de segurança adequadas, em conformidade com o caso concreto.[51]

Em fevereiro deste ano, a ANPD publicou a já mencionada Nota Técnica nº 3/2021/CGN/ANPD, na qual declarou a abertura do processo de tomada de subsídios técnicos para a regulação do tema, buscando a contribuição do público em questões como a indicação de quando incidentes de segurança podem trazer risco ou dano relevante, e quais as possíveis classificações de risco.

Vale ainda ressaltar o guia orientativo "Comunicação de incidentes de segurança",[52] publicado pela ANPD em 22/02/2021 e atualizado em 13/05/2021. Nesse documento, são apresentadas algumas orientações gerais sobre incidentes de segurança enquanto pendente a regulamentação específica sobre o tema. Entre elas, destacam-se a definição de incidentes de segurança,[53] bem como a

---

50. FOITZIK, Piotr. **How to manage privacy risk under both the GDPR and CCPA**. IAPP, 25/02/2020. Disponível em: https://iapp.org/news/a/how-to-manage-privacy-risk-under-both-the-gdpr-and-ccpa/. Acesso em: 20/06/2021.

51. MACENAITE, Milda. The "Riskification" of European Data Protection Law through a two-fold Shift. **European Journal of Risk Regulation**, 8(03), 2017, p. 506-540.

52. Disponível em: https://www.gov.br/anpd/pt-br/assuntos/incidente-de-seguranca. Acesso em: 20/06/2021.

53. De acordo com referido documento, incidente de segurança da informação seria "qualquer evento adverso, confirmado ou sob suspeita, relacionado à violação na

sugestão de um modelo de formulário para notificação de incidentes e de prazo para comunicação de incidentes de segurança para a ANPD. O documento também apresenta alguns exemplos de probabilidade de risco ou dano relevante para os titulares, ao verificar se o incidente envolveu dados sensíveis ou de indivíduos em situação de vulnerabilidade, ou teve o potencial de ocasionar danos materiais ou morais (como discriminação, violação do direito à imagem e à reputação, fraudes financeiras e roubo de identidade), e analisar o volume de dados envolvidos, a boa-fé e as intenções dos terceiros que tiveram acesso aos dados depois do incidente e a facilidade de identificação dos titulares por terceiros não autorizados.

No entanto, ainda são necessárias maiores informações relativas a quais situações se pode considerar que há risco elevado. No contexto europeu, por exemplo, devido ao maior período de vigência de suas normas de proteção de dados, possuímos maior detalhamento quanto às circunstâncias de avaliação do risco relacionado aos incidentes de segurança e de quando é necessário reportá-los. As *Guidelines on Personal data breach notification under Regulation 2016/679* do WP29,[54] atualizadas em 2018, apresentam um tópico específico para tratar da avaliação de riscos. Nele, fica clara a necessidade de o controlador, ao identificar um incidente de segurança, avaliar o risco que pode decorrer desse incidente. Isso se deve ao fato de que (i) conhecer a probabilidade e a potencial severidade do impacto do incidente no indivíduo pode auxiliar o controlador na adoção de medidas efetivas para conter e endereçar o incidente, e (ii) a avaliação auxiliará a determinar se é necessário comunicar a autoridade ou o titular sobre a ocorrência e as circunstâncias do incidente.

Quanto aos fatores a serem considerados na avaliação de risco, o WP29 menciona expressamente que a avaliação de riscos em casos de incidentes difere da avaliação necessária na elaboração do DPIA. Enquanto o primeiro deve focar os riscos aos indivíduos resultantes do impacto do incidente, o segundo, por sua vez, deve considerar as condições nas quais as atividades de tratamento são conduzidas. Assim, o WP29 recomenda os seguintes critérios para essa avaliação:

---

segurança de dados pessoais, tais como acesso não autorizado, acidental ou ilícito que resulte na destruição, perda, alteração, vazamento ou ainda, qualquer forma de tratamento de dados inadequada ou ilícita, os quais possam ocasionar risco para os direitos e liberdades do titular dos dados pessoais".

54. ARTICLE 29 DATA PROTECTION WORKING PARTY. **Guidelines on Personal data breach notification under Regulation 2016/679**. 03/10/2017. Disponível em: https://ec.europa.eu/newsroom/article29/items/612052. Acesso em: 20/06/2021.

(i) o tipo do incidente (ex.: revelação de dados a terceiros não autorizados); (ii) a natureza, a sensibilidade e o volume dos dados; (iii) a facilidade na identificação dos indivíduos; (iv) a severidade das consequências para os indivíduos (ex.: casos em que o incidente pode acarretar roubo de identidade); (v) características especiais dos indivíduos; (vi) características especiais dos controladores (ex.: determinadas atividades desempenhadas por entidades de saúde podem envolver um maior risco); e (vii) o número dos indivíduos afetados. Indica, ainda, a metodologia de risco publicada pela *European Union Agency for Network and Information Security* (ENISA) como uma possibilidade aos agentes de tratamento na elaboração dos seus planos de resposta a incidentes.

Há, no entanto, outros parâmetros possíveis que podem ser apreciados, especialmente quando considerados o contexto e as particularidades locais. Por exemplo, se o setor é regulado e há exigências específicas para o tratamento de determinados dados, deve-se verificar quais são essas exigências e como elas impactam a análise do risco levando em consideração a estrutura da empresa.

No contexto da LGPD, com a necessidade de comunicação da ocorrência de incidente de segurança quando esse possa acarretar risco ou dano relevante aos titulares (art. 48, *caput*), reforça-se o entendimento de Voigt e Bussche (2017) no sentido de que o risco não necessariamente precisa existir no momento em que ocorre o incidente, de forma que caberá ao controlador realizar previsões para avaliar se o incidente implicará riscos no futuro.

4. CONSIDERAÇÕES FINAIS

A abordagem baseada em riscos pode ser observada nas principais leis de proteção de dados vigentes, incluindo a própria LGPD. Dada a amplitude de situações em que pode haver tratamento de dados pessoais, dificilmente seria possível prever todas as situações, de maneira objetiva, em que haveria alto risco para o tratamento de dados, de forma que cabe ao controlador realizar essa análise e garantir que está cumprindo todos os requisitos legais.

A LGPD determina uma avaliação de risco de maneira mais explícita no que se refere à elaboração do RIPD e a comunicação da ocorrência de incidentes de segurança. Contudo, essas questões carecem de maior detalhamento tanto na redação da lei quanto por parte de diretrizes da ANPD, razão pela qual esperamos um posicionamento referente a esse tema em um futuro próximo. Isso porque, ao contrário do que defende parte da doutrina, a abordagem baseada em riscos tem o potencial de otimizar as atividades dos agentes de tratamento de dados e gerar uma proteção ao titular mais customizada em relação à atividade de tratamento em pauta.

Portanto, a expectativa é a do oferecimento, por parte da ANPD, de ferramentas adequadas, como a estrutura de um modelo de RIPD, e a indicação da metodologia apropriada para identificação e avaliação de riscos, a fim de proporcionar maior segurança jurídica aos agentes de tratamento na condução de processos de adequação com base nessas orientações, além de tornar mais nítidas quais seriam as situações em que esse documento seria obrigatório, de fato. De maneira similar, orientações mais precisas sobre a avaliação do risco para fins de comunicação de incidentes de segurança seriam igualmente bem-vindas, a fim de apresentar métricas mais precisas aos agentes de tratamento.

Ainda, ressaltamos que apesar de o GDPR e a LGPD terem muitos pontos similares, há diferenças importantes nos casos em que se exige a elaboração do DPIA e do RIPD. Dessa forma, eventuais incorporações literais dos dispositivos do GDPR em termos de gestão de risco em projetos de *compliance* devem ser vistas com cautela, sendo devidamente calibrada pelo texto da LGPD e pela atuação da ANPD, a fim de que o papel dessas ferramentas de corregulação seja devidamente determinado[55] e adequado à realidade da legislação nacional.

5. REFERÊNCIAS BIBLIOGRÁFICAS

AGENCIA ESPAÑOLA DE PROTECCIÓN DE DATOS. **Guía para la Evaluación de Impacto en la Protección de los Datos Personales.** Disponível em: https://www.aepd.es/es/documento/guia-evaluaciones-de-impacto-rgpd.pdf. Acesso em: 20/06/2021.

ARTICLE 29 DATA PROTECTION WORKING PARTY. **Guidelines on Data Protection Impact Assessment (DPIA) and determining whether processing is "likely to result in a high risk" for the purposes of Regulation 2016/679**. 04/04/2017. Disponível em: https://ec.europa.eu/newsroom/article29/items/611236. Acesso em: 20/06/2021.

ARTICLE 29 DATA PROTECTION WORKING PARTY. **Statement on the role of a risk-based approach in data protection legal frameworks**. 30/05/2014. Disponível em: https://ec.europa.eu/justice/article-29/documentation/opinion-recommendation/files/2014/wp218_en.pdf. Acesso em: 20/06/2021.

BIONI, Bruno Ricardo. **Proteção de dados pessoais: a função e os limites do consentimento**. Rio de Janeiro: Forense, 2019.

55. MENDES, Laura Schertel; BIONI, Bruno Ricardo. Regulamento Europeu de Proteção de Dados Pessoais e a Lei Geral brasileira de Proteção de Dados: mapeando convergências na direção de um nível de equivalência. In FRAZÃO, Ana; TEPEDINO, Gustavo; OLIVA, Milena Donato (coord.). **Lei Geral de Proteção de Dados Pessoais e suas repercussões no direito brasileiro**. 2. ed. São Paulo: Thomson Reuters Brasil, 2020.

DATA PRIVACY BRASIL. **Como tem sido a implementação do DPIA por instituições europeias?** 20/07/2020. Disponível em: https://dataprivacy.com.br/como-tem-sido-a-implementacao-do-dpia-por-instituicoes-europeias/. Acesso em: 20/06/2021.

DEMETZOU, Katerina. Data Protection Impact Assessment: A tool for accountability and the unclarified concept of 'high risk' in the General Data Protection Regulation. **Computer Law & Security Review**, volume 35, edição 6, novembro/2019.

EUROPEAN DATA PROTECTION BOARD. **Guidelines 01/2021 on Examples regarding Data Breach Notification**. 14/01/2021. Disponível em: https://edpb.europa.eu/sites/default/files/consultation/edpb_guidelines_202101_databreachnotificationexamples_v1_en.pdf. Acesso em: 20/06/2021.

FOITZIK, Piotr. **How to manage privacy risk under both the GDPR and CCPA**. IAPP, 25/02/2020. Disponível em: https://iapp.org/news/a/how-to-manage-privacy-risk-under-both-the-gdpr-and-ccpa/. Acesso em: 20/06/2021.

FRAZÃO, Ana; OLIVA, Milena Donato; ABILIO, Vivianne da Silveira. Compliance de dados pessoais. In FRAZÃO, Ana; TEPEDINO, Gustavo; OLIVA, Milena Donato (coord.). **Lei geral de proteção de dados pessoais e suas repercussões no direito brasileiro**. 2. ed. São Paulo: Thomson Reuters Brasil, 2020.

GOMES, Maria Cecília Oliveira. Capítulo 9. Entre o método e a complexidade: compreendendo a noção de risco na LGPD. In: PALHARES, Felipe. **Temas Atuais de Proteção de Dados – Ed. 2020**. São Paulo (SP): Editora Revista dos Tribunais. 2020.

GOMES, Maria Cecília Oliveira. Relatório de impacto à proteção de dados pessoais. Uma breve análise da sua definição e papel na LGPD. **Revista do Advogado (AASP)**, nº 144, novembro/2019, p. 174-183.

INFORMATION COMMISSIONER'S OFFICE. **How do we do a DPIA?** Disponível em: https://ico.org.uk/for-organisations/guide-to-data-protection/guide-to-the-general-data-protection-regulation-gdpr/data-protection-impact-assessments-dpias/how-do-we-do-a-dpia/#how10. Acesso em: 20/06/2021.

KUNER, Christopher, CATE, Fred H., MILLARD, Christopher, SVANTESSON, Dan J. B. e LYNSKEY, Orla. Risk management in data protection. **International Data Privacy Law**, 2015, vol. 5, No. 2, p. 95-98.

MACENAITE, Milda. The "Riskification" of European Data Protection Law through a two-fold Shift. **European Journal of Risk Regulation**, 8(03), 2017, p. 506-540.

MENDES, Laura Schertel; BIONI, Bruno Ricardo. Regulamento Europeu de Proteção de Dados Pessoais e a Lei Geral brasileira de Proteção de Dados: mapeando convergências na direção de um nível de equivalência. In FRAZÃO, Ana; TEPEDINO, Gustavo; OLIVA, Milena Donato (coord.). **Lei Geral de Proteção de Dados Pessoais e suas repercussões no direito brasileiro**. 2. ed. São Paulo: Thomson Reuters Brasil, 2020.

NATIONAL INSTITUTE OF STANDARDS AND TECHNOLOGY PRIVACY FRAMEWORK. **NIST privacy framework: a tool for improving privacy through enterprise**

risk management, version 1.0. 16/01/2020. Disponível em: https://nvlpubs.nist.gov/nistpubs/CSWP/NIST.CSWP.01162020.pdf. Acesso em: 20/06/2021.

PERSONAL DATA PROTECTION COMMISSION (SINGAPORE). Guide to Data Protection Impact Assessments. 2017. Disponível em: https://www.pdpc.gov.sg/-/media/Files/PDPC/PDF-Files/Other-Guides/guide-to-dpias---011117.pdf?la=en. Acesso em: 20/06/2021.

QUELLE, Claudia. Enhancing Compliance under the General Data Protection Regulation: The Risky Upshot of the Accountability – and Risk-based Approach. **European Journal of Risk Regulation**, 9(3), 2018, p. 502-526.

VOIGT, Paul; BUSSCHE, Axel Von Dem. **The EU General Data Protection Regulation (GDPR) – A Practical Guide**. Gewerbestrasse. Ed. Springer, 2017.

ANÁLISE DE RISCO SOBRE PROTEÇÃO DE DADOS

FABIANO MENKE[1]

RAFAEL SCARONI GARCIA[2]

1. INTRODUÇÃO

O tratamento de dados pessoais, apesar de consistir em fenômeno que ocorre há séculos, tem ganhado novos contornos a partir das últimas décadas,

1. Fabiano Menke é advogado e consultor jurídico em Porto Alegre, professor associado de Direito Civil da Faculdade de Direito e do Programa de Pós-Graduação em Direito da Universidade Federal do Rio Grande do Sul – UFRGS. Doutor em Direito pela Universidade de Kassel, com bolsa de estudos de doutorado integral CAPES/DAAD. Coordenador do Projeto de Pesquisa "Os fundamentos da proteção de dados na contemporaneidade", na UFRGS. Advogado e Árbitro.
2. Rafael Scaroni Garcia é formado em Direito pela Faculdade de Direito da Universidade Federal do Rio Grande do Sul. Advogado em Porto Alegre.

com o desenvolvimento de instrumentos e processos que possibilitam o armazenamento, a combinação e a análise de informações a um custo cada vez mais baixo. Isso possibilita a criação de novos modelos de negócio baseados exclusivamente na operação com dados, buscando prever comportamentos com apoio no tratamento de informações. No âmbito do poder público, a realidade não é diferente: há intensa utilização de dados pessoais para as finalidades perseguidas pela Administração Pública.[3]

Nesse contexto, a vantagem competitiva e a eficiência são obtidas como consequência do desenvolvimento de uma inteligência que consiga dar melhores respostas a partir dos dados tratados. O aperfeiçoamento e a otimização desses instrumentos se dão de forma automática, tanto pela inserção de novas informações quanto pelo resultado das operações anteriores, até mesmo com o emprego da inteligência artificial.[4] A coleta e o tratamento de dados, assim, tendem a resultar em um efeito multiplicador na receita das companhias e na atuação do Poder Público.[5]

Dessa maneira, os riscos também adquiriram novas proporções na sociedade contemporânea. Visando a se manterem competitivas e, muitas vezes, abrindo novos mercados, as empresas estão dispostas a se expor a riscos maiores, entendendo que os dados são muito mais que o novo petróleo: sua reutilização, em tese, infinita, pode lhes render inferências e previsões extremamente valiosas.

É essa caça ao tesouro – ou às informações – que tem modelado a sociedade em que vivemos. Percebendo isso, as legislações de proteção de dados têm

---

3. Nesse sentido, ver GEDIEL, José Antonio Peres; CORRÊA, Adriana Espíndola. Proteção jurídica de dados pessoais: a intimidade sitiada entre o estado e o mercado. **Revista da Faculdade de Direito – UFPR**, Curitiba, n. 7, p. 141-153, 2008.

4. Registre-se o interessante estudo de Ana Frazão sobre a crescente utilização da inteligência artificial na atividade empresarial e os desafios que se colocam no que diz respeito à responsabilidade civil de administradores de sociedades empresárias. FRAZÃO, Ana. Responsabilidade civil de administradores de sociedades empresárias por decisões tomadas com base em sistemas de inteligência artificial. In: FRAZÃO, Ana; MULHOLLAND, Caitlin (coord.). **Inteligência artificial e direito: ética, regulação e responsabilidade**. São Paulo: Thomson Reuters, 2019, p. 481-521.

5. Sobre o ponto, fundamental a decisão do Supremo Tribunal Federal na Ação Direta de Inconstitucionalidade 6387: BRASIL. Supremo Tribunal Federal. Ação Direta de Inconstitucionalidade nº 6387. Relatora: Ministra Rosa Weber. 7 de maio de 2020. Disponível em: <http://portal.stf.jus.br/processos/detalhe.asp?incidente=5895165>. Acesso em: 10 de maio de 2021.

buscado diversas formas de abordar a situação, estabelecendo diferentes níveis de enquadramento do risco nos textos legais.

Os agentes de tratamento também têm ganhado protagonismo cada vez maior na interpretação e na concretização dessas novas normas. Ao se inserirem na economia vigente, têm assumido novos direitos e novas obrigações a partir de uma regulação *ex ante*: níveis mais altos de risco são permitidos caso se documente e, posteriormente, se demonstre, a conformidade legal.

É justamente nesse ponto que cresce de importância a análise de risco – principalmente relacionada à proteção de dados pessoais, no contexto da contemporaneidade. Para alocar recursos e esforços nas atividades que podem gerar consequências mais gravosas, é essencial que esteja claro qual tratamento, para qual finalidade, gera maior preocupação. Essa conclusão é obtida, precisamente, a partir da análise de risco.

O trabalho está estruturado em três partes. Na primeira (item 2), traçaremos linhas gerais sobre risco, passando pela definição do conceito e chegando a duas abordagens que buscam encaixá-lo nas legislações, que podemos dividir em duas categorias: a primeira delas baseada em direitos e a segunda baseada no próprio risco, mostrando como essa categorização auxilia no equilíbrio entre a proteção da personalidade do indivíduo e o desenvolvimento econômico e tecnológico.[6] Na segunda (item 3), trataremos do risco especificamente na Lei Geral de Proteção de Dados (LGPD), explicando a abordagem por ela adotada e suas decorrências, a diferença entre *Privacy Impact Assessments* (PIA) e *Data Protection Impact Assessments* (DPIA),[7] os deveres de operadores e controladores, além do papel da

---

6. Essa conciliação entre a proteção da personalidade do titular dos dados pessoais e o fluxo da informação integra o que se chama de natureza híbrida das regras de proteção de dados, característica marcante do regime de proteção de dados europeu, a cuja tradição o Brasil se filia. Na LGPD, essa natureza híbrida pode ser comprovada a partir do exame dos incisos do art. 2º, que elenca os fundamentos da disciplina da proteção de dados pessoais, e em que nitidamente se verifica que parte deles visa à proteção da personalidade (I – o respeito à privacidade; II – a autodeterminação informativa; IV – a inviolabilidade da intimidade, da honra e da imagem; VII – os direitos humanos, o livre desenvolvimento da personalidade, a dignidade e o exercício da cidadania pelas pessoas naturais;) e parte se relaciona ao livre fluxo informacional (III – a liberdade de expressão, de informação, de comunicação e de opinião; V – o desenvolvimento econômico e tecnológico e a inovação; VI – a livre iniciativa, a livre concorrência e a defesa do consumidor;). Sobre a natureza híbrida das regras de proteção de dados europeias, ver LINSKEY, Orla. **The foundations of EU Data Protection Law**. Oxford: Oxford University Press, 2015, p. 8-9.

7. Para a definição dos institutos e a diferença entre eles, ver o item 3 deste trabalho.

Autoridade Nacional de Proteção de Dados (ANPD) nesse contexto. Na terceira(item 4), versaremos sobre a relação entre *compliance* e risco a partir da concepção de *compliance* de risco desenvolvida por Gellert, demonstrando os benefícios que ela pode trazer ao campo da proteção de dados. Discutiremos, também, a importância de a *compliance* ser norteada pelos princípios de proteção de dados, além dos instrumentos aos quais podem recorrer os agentes de tratamento.

2. A abordagem do risco: entre a proteção do titular e o livre fluxo de dados pessoais

Em razão do corte metodológico, não trataremos do histórico do risco,[8] apenas do seu conceito – apesar de parte da doutrina[9] entender pela irrelevância da definição frente à metodologia a ser utilizada e o tipo de risco analisado. Adotaremos a definição dúplice de risco, trazida tanto por Gellert[10] quanto pelo CNIL.[11] Nela, o risco é definido pela conjunção de dois elementos: um determinado evento e suas possíveis consequências. É a previsão de eventos futuros, tanto negativos quanto positivos, e as decisões tomadas a partir disso, que constroem a noção de risco.

A definição é importante para entendermos a "mudança de moldura teórica"[12] que está em curso, direcionada à "risquificação"[13] da proteção de dados

---

8. Uma análise mais detalhada pode ser consultada em BERNSTEIN, Peter L. **Against the Gods: the remarkable story of risk**. Nova Jérsia: John Wiley & Sons, 1998. Em língua portuguesa, vide GOMES, Maria Cecília. Entre o método e a complexidade: compreendendo a noção de risco na LGPD. In: PALHARES, Felipe (coord.). **Temas atuais de proteção de dados**. São Paulo: Thomson Reuters Brasil, 2020, parte 1.2.
9. Explicando isto, ver GELLERT, Raphaël. Understanding the notion of risk in the General Data Protection Regulation. **Computer Law & Security Review**, v. 34, 2018, p. 280.
10. GELLERT, Raphaël. Understanding the notion of risk in the General Data Protection Regulation. **Computer Law & Security Review**, v. 34, 2018, p. 280.
11. A CNIL é a Commission Nationale de l'Informatique et des Libertés. É a autoridade de supervisão de proteção de dados francesa. CNIL. **Privacy Impact Assessment (PIA): Methodology (how to carry out a PIA)**. Disponível em: <https://www.cnil.fr/sites/default/files/typo/document/CNIL-PIA-1-Methodology.pdf.>. Acesso em: 8 de maio de 2021.
12. O termo foi trazido por Zanatta em ZANATTA, Rafael A. F. **Proteção de dados pessoais como regulação de risco: uma nova moldura teórica?** I Encontro da Rede de Pesquisa em Governança da Internet, novembro de 2017. Disponível em: <http://www.redegovernanca.net.br/public/conferences/1/anais/ZANATTA,%20Rafael_2017.pdf>. Acesso em: 11 de maio de 2021.
13. Termo utilizado no contexto europeu ao qual Rafael Zanatta também chama atenção. *Ibid.*, p. 176.

pessoais a partir da regulação do risco.[14] Se no modelo anterior havia uma crença na conexão entre o aumento do poder de controle e autonomia política dos titulares, assim como a contratualização do consentimento e a positivação de direitos individuais relacionados à coleta e ao tratamento de dados,[15] o atual busca instrumentalizar a tutela coletiva,[16] com obrigações e instrumentos de regulação *ex ante* e, principalmente, a disseminação de metodologias visando à calibragem do risco.[17]

Nesse sentido, segundo Raphaël Gellert,[18] a análise de risco pode ser dividida em avaliação de risco e gerenciamento de risco. A avaliação de risco mede o nível de risco em termos de probabilidade e severidade de ocorrência, ao passo que o gerenciamento de risco engloba a decisão de incorrer ou não no risco. Segundo o autor, "a decisão no nível de gerenciamento de risco é geralmente acompanhada de medidas direcionadas à redução do nível de risco: às vezes o nível de risco é muito elevado, mas pode ser reduzido a um patamar aceitável. Essas medidas podem ser referidas como redução de risco, controle de risco, resposta ao risco, ou, de modo mais genérico, como medidas de mitigação de riscos, sendo comumente aceito que é impossível a redução a risco zero".[19]

A avaliação de risco pode, ainda, ser subdividida em três partes, seguindo os padrões técnicos da ISO 31000:[20] identificação, análise e valoração. A iden-

14. *Ibid.*, p. 183.
15. *Ibid.*, p. 180.
16. Sobre isso, ver FLORIDI, Luciano. Group Privacy: a defence and an interpretation. In: FLORIDI, Luciano; SLOOT, Bart van der; TAYLOR, Linnet (eds.). **Group Privacy**: new challenges of data technologies. Springer: Cham, 2017, p. 37-66; BESSA, Leonardo Roscoe; NUNES, Ana Luisa Tarter. Instrumentos processuais de tutela individual e coletiva: análise do art. 22 da LGPD. In: BIONI, Bruno; DONEDA, Danilo; SARLET, Ingo Wolfgang; MENDES, Laura Schertel; RODRIGUES JR., Otavio Luiz Rodrigues (coords.). **Tratado de Proteção de Dados Pessoais**. Rio de Janeiro: Forense, 2021, p. 668-690 [paginação do Minha Biblioteca].
17. ZANATTA, Rafael A. F. **Proteção de dados pessoais como regulação de risco: uma nova moldura teórica?** I Encontro da Rede de Pesquisa em Governança da Internet, novembro de 2017. Disponível em: <http://www.redegovernanca.net.br/public/conferences/1/anais/ZANATTA,%20Rafael_2017.pdf>. Acesso em: 11 de maio de 2021, p. 180.
18. GELLERT, Raphaël. Understanding the notion of risk in the General Data Protection Regulation. **Computer Law & Security Review**, v. 34, 2018, p. 280.
19. *Ibid.*, p. 280. Tradução livre dos autores do presente texto.
20. INTERNATIONAL ORGANIZATION FOR STANDARDIZATION. **ISO: 31000 Gestión del riesgo – Directrices**. Suíça: Genebra, 2018, p. 13-15. Há também normas

tificação possui o propósito de encontrar, reconhecer e descrever os riscos que podem ajudar ou impedir uma organização de alcançar seus objetivos, devendo ser utilizada informação pertinente, apropriada e atualizada.[21] A análise, por outro lado, busca compreender a natureza do risco e suas características – incluindo o nível de risco, quando for apropriado.[22] A valoração, por fim, intenta apoiar a tomada de decisão, comparando os resultados da análise de risco com os critérios de risco estabelecidos para determinar quando é necessária uma ação adicional, podendo conduzir a decisões diversas – desde não fazer nada até realizar uma análise adicional ou reconsiderar os objetivos a serem alcançados.[23] É fundamental que os resultados dessa última etapa sejam registrados.

Definido o que seja risco e estabelecido seu processo de valoração, há de ser estabelecida a maneira pela qual as legislações de proteção de dados lidam com esse elemento. Para resolver isso, duas abordagens são mencionadas pela doutrina:[24] uma baseada em direitos, outra baseada no risco. O debate acerca da perspectiva que melhor enfrentasse o problema do risco ocorreu, no âmbito europeu, ainda sob a égide da Diretiva de Proteção de Dados,[25] especialmente no que dizia respeito à segurança do processamento e às operações que poderiam apresentar riscos aos direitos e às liberdades dos titulares.

A abordagem baseada em direitos entende que o direito fundamental à proteção de dados pessoais, trazido pela Carta de Direitos Fundamentais da

---

da ABNT sobre a questão: ASSOCIAÇÃO BRASILEIRA DE NORMAS TÉCNICAS. **ABNT NBR ISO 31000:2018**. Rio de Janeiro, 2018.

21. *Ibid.*, p. 13.
22. *Idem.*, p. 14.
23. *Ibid.*, p. 14.
24. CATE, Fred H.; KUNER, Christopher; LYNSKEY, Orla; MILLARD, Christopher; SVANTESSON, Dan Jerker B. Risk Management in data protection. **International Data Privacy Law**, v. 5, n. 2, 2015, p. 95-98; GELLERT, Raphaël. Understanding the notion of risk in the General Data Protection Regulation. **Computer Law & Security Review**, v. 34, 2018, p. 279-288; GONÇALVES, Maria Eduarda. The risk-based approach under the new EU data protection regulation: a critical perspective. **Journal of Risk Research**, jan. 2019; QUELLE, Claudia. The "risk revolution" in EU data protection law: we can't have our cake and eat it, too. In: LEENES, R.; VAN BRAKEL, R.; GUTWIRTH, S.; DE HERT, P. (eds.). **Data Protection and Privacy: the age of intelligent machines**. Oxford: Hart Publishing, 2017, p. 33-62; RAAB, Charles; WRIGHT, David. Privacy principles, risks and harms. **International Review of Law, Computers & Technology**, v. 28, n. 3, 2014, p. 277-298.
25. GONÇALVES, Maria Eduarda. The risk-based approach under the new EU data protection regulation: a critical perspective. **Journal of Risk Research**, jan. 2019, p. 4.

União Europeia,[26] deve ser aplicado independentemente do nível de risco que o tratamento impõe, gerando um nível mínimo de proteção a todos os titulares. É possível dizer tratar-se de uma abordagem mais conservadora, com foco na proteção do titular. A consequência de sua adoção seria um nível uniforme de *compliance*.[27]

A abordagem baseada no risco, por outro lado, está fundamentada na avaliação dos diferentes graus de risco existentes nos variados processos de tratamento de dados pessoais, buscando alocar mais recursos nos fatores que tendem a ter mais relevância se um evento negativo ocorrer. Procura, assim, otimizar a alocação de recursos de acordo com o impacto e a probabilidade dos riscos.[28] O Regulamento Geral de Proteção de Dados (RGPD) adotou[29] essa abordagem.[30]

---

26. "Artigo 8º Protecção de dados pessoais 1. Todas as pessoas têm direito à protecção dos dados de caracter pessoal que lhes digam respeito. 2. Esses dados devem ser objecto de um tratamento leal, para fins específicos e com o consentimento da pessoa interessada ou com outro fundamento legítimo previsto por lei. Todas as pessoas têm o direito de aceder aos dados coligidos que lhes digam respeito e de obter a respectiva rectificação. 3. O cumprimento destas regras fica sujeito a fiscalização por parte de uma autoridade independente".

27. "This requirement to provide for a uniform level of compliance, consistent with the rights-based nature of data protection, has been taken as an argument in favour of a strict separation between compliance issues and risk issues. Namely that full (legal) compliance with the GDPR should always take place, and risk calculations should only come on top of that". GELLERT, Raphaël. Understanding the notion of risk in the General Data Protection Regulation". **Computer Law & Security Review**, v. 34, 2018, p. 282.

28. GONÇALVES, Maria Eduarda. The risk-based... p. 5.

29. Vide: GONÇALVES, Maria Eduarda. The risk-based..., p. 2. No mesmo sentido: GELLERT, Raphaël. Understanding the notion of risk in the General Data Protection Regulation. **Computer Law & Security Review**, v. 34, 2018, p. 279. Exemplos disso são os artigos 23, 30, 40 e 42 do RGPD.

30. É importante registrar o contraponto crítico de Alexander Roßnagel e Christian Geminn, que consideram inadequada a abordagem dos riscos no RGPD, ao defenderem que haveria uma "neutralidade de riscos" (Risikoneutralität), que consistiria numa abstração muito elevada e que não se adequa às inovações, como *big data*, internet das coisas, inteligência artificial e *cloud computing*. Os autores defendem que deveriam existir regras específicas que se ocupem com cada solução em particular. Citam o exemplo do Regulamento Europeu 2015/758 de eCalls, que regra as ligações automáticas de veículos automotores, a serem feitas em casos de emergência. ROßNAGEL, Alexander; GEMINN, Christian. **Datenschutz-Grundverordnung verbessern: Änderungsvorschläge aus Verbrauchersicht**. Baden-Baden: Nomos, 2020, p. 150-152.

Disso resulta a obrigação dos controladores e operadores de avaliar os riscos, tanto aos direitos quanto às liberdades dos titulares,[31] ao processar dados pessoais em cada um dos estágios do ciclo de vida das informações.[32] A consequência prática é a delegação, às organizações que tratam dados, da tarefa de interpretar as normas de proteção de dados, com a implementação de respostas adequadas[33] – exigindo notificações às Autoridades Nacionais apenas quando houver risco:

> No cenário europeu, o art. 18 da antiga Diretiva sobre proteção de dados (Diretiva 95/46/ CE) estabelecia, aos agentes de tratamento, a obrigação de notificar todas as suas atividades para as autoridades de controle. De outra sorte, o novo Regulamento Geral de Proteção de Dados (RGPD) confere um "voto de confiança" a esses agentes e fixa o risco como crivo para essas notificações: elas são necessárias somente quando o tratamento puder gerar "alto risco para os direitos e liberdades fundamentais".[34]

Na LGPD, em seu artigo 48,[35] o risco é critério para a notificação de incidentes de segurança, devendo ser notificados apenas aqueles que possam acarretar risco ou dano relevante a seus titulares.[36]

---

31. Os termos também são utilizados, na LGPD, como critérios para determinar a realização de relatórios de impacto à proteção de dados pessoais: "Art. 5º, XVII – relatório de impacto à proteção de dados pessoais: documentação do controlador que contém a descrição dos processos de tratamento de dados pessoais que podem gerar riscos às liberdades civis e aos direitos fundamentais, bem como medidas, salvaguardas e mecanismos de mitigação de risco".
32. GONÇALVES, Maria Eduarda. The risk-based... p. 4.
33. GONÇALVES, Maria Eduarda. The risk-based... p. 6.
34. MENDES, Laura Schertel; FONSECA, Gabriel Campos Soares da. Proteção de dados para além do consentimento: tendências de materialização. In: BIONI, Bruno; DONEDA, Danilo; SARLET, Ingo Wolfgang; MENDES, Laura Schertel; RODRIGUES JR., Otavio Luiz Rodrigues (coords.). **Tratado de Proteção de Dados Pessoais**. Rio de Janeiro: Forense, 2021 p. 101 [paginação do Minha Biblioteca].
35. Art. 48. O controlador deverá comunicar à autoridade nacional e ao titular a ocorrência de incidente de segurança que possa acarretar risco ou dano relevante aos titulares.
36. Nesse sentido, a ANPD editou recomendações a respeito dos incidentes de segurança – disponibilizando, inclusive, formulário para este procedimento. AUTORIDADE NACIONAL DE PROTEÇÃO DE DADOS. Comunicação de incidentes de segurança. Disponível em: <https://www.gov.br/anpd/pt-br/assuntos/incidente-de-seguranca>. Acesso em: 17 de maio de 2021.

O ponto comum entre as duas correntes é a busca de uma abordagem que consiga garantir segurança e efetividade às legislações de proteção de dados. Tal preocupação é, também, o escopo do trabalho de Laura Schertel Mendes e Gabriel Fonseca, que, ao revisitar a ideia do protagonismo do consentimento nas leis existentes, identificam tendências de materialização a partir de três abordagens que complementam o instituto:

> três abordagens que podem ser frutíferas no sentido de superar as referidas insuficiências [da centralidade do consentimento]. Em primeiro lugar, a inserção de princípios da proteção de dados na própria tecnologia. Em segundo lugar, a **instauração de uma regulação pautada pelas ideias de risco e de accountability**. Em terceiro lugar, o estabelecimento de limites materiais em torno do consentimento, responsivos ao contexto particular do tratamento de dados em questão[37] (grifo nosso).

A análise de risco, assim, pode ser uma poderosa ferramenta tanto para a proteção do titular dos dados quanto para operadores e controladores demonstrarem conformidade às normas de proteção de dados. A insuficiência do consentimento como foco regulatório,[38] somado ao uso secundário[39] de dados pessoais, com novas finalidades de tratamento sendo estabelecidas a partir do avanço tecnológico, demonstra a necessidade de uma efetiva salvaguarda do titular para além do consentimento – sendo ele, ainda, vetor interpretativo no tratamento dos dados:

> Novos riscos e maneiras de explorar os dados pessoais demonstram que a proteção de dados deve englobar parâmetros de legitimidade mais amplos do que a existência de um consentimento individual prévio, levando em consideração a compatibilidade entre o contexto da

37. *Ibid.*, p. 91.

38. Nas palavras de Mendes e Fonseca, "os pressupostos que delineiam o paradigma do consentimento, atualmente, demonstram-se insuficientes para garantir um regime protetivo efetivo e material, em especial, para assegurar um verdadeiro controle sobre o fluxo de dados pessoais pelo seu titular". *Ibid.*, p. 94.

39. "'Secondary use' is the use of data for purposes unrelated to the purposes for which the data was initially collected without the data subject's consent. There are certainly many desirable instances of secondary use. Information might be used to stop a crime or to save a life. The variety of possible secondary uses of data is virtually infinite, and they range from benign to malignant". SOLOVE, Daniel J. A Taxonomy of privacy. **University of Pennsylvania Law Review**, v. 154, n. 3, jan. 2006, p. 519.

> relação e as características do tratamento. Não sendo mero "cheque em branco", o consentimento inicialmente expressado é analisado posteriormente de acordo com as "legítimas expectativas" para o contexto daquele tratamento.[40]

Dessa maneira, a proteção do titular a partir da análise do risco surge da necessidade de compartilhamento de responsabilidades entre os atores envolvidos no tratamento, tendo em vista que o titular, sozinho, não é capaz de se resguardar da maneira adequada.[41] É o titular quem sofrerá com os riscos e com as eventuais consequências prejudiciais do uso de seus dados pessoais.[42] Se faz necessária uma visão dinâmica da proteção de dados, que vá além da coleta de informações; o tratamento é conceito amplo,[43] que abrange os mais diversos processos com informações pessoais. Estabelecer a força regulatória a partir de um ponto estático – como a coleta, apenas – diminui a efetividade das normas de proteção de dados, além de gerar uma desproteção do sujeito. Com base nisso, busca-se uma efetiva autonomia material do indivíduo na proteção de dados pessoais.[44]

---

40. MENDES, Laura Schertel; FONSECA, Gabriel Campos Soares da. Proteção... p. 98.

41. Nesse sentido, sobre as diversas limitações existentes para uma tomada de decisão adequada a respeito de dados pessoais, ver: BIONI, Bruno. **Proteção de dados pessoais**: a função e os limites do consentimento. 2. ed. Rio de Janeiro: Forense, 2020, p. 141-153; SOLOVE, Daniel J. Introduction: privacy self-management and the consent dilemma. **Harvard Law Review**, v. 126, n. 7, maio/2013, p. 1880-1903; MENDES, Laura Schertel; FONSECA, Gabriel Campos Soares da. Proteção de dados para além do consentimento: tendências de materialização. In: BIONI, Bruno; DONEDA, Danilo; SARLET, Ingo Wolfgang; MENDES, Laura Schertel; RODRIGUES JR., Otavio Luiz Rodrigues (coords.). **Tratado de Proteção de Dados Pessoais**. Rio de Janeiro: Forense, 2021, parte 3.

42. MENDES, Laura Schertel; FONSECA, Gabriel Campos Soares da. Proteção... p. 97.

43. Art. 5º, X – tratamento: toda operação realizada com dados pessoais, como as que se referem a coleta, produção, recepção, classificação, utilização, acesso, reprodução, transmissão, distribuição, processamento, arquivamento, armazenamento, eliminação, avaliação ou controle da informação, modificação, comunicação, transferência, difusão ou extração; [...].

44. "[O] que parece mais adequado é a formulação de perspectivas mais complexas e sofisticadas de autonomia para além de uma acepção formal, rumando para uma autodeterminação do titular dos dados como expressão do livre desenvolvimento de sua personalidade e de sua própria dignidade. Trata-se de concretizar uma autonomia material do indivíduo na proteção de dados pessoais, em linha com as tendências de materialização, expressadas por Claus-Wilhelm Canaris como marca do direito privado no século XX". MENDES, Laura Schertel; FONSECA, Gabriel Campos Soares da. Proteção... p. 99.

Assim, é possível elucidar a complicada relação entre a proteção da personalidade do titular e o desenvolvimento tecnológico. Esses fundamentos da LGPD, aparentemente antagônicos, compatibilizam-se a partir da abordagem baseada no risco, com obrigações, para os controladores e operadores, de proteção dos sujeitos, ao mesmo tempo que os dados a eles relacionados são tratados para permitir o livre fluxo de informações. Esse arcabouço se afasta do consentimento ficto, indo em direção a análises fundamentadas e documentadas, que possam, posteriormente, ser controláveis pelas autoridades competentes, a partir da demonstração das medidas e salvaguardas tomadas por aqueles que tratam dados.

3. A ABORDAGEM DA LGPD: RISCOS PERMITIDOS, DEVERES A SEREM CUMPRIDOS

O termo "risco" aparece onze vezes na LGPD. Apenas uma vez ele não está relacionado à governança – estando, na maior parte das vezes, no contexto do relatório de impacto à proteção de dados pessoais.[45] Para que não ocorram comparações errôneas, é fundamental, aqui, fazer a distinção entre *Privacy Impact Assessments* (PIA) e *Data Protection Impact Assessments* (DPIA) – a diferença essencial entre os dois é o escopo; o procedimento é basicamente o mesmo.[46]

O PIA teve origem e é conduzido, principalmente, em países de *common law*[47] e é mais abrangente,[48] tendo em vista que diz respeito à *privacy*, conceito do direito comum que não deve ser traduzido como a privacidade do direito continental.[49]

---

45. No artigo 11, § 5º, segundo GOMES, Maria Cecília. Entre o método... p. 258 e ss., em que a autora faz um quadro comparativo entre a indicação na lei, a matéria, o número de vezes que o termo é mencionado e se está, ou não, relacionado à governança.

46. "The process of conducting a PIA and a DPIA is more or less the same; the principal difference is in scope. A PIA has a wieder scope". RAAB, Charles; WRIGHT, David. Privacy principles... p. 294.

47. GONÇALVES, Maria Eduarda. The risk-based... p. 5.

48. RAAB, Charles; WRIGHT, David. Privacy principles... p. 293.

49. Nesse sentido: "o estudo do contexto jurídico em que se desenvolveu esse fenômeno nos coloca, de início, uma questão preliminar: a escolha do elemento a ser comparado. Sendo esses elementos o 'direito à privacidade' e o *right to privacy*, uma identidade linguística entre ambos não pode servir de base para essa comparação (...) Não é possível reconhecer, no direito norte-americano, uma unidade no *right to privacy*. Apesar da demanda pela proteção da privacidade ter surgido natural e organicamente como um aspecto evolutivo do ordenamento, essa terminologia foi utilizada para diversas funções". DONEDA, Danilo. **Da privacidade à proteção de dados pessoais:**

O DPIA, por outro lado, é novidade na legislação europeia a partir do RGPD,[50] e estuda os impactos de determinado processamento apenas em relação à proteção de dados pessoais, um direito autônomo, que não é uma mera decorrência da privacidade.[51] Ele é formado por exercícios de análise de risco que fazem um balanço entre os benefícios de uma operação de processamento específica, que envolva dados pessoais, em relação ao potencial prejuízo aos titulares de dados.[52] No âmbito do RGPD, devem ser produzidos quando forem identificados altos riscos para os direitos e as liberdades dos titulares.[53]

O relatório de impacto à proteção de dados pessoais, previsto no artigo 38 da LGPD,[54] é um dos instrumentos que cristaliza o risco na lei,[55] sendo exigido

---

elementos da formação da Lei Geral de Proteção de Dados. 2. ed. São Paulo: Thomson Reuters Brasil, 2019, p. 218-222.

50. Em alemão, o documento leva o nome de *Datenschutz-Folgenabschätzung*, e é reconhecida pelo acrônimo DSFA. FRIEDWALD, Michael; SCHIERING, Ina; MARTIN, Nicholas. Datenschutz-Folgenabschätzung in der Praxis: Herausforderungen bei der Implementierung eines innovativen Instruments der DSGVO. **Datenschutz und Datensicherheit (DuD)**, v. 8, 2019, p. 473-477.

51. MENDES, Laura Schertel; FONSECA, Gabriel Campos Soares da. Proteção... p. 93.

52. IAPP. **What Triggers a Data Protection Impact Assessment**? Disponível em: <https://iapp.org/media/pdf/resource_center/WhatTriggersDPIA_Final.pdf>. Acesso em: 9 de maio de 2021.

53. "Where high risks of data processing for the rights and freedoms of natural persons are identified (such as those involving a systematic and extensive evaluation of personal aspects which is based on automated processing, processing on a large scale of specially sensitive data or a systematic monitoring of a publicly accessible area on a large scale), the data controllers should undertake a data protection impact assessment (Articles 35 and 36). Besides, they must promptly notify data breaches aiming to prevent ex-post misuse of data, 'unless the personal data breach is unlikely to result in a risk for the rights and freedoms of individuals' (Articles 33 and 34)" GONÇALVES, Maria Eduarda. The risk-based... p. 4.

54. Art. 38. A autoridade nacional poderá determinar ao controlador que elabore relatório de impacto à proteção de dados pessoais, inclusive de dados sensíveis, referente a suas operações de tratamento de dados, nos termos de regulamento, observados os segredos comercial e industrial. Parágrafo único. Observado o disposto no caput deste artigo, o relatório deverá conter, no mínimo, a descrição dos tipos de dados coletados, a metodologia utilizada para a coleta e para a garantia da segurança das informações e a análise do controlador com relação a medidas, salvaguardas e mecanismos de mitigação de risco adotados.

55. Tratando sobre o tema, ver GOMES, Maria Cecilia. Relatório de impacto à proteção de dados pessoais. **Revista do Advogado**, ano 39, n. 144, nov. 2019.

somente quando houver tratamento que possa gerar riscos às liberdades civis e aos direitos fundamentais, assim como prever medidas, salvaguardas e mecanismos de mitigação de riscos.[56]

A introdução do legítimo interesse[57] como hipótese a autorizar o tratamento de dados pessoais já em 2015,[58] alterando a ideia inicial do Anteprojeto de Lei[59] que previa o consentimento como base legal hierarquicamente superior, enquanto as demais hipóteses – hoje trazidas pelo artigo 7º da LGPD – eram tidas como exceção, mostra que se buscou permitir que os agentes de tratamento se exponham mais ao risco em suas operações, desde que assumam as consequências da sua atuação. Essa autorização não é um cheque em branco: em contrapartida, foi colocado, no próprio texto de lei, o teste de proporcionalidade a ser realizado quando essa for a base escolhida, entre outras salvaguardas ao longo da LGPD.[60] Em suma, a base legal em questão exige do controlador a observância de um considerável dever de documentar a operação de tratamento de dados pessoais.

A partir dessa análise, verifica-se que ocorreu justamente o que define a abordagem baseada no risco: houve a necessidade da assunção de obrigações *ex ante* pelos agentes de tratamento, avaliando a proporcionalidade daquela operação específica para que ela seja lícita. Somado a isso, há a possibilidade de a ANPD solicitar um relatório de impacto à proteção de dados quando houver tratamento baseado no legítimo interesse[61] – justamente porque os riscos foram

---

56. É o que traz a definição da LGPD: Art. 5º, XVII – relatório de impacto à proteção de dados pessoais: documentação do controlador que contém a descrição dos processos de tratamento de dados pessoais que podem gerar riscos às liberdades civis e aos direitos fundamentais, bem como medidas, salvaguardas e mecanismos de mitigação de risco; [...].

57. Sobre o tema, vide JOELSONS, Marcela. O legítimo interesse do controlador no tratamento de dados pessoais e o teste de proporcionalidade europeu: desafios e caminhos para uma aplicação no cenário brasileiro. **Revista de Direito e as Novas Tecnologias**, v. 8, jul./set. 2020.

58. BIONI, Bruno; RIELLI, Mariana; KITAYAMA, Marina. **O legítimo interesse na LGPD: quadro geral e exemplos de aplicação**. Disponível em: <https://conteudo.dataprivacy.com.br/ebook-legitimo-interesse>. Acesso em: 13 de maio de 2021, p. 16.

59. MINISTÉRIO DA JUSTIÇA. Anteprojeto de Lei de Proteção de Dados Pessoais. Brasília, DF, dezembro de 2010. Disponível em: <http://culturadigital.br/dadospessoais/files/2010/11/PL-Protecao-de-Dados.pdf>. Acesso em: 13 de maio de 2021.

60. Como a obrigação de manter registros das operações de tratamento "especialmente quando baseado no legítimo interesse", trazida pelo artigo 37.

61. É o que determina o § 3º do art. 10 da LGPD: "Art. 10, § 3º. A autoridade nacional poderá solicitar ao controlador relatório de impacto à proteção de dados pessoais, quando

alocados aos controladores e operadores e, havendo alguma dúvida a respeito do processamento daquelas informações, pode a Autoridade Nacional requerer a documentação que baseou a operação.

Assim, apesar de reconhecermos as divergências existentes entre o ordenamento europeu e o brasileiro,[62] é inegável que há uma padronização legislativa internacional no tocante à proteção de dados – única maneira de permitir um fluxo adequado entre países. Uma das características que a LGPD compartilha com o RGPD é, justamente, a abordagem baseada no risco.

Nesse contexto, com o voto de confiança[63] depositado nos operadores e controladores, é primordial o papel da ANPD na regulação e na *accountability* dos agentes de tratamento. Será essencial, quanto às normas que poderá vir a editar, considerar os diferentes tipos de risco envolvidos nas diversas atividades econômicas existentes.

Entre as competências que possui, destacamos aquela elencada no artigo 55-J, XVIII,[64] da LGPD, que possibilita a edição de normas simplificadas para microempresas e empresas de pequeno porte, assim como *startups* ou empresas de inovação, com vistas à adequação à lei. Tal dispositivo deve ser lido, também,

---

o tratamento tiver como fundamento seu interesse legítimo, observados os segredos comercial e industrial".

62. Para uma análise mais aprofundada a respeito do tema, ver MENDES, Laura Schertel; BIONI, Bruno. Regulamento Europeu de Proteção de Dados Pessoais e a Lei Geral brasileira de Proteção de Dados: mapeando convergências na direção de um nível de equivalência. In: FRAZÃO, Ana; TEPEDINO, Gustavo; OLIVA, Milena Donato (coords.). **Lei Geral de Proteção de Dados Pessoais e suas Repercussões no Direito Brasileiro**. São Paulo: Thomson Reuters Brasil, 2019, p. 797-820; WILLEMIN, Andrea. Aspectos importantes e diferenciados entre a GDPR e a LGPD. In: FRANCOSKI, Denise de Souza Luiz; TASSO, Fernando Antonio (coords.). **A Lei Geral de Proteção de Dados LGPD**: aspectos práticos e teóricos relevantes no setor público e privado. São Paulo: Thomson Reuters Brasil, 2021, p. 571-589.

63. MENDES, Laura Schertel; FONSECA, Gabriel Campos Soares da. Proteção de dados para além do consentimento: tendências de materialização. In: BIONI, Bruno; DONEDA, Danilo; SARLET, Ingo Wolfgang; MENDES, Laura Schertel; RODRIGUES JR., Otavio Luiz Rodrigues (coords.). **Tratado de Proteção de Dados Pessoais**. Rio de Janeiro: Forense, 2021 p. 101.

64. Art. 55-J, XVIII – editar normas, orientações e procedimentos simplificados e diferenciados, inclusive quanto aos prazos, para que microempresas e empresas de pequeno porte, bem como iniciativas empresariais de caráter incremental ou disruptivo que se autodeclarem startups ou empresas de inovação, possam adequar-se a esta Lei; [...].

levando em conta a probabilidade e a magnitude dos riscos apresentados pelos múltiplos modelos de negócio executados.

4. *COMPLIANCE* DO RISCO: A ANÁLISE ANTERIOR PARA A (POSSÍVEL) DEMONSTRAÇÃO POSTERIOR

A análise de riscos, especialmente em relação à proteção de dados pessoais, está intrinsecamente ligada à *compliance*. Para fins deste trabalho, adotaremos a seguinte definição de Giovani Saavedra:

> A palavra *compliance* significa, em tradução literal, estar em conformidade. Essa simples tradução, porém, esconde uma das maiores dificuldades da conceituação do termo: trata-se de um conceito relacional, cujo significado só acaba por ser descoberto, assim, por meio de uma análise do objeto com o qual se relaciona, dado que, por óbvio, quem está "em conformidade" está "em conformidade" com "algo". *Compliance* estabelece uma relação, portanto, entre um "estado de conformidade" e uma determinada "orientação de comportamento". Se essa "orientação de comportamento" é uma norma jurídica, está-se diante de *compliance* jurídico, cuja designação varia conforme a área do direito, na qual a norma a ser seguida se insere.[65]

A concepção de *compliance* de risco desenvolvida por Gellert, em conjunto com a abordagem baseada no risco, aponta para a necessidade de integrarmos as noções de risco e *compliance*. É possível afirmar que, quanto menor for o nível de *compliance*, maior serão os riscos, e suas consequências, para os titulares de dados. Partindo da definição de risco aqui tratada, pode-se estabelecer que a falta de *compliance* seria o evento, enquanto os riscos às liberdades e aos direitos dos titulares dos dados seriam as consequências.[66] Os considerandos do RGPD também relacionam a abordagem baseada no risco e o nível de *compliance*, conforme observa Gellert:

> diversos considerandos enfatizam que os mecanismos de abordagem de riscos são alcançados, primeiramente e acima de tudo, a partir de

65. SAAVEDRA, Giovani Agostini. Compliance de Dados. In: BIONI, Bruno; DONEDA, Danilo; SARLET, Ingo Wolfgang; MENDES, Laura Schertel; RODRIGUES JR., Otavio Luiz Rodrigues. **Tratado de Proteção de Dados Pessoais**. Rio de Janeiro: Forense, 2021 p. 730 [paginação do Minha Biblioteca].

66. GELLERT, Raphaël. Understanding... p. 280. Tradução livre dos autores do presente texto.

> níveis mais altos de *compliance*. É esse o caso do Considerando 84, que determina que os DPIAs são instrumentos desenhados "a fim de promover o cumprimento do presente Regulamento", sugerindo que o papel da abordagem baseada no risco é resolver questões de *compliance*. O considerando 78 é, talvez, o mais explícito no que tange à articulação entre os riscos aos direitos dos titulares de dados e suas liberdades. Ele determina que "a defesa dos direitos e liberdades das pessoas singulares relativamente ao tratamento dos seus dados pessoais exige a adoção de medidas técnicas e organizativas adequadas, a fim de assegurar o cumprimento dos requisitos do presente regulamento". Essa frase expõe perfeitamente a lógica do argumento colocado até aqui: tratar dos riscos aos direitos dos titulares de dados e suas liberdades influencia diretamente no nível de *compliance*. Isso mostra bem que a *compliance* é um elemento integrante do exercício de análise de risco.[67]

A maior vantagem dessa perspectiva é a granularidade das decisões a serem tomadas, permitindo maior flexibilidade e escalabilidade aos controladores e operadores.[68] Com isso, torna-se possível a calibragem das tomadas de decisão a partir da dinâmica de riscos estabelecida nos diferentes contextos, preservando a ideia do consentimento como vetor interpretativo das escolhas a serem tomadas no curso do tratamento dos dados pessoais.

Efetivamente se protegerá, dessa forma, o titular dos dados, afastando a situação de a *compliance* se tornar apenas um exercício formal de verificação de pré-requisitos.[69] Ao fazer parte de um Sistema de Gestão de Compliance,[70] a *compliance* de risco possibilitará que os agentes de tratamento de dados pessoais documentem as operações e suas finalidades de maneira adequada, inclusive antes de ocorrerem os processos de tratamento de dados. Como consequência, conseguirão demonstrar sua observância às normas de proteção de dados caso assim sejam requisitados, diminuindo a possibilidade de sanções.

---

67. *Ibid.*, p. 285.
68. *Ibid.*, p. 284.
69. Situação trazida pelo Grupo de Trabalho do Artigo 29: ARTICLE 29 DATA PROTECTION WORKING PARTY. Statement of the Working Party on current discussions regarding the data protection reform package. Disponível em: <https://ec.europa.eu/justice/article-29/documentation/otherdocument/files/2013/20130227_statement_dp_reform_package_en.pdf>. Acesso em: 12 de maio de 2021, p. 2-3.
70. Sobre a inserção da proteção de dados nesse Sistema, vide: SAAVEDRA, Giovani Agostini. Compliance... p. 732.

Ao adotar esses procedimentos, é fundamental que os princípios norteadores da proteção de dados sejam observados em todos os processos. As obrigações legais não são afetadas pela distribuição de responsabilidades, com uma maior confiança depositada em operadores e controladores,[71] e a violação dos princípios pode trazer diversos riscos e prejuízos aos titulares de dados.[72]

Existem alguns mecanismos que podem auxiliar os agentes de tratamento a estarem de acordo com a lei, ao mesmo tempo que diminuem os riscos à organização e mantêm o fluxo de dados. Tais procedimentos se enquadram nas boas práticas e na governança – sendo, inclusive, critério, estabelecido pela LGPD,[73] para diminuição de sanções.

Para que seja possível a implementação de medidas de mitigação de riscos, é fundamental que seja realizado um mapeamento dos processos que tratam dados pessoais dentro da empresa. Ele buscará identificar quais informações são manejadas, com qual finalidade, e quem é o responsável pela operação. Além disso, estabelecerá um passo a passo daquele tratamento, facilitando a visualização e, consequentemente, as possíveis providências a serem adotadas.

A experiência do usuário ao utilizar os canais da companhia é uma boa oportunidade para que reste evidenciado o respeito à privacidade do titular. Analisando a caixa de ferramentas[74] ofertada pela proteção de dados, a privacida-

71. QUELLE, Claudia. The "risk revolution" in EU data protection law: we can't have our cake and eat it, too. In: LEENES, R.; VAN BRAKEL, R.; GUTWIRTH, S.; DE HERT, P. (eds.). **Data Protection and Privacy: the age of intelligent machines**. Oxford: Hart Publishing, 2017, p. 36.

72. Para uma tabela que exemplifica os principais riscos e prejuízos relacionados a cada um dos princípios norteadores, vide: RAAB, Charles; WRIGHT, David. Privacy principles, risks and harms. **International Review of Law, Computers & Technology**, v. 28, n. 3, 2014, p. 290-291.

73. Art. 52, § 1º As sanções serão aplicadas após procedimento administrativo que possibilite a oportunidade da ampla defesa, de forma gradativa, isolada ou cumulativa, de acordo com as peculiaridades do caso concreto e considerados os seguintes parâmetros e critérios: VIII – a adoção reiterada e demonstrada de mecanismos e procedimentos internos capazes de minimizar o dano, voltados ao tratamento seguro e adequado de dados, em consonância com o disposto no inciso II do § 2º do art. 48 desta Lei; IX – a adoção de política de boas práticas e governança; [...].

74. A expressão é de Colin Bennett, ressaltada em entrevista que deu à Data Privacy Brasil. Vide: ZANATTA, Rafael A. F.; RIELLI, Mariana; FAVARO, Iasmine; VERGILI, Gabriela. **Entrevista com Colin Bennett** – Parte 1. Disponível em: <https://dataprivacy.com.br/entrevista-com-colin-bennett-parte-i/>. Acesso em: 12 de maio de 2021.

de por padrão (*by default*) e a privacidade pelo desenho (*by design*)[75] são mecanismos aptos a demonstrar a cultura de privacidade da companhia, além de sua conformação contínua com as normas de dados.

Estabelecer como padrão que apenas os dados essenciais para o funcionamento de determinado *site* serão colhidos, por exemplo, manifesta harmonização do sistema de acordo com o princípio da minimização, tratando apenas os dados necessários. A privacidade por desenho, que diz respeito à criação de sistemas que facilitem o manuseio pelo usuário, tendo, como pilar, a privacidade de quem utilizará a aplicação,[76] demonstra a preocupação no desenvolvimento de estruturas que protejam os titulares.

Ao mesmo tempo que é benéfica ao titular, investir em uma *compliance* voltada à proteção de dados melhora os resultados financeiros da empresa. Em pesquisa divulgada em janeiro de 2020, a CISCO[77] descobriu que o investimento em *privacy* reverte-se no dobro de receita em mais de 40% das companhias. Além disso, mais de 70% das firmas afirmaram que recebem benefícios significativos quando investem em *privacy*.

A descoberta mais significativa, tendo em vista o escopo deste trabalho, é a de que 82% das empresas veem certificações de privacidade – como a ISO 27701 e acordos de adequação – como um fator a ser levado em conta quando selecionam um produto ou um vendedor na sua cadeia de suprimentos. A única maneira de conseguir esses reconhecimentos é desenvolvendo e mantendo uma *compliance* efetiva: ela não é apenas uma conformação com a lei – antes, é uma exigência do próprio mercado.

5. CONSIDERAÇÕES FINAIS

O crescimento exponencial da incidência de atividades de tratamento de dados, tanto por parte do Poder Público como da iniciativa privada, é traço

---

75. Sobre o tema, ver JASMONTAITE, Lina (*et al.*). Data protection by design and by default: framing guiding principles into legal obligations in the GDPR. **European Data Protection Law Review**, v. 4, n. 2, p. 168-189, 2018.

76. ARTICLE 29 DATA PROTECTION WORKING PARTY. **The future of privacy**: joint contribution to the Consultation of the European Commission on the legal framework for the fundamental right to protection of personal data. Disponível em: <https://ec.europa.eu/justice/article-29/documentation/opinion-recommendation/files/2009/wp168_en.pdf>. Acesso em: 9 de maio de 2021, p. 14.

77. CISCO. **From privacy to profit: achieving positive returns on privacy investments**. Disponível em: <https://www.cisco.com/c/dam/global/en_uk/products/collateral/security/2020-data-privacy-cybersecurity-series-jan-2020.pdf>. Acesso em: 13 de maio de 2021.

característico da sociedade da informação contemporânea. Decorrência direta desse fenômeno é o aumento dos riscos a que são expostos os titulares de dados pessoais em virtude da atuação dos agentes de tratamento.

Nas linhas precedentes, buscou-se examinar as linhas gerais acerca do conceito de risco e das aproximações seguidas acerca desse elemento pelas legislações de proteção de dados. Verificou-se que tanto o Regulamento Europeu de Proteção de Dados quanto a LGPD trilharam o rumo do risco, o que significa dizer que foi delegada certa medida de confiança aos agentes de tratamento para que atuem no tratamento de dados pessoais. Essa confiança foi associada à necessária contrapartida de que os agentes de tratamento tomem as medidas prévias de modo a prevenir a ocorrência de danos (na LGPGD, princípio da prevenção, art. 6º, VIII).

Essas medidas, na ótica da responsabilização e da prestação de contas (na LGPD, princípio estampado no art. 6º, X), devem ser demonstradas pelo agente, de forma a evidenciar que as adota com eficácia e em caráter contínuo, comprovando que cumpre as normas de proteção de dados.

Compliance cuida-se de conceito relacional, em que se perquire se determinado objeto de análise está em conformidade com algo. No caso da proteção de dados, há estreita relação da atuação dos agentes que orientam suas práticas de acordo com o previsto na legislação, de modo a que com ela estejam conformes. Além do que, a *compliance* de risco possibilita que os agentes de tratamento de dados pessoais documentem as operações e suas finalidades de maneira adequada, de modo preventivo.

Por fim, é forçoso observar que a *compliance* de proteção de dados não deve ser encarada pelas organizações como uma adaptação meramente burocrática e esvaziada a um conjunto de novas regras. Controladores e operadores poderão se beneficiar do investimento que fizerem na adoção de boas práticas de proteção de dados, tendo em conta que as medidas de conformidade que venham a adotar, além de serem passíveis de controle pela ANPD, passaram a ser exigidas no mercado e têm se revelado como diferencial competitivo.

6. REFERÊNCIAS

AUTORIDADE NACIONAL DE PROTEÇÃO DE DADOS. Comunicação de incidentes de segurança. Disponível em: <https://www.gov.br/anpd/pt-br/assuntos/incidente-de-seguranca>. Acesso em: 17 de maio de 2021.

ARTICLE 29 DATA PROTECTION WORKING PARTY. **The future of privacy**: joint contribution to the Consultation of the European Commission on the legal framework for the fundamental right to protection of personal data. Disponível em:

<https://ec.europa.eu/justice/article-29/documentation/opinion-recommendation/files/2009/wp168_en.pdf>. Acesso em: 9 de maio de 2021.

ARTICLE 29 DATA PROTECTION WORKING PARTY. **Statement of the Working Party on current discussions regarding the data protection reform package**. Disponível em: <https://ec.europa.eu/justice/article-29/documentation/otherdocument/files/2013/20130227_statement_dp_reform_package_en.pdf>. Acesso em: 12 de maio de 2021.

ASSOCIAÇÃO BRASILEIRA DE NORMAS TÉCNICAS. **ABNT NBR ISO 31000:2018**. Rio de Janeiro, 2018.

BERNSTEIN, Peter L. **Against the Gods: the remarkable story of risk**. Nova Jérsia: John Wiley & Sons, 1998.

BESSA, Leonardo Roscoe; NUNES, Ana Luisa Tarter. Instrumentos processuais de tutela individual e coletiva: análise do art. 22 da LGPD. In: BIONI, Bruno; DONEDA, Danilo; SARLET, Ingo Wolfgang; MENDES, Laura Schertel; RODRIGUES JR., Otavio Luiz Rodrigues (coords.). **Tratado de Proteção de Dados Pessoais**. Rio de Janeiro: Forense, 2021, p. 668-690.

BIONI, Bruno; RIELLI, Mariana; KITAYAMA, Marina. **O legítimo interesse na LGPD: quadro geral e exemplos de aplicação**. Disponível em: <https://conteudo.dataprivacy.com.br/ebook-legitimo-interesse>. Acesso em: 13 de maio de 2021.

BIONI, Bruno. **Proteção de dados pessoais**: a função e os limites do consentimento. 2. ed. Rio de Janeiro: Forense, 2020.

BIONI, Bruno. **Riscos do tratamento de dados & arquitetura de segurança da informação: lições extraídas de grandes vazamentos de dados**. II Seminário Internacional – Lei Geral de Proteção de Dados: Arquitetura da privacidade no Brasil. Disponível em: <https://dataprivacy.com.br/wp-content/uploads/2021/04/apresentacao_justicafederal_brunobioni.pdf>. Acesso em: 10 de maio de 2021.

BRASIL. Supremo Tribunal Federal. Ação Direta de Inconstitucionalidade nº 6387. Relatora: Ministra Rosa Weber. 7 de maio de 2020. Disponível em: <http://portal.stf.jus.br/processos/detalhe.asp?incidente=5895165>. Acesso em: 10 de maio de 2021.

BRASIL. **Lei nº 13.709, de 14 de agosto de 2018**. Lei Geral de Proteção de Dados (LGPD). Disponível em: <http://www.planalto.gov.br/ccivil_03/_Ato2015-2018/2018/Lei/L13709.htm>. Acesso em: 12 de maio de 2021.

CATE, Fred H.; KUNER, Christopher; LYNSKEY, Orla; MILLARD, Christopher; SVANTESSON, Dan Jerker B. Risk Management in data protection. **International Data Privacy Law**, v. 5, n. 2, 2015, p. 95-98.

CISCO. **From privacy to profit: achieving positive returns on privacy investments**. Disponível em: <https://www.cisco.com/c/dam/global/en_uk/products/collateral/security/2020-data-privacy-cybersecurity-series-jan-2020.pdf>. Acesso em: 13 de maio de 2021.

CNIL. **Privacy Impact Assessment (PIA): Methodology (how to carry out a PIA)**. Disponível em: <https://www.cnil.fr/sites/default/files/typo/document/CNIL-PIA-1-Methodology.pdf.>. Acesso em: 8 de maio de 2021.

DONEDA, Danilo. **Da privacidade à proteção de dados pessoais**: elementos da formação da Lei Geral de Proteção de Dados. 2. ed. São Paulo: Thomson Reuters Brasil, 2019.

FLORIDI, Luciano. Group Privacy: a defence and an interpretation. In: FLORIDI, Luciano; SLOOT, Bart van der; TAYLOR, Linnet (eds.). **Group Privacy**: new challenges of data technologies. Springer: Cham, 2017, p. 37-66.

FRAZÃO, Ana. Responsabilidade civil de administradores de sociedades empresárias por decisões tomadas com base em sistemas de inteligência artificial. In: FRAZÃO, Ana; MULHOLLAND, Caitlin (coord.). **Inteligência artificial e direito: ética, regulação e responsabilidade**. São Paulo: Thomson Reuters, 2019, p. 481-521.

FRIEDWALD, Michael; SCHIERING, Ina; MARTIN, Nicholas. Datenschutz-Folgenabschätzung in der Praxis: Herausforderungen bei der Implementierung eines innovativen Instruments der DSGVO. **Datenschutz und Datensicherheit (DuD)**, v. 8, 2019, p. 473-477.

GEDIEL, José Antonio Peres; CORRÊA, Adriana Espíndola. Proteção jurídica de dados pessoais: a intimidade sitiada entre o estado e o mercado. **Revista da Faculdade de Direito – UFPR**, Curitiba, n. 7, p. 141-153, 2008.

GELLERT, Raphaël. Understanding the notion of risk in the General Data Protection Regulation. **Computer Law & Security Review**, v. 34, 2018, p. 279-288.

GOMES, Maria Cecília. Entre o método e a complexidade: compreendendo a noção de risco na LGPD. In: PALHARES, Felipe (coord.). **Temas atuais de proteção de dados**. São Paulo: Thomson Reuters Brasil, 2020, p. 245-271.

GOMES, Maria Cecilia. Relatório de impacto à proteção de dados pessoais. **Revista do Advogado**, ano 39, n. 144, nov. 2019.

GONÇALVES, Maria Eduarda. The risk-based approach under the new EU data protection regulation: a critical perspective. **Journal of Risk Research**, jan. 2019.

INTERNATIONAL ORGANIZATION FOR STANDARDIZATION. **ISO: 31000 Gestión del riesgo – Directrices**. Suíça: Genebra, 2018.

JASMONTAITE, Lina (*et al.*). Data protection by design and by default: framing guiding principles into legal obligations in the GDPR. **European Data Protection Law Review**, v. 4, n. 2, p. 168-189, 2018.

JOELSONS, Marcela. O legítimo interesse do controlador no tratamento de dados pessoais e o teste de proporcionalidade europeu: desafios e caminhos para uma aplicação no cenário brasileiro. **Revista de Direito e as Novas Tecnologias**, v. 8, jul./set. 2020.

LINSKEY, Orla. **The foundations of EU Data Protection Law**. Oxford: Oxford University Press, 2015.

MENDES, Laura Schertel; BIONI, Bruno. Regulamento Europeu de Proteção de Dados Pessoais e a Lei Geral brasileira de Proteção de Dados: mapeando convergências na direção de um nível de equivalência. In: FRAZÃO, Ana; TEPEDINO, Gustavo; OLIVA, Milena Donato (coords.). **Lei Geral de Proteção de Dados Pessoais e suas Repercussões no Direito Brasileiro**. São Paulo: Thomson Reuters Brasil, 2019, p. 797-820.

MENDES, Laura Schertel; FONSECA, Gabriel Campos Soares da. Proteção de dados para além do consentimento: tendências de materialização. In: BIONI, Bruno; DONEDA, Danilo; SARLET, Ingo Wolfgang; MENDES, Laura Schertel; RODRIGUES JR., Otavio Luiz Rodrigues (coords.). **Tratado de Proteção de Dados Pessoais**. Rio de Janeiro: Forense, 2021 p. 90-112 [paginação do Minha Biblioteca].

MINISTÉRIO DA JUSTIÇA. Anteprojeto de Lei de Proteção de Dados Pessoais. Brasília, DF, dezembro de 2010. Disponível em: <http://culturadigital.br/dadospessoais/files/2010/11/PL-Protecao-de-Dados.pdf>. Acesso em: 13 de maio de 2021.

IAPP. **What Triggers a Data Protection Impact Assessment**?. Disponível em: <https://iapp.org/media/pdf/resource_center/WhatTriggersDPIA_Final.pdf> Acesso em: 9 de maio de 2021.

QUELLE, Claudia. The "risk revolution" in EU data protection law: we can't have our cake and eat it, too. In: LEENES, R.; VAN BRAKEL, R.; GUTWIRTH, S.; DE HERT, P. (eds.). **Data Protection and Privacy: the age of intelligent machines**. Oxford: Hart Publishing, 2017, p. 33-62.

RAAB, Charles; WRIGHT, David. Privacy principles, risks and harms. **International Review of Law, Computers & Technology**, v. 28, n. 3, 2014, p. 277-298.

ROßNAGEL, Alexander; GEMINN, Christian. **Datenschutz-Grundverordnung verbessern: Änderungsvorschläge aus Verbrauchersicht**. Baden-Baden: Nomos, 2020, p. 150-152.

SAAVEDRA, Giovani Agostini. Compliance de Dados. In: BIONI, Bruno; DONEDA, Danilo; SARLET, Ingo Wolfgang; MENDES, Laura Schertel; RODRIGUES JR., Otavio Luiz Rodrigues. **Tratado de Proteção de Dados Pessoais**. Rio de Janeiro: Forense, 2021 p. 729-743 [paginação do Minha Biblioteca].

SOLOVE, Daniel J. A Taxonomy of privacy. **University of Pennsylvania Law Review**, v. 154, n. 3, jan. 2006, p. 477-560.

SOLOVE, Daniel J. Introduction: privacy self-management and the consent dilemma. **Harvard Law Review**, v. 126, n. 7, maio/2013, p. 1880-1903.

UNIÃO EUROPEIA. Carta dos Direitos Fundamentais da União Europeia. **Jornal Oficial das Comunidades Europeias**, n. C364/1, 18 dez. 2000. Disponível em: <http://www.europarl.europa.eu/charter/pdf/text_pt.pdf.>. Acesso em: 12 de maio de 2021.

UNIÃO EUROPEIA. Regulamento (UE) 2016/679 do Parlamento Europeu e do Conselho, de 27 de abril de 2016. Relativo à proteção das pessoas singulares no que diz respeito ao tratamento de dados pessoais e à livre circulação desses dados e que revoga a Diretiva 95/46/CE (Regulamento Geral sobre a Proteção de Dados). **Jornal Oficial da União Europeia**, n. L119/1, 4 de maio de 2016. Disponível em: <https://eur-lex.europa.eu/legal- content/PT/TXT/PDF/?uri=CELEX:32016R0679&from=PT>. Acesso em: 12 de maio de 2021.

WILLEMIN, Andrea. Aspectos importantes e diferenciados entre a GDPR e a LGPD. In: FRANCOSKI, Denise de Souza Luiz; TASSO, Fernando Antonio (coords.). **A Lei Geral de Proteção de Dados LGPD**: aspectos práticos e teóricos relevantes no setor público e privado. São Paulo: Thomson Reuters Brasil, 2021, p. 571-589.

ZANATTA, Rafael A. F.; RIELLI, Mariana; FAVARO, Iasmine; VERGILI, Gabriela. **Entrevista com Colin Bennett** – Parte 1. Disponível em: <https://dataprivacy.com.br/entrevista-com-colin-bennett-parte-i/>. Acesso em: 12 de maio de 2021.

ZANATTA, Rafael A. F. **Proteção de dados pessoais como regulação de risco: uma nova moldura teórica?** I Encontro da Rede de Pesquisa em Governança da Internet, novembro de 2017. Disponível em: <http://www.redegovernanca.net.br/public/conferences/1/anais/ZANATTA,%20Rafael_2017.pdf>. Acesso em: 11 de maio de 2021.

Requisitos do Relatório de Impacto à Proteção de Dados Pessoais

Gabriel Hayduk[1]

Sumário: Introdução; 1. Da procedência dos relatórios de impacto com foco na privacidade e proteção de dados; 2. O que é o Relatório de Impacto à Proteção de Dados; 2.1. Como mensurar o Legítimo Interesse; 2.2. O que é o fator risco para privacidade e proteção de dados; 2.3. O papel da ANPD e alguns exemplos de metodologias; Conclusão; Referências bibliográficas.

1. Mestrando em Privacidade, Cybersecurity e Gerenciamento de Dados pela Universidade de Maastricht (Holanda, Maastricht). Certificado pela International Association of Privacy Professionals (IAPP) em Privacidade Europeia (CIPP/E), em adequação de Programas de Privacidade globais (CIPM) e como Data Protection Officer no Brasil (CDPO-BR) e União Europeia (ECPC-B) pela Universidade de Maastricht (Bruxelas, Bélgica). Foi reconhecido pela IAPP como Fellow of Information Privacy (FIP) por suas contribuições a comunidade de Privacidade e Proteção de Dados. Membro da Comissão de Novas Tecnologias e Proteção de Dados no Instituto dos Advogados de São Paulo (IASP). Atua como Chief Privacy Officer na América Latina.

Introdução

Previsto na Lei Geral de Proteção de Dados (LGPD)[2], o relatório de impacto à proteção de dados (RIPD)[3] é uma ferramenta importante, entre as várias descritas na lei, para o uso ético, transparente e racional dos dados pessoais. Leva em conta as *novas tecnologias adotadas nos tratamentos de dados pessoais e a massificação de técnicas de monitoramento*. A sua regulamentação, pela Autoridade Nacional de Proteção de Dados (ANPD)[4], representa uma grande oportunidade para a sociedade avançar no esforço de consolidar direitos essenciais, como o direito à privacidade e à intimidade.

Este artigo tem o propósito de demonstrar a relevância do RIPD para a disseminação de uma cultura consistente voltada à proteção de dados pessoais, equilibrando direitos e inovação. Apresenta um breve histórico da evolução da legislação do setor, desde as ações pioneiras na União Europeia até a tropicalização na LGPD, no Brasil, com as metodologias e conceitos associados à sua aplicação, em particular os que tratam de riscos. Busca, ainda, abordar questões concretas vivenciadas por profissionais da área, que já utilizam metodologia independente, desenvolvida a partir das melhores práticas das autoridades europeias de proteção de dados.

Discorrer sobre o relatório de impacto à proteção de dados, contudo, é um desafio, por diversos fatores. A LGPD não delineou, objetivamente, em quais casos de tratamento de dados o RIPD seria obrigatório – lacuna por si só preocupante. Outro campo impreciso é o artigo 38 da lei, que se limita a indicar o conteúdo mínimo que deve constar dos relatórios sem esmiuçar os seus requisitos. Para deixar o cenário ainda mais complexo, o artigo 10, no § 3º, permite à Autoridade Nacional de Proteção de Dados (ANPD) solicitar ao controlador o relatório de impacto, quando estiver presente o chamado *legítimo interesse* como base legal, definido no artigo 10 da LGPD[5]. Prerrogativa, contudo, que também não chegou a ser detalhada no texto da lei.

---

2. BRASIL. Lei nº 13.709, de 14 agosto de 2018. Lei Geral de Proteção de Dados Pessoais (LGPD). **Diário Oficial da União**, Brasília, DF, 15 de agosto de 2018. Disponível em: http://www.planalto.gov.br/ccivil_03/_ato2015-2018/2018/lei/L13709compilado.htm. Acesso em 09 maio 2021.
3. Artigo 5º, inciso XVII, LGPD. *In* BRASIL. Lei nº 13.709, de 14 agosto de 2018... Cit.
4. Artigo 38, LGPD. *In* BRASIL. Lei nº 13.709, de 14 agosto de 2018... Cit.
5. Artigo 10, LGPD. *In* BRASIL. Lei nº 13.709, de 14 agosto de 2018... Cit.

A ANPD tem a atribuição legal[6] de definir os procedimentos relacionados aos RIPD. Enquanto essas diretrizes não estiverem disponíveis, produzir os relatórios fica a cargo da interpretação individual de cada profissional. *Para avançar nesse contexto, é preciso falar sobre riscos.*

Toda e qualquer legislação de proteção de dados, de forma intrínseca, enfrenta o fator risco. Segundo uma das definições do *Dicionário Houaiss da Língua Portuguesa*, "*risco é a probabilidade de insucesso de determinado empreendimento, em função de acontecimento eventual, incerto, cuja ocorrência não depende exclusivamente da vontade dos interessados*"[7].

O termo globalmente conhecido como *risk based approach* implica aplicar, calibrar e impor controles com base na exposição ao risco, de maneira ágil e flexível. A capacidade das organizações de terem acesso e conduzirem o tratamento de dados pessoais com o objetivo de lançar novos produtos e serviços, ou para melhorar a experiência do titular, aumentou com o uso inovador de tecnologias. E aumentou também, consideravelmente, o risco que envolve a privacidade e proteção dos dados para qualquer indivíduo que tenha suas informações manipuladas.

Garantir uma proteção efetiva dessas informações em todas as fases do seu ciclo de vida (coleta, armazenamento, processamento, retenção, compartilhamento e descarte), além de um imperativo ético, tornou-se um fator relevante para as organizações, pelo possível impacto reputacional para as marcas, e, claro, devido ao *enforcement* das leis de proteção de dados e da atuação dos órgãos fiscalizadores.

Evidentemente, é necessário que as empresas adotem uma abordagem baseada em riscos no tratamento de dados pessoais, mas que mantenham um equilíbrio saudável nessa métrica. O *risk based approach* é um processo para identificar os riscos potenciais e elevados nas atividades das organizações. Enfatiza os esforços para a sua mitigação durante os tratamentos de dados identificados como de alto risco para os direitos dos seus titulares. E cabe exclusivamente a cada controlador avaliar e assumir os riscos envolvidos em seu negócio. Quanto maior o volume de dados pessoais tratados, e quanto mais sensíveis sejam esses dados para o seu titular, capazes de expô-lo a uma situação de vulnerabilidade, maior será o risco e a necessidade de atenção total a ser dada aos fatores mitigatórios.

---

6. Artigo 55-J, XIII, LGPD. *In* BRASIL. Lei nº 13.709, de 14 agosto de 2018... **Cit.**
7. Risco. In: HOUAISS, Antônio; VILLAR, Mauro de Salles. **Dicionário Houaiss da Língua Portuguesa.** 1ª ed. Rio de Janeiro: Objetiva, 2009.

A estrutura do RIPD poderá ajudar a alcançar o ponto ótimo do balanceamento entre os diferentes elementos envolvidos. Este texto espera contribuir para um debate produtivo sobre o tema, que nos conduza aos melhores caminhos para a efetiva e qualificada regulação dos RIPD e seus requisitos.

1. Da procedência dos relatórios de impacto com foco na privacidade e proteção de dados

Há algumas décadas, a União Europeia debate extensivamente a proteção de dados. Podemos citar a Alemanha, por exemplo, berço da "autodeterminação informativa", que consiste no direito de cada pessoa saber quem tem acesso a seus dados e como eles estão sendo utilizados, considerado um elemento contemporâneo e basilar de qualquer lei relacionada ao tema.

Nem tudo que a UE desenvolveu nessa área, no entanto, foi bem aceito. Um insucesso notório se deu com o Privacy Impact Assessment (PIA)[8], uma ferramenta que tinha a finalidade primária de identificar possíveis riscos no tratamento de dados pessoais. A estrutura do PIA é similar à dos demais relatórios de impacto descritos em leis de proteção de dados vigentes, mas a Diretiva nº 95/46/EC, primeira tentativa de lei geral sobre proteção de dados, não a definiu como obrigatória. Apresentada como uma simples recomendação, o PIA acabou por não ser aceito nem incorporado pela maioria das empresas europeias.

O cenário muda a partir de 2016, quando uma proposta de alteração da Diretiva é aprovada no Conselho da Europa, e o PIA se torna compulsório em todo o território da UE. Denominado como Data Protection Impact Assessment (DPIA), passa a ter um escopo mais bem definido, com casos concretos de aplicabilidade descritos no Regulamento nº 2016/679, a *General Data Protection Regulation* (GDPR)[9].

O legislador europeu se preocupou em esmiuçar essa ferramenta. O texto abrange os conceitos que já haviam sido discutidos e detalhados pelo Working

8. UNIÃO EUROPEIA. Directive 95/46/EC of the European Parliament and of the Council. 24 October 1995. **Official Journal of the European Communities**. Disponível em: https://eur-lex.europa.eu/legal-content/EN/TXT/PDF/?uri=CELEX:31995L0046&from=EN. Acesso em: 09 maio 2021.
9. UNIÃO EUROPEIA. Regulation (EU) 2016/679 of the European Parliament and of the Council. 27 abril 2016. **Official Journal of the European Union**. Disponível em: https://eur-lex.europa.eu/legal-content/EN/TXT/PDF/?uri=CELEX:32016R0679. Acesso em: 22 março 2021.

Party 29 – WP248[10], um órgão consultivo composto por um representante da autoridade de proteção de dados de cada Estado-membro da União Europeia, a Autoridade Europeia para a Proteção de Dados e a Comissão Europeia, responsável pelas diretrizes anteriores à GDPR. Seu conteúdo define a obrigatoriedade do relatório nos casos que envolvam o tratamento de dados sensíveis, de um grande volume de dados ou ocorra construção de perfil (*profiling*), por exemplo. O DPIA aprofundou o foco na prevenção de possíveis violações aos direitos e liberdades dos titulares de dados:

> *A data protection impact assessment referred to in paragraph 1 shall in particular be required in the case of:*
>
> *1.1. a systematic and extensive evaluation of personal aspects relating to natural persons which is based on automated processing, including profiling, and on which decisions are based that produce legal effects concerning the natural person or similarly significantly affect the natural person;*
>
> *2. processing on a large scale of special categories of data referred to in Article 9(1), or of personal data relating to criminal convictions and offences referred to in Article 10; or*
>
> *3. a systematic monitoring of a publicly accessible area on a large scale.*[11]

As diversas autoridades de proteção de dados da União Europeia já publicaram materiais distintos sobre elaboração de DPIA, disponibilizando, inclusive, modelos (templates) de relatórios. Apesar de haver convergência entre os elementos que devem constar de um DPIA, principalmente em relação ao seu caráter de análise prévia à implementação de uma atividade de tratamento de dados, essa diversidade de referências indica que não há uma metodologia única.

O Comitê Europeu para Proteção de Dados (European Data Protection Board – EDPB), sucessor do WP29, endossou as recomendações da WP29, que deixou claro que os agentes de tratamento podem adotar metodologias diferentes de avaliação de risco, desde que os requisitos mínimos da GDPR sejam atendidos:

> *"Different methodologies (see Annex 1 for examples of data protection and privacy impact assessment methodologies) could be used to assist in the*

10. ARTICLE 29 DATA PROTECTION WORKING PARTY. *Guidelines on Data Protection Impact Assessment (DPIA) and determining whether processing is "likely to result in a high risk" for the purposes of Regulation 2016/679*. **WP248**. Disponível em https://ec.europa.eu/newsroom/article29/item-detail.cfm?item_id=611236. Acesso em 22/03/2020.
11. Artigo 35, GDPR. *In* UNIÃO EUROPEIA. Regulation (EU) 2016/679... **Cit.**

> *implementation of the basic requirements set out in the GDPR. In order to allow these different approaches to exist, whilst allowing controllers to comply with the GDPR, common criteria have been identified (see Annex 2). They clarify the basic requirements of the Regulation but provide enough scope for different forms of implementation."*[12]

É possível, por exemplo, encontrar frameworks de DPIA voltados para tecnologias específicas, como os sistemas de identificação por radiofrequência (RFID).[13]

Fato é, que o DPIA resultou de um longo processo de evolução, com anos de discussões sobre o papel dos riscos em proteção de dados. Não à toa, foi o instrumento escolhido como inspiração pelo legislador brasileiro, que o tropicalizou na figura do relatório de impacto, na LGPD, com o objetivo principal de avaliar os riscos às liberdades civis e aos direitos fundamentais, no tratamento de dados.

2. O QUE É O RELATÓRIO DE IMPACTO À PROTEÇÃO DE DADOS

2.1. Como mensurar o Legítimo Interesse

Reconhecer o impacto que o uso de dados pessoais pode ter na vida de qualquer indivíduo é fundamental para planejar novos produtos, projetos e iniciativas que dependam ou envolvam o tratamento dessas informações.

A LGPD estabelece que as organizações responsáveis pelo tratamento de dados pessoais devem documentar todas as medidas tomadas para cumprir as normas de proteção de dados pessoais. Esse cuidado tem a finalidade, sobretudo, de comprovar a eficácia das providências adotadas e permitir a demonstração de que os processos internos da organização estão em constante conformidade (compliance) com as regras internas e externas. Como premissa, são pontos imprescindíveis do RIPD o respeito aos princípios da responsabilidade e prestação de contas (accountability)[14] e segurança[15].

---

12. ARTICLE 29 DATA PROTECTION WORKING PARTY. *Guidelines on Data Protection Impact Assessment (DPIA)*... Cit., p. 20.
13. THE EUROPEAN COMMISSION. **Privacy and Data Protection Impact Assessment Framework for RFID Applications**. 2011. Disponível em: https://digital-strategy.ec.europa.eu/en/library/privacy-and-data-protection-impact-assessment-framework-rfid-applications. Acesso em: 22 março 2020.
14. Artigo 6º, X, LGPD. *In* BRASIL. Lei nº 13.709, de 14 agosto de 2018... **Cit.**
15. Artigo 6º, VII, LGPD. *In* BRASIL. Lei nº 13.709, de 14 agosto de 2018... **Cit.**

No início de um programa de adequação às exigências da LGPD, a maioria das empresas costuma errar na aplicação do RIPD, trabalhando distante do conceito e dos parâmetros (ainda que vagos) definidos pela LGPD com o intuito de analisar o cenário real da governança de dados pessoais da organização. É comum que se confunda o relatório de impacto com o diagnóstico sobre tratamento de dados, também conhecido como *gap analysis*, que é elaborado como requisito para apoiar programas de adequação à LGPD.

Esse documento é extremamente abrangente e detalhado quanto às vulnerabilidades relacionadas à privacidade e à proteção de dados, identificadas em toda a organização, de acordo com os princípios basilares da LGPD e de todas as demais leis do ordenamento jurídico ligadas direta ou indiretamente ao tema. Muitas vezes, para ganhar maior robustez, essa análise inclui, ainda, questões de tecnologia, com ênfase na segurança da informação. Costuma ser elaborado por uma consultoria, com base nas fragilidades identificadas durante o *assessment* (análise prévia de cenário).

Outra confusão frequente é o entendimento enviesado do *Legitimate Interest Assessment* (LIA), como a legislação europeia denomina esse instrumento, cuja metodologia nada tem a ver com o relatório de impacto. O LIA é uma forma de auferir consistência na definição da base legal do "legítimo interesse" nos dados pessoais que serão tratados. Está previsto no art. 10, § 2º, da LGPD, que diz: "o controlador deverá adotar medidas para garantir a transparência do tratamento de dados baseado em seu legítimo interesse"[16]. É importante, mas não substitui o RIPD.

O LIA é um documento dos agentes de tratamento, comprovando que foi conduzido o teste de ponderação, para analisar se há finalidade, necessidade e proporcionalidade no tratamento de dados pessoais, pré-condições para a utilização da base legal do legítimo interesse.

No caso da "finalidade", trata-se da identificação de qual é, efetivamente, o interesse legítimo, e se é próprio ou de terceiros[17]. Para tanto, aplicam-se, geralmente, as seguintes questões: (i) Para quais finalidades os dados pessoais serão tratados? (ii) Quais benefícios serão auferidos pelo controlador com o tratamento dos dados pessoais? (iii) O tratamento beneficiará também a terceiros? (iv) Qual a relevância dos benefícios identificados nas duas questões anteriores? (v) Quais as consequências da não realização do tratamento para o controlador? (vi) O tratamento dos dados pessoais será realizado com base em

16. Artigo 10, § 2º, LGPD. *In* BRASIL. Lei nº 13.709, de 14 agosto de 2018... Cit.

17. Artigo 7º, inciso IX, LGPD. *In* BRASIL. Lei nº 13.709, de 14 agosto de 2018... Cit.

regulamentações setoriais, códigos e políticas específicas aplicáveis ao controlador? (vii) Existe algum aspecto do tratamento que, potencialmente, possa ser considerado questionável? Por exemplo, ainda que o tratamento não seja ilegal, envolve alguma prática rejeitada pelo mercado ou passível de questionamento ou repercussão social e midiática? Caso sim, qual(is)?

Já o teste de "necessidade" tem o propósito de demonstrar que o tratamento dos dados pessoais é de fato necessário para alcançar esse interesse legítimo. Para fazer essa verificação, busca-se responder às seguintes questões: (i) O tratamento dos dados pessoais é realmente necessário para atingir a finalidade? (ii) O tratamento será realizado de forma proporcional à finalidade? Por exemplo, tudo o que se pretende fazer com os dados pessoais nessa atividade de tratamento está relacionado com a finalidade desejada? (iii) A finalidade poderia ser alcançada sem o tratamento dos dados pessoais? (iv) A finalidade poderia ser alcançada com o tratamento de quantidade menor de dados pessoais? Em caso positivo, favor informar quais são os dados pessoais estritamente necessários para alcançar tal finalidade. (v) A finalidade poderia ser alcançada com o tratamento de forma menos danosa do que a que se propõe inicialmente?

Por fim, o teste de proporcionalidade tem a intenção de documentar que o balanceamento desse interesse legítimo é coerente com os direitos e as liberdades fundamentais do titular. Nesse caso, é pertinente perguntar: (i) Os dados pessoais a serem tratados são considerados sensíveis? (Observar que dado pessoal sensível é todo "*dado pessoal sobre origem racial ou étnica, convicção religiosa, opinião política, filiação a sindicato ou a organização de caráter religioso, filosófico ou político, dado referente à saúde ou à vida sexual, dado genético ou biométrico, quando vinculado a uma pessoa natural*"[18], conforme definido no artigo 5º, inciso II, da LGPD). (ii) Existe uma relação formal com o titular do dado que se pretende tratar? Caso positivo, de qual natureza? (iii) Já foram tratados dados pessoais desse mesmo titular anteriormente? Caso positivo, para qual finalidade? (iv) Os dados pessoais foram coletados diretamente do titular, ou seja, fornecidos diretamente por ele ao controlador? Caso positivo, para qual finalidade? (vii) Se os dados pessoais foram coletados por terceiros, o titular está ciente do compartilhamento de seus dados pessoais? (viii) Há quanto tempo os dados pessoais foram coletados? (ix) Desde a coleta dos dados pessoais, houve alguma alteração tecnológica ou contextual que poderia afetar as expectativas originais do titular? (x) As técnicas que serão utilizadas para o tratamento dos dados pessoais são adequadas e seguem razoavelmente aquelas disponíveis e empregadas pelo mercado de países que possuem leis de proteção de dados?

18. Artigo 5º, inciso II, LGPD. *In* BRASIL. Lei nº 13.709, de 14 agosto de 2018... **Cit.**

(xi) Os dados pessoais serão tratados para a realização de algo novo ou inovador? (xii) Existe algum registro apto a comprovar a expectativa original do titular em relação ao tratamento de seus dados pessoais?

Com esse arcabouço de questões respondidas, é possível obter um retrato nítido da base legal de legítimo interesse, justificativa para os casos em que há aceitação tácita, sem autorização explícita do usuário, para tratamento de seus dados pessoais. Ainda não se trata de um RIPD. Para a definição do relatório de impacto, é necessário conhecer, mesmo que brevemente, os conceitos de riscos e o quanto são relevantes nas ações de privacidade e proteção de dados, contemporaneamente.

2.2. O que é o fator risco para privacidade e proteção de dados

A LGPD pautou um tema até então pouco discutido no país e trouxe, em sua estrutura, uma nova concepção de riscos. Essa abordagem contida na lei tem o foco (i) nos riscos para as liberdades civis; e (ii) nos riscos para os direitos fundamentais.

Nos últimos anos, com o avanço das tecnologias da informação e comunicação, e do complexo cenário de proteção de dados que elas suscitam, a gestão de riscos assumiu um papel ainda mais proeminente, com novos métodos de avaliação. No que se refere à LGPD, sob a visão de riscos, Maria Cecilia Oliveira Gomes traz uma análise interessante do entendimento do legislador:

> *A lei fala em liberdades civis no inciso que contém a definição do relatório, mas no resto da lei cita sempre como "direitos e liberdades fundamentais", o que leva à compreensão de que ela se refere mais expressamente aos seguintes aspectos: os direitos fundamentais de liberdade, intimidade e privacidade; e os direitos dos titulares indicados no capítulo III da lei. Nesse sentido, podemos considerar como direitos fundamentais os que estão positivados no art. 5º da Constituição Federal e, como liberdades civis, a liberdade de pensamento, liberdade religiosa, liberdade de expressão e liberdade de associação. O escopo do relatório de impacto está relacionado ao mapeamento de riscos, de forma a identificar quando existem ou podem vir a existir potenciais riscos aos titulares de dados, que, no caso, seriam riscos aos seus direitos fundamentais e liberdades civis, os quais, pela sua amplitude, podemos afirmar que estão intrinsecamente relacionados aos novos direitos dos titulares de dados, os quais estão previstos nos arts. 17 a 21 da LGPD.*[19]

19. GOMES, Maria Cecília Oliveira. Relatório de impacto à proteção de dados. Uma breve análise da sua definição e papel na LGPD. **Revista do Advogado**, São Paulo, edição nº 144, p.178 e 179, novembro, 2019.

A LGPD ampliou os direitos de titulares de dados pessoais, refletidos em seu capítulo III, como muito bem elencado acima. Portanto, a composição de um RIPD deve se guiar por essa orientação, entre alguns outros elementos relevantes.

2.3. O papel da ANPD e alguns exemplos de metodologias

Um dos maiores desafios para empresas, profissionais da área e, principalmente, para autoridades de proteção de dados é a criação de mecanismos que estimulem a elaboração dos relatórios de impacto, de modo que sejam dinâmicos e permaneçam vivos. Isso significa dizer que precisam ser uma fonte constante de consulta tanto para o Encarregado de Dados (conhecido também como Data Protection Officer – DPO), como para todo profissional da organização que precise desse insumo. Lembrando que o tema da privacidade e proteção de dados é transversal, e, portanto, relevante para todas as áreas da empresa, como acontece com o programa de *compliance*.

É condição *sine qua non* que os relatórios de impacto não sejam desenvolvidos exclusivamente para o cumprimento de exigências burocráticas. Só fazem sentido, se, sempre que forem pertinentes, puderem ter relação com todas as áreas da organização, assim como ocorre na aplicabilidade da lei, intrincada com os desafios corporativos. RIPDs esquecidos nas gavetas do escritório ou em diretórios na rede não funcionam.

Essa preocupação foi muito bem apontada pelo Laboratório de Bruxelas para Avaliações de Impacto de Proteção de Dados e Privacidade (*Brussels Laboratory for Data Protection & Privacy Impact Assessments – d.pia.lab*), na diretriz resumida nº 1/2017:

> As avaliações de impacto são comumente criticadas por sua aparente natureza de "palavras vazias", sendo utilizadas exclusivamente para cumprir uma exigência regulatória, por sua condução com o mínimo esforço, ou por seu emprego instrumental, unicamente para legitimar iniciativas intrusivas. Além disso, as organizações às vezes focam-se na condução de avaliações in abstracto ao invés de utilizá-las como um meio para de fato endereçar o impacto das suas iniciativas. Elas frequentemente confundem avaliações de impacto com auditorias. As organizações têm em consideração, erroneamente, apenas as consequências que se relacionam com elas próprias (e.g. riscos financeiros ou reputacionais), ao invés de avaliar também as consequências para os indivíduos e o público em geral. Em última análise, avaliações de impacto são frequentemente realizadas tarde demais, por exemplo,

quando o desenho de uma iniciativa não pode mais ser influenciado significativamente.[20]

Críticos também sugerem que, quando as avaliações de impacto são compulsórias, elas tendem a representar exigência regulatória mais restrita em seu escopo, permitindo que iniciativas que apresentam um perigo significativo escapem ao escrutínio da obrigação. Ademais, essas avaliações de impacto, de modo geral, têm pouca transparência, i.e., o seu processo, como um todo, é opaco e de difícil compreensão por leigos, devido à alta complexidade técnica, tornando quase impossível interpretar seus resultados e recomendações finais. Também costumam falhar na inclusão de participação pública, que simplesmente não acontece, ou acontece de maneira tão limitada, que perde seu sentido original de governança colaborativa.

Queremos mostrar que, apesar de extremamente importante, o RIPD não está livre de ser tratado como mera obrigação legal, sem produzir nenhum impacto positivo nos negócios da empresa. Ao contrário, servindo para burocratizar processos, como mais um documento inócuo. Esse dilema não é exclusivo do relatório de impacto descrito na LGPD, mas precisa ser enfrentado por qualquer relatório de impacto.

Fora do contexto da proteção de dados, podemos citar relatórios de impacto na área ambiental, que já existem no Brasil há certo tempo. A Lei 6.938/81[21], que instituiu a Política Nacional do Meio Ambiente (PNMA), prevê avaliações de impacto ambiental, e a Resolução n.º 001/86[22] do Conselho Nacional de Meio Ambiente (Conama) define as diretrizes gerais para seu uso e implementação. A exigência desse instrumento de política ambiental também consta do art. 225, § 1º, IV, da Constituição Federal[23].

---

20. KLOZA, D., VAN DIJK, N., GELLERT, R. M., BOROCZ, I. M., TANAS, A., MANTOVANI, E., & QUINN, P. Relatórios de impacto à proteção de dados na União Europeia: complementando o novo marco regulatório em direção a uma proteção mais robusta dos indivíduos. Tradução por Data Privacy Brasil. d.pia.lab Policy Brief, (1/2017), 1-4. 2017. *In*: Data Privacy BR – **Contribuição à Consulta Pública da Estratégia Brasileira de Inteligência Artificial**, São Paulo/SP, 1ª ed., abril, 2020.

21. BRASIL. Lei nº 6.938/81, de 31 de agosto de 1981. Dispõe sobre a Política Nacional do Meio Ambiente, seus fins e mecanismos de formulação e aplicação, e dá outras providências. **Diário Oficial da União**, Brasília, DF, 02 setembro 1981.

22. MINISTÉRIO DO MEIO AMBIENTE. Conselho Nacional do Meio Ambiente. Resolução nº 001, de 23 de janeiro de 1986. **Diário Oficial da União**, Brasília, DF, 17 de fevereiro de 1986.

23. BRASIL. **Constituição da República Federativa do Brasil**. Brasília, DF: Senado Federal: Centro Gráfico, 1988.

No contexto atual, sem um *guideline* da ANPD específico para as questões que devem orientar esmiuçadamente o RIPD, com requisitos completos, casos práticos de obrigatoriedade e demais implicações, é provável que muitas empresas acabem por adotar metodologias genéricas e totalmente abertas – em um caminho sem direcionamento concreto, que não leva a lugar algum. Durante a execução de um programa de adequação em compliance de dados pessoais, muitas organizações também viram as costas para as recomendações da LGPD, alegando falta de parâmetros objetivos, o que, no caso do RIPD, resulta em um documento frágil e sem um propósito real.

Essa possibilidade de esvaziamento de uma ferramenta potente, como o RIPD, só ressalta e enaltece o papel crucial da ANPD no desenvolvimento de um regramento bem detalhado, para que empresas elaborem um relatório de impacto à proteção de dados eficaz e produtivo. E não apenas isso. A ANPD deve deixar claro quais os critérios que serão aplicados para distinguir quando esses relatórios serão obrigatórios ou apenas recomendáveis.

Podemos citar, como exemplo, o template do relatório[24] que o Ministério da Economia tornou disponível para avaliação de impacto no tratamento de dados pessoais pela pasta. O ministério se baseou na lógica amplamente utilizada de probabilidade versus impacto, e na necessidade de descrições concretas para delinear ações mitigatórias aos riscos identificados.

Nessa direção, reunimos algumas indicações concretas de situações capazes de justificar a elaboração obrigatória do RIPD: (i) quando a atividade envolver a utilização de dados pessoais para finalidade distinta daquela para a qual foi coletada; (ii) a atividade envolve a coleta e a utilização de um novo tipo de dado pessoal; (iii) a atividade envolver o compartilhamento de dados pessoais com terceiros, que não tinham acesso a eles anteriormente; (iv) a atividade envolver a utilização de novas tecnologias ou novos processos que possam ser interpretados como desproporcionais e em afronta aos direitos dos titulares de dados; (vii) a atividade de tratamento envolve grande quantidade de dados pessoais sensíveis; (viii) a atividade de tratamento resulta em sistemática e extensiva avaliação de dados pessoais de forma automatizada, incluindo atividades de "profiling"; (ix) a atividade de tratamento pode, de qualquer outra forma, representar impacto significativo aos direitos dos titulares; e (x) todo e qualquer resultado do RIPD, com as métricas definidas pela ANPD, cuja análise do impacto indique alto risco, independentemente da base legal utilizada para a atividade de tratamento.

---

24. Disponível em https://www.gov.br/governodigital/pt-br/governanca-de-dados/guia-template-ripd_v3.docx. Acesso em 20 de março de 2021.

Elaborar um RIPD demanda tempo. É essencial que o relatório seja conduzido com a maior qualidade possível, responda a questões relevantes e promova ações nítidas para mitigação dos pontos diagnosticados como críticos, ou seja, aqueles de alto risco. Desse insumo depende a identificação dos cenários críticos, dos altos riscos no tratamento de dados pessoais, e das formas para mitigá-los ou reduzi-los a níveis aceitáveis. A qualidade do RIPD é fundamental tanto para a análise da ANPD, quando o relatório for solicitado pela autoridade à organização, quanto para o controlador, no desenvolvimento de suas atividades.

Ao definir como o documento deverá ser composto, a LGPD, em seu art. 38, parágrafo único, relaciona os requisitos mínimos do relatório: "a descrição dos tipos de dados coletados, a metodologia utilizada para a coleta e para a garantia da segurança das informações e a análise do controlador com relação a medidas, salvaguardas e mecanismos de mitigação de risco adotados".[25]

Fica evidente que o conteúdo do relatório descrito na lei não é suficiente para que o controlador produza o documento de forma eficaz. O texto também não oferece orientações sobre as políticas para manter o caráter orgânico de um RIPD dinâmico, que muda de acordo com a necessidade de um novo tratamento, alinhado aos processos internos da empresa. Para isso, é preciso que a ANPD atue para promover o acesso das corporações a subsídios e ferramentas de apoio. Especialmente, porque nem todas as empresas possuem recursos para gerar essa inteligência e esse conteúdo de forma autônoma e contínua.

Para ajudar nessa árdua tarefa, uma experiência que merece ser conhecida é a da Commission Nationale de l'Informatique et des Libertés (CNIL), autoridade de proteção de dados francesa, que oferece um software gratuito[26], destinado a amparar controladores, ou qualquer interessado, na elaboração de relatórios de impacto aderentes aos requisitos delineados no GDPR. Outro bom exemplo vem do Information Commissioner's Office (ICO), autoridade do Reino Unido, que detalhou minuciosamente como, em sua visão, o relatório de impacto deve ser preenchido, inclusive com modelos práticos[27]. Esse modelo está disponível a qualquer interessado, e o ICO também abriu um canal para esclarecimento de eventuais dúvidas no preenchimento do relatório.

---

25. Artigo 38, parágrafo único, LGPD. *In* BRASIL. Lei nº 13.709, de 14 agosto de 2018... Cit.
26. Disponível em: https://www.cnil.fr/en/open-source-piasoftware-helps-carry-out-data-protection-impact-assesment. Acesso em 09 maio 2021.
27. Disponível em: https://ico.org.uk/for-organisations/guide-to-data-protection/guide-to-the-general-data-protection-regulation-gdpr/accountability-and-governance/data-protection-impact-assessments/. Acesso em 09 maio 2021.

Outro ponto de atenção do regulador no Brasil diz respeito à divulgação ou ao escopo de publicitação do documento. A LGPD não aborda objetivamente o tema. Apenas menciona, no art. 38, que "A autoridade nacional poderá determinar ao controlador que elabore relatório de impacto à proteção de dados pessoais, inclusive de dados sensíveis, referente a suas operações de tratamento de dados, nos termos de regulamento, observados os segredos comercial e industrial."

Somos levados a concluir, portanto, que, assim como na abordagem do DPIA pelo GDPR, não é obrigatória a publicação do RIPD. Vale destacar, contudo, que há uma série de benefícios na publicação do documento, sempre que possível, ou seja, resguardadas as exigências de sigilo e confidencialidade. Esse é outro item de repercussão para o mercado, que poderia ser contemplado no regulamento do relatório de impacto pela ANPD.

O compartilhamento do conteúdo do relatório de impacto pode ajudar a fomentar a confiança no manuseio dos dados pessoais e demonstrar responsabilidade e transparência. Isso é especialmente recomendável quando o tratamento de dados envolve governos e o tratamento massivo de dados de uma coletividade de titulares, muitas vezes incluindo dados pessoais sensíveis. Por exemplo, para a execução e elaboração de políticas públicas nas áreas da educação, saúde, trabalho, lazer, assistência social, meio ambiente, cultura, moradia, transporte. Nesse caso, é necessário assegurar que sejam observadas as regras definidas também na Lei de Acesso à Informação Pública:

> *CAPÍTULO II*
>
> *DO ACESSO A INFORMAÇÕES E DA SUA DIVULGAÇÃO*
>
> *Art. 6º Cabe aos órgãos e entidades do poder público, observadas as normas e procedimentos específicos aplicáveis, assegurar a:*
>
> *I – gestão transparente da informação, propiciando amplo acesso a ela e sua divulgação;*
>
> *II – proteção da informação, garantindo-se sua disponibilidade, autenticidade e integridade; e*
>
> *III – proteção da informação sigilosa e da informação pessoal, observada a sua disponibilidade, autenticidade, integridade e eventual restrição de acesso.*[28]

28. BRASIL. Lei nº 12.527, de 18 de novembro de 2011. Regula o acesso a informações previsto no inciso XXXIII do art. 5º, no inciso II do § 3º do art. 37 e no § 2º do art. 216 da Constituição Federal; altera a Lei nº 8.112, de 11 de dezembro de 1990; revoga a Lei nº 11.111, de 5 de maio de 2005, e dispositivos da Lei nº 8.159, de 8 de janeiro de

Em determinadas situações, mesmo quando se tratar de informações manipuladas por governos, o RIPD publicado não precisaria conter a avaliação completa. Essa alternativa seria aplicada, principalmente, quando houvesse informações sobre riscos na área de segurança ou informações sensíveis, cuja publicitação poderia produzir efeito contrário à proteção dos direitos das pessoas, como originalmente pretendido. Em situações assim, uma versão pública do relatório poderia incluir apenas um resumo das suas principais conclusões.

Conclusão

Até aqui concluímos que a estruturação do relatório de impacto à proteção de dados pessoais será um dos documentos mais relevantes e estratégicos a serem produzidos pela ANPD. Suas diretrizes poderão contribuir decisivamente para consolidar no país uma cultura de respeito aos dados pessoais, orientando com clareza os profissionais envolvidos com tratamento de dados e induzindo a produção de relatórios de impacto com objetividade e transparência.

Não se trata de uma tarefa fácil. Basta ver que mesmo a UE, berço da proteção de dados, ainda não encontrou uma metodologia estrutural única para alicerçar os conceitos advindos do GDPR. Mas as iniciativas europeias podem e devem servir de farol para a ANPD. Recomenda-se que a autoridade brasileira considere e aprofunde o estudo, em especial, das experiências de sucesso implementadas pelas autoridades do Reino Unido (ICO) e da França (CNIL). Ambas têm propostas capazes de auxiliar, principalmente, as pequenas e médias empresas, que serão as mais impactadas no processo de produção do RIPD e em todas as demais ações de adequação à Lei Geral de Proteção de Dados.

Relatórios consistentes são um passo essencial para melhores práticas. Métricas bem delineadas e equilibradas no RIPD permitirão contrabalancear as contingências de acesso a dados pessoais, trazidas pela matriz econômica global baseada em tecnologias da informação e comunicação, com o valor primordial da proteção às liberdades civis e aos direitos fundamentais das pessoas.

Referências bibliográficas

ARTICLE 29 DATA PROTECTION WORKING PARTY. *Guidelines on Data Protection Impact Assessment (DPIA) and determining whether processing is "likely to result in a high*

1991; e dá outras providências. **Diário Oficial da União**, Brasília, DF, 18 de novembro de 2011. Disponível em http://www.planalto.gov.br/ccivil_03/_ato2011-2014/2011/lei/l12527.htm. Acesso em 09 maio 2021.

risk" for the purposes of Regulation 2016/679. **WP248**. Disponível em https://ec.europa.eu/newsroom/article29/item-detail.cfm?item_id=611236. Acesso em 22/03/2020.

ARTICLE 29 DATA PROTECTION WORKING PARTY. *Statement on the role of a risk-based approach in data protection legal frameworks.* Adopted on 30 May 2014. **WP218**. Disponível em https://ec.europa.eu/justice/article-29/documentation/opinionrecommendation/files/2014/wp218_en.pdf. Acesso em 22/03/2020.

BRASIL. **Constituição da República Federativa do Brasil**. Brasília, DF: Senado Federal: Centro Gráfico, 1988.

BRASIL. Lei nº 6.938/81, de 31 de agosto de 1981. Dispõe sobre a Política Nacional do Meio Ambiente, seus fins e mecanismos de formulação e aplicação, e dá outras providências. **Diário Oficial da União**, Brasília, DF, 02 setembro 1981.

BRASIL. Lei nº 12.527, de 18 de novembro de 2011. Regula o acesso a informações previsto no inciso XXXIII do art. 5º, no inciso II do § 3º do art. 37 e no § 2º do art. 216 da Constituição Federal; altera a Lei nº 8.112, de 11 de dezembro de 1990; revoga a Lei nº 11.111, de 5 de maio de 2005, e dispositivos da Lei nº 8.159, de 8 de janeiro de 1991; e dá outras providências. **Diário Oficial da União**, Brasília, DF, 18 de novembro de 2011. Disponível em http://www.planalto.gov.br/ccivil_03/_ato2011-2014/2011/lei/l12527.htm. Acesso em 09 maio 2021.

BRASIL. Lei nº 13.709/18, de 14 agosto de 2018. Lei Geral de Proteção de Dados Pessoais (LGPD). **Diário Oficial da União**, Brasília, DF, 15 de agosto de 2018. Disponível em: http://www.planalto.gov.br/ccivil_03/_ato2015-2018/2018/lei/L13709compilado.htm. Acesso em 09 maio 2021.

COUNCIL OF EUROPE. **Handbook on Data Protection Law**. Luxembourg: Publications Office of the European Union, 2018. Disponível em: https://www.echr.coe.int/Documents/Handbook_data_protection_ENG.pdf. Acesso em 22/03/2020.

GOMES, Maria Cecília Oliveira. Entre o método e a complexidade: compreendendo a noção de risco na LGPD. *In* PALHARES, Felipe (Coord.). **Temas atuais de proteção de dados**. São Paulo: Thomson Reuters Brasil, 2020, pp 245-271.

GOMES, Maria Cecília Oliveira. LGPD: Desafios da regulamentação do relatório de impacto. **Jota**, 2021. Disponível em: https://www.jota.info/opiniao-e-analise/colunas/agenda-da-privacidade-e-da-protecao-de-dados/desafios-da-regulamentacao-do-relatorio-de-impacto-11022021. Acesso em 22 março 2021.

GOMES, Maria Cecília Oliveira. Para além de uma "obrigação legal": o que a metodologia de benefícios e riscos nos ensina sobre o relatório de impacto à proteção de dados. *In* LIMA, Ana Paula; HISSA, Carmina; SALDANHA, Paloma Mendes (Org.). **Direito Digital**: Debates Contemporâneos. São Paulo: Revista dos Tribunais, 2019.

GOMES, Maria Cecília Oliveira. Relatório de impacto à proteção de dados. Uma breve análise da sua definição e papel na LGPD. São Paulo: **Revista do Advogado**, edição nº 144, novembro, 2019.

HOUAISS, Antônio; VILLAR, Mauro de Salles. **Dicionário Houaiss da Língua Portuguesa.** 1ª ed. Rio de Janeiro: Objetiva, 2009.

KLOZA, D., VAN DIJK, N., GELLERT, R. M., BOROCZ, I. M., TANAS, A., MANTOVANI, E., & QUINN, P. Relatórios de impacto à proteção de dados na União Europeia: complementando o novo marco regulatório em direção a uma proteção mais robusta dos indivíduos. Tradução por Data Privacy Brasil. d.pia.lab Policy Brief, (1/2017), 1-4. 2017. *In*: São Paulo: Data Privacy BR – **Contribuição à Consulta Pública da Estratégia Brasileira de Inteligência Artificial**, 1ª ed., abril, 2020.

MINISTÉRIO DO MEIO AMBIENTE. Conselho Nacional do Meio Ambiente. Resolução nº 01, de 23 de janeiro de 1986. **Diário Oficial da União**, Brasília, DF, 17 de fevereiro de 1986.

THE EUROPEAN COMMISSION. **Privacy and Data Protection Impact Assessment Framework for RFID Applications**. 2011. Disponível em: https://digital-strategy.ec.europa.eu/en/library/privacy-and-data-protection-impact-assessment-framework-rfid-applications. Acesso em: 22 março 2020.

UNIÃO EUROPEIA. Directive 95/46/EC of the European Parliament and of the Council. 24 October 1995. **Official Journal of the European Communities**. Disponível em: https://eur-lex.europa.eu/legal-content/EN/TXT/PDF/?uri=CELEX:31995L0046&from=EN. Acesso em: 09 maio 2021.

UNIÃO EUROPEIA. Regulation (EU) 2016/679 of the European Parliament and of the Council. 27 abril 2016. **Official Journal of the European Union**. Disponível em: https://eur-lex.europa.eu/legal-content/EN/TXT/PDF/?uri=CELEX:32016R0679. Acesso em: 22 março 2021.

Algoritmos de *Credit Score*, Dados Pessoais: Um Mapa Regulatório para o *Compliance* na Análise de Crédito

Carlos Goettenauer[1]

Sumário: 1. Introdução; 2. Os modelos de análise de crédito preditivos; 3. Conceituando e classificando o regime jurídico de avaliação de crédito; 4. O mapa do regime jurídico da análise de crédito; 4.1. O regime jurídico de coleta de dados; 4.2. O regime jurídico de parametrização dos algoritmos; 4.3. O regime jurídico de uso dos modelos de análise de crédito; Conclusão; Bibliografia.

1. Introdução

Sobre uma perspectiva clássica, o sistema financeiro desempenha a função de alocar os recursos monetários excedentes da sociedade por meio da concessão de empréstimos para novos empreendimentos[2]. No centro desse sistema redistribuição eficiente de valores, encontram-se os algoritmos de avaliação de

1. Mestre e Doutorando em Direito pela Universidade de Brasília – UnB, Mestrando na *London School of Economics*,
2. CRANSTON, R. et al. **Principles of Banking Law**. Oxford: Oxforf University Press, 2017, p. 5.

crédito, responsáveis por identificar e indicar quais tomadores de crédito que oferecem menor risco às instituições financeiras.

Até a década passada, a avaliação de crédito realizada por instituições financeiras se valia de modelos matemáticos estáticos criados a partir das informações financeiras dos clientes. A tecnologia de inteligência artificial, aliada à viabilidade de tratamento de grandes volumes de dados, alterou esse cenário e hoje as instituições financeiras utilizam na avaliação de crédito modelos dinâmicos, gerados a partir de múltiplas fontes de dados, com emprego de tecnologia de inteligência artificial. Somando-se a essa mudança no ambiente tecnológico, o cenário jurídico regulatório alterou-se substancialmente.

Em que pese o complexo contexto normativa, o direito desempenha um papel constitutivo para funcionamento e uso de modelos de avaliação de crédito com inteligência artificial. A própria existência dessa tecnologia depende do estabelecimento de um regime jurídico que defina condições para o desempenho de funções essenciais à avaliação de crédito, identificadas pela teoria como a coleta de dados, o estabelecimento de parâmetros e o uso das avaliações. Nesse ambiente, as normas de proteção de dados pessoais se combinam com outros normativos e criam um complexo regime jurídico, formado pelo entrelaçamento de múltiplas disposições legais.

A viabilidade jurídica da utilização de algoritmos de avaliação de crédito depende, assim, da observância conjunta de múltiplas normas, que se relacionam em vários aspectos para formar um arcabouço normativo complexo e disperso. Esse regime jurídico, a seu tempo, deve ser absorvido pelas empresas que trabalham no setor, a fim de garantir que sua atuação esteja em conformidade com a regulação vigente e permita alcançar seu objetivo final, gerar valor. Regulação jurídica e compliance representam, dessa maneira, dois momentos de um mesmo fenômeno. Primeiro a produção de normas jurídicas externas que influenciam a conduta empresarial e, em seguida, a internalização dessas normas pelas instituições que atuam no sistema financeiro.

Face ao binômio regulação-compliance, o presente artigo busca compreender de que forma o regime jurídico regula os modelos de avaliação de crédito que empregam inteligência artificial e condicionam a atuação das instituições que empregam essa tecnologia. Para tanto, busca-se realizar uma análise de conteúdo guiada pelos parâmetros teóricos ofertados para sistematização das normas incidentes sobre a avaliação de crédito com uso de algoritmos de inteligência artificial, para a produção de uma espécie de *mapa regulatório* capaz de instruir a estratégia de *compliance* empresarial.

Nesse sentido, na primeira seção deste trabalho se objetiva identificar o que são os modelos de análise de crédito e rastrear a mudança dos modelos tradicionais para os sistemas atuais, que, com uso de inteligência artificial, reconfiguram esses processos. Em seguida, a segunda seção pretende, a partir da teoria da governança algorítmica e da teoria da governança de dados, identificar os critérios para a análise jurídica dos modelos de avaliação de crédito. Na terceira seção, pretende-se demonstrar a dinâmica entre a teoria da regulação algorítmica e a produção de um mapa regulatório que seja capaz de viabilizar a internalização das normas pelas instituições que atuam no setor da análise de crédito. Na sequência, a quarta seção busca, já a partir do arcabouço teórico identificado nos itens anteriores, analisar e identificar os contornos jurídicos incidentes sobre os algoritmos de inteligência artificial empregados na análise de crédito. Por fim, a conclusão apresenta as características mais importantes do regime jurídico incidentes sobre os modelos de análise de crédito, identificadas a partir do estudo realizado.

2. OS MODELOS DE ANÁLISE DE CRÉDITO PREDITIVOS

Em breve síntese, a análise de crédito (ou o *credit scoring*, termo em língua inglesa utilizado para denominar a técnica) é o processo resultante do emprego de um modelo matemático com o objetivo estabelecer a capacidade de pagamento para a concessão de crédito no sistema financeiro. Como colocou Durand[3], em trabalho pioneiro, "Em qualquer transação há um elemento de insegurança; o credor nunca pode ter certeza se o devedor irá cumprir suas obrigações"[4]. A proposta da análise de crédito é, assim, estabelecer um modelo estatístico que possa distinguir os tomadores de crédito com maior probabilidade de pagamento daqueles que mais provavelmente se tornarão inadimplentes[5]. O modelo estatístico preditivo ganhou relevância a partir da segunda metade da década de 1960 nos Estados Unidos[6], conforme a oferta de crédito em massa se expandiu. Até então, as decisões sobre a concessão de empréstimos eram

3. DURAND, D. **Risk Elements in Consumer Instalment Financing**. National Bureau of Economic Research. Nova York. 1941.
4. DURAND. op. cit., 1941, p. 1.
5. DURAND. op. cit., 1941, p. 9.
6. NETO, A. A. A.; CARMONA, C. U. D. M. Modelagem do risco de crédito: um estudo do segmento de pessoas físicas em um banco de varejo. **Revista Eletrônica de Administração**, v. 10, n. 4, 2004.

feitas por especialistas do setor bancário, que analisavam, a partir de sua própria experiência individual, as solicitações apresentadas por tomadores. À medida em que a demanda por crédito cresceu, houve a necessidade da adoção de mecanismos preditivos que permitissem a análise de crédito de forma massificada. No período de 1970 a 2000, as avaliações de crédito subjetivas foram gradativamente sendo substituídas por processos automatizados, que utilizam um modelo matemático para o cálculo de uma pontuação inversamente proporcional ao risco de inadimplemento apresentado pelo tomador do crédito[7].

Esse sistema tradicional de análise de crédito se vale de um universo restrito de dados para produzir a avaliação da capacidade de pagamento do cliente. De modo geral, são consideradas na análise exclusivamente informações relacionadas à vida financeira do cliente. O modelo estatístico pondera dados como o fluxo de operações adimplidas ou inadimplidas pelo cliente, o montante atual de suas dívidas consolidas, suas obrigações correntes e suas fontes de receita[8].

Os dados analisados também têm origem comum e restrita. Modo geral, são as próprias empresas com quem o cliente mantenha obrigações diferidas no tempo, como prestadoras de serviços públicos, e instituições financeiras que apresentam os dados para a análise de crédito[9]. A partir dessas fontes, a agência de crédito realiza o cálculo estatístico da capacidade de pagamento do cliente, entregando uma estimativa probabilística sobre a chance de adimplemento das obrigações contratadas. Dessa maneira, a análise de crédito é um mecanismo de identificação prévia de fatores que podem sugerir uma probabilidade de inadimplência e instruir o processo decisório das decisões das instituições financeiras sobre os possíveis riscos associados à concessão de crédito a um cliente.

Esse processo de *credit scoring* tradicional pode ser resumido na seguinte sequência de operações: *(i)* coleta de dados financeiros individuais; *(ii)* submissão dos dados a um modelo matemático próprio da agência de crédito; e *(iii)* atribuição de uma nota representativa da capacidade de pagamento do cliente.

Desde sua origem os sistemas de *credit scoring* já trabalhavam com grande volume de informações. O processamento de todos os dados financeiros pode ser, inclusive, reconhecido como um dos fatores de demanda pelo desenvolvimento

---

7. DURKIN, T. A. et al. **Consumer credit and the American economy**. Oxford: Oxford University Press, 2014.
8. ROBINSON; YU. **Knowing the Score: New Data, Underwriting, and Marketing in the Consumer Credit Marketplace**. N.A. 2014.
9. ROBINSON; YU. op. cit., 2014.

tecnológico. Por essa razão, reconhece-se que a evolução da capacidade de processamento e armazenamento de dados foi movido, em parte, pelas próprias instituições financeiras que alocam um volume de recursos significativo no setor tecnológico[10].

Contudo, nos últimos 20, com a utilização de algoritmos preditivos dinâmicos, ocorreu uma mudança relevante nesse meio. A combinação de *big data* e inteligência artificial, permitiu a consolidação de um novo modelo de análise de crédito[11], que traz duas diferenças estruturais relevantes, com impactos diretos a sua compreensão jurídica.

Enquanto os sistemas tradicionais de *credit scoring* submetem dados essencialmente financeiros à análise, o novo modelo, com emprego de *big data* e algoritmos inteligentes, são alimentados por dados de várias fontes e com múltiplas naturezas. O novo modelo de análise toma em consideração informações sobre cadastros públicos, hábitos de compra, localização do cliente, histórico de navegação e uso de redes sociais[12].

Em seguida, os sistemas de análise de crédito com emprego de inteligência artificial abandonam os modelos matemáticos estáticos tradicionais. A partir do novo universo de dados, cuja natureza ultrapassa os simples dados financeiros, são produzidos novos modelos preditivos para a análise do crédito. Não mais se utiliza uma fórmula matemática desenvolvida por estatísticos, mas sim algoritmos de inteligência artificial para buscar padrões dentro de um grande volume de dados e, a partir deles, criar novas fórmulas automatizadas. O resultado são modelos dinâmicos, que se alteram conforme evolui a base de dados.

Há, assim, um novo fluxo na análise de crédito, que pode ser assim resumido: *(i)* coleta de grande volume de informações; *(ii)* sua compilação; *(iii) análise por meio de algoritmos para identificação de padrões de correlação* *(iv)* submissão contínua dos dados dos clientes, para a atribuição de uma nota representativa da capacidade pagamento[13].

Esse novo modelo apresenta cenários diferentes da análise, que muitas vezes podem escapar da expectativa do cliente desse setor. A empresa americana

---

10. PARANA, E. **A Finança Digitalizada:** capitalismo financeiro e a revolução informacional. Londrina: Editora Insular, 2016.

11. HURLEY, M.; ADEBAYO, J. Credit Scoring in the Era of Big Data. **Yale Journal of Law and Technology**, v. 29, n. 1, p. 149-216, 2016.

12. ROBINSON; YU. op. cit., 2014.

13. FTC. **Big Data: A Tool for Inclusion or Exclusion?** Federal Trade Comission. Washingon. 2016.

Zestfinance, por exemplo, usa dados de navegação do cliente para avaliar seu crédito. Informações como o tempo que é gasto para correr a barra de rolagem do termo de concordância no *site* da empresa podem influenciar a nota de crédito[14]. Hábitos de compra, como impulsos para a aquisição de bens de luxo ou a frequência contínua a estabelecimentos vinculados a um público de baixo poder aquisitivo, também podem gerar redução na avaliação de crédito[15].

Apesar aos problemas associados ao uso de inteligência artificial na análise de crédito, não se pode negar que o sistema pode gerar benefícios. Os processos tradicionais de avaliação de perfil para concessão de crédito são alvo de críticas. Clientes com pouco histórico de crédito são subavaliados, gerando uma espécie de barreira de entradas para novos clientes acessarem o sistema financeiro. Isso gera padrões de repetição de negativa de crédito, que agravam ainda mais o processo de exclusão[16]. A ideia, portanto, de que um modelo de análise de crédito distanciado dos algoritmos de inteligência artificial seria mais humano é igualmente falsa, em especial diante da própria existência de preconceitos dos próprios agentes responsáveis pela condução da análise de crédito.

Nesse contexto, a inteligência artificial associada à análise de crédito pode ter efeitos positivos, por permitir a inclusão de novos clientes, com pouca movimentação bancária e sem histórico de crédito. O alcance desses efeitos positivos, todavia, dependem da configuração dada pela regulação jurídica ao modelo de análise de crédito, conforme se busca analisar no presente trabalho.

3. CONCEITUANDO E CLASSIFICANDO O REGIME JURÍDICO DE AVALIAÇÃO DE CRÉDITO

Dada a multiplicidade de normativos que podem influenciar os modelos de inteligência artificial de avaliação de crédito, a análise de seu regime jurídico depende de uma prévia sistematização conceitual que permita o agrupamento das disposições em regulatórias em categorias funcionais. Nesse esforço, pode-se buscar auxílio em duas propostas teórico-metodológicas que pretendem estabelecer critérios para análise de regimes jurídico-regulatórios semelhantes ao sistema de avaliação de crédito, sejam elas a governança de dados e a teoria da regulação algorítmica.

---

14. HURLEY; ADEBAYO. op. cit., 2016.
15. ROBINSON; YU. op. cit., 2014.
16. HURLEY; ADEBAYO. op. cit., 2016.

A fim de criar um método para abordagem empírica do regime de governança de dados de crédito de consumidores Mizrahi-Borohovich e Levi-Faur[17] propõem uma classificação em etapas do processo de uso dos dados. Nesse caminho, são definidos três sub-regimes analíticos que englobam atores, instituições e normas[18]. Primeiro, agrupam-se as atividades relacionadas à coleta de dados dos consumidores a serem utilizados na avaliação de crédito. Em seguida, são reunidas às normas relacionadas ao processamento das informações e à produção dos próprios indicadores numéricos correspondentes às notas de crédito. Por fim, agrupam-se as normas, instituições e atores que controlam o uso de avaliação de crédito[19].

O esquema cima descrito pode servir como referência para a construção das categorias analíticas para identificação do regime jurídico dos modelos de análise de crédito com inteligência artificial, mas merece ressalvas. Inicialmente, por ser tratar de uma proposta que busca compreender a governança como um todo e não o regime jurídico, ele ultrapassa os objetivos aqui presentes. Ademais, o modelo de Mizrahi-Borohovich e Levi-Faur[20] não toma em consideração na identificação das funções a própria complexidade das relações jurídicas que o uso de algoritmos implica.

Avançando sobre esse desafio, a teoria da regulação algorítmica permite abarcar a complexidade dos algoritmos de inteligência artificial e fornecer interlocuções mais específicas com o direito[21]. A partir de uma noção de regulação descentralizada[22], a teoria da regulação algorítmica busca afastar a centralidade do Estado na produção da regulação e pretende estabelecer critérios funcionais, inspirados pela ideia de governança cibernética[23], para a identificação das atividades relacionadas aos sistemas de inteligência artificial. Nessa perspectiva, a

17. MIZRAHI-BOROHOVICH, I.; LEVI-FAUR, D. Varieties of consumer credit data regimes: A regulatory governance approach. **Governance**, v. 33, n. 1109-134, 2020.
18. MIZRAHI-BOROHOVICH; LEVI-FAUR. op. cit., 2020.
19. MIZRAHI-BOROHOVICH; LEVI-FAUR. op. cit., 2020.
20. MIZRAHI-BOROHOVICH; LEVI-FAUR. op. cit., 2020.
21. YEUNG, K. Algorithmic regulation: A critical interrogation. **Regulation & Governance**, v. 12, 2018.
22. BLACK, J. Decentring Regulation: Understading the le of Regulation and Self-Regulation in a 'Post-Regulatory' World. **Current Legal problems**, v. 54, n. 1, p. 103-146, 2001.
23. HOOD, C.; ROTHSTEIN, H.; BALDWIN, R. **The Government of Risk**: Understanding Risk Regulation Regimes. Oxford: Oxford Press, 2001.

teoria da regulação algorítmica identifica três funções primordiais para os sistemas que empregam inteligência artificial no controle de conduta dos agentes: a definição de parâmetros, a coleta de informações e alteração de comportamento. Diferentemente da primeira perspectiva, essa proposta, como se vê, tem foco em identificar de que maneira os algoritmos impactam o próprio comportamento das pessoas que com ele se relacionam.

É importante notar que existe uma significativa identidade entre as duas propostas conceituais. Invertendo a ordem dos elementos descritos pela teoria da regulação algorítmica, chega-se a uma classificação funcional das atividades relacionadas aos algoritmos equivalente à descrita na análise de dados de crédito de consumidores.

Retomando as duas propostas teóricas para o contexto da análise do regime jurídico incidente sobre os modelos de análise de crédito com inteligência artificial, pode-se realizar a separação funcional descrita na teoria da regulação algorítmica, unindo-a com a proposta de análise empírica de regime governança, sem perder de vista sua natureza jurídica. Dessa forma, a presente análise adota a seguinte classificação para análise do regime jurídico de avaliação de crédito:

1. Regime jurídico de coleta de informações para alimentação dos modelos de análise de crédito com emprego de inteligência artificial;
2. Regime jurídico incidente sobre a parametrização dos modelos de análise de crédito;
3. Regime jurídico incidente sobre o uso dos modelos de análise de crédito para induzir comportamentos.

Esses três critérios permitem uma análise sistematizada do regime jurídico-regulatório incidente sobre os algoritmos inteligentes de *credit scoring*, que será descrita a seguir.

4. O compliance da análise de crédito a partir do regime jurídico

No tópico anterior definimos os critérios para a análise do regime jurídico incidente sobre a análise de crédito. Resta demostrar, nesse momento, o vínculo entre a identificação desse arcabouço regulatório e o *compliance* empresarial das instituições que pretendem empregar os algoritmos de *credit score* em suas atividades.

A regulação jurídica foi inicialmente identificada, na tradição jurídica anglo-americana, como um mecanismo externo de controle das condutas empresariais, imposto pelo governo ao mercado[24]. Nessa visão, a atividade do Estado

---

24. ARANHA, M. I. Compliance, Governança e Regulação. In: FRAZÃO, A.; CUEVA, R. V. B. **Compliance:** perspectivas e desafios dos programas de conformidade. Belo Horizonte: Fórum, 2018, p. 124.

consistiria em estabelecer mecanismos sancionatórios que visassem restabelecer uma ordem ideal a partir da punição dos comportamentos empresariais desviantes. Partia-se, assim, da pressuposição de uma dicotomia entre Estado e mercado, na qual esse representaria uma ordem natural que sofreria eventuais interferências daquele. O comando e controle, estratégia regulatória desse modelo, identifica o Estado como a fonte legítima da ordem jurídica, de onde emanam os predicados de ordem a serem obedecidos pelos agentes de mercado[25].

A regulação, todavia, não está restrita ao modelo de comando e controle e à limitada percepção de um antagonismo entre mercado e Estado. A própria definição do termo "regulação" passa, aliás, por uma variedade de significados, que muitas vezes refletem a corrente ideológica dos seus autores[26]. Nesse sentido, pode-se afirmar que "*o fenômeno regulatório detém diversas faces visíveis ou invisíveis segundo a teoria que procure explicá-lo*"[27]. O esforço de reconhecer a regulação como um fenômeno abrangente e distribuído pela sociedade permitiu a identificação de uma definição mais ampla, que pode ser resumida à ideia de que "*regulação é um processo que envolve a tentativa constante e concentrada de alterar o comportamento de outros com a intenção de produzir resultado ou resultados genericamente definidos*"[28]. Nessa, perspectiva a sanção deixa de ser vista como único mecanismo para a condução das condutas dos agentes e o incentivo interno passa a ser considerado uma estratégia regulatória mais eficiente.

Identificar o regime jurídico regulatório significa, portanto, reconhecer as regras jurídicas que condicionam a conduta dos agentes de mercado em vários níveis. Esse processo não se limita à análise de normas infralegais emanadas por reguladores vinculados ao poder executivo, mas sim no mapeamento de todas as normas jurídicas incidem sobre determinada atividade empresarial.

No caso em estudo no presente trabalho, toma-se como referência os algoritmos de análise de crédito para utilizá-los como o epicentro de uma teia de normativos e, a partir desse núcleo, desenvolver um mapa capaz de permitir a compreensão de como se estrutura o arcabouço regulatório incidente sobre essa

25. BLACK. op. cit., 2001.

26. JORDANA, J.; LEVI-FAUR, D. The politics of regulation in the age of governance. In: JORDANA, J.; LEVI-FAUR, D. **The politics of regulation in the age of governance**. Cheltenham: Edward Elgar Publishing Ltd., 2004.

27. ARANHA, M. I. **Manual de Direito Regulatório**. 4ª. ed. Coleford: Laccademia Publishing, 2018, p. 37.

28. BLACK, J. Critical Reflections on Regulation. **Australian Journal of Legal Philosophy**, v. 27, p. 1-35, 2002, p. 29.

atividade econômica. Como guia para a sistematização desse mapa, adota-se as categorias formais definidas no tópico anterior, sistematizadas a partir da teoria de regulação algorítmica.

Por certo, o mapa regulatório que se pretende construir a seguir não poderia ser limitado apenas às normas relativas à proteção de dados pessoais. Em que pese a grande importância do regime protetivo de dados pessoais, é necessário compreender sua interação com outros normativos, a exemplo como a própria Lei 12.414/2011, responsável por instituir o sistema de avaliação de crédito a partir de histórico financeiro. Só por meio da análise conjunta de todos os dispositivos é possível compreender como o regime jurídico se estrutura para tornar viável o emprego de algoritmos de análise de crédito.

A identificação do mapa regulatório, todavia, é só um primeiro passo no caminho para a conformidade jurídica das atividades empresariais. Regulação e *compliance* são dois polos de um mesmo fenômeno[29]. Dessa forma, a regulação jurídica ainda depende, para sua eficácia, da capacidade de efetivamente alterar a conduta dos agentes. Tanto estratégias de regulação por meio de comando e controle, como regulações do tipo procedimental, que buscam a alteração da conduta empresarial, precisam ser internalizadas pelas empresas para que se tornem efetivas. Desse esforço nascem os mecanismos de *compliance*, que podem ser compreendidos como absorção pelos agentes de mercado, por sua governança empresarial, dos controles de conduta definidos no regime regulatório[30]. E nesse último passo, o mapa regulatório, proposto a seguir, pode ser de especial importância.

4. O mapa do regime jurídico da análise de crédito

Mais do que simples critérios de análise, as três funções regulatórias essenciais aos modelos de inteligência artificial para avaliação de crédito merecem ser entendidos também como condições para o funcionamento desses sistemas algorítmicos. Ou seja, sem que seja possível desenvolver qualquer uma das três atividades, o próprio funcionamento dos modelos de análise de crédito seria juridicamente inviável ou, no mínimo, ineficaz.

Nesse sentido, o regime jurídico desempenha um papel importante para o funcionamento dos modelos de inteligência artificial de análise de crédito. Cabe ao direito estabelecer as condições jurídicas indispensável para o

29. ARANHA, M. I. Compliance, Governança e Regulação. In: FRAZÃO, A.; CUEVA, R. V. B. **Compliance:** perspectivas e desafios dos programas de conformidade. Belo Horizonte: Fórum, 2018.

30. ARANHA. op. cit., 2018.

desenvolvimento da coleta de dados, a parametrização dos modelos e o uso das análises crédito. Assim como o regime jurídico não é um epifenômeno das relações sociais, mas um elemento delas constitutivo[31], o mesmo pode ser dito com relação produção, manutenção e utilização de tecnologias, tais como os modelos de inteligência artificial. E, nesse mesmo sentido, caberá às empresas responderem à essa configuração jurídica do ambiente negocial.

Dessa maneira, aborda-se, a seguir como e em que medida o regime jurídico incide em cada uma das funções destacadas na seção anterior.

4.1. O regime jurídico de coleta de dados

Sistemas de inteligência artificial só podem se tornar inteligentes se tiverem dados suficientes para aprenderem[32]. No contexto da análise de crédito, só é possível desenvolver modelos preditivos eficientes se existirem dados de múltiplas origens consolidados para criar previsões sobre a possibilidade de inadimplemento.

Com essa premissa em mente, é intuitivo iniciar a análise do regime jurídico de coleta de dados a partir da Lei Geral de Proteção de Dados (Lei 13.709/2018), que estabelece as regras gerais de tratamento de dados pessoais no Brasil.

De fato, a LGPD estabelece princípios que serão determinantes para o uso dos dados pessoais pelos modelos de avaliação de crédito. Em seu artigo 6º estão consolidados os princípios da finalidade, adequação e necessidade, entre outros, que desempenham papel fundamental para o tratamento de dados pessoais por qualquer sistema de inteligência artificial.

Nesse raciocínio, seria de se esperar que o Lei Geral de Proteção de Dados funcionasse mais como um obstáculo aos algoritmos de inteligência artificial. E, a bem da verdade, há quem se vincule a esse pensamento e defina que as normas de proteção de dados são incompatíveis com a tecnologia de *big data* e IA[33]. Por outro lado, é possível entender que a proteção de dados e a inteligência artificial não são incompatíveis e, mais ainda, merecem caminhar juntas[34], à medida que

---

31. GINDIS, D. et al. Legal institutionalism: Capitalism and the constitutive role of law. **Journal of Comparative Economics**, v. 45, n. 1, p. 188-200, 2017.
32. DATATILSYNET. Artificial intelligence and privacy. The Norwegian Data Protection Authority. Oslo. 2018.
33. ZARSKY, T. Z. Incompatible: The GDPR in the Age of Big Data. **Seton Hall Law Review**, v. 47, p. 995-1020, 2016.
34. DATATILSYNET. Op. cit., 2018.

os limites ao consumo de dados impostos pela legislação vão condicionar a formatação da tecnologia.

No caso em questão, pode-se até dar um passo além a esse segundo entendimento. A Lei Geral de Proteção de Dados não apenas não veda a coleta de dados para o treinamento dos algoritmos de análise de crédito, mas vem dar as condições jurídicas para que essa coleta seja realizada de maneira regular.

A Lei 13.709/2018, em seu artigo 7º, inciso X, estabelece a "proteção do crédito", como uma das hipóteses legítimas de tratamento de dados pessoais. Embora não seja feita referência direta, a LGPD parece indicar que, no caso de proteção do crédito, é cabível o regime jurídico definido na Lei 12.414/2011, que disciplinou os cadastros de histórico de crédito. Trata-se de uma previsão, de escopo limitado, todavia, uma vez que permite apenas o tratamento de dados referentes ao histórico de crédito, ou seja, aqueles "conjunto de dados financeiros e de pagamentos, relativos às operações de crédito e obrigações de pagamento adimplidas ou em andamento por pessoa natural ou jurídica", como definido no artigo 2º, inciso VII, da Lei 12.414/2011.

Os modelos de avaliação de crédito podem ser, portanto, alimentados com as informações descritas como "histórico de crédito". Mas, mais do que isso, em conformidade com o artigo 12 da LGPD, nada impede o treinamento dos algoritmos com uso de dados "anonimizados", ou seja, aqueles que não mais podem ser rastreados a uma pessoa, mas que ainda guardam informações suficientes para permitir a identificação de correlações estatísticas úteis à avaliação de crédito. Nesse caso, há possibilidade de coleta de dados para o treinamento dos algoritmos em múltiplas fontes e de várias naturezas, extrapolando-se assim a limitação do desenvolvimento de modelos de análise e crédito estritamente a partir de dados financeiros. Ademais, não se pode perder de vista que a própria LGPD é aplicável apenas aos casos de tratamento de dados de pessoais naturais, existindo um significativo universo de informações para os quais suas prescrições não são dirigidas.

Nesse sentido, o regime jurídico relativo à coleta de dados é suficiente para que os novos algoritmos de avaliação de crédito operem, empregando, inclusive, dados de várias espécies e origens, observadas as limitações acima colocadas.

4.2. O regime jurídico de parametrização dos algoritmos

Como estabelecido na sessão anterior, a segunda função regulatória dos algoritmos de inteligência artificial, e uma condição jurídica para sua operação, é a parametrização. Os sistemas de avaliação de crédito inteligentes dependem da definição de parâmetros para a realização de seu cálculo preditivo sobre a capacidade de adimplemento dos indivíduos. A essa atividade, denominamos parametrização, à medida que ela se consiste na construção de um modelo matemático a partir de parâmetros produzidos pelos próprios sistemas de inteligência artificial na busca por correlações nas bases de dados utilizadas para seu treinamento.

Além da carga principiológica associada ao tratamento de dados, já referida no tópico anterior, a atividade de parametrização da avaliação de crédito encontra limites expressos no ordenamento jurídico, definidos no artigo 7º da Lei 12.414/2011. Nesse sentido, fica vedada a adoção de parâmetros que envolvam dados relacionados à origem social e étnica, à saúde, à informação genética, ao sexo, às convicções políticas, religiosas e filosóficas. Também não podem servir como parâmetros para o cálculo da pontuação de crédito os dados de parentesco de primeiro grau e de dependência econômica ou mesmo as consultas realizadas pelo avaliado ao próprio cadastro.

Um complicador importante diz respeito às chamadas "variáveis por representação", no qual um parâmetro específico é utilizado como substituto (involuntário ou não) de um parâmetro vedado[35]. O exemplo mais comum é a utilização do endereço como substituto de origem social e étnica[36]. Nesses casos é cabível diligência do agente responsável pelo tratamento de dados na avaliação dos parâmetros, para evitar a parametrização irregular dos algoritmos de avaliação de crédito, ainda que ela esteja ocultada sob o emprego de parâmetros à primeira vista válidos.

A abordagem da atividade de parametrização, contudo, não pode ser limitada apenas à própria definição dos critérios. Isso porque é necessário também compreender, sob uma ótica da governança jurídica, a quem cabe definir os parâmetros dos modelos matemáticos e em que medida esses parâmetros podem ser juridicamente apropriados por um agente.

Em que pese sua relação direta com o sistema financeiro, a realização da avaliação de crédito não está mais restrita às instituições financeiras tradicionais, autorizadas a funcionar pelo Banco Central do Brasil. A Lei 12.414/2011, no artigo 2º, atribuiu ao "gestor" do "banco de dados" a tarefa de estabelecer os parâmetros de avaliação de crédito, definindo requisitos de atuação para esses agentes.

---

35. O termo aqui traduzido para "variáveis por representação" é derivado da expressão "*proxy variable*". Sobre o assunto das variáveis por representação há na análise de crédito, sugere-se a leitura de: BAROCAS, S.; SELBST, A. D. Big data's disparate impact. **California Law Review**, v. 104, p. 671, 2016.

36. BAROCAS; SELBST. op. cit., 2016.

Questão interessante é entender a quem cabe a propriedade intelectual dos modelos de avaliação de crédito. Por serem algoritmos complexos, que envolvem o uso de inteligência artificial, é possível afirmar que os modelos estatísticos resultante da análise dos dados utilizados para a avaliação de crédito não seja o resultado do simples engenho humano, mas um produto criado por computado[37]. Nesse sentido, é necessário questionar se os algoritmos gerados por computador, por meio de tecnologia de inteligência artificial, podem ser também protegidos pelas normas relativas à propriedade intelectual. Para além de uma simples questão retórica, a resposta a essa indagação tem efeitos sobre os incentivos econômicos para a produção de modelos de avaliação de crédito, pois sua proteção intelectual permitiria a melhor exploração econômica por seus agentes criadores[38]. Ademais, o reconhecimento da propriedade intelectual dos algoritmos também tem reflexos na transparência que será dada aos parâmetros dos algoritmos.

O tratamento do tema no Brasil ainda é inicial e deve ser realizado a partir das normas que cuidam de propriedade intelectual, desenvolvidas em um contexto em que os trabalhos gerados por computador não eram comuns. Os programas de computador, genericamente assim considerados, recebem o tratamento equivalente às obras literárias pela legislação de direitos autorais, conforme determina o artigo 2º da Lei 9.609/1998. Dessa forma, caso os algoritmos de avaliação de crédito produzidos pelos sistemas de inteligência artificial sejam consubstanciados em programas de computador, sua autoria poderá ser registrada no Instituto Nacional de Propriedade Intelectual, com a atribuição de direitos de exploração econômica ao titular do programa, que pode ser pessoa jurídica, conforme dispõe o artigo 3º da mesma Lei 9.609/1998.

Por outro lado, o modelo de avaliação de crédito poderá preencher os requisitos para ter sua patente registrada, caso os parâmetros de análise utilizados no algoritmo sejam suficientemente concretos e bem delimitados, afastada a possibilidade de registro de patentes "puramente abstratas" ou "métodos matemáticos", conforme previsto no artigo 10 da Lei 9.279/1996.

Diante dessa ambiguidade e do complexo cenário jurídico com relação ao tratamento da propriedade intelectual dos modelos de avaliação de crédito, a

---

37. ABBOTT, R. Ryan. Artificial intelligence, big data and intellectual property: protecting computer generated works in the United Kingdom. In: APLIN, T. **Research Handbook on Intellectual Property and Digital Technologies**. Londres: Edward Elgar Publising, 2020.

38. BRIDY, A. Coding Creativit: Copyright and the Artificially Intelligent Author. **Stanford Technology Law Review**, v. 5, 2012.

Lei 12.414/2011 garantiu a proteção dos modelos de avaliação de crédito como "segredo empresarial". Dessa forma, os critérios utilizados no processo de *credit scoring* podem ser solicitados pela pessoa avaliada, resguardado o segredo empresarial, conforme dispõe o artigo 5º da norma. A mesma proteção foi reconhecida no artigo 6º da LGPD, na definição do princípio da transparência. O alcance dessa proteção ao segredo empresarial, contudo, não é normativamente descrito, de forma que deve ser ponderado pelos princípios relativos à proteção de dados pessoais.

Acima de tudo, a limitação ao princípio da transparência na avaliação de crédito, garantido o segredo dos parâmetros utilizados no modelo estatístico criado por inteligência artificial, permite o desenvolvimento da função de parametrização e é constitutivo das relações que se estabelecem nesse setor.

4.3. O regime jurídico de uso dos modelos de análise de crédito

Uma vez desenvolvido o modelo de avaliação de crédito, ele precisa ser utilizado para que a instituição financeira possa avaliar o risco de retorno do capital concedido a cada operação. Para tanto é necessário submeter os dados de uma pessoa para obter, finalmente, sua pontuação de crédito, que, em seguida, será utilizada para instruir decisões e orientar a conduta dos credores.

A alteração recente da Lei 12.414/2011 pela Lei Complementar 166/2019, dispensou a necessidade de autorização do avaliado para abertura do cadastro de crédito. Combinada essa disposição à hipótese de tratamento de dados pessoais para a proteção ao crédito, definida no artigo 7º da LGPD, é possível compreender que a submissão dos dados pessoais ao modelo ao algoritmo de avaliação de crédito independe de autorização do titular. Essa conclusão pode parecer dissonante com a ideia de proteção de dados pessoais consubstanciada na legislação. Todavia, quando se reconhece que o regime jurídico é um elemento constitutivo das relações sociais, como colocado às páginas anteriores, é possível compreender que mais do que simplesmente proteger o titular dos dados pessoais, a legislação é um elemento que viabiliza o tratamento de dados, especialmente em situações como a ora analisada.

Estabelecida a nota de crédito, seu emprego como método para instruir as decisões dos agentes, todavia, é restrito às hipóteses especificamente definidas no artigo 7º da Lei 12.414/2011. Ou seja, a avaliação de crédito poderá ser utilizada exclusivamente para subsidiar a concessão ou extensão de crédito e a realização de vendas a prazo ou qualquer outra transação que implique risco financeiro.

Por algum tempo a própria atribuição de uma nota para avaliação da capacidade de pagamento dos tomadores de crédito foi alvo de questionamentos.

O tema chegou ao Superior Tribunal de Justiça, que no julgamento do Recurso Especial nº 1.419.697-RS[39] consolidou a viabilidade do uso de método de *credit score*. Pouco depois, foi aprovada a Súmula nº 550 do Superior Tribunal de Justiça, que, além de reconhecer a legalidade do sistema de avaliação de crédito, dispensou o consentimento do consumidor para sua realização.[40]

Dessa forma, o regime jurídico brasileiro incidente sobre o uso dos modelos de avaliação de crédito possui dupla natureza. É permissivo, à medida que permite o cálculo da nota de crédito sem autorização do avaliado, e limitador, por impedir que a nota seja utilizada para qualquer fim não relacionado ao cálculo de risco financeiro. Nisso, o cenário regulatório adotado no país difere de outras jurisdições, onde as notas de avaliação de crédito podem subsidiar decisões não vinculadas ao sistema financeiro, como a contratação em vagas de emprego e até a participação em redes sociais de relacionamento[41].

Conclusão

O presente trabalho buscou analisar a regulação dos modelos de análise de crédito com inteligência artificial, com o objetivo de compreender de que forma o arcabouço regulatório condiciona a governança empresarial e o *compliance* face as normas de proteção de dados. Para tanto, utilizou-se como referência a teoria da regulação algorítmica e a teoria da governança de dados para sistematizar o arcabouço normativo e produzir um mapa regulatório apto a identificar a estrutura jurídica que dá sustentação ao emprego de algoritmos de inteligência artificial na análise de crédito. Complementarmente, esse mesmo mapa regulatório pode servir como referência para informar os esforços empresariais no sentido de alcançar o *compliance* nesse setor.

Nessa proposta partiu-se de uma perspectiva que encara as normas jurídicas como uma função estruturante da atividade empresarial. Assim, busca-se escapar da visão tradicional de um direito sancionatório que só existe quando

39. Superior Tribunal de Justiça, 2ª Seção, Acórdão do Recurso Especial nº 1.419.697-RS, Relator Ministro Paulo de Tarso Sanseverino. Julgado em 12.11.2014. Publicação em 17.11.2014.

40. Súmula nº 550: "A utilização de escore de crédito, método estatístico de avaliação de risco que não constitui banco de dados, dispensa o consentimento do consumidor, que terá o direito de solicitar esclarecimentos sobre as informações pessoais valoradas e as fontes dos dados considerados no respectivo cálculo" (Superior Tribunal de Justiça, 2ª Seção. Aprovada em 14.10.2015. Publicação em 19.10.2015).

41. ROBINSON; YU. op. cit., 2014.

descumprido[42] e compreende-se o arcabouço regulatório como um sistema de legitimação das atividades empresariais, condicionadas pelas normas jurídicas.

Exatamente por essa razão, o presente trabalho não buscou avaliar as punições que podem impactar as empresas que eventualmente deixem de cumprir as normas jurídicas. Ao contrário, partiu-se aqui para reconhecer e beneficiar o esforço dos agentes que buscam a conformidade regulatória.

Dessa maneira, a análise revelou que o modelo de avaliação de crédito com inteligência artificial depende de condições jurídicas específicas para seu funcionamento. Essas condições são a possibilidade de coleta massiva de dados, a produção de parâmetros para a avaliação e o uso dessas avaliações. O regime jurídico brasileiro estabelece essas condições em normas dispersas e com a influência de vários agentes regulatórios, cabendo às empresas buscarem a incorporação desses condicionamentos no desenvolvimento de suas atividades.

BIBLIOGRAFIA

ABBOTT, R. Ryan. Artificial intelligence, big data and intellectual property: protecting computer generated works in the United Kingdom. In: APLIN, T. **Research Handbook on Intellectual Property and Digital Technologies**. Londres: Edward Elgar Publising, 2020.

ARANHA, M. I. Compliance, Governança e Regulação. In: FRAZÃO, A.; CUEVA, R. V. B. **Compliance**: perspectivas e desafios dos programas de conformidade. Belo Horizonte: Fórum, 2018.

ARANHA, M. I. **Manual de Direito Regulatório**. 4ª. ed. Coleford: Laccademia Publishing, 2018.

ARANHA, M. I.; LOPES, O. **Estudo sobre Teorias Jurídicas da Regulação apoiadas em incentivos**. Projeto ANATEL-UnB (Meta 5). Centro de Políticas, Direito, Economia e Tecnologias de Comunicação da UnB. Brasília. 2019.

BAROCAS, S.; SELBST, A. D. Big data's disparate impact. **California Law Review**, v. 104, p. 671, 2016.

BLACK, J. Decentring Regulation: Understading the le of Regulation and Self-Regulation in a 'Post-Regulatory' World. **Current Legal problems**, v. 54, n. 1, p. 103-146, 2001.

BLACK, J. Critical Reflections on Regulation. **Australian Journal of Legal Philosophy**, v. 27, p. 1-35, 2002.

42. ARANHA, M. I.; LOPES, O. **Estudo sobre Teorias Jurídicas da Regulação apoiadas em incentivos**. Projeto ANATEL-UnB (Meta 5). Centro de Políticas, Direito, Economia e Tecnologias de Comunicação da UnB. Brasília. 2019.

BRIDY, A. Coding Creativit: Copyright and the Artificially Intelligent Author. **Stanford Technology Law Review**, v. 5, 2012.

CRANSTON, R. et al. **Principles of Banking Law**. Oxford: Oxforf University Press, 2017.

DATATILSYNET. **Artificial intelligence and privacy**. The Norwegian Data Protection Authority. Oslo. 2018.

DURAND, D. **Risk Elements in Consumer Instalment Financing**. National Bureau of Economic Research. Nova York. 1941.

DURKIN, T. A. et al. **Consumer credit and the American economy**. Oxford: Oxford University Press, 2014.

FTC. **Big Data: A Tool for Inclusion or Exclusion?** Federal Trade Comission. Washingon. 2016.

GINDIS, D. et al. Legal institutionalism: Capitalism and the constitutive role of law. **Journal of Comparative Economics**, v. 45, n. 1, p. 188-200, 2017.

HOOD, C.; ROTHSTEIN, H.; BALDWIN, R. **The Government of Risk:** Understanding Risk Regulation Regimes. Oxford: Oxford Press, 2001.

HURLEY, M.; ADEBAYO, J. Credit Scoring in the Era of Big Data. **Yale Journal of Law and Technology**, v. 29, n. 1, p. 149-216, 2016.

JORDANA, J.; LEVI-FAUR, D. The politics of regulation in the age of governance. In: JORDANA, J.; LEVI-FAUR, D. **The politics of regulation in the age of governance**. Cheltenham: Edward Elgar Publishing Ltd., 2004.

MIZRAHI-BOROHOVICH, I.; LEVI-FAUR, D. Varieties of consumer credit data regimes: A regulatory governance approach. **Governance**, v. 33, n. 1109-134, 2020.

NETO, A. A. A.; CARMONA, C. U. D. M. Modelagem do risco de crédito: um estudo do segmento de pessoas físicas em um banco de varejo. **Revista Eletrônica de Administração**, v. 10, n. 4, 2004.

PARANA, E. **A Finança Digitalizada:** capitalismo financeiro e a revolução informacional. Londrina: Editora Insular, 2016.

ROBINSON; YU. **Knowing the Score: New Data, Underwriting, and Marketing in the Consumer Credit Marketplace**. N.A. 2014.

YEUNG, K. Algorithmic regulation: A critical interrogation. **Regulation & Governance**, v. 12, 2018.

ZARSKY, T. Z. Incompatible: The GDPR in the Age of Big Data. **Seton Hall Law Review**, v. 47, p. 995-1020, 2016.

Planos de resposta a incidentes de segurança com dados pessoais e a construção de uma governança responsiva

Thiago Luís Sombra[1]

Sumário: I. Segurança cibernética e regulação; II. A LGPD e os desafios de estímulo da segurança cibernética; III. Incidentes de Segurança: como identificar e avaliar a gravidade?; IV. Plano de Resposta a Incidentes; V. Notificando um Incidente; VI. O dilema da responsabilidade.

I. Segurança cibernética e regulação

Com a crescente digitalização das empresas no cenário provocado pela pandemia da Covid-19, somado à entrada em vigor da Lei Geral de Proteção de Dados Pessoais (LGPD), o número de incidentes com dados pessoais não apenas aumentou como também ganhou mais visibilidade. Em um desses capítulos

1. Pós-Doutorando em Direito pela Universidade de São Paulo. Doutor em Direito pela Universidade de Brasília. Sócio das áreas de Tecnologia, Anticorrupção e Direito Público do Mattos Filho, Veiga Filho, Marrey Jr. e Quiroga, ex-Procurador do Estado de São Paulo e ex-assessor de Ministro do Superior Tribunal de Justiça.

dos novos desafios da segurança cibernética, incidentes com órgãos da Administração Pública evidenciaram como não há limites e controles capazes de evitar por completo a ação de hackers e as falhas humanas.

Embora o setor financeiro tenha sido um dos primeiros a disciplinar requisitos e políticas de segurança cibernética (Res. CMN 4.893/21, Decreto n. 9.936/19 e Circular BACEN 3.909/19), o Governo Federal (Decreto n. 10.222/20 – Estratégia Nacional de Segurança Cibernética) e outros setores regulados como o de seguros (Circular SUSEP n. 619/20), elétrico (Consulta Pública ANEEL n. 007/21) e o de mercado de capitais (Res. CVM n. 35/21) somente recentemente deram seus primeiros passos para exigir planos de resposta a incidentes, requisitos de segurança e relatórios frequentes com a incorporação das melhores práticas e experiência.

Se antes da entrada em vigor da LGPD os controladores dos dados pessoais ainda tinham alguma margem de flexibilidade para gerenciar um incidente, evitar a publicização – a depender do setor regulado de atuação – e decidir sobre a conveniência e oportunidade em notificar autoridades e titulares, esta alternativa não mais existe.

E nesse cenário de aumento do número de incidentes, os desafios ganharam novos contornos[2]. Para além das dificuldades naturais relacionadas à gestão de um incidente de segurança com dados pessoais como a existência de plano de resposta, eventuais danos reputacionais, desvalorização acionária e patrimonial, comprometimento operacional e fraudes, a LGPD trouxe outro fator relevante: a notificação obrigatória aos titulares e ANPD, quando o incidente acarretar risco ou dano relevante aos titulares. Este elemento se tornou decisivo para a virada regulatória e a forma de gerir incidentes de segurança.

II. A LGPD e os desafios de estímulo da segurança cibernética

Com o contínuo desenvolvimento das tecnologias de computação, comunicação e armazenamento e o consequente declínio de seus preços, a informação passou a assumir papel central na economia e na sociedade como um todo[3].

---

2. World Economic Forum. 2019. *The global risks report 2019*: 14th edition. Available at: https://www.weforum.org/reports, August 20.
3. SOMBRA, Thiago Luís Santos Sombra. *Fundamentos da Regulação da Privacidade e Proteção de Dados: pluralismo jurídico e transparência em perspectiva.* 2. ed. São Paulo: Revista dos Tribunais, p. 75.

Dessa forma, na chamada sociedade da informação em rede[4], proteger esses ativos, especialmente quando relacionados a pessoas físicas identificadas ou identificáveis, é essencial tanto para minimizar os riscos empresariais como para preservar direitos fundamentais como intimidade, privacidade e integridade.

A segurança é um pilar fundamental da proteção de dados pessoais com um todo, pois garante que atributos essenciais da informação sejam preservados. Por essa razão, além de elencá-la como princípio norteador de todo o instrumento normativo, a LGPD dedicou um capítulo exclusivo à segurança dos dados pessoais. Nessa toada, a lei determina que os agentes de tratamento devem adotar medidas técnicas e organizacionais aptas a proteger os dados pessoais de acessos não autorizados e de situações acidentais ou ilícitas de destruição, perda, alteração, comunicação ou qualquer forma de tratamento inadequado ou ilícito[5].

O primeiro passo para implementar um *framework* robusto de segurança cibernética é a realização de avaliações de risco (*risk assessments*) das operações, mapeando as principais atividades de tratamento e os potenciais impactos negativos para os direitos e liberdades individuais dos titulares dos dados[6]. Em algumas situações, esta avaliação somente será possível por meio da realização de relatórios de impacto à proteção de dados pessoais (*Privacy Impact Assessment* – PIA), documentação que contém a descrição dos processos de tratamento de dados pessoais que podem gerar riscos às liberdades civis e aos direitos fundamentais, bem como medidas, salvaguardas e mecanismos de mitigação de riscos.

Diante dos riscos identificados, a principal missão envolve implementar um conjunto de ferramentas que assegure um nível de proteção equivalente ao risco de exposição verificado na atividade de tratamento de dados pessoais, levando em consideração a natureza dos dados pessoais, o escopo, o contexto, o motivo do tratamento e o impacto nos direitos e liberdades dos titulares. É importante notar que essas ferramentas devem envolver, entre outras medidas

---

4. CASTELLS, M. A Sociedade em Rede: do Conhecimento à Política. In: CASTELLS, M.; CARDOSO, G. *A Sociedade em Rede: Do Conhecimento à Acção Política.* Belém: Imprensa Nacional – Casa da Moeda, 2005.

5. Antonucci, D. *The Cyber risk handbook: creating and measuring effective cybersecurity capabilities.* New Jersey: John Wiley & Sons, Inc, 2017.

6. Wells, D., Brewster, B. & Akhgar, B. *Challenges priorities and policies: mapping the research requirements of cybercrime and cyberterrorism stakeholders.* In: *Combatting cybercrime and cyberterrorism: challenges, trends and priorities.* B. Akhgar & B. Brewster, Eds. Sheffield: Springer International Publishing, 2016. pp. 39-52.

técnicas, a implementação de antivírus, arquivos de *backup*, criptografia, *white-lists*, testes de intrusão (*PenTests*) e pseudonimização de dados, mas também organizacionais como políticas, controles de acesso, treinamentos e procedimentos[7].

III. INCIDENTES DE SEGURANÇA: COMO IDENTIFICAR E AVALIAR A GRAVIDADE?

A LGPD não define expressamente o que é um incidente de segurança, mas lista de forma exemplificativa possíveis situações que se encaixam nesse conceito como acessos não autorizados e situações – acidentais ou ilícitas – de destruição, perda, alteração, comunicação ou qualquer forma de tratamento inadequado ou ilícito.

Na União Europeia, o *General Data Protection Regulation* (GDPR), dispõe que serão considerados incidentes de segurança aqueles em que o risco para os direitos e liberdades das pessoas naturais, cuja probabilidade e gravidade podem ser variáveis, resultem de operações de tratamento de dados pessoais suscetíveis de causar danos físicos, materiais ou imateriais, em especial quando o tratamento possa dar origem à discriminação, roubo da identidade ou fraude, a perdas financeiras, prejuízos para a reputação, perdas de confidencialidade de dados pessoais protegidos por sigilo profissional, à inversão não autorizada da pseudonimização, ou a quaisquer outros prejuízos importantes de natureza econômica ou social.

Nesse sentido, são exemplos de casos de gravidade aqueles incidentes em que os titulares dos dados possam ficar privados dos seus direitos e liberdades ou impedidos de exercerem o controle sobre os seus dados pessoais; quando forem tratados dados pessoais que revelem a origem racial ou étnica, as opiniões políticas, as convicções religiosas ou filosóficas e a filiação sindical, bem como dados genéticos ou dados relativos à saúde ou à vida sexual ou a condenações criminais e infrações ou medidas de segurança conexas; quando forem avaliados aspectos de natureza pessoal, em particular análises ou previsões de aspectos que digam respeito ao desempenho no trabalho, à situação econômica, à saúde, às preferências ou interesses pessoais, à confiabilidade ou comportamento e à localização das pessoas, a fim de definir ou fazer uso de perfis; quando forem tratados dados pessoais relativos a pessoas naturais vulneráveis, em particular

7. George, T. *Cyber risk, cyber threats, and cyber security: synonyms or oxymorons?* Available: http://www.securityweek.com/cyber-risk-cyber-threats-and-cyber-security-synonyms-or-oxymorons, 2017, August 29].

crianças; ou quando o tratamento incidir sobre uma grande quantidade de dados pessoais e afetar um grande número de titulares de dados[8].

Para melhor compreensão, alguns exemplos de incidentes de segurança podem envolver a perda, furto ou falha na configuração de dispositivos físicos, tais como notebooks ou *cloud computing*; (ii) perda ou furto de documentos que contenham dados pessoais; (iii) acesso não autorizado a dados pessoais; (iv) divulgação inadvertida de dados pessoais em virtude de erro humano; e (v) divulgação de dados pessoais em virtude de um golpe, como resultado de procedimentos inadequados de verificação de identidade[9].

Em outras palavras, para dimensionar a potencialidade e consequências de um incidente deve-se considerar os riscos para os direitos e liberdades do titular dos dados com base na natureza, âmbito, contexto e finalidades do tratamento de dados. Os riscos deverão ser aferidos com base numa avaliação objetiva, que determine se as operações de tratamento de dados implicam risco elevado[10].

A metodologia mais reconhecida em âmbito internacional para a avaliação dos riscos relacionados a incidentes de segurança foi desenvolvida pela ENISA, a Agência da União Europeia para a Cibersegurança (*European Union Agency for Network and Information Security*), chamada "Recomendações para uma metodologia de avaliação da gravidade dos incidentes de segurança" (*Recommendations for a Methodology of the Assessment of Severity of Personal Data Breaches*)[11]. No mesmo sentido, elementos de recomendações mais práticas relacionadas à segurança da informação foram desenvolvidos pelo Instituto Nacional de Padrões e Tecnologia dos EUA (*National Institute of Standards and Technology*), como o Guia de Manuseio de Incidentes de Segurança de Computadores (*Computer Security Incident Handling Guide*)[12] e o Guia técnico para testes e avaliações de segurança da informação (*Technical guide to information security testing and assessment*)[13].

---

8. GDPR, Recital 75 e 76.
9. RSA Security LLC. *Cyber risk appetite: defining and understanding risk in the modern enterprise.* Available at: https://www.rsa.com/en-us/resources/cyber-risk-appetite-defining-and-understanding-risk-in-the-modern-enterprise, 2017, August 7.
10. Chaudhary, R. & Hamilton, J. *The five critical attributes of effective cybersecurity risk management*. Available: https://scadahacker.com/library/ [2017, August 7].
11. Cf. ENISA, *Recommendations for a methodology of the assessment of severity of personal data breaches*, Disponível em: https://www.enisa.europa.eu/publications/dbn-severity, acessado em: 15.04.2021.
12. Cf. https://nvlpubs.nist.gov/nistpubs/SpecialPublications/NIST.SP.800-61r2.pdf.
13. Cf. https://nvlpubs.nist.gov/nistpubs/Legacy/SP/nistspecialpublication800-115.pdf.

Conforme recomendado pelo Working Party 29 em suas Orientações sobre a notificação de uma violação de dados pessoais ao abrigo do Regulamento (UE) 2016/679[14], substituído pelo atual European Data Protection Board em suas Diretrizes sobre Exemplos de Notificação de Incidentes de Segurança (*Guidelines on Examples regarding Data Breach Notification*)[15], os critérios a serem levados em consideração ao avaliar os riscos são:

1. tipo de incidente de segurança (podemos sugerir que o "tipo de incidente de segurança" seja uma classificação em relação ao ocorrido, tal como divulgação indevida de informações, perda de dados);
2. natureza, sensibilidade e volume dos dados pessoais;
3. facilidade de identificação dos titulares;
4. gravidade das consequências para os titulares;
5. características especiais dos titulares (incidentes envolvendo crianças ou idosos podem resultar em riscos maiores);
6. características especiais do controlador (por exemplo, controladores sujeitos a outros sigilos);
7. o número de titulares afetados.

De forma geral, pode-se definir um incidente de segurança como um evento adverso, confirmado ou sob suspeita, que afete a tríade da segurança da informação: confidencialidade, a integridade ou disponibilidade dos dados[16]. O comprometimento da segurança dos dados pessoais pode impactar empresas e indivíduos em diferentes níveis, resultando em danos físicos, materiais ou morais. Dentre os possíveis danos para os agentes e tratamento, pode-se citar a perda do controle dos dados, imposição de sanções, desvalorização da companhia no mercado de ações, notificação de órgãos reguladores e autoridades e, em especial, danos reputacionais. Já para os titulares, as consequências negativas incluem fraudes, extorsão, danos psicológicos, financeiros ou emocionais, discriminação, e roubo de identidade[17].

---

14. Cf. https://ec.europa.eu/newsroom/article29/document.cfm?doc_id=49827.
15. No mesmo sentido é a posição da Autoridade de Proteção de Dados de Cingapura, Guia para Gerenciamento de Incidentes de Segurança da DPA de Cingapura.
16. CERT.br. *O que é um incidente se segurança?* Disponível em https://www.cert.br/docs/certbr-faq.html, acessado em 11/09/2019.
17. LeTellier, V. *The argument for holistic cybersecurity*. Available: https://www.securitymagazine.com/blogs/14-security-blog/post/87239-the-argument-for-holistic-cybersecurity [2017, November 2].

IV. PLANO DE RESPOSTA A INCIDENTES

O Plano de Resposta a Incidentes é um dos principais elementos de governança corporativa capaz de organizar a atuação durante uma crise relacionada ao comprometimento da integridade, confidencialidade e disponibilidade dos dados pessoais[18]. Por essa razão, é essencial estruturar um plano de resposta a incidentes com conteúdo prático, acessível, sucinto, com composição interdisciplinar e assistência externa, tal como recomenda o Departamento de Justiça dos Estados Unidos, no guia *Best Practices for Victim Response and Reporting of Cyber Incidents*[19]. Em linhas gerais, um bom plano de respostas deve ser estruturado em três grandes pilares: a preparação, a resposta e a avaliação.

A fase da preparação consiste na adoção de medidas anteriores ao incidente, o que inclui a elaboração de um documento que estabeleça previamente procedimentos a serem tomados em casos de incidentes e defina as atribuições de cada um dos envolvidos no processo de resposta.

Além disso, deve ser estabelecido um comitê de gestão de crise, também conhecido como *war room*, que irá tomar as medidas necessárias nas primeiras horas do incidente. O Plano de Resposta a Incidentes deve conter os contatos dos integrantes do comitê de gestão de crise (*war room*) e das consultorias técnica, jurídica e de comunicação que lhes dará suporte. Um plano de comunicação também deve estar entre as preocupações do comitê de gestão de crise. Para viabilizar a tomada de decisões que reflitam todos os interesses da empresa, além de representantes de tecnologia e segurança da informação, é importante que o comitê de gestão de crise seja formado por pessoas com perfis distintos e multidisciplinares, de hierarquia intermediária, por exemplo, integrantes dos times de *compliance*, comunicação corporativa, jurídico, recursos humanos e negócios.

Ainda na fase de preparação, é fundamental que os procedimentos de resposta a incidentes sejam previamente conhecidos pelos envolvidos na condução do incidente por meio de treinamentos com membros do comitê de gestão de crise, denominados *tabletop exercises*, nos quais incidentes de segurança fictícios são simulados para que as políticas e procedimentos pré-aprovados pela empresa sejam colocados à prova. Assim, se uma empresa não tiver uma política de pagamento de recompensa (*bug bounty policy*) para *white hat hackers* ou

18. Antonucci, D. *The Cyber risk handbook: creating and measuring effective cybersecurity capabilities*. New Jersey: John Wiley & Sons, Inc., 2017.

19. Cf. https://www.justice.gov/criminal-ccips/file/1096971/download.

hacktivistas (pesquisadores) ou mesmo admite pagamentos de resgate em casos de extorsão, este será o momento de avaliar como um incidente será conduzido a partir da observância dessas premissas[20].

Na fase de resposta, por sua vez, o Plano de Resposta será acionado diante de um incidente de segurança concreto. Como ponto de partida, a fase de resposta requer que todos os integrantes do comitê de gestão de crise compreendam bem seus papéis e responsabilidades específicas, sem que haja espaço para tomada de decisões isoladas ou em desconformidade com as políticas e procedimentos da empresa, como entrevistas ou comunicações a reguladores. Nesse sentido, é fundamental elaborar um *check-list* com ações imediatas, que devem ser tomadas no curso de poucas horas e reavaliadas periodicamente[21].

Em seguida, assim que o incidente de segurança é detectado, deve-se fazer um dimensionamento da extensão do dano para fins de definição do acionamento de eventual apólice de seguros cibernéticos contratada e notificação de autoridades, parceiros comerciais e titulares dos dados. Isso guiará os próximos passos do processo de resposta e determinará as medidas mitigadoras que deverão ser adotadas.

Concomitantemente, deve-se isolar a infraestrutura comprometida, ou seja, certificar-se de que a área na qual a violação ocorreu esteja segura, a fim de preservar as evidências e impedir o comprometimento de outros sistemas, bem como documentar em atas notariais. Após certificar-se da segurança dos ambientes físico e digital, é necessário realizar a redundância da infraestrutura e implementar medidas para conter novas ameaças. A depender da extensão do incidente, engajar uma consultoria forense externa, que atuará como auditor independente, examinando os sistemas comprometido e coletando evidências, será preponderante para serem apresentadas a autoridades e reguladores, por meio de um relatório final de investigação.

Destaca-se que, uma vez identificado o incidente de segurança, é extremamente importante que toda a condução do processo seja documentada a cada etapa (atas de reunião), mantendo-se sempre o registro de quem comunicou o incidente ou como foi descoberto, as causas preliminares, definição do padrão de comportamento dos atacantes e as medidas mitigadoras adotadas. Além disso, para ter melhores condições de apurar os fatos nas primeiras horas, a análise

20. Antonucci, D. *The Cyber risk handbook: creating and measuring effective cybersecurity capabilities*. New Jersey: John Wiley & Sons, Inc., 2017.

21. Denning, D.E. *Assessing cyber war. In Assessing war: the challenge of measuring success and failure*. L.J. Blanken., H. Rothstein & J.J. Lepore, Eds. Washington, DC: Georgetown University Press, 2015.

de logs de acesso dos últimos seis a doze meses anteriores ao incidente, identificação de IPs, entrevistas com pessoas envolvidas e catalogação de informações por meio de softwares de investigação também são medidas recomendáveis.

No curso dessa etapa do plano de resposta e investigação interna do incidente, a empresa, enquanto controladora dos dados, terá acesso a todas as informações gravadas nas ferramentas de trabalho dos colaboradores, isto é, computadores, *notebooks* e telefones celulares corporativos, incluindo os aplicativos de mensagens. Nesse contexto, importante destacar que a Justiça do Trabalho[22] vem entendendo que empregadores podem monitorar seus empregados no que diz respeito às ferramentas de trabalho a ele concedidas, como e-mails e as comunicações de seus telefones celulares corporativos.

Dentre as salvaguardas necessárias no curso desta etapa do incidente e investigação interna, é fundamental o respeito aos princípios da LGPD, como a transparência, de modo que durante todo o curso da investigação os dados sejam tratados no limite do que for necessário para não comprometer a confidencialidade e o resultado final da investigação. Nessa perspectiva, o controlador pode, ainda, incluir em contratos de trabalho ou em comunicações periódicas[23] a informação de que, tanto o e-mail quanto o telefone celular corporativo são de propriedade da empresa, de sorte que o tratamento seja transparente.

Outro aspecto que precisa ser apontado está ligado ao tratamento de dados pessoais sensíveis. Nesse contexto, é fundamental que o controlador, no curso das investigações, sobretudo aquelas envolvendo telefones celulares corporativos, se atentem para os dados sensíveis.

A investigação nesses dispositivos deve sempre estar atenta aos direitos de intimidade e privacidade, de modo que o tratamento abusivo de dados sensíveis é inadequado. A experiência prática aponta que, mesmo que seja um telefone celular corporativo, é possível que o titular armazene dados pessoais, que devem ser preservados[24]. Mesmo com utilização de empresas forenses especializadas,

---

22. O tema em comento tem diversas questões atinentes ao Direito do Trabalho, que não será tratado de modo extensivo neste artigo.
23. Na elaboração de um programa de integridade, por exemplo, recomenda-se que a área de comunicação interna ou até mesmo a área de *compliance* emita, regularmente, comunicações com lembretes sobres os códigos e políticas internas. Nessa intersecção com o *compliance* digital, esses comunicados podem incluir temas relacionados à proteção de dados, bem como a lembrança que as informações de e-mails e telefones celulares corporativos são de propriedade da empresa.
24. Ponemon Institute, LLC. 2016. The second annual study on the cyber resilient organization: executive summary.

com uso de palavras chaves específicas para a irregularidade investigada e outros métodos, é comum que os revisores de documentos encontrem dados pessoais sensíveis. Para essas situações, é fundamental que o controlador treine os revisores de documentos e investigadores, sejam internos, sejam externos, por meio para preservar esses dados e informar o controlador. Para tais hipóteses, o descarte seguro deve ser imediato.[25]

Durante a fase de resposta deve-se avaliar ainda os riscos para os titulares dos dados e a necessidade de notificação das autoridades e órgãos reguladores nas jurisdições afetadas. Note que, em um primeiro momento, os riscos devem ser avaliados e informados para um núcleo restrito de gestores dentro da empresa, os quais serão os responsáveis pela tomada de decisões e elaboração de declarações para imprensa, acionistas e titulares.

A última fase é a avaliação, realizada após a ocorrência e remediação do incidente e que tem como objetivo incorporar experiências, conhecimento e aprimorar procedimentos. Nessa fase recomenda-se uma atualização do plano de resposta a incidentes, a revisão de contratos com fornecedores, reavaliação de procedimentos de acesso e compartilhamento de dados, revisão das diretrizes de notificação, bem como avaliação de sistemas e ferramentas segurança.

V. Notificando um Incidente

Um elemento fundamental de qualquer Plano de Resposta a Incidentes é a identificação de obrigações legais ou regulatórias e contratuais de comunicar o incidente tanto aos titulares dos dados comprometidos como autoridades e parceiros comerciais.

A LGPD prevê em seu artigo 48 que, caso um incidente ocorra, o responsável pelo tratamento dos dados deve notificar tanto o titular como a Autoridade Nacional de Proteção de Dados (ANPD) em um prazo razoável, exceto nos casos em que a violação não apresente um risco de relevância aos direitos e liberdades dos indivíduos, por exemplo, quando os dados forem anonimizados ou criptografados. Caso o agente de tratamento não realize a notificação ou se essa ocorrer em um prazo que não seja considerado razoável, poderão ser aplicadas as sanções estabelecidas na lei. A LGPD parece não admitir a escolha entre notificar apenas os titulares ou a ANPD, de sorte que quando se compreender que

---

25. Sobre o tratamento de dados pessoas sensíveis, o presente artigo não discorrerá sobre a possibilidade da condução de investigações corporativas como forma de tratamento compartilhado de dados com a administração pública, ou ainda, compartilhadas com autoridades no âmbito de acordos de leniência.

o caso merece notificação, ambas devem ocorrer, ainda que aquela aos titulares possa ser coordenada com a ANPD para ser posteriormente realizada.

Ao publicar a Consulta Pública sobre incidentes de segurança, a ANPD estabeleceu o prazo preliminar de 2 (dois) dias úteis para que as entidades comunicassem à ANPD em caso de incidente de segurança, contados a partir do momento em que o controlador tome conhecimento do incidente de segurança. A ANPD se pronunciou sobre esse assunto com antecedência, dada a sua criticidade. O referido prazo foi proposto com base no Decreto nº 9.936/2019, que regulamenta a Lei Federal nº 12.414/11, que disciplina a formação e a consulta a bancos de dados com informações de adimplemento, de pessoas naturais ou de pessoas jurídicas, para formação de histórico de crédito. O art. 18, I e § 1º do Decreto determina que o gestor do banco de dados deverá comunicar, no prazo de 2 (dois) dias úteis, um incidente de segurança envolvendo dados pessoais.

Para fins de referência, o art. 33 do GDPR (UE) estabelece que os controladores devem comunicar à autoridade nacional competente sobre o incidente de segurança sem demora injustificada e, sempre que possível, em até 72 horas após ter tido conhecimento do mesmo, enquanto o art. 26-D da Lei de Proteção de Dados Pessoais de Cingapura determina que os controladores devem comunicar à autoridade de Cingapura assim que possível, mas em no máximo 3 (três) dias corridos, após o controlador fazer a avaliação de que o incidente de segurança deve ser comunicado.

Quanto ao marco para início da contagem, assim como no GDPR (UE), parece razoável que o prazo seja contado a partir do momento em que o controlador toma conhecimento do incidente de segurança. Admitir outros momentos de início da contagem do prazo que dependem de elementos subjetivos – como o da Lei de Proteção de Dados Pessoais de Cingapura – possivelmente abriria espaço para muitas discussões sobre se o prazo foi cumprido ou não pelo controlador, caso o controlador tentasse adotar mecanismos para estendê-lo etc.

Acreditamos que também é importante que a ANPD permita a primeira comunicação como uma medida preliminar. As informações disponíveis no momento da comunicação dependerão das diferentes circunstâncias de cada incidente de segurança. Será importante esclarecer que a notificação preliminar será realizada com o máximo de informações que foi possível levantar dentro do prazo de notificação. Assim, permitir que os controladores complementem a comunicação após o prazo, é fundamental para garantir que os interesses dos titulares dos dados sejam respeitados, sem criar uma obrigação demasiado onerosa para os controladores.

A ANPD parece concordar com essa abordagem, uma vez que, ao publicar a Consulta Pública em pauta, publicou também um guia preliminar sobre incidentes de segurança, no qual afirma que a comunicação deve conter uma série de informações, incluindo "indicação se a notificação é completa ou parcial. Em caso de comunicação parcial, indicar que se trata de uma comunicação preliminar ou de uma comunicação complementar."

Além disso, Agência Nacional do Petróleo, Gás Natural e Biocombustíveis (ANP) adota a ideia de uma comunicação inicial e preliminar e uma comunicação posterior com mais detalhes em caso de incidentes que envolvam o setor de óleo e gás. A Resolução ANP nº 44, de 22/12/2009, estabelece o procedimento para comunicação de incidentes, a ser adotado pelos concessionários e empresas autorizadas pela ANP a exercer as atividades da indústria do petróleo, do gás natural e dos biocombustíveis, bem como distribuição e revenda. Essa Resolução prevê uma comunicação faseada: (i) comunicação inicial do incidente, que deve ser imediata e (ii) relatório detalhado do incidente, apresentado em 30 dias, prorrogável mediante fundamentação técnica.

Em resumo, seria positivo a adoção (i) de um prazo de até 3 (três) dias úteis para uma comunicação inicial e preliminar sobre o incidente, seguindo os prazos do GDPR (UE) e Cingapura; e (ii) a aplicação de um prazo de até 30 (trinta) dias para a apresentação do relatório completo.

Para reiterar a argumentação acima, é possível recorrer ao inciso V, § 1º do art. 48, que estabelece que a comunicação incluirá informações sobre os motivos do atraso na comunicação, quando aplicável. Isso decorre da circunstância de o legislador reconhecer que, em alguns casos, o controlador não terá todas as informações necessárias para comunicar à ANPD, o que pode gerar demora na comunicação. No mesmo sentido, o GDPR prevê a possibilidade de uma comunicação por fases. O Considerando (85) afirma que "se não for possível efetuar essa comunicação no prazo de 72 horas, a comunicação deverá ser acompanhada dos motivos do atraso, podendo as informações serem fornecidas por fases sem demora injustificada."

Em sua notificação, o controlador deve relatar, no mínimo (i) a descrição da natureza dos dados pessoais afetados; (ii) as informações sobre os titulares envolvidos; (iii) a indicação das medidas técnicas e de segurança utilizadas para a proteção dos dados, observados os segredos comercial e industrial; (iv) os riscos relacionados ao incidente; (v) os motivos da demora, no caso de a comunicação não ter sido imediata; e (vi) as medidas que foram ou que serão adotadas para reverter ou mitigar os efeitos do prejuízo.[26]

---

26. LGPD, art. 48, § 1º.

O formato em que as notificações serão enviadas variam de acordo com a complexidade de cada caso. Todavia, sempre que um incidente não for comunicado imediatamente deve haver justificativa plausível e consistente. Dessa forma, recomenda-se que sempre que possível, as autoridades sejam alertadas sobre o incidente tão logo esse ocorra e que quaisquer descobertas ao longo da investigação sejam comunicadas também de maneira imediata, já que, dependendo da natureza do incidente, as autoridades poderão estabelecer investigações acentuadas pelo controlador para que sejam conhecidos todos os fatos pertinentes ao incidente.

Uma vez notificada, a ANPD avaliará a natureza, a gravidade e as consequências do incidente, o número de titulares afetados, as jurisdições impactadas e os efeitos adversos do incidente. Caso julgue necessário, a autoridade poderá determinar que o controlador tome medidas adicionais, como a ampla divulgação do ocorrido em canais de comunicação, bem como meios para que se possa reverter ou mitigar os efeitos do incidente.

Assim como a notificação para as autoridades deve ser feita em tempo razoável, o mesmo deve ser feito para com os titulares de dados, a fim de alertá-los e permitir que se previnam contra as possíveis consequências negativas do incidente. Tal notificação deve ser realizada de maneira transparente e não deve ser enviada com outras informações, tais como atualizações, boletins informativos ou mensagens padrão. A não ser que definido em contrário pela ANPD, a comunicação transparente dos titulares pode ser dar por meios diversos incluindo mensagens diretas (*e-mails*, SMS), *banners*, notificações em sites, comunicações postais e anúncios.

Da mesma forma, essa notificação deve conter informações específicas, tais como a descrição da natureza do incidente; o nome e os detalhes de contato do responsável pela proteção de dados ou outro ponto de contato; a descrição das prováveis consequências; a descrição das medidas tomadas ou propostas pelo responsável pelo tratamento para lidar com o incidente, incluindo, quando apropriado, medidas para mitigar seus possíveis efeitos adversos e; o responsável pelo tratamento também deve fornecer orientação específica para os titulares se protegerem de possíveis consequências adversas do incidente, como a redefinição de senhas, atualização de sistemas, criptografia de dados etc.

Por fim, é importante destacar que, além das obrigações previstas na LGPD, os agentes de tratamento devem observar eventuais regulações setoriais a que estão submetidos. Nesse sentido, por exemplo, o Decreto 9.936/2019 que regulamenta a Lei 12.414/2011 (Lei do Cadastro Positivo), determina que na ocorrência de vazamento de informações de cadastrados ou de outro incidente de segurança que possa acarretar risco ou prejuízo relevante a cadastrados, o gestor de banco de dados deverá comunicar o fato, em um período de dois dias úteis, à ANPD, ao Banco Central do Brasil (BACEN), quando envolver o fornecimento de dados prestados por instituições autorizadas a funcionar pelo BACEN e também a Secretaria Nacional do Consumidor (SENACON) quando houver o envolvimento o fornecimento de dados de consumidores.[27]

VI. O dilema da responsabilidade

A LGPD determina que o controlador ou o operador que, em razão do exercício de atividade de tratamento de dados pessoais, causar a outrem dano patrimonial, moral, individual ou coletivo, em violação à legislação de proteção de dados pessoais, é obrigado a repará-lo.[28] Ademais, a responsabilidade dos agentes de tratamento envolvidos na atividade de tratamento é solidária. Dessa forma, tanto controlador como operador devem garantir a segurança dos dados, a fim de evitar danos. Caso os dados venham a ser comprometidos de alguma forma, é preciso estar pronto para agir rapidamente e dirimir os potenciais riscos envolvidos.

Embora o Código de Defesa do Consumidor não tivesse disposições específicas sobre incidentes de segurança com dados pessoais e o tema fosse tratado sob a ótica do fato do serviço e do produto (art. 12 do CDC), foi a LGPD que estabeleceu o regime jurídico amplo de temas de segurança cibernética e responsabilidade civil, ainda que com algumas polêmicas.

A primeira das controvérsias da LGPD refere-se ao regime jurídico de responsabilidade civil que, em seus artigos 42 a 45, dispõe que o controlador ou o operador que, em razão do exercício de atividade de tratamento de dados pessoais, causar a outrem dano patrimonial, moral, individual ou coletivo, em violação à legislação de proteção de dados pessoais, é obrigado a repará-lo.

Diante da ainda escassa jurisprudência sobre a natureza da responsabilidade civil prevista pela LGPD em casos de incidentes de segurança, muito se tem questionado se a responsabilidade seria subjetiva ou objetiva. Por um lado, o artigo 927 do Código Civil estabelece que a responsabilidade será objetiva quando (i) houver previsão legal expressa ou (ii) quando a atividade normalmente desenvolvida pelo autor do dano implicar, por sua natureza, risco para os direitos de outrem. Por um lado, não há na LGPD previsão de responsabilização

27. Decreto 9.936/2019, art. 18.

28. LGPD, art. 42.

independente de culpa. Inclusive, este foi um tema bastante discutido na Comissão Especial da Câmara dos Deputados[29], responsável pela análise dos Projetos de Lei nº 4.060/2012, 5.276/16 e 6.291/16, que deram origem à LGPD.

O Projeto de Lei 5.276/2016, que resultou na redação final da Lei 13.709/2018, previa no artigo 35, inserido no Capítulo V, que tratava sobre "Transferência internacional de dados" que "*O cedente e o cessionário respondem, solidária e objetivamente pelo tratamento de dados, independentemente do local onde estes se localizarem, em qualquer hipótese*". Tal disposição, que consistia na única referência à responsabilidade objetiva, foi suprimida do texto final. Isso significa, portanto, que houve uma opção deliberada do legislador em não adotar o regime de responsabilidade objetiva.

Ademais, a LGPD impõe uma série de deveres aos agentes de tratamento e standards de conduta a serem seguidos para garantir a segurança, sigilo, boas práticas e governança de dados. Logo, poder-se-ia argumentar que, caso o sistema de responsabilidade civil previsto na LGPD fosse da modalidade objetiva, não haveria necessidade de prescrição exaustiva e detalhada dos deveres, já que a mera atividade de tratamento de dados ensejaria, por si só, a responsabilização (artigos 44 e 46). Vale acrescentar, ainda, que o diálogo das fontes estimulado pelo art. 45 da LGDP em relação ao CDC é mais uma evidência de que não quis o legislador acolher o mesmo regime jurídico de responsabilidade objetiva para ambos os diplomas, caso contrário não faria qualquer sentido a remissão ao regime de responsabilidade do Código de Defesa do Consumidor.

---

29. Cf. https://www.jota.info/wp-content/uploads/2018/05/e7f7a9e30ca16d91b84c2caf5a80fb36.pdf.

PARTE IV
PRINCIPAIS ATORES DOS PROGRAMAS DE *COMPLIANCE* E DAS POLÍTICAS DE PROTEÇÃO DE DADOS: COMPETÊNCIAS, DEVERES E RESPONSABILIDADES

A compreensão do encarregado: diferentes perfis, requisitos e qualificações

Bianca Kremer[1]

Mariana M. Palmeira[2]

Sumário: Introdução; Quem é encarregado de proteção de dados pessoais?; Breves considerações sobre os programas de *compliance* no âmbito do direito brasileiro; O *compliance* na LGPD; O papel do encarregado no *compliance* de dados: acima de tudo gestão e interlocução; Conclusão; Referências.

Introdução

A Lei Geral de Proteção de Dados Pessoais (Lei nº 13.709/2018 ou LGPD), passou por longas e tortuosas articulações entre o Congresso Nacional e o Governo, com o envolvimento de diversos atores e setores da sociedade civil, até

1. Doutora em Direito pela PUC-Rio, e professora do Instituto Brasileiro de Ensino, Desenvolvimento e Pesquisa (IDP) e Instituto Infnet.
2. Advogada, professora da PUC-Rio, doutoranda no programa de pós-graduação em direito da PUC-Rio.

sua plena entrada em vigor. A Lei foi aprovada em agosto de 2018 e vigorou em setembro de 2020, à exceção das sanções administrativas previstas nos arts. 52, 53 e 54, que passaram a valer somente em agosto de 2021.

Trata-se de um instrumento normativo cujo objetivo substancial é a proteção dos direitos fundamentais de liberdade e de privacidade, e o livre desenvolvimento da personalidade da pessoa natural (art. 1º). A Lei trouxe para o ordenamento jurídico brasileiro um novo léxico e uma nova função. Dessa forma, havendo tratamento dos dados pessoais de uma pessoa natural, seja qual for o papel desempenhado por ela na relação jurídica (cidadão, consumidor, empregado ou prestador de serviços, paciente, contribuinte etc.), ela será reconhecida como titular de dados, na forma do art. 5º, V[3]. E em torno da sua presença e de seus direitos é que a LGPD deverá ser interpretada.[4]

A correta interpretação e compreensão da lei tem início, portanto, pelo entendimento desse novo vocabulário, recém-chegado ao ordenamento pátrio. O artigo 5º apresenta um rol de definições de expressões essenciais para a dinâmica da LGPD. A estratégia de veicular os significados atribuídos a cada uma das expressões tem por função a mitigação da incerteza que, eventualmente, pode desencadear os termos novos, ou mesmo os termos correntes, mas aplicados a contextos inéditos.[5]

A LGPD descreve 19 palavras e expressões, dentre as quais destacamos, para fins de exploração no presente artigo, o encarregado: pessoa indicada pelo controlador e operador para atuar como canal de comunicação entre o controlador, os titulares dos dados e a Autoridade Nacional de Proteção de Dados – ANPD (art. 5º, VIII).

O recurso do glossário é utilizado em outros diplomas legais, a exemplo do Marco Civil da Internet (Lei nº 12.965/14, art. 5º) e da Lei de Acesso à Informação (Lei nº 12.527/2011, art. 4º). Da mesma forma, o Regulamento Europeu de Proteção de Dados Pessoais (RGPD) traz em seu art. 4º os principais conceitos-chave que são mobilizados ao longo do texto legal.

---

3. Artigo 5º, V – titular: pessoa natural a quem se referem os dados pessoais que são objeto de tratamento.
4. FRAZÃO, Ana. Nova LGPD: principais repercussões para a atividade empresarial. Disponível em [https://www.jota.info/opiniao-e-analise/colunas/constituicao-empresa-e-mercado/nova-lgpd-principais-repercussoes-para-a-atividade-empresarial-29082018]. Acesso em: 02.08.2021.
5. BRANCO, Sérgio. As hipóteses de aplicação da LGPD e as aplicações legais. In: MULHOLLAND, Caitlin. **A LGPD e o novo marco normativo no Brasil**. Porto Alegre: Arquipélago, 2020. Cap. 1. p. 15-42. p. 30.

Apesar de não integrar o rol composto pelas 26 definições elencadas no RGPD, o encarregado[6] é uma figura conhecida e consolidada no âmbito europeu. O conceito de um responsável pela proteção dos dados pessoais remonta à lei federal alemã da década de 1970. Já nos anos 90 com o modelo de proteção de dados europeu estruturado em torno da Diretiva 95/46/CE, ainda que a indicação do encarregado não fosse obrigatória, a função era largamente adotada.[7]

A compulsoriedade veio em 2001 com a edição do regulamento sobre proteção de dados específico para as instituições da União Europeia (CE n.º 45/2001)[8]. Cada órgão ou instituição comunitária passava a estar obrigada a designar pelo menos uma pessoa encarregada da proteção de dados (art. 24). No entanto, foi o RGPD que consagrou a figura do encarregado ao levar também para o setor privado a obrigatoriedade da função, dar novas roupagens a suas atividades, em especial à missão de garantir o respeito aos princípios relacionados à proteção de dados pessoais.[9]

Na esteira da regulamentação europeia, a LGPD apresenta a figura do encarregado (art. 5º VIII), descreve suas atividades (art. 41, § 2º, I, II, III e IV), bem como assinala que a ANPD poderá estabelecer normas complementares sobre a definição, atribuições e hipóteses de dispensa da indicação (art. 41, § 3º). É no conjunto das atividades legais do encarregado que outro termo vem ganhando popularidade: trata-se do compliance.[10] Palavra oriunda da língua inglesa, que

---

6. O termo encarregado aparece no RGPD nos artigos 14, 30, 33, 34 e na Seção 4, mas não integra o glossário do artigo 4º.
7. KORFF, Douwe; GEORGES, Maire. **The DPO Handbook**: guidance for data protection officers in the public and quasi-public sectors on how to ensure compliance with the European Union General Data Protection Regulation. European Union: T4Data, 2019. 247 p. P. 118.
8. UNIÃO EUROPEIA. **Regulamento (Ce) N.º 45/2001 do Parlamento Europeu e do Conselho, de 18 de Dezembro de 2000, Relativo À Protecção das Pessoas Singulares no Que Diz Respeito Ao Tratamento de Dados Pessoais Pelas Instituições e Pelos Órgãos Comunitários e À Livre Circulação Desses Dados**. Disponível em: https://eur-lex.europa.eu/legal-content/PT/TXT/?uri=celex%3A32001R0045. Acesso em: 07 ago. 2021. O Regulamento 45/2001 foi revogado pelo Regulamento (UE) 2018/1725 do Parlamento Europeu e do Conselho que manteve a obrigatoriedade de indicação do encarregado.
9. EUROPEAN DATA PROTECTION SUPERVISOR (União Europeia). **Position paper on the role of Data Protection Officers of the EU institutions and bodies**. Bélgica: Edps, 2018. 17 p. Disponível em: https://edps.europa.eu/sites/default/files/publication/18-09-30_dpo_position_paper_en.pdf. Acesso em: 09 ago. 2021.
10. SAAVEDRA, Giovani Agostini. Compliance de dados. In: BIONI, Bruno *et al*. **Tratado de Proteção de Dados Pessoais**. Rio de Janeiro: Forense, 2021. Cap. 36. p. 729-743.

significa o ato de obedecer a uma ordem, regra ou solicitação.[11] Não possui tradução literal para o português, porém se alinha "*a expectativa de uma postura de conformidade e adesão a parâmetros regulatórios.*"[12]

Nesse contexto, e mais especificamente no que tange à atribuição do encarregado relacionada ao compliance que se insere o presente artigo, qual seja: "*orientar os funcionários e os contratados da entidade a respeito das práticas a serem tomadas em relação à proteção de dados pessoais*" (art. 41, § 2º, III) . Pretende-se explorar a relação entre o encarregado e o conceito de compliance, analisando desde os perfis, requisitos e qualificações desses profissionais que, diante da relevância das boas práticas e governança (art. 50) trazidas pela LGPD, ganham proeminência no campo da proteção de dados.

Quem é encarregado de proteção de dados pessoais?

A figura do encarregado tem despertado amplos debates no contexto brasileiro, devido às profundas mudanças culturais e procedimentais conferidas por sua presença nas instituições. O encarregado pode ser considerado uma das grandes mudanças paradigmáticas trazidas pela LGPD na tutela dos dados pessoais no sistema jurídico brasileiro.[13] Isto porque, além de trazer sua definição

P. 729. V. tb. SANTOS, Leon. Compliance: saiba o que é, como funciona e por que ele deve ser aplicado a sua empresa. **Revista Brasileira de Administração**, Brasília, v. 30, n. 133, p. 30-35, nov. 2019. Disponível em: https://online.flippingbook.com/view/754019/. Acesso em: 09 ago. 2021. P. 32. V. tb. OLIVA, Milena Donato; SILVA, Rodrigo da Guia. Notas sobre o compliance no direito brasileiro. **Revista Quaestio Iuris**, [S.L.], v. 11, n. 04, p. 2278-2729, 29 nov. 2018. Universidade de Estado do Rio de Janeiro. http://dx.doi.org/10.12957/rqi.2018.33843. V. tb. Em consulta à ferramenta Google Trends que mede a popularidade de palavras e expressões ao longo do tempo, observa-se que as buscas pelo termo compliance nos últimos dez anos (apenas no Google, apenas no Brasil) atingiram seu ápice em maio de 2019. Após essa data vem mantendo o interesse entre 50% e 80%. Ver mais em https://trends.google.com/trends/explore?-date=2011-09-07%202021-08-09&geo=BR&q=compliance Acesso em: 09 ago. 2021.

11. CAMBRIDGE UNIVERSITY PRESS (org.). **Cambridge Dictionary**. Cambridge: Cambridge University Press, 2021. Disponível em: https://dictionary.cambridge.org/about.html. Acesso em: 09 ago. 2021.
12. MARTINS, Guilherme Magalhães; FALEIROS JÚNIOR, José Luiz de Moura. Compliance Digital e responsabilidade civil na Lei Geral de Proteção de Dados. In: MARTINS, Guilherme Magalhães; ROSENVALD, Nelson. **Responsabilidade Civil e Novas Tecnologias**. Indaiatuba: Foco, 2020. p. 263-297. p. 274.
13. GOMES, Rodrigo Dias de Pinho. Encarregado pelo tratamento de dados pessoais na LGPD. In: Jota Info. Opinião e Análise. Tecnologia. 2 out 2019. Acesso em: <https://

legal no art. 5º, inc. VIII, a Lei lhe atribui uma função crucial para a conformidade às práticas previstas no ordenamento enquanto canal de comunicação entre controlador, titulares e a ANPD.

Sua nomeação é obrigatória para toda e qualquer pessoa natural, empresa ou instituição pública que realize tratamento de dados pessoais, sendo indicado pelo controlador em qualquer das hipóteses. O encarregado também é usualmente chamado de DPO, ou *Data Protection Officer*, fazendo alusão à figura definida pelo Artigo 29 do *Working Party* europeu[14] (WP29)[15].

O documento trazia que o conceito de DPO não era nenhuma novidade no contexto europeu. Sua nomeação já era uma prática usual em diversos Estados-membros ao longo dos anos desde a Diretiva 95/46/EC3, elevando o DPO à condição de verdadeiro pilar nas práticas de *accountability* (responsabilização e/ou prestação de contas) em matéria de proteção de dados e facilitando o *compliance* com a implementação de ferramentas de *accountability*, tais como a facilitação de auditorias e relatórios de impacto de proteção de dados (RIPDs).

Inspirada no modelo europeu, portanto, a LGPD traz que o controlador de dados deverá indicar um encarregado pelo tratamento de dados pessoais (art. 41). Em seu Guia orientativo para definições dos agentes de tratamento de dados pessoais e do encarregado em julho de 2021, a ANPD estabelece que o encarregado será o responsável por garantir a conformidade de uma organização, pública ou privada, à LGPD.

Essa é uma questão que esbarra em alguns dos principais desafios regulatórios relacionados à implementação da LGPD por agentes de pequeno porte como, micro e pequenas empresas brasileiras. Estima-se que até o primeiro

---

www.jota.info/opiniao-e-analise/artigos/encarregado-pelo-tratamento-de-dados-pessoais-na-lgpd-02102019>. Acesso em: 14 ago. 2021.

14. ARTICLE 19 Data Protection Working Party: Guidelines on Data Protection Officers (DPOs). 13 Dez. 2016. Disponível em: <https://ec.europa.eu/newsroom/document.cfm?doc_id=44100>. Acesso em: 14 ago. 2021.

15. O *Working Party* 29, para fins de contextualização, foi um órgão consultivo composto por representantes da autoridade de proteção de dados de cada Estado-Membro da União Europeia (UE), a Autoridade Europeia para Proteção de Dados (*European Data Protection Supervisor* – EDPS) e a Comissão Europeia (*European Comission*), com o intuito de prestar assessoria especializada e fazer recomendações em matéria de proteção de dados e privacidade para o público em geral na Comunidade Europeia. O WP29 foi lançado em 1996, mas foi substituído em 2016 pelo Conselho Europeu de Proteção de Dados (European Data Protection Board – EDPB) de acordo com o Regulamento Geral de Proteção de Dados europeu (RGPD).

semestre de 2021, cerca de 82% delas ainda estariam atrasadas nas ações de adequação.[16] E entre alguns dos principais motivos alegados, figuravam preocupações quanto à disponibilidade de recursos econômicos e administrativos para fazer o processo de implementação à LGPD.

No contexto internacional, alguns instrumentos normativos propõem um tratamento diferenciado a micro, pequenas e médias empresas em alguns pontos da lei. O Considerando 13 do RGPD europeu, por exemplo, prevê uma derrogação sobre a conservação do registro de atividades para organizações com menos de 250 trabalhadores e faturamento anual de até 50 milhões de euros.[17] Já na Austrália, a Lei de Proteção de Dados (*Privacy Act*) não se aplica à maioria das pequenas empresas, consideradas aquelas com faturamento de até US$ 3 milhões.[18] A obrigatoriedade na contratação de um encarregado por agentes de pequeno porte no Brasil pode impactar severamente na subsistência de alguns negócios, especialmente considerando a relação entre volume, tipo de dados, características de processamento e a própria natureza da atividade empresarial. Nas lições de Bruno Bioni:

> não faz sentido uma rede de padarias, ainda que com muitos funcionários, mas sem nenhum tipo de tratamento de alto risco de dados dos clientes, ter um DPO. Já uma startup na área da saúde, ainda que com poucos funcionários, mas com uma atividade de **tratamento de dados de alto risco**, deveria ter um DPO sim.[19]

Dessa forma, apesar do silêncio da LGPD com relação às circunstâncias de indicação do encarregado pelas organizações públicas e privadas, e as orientações mais atuais da ANPD para assumpção, como regra geral, da obrigatoriedade para a presença do encarregado em todas as organizações, normativas futuras

---

16. ITS Rio. **Consulta Pública ANPD**: pequenas e médias empresas e startups. 2021. Disponível em: <https://itsrio.org/wp-content/uploads/2021/04/ConsultaPublica_PequenasMediasEmpresasStartups.pdf>. Acesso em: 14 ago 2021.
17. CONSIDERANDO 13 do Regulamento Geral de Proteção de Dados europeu. Disponível em: <https://gdpr-text.com/pt/read/recital-13/>. Acesso em: 14 ago 2021.
18. AUSTRALIAN Government Office of the Australian Information Comissioner. **Privacy for Organizations**: small businesses. Disponível em: <https://www.oaic.gov.au/privacy/privacy-for-organisations/small-business/>. Acesso em: 14 ago 2021.
19. BIONI, Bruno. Todas as empresas deverão ter um encarregado de proteção de dados pessoais. Entrevista concedida a Cristina de Luca. **Tilt Uol**. 07 set 2020. Disponível em: <https://porta23.blogosfera.uol.com.br/2020/09/07/todas-as-empresas-deverao-ter-um-encarregado-de-protecao-de-dados-pessoais/>. Acesso em: 14 ago 2021.

da ANPD poderão trazer hipóteses de dispensa da necessidade de indicação do encarregado conforme a natureza e o porte da entidade, ou o volume de operações de tratamento de dados (art. 41, § 3º).

Sob esse aspecto, é importante que o tiro não saia pela culatra, e que a LGPD não figure como mais um elemento obstaculizante em um já extenso panorama de dificuldades nas dinâmicas de mercado interno no país. Além de impasses relativos ao custo de entrada nos mercados pretendidos por novas empresas, sobretudo as de menor porte, a legislação brasileira já não se mostra efetiva em estabelecer proteção adequada para a sustentação de negócios iniciantes.[20] Sem prejuízo de elementos como endividamento, inadimplência, forte queda da demanda, entre outros fatores que acompanham crises econômicas e também sanitárias, como a experienciada com a pandemia da Covid-19.

Sugere-se que a Lei Geral de Proteção de Dados seja compreendida como a carta de proteção de direitos que se propõe, sem que sua interpretação e aplicação sejam capturadas como obstáculo para a inovação e a atividade econômica no país. É razoável, portanto, que a aplicação da lei seja igualmente adequada ao grau do risco que as empresas representam.

Experiências internacionais nesse tema podem auxiliar o país, em um primeiro momento de construção de uma cultura de proteção de dados, a vislumbrar o que faz sentido para uma realidade muito própria em termos regulatórios, dentro de uma perspectiva de negócios que leve em consideração, indissociavelmente, elementos econômicos, sociais e políticos. São exemplos a natureza da atividade e a finalidade. Afinal, deveriam ser reguladas com o mesmo rigor restaurantes e padarias de bairro, pequenas papelarias, armarinhos e lanchonetes familiares, em comparação a grandes empresas de tecnologia, por exemplo?

Quando da apreciação do tema pela ANPD em normativas futuras, espera-se o reconhecimento dos impactos gerados a agentes de pequeno porte na obrigatoriedade de contratação de um encarregado. Especialmente no tocante à manutenção de registros de dados pessoais, o qual impõe um relevante ônus administrativo e financeiro com a aquisição de pessoal especializado para tanto, a despeito do porte da empresa e da natureza jurídica do negócio. Algumas empresas podem até ter a necessidade de tratar dados pessoais por uma questão conjuntural, mas seu objetivo central se direciona à venda de produtos a seus clientes.

---

20. GLOBAL Entrepreneurship Monitor Empreendedorismo no Brasil. Coord. Silmara Maria de Souza Silveira Greco. Curitiba: **IBQP**, 2020. Disponível em: <https://ibqp.org.br/wp-content/uploads/2021/02/Empreendedorismo-no-Brasil-GEM-2019.pdf>. Acesso em: 14 ago 2021.

Muitas vezes, os dados pessoais tratados servem apenas para satisfazer necessidades legais como relações de trabalho, tributárias ou contratuais, em número e risco bastante reduzido. É o que evidencia o relatório de consulta pública a pequenas e médias empresas e startups, promovido pelo Instituto Tecnologia e Sociedade (ITS Rio) em abril de 2021[21], ao trazer que obrigações complexas de registro de operações podem inviabilizar transações.

A exigência no registro de tratamento de dados pessoais pode não apenas se mostrar excessivamente onerosa, como também imputar aos pequenos negócios a condição de estar, inevitavelmente, em constante desconformidade com a LGPD por força da arquitetura jurídica de proteção de dados a que estão submetidos. Como dito, estes são pontos sensíveis que merecem maior discussão e atenção por parte da ANPD. Para tanto, sugerem-se ferramentas que permitam padrões mínimos de registro e que, ao mesmo tempo, sejam simplificadas o suficiente a ponto de se mostrarem compatíveis com os níveis de risco das atividades desempenhadas por algumas empresas.

Logo, ao contrário de outras legislações de proteção de dados estrangeiras, a LGPD não determinou em que circunstâncias uma organização deve indicar um encarregado. Por essa razão, a ANPD estabelece em recente Guia Orientativo sobre agentes de tratamento e encarregado[22], como regra geral, que toda organização deverá, necessariamente, indicar uma pessoa para assumir esse papel. E ela pode ser tanto uma pessoa natural, quanto uma pessoa jurídica. O texto original da LGPD previa tão somente a modalidade de encarregado enquanto "pessoa natural". Contudo, a palavra "natural" foi suprimida pela Medida Provisória n. 869, e depois pela Lei 13.853/19, hoje admitido no texto definitivo que ambas as pessoas físicas e jurídicas podem atuar como encarregadas, sem exclusão legal de uma ou outra possibilidade[23].

Nesse ponto, é interessante mencionar que a LGPD não distingue se o encarregado deve ser contratado como funcionário na organização, ou se pode ser um agente externo com a terceirização completa da atividade, também chamado de *DPO as a service*. Diante desse cenário, a ANPD identifica no Guia

---

21. ITS Rio. **Consulta Pública ANPD**: pequenas e médias empresas e startups. 2021. Op. cit.

22. AUTORIDADE Nacional de Proteção de Dados. **Guia orientativo para definições dos agentes de tratamento e do encarregado.** Mai 2021. Disponível em: <https://www.gov.br/anpd/pt-br/assuntos/noticias/2021-05-27-guia-agentes-de-tratamento_final.pdf>. Acesso em: 14 ago 2021.

23. GOMES, Rodrigo Dias Pinho. Encarregado pelo tratamento de dados pessoais na LGPD. Op. cit.

Orientativo que as boas práticas internacionais permitem ambas as situações, e sugere que o encarregado seja indicado por um ato formal, como um contrato de prestação de serviços ou um ato administrativo.

As boas práticas internacionais de que faz menção a ANPD estão intimamente relacionadas à liberdade do encarregado na realização de suas atribuições. Isto porque, o RGPD europeu garantiu a autonomia do DPO e a necessidade de ele deter conhecimento técnico em matéria de proteção de dados para o exercício do cargo. A LGPD sofreu alterações com a Lei 13.853/19 em diversos pontos, um dentre os quais a supressão do trecho que trazia previsão bastante semelhante ao disposto no RGPD nesses dois pontos: garantia da autonomia técnica e profissional do DPO e necessidade de conhecimento jurídico-regulatório.

A despeito da retirada do trecho legal em 2019, a ANPD reitera como boa prática já em 2021 a importância de que o encarregado tenha liberdade na realização de suas atribuições.[24] Isso é bastante significativo, pois reforça a inclinação da autoridade à intenção do legislador, inspirada nos arts. 37 e 38 do RGPD. Especialmente no tocante à designação do encarregado, com base em suas qualidades profissionais e conhecimentos especializados[25], e à sua posição, quanto ao não recebimento de instruções relativas ao exercício de suas funções, bem como a impossibilidade de ser destituído de sua função pelo controlador, ou penalizado por ele, pelo fato de exercê-la.[26] A ANPD deixa pistas valiosas quanto aos requisitos e qualificações esperadas para o exercício da função de encarregado. No entanto, é importante reiterar que a regulamentação dos requisitos mínimos para o cargo ainda se mostra necessária para que sejam sanadas de modo definitivo todas as dúvidas da sociedade.

---

24. AUTORIDADE Nacional de Proteção de Dados. Guia orientativo para definições dos agentes de tratamento e do encarregado. Op. cit.

25. Art. 37, Regulamento Geral de Proteção de Dados europeu. Item 5. O encarregado da proteção de dados é designado com base nas suas qualidades profissionais e, em especial, nos seus conhecimentos especializados no domínio do direito e das práticas de proteção de dados, bem como na sua capacidade para desempenhar as funções referidas no artigo 39. Disponível em: <https://gdpr.algolia.com/pt/gdpr-article-37>. Acesso em: 15 ago. 2021.

26. Art. 38, Regulamento Geral de Proteção de Dados europeu. Item 3. O responsável pelo tratamento e o subcontratante asseguram que da proteção de dados não recebe instruções relativamente ao exercício das suas funções. O encarregado não pode ser destituído nem penalizado pelo responsável pelo tratamento ou pelo subcontratante pelo facto de exercer as suas funções. O encarregado da proteção de dados informa diretamente a direção ao mais alto nível do responsável pelo tratamento ou do subcontratante. Disponível em: <https://gdpr.algolia.com/pt/gdpr-article-38>. Acesso em: 15 ago. 2021.

O encarregado, portanto, possui diversas funções estratégicas nas empresas e órgãos públicos, nos termos do art. 41, § 2º. Dentre as quais:

- aceitar reclamações e comunicações dos titulares, prestar esclarecimentos e adotar providências;
- receber comunicações da autoridade nacional e adotar providências;
- orientar os funcionários e os contratados da entidade a respeito das práticas a serem tomadas em relação à proteção de dados pessoais; e
- executar as demais atribuições determinadas pelo controlador ou estabelecidas em normas complementares.

O encarregado age como um ponto de contato com os titulares de dados e a ANPD. Portanto, é importante que os seus detalhes de contato estejam facilmente acessíveis, e sejam divulgados publicamente de maneira fácil e acessível a todos (art. 41, § 1º). Somente haverá a necessidade de comunicação à ANPD das informações de registro ou contato do encarregado em caso de previsão legal ou regulamentar expressa que, até o momento, ainda não ocorreu. Razão pela qual o Guia orientativo da ANPD de 2021 reforça a desnecessidade do ato, até previsão em contrário.[27]

Breves considerações sobre os programas de *compliance* no âmbito do direito brasileiro

As primeiras previsões normativas relacionadas à governança corporativa e consequentemente aos programas de compliance, também chamados de programas de integridade ou conformidade[28], surgiram no Brasil no final do século XX. Atualmente, no limiar da terceira década do século XXI, verifica-se uma progressiva inserção do compliance no direito brasileiro.[29] A doutrina[30] aponta

27. AUTORIDADE Nacional de Proteção de Dados. Guia orientativo para definições dos agentes de tratamento e do encarregado. Op. cit.
28. CUEVA, Ricardo Villas Bôas. Funções e finalidades dos programas de compliance. In: CUEVA, Ricardo Villas Bôas; FRAZÃO, Ana. **Compliance**: perspectivas e desafios dos programas de conformidade. Belo Horizonte: Fórum, 2018. p. 53-69. P. 53.
29. SAAVEDRA, Giovani Agostini. Panorama do compliance no Brasil: avanços e novidades. In: NOHARA, Irene Patrícia *et al*. **Governança, compliance e cidadania**. 2. ed. São Paulo: Thomsom Reuters Brasil, 2019. Cap. 2. p. 35-46.
30. NOHARA, Irene Patrícia. Lei Anticorrupção Empresarial e programa de compliance: programa de compliance efetivo e cultura de integridade. In: NOHARA, Irene Patrícia; PEREIRA, Flávio de Leão Bastos. **Governança, compliance e cidadania**. 2. ed. São Paulo: Thomsom Reuters Brasil, 2019. Cap. 1. p. 21-34. V. tb. OLIVA, Milena

a Lei de Defesa da Concorrência (Lei nº 12.529/2011) e a Lei Anticorrupção (Lei nº 12.846/2013[31], e seu regulamento Decreto nº 8.420/2015) como os dois diplomas legais que marcam de maneira significativa a introdução da governança corporativa em âmbito legislativo pátrio.

Não obstante, a antiga Lei de Improbidade Administrativa (Lei nº 8.429/1992)[32] é citada como marco antecedente aos mencionados diplomas (Defesa da Concorrência e Anticorrupção) no que tange à relação da produção legislativa nacional com o compliance. Trata-se da "*base fundante do controle das atividades de Estado no país, com importantes mecanismos pelos quais se pode responsabilizar o agente público que atue em desconformidade aos interesses que norteiam o agir administrativo.*"[33]

Desde 2018 com o advento da Lei Geral de Proteção de Dados (Lei 13.709/2018, conhecida por LGPD) o compliance ganhou fôlego renovado. É possível destacar dois motivos centrais para a crescente disseminação do tema: (i) a abrangência da LGPD[34], posto que alcança os setores público e privado, a todos os agentes que tratam dados pessoais (art. 1º)[35], ainda que consideradas as exceções da lei (art. 4º)[36]; (ii) a obrigatoriedade, sob pena de sanção, de

---

Donato; SILVA, Rodrigo da Guia. Op. Cit. V. tb FRAZÃO, Ana. Programas de compliance e a responsabilização de pessoas jurídicas por ilícitos administrativos. In: ROSSETTI, Maristela Abla; PITTA, André Grunspun. **Governança corporativa:** avanços e retrocessos. São Paulo: Quartier Latin, 2007. p. 23-57.

31. A Lei nº 12.846/2013 também é chamada de Lei da Empresa Limpa, Lei da Probidade Administrativa ou Lei da Probidade Empresarial.

32. Em 25/10/2021 entrou em vigor a nova Lei de Improbidade Administrativa, Lei 14.230/2021. As principais mudanças dizem respeito à exigência de dolo para a responsabilização dos agentes públicos, à exclusividade do MP para a propositura da ação de improbidade, e à alteração na defesa em caso de ação administrativa.

33. FALEIROS JÚNIOR, José Luiz de Moura. **Administração Pública Digital**: proposições para o aperfeiçoamento do regime jurídico na sociedade da informação. Indaiatuba: Foco, 2020. P. 112.

34. SOUZA, Carlos Affonso *et al.* Lei Geral de Proteção de Dados: uma transformação na tutela de dados pessoais. In: MULHOLLAND, Caitlin. **A LGPD e o novo marco normativo no Brasil**. Porto Alegre: Arquipélago, 2020. p. 43-64. P. 45. V. tb.

35. Art. 1º *Esta Lei dispõe sobre o tratamento de dados pessoais, inclusive nos meios digitais, por pessoa natural ou por pessoa jurídica de direito público ou privado, com o objetivo de proteger os direitos fundamentais de liberdade e de privacidade e o livre desenvolvimento da personalidade da pessoa natural.*

36. Art. 4º *Esta Lei não se aplica ao tratamento de dados pessoais: I – realizado por pessoa natural para fins exclusivamente particulares e não econômicos; II – realizado para fins*

adequação dos agentes de tratamento aos preceitos da LGPD. Em grande medida significa a adoção de medidas técnicas, administrativas e organizacionais, conforme o art. 46[37], que combinado com o art. 50[38] apresentam as orientações para os programas de conformidade a serem desenvolvidos pelos agentes de tratamento.

Na esteira da LGPD ainda há que se observar a edição pela União de duas normativas voltadas à governança de dados no âmbito federal (Decretos nº 10.046/2019 e 10.047/2019), ressalvadas as inquietações que surgem em relação aos riscos de compartilhamento já suscitados e encaminhados ao STF na forma de Ação Direta de Inconstitucionalidade (ADI nº 6.649) e de Arguição de Descumprimento de Preceito Fundamental (ADPF 695)[39].

Por fim, a recente Lei Geral de Licitações Públicas e Contratos Administrativos (Lei nº 14.133/2021) jogou mais luz sobre programas de compliance e integridade no que se refere às contratações públicas no Brasil. Instituiu a obrigatoriedade do compliance para contratos de valores significativos (art. 25,

---

exclusivamente: a) jornalístico e artísticos; ou b) acadêmicos, aplicando-se a esta hipótese os arts. 7º e 11 desta Lei; III – realizado para fins exclusivos de: a) segurança pública; b) defesa nacional; c) segurança do Estado; ou d) atividades de investigação e repressão de infrações penais; ou IV – provenientes de fora do território nacional e que não sejam objeto de comunicação, uso compartilhado de dados com agentes de tratamento brasileiros ou objeto de transferência internacional de dados com outro país que não o de proveniência, desde que o país de proveniência proporcione grau de proteção de dados pessoais adequado ao previsto nesta Lei [...].

37. Art. 46 *Os agentes de tratamento devem adotar medidas de segurança, técnicas e administrativas aptas a proteger os dados pessoais de acessos não autorizados e de situações acidentais ou ilícitas de destruição, perda, alteração, comunicação ou qualquer forma de tratamento inadequado ou ilícito. [...].*

38. Art. 50 *Os controladores e operadores, no âmbito de suas competências, pelo tratamento de dados pessoais, individualmente ou por meio de associações, poderão formular regras de boas práticas e de governança que estabeleçam as condições de organização, o regime de funcionamento, os procedimentos, incluindo reclamações e petições de titulares, as normas de segurança, os padrões técnicos, as obrigações específicas para os diversos envolvidos no tratamento, as ações educativas, os mecanismos internos de supervisão e de mitigação de riscos e outros aspectos relacionados ao tratamento de dados pessoais. [...]*

39. BRASIL. Supremo Tribunal Federal. Adi nº 6.649. Requerente: CONSELHO FEDERAL DA ORDEM DOS ADVOGADOS DO BRASIL – CFOA. Relator: Ministro GILMAR MENDES. **Diário Oficial da União**. Disponível em: http://stf.jus.br/portal/diarioJustica/verDiarioProcesso.asp?numDj=2&dataPublicacaoDj=11/01/2021&incidente=6079238&codCapitulo=1&numMateria=304&codMateria=8. Acesso em: 10 ago. 2021.

§ 4º)[40], transformou em parâmetro de desempate (art. 60, IV)[41], reconheceu como atenuante em sanções administrativas (art. 156, § 1º, V)[42], e estipulou como requisito para a reabilitação do contratado perante a Administração Pública (art. 163).[43-44]

A título de recordação e sistematização apresenta-se o quadro abaixo com as principais previsões normativas relacionadas às práticas de compliance.

Marcos regulatórios	Principais artigos	Principais vocábulos utilizados correlatos ao *compliance*
Criminalização da lavagem de capitais e criação do COAF (Lei nº 9.613/1998)[45]	Arts. 9º; 10; 11	"controles internos"

40. Art. 25 § 4º *Nas contratações de obras, serviços e fornecimentos de grande vulto, o edital deverá prever a obrigatoriedade de implantação de programa de integridade pelo licitante vencedor, no prazo de 6 (seis) meses, contado da celebração do contrato, conforme regulamento que disporá sobre as medidas a serem adotadas, a forma de comprovação e as penalidades pelo seu descumprimento.*
41. Art. 60, IV *desenvolvimento pelo licitante de programa de integridade, conforme orientações dos órgãos de controle.*
42. Art. 156, § 1º, V *a implantação ou o aperfeiçoamento de programa de integridade, conforme normas e orientações dos órgãos de controle.*
43. Art. 163 Parágrafo único. A sanção pelas infrações previstas nos incisos VIII e XII do **caput** do art. 155 desta Lei exigirá, como condição de reabilitação do licitante ou contratado, a implantação ou aperfeiçoamento de programa de integridade pelo responsável.
44. MOSIMANN, Ítalo Augusto; PEIXOTO, Bruno Teixeira. O compliance na nova Lei de Licitações. Consultor Jurídico, 21 maio 2021. Disponível em: https://www.conjur.com.br/2021-mai-21/opiniao-compliance-lei-licitacoes#_ftnref4. Acesso em: 07 ago. 2021.
45. OLIVA, Milena Donato; SILVA, Rodrigo da Guia. Op. Cit. Segundo os autores, os artigos 9º, 10 e 11 ao tratarem dos mecanismos de controle, da identificação dos clientes e da manutenção de registros e comunicação de operações financeiras suspeitas, representam a instituição do compliance, inclusive em caráter impositivo pelo ordenamento jurídico pátrio. P. 2714. No mesmo sentido V.tb. FALEIROS JÚNIOR, José Luiz de Moura. Op. Cit.: "(...) *o combate ao crime de lavagem de dinheiro revelou-se imprescindível para o aprimoramento das políticas de Governança Corporativa e de compliance.*" P. 113.

Marcos regulatórios	Principais artigos	Principais vocábulos utilizados correlatos ao *compliance*
Resolução BACEN nº 2.554/1998[46]	Arts. 1º caput, § 1º; e art. 4º	"controles internos", "padrões de integridade"
Resolução BACEN nº 3.198/2004[47]	Arts. 8º, 17, II; e 21, II	"controles internos"
Lei de Defesa da Concorrência (Lei nº 12.529/2011)	Art. 4º (cria o CADE que no exercício de sua educativa editou em 2016 o Guia Programas de compliance com orientações para a criação de um programa interno às organizações que sirva para evitar práticas que possam vir a ser entendidas como infrações)[48]	"compliance", "programa de compliance", "conformidade", "análise de risco", "mitigação de risco", "código de conduta", "governança", "governança corporativa"
Lei Anticorrupção (Lei nº 12.846/2013) e Decreto nº. 8.420/2015)	Art. 7º, VIII (Lei) Arts. 4º; 18, V; 37, IV; 41 e 42 (Decreto)	"programa de integridade", "política de integridade", "padrão de integridade", "mecanismos e procedimentos internos de integridade", "padrões de conduta", "código de ética"
Lei das Estatais (Lei nº 13.303/2016)	Arts. 9º, § 1º; 12; 24, IV; e 32, V	"código de conduta e integridade", "políticas e práticas de governança corporativa", "boa prática de governança", "governança"

46. FALEIROS JÚNIOR, José Luiz de Moura. Op Cit. Para o autor a Resolução 2.554 do Bacen inaugurou uma política de fiscalização por parte do BACEN junto a instituições financeiras "*o que contribuiu para o crescimento da política de compliance no segmen*to financeiro." P. 114.

47. A Resolução 3.198/2003 do BACEN refere-se à regulamentação da prestação de serviços de auditoria independente para as instituições financeiras.

48. BRASIL. Cade. Ministério da Justiça. GUIA PARA PROGRAMAS DE COMPLIANCE. 2016. Disponível em: https://cdn.cade.gov.br/Portal/centrais-de-conteudo/publicacoes/guias-do-cade/guia-compliance-versao-oficial.pdf. Acesso em: 09 ago. 2021.

Marcos regulatórios	Principais artigos	Principais vocábulos utilizados correlatos ao *compliance*
Política de governança da Administração Pública federal direta, autárquica e fundacional (Decreto nº 9.203/2017)	Arts. 1º; 2º; 4º; 5º; 6º; 7º-A; 9º-A; 15-A; 17 e 18	"governança", "governança pública", "política de governança", controles internos, "padrões de conduta", "melhores práticas de governança", "gestão de riscos"
Lei Geral de Proteção de Dados Pessoais (Lei nº 13.709/2018)	Arts. 49; 50 e 51	"governança"; "boas práticas"; "programa de governança"; "estrutura de governança"; "governança em privacidade", "códigos de conduta"
Lei das licitações nº 14.133/2021	Arts. 11, parágrafo único; art. 25, § 4º; 60, IV; 156, § 1º, V; e 163, parágrafo único	"programa de integridade", "estrutura de governança"

Fonte: Elaborada pelas autoras.

Em síntese, cada um dos marcos normativos mencionados anteriormente se insere no contexto do compliance, que em maior ou menor grau, procuram promover o estabelecimento "*de rotinas e práticas concebidas para prevenir riscos de responsabilidade empresarial decorrentes do descumprimento de obrigações legais ou regulatórias*".[49]

Como consequência da gradativa inserção do compliance no âmbito normativo brasileiro, a doutrina já apontou anteriormente a tendência de atribuição de efeitos jurídicos aos programas de conformidade. Tais efeitos são observados na forma de dever legal[50], e/ou de incentivos para a adesão aos referidos programas por meio, por exemplo, de atenuantes das sanções.[51]

---

49. CUEVA, Ricardo Villas Bôas. Funções e finalidades dos programas de compliance. In: CUEVA, Ricardo Villas Bôas; FRAZÃO, Ana. **Compliance**: perspectivas e desafios dos programas de conformidade. Belo Horizonte: Fórum, 2018. p. 53-69.

50. FALEIROS JÚNIOR, José Luiz de Moura. Op. Cit. Nesse sentido, sobre a edição do Decreto n.º 10.046/2019: *"Outro não podia ser o desfecho desta tendência, senão a edição, pela União de uma normativa especificamente voltada à regência de sua política de governança de dados, que passa a se apresentar em sintonia exata com os propósitos da LGPD"*. P. 123.

51. OLIVA, Milena Donato; SILVA, Rodrigo da Guia. Notas sobre o compliance no direito brasileiro. Op. Cit. P. 2709. V. tb. Em sentido um pouco mais conservador quanto ao

O *COMPLIANCE* NA LGPD

O compliance na LGPD está contemplado diretamente na Seção II, do Capítulo VII, intitulada de Boas Práticas e Governança (arts. 50 e 51). Porém, outros dispositivos indicam a necessidade da adoção de medidas de adequação à lei, a exemplo de: obrigação de manter registro das atividades de tratamento (art. 37), apresentação do relatório de impacto à proteção de dados pessoais (arts. 10 § 3º e 38), e o atendimento aos direitos dos titulares (art. 18). Da mesma forma que dentre as atribuições do encarregado (art. 41, § 2º) verificam-se incumbências que melhor serão suportadas por meio do desenvolvimento de um programa de compliance, como será explorado adiante.[52]

Apesar da conotação facultativa que se extrai da dicção do caput do art. 50 no sentido de que os agentes de tratamento "*poderão formular regras de boas práticas e de governança*", assim como a possibilidade de concretizar os princípios de segurança e prevenção (art. 6º, VI e VII) por meio de uma estrutura mínima de programa de governança em privacidade (art. 50, § 2º), a atribuição de efeitos jurídicos à existência ou ausência das práticas de governança demonstra a relevância do tema. Do art. 52, § 1º, IX, se extrai que a ANPD considerará a "*adoção de política de boas práticas e governança*" como critério para a aplicação de sanções. É possível concluir que mais do que faculdade, está presente um incentivo.

Para o recorte do presente artigo, importa ressaltar que o compliance de dados, seja ele exclusivamente relacionado ao ambiente digital ou não, está inserido no mesmo paradigma dos sistemas de compliance que contempla os seguintes requisitos mínimos: (i) envolvimento da liderança (*tone at the top*), (ii) código de ética e de conduta, (iii) políticas, (iv) procedimentos e controles internos, (v) investigações internas, (vi) treinamentos, (vii) canais de denúncia,

---

avanço da discussão sobre os efeitos jurídicos do compliance: "*No Brasil, o debate acerca dos efeitos jurídicos dos programas de conformidade ainda é incipiente, mas já há previsões expressas acerca da forma e dos efeitos dos programas na Lei Anticorrupção (Lei nº 12.846/2013), no Decreto que a regulamenta (Decreto nº 8.420/2015), e na lei que dispõe sobre o estatuto jurídico da empresa pública, da sociedade de economia mista, e de suas subsidiárias (Lei nº 13.303./2016).*" P. 57.

52. MORAES, Henrique Fabretti. Sistemas de compliance, programas de privacidade e o DPO como o compliance officer de privacidade. In: BLUM, Renato Opice; VAINZOF, Rony; MORAES, Henrique Fabretti. **Data Protection Officer (encarregado)**: teoria e prática de acordo com a lgpd e o gdpr. São Paulo: Thomsom Reuters Brasil, 2020. p. 545-558. P. 547.

(viii) auditoria, (ix) autonomia e independência, e (x) avaliação de risco.[53] Portanto, o compliance de dados é parte de um sistema mais amplo de gestão de governança, que a depender das características das atividades empresariais influenciará e será influenciado por outros programas integrantes do mesmo ambiente organizacional (compliance criminal, trabalhista, antitruste, anticorrupção, e ambiental).

O PAPEL DO ENCARREGADO NO *COMPLIANCE* DE DADOS: ACIMA DE TUDO GESTÃO E INTERLOCUÇÃO

A compreensão do compliance de dados como parte de um sistema mais amplo sinaliza a magnitude do papel do encarregado, que para além da literalidade das atividades dispostas no art. 41, § 2º, da LGPD, atrai para si dois papéis essenciais. O primeiro é caracterizado pela gestão dos programas de conformidade de dados. A literatura de compliance indica que a inserção desse gestor na estrutura organizacional deve se dar por meio de um setor destacado ou por uma pessoa responsável.[54] Indicação esta que é reforçada no Brasil pela Controladoria Geral da União (CGU).[55] Revisitando a *Federal Sentencing Guidelines for Organizations* (FSGO), marco internacional do compliance, encontra-se o mesmo apontamento de designação de indivíduos específicos para a gestão cotidiana dos programas de integridade.[56]

53. FRAZÃO, Ana; OLIVA, Milena Donato; ABILIO, Viviane da Silveira. Compliance de dados pessoais. In: FRAZÃO, Ana; TEPEDINO, Gustavo; OLIVA, Milena Donato. **Lei Geral de Proteção de Dados Pessoais**: e suas repercussões no direito brasileiro. 2. ed. São Paulo: Thomsom Reuters Brasil, 2020. Cap. 10. p. 669-706. V. tb. SAAVEDRA, Giovani Agostini. Compliance de dados. In: DONEDA, Danilo *et al*. **Tratado de Proteção de Dados Pessoais**. Rio de Janeiro: Forense, 2021. Cap. 36. p. 729-743. P. 730.

54. CARVALHO, Vinicius Marques de; MATTIUZZO, Marcela; PONCE, Paula Pedigoni. Boas práticas e governança na LGPD. In: BIONI, Bruno *et al*. **Tratado de Proteção de Dados Pessoais**. Rio de Janeiro: Forense, 2021. p. 371-384. Nesse sentido: *Trata-se do reconhecimento de que a organização precisa ter um agente capaz de centralizar – de forma estável, coerente e duradoura – as demandas relacionadas à política de conformidade, responsabilizando-se por sua implementação*. P. 380.

55. UNIÃO, Controladoria Geral da. Programa de Integridade: Diretrizes para Empresas Privadas. Brasília: 2015. Disponível em https://www.gov.br/cgu/pt-br/centrais-de-conteudo/publicacoes/etica-e-integridade/arquivos/programa-de-integridade-diretrizes-para-empresas-privadas.pdf Acesso em 9 ago. 2021.

56. United States Sentencing Commission, Guidelines Manual, §3El.l (Nov. 2018). Chapter 8, PartB, §8B2.1. (b) (2) (C). Disponível em: https://www.ussc.gov/sites/default/files/ pdf/guidelines-manual/2018/GLMFull.pdf Acesso em 10. ago. 2021.

Além da gestão e consequente condução dos agentes de tratamento na direção da conformidade, o segundo papel do encarregado é o de interlocutor com as demais áreas da organização, tenham elas seus próprios programas de integridade ou não. No que tange ao compliance de dados, a integração entre as diferentes áreas corporativas é condição *sine qua non*, sob pena de inviabilizar a concretização tanto do programa de conformidade, quanto das atividades do encarregado. Tome-se como exemplo o fluxo de dados pessoais existente nos departamentos de recursos humanos das organizações, e os principais aspectos da proteção de dados nas relações trabalhistas[57]. Nessa lógica se insere a recomendação para que o programa de governança em privacidade de dados esteja integrado à estrutura geral de governança do controlador (art. 50, § 2º, f).

Importa ressaltar que a integração de áreas diferentes em programas de compliance já era indicada no Guia do CADE em 2016: "*Nos casos em que as áreas de exposição são múltiplas, a maior efetividade será garantida na medida em que o* compliance *concorrencial seja desenvolvido e implementado não isoladamente, mas sim como parte de um programa mais amplo e abrangente de integridade e ética corporativas.*"[58] O mesmo pode-se afirmar sobre o compliance de dados: sua maior efetividade ocorre em decorrência da integração entre as áreas da organização.

É no desenvolvimento da atividade de interlocução do encarregado que ele poderá encaminhar as reclamações dos titulares, receber as comunicações da ANPD, bem como orientar a força de trabalho acerca das práticas de proteção de dados da empresa (art. 41, § 2º, I, II, III). A obrigatoriedade de divulgação da identidade do encarregado e do seu canal de contato (art. 41, § 1º) ratifica sua posição de interlocução, para dentro e para fora da corporação. Para a concretização dos papéis de gestor e interlocutor é essencial que o encarregado tenha pleno entendimento das regras às quais seu trabalho se relaciona, qual é o estado de conformidade exigido por cada regra, e quais devem ser os marcadores de conformidade e não conformidade para as respectivas atividades de tratamento.[59]

A gestão dos programas de compliance, bem como a interlocução do encarregado com as demais áreas se perfaz sobretudo por meio dos seguintes elementos:

- Desenvolvimento do programa de governança em privacidade nos termos do art. 50, § 2º, que considere o contexto do agente de

57. Cite-se como exemplo: procedimentos de seleção de candidatos, procedimentos de contratação e desligamento, rotinas relacionadas a licenças por doença ou gravidez, monitoramento de empregados, e coleta de biometria para acesso a instalações.

58. BRASIL. Cade. Ministério da Justiça. Op. Cit.

59. SHAW, THOMAS J. **DPO Handbook**: Data protection officers under the GDPR. 2. ed. USA: IAPP, 2018.

tratamento (art. 50, § 2º, I, c), e que seja hábil a demonstrar sua efetividade quando solicitado pela ANPD (art. 50, § 2º, II).

- Estruturação de processos para a realização e manutenção do registro das atividades de tratamento de dados pessoais (art. 37).
- Definição dos critérios segundo os quais deverá ser realizado o relatório de impacto à proteção de dados pessoais, observando seu conteúdo mínimo (art. 38).
- Desenvolvimento de relação de confiança com os titulares de dados (art. 50, § 2º, I, e), materializada por meio do franqueamento do pleno exercício de seus direitos (art. 18), assim como pela transparência e disponibilidade das informações sobre as eventuais alterações relacionadas ao consentimento (arts. 9º, § 1º, e 8º, § 6º).[60]
- Organização de planos de resposta e remediação de incidentes (art. 50, § 2º, I, g).
- Definição de instrumentos de monitoramento, sejam eles de controles[61] de reclamações, ou de incidentes.

A realização do descrito anteriormente envolve necessariamente a atuação do encarregado em duas frentes: treinamento da força de trabalho, e o engajamento da liderança corporativa. O treinamento aliado a um plano de comunicação adequado é a forma de explicar políticas, códigos de conduta e práticas estabelecidas para o tratamento de dados pessoais. Deve abranger toda a comunidade interna, e eventualmente stakeholders externos às organizações, como parceiros comerciais e fornecedores. O conteúdo mínimo envolve noções gerais sobre privacidade e proteção de dados, e aspectos da LGPD. É recomendável que seja customizado de acordo com o envolvimento dos colaboradores com as atividades de tratamento de dados pessoais, em linguagem acessível e coerente com os níveis de atuação.[62]

---

60. FRAZÃO, Ana; OLIVA, Milena Donato; ABILIO, Viviane da Silveira. Compliance de dados pessoais. Op. Cit. P. 700.

61. MORAES, Henrique Fabretti. Sistemas de compliance, programas de privacidade e o DPO como o compliance officer de privacidade. Op. Cit. O autor exemplifica o monitoramento de controles com o seguinte exemplo: A política de compartilhamento de dados pessoais de determinada organização prevê que a cada transferência internacional de dados seja feita uma consulta ao encarregado. O controle pode ser efetivado confrontando as consultas que foram submetidas ao encarregado em face dos registros das transferências realizadas pela área de T.I. P. 553.

62. CARVALHO, Vinicius Marques de; MATTIUZZO, Marcela; PONCE, Paula Pedigoni. Boas práticas e governança na LGPD. Op. Cit. P. 382.

As atividades de treinamento também se configuram como meio de desenvolvimento da cultura de privacidade e proteção de dados. Nesse ponto destaca-se o necessário envolvimento da liderança corporativa, que abrange um conceito básico dos programas de compliance: *tone from the top*. O engajamento da alta administração se dá por comportamentos concretos que sejam capazes de externar o comprometimento da cúpula com o programa de governança. Trata-se de requisito de extrema relevância, pois caso a percepção dos funcionários seja diversa ficará evidente que as políticas internas e códigos de conduta são meros instrumentos de fachada.[63] Cabe ao encarregado trabalhar para o envolvimento das lideranças, e uma das formas é mediante a comunicação acerca do andamento das suas atividades, bem como dos resultados dos processos constitutivos dos programas de integridade.

Para tanto, a compilação dessas informações destinadas à administração deve ser clara e precisa o suficiente de modo a instruir a tomada de decisões estratégicas. Um resumo executivo contemplando a metodologia implementada para o desenvolvimento do trabalho, agregado por linhas temáticas (por exemplo: operacionalização dos direitos dos titulares), situações de desconformidade e seus impactos para o negócio (possibilidade de sanções administrativas ou de processos judiciais, e repercussão na imagem corporativa), medidas para solucionar os gaps, e próximos passos.[64]

Conclusão

Como se denota das considerações anteriores, a correta compreensão e aplicação da lei passa imperiosamente pelo entendimento do papel do encarregado de dados e da sua estreita relação com o compliance. Sua atuação é transversal e perpassa os cinco eixos temáticos da lei conforme definidos por Laura Schertel Mendes e Danilo Doneda: (i) unidade e generalidade da aplicação da lei; (ii) legitimação para o tratamento de dados; (iii) princípios e direitos do titular; (iv) obrigações dos agentes de tratamento; e (v) responsabilização dos agentes.[65]

---

63. FRAZÃO, Ana; OLIVA, Milena Donato; ABILIO, Viviane da Silveira. Compliance de dados pessoais. Op. Cit. P. 681.

64. RODRIGUEZ, Humberto de Jesús Ortiz. A prática do monitoramento dos programas de privacidade e proteção de dados pessoais e as auditorias legais e contratuais: transparência, responsabilidade e prestação de contas. In: BLUM, Renato Opice; VAINZOF, Rony; MORAES, Henrique Fabretti. **Data Protection Officer (encarregado): teoria e prática de acordo com a LGPD e o GDPR**. São Paulo: Thomsom Reuters Brasil, 2020. p. 387-411.

65. MENDES, Laura Schertel; DONEDA, Danilo. Reflexões iniciais sobre a nova Lei Geral de Proteção de Dados. **Revista de Direito do Consumidor**, São Paulo: Ed. RT, v. 120, ano. 27, p. 469-483, nov.-dez. 2018. P. 469.

A começar pela premissa central da lei, que ilumina a interpretação de todos os seus dispositivos. É para concretizar a proteção dos direitos fundamentais de liberdade, privacidade e livre desenvolvimento da personalidade (art. 1º) que se insere em primeira e em última instância o papel do encarregado. Nesse sentido, retomamos a ideia do encarregado como o gestor dos programas de compliance de dados, bem como a sua expressiva atuação como interlocutor para dentro e para fora das organizações.

A figura do encarregado é uma das grandes mudanças trazidas pela LGPD para o ordenamento jurídico brasileiro. Assim como no regulamento europeu (RGPD), o encarregado no Brasil deve ser indicado pelo controlador. No entanto, ainda não há definição por parte da ANPD quanto a eventuais dispensas da necessidade de indicação do encarregado de acordo com a natureza e o porte da entidade, ou o volume de operações de tratamento de dados (art. 41, § 3º). Razão pela qual será importante o acompanhamento de futuras disposições e regulamentações da ANPD nesse sentido.

Outro ponto de significativa relevância é a garantia de independência e autonomia do encarregado para a plena realização de suas atividades. A LGPD não faz distinção entre pessoa natural ou pessoa jurídica para a função, estando a decisão dentro da discricionariedade do agente de tratamento. A ANPD aponta como boa prática a formalidade na sua indicação, seja por meio de um contrato de prestação de serviços, seja por meio de um ato administrativo.

A relação entre as funções estratégicas traçadas na LGPD para o encarregado com a governança corporativa, especificamente com o compliance de dados, é revelada não só pelo art. 41, mas por tantos outros dispositivos como se procurou demonstrar ao longo do presente artigo. Traçar um programa de boas práticas adequado à realidade de cada negócio e conduzir toda a organização pelo caminho da conformidade é o desafio cotidiano do encarregado. Para tal, a função precisa ser dotada das já mencionadas independência e autonomia, mas também de orçamento mínimo para a consecução do programa de conformidade de dados.

A demonstração de compliance à LGPD é peça de uma estratégia mais ampla que pretende garantir a atribuição dos efeitos jurídicos positivos de estar em conformidade com a lei. Os benefícios extrapolam a órbita da empresa e alcançam a todos os envolvidos, a começar pelos titulares de dados pessoais. Apesar do compliance ser, de longa data, prática empresarial comum a alguns segmentos, é por conta da magnitude e transversalidade da LGPD que os programas de conformidade saíram dos feudos (concorrencial, criminal, anticorrupção para citar os mais comuns).

O encarregado é o condutor desse processo de disseminação da cultura de integridade, seus benefícios e sua importância na efetivação dos direitos dos titulares. Trata-se de um cargo de altíssima relevância, e os desafios oriundos de suas atividades se justificam na medida da complexidade das tarefas que são desempenhadas por ele. O encarregado é a figura central na implementação e aplicação da LGPD nos setores público e privado, mas não atua sozinho. Ele instrui tomadas de decisão estratégicas e mobiliza pessoas e, por essa razão, é essencial compreender os requisitos e qualificações para o desempenho de suas atividades sem deixar de lado que a proteção de dados é uma atividade multissetorial e interdisciplinar, que envolve diversos atores organizacionais.

REFERÊNCIAS

BIONI, Bruno Ricardo; MENDES, Laura Schertel. Regulamento Europeu de Proteção de Dados Pessoais e a Lei Geral de Proteção de Dados: convergências na direção de um nível de equivalência. In: FRAZÃO, Ana; TEPEDINO, Gustavo; OLIVA, Milena Donato. **Lei Geral de Proteção de Dados Pessoais**: e suas repercussões no direito brasileiro. 2. ed. São Paulo: Thomsom Reuters Brasil, 2020. p. 792-814. p. 797.

BRANCO, Sérgio. As hipóteses de aplicação da LGPD e as aplicações legais. In: MULHOLLAND, Caitlin. **A LGPD e o novo marco normativo no Brasil**. Porto Alegre: Arquipélago, 2020. Cap. 1. p. 15-42.

CUEVA, Ricardo Villas Bôas. Funções e finalidades dos programas de compliance. In: CUEVA, Ricardo Villas Bôas; FRAZÃO, Ana. **Compliance**: perspectivas e desafios dos programas de conformidade. Belo Horizonte: Fórum, 2018. p. 53-69.

FALEIROS JUNIOR, José Luiz de Moura. **Administração Pública Digital**: proposições para o aperfeiçoamento do regime jurídico na sociedade da informação. Indaiatuba: Foco, 2020.

FRAZÃO, Ana. Programas de compliance e a responsabilização de pessoas jurídicas por ilícitos administrativos. In: ROSSETTI, Maristela Abla; PITTA, Andre Grunspun. **Governança corporativa**: avanços e retrocessos. São Paulo: Quartier Latin, 2007. p. 23-57.

FRAZÃO, Ana; OLIVIA, Milena Donato; ABILIO, Viviane da Silveira. Compliance de dados pessoais. In: FRAZÃO, Ana; TEPEDINO, Gustavo; OLIVA, Milena Donato. **Lei Geral de Proteção de Dados Pessoais**: e suas repercussões no direito brasileiro. 2. ed. São Paulo: Thomsom Reuters Brasil, 2020. Cap. 10. p. 669-706.

FRAZÃO, ANA. Nova LGPD: principais repercussões para a atividade empresarial. Disponível em [https://www.jota.info/opiniao-e-analise/colunas/constituicao-empresa-e-mercado/nova-lgpd-principais-repercussoes-para-a-atividade-empresarial-29082018]. Acesso em: 02.08.2021.

GOMES, Rodrigo Dias de Pinho. Encarregado pelo tratamento de dados pessoais na LGPD. In: Jota Info. Opinião e Análise. Tecnologia. 2 out 2019. Acesso em: <https://www.jota.info/opiniao-e-analise/artigos/encarregado-pelo-tratamento-de-dados-pessoais-na-lgpd-02102019>. Acesso em: 14 ago. 2021.

KORFF, Douwe; GEORGES, Maire. **The DPO Handbook**: guidance for data protection officers in the public and quasi-public sectors on how to ensure compliance with the European Union General Data Protection Regulation. European Union: T4Data, 2019. 247

MARTINS, Guilherme Magalhães; FALEIROS JÚNIOR, José Luiz de Moura. Compliance Digital e responsabilidade civil na Lei Geral de Proteção de Dados. In: MARTINS, Guilherme Magalhães; ROSENVALD, Nelson. **Responsabilidade Civil e Novas Tecnologias**. Indaiatuba: Foco, 2020. p. 263-297.

MENDES, Laura Schertel; DONEDA, Danilo. Reflexões iniciais sobre a nova Lei Geral de Proteção de Dados. **Revista de Direito do Consumidor**, São Paulo: Ed. RT, v. 120, ano. 27, p. 469-483, nov.-dez. 2018.

NOHARA, Irene Patrícia. Lei Anticorrupção Empresarial e programa de compliance: programa de compliance efetivo e cultura de integridade. In: NOHARA, Irene Patrícia; PEREIRA, Flávio de Leão Bastos. **Governança, compliance e cidadania**. 2. ed. São Paulo: Thomsom Reuters Brasil, 2019. Cap. 1. p. 21-34.

OLIVA, Milena Donato; SILVA, Rodrigo da Guia. Notas sobre o compliance no direito brasileiro. **Revista Quaestio Iuris**, [S.L.], v. 11, n. 04, p. 2278-2729, 29 nov. 2018. Universidade de Estado do Rio de Janeiro. http://dx.doi.org/10.12957/rqi.2018.33843.

RODRIGUEZ, Humberto de Jesús Ortiz. A prática do monitoramento dos programas de privacidade e proteção de dados pessoais e as auditorias legais e contratuais: transparência, responsabilidade e prestação de contas. In: BLUM, Renato Opice; VAINZOF, Rony; MORAES, Henrique Fabretti. **Data Protection Officer (encarregado): teoria e prática de acordo com a LGPD e o GDPR**. São Paulo: Thomsom Reuters Brasil, 2020. p. 387-411.

SAAVEDRA, Giovani Agostini. Compliance de dados. In: BIONI, Bruno *et al.* **Tratado de Proteção de Dados Pessoais**. Rio de Janeiro: Forense, 2021. Cap. 36. p. 729-743. P. 729. V. tb. SANTOS, Leon. Compliance: saiba o que é, como funciona e por que ele deve ser aplicado a sua empresa. **Revista Brasileira de Administração**, Brasília, v. 30, n. 133, p. 30-35, nov. 2019. Disponível em: https://online.flippingbook.com/view/754019/.

SHAW, THOMAS J. **DPO Handbook**: Data protection officers under the GDPR. 2. ed. USA: IAPP, 2018.

O PAPEL DO ENCARREGADO PELO TRATAMENTO DOS DADOS PESSOAIS NAS EMPRESAS PRIVADAS

MARCELO ZENKNER[1]

MÁRIO SPINELLI[2]

Sumário: 1. Privacidade e proteção dos dados pessoais: uma breve introdução; 2. A LGPD e as Diretrizes da OCDE para a Proteção

1. Diretor de Governança e Conformidade da Petrobras. Ex-Promotor de Justiça do Estado do Espírito Santo. Ex-Secretário de Controle e Transparência do Estado do Espírito Santo, o primeiro estado do Brasil a criar uma estrutura administrativa e a aplicar sanções administrativas com base na Lei Anticorrupção Empresarial e premiado pela Controladoria-Geral da União com o primeiro lugar no cumprimento das regras da Lei de Acesso à Informação (2015) e pelo Ministério Público Federal com o primeiro lugar no ranking dos melhores portais de transparência no Brasil (2015). Mestre em Direitos e Garantias Fundamentais pela FDV – Faculdade de Direito de Vitória e Doutor em Direito Público pela Universidade Nova de Lisboa (Portugal). Professor da Faculdade de Direito de Vitória (FDV) nos cursos de graduação e pós-graduação.
2. Ouvidor-Geral, Encarregado pelo Tratamento dos Dados Pessoais e Autoridade de Monitoramento da Lei de Acesso à Informação na Petrobras. Professor da Escola de Administração de Empresas de São Paulo da Fundação Getulio Vargas. Doutor em Administração Pública e Governo pela EAESP-FGV e Mestre em Administração Pública pela FJP-MG. Foi o primeiro Controlador-Geral do Município de São Paulo, Controlador-Geral do Estado de Minas Gerais, Secretário de Prevenção da Corrupção e Informações Estratégicas da Controladoria-Geral da União (CGU) e Conselheiro do Coaf. É Auditor Federal de Finanças e Controle da CGU.

da Privacidade e dos Fluxos Transfronteiriços de Dados Pessoais; 3. O tratamento brasileiro de dados pessoais previsto na LGPD; 3.1. O encarregado pelo tratamento de dados pessoais; 3.2. A figura do encarregado da LGPD em análise comparada com função similar na legislação europeia; 3.3. Perfil do encarregado; 3.4. Posicionamento do encarregado na estrutura da empresa; 3.5. A integridade pública e as regras de governança nas atividades do encarregado; 4. Considerações finais; Referências bibliográficas.

1. Privacidade e proteção dos dados pessoais: uma breve introdução

O poeta português Fernando Pessoa, em sua obra "Poemas Inconjuntos", definiu assim o valor de sua privacidade:

> Se, depois de eu morrer, quiserem escrever a minha biografia, não há nada mais simples. Tem só duas datas – a da minha nascença e a da minha morte. Entre uma e outra coisa todos os dias são meus.
>
> (CAIEIRO, 1946)

A discussão sobre o direito à privacidade não é recente. No clássico artigo de 1890, "O direito à privacidade", Louis Brandeis e Samuel Warren definiram a proteção da privacidade como o fundamento da liberdade individual na era moderna (BRANDEIS e WARREN, 1890). Trata-se aqui do direito que cada indivíduo tem de proteger suas informações pessoais do escrutínio público. Pode-se dizer que esse direito de proteção à vida privada encontra amparo na própria Declaração Universal dos Direitos Humanos, que, em seu artigo 12, disciplina que "ninguém será sujeito à interferência na sua vida privada, na sua família, no seu lar ou na sua correspondência".

Se da vida em sociedade decorrem a criação de relações de mútua dependência entre as pessoas e a formação de redes de relacionamentos e de comunhão de interesses, o direito à privacidade parece ser fundamental para permitir que indivíduos sejam livres para fazer suas próprias escolhas, para que não sejam objeto de práticas discriminatórias ou ainda para que sejam tratados de forma isonômica.

A aprovação, no Brasil, de uma lei que, entre seus objetivos, faz com que o titular dos dados pessoais tenha o direito de saber como as informações a seu respeito são coletadas e tratadas, é um marco na consolidação de tal direito.

A Lei Geral de Proteção de Dados Pessoais (LGPD), Lei Federal n.º 13.709, de 14 de agosto de 2018, regula o tratamento dos dados pessoais e tem como fundamento, entre outros aspectos, o direto à privacidade. Seu impacto nas organizações, sejam elas privadas ou públicas, não é pequeno. A partir de sua vigência, uma série de medidas passam a ser obrigatórias a todos aqueles que de forma direta ou indireta, coletam, tratam e compartilham dados pessoais.

A LGPD, dentre outros aspectos, estabeleceu que as pessoas naturais ou jurídicas que tratam dados pessoais, estejam elas atuando como controladoras ou operadoras, devem indicar um encarregado por esse tratamento, função essa cuja principal atribuição é a de atuar como canal de comunicação entre eles, os titulares de dados e a Autoridade Nacional de Proteção de Dados (ANPD).

Nesse sentido, este ensaio tem por objetivo avaliar o papel do encarregado pelo tratamento de dados pessoais no âmbito das empresas privadas. Busca-se aqui examinar, com base no que estabelece a LGPD, as principais atribuições a ele conferidas, o perfil profissional desejável e as regras de governança necessárias para que a atividade possa ser desenvolvida com êxito, de modo a assegurar o cumprimento da lei e a devida proteção aos dados pessoais tratados no ambiente corporativo.

2. A LGPD e as Diretrizes da OCDE para a Proteção da Privacidade e dos Fluxos Transfronteiriços de Dados Pessoais

Como principais fontes conceituais utilizadas para a elaboração da LGPD foram utilizadas recomendações da literatura especializada e de organizações internacionais, notadamente da Organização para Cooperação e Desenvolvimento Econômico (OCDE), as quais sintetizam as melhores práticas mundiais de governança, inclusive no âmbito da proteção de dados.

Assim, sempre que qualquer estudo venha a ser entabulado em relação a LGPD, é fundamental uma verificação prévia da sua gênese, aqui merecendo destaque as Diretrizes da OCDE para a Proteção da Privacidade e dos Fluxos Transfronteiriços de Dados Pessoais ("Diretrizes sobre a Privacidade").

Essas diretrizes, que entraram em vigor em 1980 e foram atualizadas em 2013[3], foram publicadas como recomendação oriunda do Conselho da OCDE em apoio aos três princípios comuns a todos os países membros da OECD: democracia pluralista, respeito aos direitos humanos e economias de mercado

3. Disponível em https://www.oecd.org/sti/ieconomy/oecd_privacy_framework.pdf, acesso em 03/05/2021.

aberto. Devem ser recepcionadas como padrões mínimos suscetíveis de serem suplementados com medidas adicionais para a proteção da privacidade e da liberdade individual em cada país e são importantes porque representam um consenso internacional sobre a orientação geral a respeito da coleta e do gerenciamento da informação pessoal.

Os princípios determinados nas Diretrizes sobre a Privacidade foram estabelecidos de modo suficientemente amplo não apenas para possibilitar sua adaptação às mudanças tecnológicas, mas também para abranger todos os meios utilizados para o processamento automatizado de dados referentes a indivíduos (do computador local à rede de complexas ramificações nacionais e internacionais), todos os tipos de processamento de dados pessoais (da administração do pessoal ao levantamento de perfis de consumidores) e todas as categorias de dados (da circulação de dados ao seu conteúdo, dos mais comuns ao mais sensíveis). De seu alcance ficam excepcionadas apenas questões relacionadas à soberania nacional, segurança nacional e à ordem pública.

Nessa linha, para as finalidades dessas Diretrizes, "controlador de dados" significa a parte que, de acordo com a lei doméstica, tem competência para decidir do conteúdo e da utilização de dados pessoais independentemente de tais dados serem ou não coletados, armazenados, processados ou divulgados por esta parte ou por um agente em nome dela; "dado pessoal" significa qualquer informação relacionada com um indivíduo identificado ou identificável (sujeito dos dados); "fluxos transfronteiriços de dados pessoais" significam o movimento de dados pessoais além das fronteiras nacionais.

As Diretrizes sobre a Privacidade da OCDE aplicam-se aos dados pessoais que representam, seja no setor público ou privado, uma ameaça para a privacidade e a liberdade individual em razão de seu modo de processamento, de sua natureza ou do contexto de utilização. Exatamente por essa razão, não devem ser interpretadas como impedimento: a) à aplicação de várias medidas de proteção a diversas categorias de dados pessoais, em função de sua natureza e do contexto em que são coletados, armazenados, processados ou divulgados; b) à exclusão, quando da aplicação das Diretrizes, dos dados pessoais que obviamente não representam risco nenhum para a privacidade e a liberdade individual; c) à aplicação ao único processamento automatizado de dados.

Os princípios básicos de aplicação nacional enumerados nas Diretrizes sobre a Privacidade da OCDE são os seguintes:

2.1 Princípio da limitação da coleta: a coleta de dados pessoais deve ser limitada e qualquer desses dados deve ser obtido através de meios legais e justos e, se for o caso, com reporte e consentimento do sujeito dos dados.

2.2 Princípio da qualidade dos dados: os dados pessoais devem ser relacionados com as finalidades de sua utilização e, na medida necessária, devem ser exatos, completos e permanecer atualizados.

2.3 Princípio da definição da finalidade: os propósitos da coleta de dados pessoais devem ser indicados no momento da coleta de dados e o uso subsequente deve ser limitado à realização destes objetivos ou de outros que não sejam incompatíveis e que sejam especificados cada vez que mudar o propósito.

2.4 Princípio da limitação de utilização: os dados pessoais não devem ser divulgados, comunicados ou utilizados com finalidades outras daquelas originalmente especificadas, salvo se houver o consentimento do sujeito dos dados ou por força de lei.

2.5 Princípio do back-up de segurança: back-up's de segurança regulares devem proteger os dados pessoais contra riscos tais como perda, ou acesso, destruição, uso, modificação ou divulgação desautorizados de dados.

2.6 Princípio da abertura: deve haver uma política geral de abertura a respeito do desenvolvimento, da prática e da política referentes a dados pessoais, assim como devem estar prontamente disponíveis meios de estabelecer a existência e natureza de dados pessoais, as finalidades principais de seu uso, bem como a identidade e a residência habitual do controlador de dados.

2.7 Princípio da participação do indivíduo: qualquer pessoa deve ter o direito de obter do controlador de dados, ou por outro meio, a confirmação de que este possui ou não dados referentes a ele (a); de que lhe sejam comunicados dados relacionados a ele dentro de um prazo razoável, por um preço, caso houver, que não seja excessivo, sempre de maneira razoável e de modo prontamente compreensível (b); de obter explicações caso for rejeitado um pedido formulado, e ter meios de contestar tal recusa (c); e de contestar dados relacionados a ele e, se a contestação for recebida, pedir que os dados sejam apagados, retificados, completados ou modificados (d).

2.8 Princípio da responsabilização: o controlador de dados terá de prestar contas pela observância das medidas que dão efeito aos princípios anteriormente indicados.

Algumas recomendações de caráter transnacional também aparecem nas Diretrizes sobre a Privacidade da OCDE:

- os países Membros deveriam levar em consideração as implicações, para os outros países Membros, do processamento nacional e da reexportação de dados pessoais;

- os países Membros deveriam tomar todas as disposições razoáveis e adequadas para garantir a continuidade e segurança dos fluxos transfronteiriços de dados pessoais, incluindo durante o trânsito por um país Membro;
- um país Membro deveria deixar de restringir os fluxos transfronteiriços de dados entre ele e outro país Membro, salvo se este último ainda não observa substancialmente as Diretrizes ou se a reexportação de tais dados escapa à sua legislação doméstica sobre a privacidade;
- um país Membro também pode impor restrições relativas a determinadas categorias de dados pessoais para os quais sua legislação doméstica sobre a privacidade inclui regulamentos específicos em função da natureza destes dados, e para os quais um outro país Membro não oferece proteção equivalente;
- os países Membros deveriam evitar o desenvolvimento de leis, políticas e práticas em nome da proteção da privacidade e da liberdade individual, o que criaria obstáculos aos fluxos transfronteiriços de dados pessoais que excedam os requisitos de tal proteção.

A OCDE, nas mesmas Diretrizes, recomenda que, ao implementarem a nível nacional os princípios anteriormente explicitados, os países Membros devem estabelecer procedimentos e instituições legais e administrativas para a proteção da privacidade e da liberdade individual em matéria de dados pessoais. Devem, ainda, se esforçarem para adotar legislação doméstica apropriada; encorajar e apoiar a autorregulamentação, seja na forma de códigos de conduta ou em outra forma; fornecer aos indivíduos meios razoáveis para exercerem seus direitos; trazer sanções e soluções apropriadas em caso de inobservância das medidas que implementam os princípios anteriormente indicados; e garantir que não haja injusta discriminação contra os sujeitos dos dados.

A necessidade de cooperação internacional plena, por óbvio, não foi esquecida pela OCDE. Por isso, a recomendação é no sentido de que os países Membros devem, quando exigido, levar a conhecimento dos outros países Membros detalhes sobre a observância dos princípios definidos nas Diretrizes estabelecidas. Os países Membros, além disso, devem assegurar-se de que os procedimentos relativos aos fluxos transfronteiriços de dados pessoais e à proteção da privacidade e da liberdade individual sejam simples e compatíveis com os dos outros países Membros que respeitam as mesmas Diretrizes.

Por derradeiro, os países Membros, segundo as recomendações da OCDE, devem estabelecer procedimentos para facilitar a troca de informações relacionadas a essas Diretrizes e o auxílio mútuo nos assuntos processuais e de investigação envolvidos.

Foi exatamente a partir dessas premissas, e objetivando o ingresso do Brasil como Membro da Organização para a Cooperação e Desenvolvimento Econômico, que a LGPD foi pensada, discutida, elaborada e promulgada, razão pela qual seus preceitos devem ser interpretados sempre a partir dos princípios informadores de sua gênese.

3. O TRATAMENTO BRASILEIRO DE DADOS PESSOAIS PREVISTO NA LGPD

O objeto da LGPD, seguindo as diretrizes internacionais, é o tratamento de dados pessoais por pessoa natural ou jurídica. Nesse sentido, o conceito de "tratamento" trazido pela lei é bastante amplo, estando nele contempladas todas as operações realizadas com dados pessoais (art. 5º, X). Dando caráter concreto à extensão desse conceito, o dispositivo que trata a questão na LGPD estabeleceu, de modo exemplificativo, que o tratamento inclui uma série de atividades como a coleta, produção, recepção, classificação, utilização, acesso, reprodução, transmissão, distribuição, processamento, arquivamento, armazenamento, eliminação, avaliação ou controle da informação, modificação, comunicação, transferência, difusão ou extração de dados pessoais.

A partir desse conceito e de sua amplitude, percebe-se que o legislador buscou incluir no escopo da LGPD tudo aquilo que possa estar relacionado a processos, fluxos e atividades que envolvam de alguma forma dados pessoais. Além disso, instituiu que os agentes de tratamento de dados pessoais serão aqueles que exercem a função de controlador e operador – enquanto o *controlador* deve ser a pessoa natural ou jurídica responsável pelas decisões referentes ao tratamento de dados pessoais, o *operador* deve ser aquele a quem cabe realizar o tratamento desses dados em nome do primeiro.

3.1. O encarregado pelo tratamento de dados pessoais

O encarregado é, segundo o art. 5º, VIII, da LGPD, a pessoa indicada pelo controlador e operador para atuar como canal de comunicação entre o controlador, os titulares dos dados e a Autoridade Nacional de Proteção de Dados (ANPD).

Exercerá, portanto, a função que, em nome da empresa, irá não apenas zelar pelo cumprimento interno da LGPD, mas também promover a interlocução, tratar das demandas relacionadas aos titulares de e efetuar a comunicação com a autoridade nacional. Além disso, com o fim de detalhar o papel do encarregado pelo tratamento de dados pessoais, a LGPD (art. 41, § 2º) detalhou um pouco mais suas funções, havendo definido que a ele cabem as seguintes atividades:

a) *aceitar reclamações e comunicações dos titulares, prestar esclarecimentos e adotar providências.*

A LGPD estabeleceu obrigatoriedade de se instituir mecanismos que permitam a interação entre a empresa e os titulares de dados. Assim, de modo a cumprir tal tarefa, a empresa deverá dispor de canal de atendimento a esse público, com o objetivo a tratar e responder as demandas relacionadas à proteção de seus dados pessoais. Esses canais devem permitir a troca de mensagens entre o encarregado e os titulares, possibilitando que eventuais esclarecimentos sejam prestados e, se possível, documentação comprobatória seja anexada. Do mesmo modo, devem permitir o controle do tratamento e do atendimento dessas demandas, razão pela qual é recomendável que haja política de registro, controle e descarte dessas interações.

b) *receber comunicações da autoridade nacional e adotar providências.*

Como o encarregado é o responsável pela interlocução em nome da empresa, ele também deverá dispor de sistemática que oriente suas comunicações com a ANPD. Rotinas internas necessitam sem estabelecidas de modo a garantir que as orientações e determinações oriundas da ANPD sejam implementadas e disseminadas no ambiente interno. Do mesmo modo, devem ser adotados procedimentos formais para o encaminhamento à autoridade nacional de comunicação de incidentes de segurança com dados pessoais (vazamentos, compartilhamentos indevidos etc.). Embora a LGPD não tenha conferido expressamente ao encarregado essa atribuição, parece natural e recomendável que ele, como ponto de contato entre a empresa e a ANPD, seja o responsável por tal tarefa. De todo modo, mesmo que a empresa não opte por atribuir tal ação ao encarregado, definindo outra área ou pessoa como o responsável, caberá ao encarregado verificar se todos os incidentes vêm sendo comunicados de forma correta e tempestiva, se as informações são fidedignas e se as medidas saneadoras estão sendo adequadamente adotadas.

c) *orientar os funcionários e os contratados da entidade a respeito das práticas a serem tomadas em relação à proteção de dados pessoais.*

Além de ser o ponto de contato com os titulares e a autoridade nacional, a LGPD atribuiu ao encarregado a responsabilidade pela orientação e disseminação, na empresa, das práticas relacionadas à proteção de dados pessoais. E esse processo envolve não apenas o conjunto dos empregados, mas também terceiros contratados. Trata-se de essencial preocupação com a disseminação de conhecimento sobre a questão. A incorporação no ambiente das empresas de questões inerentes à privacidade e a proteção de dados pessoais demanda, além de uma sólida política de treinamento e de alterações substanciais em normas e procedimentos internos, mudanças culturais relevantes, que sejam capazes de garantir a inserir tais conceitos em todas as ações praticadas pela organização. Nesse sentido, o encarregado, além de ser o principal responsável pela divulgação de tais temas, deve exercer a função de fiscal, de guardião, de principal vigilante da aplicação da LGPD no ambiente empresarial. Obviamente que, notadamente nas grandes corporações, esse tipo de tarefa deve ser compartilhado entre os mais diversos setores. Compete, porém, ao encarregado verificar se o tema está sendo adequadamente disseminado e debatido e, em caso de dúvidas, promover as condições para que respostas sejam dadas de modo a cumprir o que determina a LGPD.

d) *executar as demais atribuições determinadas pelo controlador ou estabelecidas em normas complementares.*

Conforme já exposto, a LGPD atribui ao encarregado a função de ser o ponto de contato nas comunicações entre a empresa e os titulares e a ANPD e também de ser o responsável pela orientação a funcionários e contratados.

No entanto, nada impede que além das tarefas por ela atribuídas ao encarregado, a empresa a ele atribua outras atividades, havendo espaço para que sua atuação ocorra nas mais diversas frentes relacionadas à proteção de dados pessoais. Se, nas médias e grandes empresas, o encarregado deve contar com equipe de apoio e com o suporte de comitês técnicos ou unidades de assessoramento que possam lhe conferir as condições para garantir o cumprimento da LGPD, nas menores empresas ou naquelas com pouco volume de operação de dados, o encarregado pode ser também o responsável por outras iniciativas. A respeito da questão, vale lembrar que a LGPD também dispõe que a possibilidade de a ANPD estabelecer normas complementares sobre a definição e as atribuições do encarregado, inclusive no que diz respeito a eventuais hipóteses de dispensa da necessidade de sua indicação, em se tratando de empresa de pequeno porte ou nos casos em que haja reduzido volume de operações de tratamento de dados. (art. 41, § 3º).

A respeito da questão, a edição da Portaria n.º 28, de 08 de abril de 2021, que, entre outros aspectos, dispôs sobre as atribuições do encarregado no âmbito da ANPD, ofereceu um indicativo acerca das possibilidades da função na visão daquele órgão. Nela, de modo geral, estabeleceu-se que o encarregado, além de suas atribuições legais, deve elaborar o Programa de Governança em Privacidade, coordenar a conformidade com a LGPD e com as políticas da ANPD relativas à proteção de dados pessoais, além de fornecer orientações no que diz respeito a relatórios de impacto sobre proteção de dados relativos a atividades de tratamento de dados pessoais no âmbito do próprio órgão.

3.2. A figura do encarregado da LGPD em análise comparada com função similar na legislação europeia

A OCDE tratou da figura do "controlador de dados", ou seja, daquele que, de acordo com a respectiva lei doméstica, seria o responsável por decidir sobre o conteúdo e a utilização de dados pessoais, independentemente de tais dados serem ou não coletados, armazenados, processados ou divulgados por esta parte ou por um agente em nome dela.

Nessa linha, e a partir das competências do encarregado detalhadas na seção anterior, é possível observar que, de modo geral, as atribuições do "encarregado da LGPD" guardam certa similitude com aquelas atreladas à figura do *Data Protection Officer* (DPO), função prevista na lei europeia de proteção de dados (*General Data Protection Regulation – GDPR*) e que tem a missão de assegurar que a empresa trate os dados pessoais em conformidade com as regras de proteção de dados pessoais.

Ao DPO, assim como ao encarregado pelo tratamento dos dados pessoais da LGPD, também cabe, entre outros aspectos, interagir com os titulares de dados, contribuir para os funcionários que atuam em seu tratamento estejam capacitados e cientes de suas responsabilidades, além ser o canal de comunicação com a autoridade de supervisão em questões relacionadas com o tratamento de dados pessoais.

Não obstante tais semelhanças, há distinções significativas entre as duas funções que precisam ser salientadas. Em primeiro lugar, a GDPR estabelece que nem toda a empresa está obrigada a indicar um DPO. Essa decisão não decorre necessariamente do porte da empresa, mas sim de sua atividade primordial, daquilo que está relacionado a seus objetivos centrais e se isso guarda relação com o tratamento de dados pessoais. No Brasil, como já destacado, a LGPD não traz essa possibilidade de forma expressa, não obstante haver previsto a possibilidade de a ANPD estabelecer normas que prevejam hipóteses de dispensa de se indicar o encarregado, a depender da natureza e do porte da entidade ou do volume de operações de tratamento de dados.

Outro ponto importante é que a GDPR dispõe de forma clara que o DPO deve agir com independência e não pode ser demitido ou penalizado por ter cumprido suas responsabilidades. A GDPR também fixa que o DPO deve reportar-se ao nível gerencial mais alto da empresa. Esses dispositivos evidenciam a intenção de serem estabelecidas regras de proteção ao DPO e de conexão com a alta administração da empresa, de modo que ele tenha condições de permanecer imune a eventuais interferências indevidas em sua atividade, e a ele seja conferida a devida autonomia para atuar como um guardião da lei.

Embora a LGPD não tenha dispositivo com conteúdo similar, parece razoável pressupor que a ANPD, considerando a relevância das atividades do encarregado, venha a regulamentar a questão no mesmo sentido, estabelecendo normas com regras mínimas que possam protegê-lo de eventuais interferências indevidas em sua atuação. De todo modo, enquanto isso não ocorre, a própria empresa deve estabelecer regras de governança que possibilitem ao encarregado atuar com a independência necessária ao cumprimento de suas atribuições legais, conforme se detalhará adiante, na seção específica sobre as regras de governança.

Assim, no caso do setor privado, a atribuição primordial do encarregado é justamente promover a interlocução entre a empresa (que o incumbiu dessa função) com aqueles a quem se referem os dados pessoais que são objeto de tratamento (titulares) e com o órgão da administração pública responsável por zelar, implementar e fiscalizar o cumprimento da LGPD em todo território nacional (ANPD).

3.3. Perfil do encarregado

A partir das atribuições conferidas pela LGPD ao encarregado, é possível avaliar-se as principais características desejáveis ao perfil da função. A modificação trazida pela Medida Provisória nº 869, de 27 de dezembro de 2018, posteriormente convertida na Lei 13.853/2019, no texto vigente da LGPD deixou clara possibilidade de a função do encarregado não ser necessariamente atribuída à pessoa natural, abrindo a possibilidade de que pudesse vir a ser feita também por pessoa jurídica designada pela empresa para desempenhar essa função.

Não obstante essa possibilidade, as competências fixadas pela LGPD ao encarregado demandam uma série de atributos, essenciais ao cumprimento adequado da função.

Em primeiro lugar, em função da primeira prerrogativa que lhe é conferida pela norma, é essencial que o encarregado tenha adequada capacidade de comunicação, de modo a atuar como interlocutor entre a empresa e os titulares de dados. Essa interlocução deve ser pautada na ética, na tempestividade e na transparência. Eventuais incidentes de segurança que possam acarretar risco ou dano relevante, deverão ser a eles comunicados, descrevendo-se, entre outros aspectos, a natureza dos dados pessoais afetados, as informações sobre os titulares envolvidos, a indicação das medidas técnicas e de segurança utilizadas para a proteção dos dados, os riscos relacionados ao incidente, os motivos da demora (caso a comunicação não tenha sido imediata) e as medidas que foram ou que serão adotadas para reverter ou mitigar os efeitos do prejuízo (art. 48, § 1º, incisos I a VI, da LGPD).

A capacidade de comunicação também é atributo fundamental na interlocução com a autoridade nacional, haja vista a necessidade de interações frequentes, tanto para também informar eventuais incidentes com dados pessoais, como para receber os comunicados que necessitam a adoção de medidas internas de adequação.

Também é requerido ao encarregado um perfil de liderança, a fim de que possa atar como o principal agente que irá providenciar e controlar a implementação das medidas necessárias ao cumprimento da LGPD pela empresa, sendo ainda o responsável pelas orientações sobre o tema e pela condução do processo de transformação cultural inerente a uma maior atenção à questão da privacidade e da proteção dos dados pessoais.

Além disso, é recomendável que o encarregado detenha conhecimentos multidisciplinares, que incluam desde os próprios conceitos da LGDP, até noções jurídicas, de segurança da informação e de privacidade e proteção de dados. Também é desejável que conheça princípios e conceitos de governança corporativa e de gerenciamento de riscos, de modo que possa ter condições de avaliar os fluxos, processos e regras do processo decisório da empresa e os eventuais impactos decorrentes da política de privacidade e proteção dos dados pessoais.

Por fim, mas não menos importante, dada a característica de controle e monitoramento a ele atribuída, é essencial que o encarregado disponha de conhecimento sobre as regras de conformidade. As funções do encarregado têm relação direta com o sistema de controles internos e de cumprimento normativo instituído pela organização, razão pela qual sua atuação precisa ser feita em articulação com todo o sistema de integridade corporativo.

3.4. Posicionamento do encarregado na estrutura da empresa

Com relação à alocação do encarregado, não há consenso sobre seu adequado posicionamento na organização.

No setor público, tem sido possível perceber que algumas organizações vêm buscando concentrar em uma só pessoa ou área a atividades do encarregado pelo tratamento de dados pessoais da LGPD e as da autoridade de monitoramento prevista no art. 40 da Lei Federal n.º 12.527, de 18 de novembro de 2011, conhecida como Lei de Acesso à Informação Pública (LAI), o que parece ser uma prática bastante recomendável, dada a relação entre esses dois dispositivos legais e a necessidade constante de compatibilizar os conceitos de privacidade e transparência.

No setor privado, porém, não tem havido consenso sobre a melhor alocação para a função do encarregado. Essa constatação não é apenas uma característica da implementação da LGPD no Brasil. Na Europa, tampouco a aplicação da GDPR permite chegar-se a um padrão ou a um consenso sobre o melhor posicionamento organizacional do DPO.

Nesse contexto, há alguns aspectos que precisam ser considerados. Se, por um lado, as prerrogativas do encarregado impõem uma inequívoca característica de comunicação e controle, por outro, há que se atentar para questões relacionadas a eventuais conflitos de interesse no exercício da função.

Assim, considerando-se a necessária segregação de funções, há que se ter a devida cautela ao, por exemplo, fazer com que a atividade do encarregado seja atribuída a áreas operacionais que tenham como principal função exercer atividades técnicas relacionadas ao próprio processo de proteção da informação ou de proteção cibernética. O mesmo raciocínio aplica-se às áreas ou aos profissionais que tenham, por força de suas próprias atribuições, que tratar dados pessoais, como é o exemplo das áreas de recursos humanos ou de outras cujas funções estejam intrinsecamente ligadas ao uso de tais informações.

Dado o papel do encarregado como fiscal do cumprimento da LGPD nas empresas, uma opção que se configura como interessante é conferir a função do encarregado a alguma das estruturas organizacionais de controle corporativo ou do sistema de integridade, como é o caso da unidade de *compliance*, das auditorias ou das ouvidorias (caso essas desempenhem tais funções). Caso adotada essa opção, como tais áreas também, em alguma medida, podem acabar por tratar dados pessoais, há que se adotar medidas mitigadoras de eventuais conflitos de interesse, estabelecendo-se regras que as incluam no âmbito do monitoramento do sistema[4] de privacidade e proteção de dados. Além disso, também é recomendável estabelecer a terceiros a responsabilidade por eventuais verificações periódicas do cumprimento de tais medidas.

Qualquer que seja o posicionamento adotado pela empresa, dois aspectos são fundamentais ao adequado cumprimento das obrigações pelo encarregado.

4. Num sentido geral, o termo "programa" se refere a algo que se planeja com a intenção de executar mais tarde. Este vocábulo é utilizado em todas as atividades que exigem certa organização anterior, com início meio e fim. Entretanto, aqui estamos tratando de algo que é perene, definitivo e que apenas se aprimora ao longo do tempo. A ideia de que um "programa de privacidade e proteção de dados" pode, um dia, terminar, soa equivocada. Mostra-se, por isso, muito mais adequada a utilização do vocábulo "sistema", que pode ser conceituado como uma rede de componentes interdependentes que trabalham juntos para alcançar um objetivo comum.

O primeiro deles, conforme exposto, é a independência para atuar, zelando para que a LGPD seja cumprida pela empresa e sem que esteja sujeito a qualquer nível de interferência ou sujeito a eventuais punições em função de haver cumprido suas atribuições legais. O outro, não menos importante, é a conexão direta entre o encarregado e alta administração da empresa. É preciso que o encarregado possa reportar questões estratégicas sobre o sistema de privacidade e proteção de dados ao mais alto nível hierárquico. Além disso, é preciso haver o comprometimento da alta administração da organização (*tone at the top*) em relação ao correto funcionamento do sistema de privacidade e proteção de dados pessoais.

3.5. A integridade pública e as regras de governança nas atividades do encarregado

A OCDE conceitua a "integridade pública" como sendo o alinhamento consistente e a adesão de valores, princípios e normas éticas comuns para sustentar e priorizar o interesse público sobre os interesses privados no setor público.

A partir dessa conceituação, o Conselho da OCDE estabeleceu algumas premissas para elaborar e publicizar suas recomendações[5], a saber: a) reconhecer que a integridade é vital para a governança pública, salvaguardando o interesse público e reforçando valores fundamentais como o compromisso com uma democracia pluralista baseada no estado de direito e no respeito aos direitos humanos; b) reconhecer que a integridade é uma pedra angular do sistema geral de boa governança e que a orientação atualizada sobre a integridade pública deve, portanto, promover a coerência com outros elementos-chave da governança pública; c) reconhecer que os riscos de integridade existem nas várias interações entre o setor público e o setor privado, a sociedade civil e os indivíduos em todas as etapas do processo político e de políticas, portanto, essa interconectividade requer uma abordagem integrativa de toda a sociedade para aumentar a integridade pública e reduzir a corrupção no setor público; e d) considerar que o reforço da integridade pública é uma missão compartilhada e responsabilidade para todos os níveis de governo, por meio de seus diferentes mandatos e níveis de autonomia, de acordo com os quadros jurídicos e institucionais nacionais, sendo fundamental para fomentar a confiança pública.

O objetivo central desse documento da OCDE é, expressamente, o de auxiliar a Administração Pública em todos os seus níveis a conceber e implementar

---

5. Disponível em https://www.oecd.org/gov/ethics/integrity-recommendation-brazilian-portuguese.pdf, acesso em 03/05/2021.

políticas estratégicas, baseadas em inovações capazes de fortalecer a governança pública, de responder eficazmente a desafios econômicos, sociais e ambientais diversos e turbulentos e de cumprir os compromissos do governo com os cidadãos.

Não foi por outro motivo que a LGPD dispôs que as empresas, sejam elas estatais ou privadas, têm a prerrogativa de formular regras de boas práticas e de governança que estabeleçam as condições, o regime de funcionamento, os procedimentos, incluindo reclamações e petições de titulares, as normas de segurança, os padrões técnicos, as obrigações específicas para os diversos envolvidos no tratamento (art. 50).

Nesse sentido, é recomendável que tais regras abranjam todas as questões relacionadas ao sistema de privacidade proteção de dados, incluindo as ações educativas, os mecanismos internos de supervisão e de mitigação de riscos e outros aspectos relacionados ao tratamento de dados pessoais.

Como exposto anteriormente, o encarregado é o principal agente a controlar o cumprimento da LGPD no âmbito da empresa, o que o leva a ter que interagir com os mais diversos públicos de interesse da organização. Nessa conjuntura, a ele cabe, no âmbito interno, a função de disseminar, orientar e capacitar empregados, contratados e fornecedores sobre aspectos relacionados ao sistema de privacidade proteção de dados. Além disso, o encarregado também possui prerrogativas que o obrigam a manter constante relacionamento com todos os com os titulares de dados e com a ANPD.

Essas atribuições demandam o estabelecimento de normas e rotinas que venham a orientar as interações do encarregado com esses públicos.

Assim, é recomendável, em primeiro lugar, que a empesa disponha de plataforma ou canal para o registro das comunicações entre o encarregado e os titulares de dados. Eventuais respostas às demandas por eles formuladas devem ser respondidas atendendo a critérios de prazo, fidedignidade e completude da informação solicitada. Tais registros devem estar submetidos às regras de proteção fixadas pelo programa de segurança da informação e ser disciplinadas quanto a sua guarda e descarte, de modo que possam ser periodicamente verificadas por meio do sistema de monitoramento ou por instâncias de controle interno.

Do mesmo modo, as interações com a ANPD, além de obviamente seguir às orientações por ela estabelecidas, devem obedecer a critérios definidos pela própria empresa, fundamentalmente quanto ao atendimento aos prazos de resposta, à elaboração de planos de mitigação de incidentes e de gestão de riscos, a eventuais reportes à alta administração, entre outros aspectos.

Também é importante criar rotinas que estabeleçam o tempestivo atendimento de eventuais solicitações provenientes do encarregado pelas diversas áreas e níveis da empresa, regulamentando, entre outros aspectos, o procedimento para o envio de respostas a solicitações dos titulares de dados ou da ANPD e à adoção de medidas inerentes ao sistema de privacidade e proteção de dados pessoais.

Além disso, devem ser fixadas regras que busquem preservar a independência do encarregado, de modo a garantir que suas atribuições não sejam comprometidas. Além do reporte e da vinculação à alta administração, é importante inserir o acompanhamento da atividade do encarregado pelo sistema de controles internos da empresa. Eventuais constatações de perda de independência, inaptidão ou insuficiente cumprimento de suas atribuições devem ser tempestivamente reportadas à direção da empresa, para que medidas saneadoras possam ser adotadas.

Outra questão essencial é a instituição de regras concernentes aos reportes à alta administração da empresa. Nesse sentido, além da oportuna comunicação de eventuais ocorrências de incidentes de segurança que possam gerar risco ou dano relevante aos titulares, é fundamental instituir a submissão pelo encarregado de relatórios periódicos de cumprimento do que estabelece a LGPD e o que dispõe o programa interno de privacidade e proteção dos dados pessoais, de forma a possibilitar aos dirigentes da empresa tomar conhecer aspectos relevantes de todo o processo e, se for o caso, providenciar as medidas saneadores de eventuais impropriedades.

4. Considerações finais

A LGPD trouxe um novo contexto para as empresas que atuam no Brasil. Na era da informação – e também da desinformação e do mau uso de dados –, é uma tendência global o respeito absoluto a questões relativas à ética no tratamento de dados pessoais e à privacidade de cada indivíduo. Nessa conjuntura, por suas ações passadas e pela probabilidade de seu comportamento futuro, todas as organizações passarão a ser monitoradas e cobradas por seus consumidores, fornecedores, investidores, acionistas e, principalmente, pela própria sociedade.

Em tempos de mídia digital, essa avaliação geral realizada pelos stakeholders internos e externos certamente impactará na credibilidade das organizações perante a opinião pública. A reputação empresarial e governamental, portanto, apresenta-se como um ativo real, presente e, atualmente, bastante substancial. A reputação, portanto, será sempre reforçada pelo grau de confiança depositado em uma determinação organização, confiança esta que será maior ou menor principalmente em vista de sua aderência (ou não) a políticas perenes e sólidas de proteção de dados pessoais.

Por essa razão, a expectativa agora é no sentido de que as pessoas jurídicas aumentem a conscientização sobre como processam, armazenam, gerenciam e protegem seus dados, forçando os procedimentos legislativos a se concentrarem mais na criação de padrões de governança e de qualidade da informação. Para tanto, é necessário que reconheçam que estão diante de uma questão que transcende a mera obrigação legal, pois esses valores estão vinculados à integridade pública e corporativa, a qual traz consigo uma profunda lealdade com a ética, com a transparência e com o respeito às pessoas e aos direitos e garantias constitucionais fundamentais.

Nessa conjuntura, a função desempenhada pelo encarregado pelo tratamento dos dados pessoais no âmbito das empresas tem enorme importância, não apenas por ser ele o principal interlocutor da empresa com os titulares de dados e a autoridade nacional, mas também porque ele é o principal guardião a zelar pelo cumprimento da LGPD, atuando transversalmente para que todos os níveis da organização estejam conscientes da importância da política de privacidade e proteção de dados pessoais.

Leis não se materializam e não produzem resultados práticos automaticamente – sempre haverá, para tanto, a dependência de adequadas e ajustadas ações humanas. Nesse sentido, o exato cumprimento dos preceitos da LGPD dependerá profundamente da correta e eficiente atuação do encarregado e, exatamente por isso, é fundamental que em sua designação e no estabelecimento das respectivas regras de governança sejam estabelecidas as condições para que suas relevantes atribuições possam ser desempenhadas de forma técnica, independente, transparente e ética.

Referências bibliográficas

BRANDEIS, Louis; WARREN, Samuel. *The Right to Privacy.* Harvard Law Review. Vol. IV, Nº. 5, Boston, EUA, 1890.

CAIEIRO, Alberto. Poemas Inconjuntos. In Poemas de Alberto Caiero. Fernando Pessoa. Lisboa. Ática, 1946.

DECLARAÇÃO UNIVERSAL DOS DIREITOS HUMANOS. United Nations Information Centre, Portugal, 1948. Disponível em: <https://www.ohchr.org/EN/UDHR/Pages/ Language.aspx?LangID=por>. Acesso em: 21 out. 2020.

INSTITUTO BRASILEIRO DE GOVERNANÇA CORPORATIVA. Código das melhores práticas de governança corporativa. 5. ed. Instituto Brasileiro de Governança Corporativa. – São Paulo, SP: IBGC, 2015. 108p.

Compliance digital, defesas corporativas e privacidade

Eduardo Saad-Diniz[1]

Matheus Puppe[2]

Sumário: 1. Introdução; 2. Lições do *Privacy Shield*; 3. Diálogos entre GDRP europeia e a LGPD; 4. Defesas corporativas e verificação intensiva dos direitos fundamentais.

1. Introdução

As inovações tecnológicas mais recentes contribuem para o surgimento de questões políticas, morais e jurídicas completamente novas, cujo potencial disruptivo desafia a própria capacidade de diferenciação do sistema jurídico. Novos avanços, impulsionados por uma sociedade interconectada globalizada estão se desenvolvendo mais rápido do que nunca, logo, as teses jurídicas

1. Eduardo Saad-Diniz, Professor Dr., Professor at the University of São Paulo, Brazil (Ribeirão Preto Law School and Latin American Studies).

2. Matheus Puppe, Doutorando na Universidade de Johann Wolfgang Goethe, Frankfurt, Alemanha (LLM).

tradicionais não estão mais fornecendo a "normatividade" adequada para emoldurar essas mudanças[3]. *Design* de privacidade e regulamentação (global) das novas tecnologias é uma preocupação emergente nos governos, nos negócios e principalmente no campo jurídico.

Os grandes *players* globais contribuem para o desenvolvimento econômico mundial, porém estes gigantes de tecnologia crescem independentemente de suas fronteiras. Suas características não físicas permitem uma atuação e papel global que transita por diversas jurisdições, apesar de que a política regulatória doméstica não dá conta de acompanhar as comunicações disruptivas das modernas corporações e novas tecnologias. O problema consiste precisamente no fato de que atuam em zona de "quase ausência de regulação", já que as inovações de ponta desafiam a capacidade de previsão e segurança nas operações. Ou, o que é ainda mais delicado, esses problemas são exponenciados pelo extraordinário fluxo de informações, não apenas entre as empresas, mas também entre usuários, levantando grandes questões sobre privacidade e uso das informações[4].

Na regulação da comunicação (macro) e dos fluxos de informação (micro), os programas de *compliance* digital adquirem especial relevância. É a partir deles que se permite aperfeiçoar o sistema de gestão para implementação de mecanismos de detecção, apuração e reação às violações à privacidade, incrementado o nível de segurança da informação no ambiente empresarial ou no setor público. A partir dos programas de *compliance digital* permite-se estabelecer os limites entre, de um lado, o comportamento corporativo autêntico e voluntária colaboração entre empresa e autoridades públicas, e, de outro, a violação da segurança da informação que vulnera liberdades pessoais, com ênfase na privacidade. E é esse controle da comunicação e dos fluxos de informação o que importa, no fim das contas, no momento da judicialização (*Verrechtlichung*)[5] e da construção da verdade no âmbito do sistema de justiça.

É claro que há ainda muito a se avançar nesta matéria. Em primeiro lugar, porque nesse campo ainda se negligenciam os estudos sobre a transformação digital do controle social. O volume de informações – e até mesmo a automação na combinação e geração de dados por meio de inteligência artificial – deixa

3. TEUBNER, Gunther. Global Law without a State. Aldershot, Ashgate, 2006. Constitutional Fragments: Societal Constitutionalism and Globalization.
4. PAGALLO, Hugo. 2017. Lecture at the specialization course Law and Technology, at Stockholm University.
5. TEUBNER, Günther. Global law without a state. Aldershot, Ashgate, 2006. Constitutional Fragments: Societal Constitutionalism and Globalization.

anacrônica a leitura tradicional do exercício do controle social. Em alguns casos (v. *infra* sobre *US v Europe Privacy Shield*), políticas regulatórias ou mesmo o uso dos caudalosos recursos de autorregulação e *compliance* já são insuficientes para controlar abusos, violações de direitos ou mesmo vazamentos dos dados.

Desde uma perspectiva mais realista, há um processo de "normalização" dessa expropriação dos dados, de tal forma que o controle social da comunicação se torna o "controle da comunicação já violada". A quantidade extraordinária de dados produzidos faz com que o controle deva ser repensado como "controle para evitar maior violação de direitos já violados", sobretudo a partir de maior intensidade na verificação de direitos fundamentais em cada uma das comunicações empresariais.

Depois, deve-se avançar nesse campo porque a própria compreensão dos programas de *compliance* é insuficiente. Ao observar a experiência brasileira com *compliance*, há raras evidências sobre a efetividade do uso dos recursos privados, sobre a forma como expressão do comportamento ético empresarial autêntico, ou mesmo sobre a necessidade da implementação de determinados controles[6]. Não há maior coerência na política regulatória e as estratégias de *enforcement* ainda centradas na *individual accountability*, sem maior atenção no ordenamento doméstico à necessidade de aperfeiçoar os mecanismos sancionatórios com relação às próprias empresas[7]. As iniciativas de *compliance*, no mais das vezes, atendem a padrões da indústria de *compliance*, com baixa influência nos processos decisórios[8], ou são empregadas como estratégia de *overcompliance*, impondo dominância no mercado por meio do aumento dos custos de transação[9]. E ainda que a preocupação empresarial encontre justificação na

6. Sobre a autenticidade e a efetividade do comportamento corporativo e seus vínculos com o controle social formal dos negócios, LAUFER, William. *Corporate bodies and guilty minds*. Chicago: Chicago Press, 2006, p. 15 e ss.

7. SOUSA, Susana Aires de. "As diferentes faces dos programas de *compliance*". NIETO MARTÍN, Adán *et al* (org). *Legitimidade e efetividade dos programas de* compliance. São Paulo: Tirant, 2021, p. 31-40.

8. No Brasil, curiosamente, dados recentes demonstram que não mais do que 30% das empresas autodeclara haver realizado alguma análise de risco, e que em apenas 33% delas a matriz exercia alguma influência nas decisões estratégicas da empresa. Em outra oportunidade, exploramos a ideia de que a falta de fundamentação científica dos programas de *compliance* deixa vulneráveis os próprios *compliance officers*, que não conseguem justificar o investimento na área em tempos de recursos escassos, SAAD-DINIZ, Eduardo; URBAN, Mariana. "Análise qualitativa dos programas de *compliance* no Brasil (2014-2019)". *Revista dos Tribunais*, 5/2021, p. 41-60.

9. Originalmente, RORIE, Melissa. "An integrated theory of corporate environmental compliance and overcompliance". *Crime, Law and Social Change*, 101/2015, p. 64-100.

intimidação do FCPA, nem mesmo na discussão norte-americana há maior clareza sobre a necessidade, a efetividade e a legitimidade dos programas de *compliance*[10].

No particular da *compliance digital*, persiste certa irracionalidade nas práticas e discursos da indústria, quase não há demonstrações empíricas convincentes sobre mecanismos efetivos de proteção da privacidade. Mesmo assim, independentemente das questões jurídicas decorrentes desse assunto, novas tecnologias e empresas ainda contribuem imensamente para o desenvolvimento socioeconômico. A tecnologia nos ajuda a melhorar a prestação de contas, traz informação e educação, permite uma melhor gestão do tempo, aumenta a produtividade, longevidade e conforto de vida como nada jamais havia feito. Considerando uma população em expansão, esses avanços são essenciais para o desenvolvimento humano (e até mesmo para nossa sobrevivência).

Em função desse contexto, neste ensaio, serão exploradas essas estratégias de controle da comunicação e fluxos de informação, como regulá-los para evitar abusos e a frustração de nossos direitos fundamentais básicos, como a privacidade. Ainda mais quando nos referimos às Inteligências Artificiais e como elas podem escapar de nossas mãos (e de sua capacidade legal de adequar sua normatividade). Especialmente no que diz respeito a questões jurídicas transfronteiriças, a tecnologia é um fator desejado, e talvez as corporações liderando tais avanços estejam se tornando grandes demais para serem regulamentadas. Assim, *compliance digital* surge como ferramenta relevante para um processo de autopoiético de autorregulação, além de criação e até mesmo de aplicação da lei, desencadeado pela responsabilidade social mais avançada que já tivemos: a mídia social e os respectivos danos reputacionais decorrentes de "cancelamentos" digitais e de outras modalidades sancionatórias.

2. LIÇÕES DO *PRIVACY SHIELD*

Privacy Shield foi uma estrutura criada para regular as trocas transatlânticas de dados pessoais para fins comerciais entre a União Europeia e os Estados Unidos, tendo como objetivo permitir que as empresas americanas recebessem

10. Mais sobre o debate dos limites de legitimação dos programas de *compliance*, sob a perspectiva da democratização, LACERDA, Natalia Melo. "Democratização da gestão empresarial segundo a perspectiva dos *stakeholders* e análise de risco: um caminho para efetividade dos programas de compliance?". NIETO MARTÍN, Adán *et al* (org). *Legitimidade e efetividade dos programas de* compliance. São Paulo: Tirant, 2021, p. 157-170.

adequadamente dados pessoais de entidades da UE conforme o GDPR Europeu. O *Privacy Shield* UE-EUA substituiu os Princípios Internacionais de Privacidade, conhecidos como *Safe Harbor*, que foram declarados inválidos pelo Tribunal de Justiça Europeu em outubro de 2015. Entretanto, recentemente em 16 de julho de 2020 CJCE declarou o *Privacy Shield* UE-EUA inválido.

Recentemente CJEU, o mais alto tribunal da EU, proferiu decisão dentro do processo *Data Protection Commissioner v. Facebook Ireland e Maximillian Schrems*, invalidando o *Privacy Shield* como um aceitável método de exportação de dados para empresas da UE para os EUA, mas mantendo as cláusulas contratuais padrão (SCCs) como um método aceitável – com uma grande ressalva. Apesar dos avanços, por meio de decisões como estas observamos que os aspectos da proteção de dados é uma discussão em constante evolução global, e ainda incerta diante de (frequentes) mudanças das novas tecnologias e por consequência dos parâmetros e decisões[11]. Para milhares de empresas que passaram pelo programa de autocertificação EU-US *Privacy Shield*, significa que deverão rever o *framework* utilizado, e certamente não será a primeira nem a última vez que uma situação como essa ocorre.

Certamente, proteção de dados perpassa pelos aspectos contratuais, e assim como diversas outras novas tecnologias, contratos internacionais passam a ser utilizados como o aspecto jurídico necessário para (auto) regulamentar as relações entre privados (ou até mesmo entre públicos). Uma nova *lex mercatoria* emerge nesse contexto incerto para regulações estatais[12].

Dentre os grandes dilemas globais está a opção regulatória entre controle social ou desregulamentação dos mercados. A corporações evoluem de forma altamente dinâmica e exponencial, evidenciando tecnologias disruptivas (como os recentes avanços da Inteligência Artificial) que alteram a estruturação normativa da sociedade. Pela sua própria natureza e por força de seu contrato social, os Estados não conseguem evoluir e acompanhar no mesmo compasso, o que impede uma regulação efetiva e contundente para com os desdobramentos globais.

Dessa forma, os programas de *compliance* entram em cena não apenas como uma forma de prevenir e gerir riscos jurídicos e sociais, mas como um novo

---

11. Case C-311/18, Data Protection Commissioner v. Facebook Ireland Limited and Maximillian Schrems, ECLI:EU:C:2020:559 (July 16, 2020), http://curia.europa.eu/juris/liste.jsf?num=C-311/18.
12. M. Koskenniemi, 'Global Governance and Public International Law', 2004. Malynes, Gerard (1622): Consuetudo Vel Lex Mercatoria, in Wolavers book.

processo autopoiético de "autoconstitucionalização" e criação de direito global, por força da nova *lex mercatoria*[13]. É claro que isso não significa um *laissez-faire* corporativo, mas, ao menos em tese, uma proposta de autorregulação submetida à política regulatória articulada com mais intensiva verificação de direitos fundamentais. Ainda mais especificamente, a partir da verificação da violação da privacidade, tal como a nova regulamentação do uso da Inteligência Artificial pela União Europeia, com diversos pontos que tangenciam os princípios da legislação de proteção de dados.

Para além das estruturas formais de governança no tratamento de dados, não há maior clareza quanto ao uso dos recursos de *compliance* para a proteção da privacidade. Em primeiro lugar, porque nem as iniciativas corporativas nem o ordenamento nacional oferecem um referencial mais seguro sobre o momento normativo em que a proteção dos dados pessoais se diferencia da comunicação voluntária, por parte da empresa ou particular. Não se deve confundir a proteção da privacidade com o juízo de oportunidade e legitimidade da colaboração com as autoridades públicas. Ao que parece, a LGPD incorre nos mesmos vícios das noções imprecisas, tais como interesse público ou proteção do particular contra "invasão de terceiros", demandando ainda muito maior precisão no que diz respeito à verificação de direitos fundamentais da empresa e no ambiente empresarial.

3. DIÁLOGOS ENTRE GDRP EUROPEIA E A LGPD

A GDPR Europeia reconhece a integridade e a confidencialidade como princípios fundamentais de proteção de dados, reafirmando que dados pessoais devem ser processados de forma a garantir a segurança adequada dos dados pessoais, incluindo proteção contra processamento não autorizado ou ilegal e contra perda, destruição ou dano acidental, usando medidas técnicas ou organizacionais apropriadas ante as condições técnicas existentes. A sua vez, a LGPD

13. Peters, Anne. The Globalization of State Constitutions. In J. Nijman and A. Nollkaemper (Eds.), New Perspectives on the Divide between National and International Law. Luhmann, N., 1986. The autopoiesis of social systems. In: Geyer, F., Zouwen, J. (Eds.), Sociocybernetic Paradoxes. Sage, London (Reprinted in Luhmann, N., 1990. Essays on Self-reference. Columbia University Press, New York Teubner, Gunther Law as an Autopoietic System, Oxford/Cambridge, Blackwell Publishers, European University Institute Series, 1993. Habermas, J. "Does the Constitutionalization of International Law Still Have a Chance?" In C. Cronin (Ed. and Trans.), The Divided West. Cambridge: Polity, 2006. Günther, Klaus. Legal pluralism or uniform concept of law? Globalization as a problem of legal theory.

brasileira reconhece a segurança como um princípio fundamental da proteção de dados ao afirmar que significa o uso de medidas técnicas e administrativas capazes de proteger os dados pessoais contra eventuais acessos não autorizados.

No Brasil, no entanto, a partir da LGPD e da Agência Nacional de Proteção de Dados (ANPD) por ela criada, bem pouco se pode dizer quanto modificações mais substanciais no exercício do controle do tratamento de dados. Pesquisas de percepção, envolvendo profissionais de TI (tecnologia da informação), apontam que parcela significativa das práticas negociais ainda é movida noções de boa-fé ou por orientação "principiológica" da LGPD. As organizações ainda não tiveram a oportunidade de desenvolver técnicas mais consistentes de tratamento dos dados pessoais, processos de comunicação interna e estratégias de gestão de crise (com a devida preparação para responder a possíveis violações, quebras ou vazamentos) são amplamente desconhecidos. Pouco ou nada é empiricamente demonstrado que permita identificar um novo parâmetro ou revisão da postura cooperativa centrada na proteção da privacidade. Na ausência de mecanismos concreto, "privacidade" se soma ao convencional "interesse público" já bastante usual na indústria de *compliance*[14].

É bastante incerta a cooperação da pessoa jurídica ou particulares com as autoridades públicas, havendo muito mais disputas do que propriamente compartilhamento de recursos e estratégias de controle[15]. Não é muito diferente com a LGPD, uma vez que o sistema sancionatório reproduz estrutura e funções bastante semelhantes ao modelo doméstico anticorrupção, ainda bastante vago no que diz respeito ao comportamento cooperativo com as autoridades públicas.

De qualquer forma, ambas as legislações são pautadas na necessidade do consentimento prévio, garantindo ao detentor dos dados o controle sobre suas próprias informações. Para tanto, consideram alguns princípios fundamentais no tratamento dos dados. Muitas vezes, quando se diz que a legislação nacional procurou se alinhar à legislação europeia, quase nada faz referência ao fato de a GDPR apresentar resultados práticos bastante insatisfatórios. Tratamento de dados pessoais está restrito ao debate técnico sobre coleta, armazenamento e

---

14. Mais sobre, SAAD-DINIZ, Eduardo. "Falsa percepção do controle nos programas de compliance: pluralismo moral e análise de risco". NIETO MARTÍN, Adán *et al* (org). *Legitimidade e efetividade dos programas de* compliance. São Paulo: Tirant, 2021, p. 39--50; PUPPE, Matheus. "Risk Management e compliance: o papel da gestão informação no controle dos riscos". NIETO MARTÍN, Adán *et al* (org). *Legitimidade e efetividade dos programas de* compliance. São Paulo: Tirant, 2021, p. 181-190.

15. A isso Laufer chamou *compliance game*, um "jogo" entre reguladores, fiscalizadores e regulados, LAUFER, William. "The compliance game". *Revista dos Tribunais*, 2/2018.

emprego de dados pessoais. No entanto, bem mais delicado do que isso, enfrenta uma série de entraves. Por um lado, aumento da burocracia, que, por conseguinte, leva ao aumento dos custos de transação. De outro, elevado volume de informação e decisões automatizadas têm mostrado que o tratamento de dados depende de capacidade de autocontrole e na maioria das vezes não supera o viés cognitivo (*cognitive bias*).

Esta dificuldade de estabelecer uma política regulatória, combinada de forma mais inteligente com o exercício de controle social, acaba refletindo, na verdade, a transformação da própria proteção dos direitos fundamentais. Trata-se da verificação de direitos fundamentais para que não sejam ainda mais violados, ou, como dito *supra*, de desenvolvimento de controle para que se violem "menos" direitos.

Esquematicamente, esse principialismo busca, inclusive, certa correspondência com o texto constitucional. Tais princípios, na LGPD Brasileira, são 10:

1. Finalidade dos dados (art. 6º, I);
2. Adequação à finalidade (art. 6º, II);
3. Necessidade deste tratamento, coletando apenas os dados necessários para alcançar a finalidade almejada (art. 6º, III);
4. Livre Acesso aos seus dados e sobre o como são tratados (art. 6º, IV);
5. Qualidade dos Dados, mantendo-os precisos e atualizados (art. 6º, V);
6. Transparência, especialmente quando ao titular destes dados (art. 6º, VI);
7. Segurança, adotando-se as medidas técnicas mínimas adequadas (art. 6º, VII);
8. Prevenção contra eventuais usos indevidos e danos ao titular dos dados (art. 6º, VIII);
9. Não Discriminação, prevenindo-se usos abusivos ou ilícitos dos dados (art. 6º, IX);
10. Responsabilização das empresas, obrigando-as a adotas as medidas necessárias (art. 6º, X).

Já a GDPR europeia, estabelece 7 princípios determinados em seu artigo 5(1) e um adicional determinado pelo artigo 5 (2):

1. Legalidade, sendo os dados processados legalmente;
2. Justiça, sendo os dados processados de forma justa;
3. Transparência, sendo os dados processados de forma transparente;

4. Limitação de Finalidade, ou dados recolhidos para fins específicos, explícitos e legítimos e não processados posteriormente de forma incompatível com esses fins;
5. Minimização de Dados, ou a coleta de apenas os dados adequados, relevantes e limitados à finalidade;
6. Exatidão, ou dados sempre exatos e, quando necessário, atualizados;
7. Integridade e Confidencialidade, sendo os dados processados de uma forma que garanta a segurança adequada dos dados pessoais;
8. Responsabilidade, onde o controlador deve ser responsável pela observação dos 7 princípios anteriores.

Apesar de distintos, estes princípios muito se assemelham em sua essência, sendo uma a base para conformidade para com ambas as leis, e parâmetros para novos desdobramentos, tais como futuras regulamentações como o normativo de Inteligência Artificial. Medidas mais substanciais de controle da vida privada, protegendo-a contra invasão de terceiros, deveriam explorar com mais detalhes situações pouco claras, como o consentimento do titular, o compartilhamento de informações, ou ainda proteção contra vazamento. A LGPD oferece a possibilidade de estruturação de programa de governança em privacidade orientadas à segurança da informação (art. 50) e medidas dedicadas ao tratamento de dados pessoais e proteção de interesse de terceiros.

Por agora, há mais dificuldades do que práticas de mercado que apresentem melhor rendimento. A ênfase em técnicas de consentimento no emprego de informação apresenta problemas não apenas no plano micro, com as dificuldades de gestão e controle desta informação, eles também se replicam em escala ao se pensar nas múltiplas jurisdições em que a comunicação desta informação pode operar. A indicação de um encarregado de proteção de dados é mais do que discutível, sobretudo se, no lugar de sua real necessidade, não serve apenas como aumento dos custos de transação com controles desnecessários e que não repercutem no comportamento ético empresarial, sem mencionar a persistência, em nosso ordenamento, em torno da sobrecarga de expectativa normativa alocada em determinadas posições na hierarquia da empresa[16]. As corporações, ao menos em tese, deveriam tomar estes princípios como referência *compliance digital* – defesas corporativas e verificação intensiva dos direitos fundamentais.

---

16. Em detalhes sobre a avaliação de instrumentos de *compliance*, SAAD-DINIZ, Eduardo. *Ética negocial e compliance*. São Paulo: Revista dos Tribunais, 2019, p. 130 e ss.

A interpretação da LGPD é bastante duvidosa não apenas pelo seu caráter meramente indicativo, mas também pela mesma derivação da indústria de *compliance* e motivados pela lógica dos danos reputacionais e perdas de negócios e de usuários. Precisamente, agora normativados, a conformidade para com os princípios, base de privacidade dentro deste novo direito fundamental, estimulam o uso de novas ferramentas e tecnologias para as adequações necessárias.

Observamos, em função do mesmo contexto de transformação digital, a evolução de novas tecnologias desenhadas e arquitetadas para o controle e segurança das informações, tal como a (não tão recente, mas amplamente utilizada) *blockchain*. A *blockchain* é um sistema que permite rastrear o envio e recebimento de alguns tipos de informação pela internet, de maneira praticamente incorruptível. São blocos de dados ou fragmentos de códigos gerados on-line, com informações interconectadas que geram uma corrente (daí o nome "corrente de blocos"). A tecnologia fora incialmente criada para ser um sistema financeiro eletrônico *peer-to-peer*, como uma rede que marca o tempo das transações, colocando-as em uma cadeia contínua no *hash*, formando um registro que não pode ser alterado sem refazer todo o trabalho. Então, para melhor compreensão, podemos pensar que por estarem conectados, se alguém desvendar um código, precisaria desvendar o código do outro bloco, e do outro e outro e assim por diante, tornando-se quase impossível a tarefa.

Tal tecnologia, embora criada para um criptoativo, abre uma nova fronteira para a privacidade, criando mecanismos técnicos para a manutenção de privacidade e segurança em um ambiente onde isso parecia até então impossível. Com isso, a proteção de dados passa a ganhar novas viabilidades técnicas para assegurar a efetividade do programa *compliance* com este tão importante direito global e independente de um Estado.

4. Defesas corporativas e verificação intensiva dos direitos fundamentais

É realmente fascinante a velocidade com que os fluxos de dados desafiam as formas jurídicas. O exercício do controle social dos dados, ainda bastante limitado à atuação reativa das instituições, ainda oferece muito pouco no que diz respeito ao comportamento colaborativo e a medidas mais efetivas de redução do vazamento de dados. A revisão das formas jurídicas passa, necessariamente, por maior consistência na verificação do direito à privacidade, especialmente no que diz respeito às estratégias de autorregulação e às funções de *compliance digital*. Um exemplo concreto desse novo processo é o direito à privacidade. Tal como no art. 5º, CF, inciso X, o direito à intimidade, parte dos direitos da personalidade e dos direitos fundamentais, ou no Art. 2º da Constituição Alemã – *Jedermann-Grundrechte* –, dentro direitos da personalidade (*Persönlichkeitsrecht*), o direito à esfera privada e consequente direito de autodeterminação das informações pessoais (*Recht auf informationelle Selbstbestimmung*), como no art. 8º da União Europeia, a proteção dos dados pessoais. Os mesmos são partes de sucessivos movimentos de fissão e autorregeneração que forjaram um novo direito fundamental: o direito à privacidade. Dessa forma, o processo seria o equivalente a:

i) Primeiramente vieram as decisões das grandes corporações de tecnologia de utilizar indiscriminadamente informações pessoais, violando a privacidade dos usuários. Escândalos midiáticos tais como os da Cambridge Analítica são desencadeados, colocando tais decisões em cheque, sujeitas agora ao escrutínio público.

ii) Subsequentemente, a sanção social (ou do mercadológica) emerge, materializada em revoltas, críticas e "boicotes" a essas empresas, impactando diretamente na imagem – e obviamente nos lucros.

iii) Logo, em uma tentativa de reparação (ou melhor, de recuperação), as corporações reconhecem tais "erros", normatizando-os em suas diretrizes internas, descritos nos termos de serviços e códigos de conduta, (em um processo de auto geração de uma norma e novas regulações), com subsequente a autoaplicação pelo compliance, em busca de otimizar e melhorar a *Social Accountability*, afinal estas dependem em última instancia de seus usuários.

iv) Por fim, o Estado passa a exercer o seu poder e atuação, regulando tais autorregulações gerando novas leis como a GDPR na Europa e LGPD no Brasil, em um processo *top to bottom*. Nesse ponto, um Direito Fundamental é criado e a partir destes, novas regulações e princípios serão elaborados, como o normativo sobre Inteligência Artificial.

Assim como as corporações crescem e tornam-se conglomerados globais, elas ainda dependem dos usuários. Certos de que a interconectividade possibilitou uma atuação transfronteiriça, mas também possibilitou o alinhamento de expectativas e anseios sociais globalmente, forjando um novo tipo de cidadão cosmopolita como proposto por Kant, porém impulsionado pelas mídias sociais. *Too big to regulate*? Provavelmente, se considerarmos as tradicionais visões de regulação estatal, mas a *social accountability* passa a ganhar força, e em um trabalho de formiguinha, a sociedade, agora global e interconectada, por meio de sua percepção impõe novas formas de regulação à empresas, que capturam tais anseios por meio de códigos de conduta globais, e sistematizam dentro de um processo de *compliance* que ganha força e importância neste contexto de leis empresariais paraestatais. Os novos princípios passam a pautar esse processo em que Estados, Corporações e Sociedades atuam em conjunto para compreender e parametrizar as novas e imprevisíveis situações oriundas das tecnologias mais avançadas. E, seja como for, as tendências em *compliance digital* não superam a necessidade de avaliação científica do controle social das comunicações empresariais, sobretudo no que diz respeito à qualidade e à consistência desta informação na expressão do comportamento ético empresarial.

O PAPEL DO OPERADOR NO TRATAMENTO DE DADOS: ENTRE DEVERES E RESPONSABILIZAÇÃO

RAFAEL DRESCH[1]

GUSTAVO MELO[2]

Sumário: 1. Introdução; 2. O operador; 2.1. Atuação; 2.2. Deveres; 3. Responsabilização do operador; 3.1. Responsabilidade civil; 3.2. Sanções administrativas; 4. Considerações finais; Referências bibliográfica.

---

1. Professor da Faculdade de Direito da Universidade Federal do Rio Grande do Sul (UFRGS), da Escola da Magistratura Federal (ESMAFE-RS) e de diversos cursos de pós-graduação como convidado. Mestre em Direito Privado pela UFRGS e Doutor em Direito pela Pontifícia Universidade Católica do Rio Grande do Sul (PUCRS), com estágio doutoral CAPES na University of Edinburgh (Reino Unido), possui ainda Pós-doutorado em Direito Digital e Concorrencial na University of Illinois at Urbana-Champaign (EUA). Membro do Comitê Brasileiro de Arbitragem (CBAr), do Chartered Institute of Arbitrators (CIArb), do Instituto Avançado de Proteção de Dados (IAPD) e do Instituto Brasileiro de Estudos de Responsabilidade Civil (IBERC). Advogado, sócio fundador da Coulon Dresch e Masina Advogados.

2. Mestrando em Direito Civil e Empresarial pela Universidade Federal do Rio Grande do Sul – UFRGS. Especialista em responsabilidade civil, contratos e direito imobiliário pela PUC/RS. Graduado em Ciências Jurídicas e Sociais pela UFRGS. Advogado. E-mail: gustavosmelo10@gmail.com.

1. INTRODUÇÃO

A proteção de dados, fomentada pelo avanço tecnológico, é cada vez mais debatida nas diversas áreas da sociedade e do conhecimento. O interesse crescente no assunto ocorre por uma maior consciência de que o uso indevido de dados pode acarretar consequências negativas, inclusive, manipuladoras das escolhas dos seus titulares.

É o que ocorreu, por exemplo, no caso da *Cambridge Analytica*, em que os dados de mais de 50 milhões de pessoas teriam sido utilizados sem o consentimento pela citada empresa para fazer propaganda política. Através do uso desses dados, foi possível criar um sistema que permitiu predizer e influenciar as escolhas dos eleitores, contribuindo, dessa maneira, para a vitória de Donald Trump nas eleições presidenciais dos Estados Unidos em 2016.[3]

Não por acaso, na União Europeia está vigente desde 2018 o Regulamento Geral de Proteção de Dados (RGPD), e mais recentemente, no Brasil, vigora, desde setembro de 2020, a Lei Geral de Proteção de Dados (Lei nº 13.709/2018). Tamanha é a importância do tema que o Supremo Tribunal Federal, em julgamento realizado em maio de 2020 da Medida Cautelar da ADI n.º 6.387/DF[4], versando sobre a constitucionalidade da Medida Provisória nº 954/2020 – que determinava a empresas de telefonia que compartilhassem dados não anonimizados de milhões de pessoas com a Fundação Instituto Brasileiro de Geografia e Estatística (IBGE) –, reconheceu o direito fundamental autônomo à proteção de dados pessoais. Inclusive, a esse respeito, o Senado aprovou recentemente a Proposta de Emenda à Constituição (PEC) 17/2019, que torna a proteção de dados pessoais um direito fundamental previsto na Constituição.[5]

---

3. ROSENBERG, Matthew; CONFESSORE, Nicholas; CADWALLADR; Carole. How Trump Consultants Exploited the Facebook Data of Millions. **The New York Times**, 17 de mar. 2018. Disponível em: https://www.nytimes.com/2018/03/17/us/politics/cambridge-analytica-trump-campaign.html. Acesso em: 13 de maio. 2021.
4. BRASIL. Supremo Tribunal Federal. **Medida Cautelar em Ação Direta de Inconstitucionalidade n.º 6.387**. Requerente: Conselho Federal da Ordem dos Advogados do Brasil – CFOAB. Relatora: Min. Rosa Weber. Brasília, 24 de abril de 2020. Disponível em: http://portal.stf.jus.br/processos/detalhe.asp?incidente=5895165. Acesso em: 12 de maio 2021.
5. BRANDÃO, Marcelo. Senado inclui proteção de dados pessoais como direito fundamental. **Agência Brasil**, 20 out. 2021. Disponível em: https://agenciabrasil.ebc.com.br/politica/noticia/2021-10/senado-inclui-protecao-de-dados-pessoais-como-direito-fundamental. Acesso em: 27 out. 2021.

Dentre as diversas novidades trazidas pela LGPD no direito brasileiro, está a dos agentes de tratamento – e, como o próprio nome revela, responsáveis pelo tratamento dos dados pessoais –, que se dividem nas figuras do controlador e do operador. Contudo, justamente por se tratar de uma lei nova, surgem dúvidas quanto aos limites de atuação desses agentes de tratamento na prática – a ponto de a Autoridade Nacional de Proteção de Dados ter criado recentemente um guia orientativo para defini-los.[6]

Diante desse contexto de dúvidas trazidas pela nova lei, o presente artigo busca analisar, especificamente, o papel da figura do operador no tratamento de dados pessoais, questionando quais seriam os seus limites de atuação, e como se daria eventual responsabilização por danos decorrentes de sua atividade. Para tanto, o trabalho será dividido em dois momentos: primeiro, serão vistos o conceito e a atuação do operador, examinando a sua distinção em relação ao controlador, os limites da sua atuação, e a sua relação com o dever geral de segurança e as boas práticas e governanças.

Na segunda parte do trabalho, será analisado a forma da responsabilização do operador por eventual dano causado, com ênfase na responsabilidade civil – abordando a responsabilidade solidária, a ação de regresso e a natureza da responsabilidade civil na LGPD – e nas sanções administrativas. A pesquisa será bibliográfica, utilizando obras tanto nacionais, quanto estrangeiras.

Dessa maneira, através do caminho acima descrito, objetiva-se examinar tema de suma importância na área da proteção de dados, no intuito de melhor delimitar o papel do operador no tratamento de dados e, assim, contribuir para dirimir eventuais controvérsias que possam surgir, principalmente no âmbito da responsabilização.

2. O OPERADOR

Como anteriormente referido, na primeira parte da análise, será descrita o papel do operador e de sua atuação. Para tanto, é fundamental desenvolver a distinção em comparação ao papel do controlador. Ademais, será aprofundada a abordagem dos limites de atuação do operador e a sua vinculação especial ao dever geral de segurança, boas práticas e governança.

---

6. AUTORIDADE NACIONAL DE PROTEÇÃO DE DADOS. **Guia orientativo para definição dos agentes de tratamento de dados pessoais e do encarregado.** Disponível em: https://www.gov.br/anpd/pt-br/assuntos/noticias/2021-05-27-guia-agentes--de-tratamento_final.pdf. Acesso em: 06 de jun. de 2021.

2.1. Atuação

O operador, nos termos do artigo 5º, inciso VII, da LGPD[7], conceitua-se como a pessoa natural ou jurídica, de direito público ou privado, que realiza o tratamento de dados pessoais em nome do controlador. Ressalta-se que o operador não controla os dados e não pode tomar as decisões unilateralmente sobre o tratamento. Não pode, o operador, alterar a finalidade ou o uso do conjunto de dados relacionados a determinado tratamento, devendo tratar tais dados em conformidade com as instruções e dentro das finalidades definidas pelo controlador.[8] Nesse sentido, ainda, o artigo 39 da LGPD enfatiza essa premissa de que o operador realiza o tratamento segundo as instruções fornecidas pelo controlador.[9]

No que toca à sua distinção em relação ao controlador, ressalta-se que os seus conceitos são funcionais, centrados na identificação das entidades que determinam as finalidades e os meios de tratamento.[10] A caracterização do agente como controlador ou como operador é sempre contextual, variando conforme a atividade de tratamento específica: uma mesma empresa pode ser controladora ou operadora para atividades diferentes.[11] Assim, para essa distinção, é fundamental reconhecer qual ente possui autonomia decisória quanto a fins e meios de tratamento, e qual possui escopo eminentemente executório, submetido aos desígnios de outrem.[12]

---

7. Art. 5º Para os fins desta Lei, considera-se:
   (...)
   pessoa natural ou jurídica, de direito público ou privado, que realiza o tratamento de dados pessoais em nome do controlador.
8. LEONARDI, Marcel. Controladores e operadores: papéis, distinções, mitos e equívocos. *In*: FRANCOSKI, Denise de Souza Luiz; TASSO, Fernando Antônio (Coords.). **A Lei Geral de Proteção de Dados Pessoais**: LGPD – Ed. 2021. São Paulo: Revista dos Tribunais. *E-book*.
9. Art. 39. O operador deverá realizar o tratamento segundo as instruções fornecidas pelo controlador, que verificará a observância das próprias instruções e das normas sobre a matéria.
10. GRUPO DE TRABALHO DO ARTIGO 29º PARA A PROTEÇÃO DE DADOS. **Parecer 1/2010 sobre os conceitos de «responsável pelo tratamento» e «subcontratante».** Disponível em: https://www.uc.pt/protecao-de-dados/suporte/20100216_parecer_1_2010_wp169_pt. Acesso em: 09 de maio. de 2021.
11. LEONARDI, Marcel. Controladores e operadores: papéis, distinções, mitos e equívocos. *In*: FRANCOSKI, Denise de Souza Luiz; TASSO, Fernando Antônio (Coords.). **A Lei Geral de Proteção de Dados Pessoais**: LGPD – Ed. 2021. São Paulo: Revista dos Tribunais. *E-book*.
12. BRASIL. **Guia de Boas Práticas para Implementação na Administração Pública Federal.** Disponível em: https://www.gov.br/governodigital/pt-br/governanca-de-dados/GuiaLGPD.pdf. Acesso em: 11 de maio de 2021.

São exemplos de operadores os provedores de *datacenter*, que alugam servidores; computação, armazenamento ou software na nuvem; serviços de comunicação de dados, seja de Internet, seja de redes virtuais privadas, para transferências em âmbito nacional ou internacional; e serviços gerenciados de segurança da informação ou segurança cibernética.[13] Como exemplo prático, o Tribunal de Justiça de São Paulo, através da Portaria nº 9.918/2020, estabeleceu que, enquanto o próprio Tribunal for o controlador dos dados pessoais por ele tratados, são considerados operadores os provedores de serviços de Tecnologia da Informação e Comunicação daquele Poder Judiciário.[14]

No Regulamento Geral de Proteção de Dados da União Europeia, que influenciou fortemente a LGPD, a figura equivalente a do operador seria a do subcontratante (ou *data processor*), com duas condições básicas para a sua qualificação: ser uma entidade jurídica distinta do responsável pelo tratamento (figura equivalente à do controlador) e proceder ao tratamento de dados pessoais por conta deste.[15] A atuação por conta do controlador determina que as finalidades do tratamento não possam ser definidas pelo *processor*.[16]

---

13. GALLINDO, Sérgio Paulo Gomes. Economia intensiva em dados, virtudes da LGPD e primeiros desafios quanto à efetividade. *In*: CUEVA, Ricardo Villas Bôas; DONEDA, Danilo; MENDES, Laura Schertel. **Lei Geral de Proteção de Dados (Lei nº 13.709/2018), a caminho da efetividade**: contribuições para a implementação da LGPD. 1. ed. São Paulo: Thomson Reuters Brasil, 2020. *E-book*.

14. Art. 15. O Tribunal de Justiça de São Paulo é o Controlador dos dados pessoais por ele tratados, nos termos das suas competências legal e institucional.
Art. 16. O Tribunal de Justiça de São Paulo pode, a qualquer tempo, requisitar informações acerca dos dados pessoais confiados a seus fornecedores, particularmente no caso de serviços de Tecnologia da Informação e Comunicação (TIC). Os provedores de tais serviços serão considerados Operadores e deverão aderir a esta Política, além de cumprir os deveres legais e contratuais respectivos, dentre os quais se incluirão, mas não se limitarão aos seguintes (...). *In*: SÃO PAULO. Tribunal de Justiça. **Portaria nº 9.918/2020.** Institui a Política de Privacidade e Proteção de Dados Pessoais no Poder Judiciário do Estado de São Paulo. Disponível em: https://www.tjsp.jus.br/Download/Portal/LGPD/PoliticaPrivacidade.pdf?637534331232221991. Acesso em: 09 de maio de 2021.

15. GRUPO DE TRABALHO DO ARTIGO 29º PARA A PROTEÇÃO DE DADOS. **Parecer 1/2010 sobre os conceitos de «responsável pelo tratamento» e «subcontratante».** Disponível em: https://www.uc.pt/protecao-de-dados/suporte/20100216_parecer_1_2010_wp169_pt. Acesso em: 09 de maio. de 2021.

16. BARBOSA, Mafalda Miranda. *Data controllers* e *data processors*: da responsabilidade pelo tratamento de dados à responsabilidade civil. **Revista de Direito Comercial.** Lisboa, março de 2015, pp. 423/494, p. 449.

Embora o operador realize o tratamento dos dados pessoais em nome e sob o comando do controlador, ele não possui vínculo empregatício com o controlador.[17] Dessa maneira, o operador sempre estará vinculado a esta figura institucional, e não poderá ser apontado a um empregado específico da empresa, pois a capacidade de realização de atividades é sempre da instituição e não do funcionário.[18]

Assim, por exemplo, no tratamento de dados de usuários de um *e-commerce*, a empresa de *e-commerce* será a controladora, as empresas que fornecem a tecnologia, o *gateway* de pagamento e a nuvem para armazenar os dados serão operadores, e os funcionários de todas essas empresas não serão nem controladores, nem operadores, mas apenas parte da empresa controladora ou operadora.[19]

Embora o operador atue em nome do controlador e obedecendo às suas decisões, ele poderá exercer certo controle, principalmente, sobre os aspectos técnicos relativos a como um serviço específico será prestado, podendo escolher, por exemplo: o sistema de segurança envolvendo o armazenamento e guarda dos dados pessoais; como serão armazenados os dados pessoais (se armazenados em nuvem ou em algum dispositivo físico); os meios utilizados para eliminar ou descartar dados pessoais; todavia, somente o controlador poderá tomar decisões sobre as finalidades do tratamento, as bases legais de tratamento e o conteúdo dos dados.[20]

Em síntese, o operador poderá decidir acerca dos elementos não essenciais dos meios de tratamento, como as medidas técnicas de segurança da informação, mas não poderá definir sobre a finalidade e os elementos essenciais dos meios de tratamento, sob pena de responder como se controlador o fosse.[21]

---

17. LEONARDI, Marcel. Controladores e operadores: papéis, distinções, mitos e equívocos. *In*: FRANCOSKI, Denise de Souza Luiz; TASSO, Fernando Antônio (Coords.). **A Lei Geral de Proteção de Dados Pessoais**: LGPD – Ed. 2021. São Paulo: Revista dos Tribunais. *E-book*.

18. PINHEIRO, Patrícia Peck. **Proteção de dados pessoais:** comentários à Lei nº 13.709/2018. 3ª ed. São Paulo: Saraiva Jur, 2021. *E-book*.

19. CABELLA, Daniela Monte Serrat; FERREIRA, Raíssa Moura. **Descomplicando: agentes de tratamento.** Disponível em: https://www.migalhas.com.br/depeso/326741/descomplicando--agentes-de-tratamento. Acesso em: 09 de maio de 2021.

20. LEONARDI, Marcel. Controladores e operadores: papéis, distinções, mitos e equívocos. *In*: FRANCOSKI, Denise de Souza Luiz; TASSO, Fernando Antônio (Coords.). **A Lei Geral de Proteção de Dados Pessoais**: LGPD – Ed. 2021. São Paulo: Revista dos Tribunais. *E-book*.

21. LAPIN. **Controlador ou operador: quem sou eu?** Disponível em: https://lapin.org.br/wp-content/uploads/2021/04/Cartilha-Controlador-ou-Operador-quem-sou-eu-LAPIN.pdf. Acesso em: 13 de maio de 2021.

Necessário salientar, ainda, que em virtude das complexas relações societárias e das redes contratuais distribuídas por várias jurisdições, não há nenhum óbice a que um controlador atue com vários operadores em uma mesma atividade de processamento, sendo condição básica para essa atividade de processamento que todos atuem em nome e segundo as diretrizes do controlador, com a alocação das suas respectivas atribuições.[22] Contudo, deve-se evitar uma cadeia de operadores que prejudique ou até mesmo impeça um controle eficaz das atividades de tratamento e a identificação clara do responsável por estas, salvo se as responsabilidades dos diversos elementos da cadeia estiverem claramente definidas.[23]

Outra questão importante é que, mesmo não havendo a obrigatoriedade expressa na LGPD, é aconselhável que o operador celebre um contrato vinculativo com o controlador, no qual o operador deverá se basear para o cumprimento de seus deveres, estabelecendo seus direitos e obrigações, e contribuindo, assim, para mitigar riscos e divergências na relação com o controlador.[24] Os pontos que podem ser definidos contratualmente entre as partes são o objeto, a duração, a natureza e a finalidade do tratamento dos dados, os tipos de dados pessoais envolvidos e os direitos e obrigações e responsabilidades relacionados ao cumprimento da LGPD.[25]

Além disso, embora não haja previsão expressa na LGPD, entende-se ser possível a existência da figura do suboperador, que seria contratado pelo operador para auxiliá-lo a realizar o tratamento de dados pessoais.[26] Sua relação direta

22. SOMBRA, Thiago Luís Santos. **Fundamentos da regulação da privacidade e proteção de dados pessoais.** 1. ed. em e-book baseada na 1. ed. impressa. São Paulo: Thomson Reuters Brasil, 2019. *E-book.*

23. GRUPO DE TRABALHO DO ARTIGO 29º PARA A PROTEÇÃO DE DADOS. **Parecer 1/2010 sobre os conceitos de «responsável pelo tratamento» e «subcontratante».** Disponível em: https://www.uc.pt/protecao-de-dados/suporte/20100216_parecer_1_2010_wp169_pt. Acesso em: 09 de maio. de 2021.

24. LAPIN. **Controlador ou operador: quem sou eu?** Disponível em: https://lapin.org.br/wp-content/uploads/2021/04/Cartilha-Controlador-ou-Operador-quem-sou-eu-LAPIN.pdf. Acesso em: 13 de maio de 2021.

25. AUTORIDADE NACIONAL DE PROTEÇÃO DE DADOS. **Guia orientativo para definição dos agentes de tratamento de dados pessoais e do encarregado.** Disponível em: https://www.gov.br/anpd/pt-br/assuntos/noticias/2021-05-27-guia-agentes-de-tratamento_final.pdf. Acesso em: 06 de jun. de 2021.

26. AUTORIDADE NACIONAL DE PROTEÇÃO DE DADOS. **Guia orientativo para definição dos agentes de tratamento de dados pessoais e do encarregado.** Disponível em: https://www.gov.br/anpd/pt-br/assuntos/noticias/2021-05-27-guia-agentes-de-tratamento_final.pdf. Acesso em: 06 de jun. de 2021.

seria com o operador e não com o controlador e, para efeitos da LGPD, pode desempenhar, a depender do caso concreto, a função de operador e responder perante a ANPD.[27]

Em síntese, verifica-se que a distinção entre controlador e operador é feita de forma contextual, ou seja, analisando as atividades exercidas por cada agente de tratamento, ou ainda, os papéis desempenhados em cada contexto de realização do tratamento de dados pessoais. O operador atua em nome do controlador e obedecendo às suas decisões, atuando com certa liberdade em relação à forma técnica como o tratamento será feito. Assim, examinadas as características do operador, passa-se agora aos seus deveres.

2.2. Deveres

Quanto aos deveres do operador, destaca-se que a LGPD fomentou o aspecto preventivo, estabelecendo procedimentos mandatórios para os agentes de tratamento, como ao estabelecer deveres referentes à implementação de severas políticas de segurança para proteção dos dados de acessos não autorizados.[28] Nesse sentido, e da leitura em conjunto com o artigo 46 do LGPD[29], pode-se afirmar que essa lei consagrou um dever geral de segurança.[30]

Desse modo, o operador deve exercer o tratamento de dados guiado por esse dever de segurança. Assim, por exemplo, o operador deve se certificar de que o seu sistema de segurança que armazena e guarda os dados pessoais esteja devidamente protegido contra eventuais ataques cibernéticos, providenciando a proteção necessária.

---

27. AUTORIDADE NACIONAL DE PROTEÇÃO DE DADOS. **Guia orientativo para definição dos agentes de tratamento de dados pessoais e do encarregado.** Disponível em: https://www.gov.br/anpd/pt-br/assuntos/noticias/2021-05-27-guia-agentes-de-tratamento_final.pdf. Acesso em: 06 de jun. de 2021.

28. FRAZÃO, Ana; OLIVA, Milena Donato; ABÍLIO; Vivianne da Silveira. *Compliance* de dados pessoais. *In*: TEPEDINO; Gustavo; FRAZÃO, Ana; OLIVA, Milena Donato (Coords.). **Lei Geral de Proteção de Dados Pessoais e suas repercussões no Direito Brasileiro.** São Paulo: Revista do Tribunais, p. 681.

29. Art. 46. Os agentes de tratamento devem adotar medidas de segurança, técnicas e administrativas aptas a proteger os dados pessoais de acessos não autorizados e de situações acidentais ou ilícitas de destruição, perda, alteração, comunicação ou qualquer forma de tratamento inadequado ou ilícito.

30. DRESCH, Rafael de Freitas Valle; FALEIROS JUNIOR, José Luiz de Moura. Reflexões sobre a responsabilidade civil na Lei Geral de Proteção de Dados (Lei nº 13.709/2018). **Responsabilidade civil: novos riscos.** Organizado por Nelson Rosenvald, Rafael de Freitas Valle Dresch e Tula Wesendonck. Indaiatuba, SP, Editora Foco, 2019, p. 82.

Relacionado a esse dever de segurança, está o artigo 37 da LGPD, que prevê ao operador a obrigação de manter registro das operações de tratamento de dados que realizar, especialmente quando baseado no legítimo interesse.[31] Do registro de atividades deve contemplar um inventário de atividades de tratamento realizadas pela empresa, de modo estruturado e sendo atualizado sempre que houver alguma alteração em algum dos elementos do processo.[32]

Essa atualização é um fator importante, uma vez que mudanças em processos podem gerar riscos novos que precisam ser reavaliados, com a eventual adoção de novas medidas tanto de Segurança da Informação quanto de adequação de processos.[33] Por conseguinte, em conformidade ao dever de segurança, mostra-se necessário que o operador sempre mantenha atualizado o registro das operações de tratamento.

Quanto à relação entre operador e *compliance,* o artigo 50, *caput* e § 1º, da LGPD, possibilita que os operadores e controladores formulem regras de boas práticas e de governança, com a ressalva, no seu parágrafo primeiro, de que os agentes de tratamento levem em consideração a natureza, o escopo, a finalidade, a probabilidade e a gravidade dos riscos e dos benefícios decorrentes de tratamento de dados do titular.[34] Aqui, entende-se que os mecanismos de boas

---

31. Art. 37. O controlador e o operador devem manter registro das operações de tratamento de dados pessoais que realizarem, especialmente quando baseado no legítimo interesse.
32. BRAZ JR., Marcílio. Desafios para implementação da Lei Geral de Proteção de Dados no setor privado. *In*: FRANCOSKI, Denise de Souza Luiz; TASSO, Fernando Antônio (Coords.). **A Lei Geral de Proteção de Dados Pessoais**: LGPD – Ed. 2021. São Paulo: Revista dos Tribunais. *E-book*.
33. BRAZ JR., Marcílio. Desafios para implementação da Lei Geral de Proteção de Dados no setor privado. *In*: FRANCOSKI, Denise de Souza Luiz; TASSO, Fernando Antônio (Coords.). **A Lei Geral de Proteção de Dados Pessoais**: LGPD – Ed. 2021. São Paulo: Revista dos Tribunais. *E-book*.
34. Art. 50. Os controladores e operadores, no âmbito de suas competências, pelo tratamento de dados pessoais, individualmente ou por meio de associações, poderão formular regras de boas práticas e de governança que estabeleçam as condições de organização, o regime de funcionamento, os procedimentos, incluindo reclamações e petições de titulares, as normas de segurança, os padrões técnicos, as obrigações específicas para os diversos envolvidos no tratamento, as ações educativas, os mecanismos internos de supervisão e de mitigação de riscos e outros aspectos relacionados ao tratamento de dados pessoais.

    § 1º Ao estabelecer regras de boas práticas, o controlador e o operador levarão em consideração, em relação ao tratamento e aos dados, a natureza, o escopo, a finalidade e a probabilidade e a gravidade dos riscos e dos benefícios decorrentes de tratamento de dados do titular.

práticas e de governança objetivam o cumprimento da lei, estabelecendo procedimentos que facilitem e viabilizem a conformidade com a legislação.[35]

A implementação de boas práticas no tratamento de dados pessoais tem grande potencial para auxiliar no atendimento aos comandos gerais da lei, bem como prevenir a ocorrência de violações aos direitos dos titulares, na medida em que permite orientar os agentes de tratamento, traduzindo para suas atividades cotidianas as premissas principiológicas da LGPD e concretizando vários dos seus *standards* e conceitos abertos.[36]

Entre os procedimentos de boas práticas, a doutrina destaca: a realização de mapeamento de todos os processos de tratamento de dados pessoais para avaliação dos efetivos riscos; a criação de uma matriz de riscos; a adequação dos sistemas e documentos internos aos princípios do tratamento de dados pessoais; o compromisso da alta direção da organização a fim de dar credibilidade ao programa de boas práticas; treinamento dos funcionários e colaboradores para que adequem as suas atividades à LGPD; revisão e implementação contínua do programa de governança, com auditorias internas periódicas.[37]

Importante esclarecer que, se antes o mercado tratava os dados como ativo próprio, que poderia ser utilizado e comercializado por quem se apropriasse deles, agora o cenário se mostra inverso: os dados coletados continuam a pertencer aos titulares aos quais se referem, de modo que o agente de tratamento que coletou os dados deve prestar contas do uso que deles é feito.[38] Tal dever de prestação de contas, previsto no artigo 6º, inciso X, da LGPD[39], mostra-se

---

35. MATTIUZZO, Marcela; CARVALHO, Vinícius Marques de; PONCE, Paula Pedigoni. Boas práticas e governança na LGPD. *In*: BIONI, Bruno *et al* (Org.). **Tratado de Proteção de Dados Pessoais.** 1ª ed. São Paulo: Editora Forense, 2020. *E-book.*

36. FRAZÃO, Ana; OLIVA, Milena Donato; ABÍLIO, Vivianne da Silveira. *Compliance* de dados pessoais. *In*: TEPEDINO; Gustavo; FRAZÃO, Ana; OLIVA, Milena Donato (Coords.). **Lei Geral de Proteção de Dados Pessoais e suas repercussões no Direito Brasileiro.** São Paulo: Revista do Tribunais, p. 682.

37. MATTIUZZO, Marcela.; CARVALHO, Vinícius Marques de; PONCE, Paula Pedigoni. Boas práticas e governança na LGPD. *In*: BIONI, Bruno *et al* (Org.). **Tratado de Proteção de Dados Pessoais.** 1ª ed. São Paulo: Editora Forense, 2020. *E-book.*

38. FRAZÃO, Ana; OLIVA, Milena Donato; ABÍLIO, Vivianne da Silveira. *Compliance* de dados pessoais. *In*: TEPEDINO; Gustavo; FRAZÃO, Ana; OLIVA, Milena Donato (Coords.). **Lei Geral de Proteção de Dados Pessoais e suas repercussões no Direito Brasileiro.** São Paulo: Revista do Tribunais, p. 694.

39. X – responsabilização e prestação de contas: demonstração, pelo agente, da adoção de medidas eficazes e capazes de comprovar a observância e o cumprimento das normas de proteção de dados pessoais e, inclusive, da eficácia dessas medidas.

necessário à medida que o agente de tratamento de dados lida com direitos e bens alheios e de extrema relevância.[40] Nesse ponto, aliás, importante explicar que o operador deve estar em conformidade não só com o dever de prestação de contas, mas também com todos os outros princípios elencados no artigo 6º da LGPD, como o princípio da transparência e o da prevenção.

Conforme visto no ponto anterior, as atividades do operador são feitas em nome do controlador. Assim, a formulação de regras de boas práticas e de governança só poderá ser realizada pelo operador se houver determinação do controlador para tanto, estando o poder decisório do operador limitado aos aspectos técnicos referentes a como um serviço específico será prestado. Contudo, quando solicitado, o operador tem o dever de prestação de contas, demonstrando que agiu em conformidade com as normas da LGPD – dessa maneira, mostra-se também relevante nesse ponto o armazenamento dos registros de operações. Cumpre aclarar que as medidas de boas práticas e governança de dados podem e devem ser realizadas pelo operador enquanto pessoa que atua como agente de tratamento em relação a sua própria atividade, independentemente das orientações específicas do controlador para um dado tratamento específico.

Por fim, cabe questionar se o operador poderia nomear o encarregado – figura importante para o efetivo tratamento de dados pessoais e que atua como canal de comunicação entre o controlador, os titulares dos dados e a Autoridade Nacional de Proteção de Dados, conforme definido pela LGPD.[41] A discussão surge pois a redação original da LGPD previa, no artigo 5º, inciso VIII, que o encarregado era a pessoa natural indicada pelo controlador.[42] Todavia, a Lei nº 13.853/2019, que alterou disposições da Lei nº 13.709/2018, modificou a redação do artigo, estabelecendo que o encarregado seria a pessoa indicada pelo controlador e operador.

Adota-se o entendimento de que somente o controlador pode nomear o encarregado. Isso porque o artigo 5º da LGPD, como preceitua o seu próprio

---

40. FRAZÃO, Ana; OLIVA, Milena Donato; ABÍLIO, Vivianne da Silveira. *Compliance* de dados pessoais. *In*: TEPEDINO; Gustavo; FRAZÃO, Ana; OLIVA, Milena Donato (Coords.). **Lei Geral de Proteção de Dados Pessoais e suas repercussões no Direito Brasileiro.** São Paulo: Revista do Tribunais, p. 694.

41. Art. 5º Para os fins desta Lei, considera-se:
(...)
VII – operador: pessoa natural ou jurídica, de direito público ou privado, que realiza o tratamento de dados pessoais em nome do controlador;

42. Redação original da Lei 13.709/2018: VIII – encarregado: pessoa natural, indicada pelo controlador, que atua como canal de comunicação entre o controlador e os titulares e a autoridade nacional;

caput, trata-se de um dispositivo que somente prevê definições, mas que não cria nenhuma obrigação concreta em si.[43] Além disso, considerando que o operador atua em nome do controlador, e tendo em vista a importância do encarregado para o tratamento de dados, não se entende possível que o operador possa realizar de forma autônoma atividade tão relevante como a de nomear o encarregado. Inclusive, nesse sentido o artigo 41 da LGPD é expresso ao estabelecer que o controlador indicará o encarregado.[44]

Dessa maneira, analisados as características e os deveres do operador no tratamento de dados, é possível avançar sobre sua responsabilização.

3. RESPONSABILIZAÇÃO DO OPERADOR

Superadas as questões referentes ao papel dos operadores e seus deveres, cabe prosseguir com a tarefa de examinar a forma da responsabilização do operador– tanto a responsabilidade civil, quanto a administrativa.

3.1. Responsabilidade civil

O artigo 42, § 2º, inciso I, da LGPD[45], estabelece que a responsabilidade entre operador e controlador por danos causados no tratamento de dados é solidária. Isso ocorre pois há vários agentes na complexa cadeia de tomada de decisão e execução de instruções em operações de coleta e tratamento; assim, há a responsabilidade solidária de todos os que estiverem envolvidos na realização do tratamento.[46] Portanto, embora o operador realize o tratamento de dados pessoais em nome do controlador, a responsabilidade será solidária.

---

43. PALHARES, Felipe. As funções e a atuação do DPO no GDPR e do encarregado na LGPD. *In*: CRESPO, Marcelo Xavier de Freitas. ***Compliance* no direito digital** (Coleção *Compliance*, vol. 3). São Paulo: Thomson Reuters Brasil, 2020. *E-book*.
44. Art. 41. O controlador deverá indicar encarregado pelo tratamento de dados pessoais.
45. Art. 42. O controlador ou o operador que, em razão do exercício de atividade de tratamento de dados pessoais, causar a outrem dano patrimonial, moral, individual ou coletivo, em violação à legislação de proteção de dados pessoais, é obrigado a repará-lo.
§ 1º A fim de assegurar a efetiva indenização ao titular dos dados:
I – o operador responde solidariamente pelos danos causados pelo tratamento quando descumprir as obrigações da legislação de proteção de dados ou quando não tiver seguido as instruções lícitas do controlador, hipótese em que o operador equipara-se ao controlador, salvo nos casos de exclusão previstos no art. 43 desta Lei;
46. MARTINS, Guilherme Magalhães; FALEIROS JÚNIOR, José Luiz de Moura. *Compliance* digital e responsabilidade civil na Lei Geral de Proteção de Dados. *In*: MARTINS, Guilherme Magalhães; ROSENVALD, Nelson. (Org.). **Responsabilidade civil e novas tecnologias.** 1ª ed. Indaiatuba: Foco, 2020, p. 283.

Por outro lado, o artigo 42, § 4º, da LGPD[47], prevê a possibilidade de ação de regresso daquele que reparar o dano contra os demais responsáveis, na medida de sua participação no evento danoso. A responsabilidade de cada um dos obrigados deve ser quantificada, pois, com base na sua contribuição causal para o dano.[48] Trata-se de hipótese adequada para prevenir o enriquecimento ilícito e, em função da responsabilidade solidária conferida pela lei e já referida, sua viabilização atua em sintonia com a teoria geral das obrigações, devendo responder cada qual por sua parte nos danos.[49]

Dessa maneira, o operador pode ajuizar ação de regresso contra o controlador se reparar os danos e na medida de sua participação no evento danoso – aqui, entende-se que, tendo em vista que o operador responde ao controlador, a participação no evento danoso deste será, como regra, maior que a daquele. Nesse mesmo sentido, aliás, o Guia Orientativo elaborado pela ANPD também compreende que a responsabilidade, via de regra, será do controlador.[50] Hipótese contrária seria, por exemplo, se houvesse um dano decorrente em função da utilização de sistema de segurança utilizado por decisão exclusiva do operador que acarretasse um vazamento de dados.

Quanto à natureza da responsabilidade civil, em que pese haja discussão na doutrina entre aqueles que defendem uma responsabilidade civil subjetiva (como Gisela Sampaio da Cruz Guedes[51] e Fernando Tasso[52]) e aqueles que

---

47. Art. 42, § 4º Aquele que reparar o dano ao titular tem direito de regresso contra os demais responsáveis, na medida de sua participação no evento danoso.

48. SCHREIBER, Anderson. Responsabilidade civil na Lei Geral de Proteção de Dados Pessoais. *In*: BIONI, Bruno *et al* (Org.). **Tratado de Proteção de Dados Pessoais.** 1ª ed. São Paulo: Editora Forense, 2020. *E-book*.

49. MARTINS, Guilherme Magalhães; FALEIROS JÚNIOR, José Luiz de Moura. *Compliance* digital e responsabilidade civil na Lei Geral de Proteção de Dados. *In*: MARTINS, Guilherme Magalhães; ROSENVALD, Nelson. (Org.). **Responsabilidade civil e novas tecnologias.** 1ª ed. Indaiatuba: Foco, 2020, p. 284.

50. AUTORIDADE NACIONAL DE PROTEÇÃO DE DADOS. **Guia orientativo para definição dos agentes de tratamento de dados pessoais e do encarregado.** Disponível em: https://www.gov.br/anpd/pt-br/assuntos/noticias/2021-05-27-guia-agentes-de--tratamento_final.pdf. Acesso em: 06 de jun. de 2021.

51. GUEDES, Gisela Sampaio da Cruz. Regime de responsabilidade civil pela lei de proteção de dados brasileira. **Caderno especial LGPD.** São Paulo: RT, novembro 2019, pp. 167-182.

52. TASSO, Fernando Antônio. A responsabilidade civil na Lei Geral de Proteção de Dados e sua interface com o Código Civil e o Código de Defesa do Consumidor. *In*: **Cadernos Jurídicos**, ano 21, nº 53. São Paulo: Escola Paulista da Magistratura, jan.-mar./2020. pp. 97-115.

defendem uma responsabilidade civil objetiva pelo risco (como Danilo Doneda e Laura Schertel Mendes[53]), adota-se o entendimento de que se trataria de uma responsabilidade civil objetiva especial, tendo em vista que, conforme já referido no ponto anterior, a LGPD consagrou um dever geral de segurança, nos termos do artigo 44 combinado com o 46 dessa lei.

Há um dever geral de segurança desdobrado da consagração de um regime de imputação baseado na verificação e demonstração do tratamento irregular na prestação de serviço relacionado aos processos de tratamento de dados.[54]

Nesse ponto, o parágrafo único do artigo 44 da LGPD estabelece que o operador responde pelos danos decorrentes da violação da segurança dos dados, caso deixe de adotar as medidas de segurança previstas no artigo 46 da LGPD.[55] Faz-se necessário observar como se deu eventual cumprimento do dever geral de segurança ante a legítima expectativa quanto à possível conduta do agente de tratamento, o que se faz, objetivamente, por meio de *standards* de conduta – critérios que, se não atendidos, apontam para o não cumprimento do dever de segurança.[56]

Verifica-se ainda que o ilícito objetivo previsto nos artigos 42[57] e 44[58] da LGPD demanda apenas a análise externa das práticas do agente de tratamento,

---

53. MENDES, Laura Schertel; DONEDA, Danilo. Reflexões iniciais sobre a nova Lei Geral de Proteção de Dados. **Revista de Direito do Consumidor**, São Paulo, v. 27, n. 120, p. 469-483, nov./dez. 2018, p. 474.

54. DRESCH, Rafael de Freitas Valle; FALEIROS JUNIOR, José Luiz de Moura. Reflexões sobre a responsabilidade civil na Lei Geral de Proteção de Dados (Lei nº 13.709/2018). **Responsabilidade civil: novos riscos.** Organizado por Nelson Rosenvald, Rafael de Freitas Valle Dresch e Tula Wesendonck. Indaiatuba, SP, Editora Foco, 2019, p. 85.

55. Art. 44. O tratamento de dados pessoais será irregular quando deixar de observar a legislação ou quando não fornecer a segurança que o titular dele pode esperar, consideradas as circunstâncias relevantes, entre as quais:
(...)
Parágrafo único. Responde pelos danos decorrentes da violação da segurança dos dados o controlador ou o operador que, ao deixar de adotar as medidas de segurança previstas no art. 46 desta Lei, der causa ao dano.

56. DRESCH, Rafael de Freitas Valle; STEIN, Lílian Brandt. Direito fundamental à proteção de dados e responsabilidade civil. **Revista de Direito da Responsabilidade**, ano 3, 2021, pp. 224/241, p. 234.

57. Art. 42. O controlador ou o operador que, em razão do exercício de atividade de tratamento de dados pessoais, causar a outrem dano patrimonial, moral, individual ou coletivo, em violação à legislação de proteção de dados pessoais, é obrigado a repará-lo.

58. Art. 44. O tratamento de dados pessoais será irregular quando deixar de observar a legislação ou quando não fornecer a segurança que o titular dele pode esperar, consideradas as circunstâncias relevantes, entre as quais:

de sua conduta de forma objetiva, para verificar se tal conduta está em conformidade (*compliance*) ou não com o padrão de conduta que se pode exigir de um agente de tratamento com base em *standards* técnicos de mercado e regulatórios.[59]

Por conseguinte, para que ocorra a responsabilização civil do operador, deve haver uma violação ao dever geral de segurança – ou dos demais deveres impostos pela legislação de proteção de dados –, representado pela contrariedade a esses padrões de conduta. Isso ocorre, por exemplo, na hipótese do operador não tomar as devidas providências de segurança nos seus sistemas de coleta e armazenamento de dados, acarretando vazamentos. Nesse exemplo, o padrão de conduta esperado seria que o operador mantivesse o sistema seguro (por exemplo, através de constantes atualizações), bem como notificasse o controlador em caso de qualquer incidente de segurança.

Destarte, examinada a responsabilidade civil do operador – que, como visto, trata-se de uma responsabilidade objetiva especial centrada no dever geral de segurança e demais deveres decorrentes da proteção de dados –, passa-se à análise das sanções administrativas elencadas na LGPD.

3.2. Sanções administrativas

Por fim, o artigo 52 da LGPD estabelece que controlador e o operador ficam sujeitos às sanções administrativas aplicáveis pela autoridade nacional em razão das infrações cometidas às normas previstas. As sanções aplicáveis podem ser, por exemplo, advertências, com indicação de prazo para adoção de medidas corretivas; multa simples, de até 2% do faturamento, limitada a R$ 50.000.000,00, e proibição parcial ou total do exercício de atividades relacionadas a tratamento de dados.[60]

I – o modo pelo qual é realizado;
II – o resultado e os riscos que razoavelmente dele se esperam;
III – as técnicas de tratamento de dados pessoais disponíveis à época em que foi realizado.

59. DRESCH, Rafael de Freitas Valle; STEIN, Lílian Brandt. Direito fundamental à proteção de dados e responsabilidade civil. **Revista de Direito da Responsabilidade**, ano 3, 2021, pp. 224/241, pp. 234/235.

60. Art. 52. Os agentes de tratamento de dados, em razão das infrações cometidas às normas previstas nesta Lei, ficam sujeitos às seguintes sanções administrativas aplicáveis pela autoridade nacional:
I – advertência, com indicação de prazo para adoção de medidas corretivas;
II – multa simples, de até 2% (dois por cento) do faturamento da pessoa jurídica de direito privado, grupo ou conglomerado no Brasil no seu último exercício,

Trata-se de um regime sancionatório próprio da ANPD (Autoridade Nacional de Proteção de Dados), adaptado à natureza da matéria e com metodologia própria.[61] A fim de se evitar uma "indústria da multa", em que o órgão que aplicaria a sanção estaria "interessado" no proveito econômico dessa penalidade, o produto da arrecadação das multas aplicadas pela ANPD será destinado ao Fundo de Defesa de Direitos Difusos[62], nos termos do artigo 52, § 5º, da LGPD.[63] O *caput* do artigo 54 da LGPD estabelece que o valor de eventual multa diária deve observar a gravidade da falta e a extensão do dano ou prejuízo causado, devendo ainda ser fundamentado pela autoridade nacional.[64]

Cabe destacar que a Lei nº 14.010/2020, que trata sobre o Regime Jurídico Emergencial e Transitório das relações jurídicas de Direito Privado no período

---

excluídos os tributos, limitada, no total, a R$ 50.000.000,00 (cinquenta milhões de reais) por infração;
III – multa diária, observado o limite total a que se refere o inciso II;
IV – publicização da infração após devidamente apurada e confirmada a sua ocorrência;
V – bloqueio dos dados pessoais a que se refere a infração até a sua regularização;
VI – eliminação dos dados pessoais a que se refere a infração;
VII – (VETADO);
VIII – (VETADO);
IX – (VETADO);
X – suspensão parcial do funcionamento do banco de dados a que se refere a infração pelo período máximo de 6 (seis) meses, prorrogável por igual período, até a regularização da atividade de tratamento pelo controlador;
XI – suspensão do exercício da atividade de tratamento dos dados pessoais a que se refere a infração pelo período máximo de 6 (seis) meses, prorrogável por igual período;
XII – proibição parcial ou total do exercício de atividades relacionadas a tratamento de dados.

61. DONEDA, Danilo. A Autoridade Nacional de Proteção de Dados e o Conselho Nacional de Proteção de Dados. *In*: BIONI, Bruno *et al.* (Org.). **Tratado de Proteção de Dados Pessoais.** 1ª ed. São Paulo: Editora Forense, 2020. *E-book*.

62. LIMA, Cíntia Rosa Pereira de. As funções da autoridade nacional de proteção de dados e as sanções previstas na LGPD. *In*: FRANCOSKI, Denise de Souza Luiz; TASSO, Fernando Antônio (Coords.). **A Lei Geral de Proteção de Dados Pessoais: LGPD** – Ed. 2021. São Paulo: Revista dos Tribunais. *E-book*.

63. Art. 52, § 5º O produto da arrecadação das multas aplicadas pela ANPD, inscritas ou não em dívida ativa, será destinado ao Fundo de Defesa de Direitos Difusos de que tratam o art. 13 da Lei nº 7.347, de 24 de julho de 1985, e a Lei nº 9.008, de 21 de março de 1995.

64. Art. 54. O valor da sanção de multa diária aplicável às infrações a esta Lei deve observar a gravidade da falta e a extensão do dano ou prejuízo causado e ser fundamentado pela autoridade nacional.

da pandemia do coronavírus, prorrogou a possibilidade de aplicação de multas para 21 de agosto de 2021.

Contudo, na União Europeia, em que o Regulamento Geral de Proteção de Dados entrou em vigor em 2018, já há diversos casos com condenação pelo tratamento indevido de dados. Na França, em janeiro de 2021, a *Google* foi condenada a pagar multa de cinquenta milhões de euros pela falta de transparência e clareza no modo como informou os usuários sobre o manuseio de dados pessoais e na falha em obter propriamente o consentimento para o uso de propaganda personalizada.[65] Na Irlanda, em dezembro de 2020, o *Twitter* foi condenado a pagar quatrocentos e cinquenta mil euros por não ter notificado a autoridade competente no prazo de 72 horas após descobrir uma violação de dados.[66]

O artigo 52, § 1º, da LGPD, determina que, para a aplicação das sanções administrativas, serão consideradas, dentre outros critérios, o da adoção de política de boas práticas e governança, dentre as quais destaca-se o programa de *compliance* que abarque a proteção de dados[67]. Assim, é importante que o operador, para que ao menos tenha a sua sanção abrandada, demonstre, no processo administrativo, que atuou em conformidade com as boas práticas no tratamento, já referidas na primeira parte do trabalho. Destaca-se também que a gravidade da infração e dos direitos pessoais afetados também é utilizada como critério para a imposição da multa administrativa.[68]

Igualmente, mostra-se necessário que o operador comprove a observância ao dever geral de segurança – assim como ocorre no âmbito da responsabilidade civil, conforme visto no ponto anterior. Nesse sentido, o artigo 52, § 1º, inciso VIII, da LGPD, considera para critério de aplicação da sanção

---

65. ROSEMAIN, Mathieu. France fines Google $57 million for European privacy rule breach. **Reuters**, 21 de jan. 2021. Disponível em: https://www.reuters.com/article/us-google-privacy-france-idUSKCN1PF208. Acesso em: 12 de maio de 2021.

66. SCHECHNER, Sam. Twitter fined for breaking EU Privacy Law in first for U.S. tech firm. **The Wall Street Journal**, 15 dez. de 2021. Disponível em: https://www.wsj.com/articles/twitter-fined-546-000-in-first-cross-border-gdpr-case-for-u-s-tech-firm-11608027373. Acesso em: 12 de maio de 2021.

67. Art. 52, § 1º As sanções serão aplicadas após procedimento administrativo que possibilite a oportunidade da ampla defesa, de forma gradativa, isolada ou cumulativa, de acordo com as peculiaridades do caso concreto e considerados os seguintes parâmetros e critérios:
(...)
IX – a adoção de política de boas práticas e governança;

68. Art. 52, § 1º, I – a gravidade e a natureza das infrações e dos direitos pessoais afetados.

administrativa "*a adoção reiterada e demonstrada de mecanismos e procedimentos internos capazes de minimizar o dano, voltados ao tratamento seguro e adequado de dados*"[69].

Desse modo, por exemplo, caso o operador tome conhecimento de um incidente de segurança envolvendo dados pessoais, deverá notificar o controlador sem atrasos injustificados, bem como deve colaborar com o controlador para que este mitigue os riscos causados em relação a violações de dados pessoais.[70] Também deve notificar o controlador imediatamente na hipótese de alguma de suas instruções levar a uma violação da LGPD ou demais leis aplicáveis.[71]

Além disso, é essencial que o operador guarde o registro das operações de tratamento de dados pessoais que realizou, nos termos do artigo 37, da LGPD, bem como que demonstre que sempre manteve atualizado o *software* utilizado na coleta e armazenamento de dados, no intuito de evitar qualquer incidente de segurança. Igualmente, o operador pode sofrer sanção administrativa na hipótese de realizar o tratamento de dados sem observar os princípios elencados no artigo 6º da LPGD – como o dever de prestação de contas, referido na primeira parte do trabalho: caso o operador viole o dever de *accountability*, poderá suportar sanções administrativas.

Muito embora as sanções administrativas ainda não estejam em vigor, é essencial que os agentes de tratamento estejam em conformidade à LGPD pois, por se tratar de uma lei nova, que envolve uma mudança de cultura nas empresas, demanda tempo para que estas possam se adequar.

4. CONSIDERAÇÕES FINAIS

Conforme visto, a diferenciação entre controlador e operador é realizada de maneira contextual, analisando as atividades exercidas por cada agente de tratamento. Ademais, o operador atua em nome do controlador e obedecendo

69. Art. 52, § 1º, VIII – a adoção reiterada e demonstrada de mecanismos e procedimentos internos capazes de minimizar o dano, voltados ao tratamento seguro e adequado de dados, em consonância com o disposto no inciso II do § 2º do art. 48 desta Lei;

70. LAPIN. **Controlador ou operador: quem sou eu?** Disponível em: https://lapin.org.br/wp-content/uploads/2021/04/Cartilha-Controlador-ou-Operador-quem-sou-eu-LAPIN.pdf. Acesso em: 13 de maio de 2021.

71. LAPIN. **Controlador ou operador: quem sou eu?** Disponível em: https://lapin.org.br/wp-content/uploads/2021/04/Cartilha-Controlador-ou-Operador-quem-sou-eu-LAPIN.pdf. Acesso em: 13 de maio de 2021.

às suas decisões, exercendo as suas atividades com certa liberdade em relação à forma como o tratamento de dados pessoais será feito. Todavia, é o controlador quem tomará as decisões mais relevantes quanto ao tratamento de dados.

Quanto aos seus deveres, o operador deve exercer as suas atividades em observância ao dever geral de segurança, nos termos do artigo 46, da LGPD, e pode formular regras de boas práticas e de governança, sobretudo programa de *compliance* na proteção de dados, atuando sempre em nome do controlador, bem com obedecendo ao dever de prestação de contas. Além disso, uma vez que o operador atua sob comando do controlador, e levando-se em conta a relevância do encarregado para o tratamento de dados, não se entende possível que o operador possa nomear o encarregado, cabendo tal tarefa ao controlador.

No que tange à responsabilidade civil, o operador será responsabilizado por danos causados quando houver ilícito no tratamento de dados, especialmente, através da violação ao dever geral de segurança. Dessa maneira, a de se evitar essa responsabilização, o agente de tratamento de dados pessoais deve se certificar de que exerceu a sua atividade com a máxima segurança esperada, em obediência a padrões objetivos de conduta.

Além disso, foi visto que a responsabilidade entre operador e controlador é solidária, bem como o operador pode ajuizar ação de regresso contra os demais responsáveis, caso tenha reparado o dano e na medida de sua participação no evento danoso. Já quanto às sanções administrativas, se verifica a aplicação de vultuosas multas nos países-membros da União Europeia, referência quando se trata de proteção de dados pessoais.

Dessa maneira, no intuito de não ser condenado ao pagamento dessas sanções administrativas, o operador tem a obrigatoriedade de demonstrar a obediência ao dever de segurança, bem como a observância da adoção das boas práticas e de governança no tratamento dos dados pessoais.

Apesar de não ser o controlador que tenha autonomia decisória sobre a finalidade dos dados, a figura do operador é de suma relevância para que se possa haver uma proteção de dados efetiva, pois ele irá auxiliar o controlador, realizando tecnicamente o tratamento, sempre atuando em seu nome e sendo o primeiro a notificá-lo em caso de incidente.

A fim de evitar a ocorrência de incidentes e – por consequência, a responsabilização civil e sanções administrativas –, mostra-se essencial que os agentes de tratamento estejam em conformidade com as normas e princípios da LGPD, notadamente o dever geral de segurança e as boas práticas de governança, especialmente, um programa de *compliance* na proteção de dados.

Referências bibliográfica

AUTORIDADE NACIONAL DE PROTEÇÃO DE DADOS. **Guia orientativo para definição dos agentes de tratamento de dados pessoais e do encarregado.** Disponível em: https://www.gov.br/anpd/pt-br/assuntos/noticias/2021-05-27-guia-agentes-de--tratamento_final.pdf. Acesso em: 06 de jun. de 2021.

BARBOSA, Mafalda Miranda. *Data controllers* e *data processors*: da responsabilidade pelo tratamento de dados à responsabilidade civil. **Revista de Direito Comercial.** Lisboa, março de 2015, pp. 423/494.

BRANDÃO, Marcelo. Senado inclui proteção de dados pessoais como direito fundamental. **Agência Brasil**, 20 out. 2021. Disponível em: https://agenciabrasil.ebc.com.br/politica/noticia/2021-10/senado-inclui-protecao-de-dados-pessoais-como--direito-fundamental. Acesso em: 27 out. 2021.

BRASIL. Supremo Tribunal Federal. **Medida Cautelar em Ação Direta de Inconstitucionalidade n.º 6.387.** Requerente: Conselho Federal da Ordem dos Advogados do Brasil – CFOAB. Relatora: Min. Rosa Weber. Brasília, 24 de abril de 2020. Disponível em: http://portal.stf.jus.br/processos/detalhe.asp?incidente=5895165. Acesso em: 12 de maio 2021.

BRASIL. **Guia de Boas Práticas para Implementação na Administração Pública Federal.** Disponível em: https://www.gov.br/governodigital/pt-br/governanca-de– dados/GuiaLGPD.pdf.

BRAZ JR., Marcílio. Desafios para implementação da Lei Geral de Proteção de Dados no setor privado. *In*: FRANCOSKI, Denise de Souza Luiz; TASSO, Fernando Antônio (Coords.). **A Lei Geral de Proteção de Dados Pessoais: LGPD** – Ed. 2021. São Paulo: Revista dos Tribunais. *E-book.*

CABELLA, Daniela Monte Serrat; FERREIRA, Raíssa Moura. **Descomplicando: agentes de tratamento.** Disponível em: https://www.migalhas.com.br/depeso/326741/descomplicando--agentes-de-tratamento. Acesso em: 09 de maio de 2021.

DONEDA, Danilo. A Autoridade Nacional de Proteção de Dados e o Conselho Nacional de Proteção de Dados. *In*: BIONI, Bruno *et al.* (Org.). **Tratado de Proteção de Dados Pessoais.** 1ª ed. São Paulo: Editora Forense, 2020. *E-book.*

DRESCH, Rafael de Freitas Valle; FALEIROS JUNIOR, José Luiz de Moura. Reflexões sobre a responsabilidade civil na Lei Geral de Proteção de Dados (Lei nº 13.709/2018). **Responsabilidade civil: novos riscos.** Organizado por Nelson Rosenvald, Rafael de Freitas Valle Dresch e Tula Wesendonck. Indaiatuba, SP, Editora Foco, 2019.

DRESCH, Rafael de Freitas Valle; STEIN, Lílian Brandt. Direito fundamental à proteção de dados e responsabilidade civil. **Revista de Direito da Responsabilidade**, ano 3, 2021, pp. 224/241.

FRAZÃO, Ana; OLIVA, Milena Donato; ABÍLIO; Vivianne da Silveira. *Compliance* de dados pessoais. *In*: TEPEDINO; Gustavo; FRAZÃO, Ana; OLIVA, Milena Donato

(Coords.). **Lei Geral de Proteção de Dados Pessoais e suas repercussões no Direito Brasileiro.** São Paulo: Revista do Tribunais.

GALLINDO, Sérgio Paulo Gomes. Economia intensiva em dados, virtudes da LGPD e primeiros desafios quanto à efetividade. *In*: CUEVA, Ricardo Villas Bôas; DONEDA, Danilo; MENDES, Laura Schertel. **Lei Geral de Proteção de Dados (Lei nº 13.709/2018), a caminho da efetividade**: contribuições para a implementação da LGPD. 1. ed. São Paulo: Thomson Reuters Brasil, 2020. *E-book*.

GRUPO DE TRABALHO DO ARTIGO 29º PARA A PROTEÇÃO DE DADOS. **Parecer 1/2010 sobre os conceitos de «responsável pelo tratamento» e «subcontratante»**. Disponível em: https://www.uc.pt/protecao-de-dados/suporte/20100216_parecer_1_2010_wp169_pt. Acesso em: 09 de maio. de 2021.

GUEDES, Gisela Sampaio da Cruz. Regime de responsabilidade civil pela lei de proteção de dados brasileira. **Caderno especial LGPD.** São Paulo: RT, novembro 2019, pp. 167-182.

LAPIN. **Controlador ou operador: quem sou eu?** Disponível em: https://lapin.org.br/wp-content/uploads/2021/04/Cartilha-Controlador-ou-Operador-quem-sou-eu-LAPIN.pdf. Acesso em: 13 de maio de 2021.

LEONARDI, Marcel. Controladores e operadores: papéis, distinções, mitos e equívocos. *In*: FRANCOSKI, Denise de Souza Luiz; TASSO, Fernando Antônio (Coords.). **A Lei Geral de Proteção de Dados Pessoais**: LGPD – Ed. 2021. São Paulo: Revista dos Tribunais. *E-book*.

LIMA, Cíntia Rosa Pereira de. As funções da autoridade nacional de proteção de dados e as sanções previstas na LGPD. *In*: FRANCOSKI, Denise de Souza Luiz; TASSO, Fernando Antônio (Coords.). **A Lei Geral de Proteção de Dados Pessoais: LGPD –** Ed. 2021. São Paulo: Revista dos Tribunais. *E-book*.

MARTINS, Guilherme Magalhães; FALEIROS JÚNIOR, José Luiz de Moura. Compliance digital e responsabilidade civil na Lei Geral de Proteção de Dados. *In*: MARTINS, Guilherme Magalhães; ROSENVALD, Nelson. (Org.). **Responsabilidade civil e novas tecnologias.** 1ª ed. Indaiatuba: Foco, 2020.

MATTIUZZO, Marcela; CARVALHO, Vinícius Marques de; PONCE, Paula Pedigoni. Boas práticas e governança na LGPD. *In*: BIONI, Bruno *et al.* (Org.). **Tratado de Proteção de Dados Pessoais.** 1ª ed. São Paulo: Editora Forense, 2020. *E-book*.

MENDES, Laura Schertel; DONEDA, Danilo. Reflexões iniciais sobre a nova Lei Geral de Proteção de Dados. **Revista de Direito do Consumidor**, São Paulo, v. 27, n. 120, p. 469-483, nov./dez. 2018.

PALHARES, Felipe. As funções e a atuação do DPO no GDPR e do encarregado na LGPD. *In*: CRESPO, Marcelo Xavier de Freitas. ***Compliance* no direito digital** (Coleção *Compliance*, vol. 3). São Paulo: Thomson Reuters Brasil, 2020. *E-book*.

PINHEIRO, Patrícia Peck. **Proteção de dados pessoais:** comentários à Lei nº 13.709/2018. 3ª ed. São Paulo: Saraiva Jur, 2021. *E-book*.

ROSEMAIN, Mathieu. France fines Google $57 million for European privacy rule breach. **Reuters**, 21 de jan. 2021. Disponível em: https://www.reuters.com/article/us-google-privacy-france-idUSKCN1PF208. Acesso em: 12 de maio de 2021.

ROSENBERG, Matthew; CONFESSORE, Nicholas; CADWALLADR; Carole. How Trump Consultants Exploited the Facebook Data of Millions. **The New York Times**, 17 de mar. 2018. Disponível em: https://www.nytimes.com/2018/03/17/us/politics/cambridge-analytica-trump-campaign.html. Acesso em: 13 de mai. 2021.

SÃO PAULO. Tribunal de Justiça. **Portaria nº 9.918/2020.** Institui a Política de Privacidade e Proteção de Dados Pessoais no Poder Judiciário do Estado de São Paulo. Disponível em: https://www.tjsp.jus.br/Download/Portal/LGPD/PoliticaPrivacidade.pdf?637534331232221991. Acesso em: 09 de maio de 2021.

SCHECHNER, Sam. Twitter fined for breaking EU Privacy Law in first for U.S. tech firm. **The Wall Street Journal**, 15 dez. de 2021. Disponível em: https://www.wsj.com/articles/twitter-fined-546-000-in-first-cross-border-gdpr-case-for-u-s-tech-firm-11608027373. Acesso em: 12 de maio de 2021.

SCHREIBER, Anderson. Responsabilidade civil na Lei Geral de Proteção de Dados Pessoais. *In*: BIONI, Bruno *et al* (Org.). **Tratado de Proteção de Dados Pessoais.** 1ª ed. São Paulo: Editora Forense, 2020. *E-book*.

SOMBRA, Thiago Luís Santos. **Fundamentos da regulação da privacidade e proteção de dados pessoais.** 1. ed. em e-book baseada na 1. ed. impressa. São Paulo: Thomson Reuters Brasil, 2019. *E-book*.

TASSO, Fernando Antônio. A responsabilidade civil na Lei Geral de Proteção de Dados e sua interface com o Código Civil e o Código de Defesa do Consumidor. *In*: **Cadernos Jurídicos**, ano 21, nº 53. São Paulo: Escola Paulista da Magistratura, jan.-mar./2020. pp. 97-115.

COMPARTILHAMENTO DE DADOS PESSOAIS E A FIGURA DO CONTROLADOR

LEONARDO PARENTONI[1]

Sumário: 1. Introdução; 2. *Accountability* como diretriz às condutas do controlador de dados pessoais: confiar para desburocratizar; 3. Agentes de Tratamento na LGPD e *Data Processing Agreements*; 4. Controlador *v.* Operador: Desvendando os conceitos a partir de casos concretos; 5. Uso secundário e compartilhamento de dados pessoais: rumo a um mercado de dados compatível com os direitos do titular; 6. Compartilhamento de dados pessoais e "escalabilidade" dos direitos do titular; 7. Compartilhamento incentivado e vedações ao compartilhamento na LGPD; 8. Conclusão.

1. Doutor em Direito Comercial pela USP. Professor Adjunto da UFMG e Titular do IBMEC/MG. Fundador e Coordenador da área de concentração em Direito, Tecnologia e Inovação na Pós-Graduação da Faculdade de Direito da UFMG. Fundador e Conselheiro Científico do Centro de Pesquisa em Direito, Tecnologia e Inovação – DTIBR (www.dtibr.com). Pesquisador Visitante na Universidade do Texas em Austin/USA e na Agência de Proteção de Dados do Uruguai. Parceiro tecnológico estratégico na Universidade de Tecnologia de Sydney/Austrália. Mentor de Equipe no Programa Law Without Walls – LWOW/USA. Currículo Lattes completo disponível em: http://lattes.cnpq.br/3612200644224606. Publicações disponíveis para download gratuito em: https://www.researchgate.net/profile/Leonardo_Parentoni2.

1. INTRODUÇÃO

Juntamente com os princípios e as bases legais, a figura dos agentes disciplinados pela Lei Geral de Proteção de Dados Pessoais (Lei n. 13.709/2018), doravante referida apenas como LGPD, é um dos pontos de maior importância na interpretação[2] e aplicação dessa lei. Isso pode ser claramente notado no fato de que uma das primeiras orientações emitidas pela Autoridade Nacional de Proteção de Dados – ANPD, principal órgão regulador da matéria no Brasil[3], tratou justamente desse tema. Com efeito, nos estágios iniciais da atuação da ANPD (que começou a operar, de fato, somente no apagar das luzes do ano de 2020), seus diretores estavam cientes de que seria impossível cuidar de todos os temas, satisfatoriamente, logo nos primeiros anos. Por isso, optaram por construir e publicar uma agenda regulatória para o biênio 2021-2022[4], contemplando

2. Recorde-se a clássica lição de Claus-Wilhelm Canaris, segundo a qual atividade de compreensão e aplicação da lei ou de qualquer contrato requer, necessariamente, algum grau de interpretação: CANARIS, Claus-Wilhelm; GRIGOLEIT, Hans Christoph. Interpretation of Contracts. In: HARTKAMP, Herbots; *et al.* (Coord.). *Contract Law*: Towards a European Civil Code. 4. ed. Alphen aan den Rijn: Wolters Kluver, 2011. p. 01. "The issue of interpretation arises when there is an ambiguity in the content of a contract. This is an omnipresent phenomenon of contract law: Even a thoroughly drafted and apparently precise contract may, under close scrutiny, prove to be in need of interpretation. Virtually every understanding of a contract presupposes and is – albeit often unsaid – based on interpretation. In fact, the mere statement that a contract does not require or allow interpretation constitutes in itself an act of interpretation and the result of such an interpretation."
3. LIMA, Cíntia Rosa Pereira de; PEROLI, Kelvin. Desafios para a Atuação Independente da Autoridade Nacional de Proteção de Dados Pessoais Brasileira à Luz das Exigências Internacionais para a Adequada Proteção de Dados Pessoais. *In*: DE LUCCA, Newton; SIMÃO FILHO, Adalberto; LIMA, Cíntia Rosa Pereira de; MACIEL, Renata Mota (Coord.). *Direito & Internet IV*: Sistema de Proteção de Dados Pessoais. São Paulo: Quartier Latin, 2019. p. 426. "A fim de garantir o cumprimento de qualquer sistema de proteção dos dados pessoais, as principais atribuições do órgão são: controle e fiscalização; definição de padrões técnicos, que garantam a proteção dos dados pessoais; tutela dos dados pessoais mediante ações coletivas ou reclamação do interessado; iniciativa legislativa sobre proteção de dados pessoais; desenvolvimento de políticas públicas em prol da proteção dos dados pessoais; aprovação dos códigos de boas condutas; publicação de relatórios anuais de suas atividades; e controle quanto à circulação transfronteiriça de dados pessoais."
4. BRASIL. Autoridade Nacional de Proteção de Dados. Portaria n. 11/2021: Torna pública a agenda regulatória para o biênio 2021-2022. Brasília: jan. 2021. Disponível em: <https://www.in.gov.br/en/web/dou/-/portaria-n-11-de-27-de-janeiro-de-2021-301143313>. Acesso em: 30 jan. 2021.

apenas aquilo que, na visão da ANPD, seriam os tópicos mais urgentes e viáveis de serem regulados nesse período. Um dos tópicos foi justamente a figura dos agentes de tratamento de dados pessoais[5].

Este texto pretende contribuir com a interpretação de um tema específico e delimitado, envolvendo principalmente um desses agentes: o controlador de dados pessoais. Busca-se delimitar melhor o conceito jurídico de controlador tanto à luz da legislação nacional e estrangeira quanto de casos práticos, enfocando as regras que regem a sua atividade de compartilhamento dos dados. Não se tem a pretensão de esgotar a matéria ou descer a minúcias, até em virtude do limite de laudas fixado para este texto. Busca-se, apenas, fornecer uma visão panorâmica do tema, seguida da posição jurídica do autor, de forma clara, fundamentada e com enfoque prático, tendo como premissa compatibilizar o respeito aos direitos do titular de dados pessoais com o desenvolvimento econômico, a inovação e o funcionamento do "mercado de dados", a fim de trazer segurança jurídica a todos os envolvidos.

2. *ACCOUNTABILITY* COMO DIRETRIZ ÀS CONDUTAS DO CONTROLADOR DE DADOS PESSOAIS: CONFIAR PARA DESBUROCRATIZAR

O anterior sistema comunitário europeu de proteção de dados pessoais, à luz da Diretiva 95/46/UE, havia optado por um modelo de regulação[6] no qual os

5. BRASIL. Autoridade Nacional de Proteção de Dados. Guia Orientativo para Definições dos Agentes de Tratamento de Dados Pessoais. Brasília: mai. 2021. Disponível em: <https://www.gov.br/anpd/pt-br/assuntos/noticias/inclusao-de-arquivos-para-link-nas-noticias/2021-05-27-guia-agentes-de-tratamento_final.pdf>. Acesso em: 28 mai. 2021. p. 05. "Dos assuntos que têm suscitado dúvidas destacam-se o conceito e os aspectos relacionados aos agentes de tratamento, quais sejam, o controlador e o operador, bem como sobre o encarregado."

6. Não se pretende aqui discutir os vários conceitos e as várias espécies de regulação. Adota-se o seguinte conceito: KOPP, Christel; LODGE, Martin. What is regulation? An interdisciplinary concept analysis. *Regulation & Governance*. Hoboken: Wiley. v. 11, n. 01, p. 01-43, Jul. 2015. p. 20. "(...) we can distinguish two types of definitions that cut across disciplines – an essence-based and a pattern-based definition of regulation. (...) an essence-based definition aims to capture the minimal essence of the concept. It is a classical definition in the sense that it includes – and solely includes – those elements without which regulation loses its identity (...). Accordingly, regulation can be defined as the intentional intervention in the activities of a target population. The intervention which this definition refers to can be direct and/or indirect, the activities can be economic and/or non-economic, the regulator may be a public or private-sector actor, and the regulatee may equally be a public or private-sector actor."

controladores deveriam efetuar uma série de registros públicos e comunicações *prévias* às autoridades nacionais de proteção de dados, a fim de que determinadas operações de tratamento de dados pessoais fossem consideradas lícitas[7].

Uma das grandes *mudanças estruturais* implantadas pelo atual Regulamento Europeu (na sigla em inglês, GDPR[8]), foi *retirar a maior parte das exigências de comunicação prévia*, substituindo-as por um modelo no qual *os próprios controladores* de dados *são os responsáveis* por assegurar que o tratamento seja realizado em conformidade com a lei. Ou seja, saiu-se do paradigma de controle prévio por parte de instituições públicas para o de *confiança no controlador*, especialmente no controlador privado, *presumindo-se a sua boa-fé e conformidade jurídica*, de modo que eventual fiscalização seria feita, em geral, somente *a posteriori*. Em contrapartida, essa nova estrutura regulatória *transfere ao controlador o ônus* de comprovar que efetivamente agiu em conformidade com as determinações legais, caso seja eventualmente demandado (pelo titular dos dados, por autoridades públicas ou por quaisquer outros sujeitos legitimados). Por exemplo, compete a ele demonstrar que adotou regras de *compliance*, selos, certificações e medidas de segurança, ou que fundamentou corretamente a utilização do legítimo interesse (*legitimate interests assessment – LIA*). Tal mudança foi conceituada como *foco na accountability*[9]. Mais do que a simples alteração

---

Até porque enquadrar o sistema de proteção de dados pessoais em uma única espécie de regulação é tarefa das mais difíceis: LYNSKEY, Orla. *The Foundations of EU Data Protection Law*. Oxford: Oxford University Press, 2015. p. 75. "In short, it can be stated that the relationship between EU data protection legislation's dual objectives of market harmonization and fundamental rights has always been a complex one. (...) These dual objectives, and the mixed origins of EU data protection law, make it difficult to classify as one type of regulation or another. (...) data protection is probably best characterized as hybrid regulation, or a 'cluster concept'."

7. Vide, por exemplo, os artigos 18 e 20 da Diretiva 1995/46/UE: UNIÃO EUROPEIA. Parlamento Europeu. *Diretiva 95/46/CE*. Luxemburgo: 24 out. 1995. Disponível em <https://eur-lex.europa.eu/legal-content/PT/TXT/?uri=celex%3A31995L0046>. Acesso em: 13 fev. 2021.

8. UNIÃO EUROPEIA. Parlamento Europeu. Regulamento nº 2016/679/CE. Brussels: 27 Apr. 2016. Disponível em: <https://eur-lex.europa.eu/legal-content/EN/TXT/ ?qid=1528874672298&uri=CELEX%3A32016R0679>. Acesso em: 13 fev. 2021.

9. DENSMORE, Russel; et al. *Privacy Program Management*. 2. ed. Portsmouth: International Association of Privacy Professionals – IAPP, 2019. p. 03. "What is accountability? Accountable organizations have the proper policies and procedures to promote proper handling of personal information and, generally, can demonstrate they have the capacity to comply with applicable privacy laws."

das regras jurídicas, isso implica *mudança de cultura*[10] a respeito do papel dos agentes públicos e privados.

A *accountability* é, portanto, um dos pilares do atual sistema comunitário europeu de proteção de dados pessoais[11], claramente prevista no art. 5º, 2 e art. 24, 1 do GDPR, bem como no regramento jurídico de vários países fora do bloco europeu[12]. Inclusive no Brasil, em que *a LGPD acolheu esse princípio* – e todo o raciocínio estrutural que dele decorre – no art. 6º, X, com o nome de "responsabilização e prestação de contas". Dessa forma, também no Brasil os controladores de dados pessoais passam a ter menos deveres de notificação prévia a autoridades públicas e, em troca, assumem o ônus de demonstrar a regularidade de suas atividades, se assim forem demandados. Justamente por isso a LGPD fixa uma série de parâmetros de conduta (*standards*)[13], os quais, se corretamente

---

UNIÃO EUROPEIA. European Data Protection Supervisor. *Accountability on the ground*: Guidance on documenting processing operations for EU institutions, bodies and agencies. Brussels: 03 Jul. 2019. Disponível em <https://edps.europa.eu/data-protection/our-work/publications/guidelines/accountability-ground-provisional-guidance_en>. Acesso em: 13 fev. 2021. p. 02. "You are accountable for what you do and why you do it the way you do it. This implies being compliant, but also being able to demonstrate it."

10. UNIÃO EUROPEIA. European Data Protection Supervisor. *EDPS launches Accountability Initiative*. Brussels: 07 Jun. 2016. Disponível em <https://edps.europa.eu/data-protection/our-work/publications /factsheets/edps-launches-accountability-initiative_en>. Acesso em: 20 out. 2016. p. 02. "Accountability goes beyond compliance with the rules – it implies culture change."

11. KORFF, Douwe; GEORGES, Marie. *The DPO Handbook*: Guidance for data protection officers in the public and quasi-public sectors on how to ensure compliance with the European Union General Data Protection Regulation. Rome: T4Data Programme, 2019. Available at: <https://www.garanteprivacy.it/web/guest/home/ docweb/-/docweb-display/docweb/9127859>. Access: 05 Jul. 2020. p. 113. "Although [accountability] may appear to be nothing new (and can be said to be inspired by the American legal approach, which was in turn reflected in the OECD Guidelines of 1980), it is actual one of the main features of the new EU General Data Protection Regulation (GDPR) – perhaps even the main feature (...)."

12. DEMPSEY, James X; CATE, Fred H.; ABRAMS, Martin. Organizational Accountability, Government Use of Private-Sector Data, National Security, and Individual Privacy. In: CATE, Fed H.; DEMPSEY, James X. Bulk Collection: Systematic Government Access to Private-Sector Data. Oxford: Oxford University Press, 2017. p. 307. "This accountability principle has now been widely incorporated into national and international data protection standards."

13. GUEDES, Gisela Sampaio da Cruz. Regime de Responsabilidade Adotado pela Lei Geral de Proteção de Dados Brasileira. *In*: SOUZA, Carlos Affonso; MAGRANI, Eduardo;

observados, fazem prova a favor dos controladores, podendo eximi-los de sanções ou ao menos suavizar as penas[14].

Esse "voto de confiança" nos controladores, especialmente nos controladores privados[15], está em sintonia com o brocardo de que a boa-fé se presume, devendo a má-fé ser comprovada. Coaduna-se ainda com as disposições da Declaração de Direitos da Liberdade Econômica (Lei n. 13.874/2019), a qual valoriza a autonomia privada[16], somente admitindo restrições ou componentes

---

SILVA, Priscilla et al. (Coord.). *Caderno Especial – Lei Geral de Proteção de Dados*. São Paulo: Revista dos Tribunais, 2019. p. 174. "Como se vê, o legislador estabeleceu verdadeiro *standard* de conduta que deve ser seguido pelos agentes de tratamento de dados, chegando mesmo ao ponto de determinar, na Seção II, que os agentes poderão, no âmbito de suas competências, traçar as normas de boas práticas e de governança. Também na Seção II é possível notar a preocupação do legislador com a conduta dos agentes, assim como com o cumprimento de programas, políticas internas, procedimentos, mecanismos de supervisão (internos e externos), padrões técnicos etc."

14. Conforme textualmente previsto na LGPD, art. 52, § 1º, VII, VIII e IX.
15. Afinal, os atos do Poder Público já gozam, em regra, de presunção de legitimidade.
16. CANARIS, Claus-Wilhelm; GRIGOLEIT, Hans Christoph. Interpretation of Contracts. In: HARTKAMP, Herbots; et alii. (Coord.). *Contract Law*: Towards a European Civil Code. 4. ed. Alphen aan den Rijn: Wolters Kluver, 2011. p. 02. "The principle of freedom of contract has several roots. From an ethical point of view, it is based upon the idea that the state must respect the autonomy of the individual. This assumption can be derived from the dignity of man and his right of 'free development of his personality', of 'pursuit of happiness' or similar concepts. These rights are violated if the state does not generally leave it to the individual to regulate their relations themselves, but prescribes every detail of their interaction (...).
Thus, freedom of contract is an expression of the legal self-determination of the human being and, as such, a sub-category of the autonomy of the individual.
In addition, the principle of freedom of contract has a foundation in political theory. It corresponds both to the ideas of democracy and of separation of powers. Democracy and freedom of contract are based upon the same basic values: on legal liberty and on the equality of the citizens.
(...)
Finally, modern welfare economics accentuate and describe more precisely the social function of free contracting. According to the Pareto criterion, the voluntary exchange by contract is the paradigm of economic efficiency. The individual exchange and its efficiency correspond on the collective level with the institution of the market: The mechanism of the market brings the independent transactions to perfection and, when operating ideally, creates Pareto efficiency. Thus, contractual freedom and the market provide for an efficient distribution of resources and lead to a maximization of social wealth while, of course, not exhaustively solving the problem of just distribution."

burocráticos quando efetivamente necessários, mediante justificativa formal, via análise de impacto regulatório[17].

Nesse contexto, aumenta a importância de se estudar a figura do controlador, pois quanto maior a autonomia, maior deve ser também a responsabilidade.

3. AGENTES DE TRATAMENTO NA LGPD E *DATA PROCESSING AGREEMENTS*

O art. 5º da LGPD traz interpretação autêntica[18] de alguns dos seus principais conceitos. Um deles é o de *agentes de tratamento*, termo utilizado para se referir, simultaneamente, ao controlador (*controller*) e ao operador (*processor*). Agentes de tratamento são, portanto, os sujeitos que mais se relacionam às operações de tratamento de dados pessoais, seja tomando as decisões a respeito de como essas operações serão realizadas, seja propriamente executando-as.

Apesar de também regulado no mesmo capítulo da LGPD (Capítulo VI: Dos Agentes de Tratamento de Dados Pessoais), o encarregado pelo tratamento desses dados (internacionalmente denominado *data protection officer* – DPO) *não* se inclui no estrito conceito legal de agentes de tratamento. Melhor seria, então, que o referido capítulo fosse rotulado de forma mais ampla, como algo do tipo: "Principais sujeitos envolvidos no tratamento de dados pessoais". Existem razões técnicas para a exclusão do DPO do conceito de agentes de tratamento, mas não vem ao caso abordá-las neste estudo, pois isso seria um desvio do tema proposto. Basta o sucinto registro já efetuado.

Prosseguindo, o fato de haver na lei uma expressão englobando tanto o controlador quanto o operador transmite a *falsa* impressão de que os deveres previstos na LGPD são idênticos para eles. De fato, há alguns deveres que alcançam, indistintamente, qualquer agente de tratamento. Por exemplo, as medidas técnicas, administrativas e de segurança previstas no art. 46, que incluem controle de acesso a sistemas, *backups* etc. Esse tipo de providência é basilar e deve ser observada em qualquer operação de tratamento de dados pessoais. Porém, *a regra que se extrai da interpretação sistemática da LGPD* é a de que o plexo de direitos e garantias do titular dos dados, bem como os principais deveres e

---

17. Lei n. 13.874/2019 art. 5º; LGPD art. 55-J, § 2º.

18. TARELLO, Giovanni. *L'interpretazione dela legge*. Milano: Giuffrè, 1980. p. 51-52. "Per 'interpretazione autentica' si intende l'attività interpretativa ed il prodotto dell' interpretazione compiuta dallo stesso autore dell'oggetto dell'interpretazione successivamente alla, o separatamente dalla, produzione dell'oggetto stesso: ad esempio la legge interpretativa di altra legge."

standards de conduta são *direcionados à pessoa do controlador*. Dito de outra forma, o foco da *accountability* é no *controlador*. É ele, por exemplo, quem define as finalidades do tratamento e as respectivas bases legais, quem deve indicar o encarregado pelo tratamento (art. 41, *caput*), elaborar relatórios de impacto (art. 10, § 3º; art. 38, *caput*) etc. Até mesmo na questão da responsabilidade civil – assunto deveras polêmico – a LGPD indica que o foco é no controlador, cabendo a responsabilização do operador apenas excepcionalmente, na "hipótese em que o operador equipara-se ao controlador" (art. 42, § 1º, I).

Destarte, é traiçoeira a figura dos "agentes de tratamento", pois a sua leitura superficial pode induzir a uma equiparação de deveres entre sujeitos que, na verdade, submetem-se a *regime jurídico distinto*.

Cabe agora enfocar mais um ponto de enorme importância prática: o fato de a LGPD não ter imposto uma série de deveres ao operador não significa que ele esteja impedido de assumir voluntariamente tais atribuições. São coisas diferentes. Nada impede que, *via contrato* (internacionalmente denominado *data processing agreement – DPA*) e com eficácia apenas *inter partes*, um operador assuma deveres inerentes à condição de controlador. Isso se insere no âmbito de autonomia de cada sujeito e depende da negociação que for estabelecida entre as partes (controlador e operador), caso a caso. Na prática, inclusive, é comum que alguns controladores *exijam* de seus operadores o compromisso de observar certos parâmetros que não lhes são impostos pela LGPD. Por exemplo, a necessidade de indicar encarregado pelo tratamento de dados pessoais ou de produzir relatórios de impacto, em determinados contextos. Isso *não* altera o enquadramento jurídico desse sujeito como operador perante terceiros (ou seja, em relação a quem não é parte do contrato), como o titular dos dados pessoais, a ANPD, Ministério Público ou órgãos de defesa do consumidor.

Situação absolutamente diversa ocorre quando o operador age *fora dos limites contratados*, tomando as próprias decisões a respeito do tratamento dos dados pessoais. Nessa hipótese, ele pode vir a ser enquadrado como controlador independente, controlador conjunto ou outras espécies, conforme o caso. Esse tema será detidamente examinado no próximo tópico.

Nesse contexto de variadas e complexas relações socioeconômicas, torna-se extremamente importante (para não dizer indispensável) que *o contrato* ajustado entre as partes *claramente defina quem é o controlador* de dados pessoais naquela relação jurídica e quais são os limites da atuação do operador (ou dos diversos operadores existentes). Mais do que isso, tendo em vista que o rol de deveres e responsabilidades do operador é mais restrito, é importante que ele, dentro do possível, documente por escrito as ordens recebidas do controlador, de modo a elidir sua responsabilidade decorrente da mera execução de ordens lícitas. Importante deixar claro também que a LGPD – ao contrário do GDPR – não prevê a obrigatoriedade dos contratos DPA, sendo esta uma medida de bom senso e prática comum no mercado, para resguardar juridicamente as partes.

Com a ressalva de que não basta uma cláusula contratual qualificar A ou B como operador. É preciso que, *de fato*, esse contratante execute as suas obrigações atuando *dentro dos limites* da atividade de um operador. Há primazia da realidade sobre a mera previsão contratual. Quem de fato atua como controlador não se exime de seus deveres simplesmente por ter sido rotulado como operador em um contrato[19]. *Alguns meses após a publicação da versão preliminar deste texto, a ANPD encampou, integralmente, o entendimento aqui sustentado*[20].

Mas o que fazer se, num caso concreto, não houver instrumento escrito documentando a relação controlador-operador? Tal prova poderá ser feita por qualquer meio lícito, conforme art. 369 do CPC/2015. O que se recomenda é, primeiramente, analisar as condutas de cada parte para definir quem, de fato, *tomou as decisões* sobre o tratamento de dados pessoais (controlador) e quem *apenas as executou* (operador), em nome e por ordem de outrem. Caso ainda assim restem dúvidas, deve-se verificar qual é o *padrão de mercado* para aquele tipo de relação jurídica. Afinal, um dos requisitos de interpretação dos contratos é o modo como determinada relação econômica costuma ser desempenhada, na prática, conforme Código Civil art. 113, § 1º, II.

Imagine que não haja registro escrito do seguinte contrato: um banco contrata correspondentes para anunciar os produtos da instituição financeira, em troca de comissão paga por cada contratação efetivada (ou mediante qualquer outra forma de contrapartida). Para executar o contrato, os correspondentes são

---

19. UNIÃO EUROPEIA. Article 29 Data Protection Working Party. *Opinion nº 01/2010: on the concepts of 'controller' and 'processor'*. Brussels: 16 Feb. 2010. Disponível em: <https://ec.europa.eu/justice/article-29/documentation/opinion-recommendation/index_en.htm>. Acesso em: 14 fev. 2021. p. 11. "The fact itself that somebody determines how personal data are processed may entail the qualification of data controller, even though this qualification arises outside the scope of a contractual relation or is explicitly excluded by a contract".

20. BRASIL. Autoridade Nacional de Proteção de Dados. Guia Orientativo para Definições dos Agentes de Tratamento de Dados Pessoais. Brasília: mai. 2021. Disponível em: <https://www.gov.br/anpd/pt-br/assuntos/noticias/inclusao-de-arquivos-para-link-nas-noticias/2021-05-27-guia-agentes-de-tratamento_final.pdf>. Acesso em: 28 mai. 2021. p. 07. "(...) a efetiva atividade desempenhada por uma organização pode se distanciar do que estabelecem as disposições jurídicas formais, razão pela qual é de suma importância avaliar se o suposto controlador é, de fato, o responsável pelas principais decisões relativas ao tratamento."

autorizados a acessar apenas os dados de contato dos clientes do banco (até porque os dados de movimentação financeira são constitucionalmente protegidos pelo sigilo fiscal). Trata-se de uma atividade econômica já bastante conhecida e habitual no mercado (operação *socialmente típica*)[21]. Nesse caso, o enquadramento jurídico das partes contratantes, para fins da LGPD, pode ser feito *a partir da função econômica* que cada uma delas costuma desempenhar nesse tipo de contrato. Tem-se, portanto, *critério objetivo* de interpretação, que não se baseia naquele contrato específico ou na intenção das partes contratantes, mas no modo como as operações econômicas semelhantes costumam ser conduzidas[22].

Fato é que, apesar de reunidos na expressão comum "agentes de tratamento", controlador e operador são sujeitos com características *distintas* e submetidos a regime jurídico *diverso*. O presente tópico buscou fazer este alerta. O tópico seguinte aprofundará a diferença entre controlador e operador, ilustrando-a com casos concretos.

4. CONTROLADOR *V.* OPERADOR: DESVENDANDO OS CONCEITOS A PARTIR DE CASOS CONCRETOS

O art. 5º, VI da LGPD define controlador como a: "*pessoa natural ou jurídica, de direito público ou privado, a quem competem as decisões referentes ao tratamento de dados pessoais*".

---

21. LARENZ, Karl. O Estabelecimento de Relações Obrigacionais por meio de Comportamento Social Típico. Tradução: Alessandro Hirata. *Revista Direito GV*. São Paulo: Direito GV, v. 02, n. 01, p. 55-64, jan./jun. 2006. p. 60. "O efeito obrigatório do comportamento do usuário não se baseia, repetindo mais uma vez, no fato de ele ser imputado ao sujeito como expressão de vontade própria de obrigar-se, mas sim no fato de que, sem levar em conta a vontade do agente, o comportamento será entendido, de acordo com os usos do tráfego, como justificador de uma obrigação. É a 'resposta' ou 'reação' social típica à oferta e tem, por isso, o significado socialmente típico de uma fonte de obrigação. Ninguém pode afastar as conseqüências jurídicas de seu próprio ato. A conseqüência do comportamento social típico do agente, inafastável, independente da sua vontade e, por isso, impossível de ser eliminada por ele, é ser o agente obrigado, por meio do recebimento de fato da prestação, à contraprestação de costume ou conforme tarifas. Essa conseqüência provém da avaliação social do ato, que é a manifestação de uma convicção jurídica geral."

22. FORGIONI, Paula Andrea. *Teoria Geral dos Contratos Empresariais*. São Paulo: Revista dos Tribunais, 2009. p. 224. "(...) os usos e costumes, no direito comercial, não ocupam lugar apenas como fonte do direito (ou seja, como pólo emanador de normas jurídicas vinculantes), mas também como pauta de interpretação dos contratos."

A essência do conceito de controlador está na *tomada de decisão*[23] a respeito de como será feito o tratamento de dados pessoais *alheios*. Ou seja, é ele quem *define* quais dados serão coletados, de que maneira, para qual finalidade, com fundamento em qual base legal, onde e durante quanto tempo serão armazenados, de que forma serão compartilhados etc. Esse poder de decisão pode decorrer tanto de *previsão legal* (por exemplo, quando uma entidade da Administração Pública realiza suas competências dispostas em lei) quanto de *domínio fático* sobre a operação de tratamento de dados (ex: análise estratégica de dados de clientes feitas por empresas). O sujeito que tiver o *poder* de tomar essas decisões será o controlador, independentemente de sua natureza jurídica[24] (pouco importando que se trate de pessoa física ou jurídica, pública ou privada, com ou sem finalidade econômica, atuante em qualquer setor de mercado e de qualquer porte econômico), salvo exceções previstas na própria LGPD[25]. *Alguns meses após a publicação da versão preliminar deste texto, a ANPD encampou, integralmente, o entendimento aqui sustentado*[26].

---

23. Op. cit. p. 03. "A controller is a body that *decides* certain key elements of the processing. Controllership may be defined by law or may stem from an analysis of the factual elements or circumstances of the case. Certain processing activities can be seen as naturally attached to the role of an entity (an employer to employees, a publisher to subscribers or an association to its members). In many cases, the terms of a contract can help identify the controller, although they are not decisive in all circumstances.
A controller determines the purposes and means of the processing, i.e. the *why* and *how* of the processing. The controller must decide on both purposes and means. However, some more practical aspects of implementation ('non-essential means') can be left to the processor."

24. MENEZES CORDEIRO, Antônio Barreto. Repercussão do RGPD sobre a responsabilidade civil. *In*: TEPEDINO, Gustavo; FRAZÃO, Ana; OLIVA, Milena Donato (Coord.). *Lei Geral de Proteção de Dados Pessoais*: e suas repercussões no Direito Brasileiro. São Paulo: Revista dos Tribunais, 2019. p. 787. "(...) é indiferente a natureza da pessoa – singular ou coletiva, privada ou pública –, a forma que, em concreto assuma ou sequer se, numa perspectiva formal, as finalidades e os meios de tratamento foram determinados pelo sujeito com as competências necessárias, i.e., pode ser um responsável de direito ou de fato."

25. Por exemplo, as exceções do art. 4º da LGPD.

26. BRASIL. Autoridade Nacional de Proteção de Dados. Guia Orientativo para Definições dos Agentes de Tratamento de Dados Pessoais. Brasília: mai. 2021. Disponível em: <https://www.gov.br/anpd/pt-br/assuntos/noticias/inclusao-de-arquivos-para-link-nas-noticias/2021-05-27-guia-agentes-de-tratamento_final.pdf>. Acesso em: 28 mai. 2021. p. 07. "O controlador é o agente responsável por tomar as principais decisões referentes ao tratamento de dados pessoais e por definir a finalidade deste tratamento. Entre essas decisões, incluem-se as instruções fornecidas a operadores contratados para a realização de um determinado tratamento de dados pessoais."

Algumas perguntas-chave para identificar se determinado sujeito agiu como controlador são[27]: 1) *por que* a operação de tratamento de dados do caso concreto aconteceu? 2) *como* ela foi feita? 3) *para quais fins*? 4) *quem influenciou decisivamente* para que fosse feito dessa forma?

Exemplo clássico de controlador e que logo vem à mente são as empresas de alta tecnologia, as chamadas *Big Techs*. Amazon, Apple, Facebook, Google e Microsoft. Bem como as demais redes sociais, como Instagram, Twitter, LinkedIn, Tiktok, Clubhouse etc. Ou ainda as principais operadoras de telefonia do país: Claro, Oi, TIM e VIVO.

Ocorre que a LGPD se aplica a *qualquer* setor do mercado, de modo que os mais diversos sujeitos podem ser igualmente considerados controladores, ainda que seu modelo de negócio *não* envolva uso intensivo de tecnologia. Por exemplo, uma sociedade é controladora em relação à folha de pagamento de seus funcionários. Idem para a Administração Pública em relação a seus servidores. Os escritórios de advocacia em relação a seus clientes pessoa física. Clínicas, laboratórios e hospitais em relação aos dados dos pacientes. Escolas em relação aos dados dos alunos. Enfim, qualquer sujeito que *defina* como será feito o tratamento de dados pessoais alheios é controlador.

Logo se percebe que a LGPD não adotou rol taxativo, mas um *conceito amplo* de controlador, o qual, em caso de dúvidas, deve receber interpretação *extensiva*[28]. Isso porque o foco da *accountability* é no controlador, como ante-

---

27. UNIÃO EUROPEIA. European Data Protection Board. *Guideline nº 07/2020: on the concepts of controller and processor in the GDPR*. Brussels: 02 Sep. 2020. Disponível em: <https://edpb.europa.eu/our-work-tools/public-consultations-art-704/2020/guidelines-072020-concepts-controller-and-processor_pt>. Acesso em: 14 fev. 2021. p. 10. "One should look at the specific processing operations in question and understand who determines them, by first considering the following questions: '*why is this processing taking place?*' and '*who decided that the processing should take place for a particular purpose?*'.

28. Apesar de o caso Costeja González ter se tornado famoso pela temática do direito ao esquecimento (ou desindexação de conteúdo na internet), nele também foi enfatizado que o conceito de controlador de dados pessoais, no sistema comunitário europeu, deve receber interpretação extensiva: UNIÃO EUROPEIA. Tribunal de Justiça da União Europeia. *Acórdão nº C-131/12*. Julgado em: 13.05.2014. Disponível em: <https://curia.europa.eu/juris/liste.jsf?num=c-131/12>. Acesso em: 15 fev. 2021. p. 11. "Furthermore, it would be contrary not only to the clear wording of that provision but also to its objective – which is to ensure, through a *broad definition of the concept of 'controller'*, effective and complete protection of data subjects – to exclude the operator of a search engine from that definition on the ground that it does not exercise control over the personal data published on the web pages of third parties."

riormente demonstrado. Assim, é preciso que a lei seja capaz de enquadrar o maior número possível de sujeitos como controladores, a fim de que os direitos do titular e demais medidas de segurança previstas na LGPD sejam de fato aplicáveis a esses sujeitos. Consequência prática desse raciocínio é que mesmo os *entes despersonificados*, como os condomínios, podem ser enquadrados como controladores, ainda que a LGPD não os tenha mencionado expressamente no art. 5º, VI. Tanto que ao tratar dos "serviços notariais e de registro", que também são entes despersonificados, a LGPD expressamente os equiparou a controladores públicos (art. 23, § 4º). Recorde-se que mesmo não sendo pessoa (física ou jurídica) os entes despersonificados possuem patrimônio[29] e são juridicamente aptos a contrair direitos e obrigações. Ou seja, os entes despersonificados também constituem *centro autônomo de imputação*[30], assim como as pessoas (físicas e jurídicas), conforme reconhecido de longa data pela literatura técnica, por exemplo, em relação ao condomínio e à massa falida[31]. Ou seja, caso se opte por interpretar extensivamente o conceito de controlador previsto na LGPD – tal como aqui sugerido – há fundamentos técnicos que permitem embasar a inserção de entes despersonificados nesse conceito, desde que eles efetivamente atuem como controladores.

Outra premissa importante é que *não existe tratamento de dados pessoais alheios sem controlador*. Por mais longa e intrincada que seja determinada cadeia de

---

29. SALOMÃO FILHO, Calixto. *A Sociedade Unipessoal*. São Paulo: Malheiros, 1995. p. 36. "(...) hoje a doutrina predominante nega a idéia da unidade do patrimônio que impedia o reconhecimento de formas não personificadas de patrimônio especial. Falar em princípio da unidade do patrimônio implica confundir as noções de patrimônio e a de personalidade. Se o patrimônio é necessariamente uno, ele não seria um conjunto de bens, mas sim a própria aptidão para contrair direitos e obrigações. Nesse momento, tornar-se-ia um conceito inútil. A doutrina moderna, seguindo e desenvolvendo a teoria de Brinz, tende a considerar o vínculo do patrimônio *objetivo* e não *subjetivo*. Define-se patrimônio como 'o conjunto de bens coesos pela afetação a fim econômico determinado', admitindo portanto patrimônios gerais e patrimônios especiais (...)."

30. A teoria dos centros autônomos de imputação, que permite desvencilhar a capacidade civil da personalidade jurídica foi primeiramente desenvolvida por Müller-Freienfels, já na década de 50 do século passado: MÜLLER-FREIENFELS, Wolfram. Zur Lehre vom sogenannten 'Durchgriff' bei juristischen Personen im Privatrecht, In: *Archiv für die civilistische Praxis*, 1957.

31. Aspecto que já havia sido claramente delineado nesta obra: PARENTONI, Leonardo. *Desconsideração Contemporânea da Personalidade Jurídica*: Dogmática e análise científica da jurisprudência brasileira (Jurimetria/*Empirical Legal Studies*). São Paulo: Quartier Latin, 2014.

relações jurídicas, sempre haverá pelo menos um sujeito que, direta ou indiretamente, em algum ponto da cadeia, tomou as decisões a respeito de como será feito o tratamento dos dados. Identificado esse sujeito, ter-se-á a figura do controlador.

Por sua vez, *operador* é o sujeito que "*realiza o tratamento de dados pessoais em nome do controlador*", conforme definição do art. 5º, VII da LGPD. A essência do conceito está na atuação do operador *em nome do controlador*[32]. Ou seja, o operador *não* deve tomar decisões autônomas a respeito de como será feito o tratamento dos dados pessoais, mas apenas *executar* aquilo que foi definido pelo controlador. É preciso, ainda, que se trate de sujeito formalmente *distinto* do controlador (ainda que eventualmente ambos integrem o mesmo grupo econômico).

Ao exercer suas atribuições, é normal que o operador se veja diante de situações concretas nas quais é preciso adotar algum tipo de providência que não lhe foi expressamente determinada pelo controlador, mas que constitui derivação lógica das ordens recebidas e se mostra necessária para cumprir adequadamente tais ordens. Por exemplo, definir qual *hardware* será utilizado quando o controlador não o especificou. No sistema comunitário europeu, decisões referentes a "meios não essenciais" *não* descaracterizam a condição de operador[33]. Contanto que a finalidade e os limites do tratamento definidos pelo controlador sejam rigorosamente observados, os mais diversos aspectos acessórios podem ser considerados como "meios não essenciais". Na prática, porém, definir o que configura um meio não essencial pode se revelar complicado. *Este é mais um tópico no qual, meses após a publicação da versão preliminar deste texto, a ANPD encampou o entendimento aqui sustentado*[34].

---

32. UNIÃO EUROPEIA. European Data Protection Board. *Guideline nº 07/2020: on the concepts of controller and processor in the GDPR*. Brussels: 02 Sep. 2020. Disponível em: <https://edpb.europa.eu/our-work-tools/public-consultations-art-704/2020/guidelines-072020-concepts-controller-and-processor_pt>. Acesso em: 14 fev. 2021. p. 03. "A processor is a natural or legal person, public authority, agency or another body, which processes personal data *on behalf of the controller*. Two basic conditions for qualifying as processor exist: that it is a separate entity in relation to the controller and that it processes personal data on the controller's behalf.
The processor must not process the data otherwise than according to the controller's instructions."

33. Op. cit. p. 14. "'Non-essential means' concern more practical aspects of implementation, such as the choice for a particular type of hard or software or the detailed security measures which may be left to the processor to decide on."

34. BRASIL. Autoridade Nacional de Proteção de Dados. Guia Orientativo para Definições dos Agentes de Tratamento de Dados Pessoais. Brasília: maio. 2021. Disponível

Prosseguindo, exemplo clássico de operador são as assistências técnicas terceirizadas. Imagine que determinada pessoa está experimentando problemas em sua conexão à internet e deseja que um técnico vá até seu domicílio, para corrigir o problema. Se essa pessoa for cliente da Claro, Oi, TIM ou VIVO, estas provedoras de conexão é que se enquadram como controladoras, pois elas é que tomam as decisões a respeito do tratamento dos dados do cliente, inclusive quais dados irão coletar e como pretendem utilizá-los. Todavia, na prática, é frequente que as provedoras de conexão prestem os serviços de manutenção por meio de empresas terceirizadas. Nesse caso, será preciso transferir alguns dados do cliente ao prestador de serviço terceirizado, como nome, endereço, tipo de pacote contratado etc. Ora, as finalidades e os limites para os quais o prestador de serviço recebeu e pode utilizar os dados são definidos pelo controlador. Ao terceirizado cabe apenas agir dentro desses limites, prestando a assistência técnica. O terceirizado seria, então, um operador.

Outro exemplo é a relação estabelecida entre os Departamentos Estaduais de Trânsito – DETRAN e o Serviço Federal de Processamento de Dados – SERPRO, no que toca à administração da Carteira Nacional de Habilitação – CNH. Quem efetivamente recolhe os dados dos motoristas e define o que deve ser feito com eles, para fins de emissão, renovação ou cancelamento de CNH são os DETRANS de cada Estado (controladores). Porém, a base de dados nacional de CNH é mantida e administrada pelo SERPRO (operador).

A relação controlador-operador assemelha-se ao contrato de mandato, no qual um sujeito (denominado mandatário) recebe autorização para agir em nome de outro sujeito (denominado mandante), sendo que dentro dos limites do mandato, é o mandante quem responde pelos atos praticados pelo mandatário[35], justamente porque é o mandante quem define o que deve ser feito e de que forma. Por outro lado, os atos praticados pelo mandatário *fora* dos limites do mandato (ou seja, além das instruções recebidas), *não* podem ser imputados ao mandante, salvo se este os ratificar[36]. Raciocínio semelhante ao adotado

em: <https://www.gov.br/anpd/pt-br/assuntos/noticias/inclusao-de-arquivos-para-link-nas-noticias/2021-05-27-guia-agentes-de-tratamento_final.pdf>. Acesso em: 28 mai. 2021. p. 10. "(...) O segundo ponto relevante é a desnecessidade de que todas as decisões sejam tomadas pelo controlador, bastando apenas que este mantenha sob sua influência e controle as principais decisões, isto é, aquelas relativas aos elementos essenciais para o cumprimento da finalidade do tratamento."

35. Conforme Código Civil, artigo 653.

36. Código Civil, artigos 662 e 663.

pela LGPD no art. 42, § 1º, I, que impõe reponsabilidade solidária ao operador "quando não tiver seguido as instruções lícitas do controlador".

Outra premissa importante é que controlador e operador são *conceitos relacionais*[37]. Isso significa que o enquadramento numa ou noutra categoria depende de análise do caso concreto, do modo como efetivamente se desenvolve cada relação jurídica. O mesmo sujeito pode ser enquadrado como controlador na relação A e como operador na relação B. Nada impede, por exemplo, que as próprias *Big Techs*, tradicionalmente enquadráveis como controladoras, celebrem contratos nos quais atuem exclusivamente em nome de terceiro e de acordo com as ordens deste, sem efetuar qualquer tipo de tratamento de dados por conta própria. Nesse caso, elas seriam simples operadoras de dados pessoais. Em sentido oposto, mesmo quem habitualmente só realiza o tratamento dos dados "à conta de outrem" (e, portanto, seria operador), pode, em algum momento, vir a tomar decisões autônomas a respeito desse tratamento, caso em que deverá ser enquadrado como controlador. Dada a variedade e complexidade das relações socioeconômicas, é bastante provável que em algum momento de suas atividades qualquer sujeito atue como controlador. *Alguns meses após a publicação da versão preliminar deste texto, a ANPD encampou, integralmente, o entendimento aqui sustentado*[38].

Além disso, o tamanho da *cadeia de tratamento* de dados varia caso a caso. Numa mesma relação jurídica pode haver dois ou mais controladores e inúmeros operadores. Por exemplo, quando a assistência técnica mencionada

---

37. UNIÃO EUROPEIA. European Data Protection Board. *Guideline nº 07/2020: on the concepts of controller and processor in the GDPR*. Brussels: 02 Sep. 2020. Disponível em: <https://edpb.europa.eu/our-work-tools/public-consultations-art-704/2020/guidelines-072020-concepts-controller-and-processor_pt>. Acesso em: 14 fev. 2021. p. 11. "The need for factual assessment also means that the role of a controller does not stem from the nature of an entity that is processing data but from its concrete activities in a specific context. In other words, the same entity may act at the same time as controller for certain processing operations and as processor for others, and the qualification as controller or processor has to be assessed with regard to each specific data processing activity."

38. BRASIL. Autoridade Nacional de Proteção de Dados. Guia Orientativo para Definições dos Agentes de Tratamento de Dados Pessoais. Brasília: maio. 2021. Disponível em: <https://www.gov.br/anpd/pt-br/assuntos/noticias/inclusao-de-arquivos-para-link-nas-noticias/2021-05-27-guia-agentes-de-tratamento_final.pdf>. Acesso em: 28 mai. 2021. p. 06. "(...) o agente de tratamento é definido para cada operação de tratamento de dados pessoais, portanto, a mesma organização poderá ser controladora e operadora, de acordo com sua atuação em diferentes operações de tratamento."

anteriormente transfere a prestação do serviço a outra sociedade. Teremos então um operador originário e um suboperador (*sub-processor*). Ambos enquadrados como operadores para fins da LGPD. *Também este ponto foi posteriormente acolhido pela ANPD*[39].

Também é importante atentar para o fato de que tomar decisões a respeito do tratamento de dados pessoais *não* significa *ter acesso* a estes dados[40]. É perfeitamente possível controlar bases de dados sem nunca as ter acessado diretamente. Um exemplo ajudará a compreender melhor isso. Durante a pandemia da Covid-19, em 2020, o Governo do Estado de São Paulo passou a monitorar a população para saber se ela estava respeitando o distanciamento social. Isso se deu por meio do Programa de Monitoramento Inteligente – SIMI[41]. As empresas de telefonia enviavam periodicamente ao Governo de SP dados agregados dos cidadãos, obtidos a partir da triangulação de torres de telefonia celular, a partir dos quais era possível saber, com precisão, em cada região do Estado, qual percentual da população estava de fato se mantendo em casa, sem grandes deslocamentos. Ainda que somente as empresas de telefonia tivessem acesso direto aos bancos de dados[42] de seus clientes, bem como condição técnica de

---

39. Op. cit. p. 19. "Muito embora não exista um conceito de suboperador na LGPD, o tema pode ser utilizado como parâmetro de análise para compreensão de cadeias mais complexas de tratamento de dados."

40. UNIÃO EUROPEIA. European Data Protection Board. *Guideline nº 07/2020: on the concepts of controller and processor in the GDPR*. Brussels: 02 Sep. 2020. Disponível em: <https://edpb.europa.eu/our-work-tools/public-consultations-art-704/2020/guidelines-072020-concepts-controller-and-processor_pt>. Acesso em: 14 fev. 2021. p. 03. "It is not necessary that the controller actually has access to the data that is being processed to be qualified as a controller."
UNIÃO EUROPEIA. Tribunal de Justiça da União Europeia. *Acórdão nº C-40/17*. Julgado em: 29.07.2019. Disponível em: <http://curia.europa.eu/juris/liste.jsf?num=C-40/17>. Acesso em: 15 fev. 2021. p. 14-15. "Furthermore, the joint responsibility of several actors for the same processing, under that provision, does *not* require each of them to have access to the personal data concerned."
UNIÃO EUROPEIA. Tribunal de Justiça da União Europeia. *Acórdão nº C-210/16*. Julgado em: 05.06.2018. Disponível em: <https://curia.europa.eu/juris/liste.jsf?num=C-210/16&language=PT>. Acesso em: 15 fev. 2021. p. 11. "In any event, Directive 95/46 does *not*, where several operators are jointly responsible for the same processing, require each of them to have access to the personal data concerned."

41. Disponível em: <https://www.saopaulo.sp.gov.br/planosp/simi/>. Acesso em: 14 fev. 2021.

42. SIMÃO FILHO, Adalberto. Regime Jurídico do Banco de Dados: Função econômica e reflexos na monetização. *In*: DE LUCCA, Newton; SIMÃO FILHO, Adalberto;

identificar cada pessoa dentro das estatísticas, quem determinava o tratamento (quais dados deveriam ser informados, de que forma e para quais finalidades) era o Governo de SP. Nesse caso, o Governo de SP é controlador e as "teles" são apenas operadoras, não obstante serem elas que têm a prerrogativa de acesso direto aos dados.

O SIMI chegou a ser questionado judicialmente, porém o TJSP decidiu pela *legalidade* desse programa de monitoramento, principalmente porque os resultados eram apresentados de forma meramente estatística, sem identificação dos indivíduos envolvidos[43].

Quando a decisão a respeito do tratamento de dados pessoais for tomada pelo integrante de uma pessoa jurídica, *controlador será a própria pessoa jurídica*[44]. Isso pode parecer óbvio, mas equívocos graves vêm ocorrendo no Brasil, principalmente no setor público. Com efeito, quando um órgão público pratica determinada conduta, pela teoria organicista considera-se que os efeitos jurídicos da conduta devem ser imputados à entidade à qual pertence aquele órgão, e

---

LIMA, Cíntia Rosa Pereira de; MACIEL, Renata Mota (Coord.). *Direito & Internet IV*: Sistema de Proteção de Dados Pessoais. São Paulo: Quartier Latin, 2019. p. 169. "Tudo o que trafega em ambiente digital transformado em bits ou byte advindos dos elementos da escrita, imagens, sons, informações etc. são considerados dados. O Decreto nº 97.057/88 que regulamentou a LGT – Lei Geral de Telecomunicações – Lei nº 4.117/1962 atribuiu à palavra 'dado', a significação de informação sistematizada (aqui a informação é vista como elemento de conhecimento passível de interpretação), codificada eletronicamente. Especialmente destinada a processamento por computador e demais máquinas de tratamento racional e automático da informação.
Partindo da definição legal, considera-se banco de dados um conjunto estruturado de dados pessoais, estabelecido em um ou vários locais, em suporte eletrônico ou físico."

43. A primeira decisão foi: TSPJ, Órgão Especial, MS. n.º 2073723-23.2020.8.26.0000, j. 04.06.2020, Rel. Des. Antonio Carlos Malheiros. Seguiram-se inúmeras outras ações judiciais de mesmo objeto, todas com desfecho favorável ao SIMI. Por exemplo, no MS n.º 2076403-78.2020.8.26.0000, j. 25.11.2020, ou no MS n.º 2073197-56.2020.8.26.0000, j. 10.02.2021.

44. UNIÃO EUROPEIA. European Data Protection Board. *Guideline nº 07/2020: on the concepts of controller and processor in the GDPR*. Brussels: 02 Sep. 2020. Disponível em: <https://edpb.europa.eu/our-work-tools/public-consultations-art-704/2020/guidelines-072020-concepts-controller-and-processor_pt>. Acesso em: 14 fev. 2021. p. 03. "In principle, there is no limitation as to the type of entity that may assume the role of a controller but in practice it is usually the organisation as such, and not an individual within the organisation (such as the CEO, an employee or a member of the board), that acts as a controller."

não ao próprio agente[45]. Nesse sentido, quem decide não é a pessoa do juiz A ou B, mas o Poder Judiciário, por meio da Vara X ou Y. Tanto que a pessoa do juiz pode ser substituída em caso de férias, licenças, aposentadoria etc., sem que isso altere o foro competente. Na iniciativa privada, é igualmente pacífico que o empregador responde objetivamente pelos atos de seus empregados e prepostos[46]. Assim, quando um empregado causa danos ao titular dos dados, quem responde é a pessoa do empregador.

Isso ficou claro num caso internacional interessante. Na Áustria, um professor divulgou as notas dos seus alunos no grupo da turma, via aplicativo de mensagens instantâneas. Inconformado, um dos alunos pretendeu responsabilizar o professor, como controlador dos dados. A corte administrativa austríaca decidiu (como não poderia ser diferente), que controlador é a pessoa jurídica da instituição de ensino[47]. O professor é apenas um funcionário da referida instituição, o qual *não* se enquadra como agente de tratamento de dados pessoais.

No Brasil, entretanto, os Guias Operacionais para Adequação à LGPD[48], *documentos públicos oficiais* elaborados pela Secretaria de Governo Digital, sugeriram que controlador seria o dirigente máximo do órgão ou entidade, sendo os demais servidores enquadrados como operadores. Esse tipo de entendimento se alastrou rapidamente na Administração Pública, nos âmbitos federal, estadual e municipal[49]. Por exemplo, a Portaria n. 64/2021 do Conselho da Justiça Federal – CJF[50] definiu como controlador o Ministro Presidente do CJF. O

45. MELLO, Celso Antônio Bandeira de. *Curso de Direito Administrativo*. 22. ed. São Paulo: Malheiros, 2007. p. 136. "Órgãos são unidades abstratas que sintetizam os vários círculos de atribuições do Estado. (...) Os órgãos não passam de simples partições internas da pessoa cuja intimidade estrutural integram, isto é, não tem personalidade jurídica."

46. Código Civil, artigo 932, III

47. **ÁUSTRIA.** Bundesverwaltungsgericht. *Acórdão* n° W274. Julgado em: 30.09.2020. Disponível em: <https://gdprhub.eu/index.php?title=BVwG_-_W274_2225135-1/3E&mtc=today>. Acesso em: 14 fev. 2021.

48. Disponível em: <https://www.gov.br/governodigital/pt-br/governanca-de-dados/guias-operacionais-para-adequacao-a-lgpd>. Acesso em: 15 fev. 2021.

49. Por exemplo, a Portaria FPMZB n. 18/2020 nomeou o Gerente de Recursos Humanos da Fundação de Parques Municipais e Zoobotânica de Belo Horizonte/MG como sendo o controlador. Disponível em: <http://portal6.pbh.gov.br/dom/iniciaEdicao.do?method=DetalheArtigo&pk=1231546>. Acesso em: 14 fev. 2021.

50. Disponível em: <http://www.jf.gov.br/cjf/noticias/2021/02-fevereiro/lgpd-portaria-dispoe-sobre-o-exercicio-das-funcoes-de-controlador-e-de-encarregado-pelo-tratamento-de-dados-pessoais-no-ambito-do-conselho>. Acesso em: 14 fev. 2021.

Ato Conjunto TST.CSJT.GP n. 04/2021[51] também definiu o Ministro Presidente como controlador. Isso é um erro que precisa ser corrigido[52]. *Controlador é a própria entidade pública*, como corretamente previsto, por exemplo, na Portaria n. 9.923/2020 do Tribunal de Justiça de São Paulo. Todos os seus servidores atuam como órgãos da entidade, cujas condutas são imputadas à própria entidade. *Operadores* seriam eventuais sujeitos *externos* à entidade pública, com os quais ela venha a contratar. *Alguns meses após a publicação da versão preliminar deste texto, a ANPD encampou, integralmente, o entendimento aqui sustentado*[53].

Exceção à responsabilidade da pessoa jurídica controladora é o caso de *culpa exclusiva de terceiro*, matéria de defesa prevista no art. 43, III da LGPD. Por exemplo, o Diretor de TI da sociedade Wm Morrison, no Reino Unido, enviou ilegalmente a folha de pagamento dos funcionários a jornais, como vingança por ter recebido uma advertência desta companhia. Os empregados então ajuizaram ação coletiva, alegando vazamento de dados pessoais. O Tribunal afastou a responsabilidade da Wm Morrison[54], apesar de ser a controladora, por força da culpa exclusiva do funcionário.

---

51. Disponível em: <https://www.tst.jus.br/web/guest/-/tst-e-csjt-instituem-pol%C3%ADtica-de- privacidade-e-prote%C3%A7%C3%A3o-de-dados-pessoais>. Acesso em: 15 mar. 2021.

52. Infelizmente, os referidos guias padecem também de outros erros técnicos, que não serão aqui mencionados. Certamente esses documentos serão substituídos por orientações mais precisas da ANPD.

53. BRASIL. Autoridade Nacional de Proteção de Dados. Guia Orientativo para Definições dos Agentes de Tratamento de Dados Pessoais. Brasília: mai. 2021. Disponível em: <https://www.gov.br/anpd/pt-br/assuntos/noticias/inclusao-de-arquivos-para--link-nas-noticias/2021-05-27-guia-agentes-de-tratamento_final.pdf>. Acesso em: 28 mai. 2021. p. 05; 09. "(...) os agentes de tratamento devem ser definidos a partir de seu caráter institucional. Não são considerados controladores (autônomos ou conjuntos) ou operadores os indivíduos subordinados, tais como os funcionários, os servidores públicos ou as equipes de trabalho de uma organização, já que atuam sob o poder diretivo do agente de tratamento.
No contexto de uma pessoa jurídica, a organização é o agente de tratamento para os fins da LGPD, já que é esta que estabelece as regras para o tratamento de dados pessoais, a serem executadas por seus representantes ou prepostos. (...) a União, como controladora, é a responsável perante a LGPD, mas as atribuições de controlador, por força da desconcentração administrativa, são exercidas pelos órgãos públicos que desempenham funções em nome da pessoa jurídica da qual fazem parte, fenômeno que caracteriza a distribuição interna das competências."

54. REINO UNIDO. The Supreme Court. *Case. nº EWCA Civ 2239*. Julgado em: 01.04.2020. Disponível em: <https://www.supremecourt.uk/cases/uksc-2018-0213.html>. Acesso em: 15 fev. 2021.

Avançando um pouco mais, existem legislações que abordam as diferentes *espécies* de controlador e de operador. A LGPD, porém, não tratou do tema. O que não significa que tais espécies inexistam no Brasil. Pelo contrário, elas decorrem do próprio funcionamento do mercado, do modo como os tratamentos de dados são executados na prática, visto que os agentes de tratamento estão continuamente inovando e buscando novos modelos de negócio. *Alguns meses após a publicação da versão preliminar deste texto, a ANPD encampou o entendimento aqui sustentado, reconhecendo que a figura do controle conjunto está implícita na LGPD*[55]. Convém então abordar, sucintamente, algumas espécies de controlador, pois há consequências jurídicas distintas para cada uma delas.

Ocorre controle *independente* (*independent controllership*) quando dois ou mais sujeitos tomam decisões a respeito do tratamento de um mesmo banco de dados, porém cada sujeito *não interfere* nas decisões do outro. Por exemplo, quando uma sociedade empresária fornece ao Poder Público informações a respeito dos valores pagos a seus funcionários. Essa sociedade realiza o tratamento dos dados para fins de recursos humanos, como gerenciamento de pagamentos, promoções, concessão de benefícios, contratações ou demissões. O mesmo dado é compartilhado com o Poder Público, o qual fará o tratamento para finalidades *diversas e autônomas*: controlar a arrecadação tributária, verificar possíveis fraudes em programas assistenciais etc. No controle independente, cada controlador *responde somente pelos seus próprios atos*, não sendo sequer necessário que tenham ciência de como será feito o tratamento pelos demais.

Diferentemente, no *controle conjunto* (*joint controllership*)[56] dois ou mais sujeitos definem, *em comum acordo*, como será feito o tratamento dos dados

---

55. BRASIL. Autoridade Nacional de Proteção de Dados. Guia Orientativo para Definições dos Agentes de Tratamento de Dados Pessoais. Brasília: mai. 2021. Disponível em: <https://www.gov.br/anpd/pt-br/assuntos/noticias/inclusao-de-arquivos-para-link--nas-noticias/2021-05-27-guia-agentes-de-tratamento_final.pdf>. Acesso em: 28 mai. 2021. p. 12. "(...) embora a LGPD não explicite o conceito de controladoria conjunta, é possível inferir que ele está contemplado no sistema jurídico de proteção de dados."

56. UNIÃO EUROPEIA. European Data Protection Board. *Guideline nº 07/2020: on the concepts of controller and processor in the GDPR*. Brussels: 02 Sep. 2020. Disponível em: <https://edpb.europa.eu/our-work-tools/public-consultations-art-704/2020/guidelines-072020-concepts-controller-and-processor_pt>. Acesso em: 14 fev. 2021. p. 03. "The qualification as *joint controllers* may arise where more than one actor is involved in the processing. The GDPR introduces specific rules for joint controllers and sets a framework to govern their relationship. The overarching criterion for joint controllership to exist is the joint participation of two or more entities in the determination of the purposes and means of a processing operation. Joint participation

pessoais, sendo que o tratamento *não seria possível sem a participação de todos eles*. Por exemplo, em operações de M&A[57] que envolvem dados de pessoas físicas, os quais precisam ser analisados e validados por diversas empresas para que a operação seja concluída. O controle conjunto é disciplinado no art. 26 do GDPR, o qual exige que haja algum ajuste expresso[58] (preferencialmente na forma de instrumento contratual) disciplinando os limites de atuação de cada sujeito. A *responsabilidade* dos controladores conjuntos será também *definida nesse ajuste*, exceto quanto ao exercício dos direitos do titular, o qual poderá ser direcionado a qualquer dos controladores. Como dito anteriormente, a LGPD não abordou esse tema.

Há também controle conjunto quando um mesmo tratamento de dados precisa ser realizado por dois ou mais controladores, de forma *complementar*, para que seja válido. É o caso dos atos administrativos complexos, cuja eficácia depende da soma de declarações de vontade emanadas de fontes diferentes. Por

---

can take the form of a *common decision* taken by two or more entities or result from *converging decisions* by two or more entities, where the decisions complement each other and are necessary for the processing to take place in such a manner that they have a tangible impact on the determination of the purposes and means of the processing. An important criterion is that the processing would not be possible without both parties' participation in the sense that the processing by each party is inseparable, i.e. inextricably linked. The joint participation needs to include the determination of purposes on the one hand and the determination of means on the other hand."

57. BOTREL, Sérgio. *Fusões & Aquisições*. 3. ed. São Paulo: Saraiva, 2014. p. 21. "Tradução da expressão do mercado anglo-saxão *mergers and acquisitions* (M&A), a nomenclatura fusões e aquisições identifica o conjunto de medidas de crescimento externo ou compartilhado de uma corporação, que se concretiza por meio da 'combinação de negócios' e de reorganizações societárias. Estão inseridas na terminologia sob análise não somente compras de ativos empresariais e participações societárias, e a união de duas ou mais sociedades para a formação de uma terceira, mas também a formação de grupos societários, a constituição de sociedades de propósito específico (SPE), a contratação de sociedade em conta de participação (SCP), a formação de consórcios, a cisão, a incorporação de sociedades ou de ações etc."

58. Op. cit. p. 04. "Joint controllers shall in a transparent manner determine and agree on their respective responsibilities for compliance with the obligations under the GDPR. The determination of their respective responsibilities must in particular regard the exercise of data subjects' rights and the duties to provide information. (...)
Each joint controller has the duty to ensure that they have a legal basis for the processing and that the data are not further processed in a manner that is incompatible with the purposes for which they were originally collected by the controller sharing the data."

exemplo, as indicações do Presidente da República que dependem de aprovação ("sabatina") do Senado Federal, como no caso de Ministros de Tribunais Superiores ou dos Diretores da ANPD.

Havendo controle conjunto, perante *terceiros* todos os controladores *respondem solidariamente* por eventuais danos causados, conforme art. 42, § 1º, II da LGPD. Contudo, *no âmbito interno* da relação estabelecida entre eles (controladores), as responsabilidades podem ser livremente distribuídas mediante contrato. Nesse último caso, caberia direito de regresso contra os demais, caso algum controlador tenha arcado com parcela do prejuízo maior do que a que lhe era devida nos termos do contrato. Essa conclusão é uma decorrência lógica do fato de que a solidariedade prevista em lei gera efeitos perante todos (*erga omnes*), ao passo que o direito de regresso pode ser contratualmente regulado, com alcance restrito aos próprios contratantes (*inter partes*).

Alguns casos concretos ajudarão a compreender melhor as nuances do controle conjunto. É comum que aplicações de internet ofereçam aos usuários a comodidade de acessá-las utilizando login e senha de contas famosas (como Google, Facebook e Instagram), ao invés de ter que criar login e senha específicos para cada nova aplicação. Do ponto de vista do usuário isso é bastante prático, porque evita a necessidade de criar e memorizar várias senhas. Do ponto de vista do administrador da aplicação também é algo vantajoso, que pode ser feito de maneira simples, utilizando um *software development kit* – SDK[59]. O SDK é desenvolvido e disponibilizado ao público pelo proprietário da ferramenta que se pretende utilizar. Por exemplo, para inserir um botão "logar com o Google", basta que o administrador da aplicação inclua o SDK do Google. Feito isso, a opção de logar usando a conta do Google aparecerá automaticamente para todos os usuários.

Mas como funciona um SDK na prática? A aplicação que instalou o SDK recolhe alguns dados dos usuários, transmitindo-os ao desenvolvedor do SDK (no nosso exemplo, o Google). Este, então, faz internamente as verificações necessárias e retorna apenas o resultado. Tudo acontece no "plano de fundo" e em questão de segundos, sem que o usuário perceba. Quem tem acesso aos dados para validar login e senha é exclusivamente o Google. Ao administrador da aplicação que instalou o SDK interessa saber apenas o resultado da verificação: se aquela tentativa de acesso é legítima (e deve ser admitida) ou não.

---

59. *Não* é o propósito deste texto descer a minúcias a respeito do funcionamento técnico do SDK. A menção ao tema foi feita de forma propositadamente superficial, apenas para fins didáticos.

Pois bem. Uma sociedade empresária denominada Fashion ID[60] instalou em sua plataforma o SDK do Facebook, para disponibilizar o famoso "botão like", a fim de que os clientes da Fashion ID o utilizassem para opinar sobre os produtos. Ocorre que o SDK em questão havia sido programado (sem que a Fashion ID soubesse) para enviar ao Facebook dados de *todos* que acessassem a plataforma, *independentemente de terem ou não clicado nesse botão*. Nesse caso, a Fashion ID foi *condenada* pelo Tribunal de Justiça da União Europeia, ainda à luz da Diretiva 95/46/UE, por ter *facilitado o compartilhamento ilegal* de dados pessoais com o Facebook, em ofensa, por exemplo, ao princípio da transparência e por não haver base legal adequada para o tratamento.

O caso Fashion ID é importante porque alerta para o fato de que *é preciso conhecer a licença de uso de um SDK* e quais são os dados pessoais por meio dele compartilhados com o desenvolvedor da ferramenta, *antes* de instalá-la, sob pena de ser posteriormente responsabilizado caso haja alguma violação às leis de proteção de dados por parte do desenvolvedor do SDK.

O próximo caso é nacional e ocorreu durante as eleições de 2020. Nessa época, vários aplicativos de mensagens instantâneas, como o WhatsApp, passaram a *limitar* o encaminhamento de mensagens a um número bastante restrito de destinatários, a fim de coibir a disseminação de *fake news* e evitar que fossem utilizados com propósito eleitoral, visto que o disparo em massa desse tipo de mensagem já havia sido declarado ilegal pelo Tribunal Superior Eleitoral. Nesse contexto, algumas sociedades empresárias criaram ferramentas para burlar a proibição. Uma delas, a Brasil Opções de Mercado, fez isso por meio do site "www.bombrasil.net", no qual os candidatos poderiam contratar pacotes de disparo em massa de mensagens, os quais seriam feitos pela própria empresa, utilizando-se de um complexo esquema que reunia milhares de números de telefone celular, todos habilitados a enviar mensagens via WhatsApp. Tão logo essa prática chamou a atenção da imprensa[61], as empresas se defenderam dizendo que somente disponibilizavam o produto, e que a sua utilização era de responsabilidade exclusiva dos próprios candidatos, os quais definiam o público-alvo das mensagens e o seu formato. Na gramática da LGPD, sugeriram que as empresas eram meras operadoras e os candidatos é que seriam

---

60. UNIÃO EUROPEIA. Tribunal de Justiça da União Europeia. *Acórdão nº C-40/17*. Julgado em: 29.07.2019. Disponível em: <http://curia.europa.eu/juris/liste.jsf?num=C-40/17>. Acesso em: 15 fev. 2021.

61. Vide mais a respeito em: <https://www1.folha.uol.com.br/poder/2020/10/empresas-burlam-regras-e-mantem-disparos-em-massa-de-mensagens-eleitorais.shtml>. Acesso em: 15 fev. 2021.

os controladores. Todavia, aplicando-se aqui o raciocínio do caso Fashion ID, mencionado anteriormente, resta claro que esse tipo de atuação das empresas *contribuiu diretamente* para a violação às regras de proteção de dados pessoais, de modo que elas *deveriam ser enquadradas como controladoras conjuntas* e, consequentemente, responsabilizadas.

Este tópico procurou delimitar os conceitos de controlador e operador, a partir da análise de casos práticos. No tópico seguinte, será examinado o compartilhamento de dados, sob a premissa de compatibilizar o desenvolvimento do "mercado de dados" com a proteção ao titular dos dados.

5. Uso secundário e compartilhamento de dados pessoais: rumo a um mercado de dados compatível com os direitos do titular

A LGPD elenca, em seu art. 2º, os *fundamentos* do sistema brasileiro de proteção de dados pessoais. Os vários itens ali mencionados podem ser agrupados em dois grandes eixos. De um lado, a proteção ao titular dos dados pessoais; de outro lado, a livre-iniciativa, o desenvolvimento econômico e tecnológico e a inovação. Não se trata de opção excludente. É indispensável *compatibilizar*[62] esses fundamentos, a fim de que se construa no país um "mercado de dados" adequado. Não se deve nem proteger os direitos do titular a qualquer custo, a ponto de comprometer o próprio desenvolvimento econômico e tecnológico, nem, tampouco, admitir que o setor privado e a Administração Pública atuem à margem das balizas legais. Alcançar esse ponto de equilíbrio, todavia, não é algo simples. Mesmo no sistema comunitário europeu, com décadas de tradição na área, isso ainda se mostra um desafio[63]. Há estudos indicando por exemplo que,

62. Na Europa, esse objetivo de compatibilização pode ser claramente identificado na relação entre o GDPR (basicamente voltado à proteção dos direitos do titular), de um lado; e as iniciativas relacionadas ao "Mercado Único Digital" (*Digital Single Market*) e ao livre fluxo de dados não pessoais (Regulamento 2018/1807/UE), de outro lado. A busca desse equilíbrio foi ressaltada pela Comissão Europeia, em várias oportunidades. Por exemplo: UNIÃO EUROPEIA. European Commission. *A European strategy for data*. Brussels: 19 Feb. 2020. Available at: <https://ec.europa.eu/info/sites/info/files/communication-european-strategy-data-19feb2020_en.pdf>. Access: 20 Feb. 2020. p. 03. "In order to release Europe's potential we have to find our European way, balancing the flow and wide use of data, while preserving high privacy, security, safety and ethical standards."

63. SCHWARTZ, Paul M.; PEIFER, Karl-Nikolaus. Transatlantic Data Privacy Law. *Georgetown Law Journal*. Washington: Georgetown Law School. v. 106, n. 01, p. 115-179. 2017. p. 130. "The twin goals, then, are to ensure both a free flow of personal data

no passado, o foco excessivo na proteção dos direitos do titular teria comprometido o desenvolvimento de grandes empresas da área tecnológica na Europa[64].

Um dos pontos centrais da pretendida compatibilização é o chamado *uso secundário dos dados pessoais*, que ocorre quando o dado originariamente coletado para determinada finalidade passa a ser posteriormente utilizado para finalidade diversa, por ordem do mesmo controlador ou até por inciativa de sujeitos diferentes. O GDPR expressamente admite o uso secundário[65], desde que

---

from one member state to another and high standards of data protection to protect 'the fundamental rights of individuals.'"

64. CHANDER, Anupam. How Law Made Silicon Valley. *Emory Law Journal*. Atlanta: Emory University School of Law. v. 63, n. 03, p. 639-694, 2014. p. 683; 693. "This Directive [refers to Directive 95/46/EU] posed significant constraints on Web 2.0 enterprises, limiting their information-gathering, and sharing functions.
(...) thus far there seems to be little migration from American social networks to European or Asian ones, drawn by stronger privacy regimes."

65. UNIÃO EUROPEIA. European Parliament. *Regulation nº 2016/679/CE*. Brussels: 27 Apr. 2016. Available at: <https://eur-lex.europa.eu/legal-content/EN/TXT/?qid=1528874672298&uri=CELEX%3A32016R0679>. Access: 13 Jul. 2018. Considerando n. 50. "The legal basis provided by Union or Member State law for the processing of personal data may also provide a legal basis for further processing. In order to ascertain whether a purpose of further processing is compatible with the purpose for which the personal data are initially collected, the controller, after having met all the requirements for the lawfulness of the original processing, should take into account, *inter alia*: any link between those purposes and the purposes of the intended further processing; the context in which the personal data have been collected, in particular the reasonable expectations of data subjects based on their relationship with the controller as to their further use; the nature of the personal data; the consequences of the intended further processing for data subjects; and the existence of appropriate safeguards in both the original and intended further processing operations."
Orientação que se refletiu no art. 5º, 1, "b" e no art. 6º, 4 do GDPR.
No mesmo sentido: MATTIUZZO, Marcela; PONCE, Paula Pedigoni. O legítimo interesse e o teste da proporcionalidade: uma proposta interpretativa. *Revista Internet&Sociedade*. São Paulo, v. 01, n. 02, p. 54-76, dez. 2020. p. 68-69. "Diferentemente da legislação brasileira, o GDPR chega a enfrentar o tema diretamente, no art. 6, 4. A norma estabelece uma limitação clara em casos em que a primeira base legal de tratamento é o consentimento ou o cumprimento de obrigação legal/regulatória. Para as demais bases legais, a norma estabelece alguns critérios para essa avaliação sobre segundo uso, quais sejam: (i) alguma ligação entre as finalidades de tratamento inicial e as finalidades secundárias; (ii) o contexto em que os dados pessoais foram coletados, especialmente no que diz respeito à relação entre os titulares de dados pessoais e o controlador; (iii) a natureza do dado pessoal, especialmente se são dados pessoais sensíveis; (iv) as possíveis

respeitados os princípios e regras nele previstos, além do *enquadramento em base legal adequada*[66]. Além disso, é preciso que o uso secundário se restrinja a *finalidades compatíveis* com as que justificaram a coleta original dos dados (*purpose limitation*)[67]. Para aferir tal compatibilidade, deve-se investigar, caso a caso, todos os seguintes pontos: 1) a finalidade da coleta original; 2) o contexto em que ela ocorreu e qual o seu embasamento; 3) as expectativas normais do titular do dado quanto à eventual uso secundário; 4) a(s) espécie(s) de dado envolvido(as), especialmente se há dados sensíveis; 5) a quem os dados serão transmitidos e qual a natureza jurídica deste sujeito, se público ou privado; bem como 6) as medidas de proteção e segurança utilizadas no tratamento secundário[68].

A LGPD não tem regramento específico a respeito[69]. O que não significa que o uso secundário seja proibido no Brasil. Pelo contrário, a interpretação

---

consequências do tratamento adicional e a (v) existência de salvaguardas apropriadas para garantia da integridade dos tratamentos."

66. Havendo inobservância do GDPR, o uso secundário será *ilícito*, como seria qualquer outro tratamento de dados pessoais nessa situação. Decisão importante na matéria foi proferida no "Caso Facebook/Alemanha". A autoridade concorrencial alemã (grosso modo, semelhante ao CADE no Brasil) proibiu o Facebook de utilizar o consentimento dos usuários coletado nesta rede social para *também* justificar o compartilhamento dos dados com *outras empresas* do mesmo grupo econômico, como WhatsApp e Instagram.
ALEMANHA. Bundeskartellamt. *Processo nº B 9-66/10*. Julgado em: 07.02.2019. Disponível em: <https://www.bundeskartellamt.de/SharedDocs/Entscheidung/DE/ Entscheidungen/Kartellverbot/2013/B9-66-10.html>. Acesso em: 16 fev. 2021.

67. Acerca da finalidade compatível no uso secundários dos dados pessoais, recomenda-se: DONEDA, Danilo; VIOLA, Mário. Risco e Informação Pessoal: O Princípio da Finalidade e a Proteção de Dados no Ordenamento Brasileiro. *Revista Brasileira de Risco e Seguro*. Rio de Janeiro, v. 05, n. 10, p. 85-102, out/2009 mar/2010. p. 100.

68. UNIÃO EUROPEIA. Article 29 Data Protection Working Party. *Opinion nº 03/2013: on purpose limitation*. Brussels: 02 Apr. 2013. Disponível em: <https://ec.europa.eu/justice/article-29/documentation/opinion-recommendation/index_en.htm>. Acesso em: 14 fev. 2021. p. 03. "Further processing for a different purpose does not necessarily mean that it is incompatible: compatibility needs to be assessed on a case-by-case basis. A substantive compatibility assessment requires an assessment of all relevant circumstances. (...) Processing of personal data in a way incompatible with the purposes specified at collection is against the law and therefore prohibited. The data controller cannot legitimise incompatible processing by simply relying on a new legal ground in Article 7."

69. Como tem sido enfatizado nos poucos estudo específicos sobre o tema, já publicados no país. Por exemplo: WIMMER, Miriam. Limites e possibilidades para o uso secundário de dados pessoais no poder público: Lições da pandemia. *Revista Brasileira de*

sistemática feita anteriormente, aliada ao fato de que inexiste proibição expressa na LGPD[70], conduz à conclusão de que *o uso secundário deve ser admitido no Brasil*, tanto no Poder Público quanto na iniciativa privada, desde que respeitados os limites supramencionados. Mais um indício disso é o fato de a LGPD expressamente admitir, no art. 7º, § 7º, o uso secundário dos dados públicos *lato sensu*[71]. E nem poderia ser diferente, porque o uso secundário de dados pessoais é prática comum, em empresas dos mais diversos setores e portes econômicos, tendo papel decisivo para o desenvolvimento do "mercado de dados" nacional.

Por exemplo, a Câmara de Dirigentes Lojistas – CDL oferece o serviço de atualizar e agregar novas utilidades a bancos de dados preexistentes, a fim de que gerem mais valor às empresas (o chamado "enriquecimento" dos dados)[72]. Neste caso, dados que foram coletados apenas para o cadastro do cliente podem vir a ser utilizados pelo empresário, por exemplo, para a definição de perfil de consumo, aprimoramento de processos internos ou mesmo estratégias de *marketing*[73]. Respeitados os ditames da LGPD, *não* há ilegalidade nisso. Aliás, o uso secundário é uma das formas de se compatibilizar o sistema de proteção de dados pessoais com o *Big Data*[74]. Afinal, não faria sentido a digitalização cada vez

---

Políticas Públicas. Brasília, v. 11, n. 01, p. 123-142, abr. 2021. p. 123. "A ausência de detalhamento da LGPD e a escassa produção acadêmica brasileira sobre o uso secundário de dados pessoais no poder público justificam a relevância da temática escolhida."

70. Afinal, é princípio basilar de hermenêutica que as proibições não se presumem, devendo ser expressas.

71. A Lei n. 14.129/2021, que trata do Governo Digital, enfatizou esse ponto no art. 29 e seguintes, impondo que os dados públicos sejam disponibilizados de forma ativa pelo Estado (ou seja, independentemente de pedido da parte interessada), em formato estruturado e de processamento automatizado, justamente para viabilizar seu uso secundário nas mais diversas finalidades, sempre respeitando a LGPD e a Lei de Acesso à informação (Lei n. 12.527/2011).

72. Disponível em: <https://www.cdlbh.com.br/portal/43/Produtos/Enriquecimento_de_Banco_de_Dados>. Acesso em: 16 fev. 2021.

73. DOMINGUES, Alessandra de Azevedo. Formatos e Classificações da Publicidade Eletrônica e seus Controles Legais: licitudes e ilicitudes. *In*: LUCCA, Newton de, SIMÃO FILHO, Adalberto (Coord.). *Direito e Internet*: Aspectos Jurídicos Relevantes. São Paulo: Quartier Latin, 2008. v. 2. p. 125. "Publicidade comercial representa atividade comercial que se insere na linha de produção, compreendendo a soma de atos ou processos empregados pelos comerciantes, produtores, industriais, profissionais liberais e artesãos com o intuito de divulgar ou propagar suas mercadorias, seus produtos, seus serviços, sua marca ou seu nome comercial."

74. MAYER-SCHÖNBERGER, Viktor; CUKIER, Kenneth. *Big Data*. 2. ed. Boston/New York: Eamon Dolan/Houghton Mifflin Harcourt, 2014. p. 19. "(...) big data is about

maior da vida em sociedade se os dados dela resultantes não puderem circular. Trata-se, portanto, de prática saudável de mercado e que contribui para o desenvolvimento econômico e tecnológico do país[75].

Dentro das várias possibilidades de uso secundários dos dados, uma das mais importantes (e polêmicas) é o *compartilhamento*[76], ou seja, quando o dado pessoal tratado por ordem de determinado controlador passa a ser utilizado também em operações de tratamento realizadas por terceiros, seja na condição de controladores ou de operadores. Exemplo frequente ocorre nos grupos societários, quando duas ou mais sociedades do grupo têm acesso ao mesmo banco de dados (por exemplo, o banco de dados de clientes), ainda que o façam para finalidades diversas (uma delas para a venda de produtos e a outra exclusivamente para fins de *marketing* ou qualquer outra atividade). No Brasil, houve celeuma em 2021 envolvendo o compartilhamento de dados de usuários do WhatsApp com o Facebook[77], ambos integrantes do mesmo grupo societário. Convém então abordar, de forma muito breve, as principais disposições legais sobre compartilhamento.

Nos casos em que a base legal utilizada para tratamento dos dados for o *consentimento*[78] do titular, a LGPD determina que havendo alteração do controlador,

---

three major shifts of mindset that are interlinked and hence reinforce one another. The first is the ability to analyze vast amounts of data about a topic rather than be forced to settle for smaller sets. The second is a willingness to embrace data's real-world messiness rather than privilege exactitude. The third is a growing respect for correlations rather than a continuing quest for elusive causality."

MANTELERO, Alessandro. Regulating Big Data: The guidelines of the Council of Europe in the context of the European Data Protection Framework. *Computer Law & Security Review*. Amsterdam: Elsevier. v. 33, n. 05, p. 584-602, Oct. 2017. p. 587. "(...) according to Regulation (EU) 2016/679 [GDPR], data processing purposes should be 'specific, explicit and legitimate', and defined at the moment of data collection. Nevertheless, this is not consistent with the transformative use of data by private and public bodies through big data analytics (...)."

75. Desde que, obviamente, feita dentro dos limites legais.

76. O art. 5º, XVI da LGPD assim *define uso compartilhado de dados*: "comunicação, difusão, transferência internacional, interconexão de dados pessoais ou tratamento compartilhado de bancos de dados pessoais por órgãos e entidades públicos no cumprimento de suas competências legais, ou entre esses e entes privados, reciprocamente, com autorização específica, para uma ou mais modalidades de tratamento permitidas por esses entes públicos, ou entre entes privados."

77. Disponível em: <https://g1.globo.com/economia/tecnologia/noticia/2021/01/16/compartilhamento-de-dados-entre-o-whatsapp-e-o-facebook-entenda-o-que-se-sabe-e-o-que-falta-esclarecer.ghtml>. Acesso em: 16 fev. 2021.

78. DONEDA, Danilo. *Da privacidade à proteção de dados pessoais*. São Paulo: Renovar, 2006. p. 378. "O consentimento para o tratamento de dados pessoais toca diretamente

da finalidade, forma, ou duração do tratamento, ou ainda se houver posterior compartilhamento dos dados, o titular deverá ser *informado* a respeito, pelo controlador que coletou os seus dados, o qual deverá indicar, de forma destacada, quais foram as principais alterações e com quem os dados foram eventualmente compartilhados[79]. Isso porque a LGPD (assim como o GDPR e outras leis internacionais) considera que o consentimento é manifestação de vontade *personalíssima*, direcionada a um controlador ou grupo de controladores específico, definido no instante em que o titular consente. Havendo alterações substanciais no tratamento dos dados, o titular pode então *revogar o consentimento*, caso discorde dessas alterações.

Suponha-se que em determinada instituição financeira, o consentimento do titular, coletado no momento da "abertura" da conta, foi a base legal utilizada. Posteriormente, essa instituição decidiu alterar seu modelo de negócios para: 1) compartilhar o contato dos clientes com outras pessoas jurídicas, contratadas para atuar como correspondentes, a fim de alavancar a venda de produtos; 2) compartilhar dados de clientes com empresa especializada no desenvolvimento de novas estratégias de negócio (*data analytics* e *business intelligence*); 3) compartilhar dados com órgão público recém-criado, para fins de prevenção ao terrorismo e à lavagem de dinheiro; e 4) substituir a definição do limite de crédito, até então feita manualmente pelo gerente da conta, por um novo *software* que irá fixar limite flexível, baseado no histórico de cada cliente, de modo totalmente automatizado.

Caso a instituição financeira do exemplo houvesse *comunicado regularmente* todas essas alterações ao cliente, porém este não se manifestou a respeito, quais seriam as consequências práticas? Alguma das pretendidas alterações no modelo de negócio se tornaria inviável? Em princípio, *não*[80]. Isso porque o dever do controlador é meramente o de *informar* as alterações ao titular dos dados

---

elementos da própria personalidade, porém não dispõe destes elementos. Ele assume mais propriamente as vestes de um ato unilateral, cujo efeito é o de autorizar um determinado tratamento para os dados pessoais, sem estar diretamente vinculado a uma estrutura contratual."

79. LGPD art. 7º, § 5º; art. 8º, § 6º; art. 9º, § 2º; e art. 18, VII.

80. O exemplo é singelo e a resposta foi dada em tese porque, dependendo da forma como forem feitas as alterações, pode haver desrespeito a um ou mais princípios da LGPD, notadamente os princípios da finalidade, transparência, adequação, necessidade e não discriminação, o que somente poderia ser verificado no caso concreto, diante de informações mais detalhadas. Para fins didáticos e introdutórios, porém, o exemplo dado no corpo do texto é suficiente.

pessoais[81]. Não se exige que o titular renove o consentimento, uma vez que, *nesse caso específico, o silêncio não equivale à recusa*, pois a LGPD exige que o ato de revogação do consentimento seja fruto de "manifestação expressa do titular"[82].

Mas o que aconteceria se, no mesmo exemplo, o titular houvesse de fato *revogado* o consentimento? Nesse contexto é pacífico que a base legal do consentimento deixaria de ser aplicável. Há quem entenda que a consequência disto será sempre inviabilizar as referidas operações de tratamento. Tal raciocínio somente faz sentido – na opinião deste autor – quando o consentimento for a *única* base legal incidente na hipótese. Nesse contexto, a retirada do consentimento acarretaria carência de base legal e, por derivação, a ilicitude de tratamentos futuros.

Mas é bom lembrar que há situações – muitas delas comuns na prática – em que a mesma operação de tratamento de dados pessoais pode ser validamente fundamentada em *duas ou mais* bases legais. Por exemplo, no consentimento ou no legítimo interesse. *Não* se trata de escolha discricionária do controlador, pois a definição de bases legais é ato vinculado: a finalidade do tratamento é que define qual a base cabível. Mas há situações nas quais a mesma operação de tratamento, com a mesma finalidade, pode se amoldar a mais de uma base legal. Nesses casos, a retirada do consentimento não interfere na aplicabilidade das demais bases porventura incidentes. Por consequência, seria *lícito* prosseguir com as operações de tratamento, doravante apoiadas em outra base legal (desde que *efetivamente aplicável* ao caso e *compatível* com a finalidade original).

Entende-se que raciocinar em sentido contrário seria atribuir ao consentimento um protagonismo que a LGPD não lhe concedeu. Afinal, *inexiste hierarquia*[83] entre as bases legais previstas no art. 7º da LGPD[84]. Além disso, a LGPD

---

81. Nas relações de consumo, por exemplo, o STJ considera necessária a comunicação prévia ao consumidor sobre o compartilhamento de seus dados pessoais, sob pena de ocasionar dano moral presumido: STJ, 3ª T., REsp. n.º 1.758.799/MG, j. 12.11.2019, Rel. Ministra Nancy Andrighi.

82. LGPD art. 8º, § 5º.

83. LEONARDI, Marcel. Legítimo interesse. *Revista do Advogado*. São Paulo: AASP, Ano XXXIX, n. 144, p. 67-73, nov. 2019. p. 69. "É extremamente importante compreender que não há hierarquia entre bases legais: todas são igualmente importantes e podem ser utilizadas, sem que qualquer delas se sobreponha ou prevaleça em relação às demais. Cabe a cada controlador definir qual base legal é a mais apropriada em cada caso, sempre de acordo com as finalidades de tratamento."

84. A ressalva é importante porque o consentimento e as demais bases legais relacionadas ao tratamento de dados pessoais *sensíveis*, previstas no art. 11 da LGPD, sujeitam-se a regras *diferentes*.

não tutela o abuso na revogação do consentimento[85]. Ao que se soma o argumento de que o direito de oposição do titular somente alcança tratamentos *ilícitos* (LGPD art. 18, § 2º), o que também não seria o caso. Em suma, o entendimento aqui defendido permite compatibilizar o exercício dos direitos do titular com os *demais objetivos centrais* da LGPD, já mencionados no início deste tópico, como a livre-iniciativa, o desenvolvimento econômico e tecnológico e a inovação. O almejado equilíbrio restaria seriamente comprometido caso a revogação do consentimento fosse interpretada de maneira extrema, como faculdade absoluta do titular, capaz de se sobrepor às demais bases legais, prejudicando ou até mesmo inviabilizando atividades econômicas lícitas.

Sendo assim, se alguma das 4 alterações pretendidas no citado exemplo se enquadrar validamente em outra base legal, elas poderiam ser licitamente realizadas, *independentemente do consentimento do titular*. Seria provavelmente possível enquadrar as alterações de número 1, 2 e 4 na base legal do legítimo interesse. Dependendo da interpretação que vier a ser dada ao tema, pela ANPD e pela jurisprudência, as alterações 1 e 4 poderiam ser também enquadradas na base legal da proteção ao crédito. Finalmente, a alteração 3 se justificaria com base em cumprimento de obrigação legal ou regulatória. Em suma, todas as alterações pretendidas pelo empresário, no exemplo que está em estudo, poderiam ser licitamente realizadas, sem o consentimento do titular (e a despeito de sua eventual revogação), porque se enquadrariam em outras bases legais aplicáveis ao caso.

---

85. SOUZA, Eduardo Nunes de; SILVA, Rodrigo da Guia. Direitos do titular de dados pessoais na Lei n. 13.709/2018: uma abordagem sistemática. *In*: TEPEDINO, Gustavo; FRAZÃO, Ana; OLIVA, Milena Donato (Coord.). *Lei Geral de Proteção de Dados Pessoais*: e suas repercussões no Direito Brasileiro. São Paulo: Revista dos Tribunais, 2019. p. 268. "Como todo exercício de situações jurídicas, porém, inclusive aquelas de natureza existencial, o recurso à revogação sujeita-se a um juízo valorativo, sendo possível ao menos em tese e com a devida cautela, que certos casos de revogação venham a se revelar, em concreto, como exercício disfuncional da prerrogativa do inciso IX, passível de repressão total ou parcial, na medida da abusividade verificada." TEPEDINO, Gustavo; TEFFÉ, Chiara Spadaccini. Consentimento e proteção de dados pessoais na LGPD. *In*: TEPEDINO, Gustavo; FRAZÃO, Ana; OLIVA, Milena Donato (Coord.). *Lei Geral de Proteção de Dados Pessoais*: e suas repercussões no Direito Brasileiro. São Paulo: Revista dos Tribunais, 2019. p. 303. "(...) não parece razoável que quem recebeu a autorização para o tratamento dos dados tenha que sofrer risco ilimitado nem que a revogação se dê em flagrante prejuízo ao interesse público. Em caso de abuso do titular do bem, caberá a devida reparação, que será analisada no caso concreto, podendo o intérprete guiar-se por mecanismos como o *venire contra factum proprium*."

O problema, portanto, não está no compartilhamento em si ou na necessidade de obter o consentimento do titular, mas nas operações de tratamento de dados pessoais realizadas em desconformidade com os princípios e regras da LGPD. O ano de 2020 foi marcado por decisões judiciais de suma relevância nesse ponto[86], as quais serão narradas a seguir.

Durante o primeiro ano da pandemia da Covid-19 no Brasil, a Presidência da República editou a Medida Provisória n. 954/2020[87], a qual, resumidamente, determinou que as operadoras de telefonia do país, como Claro, Oi, TIM e VIVO, compartilhassem dados pessoais de seus usuários com o Instituto Brasileiro de Geografia e Estatística – IBGE, para a produção de estatísticas oficiais, em parte relacionadas ao distanciamento social e combate à pandemia. Em princípio, esse objetivo seria legítimo e semelhante ao já estudado caso SIMI, do Governo de São Paulo. Ocorre que a MP n. 954 não trouxe garantias suficientes a respeito de *como* viria a ser feito o compartilhamento com o IBGE, *para quais finalidades* este poderia utilizar os dados que lhe fossem compartilhados e quais seriam as *medidas de segurança* aplicáveis. Consequentemente, a MP foi questionada perante o Supremo Tribunal Federal e este decidiu, por 10 votos a 1[88], pela *inconstitucionalidade* da MP, por inobservância de princípios como transparência, finalidade, necessidade e segurança. *Esse julgamento foi histórico* porque o STF, pela primeira vez, abordou expressamente a LGPD e definiu com clareza que *proteção de dados pessoais é um direito fundamental autônomo*, implícito na Constituição de 1988. O erro da MP 954/2020 não estava nos fins pretendidos (que eram legítimos), mas na forma pouco detalhada (e pouco auditável) com que se tentou realizá-los.

Na mesma época, o STF também decidiu preliminarmente a respeito de outro caso polêmico. Por meio do Decreto 10.046/2019, o Governo Federal havia editado um amplo programa de compartilhamento de dados no âmbito

---

86. WIMMER, Miriam. Limites e possibilidades para o uso secundário de dados pessoais no poder público: Lições da pandemia. *Revista Brasileira de Políticas Públicas*. Brasília, v. 11, n. 01, p. 123-142, abr. 2021. p. 124. "Muito embora a temática do compartilhamento de dados pessoais envolvendo o poder público já houvesse anteriormente sido tratada pelo Supremo Tribunal Federal – STF, é correto afirmar que o ano de 2020 caracterizou-se pelo amadurecimento dos debates sobre o assunto no Tribunal (...)."

87. Referida medida provisória não foi convertida em lei e, por isso, perdeu eficácia ainda no ano de 2020. Isto, todavia, não altera a importância do tema, pois foi com base nessa medida provisória que o STF proferiu a decisão histórica descrita no corpo do texto.

88. BRASIL. STF, Plenário, ADI. n.º 6.387/DF, j. 07.05.2020, Rel. Ministra Rosa Weber.

da Administração Pública. Esse decreto definiu compartilhamento como a "disponibilização de dados pelo seu gestor para determinado recebedor de dados" (art. 2º, VIII). Baseado no referido decreto, o SERPRO e a Agência Brasileira de Inteligência – ABIN firmaram acordo (Termo de Autorização 07/2020) para o compartilhamento de dados de CNH de mais de 75 milhões de brasileiros, possivelmente para fins de vigilância, nas atividades de inteligência da ABIN. Dada a repercussão negativa na imprensa[89], e como estratégia processual para obstar a análise do caso pelo STF, referido acordo foi revogado antes mesmo de ser executado, e antes da data do julgamento. Todavia, o relator do caso, Ministro Gilmar Mendes, decidiu pela *continuidade* do processo a fim de *analisar a constitucionalidade do próprio Decreto 10.046/2019*, e não apenas do pretendido caso concreto de compartilhamento entre SERPRO e ABIN[90]. O processo encontrava-se pendente de julgamento definitivo quando concluído este artigo.

Também no ano de 2020, e igualmente envolvendo STF e ABIN, houve o julgamento sobre a constitucionalidade do compartilhamento de dados pessoais entre as mais de 40 instituições componentes do Sistema Brasileiro de Inteligência – SISBIN[91], com base no art. 4º, .20 único, da Lei 9.883/1999[92]. O STF decidiu que esse tipo de compartilhamento é juridicamente *admissível*, porém *exige uma série de cautelas*, tais como: 1) *comprovado interesse público*, para a "defesa das instituições e dos interesses nacionais", sendo proibido o compartilhamento para atender a interesses pessoais ou privados; 2) toda solicitação deve ser *motivada*, para eventual controle de legalidade pelo Poder Judiciário; 3) dados referentes a comunicações telefônicas ou sujeitos à reserva de jurisdição absoluta *não* podem ser compartilhados na forma do dispositivo em exame; 4) é imprescindível que exista *procedimento formalmente instaurado e sistemas eletrônicos* de segurança, *com controle e registro de acesso*, inclusive para efeito de eventual responsabilização.

Caminhando para a conclusão deste tópico, é inegável que no âmbito infraconstitucional o eixo central em matéria de proteção de dados pessoais é a

89. Disponível em: <https://theintercept.com/2020/06/06/abin-carteira-motorista-serpro-vigilancia/>. Acesso em: 16 fev. 2021.

90. BRASIL. STF, Plenário, ADPF. n.º 695/DF, j. 07.05.2020, Rel. Ministro Gilmar Mendes.

91. Vale destacar que o tratamento de dados pessoais no âmbito do SISBIN deverá ser regulado por lei específica, como declarado pela própria LGPD no art. 4º, § 1º.

92. BRASIL. STF, Plenário, ADI (MC). n.º 6.529/DF, j. 13.08.2020, Rel. Ministra Cármen Lúcia.

LGPD. Isso não significa que o assunto se exaure nela. Pelo contrário, há *inúmeras leis especiais*[93], decretos, portarias e *decisões judiciais* que formam o complexo microssistema brasileiro de proteção de dados pessoais. Muitos desses componentes impõem *condicionantes e restrições extras* ao compartilhamento. Para citar apenas um exemplo: certidões de antecedentes criminais, mesmo se adotadas todas as cautelas previstas na LGPD, somente podem ser exigidas em contextos específicos, conforme sedimentado posicionamento do Tribunal Superior do Trabalho[94]. Referidas previsões especiais são comuns principalmente em mercados regulados, como o financeiro, de seguros, capitais, previdência, telecomunicações etc. Em qualquer deles, o órgão regulador setorial pode ampliar ou restringir o compartilhamento, em relação à regra geral prevista na LGPD. Sendo que a previsão especial terá primazia, como já decidiu o STJ[95].

Em síntese, a LGPD é deveras importante, mas nem de longe exaure as determinações a serem observadas em matéria de compartilhamento de dados. Há normativos setoriais específicos que devem ser igualmente observados.

6. COMPARTILHAMENTO DE DADOS PESSOAIS E "ESCALABILIDADE" DOS DIREITOS DO TITULAR

É sabido que a LGPD confere ao titular dos dados pessoais um variado plexo de direitos. O que nem sempre se percebe é o fato de que a LGPD introduziu

93. LIMA, Henrique Cunha Souza; PARENTONI, Leonardo. Proteção de Dados Pessoais no Brasil: Antinomias Internas e Aspectos Internacionais. *In*: DE LUCCA, Newton; SIMÃO FILHO, Adalberto; LIMA, Cíntia Rosa Pereira de; MACIEL, Renata Mota (Coord.). *Direito & Internet IV*: Sistema de Proteção de Dados Pessoais. São Paulo: Quartier Latin, 2019. Disponível em: <https://www.researchgate.net/publication/340005766_Protecao_de_Dados_Pessoais_no_Brasil_Antinomias_Internas_e_Aspectos_Internacionais>. Acesso em 28 fev. 2021. p. x. "Em síntese, considerando-se apenas o microssistema de proteção de dados pessoais, a LGPD seria geral em relação às várias leis setoriais que também tratam do assunto, como o Código de Defesa do Consumidor. Diversamente, quando se considera a estruturação da internet no Brasil como um todo, a lei geral é o MCI [Marco Civil da Internet], sendo LGPD e LDA [Lei de Direitos Autorais] especiais em relação a ele. Este ponto é controverso e provavelmente surgirão posições divergentes na literatura jurídica, com enorme repercussão prática. Os autores pretenderam dar sua contribuição para o debate, visto que o assunto ainda é pouco discutido no Brasil."

94. TST, Subseção I, RR. n.º 243000-58.2013.5.13.0023, j. 20.04.2017, Rel. Ministro João Batista Brito Pereira.

95. O critério da especialidade para solução do conflito de atribuições entre agências reguladoras foi afirmado pelo STJ no rumoroso caso CADE v. BACEN: STJ, 1ª Seção, REsp. n.º 1.094.218/DF, j. 25.08.2010, Rel. Ministra Eliana Calmon.

também uma *lógica operacional específica* para o exercício desses direitos, baseada num *sistema "escalável"*, cuja efetividade depende mais da conduta dos próprios controladores do que do titular.

De acordo com essa lógica operacional, que decorre diretamente do modelo de *accountability* previsto na LGPD, compete ao titular dos dados exercer seus direitos *apenas contra um ou alguns controladores específicos*, para os quais o próprio titular tenha fornecido os seus dados (via base legal do consentimento) ou em relação aos quais ele tenha ciência de que tratam seus dados (ainda que provenientes de terceiros e sem o seu consentimento). Feito isso, *cabe ao próprio controlador atuar de ofício, comunicando a intenção do titular a todos os sujeitos com os quais os dados pessoais tenham sido compartilhados*, a fim de que todos respeitem a intenção do titular, de modo que seus direitos sejam efetivamente observados na prática. Usando a expressão cunhada por autores estadunidenses, é preciso que os controladores adotem mecanismos capazes de fazer com que "os deveres jurídicos relacionados aos dados pessoais sejam transmitidos juntamente com estes dados"[96].

Ou seja, os controladores têm o dever de atuar como centros/*hubs* de redistribuição das requisições do titular, para todos os sujeitos com os quais tenham realizado o compartilhamento dos dados objeto da requisição. Por meio desse mecanismo, previsto nos artigos 9º, V e 18, § 6º da LGPD, cada comunicação pode obter consideráveis ganhos de escala. Isso foi previsto na lei, basicamente, por duas razões: 1) para reduzir o custo financeiro e de tempo para o titular, evitando que ele precise enviar comunicações idênticas a dezenas ou mesmo a centenas de sujeitos diferentes, eventualmente até no exterior; e 2) assegurar que o exercício de seus direitos seja realmente eficaz, alcançando todos aqueles que deveriam observá-lo, inclusive e principalmente aqueles sujeitos que o titular nem sequer conhece, porque obtiveram os dados pessoais diretamente de um terceiro (com base no legítimo interesse, por exemplo).

---

96. DEMPSEY, James X; CATE, Fred H.; ABRAMS, Martin. Organizational Accountability, Government Use of Private-Sector Data, National Security, and Individual Privacy. *In*: CATE, Fed H.; DEMPSEY, James X. *Bulk Collection*: Systematic Government Access to Private-Sector Data. Oxford: Oxford University Press, 2017. p. 307; 310. "The accountability of companies as data stewards extends both to their own processing of data and to processing by their vendors and partners to whom data is disclosed, thus prompting companies to use contract and other means to ensure that entities to whom they disclose data will likewise be responsible, in a chain of accountability that can extend through multiple links.
(...)
For private-sector organizations to be fully accountable, they must have mechanisms to assure the obligations that are attached to data (no matter the application) travel with the data."

Esse mecanismo de "escalabilidade" dos direitos do titular exige redobrada atenção por parte dos controladores, os quais devem manter registro fidedigno dos sujeitos com os quais compartilham dados pessoais, bem como canal aberto de comunicação, *preferencialmente em meio eletrônico e em tempo real*, visto que a LGPD impõe prazos curtos de resposta (o art. 18, § 4º prescreve "adoção imediata" das providências).

7. COMPARTILHAMENTO INCENTIVADO E VEDAÇÕES AO COMPARTILHAMENTO NA LGPD

A LGPD disciplina tanto situações nas quais o compartilhamento de dados pessoais é incentivado quanto, em sentido oposto, situações nas quais ele é restringido ou até mesmo proibido. Nas linhas seguintes serão brevemente abordadas algumas dessas situações, no que toca ao compartilhamento de dados pessoais feito pelo Poder Público, bem como em relação a dados sensíveis, notadamente na área de saúde.

Quando se fala em *tratamento de dados pessoais pelo Poder Público*, há uma série de particularidades que devem ser consideradas[97], motivo pelo qual este tema recebeu capítulo específico na LGPD. Nestes casos, o desafio de harmonizar os fundamentos previstos no art. 2º da lei costuma ser ainda maior. De um lado, busca-se a prestação mais eficiente dos serviços públicos, inovação e desburocratização, o que requer maior acesso do Estado a dados pessoais dos cidadãos, bem como o compartilhamento desses dados, eventualmente até para finalidades diversas das que motivaram a coleta, desde que compatíveis com o interesse público. De outro lado, é preciso respeitar o direito fundamental à proteção de dados pessoais, inclusive – e principalmente – em sua dimensão coletiva[98], o que impõe transparência e limites à atuação do Estado. É nesse contexto que serão analisadas as regras da LGPD descritas a seguir.

97. WIMMER, Miriam. Proteção de dados pessoais no Poder Público: incidência, bases legais e especificidades. Revista do Advogado. São Paulo: AASP, Ano XXXIX, n. 144, p. 126-133, nov. 2019. p. 127. "A racionalidade que move o setor público no tratamento de dados pode, em alguns aspectos, guardar semelhanças com aquela que move o setor empresarial, notadamente no que se refere à busca por maior eficiência e por alocação otimizada de recursos. Entretanto, é preciso ter em mente que a base de legitimidade para o tratamento de dados pessoais por parte dos setores público e privado é inteiramente distinta."

98. WIMMER, Miriam. Limites e possibilidades para o uso secundário de dados pessoais no poder público: Lições da pandemia. *Revista Brasileira de Políticas Públicas*. Brasília, v. 11, n. 01, p. 123-142, abr. 2021. p. 133. "(...) a busca pela satisfação do interesse

Com efeito, alguns tratamentos *precisam* ser realizados pelo Poder Público, independentemente do consentimento do titular do dado e eventualmente até contra a sua vontade, desde que comprovadamente embasados no interesse público. Ciente disso, a LGPD *incentiva* o compartilhamento em tais situações. O art. 25 recomenda que os dados sejam "mantidos em formato interoperável e estruturado para o uso compartilhado", devendo ser utilizados para o desempenho das inúmeras atribuições estatais de interesse público. Previsão que se articula com o art. 24, IV do Marco Civil da Internet (Lei n. 12.965/2014), o qual fixa como diretriz à atuação do Poder Público, em todos os âmbitos da Federação, a "promoção da interoperabilidade entre sistemas e terminais diversos".

Na sequência, o art. 26 da LGPD fixa *limites* ao compartilhamento estatal, como a necessidade de observar os princípios de proteção de dados, bem como de realizar o compartilhamento para "atender a finalidades específicas de execução de políticas públicas e atribuição legal pelos órgãos e pelas entidades públicas". Ou seja, o fato de o Poder Público submeter-se a um regime diferenciado de compartilhamento dos dados pessoais dos cidadãos, inclusive incentivado pela LGPD, *não* significa que isso possa ser feito sem limites. É preciso que o compartilhamento se apoie numa finalidade de interesse público, *embasada na Constituição, em lei ou mesmo em atos infralegais*, a qual deve ter *pertinência com o caso concreto*, não se admitindo fundamentos genéricos[99].

O desafio aqui é compatibilizar as liberdades fundamentais do cidadão com o funcionamento da máquina pública, como já havia antecipado Stefano Rodotà, desde a década de 70 do século passado[100]. Para isso é preciso (como já

---

público ou do bem comum, de um lado, e a proteção da privacidade, de outro, são, muitas vezes, apresentados, de maneira reducionista, como objetivos inconciliáveis. A doutrina tem buscado superar tal polarização dando ênfase à dimensão social e coletiva dos direitos associados à privacidade e à proteção de dados pessoais, decorrente inclusive do seu papel habilitador para o exercício de inúmeros outros direitos e garantias fundamentais."

99. Op. cit. p. 138. "(...) previsão normativa genérica a autorizar o compartilhamento de dados pessoais parece carecer dos elementos necessários para legitimar usos secundários de dados pessoais no âmbito do Estado, sendo necessária a previsão de finalidade suficientemente especificada, que permita a avaliação do interesse público a ser atingido, assim como a necessidade e adequação de tal medida."

100. RODOTÀ, Stefano. *Elaboratori Elettronici e Controllo Sociale*. Bologna: Il Mulino, 1973. p. 112. "(...) l'intervento legislativo deve affrontare un altro inquietante aspetto del problema, quello cioè dello scambio e della circolazione delle informazioni all'interno della pubblica amministrazione: problema che, crescendo il numero e le dimensioni delle banche dei dati e divenendo possibile una diretta integrazione dei diversi sistemi informativi, assume oggi senso e proporzioni del tutto nuovi."

delineado anteriormente neste estudo) que o uso secundário se restrinja a *finalidades compatíveis* com as que justificaram a coleta original dos dados, que se enquadre em *base legal adequada* e que respeite os *princípios e regras da LGPD*[101]. Alguns casos narrados a seguir ajudarão a compreender melhor os limites do compartilhamento no Poder Público.

O primeiro caso envolveu o Instituto Nacional de Estudos e Pesquisas Educacionais Anísio Teixeira – INEP e o Tribunal de Contas da União – TCU, em 2018[102]. O INEP realiza periodicamente o Exame Nacional do Ensino Médio – ENEM e censos escolares, razão pela qual dispõe de uma enorme gama de dados dos estudantes brasileiros, nos mais diversos níveis de ensino. Ele recebeu uma requisição do TCU para que compartilhasse os referidos dados, a fim de que o TCU efetuasse um cruzamento da base do INEP com a do programa assistencial Bolsa Família (que tem como um dos critérios de pagamento a existência, na família, de filho em idade escolar e que esteja efetivamente frequentando a escola). O TCU pretendia, com isso, identificar e coibir fraudes no Bolsa Família. O INEP, porém, não concordou com a requisição e impetrou mandado de segurança no STF, ao argumento de que haveria desvio de finalidade, pois no caso do ENEM a coleta dos dados havia sido feita exclusivamente para permitir a participação do estudante nessa prova. E no caso do censo escolar, a legítima expectativa dos estudantes seria a de que seus dados fossem utilizados de forma agregada e anonimizada. Em decisão cautelar, o Ministro Luís Roberto Barroso acolheu os pedidos do INEP e *proibiu* o compartilhamento, em dezembro de 2018.

O segundo caso também envolveu o INEP, desta vez contra o Ministério da Educação – MEC, em 2019[103]. O MEC pretendia obter o compartilhamento da mencionada base de dados para emitir uma nova "carteirinha de estudante",

---

101. WIMMER, Miriam. Limites e possibilidades para o uso secundário de dados pessoais no poder público: Lições da pandemia. *Revista Brasileira de Políticas Públicas*. Brasília, v. 11, n. 01, p. 123-142, abr. 2021. p. 125. "(...) um primeiro parâmetro a ser considerado para justificar o compartilhamento e uso secundário de dados no poder público é o da compatibilidade de finalidades. Inexistindo tal compatibilidade de finalidades, são aventados dois elementos adicionais que poderiam, observadas determinadas condições, legitimar novo tratamento de dados pessoais: nova autorização fornecida pelo titular do dado; ou a existência de previsão legal específica. Em todos os casos, argumenta-se pela necessidade de aplicação dos princípios de proteção de dados e de adequada informação ao indivíduo afetado (...)."

102. BRASIL. STF, Decisão Monocrática, MS (MC). n.º 36.150/DF, j. 10.12.2018, Rel. Ministro Roberto Barroso.

103. Disponível em: <https://www.poder360.com.br/governo/presidente-do-inep-saiu-apos-instituto-negar-dados-sigilosos-diz-jornal/>. Acesso em: 16 fev. 2021.

em formato digital. Num primeiro momento, o INEP se negou a compartilhar, novamente argumentando com o desvio de finalidade. Porém, desta vez o Presidente do INEP foi demitido e seu substituto autorizou o compartilhamento, vindo a carteira digital a ser de fato emitida. Não houve judicialização do caso.

O terceiro caso concreto ilustra inequívoco compartilhamento *válido* dentro do Poder Público. Ele se refere ao compartilhamento entre a Unidade de Inteligência Financeira – UIF (antigo COAF) e a Receita Federal do Brasil, de um lado, e os órgãos de persecução penal, como Ministério Público e as Polícias, de outro lado. A constitucionalidade dessa prática já foi declarada pelo STF[104], justamente porque embasada no interesse público.

Outra situação em que a LGPD claramente *incentiva* o compartilhamento de dados pessoais refere-se aos *estudos e pesquisas em saúde pública* (tema deveras atual, tendo em vista a pandemia da Covid-19). Novamente, a LGPD ao mesmo tempo em que incentivou o compartilhamento de dados para tal finalidade preocupou-se em definir limites, no art. 13, quando impõe que os dados "serão tratados exclusivamente dentro do órgão e estritamente para a finalidade de realização de estudos e pesquisas e mantidos em ambiente controlado e seguro". Por exemplo, os dados compartilhados não podem ser posteriormente utilizados para *marketing* ou qualquer outra finalidade incompatível com a pesquisa na área de saúde.

Existem, ainda, situações nas quais a LGPD *restringe* ou mesmo *proíbe* o compartilhamento. Nesses casos o legislador efetuou uma prévia ponderação de valores para concluir, em abstrato, que os riscos do compartilhamento superariam os benefícios. Motivo pelo qual optou-se por restringir isto antecipadamente.

Exemplo clássico envolve os *dados pessoais sensíveis em geral* (não apenas aqueles relacionados à saúde)[105]. O art. 11, § 3º confere à ANPD poderes para restringir ou proibir o compartilhamento dessa espécie de dados, quando feito

---

104. BRASIL. STF, Plenário, RE. n.º 1.055.941/DF, j. 28.11.2019, Rel. originário Ministro Dias Toffoli, Rel. para o acórdão Ministro Alexandre de Moraes.

105. DONEDA, Danilo. *Da privacidade à proteção de dados pessoais*. São Paulo: Renovar, 2006. p. 160-161. "(...) a prática do direito da informação deu origem à criação de uma categoria específica de dados, a dos dados sensíveis. Estes seriam determinados tipos de informação que, caso sejam conhecidas e processadas, prestar-se-iam a uma potencial utilização discriminatória ou particularmente lesiva e que apresentaria maiores riscos potenciais que a média, para a pessoa e não raro para uma coletividade. Alguns destes dados seriam as informações sobre raça, credo político ou religioso, opções sexuais, o histórico médico ou os dados genéticos de um indivíduo."

"com objetivo de obter vantagem econômica". Tal restrição é reforçada no § 4º do mesmo artigo em relação, especificamente, aos dados de saúde, trazendo como exceções as "hipóteses relativas à prestação de serviços de saúde, de assistência farmacêutica e de assistência à saúde"[106]. Tais exceções se justificam, por exemplo, para viabilizar o compartilhamento do prontuário médico do paciente entre diferentes hospitais (principalmente no atendimento de urgência), a fim de que quem presta o atendimento possa conhecer as particularidades daquele paciente, como comorbidades, cirurgias prévias ou alergias. Caso em que se presume haver no compartilhamento não apenas interesse público como também interesse do próprio titular dos dados (o paciente). Outro exemplo de compartilhamento de dados sensíveis autorizado na LGPD envolve as operadoras de planos de saúde (os chamados "convênios médicos", como a UNIMED) e os hospitais. Sem compartilhar os dados de atendimento do paciente, inclusive dados sensíveis, o hospital não teria como obter, do convênio, o pagamento pelos serviços prestados.

Retornando ao tema do compartilhamento de dados pelo Poder Público, o art. 26, § 1º da LGPD *proíbe* que ele seja feito com o *setor privado*, salvo exceções previstas na própria lei. A finalidade desse preceito é evitar que dados pessoais coletados com base no interesse público, e na maioria dos casos sem o consentimento do titular, sejam posteriormente compartilhados com empresas privadas que muito provavelmente os utilizarão para finalidade diversa e para extrair proveito econômico, em sentido totalmente contrário às legítimas expectativas do titular. Ou seja, evitar que dados coletados sob o manto do interesse público e à revelia do titular sejam posteriormente disponibilizados no mercado. Tanto assim que o art. 27 da LGPD complementa dispondo que mesmo nas hipóteses em que excepcionalmente autorizado, o compartilhamento entre o Poder Público e os particulares deve ser informado à ANPD (para fins de monitoramento) bem como ser realizado *preferencialmente com base no consentimento do titular*, a fim de que este, no mínimo, tenha ciência do fato e, se for o caso, possa saber contra quem exercer seus direitos previstos na LGPD. Tudo a fim de coibir a opacidade e o desvio de finalidade[107] no compartilhamento público-privado.

106. Ou, ainda, o art. 14, § 3º que restringe o compartilhamento de dados de crianças e adolescentes.

107. FRANCO, Vera Helena de Mello. *Manual de Direito Comercial*. 2. ed. São Paulo: Revista dos Tribunais, 2004. v. 1. p. 45. "O ato, apesar da aparência de legalidade, desvia-se no seu exercício, concretizando outra finalidade que não aquela que justificou a outorga do poder. O desvio ou abuso está caracterizado por esta finalidade que é distorcida ou afastada, dando lugar à desconformidade entre o exercício do poder e a sua causa."

Dois pontos derradeiros merecem breve menção. Primeiro, o fato de que a legalidade e mesmo a constitucionalidade do Decreto n. 10.046/2019, que regula de forma ampla o compartilhamento de dados no âmbito do Poder Público, está sob escrutínio do STF, ainda não havendo decisão definitiva a respeito, como já mencionado neste texto. Referido decreto poderia facilmente ser objeto de um estudo específico, tão ou mais extenso do que o presente trabalho. Em segundo lugar, a ANPD terá papel de vital importância, não apenas expedindo orientações a respeito de quando pode e como deve ser feito o compartilhamento de dados pessoais (nos termos do art. 30 da LGPD), mas também monitorando (art. 55-J, XI) e sugerindo medidas corretivas (art. 31).

8. Conclusão

Este estudo abordou os agentes de tratamento previstos na LGPD em relação a um tema específico: o compartilhamento de dados pessoais. Buscou-se fornecer uma visão panorâmica do tema, seguida da posição jurídica do autor, de forma clara, fundamentada e com enfoque prático, ilustrada a partir de casos concretos.

Todo o texto parte da premissa de que é indispensável *conciliar* os fundamentos da proteção de dados pessoais no Brasil, notadamente aqueles prescritos no art. 2º da LGPD. Ou seja, compatibilizar o respeito aos direitos do titular de dados pessoais com o desenvolvimento econômico, a inovação e o funcionamento do "mercado de dados", a fim de trazer segurança jurídica e previsibilidade a todos os envolvidos.

A partir disso, procurou-se realizar uma *interpretação sistemática* da LGPD, da jurisprudência e da literatura técnica (tanto nacional quanto estrangeira), com enfoque na definição dos conceitos de controlador e de operador, bem como analisar o compartilhamento de dados pessoais. Não se pretendeu esgotar o tema, até em virtude do curto limite de laudas fixado para este ensaio. O que se buscou foi apenas trazer posições conclusivas e fundamentadas sobre alguns aspectos práticos da matéria, contribuindo para o debate científico e o melhor funcionamento do mercado.

Finalmente, é preciso destacar que a primeira versão deste texto foi publicada no Portal ResearchGate, para colher sugestões e críticas dos leitores. Em poucos dias, cerca de 1.000 pessoas já o haviam lido, com *feedbacks* muito positivos. Alguns meses depois, coincidentemente, a ANPD divulgou o seu primeiro guia sobre o tema. Este guia está totalmente alinhado com as sugestões feitas no artigo, as quais acabaram por se converter, indiretamente, em recomendação oficial da ANPD. Sinal de que o artigo alcançou o objetivo desejado, de se tornar referência na matéria e efetivamente contribuir para a solução das questões práticas atinentes ao tema.

Responsabilidade civil dos agentes de tratamento de dados

Gustavo Tepedino[1]

Aline de Miranda Valverde Terra[2]

Gisela Sampaio da Cruz Guedes[3]

Sumário: 1. Introdução; 2. Natureza da responsabilidade civil na Lei Geral de Proteção de Dados Pessoais; 3. Responsabilidade civil do controlador, do operador e do encarregado; 4. Responsabilidade civil no âmbito das relações de consumo; 5. Conclusão.

---

1. Professor Titular de Direito Civil e ex-diretor da Faculdade de Direito da Universidade do Estado do Rio de Janeiro – UERJ. Doutor em Direito Civil pela Universidade de Camerino (Itália). Sócio-Fundador do Escritório Gustavo Tepedino Advogados. Advogado, parecerista e árbitro.
2. Doutora e Mestre em Direito Civil pela Universidade do Estado do Rio de Janeiro – UERJ. Professora Adjunta de Direito Civil da UERJ. Professora Permanente do Programa de Pós-Graduação em Direito (Mestrado e Doutorado) da UERJ. Professora de Direito Civil da PUC-Rio. Professora Permanente do Programa de Pós-Graduação em Direito (Mestrado Profissional) da PUC-Rio. Sócia-Fundadora do Escritório Aline de Miranda Valverde Terra Consultoria Jurídica. Advogada, parecerista e árbitra.
3. Doutora e Mestre em Direito Civil pela Universidade do Estado do Rio de Janeiro – UERJ. Professora Adjunta de Direito Civil da UERJ. Professora Permanente do Programa de Pós-Graduação em Direito (Mestrado e Doutorado) da UERJ. Professora dos cursos de pós-graduação da PUC-Rio, do CEPED/UERJ, da EMERJ, da EPM e da AASP. Advogada, parecerista e árbitra.

1. INTRODUÇÃO

Com o estrondoso desenvolvimento eletrônico, amplia-se mais e mais o fornecimento de dados, cujo tratamento e circulação ameaçam a privacidade e a igualdade. Com isso, a promulgação da Lei n.º 13.709/2018, Lei Geral de Proteção de Dados (LGPD), tem o mérito de trazer a lume a urgência de impor cuidados ao tratamento dos dados pessoais. Além disso, traduz promissora política legislativa de equilíbrio entre a lógica da eficiência econômica e a preservação dos direitos fundamentais, o que se depreende dos seus fundamentos enumerados no art. 2º: ao lado do direito à *autodeterminação informativa* (inciso II), assim entendido o "direito de manter controle sobre suas próprias informações e de determinar a maneira de construir sua própria esfera particular",[4] arrolam-se "V – o desenvolvimento econômico e tecnológico e a inovação; VI – a livre iniciativa, a livre concorrência (...)". O dispositivo é informado pelo art. 3º da Constituição da República, que estabelece como fundamento da República, ao lado da dignidade da pessoa humana (inciso III), a livre-iniciativa (inciso IV).

Em linhas gerais, dois modelos disputam, na experiência estrangeira, o tratamento dos dados pessoais. De um lado, o sistema norte-americano, com disciplina difusa e casuística. As empresas se apropriam dos dados que lhe são fornecidos pelos particulares, deles podendo livremente dispor. O modelo europeu, por outro lado, regula de forma ampla e detalhada a proteção dos dados pessoais, considerando-se que "os sistemas de tratamento de dados estão ao serviço do Homem". A Diretiva que disciplina a questão (46/95/CE), ao lado da Diretiva 2002/58/CE, a qual estabelece regras acerca da privacidade e comunicações eletrônicas, sistematiza princípios que foram assimilados pela legislação interna dos países membros. Fixa-se, assim, padrão mínimo de proteção à divulgação dos dados.

Entre as principais influências que inspiraram a LGPD, está o modelo europeu de proteção de dados, amparado na Convenção do Conselho da Europa 108

4. Stefano Rodotá, *A vida na sociedade de* vigilância: a privacidade hoje, org. Maria Celina Bodin de Moraes, trad. Danilo Doneda e Luciana Cabral Doneda, Rio de Janeiro: Renovar, 2008, p. 15. A qualificação do direito à autodeterminação informativa como direito fundamental foi expressamente reconhecida em decisão proferida, em 7 de maio de 2020, pelo Plenário do STF no âmbito de Ações Diretas de Inconstitucionalidade (ADI 6387, ADI 6388, ADI 6389, ADI 6390 e ADI 6393). A decisão suspendeu a eficácia da MP 954/20, que estabelecia o compartilhamento de dados por empresas de telecomunicações prestadoras de serviço telefônico fixo comutado e de serviço móvel pessoal com o IBGE, para fins de suporte à produção estatística oficial durante a pandemia decorrente da Covid-19.

de 1981, na Diretiva 46/95/CE e, principalmente, no Regulamento 2016/679, conhecido como Regulamento Geral de Proteção de Dados ou GDPR,[5] regulação que buscou unificar na União Europeia a proteção de dados pessoais e da privacidade dos indivíduos.

A promulgação da LGPD coloca o Brasil, portanto, em posição semelhante a outros países que já possuíam regras específicas sobre o tema da proteção de dados e traz, de forma expressa, a importância da aplicação da boa-fé no tratamento dos dados pessoais, estabelecendo as devidas sanções para os abusos por meio da regulamentação da responsabilidade civil e da reparação dos danos causados pelos agentes de tratamento.[6]

A LGPD introduz, no seu art. 6º,[7] dez princípios a serem observados para o tratamento de dados, com destaque para os princípios da finalidade, da

---

5. Danilo Doneda e Laura Schertel Mendes, Reflexões iniciais sobre a nova lei geral de proteção de dados. In: *Revista de Direito do Consumidor*, vol. 120, São Paulo: Revista dos Tribunais, nov.-dez./2018, p. 469.

6. A Lei n. 13.853/2019, fruto da MP n. 869/2018, que altera a LGPD, foi publicada em julho de 2019 e teve como principal inovação a criação da chamada "Autoridade Nacional de Proteção de Dados" (ANPD), responsável por implementar e fiscalizar o cumprimento da legislação. A criação do órgão coloca o Brasil no grupo de países que possuem legislação específica sobre proteção de dados e também apresentam uma autoridade nacional independente, com autonomia em relação aos Procons. O Dec. 10.474/2020 regulamentou a estrutura da ANPD.

7. "Art. 6º As atividades de tratamento de dados pessoais deverão observar a boa-fé e os seguintes princípios: I – finalidade: realização do tratamento para propósitos legítimos, específicos, explícitos e informados ao titular, sem possibilidade de tratamento posterior de forma incompatível com essas finalidades; II – adequação: compatibilidade do tratamento com as finalidades informadas ao titular, de acordo com o contexto do tratamento; III – necessidade: limitação do tratamento ao mínimo necessário para a realização de suas finalidades, com abrangência dos dados pertinentes, proporcionais e não excessivos em relação às finalidades do tratamento de dados; IV – livre acesso: garantia, aos titulares, de consulta facilitada e gratuita sobre a forma e a duração do tratamento, bem como sobre a integralidade de seus dados pessoais; V – qualidade dos dados: garantia, aos titulares, de exatidão, clareza, relevância e atualização dos dados, de acordo com a necessidade e para o cumprimento da finalidade de seu tratamento; VI – transparência: garantia, aos titulares, de informações claras, precisas e facilmente acessíveis sobre a realização do tratamento e os respectivos agentes de tratamento, observados os segredos comercial e industrial; VII – segurança: utilização de medidas técnicas e administrativas aptas a proteger os dados pessoais de acessos não autorizados e de situações acidentais ou ilícitas de destruição, perda, alteração, comunicação ou difusão; VIII – prevenção: adoção de medidas para prevenir a ocorrência de danos em virtude do tratamento de

adequação, da necessidade e da transparência. Em atenção a esses princípios, muitas organizações públicas e privadas que possuem a cultura de acumular dados – antes mesmo de avaliar o que farão com o material coletado – passarão por verdadeira mudança de cultura. Na sistemática da lei, a coleta de dados deve ser adequada, relevante e limitada ao mínimo necessário em relação às finalidades para as quais serão processados.

A coleta e o processamento de dados deverão respeitar as bases legais impostas pela LGPD, à luz do que dispõe o art. 7º, cujo texto prevê dez requisitos de licitude dos tratamentos de dados, com destaque para dois principais: a obtenção do consentimento do titular dos dados e o legítimo interesse de quem realiza o tratamento. Em relação ao primeiro, exige-se o consentimento informado e livre do titular dos dados. Outra exigência é o legítimo interesse do controlador, que poderá promover o tratamento de dados pessoais para finalidades específicas, consideradas a partir de situações concretas e justificadas.

A Seção III do Capítulo VI da LGPD disciplina o regime geral de responsabilidade civil a ser aplicado nas hipóteses de danos causados por violação dos direitos dos titulares de dados pessoais, isto é, por tratamento inadequado de referidos dados, que pode se verificar, entre outras razões, pela coleta irregular de dados, utilização dos dados com finalidade diversa daquela autorizada pelo titular, não exclusão do dado de banco de dados quando determinado pelo titular, ou por *incidente de segurança*. E é justamente nessa seara que o texto tem recebido duras críticas dos especialistas, sobretudo pelo fato de o legislador não ter indicado, de maneira explícita, o regime de responsabilidade civil adotado. A crítica é pertinente, encontrando-se a doutrina dividida entre a responsabilidade objetiva ou subjetiva.

2. Natureza da responsabilidade civil na Lei Geral de Proteção de Dados Pessoais

Nem mesmo uma seção inteiramente dedicada à responsabilidade civil – sob o título "Da Responsabilidade e do Ressarcimento de Danos" –, destinada

---

dados pessoais; IX – não discriminação: impossibilidade de realização do tratamento para fins discriminatórios ilícitos ou abusivos; X – responsabilização e prestação de contas: demonstração, pelo agente, da adoção de medidas eficazes e capazes de comprovar a observância e o cumprimento das normas de proteção de dados pessoais e, inclusive, da eficácia dessas medidas".

a disciplinar a responsabilidade civil no tratamento de dados pessoais e nos chamados incidentes de segurança, foi suficiente à definição do regime adotado.[8] Inspirada no Regulamento Europeu, a seção é composta por apenas quatro dispositivos (arts. 42 a 45), que não deixam explícita a opção do legislador.[9]

Diante isso, indaga-se qual a espécie de responsabilidade adotada pela LGPD. De um lado, estão os defensores da responsabilidade objetiva, que argumentam, com base em analogias com o Código de Defesa do Consumidor, que a LGPD adotou o modelo de responsabilidade objetiva. De fato, a LGPD tem mesmo várias disposições inspiradas no Código de Defesa do Consumidor, a exemplo da possibilidade de o juiz inverter o ônus da prova (art. 42, § 2º, da LGPD). Além disso, o próprio texto do art. 43 da LGPD assemelha-se à redação

---

8. De acordo com o art. 5º, inciso X, da LGPD, considera-se tratamento "toda operação realizada com dados pessoais, como as que se referem a coleta, produção, recepção, classificação, utilização, acesso, reprodução, transmissão, distribuição, processamento, arquivamento, armazenamento, eliminação, avaliação ou controle da informação, modificação, comunicação, transferência, difusão ou extração". Já dado pessoal é conceituado, pelo inciso I desse mesmo art. 5º, como "informação relacionada a pessoa natural identificada ou identificável".

9. Limitou-se o legislador a estabelecer, no art. 42, o seguinte: "Art. 42. O controlador ou o operador que, em razão do exercício de atividade de tratamento de dados pessoais, causar a outrem dano patrimonial, moral, individual ou coletivo, em violação à legislação de proteção de dados pessoais, é obrigado a repará-lo. § 1º. A fim de assegurar a efetiva indenização ao titular dos dados: I – o operador responde solidariamente pelos danos causados pelo tratamento quando descumprir as obrigações da legislação de proteção de dados ou quando não tiver seguido as instruções lícitas do controlador, hipótese em que o operador equipara-se ao controlador, salvo nos casos de exclusão previstos no art. 43 desta Lei; II – os controladores que estiverem diretamente envolvidos no tratamento do qual decorreram danos ao titular dos dados respondem solidariamente, salvo nos casos de exclusão previstos no art. 43 desta Lei. § 2º. O juiz, no processo civil, poderá inverter o ônus da prova a favor do titular dos dados quando, a seu juízo, for verossímil a alegação, houver hipossuficiência para fins de produção de prova ou quando a produção de prova pelo titular resultar-lhe excessivamente onerosa. § 3º. As ações de reparação por danos coletivos que tenham por objeto a responsabilização nos termos do caput deste artigo podem ser exercidas coletivamente em juízo, observado o disposto na legislação pertinente. § 4º. Aquele que reparar o dano ao titular tem direito de regresso contra os demais responsáveis, na medida de sua participação no evento danoso". E, ainda: "Art. 43. Os agentes de tratamento só não serão responsabilizados quando provarem: I – que não realizaram o tratamento de dados pessoais que lhes é atribuído; II – que, embora tenham realizado o tratamento de dados pessoais que lhes é atribuído, não houve violação à legislação de proteção de dados; ou III – que o dano é decorrente de culpa exclusiva do titular dos dados ou de terceiro".

do art. 12, § 3º, do Código de Defesa do Consumidor (e essa, por sua vez, é muito parecida com a do art. 14, § 3º, do Código de Defesa do Consumidor[10]).

De fato, são muitas as semelhanças com o Código de Defesa do Consumidor, a começar pelo caput do art. 43 da LGPD, que é bastante parecido com o § 3º dos arts. 12 e 14 do Código de Defesa do Consumidor, já que os três dispositivos começam com uma redação na negativa ("só não serão responsáveis quando" [grifos nossos]). O inciso III do art. 43 da LGPD é quase idêntico ao inciso III, § 3º, do art. 12 do Código de Defesa do Consumidor, e o inciso I do art. 43 da LGPD é, no mínimo, inspirado no inciso I, § 3º, do art. 12 do Código de Defesa do Consumidor.

A analogia com o Código de Defesa do Consumidor torna-se, portanto, compreensível, tanto mais se se considerar a assimetria informacional entre os titulares dos dados e os agentes de tratamento. Comparando-se os dois dispositivos (art. 43 da LGPD e art. 12 do Código de Defesa do Consumidor), a diferença fundamental encontra-se no inciso II, cuja análise será feita mais à frente, imprescindível para demonstrar a diversidade de regimes. A favor da responsabilidade objetiva, argumenta-se, ainda, que o escopo da LGPD foi limitar o tratamento dos dados para diminuir o risco de vazamentos, considerando que o próprio tratamento de dados, em si, apresenta "risco intrínseco aos seus titulares".[11]

De outro lado, no extremo oposto, estão os defensores da responsabilidade subjetiva como fundamento do regime estabelecido pela LGPD.[12] Aqui também

---

10. CDC, art. 14: "O fornecedor de serviços responde, independentemente da existência de culpa, pela reparação dos danos causados aos consumidores por defeitos relativos à prestação dos serviços, bem como por informações insuficientes ou inadequadas sobre sua fruição e riscos. (...) § 3º. O fornecedor de serviços só não será responsabilizado quando provar: I – que, tendo prestado o serviço, o defeito inexiste; II – a culpa exclusiva do consumidor ou de terceiro".

11. Nesse sentido: "Essas limitações ao tratamento de dados, conjuntamente com a verificação de que a LGPD assume como regra a eliminação dos dados quando seu tratamento esteja encerrado (art. 16) e igualmente o aceno que faz em diversas oportunidades à necessidade de se levar em conta o risco presente no tratamento de dados, indicam que a Lei procura minimizar as hipóteses de tratamento àqueles que sejam, em um sentido geral, úteis e necessárias, e que mesmo estas possam ser limitadas quando da verificação de risco aos direitos e liberdades do titular de dados. Trata-se, dessa forma, de uma regulação que tem como um de seus fundamentos principais a diminuição do risco, levando-se em conta que o tratamento de dados apresenta risco intrínseco aos seus titulares" (Danilo Doneda e Laura Schertel Mendes, *Reflexões iniciais sobre a nova lei geral de proteção de dados*, cit., p. 473).

12. Nessa direção: Marcos Gomes da Silva Bruno. In: Viviane Nóbrega Maldonado e Renato Opice Blum, *LGPD*: Lei Geral de Proteção de Dados comentada. São Paulo: Revista dos

há argumentos consistentes, que se baseiam no fato de a estrutura da LGPD estar toda pautada na criação de deveres. De fato, não se justifica – nem do ponto de vista lógico, nem do jurídico – o legislador criar uma série de deveres de cuidado se não for para implantar um regime de responsabilidade subjetiva. Se o que se pretende é responsabilizar os agentes independentemente de culpa, seria ocioso criar deveres a serem seguidos, tampouco responsabilizá-los quando tiverem cumprido perfeitamente todos esses deveres.

Nas raríssimas hipóteses em que o legislador estabelece deveres e, ao mesmo tempo, impõe a responsabilidade objetiva, há um propósito, uma razão de ser. Na Lei n.º 12.846/2013 (Lei de Anticorrupção), por exemplo, o legislador trata de responsabilidade civil e também da responsabilidade administrativa com viés sancionador. Nessa lei, o legislador estabelece claramente que a responsabilidade civil independe de culpa,[13] mas ao mesmo tempo estabelece uma série de deveres. Acontece que, nesse diploma, fica claro que o cumprimento desses deveres será levado em consideração na dosimetria da pena, o que se justifica para a responsabilidade administrativa sancionadora, não para a responsabilidade civil, porque essa não exerce – pelo menos, como regra, não deveria exercer – função punitiva, então não cabe falar em pena, mas, sim, em indenização, e a indenização se mede pela extensão do dano (como, aliás, está expresso no caput do art. 944 do Código Civil).

A responsabilidade objetiva segue, portanto, outra lógica: não cabe discutir cumprimento de deveres, porque a responsabilidade objetiva "não decorre

---

Tribunais, 2019, p. 323. No mesmo sentido, Márcio Cots e Ricardo Oliveira estabelecem que: "A responsabilidade civil dos agentes de tratamento segue a regra geral estabelecida pelos arts. 186, 187 e 927 do Código Civil" (Márcio Cots e Ricardo Oliveira, *Lei Geral de Proteção de Dados comentada*, São Paulo: Revista dos Tribunais, 2019, 2ª ed., p. 175). Já Leonardo Corrêa defende que: "Com a necessidade de prova técnica sobre o vazamento de dados e suas causas, a boa exegese legal deverá afastar o automatismo da responsabilização objetiva pura, nesse caso. Pois, (...), a verificação da conduta ilícita imporá conhecimento técnico específico. Sem isso, a diligência pode ser mal compreendida, gerando insegurança jurídica profunda. O anseio da lei é buscar mais segurança aos usuários, mas isso tem de ser balanceado com a realidade do mundo digital. Espera-se, desta feita, que esse tipo de questão seja tratado cum *grano salis*. Caso contrário, a lei criará uma situação de profunda injustiça" (Leonardo Corrêa, *É importante não perder o foco da segurança jurídica no âmbito da LGPD*. Disponível em <https://www.conjur.com.br/2019-mar-03/leonardo-correa-seguranca-juridica-ambito-lgpd>. Acesso em 12.05.2021).

13. "Art. 2º As pessoas jurídicas serão responsabilizadas objetivamente, nos âmbitos administrativo e civil, pelos atos lesivos previstos nesta Lei praticados em seu interesse ou benefício, exclusivo ou não".

do descumprimento de qualquer dever jurídico".[14] Quando se discute cumprimento de deveres, o que no fundo está sendo analisado é se o agente atuou ou não com culpa.[15] Assim, apesar de a LGPD não ser explícita em relação à natureza da responsabilidade dos agentes de tratamento de dados, como é o Código de Defesa do Consumidor ao adotar a responsabilidade objetiva, a interpretação sistemática (e não ideológica) da LGPD leva à conclusão de que o regime adotado por esse diploma foi mesmo o da responsabilidade subjetiva.

Apesar das semelhanças com o Código de Defesa do Consumidor, enquanto esse diploma tem pelo menos dois artigos expressamente indicando a natureza objetiva da responsabilidade (arts. 12 e 14 – ambos se valem da expressão "independentemente da existência de culpa", que deixa clara a opção do legislador pela responsabilidade objetiva), não há qualquer norma semelhante na LGPD. Não se está com isso a sustentar que, para estabelecer a responsabilidade objetiva, o legislador teria que ter se valido necessariamente da expressão "independentemente de culpa", identificando-se, contudo, significativa diferença entre a LGPD e o Código de Defesa do Consumidor. O fato é que o art. 42 da LGPD não faz referência expressa à culpa como elemento da responsabilidade civil, mas também não faz qualquer alusão ao risco como fundamento da responsabilidade objetiva.

O único dispositivo da LGPD que remetia à responsabilidade objetiva foi retirado no trâmite legislativo, sendo esse aspecto relevante para se evidenciar a opção do legislador pela responsabilidade subjetiva. Vale dizer, a versão inicial do Projeto de Lei n.º 5276, no Capítulo sobre "Transferências internacionais de dados", trazia regra geral expressa, posteriormente suprimida, de

---

14. Gustavo Tepedino, A responsabilidade médica na experiência brasileira contemporânea. In: *Revista Trimestral de Direito Civil* – RTDC, vol. 2. Rio de Janeiro: Padma, abr./jun. 2000, p. 69. A doutrina explica, no que se refere à responsabilidade objetiva, que sua concretização "independe completamente de negligência, imprudência, imperícia *ou mesmo da violação de qualquer dever jurídico por parte do agente*. São danos (injustos) causados por atos lícitos, mas que, segundo o legislador, devem ser indenizados" (Maria Celina Bodin de Moraes, Risco, solidariedade e responsabilidade objetiva. In: *Revista dos Tribunais*, vol. 854. São Paulo: Revista dos Tribunais, dez. 2006, p. 25 – grifou-se).

15. Nesse sentido, explica-se que: "O fundamento da responsabilidade subjetiva está no dever de agir com diligência ou cautela para não lesar ninguém (*noeminem laedere*). A não observância de deveres de diligência e cautela caracteriza a culpa" (Judith Martins-Costa, Entendendo problemas médico-jurídicos em ginecologia e obstetrícia. In: *Revista dos Tribunais*, vol. 831, São Paulo: Revista dos Tribunais, jan. 2005, p. 112).

responsabilidade solidária e objetiva desses agentes pelos danos causados em virtude do tratamento de dados (o então art. 35).

Além disso, na Seção sobre "Responsabilidade e Ressarcimento de danos", havia previsão bastante ampla dos sujeitos obrigados a reparar o dano ("todo aquele que, em razão do exercício de atividade de tratamento de dados pessoais causar a outrem dano") (art. 42), e outra regra igualmente ampla prevendo a solidariedade entre todos os agentes da cadeia de tratamento, sem qualquer distinção entre controlador e operador ("[n]os casos que envolvem a transferência de dados pessoais, o cessionário ficará sujeito às mesmas obrigações legais e regulamentares do cedente, com quem terá responsabilidade solidária pelos danos causados") (art. 44).

Diferentemente desse primeiro texto, todas as versões subsequentes do projeto, até a versão finalmente sancionada da LGPD, passaram a não mais mencionar, como regra geral, o regime de solidariedade ou objetividade na responsabilidade pelos danos decorrentes do tratamento de dados pessoais. A referência expressa à responsabilidade objetiva foi completamente suprimida do texto legal. Paralelamente a isso, ainda no período de tramitação do projeto, o caput do art. 42 da LGPD sofreu alteração muito importante: a expressão "em violação à legislação de proteção de dados pessoais" foi acrescentada, o que também evidencia a opção do legislador pela responsabilidade subjetiva. É dizer: os agentes de tratamento não responderão em toda e qualquer situação em que causarem danos a terceiros, mas apenas quando isso ocorrer em violação à legislação de proteção de dados pessoais, ou seja, quando a sua conduta não se adequar ao standard estabelecido pelo próprio legislador.

Além disso, a LGPD contém capítulo inteiramente dedicado à "segurança e boas práticas". Trata-se do Capítulo VII, dividido em duas seções: (i) Seção I – Da Segurança e do Sigilo de Dados; e (ii) Seção II – Das Boas Práticas e da Governança. Nessas seções, a LGPD criou uma série de deveres que devem ser observados pelos agentes de tratamento de dados. O legislador estabeleceu, assim, verdadeiro standard de conduta dos agentes de tratamento de dados para evitar incidentes de segurança, chegando mesmo ao ponto de determinar, na Seção II, que os agentes poderão, no âmbito de suas competências, traçar as normas de boas práticas e de governança. Também na Seção II é possível notar a preocupação do legislador com a conduta dos agentes, assim como com o cumprimento de programas, políticas internas, procedimentos, mecanismos de supervisão (internos e externos), padrões técnicos etc.

Tudo isso está a indicar que, na sistemática da lei, o modelo adotado foi o da responsabilidade subjetiva. Afinal, como antes observado, não haveria razão para o legislador impor tantos deveres, fixando preciso padrão de conduta, fosse para responsabilizar os agentes, independentemente de terem agido com culpa. Também o art. 6º da LGPD, ao estabelecer os princípios que deverão ser observados nas atividades de tratamento de dados, elegeu como princípios a "responsabilização" e a "prestação de contas". Segundo o art. 6º, inciso X, da LGPD, os agentes deverão demostrar a "adoção de medidas eficazes e capazes de comprovar a observância e o cumprimento das normas de proteção de dados pessoais e, inclusive, da eficácia dessas medidas". Do ponto de vista do controlador, não adiantaria "prestar contas" se, ao final, fosse responsabilizado da mesma forma e independentemente de culpa.[16]

Em tal perspectiva, ao criar deveres de conduta, a LGPD adere ao regime de responsabilidade fundado na culpa.[17]

Ao propósito, a noção clássica de culpa, cuja etiologia continha elemento desenganadamente intencional, tem cedido lugar a conceito estabelecido mediante parâmetros objetivos, designado de culpa normativa. A culpa passou a ser analisada a partir da ideia de desvio de conduta, que leva em conta o comportamento exigível diante das especiais circunstâncias do caso concreto.[18] Sig-

---

16. A prestação de contas é normalmente exigida de quem age por conta ou em nome de outrem (a exemplo, do mandatário, do administrador, do tutor, do curador etc.), a fim de que se possa averiguar se o agente está observando todos os seus deveres legais (e contratuais, se for o caso), e a sua responsabilidade costuma seguir o modelo subjetivo.
17. Em razão das especificidades da LGPD, que exige inclusive que os agentes de tratamento de dados prestem contas, há quem defenda um terceiro modelo de responsabilidade civil, denominado "responsabilidade ativa ou proativa". Nesse sentido, veja-se a opinião de Maria Celina Bodin de Moraes, para quem a LGPD não adotou o modelo objetivo, mas também não adotou exatamente o subjetivo tradicional: "A nova lei, porém, introduz, secundando o regulamento europeu, uma mudança profunda em termos de responsabilização. Trata-se da sua união ao conceito de 'prestação de contas'. Esse novo sistema de responsabilidade, que vem sendo chamado de 'responsabilidade ativa', ou 'responsabilidade proativa' encontra-se indicado no inciso X do art. 6º, que determina que às empresas não é suficiente cumprir os artigos da lei; será necessário também comprovar a observância e o cumprimento das normas de proteção de dados pessoais e, inclusive, a eficácia dessas medidas. Portanto, 'não descumprir a lei não é mais suficiente" (Maria Celina Bodin de Moraes; João Quinelato de Queiroz. Autodeterminação informativa e responsabilização proativa: novos instrumentos de tutela da pessoa humana na LGPD. In: *Cadernos Adenauer*, n. 3 – Proteção de dados pessoais: privacidade *versus* avanço tecnológico, Rio de Janeiro, Fundação Konrad Adenauer, out./2019, p. 129).
18. Nesse sentido, explica-se o seguinte: "O conceito de culpa também se encontra em estado de indefinição no atual direito da responsabilidade civil. Originalmente, culpa

nifica dizer que não se investiga mais o direcionamento da vontade do agente para o descumprimento da ordem jurídica em termos abstratos, mas, sim, a sua adequação (ou não) ao padrão de comportamento esperado naquelas circunstâncias concretas.

A LGPD parece indicar, sem fugir, portanto, ao regime da responsabilidade subjetiva, qual o padrão de conduta socialmente esperado – o *standard* – que deve ser seguido pelos agentes de tratamento de dados, sob pena de virem a ser responsabilizados, seja pelo tratamento irregular de dados, seja por incidentes de segurança. Tais profissionais precisam adotar medidas de segurança e mesmo preventivas.[19] Assim, se ocorrer algum incidente, a sua conduta não será examinada apenas no plano abstrato, mas em concreto, avaliando-se o que tais agentes fizeram para evitar o dano ou conter seus efeitos, remediando-os quando possível.

Para além disso, de acordo com o inciso II do art. 43, os agentes de tratamento só não serão responsabilizados quando provarem, entre outros fatores, "que, embora tenham realizado o tratamento de dados pessoais que lhes é atribuído, não houve violação à legislação de proteção de dados". Ao contrário dos incisos I e III do art. 43, que se referem à relação de causalidade, o inciso II remete à ideia de culpa como fundamento da responsabilidade civil e sua redação é bem diferente da empregada pelo legislador no art. 12, § 3º, inciso II, do Código de Defesa do Consumidor.

Com efeito, no inciso I do art. 43, o legislador isenta de responsabilidade os agentes que provarem que não realizaram o tratamento de dados pessoais que lhes é atribuído. Essa excludente de responsabilidade afasta, evidentemente, o nexo de causalidade entre a conduta do agente e o dano. Como se refere à relação causal, é excludente que poderia existir ainda que a responsabilidade consagrada pela LGPD fosse a objetiva. É muito parecida com a hipótese prevista no art. 12, § 3º, inciso I, do Código de Defesa do Consumidor, que exclui a responsabilidade do fornecedor que provar "que não colocou o produto no mercado".

---

era apenas a situação contrária ao direito, porque negligente, imprudente, imperita ou dolosa, que acarretava danos aos direitos de outrem. Modernamente, todavia, diversos autores abandonaram esta conceituação, preferindo considerar a culpa o descumprimento de um standard de diligência razoável, diferenciando esta noção, dita 'normativa' ou 'objetiva', da outra, dita 'psicológica'" (Maria Celina Bodin de Moraes, *Risco, solidariedade e responsabilidade objetiva*, cit., p. 21, nota de rodapé n.º 48).

19. Há, inclusive, deveres de conduta relacionados às bases legais para transferência de dados (art. 7º da LGPD) e até para transferências internacionais (art. 33 da LGPD).

No inciso III do art. 43, o legislador isenta de responsabilidade os agentes que provarem "que o dano é decorrente de culpa exclusiva do titular dos dados ou de terceiro". Embora o legislador tenha usado a expressão "culpa exclusiva", quando há fato exclusivo da vítima, ensina a doutrina, "o agente que causa diretamente o dano é apenas um instrumento do acidente, não se podendo, realmente, falar em liame de causalidade entre seu ato e o prejuízo por aquela experimentado".[20] A conduta da vítima absorve totalmente a atuação do agente, que funcionará como mera ferramenta na produção do evento danoso.[21]

A "culpa exclusiva da vítima" configura, portanto, excludente de responsabilidade civil que interfere no liame que vincula a conduta do agente ao dano. Dessa forma, até mesmo na responsabilidade civil objetiva, com esta excludente o agente torna-se isento do dever de indenizar. Isto é assim porque, embora a responsabilidade objetiva independa de culpa, a ação exclusiva da vítima determina, frise-se, o nexo causal que a associa ao dano. Exatamente por isso, compreende-se que a "culpa exclusiva do consumidor" também constitua causa de exclusão da obrigação de indenizar do fornecedor, tanto na responsabilidade

---

20. Silvio Rodrigues, *Direito civil*: responsabilidade civil, vol. 4, São Paulo: Saraiva, 2002, 19ª ed., p. 165.

21. Não se trata, em realidade, de culpa exclusiva da vítima, mas de ato ou fato exclusivo da vítima, conforme observa Aguiar Dias: "Admite-se como causa de isenção de responsabilidade o que se chama de culpa exclusiva da vítima. Com isso, na realidade, se alude a ato ou fato exclusivo da vítima, pela qual fica eliminada a causalidade em relação ao terceiro interveniente no ato danoso. É fácil de ver a vantagem que resulta de tal concepção, mais ampla que a da simples culpa, mediante um simples exemplo. Não responde, decerto, uma empresa de carris urbanos, pela morte do indivíduo que se atira voluntariamente sob um bonde. Aí, é possível menção à culpa da vítima. Suponhamos, entretanto, que esse indivíduo é louco. Não se pode cogitar de culpa de louco. Mas, por isso, responderá a empresa, quando o fato foi de todo estranho a sua atividade? É claro que não" (José de Aguiar Dias, *Da responsabilidade civil*, vol. 2, Rio de Janeiro: Forense, 1995, 10ª ed., pp. 693-694). Além disso, "referir-se à culpa da vítima já revela imprecisão técnica, pois a culpa supõe um ato ilícito para outrem" (Antônio Lindbergh C. Montenegro, *Responsabilidade civil*, Rio de Janeiro: Lumen Juris, 1996, 2ª ed., p. 327). No mesmo sentido: Jorge Joaquín Llambías, *Tratado de derecho civil*, tomo III. Buenos Aires: Editorial Perrot, 1973, p. 718. A expressão "culpa exclusiva da vítima" é imprópria, sobretudo, porque confunde dois elementos da responsabilidade civil absolutamente distintos: culpa e nexo causal. Quando ocorre "culpa exclusiva da vítima", a responsabilidade do agente é afastada por falta de nexo causal entre a sua conduta e o dano. Nesse sentido: Gisela Sampaio da Cruz, *O problema do nexo causal na responsabilidade civil*, Rio de Janeiro: Renovar, 2005, pp. 165-176.

pelo fato do produto (art. 12, § 3º, inciso III, do Código de Defesa do Consumidor) quanto na responsabilidade pelo fato do serviço (art. 14, § 3º, inciso II, do Código de Defesa do Consumidor), mesmo o Código de Defesa do Consumidor tendo adotado o modelo objetivo.

Diferentemente dos incisos I e III do art. 43 da LGPD, o inciso II nada tem a ver com nexo de causalidade. No inciso II do art. 43, o legislador isenta de responsabilidade os agentes que provarem "que, embora tenham realizado o tratamento de dados pessoais que lhes é atribuído, não houve violação à legislação de proteção de dados". Aqui está a evidência mais importante que indica o regime adotado pela LGPD em matéria de responsabilidade civil.

Nesse inciso II, o legislador afirma, *grosso modo*, que, ainda que exista nexo causal entre a conduta do agente e o dano, se ele conseguir provar que cumpriu todos os deveres impostos pela LGPD, tomando as medidas de segurança recomendadas (cumprindo programas, políticas internas, procedimentos, mecanismos de supervisão, internos e externos, padrões técnicos etc.), não será responsabilizado. Nessas circunstâncias, o agente terá demonstrado que observou o *standard* esperado e traçado pelo próprio legislador e, se o incidente ocorreu, não foi em razão de sua conduta culposa.

O inciso II reflete, portanto, o regime subjetivo de responsabilidade, adotado pela LGPD, porque está intrinsecamente vinculado ao elemento culpa e, exatamente por isso, sua redação não se assemelha à do Código de Defesa do Consumidor. Enquanto o Código de Defesa do Consumidor isenta de responsabilidade o fornecedor que demonstrar que o defeito inexiste, mediante parâmetro objetivo, a LGPD afasta do dever de indenizar o agente de tratamento que não tiver violado a lei.

A redação com conotação negativa ("*só não serão responsabilizados quando*"), empregada pelo legislador no *caput* do art. 43 da LGPD, sugere a adoção do sistema de culpa presumida. No art. 493, "2", do Código Civil português, e no art. 2.050 do Código Civil italiano, o legislador também se valeu de uma redação que parte de uma presunção de culpa. De acordo com o art. 493, "2", do Código Civil português, "[q]uem causar danos a outrem no exercício de uma actividade, perigosa por sua própria natureza ou pela natureza dos meios utilizados, é obrigado a repará-los, exceto se mostrar que empregou todas as providências exigidas pelas circunstâncias com o fim de os prevenir". De forma parecida, o art. 2.050 do Código Civil italiano estabelece que "[q]ualquer um que cause dano a outros no desenvolvimento de uma atividade perigosa, por sua natureza ou pela natureza dos meios utilizados, é obrigado ao ressarcimento se não provar ter adotado todas as medidas idôneas a evitar o dano".

Tanto no sistema português quanto no italiano, se o agente conseguir demonstrar que "empregou todas as providências exigidas" (redação do Código português) ou adotou "todas as medidas idôneas a evitar o dano" (redação do Código italiano), ele se exime do dever de indenizar. Afirma-se, por isso mesmo, que não há nesses sistemas uma cláusula geral de risco (cláusula geral de responsabilidade objetiva), mas apenas um sistema intermediário de presunção de culpa.[22] Presume-se a culpa do agente, mas essa pode ser afastada se ele conseguir demonstrar que observou o *standard* de conduta esperado, empregando medidas idôneas para evitar o dano. A presunção afigura-se, portanto, relativa. O art. 43 da LGPD seguiu exatamente esse caminho, preferindo estabelecer o sistema de presunção de culpa do que adotar o modelo objetivo de responsabilidade – e, nesse aspecto, afasta-se completamente do Código de Defesa do Consumidor.

- O parágrafo único do art. 44, por sua vez, trata dos incidentes de segurança. A LGPD não estabelece o que seja *incidente de segurança*. Segundo o Glossário de Segurança da Informação,[23] *incidente de segurança* é "qualquer evento adverso, confirmado ou sob suspeita, relacionado à segurança dos sistemas de computação ou das redes de computadores". À luz da referida definição, conclui-se que os *incidentes de segurança* podem restar configurados a partir de ocorrências diversas, a exemplo de perda ou alteração de dados pessoais, comunicação ilícita ou inadequada a terceiros, bem como de *acessos não autorizados*. Nos termos da definição legal, portanto, o *incidente de segurança* afigura-se qualquer evento potencialmente capaz de acarretar risco ou dano aos seus titulares, hipótese que caracterizará *acidente de segurança* propriamente dito.[24]

Dessa maneira, o legislador seguiu o mesmo modelo de responsabilidade subjetiva, ao afirmar que "responde pelos danos decorrentes da violação da segurança

---

22. Gustavo Tepedino; Heloisa Helena Barboza; Maria Celina Bodin de Moraes, *Código Civil interpretado conforme a Constituição da República*, vol. III, Rio de Janeiro: Renovar, 2006, p. 809.

23. O documento foi produzido pelo Gabinete de Segurança Institucional da Presidência da República e publicado pela Portaria n. 93, de 18 de outubro de 2021. Disponível em: https://www.in.gov.br/en/web/dou/-/portaria-gsi/pr-n-93-de-18-de-outubro-de--2021-353056370Acesso em: 04 nov. 2021.

24. A linguagem do art. 48 da LGPD confirma o entendimento legal: "Art. 48. O controlador deverá comunicar à autoridade nacional e ao titular a ocorrência de incidente de segurança que possa acarretar risco ou dano relevante aos titulares".

dos dados o controlador ou o operador que, ao deixar de adotar as medidas de segurança previstas no art. 46 desta Lei, der causa ao dano". Assim, também na hipótese de incidente de segurança, a opção do legislador não foi a de responsabilizar o agente independentemente de culpa, subordinando o dever de reparar a não demonstração das medidas de segurança previstas em lei. Aqui também o legislador evidenciou a sua preocupação com a conduta subjetiva dos agentes de tratamento, adotando redação semelhante à do art. 493, "2", do Código Civil português e do art. 2.050 do Código Civil italiano, que criaram sistemas de presunção de culpa.

Por outro lado, se a LGPD tivesse adotado o modelo objetivo de responsabilidade, a remissão ao Código de Defesa do Consumidor no art. 45 seria inócua – com a equivalência dos regimes – ou indicaria a fratura do sistema – com o abrandamento da responsabilidade de fornecedores. Isso porque, nessa hipótese, a LGPD teria instituído regime de responsabilidade mais rigoroso do que o do Código de Defesa do Consumidor, que exige a existência do defeito do produto ou serviço para a deflagração da responsabilidade.

3. RESPONSABILIDADE CIVIL DO CONTROLADOR, DO OPERADOR E DO ENCARREGADO

Como anteriormente sublinhado, a LGPD inspirou-se no modelo europeu de proteção de dados, amparado na Convenção do Conselho da Europa 108 de 1981, na Diretiva 46/95/CE e no Regulamento 2016/679, conhecido como GDPR. Isso pode ser percebido em diversos aspectos da LGPD, em especial na edição de regras distintas de responsabilidade para os dois agentes da cadeia de tratamento de dados pessoais: o controlador e o operador.

De forma semelhante ao GDPR europeu, especialmente ao seu art. 82,[25] a regra de responsabilidade que prevaleceu na versão final da lei brasileira parece

25. "Art. 82. Direito de indemnização e responsabilidade 1. Qualquer pessoa que tenha sofrido danos materiais ou imateriais devido a uma violação do presente regulamento tem direito a receber uma indemnização do responsável pelo tratamento ou do subcontratante pelos danos sofridos. 2. Qualquer responsável pelo tratamento que esteja envolvido no tratamento é responsável pelos danos causados por um tratamento que viole o presente regulamento. O subcontratante é responsável pelos danos causados pelo tratamento apenas se não tiver cumprido as obrigações decorrentes do presente regulamento dirigidas especificamente aos subcontratantes ou se não tiver seguido as instruções lícitas do responsável pelo tratamento. 3. O responsável pelo tratamento ou o subcontratante fica isento de responsabilidade nos termos do n. 2, se provar que não é de modo algum responsável pelo evento que deu origem aos danos. 4. Quando

diferenciar a responsabilidade do controlador da do operador, tendo em vista as distinções que são feitas entre esses dois agentes de tratamento.[26] De fato, se as suas atribuições são diferentes, o legislador há de diferenciá-los também no plano da responsabilidade. Indaga-se, diante disso, se é possível extrair uma regra geral de responsabilidade principal do controlador, com hipóteses específicas e subsidiárias de solidariedade entre controlador e operador e entre controladores, ou se prevalece, como regra geral, a responsabilidade solidária.

A relevância da questão é facilmente percebida. Caso se considere que o regime é de responsabilidade solidária entre controlador e operador, ambos responderão pela totalidade da reparação de qualquer dano que, devido ao tratamento de dados realizado, venha a ocorrer.[27] Dessa forma, o lesado poderá exigir

---

mais do que um responsável pelo tratamento ou subcontratante, ou um responsável pelo tratamento e um subcontratante, estejam envolvidos no mesmo tratamento e sejam, nos termos dos n. 2 e 3, responsáveis por danos causados pelo tratamento, cada responsável pelo tratamento ou subcontratante é responsável pela totalidade dos danos, a fim de assegurar a efetiva indemnização do titular dos dados. 5. Quando tenha pago, em conformidade com o n. 4, uma indemnização integral pelos danos sofridos, um responsável pelo tratamento ou um subcontratante tem o direito de reclamar a outros responsáveis pelo tratamento ou subcontratantes envolvidos no mesmo tratamento a parte da indemnização correspondente à respetiva parte de responsabilidade pelo dano em conformidade com as condições previstas no n. 2. 6. Os processos judiciais para exercer o direito de receber uma indemnização são apresentados perante os tribunais competentes nos termos do direito do Estado-Membro a que se refere o art. 79.º, n.º 2".

26. No que se refere ao GDPR, explica-se que: "O Regulamento fala em responsabilidade solidária, que é, em linhas gerais, a possibilidade do lesado exigir tanto do responsável quanto do subcontratante a indenização por todos os danos sofridos. (...) A responsabilidade do subcontratante tem, no entanto, características particulares: o subcontratante é responsável pelos danos causados pelo tratamento apenas se não tiver cumprido as obrigações do Regulamento dirigidas especificamente aos subcontratantes ou se não tiver seguido as instruções lícitas do responsável pelo tratamento. Portanto, não temos aqui uma substituição das obrigações do responsável pelo subcontratante, mas sim, um rol de obrigações específicas aos subcontratantes. Responsável e subcontratantes deverão trabalhar juntos, cada qual no âmbito das suas responsabilidades, sem sobreposição de papéis" (Juliana Marcondes, *Neverending Story:* responsáveis e subcontratantes no RGPD. Disponível em: https://www.itchannel.pt/news/opiniao/neverending-story-responsaveis-e-subcontratantes-no-rgpd. Acesso em: 12.5.2021).

27. Infere-se tal consequência do art. 264 Código Civil, segundo o qual: "Há solidariedade, quando na mesma obrigação concorre mais de um credor, ou mais de um devedor, cada um com direito, ou obrigado, à dívida toda". Além disso, tratando especificamente da

tanto do controlador quanto do operador a reparação por todo o dano sofrido, independentemente de quem realmente o tenha causado. Aqui, assegurar-se-ia, inicialmente, a reparação do titular dos dados e, posteriormente, controlador e operador poderiam discutir entre si a parcela de suas respectivas responsabilidades na causação do dano. Por outro lado, se a conclusão for a de que o regime geral não comporta solidariedade entre os agentes de tratamento de dados, cada um irá responder individualmente pelos danos que causar no limite de suas atribuições. Nesse caso, o lesado poderá buscar sua reparação apenas frente àquele que for o efetivo responsável pelo dano.

Assim, para analisar o regime geral de responsabilidade civil que se pode extrair da LGPD – se solidário ou não –, deve-se, inicialmente, examinar quem são e quais são as obrigações dos agentes envolvidos no tratamento de dados e que poderão, de alguma forma, ser responsabilizados pelos danos que tal tratamento vier a causar.

De acordo com a LGPD, a cadeia de tratamento de dados pessoais encontra-se centralizada em dois agentes de tratamento definidos conforme as funções que desempenham.[28] Inicialmente, o inciso VI do art. 5º da Lei n.º 13.709/18 estabelece que o controlador é a "pessoa natural ou jurídica, de direito público ou privado, *a quem competem as decisões referentes ao tratamento de dados pessoais*". Já o inciso VII do mesmo artigo determina que o operador é a "pessoa natural ou jurídica, de direito público ou privado, *que realiza o tratamento de dados pessoais em nome do controlador*". Conforme se depreende do art. 39 da Lei, o operador "deverá realizar o tratamento *segundo as instruções fornecidas pelo controlador*, que verificará a observância das

---

hipótese de solidariedade passiva, aplica-se a previsão do art. 275 do Código Civil, segundo a qual: "O credor tem direito a exigir e receber de um ou de alguns dos devedores, parcial ou totalmente, a dívida comum; se o pagamento tiver sido parcial, todos os demais devedores continuam obrigados solidariamente pelo resto". Pontes de Miranda, sobre o assunto, assevera que: "Se há devedores solidários é porque o credor pode exigir de qualquer deles toda a prestação. Qualquer deles continua devedor até que se solva inteiramente a dívida" (Pontes de Miranda. *Tratado de direito privado*, t. 22, São Paulo: Revista dos Tribunais, 1977, 4ª ed., p. 330).

28. "A lei introduz a figura do 'agente de tratamento' e, nesse conceito, enquadra-se tanto o controlador (aquele que tem a decisão acerca do tratamento de dados), quanto o operador (aquele efetua o tratamento, em nome e por conta do controlador). Por vezes, ambas as figuras podem se concentrar na mesma empresa" (Fabíola Meira de Almeida Santos e Rita Taliba, Lei geral de proteção de dados no Brasil e os possíveis impactos. In: *Revista dos Tribunais*, vol. 998, São Paulo: Revista dos Tribunais, dez. 2018, p. 232).

próprias instruções e das normas sobre a matéria" (grifos nossos). Observa-se que cada um desses agentes tem obrigações próprias. Assim, enquanto a obrigação principal dos operadores, como anteriormente apontado, é realizar o tratamento de dados segundo as instruções fornecidas pelo controlador, é ao controlador que compete as decisões referentes ao tratamento de dados pessoais, e a LGPD ainda destina especificamente ao controlador uma série de outras obrigações relevantes.

Com efeito, cabe ao controlador, entre outras obrigações: (i) atender a determinadas requisições dos titulares dos dados pessoais por ele tratados, conforme previsão do art. 18 da LGPD; (ii) fornecer, sempre que solicitadas, informações claras e adequadas a respeito dos critérios e dos procedimentos utilizados para as decisões tomadas unicamente com base em tratamento automatizado de dados pessoais (art. 20 da LGPD); (iii) elaborar, mediante determinação da autoridade nacional de proteção de dados, relatório de impacto à proteção de dados pessoais referente a suas operações de tratamento de dados (art. 38 da LGPD); (iv) verificar a observância pelo operador das instruções que lhe forneceu o controlador e das demais normas sobre tratamento de dados (art. 39 da LGPD); (v) instituir um encarregado pelo tratamento de dados (art. 41 da LGPD); (vi) comunicar à autoridade nacional e aos titulares de dados a ocorrência de incidente de segurança que possa acarretar risco ou dano relevante aos titulares (art. 48 da LGPD).

A LGPD estabelece, ainda, obrigações atribuídas tanto ao controlador quanto ao operador. De acordo com a disciplina do art. 46, ambos os agentes de tratamento devem adotar medidas de segurança, técnicas e administrativas, aptas a proteger os dados pessoais de acessos não autorizados e de situações acidentais ou ilícitas de destruição, perda, alteração, comunicação ou qualquer forma de tratamento inadequado ou ilícito. Além disso, de acordo com o art. 47, obrigam-se a garantir a segurança da informação prevista na lei em relação aos dados pessoais, mesmo depois do seu término.

Nota-se, portanto, que a LGPD reserva obrigações específicas a cada um dos agentes de tratamento. Ou seja, controlador e operador deverão atuar dentro de suas respectivas atribuições, o que, naturalmente, conferirá a eles responsabilidades distintas. Além dessa constatação, que distingue os espectros de responsabilidade do controlador da do operador, nos termos do art. 265 do Código Civil, "a solidariedade não se presume; resulta da lei ou da vontade das partes". No caso, não há qualquer previsão de regime geral de responsabilidade solidária entre os agentes de tratamento estipulada na LGPD. Como se depreende do *caput* do art. 42 da LGPD, que introduz a seção da lei sobre "Responsabilidade e Ressarcimento de danos", serão obrigados a reparar os danos (patrimoniais, morais, individuais ou coletivos) gerados pelo exercício da atividade de tratamento de dados pessoais o controlador *ou* o operador. Ou seja, a LGPD traz previsão de atribuição individual de responsabilidade aos agentes de acordo com a suas específicas obrigações, já que o legislador se valeu da conjunção alternativa "ou", que exprime a ideia de exclusão.

Em tal perspectiva, se a solidariedade não se presume, devendo resultar necessariamente de previsão legal ou da vontade das partes, não se mostra legítimo considerar o controlador e o operador solidariamente responsáveis no caso de danos provocados no âmbito de suas específicas atribuições. Diante das particulares obrigações previstas pela LGPD aos controladores e aos operadores e da ausência de regra de solidariedade geral entre esses agentes, não se pode inferir o regime geral de responsabilidade não solidária.[29]

Desse modo, pode-se dizer que, em regra, cada um dos agentes de tratamento responderá individualmente por aquilo que for de sua obrigação específica. Tendo em vista as atribuições previstas pela LGPD, a responsabilidade principal parece recair especialmente na figura do controlador, já que a esse são conferidas, como visto, diversas obrigações específicas, ao mesmo tempo que ao operador se atribui a obrigação de realizar o tratamento de dados em nome e segundo as instruções fornecidas pelo próprio controlador.

Embora a LGPD não preveja o regime geral de solidariedade, a solidariedade é prevista em duas situações específicas. O mesmo art. 42 que, em seu *caput*, estabelece as espécies de danos que o controlador ou o operador será obrigado a reparar de forma individual, também determina, em seu § 1º, duas hipóteses excepcionais de solidariedade: "I – o operador responde solidariamente pelos danos causados pelo tratamento quando descumprir as obrigações da legislação de proteção de dados ou quando não tiver seguido as instruções lícitas do controlador, hipótese em que o operador equipara-se ao controlador, salvo nos casos de exclusão previstos no art. 43 desta Lei; II – os controladores que estiverem diretamente envolvidos no tratamento do qual decorreram danos ao titular dos dados respondem solidariamente, salvo nos casos de exclusão previstos no art. 43 desta Lei".

A LGPD ainda prevê o direito de regresso em seu art. 42, § 4º, segundo o qual "aquele que reparar o dano ao titular tem direito de regresso contra os demais responsáveis, na medida de sua participação no evento danoso". Nesse aspecto, diferentemente do Código Civil que, no art. 945, confunde "culpa" com "participação" (nexo causal),[30] a LGPD foi precisa ao estabelecer o regresso

29. Na direção do texto, Danilo Doneda e Laura Schertel Mendes, *Reflexões iniciais sobre a nova Lei Geral de Proteção de Dados*, cit., p. 477.

30. Na redação do art. 945, ora referido, torna-se a considerar a gravidade da culpa concorrente (no caso, da própria vítima) para determinar a participação na obrigação de

conforme a participação de cada agente no evento danoso, isto é, conforme a eficácia causal de cada conduta na produção do dano.

Diante desse cenário, as hipóteses de solidariedade referidas no art. 42, § 1º, são efetivamente as duas únicas previstas pela LGPD, que, portanto, não estabelece a solidariedade como regra.[31] Assim, segundo a Lei de Proteção de Dados Pessoais, haverá solidariedade: (i) entre operador e controlador na específica hipótese de o operador causar danos quando descumprir as obrigações da legislação de proteção de dados; (ii) entre operador e controlador quando aquele não tiver seguido as instruções lícitas deste; e (iii) entre os controladores que estiverem diretamente envolvidos no tratamento do qual decorreram danos ao titular dos dados.

Ao controlador, então, cabe a responsabilidade pelas obrigações que lhe são atribuídas de forma específica pela LGPD. Já o operador responde tão somente por atos próprios e que sejam contrários à LGPD ou às instruções que lhe sejam fornecidas pelo controlador. Eventualmente, em caso de haver mais de um controlador ("controladores conjuntos"), ambos respondem solidariamente perante o titular a fim de assegurar a indenização (art. 42, § 1º, II). Ir além disso seria ultrapassar o texto da lei.

Aduza-se, ainda, que a solidariedade entre controlador e operador pode decorrer da aplicação do art. 942 do Código Civil, caso seja comprovado, por exemplo, que ambos agiram em conluio para provocar o incidente. Segundo o *caput* do referido dispositivo, "os bens do responsável pela ofensa ou violação do direito de outrem ficam sujeitos à reparação do dano causado; e, se a ofensa tiver mais de um autor, todos responderão solidariamente pela reparação". E, nos termos do parágrafo único, "são solidariamente responsáveis com os autores os coautores e as pessoas designadas no art. 932".

---

indenizar, quando o melhor critério é o do nexo causal. Ao comentar tal dispositivo, já observava Aguiar Dias: "No art. 947 [o autor refere-se ao art. 947 do Projeto que, quando aprovado, passou a corresponder ao art. 945 do Código Civil de 2002], volta-se a considerar a gravidade da culpa concorrente, para determinar a participação na obrigação de indenizar, quando o melhor e mais exato critério, na espécie, é o da causalidade. Não é o grau de culpa, mas o grau de participação na produção do evento danoso, reduzindo-se ou até excluindo a responsabilidade dos demais, que deve indicar a quem toca contribuir com a cota maior ou até com toda a indenização" (José de Aguiar Dias, *Da responsabilidade civil*, vol. 1, Rio de Janeiro: Forense, 1994, 9ª ed., p. 38). Não obstante a lição de Aguiar Dias, parte da doutrina ainda confunde causalidade ("participação") com culpa. Nesse aspecto, a LGPD foi irretocável.

31. Danilo Doneda e Laura Schertel Mendes, *Reflexões iniciais sobre a nova lei geral de proteção de dados*, cit., p. 477.

A LGPD trata, ainda, de um terceiro agente de tratamento, que é o encarregado de dados. A figura do encarregado de dados está definida no artigo 5º, inciso VII, da LGPD: encarregado é a "pessoa indicada pelo controlador e operador para atuar como canal de comunicação entre o controlador, os titulares dos dados e a Autoridade Nacional de Proteção de Dados". Diante dessa definição, não é preciso dizer muito para se demonstrar a importância do encarregado, que exercerá cargo de confiança importante dentro da empresa. Embora não precise necessariamente ter formação jurídica – a LGPD não faz essa exigência –, o encarregado deve conhecer bem a lei, mas isso, por si só, também não basta. O encarregado deve ter amplo conhecimento sobre o campo em que se situam os direitos que a LGPD visa proteger e ter habilidade para interagir com órgãos governamentais, porque será o canal de comunicação da empresa com a futura Autoridade Nacional de Proteção de Dados – ANPD.

Além da definição e de outras breves menções, a LGPD efetivamente dedica à figura do encarregado apenas um único dispositivo, que é o artigo 41, composto por três parágrafos. O primeiro determina que a identidade e as informações de contato do encarregado deverão ser divulgadas publicamente, preferencialmente no próprio sítio eletrônico do controlador. O segundo define as suas atribuições, designando ao encarregado, por exemplo, a tarefa de "orientar os funcionários e os contratados da entidade a respeito das práticas a serem tomadas em relação à proteção de dados pessoais". O terceiro estabelece que a ANPD "poderá estabelecer normas complementares sobre a definição e as atribuições do encarregado, inclusive hipóteses de dispensa da necessidade de sua indicação, conforme a natureza e o porte da entidade ou o volume de operações de tratamento de dados".

Não há na LGPD qualquer dispositivo sobre a responsabilidade do encarregado, muito embora a LGPD contenha capítulo destinado à responsabilidade civil do controlador e do operador de dados. Diante do silêncio do legislador, considerando que a atividade do encarregado não configura, em si, atividade de risco, não faria sentido atribuir-lhe a responsabilidade independentemente de culpa (objetiva), tanto mais quando o próprio controlador e o operador respondem pelo regime da responsabilidade subjetiva. Também não há qualquer artigo na LGPD que imponha a responsabilidade solidária ao encarregado, o que só se justificaria diante da hipótese de incidência do art. 942 do Código Civil, isto é, se de alguma forma ficasse comprovado que o encarregado agiu em conluio com o controlador e/ou com o operador.

4. Responsabilidade civil no âmbito das relações de consumo

- No que tange às relações de consumo, o legislador remeteu as hipóteses de "violação do direito do titular (...) às regras de responsabilidade previstas na legislação pertinente" (art. 45), ou seja, ao Código de Defesa do Consumidor, que estabelece regime de responsabilidade *objetiva*. Nesse cenário, o desafio do intérprete reside, precisamente, em atribuir ao art. 45 sentido condizente com todos os fundamentos da LGPD, de modo a garantir a máxima proteção dos direitos do consumidor sem conduzir à compressão ilegítima do desenvolvimento econômico e tecnológico.

- Com efeito, se o tratamento de dados ocorrer no contexto de relação de consumo, cuide-se ou não da atividade-fim desempenhada pelo fornecedor, sua responsabilidade pelos danos causados ao consumidor por acessos não autorizados a seus dados pessoais será apurada com base no regime da responsabilidade objetiva, previsto nos arts. 12 e 14 do CDC. Isso não significa, todavia, que se devam aplicar as regras da legislação consumerista isoladamente, apartadas das demais normas do ordenamento jurídico. A evolução da ciência e da tecnologia desde a entrada em vigor do CDC, em 1991, produziu intenso impacto no mercado de consumo, a impor seu necessário cotejo com a regulamentação elaborada para setores específicos, a exemplo da LGPD.
- O Código de Defesa do Consumidor atribui ao fornecedor responsabilidade objetiva e dedica ao tema duas seções específicas: (i) a que regula a responsabilidade civil pelo fato do produto ou do serviço (arts. 12 a 17); e (ii) a que rege a responsabilidade civil pelo vício do produto ou do serviço (arts. 18 a 25). Em ambos os casos, o legislador estabeleceu a prescindibilidade da comprovação de culpa do responsável legal, dispensando a análise da concreta conduta do agente ofensor para que se imponha o dever de indenizar; para tanto, faz-se necessária apenas a presença de defeito, dano e nexo causal.
- A responsabilidade pelo fato do produto ou do serviço pressupõe *acidente de consumo*, com danos efetivos para o consumidor (arts. 12 a 17, CDC), como ocorre quando o motorista sofre lesões físicas porque o *airbag* do veículo não funcionou em colisão. Trata-se de reflexo da imposição, ao fornecedor, de *dever de segurança* quanto aos produtos e serviços que coloca no mercado, associado à legítima expectativa de segurança decorrente do desempenho que se espera do produto ou do serviço. A responsabilidade pelo vício de qualidade ou quantidade, de outro lado, verifica-se diante da mera inadequação do produto ou do serviço às suas finalidades e à sua função, hipótese em que se confere ao consumidor o direito de exigir o conserto do produto, a troca por

outro em perfeitas condições ou a devolução do preço. Assim, por exemplo, se acende indevidamente luz no painel do veículo indicando algum problema no *airbag*, há vício do produto, e o proprietário tem direito ao reparo sem custos.

- No âmbito do tratamento de dados, prevalece o mesmo modelo de incidência. Há vício (de qualidade) do serviço, por exemplo, quando o consumidor não consegue alterar seus dados em cadastro anteriormente realizado para compra *on-line* por falha do sistema. Há acidente de consumo (vício de segurança), por sua vez, quando certo hospital permite indiscriminado acesso, por sua página na *internet*, aos prontuários médicos de seus pacientes. Esse último caso encontra-se abrangido na ampla definição de *incidente de segurança*, de que trata o art. 48 da LGPD, ao lado de disposições específicas atinentes à responsabilidade objetiva do fornecedor.
- Como se sabe, o Código de Defesa do Consumidor exige a presença de requisito específico para a configuração da responsabilidade do fornecedor: o *defeito* do produto ou do serviço. Considera-se defeituoso o produto ou o serviço que *não oferece a segurança que dele legitimamente se espera*. Para a identificação do defeito do serviço, deve-se considerar: "I – o modo de seu fornecimento; II – o resultado e os riscos que razoavelmente dele se esperam; III – a época em que foi fornecido" (art. 14, § 1º). Ademais, "o serviço não é considerado defeituoso pela adoção de novas técnicas" (art. 14, § 2º).
- Já para a aferição do defeito do produto, importa analisar: "I – sua apresentação; II – o uso e os riscos que razoavelmente dele se esperam; III – a época em que foi colocado em circulação" (art. 12, § 1º). Da mesma forma, "o produto não é considerado defeituoso pelo fato de outro de melhor qualidade ter sido colocado no mercado" (art. 12, § 2º).
- O defeito do produto ou do serviço se relaciona, portanto, à sua *desconformidade com a expectativa do consumidor*.[32] Não se trata, todavia, da expectativa subjetiva de segurança daquele específico consumidor

32. "Percebe-se, assim, que o conceito de defeito está relacionado não propriamente com a inaptidão do produto para seus fins, mas, antes, com a violação de uma legítima expectativa de segurança, que é capaz de provocar danos aos consumidores. Trata-se de conceito de origem norte-americana, acolhido pela Diretiva 85/374/CEE e que, por meio desta, passou para o Código de Defesa do Consumidor" (Marcelo Junqueira Calixto, *A responsabilidade civil do fornecedor de produtos pelos riscos do desenvolvimento*, Rio de Janeiro: Renovar, 2004, p. 134).

que sofreu os danos; o parâmetro a ser seguido é a expectativa de segurança coletiva da sociedade de consumo, isto é, do *consumidor médio* naquelas circunstâncias, tendo em vista as características do produto ou serviço e as informações transmitidas ao consumidor.[33]

- Ao propósito, cuida-se de *razoável* expectativa de segurança. Há graus de segurança, e apenas alguns deles podem ser legitimamente esperados pelo consumidor em relação a determinado produto ou serviço.[34] A dificuldade está, justamente, em identificar quais desses graus de segurança o consumidor pode legitimamente esperar, tarefa que se torna ainda mais árdua no âmbito de tratamento de dados pessoais por meio digital. Para essa análise, os dispositivos suprarreferidos oferecem alguns importantes parâmetros a serem considerados.
- Em primeiro lugar, deve-se analisar a expectativa de segurança do consumidor tendo em vista os riscos inerentes à atividade e ao meio empregado para o tratamento dos dados. Ou seja, há riscos próprios da atividade, insuscetíveis de serem contornados, e também os riscos suscitados pelo meio no qual o produto é distribuído ou o serviço é desempenhado. Tais riscos somente podem ser reduzidos pelo dever de informação do fornecedor, não já pelo desempenho do produto ou serviço. Evidentemente, os riscos do tratamento de dados por meio digital são maiores do que aqueles suscitados no tratamento fora desse

33. Antônio Herman V. Benjamin, Claudia Lima Marques, Leonardo Roscoe Bessa, *Manual de direito do consumidor*, São Paulo: Editora Revista dos Tribunais, 2010, 3. ed., p. 149-150.

34. "Já vimos que todo produto ou serviço apresenta uma margem de insegurança. Integraria ela o âmbito da periculosidade inerente. A dúvida aqui é: qual o grau de segurança que permite qualificar um produto como não defeituoso? O elemento central para a construção do conceito de defeito é a carência de segurança. É por isso mesmo que defeito e vício de qualidade por insegurança – para os objetivos modestos deste trabalho – vêm considerados como expressões que se equivalem. Mas não é qualquer insegurança que transforma o produto ou serviço em defeituoso. Cuida-se antes de graus de insegurança, e nem todos transformam um produto em defeituoso. Atrás foi observado que, ao lado da periculosidade inerente, existe a periculosidade adquirida e a periculosidade exagerada. Só estas últimas, por trazerem potencial danoso superior ao que 'legitimamente se espera', é que podem ser consideradas portadoras de vício de qualidade por insegurança ou defeito. Logo, o Código não estabelece um sistema de segurança absoluta para os produtos e serviços. O que se requer é uma *segurança dentro dos padrões da expectativa legítima dos consumidores*" (Antônio Herman V. Benjamin, Claudia Lima Marques, Leonardo Roscoe Bessa, *Manual de direito do consumidor*, cit., p. 149-150, grifou-se).

ambiente. O consumidor que guarda seus documentos em papel não está exposto aos mesmos riscos em relação à segurança que o consumidor que os arquiva no computador. Tanto que, nesse caso, ainda que o consumidor adquira o melhor programa antivírus disponível no mercado, não terá a legítima expectativa de que seus documentos estarão inteiramente invulneráveis a todo e qualquer ataque *hacker*, o que é evidenciado pelas permanentes atualizações do *software* voltadas justamente a combater os novos vírus, que se desenvolvem de modo permanente. Por esse motivo, tanto os riscos inerentes à atividade quanto a vazamentos decorrentes de fontes externas devem ser razoavelmente conhecidos pelo consumidor, seja por informações atribuídas efetivamente ao fornecedor, seja por informações difusamente disponíveis e que o consumidor com razoável diligência pode obter.

- Em definitivo, é da natureza desse específico meio pelo qual a atividade de tratamento de dados é implementada – o meio digital – certa suscetibilidade a violações, em razão do acelerado e contínuo desenvolvimento tecnológico. E aí reside, precisamente, a pedra de toque da responsabilidade do agente de tratamento de dados no âmbito das relações de consumo, reconhecida expressamente pelo legislador no art. 44 da LGPD.
- Qualifica-se como irregular, nos termos do art. 44, o tratamento que não oferece "(...) a segurança que o titular dele pode esperar, consideradas as circunstâncias relevantes, entre as quais: I – o modo pelo qual é realizado; II – o resultado e os riscos que razoavelmente dele se esperam; III – as técnicas de tratamento de dados pessoais disponíveis à época em que foi realizado".
- Cuidando-se de relação de consumo, forçoso reconhecer que os incisos do art. 44 devem servir de parâmetro para a configuração do defeito em relação aos incidentes de segurança, uma vez que se limitam a especificar o conceito de defeito do art. 14, § 1º, do CDC, tendo em conta as peculiaridades (internas e externas) inerentes ao tratamento de dados. Reconhece, assim, o legislador que, para a aferição do defeito, é fundamental verificar, em relação à época em que o tratamento é realizado (art. 14, § 1º, III, do CDC), "as técnicas de tratamento de dados pessoais disponíveis" (art. 44, III, da LGPD).
- E mais, o § 1º do art. 46 prevê a possibilidade de a Autoridade Nacional de Proteção de Dados (ANPD) estabelecer padrões técnicos mínimos de segurança, levando em consideração "as características específicas do tratamento" e "*o estado atual da tecnologia*". O dispositivo dialoga

com o inciso III do art. 44 e reconhece que, ao menos no que tange a incidentes de segurança, o *risco de desenvolvimento* afasta a responsabilidade do fornecedor,[35] já que ausente o defeito do serviço.

- Isso é especialmente relevante tendo em vista a grande velocidade do desenvolvimento da tecnologia, que potencializa os riscos de vazamento e de acesso não autorizado de terceiros aos dados tratados pelo agente. Sabe-se, todavia, que o agente deve atualizar seu sistema periodicamente – assim como o próprio consumidor atualiza o seu programa antivírus –, a fim de afastar a responsabilidade pelo vazamento de dados por atuação de terceiros. Desse modo, se o fornecedor adotar a tecnologia disponível naquela época no mercado e ainda assim sobrevier ataque *hacker* que, valendo-se de tecnologia nova, seja capaz de quebrar a segurança do seu sistema, restará configurado o *risco de desenvolvimento*, afastando-se a configuração do defeito do serviço e, consequentemente, o dever de indenizar.[36]

---

35. É o que também reconhece Bruno Miragem, ao analisar o art. 44 da LGPD: "Note-se que a regra coloca em destaque, assim como ocorre em relação à responsabilidade do fornecedor no CDC, a questão relativa aos riscos do desenvolvimento, uma vez que delimita a extensão do dever de segurança àquela esperada em razão das 'técnicas de tratamento de dados disponíveis à época em que foi realizado'. Isso é especialmente relevante considerando a grande velocidade do desenvolvimento da tecnologia no tratamento de dados, e os riscos inerentes, em especial as situações de vazamento e acesso não autorizado de terceiros aos dados armazenados pelo controlador ou pelo operador. Nestas hipóteses trata-se de definir em relação ao controlador e operador dos dados, se seria possível identificar um dever de atualização técnica imputável, e nestes termos, eventual adoção de novas técnicas que permitam o uso indevido do dado, especialmente por terceiros, venha a caracterizar espécie de risco inerente (fortuito interno), que não exclui sua responsabilidade pelos danos que venham a suportar os titulares dos dados; ou se delimitação quanto às técnicas disponíveis à época em que foi realizado o tratamento exclui eventual responsabilização do controlador e do operador pelo desenvolvimento tecnológico que permita obtenção de dados ou tratamento indevido por terceiros, desviado da finalidade originalmente prevista. Em outros termos, trata-se de situar, em relação à responsabilidade pelos danos causados em relação ao tratamento indevido de dados, qual o lugar dos riscos do desenvolvimento, considerando, neste caso, a própria previsibilidade de uma atualização e avanço técnico em atividades vinculadas à tecnologia da informação, mais veloz do que em outras atividades econômicas" (Bruno Miragem, A Lei Geral de Proteção de Dados (Lei 13.709/2018) e o direito do consumidor, p. 199. In: *Revista dos Tribunais*, vol. 1009/2019).

36. Na mesma direção: "A partir da interpretação conjunta dos arts. 44 e 46, nos parece que, no âmbito de incidência da LGPD, caso seja demonstrado que as medidas de

- Da mesma forma, para além do risco de desenvolvimento, inexistirá defeito, mesmo na hipótese de serviço ou tecnologia sabidamente vulnerável, se essa vulnerabilidade do produto ou serviço, aquém dos dispositivos tecnológicos mais sofisticados no mundo atual, é previamente explicitada ao consumidor. Nesse caso, terá o fornecedor se desincumbido do seu dever de informar, a obstar a criação de expectativa *legítima* de segurança incompatível com a vulnerabilidade intrínseca do produto ou serviço devidamente revelada.
- Há de se registrar, a propósito, que embora a Seção III do Capítulo VI da LGPD cuide primordialmente do regime de responsabilidade subjetiva aplicável às violações dos direitos dos titulares de dados pessoais ocorridas fora das relações de consumo, isso não significa que seus dispositivos não se apliquem também à responsabilidade objetiva do fornecedor. Os dispositivos que não sejam ontologicamente incompatíveis com a responsabilidade objetiva devem ser aplicados em cotejo com as normas do CDC. Cuida-se, em verdade, de conclusão extraída da necessária interpretação sistemática que se há de fazer sobre o tema. É justamente o que ocorre com os incisos do art. 44 bem como com os incisos I e III do art. 43, que preveem como excludentes de responsabilidade a ausência do tratamento de dados pessoais atribuído ao agente e a atuação exclusiva do titular dos dados ou de terceiro.

A rigor, as situações previstas nos incisos I e III do art. 43 estão igualmente contempladas nos arts. 12, § 3º, e 14, § 3º, do Código de Defesa do Consumidor. Com efeito, os incisos I e III do art. 43 encerram, mais uma vez, a explicitação das excludentes de responsabilidade diante das peculiaridades do objeto da LGPD. Resta, portanto, indiscutível que o fato de terceiro pode romper o nexo de causalidade entre a atividade de tratamento de dados e os danos causados ao titular no âmbito de relações de consumo, o que poderia se verificar, em

---

segurança que venham a ser estabelecidas pela Autoridade Nacional foram observadas, e tendo o controlador e o operador agido de acordo com a técnica e tecnologia disponível, os agentes de tratamento de dados não serão responsabilizados ainda que haja dano aos titulares dos dados. A nosso ver, com o dispositivo em referência a LGPD traz verdadeira inovação se comparada ao sistema de atribuição de responsabilidade civil tradicionalmente adotado, pois positiva no direito brasileiro o denominado 'state of the art', conhecido no Brasil como 'risco do desenvolvimento'" (Lucas Pinto Simão, Priscilla Martins de Freitas Almeida Costa, Regimes de responsabilidade civil no Código de Defesa do Consumidor (CDC) e na Lei Geral de Proteção de Dados (LGPD). In: *Revista Forense*, vol. 431, junho/2020).

tese, na hipótese de ataque *hacker* nas circunstâncias antes mencionadas.[37] Tudo depende, convém repisar, das circunstâncias fáticas e da disponibilização ao consumidor dos elementos técnicos propiciados pelo dever de informação. Há de se verificar, por exemplo, se o fato de terceiro rompe efetivamente o nexo de causalidade. Isso porque, conforme entendimento consolidado, para afastar o dever de indenizar o fato de terceiro há de ser *estranho* à atividade exercida pelo agente, de modo a não se inserir no seu campo de influência e atuação.

Cada pessoa, natural ou jurídica, atua em certa esfera em seu próprio benefício, no âmbito da qual deve exercer controle. Todos os efeitos deflagrados nesse contexto, ainda que inevitáveis e provenientes da atuação de terceiros, devem ser suportados pelo agente a cuja esfera de atuação se afiguram inerentes, respondendo pelos danos daí decorrentes. Cunhou-se, por isso mesmo, o conceito de fato de terceiro interno, assim entendido o fato de terceiro que se liga à pessoa ou à organização da empresa, ou seja, aos riscos da atividade desenvolvida pelo agente. Os danos provenientes de eventos relacionados à pessoa ou à empresa do agente (ou, mais precisamente, ao espectro de atuação de sua atividade) a ele se conectam por nexo de causalidade, razão pela qual deve por eles responder. Já o fato de terceiro externo, por não se ligar "à pessoa ou à empresa por nenhum laço de conexidade",[38] rompe, efetivamente, com o nexo de causalidade e exime o agente do dever de indenizar.

Pense-se, por exemplo, no transportador, cuja responsabilidade é objetiva, nos termos do art. 734[39] do Código Civil. A despeito da expressa dicção do artigo 735 do Código Civil, que, inspirado pela Súmula 187 do Supremo Tribunal Federal,[40] estabeleceu que "a responsabilidade contratual do transportador por

---

37. "Nesse sentido, a partir do momento em que o controlador ou o operador adotam as melhores técnicas de proteção do seu ambiente, caso a invasão resulte de táticas inovadoras, comprovada a adoção de medidas de segurança eficientes e razoáveis, admite-se a excludente de responsabilidade por fato de terceiro, que pode exonerar integralmente a responsabilidade, ou mesmo mitigá-la" (Marcos Gomes da Silva Bruno, Dos Agentes de Tratamento de Dados Pessoais, p. 329. In: *LGPD*: Lei Geral de Proteção de Dados Comentada, Viviane Nóbrega Maldonado, Renato Opice Blum (coords.), São Paulo: Thomson Reuters Brasil, 2019).

38. Agostinho Alvim, *Da inexecução das obrigações e suas consequências*, São Paulo: Saraiva, 1965, p. 316.

39. "Art. 734. O transportador responde pelos danos causados às pessoas transportadas e suas bagagens, salvo motivo de força maior, sendo nula qualquer cláusula excludente da responsabilidade".

40. "A responsabilidade contratual do transportador, pelo acidente com o passageiro, não é elidida por culpa de terceiro, contra o qual tem ação regressiva".

acidente com o passageiro não é elidida por culpa de terceiro, contra o qual tem ação regressiva", doutrina e jurisprudência afastam a responsabilidade quando se tratar de fato de terceiro estranho à atividade do transporte.

Com efeito, embora não exonere o transportador de responsabilidade o acidente automobilístico causado por terceiro,[41] exoneram do dever de indenizar o arremesso de pedra por terceiros que atinge passageiro em composição ferroviária[42] e o assalto a passageiro no curso da viagem.[43] Em todos esses casos, o transporte é mera *ocasião*, mera *oportunidade* para a ocorrência dos danos, e não guarda qualquer conexão com a atividade do transportador.

Nessa direção, parece possível reconhecer que, no vazamento de dados dos passageiros de determinada concessionária de transporte interestadual por atuação *hacker*, a ação do terceiro poderá ser qualificada como fortuito externo. Aliás, pode-se afirmar que, de regra, se o fornecedor não presta serviço de tratamento de dados pessoais, mas o faz para poder prestar o serviço precípuo a que se destina, qualificar-se-á como fato de terceiro externo o vazamento de dados provocado por *hacker*, desde que não haja defeito no tratamento.[44]

Ainda no que tange à natureza da responsabilidade do agente de tratamento de dados, impõe-se sublinhar que o Código de Defesa do Consumidor prevê importante exceção à responsabilidade objetiva: os profissionais liberais, ainda que estejam diante de relação de consumo, respondem subjetivamente (art. 14, § 4º). Tome-se, então, o seguinte exemplo: o médico que esquece o seu prontuário no banco de uma praça responde, à luz do Código de Defesa do Consumidor, de forma subjetiva por esse incidente de segurança. O mesmo ocorre, portanto,

---

41. TJSP, 20ª CDPriv., Ap. Cív. 0028794-22.2009.8.26.0000, Rel. Des. Álvaro Torres Júnior, julg. 27.8.2012.

42. STJ, 4ª T., AgRg no REsp 1562554/RJ, Rel. Min. Antônio Carlos Ferreira, julg. 23.03.2020.

43. STJ, 2ª S., REsp 435.865/RJ, Rel. Min. Barros Monteiro, julg. 9.10.2002. A 2ª Seção ratificou o entendimento ao apreciar, em 29.2.2012, a Rcl 4518/RJ, cujo Relator foi o Min. Ricardo Villas Bôas Cueva. Na mesma direção: TJRJ, 2ª C.C., Ap. Cív. 0027175-10.2009.8.19.0001, Rel. Des. Leila Mariano, julg. 2.4.2012.

44. Tenha-se sempre presente que a LGPD adota definição ampla de "*tratamento de dados*". Tratamento é, na dição legal, "toda operação realizada com dados pessoais, como as que se referem a coleta, produção, recepção, classificação, utilização, acesso, reprodução, transmissão, distribuição, processamento, arquivamento, armazenamento, eliminação, avaliação ou controle da informação, modificação, comunicação, transferência, difusão ou extração" (art. 5º, X, da LGPD). Para a LGPD, portanto, a coleta ou o armazenamento dos dados, por si só, já configura tratamento.

se os dados do paciente estão armazenados em meio digital e há incidente de segurança que os exponha a terceiros.

5. CONCLUSÃO

A LGPD estabeleceu disciplina rígida a ser observada pelos agentes de tratamento, com o objetivo de tutelar, da forma mais efetiva possível, os dados pessoais, resguardando o direito fundamental à autodeterminação informativa. Não se trata apenas de garantir que terceiros não tenham acesso aos dados pessoais, mas de assegurar que o titular assuma a posição de protagonista, decidindo livremente sobre seu uso e sua circulação, o que se afigura ainda mais necessário diante do incremento das situações lesivas impulsionado pelo crescente desenvolvimento tecnológico.

Ainda assim, o legislador não descuidou de ratificar a necessidade de compatibilizar referida tutela com a promoção de outros valores constitucionalmente relevantes, a exemplo da livre iniciativa, da livre concorrência, do desenvolvimento econômico e tecnológico, em evidente dialética normativa concretizada pela opção legislativa em favor do regime geral de responsabilidade civil *subjetiva* pelos danos causados por violação dos direitos dos titulares de dados pessoais.

Embora a LGPD não mencione expressamente a palavra *culpa* nem reproduza o seu conceito em qualquer dispositivo, é inequívoca a sua adoção como pressuposto da responsabilidade do agente de tratamento. A estrutura da LGPD, toda pautada na criação de deveres e boas práticas para os controladores e operadores, estabelece verdadeiro *standard* de conduta a ser seguido pelos agentes de tratamento de dados. Nesse cenário, a inobservância dos deveres previstos na lei, vale dizer, o desvio do padrão de conduta legalmente exigido, configura a atuação culposa do agente, impondo-lhe o dever de indenizar os danos causados aos titulares de dados pessoais.

No âmbito de relação de consumo, por sua vez, a responsabilidade pelos danos causados aos titulares de dados pessoais tem natureza objetiva, cujos pressupostos devem ser analisados à luz da LGPD, em homenagem à concepção unitária e sistemática do ordenamento jurídico. Nessa direção, as peculiaridades do meio empregado para o tratamento dos dados pessoais se afiguram fundamentais para a configuração do defeito, cuja caracterização se subordina, como nas relações de consumo em geral, à quebra da legítima expectativa dos usuários em relação aos serviços prestados. A deflagração da responsabilidade civil objetiva pela prestação de serviço defeituoso convive, evidentemente, com o possível afastamento do dever de reparar, seja pela presença de uma das hipóteses de excludentes da responsabilidade, conforme expressamente previsto pela LGPD, seja pela constatação de risco de desenvolvimento.

Accountability e mitigação da responsabilidade civil na Lei Geral de Proteção de Dados Pessoais

Nelson Rosenvald[1]

José Luiz de Moura Faleiros Júnior[2]

Sumário: 1. Introdução; 2. *Accountability* na LGPD: para além da polissemia; 3. Um novo paradigma regulatório? Como são alocados direitos e deveres relativos à proteção de dados pessoais? 3.1. Os atores da lei: agentes de tratamento e seu papel na efetivação do princípio da prevenção; 3.2. Como aferir o quão responsáveis

1. Professor do corpo permanente do Doutorado e Mestrado do IDP/DF. Procurador de Justiça do Ministério Público de Minas Gerais. Pós-Doutor em Direito Civil na *Università Roma Tre* (IT-2011). Pós-Doutor em Direito Societário na Universidade de Coimbra (PO-2017). *Visiting Academic*, *Oxford University* (UK-2016/17). Professor-Visitante na Universidade Carlos III (ES-2018). Doutor e Mestre em Direito Civil pela Pontifícia Universidade Católica de São Paulo – PUC/SP. Presidente do Instituto Brasileiro de Estudos de Responsabilidade Civil – IBERC.
2. Doutorando em Direito Civil pela Universidade de São Paulo – USP/Largo de São Francisco. Doutorando em Direito, na área de estudo "Direito, Tecnologia e Inovação", pela Universidade Federal de Minas Gerais – UFMG. Mestre em Direito pela Universidade Federal de Uberlândia – UFU. Especialista em Direito Digital, com extensão universitária na University of Chicago. Especialista em Direito Civil e Empresarial. Associado-Fundador do Instituto Avançado de Proteção de Dados – IAPD. Membro do Instituto Brasileiro de Estudos de Responsabilidade Civil – IBERC. Advogado.

(*accountable*) são esses atores? 4. Enfim, a responsabilidade civil: *accountability* como princípio (art. 6º, X) e seus reflexos; 4.1. Inspirações colhidas da função premial da governança na seara administrativa: o art. 53 da LGPD e sua natureza dialógica; 4.2. A efetiva mitigação do dano: reconfigurando o art. 944 do CC; 4.3. Há espaço para a função promocional? 5. Considerações finais; Referências.

1. Introdução

A Lei Geral de Proteção de Dados Pessoais é o exemplo mais recente de uma tendência que se nota com especial intensidade, no Brasil, ao longo da última década: a superação de modelos regulatórios herméticos e lastreados em estruturas de comando e controle vem abrindo largo espaço ao florescimento de normas pautadas em estruturas abertas, catalisadas pelo desejável *compliance*.

Por se tratar de uma importante transição de paradigma, os reflexos dessa tendência revelam – para o enfrentamento do tema-problema desse breve estudo – a ampliação conceitual que se atribui ao conceito jurídico de "responsabilidade", agora norteada por acoplamentos estratégicos multifuncionais da responsabilidade ao arquétipo estrutural que rege as relações jurídicas entre os diversos atores que participam do complexo ecossistema de tratamento de dados pessoais no Brasil.

Enfim, o legislador reconhece a necessidade de atribuição da autodeterminação informativa aos titulares de dados, fomentando amplo debate quanto ao controle sobre os fluxos de dados, e, em contraponto, depositando confiança nos agentes de tratamento para o exercício de controle sobre os riscos das atividades que exercem.

Essa confiança, porém, não vem desacompanhada de ônus: por expressa previsão da lei, fala-se em "responsabilidade e prestação de contas" como sinônimos de uma introjeção normativa da responsabilidade (*liability* e *accountability*) no contexto brasileiro do tratamento de dados pessoais, com consequências regulatórias que, inegavelmente, repercutem na esfera de atuação da Autoridade Nacional de Proteção de Dados. Isso abre margem à calibração de sanções administrativas e, em paralelo, também pode nortear a reconfiguração da leitura que se faz da responsabilidade civil e de suas funções.

Se, para além de compensar, punir e prevenir danos, defende-se que a responsabilidade civil deve ser importante vetor para, de forma criteriosa, recompensar a virtude e os comportamentos corretos e benevolentes, nada mais justo que reconhecer prêmios àqueles que assim atuam. Ao trabalhar com o princípio da *accountability*, robustecido pelas estruturas de *compliance* espargidas na lei, teria o legislador indicado justamente isso? É o que se procurará responder nessas breves linhas.

2. *ACCOUNTABILITY* NA LGPD: PARA ALÉM DA POLISSEMIA

É amplo o debate doutrinário sobre a natureza da responsabilidade civil definida pelos dispositivos da LGPD: seria ela objetiva ou subjetiva? Na primeira hipótese, o nexo de imputação remeteria ao risco da atividade em razão da realização do tratamento de dados, por expressa previsão do artigo 42,[3] ou teria lastro no defeito do produto ou serviço,[4] em razão do conceito de tratamento irregular definido no artigo 44? Na segunda, assume-se a culpa como fator atributivo, ou prevalece um conceito objetivo de ilícito?[5]

---

3. Defendendo posição objetivista, conferir, por todos, MULHOLLAND, Caitlin. Responsabilidade civil por danos causados pela violação de dados sensíveis e a Lei Geral de Proteção de Dados Pessoais (lei 13.709/2018). *In:* MARTINS, Guilherme Magalhães; ROSENVALD, Nelson (Coord.). *Responsabilidade civil e novas tecnologias*. Indaiatuba: Foco, 2020, p. 122; MIRAGEM, Bruno. A Lei Geral de Proteção de Dados (Lei 13.709/2018) e o direito do consumidor. *Revista dos Tribunais*, São Paulo, v. 1009, nov. 2019, p. 27 *et seq.*; MENDES, Laura Schertel; DONEDA, Danilo. Reflexões iniciais sobre a nova Lei Geral de Proteção de Dados. *Revista de Direito do Consumidor*, São Paulo: Revista dos Tribunais, v. 120, p. 468-486, nov./dez. 2018, p. 473.

4. Essa é a posição defendida por DRESCH, Rafael de Freitas Valle; FALEIROS JÚNIOR, José Luiz de Moura. Reflexões sobre a responsabilidade civil na Lei Geral de Proteção de Dados (Lei nº 13.709/2018). *In:* ROSENVALD, Nelson; DRESCH, Rafael de Freitas Valle; WESENDONCK, Tula (Coords.). *Responsabilidade civil*: novos riscos. Indaiatuba: Foco, 2019, p. 74; DRESCH, Rafael de Freitas Valle; STEIN, Lílian Brandt. Direito fundamental à proteção de dados e responsabilidade civil. *Migalhas de Responsabilidade Civil*, 27 nov. 2020. Disponível em: http://s.migalhas.com.br/S/22D570. Acesso em: 16 abr. 2021; ROSENVALD, Nelson. O compliance e a redução equitativa da indenização na LGPD. *Migalhas de Proteção de Dados*, 19 mar. 2021. Disponível em: http://s.migalhas.com.br/S/6869AE. Acesso em: 16 abr. 2021.

5. Defendendo a natureza subjetiva do regime de responsabilidade civil em questão, tem-se, por todos, GUEDES, Gisela Sampaio da Cruz; MEIRELES, Rose Melo Venceslau. Término do tratamento de dados. *In:* TEPEDINO, Gustavo; FRAZÃO, Ana; OLIVA, Milena Donato (Coords.). *Lei Geral de Proteção de Dados Pessoais e suas repercussões no direito brasileiro*. São Paulo: Revista dos Tribunais, 2019, p. 231-232; DANTAS BISNETO, Cícero. Dano moral pela violação à legislação de proteção de dados: um estudo de direito comparado entre a LGPD e o RGPD. *In:* FALEIROS JÚNIOR, José Luiz de Moura; LONGHI, João Victor Rozatti; GUGLIARA, Rodrigo

As dúvidas podem ser enfrentadas sob vários ângulos e o debate é de extrema relevância, embora não se esgote nas múltiplas conceituações do termo "responsabilidade" e nas suas possíveis aplicações. Em verdade, a controvérsia sobre o exato fator de atribuição da responsabilidade civil concerne tão somente à qualificação da obrigação de indenizar para que se proceda à reparação integral de danos patrimoniais e extrapatrimoniais.

No *common law*, há um termo que se ajusta perfeitamente ao clássico sentido civilístico da responsabilidade. Trata-se da *liability*,[6] cuja acepção remete à indenização haurida pelo nexo causal que conecta conduta e dano, acrescida por outros elementos aferidos em conformidade com o nexo de imputação concreto, tendo em conta as peculiaridades de cada jurisdição.[7]

Na língua inglesa, entretanto, há outros termos representativos de outros sentidos para o conceito jurídico de responsabilidade. Ao lado da *liability*, colocam-se três outros vocábulos: *responsibility*, *answerability* e *accountability*. Os três podem ser traduzidos para a língua portuguesa como "responsabilidade", mas seus sentidos, em verdade, diferem do conteúdo monopolístico que as jurisdições da *civil law* conferem à *liability,* como palco iluminado da responsabilidade civil (artigos 927 a 954 do Código Civil).

Em comum, os três vocábulos transcendem a função judicial de desfazimento de prejuízos, conferindo novas camadas à responsabilidade, capazes de responder à complexidade e à velocidade dos arranjos sociais contemporâneos.

Cremos ser importante enfatizar o sentido de cada um dos termos ingleses para ampliarmos o escopo do conceito jurídico de "responsabilidade". Isso porque palavras, muitas vezes, servem como redomas de compreensão do sentido, sendo que a polissemia da responsabilidade nos auxilia a escapar do monopólio

---

(Coord.). *Proteção de dados pessoais na sociedade da informação*: entre dados e danos. Indaiatuba: Foco, 2021, p. 228.

6. PEEL, Edwin; GOUDKAMP, James. *Winfield and Jolowicz on Tort (Classics)*. 19. ed. Londres: Sweet & Maxwell; Thomson Reuters, 2014. E-book, pos. 1-003. Destacam: "Winfield's definition of tort was as follows: 'Tortious liability arises from the breach of a duty primarily fixed by law; this duty is towards persons generally and its breach is redressible by an action for unliquidated damages'".
7. Pertinente ao tema é a ideia de correlatividade, assim elucidada por Peter Cane: "Much understanding can be gained, not only of tort law but of also of other areas of the civil law of obligations, by analyzing tort law not in terms of the discrete torts which we have inherited from the days of the formulary system but in terms of the concept of correlativity and the ideas of sanctioned conduct, protected interests and sanctions". CANE, Peter. *The anatomy of tort law*. Oxford: Hart Publishing, 1997, p. 27.

da função compensatória da responsabilidade civil (*liability*), como se ela ainda se resumisse à singela noção de pagamento de uma quantia em dinheiro apta a repor o ofendido na situação pré-danosa.

Metaforicamente, se poderia dizer que a *liability* não é o epicentro da responsabilidade civil, mas apenas a sua epiderme. Em verdade, trata-se apenas de um *last resort* para aquilo que se pretende extrair da responsabilidade civil no século XXI, destacadamente na tutela dos dados pessoais, uma vez que a definição de regramentos próprios não advém de uma observação ontológica (ser), mas de uma expectativa deontológica (dever-ser) da interação entre inovação e regulação em um ecossistema no qual o risco é inerente às atividades exploradas.[8]

É indubitável que o potencial do *Big Data* ultrapassa as meras aplicações práticas, pois também torna possível a interpretação de comportamentos humanos.[9] No atual estado da técnica, já é possível a operabilidade das comunicações entre indivíduos (*person-to-person*, P2P), entre indivíduos e máquinas (*human-to-machine*, H2M) ou apenas entre máquinas (*machine-to-machine*, M2M), em clara sinalização do avanço rumo à "web inteligente",[10] marcada pela presença da "Internet das Coisas" (*Internet of Things*, ou *IoT*),[11] que também se situa na fronteira da chamada *web 4.0* ou "Internet de Todas as Coisas" (*Internet of Everything*, ou *IoE*).[12]

No apogeu da sociedade da informação, considerar a "responsabilidade" a partir de uma leitura conceitual simplista revela-se inconcebível. A polissemia anunciada impõe releituras específicas sobre cada eixo funcional do instituto, ainda que a tradução dos diversos vocábulos imponha dificuldades entre um idioma e outro.

Começando por *responsibility*, é imperioso destacar que o termo denota o sentido moral de responsabilidade, voluntariamente aceito e jamais legalmente imposto. É um conceito prospectivo de responsabilidade, no qual ela se converte em instrumento para autogoverno e modelação da vida. No campo do tratamento

---

8. GELLERT, Raphaël. Understanding data protection as risk regulation. *Journal of Internet Law*, Alphen aan den Rijn, v. 18, n. 1, p. 3-15, maio 2015, p. 6-7.
9. KLOUS, Sander; WIELAARD, Nart. *We are Big Data*: the future of the information society. Amsterdã: Atlantis Press, 2016, p. 12.
10. CHANDER, Anupam. *The electronic silk road*: how the web binds the world in commerce. New Haven: Yale University Press, 2013, p. 207.
11. GREENGARD, Samuel. *The internet of things*. Cambridge: The MIT Press, 2015, p. 189.
12. FLORIDI, Luciano. *The ethics of information*. Oxford: Oxford University Press, 2013, p. 5.

dos dados pessoais, assume duas vertentes: para agentes de tratamento, significa a abertura de espaços para a internalização da ética em suas atividades; para os titulares dos dados, a educação digital, no sentido de "(...) capacitação, integrada a outras práticas educacionais, para o uso seguro, consciente e responsável da internet como ferramenta para o exercício da cidadania", como há tempos já descreve, no Brasil, o artigo 26 do Marco Civil da Internet (Lei nº 12.965/2014).[13]

Se uma pessoa não sabe o que acontece com os seus dados, não poderá se proteger. Não obstante, com a elevação da autodeterminação informativa (art. 2º, II) ao patamar de fundamento da Lei Geral de Proteção de Dados Pessoais, objetiva-se justamente a atribuição, ao titular, da inexorável liberdade para que direcione os sentidos do tratamento atribuído a seu acervo de dados que flui pelas redes.

Na sequência, impõe-se considerar a *answerability*, passível de tradução literal como "explicabilidade", que impõe mais uma camada da função preventiva da responsabilidade, materializada no dever recíproco de construção da fidúcia a partir do imperativo da transparência (que é princípio expressamente previsto no art. 6º, VI, da LGPD).[14]

A *answerability* é um procedimento recíproco de justificação de escolhas que extrapola o direito à informação,[15] facultando-se a compreensão de todo o

---

13. Sobre o referido dispositivo, Renato Opice Blum explica que "(...) pouco adiantará a aprovação de leis para garantir uma segurança maior ao usuário da rede mundial de computadores se ele, antes de iniciar a conexão com um mundo tão rico, tão vasto, tão cheio de informações, mas por vezes perigoso, não for educado digitalmente. Primeiro, é necessário que o usuário, tanto no âmbito pessoal, quanto profissional, e de forma preventiva, seja educado para isso. Por meio de educação voltada para o uso correto da Internet e de suas informações. Esse aprendizado deveria começar na fase escolar e perdurar por toda a vida do ser humano, ante o dinamismo e a abrangência do mundo virtual. Da mesma forma, as escolas devem fazer uso de uma Política de Segurança da Informação, aplicando sistemas eficientes para resguardar o sigilo de suas informações, especialmente de seus alunos. Entretanto, é importante observar que de nada adiantará a escola empresa ter uma estrutura adequada na área de Tecnologia da Informação se os professores, alunos e pais não tiverem consciência da importância de se garantir a segurança da informação". BLUM, Renato Opice. O Marco Civil da Internet e a educação digital no Brasil. *In:* ABRUSIO, Juliana (Coord.). *Educação digital*. São Paulo: Revista dos Tribunais, 2015, p. 189-190.
14. "Art. 6º. (...) VI – transparência: garantia, aos titulares, de informações claras, precisas e facilmente acessíveis sobre a realização do tratamento e os respectivos agentes de tratamento, observados os segredos comercial e industrial".
15. MILLER, Paul B.; OBERDIEK, John. *Civil wrongs and justice in private law*. Oxford: Oxford University Press, 2020, p. 108.

cenário da operação de tratamento de dados para agente e titular. O enfrentamento do incerto e do imprevisível não é novidade para o Direito, que já lida com tais conceitos no direito ambiental, por exemplo. O desafio está em buscar uma resposta ontológica, lastreada na identificação do cabimento das funções preventiva e precaucional da responsabilidade civil[16] para que seja aferível a expectativa depositada sobre cada participante da atividade, especialmente quanto à previsibilidade (*foreseeability*)[17] de eventuais consequências.

No âmbito da LGPD, a *answerability* pode ser identificada, por exemplo, na *ability to appeal*, ou seja, quando é conferido ao titular dos dados o direito de solicitar a revisão de decisões tomadas unicamente com base em tratamento automatizado de dados pessoais que afetem seus interesses, incluídas as decisões destinadas a definir o seu perfil pessoal, profissional, de consumo e de crédito ou os aspectos de sua personalidade (art. 20).[18]

Prioriza-se uma revisão extrajudicial por humanos – embora o aposto textual que continha tal exigência tenha sido extirpado da redação do *caput* do artigo 20 da Lei depois da reforma consolidada pela Lei nº 13.853/2019 – de decisões produzidas por algoritmos. A *liability* surgirá em um momento posterior, se eventualmente eclodirem danos em razão de atos ou atividades danosas que vulneram o *profiling* da pessoa ou se alcançarem situações jurídicas existenciais.

Enfim, tem-se a *accountability*, e a partir dela ampliamos o espectro da responsabilidade, mediante a inclusão de parâmetros regulatórios preventivos, que promovem uma interação entre a *liability* do Código Civil e a regulamentação voltada à governança de dados, seja em caráter *ex ante* ou *ex post*.

---

16. BARBOSA, Mafalda Miranda. *Liberdade vs. responsabilidade*: a precaução como fundamento da imputação delitual? Coimbra: Almedina, 2006, p. 352.

17. O contexto no qual o termo tem aplicação é elucidado por Ryan Calo: "Foreseeability remains a necessary ingredient even where liability is otherwise 'strict' (i.e., where no showing of negligence by the plaintiff is necessary to recovery). There will be situations, particularly as emergent systems interact with one another, wherein otherwise useful technology will legitimately surprise all involved. Should these systems prove deeply useful to society, as many envision, some other formulation than foreseeability may be necessary to assess liability". CALO, Ryan Robotics and the lessons of cyberlaw. *California Law Review*, Berkeley, v. 103, p. 513-563, 2015, p. 555.

18. Conferir, a esse respeito, CORDEIRO, A. Barreto Menezes. Decisões individuais automatizadas à luz do RGPD e da LGPD. *In:* BARBOSA, Mafalda Miranda; BRAGA NETTO, Felipe; SILVA, Michael César; FALEIROS JÚNIOR, José Luiz de Moura. *Direito digital e inteligência artificial*: diálogos entre Brasil e Europa. Indaiatuba: Foco, 2021, p. 263 *et seq*.

No plano *ex ante*, a *accountability* é compreendida como um guia para controladores e operadores, protagonistas do tratamento de dados pessoais, mediante a inserção de regras de governança e boas práticas que estabeleçam procedimentos, normas de segurança e padrões técnicos, tal como se extrai do artigo 50 da LGPD, a despeito de sua citada facultatividade.[19]

Assim como ocorre noutros ordenamentos,[20] impõe-se o *compliance* como planificação para os riscos de maior impacto negativo. Não por outra razão, ao explicitar os princípios da atividade de tratamento de dados, o art. 6º, X, da LGPD se refere à "responsabilização e prestação de contas", ou seja, *liability e accountability*.

O termo *compliance* é sabidamente oriundo da língua inglesa. Sua origem está na etimologia do verbo "*to comply*", que não possui tradução exata, mas revela a expectativa de uma postura de conformidade e adesão a parâmetros regulatórios que aclaram a interseção entre a tutela da privacidade e o direito da concorrência.[21]

Já na vertente *ex post*, a *accountability* atua como um guia para o magistrado e outras autoridades, norteando a identificação e a quantificação de

---

19. Note-se o emprego do verbo "poder" (no plural, "poderão", em destaque nosso) contido no *caput* do dispositivo: "Art. 50. Os controladores e operadores, no âmbito de suas competências, pelo tratamento de dados pessoais, individualmente ou por meio de associações, *poderão* formular regras de boas práticas e de governança que estabeleçam as condições de organização, o regime de funcionamento, os procedimentos, incluindo reclamações e petições de titulares, as normas de segurança, os padrões técnicos, as obrigações específicas para os diversos envolvidos no tratamento, as ações educativas, os mecanismos internos de supervisão e de mitigação de riscos e outros aspectos relacionados ao tratamento de dados pessoais".
20. É o caso do regulamento europeu: "The GDPR [Art. 32(2) GDPR; Art. 7(1) Directive 95/46/EC] forces data controllers to mitigate the risk of a potential privacy breach by establishing internal procedures to assess data protection risks of their products and services. Risk assessment provisions encourage data controllers to weigh technical data protection measures against risks faced by data processing activities. These measures must be proportionate to the envisaged risks". TAMÒ-LARRIEUX, Aurelia. *Designing for privacy and its legal framework*: data protection by design and default for the Internet of Things. Cham/Basileia: Springer, 2018, p. 96.
21. STUCKE, Maurice E.; GRUNES, Allen P. *Big Data and competition policy*. Oxford: Oxford University Press, 2016, p. 276. Anotam: "The first signpost of progress is when the agencies and courts recognize the competitive implications of data and how privacy protection can be an important parameter of non-price competition in a post-industrial economy. The next signpost is when they move beyond what is quantifiable to what is important, and beyond their price-centric tools to legal standards and presumptions that capture these important non-price parameters of competition".

responsabilidades e lastreando o estabelecimento dos remédios mais adequados (e sua gradação/dosagem), podendo valer para a seara administrativa – e suas correspondentes sanções – e para a responsabilidade civil, compreendida a partir do reconhecimento de sua polissemia, mas aplicada para além disso, em verdadeira efetivação de suas múltiplas funções.

3. UM NOVO PARADIGMA REGULATÓRIO? COMO SÃO ALOCADOS DIREITOS E DEVERES RELATIVOS À PROTEÇÃO DE DADOS PESSOAIS?

Em grande sintonia com os artigos 24, 25 e 26 do RGPD europeu, o artigo 42 da LGPD é a principal base estrutural do tema.[22] Pela literalidade do *caput*, observa-se que se falou em dano "patrimonial, moral, individual ou coletivo", denotando uma amplitude reparatória semelhante à descrita pelo artigo 82 (1) do RGPD europeu.[23-24]

---

22. "Art. 42. O controlador ou o operador que, em razão do exercício de atividade de tratamento de dados pessoais, causar a outrem dano patrimonial, moral, individual ou coletivo, em violação à legislação de proteção de dados pessoais, é obrigado a repará-lo. § 1º. A fim de assegurar a efetiva indenização ao titular dos dados: I – o operador responde solidariamente pelos danos causados pelo tratamento quando descumprir as obrigações da legislação de proteção de dados ou quando não tiver seguido as instruções lícitas do controlador, hipótese em que o operador equipara-se ao controlador, salvo nos casos de exclusão previstos no art. 43 desta Lei; II – os controladores que estiverem diretamente envolvidos no tratamento do qual decorreram danos ao titular dos dados respondem solidariamente, salvo nos casos de exclusão previstos no art. 43 desta Lei. § 2º. O juiz, no processo civil, poderá inverter o ônus da prova a favor do titular dos dados quando, a seu juízo, for verossímil a alegação, houver hipossuficiência para fins de produção de prova ou quando a produção de prova pelo titular resultar-lhe excessivamente onerosa. § 3º. As ações de reparação por danos coletivos que tenham por objeto a responsabilização nos termos do *caput* deste artigo podem ser exercidas coletivamente em juízo, observado o disposto na legislação pertinente. § 4º. Aquele que reparar o dano ao titular tem direito de regresso contra os demais responsáveis, na medida de sua participação no evento danoso".
23. "Artigo 82. (1). Qualquer pessoa que tenha sofrido danos materiais ou imateriais devido a uma violação do presente regulamento tem direito a receber uma indemnização do responsável pelo tratamento ou do subcontratante pelos danos sofridos".
24. VOIGT, Paul; VON DEM BUSSCHE, Axel. *The EU General Data Protection Regulation (GDPR)*: a practical guide. Cham/Basileia: Springer, 2017, p. 51. Comentam: "'Damage' under Art. 82 Sec. 1 GDPR explicitly includes material and non-material damages as the consequences of data breaches can vary widely and are often of intangible nature, such as social discrimination, psychological stress or barriers to the free personality development. Individuals should receive full and effective compensation for

Nos incisos do § 1º do artigo 42 da lei brasileira, foram estabelecidas as hipóteses expressas de responsabilização solidária entre controladores de dados ou entre operador e controlador. Tais figuras são designações que, em sentido mais amplo, a lei nomeia de agentes de tratamento de dados.[25] No inciso I, tem-se a responsabilidade civil solidária por danos causados pelo tratamento realizado pelo operador em desconformidade com as obrigações da legislação ou quando o tratamento esteja em desacordo com instruções lícitas do controlador. No inciso II, tem-se a solidariedade dos controladores que estiverem diretamente envolvidos no tratamento, quando forem vários.

A solidariedade sabidamente não se presume, razão pela qual o legislador optou por reservar *locus* específico para a especificação de suas hipóteses de incidência, mas a leitura que se deve fazer do dispositivo não deve vir desacompanhada da análise casuística do modo pelo qual cada participante atua em relação aos deveres de proteção conferidos pela lei. Falar em *compliance* implica reconhecer que ações variadas poderão gerar resultados complexos, não se limitando a fórmulas únicas ou soluções dependentes de leitura fria do dispositivo.[26]

---

the damage they have suffered. Moreover, the concept of damage should be broadly interpreted in the light of the case-law of the European Court of Justice".

25. "Art. 5º. (...) VI – controlador: pessoa natural ou jurídica, de direito público ou privado, a quem competem as decisões referentes ao tratamento de dados pessoais; VII – operador: pessoa natural ou jurídica, de direito público ou privado, que realiza o tratamento de dados pessoais em nome do controlador".

26. Sobre o tema, anota a doutrina: "Dúvidas não há, diante do cenário de mudança já delineado no presente artigo, que a atuação em conformidade com a LGPD demandará a estruturação de mecanismos (técnicos e organizacionais) robustos direcionados exclusivamente a assegurar o respeito à legalidade no tratamento de dados pessoais. Além de garantir a conformidade com as demais normas da LGPD, os agentes de tratamento devem construir estruturas que permitam o atendimento a diversos outros deveres específicos, associados a boas práticas corporativas. É o caso (i) do dever de manter registro de todas as atividades de tratamento realizadas (art. 37); (ii) da apresentação, pelo controlador, quando requisitado, de relatório de impacto à proteção de dados pessoais (art. 38); (iii) da observância, por ambos os agentes de tratamento, das normas de segurança (art. 46) – que, se não comprovadas, induzem à sua automática responsabilização (art. 44, parágrafo único); e, ainda (iv) da comprovação da efetividade do programa de governança em privacidade adotado, nos termos do art. 50, § 2º, inciso II. Identificar quais medidas organizacionais e técnicas deverão ser adotadas na construção de um programa de *compliance* de dados pessoais não consiste em tarefa simples e, na ausência de outros parâmetros, parece adequado recorrer às orientações extraídas da própria LGPD, bem como às bases previamente estabelecidas em áreas, como a legislação antitruste e anticorrupção, em que se debatem os requisitos de

3.1. Os atores da lei: agentes de tratamento e seu papel na efetivação do princípio da prevenção

A tecnologia é uma das principais responsáveis pelo acirramento de um descompasso (anunciado) entre inovação e regulação, que vem inspirando a busca por soluções colaborativas, a partir das quais se abre maior espaço à atuação de participantes privados – inclusive para a realização de suas atividades econômicas –, com a expectativa de contraprestações detalhadas a todos os participantes desse ecossistema.

Na lei, isso se dá a partir da permissividade de cláusulas abertas que revelam a importância das competências decisórias relativas ao tratamento de dados pessoais. Exemplo disso é a clivagem conceitual traçada pelo legislador entre os dados pessoais (em sentido amplo) e os dados anonimizados, estes afastados do campo de incidência da norma e definidos a partir de elementares abstratas, como os "esforços razoáveis" quanto à reversão dos processos de anonimização e os "meios próprios" (art. 5º, III e XI) empregados.[27] Há grande abertura na própria tentativa de elucidação do que seria considerado razoável pela dicção do artigo 12, § 1º, da Lei, quando se fala em "custo" e "tempo" como critérios supostamente objetivos de aferição da técnica de anonimização aplicada.

Enfim, o legislador legitima as competências decisórias dos controladores ao lhes franquear uma dezena de bases legais para o tratamento dos dados pessoais (art. 7º) – além do peculiar legítimo interesse (art. 10) – e outras oito para o tratamento de dados pessoais sensíveis (art. 11). Espera-se o maior acautelamento possível, no caso concreto, na adoção da base legal que melhor justifique a atividade de tratamento, o que revela a opção do legislador pela definição de

---

programas de compliance efetivos". FRAZÃO, Ana; OLIVA, Milena Donato; ABÍLIO, Vivianne da Silveira. Compliance de dados pessoais. *In:* TEPEDINO, Gustavo; FRAZÃO, Ana; OLIVA, Milena Donato (Coords.). *Lei Geral de Proteção de Dados Pessoais e suas repercussões no direito brasileiro*. São Paulo: Thomson Reuters Brasil, 2019, p. 698-699.

27. Conferir, sobre o tema: FALEIROS JÚNIOR, José Luiz de Moura; MARTINS, Guilherme Magalhães. Proteção de dados e anonimização: perspectivas à luz da Lei nº 13.709/2018. *Revista de Estudos Institucionais*, Rio de Janeiro, v. 7, n. 1, p. 376-397, jan./abr. 2021, p. 383-387; MARTINS, Guilherme Magalhães; FALEIROS JÚNIOR, José Luiz de Moura. A anonimização de dados pessoais: consequências jurídicas do processo de reversão, a importância da entropia e sua tutela à luz da Lei Geral de Proteção de Dados. *In:* DE LUCCA, Newton; SIMÃO FILHO, Adalberto; LIMA, Cíntia Rosa Pereira de; MACIEL, Renata Mota (Coord.). *Direito & Internet IV*: sistema de proteção de dados pessoais. São Paulo: Quartier Latin, 2019, p. 61-63.

espectro conceitual amplo o suficiente para permitir ao controlador uma escolha que não fira os direitos dos titulares de dados.

De outro lado, exatamente para contrabalancear o *voto de confiança* que é conferido aos agentes de tratamento, são definidos direitos do titular de dados, em rol não exaustivo, mas de importante conhecimento e de incidência assertiva e voltada à garantia de equilíbrio ao ecossistema protetivo em questão, que tem o mérito de reduzir a implementação de programas que acabam servindo como "estratagemas de evasão da responsabilidade".[28]

O artigo 18 da LGPD vai além dos direitos mais corriqueiros, como o simples acesso ou a confirmação de existência de dados pessoais do titular em poder do agente – embora proteja tais direitos, prevendo-os expressamente (incisos I e II) – e define outros com claro foco no contrabalanceamento de estruturas concorrenciais e de consumo, como a portabilidade de dados, que faculta ao titular, no exercício de sua autodeterminação informativa, a migração de um prestador a outro.[29]

Tem-se, enfim, um ecossistema para o qual a *accountability* faz todo sentido: quanto maior for o grau de discricionariedade do controlador na escolha da hipótese de tratamento e na consideração de seus impactos, mais se esperará que haja observância à norma e demonstração de que foram adotadas medidas eficazes para seu integral cumprimento, o que independe da implementação de um programa de governança e boas práticas (art. 50), na medida em que a demonstração de eficácia das medidas adotadas é desdobramento do princípio descrito no art. 6º, inciso X.

Não há dúvidas de que o princípio da adequação (art. 6º, II) também é importante vetor para a condução da gestão de equipes em nível organizacional ou nas relações interempresariais, independentemente do enquadramento de cada

---

28. CUEVA, Ricardo Villas Bôas. Funções e finalidades dos programas de compliance. *In:* CUEVA, Ricardo Villas Bôas; FRAZÃO, Ana (Coord.). *Compliance*: perspectivas e desafios dos programas de conformidade. Belo Horizonte: Fórum, 2018, p. 55.

29. FRAZÃO, Ana. Big Data, plataformas digitais e principais impactos sobre o direito da concorrência. *In:* FRAZÃO, Ana; CARVALHO, Angelo Gamba Prata de (Coords.). *Empresa, mercado e tecnologia.* Belo Horizonte: Fórum, 2019, p. 196-197. Segundo a autora: "Para isso, é necessário ampliar o rol de critérios e parâmetros utilizados na análise tradicional, cujos instrumentos nem sempre serão idôneos para compreender as novas conjunturas, bem como resgatar o papel do direito da concorrência com a proteção do processo competitivo, da diversidade, qualidade e inovação, bem como da tutela do consumidor não apenas pelo critério do menor preço, mas pelo critério do seu bem estar, visto sob perspectiva mais ampla, que abranja, obviamente, seus direitos de personalidade e autodeterminação".

participante nos papéis de controlador e/ou operador, especialmente quando se deseja implementar uma adequada gestão de riscos (conforme sinaliza o princípio da prevenção, no art. 6º, VIII) visando garantir o contínuo desenvolvimento de competências para a melhoria do desempenho e para formatar o comprometimento de todos os agentes com a atividade de tratamento de dados e com os objetivos delineados.

O foco da estrutura principiológica da lei, nesse sentido, está atrelado ao papel das lideranças, exercidas pelos ocupantes de cargos da alta administração – e, em certa medida, também dos chamados *compliance officers* –, notadamente por se esperar o exemplo, requisito "intitulado normalmente como '*tone from the top*'",[30] afastando a complacência e a leniência quanto a comportamentos antiéticos que, se admitidos em detrimento das regulações existentes, colocarão em descrédito todo o tratamento realizado e, inclusive, eventual programa de governança e boas práticas, se implementado.

3.2. Como aferir o quão responsáveis (*accountable*) são esses atores?

Em relação à governança, André-Jean Arnaud acentua os seguintes aspectos como fatores estruturantes de verdadeira mudança de paradigma: (i) anseio pelo equilíbrio e pelo controle na gestão da empresa por meio da lógica sistêmica; (ii) a implementação da transparência, assim entendida como o princípio orientador da boa governança; (iii) a eficiência prestacional, a partir de uma ressignificação da gestão para melhorar o desempenho da empresa com base na estrutura de propriedade com a equação de custo-qualidade-serviço, que o autor denomina "reengenharia"; (iv) o acolhimento de um modelo de gestão complexo pela "racionalização de poderes, pesquisa sobre transparência, equilíbrio e eficiência, num contexto de mercado competitivo" permeado por *soft law* e *hard law* e complementado por questões sobre o equilíbrio alcançado, os limites e o poder decorrente do excesso de regulamentação.[31]

Como foi dito, o artigo 6º da LGPD define um rol de princípios que é representativo da já mencionada transição paradigmática. Há, no *caput* (que expressamente impõe a observância à boa-fé) e nos dez incisos do dispositivo, clara

30. FRAZÃO, Ana; MEDEIROS, Ana Rafaela Martinez. Desafios para a efetividade dos programas de compliance. *In:* CUEVA, Ricardo Villas Bôas; FRAZÃO, Ana (Coord.). *Compliance*: perspectivas e desafios dos programas de conformidade. Belo Horizonte: Fórum, 2018, p. 98.

31. ARNAUD, André-Jean. *La gouvernance*: un outil de participation. Paris: LGDJ, 2014, p. 214-223.

preocupação com a definição de metaparâmetros, que não representam qualquer grau de "desconexão" com a legalidade, não indicam qualquer racionalidade hiperburocrática[32] e também não se confundem com as "leis-quadro",[33] embora ampliem o espectro de elaboração de instrumentos que elevam as expectativas depositadas sobre a atuação de quem procura minimizar riscos.

É importante lembrar que a recente reforma à Lei de Introdução às Normas do Direito Brasileiro, particularmente a partir da inserção do novo artigo 23,[34] visou atacar os aspectos centrais da (in)segurança jurídica, refreando a atuação administrativa, controladora e judicial em função de três pilares: (i) estabilidade; (ii) ponderabilidade/razoabilidade; (iii) previsibilidade.[35] A governança, no

---

32. BLACK, Julia. *Rules and regulators*. Oxford: Clarendon Press, 1997, p. 222. Anota: "Of themselves [precise rules] do not represent overall quality, they are simply measurable proxies for it, and may indeed serve to undermine it: promoting or facilitating the mechanical and unthinking compliance that it may have been the aim of the purposive rule to override. This tension between achieving a high quality of conduct and enabling enforcement perhaps presents the tension between formalism and substantiveness in a different guise, one not of bureaucratic rationality, but of regulatory effectiveness".

33. A expressão remete ao contexto do artigo 84, inciso IV, da Constituição da República: "O Executivo fica sujeito, ao editar esses *regulamentos autorizados*, exclusivamente às limitações definidas na *atribuição explícita* do exercício da sua função normativa. Logo, esses mesmos *regulamentos autorizados* podem impor obrigação de fazer ou deixar de fazer alguma coisa (essa obrigação terá sido imposta *em virtude da lei*)". [grifos no original] GRAU, Eros Roberto. *O direito posto e o direito pressuposto*. 8. ed. São Paulo: Malheiros, 2011, p. 247.

34. "Art. 23. A decisão administrativa, controladora ou judicial que estabelecer interpretação ou orientação nova sobre norma de conteúdo indeterminado, impondo novo dever ou novo condicionamento de direito, deverá prever regime de transição quando indispensável para que o novo dever ou condicionamento de direito seja cumprido de modo proporcional, equânime e eficiente e sem prejuízo aos interesses gerais".

35. MARQUES NETO, Floriano de Azevedo. Art. 23 da LINDB: o equilíbrio entre mudança e previsibilidade na hermenêutica jurídica. *Revista de Direito Administrativo*, Rio de Janeiro, Edição Especial: Direito Público na Lei de Introdução às Normas de Direito Brasileiro – LINDB (Lei nº 13.655/2018), p. 93-112, nov. 2018, p. 99. Destaca o autor: "E ninguém nega a importância da proteção ao ato jurídico perfeito e ao direito adquirido para a segurança jurídica. E aí chegamos às três dimensões da segurança jurídica. A segurança jurídica tem uma dimensão de estabilidade, na medida em que dá perenidade aos atos jurídicos e aos efeitos deles decorrentes, mesmo quando houver câmbios nas normas ou no entendimento que se faz delas. Tem uma segunda dimensão, de ponderabilidade e razoabilidade, na medida em que a aplicação do Direito não pode nem ser irracional, nem desproporcional. Por fim, a segurança

contexto publicista que o dispositivo da LINDB anuncia, não deixa de ter seu impacto sobre a compreensão mais abstrata que se atribui, também, a institutos do direito privado.

Segundo Paulo Otero, a legalidade se escora em três postulados essenciais: (i) sua compreensão como emanação de uma vontade geral; (ii) o enquadramento da lei como critério decisional; (iii) sua função garantidora das liberdades.[36] A operacionalização desses valores se dá a partir de preceitos que ultrapassam a estrita legalidade e avançam no sentido da racionalização dos programas de governança e boas práticas, internalizando-os, não como metanormas, mas como complementos dotados de densidade axiológica suficiente para ancorar uma legalidade catalisada e verdadeiramente reforçada pela confiança, assim descrita por Carneiro da Frada:

> Não existe nenhuma definição legal de confiança a que possa socorrer-se e escasseiam referências normativas explícitas a propósito. O seu conceito apresenta-se fortemente indeterminado pela pluralidade ou vaguidade de empregos comuns que alberga, tornando difícil traçar com ele as fronteiras de uma investigação jurídica. Tanto mais que transporta uma certa ambiguidade de princípio por se poder referir, tanto à causa, como aos efeitos de uma regulação jurídica. É a falta de consciência desta realidade que está na raiz de uma certa evanescência da confiança no discurso jurídico e se apresenta – antecipe-se – responsável pelas dificuldades de que se não logrou desembaraçar-se a reflexão dogmática a seu respeito.[37]

No inciso III do artigo 6º da LGPD, por exemplo, consagrou-se o princípio da necessidade, entendido como clara emanação do que se convencionou

---

jurídica confere previsibilidade ao Direito, protraindo mudanças bruscas, surpresas, armadilhas. Exatamente nestes três sentidos que a Lei nº 13.655/18 veio reforçar a segurança jurídica. E o novo artigo 23 inserido na LINDB é um bom exemplo disso".

36. OTERO, Paulo. *Legalidade e Administração Pública*: o sentido da vinculação administrativa à juridicidade. Coimbra: Almedina, 2011, p. 153. Anota, ainda: "A lei traduzia, segundo os postulados liberais, um produto da razão, revelação de uma verdade absoluta pelos mais idôneos representantes da sociedade, encontrando-se apta a regular todas as matérias sobre as quais um Estado mínimo sentia necessidade de intervir, assumindo a natureza de instrumento de garantia do cidadão perante o poder e possuindo ainda, nos termos de uma concepção positivista-legalista do Direito, o estatuto de primeira e mais importante fonte de Direito".

37. FRADA, Manuel A. Carneiro da. *Teoria da confiança e responsabilidade civil*. Coimbra: Almedina, 2004, p. 17.

denominar na doutrina de minimização de dados[38] ou privacidade por padrão (*privacy by default*).[39] A expressão é usualmente confundida com o conceito de *privacy by design* proposto por Ann Cavoukian,[40] mas é importante diferenciá-las.[41] Essa, mais abstrata, denota a priorização do zelo quanto à privacidade em todas as etapas de uma rotina empresarial; é inerente à cultura corporativa

38. LIMA, Cíntia Rosa Pereira de. *Autoridade Nacional de Proteção de Dados e a efetividade da Lei Geral de Proteção de Dados*: de acordo com a Lei Geral de Proteção de Dados (Lei nº 13.709/2018 e as alterações da Lei nº 13.853/2019), o Marco Civil da Internet (Lei nº 12.965/2014) e as sugestões de alteração do CDC (PL 3.514/2015). São Paulo: Almedina, 2020, p. 313. A autora ainda conclui: "Disto se conclui que a confluência do direito e da tecnologia é fundamental para assegurar a proteção dos dados pessoais, um dos direitos de personalidade, pelo menos quanto aos princípios da transparência (conhecimento de que há coleta de dados pelo indivíduo) e do consentimento (prévia anuência do titular dos dados). Tais ferramentas serão eficazes se tiver a coordenação da trilogia: i) sistemas de informação; ii) boas práticas de mercado; e iii) *design* físico e infraestrutura da rede".
39. A *privacy by default* (privacidade por padrão ou por defeito) está relacionada aos produtos e serviços liberados ao público, cujas configurações de privacidade mais rígidas devem ser aplicadas por padrão, sem nenhuma entrada manual do usuário final. Além disso, quaisquer dados pessoais fornecidos pelo usuário para permitir o uso ideal de um produto devem ser mantidos somente durante o tempo necessário para fornecer o produto ou serviço. Se mais informações do que o necessário para fornecer o serviço forem divulgadas, haverá violação da "privacidade por padrão". Para maiores detalhes, consulte-se: ROST, Martin; BOCK, Kirsten. Privacy by Design and the new protection goals: principles, goals, and requirements. *Datenschutz-Geschichte.de*, 2011. Disponível em: http://www.datenschutzgeschichte.de/pub/privacy/BockRost_PbD_DPG_en_v1f.pdf. Acesso em: 23 abr. 2021.
40. A *privacy by design* é veementemente defendida por Ann Cavoukian, Information and Privacy Commissioner da província de Ontario, no Canadá, que delineou os 7 princípios fundamentais de sua implementação. Ademais, conforme consta do artigo 25 do RGPD europeu, impõe-se a qualquer ação empreendida por uma empresa que atue no processamento de dados pessoais, os imperativos da proteção de dados e da privacidade em todas as suas etapas. Isso inclui projetos internos, desenvolvimento de produtos, desenvolvimento de *software*, sistemas de TI e muito mais. Na prática, significa que o departamento de TI, ou qualquer departamento que processe dados pessoais, deve garantir que a privacidade seja incorporada a um sistema durante todo o ciclo de vida do sistema ou processo. CAVOUKIAN, Ann. Privacy by Design. The 7 foundational principles: implementation and mapping of fair information practices. *Internet Architecture Board*, 2011. Disponível em: https://iab.org/wp-content/IAB-uploads/2011/03/fred_carter.pdf. Acesso em: 23 abr. 2021.
41. ARBIX, Daniel. A importância da privacidade por Design e por Default (Privacy by Design and by Default). *In:* DONEDA, Danilo; MENDES, Laura Schertel; CUEVA, Ricardo Villas Bôas (Coord.). *Lei Geral de Proteção de Dados (Lei nº 13.709/2018) a*

e contém traços alinhados ao almejado *compliance*, considerado em sentido amplo. Já a *privacy by default* indica exatamente aquilo que o princípio da necessidade prenuncia: por padrão, todas as configurações de privacidade de um processo de tratamento devem ser pautadas pela minimização da quantidade de dados coletados, permitindo-se seu incremento de acordo com a livre manifestação do titular para o atendimento de finalidades lícitas.[42]

O princípio do livre acesso, previsto no inciso IV, revela outra emanação da autodeterminação informativa, pois impõe a garantia de consulta gratuita e facilitada ao titular sobre a forma e a duração das atividades de tratamento de seus dados pessoais. A lei também consagra, de forma expressa, o princípio da transparência, definido no inciso VI do artigo 6º como a "garantia, aos titulares, de informações claras, precisas e facilmente acessíveis sobre a realização do tratamento e os respectivos agentes de tratamento, observados os segredos comercial e industrial".

Enfim, o princípio da prevenção (inciso VIII) sacramenta o dever de que sejam adotadas medidas para prevenir a ocorrência de danos em razão do tratamento de dados pessoais. Percebe-se a propensão do legislador ao reforço da função preventiva da responsabilidade civil nesse contexto, que é robustecida, ainda, pela necessidade de aferição dos "riscos e resultados" razoavelmente esperados para que não se configure o tratamento irregular (art. 44, II)[43] e da

---

caminho da efetividade: contribuições para a implementação da LGPD. São Paulo: Thomson Reuters Brasil, 2020, p. 59-60.

42. Nos dizeres de Pedro Modenesi: "Concretizam-se dois atributos essenciais do *código digital*: (i) a sua natureza preventiva, que busca evitar a ocorrência da transgressão ao compelir previamente a adoção da conduta desejada; e (ii) a autoexecutoriedade de seu comando, que, no caso da proteção de dados, será efetuada pelo próprio mecanismo tecnológico, o qual assegurará a salvaguarda das informações independentemente de intermediários ou da intervenção direta de outros agentes como, por exemplo, o Poder Judiciário. Realiza-se o *technological enforcement*, que é autônomo frente ao *law enforcement* e, atualmente, já se verifica na execução de *smart contacts* (contratos inteligentes) via *blockchain*. Em síntese, a proteção de dados pessoais será autoexecutável pelo próprio sistema tecnológico. Esse é o *lado positivo da moeda do código digital*, no âmbito da privacidade, que se quer ver adotado por agentes do mercado, amparado pelo Direito e fiscalizado pela sociedade". [grifos no original] MODENESI, Pedro. Privacy by design e código digital: a tecnologia a favor de direitos e valores fundamentais. *In:* FALEIROS JÚNIOR, José Luiz de Moura; LONGHI, João Victor Rozatti; GUGLIARA, Rodrigo (Coord.). *Proteção de dados pessoais na sociedade da informação*: entre dados e danos. Indaiatuba: Foco, 2021, p. 73-74.

43. O Brasil, para a doutrina predominante, "ao contrário do direito comunitário europeu, adota uma presunção relativa de defeito do produto, por força do dano sofrido

imposição de um dever geral de segurança (art. 46) desdobrado do princípio equivalente (art. 6º, VII), que, se for violado, acarreta responsabilização (art. 44, parágrafo único).

O legislador não o faz, contudo, de modo absoluto, consagrando modelo de responsabilidade objetiva lastreado na teoria do risco integral. Há causas excludentes expressas (art. 43) e todo o arcabouço normativo revela tendência colaborativa que, naturalmente, não justificaria sancionamento de tamanha intensidade, embora os agentes de tratamento estejam, de fato, sob maior escrutínio quanto às atividades que realizam.

O princípio da responsabilidade e prestação de contas (art. 6º, X) vem à tona para explicitar a *accountability*. A partir de sua previsão, impõe-se a "demonstração, pelo agente, da adoção de medidas eficazes e capazes de comprovar a observância e o cumprimento das normas de proteção de dados pessoais e, inclusive, da eficácia dessas medidas".

4. ENFIM, A RESPONSABILIDADE CIVIL: *ACCOUNTABILITY* COMO PRINCÍPIO (ART. 6º, X) E SEUS REFLEXOS

Já se adiantou, logo no início desse breve ensaio, que paira grande controvérsia sobre a natureza do regime de responsabilização definido pela LGPD. Há doutrinadores que se filiam a uma corrente objetivista e outros que entendem ser subjetiva a responsabilização definida pela lei. A despeito dessa divergência,

---

pelo consumidor, dispensando-se este de sua prova cabal". CALIXTO, Marcelo Junqueira. *A responsabilidade civil do fornecedor de produtos pelos riscos do desenvolvimento*. Rio de Janeiro: Renovar, 2004, p. 148. Na União Europeia, merecem menção os Princípios de Direito Europeu da Responsabilidade Civil, com destaque para os do art. 5(101) sobre atividades anormalmente perigosas, que envolvem "risco previsível e bastante significativo de dano, mesmo com observância do cuidado devido". Com efeito: "Art. 5:101. Actividades anormalmente perigosas. (1) Aquele que exercer uma actividade anormalmente perigosa é responsável, independentemente de culpa, pelos danos resultantes do risco típico dessa actividade. (2) Uma actividade é considerada anormalmente perigosa quando: a. cria um risco previsível e bastante significativo de dano, mesmo com observância do cuidado devido, e; b. não é objeto de uso comum. (3) O risco de dano pode ser considerado significativo tendo em consideração a gravidade ou a probabilidade do dano". SINDE MONTEIRO, Jorge Ferreira; PEREIRA, André Gonçalo Dias. Princípios de Direito Europeu da Responsabilidade Civil (Portuguese Translation) *In:* KOCH, Bernhard; KOZIOL, Helmut; MAGNUS, Ulrich *et al.* *Principles of European tort law*: Text and commentary. European Group on Tort Law. Viena: Springer Wien, 2005, p. 253-254.

o que nos importa destacar é que a atribuição de deveres e a delimitação de um imperativo de segurança na lei têm raízes diversas da definição de elementares voltadas à construção de qualquer espécie de culpa.

De fato, tudo parece sinalizar que a complexidade técnica dos processos algorítmicos amplia o espectro das atividades de processamento de dados, que deixam de ser equiparáveis a outras atividades geradoras de riscos menores. Nesse contexto, a própria noção de *accountability* passa a congregar sentidos variados.[44]

Embora definidos como uma faculdade do agente de dados, os programas de governança e boas práticas se mostram totalmente baseados no delineamento de deveres e regras de conduta e conformidade que precisam estar em sintonia com a própria legislação,[45] a demandar do legislador a parametrização de deveres básicos que serão esmiuçados nesses programas.

Por certo, "ao mesmo tempo, e pelos mesmos meios que a responsabilidade civil desencoraja a elevação extracontratual do risco, regras de responsabilização

---

44. VAN ALSENOY, Brendan. *Data protection law in the EU*: roles, responsibilities and liability. Cambridge: Intersentia, 2019, p. 318. Comenta: "Accountability is a concept with many dimensions. It has been characterized by scholars as being an 'elusive' and even 'chameleon-like' concept, because it can mean very different things to different people. In its core meaning, accountability refers to the existence of a relationship whereby one entity has the ability to call upon another entity and demand an explanation and/or justification for its conduct. Over time, different data protection instruments have advanced different types of accountability mechanisms. In the GDPR, the principle of accountability is mainly used to signal that controllers are not only responsible for implementing appropriate measures to comply with the GDPR, but must also be able to demonstrate compliance at the request of supervisory authorities".

45. David Jackman explica que essa integração da norma ao *compliance* se dá a partir de "ferramentas regulatórias" (*regulatory toolkits*), razão pela qual a delimitação de parâmetros pela própria lei atuaria em exata sintonia com essa nova tendência: "It is the combination of approaches and tools that delivers effective compliance and regulation, not one set replacing the previous set. There exists a growing compliance and regulatory menu or toolkit, but it is how the elements are selected and used together that is the real skill. The range of tools available and the sophistication with which they are combined and used determines the maturity of the jurisdiction and the professionalism of the compliance sector. How the mix is balanced and selected for any one firm or set of circumstances is decided upon and delivered by regulators and compliance officers making critical judgments, not following checklists or risk models only. How good these professional judgments are really matters. Quality judgment is what firms and societies pay for". JACKMAN, David. *The compliance revolution*: how compliance needs to change to survive. Nova Jersey: John Wiley & Sons, 2015, p. 13.

encorajam comportamentos mais seguros",[46] e, com toda razão, esse deve ser o espírito da referida norma: o estímulo constante à prevenção – que é princípio expresso da lei (art. 6º, VIII) –, à eliminação ou mitigação de danos e à propagação de uma cultura de boas práticas e de governança que configuram desejável *accountability*.

4.1. Inspirações colhidas da função premial da governança na seara administrativa: o art. 53 da LGPD e sua natureza dialógica

A matriz pragmático-sistêmica de cariz autopoiético que inspira o pensamento policontextural – para aqui referir o termo empregado por Teubner em sua leitura do ambiente global contemporâneo como forma de regulação e acoplamento fragmentário na sociedade – é visualizada em modelos regulatórios que desbordam da clássica estrutura "comando/controle", migrando para o formato da governança em rede, de natureza solidarista e que envolve a participação de todos os envolvidos no ecossistema específico.

Novas leis são concebidas com propósitos mais abertos, mais ambiciosos e igualmente consentâneos com o difícil desafio de propiciar solução adequada a conflitos complexos em sistemas nos quais a presença do Estado é retardatária, truncada, ineficiente.[47]

Em acréscimo, a ausência de previsão legal de um modelo jurídico similar a dos *punitive damages* não impede que, em resposta às infrações cometidas por agentes de tratamento de dados, a Autoridade Nacional de Proteção de Dados sirva-se da *accountability* para a estipulação de sanções de natureza punitiva e quantificação de multas (art. 52 da LGPD).

Nessa perspectiva, o artigo 53 da LGPD também deve ser mencionado, pois assim prevê: "A autoridade nacional definirá, por meio de regulamento próprio sobre sanções administrativas a infrações a esta Lei, que deverá ser objeto de consulta pública, as metodologias que orientarão o cálculo do valor-base das sanções de multa". O caráter prospectivo do dispositivo é criticado por

46. MADDEN, M. Stuart. Tort law through time and culture: themes of economic efficiency. *In:* MADDEN, M. Stuart (Ed.). *Exploring tort law*. Cambridge: Cambridge University Press, 2005, p. 48, tradução livre. No original: "(...) at the same time, and by the same means as tort law discourages extracontractual elevation of risk, tort rules encourage safer behavior".

47. HENSCHKE, Adam. *Ethics in an age of surveillance*: personal information and virtual identities. Cambridge: Cambridge University Press, 2017, p. 221.

parcela da doutrina, que identifica um "vazio regulamentar" em seu conteúdo,[48] embora não se possa deixar de observar a tentativa – quiçá um tanto romantizada – de fomento à consensualização a partir da exigência de consulta pública prévia que, de fato, poderá causar embaraços à definição dos desejáveis critérios metodológicos.

Não obstante, deve-se lembrar de que a incitação normativa à delimitação de critérios metodológicos claros quanto à imposição de multas (que são a espécie sancionatória prevista no contexto específico do artigo 53) indica a desejável vinculação do conteúdo decisório de eventual punição a parâmetros objetivos. Essa sinalização reforça a ideia de que a abertura ao *compliance* não tem o objetivo de expandir irresponsavelmente os limites para a quantificação de eventual sanção pecuniária a ponto de torná-los demasiadamente abstratos/discricionários, ou simplesmente arbitrários.

Também vai ao encontro do que sinaliza o artigo 22, § 2º, da LINDB, segundo o qual, "na aplicação de sanções, serão consideradas a natureza e a gravidade da infração cometida, os danos que dela provierem para a administração pública, as circunstâncias agravantes ou atenuantes e os antecedentes do agente".

Se esse raciocínio vale para a quantificação de multas na seara administrativa, pode ser analisado, também, para a responsabilidade civil, no contexto da dosimetria do *quantum* indenizatório de cariz extrapatrimonial, que representará a grande maioria das indenizações fixadas por violações aos dispositivos da LGPD.

Sem dúvidas, condutas mais danosas resultarão em sanções mais severas. Optando-se pela imposição de multa, essa poderá ser calculada em valor mais elevado, de acordo com regulamento específico e prévio (art. 53, § 1º), que detalhe circunstâncias e condições para a adoção de multa simples ou diária (art. 53, § 2º), e, naturalmente, que seja fruto de consulta pública quanto à sua metodologia, como já mencionamos.

A mesma estrutura metodológica que permite punir mais severamente também pode, por equivalência, reduzir a gradação e a intensidade da sanção imposta se, no caso específico, apurar-se que foram implementadas medidas eficazes para a mitigação do dano. É esse o espírito do princípio da *accountability* descrito no artigo 6º, inciso X! O foco é a ampliação do espectro da

48. FERREIRA, Daniel; REIS, Luciano Elias. O "vazio regulamentar" do art. 53 e seus impactos na (in)efetividade da LGPD. *In:* DAL POZZO, Augusto Neves; MARTINS, Ricardo Marcondes (Coord.). *LGPD & Administração Pública*: uma análise ampla dos impactos. São Paulo: Thomson Reuters Brasil, 2020, p. 684.

responsabilidade, mediante a inclusão de parâmetros regulatórios preventivos, que promovem uma interação entre a *liability* do Código Civil com uma regulamentação voltada à governança de dados, seja em caráter *ex ante ou ex post*.

Assim como no RGPD europeu, de um lado, prima-se pela propagação de uma cultura de conformidade em festejo à governança.[49] De outro, sendo demonstrado que a adoção da governança e das boas práticas permitiu lenir os prejuízos decorrentes de eventual ilícito, entende-se ser justo que se possa premiar o agente de tratamento, impondo-lhe indenização menos intensa.

Para as sanções administrativas de caráter pecuniário (multas), o artigo 53 – a despeito das críticas e do suposto "vazio regulamentar" – esclarece esse objetivo, ilustrando a importância do *compliance* para a expansão da compreensão que se tem sobre a responsabilização na seara administrativa.

A dúvida que surge, tendo em vista que a lei também trata da responsabilidade civil, concerne à possibilidade de importação da mesma lógica para essa outra esfera. Seria viável? E, em caso positivo, há fundamento legal que ampare esse raciocínio?

4.2. A efetiva mitigação do dano: reconfigurando o art. 944 do CC

Como destacamos, no plano *ex ante*, a *accountability* pode ser compreendida como vetor da atuação dos agentes de tratamento de dados pessoais. É nesse cerne que se insere o *compliance*, compreendido a partir da inserção de regras de boas práticas que estabeleçam procedimentos, normas de segurança e padrões técnicos,[50] tal como se extrai do comando contido no artigo 50 da LGPD. Na vertente *ex post*, porém, a *accountability* se dirige ao decisor, tanto para identificar e

---

49. PALMEIRA, Mariana de Moraes. A segurança e as boas práticas no tratamento de dados pessoais. *In:* MULHOLLAND, Caitlin (Org.). *A LGPD e o novo marco normativo no Brasil*. Porto Alegre: Arquipélago Editorial, 2020, p. 340. Anota: "Tanto a LGPD quanto o GDPR trazem indicações assertivas a respeito das práticas de segurança e de governança, em maior ou menor grau de detalhamento. Um pano de fundo comum nos dois diplomas, a despeito das técnicas legislativas serem diferentes – lei e regulamento, respectivamente –, é a ideia de construção coletiva de uma cultura preventiva de proteção de dados pessoais, onde todos os atores precisam entender e assumir suas responsabilidades".

50. Alguns modelos de análise de riscos a partir da análise de padrões técnicos podem ser consultados em ZIEGLER, Sébastien. Universal privacy risk area assessment methodology. *In*: ZIEGLER, Sébastien (Ed.). *Internet of Things security and data protection*. Cham: Springer, 2019, p. 107 *et seq*.

quantificar responsabilidades quanto para estabelecer os remédios mais adequados a cada situação concreta.

Em simples termos, ao invés de o magistrado se socorrer da absoluta discricionariedade para aferir o risco intrínseco de certa atividade por sua elevada danosidade – o desincentivo ao empreendedorismo é a reação dos agentes econômicos à insegurança jurídica –, são estabelecidos padrões e garantias instrumentais que atuam como parâmetros objetivos para a mensuração do risco concreto em comparação com outras atividades. Nesse ponto, é inevitável a rememoração do artigo 53 da Lei e de seu comando específico quanto à definição de uma metodologia específica para as multas.

A aparente facultatividade identificada pelo emprego do verbo "poder" no *caput* do artigo 50 não afasta a compreensão que se pretende firmar quanto à sua irrefutável relevância e à justa expectativa de sua implementação. Isso porque diversos dispositivos espargidos pela norma consagram instrumentos dele decorrentes e direcionados à planificação dos riscos de maior impacto negativo. Não é por outra razão que, ao discorrer sobre os princípios da atividade de tratamento de dados, o inciso X do art. 6º se refere à responsabilização e à prestação de contas, ou seja, *liability e accountability*.

A questão que se lança é a seguinte: se o causador do dano investiu em *compliance,* com efetividade (art. 50, § 2º, da LGPD), pode-se mesmo cogitar da redução da indenização, como espécie de sanção premial, a teor do parágrafo único do art. 944 do Código Civil? O referido dispositivo prevê, em seu *caput*, que "a indenização mede-se pela extensão do dano"; seu parágrafo único, na sequência, anuncia que, "se houver excessiva desproporção entre a gravidade da culpa e o dano, poderá o juiz reduzir, equitativamente, a indenização".

Não se pode afastar a possibilidade de que, em reação à perspectiva de uma *liability* acrescida de uma *accountability*, os agentes econômicos respondam ao esforço conjunto de legislação e regulação, mediante a padronização de arranjos contratuais aptos à diluição dos custos dos acidentes.[51] O recurso à gestão contratual dos riscos pode ser dar mediante a limitação de responsabilidade ou por sua transferência ao usuário ou a seguradoras.[52] Mas não se

51. Cf. CALABRESI, Guido. *The cost of accidents*: a legal and economic analysis. New Haven: Yale University Press, 1970.

52. OLIVEIRA, Leonardo David Quintanilha de. Normas antidiscriminatórias no seguro: o difícil equilíbrio entre a eficiência e a justiça. *In:* GOLDBERG, Ilan; JUNQUEIRA, Thiago (Coord.). *Temas atuais de direito dos seguros*. São Paulo: Thomson Reuters Brasil, 2020, t. I, p. 99-111.

pode deixar de considerar a assimetria informativa dos usuários, associada à sua frequente condição de consumidores, para a rígida aferição das cláusulas contratuais gerais.

O receio de uma sanção negativa impele o ser humano a adotar condutas cautelosas no sentido de não violar a esfera econômica ou existencial de um terceiro. Desde Roma, o "*neminem laedere*" traduz a eficaz imposição de um dever geral de abstenção. E por qual razão a responsabilidade civil é e sempre foi assim? A resposta reside no senso comum de moralidade humana. É um fato básico que é mais fácil prejudicar os outros do que beneficiá-los. Nossa responsabilidade é baseada na causalidade; assim, sentimo-nos responsáveis por um resultado, conforme a nossa contribuição ativa para ele. Intuitivamente, cremos que somos muito mais responsáveis pelo mal que causamos por nossos atos do que pelos males cotidianos derivados de nossas omissões.

Por isso, todos os deveres morais e obrigações nos impelem a não ofender a incolumidade de terceiros, sem que existam deveres positivos que estimulem os indivíduos à cooperação. Tudo isso explica a enorme aversão que temos diante de perdas, sem que haja uma inversa atração pelos ganhos sociais de comportamentos beneméritos, que possam irradiar solidariedade.

Nas relações obrigacionais, a boa-fé objetiva desperta "o melhor de nós", no sentido de converter partes antagonistas em parceiros de um projeto contratual, realçando deveres de cooperação, proteção e informação. O prêmio para os que seguem os *standards* de lealdade e confiança é o adimplemento dos deveres preexistentes. Diferentemente, a responsabilidade civil extracontratual é o *habitat* das pessoas que são estranhas umas às outras. Quando não há um prévio vínculo de fidúcia entre seres humanos, o que encorajaria alguém a transcender o dever moral e jurídico de não ofender a órbita alheia, a ponto de ser empático e se disponibilizar ao engajamento na colaboração recíproca com pessoas de culturas e nações distintas, ou até mesmo para beneficiar as gerações futuras? Será que o nosso senso de justiça sempre será limitado ao pequeno número de pessoas a quem devotamos a nossa afeição ou um dever contratual?

Infelizmente, a cultura brasileira herdou a tradição das virtudes negativas e artificiais da justiça, distanciando-se das virtudes positivas e naturais da ética. Some-se a isso o fato de que incorporamos não apenas o iluminismo francês, mas o sistema de responsabilidade civil dele tributário, que consiste apenas em um arremedo de proteção social para vítimas de acidentes, pois o seu real desiderato foi o de legitimar a liberdade econômica daqueles que realizam atividades que expõem terceiros a riscos de prejuízos e lesões.

Consolidou-se a função compensatória da responsabilidade civil, mediante uma ficção pela qual a neutralização de danos por intermédio de uma indenização é suficiente para restituir as partes a um estado de pacificação.

O artigo 944, *caput*, do CC explicita essa arraigada mentalidade, positivando o princípio da reparação integral sintetizado pela doutrina francesa com um adágio: *tout le dommage, mais rien que le dommage* ("todo o dano, mas nada mais do que o dano"). Extrai-se desse enunciado que o princípio da reparação integral possui dupla função: a) piso indenizatório (todo o dano); b) teto indenizatório (não mais que o dano).

Nada obstante, em caráter inovador, o legislador trouxe uma exceção ao princípio da *restitutio in integro*. Conforme o parágrafo único do art. 944, em caso de "manifesta desproporção entre a gravidade da culpa e o dano, poderá o juiz reduzir, equitativamente, a indenização". A mensagem é clara: o valor da indenização não pode ultrapassar a extensão do dano, preservando-se a função de teto do princípio da reparação integral, porém, pode ficar aquém, indenizando-se menos do que o montante total dos prejuízos sofridos pelo lesado. Isso se dá quando o agente, agindo com uma mínima negligência, causa danos vultosos.

Para a doutrina majoritária, a referida norma só pode ser utilizada na teoria subjetiva da responsabilidade civil,[53] seja pela própria literalidade do dispositivo, seja também pelo próprio apelo à orientação sistemática segundo a qual, no nexo de imputação objetiva, será expurgada qualquer discussão sobre a culpa. Quer dizer, quando determinada atividade econômica, pela sua própria natureza, independentemente de quem a promova, oferece riscos que a experiência repute excessivos, anormais, provocando danos patrimoniais ou existenciais em escala superior a outros setores do mercado, a orientação dada ao empreendimento pelos seus dirigentes será irrelevante para a avaliação das consequências dos danos, relevando apenas a aferição do nexo de causalidade entre o dano injusto e o exercício da atividade.

Entretanto, se assim for, priva-se de qualquer efeito jurídico qualquer ação meritória em sede de teoria objetiva. Quer dizer, o fato de o condutor da atividade propor-se a realizar investimentos em segurança e *compliance* perante os seus funcionários ou terceiros em nada repercutirá positivamente em caso de produção de uma lesão resultante do exercício dessa atividade. Daí nasce a questão lógica: se inexiste qualquer estímulo para provocar um comportamento direcionado ao cuidado e à diligência extraordinários, qual será a ênfase de um agente econômico em despender recursos que poderiam ser direcionados a

53. Conferir, sobre o dispositivo, ROSENVALD, Nelson; BRAGA NETTO, Felipe. *Código Civil comentado*: artigo por artigo. 2. ed. Salvador Juspodivm, 2021, p. 970-981.

várias outras finalidades, quando ciente de que isso nada valerá na eventualidade de um julgamento desfavorável em uma lide de responsabilidade civil?[54]

Noutros termos, parece correta a compreensão de que o risco (e não a culpa) é o fundamento essencial para que sejam estabelecidos critérios próprios de imputação advindos do desvio dos parâmetros de segurança estabelecidos pela legislação protetiva e, quando presente o *compliance*, catalisados pela inobservância dos programas de integridade e das políticas de governança de dados, o que representaria uma espécie de responsabilidade objetiva especial:

> (...) o legislador, ciente dos percalços enfrentados para a efetivação de direitos devidamente regulamentados, adotou a governança como parâmetro expresso – embora não obrigatório – para a delimitação dos contornos do nexo de causalidade em eventos de mau tratamento de dados, abrindo espaço para a discussão acerca da criação de um novo regime de responsabilidade que, ao fim e ao cabo, se realmente existir, não surge atrelado a uma nova dogmática, mas à condensação de aspectos inter-relacionais para a formatação do elemento nuclear da teoria objetiva. Tem-se, em essência, um dever geral de cautela desdobrado da consagração de um regime de imputação baseado na verificação e demonstração do defeito na prestação de serviço relacionado aos processos de coleta, tratamento e armazenagem de dados. Eventual violação, por causar a ruptura de legítimas expectativas do titular dos dados, conduzirá à responsabilização do agente.
>
> Superam-se as barreiras da culpa, suplantam-se as escusas técnicas e a ampla incidência de causas excludentes decorrentes do domínio da técnica pelo controle da arquitetura de *software* e se impõe a cooperação como modal de controle e aferição dos limites da responsabilidade civil.[55]

Nesse ecossistema peculiar, a responsabilidade civil não se restringe à mera condição de ferramenta de resguardo. Em verdade, assume as funções de promover e difundir o direito fundamental à proteção de dados.

---

54. Não se pode deixar de registrar que essa indagação se torna ainda mais veemente quando o empreendedor percebe que os seus concorrentes "arregaçam os braços" ou se limitam a esforços mínimos em termos de cautela, canalizando os recursos excedentes para outras vantagens mercadológicas perante contratantes e consumidores.

55. DRESCH, Rafael de Freitas Valle; FALEIROS JÚNIOR, José Luiz de Moura. Reflexões sobre a responsabilidade civil na Lei Geral de Proteção de Dados (Lei nº 13.709/2018). *In:* ROSENVALD, Nelson; DRESCH, Rafael de Freitas Valle; WESENDONCK, Tula (Coord.). *Responsabilidade civil*: novos riscos. Indaiatuba: Foco, 2019, p. 85.

4.3. Há espaço para a função promocional?

A polissemia extraída dos vocábulos *responsibility, accountability e answerability* executa exemplarmente as funções preventiva e precaucional da responsabilidade civil, eventualmente complementadas pela função compensatória (*liability*).

Ao contrário do que propaga a escola clássica da responsabilidade, distancia-se o efeito preventivo de um mero efeito colateral de uma sentença condenatória a um ressarcimento. Aliás, a multifuncionalidade da responsabilidade civil não se resume a uma discussão acadêmica: a perspectiva plural da sua aplicabilidade à LGPD é um bem-acabado exemplo legislativo da necessidade de ampliarmos a percepção sobre a responsabilidade civil.

Não se trata tão somente de um mecanismo de contenção de danos, mas também de contenção de comportamentos que transpõe o "direito de danos" para alcançar uma responsabilidade civil para muito além dos danos. Evidencia-se, assim, uma renovada perspectiva bilateralizada: a responsabilidade como mecanismo de imputação de danos – foco da análise reparatória –, no qual o agente se responsabiliza "perante" a vítima, convive com a responsabilidade "pelo outro", o ser humano.[56]

Em sintonia com o pensamento de Bart van der Sloot, que reconhece a "privacidade como virtude",[57] agregam-se a pessoa do agente e a indução à conformidade mediante uma regulação de gestão de riscos, em especial com vistas à sua mitigação por parte de um desenvolvedor de tecnologias digitais emergentes que atua como um agente de tratamento de dados pessoais e que deve observar verdadeira plêiade de deveres preventivos dos quais emanam variadas funções da responsabilidade civil (em especial, *accountability* e *answerability*).

Porém, a partir de uma noção de reciprocidade, a mitigação de ilícitos e danos também incumbe a cada um de nós, mediante a paulatina construção de

56. BARBOSA, Mafalda Miranda. A responsabilidade contratual e a responsabilidade patrimonial. *In:* BARBOSA, Mafalda Miranda; ROSENVALD, Nelson; MUNIZ, Francisco (Coord.). *Pessoa, Direito e Responsabilidade*. Indaiatuba: Foco, 2020, p. 148.

57. VAN DER SLOOT, Bart. *Privacy as virtue*: moving beyond the individual in the Age of Big Data. Cambridge: Intersentia, 2017, p. 169. Anota: "The goal is something that is shared by most of the members of the organization, or that dominates its operations. The legal principle ensures that each individual has some level of protection against the group and the shared commitment. The danger of too much focus on the shared commitment is obviously that it tends to override individual interests and might undermine procedural fairness".

uma autodeterminação responsável que nos alforrie da heteronomia e vitimização (*responsibility*). Seria, então, o cenário ideal para a propagação da função promocional da responsabilidade civil, marcada exatamente pela presença das sanções premiais? Seria a LGPD o ambiente normativo propício ao florescimento da clássica técnica de encorajamento?

A ideia de "encorajamento" está ancorada no pensamento de Norberto Bobbio, que sinaliza que, além de compensar, punir e prevenir danos, a responsabilidade civil deve criteriosamente recompensar a virtude e os comportamentos benevolentes de pessoas naturais e jurídicas.[58] Nesse sentido:

> A técnica de encorajamento é conexa com a predisposição e a atuação das sanções positivas, com função promocional (ou propulsiva), de estímulo a atos inovadores. (...) Ao contrário da sanção negativa, a sanção positiva não é devida. O prêmio pelo mérito não se encontra no nível estrutural da norma, mas psicológico daquele que agirá em busca de recompensa.[59]

Segundo Antonio dos Reis Júnior, assentir com a existência de uma função promocional da responsabilidade civil implica considerar questões de grande relevância e que têm impacto direto no ordenamento jurídico,[60] que passaria a ser, de fato, propulsionado pela reinserção da ética nas rotinas interpessoais.[61]

---

58. BOBBIO, Norberto. Sulle sanzioni positive. *In:* VV.AA. *Scritti dedicati ad Alessandro Raselli*. Milão: Giuffrè, 1971, p. 232.

59. ROSENVALD, Nelson. *As funções da responsabilidade civil*: a reparação e a pena civil. São Paulo: Atlas, 2012, p. 111.

60. REIS JÚNIOR, Antonio dos. Por uma função promocional da responsabilidade civil. *In:* SOUZA, Eduardo Nunes; SILVA, Rodrigo da Guia (Coord.). *Controvérsias atuais em responsabilidade civil*. São Paulo: Almedina, 2018, p. 597.

61. O autor registra os seguintes pressupostos relativos ao acolhimento da referida função: "(i) a ordem jurídica positiva visa cumprir determinadas finalidades, podendo delas extrair uma teleologia; (ii) em razão disso, os institutos e categorias devem ser interpretados de maneira funcionalizada ao cumprimento de tais finalidades; (iii) os mecanismos normativos, definidores dos comportamentos desejados, pela via da previsão de reação do direito diante da conduta dos sujeitos, apresentam-se de duas formas: sanções negativas e positivas; (iv) a sanção positiva, definida como uma resposta benéfica do ordenamento a um comportamento desejável, que se faz necessário *estimular*, é admitida no âmbito da responsabilidade civil e extraída do contexto global do sistema; (v) os seus efeitos podem ser revelados mediante uma interpretação teleológica do direito posto, no qual já se pode vislumbrar uma *aplicação prática*, mesmo sem a existência de uma regulamentação específica; (vi) a sua construção

Imaginem-se os impactos da introjeção desse novo modelo estrutural em um novo contexto no qual já se sinaliza, entre outras contingências, que: (i) os sistemas existentes (já complexos) se tornarão mais interconectados e imersos; (ii) as interações dos componentes intra e intersistêmicas aumentarão; (iii) os serviços existentes serão modificados enquanto surgem as oportunidades para novos serviços; (iv) a percepção humana do meio ambiente e da realidade mudará; (v) a escala e o escopo dos problemas de segurança serão bastante ampliados.[62] Por certo, o artigo 944 do CC pode ser o ponto de partida para aproveitarmos as enormes potencialidades do *compliance,* alargando os horizontes da responsabilidade civil, destacando a sua função promocional.

A técnica de encorajamento é conexa com a predisposição e a atuação das sanções positivas, com função promocional (ou propulsiva) de estímulo a atos inovadores. Ao contrário da sanção negativa, a sanção positiva não é devida. O prêmio pelo mérito não se encontra no nível estrutural da norma, mas no psicológico daquele que agirá em busca da recompensa. Certamente, as sanções positivas surgirão eventualmente no ordenamento, isso por duas razões: (a) o sistema não possui recursos para premiar todo e qualquer comportamento meritório; (b) o direito não pode ser visto como um mínimo ético, mas um máximo ético. Nesse sentido, colhe-se a função de incentivar o adimplemento e não a de reagir ao inadimplemento.

O direito não se presta a um papel conservador e inerte de mera proteção de interesses mediante a repressão de atos proibidos, mas preferencialmente o de promover o encontro entre as normas e as necessárias transformações sociais. Na senda da eficácia promocional de direitos fundamentais, é possível fazer do direito privado *locus* adequado para que algumas normas sirvam não apenas para tutelar, mas também para provocar efeitos benéficos aos valores da solidariedade e da igualdade material.

No plano funcional, as sanções positivas atuam de maneira a provocar nos indivíduos o exercício de sua autonomia para alterar sua forma de comportamento. Se uma sanção pretende maximizar comportamentos conformes e

---

dogmática deve gozar de autonomia suficiente para não se confundir com as demais funções já consagradas, ainda que possa ter relação de dependência com uma delas". [grifos no original] REIS JÚNIOR, Antonio dos. Aplicações da função promocional na responsabilidade civil ambiental. *Revista IBERC*, Belo Horizonte, v. 3, n. 1, p. 1-32, jan./abr. 2020, p. 7.

62. LOSKOT, Pavel. Computational security for the IoT and beyond. *In:* HU, Fei (Ed.). *Security and privacy in Internet of Things (IoTs)*: models, algorithms, and implementations. Boca Raton: CRC Press, 2016, p. 357.

minimizar comportamentos disformes, deverá se servir do instrumento de socialização, que, com técnicas variadas, investe o indivíduo na condição de membro participante de uma sociedade e de sua cultura.

A socialização – que obviamente se aplica à pessoa jurídica[63] – cria uma disposição para a observância das regras que comandam o grupo. Quando o processo de socialização não funciona para algum indivíduo, em um segundo momento se estabelecerá a técnica de controle social.[64] Quando esse processo quer encorajar não apenas comportamentos conformes ao direito, mas em "superconformidade", ele recorrerá às sanções positivas, pela via de prêmios e incentivos que realçarão a desejada *accountability*.

5. CONSIDERAÇÕES FINAIS

Por todo o exposto, cremos que uma legítima situação de incidência da função promocional é, de fato, o citado parágrafo único do art. 944 do Código Civil.

Não obstante os dissídios doutrinários, quanto ao nexo de imputação de danos adotado na LGPD, alinhamo-nos à proposta de que a LGPD abre campo para uma forma de responsabilidade civil que se enquadra em uma categoria especial de responsabilidade objetiva que se dará ante o cometimento de um ilícito: o não cumprimento de deveres impostos pela legislação de proteção de dados, em especial o dever de segurança por parte do agente de tratamento.

É o que se extrai, inclusive, da análise do dever geral de segurança do qual esse se incumbe, conforme disposição do art. 44 da LGPD, e cuja violação é que acaba por ensejar sua responsabilização civil. Em outras palavras, faz-se

63. Importantíssima, nesse contexto, a reflexão de Newton De Lucca: "Enfim, ao cabo de todas as reflexões desenvolvidas até aqui, parece-me razoável – e, mais do que razoável, prudente – imaginar-se que a ética empresarial só teria condições de prosperar, efetivamente, se fosse semeada num contexto social e numa época em que os valores mais profundos da dignidade do ser humano estivessem consagrados nas convenções sociais com características jurídicas de costume. Ora, no atual mundo globalizado da economia (...), será que somente o Estado, como fonte exclusiva do direito que é, pode resolver os conflitos de interesses existentes, seja pela disciplina expressa das normas escritas, seja pela interpretação e aplicação das chamadas cláusulas gerais?". DE LUCCA, Newton. *Da ética geral à ética empresarial*. São Paulo: Quartier Latin, 2009, p. 414.

64. PÉLISSE, Jérôme. Les usages syndicaux du droit et de la justice. *In:* COMMAILLE, Jacques; KALUSZYNSKI, Martine (Eds.). *La fonction politique de la justice*. Paris: La Découverte, 2007, p. 165 *et seq.*

fundamental observar eventual cumprimento ou não dos deveres decorrentes da tutela dos dados pessoais, face à legítima expectativa quanto à possível conduta do agente, o que se faz por meio de *standards* de conduta – critérios que, não atendidos, apontam para o não cumprimento do dever de segurança. O ilícito objetivo previsto na LGPD demanda apenas a análise externa das práticas do agente de tratamento, de sua conduta de forma objetiva, para verificar se tal conduta está em conformidade (*compliance*) ou não com o padrão de conduta que se pode exigir de um agente de tratamento com base em *standards* técnicos de mercado e regulatórios.

Face ao exposto, propomos a existência de três *standards* de diligência em sede de exercício de atividades potencialmente danosas na LGPD: (a) ausência de diligência; (b) diligência ordinária; (c) diligência extraordinária. No primeiro caso (ausência de diligência), a ausência de previsão legal de um modelo jurídico similar aos *punitive damages* não impede que, em resposta às infrações cometidas por agentes de tratamento de dados, a Autoridade Nacional de Proteção de Dados sirva-se da *accountability* para a estipulação de sanções de natureza punitiva e quantificação de multas, conforme previsão do artigo 52 da LGPD (ainda que pendente o regulamento mencionado pelo artigo 53).

No segundo caso (diligência ordinária), aferindo-se os parâmetros de vigilância do empreendedor, e caso eles se encontrem na normalidade de seu setor econômico, o resultado será neutro no aspecto punitivo, resumindo-se a sanção por danos injustos à medida/quantificação de sua reparação, tanto na esfera patrimonial como na extrapatrimonial.

Naquilo que nos interessa – a terceira hipótese – na LGPD, a excepcional diligência da pessoa do agente se afere não apenas pela conformidade à regulação de gestão de riscos como por práticas proativas de sua mitigação, seja por parte de um desenvolvedor de tecnologias digitais emergentes, seja um agente de tratamento.[65] O art. 50 da LGPD estatui que controladores e operadores, pelo

65. JONAS, Hans. *Le principe responsabilité*: une éthique pour la civilisation technologique. Tradução do alemão para o francês de Jean Greisch. 2. ed. Paris: Cerf, 1992, p. 225-226, tradução livre. No original: "Si à propos de la science et de la technique nous pouvions encore parler en termes univoques d'un progrès et même d'un progrès potentiellement infini – peut-être les seuls mouvements négentropiques permanents dans lesquels l'état ultérieur dépasse toujours celui qui le précède – le tableau est bien moins précis dans le domaine de l'ordre politico-social qui a un rapport bien plus étroit avec la moralité (et qui jusqu'à une époque récente fournissait également la véritable matière de l'histoire). Et même, en y réfléchissant, on est tenté d'établir la règle que plus quelque chose dans la vie collective est proche de la sphère éthique,

tratamento de dados pessoais, poderão formular regras de boas práticas e de governança, levando em consideração a natureza, o escopo, a finalidade e a probabilidade e a gravidade dos riscos e dos benefícios decorrentes de tratamento de dados do titular. Resta evidenciada a função promocional, mas, paradoxalmente, o referido dispositivo não dialoga com outro que concretamente proporcione benefícios aos agentes que cumpriram o *script* à risca.

Aqui se situa o parágrafo único do art. 944, reforçando a centralidade do Código Civil perante o microssistema jurídico destinado à proteção de dados. Por meio da mitigação equitativa da obrigação de indenizar, o dispositivo atua como uma forma desejável de estímulo a todo e qualquer agente econômico que, não obstante o risco inerente à sua atividade, não meça esforços para refrear a possibilidade de causação de danos a terceiros.

Essa é a eficácia do *compliance* em termos de *liability*. Contudo, em nível de *accountability*, é papel do regulador criar uma espécie de cadastro positivo de louváveis agentes econômicos, cuja publicidade propicie um aceno a uma "corrida por incentivos", derivados de uma percepção positiva da sociedade em termos de imagem, com reflexos patrimoniais e morais.

Indubitavelmente, a credibilidade é um bem imaterial de enorme valor em sociedades que objetivam implantar mecanismos meritocráticos. Ressalte-se o efeito pedagógico de se inibir o ingresso em determinado setor do mercado de potenciais concorrentes sem o potencial de fazer frente às exigências de uma competitividade pautada na eficiência em detrimento do compadrio e paternalismo, tão evidentes nas sociedades oligárquicas.

Corroborando com o argumento, a própria LGPD toma em consideração o merecimento do agente de tratamento para fins de mensuração de sanções administrativas. Em seu art. 52, entre os parâmetros e critérios que informarão as peculiaridades do caso concreto, no rol do § 1º, ressalta: "(...) VII – a cooperação do infrator; VIII – a adoção reiterada e demonstrada de mecanismos e procedimentos internos capazes de minimizar o dano, voltados ao tratamento seguro e

---

plus hésitant devient le 'progrès' en elle comme forme naturelle du mouvement: apparemment ce qui est moralement le plus neutre et ce qui est évalué selon des critères parfaitement 'objectifs', là où chaque plus est un mieux, se prête manifestement mieux au perfectionnement cumulatif – pour le dire brièvement: le 'pouvoir' mieux que 'l'être'. Mais il y a des ordres politiques, économiques et sociaux meilleurs et pires, et indépendamment du fait qu'en soi ils peuvent être plus ou moins moraux, c'est-à-dire plus conformes à des normes éthiques, ils posent également des conditions meilleures ou pires pour l'être moral – la 'vertu' – de leurs membres".

adequado de dados (...); IX – a adoção de política de boas práticas e governança; X – a pronta adoção de medidas corretivas; e XI – a proporcionalidade entre a gravidade da falta e a intensidade da sanção".

REFERÊNCIAS

ARBIX, Daniel. A importância da privacidade por Design e por Default (Privacy by Design and by Default). *In:* DONEDA, Danilo; MENDES, Laura Schertel; CUEVA, Ricardo Villas Bôas (Coord.). *Lei Geral de Proteção de Dados (Lei nº 13.709/2018) a caminho da efetividade*: contribuições para a implementação da LGPD. São Paulo: Thomson Reuters Brasil, 2020.

ARNAUD, André-Jean. *La gouvernance*: un outil de participation. Paris: LGDJ, 2014.

BARBOSA, Mafalda Miranda. *Liberdade vs. responsabilidade*: a precaução como fundamento da imputação delitual? Coimbra: Almedina, 2006.

BARBOSA, Mafalda Miranda. A responsabilidade contratual e a responsabilidade patrimonial. *In:* BARBOSA, Mafalda Miranda; ROSENVALD, Nelson; MUNIZ, Francisco (Coord.). *Pessoa, Direito e Responsabilidade*. Indaiatuba: Foco, 2020.

BLACK, Julia. *Rules and regulators*. Oxford: Clarendon Press, 1997.

BLUM, Renato Opice. O Marco Civil da Internet e a educação digital no Brasil. *In:* ABRUSIO, Juliana (Coord.). *Educação digital*. São Paulo: Revista dos Tribunais, 2015.

BOBBIO, Norberto. Sulle sanzioni positive. *In:* VV.AA. *Scritti dedicati ad Alessandro Raselli*. Milão: Giuffrè, 1971.

CALABRESI, Guido. *The cost of accidents*: a legal and economic analysis. New Haven: Yale University Press, 1970.

CALIXTO, Marcelo Junqueira. *A responsabilidade civil do fornecedor de produtos pelos riscos do desenvolvimento*. Rio de Janeiro: Renovar, 2004.

CALO, Ryan Robotics and the lessons of cyberlaw. *California Law Review*, Berkeley, v. 103, p. 513-563, 2015.

CANE, Peter. *The anatomy of tort law*. Oxford: Hart Publishing, 1997.

CAVOUKIAN, Ann. Privacy by Design. The 7 foundational principles: implementation and mapping of fair information practices. *Internet Architecture Board*, 2011. Disponível em: https://iab.org/wp-content/IAB-uploads/2011/03/fred_carter.pdf. Acesso em: 23 abr. 2021.

CHANDER, Anupam. *The electronic silk road*: how the web binds the world in commerce. New Haven: Yale University Press, 2013.

CORDEIRO, A. Barreto Menezes. Decisões individuais automatizadas à luz do RGPD e da LGPD. *In:* BARBOSA, Mafalda Miranda; BRAGA NETTO, Felipe; SILVA, Michael César; FALEIROS JÚNIOR, José Luiz de Moura. *Direito digital e inteligência artificial*: diálogos entre Brasil e Europa. Indaiatuba: Foco, 2021.

CUEVA, Ricardo Villas Bôas. Funções e finalidades dos programas de compliance. *In:* CUEVA, Ricardo Villas Bôas; FRAZÃO, Ana (Coord.). *Compliance*: perspectivas e desafios dos programas de conformidade. Belo Horizonte: Fórum, 2018.

DANTAS BISNETO, Cícero. Dano moral pela violação à legislação de proteção de dados: um estudo de direito comparado entre a LGPD e o RGPD. *In:* FALEIROS JÚNIOR, José Luiz de Moura; LONGHI, João Victor Rozatti; GUGLIARA, Rodrigo (Coord.). *Proteção de dados pessoais na sociedade da informação*: entre dados e danos. Indaiatuba: Foco, 2021.

DE LUCCA, Newton. *Da ética geral à ética empresarial*. São Paulo: Quartier Latin, 2009.

DRESCH, Rafael de Freitas Valle; FALEIROS JÚNIOR, José Luiz de Moura. Reflexões sobre a responsabilidade civil na Lei Geral de Proteção de Dados (Lei nº 13.709/2018). *In:* ROSENVALD, Nelson; DRESCH, Rafael de Freitas Valle; WESENDONCK, Tula (Coord.). *Responsabilidade civil*: novos riscos. Indaiatuba: Foco, 2019.

DRESCH, Rafael de Freitas Valle; STEIN, Lílian Brandt. Direito fundamental à proteção de dados e responsabilidade civil. *Migalhas de Responsabilidade Civil*, 27 nov. 2020. Disponível em: http://s.migalhas.com.br/S/22D570. Acesso em: 16 abr. 2021.

FALEIROS JÚNIOR, José Luiz de Moura; MARTINS, Guilherme Magalhães. Proteção de dados e anonimização: perspectivas à luz da Lei nº 13.709/2018. *Revista de Estudos Institucionais*, Rio de Janeiro, v. 7, n. 1, p. 376-397, jan./abr. 2021.

FERREIRA, Daniel; REIS, Luciano Elias. O "vazio regulamentar" do art. 53 e seus impactos na (in)efetividade da LGPD. *In:* DAL POZZO, Augusto Neves; MARTINS, Ricardo Marcondes (Coord.). *LGPD & Administração Pública*: uma análise ampla dos impactos. São Paulo: Thomson Reuters Brasil, 2020.

FLORIDI, Luciano. *The ethics of information*. Oxford: Oxford University Press, 2013.

FRADA, Manuel A. Carneiro da. *Teoria da confiança e responsabilidade civil*. Coimbra: Almedina, 2004.

FRAZÃO, Ana. Big Data, plataformas digitais e principais impactos sobre o direito da concorrência. *In:* FRAZÃO, Ana; CARVALHO, Angelo Gamba Prata de (Coord.). *Empresa, mercado e tecnologia*. Belo Horizonte: Fórum, 2019.

FRAZÃO, Ana; MEDEIROS, Ana Rafaela Martinez. Desafios para a efetividade dos programas de compliance. *In:* CUEVA, Ricardo Villas Bôas; FRAZÃO, Ana (Coord.). *Compliance*: perspectivas e desafios dos programas de conformidade. Belo Horizonte: Fórum, 2018.

FRAZÃO, Ana; OLIVA, Milena Donato; ABÍLIO, Vivianne da Silveira. Compliance de dados pessoais. *In:* TEPEDINO, Gustavo; FRAZÃO, Ana; OLIVA, Milena Donato (Coord.). *Lei Geral de Proteção de Dados Pessoais e suas repercussões no direito brasileiro*. São Paulo: Thomson Reuters Brasil, 2019.

GELLERT, Raphaël. Understanding data protection as risk regulation. *Journal of Internet Law*, Alphen aan den Rijn, v. 18, n. 1, p. 3-15, maio de 2015.

GRAU, Eros Roberto. *O direito posto e o direito pressuposto*. 8. ed. São Paulo: Malheiros, 2011.

GREENGARD, Samuel. *The internet of things*. Cambridge: The MIT Press, 2015.

GUEDES, Gisela Sampaio da Cruz; MEIRELES, Rose Melo Venceslau. Término do tratamento de dados. *In:* TEPEDINO, Gustavo; FRAZÃO, Ana; OLIVA, Milena Donato (Coord.). *Lei Geral de Proteção de Dados Pessoais e suas repercussões no direito brasileiro*. São Paulo: Revista dos Tribunais, 2019.

HENSCHKE, Adam. *Ethics in an age of surveillance*: personal information and virtual identities. Cambridge: Cambridge University Press, 2017.

JACKMAN, David. *The compliance revolution*: how compliance needs to change to survive. Nova Jersey: John Wiley & Sons, 2015.

JONAS, Hans. *Le principe responsabilité*: une éthique pour la civilisation technologique. Tradução do alemão para o francês de Jean Greisch. 2. ed. Paris: Cerf, 1992.

KLOUS, Sander; WIELAARD, Nart. *We are Big Data*: the future of the information society. Amsterdã: Atlantis Press, 2016.

LIMA, Cíntia Rosa Pereira de. *Autoridade Nacional de Proteção de Dados e a efetividade da Lei Geral de Proteção de Dados*: de acordo com a Lei Geral de Proteção de Dados (Lei nº 13.709/2018 e as alterações da Lei nº 13.853/2019), o Marco Civil da Internet (Lei nº 12.965/2014) e as sugestões de alteração do CDC (PL 3.514/2015). São Paulo: Almedina, 2020.

LOSKOT, Pavel. Computational security for the IoT and beyond. *In:* HU, Fei (Ed.). *Security and privacy in Internet of Things (IoTs)*: models, algorithms, and implementations. Boca Raton: CRC Press, 2016.

MADDEN, M. Stuart. Tort law through time and culture: themes of economic efficiency. *In:* MADDEN, M. Stuart (Ed.). *Exploring tort law*. Cambridge: Cambridge University Press, 2005.

MARQUES NETO, Floriano de Azevedo. Art. 23 da LINDB: o equilíbrio entre mudança e previsibilidade na hermenêutica jurídica. *Revista de Direito Administrativo*, Rio de Janeiro, Edição Especial: Direito Público na Lei de Introdução às Normas de Direito Brasileiro – LINDB (Lei nº 13.655/2018), p. 93-112, nov. 2018.

MARTINS, Guilherme Magalhães; FALEIROS JÚNIOR, José Luiz de Moura. A anonimização de dados pessoais: consequências jurídicas do processo de reversão, a importância da entropia e sua tutela à luz da Lei Geral de Proteção de Dados. *In:* DE LUCCA, Newton; SIMÃO FILHO, Adalberto; LIMA, Cíntia Rosa Pereira de; MACIEL, Renata Mota (Coord.). *Direito & Internet IV*: sistema de proteção de dados pessoais. São Paulo: Quartier Latin, 2019.

MENDES, Laura Schertel; DONEDA, Danilo. Reflexões iniciais sobre a nova Lei Geral de Proteção de Dados. *Revista de Direito do Consumidor*, São Paulo: Revista dos Tribunais, v. 120, p. 468-486, nov./dez. 2018.

MILLER, Paul B.; OBERDIEK, John. *Civil wrongs and justice in private law*. Oxford: Oxford University Press, 2020.

MIRAGEM, Bruno. A Lei Geral de Proteção de Dados (Lei 13.709/2018) e o direito do consumidor. *Revista dos Tribunais*, São Paulo, v. 1009, nov. 2019.

MODENESI, Pedro. Privacy by design e código digital: a tecnologia a favor de direitos e valores fundamentais. *In:* FALEIROS JÚNIOR, José Luiz de Moura; LONGHI, João Victor Rozatti; GUGLIARA, Rodrigo (Coord.). *Proteção de dados pessoais na sociedade da informação*: entre dados e danos. Indaiatuba: Foco, 2021.

MULHOLLAND, Caitlin. Responsabilidade civil por danos causados pela violação de dados sensíveis e a Lei Geral de Proteção de Dados Pessoais (lei 13.709/2018). *In:* MARTINS, Guilherme Magalhães; ROSENVALD, Nelson (Coord.). *Responsabilidade civil e novas tecnologias*. Indaiatuba: Foco, 2020.

OLIVEIRA, Leonardo David Quintanilha de. Normas antidiscriminatórias no seguro: o difícil equilíbrio entre a eficiência e a justiça. *In:* GOLDBERG, Ilan; JUNQUEIRA, Thiago (Coord.). *Temas atuais de direito dos seguros*. São Paulo: Thomson Reuters Brasil, 2020, t. I.

OTERO, Paulo. *Legalidade e Administração Pública*: o sentido da vinculação administrativa à juridicidade. Coimbra: Almedina, 2011.

PALMEIRA, Mariana de Moraes. A segurança e as boas práticas no tratamento de dados pessoais. *In:* MULHOLLAND, Caitlin (Org.). *A LGPD e o novo marco normativo no Brasil*. Porto Alegre: Arquipélago Editorial, 2020.

PEEL, Edwin; GOUDKAMP, James. *Winfield and Jolowicz on Tort (Classics)*. 19. ed. Londres: Sweet & Maxwell; Thomson Reuters, 2014. E-book.

PÉLISSE, Jérôme. Les usages syndicaux du droit et de la justice. *In:* COMMAILLE, Jacques; KALUSZYNSKI, Martine (Eds.). *La fonction politique de la justice*. Paris: La Découverte, 2007.

REIS JÚNIOR, Antonio dos. Aplicações da função promocional na responsabilidade civil ambiental. *Revista IBERC*, Belo Horizonte, v. 3, n. 1, p. 1-32, jan./abr. 2020.

REIS JÚNIOR, Antonio dos. Por uma função promocional da responsabilidade civil. *In:* SOUZA, Eduardo Nunes; SILVA, Rodrigo da Guia (Coord.). *Controvérsias atuais em responsabilidade civil*. São Paulo: Almedina, 2018.

ROSENVALD, Nelson. *As funções da responsabilidade civil*: a reparação e a pena civil. São Paulo: Atlas, 2012.

ROSENVALD, Nelson. O compliance e a redução equitativa da indenização na LGPD. *Migalhas de Proteção de Dados*, 19 mar. 2021. Disponível em: http://s.migalhas.com.br/S/6869AE. Acesso em: 16 abr. 2021.

ROSENVALD, Nelson; BRAGA NETTO, Felipe. *Código Civil comentado*: artigo por artigo. 2. ed. Salvador Juspodivm, 2021.

ROST, Martin; BOCK, Kirsten. Privacy by Design and the new protection goals: principles, goals, and requirements. *Datenschutz-Geschichte.de*, 2011. Disponível em: http://www.datenschutzgeschichte.de/pub/privacy/BockRost_PbD_DPG_en_v1f.pdf. Acesso em: 23 abr. 2021.

SINDE MONTEIRO, Jorge Ferreira; PEREIRA, André Gonçalo Dias. Princípios de Direito Europeu da Responsabilidade Civil (Portuguese Translation) *In:* KOCH, Bernhard; KOZIOL, Helmut; MAGNUS, Ulrich *et al. Principles of European tort law*: Text and commentary. European Group on Tort Law. Viena: Springer Wien, 2005.

STUCKE, Maurice E.; GRUNES, Allen P. *Big Data and competition policy*. Oxford: Oxford University Press, 2016.

TAMÒ-LARRIEUX, Aurelia. *Designing for privacy and its legal framework*: data protection by design and default for the Internet of Things. Cham/Basileia: Springer, 2018.

VAN ALSENOY, Brendan. *Data protection law in the EU*: roles, responsibilities and liability. Cambridge: Intersentia, 2019.

VAN DER SLOOT, Bart. *Privacy as virtue*: moving beyond the individual in the Age of Big Data. Cambridge: Intersentia, 2017.

VOIGT, Paul; VON DEM BUSSCHE, Axel. *The EU General Data Protection Regulation (GDPR)*: a practical guide. Cham/Basileia: Springer, 2017.

ZIEGLER, Sébastien. Universal privacy risk area assessment methodology. *In*: ZIEGLER, Sébastien (Ed.). *Internet of Things security and data protection*. Cham: Springer, 2019.

A RESPONSABILIDADE CIVIL DE PROGRAMADORES E DESENVOLVEDORES DE *SOFTWARE*: UMA ANÁLISE COMPREENSIVA A PARTIR DO CONCEITO JURÍDICO DE "OPERADOR DE DADOS"

José Luiz de Moura Faleiros Júnior[1]

Sumário: 1. Introdução; 2. Uma carreira ainda não regulada: notas sobre o labor de programadores e desenvolvedores de *software*; 2.1. A proteção jurídica do *software*: vícios e defeitos nas fronteiras do esforço criativo; 2.2. As atividades de alta complexidade intelectual e a vedação ao enquadramento de programadores e desenvolvedores como Microempreendedores Individuais; 3. Retomando a LGPD: o conceito de "operador de dados"; 3.1. O programador e o desenvolvedor como empregados; 3.2. O empregado se enquadra

1. Doutorando em Direito Civil pela Universidade de São Paulo – USP/Largo de São Francisco. Doutorando em Direito, na área de estudo "Direito, Tecnologia e Inovação", pela Universidade Federal de Minas Gerais – UFMG. Mestre em Direito pela Universidade Federal de Uberlândia – UFU. Especialista em Direito Digital, com extensão universitária na University of Chicago. Especialista em Direito Civil e Empresarial. Associado-Fundador do Instituto Avançado de Proteção de Dados – IAPD. Membro do Instituto Brasileiro de Estudos de Responsabilidade Civil – IBERC. Advogado.

no conceito de "operador de dados" da LGPD? Reflexões ancoradas na experiência europeia; 4. Considerações finais; Referências.

> *"Technology races ahead ever faster as we move deeper into the second half of the chessboard. To keep up, we need not only organizational innovation, orchestrated by entrepreneurs, but also a second broad strategy: investments in the complementary human capital—the education and skills required to get the most out of our racing technology."*[2]
>
> – Erik Brynjolfsson & Andrew McAfee

1. Introdução

Programadores e desenvolvedores de *software* são profissionais altamente requisitados na atual sociedade da informação. O desenvolvimento de algoritmos complexos tem sido fenômeno marcante de uma inegável tendência na corrida empreendida por empresas que exploram mercados ricos em dados, nos quais a atuação refinada e criativa de profissionais capacitados para elevar o código a patamares inteligíveis, dinâmicos, responsivos e certeiros em suas predições é uma das razões pelas quais tanto se discute a regulação da carreira de profissionais de TI.

Diante disso, para além de compreender seus deveres e suas obrigações ou de exigir-se qualificação acadêmica e técnica para atuar na programação e no desenvolvimento de *software*, importa compreender as particularidades de eventual regime de responsabilização civil aplicável a esses profissionais, o que ainda depende de investigações específicas, inclusive em razão do conceito de "operador de dados" definido pela Lei Geral de Proteção de Dados Pessoais (Lei nº 13.709/2018), em contraste com a polêmica discussão acerca do enquadramento do empregado no referido conceito e da imposição de solidariedade entre operador e controlador em cenários específicos descritos pela lei (art. 42, § 1º, I).

Ressalta-se que programadores e desenvolvedores de *software* estão impedidos de atuar como Microempreendedores Individuais (MEI). Desse modo, caso não atuem de forma organizada, por outras estruturas empresariais, serão forçosamente considerados empregados ou atuarão como profissionais autônomos,

---

2. BRYNJOLFSSON, Erik; McAFEE, Andrew. *Race against the machine*: how the digital revolution is accelerating innovation, driving productivity, and irreversibly transforming employment and the economy. Lexington: Digital Frontier Press, 2011. *E-book*.

exercendo sua liberdade criativa para transformar em linguagem de programação ideias, projetos, estruturas algorítmicas e modelos de negócio usualmente dependentes de grandes acervos de dados (*Big Data*).

Ao fazê-lo, será corriqueiro que realizem ações enquadráveis no amplo conceito atribuído pela LGPD ao tratamento de dados (art. 5º, X), e, nesse contexto, atuando sob ordens, surge a dúvida: na condição de empregados – ou mesmo como autônomos – podem ser enquadrados no conceito de "operador de dados" descrito no artigo 5º, VII, da LGPD? Em caso positivo, como delinear análise compreensiva do referido conceito para compatibilizá-lo com todas as peculiaridades da principiologia que rege as relações de trabalho, inclusive no contexto da responsabilização solidária definida pela lei?

Esse é o tema-problema que esse breve ensaio procurará explorar. Trabalhar-se-á com a hipótese de que a compreensão do alcance dos conceitos, dos atributos e das funções dos agentes de tratamento de dados depende de colmatação infralegal, que já foi erigida a partir de *Guideline* editada pela Comissão Europeia, na interpretação dos dispositivos do Regulamento Geral sobre a Proteção de Dados Pessoais (2016/679/UE) e, também, por Guia Orientativo para Definições dos Agentes de Tratamento de Dados Pessoais e do Encarregado, publicado em maio de 2021 pela Autoridade Nacional de Proteção de Dados – ANPD.

Tais documentos, somados a outros, como o Guia Orientativo sobre Segurança da Informação para Agentes de Tratamento de Pequeno Portes, editado pela ANPD, tornam possível aclarar a situação específica de programadores e desenvolvedores de *software* a fim de que não haja insegurança jurídica ou incompatibilidade do regime de responsabilidade civil definido pela LGPD brasileira com outras regras, como as da relação de emprego.

2. UMA CARREIRA AINDA NÃO REGULADA: NOTAS SOBRE O LABOR DE PROGRAMADORES E DESENVOLVEDORES DE *SOFTWARE*

Não é de hoje que se busca regulamentar as carreiras de profissionais que estão se tornando cada vez mais requisitados no mercado. Programadores e desenvolvedores de *software*, com formação acadêmica específica ou mesmo indivíduos autodidatas, são fundamentais para o implemento de estratégias de desenvolvimento computacional direcionado às novas estruturas de mercado, catalisadas pela inovação galopante.

A técnica, ora representada pelo vasto potencial da heurística computacional aplicada a modelos abstratos baseados em lógica matemática, entrelaça-se à racionalidade humana para a transformação do conteúdo frio das linhas de programação em aplicações direcionadas a finalidades específicas. O fator humano, como há tempos já sinalizou Philip Agre, é essencial para a operacionalização de novas atividades baseadas (e até dependentes) de grandes acervos de dados. Como diz o autor, "à medida que as consequências sociais da maquinaria computacional se tornam mais extensas, a influência recíproca de ideias sobre máquinas e pessoas presumivelmente também crescerá".[3]

Esse entrelaçamento entre sujeito e objeto revela a inegável faceta criativa desvelada pelo trabalho transformador, que é capaz de converter a matemática pura em estruturas algorítmicas hipercomplexas. Nos dizeres de Marcuse, "[o] sujeito e o objeto não estão separados por um abismo insuperável, pois o objetivo é, em si mesmo, uma espécie de sujeito, e todos os tipos de ser culminam no sujeito 'compreensivo' livre, que é capaz de realizar a razão".[4] Essa racionalidade também é fruto da experiência e não é, de forma alguma, infalível ou isenta de vícios e vieses.

Trata-se, em verdade, de emanação clara do labor complexo decorrente da conjugação de conceitos, estruturas lógicas, equações, fórmulas, estruturas de *design*, inferências e outras variáveis em um conjunto final interativo, interoperável, acessível, ordenado, de finalidade bem definida, mas falível, suscetível a erros (por vezes previsíveis ou, ao menos, plausíveis), mas, necessariamente, dependentes de dados. Essa constatação revela uma dimensão importantíssima do papel do código, a indicar seu potencial para a aglutinação de poder, como sempre alertou Lessig.[5] Não é por outra razão que o trabalho de programadores e desenvolvedores de *software* jamais pode ser hermético e imune ao escrutínio.

Bem ao contrário, como ressalta Pete Goodliffe, a concretização do código demanda uma série de etapas cruciais para que atinja a excelência: (i) é preciso selecionar as ferramentas adequadas (e o autor menciona a importância das *programmers' toolboxes*), o que envolve a escolha da linguagem ideal ao projeto que se pretenda realizar; (ii) a busca incessante por erros, que se consubstancia naquilo que a doutrina especializada designa como *debugging*; (iii) a estruturação

---

3. AGRE, Philip E. *Computation and human experience*. Cambridge: Cambridge University Press, 1997, p. 315, tradução livre. No original: "As the social consequences of computational machinery grow more extensive, the reciprocal influence of ideas about machines and people will presumably grow as well".

4. MARCUSE, Herbert. *Razão e revolução*. Tradução de Marília Barroso. São Paulo: Paz e Terra, 2004, p. 20.

5. LESSIG, Lawrence. *Code, and other laws of cyberspace 2.0*. 2. ed. Nova York: Basic Books, 2006, p. 123.

do código-fonte (*source code*) e sua parametrização executória (*executable code*); (iv) a otimização do código a partir da implementação de estruturas de *layout* interativas, com interfaces gráficas (*graphical user interfaces*, ou GUIs); (v) a modelagem preliminar, popularmente denominada de "versão beta" e sua reiterada testagem; (vi) a implementação de mecanismos de segurança; (vii) a auditoria algorítmica para checagem de novos erros e a repetição cíclica de revisões em novas *builds*.[6]

Some-se a isso a usual atuação colaborativa (em equipes), haja vista a ampla gama de competências necessárias à concretização de um processo tão complexo, e a compreensão do labor de programadores e desenvolvedores adquirirá contornos ainda mais sofisticados. Isso porque não é incomum que cientistas da computação, engenheiros de *software*, programadores, especialistas em testagem, *designers* e outros profissionais com atuação especializada ofereçam seus préstimos a um projeto que demanda o trabalho em equipe para que resultados profícuos sejam atingidos.[7]

No contexto cooperativo, a fidúcia passa a permear as relações entre tais profissionais, sinalizando a importância da confiança (*trust*) na acepção recíproca que Giddens nomeia de *reliability* ao tratar especificamente de princípios abstratos do conhecimento técnico (*technical knowledge*),[8] denotando a importância da interação homem-máquina, que não deve acarretar uma preocupação aterrorizante, uma vez que, como salientam Daniel e Richard Susskind, "o futuro mais eficiente está em máquinas e seres humanos trabalhando juntos".[9]

Nesse contexto, o problema – já sinalizado pela doutrina e que justifica o rigor da LGPD na definição de seus critérios de responsabilização civil – é que o

6. GOODLIFFE, Pete. *Code craft*: the practice of writing excellent code. São Francisco: No Starch Press, 2006, p. 109-222.

7. SAMARAJIVA, Rohan. Interactivity as though privacy matters. *In:* AGRE, Philip E.; ROTENBERG, Marc (Ed.). *Technology and privacy*: the new landscape. Cambridge: The MIT Press, 1997, p. 282.

8. Segundo o autor, "(...) confidence in the reliability of a person or system, regarding a given set of outcomes or events, where that confidence expresses faith in the probity or love of another, or in the correctness of abstract principles (technical knowledge)". GIDDENS, Anthony. *The consequences of modernity*. Redwood City/Palo Alto: Stanford University Press, 1990, p. 34.

9. SUSSKIND, Richard; SUSSKIND, Daniel. *The future of professions*: how technology will transform the work of human experts. Oxford: Oxford University Press, 2015, p. 293, tradução livre. No original: "(...) the most efficient future lies with machines and human beings working together. Human beings will always have value to add as collaborators with machines".

cidadão comum não está acostumado a se importar tanto com informações digitais quanto com aquelas armazenadas no papel, mesmo quando elas revelam os mesmos fatos: "ter um estranho invadindo sua casa é inevitavelmente mais violador do que ter um acesso ao seu e-mail".[10] Nesse contexto, proteção mais acentuada foi conferida aos dados pessoais sensíveis,[11] embora nem sempre sejam esses facilmente distinguíveis dos demais dados pessoais alocados num mesmo sistema ou banco de dados.

Projetos mais simples, ainda que realizados por um único indivíduo, envolverão múltiplas competências. Por isso é tão difícil categorizar tais profissionais e regulamentar suas carreiras. No Brasil, apenas a título exemplificativo, podem ser citados o Projeto de Lei nº 5101/2016 (apensado ao PL 3065/2015), que visa à "regulamentação do exercício da profissão de Analista de Sistemas e suas correlatas"; ainda, tem-se o Projeto de Lei do Senado nº 317/2017, que é ainda mais específico em sua ementa, pois pretende regulamentar "o exercício das profissões de Analista de Sistemas, Desenvolvedor, Engenheiro de Sistemas, Analista de Redes, Administrador de Banco de Dados, Suporte e profissões correlatas".

Tais iniciativas, além de exigirem diploma de formação acadêmica nas áreas respectivas, pretendem delimitar critérios de jornada de trabalho e definir restrições para a atuação desses profissionais.

Fato é que essas propostas ainda não foram aprovadas, carecem de adesão popular[12] e apoio político e não parecem atender completamente aos desideratatos daqueles que atuam nessas profissões. O que produzem, como dissemos, é um substrato sofisticado e direcionado ao atendimento de anseio previamente concebido. O código "frio", extraído da matemática a partir do raciocínio heurístico, torna-se um novo produto – bem refinado – e merecedor de tutela

10. SUMNER, Stuart. *You*: for sale. Protecting your personal data and privacy online. Waltham: Syngress/Elsevier, 2016, p. 10, tradução livre. No original: "Having a stranger break into your house is inevitably more violating than having one hack into your email".

11. MULHOLLAND, Caitlin. Dados pessoais sensíveis e a tutela de direitos fundamentais: uma análise à luz da Lei Geral de Proteção de Dados (Lei 13.709/18), *Revista de Direitos e Garantias Fundamentais*, Vitória, v. 19, n. 3, p. 159-180, set./dez. 2018, p. 160-162.

12. A consulta pública realizada no portal e-Cidadania do Senado Federal, em apuração realizada até a data dessa pesquisa, indica 249 votos contrários e 135 votos favoráveis à aprovação do PLS 317/2017. Maiores detalhes em: BRASIL. Senado Federal. *Projeto de Lei do Senado nº 317, de 2017*. Disponível em: https://www25.senado.leg.br/web/atividade/materias/-/materia/130777. Acesso em: 30 de abril de 2021.

própria. Criação e criador(es), entretanto, recebem tratamento jurídico diverso, nem sempre condizente com o labor intelectual investido na realização da tarefa transformadora que programadores e desenvolvedores de *software* empreendem.

2.1. A proteção jurídica do *software*: vícios e defeitos nas fronteiras do esforço criativo

A proteção jurídica conferida ao *software* é debatida pela doutrina há décadas,[13] mas foi legislada de forma específica somente com a Lei nº 7.646/1987, posteriormente revogada pela Lei nº 9.609, de 19 de fevereiro de 1998.[14]

De início, nota-se que o trabalho de programadores e desenvolvedores, a despeito da composição haurida em decorrência de experiências e competências pessoais, está ligado, essencialmente, à parametrização de funções "*in abstracto*". Significa dizer que, pelo conceito, para estruturar um conjunto de

---

13. Em 1985, Orlando Gomes escreveu: "Entendo que o 'software' é uma expressão criativa do trabalho intelectual e pessoal de quem o prepara. Essa criação da inteligência, materializando-se num *corpus mechanicum* que torna comunicável sua expressão, adquire individualidade definitiva, tal como se fosse um romance, um filme cinematográfico ou uma composição musical. Para ser protegido como tal basta a criatividade subjetiva, entendida como trabalho pessoal do programador – como se admite quando na obra protegida o elemento da criatividade consiste na idealização do seu plano". GOMES, Orlando. A proteção jurídica dos programas de computador. *In:* GOMES, Orlando; WALD, Arnoldo; ASCENSÃO, José de Oliveira; LOBO, C.A. da Silveira; ULMER, Eugen; KOLLE, Gert. *A proteção jurídica do software*. Rio de Janeiro: Forense, 1985, p. 15. Nessa época, a doutrina se baseava em parco repertório normativo para estruturar uma base compreensiva sobre o tema, a exemplo do Decreto-Lei nº 239/1967 e do Decreto nº 75.225/1975, relativos à política nacional de desenvolvimento científico e tecnológico; do Decreto-Lei nº 1.418/1975, relativo à tributação de contratos de *software* no exterior; do Decreto-Lei nº 1.996/1976, que incentivava a exportação de *software*; da Lei nº 5.772/1971, que instituiu o Código de Propriedade Industrial da época; da Lei nº 5.988/1973, que regulava os direitos autorais. Foi somente em 1987, com a Lei nº 7.646, que se definiu um marco normativo "quanto à proteção da propriedade intelectual sobre programas de computador e sua comercialização no País".

14. O conceito de *software* (programa de computador, como se convencionou designá-lo a partir de então) é apresentado logo no artigo 1º: "Art. 1º Programa de computador é a expressão de um conjunto organizado de instruções em linguagem natural ou codificada, contida em suporte físico de qualquer natureza, de emprego necessário em máquinas automáticas de tratamento da informação, dispositivos, instrumentos ou equipamentos periféricos, baseados em técnica digital ou análoga, para fazê-los funcionar de modo e para fins determinados".

funções direcionadas à realização de tarefa automatizada específica, não se faz necessário o contato direto com dados pessoais ou mesmo qualquer espécie de aferição casuística.

Para que se relembre, o tratamento de dados pessoais está conceituado no artigo 5º, inciso X, da Lei Geral de Proteção de Dados Pessoais: trata-se de "toda operação realizada com dados pessoais, como as que se referem a coleta, produção, recepção, classificação, utilização, acesso, reprodução, transmissão, distribuição, processamento, arquivamento, armazenamento, eliminação, avaliação ou controle da informação, modificação, comunicação, transferência, difusão ou extração".

Nota-se que o mero acesso ou o armazenamento em dispositivo já permitem o enquadramento da ação como atividade de tratamento de dados pessoais. Sabe-se, enfim, que o desenvolvimento de qualquer programa não é resultado de concepção totalmente abstrata ou desconectada da realidade. Há sempre uma finalidade, geralmente acompanhada de prototipação, pivotagem e testagem. Aliás, mesmo nos estágios iniciais (como na concepção) do programa, é usual que se realize experimentação por amostragem, expondo *builds* preliminares do programa a um público previamente selecionado.

A depender do uso e da aplicação do programa, quando de natureza algorítmica e direcionada ao processamento de dados pessoais de qualquer tipo, é até mesmo desejável que bases de teste sejam utilizadas para aferir a qualidade do processamento, evitando futuro enviesamento e discriminação por má parametrização ou falha de projeto.[15]

Naturalmente, o trato da complexidade[16] implica considerar a falibilidade de quem com ela lida a nível quase "visceral", isto é, nas minúcias de uma linguagem alfanumérica complexa (natural ou não) que pode apresentar encruzilhadas e problemas de difícil cognição e solução.[17]

---

15. PASQUALE, Frank. Data-informed duties in AI development. *Columbia Law Review*, Nova York, v. 119, p. 1917-1940, 2019, p. 1919-1920.

16. MORIN, Edgar; LE MOIGNE, Jean-Louis. *L'intelligence de la complexité*. Paris: L'Harmattan, 1999, p. 318. Anotam: "Penser la complexité : tel est le défi majeur de la pensée contemporaine, qui nécessite une réforme de notre mode de pensée. La pensée scientifique classique s'est édifiée sur trois piliers que sont 'l'ordre', la 'séparabilité', la 'raison'. Or, les assises de chacun sont aujourd'hui ébranlées par les développements mêmes des sciences qui s'étaient à l'origine fondés sur ces trois piliers".

17. Sobre o tema, tome-se como exemplo o potencial do algoritmo GPT-3, que se revela na fronteira do desafiador limiar de processamento da linguagem natural para

Essa temática não foi ignorada na LGPD. O legislador cuidou especificamente do assunto no artigo 49 da lei, definindo que "os sistemas utilizados para o tratamento de dados pessoais devem ser estruturados de forma a atender aos requisitos de segurança, aos padrões de boas práticas e de governança e aos princípios gerais previstos nesta Lei e às demais normas regulamentares."

Em se tratando de algoritmos, a dificuldade se acentua e passa a demandar esforço colaborativo para que sejam apresentadas soluções.[18] Como diz Pete Goodliffe, "*often, the tricky part of software development isn't in the technical aspects of the code; it's the people problems*".[19] Em suma, reconhecer que o elemento humano é imperfeito e pode provocar falhas durante o desenvolvimento do código indica a antevisão de que o substrato final, ainda que fruto do labor intelectual, deve acarretar consequências jurídicas.[20]

Não é por outra razão que o vigente Código Civil estabelece, em seu artigo 931, que "os empresários individuais e as empresas respondem independentemente de culpa pelos danos causados pelos produtos postos em circulação",[21]

---

atividades diversas, com condições de romper a lógica da matemática estrita e de promover o reforço das estruturas preditivas baseadas em *machine learning*. Analisando algumas de suas possíveis aplicações, conferir FALEIROS JÚNIOR, José Luiz de Moura. Breves reflexões sobre os impactos jurídicos do algoritmo GPT-3. *In:* BARBOSA, Mafalda Miranda; BRAGA NETTO, Felipe; SILVA, Michael César; FALEIROS JÚNIOR, José Luiz de Moura (Coord.). *Direito digital e inteligência artificial*: diálogos entre Brasil e Europa. Indaiatuba: Foco, 2021, p. 521 *et seq*.

18. WALDMAN, Ari Ezra. Algorithmic legitimacy. *In:* BARFIELD, Woodrow (Ed.). *The Cambridge handbook of the law of algorithms*. Cambridge: Cambridge University Press, 2021, p. 119. Anota: "We need a robust, substantive approach to ensuring algorithmic systems meet fundamental social values other than efficiency. The law provides us with a guide. In certain contexts, fair procedures are sufficient to determine lawfulness. (...) We should consider whether the context in which automated systems are used implicates fundamental rights for the same three reasons we consider the context in which state actions have adverse effects on individuals".

19. GOODLIFFE, Pete. *Becoming a better programmer*: a handbook for people who care about code. Sebastopol: O'Reilly Media, 2014, p. 330.

20. CHATZINIKOLAOU, Argyro. *Professional liability for software engineers*: is it a viable coiche? 2017. 83f. Dissertação (LLM Law & Technology). Tilburg Law School, Tilburg University, Tilburg, Holanda, 2017.

21. WESENDONCK, Tula. *O regime da responsabilidade civil pelo fato dos produtos postos em circulação*: uma proposta de interpretação do artigo 931 do Código Civil sob a perspectiva do direito comparado. Porto Alegre: Livraria do Advogado, 2015, p. 215. A autora faz delineamento específico sobre a figura do comerciante, em comparação à do fabricante, no contexto dos riscos do desenvolvimento: "(...) quem tem condições

ressalvados os casos previstos na legislação especial, o que remete diretamente ao Código de Defesa do Consumidor e à sua dinâmica específica de responsabilização baseada no vício ou no fato do produto ou serviço.

Prevalece o risco da atividade econômica assumido pelo empregador (art. 2º, CLT) que se vale do trabalho de programadores e desenvolvedores para a criação de um programa que pretenda lançar ao mercado. Perante os consumidores, essa sistemática lastreia o regime objetivo de responsabilização insculpido no CDC – particularmente em seu artigo 12 – e os ônus são assumidos pelo fornecedor do programa de computador comercializado ou do serviço prestado (art. 14) a partir da instalação do *software* defeituoso.[22]

Desse modo, para o programador ou desenvolvedor que atue profissionalmente e se enquadre na condição de fornecedor, impõem-se os rigores da legislação consumerista. Porém, ainda pairam dúvidas quanto ao caso de atuar autonomamente (como *freelancer*) ou como profissional liberal, para os fins de incidência do disposto no artigo 14, § 4º, do CDC (que define regime de responsabilização subjetiva). Isso porque não há, como já foi mencionado anteriormente, carreira regulamentada ou norma que defina atribuições sobre tais carreiras como sendo "profissionais liberais" no sentido estrito da expressão. Prevalece, no caso, a compreensão de que são profissionais autônomos, inclusive para fins previdenciários.

Enfim, anota-se que tal lógica, na sistemática consumerista, não é afastada pela incidência da LGPD em prol do titular de dados que seja vítima de eventual incidente causador de danos porque há regra expressa de remissão ao CDC no artigo 45 da LGPD. Em simples termos, as regras de responsabilização aplicáveis no tratamento de dados em contexto consumerista serão aquelas definidas pelo CDC, em interpretação conjunta – pelo diálogo de fontes – com as da LGPD.

2.2. As atividades de alta complexidade intelectual e a vedação ao enquadramento de programadores e desenvolvedores como Microempreendedores Individuais

Não se pode deixar de mencionar, ainda no contexto desse tópico, que o programador e o desenvolvedor estão impedidos de atuar profissionalmente

---

de controlar a qualidade e segurança do produto é o fabricante, e não o comerciante. Esse raciocínio ganha reforço justamente na averiguação da responsabilidade civil em decorrência dos riscos do desenvolvimento".

22. Sobre o tema, conferir MARTINS, Guilherme Magalhães. *Responsabilidade civil por acidente de consumo na Internet*. 3. ed. São Paulo: Thomson Reuters Brasil, 2020, p. 142-143.

como Microempreendedores Individuais. Não podem se inscrever no Cadastro Nacional da Pessoa Jurídica com opção pelo enquadramento no regime de tributação do Simples Nacional para fins de atuação profissional de cunho empresarial simplificado, com benefícios tributários.

A vedação consta expressamente do artigo 18, § 5º-D, incisos IV, V e VI, da Lei Complementar nº 123/2006, com as alterações realizadas pela Lei Complementar nº 128/2008, que exclui do Simples Nacional as atividades de "elaboração de programas de computadores, inclusive jogos eletrônicos, desde que desenvolvidos em estabelecimento do optante", "licenciamento ou cessão de direito de uso de programas de computação" e "planejamento, confecção, manutenção e atualização de páginas eletrônicas, desde que realizados em estabelecimento do optante". Frise-se que mesmo a atuação voltada à Internet (programação *web*) está contemplada nas exceções do dispositivo.

A razão para isso decorre da alta complexidade intelectual desse tipo de atividade e da situação de fragilidade eventualmente gerada pela "terceirização" abstrusa do labor desses profissionais, que passariam a atuar no mercado de forma independente, sujeitando-se a regime de responsabilização objetiva e direta, na condição de fornecedores.

Convém lembrar que, em outubro de 2021, foi publicado pela ANPD o Guia Orientativo sobre Segurança da Informação para Agentes de Tratamento de Pequeno Porte, no qual são detalhadas diversas medidas técnicas e administrativas que permitem compreender melhor o escopo do princípio da segurança (art. 6º, VII) e as regras a ele relacionadas (arts. 46 a 49). Dentre as medidas administrativas, a Política de Segurança da Informação – PSI, que "consiste em um conjunto de diretrizes e regras que tem por objetivo possibilitar o planejamento, a implementação e o controle de ações relacionadas à segurança da informação em uma organização"[23], revela uma dimensão especialmente importante para a parametrização das atividades de programação e desenvolvimento de *software*.

Ainda, as medidas administrativas de conscientização e treinamento e gerenciamento de contratos, bem como as medidas técnicas de controles de acesso, segurança de dados pessoais armazenados, segurança nas comunicações e de manutenção de programa de gerenciamento de vulnerabilidades, revelam a preocupação com detalhes tipicamente relacionados às atividades empreendidas por programadores e desenvolvedores.

---

23. AUTORIDADE NACIONAL DE PROTEÇÃO DE DADOS. *Guia Orientativo – Segurança da Informação para Agentes de Tratamento de Pequeno Porte*. out. 2021. versão 1.0. Disponível em: https://www.gov.br/anpd/pt-br/documentos-e-publicacoes/guia-vf.pdf. Acesso em: 06 nov. 2021. p. 8.

O guia orientativo em questão é direcionado aos "Agentes de Tratamento de Pequeno Porte", assim consideradas, conforme consta da primeira nota de rodapé do próprio documento, as seguintes figuras: "sociedade empresária, sociedade simples, empresa individual de responsabilidade limitada[24] e o empresário a que se refere o art. 966 da Lei nº 10.406, de 10 de janeiro de 2002 (Código Civil), incluído o microempreendedor individual, com faturamento máximo nos termos do art. 3º da Lei Complementar nº 123 de 14 de dezembro de 2006."[25]

É importante registrar, em face disso, que não é incomum que programadores e desenvolvedores exerçam suas atividades sob tais configurações empresariais, ainda que lhes seja vedada a opção pelo Simples Nacional para enquadramento como Microempreendedores Individuais, o que demanda interpretação cautelosa para que a restrição tributária específica não seja confundida com alguma espécie de limitação de atuação em razão do tipo societário escolhido para estruturar o desempenho das atividades respectivas no mercado.

3. RETOMANDO A LGPD: O CONCEITO DE "OPERADOR DE DADOS"

Voltando especificamente aos agentes de tratamento, importa registrar um problema ainda mais acentuado para o contexto específico de programadores e desenvolvedores, mas que foi solucionado pela ANPD. Questionava-se sobre seu possível enquadramento no conceito jurídico de "operador de dados" da LGPD, o que teria inegáveis consequências para sua responsabilização civil.

O conceito, em uma primeira leitura, parece ser de absoluta clareza. Diz a lei: "operador: pessoa natural ou jurídica, de direito público ou privado, que realiza o tratamento de dados pessoais em nome do controlador" (art. 5º, VII, da LGPD). Também há conceito específico para o controlador, que é a "pessoa natural ou jurídica, de direito público ou privado, a quem competem as decisões

24. Quanto às EIRELIs, é importante lembrar que a recentíssima previsão do art. 41 da Lei nº 14.195, de 26/08/2021, não foi considerada pela ANPD no Guia Orientativo. O referido dispositivo prevê o seguinte: "Art. 41. As empresas individuais de responsabilidade limitada existentes na data da entrada em vigor desta Lei serão transformadas em sociedades limitadas unipessoais independentemente de qualquer alteração em seu ato constitutivo. Parágrafo único. Ato do Drei disciplinará a transformação referida neste artigo."

25. AUTORIDADE NACIONAL DE PROTEÇÃO DE DADOS. *Guia Orientativo – Segurança da Informação para Agentes de Tratamento de Pequeno Porte*. out. 2021. versão 1.0. Disponível em: https://www.gov.br/anpd/pt-br/documentos-e-publicacoes/guia-vf.pdf. Acesso em: 06 nov. 2021. p. 4.

referentes ao tratamento de dados pessoais" (art. 5º, VI). Ambos compõem o gênero conceitual dos agentes de tratamento (art. 5º, IX).

Duas características se destacam quanto ao operador: (i) o fato de agir o operador "em nome" do controlador; (ii) seu contato direto com a execução da atividade de tratamento de dados pessoais, que, pela dicção do inciso X do mesmo dispositivo, pode ser o singelo acesso ou até mesmo ações mais complexas. Significa dizer que programadores e desenvolvedores, pelas próprias peculiaridades que dizem respeito às suas atividades, raramente não realizarão alguma ação que se enquadre no conceito de "tratamento" da LGPD. Havendo tal enquadramento e atuando tais profissionais no interesse de um empregador, ou autonomamente, por relação contratual cujo objeto seja o desenvolvimento de *software*, poder-se-ia dizer que são considerados operadores.

Igualmente polêmicas são a consideração e a valoração das ações de cada agente de tratamento (controlador ou operador, segundo conceitos do art. 5º, VI e VII), que podem implicar responsabilização civil solidária entre controladores ou entre controlador e operador, por expressa previsão dos incisos do artigo 42, § 1º. A celeuma, no caso específico de programadores e desenvolvedores de *software*, diz respeito a seu enquadramento como operadores nas relações de emprego.

3.1. O programador e o desenvolvedor como empregados

Sendo-lhes vedado constituir o CNPJ na condição de empresários individuais com ulterior pleito de enquadramento no Simples Nacional como MEIs, as opções de cunho não trabalhista que restam aos programadores e desenvolvedores são a constituição de outros modelos societários, inclusive para que atuem individualmente, a exemplo da Empresa Individual de Responsabilidade Limitada ou da Sociedade Limitada Unipessoal. A exceção, como se pode ler dos incisos V e VI do § 5º-D do artigo 18 da Lei Complementar nº 123/2006, supratranscritos, fica para as hipóteses em que as atividades de programação e desenvolvimento de *software* não sejam desempenhadas no estabelecimento do próprio optante pelo regime do Simples Nacional.

Essa exceção – é preciso frisar – acaba esmaecendo diante do modelo colaborativo hodierno, que já transpôs o próprio conceito de estabelecimento empresarial para atividades realizadas na Internet.[26] Não é por outra razão que cada vez mais se popularizam as plataformas colaborativas (popularmente chamadas

---

26. BARBOSA, Pedro Marcos Nunes. *E-stabelecimento*: teoria do estabelecimento comercial na Internet, aplicativos, websites, segregação patrimonial, trade dress eletrônico,

de *Git's*) e as atividades de teletrabalho, hoje regidas pelos arts. 75-A a 75-E da CLT,[27] o que dificulta sobremaneira a identificação das nuances concretas que permitam distinguir uma relação de emprego de uma relação terceirizada apenas pelo critério geográfico/situacional do estabelecimento.

É fato que, no atual modelo de mercado, desenvolvedores "*in house*" (que atuam como empregados) são mais comuns do que os autônomos (*freelancers*), embora esses já possam ser facilmente contratados *on-line*, por plataformas de intermediação.[28] Naturalmente, o modelo de negócio ou a ideia que embasa um projeto inovador, pelo ineditismo que costuma ostentar, ou mesmo pela intenção de preservação de segredo industrial, acabam conduzindo à imposição de deveres de discrição por instrumentos hoje bastante difundidos, como os acordos de confidencialidade e sigilo (*non-disclosure agreements*). Em se tratando de uma relação de emprego, especialmente em médio e longo prazo, a construção da fidúcia se torna mais plausível, o que acaba indicando mais vantagens do que desvantagens.[29] Porém, há consequências inegáveis para isso.

3.2. O empregado se enquadra no conceito de "operador de dados" da LGPD? Reflexões ancoradas na experiência europeia

No Anteprojeto de 2011, falava-se nas figuras do "subcontratado" (hoje, o "operador"), do "responsável" (o "controlador") e do "encarregado", que era considerado agente de tratamento.[30] Na alteração realizada em 2016, consolidaram-se as atuais nomenclaturas de operador e controlador, e o encarregado deixou de ser considerado agente de tratamento. A evolução dos conceitos se

---

concorrência online, ativos intangíveis cibernéticos e negócios jurídicos. São Paulo: Quartier Latin, 2019, p. 95-109.

27. Tais dispositivos foram inseridos na Consolidação das Leis do Trabalho pela Reforma Trabalhista de 2017 (Lei nº 13.467, de 13 de julho de 2017).

28. É o caso de plataformas digitais para a oferta de trabalhos *freelancer*, tais como Fiverr e GetNinjas.

29. A formalização desses acordos de confidencialidade e sigilo contribui para o incremento da confiança de quem revela informação de valor a outrem para que a previsão de sanção pecuniária de grave intensidade desestimule a adoção de ações indesejadas, como a revelação da informação.

30. LIMA, Cíntia Rosa Pereira de. Agentes de tratamento de dados pessoais (controlador, operador e encarregado pelo tratamento de dados pessoais). *In:* LIMA, Cíntia Rosa Pereira de (Coord.). *Comentários à Lei Geral de Proteção de Dados*. São Paulo: Almedina, 2020, p. 280-281.

consolidou e promulgação da LGPD, em 2018, veio à tona com os detalhes da alteração realizada no Anteprojeto em 2016.

Para uma compreensão mais assertiva, naturalmente, têm-se os conceitos da lei, mas contrastes práticos revelam a necessidade de maior aprofundamento quanto à sua compreensão. Sobre a figura do operador de dados, destaca Bianca Kremer:

> Pode-se vislumbrar o operador enquanto um parceiro técnico especializado, o qual é designado para a execução de tarefas específicas com o objetivo de alcançar metas preestabelecidas, a serem definidas pelo controlador de dados. O operador de dados não controla os dados nem possui poderes para alterar o uso ou a finalidade a que se destinam.[31]

Na Europa, quando se vislumbrou a necessidade de maior aprofundamento conceitual sobre quem pode se enquadrar nesses conceitos, foi editada a *guideline* nº 07/2020,[32] que trata especificamente do assunto, e nela restou definido, embora com algumas brechas, que o empregado não pode ser considerado operador nas atividades de tratamento de dados, pois atua como "*longa manus*" de seu empregador (item 76).[33]

Da mesma forma, embora se reconheça que nem sempre, mas na maioria das vezes, o empregador será também controlador, foi destacado na referida *guideline* que um agente (pessoa natural) com poder de decisão, como um CEO (eleito ou não), um empregado de alto escalão, ou um membro de *board* de empresa, não pode ser considerado controlador para fins de responsabilização direta (item 18),[34] o que denota o intuito de proteção às relações de emprego, mesmo quando haja poder diretivo.

---

31. KREMER, Bianca. Os agentes de tratamento de dados pessoais. *In:* MULHOLLAND, Caitlin (Org.). *A LGPD e o novo marco normativo no Brasil*. Porto Alegre: Arquipélago Editorial, 2020, p. 305.

32. EUROPEAN DATA PROTECTION BOARD. *Guidelines 07/2020 on the concepts of controller and processor in the GDPR*, 07 set. 2020. Disponível em: https://edpb.europa.eu/our-work-tools/public-consultations-art-704/2020/guidelines-072020-concepts-controller-and-processor_pt. Acesso em: 16 abr. 2021.

33. "(...) 76. If the controller decides to process data itself, using its own resources within its organisation, for example through its own staff, this is not a processor situation. Employees and other persons that are acting under the direct authority of the controller, such as temporarily employed staff, are not to be seen as processors since they will process personal data as a part of the controller's entity. In accordance with Article 29, they are also bound by the controller's instructions".

34. "(...) 18. Sometimes, companies and public bodies appoint a specific person responsible for the implementation of the processing operations. Even if a specific natural

No Brasil, em 28 de maio de 2021, a Autoridade Nacional de Proteção de Dados emitiu pronunciamento mais detalhado sobre os limites conceituais dessa figura (o operador de dados), textualmente prevendo, em seu item 58 que:

> 58. Nesse cenário, empregados, administradores, sócios, servidores e outras pessoas naturais que integram a pessoa jurídica e cujos atos expressam a atuação desta não devem ser considerados operadores, tendo em vista que **o operador será sempre uma pessoa distinta do controlador, isto é, que não atua como profissional subordinado a este ou como membro de seus órgãos.** [grifos conforme o original][35]

Ressalta-se a importância dos esclarecimentos trazidos pelo labor regulatório infralegal da ANPD[36], posicionando-se quanto à amplitude conceitual

---

person is appointed to ensure compliance with data protection rules, this person will not be the controller but will act on behalf of the legal entity (company or public body) which will be ultimately responsible in case of infringement of the rules in its capacity as controller".

35. AUTORIDADE NACIONAL DE PROTEÇÃO DE DADOS. *Guia Orientativo para Definições dos Agentes de Tratamento de Dados Pessoais e do Encarregado.* 28 mai. 2021. Disponível em: https://www.gov.br/anpd/pt-br/assuntos/noticias/2021-05-27-guia-agentes-de-tratamento_final.pdf . Acesso em: 06 de novembro de 2021.

36. Antes que houvesse pronunciamento específico da ANPD sobre a matéria, grande problema interpretativo surgiu no contexto do direito público. Foi o Tribunal de Justiça do Distrito Federal e dos Territórios o primeiro a editar provimento que indicava seu controlador, seus operadores e seu encarregado de dados. Segundo o art. 5º da Resolução nº 9, de 02/09/2020, o Controlador do TJDFT é o Presidente do Tribunal, assessorado pelo Comitê Gestor de Segurança da Informação e Proteção de Dados Pessoais – CGSI, sendo que os Vice-Presidentes e o Corregedor da Justiça serão os Controladores Adjuntos. Segundo o mesmo dispositivo, são operadores os servidores e colaboradores que exerçam atividade de tratamento de dados pessoais na instituição ou terceiros, em contratos e instrumentos congêneres firmados com o Tribunal. (BRASIL. Tribunal de Justiça do Distrito Federal e dos Territórios. *Resolução nº 9, de 02 de setembro de 2020.* Disponível em: https://www.tjdft.jus.br/publicacoes/publicacoes-oficiais/resolucoes-do-pleno/2020/resolucao-9-de-02-09-2020. Acesso em: 02 de maio de 2021.) Os riscos decorrentes da assunção dessas funções para tais servidores públicos são enormes e iminentes, embora não se possa deixar de registrar que, no caso do Estado, eventual responsabilização civil permaneceria sendo regida pelo regime descrito no artigo 37, § 6º, da Constituição da República (que é repetido no art. 43 do CC), prevalente sobre o dos artigos 42 e seguintes da LGPD, pelo seu próprio *status* de norma constitucional. Sobre o tema, conferir PIRONTI, Rodrigo. O controlador e o operador de dados na Administração Pública: um risco iminente. *Consultor Jurídico*, 23 fev. 2021. Disponível em: https://www.conjur.com.

das figuras descritas pelo legislador como agentes de tratamento (controlador e operador) e adotando solução semelhante à europeia (*Guideline nº* 07/2020), superando, inclusive, eventual discussão sobre a necessidade de fragmentação do conceito de operador (por exemplo, em "operador externo" e "operador interno"), como se chegou a aventar no país.[37]

O problema, nas relações de emprego, está na responsabilização direta propiciada pela solidariedade. Não havendo solução clara, como há para o Estado, resta saber se há compatibilidade lógico-normativa no enquadramento de um programador ou desenvolvedor – que inegavelmente realiza o tratamento de dados – no conceito jurídico de operador, com todas as consequências que isso acarreta. E a resposta é negativa.

Considerar o empregado "operador de dados", ou, até pior, tentar categorizar em descritivo próprio os profissionais que atuam diretamente com a programação e o desenvolvimento de *software* (categorizando-os como operadores) acabaria desvirtuando o escopo da lei e abriria margem à utilização desse expediente como estratégia para que empregadores (que podem ou não ser controladores) se esquivassem da responsabilização civil.

---

br/2021-fev-23/pironti-controlador-operador-dados-administracao. Acesso em: 02 de maio de 2021. Pela dicção do dispositivo constitucional, o Estado responde objetivamente por eventual dano, cabendo-lhe buscar, por ação de regresso, o ressarcimento ao Erário público contra o servidor, desde que demonstrada a culpa desse. FALEIROS JÚNIOR, José Luiz de Moura. O Estado entre dados e danos: uma releitura da teoria do risco administrativo na sociedade da informação. *In:* FALEIROS JÚNIOR, José Luiz de Moura; LONGHI, João Victor Rozatti; GUGLIARA, Rodrigo (Coord.). *Proteção de dados pessoais na sociedade da informação*: entre dados e danos. Indaiatuba: Foco, 2021, p. 43-44.

37. Ainda mais controversa é a recentíssima medida do governo do Distrito Federal, que publicou, em 27 de abril de 2021, o Decreto nº 42.036, criando uma dicotomia conceitual que inova em relação à LGPD. Referido ato normativo fala em "operador interno" e em "operador externo" e diz que esses últimos são "pessoas físicas ou jurídicas prestadores de serviço de banco de dados, tecnologia da informação e sistemas que atuam fora da estrutura organizacional da unidade gestora". A legalidade desse decreto do DF é absolutamente questionável, mas revela a confusão que se faz quanto às atividades exercidas por profissionais de alta capacitação que, infelizmente, não possuem uma carreira devidamente regulamentada. O conceito de "operador externo" criado pelo ato normativo restringe a noção de execução do tratamento de dados apenas aos profissionais que atuam com a Tecnologia da Informação e que não sejam servidores dos quadros do governo distrital (não sujeitos, portanto, ao regime jurídico estatutário típico das carreiras públicas). DISTRITO FEDERAL. *Decreto nº 42.036, de 27 de abril de 2021*. Disponível em: https://www.legisweb.com.br/legislacao/?id=413377. Acesso em: 02 de maio de 2021.

O debate é complexo, mas a solução europeia, apresentada na *guideline* nº 07/2020, e a subsequente solução brasileira, expressada no Guia Orientativo de maio de 2021 da ANPD, é interessante justamente porque descreve a atuação "em nome do controlador", ou sob seu comando, como um modelo composto.

Em simples termos, ao se considerar o empregado uma "*longa manus*" de seu empregador, elimina-se o risco de imposição da responsabilização solidária e abre-se margem à assunção de riscos por aqueles que atuem autonomamente, ou de forma organizada (como empresários), mantendo-se hígida a lógica que rege as relações de emprego sem que se fomente um conflito aparente entre o disposto no artigo 932, inciso III, do Código Civil[38] e a LGPD.

Além disso, convém lembrar que as decisões referentes ao tratamento deverão ser tomadas pelo controlador, mas, no curso da programação, decisões que dependem de dados envolvem ações facilmente enquadráveis nas ações descritivas do conceito de tratamento (art. 5º, X, LGPD). Por outro lado – e, nesse ponto, a *guideline* europeia indica previsões elogiáveis –, toda aferição do conceito de controlador (lá contido no art. 4º, n. 7)[39] envolverá uma apreciação factual, e não formal, a partir de leitura funcional do papel do agente.

Significa dizer que, embora o consentimento seja desejável, nem sempre poderá ser facilmente obtido, especialmente para o cumprimento de atribuições internas durante o desenvolvimento de *software*, que envolve inegável risco e a assunção de acentuada responsabilidade.[40-41]

Quanto ao mais, a reiteração de boa parte do conteúdo do art. 7º no art. 11 da LGPD indica a intenção do legislador de atribuir especial cuidado aos dados

---

38. O referido dispositivo do CC define a responsabilidade civil de empregadores por atos de seus empregados: "Art. 932. São também responsáveis pela reparação civil: (...) III – o empregador ou comitente, por seus empregados, serviçais e prepostos, no exercício do trabalho que lhes competir, ou em razão dele".

39. O controlador é descrito, textualmente, na versão em inglês do Regulamento como "the natural or legal person, public authority, agency or other body which, alone or jointly with others, determines the purposes and means of the processing of personal data; where the purposes and means of such processing are determined by Union or Member State law, the controller or the specific criteria for its nomination may be provided for by Union or Member State law".

40. VIHUL, Liis. The liability of software manufacturers for defective products. *NATO Cooperative Cyber Defence Centre of Excellence*, Tallinn, Paper n. 2, 2014. Disponível em: https://ccdcoe.org/uploads/2018/10/TP_02.pdf. Acesso em: 30 abr. 2021.

41. GOERTZEL, Legal liability for bad software. *CrossTalk*, [S.l.], p. 23-28, set./out. 2016. Disponível em: https://zlmonroe.com/CSE566/Readings/47.Legal_Liability_for_Bad_Software.pdf. Acesso em: 30 abr. 2021.

pessoais sensíveis: optou-se por atribuir maior proteção à categoria de informações tida por mais valiosa, o que deve ser considerado no curso de todo o processo de programação e desenvolvimento, inclusive para cumprimento do comando contido no artigo 49 da LGPD quanto à necessidade de que os sistemas sejam seguros.

No caso de dados pessoais sensíveis, o contexto em que os dados foram mantidos ou usados acaba se revelando mais importante do que os dados em si. Por isso, repita-se, é elogiável a constatação da *guideline* europeia quanto à análise factual/funcional e não apenas formal do processo decisional, que pode envolver o desenvolvimento de *software*.

A par disso, deve-se relembrar o valor social atribuível às informações pessoais, servindo como uma "régua" para a conceituação do que seja apropriado ou não. Nesse plano, Helen Nissenbaum defende a utilização de uma "privacidade contextual" como processo decisional heurístico no qual o centro de análise redunda na captura do significado completo da privacidade e nos sucedâneos de eventual violação.[42]

Para além de diversas situações específicas e evidentemente danosas, é de se esperar que a averiguação de eventual violação – especialmente para fins de aferição da responsabilidade civil – transcenda a mera verificação objetiva do fato e adentre nos meandros contextuais do dano e da utilização (ou malversação) do dado. As consequências previstas são as sanções administrativas (definidas no art. 52 da LGPD) e a responsabilidade civil. Esta, como já se adiantou na introdução, é *solidária* entre operador e controlador se ocorrer uma das duas hipóteses descritas no artigo 42, § 1º, inciso I: "o operador responde solidariamente pelos danos causados pelo tratamento quando descumprir as obrigações da legislação de proteção de dados ou quando não tiver seguido as instruções lícitas do controlador, hipótese em que o operador se equipara ao controlador, salvo nos casos de exclusão previstos no art. 43 desta Lei".

Como já foi esclarecido pela ANPD, sendo o programador ou o desenvolvedor um empregado, em caso de dano, a vítima não poderá acioná-lo de forma direta ou em litisconsórcio com seu empregador, pois, atuando como "*longa manus*" deste, não lhe cabe responder por eventual condenação, com a possibilidade de pleitear o ressarcimento da quota-parte do controlador, por ação própria. Em se tratando de uma relação de emprego, tal situação criaria grande temeridade.

---

42. NISSENBAUM, Helen. *Privacy in context*: technology, policy and the integrity of social life. Stanford: Stanford University Press, 2010, p. 231-233.

4. Considerações finais

Por todo o exposto, ressalta-se a importância dos esclarecimentos que foram trazidos pelo labor regulatório infralegal da Autoridade Nacional de Proteção de Dados, em seu Guia Orientativo para Definições dos Agentes de Tratamento de Dados Pessoais e do Encarregado, de maio de 2021, quanto à amplitude conceitual das figuras descritas pelo legislador como agentes de tratamento (controlador e operador), pois foi adotada solução semelhante à europeia (*guideline* 07/2020) para evitar questionamentos tormentosos.

Esse tema, há pouco solucionado, evitou discussões sobre a colocação de participantes centrais do processo de desenvolvimento de sistemas – embora altamente capacitados (programadores e desenvolvedores de *software*) – em situação de flagelo frente a seus próprios empregadores, quando as relações jurídicas que os envolverem forem relações de emprego relacionadas ao desenvolvimento de programas de computador.

Os desdobramentos desses esclarecimentos têm impactos diretos na análise de eventual responsabilização civil solidária e merecem, por tudo o que se expôs, cautelosa aferição. Sem que se consiga concretizar análise factual/funcional (e não meramente formal) da atividade realizada e quanto ao poder de decisão ou sobre os limites de obediência a comandos, no contexto do tratamento de dados pessoais, certos dispositivos da LGPD poderiam cair no vazio.

Por outro lado, atribuir sentido a condutas não detalhadamente estudadas, em contraste com outras normas, como o artigo 932, III, do Código Civil, poderia gerar dúvidas e questionamentos indesejados, especialmente em contextos complexos que envolvem múltiplos participantes, mesclando relações jurídicas de diversas espécies.

Espera-se, ademais, que carreiras que estão em franca ascensão, como as de programadores e desenvolvedores de *software*, recebam adequada regulamentação, definindo contornos mais claros a temas como seu enquadramento como profissionais liberais, deveres específicos, exigência de titulação acadêmica ou formação técnica para que realizem seu labor, entre outros. Até que isso ocorra, entretanto, a solução apresentada pela ANPD se revela adequada e suficiente, pois claramente indica não haver enquadramento jurídico desses profissionais no conceito de operadores de dados quando atuarem amparados por regime formal de emprego, com regência da Consolidação das Leis do Trabalho.

Por outro lado, se forem autônomos, a despeito da restrição quanto ao enquadramento na condição de Microempreendedores Individuais, nada impedirá que tais profissionais exerçam atividades empresariais, constituindo, para tanto, uma sociedade empresária. Nada os impede, também, de atuarem como empresários individuais ou, até mesmo, de terem constituído uma empresa individual de responsabilidade limitada (eventualmente transformadas em sociedades limitadas unipessoais, por força do art. 41 da Lei nº 14.195/2021). Em ambos os contextos, haja vista a independência que assumirão em relação ao controlador de dados, poderão ser considerados operadores, e a regra de responsabilização do artigo 42, §1º, I, da LGPD incidirá se houver inobservância aos comandos expressos do controlador ou violação à lei.

Por derradeiro, é importante registrar o elogiável papel da ANPD em relação aos esclarecimentos conceituais sobre os limites do dever geral de segurança da informação (art. 46) e dos sistemas informáticos (art. 49). Detalhes sobre as medidas administrativas e técnicas a que se faz referência na lei – inclusive por força do princípio da segurança (art. 6º, VII) – foram muito bem detalhadas no Guia Orientativo sobre Segurança da Informação para Agentes de Tratamento de Pequeno Porte, de outubro de 2021. Tais elementos descritivos, porém, são importantes também para agentes de tratamento que não sejam "de pequeno porte", o que revela a enorme importância desse documento.

Mais esclarecimentos serão apresentados em outros guias e pelo próprio amadurecimento da interpretação doutrinária da lei. É fundamental, para profissionais que atuem como programadores e desenvolvedores, que tenham ciência dessas particularidades todas para que o substrato final de seu labor – por mais sofisticado que seja – seja resultante de processo que congregue as medidas técnicas de segurança esperadas em todas as etapas de desenvolvimento. Da mesma forma, é fundamental que haja cooperação com controladores para a adequada execução das medidas administrativas respectivas.

Referências

AGRE, Philip E. *Computation and human experience*. Cambridge: Cambridge University Press, 1997.

AUTORIDADE NACIONAL DE PROTEÇÃO DE DADOS. *Checklist de Medidas de Segurança para Agentes de Tratamento de Pequeno Porte*. Disponível em: https://www.gov.br/anpd/pt-br/documentos-e-publicacoes/checklist-vf.pdf. Acesso em: 06 de novembro de 2021.

AUTORIDADE NACIONAL DE PROTEÇÃO DE DADOS. *Guia Orientativo – Segurança da Informação para Agentes de Tratamento de Pequeno Porte*. out. 2021. versão 1.0. Disponível em: https://www.gov.br/anpd/pt-br/documentos-e-publicacoes/guia-vf.pdf. Acesso em: 06 de novembro de 2021.

AUTORIDADE NACIONAL DE PROTEÇÃO DE DADOS. *Guia Orientativo para Definições dos Agentes de Tratamento de Dados Pessoais e do Encarregado*. 28 mai. 2021.

Disponível em: https://www.gov.br/anpd/pt-br/assuntos/noticias/2021-05-27-guia--agentes-de-tratamento_final.pdf Acesso em: 06 de novembro de 2021.

BARBOSA, Pedro Marcos Nunes. *E-stabelecimento*: teoria do estabelecimento comercial na Internet, aplicativos, websites, segregação patrimonial, trade dress eletrônico, concorrência online, ativos intangíveis cibernéticos e negócios jurídicos. São Paulo: Quartier Latin, 2019.

BRASIL. Tribunal de Justiça do Distrito Federal e dos Territórios. *Resolução nº 9, de 02 de setembro de 2020*. Disponível em: https://www.tjdft.jus.br/publicacoes/publicacoes-oficiais/resolucoes-do-pleno/2020/resolucao-9-de-02-09-2020. Acesso em: 02 de maio de 2021.

BRASIL. Senado Federal. *Projeto de Lei do Senado nº 317, de 2017*. Disponível em: https://www25.senado.leg.br/web/atividade/materias/-/materia/130777. Acesso em: 30 de abril de 2021.

BRYNJOLFSSON, Erik; McAFEE, Andrew. *Race against the machine*: how the digital revolution is accelerating innovation, driving productivity, and irreversibly transforming employment and the economy. Lexington: Digital Frontier Press, 2011. *E-book*.

CHATZINIKOLAOU, Argyro. *Professional liability for software engineers*: is it a viable coiche? 2017. 83f. Dissertação (LLM Law & Technology). Tilburg Law School, Tilburg University, Tilburg, Holanda, 2017.

DISTRITO FEDERAL. *Decreto nº 42.036, de 27 de abril de 2021*. Disponível em: https://www.legisweb.com.br/legislacao/?id=413377. Acesso em: 02 de maio de 2021.

EUROPEAN DATA PROTECTION BOARD. *Guidelines 07/2020 on the concepts of controller and processor in the GDPR*, 07 set. 2020. Disponível em: https://edpb.europa.eu/our-work-tools/public-consultations-art-704/2020/guidelines-072020-concepts-controller-and-processor_pt. Acesso em: 16 abr. 2021.

FALEIROS JÚNIOR, José Luiz de Moura. Breves reflexões sobre os impactos jurídicos do algoritmo GPT-3. *In:* BARBOSA, Mafalda Miranda; BRAGA NETTO, Felipe; SILVA, Michael César; FALEIROS JÚNIOR, José Luiz de Moura (Coord.). *Direito digital e inteligência artificial*: diálogos entre Brasil e Europa. Indaiatuba: Foco, 2021.

FALEIROS JÚNIOR, José Luiz de Moura. O Estado entre dados e danos: uma releitura da teoria do risco administrativo na sociedade da informação. *In:* FALEIROS JÚNIOR, José Luiz de Moura; LONGHI, João Victor Rozatti; GUGLIARA, Rodrigo (Coord.). *Proteção de dados pessoais na sociedade da informação*: entre dados e danos. Indaiatuba: Foco, 2021.

GOERTZEL, Legal liability for bad software. *CrossTalk*, [S.l.], p. 23-28, set./out. 2016. Disponível em: https://zlmonroe.com/CSE566/Readings/47.Legal_Liability_for_Bad_Software.pdf. Acesso em: 30 abr. 2021.

GOMES, Orlando. A proteção jurídica dos programas de computador. *In:* GOMES, Orlando; WALD, Arnoldo; ASCENSÃO, José de Oliveira; LOBO, C.A. da Silveira;

ULMER, Eugen; KOLLE, Gert. *A proteção jurídica do software*. Rio de Janeiro: Forense, 1985.

GOODLIFFE, Pete. *Becoming a better programmer*: a handbook for people who care about code. Sebastopol: O'Reilly Media, 2014.

GOODLIFFE, Pete. *Code craft*: the practice of writing excellent code. São Francisco: No Starch Press, 2006.

KREMER, Bianca. Os agentes de tratamento de dados pessoais. *In:* MULHOLLAND, Caitlin (Org.). *A LGPD e o novo marco normativo no Brasil*. Porto Alegre: Arquipélago Editorial, 2020.

LESSIG, Lawrence. *Code, and other laws of cyberspace 2.0*. 2. ed. Nova York: Basic Books, 2006.

LIMA, Cíntia Rosa Pereira de. Agentes de tratamento de dados pessoais (controlador, operador e encarregado pelo tratamento de dados pessoais). *In:* LIMA, Cíntia Rosa Pereira de (Coord.). *Comentários à Lei Geral de Proteção de Dados*. São Paulo: Almedina, 2020.

MARCUSE, Herbert. *Razão e revolução*. Tradução de Marília Barroso. São Paulo: Paz e Terra, 2004.

MARTINS, Guilherme Magalhães. *Responsabilidade civil por acidente de consumo na Internet*. 3. ed. São Paulo: Thomson Reuters Brasil, 2020.

MORIN, Edgar; LE MOIGNE, Jean-Louis. *L'intelligence de la complexité*. Paris: L'Harmattan, 1999.

MULHOLLAND, Caitlin. Dados pessoais sensíveis e a tutela de direitos fundamentais: uma análise à luz da Lei Geral de Proteção de Dados (Lei 13.709/18), *Revista de Direitos e Garantias Fundamentais*, Vitória, v. 19, n. 3, p. 159-180, set./dez. 2018.

NISSENBAUM, Helen. *Privacy in context*: technology, policy and the integrity of social life. Stanford: Stanford University Press, 2010.

PASQUALE, Frank. Data-informed duties in AI development. *Columbia Law Review*, Nova York, v. 119, p. 1917-1940, 2019.

PIRONTI, Rodrigo. O controlador e o operador de dados na Administração Pública: um risco iminente. *Consultor Jurídico*, 23 fev. 2021. Disponível em: https://www.conjur.com.br/2021-fev-23/pironti-controlador-operador-dados-administracao. Acesso em: 02 de maio de 2021.

SAMARAJIVA, Rohan. Interactivity as though privacy matters. *In:* AGRE, Philip E.; ROTENBERG, Marc (Ed.). *Technology and privacy*: the new landscape. Cambridge: The MIT Press, 1997.

SUMNER, Stuart. *You*: for sale. Protecting your personal data and privacy online. Waltham: Syngress/Elsevier, 2016.

SUSSKIND, Richard; SUSSKIND, Daniel. *The future of professions*: how technology will transform the work of human experts. Oxford: Oxford University Press, 2015.

VIHUL, Liis. The liability of software manufacturers for defective products. *NATO Cooperative Cyber Defence Centre of Excellence*, Tallinn, Paper n. 2, 2014. Disponível em: https://ccdcoe.org/uploads/2018/10/TP_02.pdf. Acesso em: 30 abr. 2021.

WALDMAN, Ari Ezra. Algorithmic legitimacy. *In:* BARFIELD, Woodrow (Ed.). *The Cambridge handbook of the law of algorithms*. Cambridge: Cambridge University Press, 2021.

WESENDONCK, Tula. *O regime da responsabilidade civil pelo fato dos produtos postos em circulação*: uma proposta de interpretação do artigo 931 do Código Civil sob a perspectiva do direito comparado. Porto Alegre: Livraria do Advogado, 2015.

PARTE V
TÓPICOS ESPECIAIS DE *COMPLIANCE* E POLÍTICA DE PROTEÇÃO DE DADOS

Compliance de dados e proteção de empregados

Teresa Coelho Moreira[1]

Sumário: 1. Introdução; 2. O tratamento de dados pessoais na relação de trabalho; 3. Conclusões.

1. Introdução

1.1. O direito à privacidade e proteção de dados pessoais assenta na ideia da dignidade da pessoa humana, já que esta implica que a cada pessoa sejam atribuídos direitos que representam um mínimo, criando uma esfera onde cada um possa ter espaço para desenvolver a sua personalidade. É um direito que é inerente à pessoa, enquanto manifestação da sua dignidade e, por isso, surge numa perspetiva ética e ontológica. Entende-se, desta forma, que a reserva da privacidade deve ser entendida sempre como a regra e não a exceção. Parece-nos ser este o entendimento que se deduz, desde logo, por se tratar de um direito de

1. Doutora em Direito. Professora Auxiliar da Escola de Direito da Universidade do Minho. Membro integrado do JusGov – Centro de Investigação em Justiça e Governação e Coordenadora do Grupo de Investigação em Direitos Humanos do mesmo. Vice-Presidente da Direção da APODIT – Associação Portuguesa de Direito do Trabalho. Coordenadora científica do *Livro Verde sobre o Futuro do Trabalho*. tmoreira@direito.uminho.pt

personalidade e, por outro, pela sua consagração constitucional como direito fundamental no ordenamento jurídico português.

Mas a proteção da privacidade não se restringe ao Direito constitucional alargando-se ao Direito civil, penal e laboral, sendo que, atualmente, não é desejável dissociar estas várias vertentes. No ordenamento jurídico português, a CRP de 1976 consagrou a matéria dos direitos fundamentais de uma forma bastante vincada, quer relativamente ao texto da Constituição de 1933, quer no que concerne a textos constitucionais de outros ordenamentos jurídicos. Na base encontra-se o art. 1.º da Constituição, tutelando a dignidade da pessoa humana, seguindo-se-lhe o art. 13.º, a propósito da igualdade e da não discriminação, assim como, depois, um elenco relativo aos direitos, liberdades e garantias que, em certos casos, concretizam verdadeiros direitos de personalidade.

Por outro lado, o conceito de privacidade adotado não é só definido por referência à faceta de inviolabilidade da esfera privada da pessoa, isto é, numa vertente negativa, mas também, e principalmente, pelo conjunto de faculdades que lhe permitem controlar os dados pessoais, isto é, com o direito à autodeterminação informativa onde é conferido um papel essencial ao controlo, que é composto por dois elementos: vontade e reversibilidade.

1.2. A preocupação com a proteção de dados pessoais surgiu por volta dos anos sessenta do século passado quando se tomou consciência de que, utilizando na altura novas tecnologias, era possível não só armazenar uma enorme quantidade de informação, mas também submetê-la a um tratamento informatizado. Estes tratamentos suponham um potencial risco para a privacidade das pessoas, pelo que o legislador considerou necessário adotar medidas de garantia perante as possíveis ingerências da tecnologia neste direito, através das enormes possibilidades de recolha e localização de dados pessoais, assim como a sua recuperação e posterior tratamento. O facto de tratar um grande número de dados das mais diversas formas possíveis multiplica a possibilidade de que se difunda uma informação errada ou falsa e, ainda, que se vigiem os indivíduos e aumente a tendência em influenciá-los e, inclusive, em manipular os seus comportamentos, podendo estabelecer-se um "controlo total"[2].

Atualmente, devido à era da *Big Data*, vive-se num mundo de transmissões de dados contínuas, tanto entre entidades nacionais como estrangeiras. Tendo

---

2. Para maiores desenvolvimentos *vide*, entre outros, TERESA COELHO MOREIRA, *A privacidade dos Trabalhadores e as Novas Tecnologias de Informação e Comunicação: contributo para um estudo dos limites do poder de controlo electrónico do empregador*, Almedina, Coimbra, 2010.

isso em atenção, compreende-se a razão pela qual há, ultimamente, um cada vez maior interesse, tanto a nível internacional, como nacional, na regulamentação desta matéria, com a finalidade de proteger proteção de dados pessoais perante os abusos que o seu tratamento pode ocasionar.

Com esta proteção de dados pessoais surge um novo direito, o direito à autodeterminação informativa, que faz parte dos direitos fundamentais de *terceira geração*, que se apresenta como resposta ao fenómeno de contaminação das liberdades, – *liberties pollution*[3]. Trata-se de um direito que é uma das manifestações concretas do âmbito individual da privacidade, direito mais amplo que o conceito de intimidade, não se circunscrevendo ao lado mais sagrado e irredutível de uma pessoa, mas a um outro mais genérico, que se traduz no direito de todas as pessoas a controlar e conhecer os dados que sobre si estão contidos em ficheiros informatizados ou manuais. Desta forma a privacidade contém o próprio direito à intimidade e à autodeterminação informativa.

Com este novo direito fundamental toda a pessoa tem o direito de preservar a sua identidade, controlando a revelação e o uso dos dados que lhe dizem respeito e protegendo-se perante a capacidade ilimitada de arquivá-los, relacioná-los e transmiti-los, objetivo que se pretende atingir atribuindo ao cidadão uma série de faculdades tendentes a garantir que o titular dos dados tenha consentido na recolha e no tratamento dos seus dados pessoais ou, pelo menos, os tenha conhecido, dispondo do direito de aceder, retificar e cancelar, quando for necessário, tais informações.

Portugal foi o primeiro Estado europeu que reconheceu de forma expressa no seu texto constitucional um direito à proteção de dados pessoais, distinto do direito à reserva sobre a intimidade da vida privada. Desde a sua versão originária de 1976, que a Constituição da República Portuguesa consagra um direito à autodeterminação informativa no art. 35.º[4], que, apesar da epígrafe *Utilização*

---

3. Termo utilizado por parte da doutrina anglo-saxónica fazendo referência à erosão e à degradação que têm os direitos fundamentais perante determinados usos e abusos derivados das novas formas de vida nas sociedades ocidentais, particularmente com a utilização em massa nas NTIC.

4. Para compreender os motivos que originaram a inclusão deste direito no texto constitucional há que ter em atenção o momento histórico que Portugal atravessava aquando da redação da Constituição. Os antecedentes sociais e políticos encontram-se na Revolução de 25 de Abril de 1974 e na aprovação, em consequência das mudanças sociais e políticas ocorridas, do livro "Informática e Liberdade", que se referia à suspensão de um projeto de criação de um Registo Nacional de Identificação onde se incluíam todas as pessoas físicas e jurídicas, pretendendo-se atribuir um número único

da informática, é um direito de proteção da informação pessoal face ao uso da informática, mas também, em relação a outros meios, pois os dados manuais contidos em ficheiros manuais devem gozar de idêntica proteção.

Desta forma, os perigos de tratamento de dados pessoais e a correspondente necessidade de proteção da vida privada originaram que logo em 1976 o legislador constituinte consagrasse uma norma para a proteção das pessoas contra o tratamento informático de dados pessoais já que, através destes, pode acontecer que haja uma interconexão de ficheiros.

Este artigo assegura os direitos fundamentais em matéria de tratamento de dados pessoais[5], dos quais releva o denominado direito à autodeterminação informativa, consistindo na faculdade que cada pessoa tem de "determinar e controlar a utilização dos seus dados pessoais"[6]. Há, assim, uma clara rejeição da conceção do Homem como mero objeto de informações.

Pode dizer-se que o direito consagrado neste artigo 35.º traduz-se, assim, num acervo de prerrogativas que pretendem garantir que cada um tenha o direito a manter secreto uma parte dos seus dados pessoais, a não ser objeto de um controlo total, ou de ser visto como uma pessoa transparente. Assim entendido, este direito é semelhante ao direito à privacidade clássico no sentido de uma posição negativa de oposição à recolha, difusão e tratamento de dados pessoais. Mas este direito vai mais longe, pois, para além de ser um direito contra as intromissões do Estado ou de outros indivíduos, que devem abster-se de proceder a tratamentos dos seus dados pessoais, é um direito a decidir até onde se pretendem ver salvaguardados os dados pessoais do conhecimento alheio, construindo-se como um direito de liberdade. Desta forma, o cidadão é dotado de um poder positivo de disposição sobre as suas informações pessoais.

Este direito à autodeterminação informativa é um verdadeiro direito fundamental com um conteúdo próprio, e não apenas uma garantia do direito à

---

de identificação, percebendo-se a inserção no n.º 3 do art. 35.º na sua versão original da proibição da atribuição de um número nacional único aos cidadãos.

5. Não pode esquecer-se o teor do n.º 7 deste artigo, aditado na IV revisão constitucional, e que estende os mecanismos de proteção dos ficheiros informatizados aos "dados pessoais constantes de ficheiros manuais". Este número é importante já que o eventual processamento de dados dos trabalhadores poderá dar-se ao nível de ficheiros manuais. Imagine-se o caso das micro, pequenas e médias empresas, fortemente maioritárias em Portugal e que, sem este número, não estariam protegidos constitucionalmente.

6. Ver GOMES CANOTILHO, *Direito Constitucional e Teoria...*, cit., p. 508.

reserva sobre a intimidade da vida privada, embora esteja estreitamente ligado a este em sede de direitos, liberdades e garantias, como é o caso do direito à dignidade da pessoa humana, do direito ao desenvolvimento da personalidade e do direito à integridade pessoal. Assim, este direito, embora possa proteger informação íntima e seja visto, essencialmente, como um direito-garantia desta, é entendido como um direito-direito sendo, ainda, um direito dirigido a novas facetas da personalidade, que se traduz na liberdade de controlar a utilização das informações que lhe respeitem e na proteção perante agressões derivadas do uso dessas informações.

O direito previsto neste artigo deve ser visto numa dupla perspetiva: objetiva e subjetiva. A primeira dimensão, comunitária, externa ou horizontal, de defesa contra terceiros, impõe ao Estado a adoção de providências de defesa contra agressões desses terceiros. A segunda dimensão é subjetiva, entendida como aquela em que os titulares usufruem de posições jurídicas perante o Estado, para se defenderem dos seus abusos quanto à utilização da informação pessoal.

1.3. Nota-se, desta forma, a enorme importância deste direito na era da *Big Data* em que vivemos em que cada vez mais pessoas, incluindo trabalhadores, usam dispositivos móveis que recolhem, armazenam e cruzam informação, por vezes de cariz extremamente privado.

Nesta sociedade imperam os *megadados* que se referem a conjuntos enormes de dados detidos por empresas e governos, entre outras entidades, que são depois amplamente analisados através de algoritmos, e que resultam da confluência de várias tecnologias, desde o *cloudcomputing*, da Internet das Coisas, da Inteligência Artificial e das comunicações de banda muito larga[7]. Sendo assim, atendendo a esta enorme possibilidade de controlo, à diluição crescente entre o mundo *offline* e o *online*, e à possibilidade de conexão com vários instrumentos de trabalho, o empregador tem de respeitar vários direitos dos titulares dos dados pessoais que são, no caso das relações de trabalho, os trabalhadores.

E se a *Big Data* promove, por vezes, uma melhor eficiência do trabalho e até o aumento da sua produtividade, assim como uma melhoria ao nível da segurança e saúde no trabalho, também permite um controlo e uma monitorização quase constantes que colocam em risco os direitos fundamentais dos trabalhadores, sobretudo o da privacidade, na vertente de proteção de dados pessoais, sendo necessário, sem dúvida, encontrar-se um equilíbrio, principalmente num

---

7. Para maior informação veja-se a *Opinion 03/2013 on purpose limitation*, de 3 de abril de 2013, do Grupo de Proteção de Dados do art. 29.º .

mundo em constante mutação, que levanta novas questões ao direito à proteção de dados pessoais dos trabalhadores relacionadas, sobretudo, com o facto do esbatimento das fronteiras geográficas relativamente à localização desses dados já que muitos estão na *cloud*, ou com a mudança de *software* estático para *software* dinâmico, o que provoca questões a nível da responsabilidade por certos atos que violam os direitos dos titulares dos dados pessoais, assim como a existência de programas que permitem controlar quase todos os aspetos da vida dos trabalhadores.

Se considerarmos que o dom da ubiquidade é apanágio divino, a Internet granjeou, atualmente esse atributo, colocando cada vez mais incisivamente questões delicadas à privacidade. E a informática entronizou-se, deificou-se, como um verdadeiro símbolo da nossa cultura a tal ponto de se denominar a sociedade moderna como a era da *Big Data*, que coloca novos desafios à privacidade das pessoas em geral, e dos trabalhadores em especial, parecendo dar-se prevalência ao valor económico, relacionado com os dados pessoais, e não ao seu valor jurídico. O computador transformou a economia, a sociedade, a cultura e, inclusive, o ser humano. Esta nova realidade não poderia passar à margem do Direito do Trabalho, de tal modo que hoje é corrente a expressão *nudez tecnológica* do trabalhador, na medida em que existe uma automatização de dados sobre ele que, muitas vezes, incide sobre aspetos que fazem parte da sua privacidade e que, por isso, estão protegidos e tutelados juridicamente, inclusive a nível constitucional. Estes dados tornaram-se uma nova forma de economia e com um elevado valor económico e social, sendo que a questão essencial que se coloca agora já não é a de saber quem pode aceder aos dados pessoais das pessoas mas onde estão esses dados na medida em que, com as novas formas de comunicação, qualquer pessoa pode ser um "controlador de dados"[8]. Acresce que se torna muito difícil escapar ao passado na *Internet* pois cada fotografia, atualização de estado ou *tweet* perdura para sempre na *nuvem*. Existem ainda outros dispositivos que alteraram completamente a forma de trabalhar como, *v.g.*, a Internet das Coisas, o *cloud computing*, e que tiveram e têm um impacto profundo no mundo do trabalho a nível mundial.

1.4. Acresce que existe, atualmente, uma enorme quantidade de dispositivos eletrónicos, desde, *v.g.*, a videovigilância, que engloba agora todos os sensores num contexto da Internet das Coisas, a audiovigilância, a geolocalização, a radiofrequência, o controlo das comunicações eletrónicas, o controlo

8. Cf. JANE YAKOWITZ, "Tragedy of the Data Commons", *in Harvard Journal of Law Technology*, vol. 25, n.º 1, 2011, pp. 2-3.

através das redes sociais, das mensagens instantâneas, dos dados biométricos, do reconhecimento facial, da crescente utilização da *Inteligência Artificial*, que permite monitorizar, virtualmente, todos os aspetos da vida profissional, assim como a vida extraprofissional, e mesmo, por vezes, a vida íntima dos trabalhadores, muitas vezes através do cruzamento deste tipo de informação, bastando imaginar um sistema de videovigilância que utilize, simultaneamente, um sistema de reconhecimento facial para analisar o padrão de comportamento dos trabalhadores e que, com base nele, puna disciplinarmente quem se desvie do padrão estabelecido[9]. A inteligência artificial permite escrever um novo capítulo no controlo dos trabalhadores[10].

O conceito de IA ou, pelo menos, o termo surgiu numa série de conferências que tiveram lugar no *Dartmouth College* em 1956. Nessa altura vários cientistas reuniram-se para tentarem ensinar as máquinas a resolverem problemas que, à época, apenas os humanos conseguiam resolver. Por outro lado, há IA que são consideradas *fracas* e outras *fortes*. A IA *forte* significa que estes sistemas têm a mesma capacidade intelectual que os humanos, podendo mesmo excede-la. A IA *fraca* está vocacionada para a solução de problemas específicos, utilizando a matemática e as ciências de computação para avaliar e conseguir que os sistemas tenham capacidade de se otimizarem. Para conseguir este desiderato, certos aspetos da inteligência humana são mapeados e formalmente descritos e os sistemas são concebidos e estimulados para suportar o pensamento humano. E este último tipo de IA foi a que intrigou muitos ao longo dos tempos. Desde logo, ALAN TURING, que em 1950 colocou a questão "Será que as máquinas conseguem pensar?"[11].

---

9. Veja-se o exemplo dado pelo Grupo de Trabalho do Artigo 29.º em *Opinion 2/2017 on Data Processing at Work*, de 8 de junho de 2017, p. 19.

10. Neste sentido, citando inúmeros exemplos, ALOISI e ELENA GRAMANO, "Artificial Intelligence Is Watching You at Work. Digital Surveillance, Employee Monitoring and Regulatory Issues in the EU Context", *in Comparative Labor Law & Policy Journal*, vol. 41, 1, p. 105, assim como TERESA COELHO MOREIRA, "Revolução 4.0", *in Revista do Tribunal Regional do Trabalho da 15.ª região*, n.º 56, 2020, pp. 23 e ss...

11. PHOEBE MOORE, *OSH and the Future of work: benefits and risks of Artificial Intelligence tools in the workplace*, *in* https://osha.europa.eu/en/publications/osh-and-future-work-benefits-and-risks-artificial-intelligence-tools-workplaces/view Cf., ainda, MIREILLE HILDEBRANDT, "The Artificial Intelligence of European Union Law", *in German Law Journal*, n.º 21, 2020, pp. 74 e ss., assim como PHOEBE MOORE, *The mirror for (artificial) intelligence: In whose reflection?*, *in* https://papers.ssrn.com/sol3/papers.cfm?abstract_id=3423704, p. 1, que refere que "After two 'AI winters' in research lasting 1974 – 1980s and 1987 – 1993 were seen to have flopped due to failed

A União Europeia, num Documento de 8 de abril de 2019 intitulado *Orientações Éticas para uma Inteligência Artificial de Confiança*, estabeleceu que deveria defender-se sempre o respeito pela autonomia humana, pela transparência, pela privacidade e pela proteção de dados pessoais das pessoas, assegurando a defesa da igualdade e a proibição da discriminação, defendendo sempre a pessoa humana nas suas várias vertentes[12]. A própria OIT defendeu a mesma ideia

---

experiments in e.g. machine translation of written documentation, the quite generous government research funding during the Cold War was withdrawn. But now, in 2019, we seem to have entered a new summer of AI innovations, where machinic autonomous intelligence is held in high esteem and potentially even prioritised over human decision-making such as in the workplace".

12. Também no Documento assinado no Vaticano pela Pontifícia Academia para a Vida, por dirigentes da *Microsoft*, da IBM, com a participação do Parlamento Europeu e da FAO, na conclusão da conferência intitulada "O 'bom' algoritmo? Inteligência Artificial: Ética, Direito, Saúde", no dia 28 de fevereiro de 2020, intitulado *Rome Call for IA Ethics*, defendeu-se que "AI systems must be conceived, designed and implemented to serve and protect human beings and the environment in which they live", acrescentando-se que "In order for technological advancement to align with true progress for the human race and respect for the planet, it must meet three requirements. It must include every human being, discriminating against no one; it must have the good of humankind and the good of every human being at its heart; finally, it must be mindful of the complex reality of our ecosystem and be characterised by the way in which it cares for and protects the planet (our "common and shared home") with a highly sustainable approach, which also includes the use of artificial intelligence in ensuring sustainable food systems in the future. Furthermore, each person must be aware when he or she is interacting with a machine. AI-based technology must never be used to exploit people in any way, especially those who are most vulnerable. Instead, it must be used to help people develop their abilities (empowerment/enablement) and to support the planet." Neste Documento estabeleceram-se vários princípios que devem ser atendidos quando se trabalha com a IA, considerando-os como uma espécie de *algorética*. Estes princípios são a transparência, a responsabilidade, a inclusão, a imparcialidade, a confiança e a segurança e privacidade. Já anteriormente, no Documento *The Common Good in the Digital Age*, de 27 de setembro de 2019, o Papa Francisco tinha defendido que "Se o progresso tecnológico pode causar desigualdades cada vez maiores, não é um progresso real. Se o dito progresso da Humanidade se tornar um inimigo do bem comum, tal levaria a uma trágica regressão para uma realidade bárbara regida pela lei do mais forte", defendendo que "Os assinaláveis desenvolvimentos no campo da tecnologia, em particular os que dizem respeito a IA, levantam implicações cada vez mais significativas em todas as áreas da atividade humana. Por esta razão, são mais necessárias do que nunca discussões abertas e concretas sobre este tema", acrescentando que ao desenvolvimento tecnológico tem de corresponder um desenvolvimento de valores e da responsabilidade.

quando propugna que deve fazer-se "uma abordagem da inteligência artificial baseada no "ser humano no comando", que garanta que decisões finais que afetem o trabalho sejam tomadas por seres humanos" e que "A gestão de algoritmos, a vigilância e o controlo através de sensores e de outras formas de monitorização, precisa de ser regulado para proteger a dignidade dos trabalhadores. O trabalho não é uma mercadoria; nem é um robô"[13-14].

É possível, assim, tratar, armazenar, regular e controlar grande número de informações sobre as pessoas, o que permite um elevado controlo sobre elas podendo implicar que o trabalhador deixe de realizar certas atividades, já que múltiplos aspetos pessoais, extremamente íntimos, podem ser revelados, incluindo opiniões políticas, saúde mental e física e, mesmo, a vida sentimental.

Há, na verdade, inúmeros desafios para a privacidade dos trabalhadores na vertente de dados pessoais na era da *Big Data*, pois a possibilidade de utilização indevida e abusiva dos mesmos é muito superior na era digital. Neste sentido, a proteção dos dados pessoais, sobretudo no campo da internacionalização, deve ser aprimorada e alterada. Contudo, isto não significa que não se devam ter em atenção as inúmeras vantagens da era da *Big Data*, parecendo-nos que a tensão entre proteção de dados e interesses económicos pode ser parcialmente resolvida com uma maior e melhor proteção daqueles, podendo a mesma tornar-se até numa vantagem competitiva[15].

1.5. Atendendo aos perigos inerentes a esta situação, a Comissão Europeia elaborou, a 25 de janeiro de 2012, um *pacote de medidas* destinadas a alterar a regulamentação da proteção de dados pessoais numa espécie de *Revolução Coperniciana*, apresentando uma Proposta de Regulamento sobre Proteção de Dados Pessoais[16].

---

13. *Trabalhar para um Futuro Melhor*, Genebra, 2019, pp. 13 e 45.

14. No mesmo sentido veja-se o Documento da Comissão Europeia, *Structure for the White Paper on Artificial Intelligence – a European approach to excellence and trust*, de 19 de fevereiro de 2020.

15. Neste sentido *White Paper Work 4.0*, Alemanha, 2016, p. 35

16. Cf., sobre a matéria, com maiores desenvolvimentos, TERESA COELHO MOREIRA, "Algumas Implicações Laborais do Regulamento Geral de Proteção de Dados Pessoais no Trabalho 4.0", *in Questões Laborais*, n.º 51, "Algumas questões sobre o Regulamento Geral de Proteção de dados e as relações de trabalho", *in O Regulamento Geral de Proteção de Dados e as Relações de Trabalho, Estudos APODIT, volume VI* (coord. MARIA DO ROSÁRIO PALMA RAMALHO e TERESA COELHO MOREIRA), AAFDL, 2020, pp. 15 e ss.. e "Dados pessoais: breve análise do art. 28.º da lei n.º 58/2019, de 8 de agosto", *in QL*, n.º 55, pp. 41 e ss..

Na verdade, os sistemas informáticos não esquecem, sendo capazes de acumular informação quase que de modo ilimitado. Os computadores não esquecem e não perdem a sua memória, deixando uma série de *pistas digitais* que permitem a comparação à entrada de determinados locais de uma cópia digitalizada e a imagem da pessoa em causa.

Após um longo périplo legislativo, foi aprovado o Regulamento Geral de Proteção de Dados Pessoais 2016/679, de 27 de abril.

Este Regulamento entrou em vigor no dia 25 de maio de 2016 e previa um período transitório de dois anos para a sua total aplicação, o que aconteceu a 25 de maio de 2018, devendo as organizações utilizar aquele período de tempo, aquela *vacatio legis*, para se adaptarem às novas regras. Como se trata de um Regulamento, é diretamente aplicável a todos os Estados Membros, sem necessidade de qualquer transposição, tentando garantir, desta forma, uma verdadeira harmonização legislativa ao nível da Proteção de Dados. Contudo, há áreas em que essa harmonização não é tão bem conseguida dadas as inúmeras especificidades e as sensibilidades de certas matérias, tentando conseguir-se tão só uma harmonização mínima e, uma dessas áreas é, exatamente, o Direito do Trabalho.

Neste Regulamento há uma mudança de paradigma já que a responsabilidade de garantir a legalidade do tratamento de dados pessoais passa para o responsável pelo tratamento, que terá de a comprovar, nos termos do art. 5.º, n.º 2. Este artigo acarreta um novo princípio no tratamento de dados pessoais que é o princípio da responsabilidade ou do *accountability principle*, na medida em que passa-se de uma filosofia de avaliação preventiva por parte das autoridades de proteção de dados para uma atividade fiscalizadora *a posteriori*, devendo as empresas assegurar *a priori* a *compliance* com as regras estabelecidas[17].

Na verdade, os responsáveis pelo tratamento, não só devem implementar os procedimentos adequados à sua atividade – como o registo de atividade de tratamento, o inquérito da segurança da informação, a avaliação de impacto, como assumem o risco das suas decisões recaindo o ónus de demonstrar

---

17. Não pode deixar de atender-se, ainda, à obrigação prevista no Considerando 13 e no artigo 30.º do Regulamento Geral, relacionada com os registos das atividades de tratamento, porque apesar desse Considerando derrogar esta obrigação para empresas com menos de 250 trabalhadores, o n.º 5 do art. 30.º, estabelece que "As obrigações a que se referem os n.ºs 1 e 2 não se aplicam às empresas ou organizações com menos de 250 trabalhadores, a menos que o tratamento efetuado seja suscetível de implicar um risco para os direitos e liberdades do titular dos dados, não seja ocasional ou abranja as categorias especiais de dados a que se refere o artigo 9.º, n.º 1, ou dados pessoais relativos a condenações penais e infrações referido no artigo 10.º".

a conformidade com o regulamento, isto é, a *compliance digital*, bastando ter em atenção o art. 24.º, n.º 1 do Regulamento. As entidades que procedem ao tratamento de dados pessoais devem manter a todo o momento, e de forma transparente, a prova do cumprimento da lei. As empresas e os empregadores devem conseguir demonstrar que cumprem com todas as disposições em matéria de proteção de dados pessoais. Na verdade, a conformidade com a proteção de dados torna-se cada vez mais baseada no risco já que o responsável pelo tratamento, assim como o subcontratante devem determinar o nível adequado de proteção dos dados pessoais a implementar nas suas organizações tendo em consideração fatores como as técnicas mais avançadas, os custos de implementação e a natureza, âmbito, contexto e finalidades do tratamento, bem como o risco para os direitos e liberdades das pessoas singulares[18].

Este Regulamento traz inúmeras implicações para as relações de trabalho, quer através da clarificação de alguns conceitos, quer através do surgimento de novos direitos, quer, ainda, através do surgimento de novas figuras.

Acresce que se trata de um Regulamento *atípico*, na medida em que deixa em inúmeros aspetos uma grande amplitude aos Estados-Membros, bastando ver, a título meramente exemplificativo, o disposto no art. 9.º, n.º 4[19].

1.6. Esta necessidade também se sentiu no ordenamento jurídico brasileiro de regulamentar esta situação com a Lei Geral de Proteção de Dados Pessoais, Lei 13.709/2018 com um prazo de *vacatio legis* que foi alterado diversas vezes, postergando sistematicamente a entrada em vigor, acontecendo esta a 18 de setembro de 2020.

Contudo, mesmo antes desta Lei, não pode esquecer-se toda a regulamentação que já existia desde logo a nível Constitucional onde no art. 5.º, incisos X e XII, se estabelece, respetivamente, o direito à inviolabilidade da "intimidade, a vida privada, a honra e a imagem das pessoas, assegurado o direito a indenização pelo dano material ou moral decorrente de sua violação", e a inviolabilidade do "sigilo da correspondência e das comunicações telegráficas, de dados e das comunicações telefônicas, salvo, no último caso, por ordem judicial, nas hipóteses e na forma que a lei estabelecer para fins de investigação criminal ou instrução processual penal", assim como o próprio *Marco Civil da Internet*.

18. Cf., na Lei Geral de Proteção de Dados Pessoais brasileira, de certa forma em sentido semelhante, os artigos 46.º e ss..
19. "Os Estados-Membros podem manter ou impor novas condições, incluindo limitações, no que respeita ao tratamento de dados genéticos, dados biométricos ou dados relativos à saúde".

Considera-se, ainda, importante o teor do art. 64.º da LGPD que estabelece a possibilidade de recurso a outros dispositivos legais infraconstitucionais, assim como tratados internacionais que o Brasil seja parte e que complementem o disposto nesta lei.

2. O TRATAMENTO DE DADOS PESSOAIS NA RELAÇÃO DE TRABALHO

2.1. A relação de trabalho exige, por vezes, o tratamento de inúmeros dados pessoais dos trabalhadores, na aceção do art. 4.º, n.º 1, do Regulamento Geral de Proteção de Dados Pessoais, assim como o seu tratamento[20], na medida em que é necessária a obtenção de informação e esta é arquivada, acedida e analisada. Vários são os dados que poderão ser alvo deste tratamento, desde dados pessoais, como os CV, certificados de formação, candidaturas, notas de entrevistas, assim como dados pessoais como imagens de videovigilância, ou dados de geolocalização, assim como dados sensíveis[21], como sejam, *inter alia*, os dados biométricos, os dados de saúde ou os dados genéticos. É ainda possível o tratamento de dados pessoais relacionados com a informação sobre quando o trabalhador iniciou a sua jornada de trabalho e quando a terminou através de *logins* informáticos – que poderão utilizar o recurso a dados biométricos –, ou de sistemas de controlo de assiduidade, que também poderão utilizar estes mesmos dados.

2.2. A noção de dados pessoais presente no art. 4.º do RGPD é mais ampla do que a prevista na LGPD pois considera como dados pessoais toda a "informação relativa a uma pessoa singular identificada ou identificável", sendo que é considerada identificável uma pessoa singular que possa ser identificada, direta ou indiretamente, em especial por referência a um identificador, como por exemplo um nome, um número de identificação, **dados de localização, identificadores por via eletrónica**[22] ou a um ou mais elementos específicos da identidade física, fisiológica, genética, mental, económica, cultural ou social dessa pessoa singular.

Esta noção é bastante interessante e bem mais ampla e com relevante interesse prático para o Direito do trabalho e que nas empresas que trabalham na *cloud* adquire enorme importância. Também é importante porque é mais abrangente englobando os dados de localização e os dados de radiofrequência o que

20. Art. 4.º, n.º 2, do RGPD.

21. Cf. art. 9.º, n.º 1 do RGPD.

22. Negrito nosso.

significa, claramente, que a utilização dos mesmos numa relação de trabalho terá de ser considerada como um meio de vigilância à distância, e que não podem cingir-se à videovigilância ou à áudio-videovigilância.

Relacionado com esta noção está o art. 25.º que chama a atenção para o facto de a tecnologia poder ser vista como amiga da privacidade, através da consagração da *proteção de dados desde a conceção e por defeito*, estabelecendo que "tendo em conta as técnicas mais avançadas, os custos da sua aplicação, e a natureza, o âmbito, o contexto e as finalidades do tratamento dos dados, bem como os riscos decorrentes do tratamento para os direitos e liberdades das pessoas singulares, cuja probabilidade e gravidade podem ser variáveis, **o responsável pelo tratamento aplica, tanto no momento de definição dos meios de tratamento como no momento do próprio tratamento, as medidas técnicas e organizativas adequadas, como a pseudonimização, destinadas a aplicar com eficácia os princípios da proteção de dados, tais como a minimização, e a incluir as garantias necessárias no tratamento, de uma forma que este cumpra os requisitos do presente regulamento e proteja os direitos dos titulares dos dados", assim como** "O responsável pelo tratamento **aplica medidas técnicas e organizativas para assegurar que, por defeito, só sejam tratados os dados pessoais que forem necessários para cada finalidade específica do tratamento. Essa obrigação aplica-se à quantidade de dados pessoais recolhidos, à extensão do seu tratamento, ao seu prazo de conservação e à sua acessibilidade**[23]. Em especial, essas medidas asseguram que, por defeito, os dados pessoais não sejam disponibilizados sem intervenção humana a um número indeterminado de pessoas singulares".

Este princípio é crucial porque incorpora a proteção de dados pessoais em todo o ciclo da vida das tecnologias.

Já o considerando 78 do Regulamento refere que a defesa dos direitos e liberdades das pessoas singulares relativamente ao tratamento dos seus dados pessoais exige a adoção de medidas técnicas e organizativas adequadas, a fim de assegurar o cumprimento dos requisitos do presente regulamento. Para poder comprovar a conformidade com o presente regulamento, o responsável pelo tratamento, no caso o empregador, "deverá adotar orientações internas e aplicar medidas que respeitem, em especial, os princípios da proteção de dados desde a conceção e da proteção de dados por defeito".

Este princípio é essencial bastando imaginar o caso da realização de tratamento de dados de geolocalização sem conexão com a vida profissional do

23. Negrito nosso.

trabalhador, ou seja, na sua vida extraprofissional. Esta possibilidade é vedada ao empregador. Assim, se o trabalhador tiver um veículo da empresa para uso laboral e, simultaneamente, extralaboral, a eventual legitimidade de tratamento de dados de geolocalização cinge-se à utilização profissional, já que a geolocalização não deve servir para prolongar a subordinação jurídica do trabalhador para além do limite temporal acordado. Qualquer tratamento de dados pessoais para além desta utilização será ilícita e recairá sobre o empregador o ónus de criar mecanismos que permitam um *switch off* dos dispositivos na vida privada, consoante o trabalhador esteja a trabalhar ou não. Porém, há situações em que os dispositivos de GPS estão ligados ao motor do veículo e, por isso, é impossível a utilização deste mecanismo de *swtich off*. Nestes casos, a tecnologia pode auxiliar na proteção da privacidade dos trabalhadores através do recurso à tecnologia de *privacy by design*[24], significando que é o próprio dispositivo técnico que cria a possibilidade de proteger a privacidade dos trabalhadores através de mecanismos para separar a utilização profissional da utilização pessoal, ficando a primeira acessível ao empregador e a outra inacessível, ainda que, em caso de furto ou roubo, por exemplo, essa informação esteja registada e possa ser utilizada pelas autoridades competentes[25].

2.3. Outra das ideias presentes no Regulamento Geral de Proteção de Dados e na LGPD com enorme importância para a relação de trabalho é a definição de consentimento do titular de dados pessoais para tratamento de dados.

Na verdade, o Regulamento Geral retirou o acento tónico do consentimento como fundamento jurídico válido para o tratamento de dados pessoais quando, nos termos do considerando 43, "exista um desequilíbrio manifesto entre o titular dos dados e o responsável pelo seu tratamento", como é o caso, claramente, da relação de trabalho. Este considerando é muito importante porque significa que para que um tratamento de dados pessoais realizado pelo empregador seja válido terá de assentar noutros princípios que não no mero consentimento do trabalhador. E esta ideia é reforçada quer pela redação do próprio art. 4.º, ao definir que o consentimento do titular dos dados é "uma manifestação de vontade, **livre**[26], específica, informada e explícita, pela qual o

---

24. A prevista no art. 25.º do RGPD.

25. Para maiores desenvolvimentos *vd.* TERESA COELHO MOREIRA, "O controlo dos trabalhadores através de sistemas de geolocalização", *in Estudos de Direito do Trabalho, Volume II*, Almedina, Coimbra, 2016.

26. Negrito nosso, sendo que este é o que falta numa relação de trabalho. As relações de trabalho são um exemplo paradigmático da existência de relações privadas desiguais, não só no plano factual, mas também no plano jurídico. Na verdade, no plano factual,

titular dos dados aceita, mediante declaração ou ato positivo inequívoco, que os dados pessoais que lhe dizem respeito sejam objeto de tratamento", assim como pelo próprio art. 7.º, sobretudo os números 1 e 4, que estabelecem, respetivamente, que "quando o tratamento for realizado com base no consentimento, o responsável pelo tratamento deve poder demonstrar que o titular dos dados deu o seu consentimento para o tratamento dos seus dados pessoais", e que "ao avaliar se o consentimento é dado livremente, há que verificar com a máxima atenção se, designadamente, a execução de um contrato, inclusive a prestação de um serviço, está subordinada ao consentimento para o tratamento de dados pessoais que não é necessário para a execução desse contrato"[27].

Parece-nos, sem dúvida, que a noção de consentimento, entendida como uma manifestação de vontade livre, específica e informada, é um conceito de difícil concretização preenchimento no contexto de uma relação de trabalho e, por isso, saúda-se, vivamente, a redação e a clarificação realizada no Regulamento.

Considera-se que, no âmbito laboral, o requisito do consentimento fica relegado para um segundo plano, já que o trabalhador interessado se encontra

---

os sujeitos contraentes – trabalhador e empregador – não dispõem da mesma liberdade no que concerne à celebração do contrato nem à estipulação de cláusulas contratuais, o que origina o aparecimento de um desequilíbrio contratual que se acentua em alturas de desemprego generalizado. No plano jurídico, a conclusão do contrato de trabalho coloca o trabalhador numa situação de subordinação face ao empregador. Assim, figurando-se o domínio económico e social de uma parte, não se pode invocar, sem mais, o princípio da liberdade contratual, para se poder escolher arbitrariamente a contraparte, ou seja, o trabalhador.

27. É interessante notar que o Grupo de Proteção de Dados Pessoais do art. 29.º, no seu *Parecer 15/2011 sobre a definição de consentimento*, de 13 de julho de 2011, já tinha defendido que, para que o consentimento fosse válido como legitimador do tratamento de dados pessoais, teria de ser livre, considerando que "O consentimento apenas será válido se a pessoa em causa puder exercer uma verdadeira escolha e não existir nenhum risco de fraude, intimidação, coação ou consequências negativas importantes se o consentimento for recusado. Se as consequências do consentimento comprometerem a liberdade de escolha da pessoa, o consentimento não será livre. A própria diretiva prevê, no artigo 8.º, n.º 2, alínea a), que, em certos casos, a serem determinados pelos Estados-Membros, a proibição de tratamento de categorias especiais de dados pessoais não pode ser ultrapassada pelo consentimento da pessoa em causa. Um exemplo disto é o caso em que a pessoa em causa está sob a influência do responsável pelo tratamento dos dados, como no caso de um vínculo laboral. Neste exemplo, embora não necessariamente, a pessoa em causa pode encontrar-se numa situação de dependência em relação ao responsável pelo tratamento dos dados – devido à natureza da relação ou a circunstâncias especiais – e pode temer retaliações se não consentir no tratamento dos seus dados".

numa posição de desigualdade em relação ao responsável pelo tratamento, isto é, o empregador, desigualdade na sua necessidade de obtenção de um posto de trabalho, no caso dos candidatos a emprego, ou de manutenção do mesmo, no caso de trabalhadores. Não parece que neste tipo de relação se possa falar de um consentimento prestado livremente, principalmente quando o consentimento é requisito para a obtenção de um serviço essencial ou, no caso que nos interessa, para a manutenção de um posto de trabalho, não podendo falar-se *in casu* de uma verdadeira liberdade de escolha[28].

Quando uma das partes está submetida ao poder contratual de outrem, não usufruindo de suficiente margem de defesa dos seus próprios interesses e de autoafirmação, o seu consentimento em relação ao contrato e ao clausulado deste não confere qualquer garantia substancial de integrar uma manifestação verdadeira de autodeterminação.

Na verdade, no Direito do Trabalho não pode dar-se por adquirida, bem ao contrário, a ideia de que tudo funciona como no Direito Civil relativamente à figura do consentimento do lesado. É quem na génese da separação das águas entre o Direito do Trabalho e o Direito Civil, está exatamente a ideia de que a igualdade formal não contribuía para um real equilíbrio negocial entre trabalhador e empregador. Aqui o trabalhador encontra-se numa situação de inferioridade contratual perante o empregador e, por isso, o seu consentimento é quase sempre irrelevante. Assim, no que concerne ao consentimento do trabalhador, é necessário não só que seja um consentimento esclarecido mas, principalmente, que seja prestado livremente, isto é, sem qualquer tipo de pressão. Parece-nos que este é o requisito essencial para a aplicação desta figura e que, tendo em

28. O mesmo foi defendido pelo Grupo de Trabalho do art. 29.º, *Orientações relativas ao consentimento na aceção do Regulamento (UE) 2016/679*, adotadas em 28/11/2017, última redação revista e adotada em 10/04/2018, p. 7, quando estabelecem que "Atendendo à dependência que resulta da relação empregador/trabalhador, é improvável que o titular dos dados possa recusar ao seu empregador o consentimento para o tratamento dos dados sem que haja medo ou risco real de consequências negativas decorrentes da recusa. É improvável que um trabalhador responda livremente ao pedido de consentimento do empregador para, por exemplo, ativar sistemas de controlo como a observação do local de trabalho através de câmaras ou preencher formulários de avaliação, sem sentir qualquer tipo de pressão para dar esse consentimento. Por conseguinte, o GT29 considera problemática a questão de os empregadores procederem ao tratamento de dados pessoais dos seus trabalhadores atuais ou futuros com base no consentimento, uma vez que é improvável que esse consentimento seja dado de livre vontade. Relativamente à maior parte deste tratamento de dados no local de trabalho, o fundamento legal não pode nem deve ser o consentimento dos trabalhadores [artigo 6.º, n.º 1, alínea a)], devido à natureza da relação entre empregador e trabalhador".

atenção o facto de o trabalhador ser o contraente débil da relação jurídico-laboral, raramente acontece.

Esta ideia de consentimento também está presente na LGPD desde logo no art. 5.º, inciso XII, ao definir o mesmo como uma "manifestação livre, informada e inequívoca pela qual o titular concorda com o tratamento de seus dados pessoais para uma finalidade determinada", e ao permitir que o mesmo sirva como fundamento para o tratamento de dados pessoais quer pelo art. 7.º, inciso I, quer no que concerne aos dados pessoais sensíveis, pelo art. 11.º, inciso I.

Porém, creio que, apesar destas possibilidades, levantam-se as mesmas limitações à verdadeira liberdade do consentimento dos trabalhadores pelo que se preconiza que tudo o que se defendeu anteriormente relativamente ao consentimento previsto no RGPD, é perfeitamente transponível para o ordenamento jurídico brasileiro, sobretudo pela redação do art. 5.º, inciso XII, que também considera essencial a liberdade do mesmo, a não ser para os trabalhadores considerados *hiperssuficientes*, ainda que tenhamos várias dúvidas sobre a abrangência tão ampla deste conceito.

Contudo, não pode deixar de ter-se em atenção que na relação laboral torna-se necessária a recolha de numerosas informações dos trabalhadores para a correta execução do contrato de trabalho, sendo, assim, este tratamento uma consequência quase *natural* deste tipo de relações. Atendendo a tudo isto, defende-se uma inevitável evolução no sentido de colocar o pressuposto legitimador do tratamento de dados pessoais, não no consentimento individual do trabalhador, mas na ampliação do número de pressupostos alternativos a este consentimento. Entende-se que deve assumir importância a técnica de tipo objetivo, isto é, que assente a legitimidade do tratamento no respeito pelo princípio da finalidade e no prosseguimento de fins específicos e não de outros, colocando o acento tónico neste princípio e na ideia de o tratamento ser pertinente e necessário, respeitando sempre o princípio da proporcionalidade.

Esta construção parece-nos comportar uma maior dose de garantia do ponto de vista laboral, já que, ainda que o consentimento do trabalhador tenha sido prestado[29], se o tratamento não respeitar estes princípios, isto é, se não for pertinente, nem necessário, ou não tiver uma finalidade lícita, será sempre ilícito. O carácter irrenunciável dos direitos de personalidade a isso obsta.

2.4. Assim, tendo em atenção a irrelevância do consentimento, o tratamento de dados pessoais dos trabalhadores na relação de trabalho só poderá ser feito atendendo a certos princípios fundamentais.

29. Sem a verdadeira liberdade que é essencial.

Desta forma, um dos fundamentos essenciais que pode legitimar o tratamento de dados pessoais na relação de trabalho é a prossecução de interesses legítimos do empregador aferíveis em função do caso concreto, e nos termos do art. 6.º, n.º 1, alínea b), do RGPD, quando o mesmo for necessário para a execução do contrato de trabalho, ou nos termos do art. 7.º, inciso V, da LGPD.

Assim, o empregador, antes da adoção de qualquer medida de controlo eletrónico que implica um tratamento de dados pessoais do trabalhador que, até podem ser sensíveis, nos termos do art. 9.º do RGPD, e 11.º da LGPD, tem de respeitar o princípio da finalidade. Este princípio está previsto no art. 5.º, n.º 1, alínea b), do Regulamento, e no art. 6.º, inciso I, da LGPD, e significa que os dados de carácter pessoal apenas podem ser recolhidos quando existam motivos determinados, explícitos e legítimos, não podendo ser tratados posteriormente de uma forma incompatível com essas finalidades, indicando que os dados pessoais dos trabalhadores só podem ser tratados se respeitarem estes pressupostos, sendo essencial a definição precisa destas finalidades.

Este princípio constitui, verdadeiramente, o princípio cardinal da proteção de dados, sendo os demais função deste na medida em que os dados devem ser adequados, pertinentes e não excessivos em relação à finalidade pretendida; devem ser exatos, completos e atualizados em função da finalidade; e só devem ser conservados pelo tempo que a finalidade exige.

Assim, a finalidade pretendida pelo empregador tem de ser legítima, isto é, deve estar em conformidade com o ordenamento jurídico, e ser especialmente respeitadora dos valores fundamentais.

O empregador terá, ainda, de respeitar sempre o princípio da proporcionalidade, previsto no art. 5.º, n.º 1, alínea c), do Regulamento Geral, e art. 6.º, incisos II e III, da LGPD. Este princípio é considerado um princípio fundamental, sendo atualmente entendido como um princípio de controlo e um mecanismo de equilíbrio entre os diferentes direitos em causa, e tende a realizar a procura do equilíbrio entre as obrigações do trabalhador, que emanam do seu contrato de trabalho, e o âmbito de liberdade constitucional da sua privacidade, garantindo que a modulação deste direito fundamental vai ser realizada na medida estritamente imprescindível à sua correta observância, isto é, com as restrições na quantidade, na qualidade e no procedimento.

O empregador terá, por último, previamente à adoção de qualquer medida de controlo, de respeitar o princípio da transparência, que consiste no conhecimento da vigilância e do controlo exercido pelo empregador.

2.5. Relativamente aos dados biométricos, convém ter em atenção que o Regulamento estabelece no art. 9.º, a proibição, como regra geral do tratamento de certas categorias de dados pessoais, considerados dados sensíveis, à semelhança do previsto no art. 11.º da LGPD, e que têm implicação direta na relação de trabalho, e que são a "origem racial ou étnica, as opiniões políticas, as convicções religiosas ou filosóficas, ou a filiação sindical, bem como o tratamento de dados genéticos[30], **dados biométricos para identificar uma pessoa de forma inequívoca**[31], dados relativos à saúde ou dados relativos à vida sexual ou orientação sexual de uma pessoa"[32].

Apesar desta proibição geral, a alínea b), do n.º 2, deste artigo permite mas apenas se "o tratamento for necessário para efeitos do cumprimento de obrigações e do exercício de direitos específicos do responsável pelo tratamento ou do titular dos dados em matéria de legislação laboral", assim como a alínea h) relacionada com os serviços de medicina do trabalho, ao estabelecer que será possível "Se o tratamento for necessário para efeitos de medicina preventiva ou do trabalho, para a avaliação da capacidade de trabalho do empregado". Contudo, neste último caso, o n.º 3 preconiza que os dados pessoais podem ser tratados se "forem tratados por ou sob a responsabilidade de um profissional sujeito à obrigação de sigilo profissional, nos termos do direito da União ou dos Estados-Membros ou de regulamentação estabelecida pelas autoridades nacionais competentes, ou por outra pessoa igualmente sujeita a uma obrigação de confidencialidade ao abrigo do direito da União ou dos Estados-Membros ou de regulamentação estabelecida pelas autoridades nacionais competentes"[33].

No mesmo sentido está o consagrado no art. 11.º, inciso II da LGPD.

Considera-se que, atendendo às inúmeras possibilidades de controlo através deste tipo de dados que só deverá ser permitido e utilizado um único dado biométrico do trabalhador, não nos parecendo admissível o cruzamento de informação deste tipo de informação com outro tipo de tecnologia como é o caso da utilizada pelos meios de vigilância à distância, *inter alia*, a videovigilância ou a

30. Relativamente a estes veja-se o art. 13.º da Lei n.º 12/2005, de 26 de janeiro, assim como JOÃO LEAL AMADO, "Breve apontamento sobre a incidência da revolução genética no domínio juslaboral e a Lei n.º 12/2005, de 26 de Janeiro", *in Temas Laborais*, Coimbra Editora, Coimbra, 2005.

31. Negrito nosso.

32. Na LGPD, o art. 5.º, inciso II, define como dado pessoal sensível "dado pessoal sobre origem racial ou étnica, convicção religiosa, opinião política, filiação a sindicato ou a organização de caráter religioso, filosófico ou político, dado referente à saúde ou à vida sexual, dado genético ou biométrico, quando vinculado a uma pessoa natural".

33. Aliás, pode ver-se o mesmo nos arts. 17.º, n.º 2, e 19.º, n.º 3, do CT, assim como no art. 109.º, n.º 2, da Lei 102/2009, de 10 de setembro.

geolocalização, ainda que tenha sido acrescentado, e quanto a nós bem, devendo assegurar-se que apenas se utilizem representações dos dados biométricos e que o respetivo processo de recolha não permita a reversibilidade dos referidos dados.

2.6. Um outro princípio que se considera muito importante é a necessidade de auditar as decisões tomadas automaticamente e aqui o Regulamento Geral de Proteção de Dados proíbe o estabelecimento de decisões totalmente automatizadas e o *profiling*, bastando ter em atenção o Considerando 71 do Regulamento que estabelece "O titular dos dados deverá ter o direito de não ficar sujeito a uma decisão, que poderá incluir uma medida, que avalie aspetos pessoais que lhe digam respeito, que se baseie **exclusivamente** no tratamento automatizado e que produza efeitos jurídicos que lhe digam respeito ou o afetem significativamente de modo similar, como a recusa automática de um pedido de crédito por via eletrónica ou **práticas de recrutamento eletrónico sem qualquer intervenção humana**. Esse tratamento inclui a definição de perfis mediante qualquer forma de tratamento automatizado de dados pessoais para **avaliar aspetos pessoais relativos a uma pessoa singular**, em especial a análise e previsão de **aspetos relacionados com o desempenho profissional**[34], a situação económica, saúde, preferências ou interesses pessoais, fiabilidade ou comportamento, localização ou deslocações do titular dos dados, quando produza efeitos jurídicos que lhe digam respeito ou a afetem significativamente de forma similar", assim como o art. 22.º com a epígrafe *Decisões individuais automatizadas, incluindo definição de perfis*.

Atendendo a tudo isto parece-nos também ser bastante importante o que foi defendido pelo GRUPO DE TRABALHO DO Art. 29.º[35] "O responsável pelo tratamento não pode eximir-se do disposto no artigo 22.º fabricando uma intervenção humana. Por exemplo, se alguém aplicar de forma sistemática perfis gerados automaticamente a pessoas sem ter qualquer influência efetiva no resultado, tratar-se-á, ainda assim, de uma decisão tomada exclusivamente com base no tratamento automatizado.

Para que se considere haver uma intervenção humana, o responsável pelo tratamento tem de garantir que qualquer supervisão da decisão seja relevante, e não um mero gesto simbólico. Essa supervisão deve ser levada a cabo por alguém com autoridade e competência para alterar a decisão e que, no âmbito da análise, deverá tomar em consideração todos os dados pertinentes".

---

34. Negrito nosso.

35. *Orientações sobre as decisões individuais automatizadas e a definição de perfis para efeitos do Regulamento (UE) 2016/679*, p. 23.

Considera-se que a LGPD poderia ter sido mais clara relativamente a esta parte atendendo às inúmeras possibilidades de tomada de decisões com base em algoritmos na relação de trabalho.

Os algoritmos tornaram-se em várias situações os novos supervisores dos trabalhadores e, por isso, assiste-se, nalguns casos, a um aumento da discriminação realizada por estes, já que nenhum é neutro. Bem pelo contrário[36]. Eles refletem muitas vezes os preconceitos que existem no mundo real e que também existem nos programadores e nos clientes. E no caso das avaliações feitas por estes, muitas vezes são o reflexo dos seus preconceitos. Os algoritmos condenam-nos a repetir o passado do qual queríamos fugir, ao replicar os preconceitos que definem muitas vezes as pessoas que os programam, mas com uma capacidade muito superior de discriminação[37].

---

36. A descrição de ALAIN SUPIOT, *La Gouvernance par les nombres*, 2015, de um mundo moderno distópico governado por números e programas científicos, aparentemente neutros, eficazes, eficientes, objetivos, transparentes, mas fundamentalmente desumanos, é triste e ironicamente cada vez mais suportado por uma quantidade emergente de dados, confirmando que os algoritmos não são menos tendenciosos do que os humanos que os programam, operam e usam.

37. Interessante notar que no *Livro Verde sobre o Futuro do Trabalho 2021*, apresentado no dia 31 de março numa versão provisória, e em discussão em sede de concertação social no momento em que redigimos este texto, nas *Linhas de Reflexão para as Políticas Públicas*, pode ler-se: "**Regulamentar a utilização de algoritmos, nomeadamente na distribuição de tarefas, organização do trabalho, avaliação de desempenho e progressão**, em particular no âmbito do trabalho prestado através de plataformas, que representa um redobrado distanciamento entre empregador e trabalhador, tanto físico como pela intermediação tecnológica da relação, evitando assim potenciais enviesamentos e discriminações", assim como "**Regular a utilização de algoritmos** nas suas diferentes dimensões, de modo a promover a transparência e responsabilidade do seu uso, nomeadamente no âmbito das relações de trabalho; **Incentivar, em particular, a regulação da utilização dos algoritmos em sede de negociação coletiva, envolvendo os parceiros sociais** e assegurando o tratamento da matéria ao nível das convenções coletivas de trabalho, de forma a garantir uma adequação adequada da IA e a refletir as necessidades específicas de cada setor; "**Introduzir disposições na legislação que minimizem os novos riscos associados ao comportamento autónomo da IA**, estabelecendo requisitos para assegurar a proteção da privacidade e dos dados pessoais, da igualdade e não-discriminação, da ética, da transparência e da explicabilidade dos sistemas baseados em algoritmos, quer ao nível da seleção de candidatos a emprego, quer ao nível da execução do contrato de trabalho e da fiscalização da atividade profissional do trabalhador", e "**Prevenir mecanismos e práticas discriminatórias no uso de inteligência artificial e de algoritmos** no quadro das relações de trabalho, ponderando a criação de um sistema que responsabilize os respetivos utilizadores ou criadores, em caso de comportamentos ilícitos".

Atendendo a isto, defende-se que a previsão no art. 20.º da LGPD é muito tímida, pois estabelece que "O titular dos dados tem direito a solicitar a revisão de decisões tomadas unicamente com base em tratamento automatizado de dados pessoais que afetem seus interesses, incluídas as decisões destinadas a definir o seu perfil pessoal, profissional, de consumo e de crédito ou os aspectos de sua personalidade". Entende-se que a redação do RGPD foi muito mais *forte* e protetora do que a da LGPD.

2.7. Entre as várias novidades presentes no Regulamento destaca-se a imposição, em certos casos, da nomeação de um encarregado de proteção de dados, previsto nos arts. 37.º a 39.º. Trata-se de um trabalhador ou prestador de serviços contratado pela entidade responsável pelo tratamento de dados ou pelo subcontratante, especializado em matéria de proteção de dados, a quem incumbirá, com independência, avaliar e promover a implementação de mecanismos de cumprimento da legislação em matéria de proteção de dados, prestar aconselhamento mediante solicitação e cooperar com a autoridade de controlo, em relação a quem atuará como ponto de contacto.

Na LGPD esta figura vem regulada no artigo 41.º, podendo colocar-se a questão se terá de ser necessariamente alguém externo à empresa. Na Europa a resposta foi negativa, considerando-se que pode ser um trabalhador da própria empresa.

O encarregado da proteção de dados tem, entre o mais, a função de informar e aconselhar o responsável pelo tratamento ou o subcontratante, bem como os trabalhadores que tratem os dados, a respeito das suas obrigações nos termos do Regulamento e de outras disposições legais aplicáveis, sendo que nos termos do n.º 3, ele não pode ser destituído nem penalizado pelo responsável pelo tratamento ou pelo subcontratante pelo facto de exercer as suas funções.

Este encarregado é obrigatório em determinadas situações como no caso de o tratamento ser efetuado por uma autoridade ou um organismo público, excetuando os tribunais no exercício da sua função jurisdicional, ou se as atividades principais do responsável pelo tratamento ou do subcontratante consistam em operações de tratamento que, devido à sua natureza, âmbito e/ou finalidade, exijam um controlo regular e sistemático dos titulares dos dados em grande escala ou, ainda, as atividades principais do responsável pelo tratamento ou do subcontratante consistam em operações de tratamento em grande escala de categorias especiais de dados nos termos do artigo 9.º. Neste último caso poderão estar em causa inúmeras situações nas empresas que tratam este tipo de dado sensíveis, ainda que o Grupo de Proteção de Dados do artigo 29.º[38]

38. *Guidelines on Data Protection Officers (DPOs')*, de 13 de dezembro de 2016.

tenha tentado clarificar esta noção, relembrando que o Considerando 97 do Regulamento, no setor privado, "as atividades principais do responsável pelo tratamento dizem respeito às suas atividades primárias e não estão relacionadas com o tratamento de dados pessoais como atividade auxiliar".

O Grupo do artigo 29.º tentou esclarecer e explicou que uma folha de pagamentos de uma empresa é uma atividade auxiliar mas crê-se que uma empresa que trata dados pessoais em grande escala como casos de empresas que lidam com dados de saúde, com matrículas de carros, com viagens das pessoas, com sistemas de vigilância à distância ou um sistema de dados biométricos dos seus trabalhadores, ou de geolocalização, realizam tratamentos de dados pessoais que não nos parecem meros auxiliares e, por isso, deverão ter um encarregado de proteção de dados pessoais, nomeadamente empresas que trabalham na *cloud* ou que têm grande parte da informação sobre a mesma na *cloud*.

Assim, *inter alia*, empresas que nos parecem que terão de ter um encarregado de proteção de dados são empresas de telecomunicações, hospitais, monitorização na área da saúde, empresas de gestão de recursos humanos, serviços de geolocalização, empresas de transportes de pessoas, banca e setor dos seguros, empresas de publicidade *online*, no sentido de publicidade direcionada, empresas com programas de fidelização de clientes, empresas de estabelecimento de perfis de clientes, como sejam empresas de crédito ou de risco, de videovigilância, de dispositivos de controlo de consumos, de automóveis autónomos e eletrodomésticos inteligentes.

Aliás, o Grupo do art. 29.º, apesar de considerar que a existência de um encarregado não é obrigatória por lei em vários casos, não deixa de aconselhar as empresas a terem um, que pode ser um externo à empresa ou um trabalhador da mesma mas que terá de ter a independência necessária para exercer a sua atividade.

Este encarregado de proteção de dados deve estar envolvido em todas as questões de processamento de dados pessoais e os trabalhadores das empresas têm de ter consciência da importância do mesmo.

3. CONCLUSÕES

1. As TIC e as enormes possibilidades que elas trazem para uma nova sociedade, uma nova economia, e um novo Direito do trabalho, não podem originar que os direitos fundamentais dos trabalhadores, sobretudo o direito à proteção de dados pessoais, volte a ficar às portas da fábrica, agora da fábrica *digital*, retrocedendo décadas na interpretação do mesmo.

2. Parece ser essencial, e mesmo imperioso, refletir sobre a sociedade que queremos construir e onde desejamos viver, sabendo que todas as opções que realizarmos irão influenciar, positiva ou negativamente, as nossas famílias e os nossos descendentes.

3. Está-se perante uma temática em contínua evolução, sendo que o equilíbrio entre os direitos dos trabalhadores, principalmente a sua privacidade, e o poder de controlo eletrónico do empregador não constitui uma tarefa fácil, estando hoje o Direito do trabalho a ser alvo de uma verdadeira *metamorfose*.

4. O que nos parece essencial nesta matéria é que tenhamos sempre em atenção de que nem tudo o que é tecnicamente possível é juridicamente admissível e que há que respeitar os princípios fundamentais de tratamento de dados pessoais que funcionam como limites ao poder de controlo eletrónico do empregador, quer na fase prévia, quer na fase posterior à instalação destes dispositivos e como defensores da dignidade do trabalhador enquanto pessoa.

Assim, o principal desafio que atualmente se enfrenta é o de manter um elevado nível de proteção dos dados pessoais na era digital e, simultaneamente, fazer uso das inúmeras possibilidades e oportunidades que a tecnologia oferece para enfrentar os desafios deste *Ciber Mundo Novo do Trabalho*.

Portugal, abril de 2021.

COMPLIANCE DE DADOS E A FASE PRÉ-CONTRATUAL TRABALHISTA: POSSIBILIDADES DE IMPLEMENTAÇÃO EM PROL DA PROTEÇÃO E DO DIÁLOGO SOCIAL

LUIZ PHILIPPE VIEIRA DE MELLO FILHO[1]

RENATA QUEIROZ DUTRA[2]

INTRODUÇÃO

Em uma sociedade cada vez mais movida pela rápida circulação de informação, a proteção de dados nas relações de trabalho coloca-se como disciplina fundamental de tutela da pessoa humana e de suas relações sociais. Se o cerne da atuação do direito do trabalho consiste em mitigar os efeitos da assimetria de

1. Ministro do Tribunal Superior do Trabalho. Vice-Presidente no exercício 2020-2022.
2. Professora Adjunta de Direito do Trabalho da Universidade de Brasília.

poder entre empregado e empregador no âmbito da relação laboral, assegurando a proteção aos mais vulneráveis, a ampliação da esfera comunicacional e das tecnologias de informação, com intensa e veloz produção e difusão de dados, faz surgirem e potencializarem-se novas dimensões do poder empresarial, desafiando a tutela protetiva laboral.

Superado o paradigma de que a produção e o tratamento de dados concernentes à relação de trabalho e aos seus sujeitos submetem-se exclusivamente ao poder privado do empregador, em favor de um paradigma protetivo do titular dos dados – no caso, o empregado –, novas dimensões da proteção trabalhista também se colocam em cena.

Nesse sentido, a Lei Geral de Proteção de Dados (Lei nº 13.709/2018), fortemente amparada na miríade de direitos fundamentais que, direta ou indiretamente, tutelam a imagem, a honra, a intimidade e a privacidade das pessoas na Constituição de 1988, oferece subsídios e diretrizes relevantes para que sejam reformuladas as condutas relacionadas à captação, à produção e ao tratamento de dados dos trabalhadores antes, durante e depois da relação de emprego.

Tal reformulação da tutela protetiva afirma-se relevante notadamente naqueles momentos em que a vulnerabilidade dos sujeitos trabalhadores se encontra acentuada, como é o caso das tratativas admissionais, em que o trabalhador, como regra, para assegurar sua inserção no mercado formal de trabalho, submete-se ao "contrato de adesão" proposto pelo potencial empregador, seja no que toca às regras relativas ao pacto laboral almejado, seja no que toca à condução dos processos de seleção e recrutamento. Evidentemente, o manejo, pelos respectivos empregadores, de dados produzidos durante outras relações empregatícias também tem potencial de interferir em futuras tratativas para contratação dos empregados.

A novidade de uma Lei Geral de Proteção de Dados no país, com abrangência sobre as relações de trabalho, traz possibilidades importantes, mas também enfrenta sérios desafios, sobretudo no que toca à sua efetividade. A mudança paradigmática em relação à conduta empresarial com relação aos dados dos trabalhadores demandará esforços significativos no sentido da assimilação da nova legislação nas práticas cotidianas.

Diante de tais questões, buscamos, nesse artigo, refletir sobre os limites e as possibilidades de uso da figura do *compliance* trabalhista na consecução desse objetivo, que passam pela imperatividade de sua aproximação com os contornos que regem o campo do direito que objetiva complementar, sobretudo no que tange à necessidade democrática de observância do diálogo social e à consideração da dimensão coletiva da proteção de dados relativos à relação de emprego.

O faremos especificamente à luz da incidência da LGPD na fase pré-contratual trabalhista, considerando a construção teórica justrabalhista sobre a proteção de dados nas relações de trabalho, sobre *compliance*, bem como as disposições constitucionais e internacionais relacionadas ao tema.

1. Proteção de dados nas relações de trabalho: os desafios das novas tecnologias

A LGPD insere a proteção de dados no rol de direitos fundamentais, na medida em que assenta a normatização protetiva no objetivo de assegurar os direitos fundamentais de liberdade e de privacidade, bem como o livre desenvolvimento da personalidade da pessoa natural (art. 1º). Há, portanto, uma centralidade da proteção à pessoa humana em relação à produção, acesso e tratamento de dados, que pode ser mais bem definida como um direito à autodeterminação do titular dos dados.[3]

Partindo-se da compreensão de que a gestão, o tratamento e o acesso a dados pessoais podem definir como o sujeito é apresentado à sociedade, com forte interveniência, portanto, no seu acesso, sua permanência e sua ascensão em relações de trabalho, configura-se de especial interesse justrabalhista que o sujeito trabalhador possa exercer controle sobre os dados dos quais é titular, sejam eles dados pessoais sensíveis ou não, na medida em que o conjunto desses dados pode ser utilizado como critério em processos seletivos de emprego se as dinâmicas regulatórias não impuserem limites.

Importante observar que, se o acesso a dados sensíveis efetivamente pode alimentar possibilidades de emprego de critérios discriminatórios em processos seletivos e admissionais, também o acesso a dados pessoais não identificados como sensíveis, mas que desenhem perfis e limites anteriores na experiência profissional, pode ser inconveniente para o sujeito em um processo de seleção e recrutamento, ou para efeito de pactuação das condições de um novo contrato de trabalho. Desse modo, a autoadministração da informação que circula a seu próprio respeito implica também a possibilidade de inserção do sujeito em novas experiências laborais.

A questão se coloca de forma desafiadora porque o acesso às tecnologias informacionais, em uma sociedade desigual, intensifica a assimetria de poder

3. FRAZÃO, Ana; OLIVA, M. D.; ABILIO, V. S. Compliance de dados pessoais. In: FRAZÃO, Ana; TEPEDINO, Gustavo; OLIVA, Milena Donato. *A lei geral de proteção de dados pessoais e suas repercussões no direito brasileiro*. São Paulo: Ed. Thompson Reuters – Revista dos Tribunais, 2019. p. 677-715.

que é inerente às relações de trabalho. Assim, o poder empresarial resulta potencializado diante da possibilidade de acesso e administração de dados que a tecnologia oferece aos agentes econômicos, em detrimento dos trabalhadores que se colocam como titulares desses mesmos dados, os quais muitas vezes encontram-se em contextos de exclusão digital.

É importante observar que, nesse sentido, pensar a proteção de dados na fase pré-contratual implica também considerar a produção de dados na fase contratual e o seu possível compartilhamento com outros empregadores no momento pós-contratual. Em um mercado de trabalho com alta rotatividade como o brasileiro, fases pós-contratuais e pré-contratuais coincidem recorrentemente, havendo um encontro importante de condutas entre ex-empregadores e potenciais empregadores em relação aos dados de quem trabalha.

A questão da produção e do acesso a dados relacionados aos trabalhadores no âmbito das relações laborais, a partir das novas tecnologias da informação, já vinha sendo objeto de enfrentamento pela doutrina trabalhista, que conduziu esforços no sentido de, a partir dos valores e princípios já constantes da ordem jurídica, deduzir novos deveres e limites às também novas dimensões do poder empresarial que decorrem das tecnologias informacionais.

O empregador, como titular da organização produtiva, exerce o direito de conformar sua organização, o que é feito por meio do reconhecimento de determinados poderes pela ordem jurídica, os quais, evidentemente, encontram limites nos direitos fundamentais dos trabalhadores. Para Teresa Moreira, o poder empresarial, que se subdivide em poderes diretivo, disciplinar, regulamentar e de controle, diante do advento de novas tecnologias, assistiria a um processo de autonomização do poder de controle em relação ao poder diretivo e suas demais expressões.[4]

Ao exercer a prerrogativa de controlar e vigiar a prestação do trabalho subordinado, como expressão do seu poder de regência da organização, o empregador inserido em um modelo de organização fordista/taylorista do trabalho exercia uma mera faceta do poder diretivo. Entretanto, diante do advento da internet, do controle por meio de computadores, aplicativos e telefones celulares, bem como por meio da produção de registros audiovisuais e de dados sobre quem trabalha, o fenômeno do controle adquiriu complexidade suficiente a ponto de se poder afirmar que passou a ter autonomia em relação ao próprio

4. MOREIRA, Tereza Alexandra Coelho. *A privacidade dos trabalhadores e as novas tecnologias de informação e comunicação*: contributo para um estudo dos limites do poder de controlo eletrônico do empregador. Coimbra: Ed. Almedina, 2010, p. 345-346.

poder diretivo.[5] Isso porque, segundo Teresa Moreira, as novas tecnologias atribuem efetividade ao controle, de modo a permitir uma capacidade aparentemente ilimitada de recolher dados.[6] Uma vez recolhidos, esses dados reforçam o próprio poder de controle empresarial sobre os obreiros, podendo alcançar, inclusive, sua futura inserção em postos de trabalho, ou seja, trata-se de poder que passa a transcender a duração do vínculo.

Assim, o redimensionamento do poder empresarial em relação ao controle e aos dados que dele decorrem torna essencial, do ponto de vista do direito do trabalho, "redobrar esforços no sentido de assegurar a posição do trabalhador perante o exercício do controlo por parte do empregador",[7] na busca de um reequilíbrio dessa relação inerentemente desigual. Isso passa por identificar e regular quem trata, elabora ou faz circular a informação.

Teresa Moreira, nessa perspectiva, refuta a possibilidade de "controle discricionário que não tenha por base as exigências técnico-organizativas do trabalho", indicando dois critérios legitimadores do controle e, por consequência, da eventual produção de dados por parte do empregador a respeito do empregado: que o controle tenha por objetivo comprovar o correto funcionamento da organização produtiva e o cumprimento do contrato de trabalho; que o método usado pelo empregador para tanto seja adequado às finalidades estabelecidas, operando como limite a atuações porventura discricionárias do empregador.[8] Essa produção de dados advinda do controle, ainda segundo a autora portuguesa, há que ser procedida tendo em conta os princípios da proporcionalidade e da boa-fé, desdobrando-se esse último no dever de transparência e na imprescindibilidade de **conhecimento prévio, por parte dos trabalhadores e, também, dos seus representantes, acerca da produção dos registros**.[9]

Informar a respeito do controle, da sua natureza, do seu tipo e do uso da informação produzida, no caso de produção de dados decorrentes dos critérios anteriormente mencionados, é pressuposto para a legitimidade do exercício do controle, como dimensão de lealdade e de boa-fé, que deve estar presente no momento da celebração do contrato e durante todo o curso da prestação de serviços.[10] A necessidade de transparência e democratização do exercício do controle envolve

5. *Ibidem*, p. 372-373.
6. *Ibidem*, p. 373.
7. *Ibidem*, p. 373.
8. *Ibidem*, p. 377.
9. *Ibidem* , p. 380-386.
10. *Ibidem*, p. 392-393.

as representações sindicais nesse processo, por meio do dever de informá-las. Inclusive, observando experiências de outros países, Teresa Moreira aponta para sistemas que envolvem a cogestão, como é o caso da Alemanha, e a participação dos representantes na implementação e revisão das medidas de controle, por meio de consulta não vinculativa, no caso da Espanha e da França.

Esse cenário, todavia, é complexificado pelas novas tecnologias de informação e comunicação que, na percepção de Teresa Moreira, estariam a colocar novos desafios para os limites anteriormente construídos ao poder de controle empresarial. Nas palavras da autora:

> O instrumento informático pode recriar o perfil do trabalhador, assim como a própria evolução deste. Para defender-se, assim, o controlo passou de uma vertente física para atender a um nível qualitativo inegável. Para o empregador tornava-se fácil de apreender a maneira de pensar e reagir dos trabalhadores, tornando-se difícil disfarçar uma parte da vida privada.[11]
>
> (...)
>
> Há, assim, uma extensão do poder de controlo tanto do ponto de vista qualitativo como quantitativo, assim como uma descentralização da subordinação e uma dificuldade em distinguir entre a estrutura de controlo, o seu objeto e a sua finalidade, na medida em que todas essas vertentes parecem estar integradas numa mesma função e momento temporal com a própria atividade laboral do trabalhador. Há, assim, um enorme aumento do poder de controlo do empregador sem que exista, simultaneamente, uma articulação das formas de contrapeso e controlo.[12]

Dessa forma, o controle que antes era periférico, descontínuo, exercido por meio da atividade hierárquica humana, passa a ser centralizado, objetivo e materializado no aparato tecnológico, que, em tempo real e de forma automática, controla e formula perfis dos trabalhadores, armazenando e reelaborando, de modo ilimitado, dados que antes eram ignorados ou invisíveis e que, embora, a uma primeira vista, possam parecer irrelevantes, ao serem capturados, reunidos e controlados, ampliam a dependência do trabalhador em relação ao empregador que possui e administra tais informações, colocando em risco direitos fundamentais dos trabalhadores, como privacidade, liberdade e dignidade.[13]

---

11. *Ibidem*, p. 421.
12. *Ibidem*, p. 423.
13. *Ibidem*, p. 426-427.

Se, portanto, a capacidade do empregador de produzir tais dados durante a relação de emprego, por meio da atividade de controle, precisa ser regulada e limitada pelos direitos fundamentais dos empregados, o uso e o eventual compartilhamento desses dados tornam-se igualmente preocupantes, considerando a potencial afetação da trajetória profissional e das futuras experiências de trabalho dos empregados.

A quantidade de dados que pode ser colocada à disposição de outros empregadores, durante o processo de recrutamento, ou até mesmo em razão do não descarte de informações excessivas capturadas por um potencial empregador nos próprios processos seletivos, pode fazer com que o controle transcenda os objetivos originais de condução da empresa e se traduza em um superpoder interempresarial.

A fase pré-contratual trabalhista é reconhecida como espaço de potencial discriminação dos trabalhadores, sobretudo em um modelo produtivo no qual desigualdades são instrumentalizadas em favor da redução dos custos da força de trabalho. Por esse motivo, para assegurar a posição negocial do candidato no emprego, faz-se necessário proteger a pessoa do candidato quanto à exigência de informações sobre questões que possam ensejar condutas discriminatórias (como informações sobre sua vida afetiva, sua orientação sexual, suas convicções políticas e religiosas, seu estado gravídico ou desejo de engravidar, entre outros),[14] assim como de informações inconvenientes que possam advir da captura de dados decorrentes de relações de trabalho anteriores, e que possam dar conta de informações atinentes à postura do trabalhador em face de atos de gestão, em relação ao alcance de metas (cuja adequação não seja problematizada) e mesmo em relação ao seu comportamento diante de atitudes patronais arbitrárias, como o assédio moral.

Previamente ao advento de transformações tecnológicas que deslocam a questão para a captura e o uso de dados, a doutrina trabalhista firmava-se no sentido de que, sendo impertinente ao empregador formular questionamentos ilícitos sobre aspectos que pertencem à esfera privada do candidato, estaria assegurado, em face da especial vulnerabilidade do trabalhador, o direito ao silêncio e, até mesmo, o direito à mentira a respeito de informação que poderia potencialmente gerar discriminação, conforme ensina João Leal Amado.[15]

---

14. AMADO, João Leal. *Contrato de trabalho*. 3ª ed. Coimbra: Coimbra Editora, 2011, p. 172.

15. *Ibidem*, p. 172-173.

Explica Amado que, se a recusa à resposta em uma entrevista de emprego tem o condão fazer incidir sobre o candidato, individualmente, a retaliação do potencial empregador, em se tratando de pergunta ilícita, a mentira operaria como defesa contra ato discriminatório, não se estendendo o direito de mentir, evidentemente, a perguntas legítimas e pertinentes a respeito das condições de pactuação do contrato de trabalho.[16] A recusa da informação verdadeira e potencialmente discriminatória estaria incluída no que Márcio Túlio Viana identifica como um direito individual de resistência.[17]

Evidentemente, a agência individual do trabalhador diante de situações discriminatórias vislumbradas numa entrevista individual encontra-se diretamente relacionada ao nível de proteção ao emprego existente em cada ordenamento jurídico. Diferentemente da realidade portuguesa, a facilidade da dispensa imotivada na ordem jurídica brasileira pode tornar inócuo para o trabalhador, individualmente, sustentar uma conduta de oposição ao intuito discriminatório, eis que, uma vez "descoberto", novamente encontrar-se-ia vulnerável a ser retaliado com a perda do emprego. Ademais, a circulação automática e invisível de dados, atualmente, contribui para obstar que essa forma de resistência, sobretudo no nível individual, possa ser exercida. Daí por que a incidência da regulação protetiva do trabalho sobre o conjunto de dados referentes à vida e à trajetória profissional dos trabalhadores se afigura central.

Com as novas disposições normativas sobre a proteção de dados, a classificação dos dados como pessoais e sensíveis auxilia na identificação dos pontos críticos das tratativas pré-contratuais e enfrenta o deslocamento do conflito do lugar das interpelações possíveis numa eventual entrevista de emprego para o lugar da captura e uso de dados dos trabalhadores para efeito do recrutamento.

Entretanto, se, por um lado, já se mostrava complexa e controversa a possibilidade de o trabalhador individualmente se defender diante de uma conduta discriminatória em um processo de recrutamento, ao identificar-se como critério para a proteção de dados da LGPD a **centralidade do consentimento** individual do titular dos dados, também nesse novo paradigma a assimetria inerente às relações de trabalho, inclusive na fase pré-contratual, coloca-se como questão a ser considerada.

---

16. *Ibidem*, p. 174.

17. VIANA, Marcio Túlio. *Direito de resistência*. São Paulo: LTr, 1996.

2. A LGPD E O CONSENTIMENTO DO TITULAR: PECULIARIDADES DAS RELAÇÕES DE TRABALHO

A determinação expressa da LGPD no sentido de que a ampliação da proteção dos dados pessoais perpassa, necessariamente, pelo consentimento dos trabalhadores[18] deve ser considerada em sentido substantivo, de modo que tal consentimento possa ser qualificado pela informação e pela ausência de coerção do titular, sob pena de nulidade.

Primeiramente, é necessário firmar que, tanto quanto o consentimento, a LGPD vincula o tratamento de dados pessoais, no art. 7º, à finalidade, à boa-fé e ao interesse público que mobilizaram sua disponibilização consentida, de modo que o oferecimento do consentimento vincula as finalidades de uso dos dados. Assim informa o § 3º do referido dispositivo legal:

> § 3º O tratamento de dados pessoais cujo acesso é público deve considerar a **finalidade, a boa-fé e o interesse público que justificaram sua disponibilização.**

Nesse sentido, como explicam Barzotto e Cunha,[19] a efetiva compreensão, por parte dos trabalhadores, de que seus dados, além de possuírem valor, poderão definir os rumos da sua atividade laboral, constitui, entre outros elementos, pressuposto para "que o usuário/trabalhador se torne participante ativo no processo de consentimento". Tomando como base as previsões contidas na LGPD, no direito comparado e no Código de Boas Práticas sobre a Proteção de Dados Pessoais dos Trabalhadores da OIT,[20] o consentimento, a uma, não diz respeito

18. O art. 5º, XII, da LGPD define consentimento como "manifestação livre, informada e inequívoca pela qual o titular concorda com o tratamento de seus dados pessoais para uma finalidade determinada", ao passo que o art. 7º, I, estipula que o tratamento de dados pessoais pressupõe o fornecimento de consentimento pelo titular, previsão reproduzida no art. 11 quanto ao tratamento de dados pessoais sensíveis. Ressalta-se que tais previsões se concatenam com o disposto no art. 7º, § 3º, da LGPD, que dispõe sobre a finalidade determinada desse consentimento.
19. BARZOTTO, Luciane Cardoso; CUNHA, Leonardo Stocker Pereira. Proteção de dados e consentimento no Direito do Trabalho: Brasil vs. Alemanha? *DMT em debate*, 23/10/2020. Disponível em: https://www.dmtemdebate.com.br/protecao-de-dados-e-consentimento-no-direito-do-trabalho-brasil-vs-alemanha/. Acesso em: 1/4/2021, 15h40min.
20. ORGANIZAÇÃO INTERNACIONAL DO TRABALHO (OIT). *Protection of worker's personal data:* an ILO code of practice Geneva. 1997. Disponível em: https://www.ilo.org/public/libdoc/ilo/1997/97B09_118_engl.pdf. Acesso em: 1/4/2021, 15h35min.

tão somente ao aceite de um determinado tratamento dos seus dados, englobando também o acesso, a retificação, a portabilidade e a exclusão das informações tratadas pela empresa; e, a duas, não autoriza o uso irrestrito dos dados pelo empregador.[21]

Analisando as disposições do direito alemão, exemplificam Barzotto e Cunha que o consentimento do empregado quanto ao acesso aos seus dados precisa ser escrito, previamente informado acerca dos usos, devendo ser destacado em relação a outras declarações ou cláusulas, para que não se perca, e devendo ser voluntário, não se entendendo como tal aquele cuja recusa importa em prejuízos ao titular. Reportam a existência de celeuma, no direito alemão, em torno dos aceites produzidos em situações de "dependência social",[22] que, como sabido, constituem a essência das relações laborais. Nesse mesmo sentido são as explícitas regras previstas nos arts. 8º e 9º da LGPD, que, embora disciplinem detidamente a necessidade de consentimento específico, informado, escrito, revogável e não coagido, igualmente, não fecham questão em torno da vulnerabilidade ou hipossuficiência dos trabalhadores como elemento presumidamente fragilizador do consentimento.

Barzotto registra, inclusive, a construção crítica em torno do paradigma europeu de proteção de dados, que serviu de referência para a LGPD brasileira. Por consistir em ordenamento centrado na dimensão individual da proteção, embora também preveja a possibilidade de os sindicatos representarem os trabalhadores, há expressa autorização de que o sindicato seja autorizado a representar o titular de dados diante dos empregados, perante a Agência Nacional de Proteção de Dados, ou mesmo em juízo (art. 80 do GDPR).[23]

No caso brasileiro, é importante distinguir que, embora a construção doutrinária e jurisprudencial, em relação a determinados consentimentos manifestados pelos trabalhadores nas tratativas prévias ao contrato de trabalho, seja considerada válida, como é o caso da previsão contida na Súmula nº 342 do TST – que legitima descontos salariais para planos de assistência odontológica, médico-hospitalar, de seguro, de previdência privada, ou de entidade cooperativa, cultural ou recreativo-associativa, **desde que exista autorização prévia e**

---

21. *Idem.*

22. *Idem.*

23. BARZOTTO, Luciane Cardoso. LGPD e desafios recentes da negociação coletiva no Brasil. Silva Neto, Manoel Jorge e (org.). *Desafios à autonomia negocial coletiva*: estudos em homenagem ao Professor José Augusto Rodrigues Pinto. Brasília: ESMPU, 2021, p. 159.

por escrito do empregado, na esteira da exegese do art. 462 da CLT, salvo se ficar demonstrada a existência de coação ou de outro defeito que vicie o ato jurídico –, há uma sensibilidade em relação a situações cujo consentimento possa afetar direitos fundamentais (e não apenas aspectos patrimoniais).

Ademais, construções como a da Súmula nº 342 do TST pautam-se no pressuposto de que tais descontos legitimados pelo consentimento individual do obreiro revertem-se em seu benefício, o que não necessariamente pode se configurar em relação ao acesso a dados pessoais.

Nesse sentido, a LGPD também se articula, considerando que o consentimento quanto ao uso de dados pressupõe um uso restrito e legítimo por parte do empregador, e que esse uso não possa se reverter, direta ou indiretamente para fins discriminatórios (art. 7º, § 3º, da LGPD). Trata-se, todavia, de construção pautada em conceitos abertos, que pressupõe análise das situações e dos conflitos específicos e complexos, os quais inclusive podem variar em relação a diferente categoria profissional.

Há, por exemplo, significativa margem para construções interpretativas em torno dos §§ 4º e 5º do art. 7º da LGPD, sobretudo no que toca aos limites para o uso de informações tornadas públicas pelo consentimento do usuário. Assim, ao dispor que "é dispensada a exigência do consentimento previsto no caput deste artigo para os dados tornados manifestamente públicos pelo titular, resguardados os direitos do titular e os princípios previstos nesta Lei", o art. 7º, § 4º, remete o intérprete à ponderação acerca dos limites do uso, por exemplo, de dados tornados públicos por meio do consentimento do usuário a sua publicação em redes sociais, para efeito de processos seletivos de recrutamento ou mesmo para efeito de produção probatória em procedimento interno disciplinar ou em eventual processo judicial.

Ora, se o consentimento conferido pelo usuário de plataformas de redes sociais tem finalidade limitada, nos termos do art. 7º, § 3º, da LGPD, o uso recreativo de redes sociais mediante disponibilização de dados pessoais para fins de socialização não poderia ser tomado para efeito de prejudicar o indivíduo em sua trajetória profissional. Na mesma linha, a disposição contida no § 5º do art. 7º da LGPD indica que o compartilhamento de dados entre um controlador e outro pressupõe consentimento específico do titular para esse fim, ressalvadas as hipóteses de dispensa do consentimento previstas nessa Lei. Ou seja, nem o empregador nem mesmo instituições públicas poderiam se valer do consentimento privado produzido pelo trabalhador para compartilhamento de dados em redes sociais sem que, no termo de consentimento conferido à plataforma, esses desdobramentos dos usos dos dados estivessem previamente acordados, de forma livre, informada e inequívoca, e, ainda assim, para usos compatíveis com finalidade, a boa-fé e o interesse público que justificaram sua disponibilização.

A assertividade dessa interpretação e seu detalhamento, todavia, não encontram esteio na literalidade da disciplina legislativa, podendo ser alcançada, com mais qualificação, por meio de pactos dialogados em negociações coletivas e, quiçá, por meio do próprio *compliance* trabalhista.

O problema do consentimento individual em outras relações assimétricas, como a relação de consumo, tem sido enfrentado, restando evidenciado que, na prática das relações observadas, sobretudo na internet, as informações esclarecedoras desse consentimento figuram como protocolares, sem que haja, na velocidade estabelecida nas redes sociais, a efetiva assimilação das condições de uso por parte dos consumidores,[24] o que nos leva a questionar se seria efetivamente a dimensão individual suficiente à discussão e consideração dos termos de consentimento. Isso se apresenta igualmente no âmbito das relações laborais, em que, talvez não tanto a velocidade, mas, sobretudo, a premência do acesso ao trabalho, notadamente em contextos de crise, pode fragilizar o caráter substantivo do consentimento e, sobretudo, uma construção dialogada a seu respeito.

Daí por que a necessidade, com destaque no campo das relações de trabalho, de que as condições para o consentimento e as possibilidades de uso dos dados sejam objeto de discussão democrática, qualificada pelo diálogo social, numa dimensão necessariamente coletiva. Nesse sentido, aliás, a assertiva recomendação da Organização Internacional do Trabalho, em seu Código de Boas Práticas sobre a Proteção de Dados Pessoais dos Trabalhadores:

> Workers' representatives should be informed and consulted about the introduction or modification of automated systems intended to process personal data; before the introduction of any electronic monitoring of workers' behaviour in the workplace [12.2(a) and (b)]; and about the purpose, the contents and the manner of administering and interpreting questionnaires and tests regarding the personal data of workers.[25]

---

24. KHOURI, Paulo Roque. O problema do consentimento informado na Lei Geral de Proteção de Dados pessoais. *Conjur,* 31/3/2021. Disponível em: https://www.conjur.com.br/2021-mar-31/garantias-consumo-problema-consentimento-informado-lgpd. Acesso em: 6/4/2021, 11h57min.

25. ORGANIZAÇÃO INTERNACIONAL DO TRABALHO (OIT). *Protection of worker's personal data:* an ILO code of practice Geneva. 1997, p. 46-47. Disponível em: https://www.ilo.org/public/libdoc/ilo/1997/97B09_118_engl.pdf. Acesso em: 1/4/2021, 15h35min.

A questão dos recrutamentos e o manejo de dados pessoais em seu bojo colocam a discriminação como pauta coletiva cujo enfrentamento pressupõe diagnósticos e estratégias formuladas em arranjos ampliados que transcendem as compreensões e possibilidades de ação do indivíduo. O caráter aberto das condutas discriminatórias, que podem se pautar em novos e distintos critérios, como padrões de comportamento no trabalho, saúde mental, resiliência em relação a abusos, entre outros fatores presentes nas relações de trabalho contemporâneas, conduzem à necessidade de participação das organizações coletivas dos trabalhadores no preenchimento dos conceitos oferecidos pela legislação.

Igualmente, o conteúdo político das compreensões dinâmicas sobre o que seja privacidade também pressupõe que a dimensão coletiva desse debate seja considerada, como nos ensina Fernanda Bruno:

> Os contornos modernos que conhecemos e herdamos – a separação público/privado e a definição de papéis em cada uma dessas esferas, a valorização da família, os direitos do indivíduo, a inviolabilidade do domínio privado, o direito ao segredo, à solidão, a proteção ao anonimato etc. – foram resultado de embates na definição das relações entre o estado e a sociedade civil, o indivíduo e o coletivo. Logo, a privacidade, não sendo uma condição "natural", está sujeita a variações, mas estas não seguem um princípio "evolutivo" que levaria a sua extinção (como quer Zuckerberg), mas são (e foram sempre) o efeito de embates sociais, políticos, econômicos. A história da privacidade é uma história política do cotidiano, onde a micro e a macro-política não cessam de se misturar. É nesse sentido que se deve compreender as recentes transformações nos seus limites.[26]

Barzotto explica que a cada um dos princípios fixados na LGPD correspondem direitos individuais dos titulares dos dados,[27] os quais, não sobeja lembrar, traduzem-se em direitos fundamentais, porque decorrentes do espectro de proteção à personalidade e à dignidade humanas, e, portanto, beneficiam-se da tutela protetiva típica da zona de fundamentalidade, compreendida em sua

---

26. BRUNO, Fernanda. O fim da privacidade em disputa. Disponível em: http://revistapontocom.org.br/edicoes-anteriores-artigos/o-fim-da-privacidade-em-disputa. Acesso em: 24 abr. 2021.
27. BARZOTTO, Luciane Cardoso. LGPD e desafios recentes da negociação coletiva no Brasil. Silva Neto, Manoel Jorge e (org.). *Desafios à autonomia negocial coletiva*: estudos em homenagem ao Professor José Augusto Rodrigues Pinto. Brasília: ESMPU, 2021, p. 153.

eficácia horizontal. Sinaliza a autora, nesse sentido, que a escorreita compreensão dos princípios e o devido tratamento dos direitos fundamentais podem remeter a uma proteção coletiva dos trabalhadores sindicalizados:

> Este feixe de direitos enseja proteção pela via de negociação sindical, porquanto dizem respeito ao tratamento de dados constantes em documentos individuais, mas que são tratados homogeneamente, ou seja, de modo coletivo e, diga-se, sem discriminação pelos empregadores. Documentos como fichas de registro de empregados, termos aditivos para adequação dos contratos de trabalho, necessidade de realização de exames de saúde periódicos, bem como a forma de armazenamento de diversos outros dados laborais, com expressa determinação de como se dará o tratamento pelo controlador de outras informações relevantes são aspectos que permitem tratamento coletivo. Esses itens são apenas uma síntese do que ao sindicato se faculta negociar sobre a política de tratamento e acesso de dados dos trabalhadores, a partir dos direitos elencados no art. 18 da LGPD.[28]

Em pesquisa comparativa entre Europa e Brasil, a autora identifica que, a partir do regramento europeu, a doutrina laboral tem defendido a chamada governança coletiva de proteção de dados, desenvolvida a partir dos sindicatos, que poderiam intervir para fiscalizar "processos de seleção, avaliações e despedidas e a gestão dos dados nestes momentos contratuais".[29] Igualmente, na LGPD brasileira, observa espaço para a tutela coletiva da proteção de dados, sobretudo nos arts. 22 e 42 da Lei, e aduz, para além de um largo espectro temático para as negociações coletivas, que "o sindicato pode fiscalizar toda a lei com base na accountability e realizar denúncias no DPO (encarregado) dentro da empresa, no MPT e na ANPD".[30]

Obviamente, a atuação sindical disciplinadora do uso de dados não poderia suprir o consentimento individual dos sujeitos, por tratar-se de direitos fundamentais personalíssimos, mas poderia qualificá-los, moldando limites para que tal consentimento pessoal seja manifestado e acompanhando o impacto coletivo do tratamento de dados nos trabalhadores da categoria.

---

28. *Ibidem*, p. 153-154.
29. BARZOTTO, Luciane Cardoso. LGPD e desafios recentes da negociação coletiva no Brasil. Silva Neto, Manoel Jorge e (org.). *Desafios à autonomia negocial coletiva*: estudos em homenagem ao Professor José Augusto Rodrigues Pinto. Brasília: ESMPU, 2021, p. 158.
30. *Ibidem*, p. 159-168.

Nessa esteira, a pergunta que se coloca é: pode o *compliance* trabalhista apresentar-se como via para tal construção? De que maneira?

3. *COMPLIANCE* TRABALHISTA: LIMITES E POSSIBILIDADES EM PROL DE PROTEÇÃO E DIÁLOGO SOCIAL

Para pensar as possibilidades e os limites do *compliance* como ferramenta de implementação da LGPD na seara trabalhista, é necessário compreender de que forma os programas de *compliance* se colocam em relação à regulação pública do trabalho.

O CADE, por meio do seu "Guia de Programas de Compliance", define *compliance* como:

> (...) um conjunto de medidas internas que permite prevenir ou minimizar os riscos de violação às leis decorrentes de atividade praticada por um agente econômico e de qualquer um de seus sócios ou colaboradores. Por meio dos programas de compliance, os agentes reforçam seu compromisso com os valores e objetivos ali explicitados, primordialmente com o cumprimento da legislação (...).[31]

Segundo Frazão, Abílio e Oliva, os programas de *compliance* traduzem-se em controles internos que reforçam a regulação estatal, no sentido de auxiliar os agentes econômicos a ser manterem em conformidade com a lei. As autoras explicam que regulação estatal e *compliance*, portanto, são **fenômenos complementares**, de modo que a ideia de autorregulação inferida dos programas de *compliance* melhor se adequaria ao conceito de **corregulação**,[32] na medida em interagem produtivamente com as disposições estatais:

> o estado influencia sua modelagem, na medida em que procura fixar (seja mediante expressa previsão legal, seja valorizando os programas de compliance na aplicação de sanções) fórmulas e conteúdos mínimos a serem observados pelas normas corporativas, seja estabelecendo formas de estímulo à sua adoção.[33]

---

31. CONSELHO ADMINISTRATIVO DE DEFESA ECONÔMICA – CADE. *Guia de Programas de Compliance*. Brasília, 2016. Disponível em: guia-compliance-versao-oficial.pdf (cade.gov.br). Acesso em: 1/4/2021, 15h45min.

32. FRAZÃO, Ana; OLIVA, M. D.; ABILIO, V. S. Compliance de dados pessoais. In: FRAZÃO, Ana; TEPEDINO, Gustavo; OLIVA, Milena Donato. *A lei geral de proteção de dados pessoais e suas repercussões no direito brasileiro*. São Paulo: Ed. Thompson Reuters – Revista dos Tribunais, 2019. p. 683.

33. *Ibidem*, p. 685.

Ainda segundo as autoras, essa complementariedade estaria deduzida da plasticidade da normatização contida na LGPD, que se reveste de conceitos abertos, cuja implementação passaria pela contextualização à realidade de cada agente.[34] Dessa forma, o terceiro gênero "corregulação" se prestaria a combinar diferentes categorias de práticas regulatórias, exigindo "o envolvimento central dos agentes privados e dos governos, a fim de propiciar muitas vantagens da autorregulação sem as mesmas desvantagens".[35]

Em relação à seara trabalhista, duas preocupações sobressaem-se.

Primeiro, como ocorre em todos os demais setores, mas com especial gravidade nas relações de trabalho, em que se tem, no contexto brasileiro, um alto índice de descumprimento da legislação trabalhista,[36] há o receio de que as agendas de *compliance* sejam subvertidas em favor de um "bluewashing": empresas que criam programas de *compliance* trabalhista meramente de fachada, a fim de passar uma falsa imagem de responsabilidade social, com implementação *pro forma* do programa, desacompanhada de alterações efetivas em práticas de descumprimento da lei.

Embora haja previsão na ordem jurídica (art. 5º, § 2º, da Portaria nº 909, de 7 de abril de 2015, da CGU) de que os programas de integridade meramente formais não serão considerados para fins de redução de penalidade,[37] há que se considerar que o manejo de expedientes dessa natureza para dispêndio de tempo e desvio, ainda que de modo provisório, da regulação pública do trabalho, é artifício que pode acarretar impactos em termos de precarização do trabalho.[38]

Nesse sentido, a relevância dos requisitos mínimos de validade dos programas de *compliance*, que passam pela avaliação contínua de riscos, atualização, treinamentos periódicos, comprometimento da alta administração,[39] entre outros.

---

34. *Idem.*

35. *Idem.*

36. Por todos, consultar: CARDOSO, Adalberto M; LAGE, Telma. *As normas e os fatos*. Rio de Janeiro: FGV, 2007.

37. NELSON, Rocco Antonio Rangel Rosso; TEIXEIRA, Walkirya de Oliveira Rocha. Valorização do trabalhador e o *compliance* trabalhista: na busca da efetivação dos direitos trabalhistas. *Revista Jurídica Trabalho e Desenvolvimento Humano*, Campinas, v. 3, p. 1-39, 2020.

38. DUTRA, Renata Q. *Trabalho, Regulação e Cidadania:* a dialética da regulação social do trabalho. São Paulo: LTr: 2018, FILGUEIRAS, Vitor. *Estado e direito do trabalho no Brasil:* regulação do emprego entre 1988 e 2008. (Tese de Doutorado). Faculdade de Filosofia e Ciências Humanas da UFBA. Orientadora: Graça Druck. 2012.

39. FRAZÃO, Ana; OLIVA, M. D.; ABILIO, V. S. Compliance de dados pessoais. In: FRAZÃO, Ana; TEPEDINO, Gustavo; OLIVA, Milena Donato. *A lei geral de proteção de*

A segunda preocupação é afeita especificamente ao arranjo constitucional da regulação do trabalho, que tem caráter publicista e que, além de envolver uma tríade de instituições públicas – Justiça do Trabalho, Ministério Público do Trabalho e auditoria fiscal do trabalho –, contempla a participação das organizações sindicais das respectivas categorias, como forma de assegurar o cumprimento do feixe de direitos que compõe o conceito de trabalho digno estampado na Constituição, o fazendo, sobretudo, de forma a contemplar, democraticamente, a participação das representações coletivas dos trabalhadores no processo de conformação jurídica das relações de trabalho.

Nesse sentido, diante de um processo recente de transformações na regulação do trabalho, que disputam esse arranjo constitucional em favor de dinâmicas privatísticas de regulação,[40] depositar no *compliance* expectativas de efetivação de direitos fundamentais nas relações de trabalho, como aqueles protegidos pela LGPD, passa por compreender a relação de **complementariedade entre *compliance* e regulação pública estatal**, assimilando que, além de as estratégias de *compliance* voltarem-se ao **cumprimento das normas**, nos termos em que afirmadas pela legislação estatal, deve-se considerar também os **procedimentos e pressupostos democráticos para que tal implementação** aconteça, tal como assimilado na arquitetura regulatória constitucional.

Assim, as **perspectivas de corregulação** potencialmente estabelecidas pelos programas de *compliance* passam por incorporar em sua consecução não apenas o escopo de concretização da lei, como também os valores que a ordem jurídica considera relevantes para que a regulação se concretize, como é o caso do diálogo social.

Em relação ao tema da Proteção de Dados, com destaque para a fase pré-contratual, a centralidade do consentimento contida na legislação e o manejo de conceitos jurídicos abertos induz a que, diante dos particularismos do direito do trabalho,[41] a assimilação desses elementos por parte de programas de

---

dados pessoais e suas repercussões no direito brasileiro. São Paulo: Ed. Thompson Reuters – Revista dos Tribunais, 2019.

40. KREIN, José Dari. O desmonte dos direitos, as novas configurações do trabalho e o esvaziamento da ação coletiva, *Tempo social*, revista de sociologia da USP, v. 30, n. 1, abril-2018, pp. 77-104; MELLO FILHO, Luiz Philippe Vieira de; DUTRA, Renata Queiroz. Desafios da tutela do trabalho no contexto da pandemia: desconstitucionalização, despublicização e desproteção. In: Dalila Andrade Oliveira; Márcio Pochmann. (Org.). A devastação do trabalho: a classe do labor na crise da pandemia. 1ª ed. Brasília: Gráfica e Editora Positiva, 2020, v. 1, p. 141-172.

41. BARBAGELATA, Héctor-Hugo. *O particularismo do direito do trabalho*. São Paulo: LTr, 1996.

compliance contemple a dimensão coletiva do fenômeno e a imprescindibilidade do diálogo social para a efetiva proteção dos dados dos trabalhadores em cada situação concreta.

De acordo com a OIT, diálogo social pode ser compreendido como "o termo que descreve a participação dos trabalhadores, dos empregadores e dos governos na tomada de decisões em matéria de emprego e locais de trabalho".[42] Na compreensão da própria OIT, o diálogo social inclui todos os tipos de negociação, consulta e troca de informações entre esses sujeitos a respeito de políticas econômicas, laborais e sociais, de modo que se traduz, a um só tempo, em meio de alcance do progresso social e econômico, e no próprio objetivo democrático de franquear voz e participação às pessoas na vida social e nos seus locais de trabalho.[43]

Oscar Ermida Uriarte observa que o diálogo social, enquanto termo indefinido e aberto, proporciona múltiplas leituras e, por consequência, poucos compromissos. Entretanto, o próprio autor uruguaio consegue identificar certo consenso no sentido de que diálogo social abarca "uma diversidade de relações entre sindicatos, empresários e poderes públicos, por meio de encontros e contatos que não têm necessariamente que chegar a atos jurídicos concretos, podendo consistir simplesmente em trocas de impressões" (tradução nossa).[44]

Daí por que o diálogo social envolveria todas as formas de relação entre os mencionados atores, desde que não se confundam como conflito aberto: assim, métodos dialógicos e democráticos de solução de conflitos teriam o condão de se destacar da noção de conflito "aberto", não assimilável pela ordem jurídica, porque assumido enquanto potência ou mesmo enquanto violência, para qualificar-se a partir do estabelecimento de uma interlocução voltada à construção de ajuste de vontades coletivas, ainda que provisório.

Estariam incluídos nesse conjunto, na lição de Uriarte, mecanismos de informação e consultas (institucionalizados ou não), negociações coletivas, meios participativos e voluntários de solução de conflitos de trabalho, a participação orgânica ou inorgânica na empresa ou em outras instâncias setoriais e nacionais,

---

42. ORGANIZAÇÃO INTERNACIONAL DO TRABALHO. *Diálogo social*: discussão recorrente sobre diálogo social, no quadro da declaração da OIT sobre justiça social para uma globalização justa. Bureau Internacional do Trabalho. Genebra, 2013. Disponível em: www.ilo.org. Acesso em: 1/12/2020; 16h56min.

43. *Idem.*

44. URIARTE, Oscar Ermida. Diálogo social: teoría y práctica. *IusLabor* – Universitat Pompeu Fabra. ISSN-e 1699-2938, Nº. 1, 2006.

e a concertação social de modo geral, contemplados aí os pactos e acordos bilaterais ou trilaterais.[45]

Além dessa multiplicidade de formas de manifestação, ainda para Uriarte, é possível conceber que esses mecanismos sejam formais ou informais, orgânicos ou não, permanentes, intermitentes ou esporádicos, internacionais, nacionais, por ramo de atividade ou por empresa: o autor admite todas essas diferentes formas de manifestação do diálogo social, que também contempla um conceito político mais amplo, relacionado com "a cidadania, a política, o governo, a democracia e sociedade em seu conjunto",[46] defendendo que a participação e o diálogo decorrentes do trabalho são instrumentos essenciais de uma democracia pluralista.

Portanto, considerando a multiplicidade de formas de concretização do diálogo social possível, há que se considerar que a implementação do *compliance* na seara trabalhista passa pela incorporação desse mecanismo, nos próprios programas, de forma a estabelecer uma paridade ou paralelismo entre os desenhos complementares de regulação e autorregulação.

Nesse sentido, aliás, são as abordagens justrabalhistas do fenômeno do *compliance* que o compreendem como espaço para possível fomento de comissões representativas de trabalhadores com a finalidade de proporcionar e facilitar o diálogo com o empregador e seus prepostos, regulamentado pelos arts. 510-A e seguintes da CLT; bem como que consideram que o sindicato possui papel primordial na formulação do *compliance* por meio de acordos e convenções coletivas de trabalho, notadamente em face das novas disposições contidas no art. 611-A da CLT, introduzido pela Reforma Trabalhista (Lei nº 13.467/2017).[47]

Especificamente no que toca à LGPD, como já analisado, há espaço, inclusive com inspiração no Código de Boas Práticas sobre a Proteção de Dados Pessoais dos Trabalhadores da OIT e no direito comparado, para que os mecanismos de tratamento de dados dos trabalhadores e, em especial, os instrumentos de consentimento por eles assegurados, contem com a participação das representações coletivas, de modo a qualificar a compreensão e, por consequência, a aceitação do titular dos dados em relação aos usos empresariais de suas informações.

45. *Idem.*

46. *Idem.*

47. SOUZA, Raíssa Fabris de; BELLINETTI, Luiz Fernando. Compliance trabalhista: uma análise a partir da função social da propriedade e da responsabilidade socioambiental da empresa. *Revista Direitos Fundamentais & Justiça*, Belo Horizonte, ano 13, n. 40, p. 221-238, jan./jun. 2019.

Como destaca Nicolau Olivieri, a LGDP não regulamentou especificamente as relações de emprego, afastando-se, nesse ponto, do RGPD europeu, que, em seu art. 88, remete a regulamentação às convenções coletivas de trabalho.[48]

Frazão, Oliva e Abílio entendem que todo empresário tem interesse legítimo em conhecer seus consumidores, empregados e candidatos a emprego, mas que os dados pertencem aos titulares e só podem ser tratados e utilizados com respeito aos seus direitos fundamentais. Por isso, apontam as autoras para o papel que pode ser assumido pelas entidades de classe, que também foram autorizadas pelo art. 50 da LGPD a formularem regras de boas práticas.[49] Assim, como já apontado nesse artigo, não é admissível a coleta de dados desnecessários, cujo emprego possa ser discriminatório.

O preenchimento do conceito de documento necessário, nesses casos, pressupõe a capacidade ampla de avaliação das possibilidades de discriminação direta e indireta presentes em um determinado setor de atividades. Trata-se de matéria objeto de potenciais conflitos de compreensão entre empregado e empregador, constituída a partir das leituras conjunturais feitas por uma e outra parte.

O diálogo passível de acomodar tais conflitividades e propiciar uma recomendação de boas práticas adequada, que contemple efetivas e coletivas preocupações dos trabalhadores, assenta-se no interesse transindividual da categoria, demandando a atuação de um ator social que possa transpor a vulnerabilidade para fazê-lo, na medida em que, conhecedor das especificidades da atividade, pode "contribuir para o estabelecimento de critérios adequados à cada hipótese, para além de traduzir os preceitos legais em ações concretas a serem tomadas pelos agentes econômicos".[50]

Por seu turno, os agentes econômicos podem se beneficiar da segurança jurídica que decorre da adequada interpretação e implementação de normas de governança fixadas em diálogo com entidades sindicais, as quais, ademais, têm

---

48. OLIVIERI, Nicolau. LGPD: impactos nas rotinas trabalhistas e no contrato de trabalho. *JOTA*, 14/5/2019. Disponível em: https://www.jota.info/opiniao-e-analise/artigos/lgpd-impactos-nas-rotinas-trabalhistas-e-no-contrato-de-trabalho-14052019. Acesso em: 1/4/2021.

49. FRAZÃO, Ana; OLIVA, M. D.; ABILIO, V. S. Compliance de dados pessoais. In: FRAZÃO, Ana; TEPEDINO, Gustavo; OLIVA, Milena Donato. *A lei geral de proteção de dados pessoais e suas repercussões no direito brasileiro*. São Paulo: Ed. Thompson Reuters – Revista dos Tribunais, 2019. p. 697.

50. *Idem*. p. 697.

o potencial regulatório de alcançar todo o setor econômico correspondente, se pactuadas via convenções coletivas de trabalho.

Assim, é possível vislumbrar a participação do sindicalismo na definição dialogada (sentido amplo) ou negociada (sentido estrito) do tipo de dados que podem ser capturados e armazenados nas relações de trabalho, de revisões periódicas desses bancos de dados, com refinamento dos critérios e descarte dos dados inconvenientes, estabelecimento de protocolo de eliminação dos dados do obreiro no momento da dispensa e protocolos éticos de não compartilhamento e não recepção de dados de outros empregadores. O sindicato também pode dialogar ou negociar sobre o padrão dos formulários para habilitação da vaga de emprego, padrão de perguntas firmadas em entrevistas, limites das buscas e usos de redes sociais dos trabalhadores, bem como destino dos dados dos trabalhadores selecionados e não selecionados.

Consideradas as características de cada atividade econômica, esses perfilamentos e a vedação de formas transversais de acesso a dados sensíveis podem variar, assim como os dados considerados potencialmente discriminatórios podem oscilar, demonstrando mais sensibilidade em uns pontos que em outros.

Dessa forma, a participação consciente e interessada das entidades de classe pode permitir que os comandos previstos na LGPD não se reduzam a protocolos vazios, mas visem efetivamente lidar com os gargalos sensíveis de contratação de cada setor. Se a perspectiva literal da legislação permite concluir que o consentimento do trabalhador aspirante à vaga, associada à ausência de prejuízo imediato no uso do dado, pode deslindar a questão, é certo que uma atuação comprometida com a substância dos direitos fundamentais e valores engajados na LGPD leva à conclusão de que esse consentimento pode e deve ser qualificado pelo diálogo social com a representação legítima dos trabalhadores potencialmente interessados naquele nicho de contratação.

CONSIDERAÇÕES FINAIS

Os desafios à implementação da LGPD nas relações de trabalho passam pelo redimensionamento do poder de controle do empregador no âmbito da relação de emprego, bem como da limitação do uso dos dados capturados pelo empregado e porventura compartilhado entre empregadores, assim como do tipo de dado que é solicitado ou acessado nos processos de recrutamento. Sensíveis ou não, os dados podem, em cada contexto econômico, limitar o acesso do trabalhador ao mercado de trabalho, em um cruzamento importante entre o direito à autodeterminação do titular dos dados e o direito ao trabalho.

Nesse artigo, problematizamos a centralidade do consentimento individual como critério para autorização de acesso a dados adotado na LGPD, considerando a natureza assimétrica da relação de emprego, notadamente na vulnerável fase pré-contratual. Pautados nas perspectivas constitucionais, nas diretrizes da OIT para a proteção de dados e nos registros do direito comparado visitados, compreendemos a relevância dos limites do poder de controle empresarial no bojo da relação de emprego e registramos a importância de que a tutela ampla dos dados do trabalhador, inclusive na fase pré-contratual, seja alvo do diálogo social, dada sua potencialidade de qualificar o consentimento e atenuar a assimetria entre os polos da relação.

Nesse sentido, ao vislumbrar no *compliance* um espaço importante de concretização e adaptação dos mandamentos contidos na LGPD às particularidades da relação de trabalho, identificamos, a partir do caráter de corregulação, a importância da implementação do *compliance* trabalhista por meio de procedimentos paralelos e coerentes com os firmados no âmbito da regulação pública do trabalho, o que importa também a acomodação de papéis para os sujeitos coletivos trabalhistas nas dinâmicas de formulação de programas de *compliance*.

Para tal desiderato, a construção de um arranjo que permita a máxima eficácia horizontal dos direitos fundamentais pressupõe o engajamento do diálogo social, em suas múltiplas formas, na construção de programas de *compliance* que possam, desse modo, contribuir para o constante aperfeiçoamento do desenho legal de proteção dos trabalhadores e de seus dados.

Referências

AMADO, João Leal. *Contrato de trabalho*. 3ª ed. Coimbra: Coimbra Editora, 2011.

BARBAGELATA, Héctor-Hugo. *O particularismo do direito do trabalho*. São Paulo: LTr, 1996.

BARZOTTO, Luciane Cardoso. LGPD e desafios recentes da negociação coletiva no Brasil. Silva Neto, Manoel Jorge e (org.). *Desafios à autonomia negocial coletiva:* estudos em homenagem ao Professor José Augusto Rodrigues Pinto. Brasília: ESMPU, 2021.

BARZOTTO, Luciane Cardoso; CUNHA, Leonardo Stocker Pereira. Proteção de dados e consentimento no Direito do Trabalho: Brasil vs. Alemanha? *DMT em debate*, 23/10/2020. Disponível em: https://www.dmtemdebate.com.br/protecao-de-dados-e-consentimento-no-direito-do-trabalho-brasil-vs-alemanha/. Acesso em: 1/4/2021, 15h40min.

BRUNO, Fernanda. O fim da privacidade em disputa. Disponível em: http://revistapontocom.org.br/edicoes-anteriores-artigos/o-fim-da-privacidade-em-disputa. Acesso em: 24 abr. 2021.

CARDOSO, Adalberto M; LAGE, Telma. *As normas e os fatos*. Rio de Janeiro: FGV, 2007.

CONSELHO ADMINISTRATIVO DE DEFESA ECONÔMICA – CADE. *Guia de Programas de Compliance*. Brasília, 2016. Disponível em: guia-compliance-versao-oficial.pdf (cade.gov.br). Acesso em: 1/4/2021, 15h45min.

CORREIA, Henrique. Compliance e sua aplicação no direito do trabalho. *Revista LTr Legislação Trabalhista*, ano 83, n. 1, janeiro de 2019.

DUTRA, Renata Q. *Trabalho, Regulação e Cidadania:* a dialética da regulação social do trabalho. São Paulo: LTr: 2018.

FRAZÃO, Ana; OLIVA, M. D.; ABILIO, V. S. Compliance de dados pessoais. In: FRAZÃO, Ana; TEPEDINO, Gustavo; OLIVA, Milena Donato. *A lei geral de proteção de dados pessoais e suas repercussões no direito brasileiro*. São Paulo: Ed. Thompson Reuters – Revista dos Tribunais, 2019. p. 677-715.

FILGUEIRAS, Vitor. *Estado e direito do trabalho no Brasil:* regulação do emprego entre 1988 e 2008. (Tese de Doutorado). Faculdade de Filosofia e Ciências Humanas da UFBA. Orientadora: Graça Druck. 2012.

KHOURI, Paulo Roque. O problema do consentimento informado na Lei Geral de Proteção de Dados pessoais. *Conjur*, 31/3/2021. Disponível em: https://www.conjur.com.br/2021-mar-31/garantias-consumo-problema-consentimento-informado-lgpd. Acesso em: 6/4/2021, 11h57min.

KREIN, José Dari. O desmonte dos direitos, as novas configurações do trabalho e o esvaziamento da ação coletiva, *Tempo social*, revista de sociologia da USP, v. 30, n. 1, abril-2018, pp. 77-104.

MARCOLINO, Beatriz Aparecida; SILVEIRA, Daniel Barile da. A Lei Geral De Proteção de Dados e as relações de trabalho: o compliance como alternativa. *Revista Juris UniToledo*, Araçatuba, SP, v. 05, n. 04, p. 206-224, out./dez., 2020.

MELLO FILHO, Luiz Philippe Vieira de; DUTRA, Renata Queiroz. Desafios da tutela do trabalho no contexto da pandemia: desconstitucionalização, despublicização e desproteção. In: Dalila Andrade Oliveira; Márcio Pochmann. (Org.). *A devastação do trabalho:* a classe do labor na crise da pandemia. 1ª ed. Brasília: Gráfica e Editora Positiva, 2020, v. 1, p. 141-172.

MOREIRA, Tereza Alexandra Coelho. *A privacidade dos trabalhadores e as novas tecnologias de informação e comunicação*: contributo para um estudo dos limites do poder de controlo eletrônico do empregador. Coimbra: Ed. Almedina, 2010.

NELSON, Rocco Antonio Rangel Rosso; TEIXEIRA, Walkirya de Oliveira Rocha. Valorização do trabalhador e o *compliance* trabalhista: na busca da efetivação dos direitos trabalhistas. *Revista Jurídica Trabalho e Desenvolvimento Humano*, Campinas, v. 3, p. 1-39, 2020.

OLIVIERI, Nicolau. LGPD: impactos nas rotinas trabalhistas e no contrato de trabalho. *JOTA*, 14/5/2019. Disponível em: https://www.jota.info/opiniao-e-analise/artigos/

lgpd-impactos-nas-rotinas-trabalhistas-e-no-contrato-de-trabalho-14052019. Acesso em: 1/4/2021.

ORGANIZAÇÃO INTERNACIONAL DO TRABALHO. *Diálogo social*: discussão recorrente sobre diálogo social, no quadro da declaração da OIT sobre justiça social para uma globalização justa. Bureau Internacional do Trabalho. Genebra, 2013. Disponível em: www.ilo.org. Acesso em: 1/12/2020; 16h56min.

ORGANIZAÇÃO INTERNACIONAL DO TRABALHO (OIT). *Protection of worker's personal data:* an ILO code of practice Geneva. 1997. Disponível em: https://www.ilo.org/public/libdoc/ilo/1997/97B09_118_engl.pdf. Acesso em: 1/4/2021, 15h35min.

SANTOS, Flávia Alcassa. A Lei Geral de Proteção de Dados Pessoais (LGPD) e a exposição de dados sensíveis nas relações de trabalho. *Rev. do Trib. Reg. Trab. 10ª Região*, Brasília, v. 24, n. 2, 2020, p. 145-151.

SOUZA, Raíssa Fabris de; BELLINETTI, Luiz Fernando. Compliance trabalhista: uma análise a partir da função social da propriedade e da responsabilidade socioambiental da empresa. *Revista Direitos Fundamentais & Justiça*, Belo Horizonte, ano 13, n. 40, p. 221-238, jan./jun. 2019.

URIARTE, Oscar Ermida. Diálogo social: teoría y práctica. *IusLabor* – Universitat Pompeu Fabra. ISSN-e 1699-2938, Nº. 1, 2006.

Compliance de dados e governança corporativa

Viviane Muller Prado[1]

Marcos Galileu Lorena Dutra[2]

1. Professora da FGV Direito SP. Coordenadora do Núcleo de Estudos em Mercados Financeiros e de Capitais da FGV Direito SP. Doutora em Direito Comercial pela Faculdade de Direito da USP.
2. Doutor em Direito Comercial pela Faculdade de Direito da USP. Professor dos cursos de pós-graduação *lato sensu* da FGV Direito SP (GV LAW). Analista da Comissão de Valores Mobiliários (CVM). As opiniões expressas nesse trabalho refletem sua visão pessoal, não correspondendo ao posicionamento oficial da CVM.

1. INTRODUÇÃO

Empresas coletam, armazenam, tratam e utilizam uma enorme quantidade de dados de pessoas a elas relacionadas, em especial consumidores, fornecedores e funcionários. Há volumosos usos de algoritmos e inteligência artificial, com criação constante de novos dados pessoais pelas companhias que se utilizam de tais tecnologias. Os riscos relacionados a essa nova realidade estão ligados ao potencial vazamento das informações armazenadas, ao possível acesso não autorizado aos dados ou a sua utilização indevida e não autorizada.

Com o amplo distanciamento social decorrente da crise sanitária originada na pandemia, desde o início de 2020, houve significativo aumento do uso do ambiente virtual e do tráfico de dados, seja para continuidade de relações pessoais, seja para viabilização de relações comerciais. Junto a esse incremento está o maior potencial de violação da segurança dos dados e respectivos danos às empresas e aos usuários da *internet*.

São notórios os casos de ataques cibernéticos. No início de 2021, foi noticiada a maior violação de dados já conhecida, chamada *COMB – Compilation of May Breachs*, com abertura de informações sobre 3,2 bilhões de endereços de *e-mails* e senhas, referentes a contas do Netflix, LinkedIn, Exploit.in, Bitcoin, Gmail, Hotmail e Yahoo.[3] Ainda nesse ano, consta que 533 milhões de usuários do Facebook tiveram seus dados pessoais e números de telefone indevidamente expostos.[4] No Brasil, também no início de 2021, a mídia revelou um enorme vazamento com informações de 223 milhões de CPFs, 40 milhões de CNPJs e 104 milhões de registros de veículos.[5]

---

3. MEYER, Bernard. *COMB: largest breach of all time leaked online with 3.2 billion records*, **Cyvernews**, 12/fev./2021. Disponível em: https://cybernews.com/news/largest-compilation-of-emails-and-passwords-leaked-free/. Acesso em: 30/jun./2021.
4. HOMES, Aaron. *533 million Facebook users' phone numbers and personal data have been leaked online*, 03/abr./2021. **Business Insider**. Disponível em: https://www.businessinsider.com/stolen-data-of-533-million-facebook-users-leaked-online-2021-4. Acesso em: 30/jun./2021.
5. ARIMATHEA, Bruna; ROMANI, Bruno; WOLF, Giovanna; e GUERRA, Guilherme. Brasil é terreno fértil para vazamentos de dados e ações de cibercriminosos. **Estado de São Paulo**, 25/abr./2021. Disponível em https://www.estadao.com.br/infograficos/link,brasil-e-terreno- fertil-para-vazamentos-de-dados-e-acoes-de-cibercriminosos,1162667#:~:text=O%20megavazamento%2C%20que%20exp%C3%B4s%20os,mercad%C3%A3o%20ilegal%20de%20informa%C3%A7%C3%B5es%20pessoais. Acesso em: 30/jun./2021.

Crimes cibernéticos passaram a fazer parte do mundo dos negócios, acarretando, desse modo, custos para as empresas. Conforme noticiado pelo *The Wall Street Journal*, há expectativa de que, somente em 2021, os danos com crimes cibernéticos cheguem a US$6 trilhões, aproximadamente 10% da economia mundial.[6] Além disso, esse tipo de crime tende a encontrar novas maneiras de atacar os dados e tem o potencial de que o meio seja multiplicado rapidamente.[7]

Diante desses fatos e dessas perspectivas, a violação dos dados em posse de empresas pode ter significativo impacto financeiro e reputacional nos seus negócios. Ser alvo de crimes cibernéticos pode ter consequências nas receitas operacionais e potenciais danos na confiança dos seus consumidores, além de prováveis medidas legais e regulatórias.[8]

Frente aos efeitos danosos e negativos, ganha relevância a atenção no gerenciamento de riscos de ataques aos dados das companhias e pessoas a elas relacionadas, com a criação de políticas claras, monitoramentos constantes, periódicas avaliações dos seus sistemas de segurança e medidas efetivas na hipótese de violação dos seus dados.

Esse gerenciamento de riscos cibernéticos precisa ser pensado e estar conectado às estruturas de governança das empresas, com clareza da divisão de funções e das responsabilidades de cada esfera da gestão, com a criação de eficientes processos de controle e fluxos de informações e alertas, com escalamento de riscos e resultados de avaliações da segurança ou vulnerabilidade do sistema. Para além do potencial de perdas reputacionais e financeiras significativas, num contexto de maior dependência das organizações de desenvolvimentos de negócios baseados no processamento e fluxo de dados pessoais, tem-se ainda a entrada em vigor da Lei n.º 13.709/2018, a Lei Geral de Proteção de Dados

---

6. Delloite. Cyber Incidents and Breaches: The Data Dilemma, 11/jul./2019. **The Wall Street Journal**. Disponível em: https://deloitte.wsj.com/cio/2019/07/11/cyber-incidents-and-breaches-the-data-dilemma/. Acesso em: 29/jun./2021.

7. GALLIGAN, Mary; HERRYGERS, Sandy; e RAU, Kelly. **Managing cyber risk in a digital age**, COSO/Deloitte, 2019, p. 8. Disponível em: https://www.coso.org/Documents/COSO-Deloitte-Managing-Cyber-Risk-in-a-Digital-Age.pdf. Acesso em: 28/jun./2021.

8. DELOITTE. Cyber Incidents and Breaches: The Data Dilemma, 11/jul./2019. **The Wall Street Journal**. Disponível em: https://deloitte.wsj.com/cio/2019/07/11/cyber-incidents-and-breaches-the-data-dilemma/. Acesso em: 29/jun./2021.

(LGPD). Esse contexto exige uma reflexão sobre a governança corporativa à luz dessa realidade, em particular da questão do *compliance* de dados.

Sobre questões de governança corporativa e gestão de riscos ligados ao tratamento de dados, na LGPD a opção foi não pormenorizar pontos mais específicos. A escolha legislativa pode se justificar pelo amplo alcance da lei, que alcança organizações com perfis muito distintos e que se diferenciam não apenas pela forma de constituição e organização, mas também pelo porte de suas operações e ainda pela representatividade das questões mais específicas de proteção de dados pessoais, em relação a esse volume de atividades.

Com o passar do tempo e a experiência acumulada com o conhecimento de práticas e processos (muitas delas ainda em fase de implementação para diversas organizações), provavelmente haverá elementos que permitam auferir a efetividade da opção legislativa, à luz das expectativas criadas pela lei. Ademais, não há um modelo pronto e único adequado a todas as empresas para o gerenciamento dos riscos de violação dos dados. Para decidir sobre estruturas de governanças e processos eficientes, deve-se considerar setores de atuação, relação com volume de informações, porte e níveis decisórios já existentes.[9]

2. Governança corporativa e gerenciamento de riscos cibernéticos

2.1. Gerenciamento de riscos

O desenvolvimento da atividade empresarial envolve riscos financeiros, econômicos, do negócio, ambientais e reputacionais. Eles não podem ser eliminados completamente, mas é possível que sejam mitigados, uma vez conhecidos e tratados, o que é fundamental para permitir a perenidade da organização e a consecução dos seus objetivos de longo prazo.

A preocupação com a avaliação dos controles internos das companhias relacionados com os riscos empresariais e sua conexão com possíveis falhas na governança das companhias tem origem em escândalos corporativos, como a

9. LEHUEDÉ, Héctor J. Cybersecurity and the role of the Board of Directors in Latin America and the Caribbean, **Production Development series**, n. 225 (LC/TS.2020/103), Santiago, United Nations/ECLAC, 2020. Nesse estudo, o autor defende que: "The first step to any attempt by the board to tackle cyber risks is to understand how they apply to their firm. As each firm is different, there is no simple model or foolproof guidance to accomplish this, other than resorting to best practices, standards and committing to the hard work it entails" (Ibid., p. 33).

Enron em 2000[10] e posteriormente com a crise do *subprime* nos mercados financeiros, em 2008.[11]

A partir dessas experiências, na literatura contemporânea já foram identificadas várias modalidades de riscos empresariais e propostos inúmeros modelos para o seu adequado gerenciamento. Neste estudo, usaremos o modelo proposto pela *Committee of Sponsoring Organizations of the Treadway Commission* – COSO, instituição que desenvolveu uma moldura (*framework*) internacionalmente reconhecida e utilizada sobre gestão de risco.[12]

O primeiro passo desse modelo é a definição de pontos relevantes para lidar com os riscos: o primeiro está na definição de estratégias relacionadas com os objetivos mais genéricos alinhados com a missão da empresa; o segundo tem relação com questões operacionais e a existência de recursos efetivos e eficazes para enfrentar os riscos; o terceiro revela a preocupação com a prestação de contas e elaboração de relatórios confiáveis; por fim, o quarto relaciona-se com *compliance* e cumprimento das regras legais.

Em seguida, são apontados oito componentes inter-relacionados que precisam ser considerados no gerenciamento de quaisquer riscos corporativos:

(1) organização interna (*internal environment*): esse ponto deve revelar como o risco é percebido e endereçado pelas pessoas relacionadas com a empresa, incluindo percepções e apetite aceitável do risco, bem como valores éticos e de integridade e o ambiente no qual ocorre a atividade empresarial;

(2) fixação de objetivos (*objective setting*): indica que objetivos devem ser delineados antes que potenciais eventos afetem a finalidade esperada. Esses objetivos devem estar alinhados com a missão da empresa e seu apetite por riscos;

---

10. Sobre gerenciamento de risco e o caso Enron, ver: ROSEN, Robert. **Risk Management and Corporate Governance: The Case of Enron**, 2004. Disponível em: https://papers.ssrn.com/sol3/papers.cfm?abstract_id=468168. Acesso em: 29/jun./2021.

11. Sobre a relação da crise financeira de 2008 e questões de governança, ver: MÜLBERT, Peter O. **Corporate Governance of Banks after the Financial Crisis – Theory, Evidence, Reforms**, 2010. Disponível em: https://papers.ssrn.com/sol3/papers.cfm?abstract_id=1448118. Acesso em 29/jun./2021.

12. COSO, **Enterprise Risk Management – Integrated Framework. Executive Summary**. 2004. Disponível em: https://www.coso.org/Documents/COSO-ERM-Executive-Summary.pdf. Acesso em: 27/jun./2021.

(3) identificação de situações de risco (*event identification*): é necessário reconhecer situações internas e externas que afetem a conquista dos objetivos da empresa, com a aptidão de reconhecer a diferença entre riscos e oportunidades para o negócio;

(4) avaliação dos riscos que podem afetar as estratégias e os objetivos da empresa (*risk assessment*): riscos devem ser avaliados, considerando-se a probabilidade da sua ocorrência e seu impacto, com a finalidade de definição de como deve ser tratado;

(5) medidas para gerenciar risco (*risk response*): representam escolhas para lidar com o risco: afastar, aceitar, reduzir ou compartilhar, com o desenvolvimento de medidas que estejam em conformidade com a tolerância e apetite ao risco pela empresa;

(6) controles (*control activities*): existência de políticas e procedimentos que possibilitem respostas efetivas aos eventos de risco;

(7) informação e comunicação (*information and communication*): informações relevantes devem ser identificadas e comunicadas a tempo, para que medidas sejam tomadas pelos responsáveis; e, por fim,

(8) monitoramento (*monitoring*): todo o gerenciamento de riscos deve ser monitorado e modificações devem ser feitas sempre que necessárias.

Para ser efetivo, todo esse processo de gerenciamento de riscos deve estar conectado com as estruturas de governança da empresa, nos vários níveis de tomada de decisão. Conforme previsto no Código de Melhores Práticas de Governança Corporativa do IBGC:

> "Os riscos a que a organização está sujeita devem ser gerenciados para subsidiar a tomada de decisão [...]. Os agentes de governança têm responsabilidade em assegurar que toda a organização esteja em conformidade com os seus princípios e valores, refletidos em políticas, procedimentos e normas internas, e com as leis e os dispositivos regulatórios a que esteja submetida."[13]

Em estudo elaborado pelo Instituto Brasileiro de Governança Corporativa – IBGC, aponta-se que o primeiro passo para o gerenciamento dos riscos é

---

13. Instituto Brasileiro de Governança Corporativa. **Código das Melhores Práticas de Governança Corporativa**, 5ª. ed., São Paulo, IBGC, 2015, item 4.5, Disponível em: https://conhecimento.ibgc.org.br/Lists/Publicacoes/Attachments/21138/Publicacao-IBGCCodigo-CodigodasMelhoresPraticasdeGC-5aEdicao.pdf. Acesso em: 31/jun./2021.

ter processos "claros para identificar, mensurar, reportar, monitorar e mitigar os riscos" com "um aprimoramento dos controles internos, trazendo ganhos operacionais, reduzindo a possibilidade de perdas e maximizando a eficiência e a eficácia empresarial".[14] Esse processo serve para alimentar os processos decisórios e a determinação das estratégias pensadas no desenvolvimento da atividade empresarial.[15]

Quando se fala em processo decisório, está se fazendo referência às várias esferas de gestão dentro da estrutura empresarial, englobando membros do Conselho de Administração e da Diretoria, bem como comitês de risco e de auditoria, se existentes. O ideal é estarem claras as competências, atribuições e responsabilidades em todas as etapas da gestão de risco. No estudo do IBGC, "[e]sse modelo visa assegurar que a informação proveniente do processo de gestão de riscos seja adequadamente comunicada e utilizada como base para a tomada de decisões e a responsabilização em todos os níveis organizacionais aplicáveis".[16]

Em suma, modelos de gerenciamento de risco apontam processos para que haja avaliação dos sistemas, identificação dos riscos, criação de mecanismos efetivos para mitigá-los, processos de monitoramento e supervisão contínuos, avaliações e aperfeiçoamento de controles. Além disto, riscos relevantes para as empresas devem estar intrinsecamente relacionados às estruturas de governança corporativa das empresas.

2.2. Gerenciamento de riscos cibernéticos e de violação de dados

Com um mundo cada vez mais digitalizado e com exponencial evolução da tecnologia, em especial na coleta, no tratamento e no uso de dados de pessoas relacionadas com as empresas, o risco de ataques cibernéticos ganha especial atenção no mundo empresarial.[17] Como qualquer outro risco do negócio, os

---

14. Instituto Brasileiro de Governança Corporativa. **Gerenciamento de Riscos Corporativos: evolução em Governança e Estratégia**. Série Cadernos de Governança Corporativa, n. 19, São Paulo, IBGC, 2017, p. 15. Disponível em: https://conhecimento.ibgc.org.br/Lists/Publicacoes/Attachments/21794/Riscos%20cad19.pdf. Acesso em: 30/jun./2021.

15. Ibid., p. 22.

16. Ibid., p. 23.

17. O impacto de ataques cibernéticos nas organizações é muito amplo e inclui perda e/ou exposição de dados estratégicos ou confidenciais; perda no valor da empresa; perda de receita; roubo de propriedade intelectual; ameaças à vida ou à segurança;

riscos de violação de dados não podem ser completamente afastados e, por isso, precisam ser gerenciados seriamente, o que demanda a inclusão da segurança de informação nas esferas decisórias da empresa e nos processos internos, para mitigar a ocorrência de futuros problemas.[18]

Com o aumento da probabilidade de ocorrência de tais ataques, de dimensões complexas e com potencial destrutivo para o valor das empresas e sua reputação, as organizações devem criar medidas efetivas para lidar com tal risco. A alta gestão precisa incluir o risco cibernético dentro de um espectro mais abrangente dos riscos empresariais, e não encará-lo simplesmente como um problema da área de tecnologia da informação – TI.[19]

Como mencionado, danos financeiros mais diretos podem surgir com possíveis incidências de multas e eventuais responsabilidades de reparação de prejuízos com o vazamento de dados e seu uso indevido. Há também os danos reputacionais atrelados à credibilidade perante os afetados, em especial os consumidores e os funcionários da empresa. A questão não é ignorada no contexto empresarial brasileiro. Em estudo de 2020, 76% dos CEOs pesquisados no Brasil indicaram "uso indevido dos dados pessoais das pessoas" como um dos aspectos que minam significativamente a confiança do público nas empresas e em seus líderes.[20]

Os riscos de ataques cibernéticos precisam estar no radar de preocupações das empresas, com programas adequados para a sua mitigação. Martin Lipton[21] cita as possíveis medidas de segurança a serem empregadas para lidar com riscos

---

danos à reputação; perda de clientes; interrupção nas operações; sujeição a multas e litígios; e geração de custos de diversas naturezas para reparação de danos. Vide a respeito: INSTITUTO BRASILEIRO DE GOVERNANÇA CORPORATIVA. **Papéis e responsabilidades do conselheiro na gestão de riscos cibernéticos**. São Paulo: Instituto Brasileiro de Governança Corporativa, 2019. (IBGC Orienta), p. 14.

18. GALLIGAN, Mary; HERRYGERS, Sandy; e RAU, Kelly. **Managing cyber risk in a digital age**, COSO/Deloitte, 2019, p. 4. Disponível em: https://www.coso.org/Documents/COSO-Deloitte-Managing-Cyber-Risk-in-a-Digital-Age.pdf. Acesso em: 28/jun./2021.

19. "As such, the board of directors must contemplate cyber risk as part of the broader enterprise risk and not view it as only an IT matter" Ibid., p. 5.

20. KPMG. **CEO Outlook Brasil 2020**: edição especial Covid-19. [s.l.]: KPMG Auditores Independentes, 2020.

21. LIPTON, Martin. **Risk Management and the Board of Directors**. Set./2018. Disponível em: https://corpgov.law.harvard.edu/2018/09/05/risk-management-and-the-board-of-directors-6/. Acesso em: 28/jun./2021.

cibernéticos: correções de procedimentos, treinamento de funcionários, processos de tratamento de dados e de teste de sistemas, implementação de planos efetivos e regulares para dar resposta a eventuais incidentes de vazamentos e garantir que a alta gestão (*board*) esteja engajada com a supervisão dos riscos.

Em estudo produzido pela ECLAC/*United Nations*, indica-se que é necessária uma política de proteção dos dados e sua implementação robusta,[22] com avaliação do risco e medidas a serem tomadas (procedimentos) no caso de violação dos dados, não só para evitar os problemas, mas também para mitigar os danos se houver falhas internas.[23] Outro ponto importante relacionado aos riscos de violação está na transparência sobre as formas de identificação dos riscos cibernéticos e identificação de quais são as medidas a serem adotadas, caso haja violação dos dados.[24]

Sabe-se, no entanto, que inexiste um modelo único para todas as empresas, devendo cada uma considerar as peculiaridades da sua atividade, o porte e a existência de volume de dados sensíveis a serem protegidos. Cada empresa deve buscar as medidas e estruturas mais adequadas para o seu negócio, o que consiste em um grande desafio e sinaliza a impossibilidade de uso de soluções uniformes a diferentes organizações.

2.3. Estruturas de governança e gestão de risco cibernético

Mesmo em âmbito internacional, há críticas à falta de capacidade de compreensão e supervisão dos *boards* acerca do risco cibernético.[25] A questão também tem recebido atenção dos órgãos reguladores nos EUA há alguns anos.[26]

---

22. LEHUEDÉ, Héctor J. Cybersecurity and the role of the Board of Directors in Latin America and the Caribbean, **Production Development series**, n. 225 (LC/TS.2020/103), Santiago, United Nations/ECLAC, 2020, p. 42.

23. Ibid., p. 33.

24. Ibid., p. 36-37; GALLIGAN, Mary; HERRYGERS, Sandy; e RAU, Kelly. **Managing cyber risk in a digital age**, COSO/Deloitte, 2019, p. 11. Disponível em: https://www.coso.org/Documents/COSO-Deloitte-Managing-Cyber-Risk-in-a-Digital-Age.pdf. Acesso em: 28/jun./2021.

25. "[...] boardrooms have generally been behind the learning curve in sufficiently understanding and overseeing this critical business risk and its implications to corporate stakeholders [...]". ZUKIS, Bob; VELTSOS, Christophe; FERRILLO, Paul. **Boards Should Care More About Recent "Caremark" Claims and Cybersecurity**, 2020.

26. "In the United States, the SEC issued guidance in February 2018 to assist public companies in preparing disclosures concerning cybersecurity risks and incidents and has

Mas o fato é que o reconhecimento e o tratamento do risco na violação da proteção dos dados não devem ser de competência e responsabilidade apenas de uma pessoa ou área operacional das empresas, devendo envolver, se possível, os vários níveis internos de decisão.

Nos termos do estudo publicado pelo IBGC, o modelo de governança para gerenciamento de risco "pressupõe a existência de interação entre todos os níveis da organização, incluindo o conselho de administração e seus comitês, o conselho fiscal, a diretoria e os agentes da primeira, segunda e terceira linhas de defesa".[27]

Dentro da estrutura de governança, é importante conhecer quem participa da tomada de decisões e define políticas e processos para a proteção de dados, bem como medidas a serem tomadas em caso de violação. É recomendável a identificação de responsabilidades claras para a aprovação da política de avaliação dos riscos, seu monitoramento, a avaliação dos procedimentos no cumprimento da função de proteção dos dados e os procedimentos e as medidas a serem tomadas para tratar eventuais falhas nos controles internos, com eventual escalamento dos problemas.

É ainda recomendável que a alta gestão esteja atenta aos riscos cibernéticos, com supervisão da efetividade de suas estratégias de segurança dos dados. Assim, essas tarefas precisam estar alocadas nas esferas decisórias da gestão da companhia, que, em estruturas mais sofisticadas, incluiriam Conselho de Administração, Diretoria, Conselho Fiscal, Auditoria Interna e Comitês específicos.

Nesse contexto, cabe ao Conselho de Administração, órgão colegiado responsável pela visão estratégica da empresa, a criação de políticas adequadas para identificação e endereçamento de soluções, bem como para o incremento da segurança dos dados.[28] A importância do Conselho também está na supervisão dos riscos e das falhas no sistema de proteção das informações armazenadas

---

signaled that this will be an area of enforcement focus, establishing a Cyber Unit 'targeting cyber-related misconduct'. Cybersecurity and data privacy risk management policies and procedures should be considered key elements of enterprise-wide risk management". KARP, Brad; SACKSTEDER, Elizabeth; O'BRIEN, Jane; BERGMAN, Mark; GONZALEZ, Roberto; BUERGEL, Susanna. **The Financial Crisis 10 Years Later**: Lessons Learned, 2018.

27. Instituto Brasileiro de Governança Corporativa. Gerenciamento de Riscos Corporativos: evolução em Governança e Estratégia. Série Cadernos de Governança Corporativa, n. 19, São Paulo, IBGC, 2017, p. 25.

28. Instituto Brasileiro de Governança Corporativa. Gerenciamento de Riscos Corporativos: evolução em Governança e Estratégia. Série Cadernos de Governança Corporativa, n. 19, São Paulo, IBGC, 2017, p. 25.

pela companhia, com definição de planos de ação na eventual violação da segurança cibernética.

Martin Lipton lembra que o gerenciamento de riscos não é mais somente um tema de responsabilidade da gestão pelos negócios e sua operação, mas também uma questão de governança ligada aos deveres de supervisão do *board*. E essa atividade de supervisão dos riscos deve ser possível a partir de um fluxo de informação e constante diálogo entre os diretores e os membros do conselho de administração e comitês.[29]

É recomendável voltar ao *framework* de gerenciamento de risco da COSO anteriormente descrito e encontrar lugar similar para o gerenciamento de risco cibernético, dentro da estrutura organizacional da empresa, relembrando os objetivos de capacidade de identificação dos riscos relevantes à proteção dos dados, a tempo para que medidas adequadas sejam tomadas: implementação de estratégias apropriadas de acordo com o perfil de risco da empresa, quantidade de dados, setor de atuação, sensibilidade dos dados e potencialidade de ataques com violação dos dados; existência de estratégias e processos dentro da empresa para lidar com risco de ataques cibernéticos; e existência de processos adequados para o fluxo de informação sobre riscos para a alta gestão, em especial, para o conselho de administração e comitês especializados.[30]

A depender da sensibilidade, volume e essencialidade dos dados para o negócio da empresa, vale considerar a opção da outorga de competência para um comitê específico de segurança cibernética, ou mesmo uma extensão de atribuições do comitê de auditoria.[31] A iniciativa não retira responsabilidades

---

29. O autor lembra, no entanto, que o gerenciamento de riscos deve ser criado considerando as especificidades de cada empresa (LIPTON, Martin. **Risk Management and the Board of Directors**. Set./2018. Disponível em: https://corpgov.law.harvard.edu/2018/09/05/risk-management-and-the-board-of-directors-6/. Acesso em: 28/jun./2021).

30. Ver item 2.1 acima. Para uma análise da aplicação do *framework* do controle de risco da COSO para risco cibernético, ver: GALLIGAN, Mary; HERRYGERS, Sandy; e RAU, Kelly. **Managing cyber risk in a digital age**, COSO/Deloitte, 2019, p. 8. Disponível em: https://www.coso.org/Documents/COSO-Deloitte-Managing-Cyber-Risk-in-a-Digital-Age.pdf. Acesso em: 28/jun./2021.

31. Nesse sentido, ver: GROVE, Hugh; CLOUSE, Mac; SCHAFFNER, Laura Georg. Cybersecurity Description and Control to Strenghten Corporate Governance, 2019, p. 87. Disponível em: https://www.researchgate.net/profile/Laura-Georg-Schaffner/publication/332547409_Cybersecurity_Description_and_Control_Criteria_to_Strengthen_Corporate_Governance/links/5cbc068f4585156cd7a72328/Cybersecurity-Description-and-Control-Criteria-to-Strengthen-Corporate-Governance.pdf. Acesso em: 29/jun./2021.

do conselho de administração ou da diretoria, mas pode representar importante auxílio para o processo decisório a cargo desses órgãos.[32]

Para o gerenciamento de risco de violação de dados, a diretoria executiva desempenha papel fundamental na concretização das políticas e efetividade de todo o sistema de proteção de dados. Também tem relevância em viabilizar o fluxo de informação entre pessoas competentes para avaliação dos riscos.[33] A depender da relevância da segurança das informações para o negócio, pode ser recomendada a formação de uma equipe com atuação entre departamentos distintos para gerenciar esse risco; inclusive com um executivo específico para lidar com as questões mais sensíveis (*chief information security officer*), com atuação conjunta com as áreas financeiras, jurídicas, de risco e operacionais, com um orçamento específico para lidar com os custos decorrentes do controle e monitoramento dos dados.[34]

Em suma, para endereçar adequadamente os riscos cibernéticos na estrutura de governança é recomendável que os membros da diretoria, do conselho de administração e dos comitês atuem conjuntamente, para entender corretamente os riscos nas operações da empresa, ter políticas claras e adequadas para enfrentar as ameaças à proteção dos dados e garantir o fluxo de informações relevantes para o processo de tomada de decisão. Como já exposto, esses exatos contornos dependem do caso concreto e da representatividade do risco cibernético no contexto da organização.

3. A LGPD E A GOVERNANÇA CORPORATIVA

3.1. Os paradigmas para a LGPD

Depois da entrada em vigor da LGPD, é inescapável que a discussão de *compliance* e governança de dados ocorra no contexto do novo diploma legal,

---

32. Instituto Brasileiro de Governança Corporativa. Gerenciamento de Riscos Corporativos: evolução em Governança e Estratégia. Série Cadernos de Governança Corporativa, n. 19, São Paulo, IBGC, 2017, p. 28.

33. Instituto Brasileiro de Governança Corporativa. Gerenciamento de Riscos Corporativos: evolução em Governança e Estratégia. Série Cadernos de Governança Corporativa, n. 19, São Paulo, IBGC, 2017, p. 30.

34. Esse desenho sugerido por GALLIGAN, Mary; HERRYGERS, Sandy; e RAU, Kelly. **Managing cyber risk in a digital age**, COSO/Deloitte, 2019, p. 6. Disponível em: https://www.coso.org/Documents/COSO-Deloitte-Managing-Cyber-Risk-in-a-Digital-Age.pdf. Acesso em: 28/jun./2021.

que tem recebido grande atenção da mídia e das comunidades empresarial e jurídica. Alguns países se anteciparam ao Brasil e editaram suas próprias normas a respeito da proteção de dados pessoais, e, nesse particular, as opções locais tiveram a vantagem de contar com a experiência de outras jurisdições a respeito.

Assim, na discussão sobre as opções constantes da LGPD, referências à legislação e regulamentação europeias são encontradas com frequência. Mas há outras fontes que precederam aquele regime e serviram de ponto de partida para o tratamento de dados pessoais, no âmbito europeu. Uma dessas fontes é a *Organisation for Economic Co-operation and Development* (OECD), que em 2013 publicou a revisão de um trabalho de 1980 (*Guidelines Governing the Protection of Privacy and Transborder Flows of Personal Data*). Trata-se da *Recommendation Concerning Guidelines Governing the Protection of Privacy and Transborder Flows of Personal Data*, incluindo o *Accountability Principle*, consistente no fato de que "a data controller should be accountable for complying with measures which give effect to the principles [...]".[35]

Segundo a OECD, a implementação do princípio em questão passa por uma série de medidas, incluindo: a existência de um programa efetivo e adaptado às características da organização em termos de estrutura, escala, volume e sensibilidade das atividades de tratamento de dados pessoais; existência de salvaguardas baseadas em avaliação de risco; integração com a estrutura de governança da organização e com a implementação de mecanismos de controles internos apropriados; criação de planos de ação aptos a prover respostas a investigações e dar correto tratamento a incidentes; constante atualização, à luz de medidas de monitoramento contínuo e avaliação periódica da adequação do próprio programa.

Ainda segundo a OECD, a organização deve ter a capacidade de demonstrar a aderência do programa às *Guidelines* e a efetividade do programa, em face de solicitações de autoridades com competência para fiscalizar a questão da proteção de dados. Também deve ter a capacidade de notificar tempestivamente essas mesmas autoridades (e os próprios titulares dos dados, a depender da situação) da ocorrência de violações aos regimes de proteção que tenha comprometido a segurança dos dados sob sua responsabilidade.[36]

No que diz respeito a questões de governança corporativa, a OECD indica que a revisão feita em 2013 foi motivada pela crescente importância do tema da *accountability* no âmbito do tratamento de dados, "as a means to promote and

35. OECD. **The OECD Privacy Framework**. Paris: OECD, 2013, p. 15.

36. Ibíd., p. 16.

define organisational responsibility for privacy protection".[37] Um importante ponto diz respeito à necessária modulação dos programas em função do perfil da organização responsável pelo tratamento dos dados. Como parte de uma orientação posteriormente incluída, entre outras, na legislação brasileira, os programas de tratamento internos devem ser adaptados ao porte e à característica dos dados sob a responsabilidade da organização, o que, conforme já mencionado, relativiza a razoabilidade da implementação de soluções *one size fits all*.[38]

Ainda no que diz respeito às orientações de 2013, a OECD também menciona a importância do *privacy risk assessment* como prática necessária e que antecede a especificação do programa interno de tratamento de dados. E destaca ainda a necessária integração desses programas com a governança da organização, colocando textualmente que "*obtaining support and commitment from senior management is a key factor in ensuring the successful implementation of a privacy management programme*".[39] Também exerce um papel fundamental para a efetividade desses programas a disponibilização de recursos suficientes (humanos e materiais), com especial atenção para o treinamento, bem como a participação de administrador responsável (*Privacy Officer*), tanto nas fases de *design* como de implementação do programa.

Além das referências trazidas pelo órgão multilateral, também não se pode deixar de observar os instrumentos trazidos pelo GDPR no que se refere a aspectos de governança e suas inter-relações com a responsabilidade dos agentes de tratamento de dados pessoais. Segundo o modelo europeu, em algumas hipóteses, a designação de um encarregado da proteção de dados (*Data Protection Officer* – DPO) é obrigatória.[40] Deve ser uma pessoa com conhecimentos

---

37. Ibíd., p. 23.

38. Nesse particular, ao tratar de "boas práticas" e "governança", a LGPD fala tanto em consideração da "natureza, o escopo, a finalidade e a probabilidade e a gravidade dos riscos e dos benefícios decorrentes de tratamento de dados do titular" (art. 50, § 1º) como na "estrutura, a escala e o volume de suas operações, bem como a sensibilidade dos dados tratados e a probabilidade e a gravidade dos danos para os titulares dos dados" (art. 50, § 2º).

39. Ibid., p. 24.

40. "Article 37 [...] 1. The controller and the processor shall designate a data protection officer in any case where: (a) the processing is carried out by a public authority or body, except for courts acting in their judicial capacity; (b) the core activities of the controller or the processor consist of processing operations which, by virtue of their nature, their scope and/or their purposes, require regular and systematic monitoring of data subjects on a large scale; or (c) the core activities of the controller or the processor consist of processing on a large scale of special categories of data pursuant to

especializados em direito e nas práticas de proteção de dados, podendo ser empregado ou pessoa contratada.[41] Pode haver um único DPO para grupos empresariais e/ou para associações de classe, para exercer a função de agente de tratamento nas empresas que sejam suas associadas.[42]

Um ponto importante da regra europeia diz respeito à posição e ao exercício das funções do encarregado na organização, ponto em que, conforme se verá, o legislador brasileiro pouco avançou. No caso europeu, há disposições específicas no art. 38, em linha com as *guidelines* da OCDE. Há expressa menção à necessidade de que o encarregado da proteção de dados participe, "de forma adequada e em tempo útil", das questões relacionadas à proteção de dados pessoais. Os agentes de tratamento devem prover o apoio necessário no exercício das funções do encarregado, "fornecendo-lhe os recursos necessários ao desempenho dessas funções e à manutenção dos seus conhecimentos, bem como dando-lhe acesso aos dados pessoais e às operações de tratamento".

Há ainda expressa referência à necessidade de "blindagem" do encarregado – conforme o mesmo art. 38, o DPO deve agir com independência, sem "receber instruções" para o exercício de suas prerrogativas, o que pode ser de difícil implementação na prática.[43] Não pode ser destituído ou punido como

---

Article 9 and personal data relating to criminal convictions and offences referred to in Article 10". **Jornal Oficial da União Europeia**. Luxemburgo: Serviço das Publicações da União Europeia, 2016, p. 57. Essa previsão termina por excluir diversas empresas de pequeno e médio portes, conforme registra: Voss, W. Gregory. Internal Compliance Mechanisms for Firms in the EU General Data Protection Regulation. **Revue Juridique Themis**, v. 50, n. 3, 2016, p. 807.

41. Sobre esse ponto, é preciso se destacar a conveniência da formação híbrida do DPO: "*It can't be said that the tasks of the DPO has to be performed strictly by legal practitioner or HR manager. This position requires mixed, nevertheless expert knowledge of data protection law and subsequent legislation. Data protection itself is not a new concept, however, requirement to appoint the DPO still stays as a novel approach*". GOSHADZE, Kakhaber. The Data Protection Officer (DPO) – Ensuring Greater Data Protection Compliance. **Law and World**, v. 14, 2020, p. 43.

42. Miguel Recio relata que a figura do DPO (ou algum administrador com papel assemelhado) já era encontrada em diversas outras leis e regulamentos nacionais, antes mesmo da edição da GDPR. Era o caso da Alemanha (1977), França (2011) Luxemburgo (2002), Holanda (2000), Suécia (1998) e muitos outros países europeus. Vide, a respeito: RECIO, Miguel. Data Protection Officer: The Key Figure to Ensure Data Protection and Accountability. **European Data Protection Law Review (EDPL)**, v. 3, n. 1, 2017.

43. "*Perhaps, this is the most difficult part to be executed in practice.* [...] *The consideration of the fact that the DPO's independence is proportionate to the effectiveness of data privacy*

decorrência do adequado exercício de suas funções, e, num ponto importante para a análise de seu *status* na organização – e que diferencia seu tratamento daquele recebido na lei brasileira –, ele deve se reportar "ao mais alto nível" da administração do agente de tratamento.[44-45]

Para as organizações sujeitas à GDPR e que passariam a contar com um DPO, esse último ponto colocou em evidência a responsabilidade dos *boards* das companhias. Esses passaram a ser personagens de fundamental importância na implementação de processos mais adequados de tratamento de dados nas organizações, com incentivos até mesmo para a criação de comitês que assessorassem esses órgãos no tratamento do tema.[46]

---

in organization and therefore can cause positive outcomes (which also may be figured in little or no inspections from data protection authority) and strong public image, it may be used as an important self-motivational tool". GOSHADZE, Kakhaber. The Data Protection Officer (DPO) – Ensuring Greater Data Protection Compliance. **Law and World**, v. 14, 2020, p. 44-45.

44. Conforme o art. 38, 3 do GDPR, "*The data protection officer shall directly report to the highest management level of the controller or the processor*".

45. Há autores que contrastam as diferentes práticas americana e europeia a respeito: "In the US, the role of the Chief Privacy Officer (CPO) first appeared in the 1990s, when companies created internal positions for privacy specialists. Unlike the German DPOs, who were typically low to mid-level managers, the US based CPOs often are executives and C-level officers, reflecting a perception within these firms of data as a strategic asset and privacy as a core function inherent in establishing consumer trust and brand reputation. [...] By 2015, according to a joint study by the IAPP and EY, US companies, on average, had larger privacy budgets and greater staff resources than their European counterparts". MALDOFF, Gabe; TENE, Omer. Born in the USA: The GDPR and the Case for Transatlantic Privacy Convergence. **Colorado Technology Law Journal**, v. 17, n. 2, 2018, p. 304-305.

46. "For the first time, under the GDPR, the board is accountable for protecting data. This means that board accountability and data protection should be included in the corporate risk register. Thus, board members must now become active participants in certifying data protection, ensuring cybersecurity and being the drivers of internal processes and actions to protect private information. Additionally, directors themselves will have to be conscious of how, when and where they store any board-related documents or communications that contain EU citizen data. Outside directors are included and there is almost no way to absolve individual board members from responsibility. Consequently, the matter of Directors and Officers (D&O) liability insurance is of crucial importance for organisations to address". INGLEY, Coral; WELLS, Philippa. GDPR: Governance Implications for Regimes outside the EU. **Proceedings of the European Conference on Management, Leadership & Governance**, 2018, p. 110.

Outro importante aspecto diz respeito à possibilidade de acumulação de outras atividades ou funções.[47] A regra europeia admite expressamente essa possibilidade, mas condiciona a possibilidade à inexistência de conflito de interesses (art. 38, 6).[48]

O advento da regulação europeia da matéria inaugurou um amplo debate sobre a melhor forma de tratamento das obrigações trazidas com o novo marco institucional, o que trouxe ainda mais atenção para o tema do *compliance* de dados. Em acréscimo aos riscos mais gerais relativos à proteção dos dados, foram identificados como riscos adicionais e específicos: a falta de definição de papéis e responsabilidades dentro da organização no que diz respeito às novas exigências legais e regulamentares, mapeamentos das atividades de tratamento de dados incompletos ou inapropriados, problemas com *due diligence* em empresas contratadas acerca da observância da GDPR, processos internos inadequados e falta de conscientização interna, resultando em baixo engajamento dos colaboradores.[49]

---

47. Na regra europeia, as funções do encarregado incluem: "*(a) to inform and advise the controller or the processor and the employees who carry out processing of their obligations pursuant to this Regulation and to other Union or Member State data protection provisions; (b) to monitor compliance with this Regulation, with other Union or Member State data protection provisions and with the policies of the controller or processor in relation to the protection of personal data, including the assignment of responsibilities, awareness-raising and training of staff involved in processing operations, and the related audits; (c) to provide advice where requested as regards the data protection impact assessment and monitor its performance pursuant to Article 35; (d) to cooperate with the supervisory authority; (e) to act as the contact point for the supervisory authority on issues relating to processing, including the prior consultation referred to in Article 36, and to consult, where appropriate, with regard to any other matter*" (art. 39, 1).

48. Sobre o ponto das atividades potencialmente conflitantes para o caso europeu: "[...] o [encarregado] não pode, em especial, exercer um cargo dentro da organização que o leve a determinar as finalidades e os meios do tratamento de dados pessoais. Devido à estrutura organizacional específica de cada organização, este aspeto deve ser apreciado caso a caso. Regra geral, os cargos suscetíveis de gerar conflitos no seio da organização podem incluir não só os cargos de gestão superiores (por exemplo, diretor executivo, diretor de operações, diretor financeiro, diretor do departamento médico, diretor de marketing, diretor dos recursos humanos ou diretor informático), mas também outras funções em níveis inferiores da estrutura organizacional, se esses cargos ou funções levarem à determinação das finalidades e dos meios de tratamento". GRUPO DO ARTIGO 29.º PARA A PROTEÇÃO DE DADOS. **Orientações sobre os encarregados da proteção de dados (EPD)**. 16/PT WP 243 rev. 01, 2017, p. 19.

49. DOUNIS, Nikolaos P. GDPR Regulatory Compliance and the Role of Internal Audit: Theoretical and Practical Approach. **International In-House Counsel Journal**, v. 11, n. 45, 2017, p. 2.

3.2. Disposições da LGPD em matéria de governança

Em termos comparativos com o caso europeu, não se pode negar que o tratamento dado à governança corporativa pela LGPD é mais modesto. A opção por não pormenorizar pontos mais específicos a esse respeito não é necessariamente ruim, mas apenas o tempo trará elementos que permitam auferir a efetividade da opção legislativa, à luz das expectativas criadas pela lei.

De início, é preciso se reconhecer que a LGPD alcança uma gama de organizações com perfis muito distintos, que se diferenciam não apenas pela forma de constituição e organização (*e.g.*, diferentes tipos societários), mas também pelo porte de suas operações e ainda pela representatividade das questões de proteção de dados pessoais. Nesse sentido, cristalizar na lei aspectos mais específicos de governança poderia ser uma opção despropositada para muitos agentes que a ela se submetem, pois soluções apropriadas para certas categorias de organizações seriam inconvenientes para outras.

Em termos concretos, boa parte das expectativas repousa sobre o "encarregado", definido no art. 5º, inciso VII, da LGPD como a "pessoa indicada pelo controlador e operador para atuar como canal de comunicação entre o controlador, os titulares dos dados e a Autoridade Nacional de Proteção de Dados (ANPD)".[50] Com reconhecida inspiração no paradigma europeu, a doutrina brasileira trabalha com a ideia de um encarregado que não acumule outras funções (em especial aquelas que possam ser incompatíveis ou conflitantes) e que tenha independência no desempenho de suas funções. Nesse ponto, "importante que o agente do tratamento garanta todas as condições corporativas para uma atuação independente", sem remuneração vinculada aos resultados da empresa, de maneira a não gerar benefícios indevidos.[51]

Há exemplos de atuação conflitante do encarregado. É o caso de cumulação dessa função com a de *compliance officer*, quando esse último realiza atividades de *background check* de funcionários e terceiros contratados:

---

50. O texto original da lei definiu o encarregado como "pessoa natural" e sua indicação cabia apenas ao controlador. Com a Medida Provisória n.º 869, de 27 de dezembro de 2018, o primeiro requisito deixou de ser exigido, ou seja, mesmo pessoas jurídicas poderiam assumir a função. Posteriormente, a Lei n.º 13.853, de 8 de julho de 2019, passou a fazer referência ao controlador e operador.

51. VAINZOF, Rony. Capítulo I – Disposições preliminares. *In:* MALDONADO, Viviane Nóbrega; BLUM, Renato Opice. (org.). **LGPD**: Lei Geral de Proteção de Dados Comentada. São Paulo: Thomson Reuters Brasil, 2019, p. 113.

> "[...] já que como o encarregado terá que monitorar esses *background checks* do ponto de vista da conformidade com a proteção de dados pessoais, e, como *compliance officer*, terá que buscar cada vez mais eficiência nessas checagens com a coleta a tratamento cada vez maior de dados pessoais."[52]

O mesmo ocorreria com a cumulação do cargo com o de Diretor de Tecnologia de informação, em razão das responsabilidades, da forma de atuação e da potencial falta de alinhamento entre essas figuras.[53]

De qualquer forma, à parte das questões de potenciais situações conflituosas, no contexto brasileiro o relato é de que, na prática, as funções mais "afins" à de encarregado são as de *compliance*, auditoria, jurídico, *security officer*, ou da área de riscos. Há ainda as possibilidades de constituição de comitês e uso de consultorias externas.[54]

O art. 41 da LGPD estabelece que o dever de indicação do encarregado é do controlador, mas há opiniões no sentido de que o operador também deveria nomeá-lo, a depender da espécie da criticidade de espécie de serviços prestados, no que diga respeito a tratamento de dados pessoais. Caso a opção do operador seja no sentido de não indicar o encarregado, essa decisão deve ser

---

52. Os exemplos são de BRUNO, MARCOS GOMES DE SILVA. Capítulo VI – Dos agentes de tratamento de dados pessoais. *In:* MALDONADO, Viviane Nóbrega; BLUM, Renato Opice. (org.). **LGPD**: Lei Geral de Proteção de Dados Comentada. São Paulo: Thomson Reuters Brasil, 2019, p. 317.
53. Autoridades estrangeiras buscam soluções para a questão da cumulação de funções: "A Autoridade Belga de Proteção de Dados (DPA), elenca como importante para elucidar essa questão os seguintes pontos: (i) qual o impacto que o DPO pode causar sobre o processo de decisão do empregado frente às suas outras funções; (ii) o papel do DPO é compatível com a função de auditor interno, com poder de desligar funcionários em resposta aos resultados de auditoria; (iii) há confidencialidade em relação aos trabalhos do DPO em relação aos demais funcionários; (iv) se, de modo geral, é possível a supervisão dos dados, não somente da empresa, como das áreas por ele chefiadas, de forma independente. Caso as respostas sejam satisfatórias, o acúmulo de função é possível, caso contrário tanto a empresa, como o encarregado de dados, pode sofrer sanções". GUIMARÃES, César Caputo; MOREIRA, Rubens de Oliveira; BARBOSA, Nahla Ibrahim. A responsabilidade criminal do compliance officer e do data protection officer – DPO. *In:* CARVALHO, André Castro; BERTOCCELLI, Rodrigo de Pinho; ALVIM, Tiago Cripa; VENTURINI, Otavio. (org.). **Manual de Compliance**. 3. ed. Rio de Janeiro: Forense, 2021, p. 601.
54. PINHEIRO, Patricia Peck. **Proteção de dados pessoais**: comentários à Lei n.º 13.709/2018 (LGPD). 3. ed. São Paulo: Saraiva, 2020, p. 43.

fundamentada.[55] Em termos de posição hierárquica, em função das responsabilidades e da necessidade de atuação com independência, defende-se que o encarregado se reporte diretamente à Diretoria.[56]

A identificação do encarregado e sua forma de contato devem ser de conhecimento público, com quatro atividades expressamente previstas: (i) tratamento de comunicações e reclamações dos titulares, (ii) recebimento de comunicações da ANPD, com a adoção das providências necessárias, (iii) orientação dos funcionários e terceirizados e (iv) execução de outras atribuições definidas pelo controlador (ou estabelecidas em normas complementares).

Ainda segundo o art. 41, na regulamentação da atividade do encarregado, a ANPD poderá defini-lo e estabelecer suas atribuições, incluindo a possibilidade de dispensa de sua indicação. Para tanto, deve tomar como referência a natureza e o porte da entidade ou o volume de operações de tratamento de dados.

No que tange à responsabilidade pela violação da própria LGPD, os arts. 42 a 45 não fazem referência expressa ao encarregado, mas apenas aos agentes de tratamento, a saber, o controlador e o operador. Ou seja, não haveria responsabilidade pessoal do encarregado por uma eventual não conformidade da empresa com os requisitos da lei, ressalvando-se os casos de conduta dolosa, nos quais responderia perante o próprio empregador ou terceiros.[57]

Em acréscimo às menções relativas ao encarregado, a LGPD alude à possibilidade de criação de regras de boas práticas e de governança relativas ao tratamento de dados pessoais (art. 50, *caput*). Essas regras devem ser ponderadas pela "natureza, o escopo, a finalidade e a probabilidade e a gravidade dos riscos e dos benefícios decorrentes de tratamento de dados do titular". Na parte que interessa ao presente estudo, a LGPD especifica que esse programa de governança em privacidade deve estar integrado à "estrutura geral de governança", com o estabelecimento e a aplicação de mecanismos de supervisão internos e externos (art. 50, § 2º, "f").

De qualquer forma, ainda que a LGPD não tenha sido assertiva na estrutura a ser utilizada, há aqueles que destacam o papel do conselho de administração

55. VAINZOF, Rony, 2019, op. cit., p. 112.

56. BRUNO, MARCOS GOMES DE SILVA, 2019, op. cit., p. 317.

57. Ibid., p. 317. Esse ponto da falta de previsão sobre a responsabilidade pessoal do encarregado ainda é mencionado por RONHA, Amanda Nunes; DIOGO, Elysabete Acioli Monteiro. Causas excludentes de responsabilidade da empresa frente ao poder sancionador da autoridade coatora da Lei Geral de Proteção de Dados. *In:* LIMA, Fernando Rister de Sousa; SMANIO, Gianpaolo Poggio. (org.). **Proteção de dados, compliance e insider trading**. São Paulo: Almedina, 2021, p. 68.

na liderança na implementação da nova cultura e a fixação das diretrizes para o tratamento de dados pessoais, o que não destoa do papel esperado para o órgão nas diversas matérias de cunho mais estratégico.[58]

Observa-se que essa opção legislativa dá considerável liberdade ao agente de tratamento para a criação de uma estrutura de governança corporativa que seja mais bem adaptada às suas próprias características.

4. CONSIDERAÇÕES FINAIS

Não há dúvidas de que a entrada em vigor da LGPD trouxe uma série de novos desafios para as organizações no Brasil, na esteira de movimentos semelhantes observados ao redor do mundo. Como apresentado, em maior ou menor grau a questão do adequado tratamento dos dados pessoais está na agenda das organizações, em especial no que diga respeito às questões de segurança. Mas a sucessão de episódios de vazamentos sugere que ainda há um bom caminho a se percorrer, sendo que as falhas não podem ser atribuídas a episódios anedóticos ou problemas de ordem puramente técnica.

O sucesso no adequado tratamento de dados depende de uma sucessão de medidas, que, na dimensão da governança, passam pelo inescapável *tone at the top*. Nesse ponto, o comprometimento da alta administração como condição necessária para a efetividade de programas de *compliance* não diferencia as questões protegidas pela LGPD de outras temáticas igualmente valiosas para a organização. Como visto, a preocupação com questões de governança para fins de tratamento de riscos de uma forma geral (e dos riscos cibernéticos em particular) é boa referência nesse sentido, sem desprezarem-se as obrigações específicas trazidas pela nova legislação sobre proteção de dados e as especificidades técnicas ligadas ao assunto.

Assim, não se trata de sustentar que o tema possa ser adequadamente administrado sem o uso de estruturas, procedimentos e controles internos específicos, mas que a estrutura de governança interna e os procedimentos a ela associados podem e devem compartilhar algumas preocupações comuns.

Nesse ponto, continuam com fundamental importância a correta identificação, a avaliação e a administração de riscos inerentes ao tratamento de dados pessoais. A alta gestão, em especial, e os membros do conselho de administração precisam refletir e debater, com o cuidado e a profundidade necessária, sobre

58. BAFFA, Graziela G.; DALL'AGNESE, Luisa; SÊMOLA, Marcos. **Privacidade e proteção de dados**: Quais as melhores perguntas para o Conselho fazer à Administração? p. 1.

as políticas internas a respeito dessa questão, orientando-se pelo apetite a risco da organização também nessa área. Não há razão para que o habitual papel de órgão – que inclui estabelecer o perfil de riscos da organização, monitorar o processo de gestão desses mesmos riscos e os planos de ação em resposta aos eventos identificados – exclua de seu escopo a questão do tratamento dos dados.

E a diretoria, que muito provavelmente terá entre seus membros o próprio encarregado ou dele receberá diretamente as informações relativas ao tratamento de dados, deve não apenas estar ciente da importância do tema para a organização, mas, sempre que necessário, estar apta e incentivada a levar as questões mais significativas para a apreciação do conselho de administração.

Assim como não há um modelo único de governança e gerenciamento de risco para todas as empresas, o mesmo ocorre para questão do tratamento dos dados. Cada organização deve considerar as peculiaridades da sua atividade, o porte e a existência de volume de dados sensíveis a serem protegidos, devendo buscar as medidas e estruturas mais adequadas para o seu negócio, utilizando em seu benefício a grande liberdade trazida pela LGPD, no que diz respeito à governança corporativa. Sem, no entanto, descuidar-se da necessária efetividade da estrutura que venha a ser criada.

Por fim, ressalta-se que, apesar deste texto trazer informações sobre formas mais sofisticadas de gerenciamento de riscos, é preciso reconhecer que pequenos negócios e entidades estatais podem ser alvos mais fáceis para crimes cibernéticos, em razão de controles menos rigorosos.[59] Assim, ainda que de forma mais simplificada, a reflexão sobre processos e políticas de proteção de dados e informações sobre consumidores e funcionários deve estar no radar de todas as empresas, independentemente do seu porte ou da sua atividade.

REFERÊNCIAS BIBLIOGRÁFICAS

BAFFA, Graziela G.; DALL'AGNESE, Luisa; SÊMOLA, Marcos. Privacidade e proteção de dados: Quais as melhores perguntas para o Conselho fazer à Administração? Disponível em: https://go.ey.com/3gikS2o. Acesso em: 27 abr. 2021.

BRUNO, MARCOS GOMES DE SILVA. Capítulo VI – Dos agentes de tratamento de dados pessoais: Lei Geral de Proteção de Dados Comentada. *In:* MALDONADO, Viviane Nóbrega; BLUM, Renato Opice. (org.). LGPD: Lei Geral de Proteção de Dados Comentada. São Paulo: Thomson Reuters Brasil, 2019.

---

59. GALLIGAN, Mary; HERRYGERS, Sandy; e RAU, Kelly. **Managing cyber risk in a digital age**, COSO/Deloitte, 2019, p. 3. Disponível em: https://www.coso.org/Documents/COSO-Deloitte-Managing-Cyber-Risk-in-a-Digital-Age.pdf. Acesso em: 28/jun./2021.

CARVALHO, André Castro; BERTOCCELLI, Rodrigo de Pinho; ALVIM, Tiago Cripa; VENTURINI, Otavio. (org.). Manual de Compliance. 3. ed. Rio de Janeiro: Forense, 2021.

DOUNIS, Nikolaos P. GDPR Regulatory Compliance and the Role of Internal Audit: Theoretical and Practical Approach. International In-House Counsel Journal, v. 11, n. 45, p. 1–8, 2017. Disponível em: https://sbproxy.fgv.br/login?url=https://search.ebscohost.com/login.aspx?direct=true&db=edshol&AN=edshol.hein.journals.iihcj11.92&lang=pt-br&site=eds-live.

GOSHADZE, Kakhaber. The Data Protection Officer (DPO) – Ensuring Greater Data Protection Compliance. Law and World, v. 14, p. 41-47, 2020.

GRUPO DO ARTIGO 29.º PARA A PROTEÇÃO DE DADOS. Orientações sobre os encarregados da proteção de dados (EPD). 16/PT WP 243 rev. 01, 2017. Disponível em: http://ec.europa.eu/newsroom/just/document.cfm?doc_id=48137. Acesso em: 9 de maio de 2021.

GUIMARÃES, César Caputo; MOREIRA, Rubens de Oliveira; BARBOSA, Nahla Ibrahim. A responsabilidade criminal do compliance officer e do data protection officer – DPO. *In:* CARVALHO, André Castro; BERTOCCELLI, Rodrigo de Pinho; ALVIM, Tiago Cripa; VENTURINI, Otavio. (org.). Manual de Compliance. 3. ed. Rio de Janeiro: Forense, 2021.

INGLEY, Coral; WELLS, Philippa. GDPR: Governance Implications for Regimes outside the EU. Proceedings of the European Conference on Management, Leadership & Governance, p. 105-113, 2018. Disponível em: https://sbproxy.fgv.br/login?url=https://search.ebscohost.com/login.aspx?direct=true&db=bth&AN=133413009&lang=pt-br&site=eds-live.

INSTITUTO BRASILEIRO DE GOVERNANÇA CORPORATIVA. Papéis e responsabilidades do conselheiro na gestão de riscos cibernéticos. São Paulo: Instituto Brasileiro de Governança Corporativa, 2019. (IBGC Orienta). ISBN 978-85-99645-80-2.

KARP, Brad; SACKSTEDER, Elizabeth; O'BRIEN, Jane; BERGMAN, Mark; GONZALEZ, Roberto; BUERGEL, Susanna. The Financial Crisis 10 Years Later: Lessons Learned, 2018. Disponível em: https://corpgov.law.harvard.edu/2018/10/05/the-financial-crisis-10-years-later-lessons-learned/.

KPMG. CEO Outlook Brasil 2020: edição especial Covid-19. [s.l.]: PMG Auditores Independentes, 2020. Disponível em: https://home.kpmg/content/dam/kpmg/br/pdf/2020/09/ceo-outlook-brasil-2020.pdf. Acesso em: 23 de maio de 2021.

LIMA, FERNANDO RISTER DE SOUSA; SMANIO, Gianpaolo Poggio. (org.). Proteção de dados, compliance e insider trading. São Paulo: Almedina, 2021.

MALDOFF, Gabe; TENE, Omer. Born in the USA: The GDPR and the Case for Transatlantic Privacy Convergence. Colorado Technology Law Journal, v. 17, n. 2, p. 295-310, 2018.

MALDONADO, Viviane Nóbrega; BLUM, Renato Opice. (org.). LGPD: Lei Geral de Proteção de Dados Comentada. São Paulo: Thomson Reuters Brasil, 2019. (Revista dos tribunais). ISBN 978-85-5321-393-1.

OECD. The OECD Privacy Framework. Paris: OECD, 2013. Disponível em: https://www.oecd.org/sti/ieconomy/oecd_privacy_framework.pdf. Acesso em: 6 de maio de 2021.

PINHEIRO, Patricia Peck. Proteção de dados pessoais: comentários à Lei n.º 13.709/2018 (LGPD). 3. ed. São Paulo: Saraiva, 2020.

RECIO, Miguel. Data Protection Officer: The Key Figure to Ensure Data Protection and Accountability. European Data Protection Law Review (EDPL), v. 3, n. 1, p. 114–118, 2017. Disponível em: https://sbproxy.fgv.br/login?url=https://search.ebscohost.com/login.aspx?direct=true&db=edshol&AN=edshol.hein.journals.edpl3.20&lang=pt-br&site=eds-live.

RONHA, Amanda Nunes; DIOGO, Elysabete Acioli Monteiro. Causas excludentes de responsabilidade da empresa frente ao poder sancionador da autoridade coatora da Lei Geral de Proteção de Dados. *In:* LIMA, Fernando Rister de Sousa; SMANIO, Gianpaolo Poggio. (org.). Proteção de dados, compliance e insider trading. São Paulo: Almedina, 2021.

UNIÃO EUROPEIA. (org.). Jornal Oficial da União Europeia. Luxemburgo: Serviço das Publicações da União Europeia, 2016. Disponível em: https://eur-lex.europa.eu/legal-content/PT/TXT/PDF/?uri=OJ:L:2016:119:FULL&from=EN. Acesso em: 5 de maio de 2021.

VAINZOF, Rony. Capítulo I – Disposições preliminares: Lei Geral de Proteção de Dados Comentada. *In:* MALDONADO, Viviane Nóbrega; BLUM, Renato Opice. (org.). LGPD: Lei Geral de Proteção de Dados Comentada. São Paulo: Thomson Reuters Brasil, 2019.

VOSS, W. Gregory. Internal Compliance Mechanisms for Firms in the EU General Data Protection Regulation. Revue Juridique Themis, v. 50, n. 3, p. 783–820, 2016. Disponível em: https://sbproxy.fgv.br/login?url=https://search.ebscohost.com/login.aspx?direct=true&db=edshol&AN=edshol.hein.journals.revjurns50.32&lang=pt-br&site=eds-live.

ZUKIS, Bob; VELTSOS, Christophe; FERRILLO, Paul. Boards Should Care More About Recent "Caremark" Claims and Cybersecurity, 2020. Disponível em: https://corpgov.law.harvard.edu/2020/09/15/boards-should-care-more-about-recent-caremark-claims-and-cybersecurity/.

LGPD PENAL – NOVOS DESAFIOS

NÉFI CORDEIRO[1]

Sumário: 1. Introdução; 2. Sociedade, conhecimento do privado e provas persecutórias; 3. Nasce um necessário anteprojeto de lei. 4. Conclusões. Referências bibliográficas.

1. INTRODUÇÃO

Conhecimento é poder. Conhecimento do íntimo é poder com capacidade de extorsão.

A sociedade exige eficiência penal imediata, com urgente repressão a crimes. O cidadão, no processo democrático, antepõe-se exigindo respeito às garantias processuais, como limite da necessariamente controlada ação estatal persecutória. É a ponderação eterna da eficiência e das garantias no processo penal.

A eficiência na modernidade acaba vinculando mais e mais o acesso ao privado: conhecer as conversas para combater a corrupção institucionalizada,

---

1. Doutor e Mestre em Direito pela UFPR, com concentração na área criminal. Professor Universitário – graduação e pós-graduação, *lato* e *stricto sensu*. Ministro aposentado do Superior Tribunal de Justiça, Presidente da 6ª Turma. Advogado.

acessar localização de pessoas e coisas para combater o tráfico transnacional, conhecer finanças para combater a lavagem de capitais...

O crime é modernizado e as provas estatais invasivas.

Muito evoluiu o Brasil com a Lei Geral de Proteção de Dados (LGPD), Lei nº 13.709/2018, pela definição de princípios, parâmetros de forma, limites e controle. Não incide essa lei, porém, na segurança pública e na persecução criminal, por previsão nela expressa (art. 4º, III) e por compreensão jurisprudencial iniciada em precedentes do Superior Tribunal de Justiça.

Necessário é ao país melhor definir essa importante forma de conhecimento do privado. O interesse coletivo na segurança pública jamais poderá, como qualquer interesse coletivo, dar-se com a destruição dos direitos do cidadão. Balanceamentos trazidos pela lei melhor orientarão os caminhos da persecução criminal em juízo, para permitir a eficiente condenação de criminosos, mas impedindo que sirva o processo penal como instrumento de destruição de reputações, como direcionamento contra inimigos.

A Lei Geral de Proteção Penal precisa ter seu debate iniciado para a plena discussão nas competentes casas do Congresso Nacional e breve implantação para as seguranças pública e jurídica do país.

2. SOCIEDADE, CONHECIMENTO DO PRIVADO E PROVAS PERSECUTÓRIAS

O direito penal da modernidade vem com crescente preocupação legal na eficiência, criando mais e mais tipos penais, controlando a sociedade pelo medo da pena, em crimes com inseguras delimitações e com provas mais invasivas.

Permite a lei sempre e mais provas de violação dos sigilos e do domicílio, e hoje passa o Estado a fazer provas mesmo sem processos instaurados de culpa – no reconhecimento facial em locais públicos, na colheita antecipada de material genético.

A modernidade perigosamente busca tão célere prisão de criminosos que se tornam menos seguras as cautelas de realmente se terem culpados, por relevantes e previamente conhecidos danos sociais.[2]

Provas cada vez mais invasivas e potencialmente destrutivas são criadas, com violações à privacidade na vida bancária e fiscal, nas conversas profissionais e íntimas, em não raros momentos sem qualquer exigência de motivação da imprescindibilidade dessa prova ou de gravidade social do crime.

---

2. Adaptação de texto próprio: CORDEIRO (2020).

O próprio flagrante se altera em favor da eficiência, ao ser permitida sua prorrogação, como é mostra a Lei do Crime Organizado.[3] Da exigência legal de prévia autorização judicial, passa a prática a autorização nenhuma, do flagrante caracterizado passa-se a situações nas quais sequer mais há crime em desenvolvimento – tudo pela eficiência...

A infiltração policial[4] que apenas acompanharia ações criminais tende a provocar crimes (o Estado contentor sendo o motivador da criminalidade),[5] a colaboração premiada é passível de direcionamento contra pessoas ou partidos políticos, pela possibilidade ilegalmente admitida[6] de acordos premiando notícias de crimes quaisquer, contra pessoas quaisquer – então escolhidas por alguém, delator ou representante estatal da negociação. Enfim, a busca pela proteção social coletiva e por uma maior eficiência penal levam nosso direito penal a soluções aplaudidas no momento, mas preocupantes na estabilidade do direito, porque reducionistas das garantias processuais.

A prova que surge para uso restrito, por seu alto grau de invasão da intimidade, tende a proliferar. A prova eficiente se prolifera, quase como uma muleta investigatória.

No combate à tecnologia dos crimes, crescentes e inovadores, surgem os correspondentes mecanismos de investigação e de prova pelo Estado acusador. Como reação aos crimes pela "deep web", por cibermoedas, por programas de

---

3. Lei nº 12.850/2013, art. 8º. *Consiste a ação controlada em retardar a intervenção policial ou administrativa relativa à ação praticada por organização criminosa ou a ela vinculada, desde que mantida sob observação e acompanhamento para que a medida legal se concretize no momento mais eficaz à formação de provas e obtenção de informações. § 1º O retardamento da intervenção policial ou administrativa será previamente comunicado ao juiz competente que, se for o caso, estabelecerá os seus limites e comunicará ao Ministério Público.*

4. Lei nº 12.850/2013, art. 10. *A infiltração de agentes de polícia em tarefas de investigação, representada pelo delegado de polícia ou requerida pelo Ministério Público, após manifestação técnica do delegado de polícia quando solicitada no curso de inquérito policial, será precedida de circunstanciada, motivada e sigilosa autorização judicial, que estabelecerá seus limites.*

5. Torna-se cada vez mais difícil descobrir se o agente infiltrado revela crimes que soube ou que provocou – Súmula 145/STF: *Não há crime, quando a preparação do flagrante pela polícia torna impossível a sua consumação.*

6. Além de violar a regra da utilidade, estável em todas as leis de colaboração premiada, incide agora em proibição expressa: Lei nº 12.850/2013, art. 3º-C, § 3º. *No acordo de colaboração premiada, o colaborador deve narrar todos os fatos ilícitos para os quais concorreu e que tenham relação direta com os fatos investigados.*

captação de dados, as provas tecnológicas surgem com inovações: acompanhamento eletrônico e por satélite de pessoas (sem ficção ou exagero), programas de reconhecimento visual (com graves defeitos de qualidade, geradores perigosos do falso reconhecimento) e "malwares" implantados pela polícia.[7] Interessante foi recente precedente em que o Superior Tribunal de Justiça reconheceu nulidade da colheita de conversas por meio do programa "WhatsApp Web", instalado sigilosamente pela polícia no celular de investigado, mesmo judicialmente autorizado – não haveria como identificar quais as conversas emitidas pelo proprietário do celular e quais as que poderiam em tese ter sido emitidas, em seu nome, pelo computador dos investigadores.[8]

O próprio acesso aos celulares de presos é medida rotineira, não raras vezes com duvidosa autorização do suspeito. A pretexto de segurança ou de prova do crime flagrado, são os celulares devassados sem autorização judicial, revelando não somente se há crime, mas toda a vida do suspeito. A jurisprudência nacional já reconhece a invalidade dessa prova,[9] mas a prática da invasão da privacidade não desaparece.

---

7. CAPRIOLI, Francesco; Il "captatore informatico" come strumento di ricerca della prova in Italia. Disponível em: https://www.researchgate.net/publication/317424552_Il_captatore_informatico_come_strumento_di_ricerca_della_prova_in_Italia. Acesso em: 01 jun. 2020.
8. Sexta Turma anula prova obtida pelo WhatsApp Web sem conhecimento do dono do celular. Disponível em: http://www.stj.jus.br/sites/portalp/Paginas/Comunicacao/Noticias-antigas/2018/2018-11-30_06-59_Sexta-Turma-anula-prova-obtida-pelo-WhatsApp-Web-sem-conhecimento-do-dono-do-celular.aspx. Acesso em: 01 jun. 2020.
9. *PROCESSUAL PENAL. AGRAVO REGIMENTAL NO HABEAS CORPUS. TRÁFICO DE DROGAS. NULIDADE PROCESSUAL. ACESSO AOS DADOS DO APARELHO CELULAR DO RÉU. AUSÊNCIA DE ORDEM JUDICIAL. CONSTRANGIMENTO ILEGAL VERIFICADO. DECISÃO RECONSIDERADA. AGRAVO REGIMENTAL PROVIDO. 1. Esta Corte Superior de Justiça considera ilícita o acesso aos dados do celular extraídos do aparelho celular apreendido em flagrante, quando ausente de ordem judicial para tanto, ao entendimento de que, no acesso aos dados do aparelho, se tem a devassa de dados particulares, com violação à intimidade do agente. Precedentes. 2. É reconsiderada a decisão inicial porque não se trata de implícita autorização de quebra do sigilo de aparelho com dados cuja busca se determinou. O que se tem é mandado de busca de drogas, que não traz implícita ordem de apreensão de arquivos de dados e seu acesso. 3. Agravo regimental provido para declarar a nulidade das provas obtidas no celular sem autorização judicial, cujo produto deve ser desentranhado dos autos, cassando os atos de natureza decisória das instâncias de origem, a fim de que se realize novo julgamento.* (AgRg no HC 542.940/SP, Rel. Ministro Nefi Cordeiro, Sexta Turma, julgado em 05/03/2020, *DJe* 10/03/2020).

As infiltrações policiais agora acontecem virtualmente, em mídias sociais, buscando descobrir (espera-se não fazendo surgir) pedófilos ou criminosos sexuais, traficantes de drogas e pessoas...

Há necessidade da sofisticação e modernização dos meios de prova na realidade de crimes nos quais tende a ser menos importante a prova oral, mas releva a prova informatizada. O risco é a acomodação a crescentes patamares de perda da privacidade. Câmeras de segurança acompanham a movimentação de pessoas por seus celulares, no reconhecimento facial e pelas impressões digitais em locais públicos e privados, em campos de futebol e nas alfândegas.

O material genético das pessoas passa a ser informação disponível, presente na antecipada colheita pela Lei nº 12.037/2009 (art. 5º-A), na gestão da tropa policial por mapeamento digital de ocorrências criminais... É a vida crescente e involuntariamente publicizada.

A modernização na persecução criminal é imprescindível, mas o meio eficiente não pode significar elisão das garantias.

3. Nasce um necessário anteprojeto de lei

O tratamento dos dados, sempre pertencentes ao cidadão, precisa de controles ainda mais específicos na segurança pública e na persecução criminal.

O grande acesso ao privado, sabendo o máximo de quem somos, onde estamos, como agimos e pensamos, pode ajudar a organização das forças de segurança pública, alocando policiais em locais com maior incidência de crimes, evitando crimes e até atentados terroristas. Esse mesmo conhecimento pode gerar ampliação do ciclo de violência, prendendo ainda mais a população pobre e reduzindo suas oportunidades.

O pleno acesso aos dados permite eficiência na persecução penal, revelando crimes e culpados, mas a possibilidade de seu uso direcionado e ilimitado permitirá buscar crimes de quem se deseje: inimigos do mandatário do poder e não necessariamente os mais perigosos à sociedade.

Assim é que foi instalada pelo Presidente da Câmara dos Deputados a Comissão de Juristas, por Ato de 26 de novembro de 2019, resultando em relevante Anteprojeto da Lei de Proteção de Dados para segurança pública e investigação criminal.

Em 12 capítulos e 68 artigos, inspirados sobretudo na LGPD e na Diretiva 680/2016, da União Europeia, o anteprojeto traça limites e controles para a eficiência, pretendendo mais ampla cooperação internacional, mas sempre respeitando as garantias processuais e os direitos fundamentais dos titulares de dados envolvidos.

São fixados conceitos, princípios, diretrizes e linhas mestras da proteção e do tratamento dos dados na segurança pública e persecução criminal.

Os direitos dos titulares são expressados inclusive frente às tendências contemporâneas de decisões automatizadas, expressando-se o direito à proteção contra a discriminação e o direito à explicação de processos automatizados.

Relatórios de impacto passam a ser exigidos para a proteção de dados pessoais em casos de tratamento de dados pessoais sensíveis, sigilosos, ou em operações que apresentem elevado risco aos direitos, às liberdades e às garantias dos titulares de dados. Além disso, é obrigatória a manutenção de registros das atividades de tratamento, detalhados no artigo 33 do anteprojeto.

É ainda regulado o compartilhamento de dados entre autoridades públicas competentes para os fins da lei ou por autorização judicial, resguardada a possibilidade de atuações conjuntas e colaborações, quando essas também forem lícitas.

Finalmente, se propõe tipificação penal mínima, apenas para a transmissão ilegal de dados, realizada para obter vantagem indevida ou para causar prejuízos a outrem. Cuidou-se de evitar ser essa norma geradora de mais ampla tipificação, em época de legislação criminal crescente, vinculando-se a conduta incriminada ao mais grave dano no tratamento de dados: seu proposital uso de modo conscientemente ilegal.

No embate para a definição de uma autoridade nacional competente, autônoma e imparcial, foi estabelecido como tal o Conselho Nacional de Justiça – CNJ. A discutível ampliação legal de poderes do órgão controlador da administração judicial cedeu ao reconhecimento de sua capacidade de independência, apta a permitir acesso internacional mais amplo aos dados criminais e de segurança pública.

As críticas e os aplausos já surgem e constituem mero início dos debates sobre o tema. Se a amplitude da regulação precisa ser maior ou menor, se o compartilhamento de dados exige maior controle, se é justificável o maior controle da ação persecutória estatal, se diferente deve ser o órgão controlador, enfim, se é preciso mudança, mais importante é o iniciar.

Não se pode permanecer na insegurança do exame judicial casuístico, que pode variar de acordo com o órgão julgador e que se dá apenas *a posteriori*, aprovando validade ou anulando processos. É imprescindível lei geral que previamente estabeleça a todos os limites, as formas e os controles do tratamento de dados na segurança pública e na persecução em feitos criminais.

4. Conclusões

A busca social pela eficiência precisa caminhar dentro do justo processo. Não se faz justiça a qualquer custo, não se processa crimes praticando crimes.

Se se modernizam as organizações criminosas, se os crimes tendem a gerar danos coletivos e de difícil apuração, por mecanismos de informática, por manobras empresariais e de movimentação escondida de comunicações e bens, o Estado, de outro lado, precisa aprimorar-se na prevenção de crimes e na sua persecução.

Pode e deve o Estado conhecer a criminalidade e seus agentes, estudar os motivos e as formas de sua contenção, mas cuidando com consequências de seletividade penal na predição de comportamentos de uma comunidade ou de um indivíduo, e buscando sempre, paralelamente, a melhoria de oportunidades sociais. A segurança pública precisa ter limites dos dados a acessar e especialmente controles no uso desse conhecimento dos dados privados. O interesse social na segurança pública, direito constitucional fundamental, é dever estatal, que se iguala – mas não pode superar – ao dever estatal do agir lícito, da realização dos direitos de cidadania.

De outro lado, a persecução de crimes conta com provas a cada momento mais tecnológicas, científicas, de invasão e acompanhamento pessoal – nas mais variadas esferas da personalidade do cidadão. Limites precisam ser fixados.

A ilusória tentação de pleno poder policial (em sentido amplo) deve ceder à compreensão de que o poder absoluto levará ao exagero pessoal. O persecutor que a todos pode perseguir talvez não resista a, entre tantos investigados, incluir inimigos, crimes que mais deteste, partidos políticos ou instituições específicas... O direito penal precisa manter-se como persecução a fatos, previamente notificados, e não transformar-se em instrumento do perseguir quem queira o persecutor.

Os controles do acesso e tratamento dos dados é imprescindível. Se a tendência ao abuso é natural ao ser humano,[10] precisamos, todos, de contenção.

Ante crimes cada vez mais complexos, os limites probatórios iniciais são afastados por provas mais invasivas e eficientes, os rigores do ônus probatório arrefecem, as vidas das pessoas são publicizadas.

---

10. "O poder tem a tendência a se corromper e o absoluto poder corrompe absolutamente... Meu dogma é a geral maldade dos homens portadores de autoridade; são os que mais se corrompem" (Lord Acton, 1843-1902).

Que sejam segurança pública e processo criminal eficientes, que acessem dados pessoais necessários e imprescindíveis a crimes graves, mas que isso aconteça com limites prévios claros, com compartilhamentos definidos, com forma e controles permanentes. Que seja o processo justo em seu fim, sem ceder das garantias no seu meio.

Referências bibliográficas

CORDEIRO, NEFI. **A pandemia da Covid-19 e as tecnologias na persecução criminal.** Disponível em: https://www.conjur.com.br/2020-jun-05/nefi-cordeiro-pandemia-tecnologias-persecucao-criminal. Acesso em: 19 de maio de 2021.

FOLLETT, M. P. Mary Parker Follett prophet of management. 2003: Beard Books.

HABERMAS, Jürgen. Três modelos de democracia. Sobre el concepto de una política deliberativa. **El ojo del Huracan** 4, 1993.

LEVITSKY, Steven. ZIBLATT, Daniel. **Como as democracias morrem**. Tradutor: Renato Aguiar. Rio de Janeiro: Zahar editora.

SUSEMIHL, Peter J. **Mediação de Conflitos: buscando a diferença entre ter razão e ser feliz**. Disponível em: http://ecosocial.com.br/desenvolvimento-de-grupos/noticia/mediacao-de-conflitos-buscando-a-diferenca-entre-ter-razao-e-ser-feliz. Acesso em: 04 jun. 2020.

ZAFFARONI, Eugenio Raul; Pierangeli, José Henrique. **Manual de direito penal brasileiro, parte geral**. 13. ed. São Paulo: Thomson Reuters Brasil, 2019.

Recomendações gerais para o desenvolvimento de programas de privacidade e proteção de dados no setor de seguros

Ernesto Tzirulnik[1]

Gustavo Palheiro Mendes de Almeida[2]

---

1. Doutor em Direito Econômico pela Universidade de São Paulo (USP). Presidente do Instituto Brasileiro de Direito do Seguro (IBDS). Coordenou a elaboração dos anteprojetos de Lei de Contrato de Seguro (PLC 29/2017). Advogado.
2. Mestre em Direito da Proteção de Dados Pessoais pela Pontifícia Universidade Católica de São Paulo (PUC/SP) e Bacharel em Direito pela Fundação Getulio Vargas do Rio de Janeiro (FGV/RJ). Associado ao Instituto Brasileiro de Direito do Seguro (IBDS). Advogado.

de políticas essenciais; 5.1. Política de privacidade; 5.2. Política de segurança da informação; 5.3. Política de treinamento ativo e engajamento; 5.4. Política de resposta a incidentes; 6. 4º Momento: medidas de atualização contínua; 7. Considerações finais.

1. Introdução

O setor de seguros é bastante afetado pela LGPD por utilizar dados pessoais para as mais diversas finalidades, desde a formulação de serviços (garantias), políticas de subscrição e políticas comerciais, passando pela formação e execução dos contratos de seguro e, inclusive, dos contratos de resseguro e retrocessão, todos vinculados a uma mesma finalidade que, em tese, é proteger os contratantes e seus beneficiários contra a realização de riscos.

Dados pessoais serão recolhidos, estudados e utilizados nas diversas etapas operacionais, desde os estudos estatísticos e atuariais, passando pela formulação dos clausulados, a definição de nichos aos quais serão destinados os seguros, a subscrição ou aceitação de riscos, a regulação dos sinistros com acesso, guarda e até mesmo compartilhamento de informações sigilosas com terceiros (reguladores, consultores, peritos, cosseguradores, resseguradores e retrocessionários), a formação de cadastros e experiências etc. Em todos esses momentos, há risco de práticas discriminatórias.

Note-se, por exemplo, a coleta de informações sensíveis para a aceitação (formação) dos contratos de seguro, com diabólico dever de informar tudo quanto é sabido e possa ser relevante – o que é um exagero e gera muitos conflitos –, ou com os mais prudentes questionários minuciosos, apresentados pelas seguradoras aos candidatos à posição de segurado, sendo severa a penalidade para certos tipos de reticência informativa por parte dos proponentes (arts. 759 e 766 do Código Civil).

A intervenção de terceiros estranhos aos contratos de seguro[3], como corretores de seguro e resseguro e seus prepostos, reguladores de sinistro e peritos, plataformas de venda, agências, representantes comerciais, canais de distribuição externos, estipulantes, forma um universo gigantesco de inter-relações entre agentes de tratamento com as mais diversas características. Muitas fortunas

---

3. A redundância "terceiros estranhos" deve-se ao fato de que há terceiros com profunda ligação, como os terceiros prejudicados no seguro de responsabilidade civil em favor dos quais revertem as garantias (art. 787 do Código Civil).

têm se formado do dia para a noite com base na exploração de bases de dados pessoais, notabilizando-se as sociedades dedicadas à comercialização eletrônica de serviços ou produtos na Internet, os canais de venda "ponto com" (*Dotcom*). Outras provêm do tratamento das informações para otimizar resultados, muitas vezes em contrariedade ao interesse dos próprios titulares dos dados.

Há, enfim, o risco de que controladores e operadores cometam vazamentos, usos discriminatórios, cadastros negativados, instruam inadimplementos etc.

O problema agudiza à medida que dados estarão sujeitos a inspeções de terceiros com interesses nucleares fora do país, como resseguradores e retrocessionários estrangeiros, em geral, reunidos em comitês dirigentes de regulações de sinistro (*Steering Committees*), onde os representantes, consultores, reguladores e escritórios de advocacia são aglomerados, às vezes, com poder de intervenção de fato nas áreas de subscrição e técnica das seguradoras cedentes, acentuando-se o risco de vazamento e de manipulação de dados por grandes conglomerados com posições dominantes no setor de seguro (oligopólio).

A questão do uso dos dados pessoais no setor securitário, portanto, para além de interferir no direito à intimidade do titular dos dados, promove alterações gerais que podem repercutir em toda a sociedade, com o risco de desservir à funcionalidade social dos seguros e de promover ações discriminatórias as mais diversas. A doutrina vem atenta a essas questões.[4] Procuraremos apresentar recomendações gerais para o desenvolvimento de programas de privacidade e proteção de dados no setor de seguros, que, na verdade, aplicam-se a todos os setores da atividade econômica.

2. CRITÉRIOS BÁSICOS PARA CONFORMIDADE À LGPD

Promulgada sob influência do Regulamento da União Europeia nº 2016/679 ou Regulamento Geral de Proteção de Dados europeu (RGPD), a Lei nº 13.709/2018, conhecida como Lei Geral de Proteção de Dados (LGPD), regula o tratamento de dados pessoais, inclusive nos meios digitais, com o objetivo de proteger direitos fundamentais, como a liberdade, a privacidade e o livre desenvolvimento da personalidade (art. 1º).

A LGPD regula tudo o que pode ser feito com o dado pessoal – da coleta ao descarte – e introduz regras que indicam "como", "quando" e "por que" os agentes podem ou não tratar dados pessoais. A lei estabelece "uma série de

---

4. MIRAGEM, Bruno; PETERSEN, Luiza. O contrato de seguro e a lei geral de proteção de dados. São Paulo: Revista dos Tribunais, v. 1018, p. 61-106, agosto de 2020.

procedimentos que procuram proporcionar maior segurança e reforçar as garantias dos titulares dos dados"[5]. Com larga abrangência conceitual, a norma aplica-se a praticamente todas as atividades econômicas, entre as quais as relações entre segurados, beneficiários, estipulantes, seguradoras, resseguradoras, corretoras de seguro e resseguro, agentes, distribuidores, resseguradores e retrocessionários, enfim, entre os possíveis agentes de tratamento do setor de seguro em geral (Entidade). O contrato de seguro caracteriza-se pelo fornecimento de proteção ao titular do legítimo interesse submetido a risco. O interesse legítimo é a relação de pertinência econômica entre um sujeito de direitos e um bem da vida ou outra pessoa. O risco é a possibilidade de ocorrência de um evento capaz de lesar o interesse garantido. Para a apreciação do interesse segurado e o dimensionamento do risco – pressupostos fundamentais da taxa a ser aplicada para o cálculo do prêmio –, é essencial o tratamento de dados pessoais. A correspondência entre risco e prêmio de risco é pressuposto para a solvabilidade da dívida da seguradora (garantia e indenização). O desequilíbrio considerável entre esses dois elementos pode levar à revisão ou resolução do contrato de seguro (768 a 770 do Código Civil).

Por essas e outras razões, o exame de dados pessoais é imprescindível à aproximação entre consumidores e fornecedores de serviços securitários, para a formação e a execução do contrato, abrangendo a fase pós-contratual e os negócios jurídicos acessórios ou conexos.

Entre os inúmeros passos: (i) a identificação de possíveis clientes (prospecção); (ii) a seleção de pessoas que querem contratar o seguro (definição de política de subscrição e angariação de propostas); (iii) a intermediação de seguros (agência, corretagem, distribuição, representação comercial, estipulantes de seguros em grupo); (iv) a busca de informações sobre o proponente e seus interesses (exames para subscrição ou aceitação); (v) a recusa, a aceitação integral ou a aceitação com restrições; (vi) a emissão de documentos probatórios do contrato (apólice, endossos); (vii) o compartilhamento dos riscos com ou sem solidariedade (cosseguro) e a proteção da garantia de seguro (resseguro); (viii) a cobrança de prêmio – em atraso ou não – por sistemas da seguradora (cobrança); (ix) as respostas da seguradora ou de seus representantes às solicitações e reclamações dos segurados, beneficiários e titulares (atendimento pelo SAC, ouvidoria e encarregados de proteção de dados); (x) a prestação de serviços pela

---

5. DONEDA, Danilo; MENDES, Laura. **Reflexões iniciais sobre a nova lei geral de proteção de dados**. Revista de Direito do Consumidor, São Paulo, v. 120, p. 469-483, nov.-dez. 2018. pp. 3-4.

seguradora ou por empresa terceirizada, como assistência 24 horas (prestação de serviço); (xi) a análise das causas e efeitos dos sinistros e da garantia do seguro (regulação e liquidação de sinistro)[6]. A LGPD introduziu diversas mudanças no ordenamento jurídico brasileiro[7]. Entre elas, a criação da Autoridade Nacional de Proteção de Dados (ANPD), que concorre com outros sujeitos para o controle e a fiscalização destinados à proteção dos consumidores de seguro. O segurado e seus beneficiários tinham a seu alcance, no âmbito extrajudicial, a Superintendência de Seguros Privados (SUSEP)[8], a Agência Nacional de Saúde Suplementar (ANS) quanto ao seguro-saúde[9] e os Procons Estaduais. A partir da LGPD, a competência da ANPD passa a concorrer nos temas afetos à proteção de dados pessoais. A ampla e atarantada agenda de reformas regulatórias da SUSEP indica descolamento do novo sistema. As minutas em consulta pública sobre *open insurance*[10] não foram articuladas com a ANPD e omitem sua competência de controle. Conforme a exposição de motivos da SUSEP, as minutas têm como finalidade a "regulamentação e a operacionalização da LGPD"[11] no

6. CNseg. **Guia de boas práticas do mercado segurador brasileiro sobre a proteção de dados pessoais**. Publicado em: 19/12/2019. pp. 39-55. Disponível em: <https://cnseg.org.br/publicacoes/guia-de-boas-praticas-do-mercado-segurador-brasileiro-sobre-a-protecao-de-dados-pessoais.html>. Acessado em: 09/05/2021.
7. MALDONADO, Viviane Nóbrega. **Lei Geral de Proteção de Dados pessoais: manual de implementação**. São Paulo: Thomson Reuters Brasil, 2019.
8. Conforme estabelece o art. 11 da Circular SUSEP nº 613, de 2020, as reclamações devem ser registradas no Consumidor.gov.br, plataforma oficial da Administração Pública Federal para a autocomposição nas controvérsias em relações de consumo.
9. Historicamente, o "seguro-saúde", criado pelos arts. 129 a 135 do Decreto-Lei nº 73, de 1966, estava inserido no centro gravitacional de regulação do CNSP/SUSEP. Contudo, com o advento da Lei nº 10.185, de 2001, a estrutura regulatória de saúde suplementar absorveu formalmente as seguradoras de saúde, que deixaram de compor o setor de seguros para se integrar definitivamente ao setor de saúde suplementar. A partir de então, para fins da Lei nº 9656, de 1998, a seguradora que desejasse operar no setor deveria ser constituída como uma "seguradora especializada em saúde", figura jurídica que foi equiparada à "operadora de plano de saúde", do mesmo modo como o produto "seguro-saúde" foi equiparado ao "plano privado de assistência à saúde".
10. O Sistema de Seguros Aberto (*Open Insurance*) é um ambiente de compartilhamento padronizado de dados e serviços por meio da abertura e integração de sistemas no âmbito dos mercados de seguros, previdência complementar aberta e capitalização. Enfim, os dados colhidos no exercício das empresas de seguro, resseguro e intermediação passam a ser passíveis de compartilhamento entre os agentes do setor.
11. CP 12/2021 e CP 13/021. **Exposição de Motivos Open Insurance**. p. 2. Disponível em: <http://www.susep.gov.br/setores-susep/seger/copy_of_normas-em-consulta-publica/Exp_Mot_Open%20-1.pdf >. Acessado em: 09/05/2021.

setor de seguros, omitida a competência da ANPD prevista (art. 55-k, parágrafo único, da LGPD). O descasamento com o sistema especial da LGPD, sobretudo em um país com cultura de indiscrição e livre manuseio de dados, causa preocupações e poderá gerar inúmeros conflitos no futuro.

Este artigo pretende contribuir para o amadurecimento da cultura securitária de proteção de dados, apresentando as macroetapas para o desenvolvimento do Programa de Privacidade e Proteção de Dados no setor de seguros[12]. A previsão do art. 50 da LGPD, que trata das regras de boas práticas e governança, vai ao encontro da integração[13] dos fundamentos da Governança Corporativa com as funções de Gestão de Riscos e de *Compliance* ("GRC"[14]). Nesse sentido, o desenvolvimento de um Programa de Privacidade e Proteção de Dados concretiza dois princípios: (i) o da *transparência*, que implica o dever de oferecer informações claras, precisas e facilmente acessíveis aos titulares dos dados (art. 6º, inciso VI, LGPD); e (ii) o da *responsabilização* e prestação de contas (*accountability*), que implica o dever de formar uma estrutura capaz de demonstrar a adoção de medidas eficazes ao cumprimento da legislação (art. 6º, inciso X, LGPD).

Destaca-se que o Programa de Privacidade e Proteção de Dados não se limita a atender exclusivamente às exigências e aos critérios da LGPD (art. 45). Não há como promover os valores elencados no art. 1º sem levar em consideração a regulação setorial e as legislações conexas, como a disciplina sobre bancos de dados prevista no art. 43 do Código de Defesa do Consumidor (CDC), a regulação do microssistema de proteção de dados no ambiente *on-line* pelo Marco Civil da Internet (MCI) e, caso existam dados de europeus, o RGDP.

---

12. Destaca-se também como base teórica o conteúdo (i) das diretrizes para o estabelecimento, implementação, manutenção e melhoria contínua de um Sistema de Gestão de Privacidade da Informação (ABNT NBR ISO/IEC 27701:2019 Versão Corrigida: 2020); (ii) das diretrizes para gerenciar riscos (ABNT NBR ISO 31000:2018); (iii) os requisitos para estabelecer, implementar, manter e melhorar continuamente um sistema de gestão da segurança da informação (ABNT NBR ISO/IEC 27001:2013); e (iv) as diretrizes para governança em informação e tecnologia (I&T) (framework COBIT 2019). Disponíveis, respectivamente, em: <https://www.abntcatalogo.com.br/norma.aspx?ID=437612>; <https://www.abntcatalogo.com.br/norma.aspx?ID=392334>; <https://www.abntcatalogo.com.br/norma.aspx?ID=306580>; e <https://www.isaca.org/resources/cobit>. Acessados em: 16/05/2021.
13. DENSMORE, Russel. **Privacy Program Management**. 2ª ed. New Hampshire: The International Association of Privacy Professionals, 2019. p. 1.
14. CNseg. **Governança, Risco e *Compliance* no Setor de Seguros**. Publicado em 20/09/2018. Disponível em: <https://cnseg.org.br/publicacoes/governanca-risco-e-compliance-no-setor-de-seguros.html>. Acessado em: 16/05/2021.

A LGPD deve ser lida não apenas como diploma de proteção dos direitos dos titulares dos dados (arts. 17 e 22)[15] mas, igualmente, como lei indutora do desenvolvimento científico e econômico. Sob essa perspectiva, os princípios contidos no art. 6º da LGPD indicam como o tratamento de dados pessoais deve ser operacionalizado, com vistas a permitir que as informações fluam adequadamente, evitando práticas ilegais.

A forma de tratamento mais adequada deve ser definida a partir da *categoria* do dado pessoal e da *finalidade* do tratamento. Pode-se dizer que: (i) ao todo, existem 10 possibilidades não hierárquicas para o tratamento de dados "comuns" (art. 7º, I a X, LGPD); e (ii) 8 possibilidades para dados sensíveis, atribuindo-se maior prestígio ao consentimento em detrimento das demais formas, que apenas podem ser utilizadas em caráter de exceção, quando "indispensável" à finalidade do tratamento (art. 11, I e II, LGPD).

Os critérios básicos abordados neste capítulo, relevantes desde a adoção de ações preliminares voltadas ao desenvolvimento de um Programa de Privacidade e Proteção de Dados, serão centrais na etapa de análise de conformidade (ambiente jurídico), objeto do superveniente capítulo 2.2.

3. 1° MOMENTO: AÇÕES PRELIMINARES

3.1. Engajamento e compromisso da liderança

Para a construção de um Programa de Privacidade e Proteção de Dados eficaz, é fundamental que haja engajamento e compromisso da alta administração da Entidade agente de tratamento controladora ou operadora dos dados. O brocardo "o exemplo vem de cima" (*tone of the top*) reflete justamente a importância da promoção da cultura organizacional de proteção de dados pessoais pela liderança, inspirando os demais colaboradores a estudar a LGPD e seus impactos na Entidade.

Esse valor deve ser transmitido em diferentes formatos ao longo das etapas do Programa de Privacidade e Proteção de Dados, processo formalizado especificamente na Política de Treinamento Ativo e Engajamento, explanada ao longo do trabalho. De toda sorte, é recomendável que a Entidade promova um treinamento inicial abordando os aspectos gerais da LGPD, seguido do envio de questionário aos colaboradores. Para além do propósito educacional, formalizar

---

15. Entre outros direitos extraídos de diversos dispositivos da Lei, conforme ensina: FRAZÃO, Ana. Direitos básicos dos titulares de dados pessoais. In: AASP. **Revista do Advogado**. Nº 144, novembro, 2019. p. 37-38.

o treinamento é um importante elemento de *Compliance*, capaz de fortalecer o argumento de redução de eventuais multas e penalidades, nos termos do art. 52, § 1º, II, X, da LGPD.

Caso não haja essa consciência espontânea insculpida na alta administração da Entidade, recomenda-se que sejam marcadas reuniões de trabalho entre os responsáveis pelas principais áreas de negócio e a liderança da empresa, com o objetivo de estabelecer orçamento mínimo para um processo de auditoria voltado ao início (*kick off*) da construção de um Programa de Privacidade e Proteção de Dados.

3.2. Criação do Comitê de Privacidade e Proteção de Dados

A implementação da LGPD requer o estabelecimento de um conjunto consistente de *processos internos*, desenvolvidos, entre as diversas áreas de negócio envolvidas, e *processos externos* – voltados ao atendimento do titular e ao interesse público de fiscalização da ANPD ou de outros órgãos da administração pública.

Para envolver a Entidade como um todo, recomenda-se a formação de um Comitê de Privacidade e Proteção de Dados, composto por representantes das principais áreas que tratem dados pessoais.

O objetivo central do Comitê é proporcionar um ambiente de diálogo interdisciplinar voltado à gestão de demandas transversais para o cumprimento da LGPD. Para alcançar este resultado, é importante que: (i) seja formalmente constituído, com alçada para tomar decisões colegiadas; (ii) dirija recomendações à alta gestão da Entidade sobre questões estratégicas e orçamentárias – por exemplo, alocação de pessoas/equipes e orçamento necessário para atender às iminentes demandas de trabalho; e (iii) sensibilize os integrantes dos diversos departamentos a respeito do tema.

3.3. Nomeação do encarregado

No Programa de Privacidade e Proteção de Dados, o encarregado é o ponto focal das demandas internas e externas relacionadas à proteção de dados, razão pela qual deve coordenar e supervisionar os departamentos envolvidos nas respostas às solicitações recebidas, no mapeamento e auditoria de tratamento de dados e nas atividades de treinamento e formação de pessoal, entre outros processos relacionados à aplicação da LGPD. Por isso, é necessário o quanto antes integrar a atuação do encarregado ao Comitê de Privacidade e ajustar os processos de comunicação internos e externos da Entidade.

A nomeação do encarregado é *obrigatória* para controladores (art. 41 da LGPD) e *facultativa* para operadores – contudo, dificilmente um agente de tratamento atuará exclusivamente como operador. No setor de seguros, é comum surgir a seguinte pergunta, inserida no contexto da angariação de propostas[16]: *em um fluxo de dados pessoais entre uma seguradora e a uma corretora de seguros, a corretora atua como operadora ou controladora de dados?* O papel da corretora pode variar e três cenários podem exemplificar as possíveis nuances:

a) Se a corretora apenas segue as decisões de tratamento de dados definidas pela seguradora, manifestadas formalmente no simples envio da proposta de seguro e do questionário de avaliação de riscos preenchidos, age como *operadora*.

b) A depender do contrato entre a seguradora e a corretora, esta pode ter algum grau de liberdade decisória pautada por critérios subjetivos, que podem autorizar a corretora a recusar riscos ou simplesmente não encaminhar propostas à primeira. Nesse caso, atua como *controladora*.

c) A corretora pode atuar como *operadora* da seguradora, no que se refere aos procedimentos relacionados ao preenchimento da proposta de seguro e do questionário de avaliação de riscos e, em paralelo, como *controladora*, ao guardar os dados do proponente em uma base de dados própria para fins comerciais.

A obrigatoriedade de nomeação de um encarregado pelo controlador, sem considerar as minúcias inerentes ao porte empresarial da Entidade agente de tratamento, é reflexo da natureza geral da LGPD. Por mais que a ANPD ainda não tenha calibrado a atuação do encarregado, considerando os distintos cenários empresariais dos agentes de tratamento, é recomendável que o apoio da Entidade seja proporcional à complexidade da operação de tratamento feita pelo controlador. Esta medida pode objetivamente fortalecer o argumento de

16. "ANGARIAÇÃO DE PROPOSTAS – é o processo de selecionar pessoas que querem adquirir cobertura de seguro e reunir informações sobre elas. Estabelecida a necessidade do seguro, o corretor ou o proponente preenche uma proposta e submete à seguradora. Nesse tema, especial atenção deve ser dada aos questionários relativos às condições de saúde do proponente, inclusive sobre exames médicos se houver, pertinentes aos seguros de pessoa e seguros de saúde." CNseg. **Guia de boas práticas do mercado segurador brasileiro sobre a proteção de dados pessoais**, publicado em: 19/122019. p. 41. Disponível em: <https://cnseg.org.br/publicacoes/guia-de--boas-praticas-do-mercado-segurador-brasileiro-sobre-a-protecao-de-dados-pessoais.html>. Acessado em: 09/05/2021.

redução do *quantum debeatur*, objeto das sanções administrativas com base no art. 52, § 1º, II, IV, da LGPD.

Por isso, recomenda-se que as Organizações formalizem um documento contendo pelo menos a descrição das funções e finalidades do encarregado, a sua posição na Entidade, a quem se reporta, o seu grau de independência, as suas responsabilidades e a utilidade do cargo que ocupa.

As atividades do encarregado podem envolver a articulação de desenvolvimento humano, a obtenção de especializações e as certificações para os envolvidos no tratamento de dados e, em última análise, a obtenção de recursos orçamentários especiais para essas finalidades.

4. 2º Momento: diagnóstico e gestão de risco

4.1. Mapeamento de dados pessoais (ambiente de negócio)

A maioria dos processos de negócio no setor de seguros tratam dados pessoais de colaboradores, segurados, beneficiários, corretores, prestadores de serviço, entre outros titulares. Todos eles devem ser mapeados e analisados à luz da LGPD.

Para concretizar o comando do art. 37 da LGPD, o mapeamento documenta os processos, sistemas e terceiros (*stakeholders*) envolvidos nos tratamentos de dados pessoais. Assim, é fundamental que a Entidade formalize os seus processos de negócio, para que possa identificar todas as operações de tratamento e suas respectivas finalidades, bases legais, aderência aos princípios e garantia do exercício de direitos dos titulares.

A lei não indica como as operações de tratamento de dados devem ser registradas. Em tese, o registro pode ser feito tanto por simples planilha de Excel quanto por *softwares* sofisticados e automatizados.

A experiência indica que o diálogo com as áreas de negócio é indispensável para o sucesso do mapeamento de dados. É recomendável agendar entrevistas com os representantes de todas as áreas para identificar: (i) o ciclo de vida dos dados pessoais; (ii) o ambiente onde ficam registrados os dados (físico ou digital); (iii) o tipo de sistema utilizado; (iv) a identificação dos colaboradores responsáveis pelo sistema de tecnologia e pela gestão dos dados (empregado ou terceiro); (v) o tipo do dado pessoal ("comum", sensível, de criança ou adolescente); (vi) os terceiros receptores de dados; (vii) o tempo máximo de retenção; (viii) as transferências internacionais de dados, entre outros.

É essencial identificar o ciclo de vida dos dados, que pode ser representado por um fluxo que percorre os processos e as áreas de negócio da Entidade, em sistemas internos ou de terceiros, possibilitando a identificação dos pontos de coleta, processamento, análise, compartilhamento, armazenamento, reutilização e eliminação (art. 5º, X, LGPD). Além disso, a identificação dos dados pessoais em seus repositórios – dados estruturados, semiestruturados ou não estruturados[17] – nos domínios da Entidade viabiliza uma compreensão sistêmica sobre onde os dados estão armazenados. A correta identificação do papel de terceiros é essencial para a definição do regime de responsabilidade – se de *operador* ou de *controlador*. É controladora a Entidade que terceiriza a folha de pagamento de seus empregados a uma prestadora de serviços de contabilidade, pois a primeira decide o que fazer com os dados pessoais, enquanto a segunda age em seu nome como operadora. Outro exemplo seria o armazenamento de dados em serviços de nuvem, como um CRM gerenciado pela Salesforce, ou o simples armazenamento de informações, como Google Cloud ou Microsoft Azure, que operam os dados armazenados pela Entidade. Valendo-se de processos bem definidos e orientações administrativas/técnicas sobre a responsabilidade em caso de utilização indevida e incidentes de segurança, que evidenciam a sua diligência no compartilhamento de dados pessoais, os controladores podem reduzir sua exposição ao risco.

Cumpre esclarecer que a avaliação dos sistemas de tecnologia que tratam dados pessoais é focada nos direitos dos titulares. A garantia da proteção dos dados pessoais é promovida via controles destinados a minimizar a possibilidade de falhas de segurança e os impactos sofridos pelos titulares em caso de falha.

Em suma, o mapeamento de dados não é um processo obrigatório, mas recomendável para auxiliar na identificação preventiva de riscos de violações aos direitos dos titulares e para lidar com eles de maneira proativa. Por fim, destaca-se que o mapeamento deve ser atualizado periodicamente e disponibilizado para eventuais verificações por parte da ANPD.

4.2. Análise de conformidade (ambiente jurídico)

Conforme visto na etapa anterior, o mapeamento de dados pessoais consiste no registro das operações de tratamento realizadas pela Entidade e proporciona

17. Dados estruturados são aqueles formatados, transformados e organizados em um padrão fixo, por exemplo, em um banco de dados relacionais (organizados por linhas e colunas). Dados semiestruturados e dados não estruturados são aqueles que possuem gradações menores da característica estruturante. Por exemplo, fotos, postagens em redes sociais, e-mail, excel, word, powerpoint, pdf, pastas de rede, armazenamento em informações em nuvem como one drive ou google drive etc.

uma visão abrangente dos processos de negócios, sistemas tecnológicos e terceiros envolvidos.

O mapeamento de dados pessoais fornece subsídios para a etapa seguinte. Na análise de conformidade, o objetivo é identificar, dimensionar e propor ações para solucionar ou mitigar riscos de violação à LGPD. Para cada desconformidade à LGPD identificada, deve haver sugestão de ação de adequação.

Em razão do princípio da não discriminação (art. 6º, IX, LGPD), a Entidade deve ter cautela ao solicitar informações ou pesquisar informações pretéritas (*background check*) de um candidato a uma vaga de emprego/terceirizados.[18] Nesse caso, recomenda-se aplicar o auxílio do princípio da necessidade (art. 6º, III, LGPD) para calibrar o teor das consultas a informações pretéritas, limitando o tratamento ao mínimo necessário para a realização de suas finalidades. O exemplo clássico do direito trabalhista é a possibilidade de exigência de atestado de antecedentes criminais para vigilante como critério de eliminação no processo de contratação[19] – que se aplica ao setor de seguros no que se refere à segurança privada das Entidades. Considerando as bases legais estabelecidas no artigo 7º, inciso II, e no artigo 11, inciso II, alínea "a", da LGPD, a regulamentação do setor de seguros envolve-se com enorme gama de tratamentos de dados pessoais "comuns" e sensíveis que resultam em discriminação dos titulares. Especificamente na fase de subscrição de riscos[20], destacam-se os seguros de automóveis que consideram informações de sexo biológico, idade e domicílio como critérios para precificar o prêmio entre os segurados. O estabelecimento de perfis de risco (*profiling*) e o uso de dados pessoais para informar o juízo de subscrição é um dos pontos mais delicados no setor de seguros. O PLC 29/2017, a propósito, ao cuidar da fase de formação do contrato de seguro, dispõe que "Os critérios comerciais e técnicos de subscrição ou aceitação de riscos devem promover a solidariedade e o desenvolvimento econômico e social, sendo vedadas políticas técnicas e comerciais conducentes à discriminação social ou prejudiciais à livre iniciativa empresarial." (art. 52, § 5º).

Na União Europeia, o setor de seguros ficou expressamente proibido de realizar análises de risco e subsequente precificação com base na informação

---

18. C/c arts. 5º, caput, 7º, XXX, da Constituição Federal; art. 373-A, da Consolidação das Leis do Trabalho.

19. Arts. 12 e 16, VI, da Lei 7.102/1983; art. 4º, I, da Lei 10.826/2003.

20. CNseg. **Guia de boas práticas do mercado segurador brasileiro sobre a proteção de dados pessoais**. Publicado em: 19/12/2019. pp. 39-55. Disponível em: <https://cnseg.org.br/publicacoes/guia-de-boas-praticas-do-mercado-segurador-brasileiro-sobre-a-protecao-de-dados-pessoais.html>. Acessado em: 09/05/2021.

do sexo biológico dos segurados, por decisão judicial[21] seguida de orientação da Comissão Europeia.[22] No setor de saúde suplementar brasileiro, antes da Lei 9.656/98, era comum haver seleção de riscos com base no perfil do consumidor, podendo a operadora ou seguradora negar a subscrição em razão das características pessoais do proponente. Entretanto, essa escolha binária – subscrever ou não subscrever – foi alterada pelo artigo 11 da Lei 9.656/98 que, junto à regulação setorial, proibiu a seleção de risco, mas autorizou o tratamento de dados de saúde para a majoração do período de carência ou acréscimo no valor de mensalidade, nos casos de doenças ou lesões preexistentes. Por conseguinte, o § 5º do art. 11 da LGPD é compatível com a Lei 9.656/98 que veda a seleção de riscos (recusa de subscrição), sendo possível a utilização de dados de saúde para calibrar regras inerentes aos planos de saúde.

Segundo o art. 5º, inciso XVII, da LGPD[23], o relatório de impacto à proteção de dados pessoais (RIPD) é a "documentação do controlador que contém a descrição dos processos de tratamento de dados pessoais que podem gerar riscos às liberdades civis e aos direitos fundamentais, bem como medidas, salvaguardas e mecanismos de mitigação de risco". Em adição, recomenda-se que sejam incluídas as medidas decorrentes do uso do sistema de gestão de segurança da informação, preconizado na ABNT NBR ISO/IEC 27001:2013.

Assim, o RIPD cumpre a importante função de documentar quais medidas de mitigação de risco são adotadas pela Entidade em razão de determinado tratamento, tais como: (i) medidas técnicas – controle de acesso ao dado, criptografia, anonimização, tipos de proteção a ataques *hackers*, sistemas em que o dado está distribuído, antivírus, antidestruição; (ii) medidas administrativas – quais são as circunstâncias que permitem o acesso ao dado, quando o acesso é liberado, por quanto tempo, hipóteses de descarte do dado; e (iii) medidas operacionais – quais os controles internos diante do dado (procedimentos operacionais padrão de *backup* de dados, por exemplo), hipóteses de compartilhamento com terceiros (fora da empresa), medidas preventivas em caso de ataques, plano de resposta a ameaças à segurança ou privacidade e plano de gerenciamento de crise por vazamento de dado.

---

21. UNIÃO EUROPEIA. Tribunal de Justiça. Processo n. C236/09. Disponível em: https://eur-lex.europa.eu/LexUriServ/LexUriServ.do?uri=CELEX:62009CJ0236:PT:HTML. Acesso em: 21/05/2021.
22. Disponível em: <https://ec.europa.eu/commission/presscorner/detail/pt/IP_11_1581>. Acesso em: 21/05/2021.
23. Sobre o RIPD, ver também os seguintes dispositivos da LGPD: art. 10, § 3º; art. 38, § ú.; art. 55-j, XIII; art. 32.

4.3. Testes de Penetração (ambiente de segurança da informação)

Conforme o art. 44 da LGPD, o tratamento de dados pessoais será irregular se não fornecer "a segurança que o titular dele pode esperar" dadas as circunstâncias relevantes, critério semelhante ao utilizado para definir serviço defeituoso (art. 14, § 1º, do CDC).

O objetivo dessa etapa – "Testes de Penetração" (*pen test*) – é determinar a eficácia dos controles de segurança da informação contra simulações de ataques maliciosos externos, de modo a identificar riscos tecnológicos e possibilidade de melhoria da proteção da informação.

O teste de penetração é uma técnica de segurança da informação que permite identificar e testar vulnerabilidades no tratamento de dados por meio de simulações de ataque que imitam as estratégias e ações comuns de um invasor nos sistemas de computador, rede ou aplicativos da *web*[24]. As modalidades de testes de penetração variam conforme os níveis de detalhamento que o executor do teste tem sobre o sistema alvo[25]. O *National Cyber Security Center* do Reino Unido aponta duas modalidades:

1. O teste de caixa-preta (perspectiva externa da infraestrutura tecnológica), que simula um ataque comandado por alguém não familiarizado com o sistema alvo, e que busca modelar com mais precisão o risco de invasores desconhecidos ou não relacionados à Entidade; e
2. O teste de caixa-branca (perspectiva interna da infraestrutura tecnológica), que simula o que pode acontecer durante o expediente de trabalho ou depois de um "vazamento" de informações, em que o invasor tenha acesso a todas as informações sobre o sistema alvo[26].

Como o teste de penetração é voltado a uma análise pontual e, portanto, de curto prazo, deve ser feito com periodicidade a fim de atualizar o nível de maturidade em segurança da informação. Em paralelo, recomenda-se que sejam realizadas auditorias técnicas de conformidade, voltadas especificamente à

---

24. Disponível em: <https://www.ncsc.gov.uk/guidance/penetration-testing>. Acessado em: 19/05/2021.

25. Disponível em: <https://docs.microsoft.com/pt-br/archive/msdn-magazine/2008/may/security-briefs-penetration-testing>. Acessado em 18/05/2021.

26. Disponível em: <https://www.ncsc.gov.uk/guidance/penetration-testing>. Acessado em: 19/05/2021.

promoção da segurança da informação a médio e longo prazo[27]. O investimento nesse tipo de serviço no setor segurador é pífio, negligência eventualmente explicada pela imaturidade acerca da confidencialidade dos dados depositados, a qual ainda é observada quase que exclusivamente no seu aspecto comercial ou concorrencial.

4.4. Plano de ação

O objetivo do plano de ação é organizar e consolidar os resultados das etapas de Diagnóstico e Gestão de Risco em um relatório final que aponte, objetivamente: (i) as situações de risco identificadas; (ii) as ações necessárias para a readequação de processos de negócio, sistemas tecnológicos e contratos internos e com terceiros (*O que fazer?*); (iii) Procedimento a ser executado para implementar a ação (*Como?*); (iv) Os responsáveis, nas áreas de negócio, por implementar cada uma das ações (*Quem?*); (v) Qual o custo? (vi) Qual o local? (vii) Data planejada para o início da ação (*Quando iniciar?*); (viii) Prazo previsto para encerrar a ação (*Quando concluir?*); (ix) Quem é o responsável pela aprovação da ação? (x) Qual é a data real da aprovação da ação? (xi) Qual a data real do início da atividade? e (xii) o cronograma de execução com foco nas ações estratégicas mais urgentes.

Destaca-se que a ampla gama de ações necessárias à adequação da Entidade às regras de privacidade e proteção de dados resulta na necessária revisão/criação de diversas políticas internas e externas (art. 50, § 2º, I, LGPD). Por isso, o Programa de Privacidade e Proteção de Dados precisa de uma proposta de Arquitetura de Políticas Essenciais, a fim de nortear o planejamento tático e operacional.

5. 3º MOMENTO: ARQUITETURA DE POLÍTICAS ESSENCIAIS

O Programa de Privacidade e Proteção de Dados pode ser estruturado por diversos documentos, conforme a realidade específica de cada Entidade. O objetivo deste capítulo não é esgotar o tema, mas propor as quatro principais políticas que uma Entidade deve produzir/revisar, em paralelo à execução do plano de ação estabelecido na etapa anterior (políticas de privacidade, de segurança da informação, de treinamento ativo e engajamento e de resposta a incidentes).

---

27. Disponível em: https://www.triaxiomsecurity.com/whats-the-difference-between-a-gap-analysis-and-a-penetration-test/. Acessado em: 19/05/2021.

As políticas são documentos passíveis de mudanças à medida que o encarregado avançar na implementação do plano de ação, objeto da etapa anterior. De fato, a maioria das políticas deve ser revista e atualizada periodicamente para cumprir a função precípua de representar fielmente os processos internos e externos adotados no âmbito da privacidade e proteção de dados.

Por isso, as políticas podem ser organizadas de diversas formas – ora aglutinando assuntos conexos, ora segregando temas com processos mais maduros e detalhados. Quanto à estrutura e nomenclatura das políticas, não existe certo ou errado, desde que os processos exigidos pela LGPD sejam efetivamente cumpridos, observando-se a transparência e a responsabilidade pela prestação de contas.

5.1. Política de privacidade

A Política de Privacidade[28] é o documento mais importante da Entidade para promover os deveres de informação e de transparência junto ao titular, pois descreve como os dados pessoais são tratados.

A Política de Privacidade deve ser redigida de forma concisa, transparente e de fácil acesso, utilizando uma linguagem clara e simples, tendo o titular, nos termos do art. 9º da LGPD, o direito "ao acesso facilitado às informações sobre o tratamento de seus dados (...) de forma clara, adequada e ostensiva".

Conforme a complexidade da atividade empresarial da Entidade ou de seus processos de tratamento, pode ser recomendável que a Política de Privacidade seja direcionada a três interlocutores distintos: (i) consumidores finais – *Business to Consumer* (B2C) (art. 9º, LGPD); (ii) clientes ou fornecedores – *Business to Business* (B2B) (art. 9º, LGPD); e (iii) colaboradores – *Business to Employee* (B2E) (art. 46, LGPD).

Sobre a Política de Privacidade B2B, embora a LGPD não se aplique a dados de pessoas jurídicas, faz-se necessário indicar aos clientes e fornecedores como são tratados os dados pessoais objeto daquela relação jurídica. Isso pode incluir,

---

28. Referência técnica: ABNT NBR ISO/IEC 27701:2019 Versão Corrigida: 2020. Disponível em: <https://www.abntcatalogo.com.br/norma.aspx?ID=437612>. Acessado em: 21/05/2021. Referência internacional: PRIVAZYPLAN – Artigo 14 UE Regulamento Geral sobre a Proteção de Dados. Disponível em: <https://www.privacy-regulation.eu/pt/14.htm>. Acessado em: 21/05/2021. Modelo de política de privacidade: Information Commissioner's Office (ICO) – Make your Own Privacy Notice. Disponível em: <https://ico.org.uk/for-organisations/make-your-own-privacy-notice/>. Acessado em: 21/05/2021.

por exemplo, dados de colaboradores, de clientes ou de fornecedores e dados pessoais que façam parte do fluxo de negócio entre as partes.

Entre os principais requisitos e controles que devem ser especificados na Política de Privacidade encontram-se: (i) a identificação e as informações sobre o controlador; (ii) a identidade e os contatos do encarregado; (iii) o processo e as condições para o tratamento e suas finalidades; (iv) as bases legais; (v) os tipos de dados pessoais tratados; (vi) o processo de compartilhamento; (vii) os mecanismos de transferência internacional; (viii) os conceitos de *privacy by design* e *privacy by default* nos processos internos; (ix) o processo de resposta a incidentes de privacidade; (x) o processo de avaliação de impacto a proteção de dados pessoais (preenchimento do RIPD); (xi) os prazos ou critérios para conservação dos dados; (xii) os direitos dos titulares previstos entre o art. 17 e o art. 22, como a revogação do consentimento, correção de dados, e como eles podem ser exercidos; (xiii) o termo para uso de *cookies*; (xiv) o compromisso *AntiSpam* e *Anti-phishing*; (xv) os processos de segurança da informação; (xvi) os processos para o encerramento de tratamento; e (xvii) o histórico do documento.

5.2. Política de segurança da Informação

A Política de Segurança da Informação[29] garante a confidencialidade, a integridade e a disponibilidade dos dados em prol da continuidade do negócio, mitigação de riscos e prevenção de incidentes de segurança.

A Política de Segurança da Informação é parte da cultura da Entidade e, por isso, deve haver o compromisso por parte da alta administração para a divulgação, consolidação e cumprimento desta política. Para isso, deve-se identificar os controles, os ambientes operacionais e técnicos necessários para cumprir os objetivos específicos de segurança.

A necessidade de separação entre *política geral* e *política interna* de segurança da informação varia entre organizações. Políticas internas são especialmente úteis em organizações maiores e mais complexas, nas quais há segregação entre quem define e aprova os níveis esperados de controle e quem implementa os controles, ou em situações nas quais uma política se aplica a muitas pessoas ou funções diferentes da Entidade. De modo geral, as políticas podem ser emitidas em um único documento, usualmente chamado de "Política de Segurança da Informação".

29. Referência Técnica: ABNT NBR ISO/IEC 27001:2013. Disponível em: <https://www.abntcatalogo.com.br/norma.aspx?ID=306580>. Acessado em: 21/05/2021.

Entre os principais requisitos e controles que devem ser especificados na Política de Segurança da Informação: (i) organização e gestão da segurança; (ii) classificação e controle de ativos; (iii) segurança em recursos humanos; (iv) áreas seguras, como mecanismos do ambiente de segurança; (v) gerenciamento das operações e comunicações e segregação de ambientes; (vi) gestão de identidade e acesso, como o dever de cautela relacionado à autenticação e gestão de senhas; (vii) classificação e tratamento da informação, como o acesso a informações confidenciais; (viii) segurança física e do ambiente; (ix) uso aceitável dos ativos; (x) mesa limpa e tela limpa; (xi) transferência de informações; (xii) dispositivos móveis e trabalhos remotos; (xiii) restrições sobre o uso e instalações de *software*; (xiv) deveres de cautela relacionados à integridade das informações e cópias de segurança (*backup*); (xv) deveres de cautela relacionados ao uso de serviços informáticos em rede e proteção contra *malware*; (xvi) gerenciamento de vulnerabilidades técnicas; (xvii) controles criptográficos; (xviii) segurança nas comunicações; (xix) proteção e privacidade de informação de identificação pessoal; (xx) relacionamento na cadeia de suprimento; (xxi) aquisição, desenvolvimento e manutenção de sistemas de informação; e (xxii) uso de servidor em nuvem.

5.3. Política de treinamento ativo e engajamento

Para o Programa de Privacidade e Proteção de Dados ser efetivo, é necessário treinamento ativo e engajamento de todos os envolvidos com a Entidade – da alta administração, passando pelos colaboradores em geral, incluídos os prestadores de serviço, clientes ou terceiros em geral. No mesmo sentido, para que as Políticas de Segurança da Informação e de Privacidade sejam consistentes e gerem os resultados esperados, os supracitados atores devem ser adequadamente engajados e ativamente treinados para incorporar as orientações fornecidas ao seu universo de trabalho.

O objetivo da Política de Treinamento Ativo e Engajamento é capacitar e disseminar a cultura de segurança da informação, privacidade e proteção de dados pessoais junto aos colaboradores da Entidade em relação ao uso ético, seguro e lícito das tecnologias e ferramentas de trabalho, bem como das informações e recursos utilizados.

É responsabilidade do encarregado orientar a Entidade no que diz respeito ao treinamento ativo e ao engajamento, nos termos do art. 41, § 2º, inciso III, da LGPD, podendo ou não ser a pessoa a ministrar tais treinamentos destinados a atender três públicos-alvo: estratégico, tático e operacional.

Para atender ao princípio de responsabilização e prestação de contas previsto no art. 6º, X, da LGPD, a Entidade deverá: (i) aprovar um orçamento anual para execução de treinamentos e ações em segurança da informação e proteção de dados pessoais; (ii) avaliar anualmente a efetividade dos treinamentos e ações de conscientização de segurança da informação e proteção de dados pessoais; e (iii) manter um registro de todos os treinamentos e ações de conscientização de segurança da informação e proteção de dados pessoais, contendo, no mínimo, datas, conteúdo, número de participantes, público-alvo e a impressão dos envolvidos sobre os treinamentos e ações.

As ações podem adotar formatos diversos, como vídeos na intranet, materiais gráficos (digitais ou físicos), palestras de conscientização, treinamentos com especialistas externos e material informativo enviado periodicamente para o *e-mail* corporativo de todos os colaboradores.

5.4. Política de resposta a incidentes

Nos termos do art. 46 da LGPD, os agentes de tratamento de dados pessoais devem adotar medidas de segurança, técnicas e administrativas aptas a proteger os dados pessoais de acessos não autorizados e de situações acidentais ou ilícitas de destruição, perda, alteração, comunicação ou qualquer forma de tratamento irregular. Nesse sentido, o plano de resposta a incidentes integra o rol de processos de governança estabelecidos pela LGPD (art. 50, § 2º, alínea "g", da LGPD).

O objetivo da Política de Resposta a Incidentes é detectar, investigar, responder aos eventos e corrigir potenciais falhas, de forma a reduzir os impactos adversos e reunir evidências para supervenientes processos revisionais de melhorias no sistema de gestão de segurança da informação, principalmente a implementação de controles preventivos.

Recomenda-se que a área de tecnologia da informação (TI) seja a responsável pela coordenação, gestão, identificação e resolução de incidentes de segurança da informação que venham a ocorrer no ambiente computacional da Entidade. Para isso, a metodologia da matriz Responsável-Aprovador-Consultado-Informado (RACI)[30] pode contribuir para que as equipes de TI estabeleçam canais de comunicação com todo colaborador e prestador de serviço que suspeitar ou identificar uma situação que possa ser considerada incidente de segurança. Em paralelo, a equipe de TI deve monitorar eventos suspeitos, descartando os alertas falsos e iniciando o quanto antes medidas de mitigação àquelas

30. Disponível em: <https://www.euax.com.br/2019/07/matriz-raci-matriz-de-responsabilidades/>. Acessado em: 26/05/2021.

ameaças concretas a fim de corrigir as vulnerabilidades e retornar ao estado da arte operacional da Entidade.

Se forem detectados dados pessoais no incidente de segurança da informação, estará caracterizado o *incidente de privacidade*, o que enseja a responsabilidade do encarregado pela implementação dos processos exigidos pelo art. 48 da LGPD. Nesse sentido, um incidente de privacidade é qualquer evento adverso, confirmado ou sob suspeita, relacionado à violação na segurança de dados pessoais, tais como acesso não autorizado, acidental ou ilícito que resulte na destruição, perda, alteração, vazamento ou, ainda, qualquer forma de tratamento de dados inadequada ou ilícita, os quais possam ocasionar risco para os direitos e as liberdades do titular dos dados pessoais.

Violações de privacidade não ocorrem apenas por falhas de sistemas de tecnologia, mas principalmente por falha humana, muitas vezes, consubstanciada em um simples envio de *e-mail* por engano.

Nos termos do art. 48 da LGPD, é obrigação do controlador comunicar à ANPD e ao titular a ocorrência de incidente de segurança "que possa acarretar risco ou dano relevante aos titulares". Pode-se extrair da lei que a probabilidade de risco ou dano relevante para os titulares será maior sempre que o incidente envolver dados sensíveis ou de indivíduos em situação de vulnerabilidade, incluindo crianças e adolescentes, ou tiver o potencial de ocasionar danos patrimoniais ou morais, tais como discriminação, violação do direito à imagem e à reputação, fraudes financeiras e roubo de identidade. Da mesma forma, deve-se considerar o volume de dados envolvido, o quantitativo de indivíduos afetados, a boa-fé e as intenções dos terceiros que tiveram acesso aos dados após o incidente e a facilidade de identificação dos titulares por terceiros não autorizados.

A LGPD determina que a comunicação do incidente de privacidade deve ser feita com clareza, concisão e em prazo razoável (art. 48, § 1º), conforme definido pela ANPD. Enquanto pendente a regulamentação, recomenda-se que, após a ciência do incidente de privacidade e havendo risco relevante, a ANPD seja comunicada em até 2 dias úteis,[31] contado o prazo da data do conhecimento do incidente.

---

31. Tal interregno foi sugerido pela ANPD com parâmetro na definição de comunicação já existente no Decreto nº 9936/2019 e em virtude da necessidade de gerenciamento dos incidentes de segurança com dados pessoais, considerando também as consequências danosas que podem ocorrer em razão do atraso nas ações de contenção ou mitigação de danos. Disponível em: <https://www.gov.br/anpd/pt-br/assuntos/incidente-de-seguranca>. Acessado em: 22/05/2021.

Por fim, para comunicar um incidente de privacidade à ANPD, deve-se preencher o formulário eletrônico disponível no site[32] e enviar por meio de Peticionamento Eletrônico – Usuário Externo.[33]

6. 4º MOMENTO: MEDIDAS DE ATUALIZAÇÃO CONTÍNUA

As Entidades e a conjuntura na qual estão imersas mudam rapidamente em razão dos avanços tecnológicos. Por isso, as medidas de atualização contínua têm o objetivo de manter um ciclo de Planejamento-Execução-Verificação-Atuação (PDCA)[34] para os ajustes que se fizerem necessários no Programa de Privacidade e Proteção de Dados para a conformidade com à LGPD.

Destacam-se algumas medidas: (i) monitoramento legislativo; (ii) monitoramento de novas tecnologias ou melhores práticas; (iii) revisões periódicas dos documentos e políticas; (iv) auditorias externas; e (v) execução das diretrizes estabelecidas na Política de Treinamento Ativo e Engajamento, inclusive, considerando incentivos aos colaboradores-chave para certificarem-se tecnicamente.

7. CONSIDERAÇÕES FINAIS

O exame horizontal e vertical dos impactos da LGPD no setor de seguros imporia abordagens que extrapolam os limites deste artigo, em que se apresentam os momentos e as etapas determinantes para o desenvolvimento de um Programa de Privacidade e Proteção de Dados.

A oportunidade desta obra coletiva organizada pelo Ministro Ricardo Villas Bôas Cueva e pela Professora Ana Frazão é, sem dúvida, uma extraordinária contribuição para o amadurecimento da cultura de proteção de dados e para o desenvolvimento científico e econômico do país.

---

32. Disponível em: <https://www.gov.br/anpd/pt-br/assuntos/incidente-de-seguranca>. Acessado em: 22/05/2021.
33. Para maiores informações sobre o envio, acessar: <https://www.gov.br/secretariageral/pt-br/sei-peticionamento-eletronico>. Acessado em: 22/05/2021.
34. Disponível em: <https://ferramentasdaqualidade.org/pdca/>. Acessado em: 22/05/2021.

Desafios do *compliance* de dados para o setor financeiro: Pix, *Open Banking* e a Lei Geral de Proteção de Dados

Carlos Ragazzo[1]

Douglas Leite[2]

Sumário: Introdução; 1. A implementação do Pix no Brasil e a importância da proteção de dados; 2. *Open Banking*: compartilhamento de dados e cuidados necessários; 3. A Lei Geral de Proteção de Dados Pessoais; 4. Conclusão; 5. Referências.

Introdução

Com o advento da Lei Geral de Proteção de Dados Pessoais no Brasil (Lei Federal nº 13.709/2019 – "LGPD"), temas como a privacidade dos indivíduos e

1. Professor Adjunto e membro do corpo permanente do Mestrado da Escola de Direito da Fundação Getulio Vargas – FGV Direito Rio. Formado em Direito pela Pontifícia Universidade Católica do Estado do Rio de Janeiro, é ainda LL.M. em Trade Regulation and Competition Policy pela New York University School of Law, mestre e doutor em Direito pela Universidade do Estado do Rio de Janeiro. Foi, também, entre 2008 e 2012, Conselheiro do CADE. E, entre 2012 e 2014, o primeiro Superintendente-Geral do CADE.
2. Mestre em Direito pela Escola de Direito da Fundação Getulio Vargas – FGV Direito Rio. Formado em Direito pela Pontifícia Universidade Católica do Estado do Rio de Janeiro.

os cuidados que devem ser empregados no manuseio de informações atribuídas a pessoas físicas ganharam relevância e entraram na pauta de diferentes empresas dos mais variados setores da economia. No que toca ao setor financeiro, não se pode dizer que estes assuntos sejam particularmente novos, haja vista que dados sobre movimentações financeiras das pessoas há muito recebem proteção do ordenamento jurídico[3].

Antes mesmo da LGPD, o setor financeiro brasileiro, por ser intensamente regulado, já estava sujeito a normas voltadas a garantir a segurança de informações, incluindo dados pessoais. Nesse contexto, pode-se citar regras estabelecidas por órgãos governamentais, como a Resolução nº 4.658/2018, do Banco Central do Brasil ("BACEN")[4], e aquelas oriundas do próprio setor privado, como a padronização *Payment Card Industry Data Security Standards* ("PCI DSS"), desenvolvida a partir dos esforços de grandes empresas da indústria de pagamentos por cartões (Visa, MasterCard, Discover, American Express e JCB) para prevenir a ocorrência de fraudes.[5-6]

Para além disso, o acelerado avanço tecnológico dos últimos anos vem possibilitando a implementação de inovações no setor financeiro brasileiro, entre as quais se destacam o Pix – arranjo de pagamentos instituído pelo BACEN[7] – e o Sistema Financeiro Aberto ("*Open Banking*").[8] Assim, não apenas em razão da

---

3. BELLINETTI, Luiz Fernando. Limitações legais ao sigilo bancário. Revista de Direito do Consumidor, v. 18, abr./jun. 1996. p. 144.
4. A Resolução nº 4.658, de 26 de abril de 2018, que dispõe sobre a política de segurança cibernética e sobre os requisitos para a contratação de serviços de processamento e armazenamento de dados e de computação em nuvem a serem observados pelas instituições financeiras. Disponível em: <https://www.bcb.gov.br/pre/normativos/busca/downloadNormativo.asp?arquivo=/Lists/Normativos/Attachments/50581/Res_4658_v1_O.pdf>. Acesso em: 06 mar. 2021.
5. SHAW, Abraham. *Data breach: from notification to prevention using PCI DSS*. 43 Colum. J.L. & Soc. Probs. 517 (2009-2010). Disponível em: <https://heinonline.org/HOL/LandingPage?handle=hein.journals/collsp43&div=24&id=&page=>. Acesso em: 06 mar. 2021.
6. Maiores informações sobre o PCI DSS estão disponíveis em: <https://www.pcisecuritystandards.org/pci_security/>. Acesso em: 06 mar. 2021.
7. O Pix foi instituído a partir da Resolução BCB nº 1, de 12 de agosto de 2020. Disponível em: <https://www.bcb.gov.br/estabilidadefinanceira/exibenormativo?tipo=Resolu%C3%A7%C3%A3o%20BCB&numero=1>. Acesso em: 06 mar. 2021.
8. A implementação do *Open Banking* foi disciplinada pela Resolução Conjunta nº 1, de 4 de maio de 2020. Disponível em: <https://www.in.gov.br/en/web/dou/-/resolucao-conjunta-n-1-de-4-de-maio-de-2020-255165055>. Acesso em: 06 mar. 2021.

LGPD e da regulamentação setorial, mas por conta também da implementação de novas práticas e ferramentas calcadas no compartilhamento rápido de informações entre múltiplos atores, a proteção de dados ganha contornos de extrema importância no setor financeiro.

Nessa ordem de ideias, o objetivo deste artigo é analisar os múltiplos desafios enfrentados pelas instituições financeiras no que se refere à proteção de dados, especialmente diante do aprofundamento das previsões legais acerca do tema e das recentes inovações que foram e estão sendo introduzidas no setor. A Seção 1, abaixo, tratará da implementação do arranjo de pagamentos Pix no Brasil, com ênfase no tratamento de dados no contexto da utilização dessa ferramenta, nas principais fraudes a que o sistema está sujeito e nas medidas que podem ser tomadas para prevenir sua ocorrência.

Na sequência, a Seção 2 discorrerá sobre o *Open Banking*, apresentando suas principais características e apontando os cuidados que necessitam ser observados para seu bom funcionamento, seja em relação a questões envolvendo segurança cibernética, seja no que se refere à coleta de consentimento dos clientes das instituições financeiras e o uso de mecanismos para garantir que os indivíduos possam efetivamente exercer o controle de seus dados. A Seção 3 trará uma análise dos principais desafios a serem enfrentados pelas instituições financeiras para estarem em conformidade com a LGPD, com ênfase nos esforços necessários ao atendimento de pedidos e garantia de direitos dos titulares de dados pessoais e nas medidas técnicas e administrativas cuja observância a lei impõe. Ao final, a Seção 4 apresentará as conclusões.

1. A IMPLEMENTAÇÃO DO PIX NO BRASIL E A IMPORTÂNCIA DA PROTEÇÃO DE DADOS

O Pix é um meio de pagamento, criado pelo BACEN, no qual recursos são transferidos entre contas de forma instantânea (em poucos segundos), a qualquer hora ou dia da semana. Segundo o BACEN, além de ser "prático, rápido e seguro", o Pix tem o potencial de gerar vantagens como o impulsionamento da competitividade e eficiência do mercado, redução de custos, aumento de segurança e promoção da inclusão financeira.[9]

Para identificar o recebedor de uma transferência, o sistema utiliza a chamada "chave Pix" – uma informação previamente cadastrada pelos usuários, que pode ser um número de CPF ou CNPJ, endereço de e-mail, número de

9. Disponível em: <https://www.bcb.gov.br/estabilidadefinanceira/pix>. Acesso em: 13 mar. 2021.

telefone celular ou, ainda, uma chave aleatória (uma sequência alfanumérica gerada de forma randômica). Além disso, o recebedor também pode gerar *QR Codes* para permitir a identificação da conta destinatária do valor transferido.

A redução de custos e o incremento da agilidade na realização de pagamentos e transferências bancárias são benefícios muito bem-vindos no ecossistema de pagamentos eletrônicos brasileiro. Todavia, não se pode descuidar do fato de que esse avanço tecnológico, ao mesmo tempo que gera efeitos positivos, costuma produzir também o aumento de riscos.[10] Assim é que a implementação do Pix deve ser acompanhada de medidas que busquem promover garantias de segurança às transações, inclusive em atenção às disposições da Lei Federal nº 12.865/2013[11], que inclui a confiabilidade, a qualidade e a segurança entre os princípios a serem observados pelos arranjos de pagamento (art. 7º, V). Para tanto, a proteção de dados pessoais possui caráter fundamental.

Segundo pesquisa divulgada em 2019 pela Confederação Nacional de Dirigentes Lojistas ("CNDL") e pelo Serviço de Proteção ao Crédito ("SPC"), 46% dos internautas brasileiros foram vítimas de algum golpe financeiro nos 12 meses anteriores ao estudo, o que equivale a um montante aproximado de 12,1 milhões de indivíduos.[12] Já durante a pandemia do coronavírus, os golpes bancários pela internet cresceram 80%.[13]

Uma característica comum às fraudes financeiras é o uso indevido de dados pessoais, em desacordo com as previsões da LGPD, ou mesmo o emprego de estratégias envolvendo falsidade para que os fraudadores obtenham acesso a informações confidenciais e dados pessoais. Trata-se da prática de engenharia social, que consiste no uso de armadilhas psicológicas e manipulação de

---

10. BECK, Ulrich. *Sociedade de risco: rumo a uma outra modernidade*. Tradução Sebastião Nascimento. São Paulo: Editora 34, 2011. p. 23-25.
11. A Lei Federal nº 12.865, de 9 de outubro de 2013, entre outras providências, dispôs sobre os arranjos de pagamento e as instituições de pagamento integrantes do Sistema de Pagamentos Brasileiros (SPB). Sobre esta Lei e a modernização do sistema financeiro nacional, inclusive por conta do avanço tecnológico, ver GOLDFAJN, Ilan. A outra revolução no sistema financeiro brasileiro. JOTA. 2020. Disponível em: <https://www.jota.info/opiniao-e-analise/artigos/sistema-financeiro-brasileiro-ilan-goldfajn-14102020>. Acesso em: 14 mar. 2021.
12. Disponível em: https://www.spcbrasil.org.br/pesquisas/pesquisa/6623. Acesso em: 13 mar. 2021.
13. Disponível em: <https://valorinveste.globo.com/produtos/servicos-financeiros/noticia/2020/09/18/golpes-bancarios-pela-internet-crescem-80percent-durante-a-pandemia-diz-febraban.ghtml>. Acesso em: 13 mar. 2020.

comportamento através de farsas praticadas sobre pessoas desavisadas com o intuito de obter acesso a diferentes tipos de informação.[14]

Nesse contexto, o *phishing*, uma espécie de fraude praticada por meio da *internet* com objetivo de adquirir informações confidenciais, a exemplo de dados bancários e senhas, é uma das formas mais comuns de engenharia social. Ataques de *phishing* normalmente envolvem o envio de e-mails ou mensagens aparentemente originadas de entidades confiáveis (como bancos ou grandes corporações), que direcionam o destinatário a clicar em algum *link*, fornecer seus dados pessoais ou mesmo realizar pagamentos. As mensagens falsas costumam conduzir os destinatários a páginas de *internet* muito semelhantes aos *sites* oficiais de grandes instituições, e, quando as vítimas inserem dados de *login* e senha, os golpistas conseguem então ter acesso a diferentes aplicações, incluindo contas bancárias.[15]

Logo no início da implementação do Pix, foi noticiado que fraudadores praticaram um ataque de *phishing* para enganar consumidores e direcioná-los a *sites* falsos para obter informações sigilosas e senhas.[16] Como indica a Federação Brasileira de Bancos ("FEBRABAN"), instituições financeiras relataram tentativas de golpe com o Pix envolvendo o uso de engenharia social e, mais especificamente, ataques de *phishing*. Isso tem relação direta com a pandemia do coronavírus, pois as pessoas têm passado mais tempo *on-line*, e criminosos estão aproveitando o aumento das transações digitais devido ao isolamento social para aplicar golpes financeiros.[17]

Entre as fraudes mais frequentes relacionadas ao Pix estão aquelas que envolvem a clonagem ou uso malicioso do aplicativo de mensagens WhatsApp, a prática de golpes em que estelionatários se passam por funcionários de bancos

---

14. CHANTLER, Alan N.; BROADHURST, Roderic. Social engineering and crime prevention in cyberspace. Draft Technical Report for the Australian Institute of Criminology – Futures of High-Tech Crime Project. 2006. Disponível em: <http://eprints.qut.edu.au/7526/>. Acesso em: 13 mar. 2021.

15. SHESTAK, Viktor A.; PAVLYUKOVA. Phishing attacks: legal regulation in the USA. Technology of the XXI century in jurisprudence: Materials of The Second International Scientific-Practical Conference (22 May 2020). Yekaterinburg: Ural State Law University. Disponível em: <https://papers.ssrn.com/sol3/papers.cfm?abstract_id=3613604>. Acesso em: 14 mar. 2021.

16. Disponível em: <https://g1.globo.com/economia/noticia/2020/09/28/golpistas-usam-cadastro-no-pix-para-roubar-dados-de-consumidores.ghtml>. Acesso em: 13 mar. 2020.

17. Disponível em: <https://febraban.org.br/noticia/3602/pt-br/>. Acesso em: 14 mar. 2021.

ou de companhias telefônicas, bem como a falsa comunicação, aos usuários, de problemas técnicos relacionados ao sistema. Em todos esses casos, criminosos agem para enganar pessoas e obter vantagens indevidas, e um ponto comum nessas fraudes é que elas se concretizam a partir do uso indevido de dados pessoais.

Desse modo, a proteção de dados deve estar no centro das atenções do BACEN e das instituições financeiras que utilizam o Pix. É possível afirmar, inclusive, que a própria confiabilidade e segurança do arranjo de pagamentos dependerá do grau de proteção que se dê aos dados pessoais. Assim, além de ser importante a adoção de medidas que busquem evitar incidentes de segurança (como vazamento de dados), também não se pode descuidar dos esforços voltados a identificar, de forma precisa e responsável, os indivíduos participantes das transações, coibindo a ação de fraudadores e resguardando os interesses dos usuários de boa-fé.

Ainda sobre os ataques de *phishing*, embora estes possam envolver elevada sofisticação, existem estratégias possíveis para impedir sua concretização. Algumas abordagens, mais centradas na detecção de tentativas de ataque, dependem do emprego de ferramentas de segurança em aplicações móveis ou navegadores de *internet*.[18] Nesse caso, como a gestão dessas aplicações escapa ao controle das instituições financeiras e do BACEN, suas possibilidades de atuação para prevenção dos ataques acabam sendo limitadas. Todavia, uma das principais armas no combate ao *phishing* consiste na educação e conscientização dos potenciais alvos dos ataques para que eles sejam capacitados a identificar previamente as tentativas de golpes. E, com isso, os atores do sistema financeiro podem contribuir.

Nesse sentido, a produção de materiais informativos e a realização de campanhas para difundir conhecimento podem ser úteis. As instituições financeiras, assim, podem e devem desempenhar um papel ativo, alertando seus clientes sobre as características costumeiramente envolvidas em ataques fraudulentos e chamando atenção para os riscos. Para tanto, os usuários do sistema devem ser munidos de informações de qualidade, em formato amigável e compreensível, conscientizando-os sobre as características associadas a fraudes com o intuito de mitigar sua ocorrência.

---

18. Sobre as abordagens possíveis para combater ataques de *phishing*, ver: VAYANSKY, Ike; KUMAR, Sathish. Phishing – challenges and solutions. Computer Fraud & Security, 2018 – Elsevier. Disponível em: https://www.researchgate.net/profile/Sathish-Kumar-26/publication/322823383_Phishing_-_challenges_and_solutions/links/5acde9fa-4585154f3f420911/Phishing-challenges-and-solutions.pdf. Acesso em: 17 abr. 2020.

2. *OPEN BANKING*: COMPARTILHAMENTO DE DADOS E CUIDADOS NECESSÁRIOS

Em 24 de abril de 2019, o BACEN publicou o Comunicado nº 33.455/2019[19], por meio do qual divulgou os requisitos fundamentais para a implementação do Sistema Financeiro Aberto no Brasil, também chamado de *Open Banking*. O referido Comunicado definiu *Open Banking* como "compartilhamento de dados, produtos e serviços pelas instituições financeiras e demais instituições autorizadas, a critério de seus clientes, em se tratando de dados a eles relacionados, por meio de abertura e integração de plataformas e infraestruturas de sistemas de informação, de forma segura, ágil e conveniente". Importante notar também a afirmação constante do Comunicado de que "a discussão se torna mais relevante com a edição da Lei nº 13.709, de 14 de agosto de 2018, que dispõe sobre a proteção de dados pessoais no País".

Posteriormente, o BACEN editou a Resolução Conjunta nº 1, de 4 de maio de 2020[20], que efetivamente dispôs sobre a implementação do *Open Banking* e, entre outros fatores, especificou o escopo mínimo dos dados e serviços envolvidos no sistema, apontou quem são seus participantes obrigatórios e voluntários, estabeleceu requisitos para o compartilhamento de informações, definiu regras de atribuição de responsabilidade e determinou um modelo de autorregulação, por meio de convenção celebrada entre as instituições participantes. A implementação do *Open Banking* no Brasil observará um cronograma e ocorrerá em quatro fases ao longo do ano de 2021.[21]

Um primeiro aspecto evidente de preocupação para o bom funcionamento do *Open Banking* diz respeito à segurança cibernética. De fato, o modelo somente se tornou possível em razão do avanço tecnológico, que permitiu o surgimento de meios para a conexão e interação entre diferentes sistemas – notadamente as APIs (*Application Programming Interface*)[22] abertas –, bem como

19. Disponível em: <https://www.bcb.gov.br/estabilidadefinanceira/exibenormativo?tipo=Comunicado&numero=33455>. Acesso em: 10 abr. 2021.

20. Disponível em: <https://www.in.gov.br/en/web/dou/-/resolucao-conjunta-n-1-de-4-de-maio-de-2020-255165055>. Acesso em: 10 abr. 2021.

21. Informações sobre o cronograma de implementação do *Open Banking* estão disponíveis em: <https://www.bcb.gov.br/estabilidadefinanceira/openbanking>. Acesso em: 15 abr. 2021.

22. APIs são recursos tecnológicos que permitem a conexão entre diferentes aplicações, de modo que um sistema interaja com o outro (BRODSKY, Laura; OAKES, Liz. Data

da consolidação do uso de meios digitais pelas instituições financeiras. O *Open Banking*, dessa forma, resulta diretamente dos impactos da tecnologia sobre o setor financeiro, e seu sucesso, incluindo a plena realização de seu potencial de gerar maior eficiência, concorrência e bem-estar dos consumidores, depende do nível de segurança presente nos meios tecnológicos.[23]

Afinal, se, por um lado, o compartilhamento amplo de informações entre instituições financeiras pode incrementar a competição e multiplicar as opções disponíveis aos clientes, é certo que, por outro, o fluxo de dados em um ambiente com múltiplos participantes apresenta o risco de vazamentos e uso indevido de informações.

Segurança cibernética, portanto, desempenha papel-chave no *Open Banking*. E a necessidade de aumentar a segurança demandará, inevitavelmente, que as instituições financeiras realizem investimentos e incorram em gastos. Esse aumento nos custos de transação poderá impactar, especialmente, as instituições de menor porte e as novas entrantes, como as *fintechs*, que, muitas vezes, não possuem as mesmas condições de investimento em comparação a agentes consolidados há mais tempo no mercado.[24] É importante, assim, que as regulações do BACEN e as normas de autorregulação sejam elaboradas com sensibilidade a esta questão, de modo a assegurar que as obrigações de adoção de medidas de segurança que recaiam sobre as instituições participantes do *Open Banking*, ao mesmo tempo que sejam efetivas para alcançar o fim pretendido, não prejudiquem a concorrência.

Mas, para além das questões relacionadas à segurança digital, outro ponto fundamental para que o *Open Banking* gere o máximo de bem-estar aos consumidores reside precisamente na adoção de boas práticas de tratamento de dados pessoais pelas instituições financeiras participantes do sistema. Nesse sentido,

---

sharing and open banking. McKinsey & Company, 2017. Disponível em: <https://www.mckinsey.it/sites/default/files/data-sharing-and-open-banking.pdf>. Acesso em: 10 abr. 2021.)

23. VEIGA, Fabio da Silva; GIBRAN, Sandro Mansur; BONSERE, Silvana Fátima Mezaroba. Openbanking: expectativas e desafios para o mercado financeiro no Brasil. Administração de Empresas em Revista, v. 1, n. 15 (2019). Disponível em: <http://revista.unicuritiba.edu.br/index.php/admrevista/issue/view/141>. Acesso em: 10 abr. 2021.

24. Ver nesse sentido: RIBEIRO, Alexandre Ogêda; BAGNOLI, Vicente. Open banking: impactos e desafios no mercado financeiro. Constituição, Economia e Desenvolvimento: Revista da Academia Brasileira de Direito Constitucional. Curitiba, 2020, vol. 13, n. 23, p. 216-242, ago./dez. 2020.

merecem especial atenção os cuidados que devem ser tomados com relação à obtenção e à gestão do consentimento dos clientes, que é um dos requisitos para a efetivação do compartilhamento de dados, conforme previsto no artigo 10 da Resolução Conjunta nº 1, de 4 de maio de 2020.[25] Ao tratar do consentimento, a Resolução emprega conceitos jurídicos indeterminados, dizendo que sua solicitação deve ocorrer "por meio de linguagem clara, objetiva e adequada". A vagueza do texto é compreensível; trata-se da reprodução da linguagem usualmente adotada em normas sobre proteção de dados, que também não se aprofundam nos requisitos para obtenção do consentimento.[26] Não há uma definição precisa a respeito do que seria aceitável para fins de coleta do consentimento dos indivíduos. Essa resposta poderá surgir com o tempo, mediante análises de situações concretas.

É de se esperar que o grau de confiança depositada no *Open Banking* e sua utilização aumentem na medida em que os clientes das instituições financeiras recebam informações de qualidade sobre o funcionamento, as vantagens e as possibilidades do sistema. Mais do que isso, os indivíduos devem estar cientes de seus direitos e responsabilidades. É importante que os materiais informativos das instituições financeiras, incluindo políticas de privacidade e termos de consentimento, sejam facilmente inteligíveis por parte dos clientes. Documentos longos, com letras pequenas, repletos de termos jurídicos e linguajar rebuscado, como são algumas políticas de privacidade, não cumprem o propósito de informar os indivíduos e, muitas vezes, sequer são lidos por seus destinatários. Nesse contexto, estudo conduzido em 2016 na Faculdade de Direito da Universidade de Chicago apontou que os termos de políticas de privacidade podem ser entendidos de forma bem diferente por magistrados e por pessoas comuns. O mesmo estudo indicou, ainda, que as normas sociais e a experiência de usuários com o uso de ferramentas tecnológicas são mais úteis na formação

25. Resolução Conjunta nº 1, de 4 de maio de 2020, art. 10. A instituição receptora de dados ou iniciadora de transação de pagamento, previamente ao compartilhamento de que trata esta Resolução Conjunta, deve identificar o cliente e obter o seu consentimento.

26. Nesse sentido, o *General Data Protection Regulation* (GDPR), regulamento em vigor na União Europeia sobre proteção de dados, determina em seu artigo 7º, item 2, que o consentimento deve ser obtido de uma maneira inteligível e facilmente acessível, com o uso de linguagem clara e objetiva ("*in an intelligible and easily accessible form, using clear and plain language*"). De maneira semelhante, a LGPD utiliza conceitos abertos ao definir consentimento como a "*manifestação livre, informada e inequívoca pela qual o titular concorda com o tratamento de seus dados pessoais para uma finalidade determinada*" (LGPD, art. 5º, XII).

do entendimento das pessoas do que as políticas de privacidade, mesmo quando os usuários as leem cuidadosamente.[27]

Se a intenção do *Open Banking* é colocar o cliente no controle, conforme divulgado no *site* gerido pela estrutura responsável por sua governança[28], então é essencial que este cliente esteja munido de informações precisas para orientar sua tomada de decisões. Vê-se, assim, que o *Open Banking* é calcado no direito à autodeterminação informativa que, como corolário dos direitos humanos, consiste em garantir às pessoas o controle sobre seus dados, cabendo aos indivíduos a decisão sobre quais de suas informações devem ser compartilhadas com terceiros ou tornadas públicas[29-30]. Nas palavras de Canotilho, o direito à

---

27. STRAHILEVITZ, Lior; KUGLER, Matthew B. Is privacy policy language irrelevant to consumers? Coase-Sandor Working Paper Series in Law and Economics, nº. 776 (2016). Disponível em: <https://chicagounbound.uchicago.edu/cgi/viewcontent.cgi?referer=https://scholar.google.com.br/&httpsredir=1&article=2465&context=law_and_economics>. Acesso em: 15 abr. 2021.
28. Ver: https://openbankingbrasil.org.br/conheca/. Acesso em: 16 abr. 2021.
29. PEREIRA, Alexandre Libório Dias. O direito à autodeterminação informativa na jurisprudência portuguesa: breve apontamento. Ars Iuris Salmanticensis, vol. 5, dezembro/2017, p. 27-30.
30. O direito à autodeterminação informativa encontra-se previsto no art. 35 da Constituição da República Portuguesa, *in verbis*: artigo 35º: "Utilização da informática: 1. Todos os cidadãos têm o direito de acesso aos dados informatizados que lhes digam respeito, podendo exigir a sua retificação e atualização, e o direito de conhecer a finalidade a que se destinam, nos termos da lei. 2. A lei define o conceito de dados pessoais, bem como as condições aplicáveis ao seu tratamento automatizado, conexão, transmissão e utilização, e garante a sua proteção, designadamente através de entidade administrativa independente. 3. A informática não pode ser utilizada para tratamento de dados referentes a convicções filosóficas ou políticas, filiação partidária ou sindical, fé religiosa, vida privada e origem étnica, salvo mediante consentimento expresso do titular, autorização prevista por lei com garantias de não discriminação ou para processamento de dados estatísticos não individualmente identificáveis. 4. É proibido o acesso a dados pessoais de terceiros, salvo em casos excecionais previstos na lei. 5. É proibida a atribuição de um número nacional único aos cidadãos. 6. A todos é garantido livre acesso às redes informáticas de uso público, definindo a lei o regime aplicável aos fluxos de dados transfronteiras e as formas adequadas de proteção de dados pessoais e de outros cuja salvaguarda se justifique por razões de interesse nacional. 7. Os dados pessoais constantes de ficheiros manuais gozam de proteção idêntica à prevista nos números anteriores, nos termos da lei." Disponível em: <https://www.parlamento.pt/Legislacao/Paginas/ConstituicaoRepublicaPortuguesa.aspx>. Acesso em 16 abr. 2021.

autodeterminação informativa "se traduz, fundamentalmente, na faculdade de o particular determinar e controlar a utilização dos seus dados pessoais".[31]

Interessante notar que a sistemática do *Open Banking*, centrada no consentimento do cliente, diverge da linha que foi adotada em 2019 quando da edição da nova lei do cadastro positivo[32], também relevante para o setor financeiro. Antes da alteração legislativa, os consumidores deveriam fazer a opção para integrar o cadastro (modelo de *opt-in*). Com a sobrevinda da nova lei, passou a vigorar o modelo de *opt-out*, por meio do qual todos estão incluídos no cadastro positivo até manifestação em sentido contrário.[33]

No cadastro positivo, a regra anterior, prevista na redação original da Lei nº 12.414/2011 (art. 4º), era de que o consumidor deveria fornecer "*autorização prévia*" mediante "*consentimento informado por meio de assinatura em instrumento específico ou em cláusula apartada*". Com a mudança legislativa, o gestor de banco de dados com informações sobre o histórico de crédito dos indivíduos passou a poder abrir cadastro e compartilhar informações sem o consentimento dos cadastrados, devendo apenas enviar-lhes uma comunicação, inclusive indicando os canais para o cancelamento do cadastro.

Por opção do BACEN e seguindo modelos internacionais, o *Open Banking*, ao contrário do cadastro positivo, requer consentimento prévio dos clientes. O desafio está em garantir que este consentimento seja obtido de forma adequada, de modo que os indivíduos sejam satisfatoriamente informados acerca das condições com as quais estão anuindo e a autodeterminação informativa possa ser exercida em sua plenitude.

Existem diferentes formatos possíveis dos quais as instituições financeiras podem se valer para apresentar informações a seus clientes, o que inclui a utilização de ferramentas tecnológicas desenhadas com o propósito de capacitar o cidadão na habilidade de controlar seus dados. São as chamadas *Privacy Enhancing Technologies/PETs*, que podem ser importantes aliadas no desafio de empoderar os indivíduos no gerenciamento de suas informações.[34]

---

31. CANOTILHO, J. J. Gomes. Direito Constitucional e Teoria da Constituição. 7ª ed. Coimbra: Ed. Almedina, 2003. p. 515.

32. Lei Complementar nº 166, de 8 de abril de 2019.

33. Sobre as mudanças na lei do cadastro positivo, ver: BESSA, Leonardo Roscoe. A nova lei do cadastro positivo. In: MAIOLINO, Isabela; TIMM, Luciano Benetti (Orgs.). Direito do consumidor: novas tendências e perspectiva comparada. Brasília: Editora Singular, 2019.

34. Sobre o uso de *Privacy Enhancing Technologies*, ver BIONI, Bruno Ricardo. Proteção de dados pessoais: a função e os limites do consentimento. Rio de Janeiro: Forense, 2019. p. 204-207.

Nesse sentido, a regulação do BACEN, ou mesmo a autorregulação setorial, pode buscar estimular a utilização dessas ferramentas tecnológicas no contexto do *Open Banking*. É dizer, instrumentos regulatórios podem servir como indutores da utilização de tecnologias que ajudem os clientes das instituições financeiras a receberem informações inteligíveis e de qualidade e possam, assim, exercer a autodeterminação informativa, gerindo, da maneira que melhor lhes aprouver, a utilização de seus dados pessoais.

3. A Lei Geral de Proteção de Dados Pessoais

A promulgação da LGPD no Brasil em 2018 foi parte de um movimento internacional, observado nos últimos anos, de aprofundamento normativo a respeito de questões envolvendo privacidade. Isso se deu por conta da evolução tecnológica, que gerou a popularização da *internet* e dos *smartphones*, e o surgimento de diversas aplicações e modelos de negócio baseados na utilização de grandes volumes de dados pessoais.

Foi nesse contexto, levando em conta os riscos à privacidade causados pelas novas tecnologias da informação e pelo avanço nas técnicas de processamento de dados, particularmente no âmbito de serviços oferecidos por meio da *internet*, que a União Europeia resolveu atualizar suas normas de privacidade e proteção de dados.[35] Assim, em 2016, foi editado o Regulamento Geral sobre a Proteção de Dados ("GDPR"), que entrou em vigor na União Europeia no dia 25 de maio de 2018, revogando a Diretiva de Proteção de Dados Pessoais de 1995.

A LGPD é amplamente inspirada no GDPR, a começar pela parte principiológica. Seguindo o modelo europeu, por exemplo, a lei brasileira estabelece princípios como o da *finalidade* (art. 6º, I), pelo qual os propósitos específicos do tratamento de dados devem ser explícitos, e o titular dos dados deve ser deles informado, sendo vedado o tratamento fora dessas finalidades. Já o princípio do *livre acesso* (art. 6º, IV) garante aos titulares a consulta facilitada e gratuita sobre a forma e duração do tratamento, bem como sobre a integralidade de seus dados

35. DE HERT, Paul; PAPAKONSTANTINOU, Vagelis. The proposed data protection regulation replacing Directive 95/46/EC: A sound system for the protection of individuals. Computer Law & Security Review (2012). p. 136. Disponível em: <https://www.researchgate.net/profile/Paul-Hert/publication/257101611_The_proposed_data_protection_Regulation_replacing_Directive_9546EC_A_sound_system_for_the_protection_of_individuals/links/5c310e1892851c22a35ec8ca/The-proposed-data-protection-Regulation-replacing-Directive-95-46-EC-A-sound-system-for-the-protection-of-individuals.pdf>. Acesso em: 17 abr. 2021.

pessoais. Ainda, o princípio da transparência (art. 6º, VI) dá o direito aos titulares de terem informações claras, precisas e facilmente acessíveis sobre o tratamento e os agentes por ele responsáveis, observados os segredos de negócio.

Vê-se, assim, que a LGPD cria uma série de direitos para as pessoas físicas, titulares de dados pessoais. Tais direitos, olhados no espelho, se traduzem em obrigações para os agentes de tratamento de dados, que devem possuir meios aptos a garantir que os cidadãos possam exercê-los satisfatoriamente. Desse modo, empresas que, como instituições financeiras, tratam grandes volumes de dados pessoais devem estar capacitadas a atender requisições, prestar informações e demonstrar o cumprimento de regras, sob pena de serem sancionadas.

Nesse sentido, por exemplo, um dos direitos que a LGPD garante aos titulares de dados é o de portabilidade (LGPD, art. 18, V).[36] Por meio dele, os clientes de uma instituição financeira podem solicitar que seus dados sejam fornecidos a uma empresa concorrente. É o caso, por exemplo, de um indivíduo que deseja abrir conta em um novo banco e precisa que o banco com qual já possui relacionamento forneça informações que possui consigo armazenadas. De acordo com a LGPD, vale notar, este direito independe da existência do *Open Banking*. Todavia, ao assegurar a possibilidade de compartilhamento de dados entre diferentes instituições, o *Open Banking* poderá garantir o pleno exercício do direito de portabilidade dos titulares de dados, conforme previsto na LGPD.

Para além da portabilidade, com base em outros direitos assegurados pelo artigo 18 da LGPD, os clientes podem acessar as instituições financeiras apresentando-lhes pedidos que estas devem estar preparadas para atender. Nesse contexto, os indivíduos podem pedir acesso aos seus dados, buscar a confirmação da existência de tratamento, solicitar a correção de dados incompletos, inexatos ou desatualizados, requerer a anonimização, bloqueio ou eliminação de dados desnecessários, além de revogar o consentimento quando este tiver sido outorgado.

De acordo com a LGPD, as providências decorrentes de pedidos dos titulares de dados devem ser adotadas imediatamente. Caso o controlador dos dados não possa agir de forma imediata, deve indicar as razões de fato ou de direito que o impedem. Com relação aos requerimentos de confirmação de existência

36. LGPD, art. 18. O titular dos dados pessoais tem direito a obter do controlador, em relação aos dados do titular por ele tratados, a qualquer momento e mediante requisição: V – portabilidade dos dados a outro fornecedor de serviço ou produto, mediante requisição expressa, de acordo com a regulamentação da autoridade nacional, observados os segredos comercial e industrial.

de tratamento ou acesso a dados pessoais, o controlador poderá responder imediatamente em formato simplificado, ou observar um prazo de quinze dias para fornecer uma declaração clara e completa.

Não são poucos, portanto, os esforços que instituições financeiras devem empregar para estarem em conformidade com a LGPD. E, para além da capacidade em atender as requisições de titulares de dados, a Lei ainda impõe obrigações acerca de medidas de segurança, técnicas e administrativas, que devem ser tomadas pelos agentes de tratamento de dados para fins de proteção quanto a acessos não autorizados e situações acidentais ou ilícitas de destruição, perda, alteração, comunicação ou qualquer forma de tratamento inadequado. A LGPD, no entanto, não apresenta de forma clara quais são as medidas que devem ser observadas pelos agentes de tratamento de dados, estabelecendo que a autoridade nacional poderá dispor sobre padrões técnicos mínimos. De fato, não seria recomendável que a Lei se aprofundasse em questões técnicas, pois, com o avanço tecnológico, ela logo poderia se tornar obsoleta. Nesse sentido, foi acertada a opção do legislador de deixar espaço para a regulação, que deverá levar em conta o estado atual da tecnologia quando do estabelecimento de requisitos de segurança da informação.

Também é importante observar que, conquanto não especifique quais são as medidas de segurança, a LGPD determina que elas deverão ser observadas "*desde a fase de concepção do produto ou do serviço até a sua execução*".[37] Trata-se da ideia de *privacy by design*, também presente no GDPR[38], que consiste na adoção de medidas proativas, quando das etapas de criação de novas aplicações, que antecipem e previnam eventos potencialmente lesivos à privacidade, de modo que eles não se concretizem.[39]

---

37. LGPD, art. 46, § 2º.

38. A obrigação de adoção de medidas de *privacy by design* é prevista no artigo 25 (1) do GDPR: Taking into account the state of the art, the cost of implementation and the nature, scope, context and purposes of processing as well as the risks of varying likelihood and severity for rights and freedoms of natural persons posed by the processing, the controller shall, both at the time of the determination of the means for processing and at the time of the processing itself, implement appropriate technical and organisational measures, such as pseudonymisation, which are designed to implement data-protection principles, such as data minimisation, in an effective manner and to integrate the necessary safeguards into the processing in order to meet the requirements of this Regulation and protect the rights of data subjects.

39. CAVOUKIAN, Ann. Privacy by design. 2009. Disponível em: <https://www.privacysecurityacademy.com/wp-content/uploads/2020/08/PbD-Principles-and-Mapping.pdf>. Acesso em: 17 abr. 2021.

Por fim, a LGPD também deixa espaço para a autorregulação, ao estabelecer que os próprios controladores e operadores, individualmente ou por meio de associações, poderão formular regras de boas práticas e de governança, incluindo padrões técnicos.

4. CONCLUSÃO

A proteção de dados pessoais está na ordem do dia para empresas das mais variadas indústrias, o que se evidenciou pela promulgação da LGPD em 2018 e pela criação da autoridade nacional de dados pessoais. No que se refere às instituições financeiras, que já eram marcadas pela sujeição a outras normas voltadas à proteção de dados, há pontos específicos que demandam atenção, tanto por conta do surgimento do novo marco legal quanto em razão das inovações pelas quais vem passando o setor. Diante desse desafiador cenário, este artigo buscou apresentar os principais aspectos envolvidos no *compliance* de dados pessoais para as instituições financeiras.

O Pix, sem dúvidas, é uma inovação bem-vinda, que pode gerar benefícios concretos aos consumidores, especialmente, em vista da redução de custos e do ganho de agilidade às transações financeiras. Além disso, há potencial de incremento da competitividade entre os agentes econômicos. Contudo, como visto, o sucesso do arranjo de pagamentos estará diretamente associado ao grau de confiança que nele será depositado pelos usuários. Para tanto, é importante a adoção de cuidados com segurança da informação, de modo a se evitar que dados de cidadãos sejam indevidamente expostos, acarretando risco aos cidadãos. As instituições financeiras devem constantemente buscar o aprimoramento de suas técnicas voltadas à identificação acurada dos indivíduos envolvidos nas transações, verificando previamente as suspeitas de fraude e impedindo a concretização de danos.

Além disso, como observado, um dos principais pontos de vulnerabilidade do Pix reside na sujeição a fraudes sofisticadas envolvendo ataques de *phishing*, que têm origem, justamente, na utilização indevida de dados pessoais. Como esses ataques são baseados em técnicas de engenharia social, por meio das quais se busca enganar os indivíduos, sugere-se que as instituições financeiras dediquem esforços à educação de seus clientes e do público em geral, por meio da produção de materiais informativos e da realização de campanhas de conscientização. Com isso, espera-se capacitar as pessoas a identificar e neutralizar tentativas de ataque antes que elas se concretizem.

Já em relação ao *Open Banking*, inicialmente convém apontar para os cuidados que devem ser tomados em relação à segurança cibernética, uma vez que, com o amplo compartilhamento de dados pessoais, multiplicam-se as chances de acessos ilegais ou não autorizados às informações. Nesse sentido, espera-se que normas regulatórias obriguem as instituições participantes do sistema a implementarem medidas técnicas voltadas à segurança da informação. Pondera-se, contudo, que o investimento em medidas de segurança tem como consequência aumentar custos de transação. Assim, um desafio da regulação do BACEN, ou mesmo da autorregulação, será alcançar um desejável ponto de equilíbrio. A um só tempo, deve-se garantir que as medidas a serem empregadas pelas instituições financeiras sejam efetivas para trazer segurança ao sistema, sem que o custo com sua implementação prejudique a competição, penalizando os agentes menos abastados, que não tenham condições de arcar com gastos elevados, como pode ocorrer com algumas *fintechs*.

Como visto, o *Open Banking* é lastreado no prévio consentimento dos clientes das instituições financeiras e no direito à autodeterminação informativa. A ideia do sistema é colocar o cidadão no controle de seus dados. Assim, o sucesso do *Open Banking* dependerá da capacidade que as instituições participantes terão de efetivamente garantir que seus clientes estejam bem-informados e possam exercer, em sua plenitude, o gerenciamento quanto ao uso de suas informações.

Para alcançar este propósito, as instituições financeiras devem evitar o uso de políticas de privacidade e termos de consentimento em documentos longos e escritos em linguagem complexa, o que dificulta a compreensão por parte dos clientes e, até mesmo, desestimula sua leitura. As normas regulatórias incidentes sobre o *Open Banking*, atualmente, não especificam o que seria uma forma adequada de obtenção de consentimento, havendo espaço para que as instituições participantes desenvolvam suas próprias práticas.

Nesse contexto, sugere-se a utilização de ferramentas tecnológicas voltadas a empoderar os indivíduos na capacidade do controle de seus dados, as chamadas *Privacy Enhancing Technologies*. Por meio de plataformas simples e amigáveis, a tecnologia pode ser importante aliada neste desafio, e seu uso pode ser estimulado por meio de regulação.

No que se refere aos esforços necessários para fins de conformidade com a LGPD, inicialmente, as instituições financeiras necessitam estar capacitadas a atender pedidos dos titulares de dados. A LGPD, afinal, cria uma série de direitos para as pessoas naturais, que têm seus dados tratados por diferentes empresas. E cabe às instituições financeiras assegurar o exercício destes direitos quando demandadas por indivíduos. Independentemente do *Open Banking*, por exemplo, a LGPD já garante aos titulares de dados o direito à portabilidade, pelo que, mediante solicitação do cliente, uma instituição financeira deve viabilizar o compartilhamento de dados com outra em formato adequado. Além disso, há uma série de outros direitos previstos, que os agentes de tratamento de dados devem estar preparados para garantir quando provocados por cidadãos.

Ainda, a LGPD prevê a obrigatoriedade de adoção de medidas técnicas e administrativas voltadas a proteger os dados pessoais por parte daqueles que realizam seu tratamento. A Lei não especifica que medidas são essas, e este detalhamento poderá ser trazido por meio de normas emanadas da autoridade nacional de proteção de dados, ou mesmo por autorregulamentação privada. Contudo, é certo que os cuidados com privacidade devem ser observados desde a etapa inicial do desenvolvimento de produtos e serviços, e é importante que as instituições financeiras possam, por meio de registros idôneos, atestar o cumprimento dessa obrigação.

Enfim, não são poucos os desafios atualmente presentes no *compliance* de dados para o setor financeiro. Em um momento histórico que a proteção de dados pessoais ganha cada vez mais relevo na vida cotidiana, espera-se que instituições financeiras – que, pela própria natureza de suas atividades, lidam com grandes volumes de informações de indivíduos –, estejam preparadas para esta nova realidade, não apenas cumprindo as normas aplicáveis, mas desempenhando um papel ativo na construção de um cenário global de maior proteção ao direito fundamental de privacidade.

5. REFERÊNCIAS

BANCO CENTRAL DO BRASIL. Comunicado nº 33.455, de 24/4/2019. Disponível em: <https://www.bcb.gov.br/estabilidadefinanceira/exibenormativo?tipo=Comunicado&numero=33455>. Acesso em: 10 abr. 2021.

BANCO CENTRAL DO BRASIL. Open Banking. Disponível em: <https://www.bcb.gov.br/estabilidadefinanceira/openbanking>. Acesso em: 15 abr. 2021.

BANCO CENTRAL DO BRASIL. Pix. Disponível em: <https://www.bcb.gov.br/estabilidadefinanceira/pix>. Acesso em: 13 mar. 2021.

BANCO CENTRAL DO BRASIL. Resolução nº 4.658, de 26 de abril de 2018. Disponível em: <https://www.bcb.gov.br/pre/normativos/busca/downloadNormativo.asp?arquivo=/Lists/Normativos/Attachments/50581/Res_4658_v1_O.pdf>. Acesso em: 06 mar. 2021.

BANCO CENTRAL DO BRASIL. Resolução BCB nº 1, de 12 de agosto de 2020. Disponível em: <https://www.bcb.gov.br/estabilidadefinanceira/exibenormativo?tipo=Resolu%C3%A7%C3%A3o%20BCB&numero=1>. Acesso em: 06 mar. 2021.

BECK, Ulrich. Sociedade de risco: rumo a uma outra modernidade. Tradução Sebastião Nascimento. São Paulo: Editora 34, 2011.

BELLINETTI, Luiz Fernando. Limitações legais ao sigilo bancário. Revista de Direito do Consumidor, v. 18, abr./jun. 1996.

BESSA, Leonardo Roscoe. A nova lei do cadastro positivo. In: MAIOLINO, Isabela; TIMM, Luciano Benetti (Orgs.). Direito do consumidor: novas tendências e perspectiva comparada. Brasília: Editora Singular, 2019.

BIONI, Bruno Ricardo. Proteção de dados pessoais: a função e os limites do consentimento. Rio de Janeiro: Forense, 2019.

BRASIL. Lei nº 12.865, de 9 de outubro de 2013. Disponível em: <http://www.planalto.gov.br/ccivil_03/_ato2011-2014/2013/lei/l12865.htm>. Acesso em: 17 abr. 2021.

BRASIL. Lei nº 13.709, de 14 de agosto de 2018. Disponível em: <http://www.planalto.gov.br/ccivil_03/_ato2015-2018/2018/lei/l13709.htm>. Acesso em: 17 abr. 2021.

BRASIL. Lei Complementar nº 105, de 10 de janeiro de 2001. Disponível em: <http://www.planalto.gov.br/ccivil_03/leis/lcp/Lcp105.htm>. Acesso em: 17 abr. 2021.

BRASIL. Lei Complementar nº 166, de 8 de abril de 2019. Disponível em: <http://www.planalto.gov.br/ccivil_03/leis/lcp/Lcp166.htm>. Acesso em: 17 abr. 2021.

BRODSKY, Laura; OAKES, Liz. Data sharing and open banking. McKinsey & Company, 2017. Disponível em: <https://www.mckinsey.it/sites/default/files/data-sharing-and-open-banking.pdf>. Acesso em: 10 abr. 2021.

CANOTILHO, J. J. Gomes. Direito Constitucional e Teoria da Constituição. 7ª ed. Coimbra: Ed. Almedina, 2003.

CAVOUKIAN, Ann. Privacy by design. 2009. Disponível em: <https://www.privacysecurityacademy.com/wp-content/uploads/2020/08/PbD-Principles-and-Mapping.pdf>. Acesso em: 17 abr. 2021.

CHANTLER, Alan N.; BROADHURST, Roderic. Social engineering and crime prevention in cyberspace. Draft Technical Report for the Australian Institute of Criminology – Futures of High Tech Crime Project. 2006. Disponível em: <http://eprints.qut.edu.au/7526/>. Acesso em: 13 mar. 2021.

DE HERT, Paul; PAPAKONSTANTINOU, Vagelis. The proposed data protection regulation replacing Directive 95/46/EC: A sound system for the protection of individuals. Computer Law & Security Review (2012). p. 136. Disponível em: <https://www.researchgate.net/profile/Paul-Hert/publication/257101611_The_proposed_data_protection_Regulation_replacing_Directive_9546EC_A_sound_system_for_the_protection_of_individuals/links/5c310e1892851c22a35ec8ca/The-proposed-data-protection-Regulation-replacing-Directive-95-46-EC-A-sound-system-for-the-protection-of-individuals.pdf>. Acesso em: 17 abr. 2021.

ESTRUTURA INICIAL DO OPEN BANKING. Conheça o Open Banking. Disponível em: <https://openbankingbrasil.org.br/conheca/>. Acesso em: 16 abr. 2021.

FEBRABAN. Conheça as tentativas de fraudes e golpes financeiros mais comuns com o Pix e saiba como evitá-los. Disponível em: <https://febraban.org.br/noticia/3602/pt-br/>. Acesso em: 14 mar. 2021.

G1. Golpistas usam cadastro no PIX para roubar dados de consumidores. Disponível em: <https://g1.globo.com/economia/noticia/2020/09/28/golpistas-usam-cadastro-no-pix-para-roubar-dados-de-consumidores.ghtml>. Acesso em: 13 mar. 2020.

GOLDFAJN, Ilan. A outra revolução no sistema financeiro brasileiro. JOTA. 2020. Disponível em: <https://www.jota.info/opiniao-e-analise/artigos/sistema-financeiro-brasileiro-ilan-goldfajn-14102020>. Acesso em: 14 mar. 2021.

MINISTÉRIO DA ECONOMIA e BANCO CENTRAL DO BRASIL. Resolução Conjunta nº 1, de 4 de maio de 2020. Disponível em: <https://www.in.gov.br/en/web/dou/-/resolucao-conjunta-n-1-de-4-de-maio-de-2020-255165055>. Acesso em: 06 mar. 2021.

PCI SECURITY STANDARDS COUNCIL. PCI Security. Disponível em: <https://www.pcisecuritystandards.org/pci_security/>. Acesso em: 06 mar. 2021.

PEREIRA, Alexandre Libório Dias. O direito à autodeterminação informativa na jurisprudência portuguesa: breve apontamento. Ars Iuris Salmanticensis, vol. 5, dezembro/2017.

PORTUGAL. Constituição da República Portuguesa. Disponível em: <https://www.parlamento.pt/Legislacao/Paginas/ConstituicaoRepublicaPortuguesa.aspx>. Acesso em 16 abr. 2021.

RIBEIRO, Alexandre Ogêda; BAGNOLI, Vicente. Open banking: impactos e desafios no mercado financeiro. Constituição, Economia e Desenvolvimento: Revista da Academia Brasileira de Direito Constitucional. Curitiba, 2020, vol. 13, n. 23, p. 216-242, ago./dez. 2020.

SHAW, Abraham. Data breach: from notification to prevention using PCI DSS. 43 Column. J.L. & Soc. Probs. 517 (2009-2010). Disponível em: <https://heinonline.org/HOL/LandingPage?handle=hein.journals/collsp43&div=24&id=&page=>. Acesso em: 06 mar. 2021.

SHESTAK, Viktor A.; PAVLYUKOVA. Phishing attacks: legal regulation in the USA. Technology of the XXI century in jurisprudence: Materials of The Second International Scientific-Practical Conference (22 May 2020). Yekaterinburg: Ural State Law University. Disponível em: <https://papers.ssrn.com/sol3/papers.cfm?abstract_id=3613604>. Acesso em: 14 mar. 2021.

SPC BRASIL. Mais de 12 milhões de consumidores sofreram alguma fraude financeira nos últimos 12 meses, aponta pesquisa CNDL/SPC Brasil. Disponível em: <https://www.spcbrasil.org.br/pesquisas/pesquisa/6623>. Acesso em: 13 mar. 2021.

STRAHILEVITZ, Lior; KUGLER, Matthew B. Is privacy policy language irrelevant to consumers? Coase-Sandor Working Paper Series in Law and Economics, nº. 776 (2016). Disponível em: <https://chicagounbound.uchicago.edu/cgi/viewcontent.cgi?referer=https://scholar.google.com.br/&httpsredir=1&article=2465&context=law_and_economics>. Acesso em: 15 abr. 2021.

UNIÃO EUROPEIA. General Data Protection regulation. Disponível em: <https://gdpr-info.eu/>. Acesso em: 17 abr. 2021.

VALOR ECONÔMICO. Golpes bancários pela internet crescem 80% durante a pandemia, diz Febraban. Disponível em: <https://valorinveste.globo.com/produtos/servicos-financeiros/noticia/2020/09/18/golpes-bancarios-pela-internet-crescem-80percent-durante-a-pandemia-diz-febraban.ghtml>. Acesso em: 13 mar. 2020.

VAYANSKY, Ike; KUMAR, Sathish. Phishing – challenges and solutions. Computer Fraud & Security, 2018 – Elsevier. Disponível em: https://www.researchgate.net/profile/Sathish-Kumar-26/publication/322823383_Phishing_-_challenges_and_solutions/links/5acde9fa4585154f3f420911/Phishing-challenges-and-solutions.pdf. Acesso em: 17 abr. 2020.

VEIGA, Fabio da Silva; GIBRAN, Sandro Mansur; BONSERE, Silvana Fátima Mezaroba. Openbanking: expectativas e desafios para o mercado financeiro no Brasil. Administração de Empresas em Revista, v. 1, n. 15 (2019). Disponível em: <http://revista.unicuritiba.edu.br/index.php/admrevista/issue/view/141>. Acesso em: 10 abr. 2021.

A APLICABILIDADE DA LEI GERAL DE PROTEÇÃO DE DADOS AOS CORRETORES DE DADOS

RAFAEL A. F. ZANATTA[1]

HELENA SECAF[2]

JÚLIA MENDONÇA[3]

---

1. Diretor da Associação Data Privacy Brasil de Pesquisa. É Mestre pela Faculdade de Direito da USP e doutorando pelo Instituto de Energia e Ambiente da USP. Mestre em direito e economia pela Universidade de Turim. Alumni do Privacy Law and Policy Course da Universidade de Amsterdam. Research Fellow da The New School (EUA). Membro da Rede Latino-Americana de Vigilância, Tecnologia e Sociedade (Lavits). Membro do Instituto Brasileiro de Responsabilidade Civil (Iberc).

2. Pesquisadora na Associação Data Privacy Brasil de Pesquisa. Bacharel em direito pela Fundação Getulio Vargas de São Paulo.

3. Pesquisadora na Associação Data Privacy de Pesquisa. Graduanda em Direito pela Universidade Federal da Bahia (UFBA).

com a Lei Geral de Proteção de Dados Pessoais; 3.1. O problema das bases legais para tratamento de dados; 3.2. Os deveres aplicáveis aos corretores de dados e o princípio da boa-fé; 3.3. Perfilização e tratamento de dados excessivos: ilícito e natureza do dano; 4. Conclusão; 5. Referências bibliográficas.

1. Introdução[4]

"Você pode não saber quem são os corretores de dados, mas eles conhecem você"[5]. Essa é a frase que introduz a reportagem da Avast publicada em 2021 sobre corretores de dados, também conhecidos como *data brokers* ou *information brokers*. São empresas que agregam, coletam, armazenam, licenciam e vendem dados pessoais – incluindo seus derivados e inferências – com finalidade lucrativa. São organizações privadas que historicamente atuam de forma discreta e que hoje operam um negócio bilionário de "enriquecimento de dados", "insights analíticos" e perfilização de consumidores para inúmeros fins comerciais.[6]

Em 1997, Stéphane Bressan e Thomas Lee, em estudo publicado no Massachusetts Institute of Technology, argumentaram que os corretores de dados são agentes que operam negócios de compra e venda de informação como

4. Este artigo é uma versão expandida de uma apresentação realizada por Rafael Zanatta no II Seminário Internacional sobre a Lei Geral de Proteção de Dados (LGPD) – Arquitetura da privacidade no Brasil: Eixos centrais da política nacional de proteção de dados, realizado pelo Centro de Estudos Judiciários do Conselho da Justiça Federal (CEJ/CJF), em parceria com a Escola Nacional de Formação e Aperfeiçoamento de Magistrados (Enfam) e o Instituto Brasiliense de Direito Público (IDP), em 30 de abril de 2021. Na ocasião, a apresentação contou com comentários do ministro Paulo de Tarso Sanseverino, Danilo Doneda e Marcela Mattiuzzo. Os autores agradecem também as discussões com Bruno Bioni, Mariana Rielli e equipe de pesquisadores da Associação Data Privacy Brasil de Pesquisa.

5. LATTO, Nica. Data Brokers: Everything You Need to Know. AVAST. 2021. Disponível em: https://www.avast.com/c-data-brokers. Acesso em: 20 abr. 2021.

6. Para uma análise sociológica sobre os corretores de dados no Brasil, ver SILVEIRA, Sergio Amadeu da; AVELINO, Rodolfo; SOUZA, Joyce. A privacidade e o mercado de dados pessoais. *Liinc em Revista*, v. 12, n. 2, p. 217-230, 2016. SILVEIRA, Sergio Amadeu da. *Tudo sobre tod@s: Redes digitais, privacidade e venda de dados pessoais*. São Paulo: Edições Sesc, 2017. SAMPAIO, Alice Castaldi. *Data Brokers: um novo modelo de negócios baseado em vigilância de dados*. Dissertação de Mestrado. Universidade Estadual de Campinas, 2017.

commodity. São agentes especializados na "coleta e redistribuição de informação"[7], em especial, dados pessoais. Mais de 20 anos depois, em artigo escrito para a *Encyclopedia of Big Data* da editora Springer, Abdullah Alowairdhi e Xiaogang Ma conceitualizam os corretores de dados como aqueles que "adquirem e armazenam dados individuais como produtos em uma infraestrutura de dados confidencial, que armazena, compartilha e consome dados por meio de tecnologias em rede"[8]. Muitos deles não são apenas *intermediários*, mas se estruturam como poderosas empresas de armazenamento de informação, logística e acesso a seus serviços por sofisticados arranjos de computação em nuvem. É assim que operam empresas como Acxiom, Experian[9], Epsilon, CoreLogic, Datalogix, Intelius, PeekYou, Exactis, Recorded Future, entre outras.

O desconhecimento sobre os corretores de dados é generalizado. Em 2012, em matéria escrita para o The New York Times, a jornalista Natasha Singer observou que "poucos consumidores já ouviram falar da Acxiom"[10], apesar da empresa realizar 50 trilhões de transações de dados por ano, possuir informação de 500 milhões de "consumidores ativos" e mais de 1.500 *data points* por pessoa nos Estados Unidos da América. Se, por um lado, essas empresas são desconhecidas pela população, elas são amplamente conhecidas por bancos, grandes empresas de varejo, lojas de departamento e montadoras. Há um amplo interesse não apenas em acessar os dados "minerados e refinados", mas em adquirir os modelos preditivos sobre comportamento dos consumidores. Como afirmado pelos executivos da Acxiom, o objetivo da empresa é "reconhecer os consumidores, lembrar suas ações, classificar seus comportamentos e influenciá-los"[11].

Como os corretores de dados são afetados pelas leis de proteção de dados pessoais? A existência de legislações como a Lei Geral de Proteção de Dados

7. BRESSAN, Stéphane. LEE, Thomas. Information Brokering on the World Wide Web. *WebNet 97 World Conference*, 1997. Disponível em: https://dspace.mit.edu/bitstream/handle/1721.1/2663/SWP-3963-37617980-CISL-9708.pdf?sequence=1. Acesso em: 19 maio 2021.
8. ALOWAIRDHI, Abdullah; MA, Xiaogang. Data Brokers and Data Services, in: SCHINTLER, L.; MCNEELY, C. (ed.). *Encyclopedia of Big Data*. New York: Springer, 2019.
9. No Brasil, a Experian é conhecida como Serasa Experian.
10. SINGER, Natasha. Mapping and Sharing the Consumer Genome, The New York Times, 16 de Jun. 2012. Disponível em: https://www.nytimes.com/2012/06/17/technology/acxiom-the-quiet-giant-of-consumer-database-marketing.html. Acesso em: 19 maio 2021.
11. SINGER, Natasha. *Op. cit.*

Pessoais (Lei 13.709/2018 – "LGPD") impossibilitam sua operação, tornando-as imediatamente ilícitas? Deveriam os corretores de dados interromperem suas atividades no Brasil, em razão da chegada da LGPD?

É evidente que essas empresas não fecharão suas portas por conta do advento da LGPD, mas é inegável que suas operações serão profundamente afetadas pela aplicação da lei, pela atuação da Autoridade Nacional de Proteção de Dados Pessoais (ANPD) e pelo sistema de tutela coletiva de proteção de dados no Brasil, incluindo o Ministério Público, Defensorias Públicas e ONGs. Em termos de aplicabilidade do direito fundamental à proteção de dados pessoais, esse impacto é notável em ao menos três aspectos: (i) a capacidade de demonstração de base legal de tratamento de dados pessoais, (ii) a licitude das operações de perfilização e de construção de modelos preditivos, diante dos direitos dos titulares dos dados pessoais e (iii) os deveres de transparência e boa-fé aplicáveis aos corretores, em especial a aplicabilidade do precedente do caso sobre *credit scoring* no Superior Tribunal de Justiça.

O objetivo deste artigo é demonstrar como a LGPD afeta os mercados de corretores de dados, tendo em mente o problema das bases legais para tratamento de dados, os deveres aplicáveis aos corretores de dados e o princípio da boa-fé e a indenização por tratamento de dados excessivos. Para apoiar essa discussão jurídica, o artigo inicia com uma explicação mais profunda sobre o que são (e quem são) os corretores de dados e como as autoridades públicas, em especial as dos EUA, têm enxergado a natureza de suas operações de uma perspectiva de transparência e respeito aos direitos básicos dos consumidores.

O artigo conclui com uma reflexão sobre a natureza dos danos em casos de usos de informações excessivas e perfilizações que podem ser consideradas ilícitas. Discute-se o impasse da adoção do dano moral *in re ipsa* ou a construção de um tipo distinto de dano, conectando-se com os precedentes do Superior Tribunal de Justiça.

2. Compreendendo o papel dos corretores de dados e os riscos de suas operações

2.1. O que são corretores de dados?

De forma geral, pode-se dizer que corretores de dados (*data brokers*) são empresas com finalidade lucrativa que agregam, coletam, armazenam, categorizam, licenciam e vendem dados pessoais, seus derivados e inferências. Essas empresas não necessariamente possuem uma relação direta com os titulares dos dados, os quais geralmente não têm conhecimento claro deste processo.

A literatura que se dedica a destrinchar as particularidades sobre este mercado mostra que as definições tendem a ser bastante convergentes. Verbicaro e Vieira (2021), em artigo recente para a Revista de Direito do Consumidor, conceituam os corretores de dados como intermediários "que coletam informações pessoais dos consumidores de variadas fontes para vendê-las ou cedê-las a outras empresas"[12]. Ressaltam que "normalmente não participam da relação de consumo tradicional; muitas vezes, o consumidor desconhece a sua existência e a sua prática"[13]. Jordan Abbott, diretor do setor de ética de dados da Acxiom, uma das maiores corretoras de dados do mundo, segue pelo mesmo caminho, conceituando corretores de dados como "entidades que coletam, agregam e vendem dados pessoais, seus derivados e inferências por meio de fontes públicas e privadas díspares"[14].

O relatório publicado pelo Cracked Labs em 2017 sobre *Vigilância Corporativa na Vida Cotidiana* afirma que, para além da agregação, combinação e comercialização de grandes quantidades de informações coletadas de diversas fontes on-line e off-line (publicamente disponíveis ou compradas e licenciadas de outras empresas), os corretores de dados "analisam dados, fazem inferências, classificam as pessoas em categorias e fornecem milhares de atributos sobre indivíduos a seus clientes"[15]. Aqui mora um dos maiores riscos da atividade, conforme será delineado mais adiante neste artigo.

---

12. "Data brokers são intermediários que coletam informações pessoais dos consumidores de variadas fontes para vendê-las ou cedê-las a outras empresas. São empresas que normalmente não participam da relação de consumo tradicional; muitas vezes, o consumidor desconhece a sua existência e a sua prática. Para a Federal Trade Commission, os data brokers compilam informações dos consumidores com o principal objetivo de traçar perfis a fim de direcionar a publicidade. Tal tratamento de informação normalmente não é informado ao consumidor, que tem seus dados coletados, manipulados e compartilhados sem seu conhecimento e, consequentemente, sem seu consentimento. Trata-se de um ciclo informacional obscuro na relação, que influi, porém, diretamente no êxito do negócio." VERBICARO, Dennis; VIEIRA, Janaina. A nova dimensão da proteção do consumidor digital diante do acesso a dados pessoais no ciberespaço. *Revista de Direito do Consumidor.* vol. 134. ano 30. p. 195-226. São Paulo: Ed. RT, mar./abr. 2021. Acesso em: 19 maio. 2021.
13. VERBICARO, Dennis. VIEIRA, Janaina. Op. cit.
14. ABBOTT, Jordan. Time to Build a National Data Broker Registry – The New York Times, Opinion. 2019. Disponível em: https://www.nytimes.com/2019/09/13/opinion/data-broker-registry-privacy.html. Acesso em: 20 abr. 2021.
15. CHRISTL, Wolfie. Corporate Surveillance in Everyday Life. How Companies Collect, Combine, Analyze, Trade, and Use Personal Data on Billions. 2017. Cracked Labs. Disponível em: http://crackedlabs.org/en/corporate-surveillance. Acesso em: 20 abr. 2021.

Conforme relatório concluído pela Federal Trade Commission (FTC),[16] baseado em estudo aprofundado sobre nove *brokers*, os corretores de dados inferem os interesses do consumidor a partir dos dados que coletam. Eles usam esses interesses, junto com outras informações, para colocar consumidores em categorias. O relatório ressalta, também, que os corretores de dados fornecem os dados não apenas aos usuários finais, mas também a outros corretores de dados[17].

Segundo o artigo publicado pela Avast em 2021,[18] os corretores de dados podem ser divididos em quatro categorias principais: (i) Marketing e Publicidade, (ii) Informações Financeiras, (iii) Pesquisa de Pessoas e (iv) Informações de Saúde. A categoria de Marketing e Publicidade engloba as atividades de publicidade direcionada, marketing "personalizado", anúncios que aparecem como relevantes de maneira suspeita ou outros anúncios de produtos em que se tenha clicado antes. Informações Financeiras, por sua vez, é a categoria delimitada por corretores de detecção de fraude ou mitigação de risco, que negociam informações financeiras pessoais, como pontuação de crédito e "risco" financeiro percebido. Eles podem, também, ajudar a prevenir fraudes, verificando identidades reais. Pesquisa de Pessoas enquadra os corretores de dados que pesquisam pessoas, oferecendo relatórios de dados especializados sobre pessoas individuais. Por fim, a categoria de Informações de Saúde abarca os corretores que compilam problemas de saúde percebidos com base em pesquisas on-line (como sintomas, terapias etc.) e off-line, como a compra de medicamentos na qual se utilizou cartões de fidelidades de farmácias, construindo um perfil sobre a saúde das pessoas.

A autora faz a ressalva de que esses dados compilados pelos corretores de Informações de Saúde podem, inclusive, ser usados por seguradoras, as quais podem adquirir esses conjuntos de dados e utilizá-los para aumentar taxas ou até mesmo se recusar a fazer um seguro. Comenta, ainda, que quando se considera que os dados podem nem mesmo ser válidos (pode-se estar procurando pelos sintomas de seu marido ou comprando remédios para sua avó), a corretagem de informações de saúde pode ser uma das práticas de corretagem mais injustas.[19] Aqui já se começa a ter uma noção mais concreta dos riscos desse

---

16. FEDERAL TRADE COMMISSION (FTC). Data Brokers: A Call for Transparency and Accountability. 2014. Disponível em: https://www.ftc.gov/system/files/documents/reports/data-brokers-call-transparency-accountability-report-federal-trade-commission-may-2014/140527databrokerreport.pdf. Acesso em: 19 maio 2021.
17. FEDERAL TRADE COMMISSION (FTC), 2014. Op. cit.
18. LATTO, Nica. Op. cit.
19. LATTO, Nica. Op. cit.

mercado – de grandes proporções, muito lucrativo e, como já mencionado, muito pouco transparente.

2.2. Quais os principais agentes econômicos desse mercado?

Jogar luz sobre o mercado de corretagem de dados perpassa pelo conhecimento de quem são os *data brokers*. Alguns dos corretores de dados são mais conhecidos que outros. A Experian e a Equifax são dois exemplos mais conhecidos no campo de birôs de crédito. A Experian possui dados de crédito sobre 918 milhões de pessoas, bem como dados de marketing de 700 milhões. A Equifax, por sua vez, possui uma base de dados de 820 milhões de pessoas[20].

A Acxiom é outro exemplo relevante. É uma empresa que tem coletado dados sobre centenas de milhões de pessoas desde 1969, sendo a maior parte desses dados oriundos de registros públicos, pesquisas com consumidores, listas de assinantes de revistas, relatórios resumidos sobre compras no varejo e rastreamento on-line.[21] Dessa forma, são "[...] 23.000 servidores constantemente coletando, agrupando e analisando mais de 50 trilhões de transações de dados exclusivos todos os anos"[22]. A empresa fornece até 3.000 elementos de dados sobre 700 milhões de pessoas de milhares de fontes em muitos países, incluindo os EUA, Reino Unido e Alemanha. Inicialmente uma empresa de marketing direto, a Acxiom desenvolveu seu banco de dados centralizado do consumidor no final dos anos 1990.[23]

A Datalogix também pode ser citada. É propriedade da Oracle, a qual lida principalmente com o rastreamento de padrões de comportamento para aumentar as vendas, coletando dados de compras on-line e off-line dos consumidores. A Datalogix "desfrutou de um relacionamento confortável de seis anos com o Facebook, durante os quais ajudou a rastrear quais usuários compravam produtos com base em anúncios do Facebook"[24]. A Oracle, por sua vez, anuncia em seu site a possibilidade de ter IDs únicos de 5 bilhões de pessoas.[25]

---

20. CHRISTL, Wolfie. Op. cit.
21. CHRISTL, Wolfie. Op. cit.
22. LATTO, Nica. Op. cit.
23. CHRISTL, Wolfie. Op. cit.
24. LATTO, Nica. Op. cit.
25. A maioria desses dados foi retirada do já mencionado relatório de 2017, Vigilância Corporativa na Vida Cotidiana, o qual apresenta em detalhes o funcionamento dessas empresas mencionadas (e outras mais), pormenorizando sua atividade em termos de quantidade de dados, setor predominante de atuação, tipos de dados coletados e

É importante notar que há um interesse relevante de várias organizações em adquirir empresas especializadas nesse tipo de perfil de corretagem de dados. A Abacus Canada é um bom exemplo, foi lançada em 2005 pela gigante de marketing on-line com sede nos Estados Unidos, a DoubleClick Inc.[26] A Abacus Canada é uma extensão da Abacus Alliance, também com sede nos Estados Unidos, que contava com mais de 2.400 membros em oito países em maio de 2005.[27] A DoubleClick, por sua vez, foi comprada pela Google em 2008, por US$ 3,1 bilhões,[28] ou seja, há um interesse bastante robusto nesse mercado: o ramo é grande e lucrativo.

Conforme já mencionado, este é um mercado que opera sorrateiro, escondido tanto dos cidadãos comuns (muitas vezes, titulares dos próprios dados em transação) quanto de regras regulatórias. Os corretores de dados possuem uma capacidade profunda de, a partir da coleta e agregação de dados, categorizar os titulares e extrair dessa categorização informações sobre interesses e comportamentos. Dada a natureza e tamanho da atividade (e lucratividade), isso não é trivial: traz à tona a discussão de quais seriam as inferências razoáveis que o sistema jurídico permite. E acima de tudo, qual seria a licitude de construção desses perfis para que isso possa ser licenciado, vendido ou negociado para enriquecimento de outras bases de dados. Esses pontos serão tratados mais adiante. O próximo tópico, no entanto, foca na opacidade deste mercado e, concomitantemente, nos tipos de riscos que essas atividades apresentam aos titulares e à sociedade como um todo.

2.3. O diagnóstico sobre opacidade e riscos nos mercados de corretores de dados

Ao definir corretores de dados, Justin Sherman, em seu artigo "Data Brokers Are a Threat to Democracy", incorpora no próprio conceito uma crítica:

---

espécies de predições. CHRISTL, Wolfie. Corporate Surveillance in Everyday Life. How Companies Collect, Combine, Analyze, Trade, and Use Personal Data on Billions. 2017. Cracked Labs. Disponível em: http://crackedlabs.org/en/corporate-surveillance. Acesso em: 20 abr. 2021.

26. THE CANADIAN INTERNET POLICY AND PUBLIC INTEREST CLINIC (CIPPIC). On the Data Trail: How detailed information about you gets into the hands of organizations with whom you have no relationship. 2006. Disponível em: https://cippic.ca/sites/default/files/May1-06/DatabrokerReport.pdf. Acesso em: 19 maio 2021.
27. THE CANADIAN INTERNET POLICY AND PUBLIC INTEREST CLINIC. Op. cit.
28. LAWSKY, David. Google closes DoubleClick merger after EU approval. Reuters. 2008. Disponível em: https://www.reuters.com/article/us-google-doubleclick-eu-idUSBFA00058020080311. Acesso em: 13 maio 2021.

"corretores de dados são intermediários do capitalismo de vigilância – compram, agregam e reembalam dados de uma variedade de outras empresas, tudo com o objetivo de vendê-los ou distribuí-los posteriormente"[29]. Essa acusação de que os corretores de dados são uma ameaça à democracia não surge sem razão: a atividade de "'encaixar uma pessoa', a partir de seus dados pessoais, em um perfil social e inferir algo sobre ela"[30] traz consequências no campo individual e, fundamentalmente, no campo coletivo.

As preocupações com esse mercado, em especial a capacidade de perfilização e discriminação abusiva, remontam há mais de uma década. Em 2006, a Clínica Canadense de Política e Interesse Público da Internet (CIPPIC), da Universidade de Ottawa, produziu relatório sobre a indústria canadense de corretagem de dados. Com o objetivo de trazer à tona a discussão sobre como informações detalhadas sobre as pessoas chegam às mãos de organizações com as quais não se tem nenhuma relação direta, o relatório já alertava para os problemas da atividade:

> "Embora a coleta e o uso de dados pessoais para fins de marketing direcionado possam parecer relativamente inofensivos, isso levanta questões de privacidade significativas. Em particular, o crescente acúmulo de dados pessoais e a consolidação de bancos de dados deixa os indivíduos vulneráveis a abusos por parte daqueles que têm acesso aos dados." (tradução livre)[31]

Seis anos depois, a Federal Trade Commission analisou a indústria de *data brokers* em um primeiro relatório sobre o assunto e identificou a falta de controle dos consumidores sobre a coleta e o uso de suas informações pelos corretores de dados. A Comissão chegou a apoiar uma legislação específica que forneceria aos consumidores acesso às suas informações mantidas por um corretor de dados. Para aumentar ainda mais a transparência, a Comissão apelou aos

29. SHERMAN, Justin. Data Brokers Are a Threat to Democracy. Wired. 2021. Disponível em: https://www.wired.com/story/opinion-data-brokers-are-a-threat-to-democracy/. Acesso em: 13 maio 2021.
30. ZANATTA, Rafael. Perfilização, discriminação e direitos: do Código de Defesa do Consumidor à Lei Geral de Proteção de Dados Pessoais. In: MIRAGEM, Bruno; MARQUES, Claudia Lima; MAGALHÃES, Lucia Ancona, Direito do Consumidor: 30 anos do CDC. Da consolidação como direito fundamental aos atuais desafios da sociedade. Rio de Janeiro: Forense, 2021, p. 519.
31. THE CANADIAN INTERNET POLICY AND PUBLIC INTEREST CLINIC (CIPPIC), op. cit.

corretores de dados que compilam dados para fins de marketing para "explorar a criação de um site centralizado onde os corretores de dados poderiam (1) se identificar para os consumidores e descrever como eles coletam e usam os dados e (2) detalhar os direitos de acesso e outras opções que fornecem em relação aos dados do consumidor que mantêm".[32]

Em 2013, em tom ácido, o *Committee on Commerce, Science and Transportation* do Senado dos EUA avaliou o problema das violações de direitos dos consumidores nos mercados de corretagem de dados e chegou à seguinte conclusão, por meio de seu relator:

> "os consumidores têm meios mínimos de aprender – ou fornecer informações – sobre como os corretores de dados coletam, analisam e vendem suas informações. A grande variedade de políticas de acesso e controle do consumidor fornecidas pelas empresas representativas mostram que os direitos do consumidor nesta área são oferecidos praticamente inteiramente a critério das empresas. As limitações contratuais impostas pelas empresas com relação à divulgação de suas fontes de dados aos clientes colocam barreiras adicionais à transparência do consumidor. E a recusa de várias das principais corretoras de dados em fornecer ao Comitê respostas completas sobre as fontes de dados e os clientes apenas reforça a aura de sigilo que cerca o setor"[33] (tradução livre)

Em 2014, no já mencionado relatório que se tornou amplamente conhecido,[34] produzido sob liderança de Julie Brill na Federal Trade Commission, a FTC argumentou que, embora possam existir benefícios, como a prevenção de fraudes, melhoria de ofertas de produtos e entrega de anúncios personalizados para consumidores, muitas das finalidades para as quais os corretores de dados coletam e usam os dados representam *riscos para os consumidores*. Esses riscos, em sua grande maioria, advêm do problema da perfilização (*profiling*).[35]

32. FEDERAL TRADE COMMISSION (FTC). Protecting Consumer Privacy in an Era of Rapid Change: Recommendations for Businesses and Policymakers. 2012. Disponível em: https://www.ftc.gov/reports/protecting-consumer-privacy-era-rapid-change-recommendations-businesses-policymakers. Acesso em: 19 maio 2021.

33. COMMITTEE ON COMMERCE, SCIENCE AND TRANSPORTATION. A Review of the Data Broker Industry: Collection, Use, and Sale of Consumer Data for Marketing Purposes. Staff Report for Chairman Rockefeller, 2013. p. 36. Disponível em: https://www.commerce.senate.gov/services/files/0d2b3642-6221-4888-a631-08f2f255b577. Acesso em: 19 maio 2021.

34. FEDERAL TRADE COMMISSION (FTC), 2014. Op. cit.

35. Perfilização pode ser conceituada como: "O processo de 'descobrir' correlações entre dados em bancos de dados que podem ser usados para identificar e representar um

Um dos pontos cruciais da perfilização é que ela está mais relacionada a grupos sociais do que ao indivíduo em si, o que provoca uma tensão ainda não resolvida na matriz individualista da proteção de dados pessoais,[36]ou seja, a perfilização está mais preocupada em prever certeiramente o comportamento do indivíduo do que de fato acertar sua categorização social. A categorização é muito menos uma tentativa de representação fiel do titular, mas de "[...] prever seu comportamento para um objetivo específico, feito a partir de uma massiva agregação de dados".[37]

Esse tipo de categorização automatizada pode levar a consequências materiais na vida não virtual dos titulares. Por exemplo, se for negada a um consumidor a capacidade de concluir uma transação com base em erro em um produto de mitigação de risco, o consumidor poderá ser prejudicado sem saber por quê. Nesses casos, o consumidor não só fica privado do benefício imediato, como também não pode tomar medidas para evitar que o problema se repita.[38] Isso se agrava dado que os processos de pontuação usados em alguns produtos de marketing não são transparentes para os consumidores: não se consegue realizar ações que possam mitigar os efeitos negativos de pontuações mais baixas, como limitar-se a anúncios de crédito subprime, ou receber diferentes níveis de serviço das empresas.[39]

Para além do risco do erro (informações imprecisas e incompletas), há o perigo da discriminação: "a natureza classificatória das tecnologias de perfilação

---

sujeito humano ou não humano (indivíduo ou grupo) e/ou a aplicação de perfis (conjuntos de dados correlacionados) para individualizar e representar um sujeito ou para identificar um sujeito como membro de um grupo ou categoria". HILDEBRANDT, M. Defining Profiling. A New Type of Knowledge? In.: Hildebrandt, M.; Gutwirth, S. (Org.). Profiling the European Citizen: Cross-Disciplinary Perspectives. Cham/SWI: Springer Science, pp. 17-44. É isso que fazem os corretores de dados, como destacado pelo relatório da Cracked Labs, "os corretores de dados também calculam pontuações que prevêem o possível comportamento futuro de um indivíduo, em relação, por exemplo, à estabilidade econômica de alguém ou aos planos de ter um filho ou de mudar de emprego". CHRISTL, Wolfie. *Op. cit.*

36. ZANATTA, 2021, p. 518.
37. HOSNI, David Salim Santos. MARTINS, Pedro Bastos Lobo. Tomada de Decisão Automatizada e a Regulamentação da Proteção de Dados: Alternativas Coletivas Oferecidas pela Lei Geral de Proteção de Dados. InternetLab. In.: Revista Internet & Sociedade, vol. 1, n. 2. 2020. Disponível em: https://revista.internetlab.org.br/736-2/. Acesso em: 19 maio 2021.
38. FEDERAL TRADE COMMISSION (FTC), 2014. Op. cit.
39. FEDERAL TRADE COMMISSION (FTC), 2014. Op. cit.

[...] possui enorme potencial de aprofundar os padrões discriminatórios já existentes".[40] Nesse sentido, alerta o relatório da FTC, que "os profissionais de marketing podem até mesmo usar inferências aparentemente inócuas sobre os consumidores de maneiras que suscitam preocupações".[41] O exemplo dado é o de um consumidor que eventualmente tenha seu comportamento traçado a "entusiastas de motociclistas". Isso poderia ser útil a uma concessionária de motocicletas, mas também a uma seguradora que, "[...] usando esse mesmo segmento pode inferir que o consumidor se envolve em comportamento de risco".[42] Um outro exemplo também bastante problemático é a inferência, a partir dos dados agregados, de que determinado titular é alcoólatra e, a partir disso, empresas de marketing de bebidas alcoólicas passam a mirar propagandas nesse sujeito, aproveitando-se de sua vulnerabilidade. O relatório completa: "[...] produtos de pesquisa sobre pessoas podem ser usados para facilitar o assédio, ou mesmo perseguição, e podem expor vítimas de violência doméstica, policiais, promotores, funcionários públicos ou outros indivíduos a retaliação ou outro dano"[43].

Como notado por Alice Sampaio, os corretores de dados "são atores importantes na consolidação e evolução de técnicas, como data mining e profiling, e na construção de um 'conhecimento' que classifica pessoas".[44] O risco reside não só nos problemas de transparência e insuficiência de acesso à informação pelo consumidor – problemas típicos da própria origem dos direitos dos consumidores da década de 1960 nos EUA –, mas principalmente na potencial abusividade no uso de dados e na ilicitude das formas de perfilização e construção de modelos de análise preditiva de comportamentos.[45] O problema central, como

40. HOSNI, David Salim Santos. MARTINS, Pedro Bastos Lobo. Op. cit.

41. FEDERAL TRADE COMMISSION (FTC), 2014. Op. cit.

42. FEDERAL TRADE COMMISSION(FTC), 2014. Op. cit.

43. FEDERAL TRADE COMMISSION(FTC), 2014. Op. cit.

44. SAMPAIO, Alice Castaldi. 2017. Op. cit., p. 104.

45. Com base no processamento de dados, e levando em consideração a finalidade deste processamento, o group profiling agrupa os indivíduos em "[...] categorias anteriormente desconhecidas, social e visualmente imperceptíveis com base na análise de dados, sem qualquer referência a informações pré-existentes sobre esses novos grupos ou categorias". ROUVROY, A. Of data and Men. Fundamental Rights of Freedoms in a World of Big Data. Council of Europe, Directorate General of Human Rights and Rule of Law, 2016 vol. T-PD-BUR. p. 1-37, ou seja, são categorias com as quais o próprio indivíduo não conseguiria se identificar, porque só fazem sentido na constância do processamento dos dados e não têm sentido social.

diagnosticado por governos e por acadêmicos, está na construção de *profiling*, na exploração de correlações entre milhares de *data points* para inferências sobre potencial comportamento humano e sobre os potenciais discriminatórios quando essas inferências deixam de ser razoáveis, tornando-se impróprias dentro de uma perspectiva ético-jurídica, com graves impactos sociais.[46]

Na próxima seção, explora-se como essa dimensão supraindividual, relacionada à natureza coletiva do problema da perfilização abusiva, encontra amparo jurídico na Lei Geral de Proteção de Dados Pessoais.

3. A CONFORMIDADE DOS CORRETORES DE DADOS COM A LEI GERAL DE PROTEÇÃO DE DADOS PESSOAIS

A Lei Geral de Proteção de Dados Pessoais (Lei 13.709/2018) possui impacto direto aos corretores de dados que exploram informações de cidadãos brasileiros ou que operam atividades de tratamento de dados pessoais no Brasil. Não é sem razão que diversas empresas que atuam como corretoras de dados no país já assumiram um discurso "pró LGPD" e de pretensa conformidade com a legislação.

Discutem-se, adiante, três aspectos centrais da aplicabilidade da LGPD aos corretores de dados: (i) o problema das bases legais para tratamento de dados, (ii) os deveres aplicáveis aos corretores de dados, considerando o intercruzamento da LGPD com o Código de Defesa do Consumidor e a Lei do Cadastro Positivo e (iii) a problemática do tratamento de dados excessivos pelo corretor de dados, especialmente quando há impossibilidade de o titular conhecer ou contestar um dado inferencial, construído a partir do cruzamento de seus dados pessoais em uma situação prévia de tratamento.

3.1. O problema das bases legais para tratamento de dados

O problema das bases legais (*legal grounds for data processing*) não é inédito no debate sobre aplicabilidade do direito ao mercado dos corretores de dados.

46. "A perfilização se beneficia daquilo que Eubanks chama de "feedback looping de injustiça": grupos marginalizados estão mais suscetíveis à coleta de dados pessoais pois são beneficiários de políticas sociais e estão mais vulneráveis ao monitoramento estatal. Esses dados servem para reforçar a marginalidade, quando tais grupos são alvo de algoritmos preditivos, análises de risco e sistemas automáticos de elegibilidade." ZANATTA, 2021, p. 519.

No já citado relatório publicado em 2006 pela Clínica Canadense de Política e Interesse Público da Internet (CIPPIC)[47], foi identificado que, geralmente, os corretores de dados dão algumas respostas semelhantes quando investigados sobre sua licitude. Uma das principais respostas "padrão" consiste na alegação de que os dados seriam "tratados com consentimento". No entanto, é necessário analisar que tipo de consentimento é esse, visto que, pela própria opacidade atualmente característica (e indesejável) do mercado, dificilmente seriam atendidas as especificidades relacionadas a essa base legal, dispostas no art. 5º, XII, da LGPD, quais sejam: um consentimento cedido de forma livre, informada e inequívoca, destinado a uma finalidade determinada.[48]

Em verdade, caso as informações fornecidas aos titulares tenham conteúdo enganoso ou abusivo,[49]em discordância com os parâmetros mencionados, pode arrastá-lo a uma cadeia interminável de compartilhamento e utilização, sem a sua real concordância, o que ensejaria a nulidade do consentimento.[50]

Outro relatório mais recente,[51] publicado em 2020, e originado de uma investigação realizada pelo Information Commissioner Office (ICO) contra as empresas Experian, Equifax e TransUnion, traz uma lição importante de que deve ser exigida uma base legal clara, bem como que os dados pessoais oferecidos devem estar em conformidade com a legislação de proteção de dados, antes de ser executado um serviço de corretagem. Segundo Elizabeth Denham, Diretora da ICO, a investigação teria revelado "falhas generalizadas e sistêmicas de proteção de dados em todo o setor", além de "falhas significativas de proteção de dados em cada empresa". Embora não seja de natureza vinculativa, o relatório também estabeleceu padrões relativos ao uso de informações das pessoas, destacando os princípios gerais de transparência adequada, justiça e legalidade.

---

47. THE CANADIAN INTERNET POLICY AND PUBLIC INTEREST CLINIC (CIPPIC). Op. cit.
48. COSTA, Inês da Silva. A proteção da pessoa na era dos big data: a opacidade do algoritmo e as decisões automatizadas. *Revista Electrónica de Direito*. RED, v. 24, n. 1, p. 33-82, 2021.
49. TEFFÉ, Chiara Spadaccini de; VIOLA, Mario. Tratamento de dados pessoais na LGPD: Estudos sobre as bases legais dos artigos 7º e 11. In: BIONI, Bruno et al. (org.). *Tratado de proteção de dados pessoais*. São Paulo: Forense, 2021. Cap. 06. p. 124.
50. TEFFÉ, Chiara Spadaccini de; VIOLA, Mario, 2020. Op. cit., p. 124.
51. INFORMATION COMMISSIONER'S OFFICE (ICO). Investigation into data protection compliance in the direct marketing data broking sector. 2020. Disponível em: https://ico.org.uk/media/action-weve-taken/2618470/investigation-into-data-protection-compliance-in-the-direct-marketing-data-broking-sector.pdf. Acesso em: 19 maio 2021.

Ressalte-se, entretanto, que em se tratando muitas vezes de uma relação de consumo, em que a liberdade é relativizada, não se pode falar em protagonismo da vontade como principal fonte obrigacional.[52]

Nesse sentido, atualmente, muitas corretoras de dados se valem de outra base legal para execução de seus serviços, o legítimo interesse, previsto no art. 7º, IX, da LGPD. Essa base legal é a mais contenciosa[53] em sua aplicação, devendo ser lida em conjunto com o art. 10 do mesmo diploma legal, tendo como fio condutor[54] o balanceamento entre o *interesse legítimo* de quem faz uso das informações e as *legítimas expectativas* dos titulares de dados. A Serasa Experian, que desde 2007 faz parte do Grupo Experian, uma das maiores agências de crédito do mundo, deixa clara a hipótese de utilização dessa base legal em sua página de perguntas frequentes, ao responder o questionamento "Por que a Serasa Experian pode tratar os meus dados se eu não forneci o consentimento?"[55]

No entanto, para possibilitar o uso adequado de tal base legal, é necessário que seja realizado Teste de Legítimo Interesse (ou Legitimate Interests Assessment – LIA). Inspirado pela Opinion 06/24 do Grupo de Trabalho do Artigo 29,[56] o teste é composto por quatro fases que, diante do desenho normativo da LGPD e do princípio de *accountability*, devem ser documentadas.[57] As fases podem ser sistematizadas da seguinte forma:[58] a) Verificação da legitimidade do

52. VERBICARO, Dennis. VIEIRA, Janaina. Op. cit.

53. BIONI, Bruno Ricardo. Legítimo interesse: aspectos gerais a partir de uma visão obrigacional. In: BIONI, Bruno et al. (org.). *Tratado de proteção de dados pessoais*. São Paulo: Forense, 2021. Cap. 08. p. 164.

54. BIONI, Bruno Ricardo, 2020. Op. cit.

55. A Serasa aponta que "O consentimento, ou seja, a autorização expressa do titular, é uma das hipóteses que legitimam o tratamento de dados pessoais, mas não é a única. Existem outras nove hipóteses que podem ser utilizadas como base legal para justificar o tratamento conforme a finalidade e a utilização dos dados, como a proteção do crédito ou o legítimo interesse, por exemplo. Nesses casos, desde que o tratamento seja feito conforme determina a LGPD, principalmente quanto ao cumprimento dos princípios e dos direitos do titular, não há necessidade de autorização expressa do titular". Ver: https://www.serasaexperian.com.br/lgpd/#:~:text=Por%20se%20tratar%20de%20uma,o%20tratamento%20dos%20dados%20positivos. Acesso em: 14 de maio 2021.

56. ARTICLE 29 DATA PROTECTION WORKING PARTY. Opinion 06/2014 on the notion of legitimate interests of the data controller under Article 7 of Directive 95/46/EC. 2014. Disponível em: https://www.dataprotection.ro/servlet/ViewDocument?id=1086. Acesso em: 19 maio 2021.

57. BIONI, Bruno Ricardo, 2020. Op. cit., p. 172.

58. BIONI, Bruno Ricardo, 2020. Op. cit., p. 236.

interesse: situação concreta e finalidade legítima (art. 10, *caput*, e I, da LGPD); b) Princípio da necessidade: minimização (art. 10, § 1º, da LGPD); c) Balanceamento: impactos sobre o titular dos dados e legítimas expectativas (art. 10, II, da LGPD); d) Salvaguardas: transparência e minimização dos riscos ao titular do dado (art. 10, §§ 2º e 3º, da LGPD).

Dessa forma, a simples alegação de que a atividade de uma corretora de dados estaria abarcada por tal base legal não seria suficiente, sendo necessária a comprovação da *legitimidade* da operação, por meio de apresentação da documentação dos processos realizados. Inclusive, na ocorrência de um tratamento a partir do legítimo interesse, a Autoridade Nacional de Proteção de Dados (ANPD) pode solicitar relatório de impacto à proteção de dados pessoais, sendo possível que a operação seja revista (art. 10, § 3º, da LGPD).

Diante da dinâmica de mercantilização de dados, que coloca os titulares em situações de assimetria informacional quanto ao fluxo de seus dados,[59] o cuidado com a sua participação ativa deve ser também observado. Para possibilitar essa participação, é importante que o direito de oposição seja assegurado de forma clara e transparente. No caso de consentimento, o direito de oposição é potestativo,[60] podendo ser exercido a qualquer momento, por procedimento gratuito e facilitado (art. 8º, § 5º, da LGPD). Por sua vez, no caso do legítimo interesse, por meio de uma interpretação sistemática dos arts. 10, II, e § 2º, e 18, § 2º, rechaçando uma assimetria normativa entre bases legais,[61] o titular também pode se opor ao tratamento realizado pelas corretoras, de modo que permita a manutenção das suas legítimas expectativas.

Por fim, ratifica-se que, apesar de não ser um mercado ilícito *per si*, como será demonstrado no tópico abaixo, o tipo de vantagem social que os data brokers podem obter nesse mercado *deve* ser contrabalanceado com a proteção de direitos fundamentais combinado a parâmetros de transparências e razoabilidade, tornando fundamental a aplicação da LGPD.

3.2. Os deveres aplicáveis aos corretores de dados e o princípio da boa-fé

Em 2014, ocorreu o julgamento do Recurso Especial 1.419.697/RS, objeto da primeira audiência pública da história do STJ, para a consolidação do

59. TEFFÉ, Chiara Spadaccini de; VIOLA, Mario, 2020. Op. cit.
60. BIONI, Bruno Ricardo, 2020. Op. cit., p. 173.
61. BIONI, Bruno Ricardo, 2020. Op. cit., p. 175.

entendimento sobre a natureza dos sistemas de *scoring* e a possibilidade de violação a princípios e regras do Código de Defesa do Consumidor, capaz de gerar indenização por dano moral. Nesse contexto, o ministro Paulo de Tarso decidiu no sentido de que os sistemas de pontuação de crédito constituem uma *prática comercial lícita*, autorizada pelo art. 5º, IV, do Código de Defesa do Consumidor (CDC), e pelo art. 7º, I, da Lei do Cadastro Positivo. No entanto, apesar de lícita, essa prática deve ser tratada com o máximo de transparência e boa-fé na relação com os consumidores, aplicando-se os princípios estabelecidos nos mesmos diplomas legais mencionados.

A decisão destacou que a utilização do sistema de pontuação de crédito por uma pessoa jurídica implica, necessariamente, em assumir obrigações e deveres básicos, como, por exemplo, a obrigação de informar quais dados foram utilizados para composição do *score*, se houver requerimento do consumidor.[62] Ainda, segundo o acórdão, a violação aos limites legais na utilização do sistema de *credit scoring* pode ocasionar em abuso de direito (art. 187 do CC), ensejando a responsabilidade objetiva e solidária do fornecedor do serviço, do responsável pelo banco de dados, da fonte e do consulente (art. 16 da Lei n. 12.414/2011) pela ocorrência de danos morais, nas hipóteses de utilização de informações excessivas ou sensíveis (art. 3º, § 3º, I e II, da Lei n. 12.414/2011).

O precedente do STJ – que extrapola os limites específicos do *credit scoring* e se apresenta como um *leading case* para futuros casos sobre usos de dados, algoritmos e decisões automatizadas – estipulou alguns princípios balizadores que devem servir de parâmetro no desenvolvimento da atividade de corretagem de dados, tais como, veracidade, clareza, transparência, uso de informações não excessivas, além da já mencionada vedação ao uso de informações sensíveis.[63]

O direito aplicado aos corretores e reguladores de dados deve ser inspirado por essa discussão feita pelo Ministro Paulo de Tarso, haja vista que se reconheceu a ideia de que eles devem operar dentro de parâmetros políticos e éticos, combinando o CDC e a Lei do Cadastro Positivo na época, sendo primordial agora a harmonização também com a LGPD. Como lembrado por Laura Schertel Mendes e Gabriel Soares da Fonseca na discussão sobre os limites materiais e contextuais da proteção de dados pessoais, a LGPD condiciona a legitimidade e a legalidade do tratamento de dados à observância da boa-fé (art. 6.º, *caput*), vedando que ele ocorra "mediante vício de consentimento" (art. 8.º, § 3.º), ou

62. ZANATTA, 2021, p. 528-529.

63. ZANATTA, Rafael. *Pontuação de crédito e direitos dos consumidores: o desafio brasileiro*. São Paulo: Instituto Brasileiro de Defesa do Consumidor, 2017, p. 15.

que tenha "fins discriminatórios, ilícitos ou abusivos" (art. 6.º, IX).[64] Há um papel central garantido à boa-fé que orienta toda a dimensão de aplicação dos princípios da LGPD.

Como bem observado por Fabiano Menke e Guilherme Goulart em uma reflexão sobre boa-fé e o direito brasileiro, com especial ênfase à segurança das informações:

> "O princípio da boa-fé objetiva está previsto no art. 4.º, III, do CDC e também no caput do art. 6.º da LGPD, quando esta enumera os princípios de proteção de dados. É preciso lembrar também da importância do Código Civil para a delimitação e limites das funções da boa-fé objetiva, quando a utiliza como apoio de verificação de licitude, de acordo com o art. 187, cânone de interpretação, conforme o art. 113 e cláusula geral dos contratos, no art. 422. Além disso, a boa-fé também é geradora de deveres, sobretudo com a consideração dos chamados deveres anexos e de proteção. É de se notar a importância do direito obrigacional em tais relações, pois, no mais das vezes, o tratamento de dados pessoais é acompanhado da prestação de um serviço ou fornecimento de produto, ou seja, não é o objeto principal da prestação. Assim, os deveres anexos e de proteção são plenamente aplicáveis às relações obrigacionais que envolvem tratamento de dados. Isso significa que há a possibilidade de a prestação principal ser perfeitamente adimplida, mas os deveres de proteção não. Essa relação, diante também do princípio da boa-fé objetiva, constitui um fundamento ético para a atividade, conforme um de seus aspectos. Trata-se de garantir a confiança na relação, no sentido de o sujeito confiar que seus dados serão adequadamente protegidos pelo responsável"[65].

Acima de tudo, é necessário um esforço para que haja direito à transparência e que seja possível identificar a coleta de dados de tratamento. Isso porque os corretores de dados têm um dever de *accountability* e de explicitação de que, além de operarem com dados que foram coletados licitamente, também não promovem um desvio de contexto de finalidade ou uso. Isso porque, sem estar em consonância com tais parâmetros estabelecidos, um mercado que já é opaco

---

64. MENDES, Laura Schertel; FONSECA, Gabriel. Proteção de dados para além do consentimento: tendências de materialização. In: BIONI, Bruno et al. (org.). *Tratado de proteção de dados pessoais*. Rio de Janeiro: Forense, 2021, p. 173.

65. MENKE, Fabiano; GOULART, Guilherme. Segurança da informação e vazamento de dados. In: BIONI, Bruno et al. (org.). *Tratado de proteção de dados pessoais*. Rio de Janeiro: Forense, 2021, p. 342.

pode trazer ainda mais riscos, ocasionando violações aos direitos fundamentais dos titulares dos dados, bem como pode ensejar o perfilamento abusivo e discriminatório, conforme será posteriormente analisado, com a retomada da análise desse precedente.

A aplicabilidade da boa-fé implica que os corretores de dados não podem *abusar do seu direito* ao realizarem o tratamento de dados pessoais e a construção de perfis preditivos para que possam ser negociados.[66] Isso abre um amplo debate sobre aquilo que Sandra Wachter e Brent Mittelstadt chamam de "inferências razoáveis".[67] Um corretor de dados, na posse de um conjunto de informações *on-line* e *off-line*, como, por exemplo, a informação de que uma pessoa faz uso de medicação continuada para ansiedade e que frequenta com assiduidade uma casa de recuperação para adictos, não pode utilizar-se dessa informação para "encaixar a pessoa", por meio de técnicas de *profiling* ou até mesmo de *group profiling*,[68] em uma categoria de "consumidores com alto potencial de vício", negociando o acesso a essa informação, como uma forma de otimizar vendas para uma loja de calçados, ou uma grande revendedora de bebidas alcoólicas.

---

66. Para uma discussão teórica sobre boa-fé no direito privado, ver: MARTINS-COSTA, Judith. *A boa-fé no direito privado: critérios para a sua aplicação*. 2. ed. São Paulo: Saraiva, 2018.
67. No texto "A right to reasonable inferences: re-thinking data protection law in the age of big data and AI", escrito por Wachter e Mittelstadt, os autores apontam para a importância de implementação do direito inferências razoáveis, sendo necessário que os controladores de dados justifiquem proativamente suas escolhas de design para análises inferenciais de alto risco. Nesse sentido, também analisando as possibilidades de inferências abusivas, os autores destacam que a coleta de informações sobre jogos de azar, ou mesmo dependência de álcool para gerar publicidade direcionada, por exemplo, pode prejudicar ativamente o titular dos dados. MITTELSTADT, Brent; WACHTER, Sandra. A right to reasonable inferences: re-thinking data protection law in the age of big data and AI. *Columbia Business Law Review*, v. 2019, Issue 2. Disponível em: https://papers.ssrn.com/sol3/papers.cfm?abstract_id=3248829. Acesso em: 19 maio 2021.
68. Group profiling é uma categoria de profiling cujo processo é levemente diferente do perfilamento tradicional: a categorização se dá conforme categorias não reconhecidas socialmente. Com base no processamento de dados, e levando em consideração a finalidade deste processamento, o group profiling agrupa os indivíduos em "[...] categorias anteriormente desconhecidas, social e visualmente imperceptíveis com base na análise de dados, sem qualquer referência a informações pré-existentes sobre esses novos grupos ou categorias." ROUVROY, op cit. Ou seja, são categorias com as quais o próprio indivíduo não conseguiria se identificar, porque só fazem sentido na constância do processamento dos dados e não têm sentido social.

Mesmo nas informações "tornadas públicas" pelos titulares, que são copiadas e monetizadas aos montes pelos corretores de dados, esse tipo de conduta não poderia ocorrer. A LGPD é explícita ao dizer, em seu art. 7º, § 3º, que "o tratamento de dados pessoais cujo acesso é público deve considerar a finalidade, a boa-fé e o interesse público que justificaram sua disponibilização".

3.3. Perfilização e tratamento de dados excessivos: ilícito e natureza do dano

Por fim, uma terceira possibilidade de aplicabilidade da Lei Geral de Proteção de Dados Pessoais e dos precedentes do Superior Tribunal de Justiça aos corretores de dados é o reconhecimento da pretensão de indenização no caso de tratamento de dados excessivos na perfilização e na modelagem de modelos preditivos.

As raízes desta tese encontram-se não somente na leitura abrangente da decisão do STJ no caso paradigmático do *credit scoring*, mas também encontram amparo em uma primeira decisão da Corte sobre direitos dos consumidores e proteção de dados pessoais.[69] Trata-se de um caso de 1995, relatado pelo ministro Ruy Rosado Aguiar, onde se reconheceu a capacidade de "opressão econômica" no tratamento de dados pessoais sem condições de controle e autodeterminação informativa por parte do consumidor. Disse o ministro Ruy Rosado naquele voto – em um caso onde o Clube de Diretores Lojistas de Passo Fundo tentava minar o art. 43 do Código de Defesa do Consumidor:

> "A inserção de dados pessoais do cidadão em bancos de informações tem se constituído em uma das preocupações do Estado moderno, onde o uso da informática e a possibilidade de controle unificado das diversas atividades da pessoa, nas múltiplas situações de vida, permite o conhecimento de sua conduta pública e privada, até nos mínimos detalhes, podendo chegar à devassa de atos pessoais, invadindo área que deveria ficar restrita à sua intimidade; ao mesmo tempo, o cidadão objeto dessa indiscriminada colheita de informações, muitas vezes, sequer sabe da existência de tal atividade, ou não dispõe de eficazes meios para conhecer o seu resultado, retificá-lo ou cancelá-lo. E assim como o conjunto dessas informações pode ser usado para fins lícitos, públicos ou privados, na prevenção ou repressão de delitos, ou

69. STJ, Recurso Especial n. 22.337-8/RS, Relator Ministro Ruy Rosado Aguiar, Recorrente Clube de Diretores Lojistas de Passo Fundo, Recorrido José Orivaldo Branco, Quarta Turma do Superior Tribunal de Justiça, 13 de fevereiro de 1995.

> habilitando o particular a celebrar contratos com pleno conhecimento de causa, também pode servir, ao Estado e ao particular, para alcançar fins contrários à moral ou ao direito, como instrumento de perseguição política ou opressão econômica".[70]

Essa decisão conecta-se com debates contemporâneos da Corte sobre o direito do consumidor de "tomar conhecimento de que informações a seu respeito estão sendo arquivadas/comercializadas por terceiro, sem a sua autorização",[71] porque desse direito "decorrem outros dois que lhe são assegurados pelo ordenamento jurídico: o direito de acesso aos dados armazenados e o direito à retificação das informações incorretas".[72] Como reconhecido pelo STJ, a "inobservância dos deveres associados ao tratamento (que inclui a coleta, o armazenamento e a transferência a terceiros) dos dados do consumidor – dentre os quais se inclui o dever de informar – faz nascer para este a pretensão de indenização pelos danos causados e a de fazer cessar, imediatamente, a ofensa aos direitos da personalidade".[73]

Ao analisar o modelo de negócios da empresa Procob, que se apresentava como verdadeiro corretor de dados, a ministra Nancy Andrighi argumentou que "a recorrente se beneficia do compartilhamento de informações e, nessa medida, deve observância ao disposto no art. 5º, V, da Lei 12.414/2011, o qual prevê o direito do cadastrado ser informado previamente sobre a identidade do gestor e sobre o armazenamento e o objetivo do tratamento dos dados pessoais".[74]

Essa remissão à Lei do Cadastro Positivo (Lei 12.414/2011) é fundamental, considerando que os cadastrados, nessa legislação, possuem alguns direitos claríssimos, como um direito de *imunidade*, no sentido de se *opor ao tratamento de dados excessivos e sensíveis*.[75] E é essa discussão sobre tratamento de dados

70. STJ, Recurso Especial n. 22.337-8/RS, Relator Ministro Ruy Rosado Aguiar, Recorrente Clube de Diretores Lojistas de Passo Fundo, Recorrido José Orivaldo Branco, Quarta Turma do Superior Tribunal de Justiça, 13 de fevereiro de 1995.

71. STJ, Recurso Especial Nº 1.758.799-MG, Relatora Ministra Nancy Andrighi, 19/11/2019.

72. STJ, Recurso Especial Nº 1.758.799-MG, Relatora Ministra Nancy Andrighi, 19/11/2019.

73. STJ, Recurso Especial Nº 1.758.799-MG, Relatora Ministra Nancy Andrighi, 19/11/2019.

74. STJ, Recurso Especial Nº 1.758.799-MG, Relatora Ministra Nancy Andrighi, 19/11/2019.

75. Art. 3º Os bancos de dados poderão conter informações de adimplemento do cadastrado, para a formação do histórico de crédito, nas condições estabelecidas nesta Lei.

pessoais com base em informações excessivas (as que não estiverem vinculadas à análise de risco de crédito ao consumidor) que motivou grande parte da discussão do já mencionado Recurso Especial 1419697/RS, julgado pela sistemática dos recursos representativos de controvérsia nos termos do art. 543-C do Código de Processo Civil.[76]

Retomando a análise do precedente, a decisão foi clara em definir que a prática comercial de avaliação de risco de crédito (*credit scoring*) é lícita, estando autorizada pelo art. 5º, IV, e pelo art. 7º, I, da Lei do Cadastro Positivo. De acordo com o STJ, na avaliação do risco de crédito, "devem ser respeitados os limites estabelecidos pelo sistema de proteção do consumidor no sentido da tutela da privacidade e da máxima transparência nas relações negociais, conforme previsão do CDC e da Lei n. 12.414/2011"[77]. E que, apesar de desnecessário o consentimento do consumidor consultado (não se trata de base de dados de consumo, e sim fórmula matemática), "devem ser a ele fornecidos esclarecimentos, caso solicitados, acerca das fontes dos dados considerados (histórico de crédito), bem como as informações pessoais valoradas"[78]. A tese mais importante, no entanto, é a quinta, que diz:

> "O desrespeito aos limites legais na utilização do sistema "credit scoring", configurando abuso no exercício desse direito (art. 187 do CC),

---

(...) § 3º Ficam proibidas as anotações de: I – informações excessivas, assim consideradas aquelas que não estiverem vinculadas à análise de risco de crédito ao consumidor; e II – informações sensíveis, assim consideradas aquelas pertinentes à origem social e étnica, à saúde, à informação genética, à orientação sexual e às convicções políticas, religiosas e filosóficas.

76. Art. 543-C. Quando houver multiplicidade de recursos com fundamento em idêntica questão de direito, o recurso especial será processado nos termos deste artigo. § 1º Caberá ao presidente do tribunal de origem admitir um ou mais recursos representativos da controvérsia, os quais serão encaminhados ao Superior Tribunal de Justiça, ficando suspensos os demais recursos especiais até o pronunciamento definitivo do Superior Tribunal de Justiça. § 2º Não adotada a providência descrita no § 1º deste artigo, o relator no Superior Tribunal de Justiça, ao identificar que sobre a controvérsia já existe jurisprudência dominante ou que a matéria já está afeta ao colegiado, poderá determinar a suspensão, nos tribunais de segunda instância, dos recursos nos quais a controvérsia esteja estabelecida.

77. STJ, Recurso Especial n. 1419697-RS 2013/0386285-0, Relator: Ministro Paulo de Tarso Sanseverino, Data de Julgamento: 12/11/2014, Segunda Seção, Data de Publicação: DJe 17/11/2014.

78. STJ, Recurso Especial n. 1419697-RS 2013/0386285-0, Relator: Ministro Paulo de Tarso Sanseverino, Data de Julgamento: 12/11/2014, Segunda Seção, Data de Publicação: DJe 17/11/2014.

> pode ensejar a responsabilidade objetiva e solidária do fornecedor do serviço, do responsável pelo banco de dados, da fonte e do consulente (art. 16 da Lei n. 12.414/2011) pela ocorrência de danos morais nas hipóteses de utilização de informações excessivas ou sensíveis (art. 3º, § 3º, I e II, da Lei n. 12.414/2011), bem como nos casos de comprovada recusa indevida de crédito pelo uso de dados incorretos ou desatualizados."[79]

Avaliando a *ratio decidendi* do precedente, entende-se que o elemento central é a identificação da pretensão de indenização em razão do cometimento do ilícito: o abuso de direito e o uso de informações excessivas na utilização do sistema de *credit scoring*. Se aplicado em casos futuros, especificamente aqueles envolvendo corretores de dados, é possível concluir que constitui ato ilícito o tratamento de dados excessivos pelo *broker*, que infere questões discriminatórias – por exemplo, sobre raça – na construção de uma modelagem de perfil e negociação com outras empresas visando influenciar comportamento futuro do titular, para negociação com outras empresas.

O ilícito, nesse sentido, não está na conduta lesiva da perspectiva dos danos materiais ou morais causados e que supostamente deveriam ser explicitados pela parte lesada.[80] O ato ilícito está no desrespeito aos limites legais, incluindo a boa-fé,[81] na utilização de técnicas de *profiling* para fins de corretagem de dados.

---

79. STJ, Recurso Especial n. 1419697-RS 2013/0386285-0, Relator: Ministro Paulo de Tarso Sanseverino, Data de Julgamento: 12/11/2014, Segunda Seção, Data de Publicação: DJe 17/11/2014.

80. "O dano moral tem como causa a violação a um direito subjetivo extrapatrimonial, protegido pelo ordenamento jurídico — no caso do brasileiro pela cláusula geral de tutela da personalidade (arts. 11 a 21 do Código Civil c/c art. 1º, III, da Constituição da República Federativa do Brasil). Logo, para que se fale em dano moral é necessário comprovar qual direito da personalidade foi lesado". SILVESTRE, Gilberto Fachetti; MARCHIORI, Bruna Figueira. As recentes caracterizações do dano moral no Superior Tribunal de Justiça. *Revista de Estudos Empíricos em Direito*, v. 7, n. 3, 2020, p. 227.

81. Não se trata de amesquinhar a boa-fé, mas sim levá-la a sério. Sobre essa preocupação, ver: "Há que se ter cuidado, na concreção da boa-fé, para que não se cometa o exagero de se valer dessa cláusula geral como um coringa que desempenhe a função de 'salvar', em qualquer situação, a parte que descumpra seus deveres, que eventualmente tenha feito um mal negócio ou que pretenda dela se valer sem maiores fundamentos concretos e robustos que demonstrem a sua violação. É necessário evitar também o vezo da concreção da boa-fé objetiva no âmbito do Código Civil, como se o aplicador estivesse diante de caso em que incide o Código de Defesa do Consumidor. E, mesmo no âmbito do Código de Defesa do Consumidor, há que se

Está na própria utilização de informações excessivas ou sensíveis para essas modelagens estatísticas e técnicas de *group profiling*.

Resgatando o raciocínio do ministro Paulo de Tarso Severino e outros ministros do STJ, pode-se afirmar que a hipótese de ilícito enseja a responsabilidade objetiva com dano presumido. Não é necessário demonstrar aflição, prejuízos materiais ou qualquer outro elemento constitutivo do dano demonstrado.[82] Neste caso, "o dano é considerado *in re ipsa*, isto é, não se faz necessária a prova do prejuízo, que é presumido e decorre do próprio fato e da experiência comum".[83] Essa é uma forma de endereçar o problema, considerando que a proteção de dados pessoais possui uma conexão íntima com os direitos da personalidade,[84] reconhecido na própria LGPD e pelo Supremo Tribunal Federal.

O conceito prevê a dispensa de prova do efetivo prejuízo a depender da comprovação do direito violado.[85] Como observado por Venceslau Costa Filho e Silvano Flumignan, "a partir da aplicação dessa teoria, definiu-se que o efeito da presunção ocorreria normalmente com a violação de direitos da personalidade. Essa ocorrência gerou a afirmação, cada vez mais frequente, de que seria

---

ter cuidado para que a decisão judicial não incorra em arbitrariedades. A extravasação desmedida das regras e dos princípios consumeristas, para além das relações de consumo, acaba por prejudicar a própria proteção do consumidor". MENKE, Fabiano. Comentário aos artigos 104 a 185 do Código Civil. In: NANNI, Giovanni Ettore (org.). *Comentários ao Código Civil: direito privado contemporâneo*. São Paulo: Saraiva, 2019. v. 1, p. 198.

82. Sobre a teoria do dano (o que se entende por dano), pode-se dizer, em linhas gerais, que o Superior Tribunal de Justiça aderiu à tese pacificada no enunciado 456 da V Jornada de Direito Civil: "A expressão "dano" no art. 944 abrange não só os danos individuais, materiais ou imateriais, mas também os danos sociais, difusos, coletivos e individuais homogêneos a serem reclamados pelos legitimados para propor ações coletivas".

83. STJ, REsp: 640196-PR 2004/0043164-5, Relator: Ministro Castro Filho, Data de Julgamento: 21/06/2005, T3 – TERCEIRA TURMA, Data de Publicação: DJ 01.08.2005. p. 448.

84. O fato de ser violação de direitos da personalidade reforça o paradigma do dano moral *in re ipsa*. "Toda lesão a um direito da personalidade, independentemente de sensações psíquicas que possa provocar na vítima, é considerada dano moral e, portanto, deve ser compensada". SILVESTRE, Gilberto Fachetti; MARCHIORI, Bruna Figueira. Op cit., p. 228.

85. Segundo civilistas como Cavalieri Filho, a culpa presumida foi o mecanismo encontrado para favorecer a posição da vítima. CAVALIERI FILHO, Sergio. *Programa de Responsabilidade Civil*. 10. Ed. São Paulo: Atlas, 2012.

possível a responsabilidade sem dano",[86] apesar de a jurisprudência dominante do Superior Tribunal de Justiça exigir o dano como elemento central no sistema de responsabilidade civil.[87]

Essa será uma grande questão de interpretação da Lei Geral de Proteção de Dados Pessoais, especialmente no seu capítulo de responsabilidade civil. Para além de simplificar a demonstração do dano por meio da modalidade do "dano moral *in re ipsa*",[88] seria possível reconstruir uma teoria do dano à proteção de dados em casos onde há uma espécie de "perda de controle" sobre como determinadas informações passam a ser utilizadas para construção de *perfis* sem qualquer tipo de autorização, conhecimento ou oportunidade de oposição pelo titular do dado?

Esse é precisamente o debate travado no caso "Lloyd *vs.* Google" na Suprema Corte do Reino Unido, que discute uma teoria do dano relacionada à *loss of control*. Um desafio maior será a construção de uma teoria do dano, para identificação do ilícito, ao invés do atalho ao dano presumido, que não exige sua explicitação.

Um caminho potente – e alternativo – pode ser seguir as trilhas da ministra Nancy Andrighi em sua reflexão sobre a inobservância dos deveres associados ao tratamento que faz nascer para este a pretensão de indenização pelos danos causados. Aqui coloca-se uma relação dinâmica entre direitos e deveres:

---

86. COSTA FILHO, Venceslau; FLUMIGNAN, Silvano. STJ exige comprovação do dano como pressuposto do dever de indenizar, *Conjur*, 26 de março de 2018. Disponível em: https://www.conjur.com.br/2018-mar-26/direito-civil-atual-stj-exige-comprovacao-dano-indenizacao#_ftn3. Acesso em: 19 maio 2021.

87. "A cláusula geral de responsabilidade civil extracontratual subjetiva, de responsabilidade contratual, de responsabilidade objetiva por atividade de risco e de fixação da indenização elegem o dano como figura central. A doutrina concentra a discussão no artigo 944 do Código Civil, que prevê o dano como a medida da indenização. Em relação aos prejuízos suscetíveis de avaliação econômica, não há grandes discussões a respeito do cálculo em virtude da função de equivalência da reparação". COSTA FILHO, Venceslau; FLUMIGNAN, Silvano. *Op. cit.*

88. Como diz Cavalieri Filho, "não haveria que se falar em indenização, nem em ressarcimento, se não houvesse o dano. Pode haver responsabilidade sem culpa, mas não pode haver responsabilidade sem dano. Na responsabilidade objetiva, qualquer que seja a modalidade do risco que lhe sirva de fundamento – risco profissional, risco proveito, risco criado etc. – o dano constitui o seu elemento preponderante. Tanto é assim que, sem dano, não haverá o que reparar, ainda que a conduta tenha sido culposa ou até dolosa". CAVALIERI FILHO, Sergio. *Programa de responsabilidade civil.* 10. Ed. São Paulo: Atlas, 2012, p. 70-71.

é responsabilidade do controlador explicitar a licitude do seu tratamento de dados pessoais, identificando a base legal para tratamento de dados e possibilitando o exercício dos direitos dos titulares dos dados pessoais. Falhar nessa tarefa significa fazer nascer a pretensão para indenização de um tipo de dano específico.

Outro caminho interessante a ser explorado é a superação do paradigma ressarcitório (dano e reparação) e um retorno aos modelos de tutela concentrados na remoção do ilícito e na tutela específica direcionada a fazer cessar o ilícito à privacidade e proteção de dados pessoais.[89] Os arts. 22 e 42 da LGPD, em leitura conjunta com o Código de Processo Civil, abre amplas possibilidades de tutela inibitória para remoção do ilícito, com possibilidades de obrigações de fazer e intervenção judicial nas operações de tratamento de dados pessoais. Optar pela tutela inibitória "significa abrir mão da discussão sobre os danos e sobre a responsabilidade subjetiva nos processos em que o objeto seja a tutela específica do ilícito".[90] Nestes casos, "bastará discutir e provar: (i) a ilicitude da conduta e (ii) a ocorrência, a probabilidade de ocorrência (ou continuidade) de uma (nova) conduta ilícita".[91] É uma forma de sair das armadilhas da demonstração de dano e das modalidades de reparação, olhando "para o futuro" e para a remoção do ilícito (tratamento abusivo de dados pessoais em violação à LGPD).

---

89. Diz Luiz Guilherme Marinoni: "A ação inibitória se volta contra a possibilidade do ilícito, ainda que se trate de repetição ou continuação. Assim, é voltada para o futuro, e não para o passado. De modo que nada tem a ver com o ressarcimento do dano e, por conseqüência, com os elementos para a imputação ressarcitória – os chamados elementos subjetivos, culpa ou dolo. Além disso, essa ação não requer nem mesmo a probabilidade do dano, contentando-se com a simples probabilidade de ilícito (ato contrário ao direito). Isso por uma razão simples: imaginar que a ação inibitória se destina a inibir o dano implica na suposição de que nada existe antes dele que possa ser qualificado de ilícito civil. Acontece que o dano é uma conseqüência eventual do ato contrário ao direito, os quais, assim, podem e devem ser destacados para que os direitos sejam mais adequadamente protegidos". MARINONI, Luiz Guilherme. Tutela inibitória e tutela de remoção do ilícito. Jus Navigandi, Teresina, ano, v. 8, 2010. Ver também: MARINONI, Luiz Guilherme. Do processo civil clássico à noção de direito a tutela adequada ao direito material e à realidade social. *Revista de Direito Processual Civil*, Curitiba, v. 8, n. 30, p. 763-789, 2003.

90. ZANETI JR., Hermes; ALVES, Gustavo Silva; LIMA, Rafael de Oliveira. A tutela específica contra o ilícito (art. 497, parágrafo único, CPC/2015) nas ações coletivas em defesa do consumidor. *Revista de Direito do Consumidor*, v. 110, 2017, p. 418.

91. ZANETI JR., Hermes; ALVES, Gustavo Silva; LIMA, Rafael de Oliveira. *Op. cit.*, p. 418.

4. Conclusão

Os corretores de dados são agentes econômicos de grande destaque pelo seu porte e por suas funções de reutilização e revenda de informações pessoais e capacidade de perfilização e análise preditiva de comportamentos na economia "datificada" deste século. Apesar de sua relativa opacidade e desconhecimento pelo público, são empresas que estão, há alguns anos, na mira dos reguladores e da comunidade internacional de proteção de dados pessoais.

A aplicabilidade da LGPD para os corretores de dados poderá gerar efeitos semelhantes àqueles que surgiram com o advento da legislação canadense de proteção de dados, em que algumas poucas empresas "fecharam as portas" diante da impossibilidade de demonstração de conformidade ou *compliance* com as leis. A grande maioria, no entanto, manteve e mantém um discurso de "ética dos dados" e de "respeito às leis de proteção de dados", apesar das muitas dúvidas sobre a licitude de diversas práticas de categorização, perfilização e modelagem estatística com fins de modulação do comportamento futuro das pessoas.

Além da problemática mais evidente da identificação das bases legais para tratamento de dados – um requisito legal tido como primário na LGPD –, as práticas de usos abusivos de dados pessoais e as inferências "não razoáveis" em técnicas de perfilização podem constituir abuso de direito e violação dos deveres de boa-fé, lançando uma discussão sobre ilícito. A identificação do ilícito nesses mercados, por sua vez, abre a discussão sobre responsabilidade e danos morais *in re ipsa,* na esteira da decisão paradigmática de 2014 no STJ sobre *credit scoring*, ou a tutela inibitória.

A verdadeira aplicabilidade da Lei Geral de Proteção de Dados Pessoais vai muito além de uma simples leitura de como a LGPD impacta a atividade das empresas desse segmento intensivo em dados, partindo de uma leitura isolada da legislação em si. A força normativa do direito aplicado aos corretores de dados advém do diálogo das fontes, da leitura integrada da LGPD com o Código Civil e com o Código de Defesa do Consumidor e da correta interpretação dos bons precedentes já construídos pelo Superior Tribunal de Justiça no Brasil.

5. Referências bibliográficas

ABBOTT, Jordan. Time to Build a National Data Broker Registry – The New York Times, Opinion. 2019. Disponível em: https://www.nytimes.com/2019/09/13/opinion/data-broker-registry-privacy.html. Acesso em: 20 abr. 2021.

ALOWAIRDHI, Abdullah; MA, Xiaogang. Data Brokers and Data Services, in: SCHINTLER, L.; MCNEELY, C. (ed.). *Encyclopedia of Big Data.* New York: Springer, 2019.

ARTICLE 29 DATA PROTECTION WORKING PARTY. Opinion 06/2014 on the notion of legitimate interests of the data controller under Article 7 of Directive 95/46/EC. 2014. Disponível em: https://www.dataprotection.ro/servlet/ViewDocument?id=1086. Acesso em: 19 maio 2021.

BIONI, Bruno Ricardo. Legítimo interesse: aspectos gerais a partir de uma visão obrigacional. In: BIONI, Bruno et al. (org.). *Tratado de proteção de dados pessoais*. São Paulo: Forense, 2021. Cap. 08. p. 163-176.

BRESSAN, Stephane. LEE, Thomas. Information Brokering on the World Wide Web. *WebNet 97 World Conference*, 1997. Disponível em: https://dspace.mit.edu/bitstream/handle/1721.1/2663/SWP-3963-37617980-CISL-9708.pdf?sequence=1. Acesso em: 19 maio 2021.

CAVALIERI FILHO, Sérgio. *Programa de responsabilidade civil*. 10. Ed. São Paulo: Atlas, 2012.

CHRISTL, Wolfie. Corporate Surveillance in Everyday Life. How Companies Collect, Combine, Analyze, Trade, and Use Personal Data on Billions. 2017. Cracked Labs. Disponível em: http://crackedlabs.org/en/corporate-surveillance. Acesso em: 20 abr. 2021.

COMMITTEE ON COMMERCE, SCIENCE AND TRANSPORTATION. A Review of the Data Broker Industry: Collection, Use, and Sale of Consumer Data for Marketing Purposes. 2013. Staff Report for Chairman Rockefeller. p. 36 Disponível em: https://www.commerce.senate.gov/services/files/0d2b3642-6221-4888-a631-08f-2f255b577. Acesso em: 19 maio 2021.

COSTA, Inês da Silva. A proteção da pessoa na era dos big data: a opacidade do algoritmo e as decisões automatizadas. *Revista Electrónica de Direito*. RED, v. 24, n. 1, p. 33-82, 2021.

COSTA FILHO, Venceslau; FLUMIGNAN, Silvano. STJ exige comprovação do dano como pressuposto do dever de indenizar, *Conjur*, 26 de março de 2018. Disponível em: https://www.conjur.com.br/2018-mar-26/direito-civil-atual-stj-exige-comprovacao-dano-indenizacao#_ftn3. Acesso em: 19 maio 2021.

FEDERAL TRADE COMMISSION (FTC). Data Brokers: A Call for Transparency and Accountability. 2014. Disponível. em: https://www.ftc.gov/system/files/documents/reports/data-brokers-call-transparency-accountability-report-federal-trade-commission-may-2014/140527databrokerreport.pdf. Acesso em: 19 maio 2021.

FEDERAL TRADE COMMISSION (FTC). Protecting Consumer Privacy in an Era of Rapid Change: Recommendations for Business and Policymakers. 2012. Disponível em: https://www.ftc.gov/reports/protecting-consumer-privacy-era-rapid-change-recommendations-businesses-policymakers. Acesso em: 19 maio 2021.

HILDEBRANDT, M. Defining Profiling. A New Type of Knowledge? In: Hildebrandt, M.; Gutwirth, S. (Org.). Profiling the European Citizen: Cross-Disciplinary Perspectives. Cham/SWI: Springer Science, p. 17-44.

HOSNI, David Salim Santos. MARTINS, Pedro Bastos Lobo. Tomada de Decisão Automatizada e a Regulamentação da Proteção de Dados: Alternativas Coletivas Oferecidas pela Lei Geral de Proteção de Dados. InternetLab. In: Revista Internet & Sociedade, vol. 1, n. 2. 2020. Disponível em: https://revista.internetlab.org.br/736-2/. Acesso em: 19 maio 2021.

INFORMATION COMMISSIONER'S OFFICE (ICO). Investigation into data protection compliance in the direct marketing data broking sector. 2020. Disponível em: https://ico.org.uk/media/action-weve-taken/2618470/investigation-into-data-protection-compliance-in-the-direct-marketing-data-broking-sector.pdf. Acesso em: 19 maio 2021.

LATTO, Nica. Data Brokers: Everything you Need to Know. AVAST. 2021. Disponível em: https://www.avast.com/c-data-brokers. Acesso em: 20 abr. 2021.

LAWSKY, David. Google closes DoubleClick merger after EU approval. Reuters. 2008. Disponível em: https://www.reuters.com/article/us-google-doubleclick-eu-idUSBFA0005802008031l. Acesso em: 13 maio 2021.

MARINONI, Luiz Guilherme. Do processo civil clássico à noção de direito a tutela adequada ao direito material e à realidade social. *Revista de Direito Processual Civil*, Curitiba, v. 8, n. 30, p. 763-789, 2003.

MARTINS-COSTA, Judith. *A boa-fé no direito privado: critérios para a sua aplicação*. 2. ed. São Paulo: Saraiva, 2018.

MENDES, Laura Schertel; FONSECA, Gabriel. Proteção de dados para além do consentimento: tendências de materialização. In: BIONI, Bruno et al. (org.). *Tratado de proteção de dados pessoais*. Rio de Janeiro: Forense, 2021, p. 73-95.

MENKE, Fabiano. Comentário aos artigos 104 a 185 do Código Civil. In: NANNI, Giovanni Ettore (org.). *Comentários ao Código Civil: direito privado contemporâneo*. São Paulo: Saraiva, 2019.

MENKE, Fabiano; GOULART, Guilherme. Segurança da informação e vazamento de dados. In: BIONI, Bruno et al. (org.). *Tratado de proteção de dados pessoais*. Rio de Janeiro: Forense, 2021, p. 339-359.

MITTELSTADT, Brent; WACHTER, Sandra. A right to reasonable inferences: re-thinking data protection law in the age of big data and AI. *Columbia Business Law Review*, v. 2019, No 2. Disponível em: https://papers.ssrn.com/sol3/papers.cfm?abstract_id=3248829. Acesso em: 19 maio 2021.

ROUVROY, A. Of data and Men. Fundamental Rights of Freedoms in a World of Big Data. Council of Europe, Directorate General of Human Rights and Rule of Law, 2016, vol. T-PD-BUR. p. 1-37.

SAMPAIO, Alice Castaldi. *Data Brokers: um novo modelo de negócios baseado em vigilância de dados*. Dissertação de Mestrado. Universidade Estadual de Campinas, 2017.

SHERMAN, Justin. Data Brokers Are a Threat to Democracy. Wired. 2021. Disponível em: https://www.wired.com/story/opinion-data-brokers-are-a-threat-to-democracy/. Acesso em: 13 maio 2021.

SILVEIRA, Sérgio Amadeu da; AVELINO, Rodolfo; SOUZA, Joyce. A privacidade e o mercado de dados pessoais. *Liinc em Revista*, v. 12, n. 2, p. 217-230, 2016.

SILVEIRA, Sérgio Amadeu da. *Tudo sobre tod@s: Redes digitais, privacidade e venda de dados pessoais*. São Paulo: Edições Sesc, 2017.

SILVESTRE, Gilberto Fachetti; MARCHIORI, Bruna Figueira. As recentes caracterizações do dano moral no Superior Tribunal de Justiça. *Revista de Estudos Empíricos em Direito*, v. 7, n. 3, 2020, p. 221-237.

SINGER, Natasha. Mapping and Sharing the Consumer Genome, The New York Times, 16 de jun. 2012. Disponível em: https://www.nytimes.com/2012/06/17/technology/acxiom-the-quiet-giant-of-consumer-database-marketing.html. Acesso em: 19 maio 2021.

STJ, Recurso Especial n. 22.337-8/RS, Relator Ministro Ruy Rosado Aguiar, Recorrente Clube de Diretores Lojistas de Passo Fundo, Recorrido José Orivaldo Branco, Quarta Turma do Superior Tribunal de Justiça, 13 de fevereiro de 1995.

STJ, Recurso Especial n. 1.758.799-MG, Relatora Ministra Nancy Andrighi, 19/11/2019.

STJ, REsp: 640196 PR 2004/0043164-5, Relator: Ministro Castro Filho, Data de Julgamento: 21/06/2005, T3 – TERCEIRA TURMA, Data de Publicação: DJ 01.08.2005, p. 448.

TEFFÉ, Chiara Spadaccini de; VIOLA, Mario. Tratamento de dados pessoais na LGPD: Estudos sobre as bases legais dos artigos 7º e 11. In: BIONI, Bruno et al. (org.). *Tratado de proteção de dados pessoais*. São Paulo: Forense, 2021. Cap. 06. p. 117-148.

THE CANADIAN INTERNET POLICY AND PUBLIC INTEREST CLINIC (CIPPIC). On the Data Trail: How detailed information about you gets into the hands of organizations with whom you have no relationship. 2006. Disponível em: https://cippic.ca/sites/default/files/May1-06/DatabrokerReport.pdf. Acesso em: 19 maio 2021.

VERBICARO, Dennis; VIEIRA, Janaína. A nova dimensão da proteção do consumidor digital diante do acesso a dados pessoais no ciberespaço. *Revista de Direito do Consumidor.* vol. 134. ano 30. p. 195-226. São Paulo: Ed. RT, mar./abr. 2021. Acesso em: 19 maio 2021.

ZANATTA, Rafael. Perfilização, discriminação e direitos: do Código de Defesa do Consumidor à Lei Geral de Proteção de Dados Pessoais, in: MIRAGEM, Bruno; LIMA MARQUES, Claudia; MAGALHÃES, Lucia Ancona. *Direito do Consumidor: 30 anos do CDC. Da consolidação como direito fundamental aos atuais desafios da sociedade*. Rio de Janeiro: Forense, 2021.

ZANATTA, Rafael. *Pontuação de crédito e direitos dos consumidores: o desafio brasileiro*. São Paulo: Instituto Brasileiro de Defesa do Consumidor, 2017.

ZANETI JR., Hermes; ALVES, Gustavo Silva; LIMA, Rafael de Oliveira. A tutela específica contra o ilícito (art. 497, parágrafo único, CPC/2015) nas ações coletivas em defesa do consumidor. *Revista de Direito do Consumidor*, v. 110, 2017, p. 389-422.

Compliance de dados nos sistemas agroindustriais

Renato Buranello[1]

Sumário: 1. Cadeias Agroindustriais: uma análise sobre a Economia das Organizações; 2. Principais Aspectos da Lei Geral de Proteção de Dados; 3. LGPD e *Compliance*; 4. Produtor Rural como elo fundante da cadeia agroindustrial: relações atípicas em modelos de negócios próprios; 5. O Desenvolvimento do *Compliance* de dados no Agronegócio Brasileiro; 6. Referências bibliográficas.

1. Cadeias Agroindustriais: uma análise sobre a Economia das Organizações

A nova realidade do setor rural e de sua exploração em moldes empresariais passou a ser notada, já nos anos de 1980, surgindo com o que hoje chamamos

1. Doutor e Mestre em Direito Comercial pela Pontifícia Universidade Católica de São Paulo (PUC/SP). Com capacitação docente em Direito e Economia pela FGV/RJ. Sócio do VBSO Advogados. Coordenador do Curso de Direito do Agronegócio do Insper. Diretor da Associação Brasileira do Agronegócio (ABAG). Membro da Câmara de Crédito, Comercialização e Seguros do Ministério da Agricultura (MAPA) e do Conselho Superior de Agronegócio (COSAG) da FIESP. Sócio Fundador do Instituto Brasileiro de Direito do Agronegócio (IBDA).

de "agroindústria". O processo de industrialização proporcionou consideráveis ganhos de produção, principalmente nos setores voltados para o comércio agrícola mundial. A atividade agroindustrial passou a ser olhada não mais como um modelo fechado, mas, sim, desenvolvida no contexto das cadeias agroindustriais compostas por empresas, diversos agentes como fornecedores de insumos, produtores rurais, indústrias processadoras etc., visando atender ao consumidor em suas novas e crescentes demandas, com a necessária participação tanto de agentes públicos quanto do mercado financeiro.

O desenvolvimento da atividade agrícola levou à construção teórica das Cadeias Agroindustriais ("CAI"). Essas foram programadas para desenvolver, de maneira mais eficiente, a produção agrícola, respondendo pela implantação de um novo conceito que envolve a participação indissolúvel da agricultura e da indústria. Sua crescente implantação operacional permite a integração de capitais agrícola, comercial, industrial e financeiro, que mostram um desenvolvimento incomparável do mercado agrícola, com outros setores nacionais, respondendo pela implantação de um novo conceito.[2]

Nesse sentido, a visão do processo agrícola como um complexo agroindustrial, representado pela fusão da cadeia produtiva com a agroindústria, integrou-se às empresas de insumos, processadoras de alimentos e exportadoras, utilizando-se de recursos para o seu desenvolvimento. As unidades produtoras passaram a se especializar e a orientar sua produção para o mercado. A tecnologia transformou-se em elemento cada vez mais importante, buscando sempre as economias de escala, com a redução dos custos de produção e criação de vantagens competitivas para os produtores rurais.

Uma *cadeia de produção*, por sua vez, pode ser definida a partir da identificação do produto final, no qual é possível notar algumas características: (i) sucessões de operações de transformação encadeadas, passíveis de serem separadas ou ligadas entre si por um procedimento técnico; (ii) conjunto de relações comerciais e financeiras que estabelecem um fluxo de troca entre os fornecedores; e (iii) conjunto de ações econômicas que permitem a valorização dos meios de produção e assegurem a articulação de operações.

O processo de transformação da agricultura acompanhou a evolução do setor agrícola norte-americano. Nesse contexto, importantes os estudos dos professores da Universidade de Harvard, John Davis e Ray Goldberg, que criaram,

2. PAULILLO, Luiz Fernando. Sobre o desenvolvimento da agricultura brasileira: concepções clássicas e recentes. *In*: BATALHA, Mário Otávio (org.). *Gestão agroindustrial.* 3. ed. São Paulo: Atlas, 2007. v. 1, p. 750.

em 1957, o termo *agribusiness*,[3] que passa a ser compreendido como "a soma das operações de produção e distribuição de suprimentos, das operações de produção nas unidades agrícolas, no armazenamento, processamento e distribuição dos produtos agrícolas e itens produzidos a partir deles". O conceito de *agribusiness*, portanto, veio a dar amplitude ao termo "agricultura"[4] em todas as suas relações e desdobramentos de mesmo sentido econômico, integrando as atividades que compõem o setor.

Para Ney Bittencourt, Ivan Wedekin e Luiz Antônio Pinazza,[5] o termo mostra uma acepção da qual participam, também, os agentes que produzem e coordenam o fluxo dos produtos, como o governo, os mercados e as entidades comerciais, financeiras e de serviços. Ainda, no contexto socioeconômico atual, o agronegócio é marco conceitual que delimita os sistemas integrados de produção de alimentos, fibras e biomassa, operando desde o melhoramento genético até o produto final.[6]

O estudo das cadeias agroindustriais, no Brasil, também foi influenciado por Davis e Goldberg,[7] embasado no desenvolvimento do *Commodity System Approach* ("CSA") e no modelo de cadeia agroalimentar francês, *filière*. Os conceitos são fruto da percepção sobre o processo de especialização da produção agrícola, o aumento da interação do setor agrícola e industrial e da complexidade existente na coordenação das atividades de armazenagem, processamento

3. DAVIS, J. H.; GOLDBERG, R. A. *A concept of agribusiness*. Boston: Harvard University, 1957. p. 156.
4. O termo agricultura, passa a abranger operações 'dentro da porteira', ganhando especificidade com o desmembramento dessas atividades para 'antes da porteira' e 'após a porteira'. Assim, passa a se referir às atividades de plantio, condução ou manejo e colheita e cria e recria de animais.
5. ARAÚJO, Ney Bittencourt de; WEDEKIN, Ivan; PINAZZA, Luiz Antônio. *Complexo agroindustrial: o "agribusiness" brasileiro*. São Paulo: Agroceres, 1990. p. 3.
6. FARINA, Elizabeth M. M. Q. Abordagem sistêmica dos negócios agroindustriais e a econômica de custos de transação. *In*: FARINA, Elizabeth M. M. Q.; AZEVEDO, Paulo Furquim de; SAES, Maria Sylvia Macchione (Org.). *Competitividade: mercado, estado e organizações*. São Paulo: Singular, 1997.
7. Ressalta-se que o professor Goldberg orientou o estudo das estratégias dos atores envolvidos nas CAIs, abordagem que abriu caminho para o estudo das estratégias de coordenação caracterizadas por contratos e acordos entre produtores de insumos, agricultores processadores e distribuidores de alimentos. Elaborar estratégias conjuntas não significa que os conflitos são eliminados, só que são explicitados e gerenciados com menor custo de transação. A ideia central, portanto, é cooperar para gerar valor com base em regras de compartilhamento de resultados e riscos.

e distribuição. No início dos anos de 1990, as universidades brasileiras revisaram seus departamentos de Economia Agrícola, sendo, também, alterado o enfoque tradicional das políticas públicas. Assim, o Programa de Estudos de Negócios do Sistema Agroindustrial ("PENSA") da USP destacou duas importantes vertentes. Sob a influência de Ray Goldberg, focalizou a análise das cadeias olhando a organização dos mercados interligados, permitindo o estudo da competitividade. E, sob a influência de Douglas North, da Universidade de Washington, e de Oliver Williamson, da Universidade da Califórnia, o PENSA conferiu destaque local ao papel das instituições e dos custos de transação[8] das cadeias produtivas.

Afastado da concepção clássica de divisão da economia entre os setores, o agronegócio representa um complexo integrado de atividades, que vai desde a fabricação e o suprimento de insumos, a formação de lavouras e a produção nas unidades agropecuárias, passando pelo processamento, acondicionamento, armazenamento, logística e distribuição para o consumo final de produtos de origem agrícola, pecuária, de reflorestamento e aquícola. Nessa mesma visão sistêmica do negócio agrícola estão também envolvidas as formas de financiamento, as bolsas de mercadorias e as políticas públicas específicas.

Em síntese, pela análise feita até aqui, o *agribusiness* ou complexo agroindustrial, como temos chamado, é composto por inúmeras CAIs, dos mais diversos produtos de origem vegetal ou animal. Trata-se, portanto, do conjunto de atividades relacionadas à produção agrícola, em sentido amplo. As atividades econômicas integradas que formam as CAIs ganham relevância jurídica na medida em que encontram os critérios de organicidade e economicidade.

Saliente-se que uma *CAI* específica é composta por agentes em distintos níveis de coordenação vertical; assim, compreende os segmentos antes, dentro e depois da porteira, envolvidos na produção, transformação, comercialização e logística de um produto agrícola básico e itens produzidos a partir dele, até o consumo. Por outro lado, o termo *complexo agroindustrial*, muito mencionado, abrange o conjunto de atividades relacionadas à produção agroindustrial, ainda,

---

8. *Transação* é qualquer operação econômica ou de circulação de riqueza entre agentes econômicos e, assim sendo, *custos de transação* são aqueles que oneram a operação de alguma maneira, mesmo se não representados diretamente por gastos financeiros incorridos pelos agentes da transação, mas que decorrem de um conjunto de medidas que buscam uma efetivação da transação. Assim, são os custos que os agentes econômicos enfrentam toda vez que precisam recorrer ao mercado para obter um produto ou serviço também compreendido como os custos que os agentes econômicos incorrem ao negociar, elaborar e manter o cumprimento de um contrato.

na indeterminação de um produto específico na visão integrada da produção e industrialização das variadas CAIs.

O agronegócio, portanto, pode ser definido como *conjunto organizado de atividades econômicas que envolve todas as etapas compreendidas entre o fornecimento dos insumos para a produção, até a distribuição para consumo final e produtos, subprodutos e resíduos de valor econômico relativos a alimentos, fibras e bioenergia.*

A difusão do conceito de cadeias agroindustriais, porém, não significa que todos atualmente compreendam as intrincadas relações que conectam os produtores de insumos agrícolas, processadores de alimentos, supermercados e, finalmente, os consumidores. Sejam os agentes privados, sejam os gestores públicos, restam dúvidas a respeito de como desenvolver institutos redutores dos custos de transação para o adequado funcionamento das cadeias produtivas. Fazer parte de uma rede implica que tanto as relações horizontais de cooperação estejam equacionadas (associações e outras formas de cooperação) quanto as relações verticais de coordenação entre diferentes estágios da cadeia estejam funcionando com fluidez.[9] Mais do que isso, necessário analisar a figura do produtor rural enquanto elo base da cadeia e, que carece de maior integração e *compliance* mais sistemático entre demais agentes e instituições.

2. PRINCIPAIS ASPECTOS DA LEI GERAL DE PROTEÇÃO DE DADOS

O desenvolvimento da sociedade enfrentou, ao longo do tempo, diversos momentos de ruptura, com as mais diferentes origens. Não diferente foi em termos de tecnologia. Na história humana, até o momento, tivemos três revoluções industriais. A primeira trouxe o uso de máquinas movidas a vapor. Em 1870, a segunda revolução industrial popularizou a energia elétrica e criou as linhas de montagem e divisão de tarefas. A terceira e última foi conhecida como Revolução Técnico-Científica, unindo tecnologia e indústria, com a propagação dos meios de comunicação que contribuíram para a criação do mundo globalizado.

As inovações constantes do crescente desenvolvimento tecnológico, porém, têm trazido a concepção de uma quarta revolução industrial, a Revolução Digital. A nova etapa desse processo beneficia-se com a popularização de elementos tecnológicos que se tornaram comuns e até indispensáveis ao nosso

9. ZYLBERSZTAJN, Decio. Firmas, cadeias e redes de agronegócios. *In*: NEVES, Marcos Fava; ZYLBERSZTAJN, Decio; NEVES, Evaristo Marzabal. *Agronegócio do Brasil*. São Paulo: Saraiva, 2005. p. 21-23.

dia a dia. Não é difícil vislumbrar as mudanças significativas que ocorreram nos últimos anos e, principalmente, os impactos destas que ainda ocorrerão. A realidade em que vivemos envolve mudanças que serão cada vez mais rápidas, quase constantes, e que se darão em praticamente todos os serviços e indústrias.

Desde a Constituição Federal de 1988, temos o valor da proteção à privacidade sendo insculpido. A exemplo, a previsão do *habeas data*, no art. 5º, inciso LXXII; o Código Civil (proteção da personalidade, privacidade e intimidade); e o Código de Defesa do Consumidor.[10] O fácil acesso a celulares, à *internet* e a computadores a todo e qualquer ambiente digital cria uma imensa quantidade de dados. O colossal volume de informações geradas e modificadas por segundo, demanda regulação e mecanismos de proteção das informações produzidas e compartilhadas. Isso impôs aos setores econômicos a necessidade de analisar, coletar e tratar os dados para aprimoramento de sua capacidade de negócio.

A globalização também trouxe, como um de seus desdobramentos, o aumento da importância da informação, que começou a ser encarada como um ativo de alta relevância para a sociedade – toda situação ou ação realizada no ambiente virtual faz parte da realidade do indivíduo. Daí, a necessidade da promulgação da Lei n. 13.709, em 14 de agosto de 2018, Lei Geral de Proteção de Dados ("LGPD").

A apontada Lei é marco legal de grande impacto. Essa versa sobre a proteção de dados pessoais dos indivíduos em qualquer relação que envolva o tratamento de informações classificadas como tais, sejam esses por pessoas naturais ou jurídicas. A regulamentação traz princípios, direitos e obrigações relacionados ao uso de um dos ativos mais valiosos da sociedade digital: as bases de dados. Assim, instaura um microssistema de proteção de dados, fundado em normas legais e, também, em normas técnicas.

A LGPD tem como intuito a proteção aos direitos fundamentais de liberdade e de privacidade, bem como o desenvolvimento da personalidade da pessoa natural.[11] Traz a premissa da boa-fé para todo o tipo de tratamento de dados

---

10. Também, as leis: n. 12.414/2011 (lei sobre uso de dados na formação de histórico de crédito); n. 12.737/2012 (proteção de pessoas naturais em face de *hackers* e do compartilhamento indevido do conteúdo na internet); n. 12.654/2012 (uso de dados genéticos para fins de identificação criminal); n. 12.965/2014 (Marco Civil da Internet); e n. 13.444/2017 (criação e gestão de base de dados unificada a serviço do Estado).

11. A proteção de pessoas físicas relativamente ao tratamento de seus dados pessoais é um direito fundamental, garantido por diversa legislações, em muitos países. Na Europa, já estava previso na Carta dos Direitos Fundamentais da União Europeia e no Tratado sobre o Funcionamento da União Europeia; no Brasil, já tinha previsão no

pessoais, passando a ser necessário o cumprimento de uma série de princípios de um lado e de itens de controle técnico de outro. Nesse sentido, é possível observar uma mudança de paradigma: o titular dos dados,[12] – ou seja, a pessoa a quem se referem os dados pessoais objeto de tratamento – passa a ser o centro do debate. Na lei, deve ser observado o direito à autodeterminação afirmativa,[13] com isso, pode o usuário escolher quais dados a seu respeito serão utilizados por quem explora esse mercado.

Além disso, de forma geral, a LGPD institui novos regimes de responsabilidade, pacificando conceitos e fazendo surgir uma obrigação de adequação expressa. Também, determinando a criação de uma autoridade responsável pela fiscalização, a Agência Nacional de Proteção de Dados ("ANPD") e instaurando novos princípios que devem orientar as condutas dos agentes.

A LGPD aplica-se a todos que realizam o tratamento de dados pessoais, sejam pessoas físicas, jurídicas, públicas ou privadas e que possam envolver, pelo menos, um dos seguintes elementos: (i) ocorrer o tratamento em território nacional;[14] (ii) objetivar a oferta ou fornecimento de bens ou serviços e o

---

Marco Civil da Internet e na Lei do Cadastro Positivo, mas a questão ainda era, muitas vezes, observada de forma difusa e sem objetividade no tocante aos critérios que serão considerados adequados para determinar se houve ou não guarda, manuseio e descarte dentro dos padrões mínimos de segurança condizentes. *In*: PINHEIRO, Patrícia Peck. *Proteção de dados pessoais:* comentários à Lei n. 13.709/2018 (LGPD). São Paulo: Saraiva Jur, 2018. p. 19.

12. São o conteúdo em si. Além de atributos da personalidade, podem ser tidos como um ativo patrimonial, tutelado como um direito fundamental através da proteção da privacidade. Referida tutela, deve levar em consideração o aumento patrimonial obtido por aquele que promove a exploração econômica dos dados, enquanto a tutela extrapatrimonial leva em consideração a proteção de direitos como intimidade, privacidade e danos decorrentes do abuso no uso dos dados.

13. Concepção de que o indivíduo deve ser capaz de decidir, por si mesmo, como quer ser apresentado a terceiros ou ao público. Disso, parte a concepção de se e como ele quer se colocar em evidência com suas próprias palavras. Isso estende-se em termos de coleta e utilização de dados pessoais, ainda, insurge com a ideia de que não existiriam dados insignificantes nas circunstâncias de processamento de dados. *In*: MENDES, Laura Schertel. Autodeterminação informacional: origem e desenvolvimento conceitual na jurisprudência da corte constitucional alemã. In: DONEDA, Danilo; MENDES, Laura Schertel; CUEVA, Ricardo Villas Bôas (coord.). *Lei Geral de Proteção de Dados*. São Paulo: Thomson Reuters, 2020. p. 211-241.

14. A LGPD possui efeitos internacionais, pois aplicável também aos dados que sejam tratados fora do Brasil, desde que sejam esses coletados em território nacional, ou por oferta de produto ou serviço para indivíduos em território nacional ou que estivessem no Brasil.

tratamento de dados de indivíduos localizados em território nacional; e (iii) coleta de dados em território nacional.[15]

O tratamento de dados deve seguir um propósito certo e funcional, que não supere a liberdade de informação, expressão, soberania, segurança e defesa do Estado. A restrição do campo de alcance contribui para a redução dos impactos econômicos e sociais. A lei brasileira, ainda, prevê fluxos transfronteiriços de dados, mas impõe que o país de destino das informações seja capaz de garantir a proteção dos dados pessoais na mesma proporção que a regulação brasileira – nesses casos, a autoridade de controle terá competência de ação no tratamento de dados transfronteiriços.

O consentimento[16] do titular é o ponto central que norteia o tratamento de dados pessoais.[17] No desenvolvimento da LGPD, foram criadas diferentes categorias de dados, diferenciadas pelo nível de proteção legal conferida. Assim, temos os *dados pessoais*, referíveis a todas as informações relacionadas a uma pessoa identificada ou identificável; os *dados pessoais sensíveis*, que se referem à pessoa específica ou especificada, e que carregam informações com potencial discriminatório significativo (relacionados a características da personalidade do indivíduo e suas escolhas pessoais, o que exige um consentimento destacado); por fim, os *dados anonimizados* que compreendem dados que eram pessoais, porém, foram transformados em anônimos, ou seja, perderam os elementos que permitiam a identificação pessoal.[18]

---

15. A lei não é aplicável a situações em que o tratamento de dados é feito por pessoas físicas para fins particulares e não econômicos, fins jornalísticos e artísticos e para tratamentos realizados para fins de segurança pública e defesa nacional.

16. Que não deve ser capaz de onerar o titular dos dados de forma alguma, não podendo as informações coletadas ser utilizadas em seu prejuízo.

17. Além desse, entre os princípios que norteiam a LGPD, temos: (i) respeito à privacidade; (ii) autodeterminação informativa; (iii) liberdade de expressão, informação e comunicação; (iv) desenvolvimento tecnológico; (v) livre-iniciativa; (vi) livre desenvolvimento da personalidade; (vii) finalidade; (viii) adequação; (ix) necessidade; (x) qualidade dos dados; (xi) transparência; e (xii) segurança e prevenção.

18. Não há um único método ou uma combinação de técnicas específicas a serem utilizadas para fins de anonimização. Deve-se analisar contextualmente como tal ação deve ser tomada, para que os titulares dos dados não sejam reidentificados, sequer por aqueles que procederam à anonimização. *In*: BIONI, Bruno Ricardo. Compreendendo o conceito de anonimização e dado anonimizado. In: DONEDA, Danilo; MENDES, Laura Schertel; CUEVA, Ricardo Villas Bôas (coord.). *Lei Geral de Proteção de Dados*. São Paulo: Thomson Reuters, 2019. p. 39-54.

Os direitos dos titulares dos dados passam a ser insculpidos no artigo 17 e atuam como forma de assegurar ao titular a capacidade de gerenciamento sobre suas informações. Assim, ao titular é devido informar-se sobre a existência de dados e seu tratamento e ser-lhe fornecido, quando requisitado, acesso, em acordo ao princípio da transparência. Deve, assim, o titular apresentar requerimento simples que será atendido imediatamente, quando não dotados de maior complexidade os dados ou, no prazo de 15 dias, quando forem necessárias informações mais completas. Também é possível a solicitação de *retificação* de dados, o *cancelamento* do tratamento dos dados (quando observados dados desnecessários ao tratamento que se objetiva) e, ainda, a *portabilidade*, o que possibilita ao titular o gerenciamento de seus próprios dados, migrando-os para outra empresa capaz de realizar o mesmo serviço.

No sentido de conferir à lei maior autodeterminação ao titular dos dados, compreende-se que a este caberá, sempre, consentir com os dados que lhe dizem respeito e, ainda, com o tratamento a que estes será dado. Sobre isso, porém, relata-se que cláusulas de adesão podem ser anuladas, posto que não manifestam o consentimento livre do titular.[19] Também, lhe deve ser permitido o cancelamento do tratamento, de forma gratuita e simplificada, a qualquer momento, por meio de manifestação expressa.

Ponto em que reside discussão sobre o tema compreende o regime de responsabilidade instituído pela LGPD. Há controvérsia sobre ser de natureza *subjetiva*, ou seja, carente de análise de culpa pelo agente de tratamento, ou *objetiva*, independente de culpa do agente – nesse caso, a atividade de tratamento de dados seria compreendida como atividade de risco iminente. A lei traz, também, a necessidade de ato ilícito para haver o dever de indenizar. Assim, para configurar o dever de reparação é necessário: (i) tratamento dos dados; (ii) violação à lei; (iii) nexo de causalidade; e (iv) dano. Inexistirá, porém, dever de reparação quando não houver tratamento realizado, não houver ato ilícito ou o dano decorrer de culpa exclusiva do titular dos dados ou de terceiros, o que insculpe um dever geral de segurança.

A investigação, apuração e aplicação de sanções oriundas do dano em descumprimento à LGPD será de responsabilidade exclusiva da ANPD. Há o

19. Destaca-se, porém, que o consentimento é apenas uma das possibilidades para o tratamento de dados. Assim, caberá ao usuário verificar com o responsável sobre o tratamento daqueles dados, ou seja, o controlador, e existe alguma outra forma de tratamento para saber se o tratamento poderá ser cessado por completo.

regime de responsabilidade *preventivo*, podendo a agência solicitar relatórios de impacto[20] e sugerir boas práticas de governança e o regime *repressivo*, casos em que a ANPD monitora e pode sugerir proposições para controlar o incidente e diminuir seus impactos.

Contudo, existe regime de responsabilidade diferenciado em relação aos órgãos públicos.[21] Nesse caso, devem-se adequar às novas disposições, cumprindo as diretrizes da administração pública, na persecução do interesse público. Porém, é de se consignar que não há exigência de consentimento do titular, mesmo sobre dados sensíveis, para tratamento e compartilhamento de dados pelo poder público. Para isso, é imperioso o cumprimento do princípio da necessidade, restando vedada a transferência de dados para entidades privadas. As instituições públicas poderão seguir os prazos e os procedimentos apontados pelas Leis n. 9.507/1997 (Lei do *Habeas Data*), n. 9.784/1999 (Lei Geral do Processo Administrativo) e n. 12.527/2011 (Lei do Acesso à Informação).

Por fim, as sanções aplicadas àqueles que descumprem as previsões da nova Lei são escalonadas em nove etapas, de acordo com a gravidade da violação[22] e serão aplicadas após processo administrativo, com ampla defesa do acusado. A aplicação, ainda, considerará os critérios de natureza, gravidade e duração da infração, violação de dados sensíveis, iniciativa para minimização dos danos, grau de responsabilidade do agente de tratamento, existência de infrações prévias, cooperação com a autoridade, notificação à autoridade sobre o ocorrido e condição econômica do infrator.

---

20. Os relatórios de impacto são documentos detalhados que explicam as operações com dados pessoais que possam vir a representar uma ameaça.

21. Nos termos do artigo 24 da Lei Geral de Proteção de Dados (LGPD), as empresas públicas e as sociedades de economia mista que atuam em regime de concorrência, sujeitas ao disposto no art. 173 da Constituição Federal, terão o mesmo tratamento dispensado às pessoas jurídicas de direito privado particulares, nos termos desta Lei.

22. As sanções administrativas poderão ser, nos termos do artigo 52: (i) advertência que acompanhará prazo para aplicação de medidas de correção; (ii) multa simples de até 2% do faturamento da empresa, excluídos os tributos, ficando limitado ao valor de R$ 50 milhões por infração; (iii) multa diária, observado o limite de valor apresentado; (iv) publicidade da infração; (v) bloqueio dos dados pessoais; (vi) eliminação dos dados pessoais; (vii) suspensão parcial das atividades dos bancos de dados; (viii) paralisação temporária das atividades de tratamento; e (ix) proibição total ou parcial do exercício das atividades.

3. LGPD E *COMPLIANCE*

Em breves linhas, na base do título adotado a este artigo, o *compliance* pode ser entendido como a observância de normas legais e regulamentares aplicáveis, alinhada a valores éticos gerais, dos códigos de conduta de determinado ramo de atividade e das expectativas legítimas da sociedade.[23] Assim, é o ato de cumprir, de estar em conformidade e executar regulamentos internos e externos impostos às atividades de uma instituição, para mitigação do risco atrelado à reputação e ao sistema regulatório.

O *compliance* não deve ser analisado como uma tendência universal e atemporal, como bem asseveram Oliva e Silva,[24] devendo-se atentar para as diferentes configurações dos mecanismos de *compliance* em cada contexto espacial e temporal. Sua noção, portanto, compreende o estabelecimento de mecanismos de autorregulação e autorresponsabilidade pelas pessoas jurídicas, reconduzindo-se, automaticamente, à ideia de autovigilância que deve ser encabeçada pela alta administração da organização, assegurando-se o bom funcionamento do ambiente corporativo à luz, não apenas das políticas internas da empresa, mas às normas legais em vigor.

Foi a partir do começo do século XXI que teve início o reconhecimento legislativo da importância do instituto. Esse passou a ser exigência da Comissão de Valores Mobiliários ("CVM") e do Banco Central do Brasil ("Bacen") para a realização de certas atividades. São diversos os países que apresentam, hoje, previsões legais sobre *compliance*. Em termos nacionais, temos a tratativa do tema na Lei n. 12.846/2013, Lei Anticorrupção, que prevê a alternação de sanções e multas para empresas que possuem política de integridade; na Lei n. 13.303/2016, Lei das Estatais, que determina às empresas públicas, sociedades de economia mista e subsidiárias os deveres de transparência, regras de controle interno e integridade; e o Decreto n. 8.420/2015 que disciplina programas de integridade trazendo uma série de parâmetros. Apesar do apresentado, o *compliance* é aplicável a diversas áreas e setores.

---

23. BARROSO, Luis Roberto. Prefácio. In: CUEVA, Ricardo Villas Bôas; FRAZÃO, Ana (coord.). *Compliance*: perspectivas e desafios dos programas de conformidade. Belo Horizonte: Fórum, 2018. p. 19.

24. OLIVA, Milena Donato; SILVA, Rodrigo da Guia. Origem e evolução histórica do compliance no Direito brasileiro. In: CUEVA, Ricardo Villas Bôas; FRAZÃO, Ana (coord.). *Compliance*: perspectivas e desafios dos programas de conformidade. Belo Horizonte: Fórum, 2018. p. 30 e 31.

Observa-se uma progressão na atribuição dos efeitos jurídicos ao *compliance*, que passa a ser previsto, legalmente, como uma prática incentivada que culmina em consequências favoráveis ou obrigações legais *stricto sensu*. A jurisprudência, também, tem utilizado o instituto como parâmetro interpretativo para a resolução de questões envolvendo a atividade empresarial.[25]

Como mencionado, com o desenvolvimento do *compliance* no mundo, passou-se a inserir essa conceituação dentro das empresas, com os chamados programas de integridade que atuam como instrumentos de governança corporativa. Segundo o Instituto Brasileiro de Governança Corporativa ("IBGC"), o termo pode ser compreendido como um "sistema pelo qual as empresas e as demais organizações são dirigidas, monitoradas e incentivadas, envolvendo os relacionamentos entre sócios, conselho de administração, diretoria, órgãos de fiscalização e controle e demais partes interessadas. As boas práticas de governança corporativa convertem princípios básicos em recomendações objetivas, alinhando interesses com a finalidade de preservar e otimizar o valor econômico de longo prazo da organização, facilitando seu acesso a recursos e contribuindo para a qualidade da gestão das organizações, sua longevidade e o bem comum". Como princípios básicos, é possível elencar: (i) transparência; (ii) equidade; (iii) prestação de contas (*accountability*); e (iv) responsabilidade corporativa.[26] Esses, são tendentes a garantir que as políticas públicas sejam implantadas com maior eficiência. Assim, passa-se a ter práticas concebidas para prevenção de riscos de responsabilidade empresarial que decorrem do descumprimento de obrigações legais ou regulatórias. É verdadeira adição às penalidades legalmente impostas, visando-se a mudança de um comportamento com o estabelecimento de condutas que devem ser observadas.[27]

Os riscos crescentes da atividade econômica e a complexidade da regulação são fatores que contribuíram para um aprimoramento das normas e redução da tolerância a mecanismos deficientes de controle e de atribuição de responsabilidades da administração das empresas. O desenvolvimento desse modelo

---

25. OLIVA, Milena Donato; SILVA, Rodrigo da Guia. Origem e evolução histórica do compliance no Direito brasileiro. In: CUEVA, Ricardo Villas Bôas; FRAZÃO, Ana (coord.). *Compliance*: perspectivas e desafios dos programas de conformidade. Belo Horizonte: Fórum, 2018, p. 33.

26. IBGC – Instituto Brasileiro de Governança Corporativa. *Governança Corporativa*. Disponível em: https://www.ibgc.org.br/conhecimento/governanca-corporativa. Acesso em: 04 nov. 2021.

27. CUEVA, Ricardo Villas Bôas. Funções e finalidades dos programas de compliance. In: CUEVA, Ricardo Villas Bôas; FRAZÃO, Ana (coord.). *Compliance*: perspectivas e desafios dos programas de conformidade. Belo Horizonte: Fórum, 2018. p. 53-54.

normativo tem sido tamanho que já é possível observar menções a um direito do *compliance*, como extensão do direito regulatório, competindo-lhe internalizar o direito de regulação nas empresas.[28]

Com isso, referidos programas passaram a ser reconhecidos como elementos fundamentais da organização empresarial que se prestam à administração de diversos fatores de risco e, também, à proteção da empresa, dos administradores e dos empregados. Ocorre, porém, que a simples existência de um programa de *compliance* não deve, automaticamente, impactar na determinação da responsabilidade de uma pessoa jurídica, assim, cabendo aos reguladores agir com certa neutralidade a estes. A adoção do programa faz com que os membros da administração, além de dever prevenir infrações, tenham que evitar que seus subordinados as cometam. Os riscos de responsabilização das empresas são múltiplos e envolvem não apenas ilícitos relacionados à lei anticorrupção, como também direito antitruste, de marcas e patentes etc.[29]

As finalidades do *compliance* acabam por, verdadeiramente, se confundir com os riscos jurídicos enfrentados pelas empresas. Assim, abarcam os riscos criminais, relativos ao direito antitruste, direito do trabalho, de proteção de dados pessoais, entre outros. Especificamente, em relação ao presente trabalho, busca-se analisar a questão vinculada à proteção de dados pessoais relativos às cadeias agroindustriais.

A transformação da era digital atingiu diferentes setores econômicos. Não há que se negar que a tecnologia passou a ser verdadeiro mecanismo de reformulação de toda uma natureza de negócios. A estrutura da empresa que quer aderir à transformação digital precisa estimular a tomada de risco, incentivar a inovação e desenvolver um ambiente de trabalho corporativo.[30] Atualmente,

---

28. Ressalta-se haver discussão acerca do estabelecimento de uma obrigatoriedade de programas de *compliance* e de saber se sua ausência refletiria em punição como infração administrativa ou como delito. *In*: CUEVA, Ricardo Villas Bôas. Funções e finalidades dos programas de compliance. In: CUEVA, Ricardo Villas Bôas; FRAZÃO, Ana (coord.). *Compliance*: perspectivas e desafios dos programas de conformidade. Belo Horizonte: Fórum, 2018. p. 56.

29. CUEVA, Ricardo Villas Bôas. Funções e finalidades dos programas de compliance. *In*: CUEVA, Ricardo Villas Bôas; FRAZÃO, Ana (coord.). *Compliance*: perspectivas e desafios dos programas de conformidade. Belo Horizonte: Fórum, 2018. p. 60.

30. NASCIMENTO, Fabio Antonio. *Os desafios do processo de transformação digital:* Um estudo de caso na indústria química. Tese de Dissertação de Mestrado. INSPER – Instituto de Ensino e Pesquisa. São Paulo. 2018. p. 18. Disponível em http://dspace.insper.edu.br/xmlui/handle/11224/2155.

os dados corporativos das organizações encontram-se armazenados nos mais diversos ambientes. O aumento da capacidade de processamento de dados fez surgir um fenômeno conhecido como *Big Data*,[31] o que demonstra o contato direto da economia compartilhada e do capitalismo de vigilância que se valem da mineração das informações produzidas pelos usuários de dispositivos computacionais para o fomento econômico dos dados.[32]

Assim, importante a breve explicação sobre a LGPD e seu desenvolvimento em território nacional, à medida que esta pode ser vista como mais uma etapa na implantação do *compliance*. Isso porque o grande fluxo de informações trazidos com o *Big Data*, se usado erroneamente, pode ocasionar violação da privacidade dos indivíduos por grandes corporações, com vistas à obtenção de vantagens econômico-financeiras. O contexto econômico atual requer que as empresas impulsionem a exploração de tecnologia da informação e da comunicação, com vistas a garantirem sua competitividade, tornando-se os dados o principal insumo dessa nova economia denominada *data driven economy*.

Assim, passa-se a exigir que as organizações adotem medidas de segurança, técnicas e administrativas, aptas a proteger os dados pessoais de acessos não autorizados e de situações acidentais ou ilícitas de destruição, perda, alteração, comunicação ou qualquer forma de tratamento inadequado ou ilícito. Desta forma, as organizações precisam implantar mecanismos de Governança da Privacidade, o que impacta as atividades empresariais.

Também, sobre a proteção de dados pessoais, é de se destacar a introdução da cultura do *accountability*, pela legislação europeia, que permite às empresas demonstrar sua observância as normas de proteção de dados pessoais, induzindo à adoção de programas de conformidade em resposta à necessidade de proteção efetiva dos indivíduos em um universo de máxima mutação. Merece especial atenção, em relação à tal proteção, os programas de *compliance* no que concerne à integridade e veracidade das informações veiculadas em redes

---

31. O termo *Big Data* tem suas características associadas aos cinco Vs: volume, variedade, velocidade, variabilidade e veracidade. Suas técnicas atuam utilizando todos os dados disponíveis e são capazes de trabalhar com informações que são conhecidas como não estruturadas, ou seja, os dados não precisam ser do mesmo tipo ou estar organizados da mesma maneira. Um dos principais desafios das técnicas do *Big Data* é transformar bilhões de dados em informações que sejam úteis, por meio de algoritmos. *In*: PERELMUTER, Guy. *Futuro presente*: o mundo movido à tecnologia. São Paulo: Companhia Editora Nacional, 2019, p. 253-255.

32. SILVA, Fabiani Oliveira Borges. *A responsabilidade do compliance officer na proteção de dados pessoais*. Revista de Direito e Novas Tecnologias. vol. 3/2019 | Abr.-Jun./ 2019 | DTR\2019\35399.

sociais – há verdadeira vulnerabilidade de informações em meio digital, se fazendo necessário um programa efetivo que previna ou mitigue os riscos envolvendo vazamento, compartilhamento de dados, utilização destes e prevenção a possíveis ataques.

O já apontado "capitalismo de vigilância" atua, basicamente, como a venda dos dados que fornecemos às grandes empresas de tecnologia. Deve-se aliar, a isso, a atenção do legislador a levar em conta o aumento significativo de *players* nesse cenário, alçando a proteção de dados a direito de caráter personalíssimo. A partir dos apontamentos trazidos pela LGPD no tocante ao regulamento e à responsabilidade pelo tratamento, uso, coleta e armazenamento de dados, observa-se uma série de condutas que devem ser adotadas pelas organizações para que possam estar em conformidade com as normas.[33]

4. Produtor Rural como elo fundante da cadeia agroindustrial: relações atípicas em modelos de negócios próprios

Atualmente, um estabelecimento rural[34] apresenta uma nova "arquitetura". É formado por um conjunto de contratos e agentes articulados, com insumos, revendas, prestadores de serviços, técnicos, comercializadores e outros. A fazenda fica cada vez mais enxuta, eficiente e empresarial. O perfil e a imagem do produtor mudaram no contexto econômico. O agronegócio passou por uma transformação silenciosa, que se deu no campo organizacional. Essa transformação pode ser visualizada pela maneira com que o setor se relaciona com os fornecedores de insumos e os canais de distribuição, o que fez com que as transações passassem a ocorrer nos mercados, sendo regidas por contratos complexos e multifacetados.[35]

---

33. BLUM, Renato Opice. MALDONADO, Viviane. *Comentários ao GDPR:* Regulamento Geral de Proteção de Dados da União Europeia. São Paulo. Thomson Reuters Brasil. 2018. p. 66.

34. *El art. 283 del Código rural dispone: "A los efectos de este Código, se entiende por establecimiento rural, toda propiedad inmueble que, situada fuera de los ejidos y, en su falta, de los arrabaldes de las ciudades, pueblos o villas, se destine o pueda destinarse a la cria, mejora o engorde de ganado o al cultivo de la tierra. De modo complementario, el art. 284 agrega que 'los establecimientos rurales cuyo principal objeto es lo cuidado del ganado, se denominan ganaderos; aquellas que tienen por principal objeto el cultivo de la tierra, se denominan agrícolas'". In:* BALLARIN, A. *Derecho Agrario.* Madrid: Editorial Revista de Derecho Privado, 1965. p. 242.

35. ZYLBERSZTAJN, Decio. Firmas, cadeias e redes de agronegócios. *In*: NEVES, Marcos Fava; ZYLBERSZTAJN, Decio; NEVES, Evaristo Marzabal. *Agronegócio do Brasil.* São Paulo: Saraiva, 2005. p. 69-71.

Ocorre que o agronegócio e seu principal elo, a produção, dependem da construção de um ambiente institucional estável, no qual disputas encontrem mecanismos para sua solução e o sistema legal funcione a custos mínimos, tendo os agentes direitos de propriedade definidos, se sentindo seguros para negociar e se engajar em relações de longo prazo e, ainda, possuindo as informações necessárias para suas operações.

Para isso, porém, e considerando os desafios trazidos com a nova ordem tecnológica mundial, passa a ser necessário ao produtor rural dispor de ferramental capaz de o inserir nesse novo contexto. Vale ressaltar que o produtor rural se relaciona, diretamente, com os mais variados elos da cadeia, a exemplo, os fornecedores de insumos, de um lado, e as *trading companies*, de outro. Assim, possível fazer um paralelo do papel do produtor com a concepção de firma que, tipicamente, adquire insumos e os combina para produzir produtos, ou seja, transforma um conjunto de *commodities* em um conjunto diferente (o objetivo da firma, assim como o do produtor, é a maximização de lucros). O desenvolvimento da Teoria das Organizações, em muito norteada pelos estudos de Ronald Coase, traz a compreensão de que, além de estudar o que acontece dentro das firmas, as análises econômicas devem se interessar pelas disposições contratuais entre as firmas, desde que arranjos de mercado representem alternativas de organização.[36]

Ao longo dos últimos anos, foram diversas as análises que se pautaram em verificar a inserção do produtor em um cenário inovativo. O produtor precisa, cada vez mais, se conectar às redes para utilizar os benefícios trazidos com a agricultura digital e manter-se, dessa forma, operando suas atividades. O desafio principal consiste em um contexto de pequenos e médios produtores. Vale, aqui, destacar que, apesar de toda a estrutura institucional e organizacional, o agronegócio brasileiro, conforme tratamento favorecido, diferenciado e simplificado, disposto nos artigos 970 e 971 do Código Civil, ofertados àqueles que operam enquanto pessoa física, é constituído, majoritariamente, por produtores

36. A definição mais usual de organização é trazida por North que a caracteriza como arranjos institucionais, ou seja, "um acordo entre unidades econômicas que regem as formas em que estas unidades podem cooperar ou competir". Williamson completa definindo-a como a relação contratual ou estrutura de governança entre as entidades econômicas que define a maneira em que elas cooperam e/ou competem. *In:* NORTH, Douglass. *Institutions, transaction costs, and the rise of merchant empires*. The Political Economy of Merchant Empires, State Power and World Trade 1350-1750, James D. Tracy (ed.), Cambridge University Press, Cambridge, 1997, (1ed. 1991). WILLIAMSON, O. E. *The mecanisms of governance*. Oxford: Oxford University Press, 1996, p. 378.

rurais não embasados em sociedades empresárias. A LGPD apenas será aplicável, em sua primeira fase de implementação, aos dados de pessoa física.

Os altos custos e a falta de infraestrutura ainda são, hoje, os principais obstáculos para uma maior adoção de tecnologia agrícola. Por vezes, observa-se que há aquisição de máquinas com tecnologia de ponta, porém, a ausência de conhecimento sobre seu uso, limita a exploração de todo seu potencial – os fabricantes não fornecem as orientações adequadas e os técnicos de treinamento não compreendem a complexidade de suas funcionalidades. Ainda, segundo dados da Agência Nacional de Telefonia ("Anatel"), apenas 10,72% da área rural contam com acesso à rede 4G, percentual que atingiria em torno de 23% se consideradas as conexões de satélite e rádio, segundo o Ministério da Agricultura, Pecuária e Abastecimento ("MAPA").[37]

Inserem-se nesse contexto, também, as mudanças operadas pelo recente impacto sofrido na ordem mundial com a situação pandêmica. Essa trouxe expressiva modificação na forma de atuação de alguns produtores rurais brasileiros que, hoje, se encontram à frente de seus pares americanos e europeus na preferência por canais *on-line* para compra de insumos – ressalta-se que a preferência por interações digitais é maior nas etapas de cotação e recompra, sendo o principal ponto de dor, o pós-venda. A nova realidade, gerou uma disrupção na forma com que nos comunicamos, assim, também, no agronegócio temos os *WhatsApp* sendo utilizado como o principal meio para transações digitais, o que não afasta, todavia, o ganho de espaço que as plataformas digitais vêm tendo – não se esquece, porém, da relevância do contato pessoal, mas nota-se que a multicanalidade de contato veio para ficar. Apesar de o desenvolvimento digital envolver-se ao longo de toda a cadeia produtiva, este ainda encontra uso muito heterogêneo entre as culturas e regiões do país.

Pesquisa realizada pelo *McKinsey & Company*[38] demonstra que, ao longo do ano de 2020, a intenção de vendas *on-line* aumentou entre todos os grupos agrícolas pesquisados. Um terço dos agricultores brasileiros estão dispostos a

---

37. Nesse sentido, importante adequar a realidade do produtor rural às novas demandas. A exemplo, merecem destaque inovações trazidas com iniciativas como a ConectarAgro que visa elevar a área de cobertura de empresas de telefonias aumentando, em 2021, 60% da área coberta. Importante, porém, destacar as ações para aumento da cobertura (como desenvolvimento de *hubs* de tecnologia desenvolvidos pela BP e Bunge, em 2019, e a plataforma de conectividade da Totvs). In: VEIGA FILHO, Lauro. O desafio de conectar as áreas remotas. *Valor Econômico*. São Paulo, p. 80-82.

38. MCKINSEY & COMPANY. *A mente do agricultor brasileiro na era digital*. Edição 2021. Mar./2021.

vender até 70% de sua produção *on-line*. Os números são norteados pela disposição que possuem os produtores mais jovens em aderir à modernização dos mecanismos econômicos, o que também muito associado às compras pela *internet*.

Com ligação direta com a agricultura de precisão, chegou a agricultura 4.0. Enquanto a primeira tem foco em otimizar a produção com mais exatidão nos processos de preparo, aplicação, plantio e colheita, a segunda surge como segmento mais abrangente da gestão da pré e pós-produção, com aplicativos para compra e controle de instrumentos e insumos. Essa engrenagem envolve a utilização de dados e *internet* para gerenciar a propriedade com sustentabilidade por meio de automatização e digitalização. Com conexão integral, os processos de produção envolvem sensores, comunicação entre máquinas e armazenamento em nuvem. Os dispositivos móveis e os *softwares* programados para processar dados e diversas técnicas de análise ajudarão nas tomadas de decisão.[39]

Ocorre, porém, que no Brasil, 77% dos estabelecimentos agropecuários são classificados como "agricultura familiar", segundo o último Censo Agropecuário, o que corresponde a cerca de 3,9 milhões de propriedades rurais em todo o país que, de alguma forma, precisam de apoio para a travessia do mundo analógico para o digital. Se observarmos a realidade desse público, podemos notar algumas dificuldades que perpassam pela distância entre o pequeno produtor e os polos de tecnologia, como: a falta de conhecimento e habilidade para o uso de soluções; pouca conectividade com o campo; carência de apoio técnico para a escolha de ferramentas mais adequadas; e falta de tempo para conhecer ou testar novas soluções. Para avançarmos nessa jornada, precisamos superar barreiras culturais e estruturais. Por isso, é fundamental a cooperação dos agentes da cadeia do agro para auxiliar os pequenos e os médios produtores na transição para o digital. Sem essa proximidade, será criado grande número de soluções sem aplicabilidade prática.[40]

Ainda, a transformação digital deve ser encarada como base na jornada do produtor; jornada essa que envolve: (i) planejamento de safra; (ii) informações e compra de insumos; (iii) operações de plantio; (iv) aplicação de produtos; (v) operações de colheita; (vi) precificação e comercialização e (vii) acompanhamento pós-colheita. A digitalização da agricultura estabelece as bases para o funcionamento de um ecossistema *online* com quatro participantes: o

---

39. FAESP – Federação da Agricultura e Pecuária do Estado de São Paulo. *Segurança e privacidade nos dados do agricultor*. Agroanalysis, set. 2021.

40. PIVOTTO, Anderson Soares. *Conhecimento aproxima o produtor das inovações digitais*. Agroanalysis, jul. 2021.

agricultor, os negócios (com fornecedores, clientes, parceiros e comunidades dentro e fora da porteira), os sistemas de informação e todas as "coisas" presentes na propriedade. No momento do planejamento de safra, por exemplo, nota-se a ausência de informações centralizadas, faltando dados estruturados para a produção o que é majorado com a dificuldade de acesso a informações *off-line* responsável por afetar, significativamente, as decisões tomadas pelo produtor. Aliás, a ausência de bases centralizadas de informações parece ser um problema que perdura por toda a cadeia, o que afeta, também, a compra de insumos – na medida em que não se tem informação de preços transparentes, não sabendo os produtores escolher a melhor solução e, tampouco, usar as tecnologias ou inovações que lhes são apresentadas – as operações de plantio e aplicações de produtos, a colheita e o pós-colheita. No último caso, nota-se dificuldade de acesso aos compradores dos produtos e pontos sensíveis no que concerne à logística e ao armazenamento.

Compreende-se que o acesso à informação e aos próprios agentes que integram a cadeia acaba sendo um ponto de sensibilidade pela ausência de acesso *on-line*. Os desafios em cada etapa da cadeia de valor trazem *insights* para a transformação digital, como demonstrado na tabela abaixo:

Fabricantes de Insumos e Máquinas	Canais de Distribuição	Produtor Médio	*Tradings*	Processadores e Varejistas
Desafios	**Desafios**	**Desafios**	**Desafios**	**Desafios**
Produtos tradicionais perdendo a eficiência	Consolidação criando grandes grupos	Necessidade de aumentar a produtividade	Conseguir aumentar o **relacionamento** com os agricultores	Pressão mais forte dos consumidores
Competição no mercado de genéricos	Canais não se sentindo parte da transformação digital do agro	Necessidade de melhorar lucratividade	Garantia de fornecimento de grãos	Mercados globais criando restrição de importação e consumo (ex. Europa)
Estratégia de acesso ao mercado incerta	Redução da margem bruta	Alto custo de capital	Custo das transações e *timing*	

Fabricantes de Insumos e Máquinas	Canais de Distribuição	Produtor Médio	*Tradings*	Processadores e Varejistas
Desafios	Desafios	Desafios	Desafios	Desafios
	Alto custo de vendas	Força de trabalho sem conhecimento	Rastreabilidade e origem dos alimentos	
	Redução do capital	Complexidade para escolher produtos e estratégia de gestão		

Fonte: Markestrat.

Assim, de se observar que o produtor rural, enquanto agente de mercado que sofre inferências das mais variadas modificações, também se sujeita às estruturas de governança, compreendida como a matriz institucional em que a integridade de uma transação é decidida. Uma estrutura de governança prevalece devido à sua adequação para monitorar transações com atributos específicos – ressalta-se que as estruturas de governança combinam dois elementos para obtenção de cooperação: incentivos e controles, estando esses presentes em intensidades distintas em cada estrutura.[41]

Disso decorre a ideia de que o agronegócio contratual vem se desenvolvendo, hoje, como um modelo de governança da cadeia de abastecimento amplamente utilizado, com vistas a conectar produtores agrícolas a mercados globalizados e integrados. Esse modelo é, geralmente, reconhecido por sua capacidade de apoiar e desenvolver o setor produtivo, contribuindo para formação do capital, transferência de tecnologias, aumento da produção agrícola e de rendimentos, desenvolvimento econômico e social e desenvolvimento sustentável e, principalmente, os contratos que o constituem permitem limitar os riscos da produção e comercialização agrícola.

Desta forma, a relação produção-indústria deve adequar seus padrões de qualidade aos exigidos pelos clientes, os varejistas, e disseminar tais padrões aos

41. MÉNARD, Claude; NUNES, Rubens; SILVA, Vivian Lara dos Santos. Introdução à Teoria das Organizações. In: MÉNARD, Claude *et al.* (org.). *Economia das organizações*: formas plurais e desafios. São Paulo: Atlas, 2014. p. 27.

seus fornecedores, os produtores primários. Com respeito a estes, embora muitos deles, sobretudo no Brasil, ainda tenham dificuldade de acesso a recursos financeiros e não recebam informações sobre o funcionamento das CAIs, pode-se dizer que já iniciaram a modernização das atividades, adotando ferramentas de gerenciamento e interagindo com o setor de insumos e implementos.

Com isso, aos cenários futuros impõe-se comparar a reestruturação das empresas, a formação de parcerias e as alianças estratégicas como fator de competitividade, com a interação mais transparente entre os agentes, e de reordenação institucional dos governos no estabelecimento de políticas mais eficazes e precisas para o setor, visando o melhor atendimento da exigente demanda por alimentos com produção sustentável, com a tutela ao meio ambiente, à sanidade e à certificação.

Isso não ocorrerá, porém, sem o devido desenvolvimento do *compliance* no setor, intrinsecamente vinculado ao desenvolvimento das estruturas de governança e, também, à observância das disposições trazidas com a Lei Geral de Proteção de Dados, uma vez que, cada vez mais, inserido o agronegócio nacional na tecnologia e no tratamento e transferência de dados.

5. O Desenvolvimento do *Compliance* de dados no Agronegócio Brasileiro

Ao tratar sobre as cadeias agroindustriais, é importante relembrar sua vinculação direta com o mercado financeiro e os valores mobiliários. Nesse sentido, a relevância dos poderes com que investidos a CVM e o Bacen, pela Lei n. 13.506/2017, que passaram a ser capacitados para a assinatura de acordos de leniência. O programa desse mercado é marcado por análises de processos financeiros com a verificação sobre a devida autorização das operações realizadas. Objetiva-se, com isso, assegurar a fidelidade dos registros, proporcionando credibilidade às operações.[42]

Além disso, situações na recente história econômica do agronegócio brasileiro (como a operação Carne Fraca) demonstram a necessidade da aplicação de um *compliance* mais rigoroso, atuando como verdadeira necessidade de primeira grandeza. Para isso, porém, não basta a atuação em conformidade com os programas das empresas. É necessário um reforço positivo com a aplicação

42. CARVALHO, Vinicius Marques de; MATTIUZZO, Marcela; SOUZA, Bruno Silva e. Programas de Compliance: desafios da multiplicidade institucional para o setor privado. In: CUEVA, Ricardo Villas Bôas; FRAZÃO, Ana (org.). *Compliance*: perspectivas e desafios dos programas de conformidade. Belo Horizonte: Fórum, 2018. p. 375.

de sanções premiais que estimulam o comportamento desejado, o que enseja o *cross-compliance*.

O *cross-compliance* atua como política governamental de estímulo às práticas desejadas e surgiu na União Europeia ("UE"), tornando-se parte fundamental da política agropecuária comum dessa região. O apontado modelo, em linhas gerais, condiciona o pagamento de subsídios governamentais agrícolas ao atendimento de boas práticas de *compliance* no agronegócio pelos mais diversos agentes das CAIs. É possível dizer que os Estados Unidos[43] desenvolvem modelo muito similar, existindo um nível de regulação básico ao qual todos os agentes precisam se conformar, sob pena de incidirem sanções – é o que mais ocorre no Brasil, também.

Esse baseia-se no princípio de que o pagamento de benefícios e subsídios estatais à atividade agrícola deve estar vinculado ao cumprimento de regras relacionadas ao gerenciamento das terras, à produção e à atividade do agronegócio. Isso confere aos governos a possibilidade de melhoramento de parâmetros de exigências das mais diversas ordens. Assim, ao conferir sanções premiais àqueles que atingem certos requisitos, é possível uma alteração de pensamento cultural, de forma a buscar-se garantir que os agentes se adequem aos novos parâmetros. A partir do momento em que um agente se adequa e recebe benefícios, cria-se uma pressão para que os demais agentes o façam, o que desenvolve verdadeira reação em cadeia.

Se apenas houver a estipulação de punições com base em não conformidade dos agentes, o Estado precisará editar a norma e, posteriormente, fazer grande esforço fiscalizatório e repreensivo, o que pode culminar em uma busca pela ocultação do descumprimento das normas. Havendo uma bonificação àqueles que agem em conformidade ao esperado, seja em parâmetros ambientais, seja em parâmetros fitossanitários, observa-se que o agente procurará o Poder Público para ser reconhecido por sua iniciativa. A exemplo dessas medidas, a recém-aprovada Lei no país sobre Pagamento por Serviços Ambientais que tem o fito, justamente, de garantir benefício àqueles que prestam, em sua atividade produtiva, resultados positivos ao meio ambiente.

---

43. Ao contrário do verificado no Brasil, porém, os sistemas estrangeiros não se limitam à apresentação dessa regulação básica, existindo, a exemplo dos Estados Unidos, sistemas de tributação progressiva que se condicionam aos efeitos colaterais de uma determinada atividade agrícola sobre o meio ambiente. *In*: COELHO, Antônio Augusto de Souza. Em defesa do cross-compliance no agronegócio brasileiro. In: CUEVA, Ricardo Villas Bôas; FRAZÃO, Ana (org.). *Compliance*: perspectivas e desafios dos programas de conformidade. Belo Horizonte: Fórum, 2018. p. 505.

Além disso, o MAPA tem reforçado a necessidade de comprometimento do setor com a integridade no campo. Nesse sentido, a criação do Programa Agro + Integridade,[44] por meio da Portaria n. 2.462, de 12 de dezembro de 2018, no qual é conferido um selo àqueles que comprovadamente adotam boas práticas de governança e *compliance*, vinculado à comprovação do cumprimento de requisitos atrelados às áreas: (i) anticorrupção; (ii) trabalhista; e (iii) sustentabilidade.

Dessa forma, são feitas análises sobre a regularidade do produtor ou da agroindústria frente a diversos órgãos regulatórios, do país, bem como a comprovação de implantação de programas de boas práticas agrícolas, como o enquadramento no Programa ABC,[45] voltado para a redução da emissão de carbono, sendo também realizada avaliação com base no Relatório de Sustentabilidade apresentado pelos agentes com base no Plano de Gestão Sustentável ou no Relatório de Sustentabilidade que atende às normas do *Global Reporting Initiative* (GRI). Os planos devem suportar medidas que atendam a boas práticas específicas pelo MAPA, consentâneas com os Objetivos do Desenvolvimento Sustentável ("ODS") e da Agenda 2030 da ONU.

Os resultados obtidos ao redor do mundo com a política de *cross-compliance* geram a compreensão de que ainda é possível e necessário o desenvolvimento desse conceito e seu reconhecimento no agronegócio brasileiro. Assim, consoante defendido por Coelho,[46] a ação pró-integridade brasileira deveria ser

44. O objetivo da iniciativa é implementar e aprimorar mecanismos que permitam a prevenção, a identificação e o tratamento de fraudes, as não conformidades e os desvios de conduta. Os eixos definidos pelo programa são: comprometimento e apoio da alta direção; definição e fortalecimento de instâncias de integridade, análise e gestão de riscos e estratégias de monitoramento contínuo.

45. O Plano ABC tem a finalidade de organizar o planejamento das ações para a adoção de tecnologias sustentáveis de produção, selecionadas para responder aos compromissos assumidos pelo país na redução de emissão de Gases de Efeito Estufa. Em suma, atua como uma linha de crédito rural oficial, com recursos oriundos de fontes orçamentárias ou de linhas de crédito agrícola, que permite a incorporação de políticas sustentáveis ao processo produtivo, com vistas a gerar maior eficiência à produção, aumentar a renda dos produtores rurais com a diversificação produtiva, diminuir as agressões ao meio ambiente e reduzir a emissão de gases do efeito estufa. *In*: BURANELLO, Renato. *Cédula de produto rural*: Mercados agrícolas e financiamento da produção. Londrina/PR: Editora Thoth, 2020.

46. COELHO, Antônio Augusto de Souza. Em defesa do cross-compliance no agronegócio brasileiro. In: CUEVA, Ricardo Villas Bôas; FRAZÃO, Ana (org.). *Compliance*: perspectivas e desafios dos programas de conformidade. Belo Horizonte: Fórum, 2018. p. 513.

ampliada em dois pontos: (i) o escopo e o nível de exigência dos requisitos – que, em território nacional, ainda muito se vincula às práticas anticorrupção –; e (ii) a sanção premial no caso de atendimento a esses requisitos – que, também, ainda é muito tímida, não havendo subsídios financeiros suficientes que tornem a cooperação com o programa algo realmente atrativo ao produtor, isso porque o benefício deve ser suficiente a garantir ao produtor que os gastos tidos com as implementações de conformidade sejam menores do que os benefícios recebidos.

Desta forma, necessário o amadurecimento de tais programas no país, de forma a garantir que o Brasil consiga continuar ocupando seu lugar enquanto fornecedor de produtos agrícolas a nível mundial, com a efetiva evolução e aplicação que cruze a produção do agronegócio brasileiro com condutas de integridade que respeitem não só as necessidades ambientais, trabalhistas e anticorruptivas, mas, também, a proteção dos dados obtidos ao longo dos desenvolvimentos das atividades. Não se afasta, em qualquer momento, o entendimento de que o desenvolvimento, tanto dos conceitos de *compliance* e de proteção de dados, são incipientes no país de forma a estarem imaturos, principalmente inseridos nas cadeias agroindustriais.

Ainda e, caminhando no necessário fomento de práticas ambientalmente sustentáveis e na crescente cobrança que vem sofrendo o agronegócio brasileiro, nesse sentido, a tecnologia deve ser encarada como uma grande aliada da sustentabilidade gerando efeito conhecido como "poupa-terra". Se continuássemos a produzir como fazíamos em 1970, qual seria o tamanho da área necessária para abastecer a demanda atual? Com toda a certeza, não teríamos como adimpli-la com a área disponível agriculturável. É possível dizer que seríamos uma potência se pudéssemos acessar esses quase 5 milhões de proprietários que estão na base da cadeia, porém, ressaltamos que o processo de digitalização brasileiro depende de grande investimento em educação, visto que temos 14% de analfabetos e 70% de analfabetos funcionais na nossa população. Hoje, os grandes produtores fazem seus investimentos diretamente e os pequenos só conseguem se estiverem ligados a cooperativas. por isso, também, a expansão do cooperativismo é fundamental para que o processo de digitalização chegue aos pequenos produtores e que esses sobrevivam aos complexos mercados agroalimentares.[47]

Isso porque quanto maior o desenvolvimento tecnológico no setor, maior será o número de dados captados ao longo das operações das CAIs que, como demonstrado no presente, são complexas redes e que envolvem as mais variadas

---

47. BRITO, Marcelo. *Os Impactos da Conectividade sobre o agro.* Agroanalysis. Jul. 2021.

redes negociais. Sabendo desse emaranhado de relações, não é difícil imaginar a enorme quantidade de dados extraídos que merecem e precisam do devido tratamento. O que determinará o sucesso da LPGD é a definição de um caminho claro e estável para sua implementação. Portanto, extrai-se que os conceitos apresentados ao longo do presente podem ser tratados como uma moldura a ser aplicada nas atividades do setor, no sentido de garantir o desenvolvimento econômico, social e ambientalmente sustentável das atividades, com o devido respeito às mais variadas frentes e, ainda, com a devida proteção aos dados de clientes e parceiros operacionais. Os desafios da transformação digital mais as previsões da LGPD tornam imprescindível a existência do *compliance* como ferramenta tecnológica na economia de insumos à produção, rastreabilidade nas operações em melhoria contínua da atividade e redução dos custos de transação.

6. REFERÊNCIAS BIBLIOGRÁFICAS

ALMEIDA, P. J. de *Arrendamento e acesso à terra no Brasil*. Dissertação (Mestrado) – IE/UNICAMP, Campinas, 2002; BUAINAIN, A. M.; ALMEIDA, P. J. de; LIMA, F. de; SILVEIRA, J. M. F. J. da. *O Arrendamento de terras no Brasil:* condicionantes, funcionamento e perspectivas. Brasília. Relatório de Pesquisa, 2007.

ARAÚJO, Ney Bittencourt de; WEDEKIN, Ivan; PINAZZA, Luiz Antônio. *Complexo Agroindustrial: o "agribusiness" brasileiro*. São Paulo: Agroceres, 1990.

ARMELLA, Cristina. *Contratos Conexos*. In: Código Civil y Comercial (Contratos), Suplemento Especial, Director: Rubén S. Stiglitz, página 203, Editorial La Ley, Buenos Aires, Febrero de 2015.

BARROSO, Luis Roberto. Prefácio. In: CUEVA, Ricardo Villas Bôas; FRAZÃO, Ana (org.). *Compliance*: perspectivas e desafios dos programas de conformidade. Belo Horizonte: Fórum, 2018.

BIONI, Bruno Ricardo. Compreendendo o conceito de anonimização e dado anonimizado. In: DONEDA, Danilo; MENDES, Laura Schertel; CUEVA, Ricardo Villas Bôas (coord.). *Lei Geral de Proteção de Dados*. São Paulo: Thomson Reuters, 2019. p. 39-54.

BLUM, Renato Opice. MALDONADO, Viviane. *Comentários ao GDPR:* Regulamento Geral de Proteção de Dados da União Europeia. São Paulo. Thomson Reuters Brasil. 2018.

BLUM, Renato Opice (org.). *Proteção de dados*: desafios e soluções na adequação à lei. Rio de Janeiro: Editora Forense, 2020.

BRITO, Marcello. *Os Impactos da Conectividade sobre o agro*. Agroanalysis. Jul. 2021.

BURANELLO, Renato. *Cédula de produto rural*: Mercados agrícolas e financiamento da produção. Londrina/PR: Editora Thoth, 2020.

___________. *Manual de direito do agronegócio*. São Paulo: Editora Saraiva, 2018.

CALEMAN, Silvia M. de Queiroz. *Contratos e coordenação*. In: ZYLBERSZTAJN, Décio; NEVES, Marcos Fava; CALEMAN, Silvia M. de Queiroz (Orgs.). *Gestão de Sistemas de Agronegócios*. São Paulo: Atlas, 2015, p. 71-92.

CARVALHO, Vinicius Marques de; MATTIUZZO, Marcela; SOUZA, Bruno Silva e. Programas de Compliance: desafios da multiplicidade institucional para o setor privado. In: CUEVA, Ricardo Villas Bôas; FRAZÃO, Ana (org.). *Compliance*: perspectivas e desafios dos programas de conformidade. Belo Horizonte: Fórum, 2018.

CASCAES, Amanda Celli. A interpretação dos contratos coligados. *RJLB*, Lisboa, v. 4, n. 3, p. 101-133, jul. 2018.

COELHO, Antônio Augusto de Souza. Em defesa do cross-compliance no agronegócio brasileiro. In: CUEVA, Ricardo Villas Bôas; FRAZÃO, Ana (org.). *Compliance*: perspectivas e desafios dos programas de conformidade. Belo Horizonte: Fórum, 2018.

CUEVA, Ricardo Villas Bôas. Funções e finalidades dos programas de compliance. In: CUEVA, Ricardo Villas Bôas; FRAZÃO, Ana (org.). *Compliance*: perspectivas e desafios dos programas de conformidade. Belo Horizonte: Fórum, 2018. p. 53-54.

DAVIS, J. H.; GOLDBERG, R. A. *A concept of agribusiness*. Boston: Harvard University, 1957.

DONEDA, Danilo; MENDES, Laura Schertel; CUEVA, Ricardo Villas Bôas (coord.). *Lei Geral de Proteção de Dados (Lei n. 13.709/2018)*: a caminho da efetividade: contribuições para a implementação da LGPD. São Paulo: Thomson Reuters, 2020.

DRUMMOND, H. Evan; GOODWIN, John W. *Agricultural Economics*. Londres: Pearson Prentice Hall, 2004.

ENEI, José Virgílio Lopes. Contratos coligados. *Revista de Direito Mercantil: industrial, econômico e financeiro*, São Paulo, v. 42, n. 132, p. 111-128, out./dez. 2003.

ESTADOS UNIDOS DA AMÉRICA, *Uniform Comercial Code*.

FAESP – Federação da Agricultura e Pecuária do Estado de São Paulo. *Segurança e privacidade nos dados do agricultor*. Agroanalysis, set. 2021.

FARINA, Elizabeth M. M. Q. Abordagem sistêmica dos negócios agroindustriais e a econômica de custos de transação. *In*: FARINA, Elizabeth M. M. Q.; AZEVEDO, Paulo Furquim de; SAES, Maria Sylvia Macchione (Org.). *Competitividade: mercado, estado e organizações*. São Paulo: Singular, 1997.

__________. Competitividade e coordenação de sistemas agroindustriais: um ensaio conceitual. *Gestão & Produção*, São Carlos, v. 6, n. 3, p. 147-161, dez. 1999.

FRAZÃO, Ana. *Networks e redes contratuais*. Disponível em: https://www.jota.info/opiniao-e-analise/colunas/constituicao-empresa-emercado/networks-e-redes-contratuais-04052017.

FRÍAS, Ana Lopez. *Los contratos conexos*. Barcelona: Bosch, 1994.

GOMES, Orlando. *Introdução ao direito civil*. 18ª ed. Rio de Janeiro: Forense, 2001.

GOMES, Rogério Zuel. A nova ordem contratual: pós-modernidade, contratos de adesão, condições gerais de contratação, contratos relacionais e redes contratuais. *Revista de Direito do Consumidor* n. 58. Disponível em: http://www.gomesrosskamp.adv.br/artigos/Artigo1.pdf.

GRITSCHKE, Richard Souza. *Contratos conexos e o inadimplemento contratual*. Disponível em: <www.pucrs.br//wp-contente/uploads/sites/11/2019/01/richard_gritschke.pdf>.

IÓRA, Natália Inez. *Os usos negociais e os contratos empresariais*: o conteúdo, as funções e o alcance dos usos no processo contratual. São Paulo: Quartier Latin, 2020.

KONDER, Carlos Nelson. *Contratos conexos*: grupos de contratos, redes contratuais e contratos coligados. Rio de Janeiro: Renovar, 2006.

LEONARDO, Rodrigo Xavier. Contratos coligados. In: BRANDELLI, Leonardo (Org.). *Estudos de direito civil, internacional privado e comparado*. Coletânea em homenagem à professora Vera Jacob de Fradera. São Paulo: LEUD, 2014.

LORENZETTI, Ricardo Luis. *Redes contractuales:* Conceptualización jurídica, relaciones internas de colaboración, efectos frente a terceiros. Disponível em: <www.seer.ufrgs.br/revfacdir/article/download/7573/40048>. Acesso em: 06 de abril de 2021.

__________. *Fundamentos do direito privado*. São Paulo: Revista dos Tribunais, 1998, p. 199 e 200.

MARKESTRAT. *Transformação digital no agronegócio: desafios e oportunidade dentro da cadeia de valor.* 2021.

MARQUES, P. V. *Mercados futuros e operações agropecuárias*. In: ZYLBERSZTAJN, Decio, NEVES, Marcos Fava. Economia e gestão dos negócios agroalimentares: indústria de alimentos, indústria de insumos, produção agropecuária. São Paulo: Pioneira, 2000.

MARTINS-COSTA, Judith. O fenômeno da supracontratualidade e o princípio do equilíbrio: inadimplemento de deveres de proteção (violação positiva do contrato) e deslealdade contratual em operação de descruzamento acionário. In: *Revista Trimestral de Direito Civil*, vol. 26, abr./jun. 2006.

MCKINSEY & COMPANY. *A mente do agricultor brasileiro na era digital*. Edição 2021. Mar./2021.

MÉNARD, Claude. *The Economics of Hybrid Organizations*. 2002. Disponível em: <https://www.researchgate.net/profile/Claude_Menard2/publication/5174293_The_Economics_of_Hybrid_Organization/links/09e415114e4926ebe6000000.pdf>.

__________, Claude; NUNES, Rubens; SILVA, Vivian Lara dos Santos. Introdução à Teoria das Organizações. In: MÉNARD, Claude *et al*. (org.). *Economia das organizações*: formas plurais e desafios. São Paulo: Atlas, 2014. p. 27.

MENDES, Laura Schertel. Autodeterminação informacional: origem e desenvolvimento conceitual na jurisprudência da corte constitucional alemã. In: DONEDA,

Danilo; MENDES, Laura Schertel; CUEVA, Ricardo Villas Bôas (coord.). *Lei Geral de Proteção de Dados*. São Paulo: Thomson Reuters, 2020.

NASCIMENTO, Fabio Antonio. *Os desafios do processo de transformação digital:* um estudo de caso na indústria química. Tese de Dissertação de Mestrado. INSPER – Instituto de Ensino e Pesquisa. São Paulo. 2018. p. 18. Disponível em: http://dspace.insper.edu.br/xmlui/handle/11224/2155.

NEVES, Marcos Fava. *Relacionamentos interorganizacionais*. In: ZYLBERSZTAJN, Décio; NEVES, Marcos Fava; CALEMAN, Silvia M. de Queiroz (Orgs.). Gestão de Sistemas de Agronegócios. São Paulo: Atlas, 2015.

NORTH, Douglass. *Institutions, transaction costs, and the rise of merchant empires*. The Political Economy of Merchant Empires, State Power and World Trade 1350-1750, James D. Tracy (ed.), Cambridge University Press, Cambridge, 1997, (1ed. 1991).

OLIVA, Milena Donato; SILVA, Rodrigo da Guia. Origem e evolução histórica do compliance no direito brasileiro. In: CUEVA, Ricardo Villas Bôas; FRAZÃO, Ana (org.). *Compliance*: perspectivas e desafios dos programas de conformidade. Belo Horizonte: Fórum, 2018.

PAULILLO, Luiz Fernando. Sobre o desenvolvimento da agricultura brasileira: concepções clássicas e recentes. In: BATALHA, Mário Otávio (org.). *Gestão agroindustrial*. 3. ed. São Paulo: Atlas, 2007. v. 1.

PERELMUTER, Guy. *Futuro presente*: o mundo movido à tecnologia. São Paulo: Companhia Editora Nacional, 2019.

PINHEIRO, Patrícia Peck. *Proteção de dados pessoais*: comentários à Lei n. 13.709/2018 (LGPD). São Paulo: Saraiva Jur, 2018.

PIVOTTO, Anderson Soares. *Conhecimento aproxima o produtor das inovações digitais*. Agroanalysis, jul. 2021.

ROCHA JUNIOR, Weimar Freire da; BITTENCOURT, Maurício Vaz Lobo; RIBEIRO, Marcia Carla Pereira. Análise das características dos contratos no agronegócio do Brasil. *Revista Brasileira de Planejamento e Desenvolvimento*, [S.L.], v. 4, n. 2, p. 94, 3 fev. 2016. Universidade Tecnológica Federal do Paraná (UTFPR). http://dx.doi.org/10.3895/rbpd.v4n2.3569.

ROSENVALD, Nelson. As redes contratuais. Disponível em: http://www.cartaforense.com.br/conteudo/artigos/as-redes-contratuais/7577. Acesso em: 09 jul. 2018.

SILVA, Fabiani Oliveira Borges. *A responsabilidade do compliance officer na proteção de dados pessoais*. Revista de Direito e Novas Tecnologias. vol. 3/2019 | Abr.-Jun. / 2019 | DTR\2019\35399.

SZTAJN, Rachel. Externalidades e custos de transação: a redistribuição de direitos no novo Código Civil. In: *Obrigações e contratos*. 2011. v. 2.

TEPEDINO, Gustavo; FRAZÃO, Ana; OLIVA, Milena Donato (coord.). *Lei Geral de Proteção de Dados Pessoais*: e suas repercussões no direito brasileiro. São Paulo: Thomson Reuters, 2019.

UNIDROIT; FAO; FIDA. *Guia jurídico sobre a agricultura contratual*. Viçosa, MG: Editora UFV, 2018. p. 8.

VEIGA FILHO, Lauro. O desafio de conectar as áreas remotas. *Valor Econômico*. São Paulo, p. 80-82.

WILLIAMSON, O. E. *The mecanisms of governance*. Oxford: Oxford University Press, 1996, p. 378.

ZYLBERSZTAJN, Decio. Firmas, cadeias e redes de agronegócios. In: NEVES, Marcos Fava; ZYLBERSZTAJN, Decio; NEVES, Evaristo Marzabal. *Agronegócio do Brasil*. São Paulo: Saraiva, 2005.

__________; GIORDANO, Samuel Ribeiro. *Coordenação e governança de sistemas agroindustriais*. In: ZYLBERSZTAJN, Decio; NEVES, Marcos Fava; CALEMAN, Silvia M. de Queiroz (Orgs.). Gestão de Sistemas de Agronegócios. São Paulo: Atlas, 2015, p.: 01-22.

__________; SZTAJN, R. Direito & Economia: Análise econômica do direito e das organizações. Rio de Janeiro: Elsevier, 2005.

COMPLIANCE DE DADOS NO SETOR DE PUBLICIDADE DIGITAL: EM BUSCA DAS MELHORES PRÁTICAS

JULIANA OLIVEIRA DOMINGUES[1]

ISABELLA DORIGHETO MIRANDA[2]

BRENO FRAGA M. E SILVA[3]

---

1. Professora Doutora de Direito Econômico da Universidade de São Paulo (FDRP/USP). Atualmente, é Secretária Nacional do Consumidor no Ministério da Justiça e Segurança Pública. Presidente do Conselho Nacional de Combate à Pirataria. Presidente do Conselho Nacional de Defesa do Consumidor. Foi *Visiting-Scholar* na *Georgetown University* (2018) onde realizou pesquisa de pós-doutorado com bolsa internacional de pesquisa da *American Bar Association* (*Antitrust Section*). Diretora Regional da *Academic Society for Competition Law* (ASCOLA).
2. Advogada. Mestranda e Bacharel em Direito pela Universidade de São Paulo.
3. Advogado. Mestre e Doutorando em Direito pela Universidade de São Paulo.

1. INTRODUÇÃO

É lugar-comum dizer, atualmente, que os dados são grandes ativos econômicos[4]. Tal fato ficou mais evidente em razão do aumento do número de operações realizadas virtualmente, o que foi maximizado com a pandemia de coronavírus diante do crescimento do comércio digital. O compartilhamento de dados pode proporcionar um verdadeiro mapeamento dos hábitos de vida e de consumo de qualquer consumidor minimamente inserido no mercado digital.

Considerando que grande parte dos dados processados virtualmente destinam-se a viabilizar mecanismos sofisticados de publicidade direcionada, fica mais do que evidente o interesse do consumidor em conhecer e entender quais dos seus dados foram compartilhados, como estão sendo fornecidos esses dados e a destinação dessas informações.

Vale destacar que, nas relações de consumo, os dados sempre foram elementos importantes para análise de conceitos caros ao consumidor, uma vez que envolvem questões atinentes à privacidade, à liberdade de escolha e à igualdade nas contratações. Portanto, tratar deste tema envolve uma análise interdisciplinar de um fenômeno que toca muitas competências e que possui assimetrias de informações[5] que necessitam ser mitigadas.

Do ponto de vista econômico, é tarefa da política nacional de defesa do consumidor remediar, também, as falhas do mercado, especialmente aquelas que decorrem da (má) qualidade da informação, além de trabalhar a racionalidade dos consumidores, tal como fixado nas orientações da OCDE[6]. Cabe ao

---

4. Neste sentido, veja-se o artigo: BAGNOLI, Vicente. A definição do mercado relevante, verticalização e abuso de posição dominante na era do *big data*. In "Direito Antitruste 4.0 – Fronteiras entre Concorrência e Inovação". DOMINGUES; GABAN, MIELE, SILVA (org.). São Paulo: Singular, 2019.

5. A assimetria de informação é caracterizada como falha de mercado, ou seja, trata-se de fator que altera o funcionamento regular do mercado. "A criação e recriação de assimetrias, reforçadas pelo desenvolvimento de novas tecnologias, é um fator que condiciona o comportamento das firmas". In: MARCATO, Marília Bassetti. Eficiência Econômica e Inovação: considerações acerca da análise antitruste. **Revista Administração em Diálogo**, vol. 18, n. 1. p. 81-111, jan./fev./mar./abr. 2016. p. 96. Assim, as informações disponibilizadas pautam a tomada de decisões, de forma que sua assimetria gera discrepâncias. Nesse sentido, as autoridades regulatórias têm sob suas atribuições lidar com esse tema. A Senacon, por exemplo, assume o papel de mitigar a assimetria informacional, regulando as relações de consumo, atendendo ao princípio do artigo 6º do Código de Defesa do Consumidor.

6. Em seu *Consumer Policy Toolkit*, a organização ressalta que os consumidores precisam assumir uma posição para elaborar decisões bem informadas, o que envolve a

Estado, por meio de sua autoridade, prevenir, igualmente, as potenciais condutas lesivas aos consumidores, por meio de uma tríade de ações que envolvem: i) monitoramento, ii) fiscalização e iii) educação.

Em razão das dezenas de casos que envolvem proteção de dados dos consumidores, a Senacon/MJSP tem sido protagonista, neste tema, no Brasil. Desde o caso envolvendo o Facebook, de dezembro de 2019[7], a Senacon – por meio do Departamento de Proteção e Defesa do Consumidor (DPDC) – tem avaliado com muito cuidado as questões de privacidade do consumidor à luz do CDC, do Marco Civil da Internet e da Constituição Federal no âmbito das relações de consumo. Com a instituição da ANPD (Autoridade Nacional de Proteção de Dados), enquanto reguladora das relações de consumo, a Senacon buscou construir institucionalmente o diálogo com a autoridade, assim como faz desde 2020 com todos os demais reguladores.

Uma atuação articulada passou a ser necessária[8] e isto não interfere nas competências individuais das autoridades[9]. Vale dizer que alguns termos da LGPD já serviam como vetores interpretativos das decisões do DPDC, em alguns casos concretos. Contudo, o enfoque na aplicação das políticas públicas voltadas à proteção e defesa do consumidor tem como base o Código de Defesa do Consumidor (CDC) e os valores da Constituição Federal de 1988 (CF/88).

O Marco Civil da Internet (MCI) trouxe a exigência do consentimento para o tratamento de dados pessoais, porém, na prática, não houve grandes mudanças nos cuidados com a coleta de dados na internet. Assim, vemos os casos

---

necessidade de uma maior compreensão dos mercados. In: ORGANIZAÇÃO PARA A COOPERAÇÃO E O DESENVOLVIMENTO ECONÔMICO. **Consumer Policy Toolkit**. OECD Multilingual Summaries, 2010.

7. BRASIL. SENACON/MJSP. **Processo Administrativo 08012.000723/2018-19** (Facebook Analytica). Publicado no D.O.U. em 30 de dezembro de 2019.

8. Neste sentido, vale menção ao artigo "Maior plataforma online de defesa do consumidor é brasileira". Cf. DOMINGUES, Juliana Oliveira. **Folha de São Paulo**, 15 de março de 2021. Disponível em: https://www1.folha.uol.com.br/opiniao/2021/03/maior-plataforma-online-de-defesa-do-consumidor-e-brasileira.shtml. Acesso em: 17 de maio de 2021.

9. Importante ressaltar, por exemplo, o Acordo de Cooperação Técnica entre Senacon e ANPD, para ações conjuntas na proteção de dados pessoais e defesa do consumidor. Cf. AUTORIDADE NACIONAL DE PROTEÇÃO DE DADOS. ANPD e Senacon assinam acordo de cooperação técnica. **Gov.br**, 22 de março de 2021. Disponível em: https://www.gov.br/anpd/pt-br/assuntos/noticias/anpd-e-senacon-assinam-acordo-de-cooperacao-tecnica. Acesso em: 20 de maio de 2021.

que envolvem direito do consumidor, direito à privacidade e proteção de dados cada vez mais presentes.

Os casos de *geoblocking* e de *geopricing*[10] evidenciam como o tema deste artigo está alinhado com os desafios do mundo digital. Veja-se que, se um site de compra *on-line* quiser realizar diferenciação de preços com base na localização, ou em outras informações relacionadas ao consumidor, esse consumidor deve ser informado sobre a existência de coleta e tratamento dos dados e a sua finalidade. É necessário analisar se o fator de modulação de preços é legítimo, à luz da igualdade de contratação. Trata-se de um direito básico do consumidor (CDC, art. 6º, II). Do ponto de vista do direito do consumidor, o CDC pode entender o *geoblocking* e o *geopricing* como práticas abusivas, por exemplo.

Portanto, é necessário o envolvimento de todos os atores interessados – poder público, iniciativa privada e demais *stakeholders* – para a criação de mecanismos que minimizem essa assimetria de informação sobre a relação entre certos tipos de dados coletados e a formação de preços individualizados. Da mesma forma, o oferecimento de publicidade *on-line* necessita ser realizado em conformidade com a LGPD e com o CDC, não apenas diante da atuação da Secretaria Nacional do Consumidor do Ministério da Justiça (SENACON/MSP) e da Autoridade Nacional de Proteção de Dados (ANPD), mas também do Conselho Nacional de Autorregulamentação Publicitária (CONAR).

2. A publicidade digital e a experiência da Senacon

A captação de dados propicia que as empresas sejam capazes de identificar as preferências individuais de cada usuário e, portanto, possam ofertar um serviço personalizado aos consumidores. Dessa forma, teoricamente, há benefícios tanto para os fornecedores, que conseguem vender seus produtos com maior facilidade, quanto para os consumidores, que recebem serviços que satisfazem de maneira mais adequada seus interesses pessoais.

No entanto, a ausência de consentimento e a exploração da vulnerabilidade do consumidor podem tornar tal conduta potencialmente abusiva. Quando

---

10. Veja-se: FRAZÃO, ANA. *Geopricing* e *geoblocking*: as novas formas de discriminação de consumidores. **Jota**, 15 de agosto de 2018. Disponível em: https://www.jota.info/opiniao-e-analise/colunas/constituicao-empresa-e-mercado/geopricing-e-geoblocking-as-novas-formas-de-discriminacao-de-consumidores-15082018. Acesso em: 20 de maio de 2021; e ANDRADE, S. L.; SANTIAGO, M. R. Geo-Pricing: Uma Análise Jurídica das Relações de Consumo no E-Commerce e da Segregação Econômico-Social na Era da Pós-Modernidade. **Revista de Direito, Globalização e Responsabilidade nas Relações de Consumo**, v. 4, n. 1, pp. 21-38, jan./jun. 2018.

partimos do perfil do "consumidor médio", a maioria não tem consciência do tipo de informação, ou da quantidade de dados que são armazenados pelas empresas prestadoras de serviços que utilizam rotineiramente. Essa falta de transparência deixa boa parte dos consumidores desprotegidos de potenciais abusos. Portanto, o nível de transparência das empresas deve ser condizente com o perfil e a vulnerabilidade do consumidor, de modo a garantir os direitos protegidos pelo Código de Defesa do Consumidor (CDC).

Nesse sentido, em 2020, a Secretaria Nacional do Consumidor (SENACON) do Ministério da Justiça e Segurança Pública condenou uma importante rede varejista, em processo administrativo sancionatório instaurado pelo DPDC, pela coleta de dados de clientes sem informação e sem consentimento, por meio de câmeras de reconhecimento facial instaladas em uma loja modelo da empresa. Tais câmeras realizavam coleta de dados com i) identificação de gênero, ii) faixa etária e iii) reações à publicidade – que eram direcionadas de acordo o gênero do consumidor analisado[11].

Neste caso, a Senacon, por meio do DPDC, determinou que teriam sido ofendidos os direitos básicos do consumidor, por violação ao artigo 6º, II, III (informação) e IV (abuso de direito), pela falta de informação clara e inequívoca acerca das informações tratadas[12].

Entretanto, é importante notar que o caso que foi analisado não apenas indicava a violação dos princípios basilares do CDC, como a vulnerabilidade do consumidor, a ausência de transparência e da boa-fé (art. 4º, CDC) – tendo em vista que a empresa se aproveita da vulnerabilidade e da ignorância dos consumidores que não sabiam do uso da tecnologia – como, também, ocorria a prática abusiva fixada pelo art. 39 do CDC e a violação ao art. 43 por existir registro de dados, mesmo que posteriormente eliminados. Por fim, o mesmo caso identificou violação ao art. 20 do Código Civil por uso da imagem do consumidor com finalidade comercial, sem autorização.

---

11. BRASIL. SENACON/MJSP. **Processo Administrativo 08012.001387/2019-11** (Hering). Publicado no D.O.U. em 14 de agosto de 2020.

12. Neste sentido, veja-se trecho do Processo nº 08012.001387/2019-11 (Hering): "Nesse diapasão, a informação é essencial para que o consumidor tenha liberdade para escolher se deseja ou não compartilhar os seus dados com a finalidade de evitar práticas abusivas. Pode-se, ainda, perceber que a estruturação do CDC conduz, a partir dos direitos nele estatuídos, um amplo espaço de respeito à pessoa humana, no âmbito da relação de consumo. Destarte, o consumidor tem direito à privacidade, conforme previsto no artigo 43 do mesmo Código, referente aos dados e cadastros de consumidores".

O caso ilustra a notável interdisciplinaridade que um programa de *compliance* deve considerar para que seja efetivo quando se fala em publicidade e marketing digital. Não se trata de um fenômeno cuja incidência atrai apenas uma legislação, mas são variadas leis e valores jurídicos a considerar. No caso em comento, foi confirmada a utilização de ferramentas de reconhecimento facial para identificar padrões de comportamento dos consumidores, sem o consentimento necessário. O uso da inteligência artificial tornou a análise ainda mais complexa, em razão da evidente assimetria informacional.

À luz do direito do consumidor, a qualidade da informação, de maneira clara e ostensiva, é fundamental para afastar a ilegalidade da conduta. Dessa forma, simples avisos como "o consumidor está sendo filmado", por exemplo, não são suficientes para considerar sanados os deveres da empresa de transparência e informação em relação ao consumidor.

Vale esclarecer que, evidentemente, não existe violação *per se* do mero reconhecimento facial. Entretanto, do ponto de vista do direito do consumidor é essencial que os consumidores estejam munidos de informações qualitativas que permitam a plena compreensão dos dados que estão sendo coletados. Durante a instrução processual, o DPDC da Senacon entendeu ser desnecessário o tratamento dos dados para a configuração do ilícito:

> [...] ainda que ficasse devidamente comprovada que os dados sido comprovadamente captados e aplicados de forma anônima ou anonimizada, isso é despiciendo para a caracterização da infração ora apurada, uma vez que a ideia de dado anonimizado serve para afastar o conceito de dado pessoal – enquanto informação relacionada a pessoa natural identificada ou identificável – para fins de aplicação da LGPD (art. 12 da Lei 13.709/2018), que sequer se encontra em vigência no presente momento[13].

Na prática, dificilmente, o consumidor tem o "poder de escolha"[14]. Ele não se manifesta sobre "querer ou não" se submeter ao reconhecimento facial, uma

13. BRASIL. SENACON/MJSP. **Processo Administrativo 08012.001387/2019-11** (Hering). Publicado no D.O.U. em 14 de agosto de 2020.

14. No final de 2019, o DPDC da Senacon também condenou o Facebook em razão da exposição indevida dos dados de mais de 443 mil brasileiros que potencialmente foram afetados pelo caso da *Cambridge Analytica*. O DPDC entendeu que o próprio modelo de negócios da empresa – que utilizava a ferramenta de *opt-out* para o compartilhamento de dados – aumentava exponencialmente os perigos de vazamento de dados, de modo que a empresa seria obrigada a realizar um monitoramento muito mais sofisticado deles. Assim, as empresas que são detentoras de dados de consumidores devem

vez que, normalmente, não há nenhum tipo de ação necessária para ensejar o funcionamento da tecnologia. Por essa razão, o nível de informação e a forma como os avisos são posicionados pelos fornecedores são extremamente relevantes nos pontos de venda e estabelecimentos comerciais. Neste caso, o instrumento tinha o condão de utilizar essas informações para publicidade.

No modelo de comércio atual, a economia global depende cada vez mais dos fluxos contínuos de informações. As condutas mais triviais do dia a dia implicam, em certa medida, a coleta de dados, de modo que é necessário que o consumidor ganhe autonomia e independência para compreender o valor de seus dados e os impactos de um eventual compartilhamento.

Nesse sentido, é importante observar os instrumentos que divulgam as melhores práticas internacionais. A OCDE tem demonstrado preocupação diante do aumento de práticas abusivas no meio digital que utiliza as tendências inconscientes para o consumidor adquirir certo produto[15]. Isto é apenas a ponta do *iceberg*, uma vez que o tema segue na lista de prioridades da comunidade internacional e das autoridades públicas que lidam com os direitos dos consumidores[16]. Seguir a agenda de melhores práticas reforça a necessidade de os agentes econômicos adaptarem suas políticas para atender aos princípios e valores da nossa legislação e das políticas públicas que estão cada vez mais aderidas às melhores práticas internacionais.

---

atentar para as melhores práticas a fim de evitar condenações e exposição negativa à imagem decorrentes de condutas potencialmente violadoras do Código de Defesa do Consumidores, entre outras legislações igualmente vigentes, tais como o Marco Civil da Internet e a Lei Geral de Proteção de Dados. BRASIL. SENACON/MJSP. Processo n. 08012.000723/2018-19 (Facebook).

15. Conforme a publicação do *Consumer Policy Toolkit* (OECD, 2010) demonstra. In: ORGANIZAÇÃO PARA A COOPERAÇÃO E O DESENVOLVIMENTO ECONÔMICO. **Consumer Policy Toolkit**. OECD Multilingual Summaries, 2010.

16. Pesquisa realizada pela UNCTAD aponta como o cenário de consumo digital segue fortalecido pela pandemia da Covid-19. Os consumidores passaram a usar mais o ambiente virtual para realizar compras e obter notícias. Ainda, os consumidores de países emergentes foram os que mais realizaram compras *on-line*. In: UNITED NATIONS CONFERENCE ON TRADE AND DEVELOPMENT. COVID-19 has changed online shopping forever, survey shows. **UNCTAD**, 08 de outubro de 2020. Disponível em: https://unctad.org/news/covid-19-has-changed-online-shopping-forever-survey-shows. Acesso em: maio de 2021. O Brasil, por exemplo, subiu 10 posições no *ranking* de *e-commerce* da UNCTAD de 2019 para 2021. In: MOREIRA, Assis. Brasil sobe 10 posições em índice de e-commerce da Unctad. **Valor Investe**, 17 de fevereiro de 2021. Disponível em: https://valorinveste.globo.com/mercados/internacional-e-commodities/noticia/2021/02/17/brasil-sobe-10-posies-em-ndice-de-e-commerce-da-unctad.html. Acesso em: maio de 2021.

3. A DINÂMICA DO SETOR DE PUBLICIDADE *ON-LINE*

A publicidade digital tem ganhado cada vez mais importância no mercado de publicidade como um todo, demonstrando um crescimento anual identificado por algumas análises de mercado, antes mesmo do ápice da pandemia de coronavírus[17].

Neste sentido, os mercados emergentes, liderados pela Ásia e América Latina, devem continuar a experimentar crescimento e amadurecimento mais acentuados, por publicidades originadas durante a pandemia da Covid-19, uma vez que os hábitos de consumo mudaram drasticamente, segundo estudo da PwC (Global Entertainment & Media Outlook 2020-2024)[18].

A publicidade digital pelo celular, em especial, nos mercados relacionados aos videogames e à realidade virtual, permanece como a linha de maior crescimento (88,4% do crescimento e quase 60% da receita no ano de 2019)[19]. O advento da tecnologia 5G e o aperfeiçoamento dos sistemas de medição, segmentação e geolocalização preveem a manutenção do crescimento desse mercado nos próximos anos, acirrando a concorrência com dispositivos de TV linear (tradicional), assim como as preocupações com privacidade e proteção de dados pessoais. Neste sentido, averígua-se as informações no gráfico abaixo:

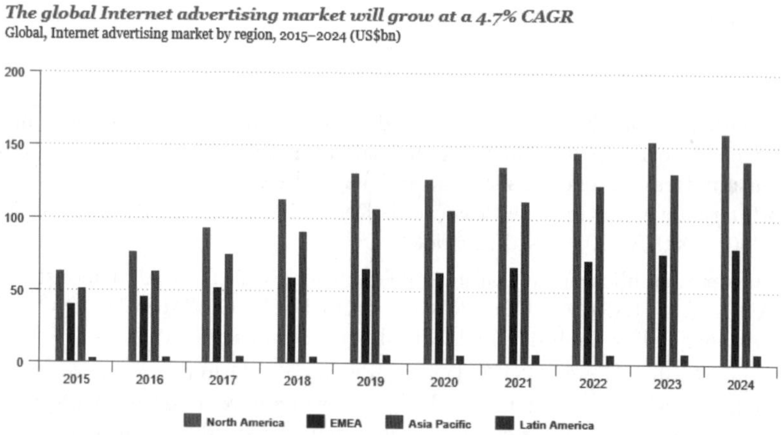

17. Segundo informações da pesquisa Global Entertainment & Media Outlook 2020-2024, PwC, Omdia. Disponível em: https://www.pwc.com/gx/en/industries/tmt/media/outlook/segment-findings.html. Acesso em: 14 de maio de 2021.

18. Id. Ibid.

19. Segundo informações da pesquisa Global Entertainment & Media Outlook 2020-2024, PwC, Omdia. Disponível em: https://www.pwc.com/gx/en/industries/tmt/media/outlook/segment-findings.html. Acesso em: 14 de maio de 2021.

Acesse a versão colorida

Fonte: PwC, 2020. Pesquisa Global de Entretenimento e Mídia 2020-2014. Disponível em https://www.pwc.com.br/pt/estudos/setores-atividade/entretenimento-midia/2020/outlook-2020/resultados-por-segmentos.html. Acesso em 01 de novembro de 2021.

Os mercados das regiões da América do Norte, da Ásia e do Pacífico estão na frente da inserção digital e, considerando o período de produção da pesquisa mencionada, é possível que o crescimento esteja subdimensionado diante do crescimento vertiginoso dos hábitos de consumo *on-line* diante da necessidade de distanciamento social decorrente da pandemia.

De forma sucinta, para se entender o funcionamento do mercado de publicidade *on-line*, deve-se partir do princípio de que a mídia digital é um negócio complexo e com algumas particularidades técnicas. Entretanto, a mídia digital segue as mesmas premissas do mercado de publicidade tradicional. O modelo de negócio de publicidade sempre se baseou em dados. Esta sempre foi a forma mais eficiente de permitir acesso facilitado aos conteúdos, desde o auge da publicidade jornalística, passando pela mídia *outdoor* ou pela televisão linear, por exemplo.

Com o surgimento de ferramentas de tecnologia, a automatização dos processos de identificação de conteúdo nas páginas e de publicidade segmentada foram ganhando espaço por meio da gestão de *cookies* e de bases de dados. A partir desse ponto, o mercado evoluiu para as tecnologias voltadas à publicidade comportamental, por meio da qual se torna possível identificar os históricos de navegação dos usuários, sua geolocalização e seu comportamento de consumo, tornando o fornecimento de publicidade altamente segmentado e preciso. Com isso, modelos de monetização de audiência ganham cada vez mais relevância, em especial o modelo de leilão em tempo real, e estão aderentes à sofisticação do mercado atualmente[20].

O modelo de leilão em tempo real funciona como um espaço digital no qual o ofertante do espaço publicitário (um site ou aplicativo) disponibiliza seu

---

20. IAB BRASIL. **Mídia Programática**. Disponível em: https://iabbrasil.com.br/wp-content/uploads/2012/09/E-BOOK-IAB-BRASIL-M%C3%8DDIA-PROGRAM%C3%81TICA.pdf. Acesso em: 17 de maio de 2021.

espaço publicitário aos possíveis compradores (anunciantes e agências de publicidade), os quais enviam as suas ofertas por meio das plataformas de leilão em tempo real. Neste modelo de leilão em tempo real, os ofertantes de espaço publicitário digital informam, juntamente com a sua oferta, qual usuário será impactado por determinado anúncio, bem como outras características do perfil de consumidor que sejam úteis ao anunciante (i.e., faixa etária, sexo, geolocalização)[21].

Essas informações podem ser oferecidas tanto diretamente pelo anunciante quanto por terceiros, cujo serviço é prestado pelas plataformas de gerenciamento de dados[22], que integram diferentes fontes de dados e otimizam a criação do perfil dos consumidores. As informações que estas plataformas prestam, em geral, não estão identificadas, mas isso não quer dizer que, por conta da ausência de identificação, estas plataformas – assim como as empresas anunciantes – estariam desobrigadas de observar a regulamentação do tema e outros valores jurídicos.

Desta forma, considerando-se o contexto do mercado de publicidade *on-line* e a LGPD, a tendência é de que as autoridades regulatórias exerçam maior monitoramento das atividades empresariais para avaliar a conformidade com as normas legais (tanto a LGPD quanto o CDC e o Marco Civil da Internet).

Tal reforço se alinha com as disposições da OCDE e com as Recomendações que o Brasil tem aderido[23]. Os reflexos já podem ser notados na atuação das autoridades. A Senacon, por exemplo, emitiu a Portaria Gab-Senacon/Senacon/MJSP nº 12, de 5 de abril de 2021, que determina o cadastro das chamadas *Big Techs* na plataforma consumidor.gov.br para viabilizar a autocomposição de conflitos de consumo monitorada pela Secretaria Nacional do Consumidor[24]. Isto porque as redes sociais tornaram-se verdadeiros *marketplaces* diante da propaganda dirigida que maximiza ganhos dos varejistas *on-line*[25].

---

21. Id. Ibid.

22. Cite-se como exemplos de fornecedores deste serviço: *Salesforce* DMP (www.salesforce.com); *Cloudera* (www.cloudera.com) ou *Snowflake* (www.snowflake.com).

23. [...] (i) Recommendation on Cross-Border Co-operation in the Enforcement of Laws against Spam; (ii) Recommendation on Consumer Protection in E-commerce; (iii) Recommendation on Consumer Product Safety; (iv) Ministerial Declaration on Consumer Protection in the Context of Electronic Commerce; e (v) Recommendation of the Council on Consumer Dispute Resolution and Redress.

24. Maiores informações podem ser obtidas em: BRASIL. Ministério da Justiça e Segurança Pública. **Senacon**. Disponível em: https://www.gov.br/mj/pt-br/assuntos/noticias/secretaria-nacional-do-consumidor-determina-o-cadastro-de-empresas-na-plataforma-consumidor-gov.br. Acesso em: 17 maio 2021.

25. "[...] redes sociais como o Facebook e o Twitter foram notificadas pela Secretaria Nacional do Consumidor (Senacon) a ingressarem na plataforma de conciliação do

O Conselho Nacional de Autorregulamentação Publicitária (CONAR), por sua vez, também conta com algumas iniciativas recentes interessantes voltadas aos influenciadores digitais, como, por exemplo, a produção das recomendações e regras éticas que trata da publicidade em redes sociais[26]. Todos esses fenômenos têm origem na chamada revolução 4.0 que mudou as estratégias publicitárias rapidamente, isto é, em menos de 10 anos[27]. Se antes para o varejo existiam, por exemplo, revistas de moda com disputados espaços para publicidade, hoje, as figuras de blogueiras em redes sociais (como o *Instagram*) passaram a ter o espaço ideal às estratégias publicitárias mais direcionadas.

Diversas mudanças comportamentais dos consumidores não foram acompanhadas de mudanças legislativas e envolvem a construção de instrumentos de corregulação e autorregulação – que não flexibilizam a regulação responsiva[28] –,

---

governo federal, Consumidor.gov.br. Não se trata de um convite, mas uma exigência: elas devem entrar. Um dos motivos é o aumento de reclamações relativas ao comércio dentro nas redes sociais, o social commerce. Tal obrigação está prevista na portaria 12/2021 da Senacon, que substituiu a portaria de número 15 do ano passado. Em linhas gerais, a norma exige que empresas listadas na portaria ingressem na portaria e resolvam os conflitos com o consumidor dentro do "Gov". A medida surgiu após uma suposta queda no número de atendentes nos SACs das empresas. Disponível em: https://www.consumidormoderno.com.br/2021/04/28/social-commerce-defesa-consumidor/. Acesso em: 17 de maio de 2021.

26. "O Guia inicia definindo o que é e o que caracteriza a publicidade por influenciador: 1 – a divulgação de produto, serviço, causa ou outro sinal a eles associados; 2 – a compensação ou relação comercial, ainda que não financeira, com anunciante ou agência; 3 – a ingerência por parte deles sobre o conteúdo da mensagem. Em qualquer caso, o Guia enfatiza a necessidade absoluta de o conteúdo ser claramente identificado como publicidade. Cuidados ainda maiores nesse sentido são recomendados quando o público-alvo envolve crianças e adolescentes". Maiores informações: BRASIL. CONAR. Guia de Publicidade de Influenciadores Digitais. Março, 2021.

27. Veja-se BOERMAN, Sophie C.; BORGESIUS, Frederik J. Z.; KRUIKEMEIER, Sanne. Online Behavioral Advertising: A Literature Review and Research Agenda. **Journal of Advertising**, n. 3, vol. 46, 2017.

28. Expressão cunhada por AYRES, Ian; BRAITHWAITE, John. Responsive regulation: transcending the deregulation debate. New York, NY: Oxford University, 1992. p. 16-19, que se pauta na responsabilidade compartilhada entre Estado e agentes privados. Autorregulação, por sua vez, refere-se à regulação pelo próprio setor econômico, de iniciativa privada. Na corregulação, atuam, de forma harmônica, agentes reguladores (estatais) e entidades autorregulatórias (privadas). In: DEFANTI, Francisco. Um ensaio sobre a autorregulação: características, classificações e exemplos práticos. **Revista de Direito Público da Economia**. Belo Horizonte, ano 16, n. 63, p. 149-181, jul./set. 2018.

e a eventual aplicação de sanções administrativas. Portanto, o desenho de programas de integridade (*compliance*) de dados, voltado ao marketing e à publicidade digital, deve observar não apenas a legislação pertinente, mas também os instrumentos regulatórios que poderão atribuir responsabilização e penalização aos infratores.

4. PRINCIPAIS DIRETRIZES E MELHORES PRÁTICAS NA PERSPECTIVA DA LGPD

Embora seja normalmente ligado ao cumprimento de legislações e programas anticorrupção, o *compliance* pode ser definido como "[...] o conjunto de ações a serem adotadas no ambiente corporativo para que se reforce a anuência da empresa à legislação vigente, de modo a prevenir a ocorrência de infrações ou, já tendo ocorrido o ilícito, propiciar o imediato retorno ao contexto de normalidade e legalidade"[29].

Em princípio, a adoção de tais ações de forma estruturada não está ligada à natureza da legislação. Por tal motivo, é necessário entender como o *compliance* de dados pessoais[30], no setor de publicidade digital, pode representar uma mudança de paradigma com relação à captação e ao tratamento de dados dos consumidores e/ou usuários.

Nesse sentido, a formulação de boas práticas e diretrizes se coaduna com a LGPD, especialmente no eixo preventivo. Ao se considerar que a "[..] nossa LGPD (Lei Geral de Proteção de Dados) estabelece que a disciplina da proteção de dados pessoais tem como fundamento, entre outros, a livre iniciativa, a livre concorrência e a defesa do consumidor", ela acaba por ter um enfoque multissetorial e interdisciplinar para lidar com a proteção de dados pessoais[31].

29. FRAZÃO, Ana. Programas de compliance e critérios de responsabilização de pessoas jurídicas por ilícitos administrativos. In: ROSSETTI, Maristela Abla; PITTA, André Grünspun. **Governança corporativa**: avanços e retrocessos. São Paulo. Quartier Latin, 2007. p. 42.

30. De acordo com a LGPD, dados pessoais são quaisquer informações que podem identificar alguém, incluindo aquelas utilizadas para a identificação do perfil comportamental de uma pessoa natural (identificada ou identificável).

31. Dentro dessa estratégia, o *compliance* de dados pessoais como ferramenta das organizações assume grande relevância. In: DOMINGUES, Juliana Oliveira. Big techs e o direito antitruste 4.0. **Folha de São Paulo**, 13 de junho de 2019. Disponível em: https://www1.folha.uol.com.br/opiniao/2019/06/big-techs-e-o-direito-antitruste-40.shtml. Acesso em: maio de 2021.

Deve-se considerar, sobretudo, a abrangência da LGPD com relação à captação, ao armazenamento e ao tratamento de dados pessoais dos usuários/consumidores. A referida lei se aplica a todas as pessoas (físicas ou jurídicas) com atividades realizadas no Brasil relacionadas ao tratamento de dados pessoais, conforme seu artigo 5º, inciso VII e X. Assim, ainda que a sede da organização não esteja no território nacional, mas ocorra o tratamento de dados pessoais e/ou a oferta de serviços e bens resultantes dele no país, há aplicação da LGPD. Ela também se aplica caso os dados tenham sido extraídos no território brasileiro[32].

Mesmo após a captação e a incorporação dos dados aos sistemas das empresas, o consumidor (indivíduo) que forneceu as informações permanece como legítimo proprietário dos dados pessoais. Assim, é necessário que se adotem medidas que garantam o acesso, assim como a concordância com o tratamento e armazenamento dos dados, podendo-se revogar o consentimento, caso assim entenda.

Na situação delineada, os agentes de tratamento assumem a posição de controladores e operadores. O controlador é aquele que possui o poder decisório sobre as operações com dados, ou seja, o responsável por definir a política e o uso dessas informações pelas empresas ou entidades que as captam. Por sua vez, o operador executa as instruções para concretizar as decisões do controlador. Importante notar que vários níveis da condução regular de negócios das empresas e de outras entidades podem entrar em contato com dados pessoais e, de acordo com as premissas da LGPD, todos devem agir em concordância aos preceitos legais. Faz-se necessária, portanto, a "implementação de severas políticas de segurança para proteção dos dados de acessos não autorizados"[33] para que esses agentes conheçam os deveres que lhe são cabíveis[34].

---

32. IRAMINA, Aline. RGPD v. LGPD: Adoção Estratégica da Abordagem Responsiva na Elaboração da Lei Geral de Proteção de Dados do Brasil e do Regulamento Geral de Proteção de Dados da União Europeia. **Revista de Direito, Estado e Telecomunicações**, Brasília, v. 12, nº 2, p. 91-117, outubro de 2020. p. 39.

33. ABILIO, Vivianne da Silveira; FRAZÃO, Ana; OLIVA, Milena Donato. *Compliance* de Dados Pessoais. In: FRAZÃO, Ana; OLIVA, Milena Donato; TEPEDINO, Gustavo. A **Lei Geral de Proteção de Dados Pessoais e suas Repercussões no Direito Brasileiro**. São Paulo: Revista dos Tribunais, 2019. p. 681.

34. Nesse sentido, "a construção de valores chave tem o condão de reformular as relações pessoais, implementar o sentido de responsabilidade implícito nos objetivos organizacionais a par da estratégia em desenvolvimento na empresa, além de apostar e conferir responsabilidade de atuação também aos serviços periféricos". Cf. BATTISTI, Beatriz Miranda; KEMPFER, Marlene. Parâmetros de *Compliance* por meio da Metodologia de Análise de Risco para a Mitigação da Responsabilidade Objetiva diante da

Assim, reconhece-se que o *compliance* de dados pessoais se reflete na implementação de atitudes para que as organizações se adequem às diretrizes da legislação aplicável com relação ao armazenamento, ao tratamento e à captura de dados pessoais dos usuários/consumidores, incluindo-se os casos de armazenamento e utilização desses dados para publicidade e marketing digital[35].

Esse entendimento é corroborado pela própria legislação, que prevê, em seu artigo 50, que os controlares e operadores, ou seja, os agentes que têm contato com os dados pessoais, poderão elaborar regras de boas práticas e de governança. Isso pode ser realizado de forma solitária ou por meio de associações – o que leva em consideração o desenvolvimento do tema de *compliance* em outras matérias.

4.1. Diretrizes para a implementação do *compliance* de dados pessoais - Perspectiva da publicidade digital

Diante da interdisciplinaridade do tema, o estabelecimento de programas de *compliance* para o escopo de proteção dos dados pessoais no setor de publicidade digital vai além da mera adequação à LGPD, ou seja, um programa ideal deve envolver uma equipe multidisciplinar. Pela própria natureza da matéria, identifica-se como essencial o envolvimento da equipe de tecnologia da informação, departamento jurídico, relações institucionais e governamentais, assim como especialistas no mercado: foco do programa de integridade. A depender do grupo econômico envolvido, podem ser adicionadas outras áreas que tenham relação com os dados captados.

Geralmente, um *Data Protection Officer* (DPO) (similarmente ao já conhecido *Compliance Officer*) ficará responsável pelo monitoramento do programa e por sua implementação. Em verdade, tal figura se assemelha ao conceito europeu de Encarregado de Proteção de Dados, previsto no Regulamento Geral de Proteção de Dados Europeu[36]. Ambos não requerem qualquer formação específica,

---

Lei Anticorrupção (12.846/2013) em face de Negócios Públicos. **Revista Brasileira de Direito Empresarial**, Brasília, v. 2, n. 1, p. 184-200, jan./jul. 2016. p. 189.

35. Passa, necessariamente, pelo estabelecimento de controles e políticas internas, de forma que "volta-se justamente para auxiliar os agentes de tratamento a aplicar de forma eficaz as normas de proteção de dados". ABILIO, Vivianne da Silveira; FRAZÃO, Ana; OLIVA, Milena Donato. *Compliance* de Dados Pessoais. In: FRAZÃO, Ana; OLIVA, Milena Donato; TEPEDINO, Gustavo. **A Lei Geral de Proteção de Dados Pessoais e suas Repercussões no Direito Brasileiro**. São Paulo: Revista dos Tribunais, 2019. p. 694.

36. PINTO, Andreia Filipa Rajão. **Gestão Documental e de Processos na Implementação do Regulamento Geral de Proteção de Dados (RGPD)**: o caso iPortalDoc.

podendo a organização selecionar um funcionário *inhouse* ou um prestador de serviços externo[37]. A introdução dessa figura permite a centralização do processo de implementação e monitoramento do *compliance* de dados pessoais.

A cultura empresarial deve ser alterada em razão das atualizações dos códigos de conduta, adequando-se a cultura organizacional às normas de segurança. Em resumo, é preciso que se faça uma análise das políticas da empresa e de seus grupos econômicos, buscando-se não apenas a sua adequação ao regramento da LGPD, mas também ao MCI, CDC e normativos regulatórios, como os guias de autorregulação do Conar, por exemplo. A adequação cultural da empresa (e de seus grupos econômicos) aos preceitos normativos e regulatórios é fundamental[38].

Quanto à estruturação do programa, Frazão, Abilio e Oliva destacam os seguintes elementos mínimos: I. Avaliação contínua de riscos e atualização do programa; II. Elaboração de Códigos de Ética e de Conduta; III. Organização compatível com o risco da atividade; IV. Comprometimento da alta administração; V. Autonomia e independência do setor de *compliance*; VI. Criação de uma cultura corporativa de respeito à ética e às leis; VII. Monitoramento constante dos controles e processos, inclusive para fins de atualização do programa; VIII. Canais seguros e abertos de comunicação de infrações e mecanismos de proteção dos informantes; e IX. Detecção, apuração e punição de condutas contrárias ao programa de *compliance*[39].

Ao seguir tais recomendações, a organização deve buscar clareza e simplicidade nas normas estabelecidas, tendo em consideração o envolvimento da totalidade dos colaboradores da organização em questão. É preciso que cada

---

Dissertação (Mestrado em Ciência da Informação) – Faculdade de Engenharia, Faculdade de Letras, Universidade do Porto, 2018. p. 34-35.

37. Ibid., id.

38. "A mera declaração de treinamento realizado ou criação de um Código de Ética não teria o condão de por si só assegurar a efetividade de um programa de integridade, caso este esteja dissociado dos valores concretos praticados no cotidiano empresarial". Cf. BATTISTI, Beatriz Miranda; KEMPFER, Marlene. Parâmetros de *Compliance* por meio da Metodologia de Análise de Risco para a Mitigação da Responsabilidade Objetiva diante da Lei Anticorrupção (12.846/2013) em face de Negócios Públicos. **Revista Brasileira de Direito Empresarial**, Brasília, v. 2, n. 1, p. 184-200, jan./jul. 2016. p. 190.

39. ABILIO, Vivianne da Silveira; FRAZÃO, Ana; OLIVA, Milena Donato. *Compliance* de Dados Pessoais. In: FRAZÃO, Ana; OLIVA, Milena Donato; TEPEDINO, Gustavo. A **Lei Geral de Proteção de Dados Pessoais e suas Repercussões no Direito Brasileiro**. São Paulo: Revista dos Tribunais, 2019.

funcionário e/ou participante entenda seu próprio contato com dados pessoais e saiba identificar em quais situações rotineiramente está sujeito ao regramento das normas que regem os fenômenos jurídicos afetos à realidade da empresa. Ao mesmo tempo, caso identifiquem-se práticas contrárias, deve haver um canal de comunicação seguro para que tais comportamentos possam ser relatados, de forma a manter a seriedade e o compromisso da organização com a estrutura e observância do programa de *compliance*.

Especificados os elementos mínimos, não é possível adotá-los sem considerar as particularidades da organização em questão. Cada programa de *compliance* poderá sofrer alterações; a depender do cenário concreto a se analisar, recomenda-se uma análise pormenorizada[40]. O levantamento deve ser feito de forma periódica, para incluir, também, possíveis mudanças. Ao final, deve-se assumir que o *compliance* é uma prática constante, a se moldar perfeitamente às necessidades concretas e sujeito a revisões periódicas.

Após o mapeamento preliminar e a estruturação do programa, bem como sua tradução em normativas como Códigos de Conduta e políticas internas, passa-se à fase de implementação efetiva do programa. Para tanto, deve haver tratamento periódico dos funcionários, para permitir a compreensão da norma e os impactos que essa terá nas atividades exercidas dentro da organização. Ao fazê-lo, é mais efetivo que seja observado o emprego de expressões claras e didáticas (podendo-se fazer uso de *behavioral insights*[41]), adequadas ao cotidiano das atividades realizadas pelos funcionários, ou seja, ao público-alvo do treinamento.

---

40. Pinto estabelece um roteiro de perguntas que pode guiar a identificação da particularidade dos processos que envolvem dados pessoais na organização. A autora realizou estudo de caso específico para implementação personalizada de uma solução de proteção de dados pessoais e, ao fazê-lo, destacou alguns pontos que devem ser levantados pela organização: i. A finalidade do tratamento dos dados; ii. Os dados pessoais que são levantados; iii. O prazo de armazenamento dos dados pessoais; iv. Os atores envolvidos no processo de captação, tratamento e armazenamento dos dados; v. Os processos envolvidos no tratamento dos dados; vi. O local de armazenamento dos dados; vii. Os requisitos ou documentos necessários para a obtenção e tratamento dos dados pessoais; viii. Os titulares dos dados pessoais; e ix. Os agentes que possuem acesso aos dados pessoais. PINTO, Andreia Filipa Rajão. **Gestão Documental e de Processos na Implementação do Regulamento Geral de Proteção de Dados (RGPD)**: o caso iPortalDoc. Dissertação (Mestrado em Ciência da Informação) – Faculdade de Engenharia, Faculdade de Letras, Universidade do Porto, 2018, p. 81-82.

41. Veja-se SUNSTEIN, Cass R.; THALER, Richard H. **Nudges**: como tomar melhores decisões sobre saúde, dinheiro e felicidade. São Paulo: Objetiva, 2019; e THALER, Richard H. **Misbehaving**. São Paulo: Intrínseca, 2019.

Por fim, a implementação do *compliance* de dados pessoais voltados à publicidade e marketing digital perpassa, também, a escolha da tecnologia adequada. É preciso selecionar aquela que melhor atenda às necessidades de atualização e monitoramento constante das políticas do programa, bem como seja adequada ao repasse das normas e controle das atividades diárias da organização.

Ao passo que o *compliance* de dados pessoais assume a característica de ferramenta de grande utilidade para as organizações, Iramina destaca que a abordagem adotada pela LGPD de estímulo a essa prática se enquadra como exemplo de regulação responsiva[42]. Trata-se da responsabilidade por manter o cumprimento das disposições legais, pelo incentivo às empresas para que adotem boas práticas de privacidade. Ao fazê-lo, ter-se-ia tanto investimento nas organizações quanto a obtenção de vantagens competitivas no uso de dados pessoais[43].

No mesmo sentido, Aranha destaca que a adoção de métodos de governança regulatória, nos quais se enquadra o incentivo à instauração de programas de *compliance*, tem como característica principal a necessidade de que os próprios regulados – nesse caso, os operadores ou controladores de dados pessoais – exercitem habilidades colaborativas e assumam responsabilidade por seus atos. Estar-se-ia na seara da autorregulação regulada, com estímulo da intervenção estatal. Dessa maneira, a regulação responsiva se ligaria à noção de que a eficácia da regulação dependeria de regras incentivando os regulados ao cumprimento voluntário[44]. Para o sucesso do programa interno de *compliance*, portanto, é necessário que as organizações utilizem seus recursos para identificar possíveis riscos de descumprimento e mitigá-los.

5. ESTRUTURAÇÃO DA MATRIZ DE RISCOS NO PROGRAMA DE *COMPLIANCE* DE DADOS PESSOAIS UTILIZADOS NA PUBLICIDADE DIGITAL

Conforme seção prévia, a estruturação e implementação de um programa de *compliance* requer a identificação das particularidades da organização

42. IRAMINA, Aline. RGPD v. LGPD: Adoção Estratégica da Abordagem Responsiva na Elaboração da Lei Geral de Proteção de Dados do Brasil e do Regulamento Geral de Proteção de Dados da União Europeia. **Revista de Direito, Estado e Telecomunicações**, Brasília, v. 12, nº 2, p. 91-117, outubro de 2020.
43. IRAMINA, Aline. RGPD v. LGPD: Adoção Estratégica da Abordagem Responsiva na Elaboração da Lei Geral de Proteção de Dados do Brasil e do Regulamento Geral de Proteção de Dados da União Europeia. **Revista de Direito, Estado e Telecomunicações**, Brasília, v. 12, nº 2, p. 91-117, outubro de 2020, p. 93.
44. ARANHA, Marcio Iorio. **Manual de Direito Regulatório**: Fundamentos do Direito Regulatório. 5 ed. Londres: Laccademia Publishing, 2019.

envolvida. Assim, é possível adequá-lo às necessidades e personalizar suas recomendações. Uma das etapas envolvidas é a construção de uma matriz de riscos, ou seja, a identificação das ameaças no cumprimento da legislação.

Em verdade, a análise de riscos é um dos elementos essenciais em qualquer tipo de programas de *compliance*. Caso não sejam analisados, ou seus resultados se afastem da realidade, os mecanismos pensados/implementados podem se mostrar inefetivos[45]. Dessa forma, referida análise deve ser a primeira etapa para inaugurar um programa de *compliance*, considerando as particularidades da organização e os riscos prováveis relacionados às atividades desenvolvidas[46]. Necessário, portanto, identificar os riscos específicos da organização envolvida, o que leva à criação de ferramentas personalizadas, que podem ser aplicadas e trarão melhores resultados quanto ao cumprimento da LGPD, do CDC e do MCI e dos instrumentos regulatórios.

No que diz respeito especificamente ao cumprimento do CDC e MCI, cumpre observar que este último, inicialmente, apresentou a exigência do consentimento para o tratamento de dados pessoais, o que se vê reforçado na LGPD e deve ser entendido como ponto fulcral de atuação pelo programa de *compliance*. O cumprimento do CDC, por sua vez, deve estar voltado precipuamente ao dever de informação e à transparência ao consumidor, bem como todas as obrigações relacionadas a este dever, como as especificações de quantidade, qualidade e características dos produtos e serviços *on-line*. Assim, vemos os casos que envolvem direito do consumidor, direito à privacidade e proteção de dados[47] surgindo com certa frequência.

---

45. ABILIO, Vivianne da Silveira; FRAZÃO, Ana; OLIVA, Milena Donato. *Compliance* de Dados Pessoais. In: FRAZÃO, Ana; OLIVA, Milena Donato; TEPEDINO, Gustavo. **A Lei Geral de Proteção de Dados Pessoais e suas Repercussões no Direito Brasileiro**. São Paulo: Revista dos Tribunais, 2019. p. 687.

46. BATTISTI, Beatriz Miranda; KEMPFER, Marlene. Parâmetros de *Compliance* por meio da Metodologia de Análise de Risco para a Mitigação da Responsabilidade Objetiva diante da Lei Anticorrupção (12.846/2013) em face de Negócios Públicos. **Revista Brasileira de Direito Empresarial**, Brasília, v. 2, n. 1, p. 184-200, jan./jul. 2016. p. 194.

47. Esse entendimento encontra amparo legal da própria normativa. Em seu artigo 5º, inciso XVII, ela especifica o que seria o Relatório de Impacto à Proteção de Dados como o documento detido pelo controlador com a descrição dos processos de tratamento de dados pessoais que podem gerar riscos às liberdades civis e aos direitos fundamentais. Faz parte também desse conteúdo a previsão de medidas, salvaguardas e mecanismos de mitigação de risco, o que faz com que ele necessariamente se relacione com a constituição de uma matriz de riscos pela organização. Ressalta-se que tal documento pode ser solicitado pela ANPD, para análise – tanto no setor privado quanto no público.

Vê-se que a LGPD encaminha os agentes que lidam com dados pessoais para a identificação e construção de medidas que lidem diretamente com os riscos presentes nos processos da organização. A LGPD permite a adequação de suas disposições a setores específicos e a diferentes níveis de risco. Cabe às empresas e às instituições trabalhar dentro de suas premissas para personalizar o *compliance* de dados pessoais.

Isso passa, necessariamente, pela análise dos riscos envolvidos nas atividades específicas. Pela definição da ISSO 31000 de 2009, risco pode ser definido como "efeito das incertezas em um objetivo", ou seja, possíveis desdobramentos que interfiram no resultado desejado. Adotando a análise desses para depois elaborar os parâmetros e planos de ação do programa de *compliance*, são estabelecidos os fatores que ameaçam o cumprimento das normas pela organização, bem como maneiras de se evitar condutas indesejadas[48].

O primeiro passo para a estruturação de uma matriz de riscos é o mapeamento desses para cada processo da organização, considerando a finalidade do tratamento dos dados, ou seja, sua utilização final. É preciso, para tanto, ter integral ciência do fluxo de dados existente na organização, ou seja, dos procedimentos que levam à captação, tratamento e armazenamento de dados pessoais. Assim, deve-se avaliar:

> (i) em que momentos há a utilização de dados pessoais; (ii) que dados são esses; (iii) como e por quem esses dados foram coletados; (iv) como a utilização desses dados se relaciona com a atividade desenvolvida; (v) o que ocorre com esses dados uma vez que ingressam e, por fim, (vi) se e como saem do controle da organização[49].

Nesse momento, é importante realizar a descrição dos riscos de maneira específica para cada processo. Após realizar o mapeamento, cabe à organização analisar e avaliar o risco, de forma a encontrar as melhores práticas para minimizá-lo, alocando-os no que se chama de "matriz de riscos". Nesse momento,

---

48. BATTISTI, Beatriz Miranda; KEMPFER, Marlene. Parâmetros de *Compliance* por meio da Metodologia de Análise de Risco para a Mitigação da Responsabilidade Objetiva diante da Lei Anticorrupção (12.846/2013) em face de Negócios Públicos. **Revista Brasileira de Direito Empresarial**, Brasília, v. 2, n. 1, p. 184-200, jan./jul. 2016. p. 192-193.

49. ABILIO, Vivianne da Silveira; FRAZÃO, Ana; OLIVA, Milena Donato. *Compliance* de Dados Pessoais. In: FRAZÃO, Ana; OLIVA, Milena Donato; TEPEDINO, Gustavo. **A Lei Geral de Proteção de Dados Pessoais e suas Repercussões no Direito Brasileiro**. São Paulo: Revista dos Tribunais, 2019. p. 700.

Pinto sugere como ferramenta cruzar a probabilidade de ocorrência do risco e o impacto que ele terá, caso efetivado[50]. Assim, será possível primar por ações que lidem com as ameaças mais prováveis e de maior impacto, otimizando a estruturação da matriz e as ações para lidar com elas.

No mesmo sentido, Battisti e Kempfer propõem uma escala de 1 a 5 para classificação qualitativa dos riscos na avaliação de impactos. A partir dessa identificação, da elaboração e da avaliação de ferramentas de controle (considerando, também, os riscos eventuais), são fixados os planos de ação, ocorrendo o monitoramento contínuo deste processo. Para isso, podem ser implementados indicadores de performance, "objetivando a melhoria contínua dos controles de mitigação de riscos, e a redução progressiva da tolerância ao risco pela empresa"[51].

Assim, esse processo deve ocorrer a todo momento: é preciso manter uma constante reavaliação dos riscos, já que, na condução das atividades regulares da organização, esses podem se alterar, tanto em sua caracterização quanto na ameaça que representam[52].

---

50. Pinto destaca que é possível, inclusive, atribuir um nível para a ameaça identificada, de forma a diferenciá-la das demais dentro da organização. PINTO, Andreia Filipa Rajão. **Gestão Documental e de Processos na Implementação do Regulamento Geral de Proteção de Dados (RGPD)**: o caso iPortalDoc. Dissertação (Mestrado em Ciência da Informação) – Faculdade de Engenharia, Faculdade de Letras, Universidade do Porto, 2018. p. 93-96.

51. Para probabilidade, as autoras consideram a frequência entre (i) muito alta; (ii) alta; (iii) média; (iv) baixa; ou (v) muito baixa. A combinação dessas avaliações permitiria identificar o risco inerente do processo. Cf. BATTISTI, Beatriz Miranda; KEMPFER, Marlene. Parâmetros de *Compliance* por meio da Metodologia de Análise de Risco para a Mitigação da Responsabilidade Objetiva diante da Lei Anticorrupção (12.846/2013) em face de Negócios Públicos. **Revista Brasileira de Direito Empresarial**, Brasília, v. 2, n. 1, p. 184-200, jan./jul. 2016. p. 196-198.

52. Na verdade, os programas de *compliance* – tanto em outras áreas quanto na de proteção de dados pessoais – com melhores resultados baseiam-se na "[...] correta identificação de riscos e implementação de procedimentos que a eles responsam adequada e proporcionalmente; na reavaliação periódica dos riscos, com o implemento de adaptações; no comprometimento da alta administração; na capacidade de a organização identificar e agir para minimizar os riscos; e no estabelecimento de eficientes canais de comunicação (internos e externos). ABILIO, Vivianne da Silveira; FRAZÃO, Ana; OLIVA, Milena Donato. *Compliance* de Dados Pessoais. In: FRAZÃO, Ana; OLIVA, Milena Donato; TEPEDINO, Gustavo. **A Lei Geral de Proteção de Dados Pessoais e suas Repercussões no Direito Brasileiro**. São Paulo: Revista dos Tribunais, 2019. p. 699.

Procedimentos de identificação e mitigação dos riscos poderão fomentar o cumprimento das normas dentro das organizações garantindo maiores investimentos e uma eventual vantagem competitiva[53].

6. CONSIDERAÇÕES FINAIS

O Código de Defesa do Consumidor, em seus 31 anos de existência, sempre se preocupou com a transparência e com a proteção de dados pessoais do consumidor. O Marco Civil da Internet instituiu a exigência de consentimento expresso para coleta de dados (art. 7º, IX) e a LGPD passou a regular o tema de forma mais detalhada. Particularmente, observa-se maior preocupação com a imposição de requisitos para o tratamento de dados pessoais, que vão além de princípios básicos, como o da boa-fé, da finalidade, da adequação e da transparência.

A LGPD é uma regulação mais abrangente, com maior detalhamento sobre o uso de dados. Assim, verifica-se uma complementação entre o MCI e a LGPD, reforçados pelos valores do CDC e da CF, criando-se um arcabouço jurídico mais cuidadoso de proteção de informações pessoais na internet.

Não se nega o bem-estar maximizado pelos instrumentos disruptivos surgidos com a economia 4.0 e com e o refinamento dos mecanismos de AI – que se traduzem em melhores ofertas dirigidas –, uma vez que agentes inteligentes têm ganhado espaço concreto nas relações de consumo ao oferecer novas vantagens. Entretanto, o "mau" uso de dados de consumidores, sem consentimento, configura violação ao CDC. Assim, nos instrumentos de conformidade – i.e., *compliance* – é importante observar a vantagem competitiva que alguns fornecedores possuem em razão da quantidade de dados coletados e minerados por instrumentos de *machine learning* e de IA. Regra geral, os fornecedores que possuem mais informações de seus consumidores tendem a aumentar a sua capacidade de vendas, confirmando-se a premissa construída no mundo digital de que quanto maior a coleta dos dados pessoais, melhores serão os resultados e maior o poder econômico.

---

53. Ainda, tem-se como estímulo à adoção de programa de *compliance* de dados pessoais, com o estabelecimento de medidas de proteção de dados, a possível melhoria da imagem da organização. IRAMINA, Aline. RGPD v. LGPD: Adoção Estratégica da Abordagem Responsiva na Elaboração da Lei Geral de Proteção de Dados do Brasil e do Regulamento Geral de Proteção de Dados da União Europeia. **Revista de Direito, Estado e Telecomunicações**, Brasília, v. 12, nº 2, p. 91-117, outubro de 2020. p. 106.

Quando referidos efeitos de rede geram um efeito de "aprisionamento do consumidor" (*lock in*), aumentam-se os custos de troca dos usuários e confirma-se o poder de mercado de referidos grupos econômicos. No entanto, para que os consumidores possam, de fato, tomar tais decisões, mostra-se necessária uma mudança cultural. É importante que, diante de todos esses fatores, os fornecedores disponibilizem, de maneira clara e acessível, quais informações serão obtidas, como serão armazenadas e/ou se essas informações poderão ser compartilhadas no futuro.

Inicialmente, é necessário realizar um mapeamento geral de todas as atividades da empresa e de seu grupo econômico que podem envolver o tratamento de dados pessoais, incluindo os processos de coleta, armazenamento e compartilhamento dos dados, prestando uma atenção peculiar aos dados pessoais sensíveis. Para além desta fase inicial, a empresa deve definir as bases legais mais apropriadas para o tratamento de dados, conforme a finalidade específica do tratamento dos dados e o setor de atuação. O mercado de cada empresa deve ser analisado dentro de suas especificidades, conforme as diferentes práticas comerciais, e as organizações podem proceder à utilização do consentimento do titular dos dados, ou partir para o reconhecimento de legítimo interesse no tratamento dos dados.

Deve ser seguido também o Guia de Proteção de Dados Pessoais da Senacon, em parceria com a ANPD e o CNDC. Intitulado "Como proteger seus dados pessoais", o documento foi lançado em setembro de 2021, com enfoque na conscientização do consumidor, trazendo, por exemplo, conceitos sobre o que são dados pessoais. Adicionalmente, contém informações que esclarecem as hipóteses de tratamento de dados pessoais e quem pode realizar esse processo (agentes de tratamento)[54].

Das recomendações, não se desvincula a possibilidade de qualificar o tratamento de dados pessoais como necessário para a execução do contrato de prestação de serviço ou produto, bem como para o cumprimento de obrigação legal ou regulatória. Sob a ótica do programa de *compliance*, o referido enquadramento legal se torna imprescindível, uma vez que é a partir dele que se poderá derivar uma série de outras obrigações acessórias a serem cumpridas pelas

54. ANPD; SENACON. **Como Proteger seus Dados Pessoais**: guia do Núcleo de Proteção de Dados do Conselho Nacional de Defesa do Consumidor em parceria com a ANPD e a SENACON. Ministério da Justiça e Segurança Pública: Brasília, 2021. Disponível em https://www.gov.br/anpd/pt-br/documentos-e-publicacoes/arquivos-de-documentos-de-publicacoes/guia-do-consumidor_como-proteger-seus-dados-pessoais-final.pdf. Acesso em 01 de novembro de 2021. p. 6-7.

empresas. Também, recomenda-se que a empresa (e seus grupos econômicos) procedam a uma análise sobre as discrepâncias entre as obrigações legais e as atividades da empresa (mercado relevante do grupo econômico[55]) para então se definir quais estratégias adotar para uma eventual adequação das atividades da empresa à nova lei, caso se faça necessário.

Em complemento à análise das discrepâncias entre as atividades da empresa e a LGPD, faz-se necessário instituir um responsável para acompanhar a gestão interna dos dados pessoais. Pela análise da lei, esta é a figura do "encarregado"[56], o qual pode alocar responsabilidades internas para execução das ações necessárias no âmbito do programa de *compliance*.

Em seguida, considerando a previsão dos direitos e da titularidade dos dados prevista na LGPD, sugere-se a implementação de ferramentas que permitam aos titulares de dados pessoais exercerem os direitos garantidos pela LGPD, o que poderia ser implementado tanto por meio do serviço de atendimento ao consumidor (SAC) quanto por interface digital própria.

Por fim, buscando implementar um programa de governança em proteção de dados pessoais voltados ao *marketing* digital, faz-se necessário não apenas elaborar e revisar políticas internas, mas também os planos de resposta a incidentes e outros documentos sobre privacidade e proteção de dados pessoais, bem como revisar e implementar as técnicas e os procedimentos de segurança da informação e informação padronizados.

É plenamente possível promover o bem-estar do consumidor alinhado com o desenvolvimento econômico, para que juntos possam propiciar a todos os atores envolvidos – consumidores e fornecedores de bens e serviços – os benefícios da economia 4.0. Para isso, os agentes privados podem atuar em conjunto com as autoridades regulatórias, inserindo, em suas políticas, as melhoras práticas no que tange ao tratamento de dados pessoais. Especialmente em setores como o de publicidade e *marketing*, pareados com as constantes evoluções tecnológicas, faz-se premente manter uma política sólida de proteção de dados pessoais.

Considerando as sanções previstas pelo CDC, MCI, as penalizações dos instrumentos de autorregulação e a entrada em vigor das sanções previstas na LGPD, é imprescindível que as pessoas físicas e jurídicas que realizam o

55. DOMINGUES, Juliana Oliveira; GABAN, Eduardo. **Direito Antitruste**. 4 ed. Saraiva. São Paulo, 2016, p. 106-112.

56. Nos termos do art. 5º, VIII, da LGPD.

tratamento de dados pessoais se adequem às exigências da lei e preparem seus respectivos negócios em conformidade com as previsões legais vigentes. É essencial a construção de instrumentos que assegurem as melhores práticas a serem adotadas, buscando criar um padrão mínimo no procedimento de adequação das empresas.

7. Referências

ABILIO, Vivianne da Silveira; FRAZÃO, Ana; OLIVA, Milena Donato. *Compliance* de Dados Pessoais. In: FRAZÃO, Ana; OLIVA, Milena Donato; TEPEDINO, Gustavo. **A Lei Geral de Proteção de Dados Pessoais e suas Repercussões no Direito Brasileiro**. São Paulo: Revista dos Tribunais, 2019.

ANDRADE, S. L.; SANTIAGO, M. R. Geo-Pricing: Uma Análise Jurídica das Relações de Consumo no E-Commerce e da Segregação Econômico-Social na Era da Pós-Modernidade. **Revista de Direito, Globalização e Responsabilidade nas Relações de Consumo**, v. 4, n. 1, p. 21-38, jan./jun. 2018.

ANPD; SENACON. **Como Proteger seus Dados Pessoais**: guia do Núcleo de Proteção de Dados do Conselho Nacional de Defesa do Consumidor em parceria com a ANPD e a SENACON. Ministério da Justiça e Segurança Pública: Brasília, 2021. Disponível em https://www.gov.br/anpd/pt-br/documentos-e-publicacoes/arquivos-de-documentos-de-public acoes/guia-do-consumidor_como-proteger-seus-dados-pessoais-final.pdf. Acesso em 01 de novembro de 2021.

ARANHA, Marcio Iorio. **Manual de Direito Regulatório**: Fundamentos do Direito Regulatório. 5 ed. Londres: Laccademia Publishing, 2019.

AUTORIDADE NACIONAL DE PROTEÇÃO DE DADOS. ANPD e Senacon assinam acordo de cooperação técnica. **Gov.br**, 22 de março de 2021. Disponível em https://www.gov.br/anpd/pt-br/assuntos/noticias/anpd-e-senacon-assinam-acordo-de-cooperacao-tecnica. Acesso em 20 de maio de 2021.

AYRES, Ian; BRAITHWAITE, John. **Responsive regulation**: transcending the deregulation debate. New York, NY: Oxford University, 1992.

BAGNOLI, Vicente. A definição do mercado relevante, verticalização e abuso de posição dominante na era do *big data*. In: DOMINGUES, Juliana Oliveira; GABAN, Eduardo Molan; MIELE, Aluísio de Freitas; SILVA, Breno Fraga M. e. **Direito Antitruste 4.0**: fronteiras entre concorrência e inovação. São Paulo: Singular, 2019.

BATTISTI, Beatriz Miranda; KEMPFER, Marlene. Parâmetros de *Compliance* por meio da Metodologia de Análise de Risco para a Mitigação da Responsabilidade Objetiva diante da Lei Anticorrupção (12.846/2013) em face de Negócios Públicos. **Revista Brasileira de Direito Empresarial**, Brasília, v. 2, n. 1, p. 184-200, jan./jul. 2016.

BOERMAN, Sophie C.; BORGESIUS, Frederik J. Z.; KRUIKEMEIER, Sanne. Online Behavioral Advertising: A Literature Review and Research Agenda. **Journal of Advertising**, n. 3, vol. 46, 2017.

BRASIL. CONAR. **Guia de Publicidade de Influenciadores Digitais**. Março, 2021. http://www.conar.org.br/pdf/conar221.pdf. Acesso em: 17 de maio de 2021.

_______. Ministério da Justiça e Segurança Pública. **Secretaria Nacional do Consumidor**. Disponível em: https://www.gov.br/mj/pt-br/assuntos/noticias/secretaria-nacional-do-consumidor-determina-o-cadastro-de-empresas-na-plataforma-consumidor-gov.br. Acesso em: 17 maio 2021.

_______. SENACON/MJSP. Nota Técnica n.º 32/2019/CGCTSA/DPDC/SENACON/MJ. SEI nº 10626247 . **Processo Administrativo 08012.000723/2018-19**. (Facebook Inc.) Disponível em https://www.defesadoconsumidor.gov.br/images/Nota_T%C3%A9cnica_32-2019.pdf Acesso em 18 de Maio de 2021.

_______. SENACON/MJSP. Nota Técnica n.º 294/2019/CSA-SENACON/CGCTSA/DPDC/SENACON/MJ SEI nº 9494076. **Processo Administrativo 08012.001387/2019-11 (Cia Hering)** Disponível em https://consumidor.mppr.mp.br/arquivos/File/NotaTecnica294_2019_Senacon.pdf Acesso em 18 de Maio de 2021.

CONSUMIDOR MODERNO, ***Social commerce***: o novo desafio para a defesa do consumidor. Disponível em: https://www.consumidormoderno.com.br/2021/04/28/social-commerce-defesa -consumidor/. Acesso em: 17 de maio de 2021.

DEFANTI, Francisco. Um ensaio sobre a autorregulação: características, classificações e exemplos práticos. **Revista de Direito Público da Economia**. Belo Horizonte, ano 16, n. 63, p. 149-181, jul./set. 2018.

DOMINGUES, Juliana Oliveira. Big techs e o direito antitruste 4.0. **Folha de São Paulo**, 13 de junho de 2019. Disponível em: https://www1.folha.uol.com.br/opiniao/2019/06/big-techs-e-o-direito-antitruste-40.shtml. Acesso em: 17 maio de 2021.

_______. Maior plataforma online de defesa do consumidor é brasileira. **Folha de São Paulo**, 15 de março de 2021. Disponível em: https://www1.folha.uol.com.br/opiniao/2021/ 03/maior-plataforma-online-de-defesa-do-consumidor-e-brasileira.shtml. Acesso em: 17 maio de 2021.

_______; GABAN, Eduardo. **Direito Antitruste**. 4 ed. Saraiva. São Paulo, 2016.

FRAZÃO, Ana. Programas de compliance e critérios de responsabilização de pessoas jurídicas por ilícitos administrativos. In: ROSSETTI, Maristela Abla; PITTA, André Grünspun. **Governança corporativa**: avanços e retrocessos. São Paulo. Quartier Latin, 2007.

_______. Geopricing e geoblocking: as novas formas de discriminação de consumidores. **Jota**, 15 de agosto de 2018. Disponível em: https://www.jota.info/opiniao-e-analise/colunas/constituicao-empresa-e-mercado/geopricing-e-geoblocking-as-novas-formas-de-discriminacao-de-consumidores-15082018. Acesso em: 20 de maio de 2021.

IAB BRASIL. **Mídia Programática**. Disponível em: https://iabbrasil.com.br/wp-content/uploads/2012/09/E-BOOK-IAB-BRASIL- M%C3%8DDIA- PROGRAM% C3% 81TICA.pdf. Acesso em: 17 de maio de 2021.

IRAMINA, Aline. RGPD v. LGPD: Adoção Estratégica da Abordagem Responsiva na Elaboração da Lei Geral de Proteção de Dados do Brasil e do Regulamento Geral de Proteção de Dados da União Europeia. **Revista de Direito, Estado e Telecomunicações**, Brasília, v. 12, nº 2, p. 91-117, outubro de 2020.

MARCATO, Marília Bassetti. Eficiência Econômica e Inovação: considerações acerca da análise antitruste. **Revista Administração em Diálogo**, vol. 18, n. 1. p. 81-11, jan./fev./mar./abr. 2016.

MINISTÉRIO DA JUSTIÇA E SEGURANÇA PÚBLICA. Secretaria Nacional do Consumidor aplica multa a empresa por reconhecimento facial. **Gov.br**, 14 de agosto de 2020. Disponível em: https://www.gov.br/mj/pt-br/assuntos/noticias/secretaria-nacional-do-consumidor-aplica-multa-a-empresa-por-reconhecimento-facial. Acesso em: maio de 2021.

MOREIRA, Assis. Brasil sobe 10 posições em índice de e-commerce da Unctad. **Valor Investe**, 17 de fevereiro de 2021. Disponível em: https://valorinveste.globo.com/mercados/internacional-e-commodities/noticia/2021/02/17/brasil-sobe-10-posies-em-ndice-de-e-commerce-da-unctad. ghtml. Acesso em: maio de 2021.

ORGANIZAÇÃO PARA A COOPERAÇÃO E O DESENVOLVIMENTO ECONÔMICO. **Consumer Policy Toolkit**. OECD Multilingual Summaries, 2010.

PINTO, Andreia Filipa Rajão. **Gestão Documental e de Processos na Implementação do Regulamento Geral de Proteção de Dados (RGPD)**: o caso iPortalDoc. Dissertação (Mestrado em Ciência da Informação) – Faculdade de Engenharia, Faculdade de Letras, Universidade do Porto, 2018.

PWC. **Pesquisa Global de Entretenimento e Mídia 2020-2024**. Disponível em: https://www.pwc.com.br/pt/estudos/setores-atividade/entretenimento-midia/2020/outlook-2020.html.Acesso em: 14 de maio de 2021.

SUNSTEIN, Cass R.; THALER, Richard H. **Nudges**: como tomar melhores decisões sobre saúde, dinheiro e felicidade. São Paulo: Objetiva, 2019.

THALER, Richard H. **Misbehaving**. São Paulo: Intrínseca, 2019.

UNITED NATIONS CONFERENCE ON TRADE AND DEVELOPMENT. COVID-19 has changed online shopping forever, survey shows. **UNCTAD**, 08 de outubro de 2020. Disponível em: https://unctad.org/news/covid-19-has-changed-online-shopping-forever-survey-shows. Acesso em: maio de 2021.

Compliance de dados à luz da LGPD nas companhias abertas

Modesto Carvalhosa[1]

Fernando Kuyven[2]

Sumário: 1. Introdução; 2. *Compliance* de dados à luz da LGDP; 3. *Compliance* de dados e responsabilidade civil em companhias abertas; Conclusão; Referências.

1. Introdução

Caracteriza-se o *compliance* por um conjunto de ações tomadas e implementadas no interior de uma empresa, a fim de garantir a observância e o cumprimento de normas legais em vigor e punir os ilícitos praticados. Trata-se de políticas corporativas internas que visam garantir o cumprimento de preceitos normativos externos, consistindo em normas complementares às determinações legais.

Conforme dissemos noutra ocasião[3], estamos na terceira fase de adoção do regime de conformidade, consubstanciada na normatização das práticas de

1. Advogado, árbitro e parecerista.
2. Advogado, árbitro e parecerista.
3. CARVALHOSA, Modesto. Considerações sobre a Lei Anticorrupção das pessoas jurídicas: Lei nº 12.846/2013. São Paulo: Editora Revista dos Tribunais, 2015, p. 334 e ss.

governança corporativa. Trata-se de uma evolução natural e necessária das duas primeiras fases, caracterizadas, respectivamente, pela adoção, em caráter voluntário, de regras de boa governança, códigos de ética, auditoria interna, entre outras ações, apoiada em orientações de entidades, como o Instituto Brasileiro de Governança Corporativa – IBGC, e pela institucionalização do regime de conformidade a partir de recomendações nacionais e internacionais realizadas por meio de leis, tratados, diretivas e relatórios.

Há, nesta terceira fase, uma imposição da adoção de programas de *compliance*, não em termos coercitivos, mas em termos indutivos[4], posto que, em casos, a existência de referidos programas opera como condicionante para participação em determinado mercado[5] ou como elemento qualificador para a contratação com o Poder Público[6].

As políticas de *compliance* passaram a ser introduzidas com maior ênfase no Brasil em 2015, ano em que houve a regulamentação da Lei nº 12.846/2013 (Lei Anticorrupção)[7] e em que esteve em foco inúmeros escândalos de corrupção. Seus primeiros traços, contudo, surgiram no país em 1998, com a promulgação da Lei nº 9.613/1998[8], que, assim como os princípios do Comitê da Basileia para Supervisão Bancária, desenharam estruturas de conformidade a serem adotadas por instituições financeiras no Brasil.

Referidas políticas tiveram novo destaque no segundo semestre de 2020 – neste momento, com maior alcance, abrangendo todos os setores econômicos, e com direcionamento à proteção de dados pessoais –, com a entrada em vigor da maior parte dos dispositivos da Lei nº 13.709/2018 (Lei Geral de Proteção de Dados – LGPD)[9], que instituiu regras mais rígidas para o tratamento de dados

---

4. Idem, p. 336.
5. Nesse sentido, estabeleceu, *e.g.*, a CVM o *dever* de implementação de políticas de *compliance* pelo administrador de carteiras de valores mobiliários, nos termos do artigo 19 da Instrução Normativa da CVM nº 558/2015.
6. É, por exemplo, o caso da adesão voluntária de empresas ao Cadastro Nacional de Empresas Comprometidas com a Ética e a Integridade, criada para reagir contra o custo social, político e econômico gerado pela corrupção, que tem o condão de qualificar as empresas aderentes que queiram estabelecer vínculo de natureza obrigacional junto ao Poder Público.
7. Regulamentada pelo Decreto nº 8.420/2015.
8. Lei que dispôs sobre os crimes de lavagem ou ocultação de bens, direitos e valores e sobre a prevenção da utilização do sistema financeiro para os ilícitos previstos na própria Lei, além de criar o Conselho de Controle de Atividades Financeiras – COAF.
9. A LGPD teve sua entrada em vigor segregada em três momentos: inicialmente, ainda em 2018, entraram em vigor os artigos que tratam da Autoridade Nacional de

de pessoas naturais e trouxe inovações em termos de proteção de dados, tornando obrigatória a adaptação às novas regras de todas as instituições que controlam e operam dados.[10]

Reforçou-se, assim, o que se chama de *compliance* digital ou *compliance* de dados notadamente no setor da privacidade e proteção de dados pessoais. A propósito do teor dos artigos 50 e 51 da referida Lei, verifica-se que há um incentivo à adoção de boas práticas e de governança corporativa que estabeleçam regras – criadas individualmente pelos agentes de tratamento ou por meio de associações – para a organização, funcionamento e cumprimento dos procedimentos de tratamento de dados previstos na Lei (*compliance*). Trata-se, com efeito, da normatização de práticas de governança corporativa visando ao controle interno de gestão de dados, cuja adoção pelo empresariado mostra-se uma necessária e eficaz ferramenta para a consecução dos objetivos instituídos pela LGPD em matéria de privacidade.

Se, em 2015, as estruturas e os mecanismos de conformidade já eram essenciais ao desenvolvimento das atividades empresariais e à mitigação dos riscos inerentes ao negócio, referidos procedimentos integrantes do *compliance* passam, agora, a ser implementados com ainda maior rigor, não apenas como instrumento que agrega valor à própria sociedade, mas também para que se evite a aplicação de sanções em virtude do descumprimento da legislação sobre proteção de dados.

No âmbito da LGPD, todas as empresas brasileiras que controlam e operam *dados pessoais*[11] devem se ajustar às obrigações previstas em Lei. Ressalta-se, por

---

Proteção de Dados – ANPD e do Conselho Nacional de Proteção de Dados Pessoais e da Privacidade – CNPD, seguidos, em 2020, pelos demais artigos da Lei, com a exceção daqueles que tratam da aplicação de sanções administrativas, em agosto de 2021.

10. Importante lembrar que, na estrada evolutiva, outras leis tiveram importante papel na proteção de dados pessoais, tais como a Lei nº 12.527/2011 (Lei de Acesso à Informação), que passou a garantir o acesso, por cidadãos, a dados da Administração Pública, e a Lei nº 12.965/2014, que instituiu o Marco Civil da Internet, estabelecendo princípios, garantias, direitos e deveres para o uso da internet no Brasil.

11. São dados pessoais aqueles relacionados a determinada pessoa natural capazes de identificá-la, nos termos do art. 5º, inciso I, da LGPD: "*Art. 5º Para os fins desta Lei, considera-se: I – dado pessoal: informação relacionada a pessoa natural identificada ou identificável*". Note-se que "*o Brasil adotou o conceito expansionista de dado pessoal, pelo qual não somente a informação relativa à pessoa diretamente identificada estará protegida pela Lei, mas também aquela informação que possa – tem o potencial de – tornar a pessoa identificável*" (MALDONADO, Viviane Nóbrega; BLUM, Renato Opice (coord.). *LGPD – Lei Geral de Proteção de Dados Pessoais comentada*. 3. ed. São Paulo:

oportuno, que o escopo da referida Lei é a proteção dos dados pessoais e a consequente proteção da pessoa de seus titulares à luz das garantias constitucionais de liberdade, intimidade, livre expressão, entre tantas outras.

É certo que a importância da LGPD não se esgota apenas no modo com que inova a cultura jurídica nacional em relação ao tratamento de dados pessoais, mas vai além, criando desafios no que diz respeito à criação de programas de *compliance* e de regimes de governança que sejam aptos a lidar com a complexidade – e a novidade – de direitos e, sobretudo, de obrigações estabelecidos pela nova legislação.

Em se tratando de companhias abertas, que tratam dados de milhares de investidores, é esperada a implementação de programas de *compliance* de dados ainda mais eficientes e rigorosos, que contribuam para o cumprimento da legislação sem perder de vista o princípio da informação e da transparência no qual se baseia o Mercado de Capitais, bem como as demais normas sobre divulgação de informações estabelecidas pela Comissão de Valores Mobiliários – CVM, as quais se submetem às companhias que abrem seu capital e têm acesso à Poupança Popular.

2. *COMPLIANCE* DE DADOS À LUZ DA LGDP

A promulgação da LGPD foi o resultado evolutivo de uma preocupação que não é nova. Trata-se da necessária proteção das garantias fundamentais à intimidade e à privacidade, concebidas na Carta Magna de 1988, artigo 5º, inciso X[12]. Muito embora referidas garantias estivessem há muito consagradas, a ausência de dispositivo específico relacionado ao tratamento de dados pessoais somado ao desenvolvimento da internet fez com que dados dos usuários de plataformas eletrônicas se fizessem cada vez mais vulneráveis, passando a ser coletados e utilizados indiscriminadamente, mesmo sem o consentimento e, por vezes, sem o *conhecimento* do titular dos dados. É o que ocorreu, notadamente,

---

Revista dos Tribunais, 2021, página RL-1.2, disponível em: https://proview.thomsonreuters.com/launchapp/title/rt/codigos/188730949/v3/page/RL-1.2).

12. "*Art. 5º. [...] X - são invioláveis a intimidade, a vida privada, a honra e a imagem das pessoas, assegurado o direito a indenização pelo dano material ou moral decorrente de sua violação*". Tal preocupação foi refletida na LGPD em seu artigo 1º: "*Art. 1º Esta Lei dispõe sobre o tratamento de dados pessoais, inclusive nos meios digitais, por pessoa natural ou por pessoa jurídica de direito público ou privado, com o objetivo de proteger os direitos fundamentais de liberdade e de privacidade e o livre desenvolvimento da personalidade da pessoa natural.*"

com o acesso de milhões de pequenos investidores à Bolsa, por meio de plataformas de negociação de ações e de outros valores mobiliários.

Com efeito, a coleta de dados pessoais de investidores, de forma maciça, independentemente da ciência ou da permissão de seus respectivos titulares, mediante a vigília constante dos indivíduos, especialmente no meio digital, e a sua utilização em favor de governos e grandes companhias, fez com que prosperasse uma *economia movida a dados*, em detrimento de direitos e garantias individuais.

A LGPD surgiu, portanto, no contexto do chamado *capitalismo de vigilância*[13] – em que a violação da privacidade e o poderio de dados de terceiros tornaram-se, além de práticas cada vez mais corriqueiras, um verdadeiro *business*, seja pela possibilidade de análise comportamental que facilita a comercialização de produtos, seja pelo seu uso de cunho político e social –, tendo importante papel para frear o tratamento indiscriminado de dados pessoais, delimitando hipóteses específicas em que o tratamento será autorizado.

Além disso, a falta de investimentos em controles internos de informações e segurança de dados resultaram em diversos episódios de vazamento de dados e a consequente exposição de seus titulares. Todos esses fatos tornaram propício o momento para a específica regulação da proteção de dados pessoais.

Inspirada no Regulamento Geral sobre a Proteção de Dados da União Europeia (GDPR) – importante regulamento europeu que estabelece regras sobre privacidade –, a LGPD trouxe diversas inovações ao Direito brasileiro a fim de garantir maior segurança jurídica aos titulares de dados, mediante a instituição de padrões de segurança da informação que devem ser seguidos pelos agentes de tratamento de dados, e assegurar os supramencionados direitos fundamentais previstos na Constituição Federal, a partir da consolidação do entendimento de que os dados pertencem exclusivamente aos seus respectivos titulares.

Pode-se dizer que a LGPD tem por missão o equilíbrio entre a livre-iniciativa comercial e de comunicação e a preservação dos direitos fundamentais à intimidade e à privacidade[14]. A legislação passou, assim, a garantir maior controle

---

13. FRAZÃO, Ana. Fundamentos da proteção dos dados pessoais: noções introdutórias para a compreensão da importância da Lei Geral de Proteção de Dados. In: FRAZÃO, Ana; TEPEDINO, Gustavo; OLIVA, Milena Donato (coord.). *Lei Geral de Proteção de Dados Pessoais e suas repercussões no direito brasileiro*. 2. ed. São Paulo: Thomson Reuters, 2020, p. 26-31.

14. É, com efeito, o que constou da justificativa do PL nº 4060/2012: "*O tratamento de dados é hoje uma realidade cada vez mais presente em nosso cotidiano, especialmente*

do titular sobre a gestão e o tratamento de seus dados pessoais, obrigando a disponibilização, pelo controlador de dados[15], de meios para que o titular tenha acesso aos dados tratados e possa corrigi-los e exclui-los, além de restringir o tratamento de dados pessoais às finalidades específicas para as quais foram coletados, de acordo com os princípios instituídos pelo artigo 6º, incisos I, II e III, da LGPD.

Nesse sentido, dados pessoais somente podem ser coletados e tratados se houver base legal para tanto, devendo a proposição legitimadora do tratamento se enquadrar em uma das hipóteses taxativas do artigo 7º da LGPD e, no caso de tratamento pelo Poder Público, apresentar os requisitos do artigo 23 da referida Lei.

Entre tais hipóteses autorizadoras do tratamento, merece destaque a questão do consentimento (art. 7º, I) que, podendo ser revogado a qualquer momento, deve ser dado de forma livre, informada e inequívoca a uma determinada finalidade (art. 5º, XII). Em se tratando de *dados pessoais sensíveis*[16], o consentimento deve ainda ser fornecido de forma específica e destacada (art. 11, I). Será nulo o consentimento fornecido de forma genérica ou com base em informações enganosas disponibilizadas ao titular (art. 8º, § 4º, e art. 9º, § 1º).

Sob o aspecto fiscalizatório, a LGPD criou a Autoridade Nacional de Proteção de Dados – ANPD, agência reguladora que possui, entre outras

---

quando experimentamos o avanço da tecnologia da informação, em especial a internet e suas aplicações nas mais diversas áreas de nossa vida em sociedade. Até pouco tempo era inimaginável pensar nas aplicações e a interação que a internet teria em nosso dia-a-dia, ao mesmo tempo em que podemos imaginar que isso continuará em ritmo acelerado e de incremento, tendo em vista a velocidade em que novas tecnologias são desenvolvidas para a comunicação com as pessoas. Dentro dessa realidade se faz necessário estabelecer normas legais para disciplinar tais relações, especialmente para ***dar proteção à individualidade e a privacidade das pessoas, sem impedir a livre iniciativa comercial e de comunicação***" (Grifamos). Disponível em: <https://www.camara.leg.br/proposicoesWeb/prop_mostrarintegra?codteor=1001750&filename=PL-4060-2012>. Acesso em: 28 mar. 2021.

15. Nos termos da Lei, é controlador "*a pessoa natural ou jurídica, de direito público ou privado, a quem competem as decisões referentes ao tratamento de dados pessoais*" (art. 5º, VI).

16. De acordo com o artigo 5º, inciso II, da LGPD, dados pessoais sensíveis são aqueles sobre a "*origem racial ou étnica, convicção religiosa, opinião política, filiação a sindicato ou a organização de caráter religioso, filosófico ou político, dado referente à saúde ou à vida sexual, dado genético ou biométrico, quando vinculado a uma pessoa natural*". Tais dados estão sujeitos a um regime de tratamento ainda mais rigoroso, exigindo-se padrões de segurança mais específicos.

competências, o papel de fiscalizar e editar normas sobre o tratamento de dados pessoais por pessoas físicas e jurídicas, além de aplicar sanções em caso de tratamento irregular de dados, sanções essas que podem variar de advertências e multas até a suspensão de atividades relacionadas ao tratamento de dados.

Nesse sentido, a LGPD estabeleceu a obrigação de adaptar o procedimento de tratamento de dados a fim de acomodar as novas exigências por ela impostas e a consequente necessidade de aprimoramento e adequação das políticas internas de *compliance* de dados para mitigar os riscos de descumprimento da Lei e, assim, de aplicação das sanções cabíveis. Registre-se, a propósito, que a instituição de políticas efetivas de conformidade será considerada para fins da definição da sanção a ser aplicada em caso de infração da Lei, constituindo fator atenuante, nos termos do art. 48, § 2º, inciso II, e art. 52, § 1º, incisos VIII e IX.[17]

Para que as companhias se aproveitem da atenuante, é necessário, contudo, que os programas de *compliance* sejam efetivos, bem estruturados e implementados. Caso contrário, além de virem a ser desconsiderados pelas autoridades fiscalizadoras, é possível que a sanção aplicada seja ainda mais gravosa que aquela que lhe seria imposta caso não houvesse qualquer política de *compliance*.[18]

Nesse sentido, mister a incorporação de requisitos mínimos às políticas de conformidade que demonstrem a sua efetividade, tais como a elaboração e o cumprimento de códigos de ética e de conduta e a criação de uma cultura corporativa de respeito à ética e às leis, a avaliação periódica dos riscos às liberdades civis e aos direitos fundamentais decorrente da atividade de tratamento de dados e adequação à atualização do programa a tais riscos, o envolvimento e o comprometimento dos órgãos da administração, a autonomia e a independência do setor de *compliance*, a promoção de treinamentos periódicos de funcionários e de todos os setores envolvidos no tratamento de dados, o monitoramento

17. Nesse sentido, FRAZÃO, Ana; OLIVA, Milena Donato; ABILIO, Vivianne da Silveira. *Compliance* de dados pessoais. In: FRAZÃO, Ana; TEPEDINO, Gustavo; OLIVA, Milena Donato (coord.). *Lei Geral de Proteção de Dados Pessoais e suas repercussões no direito brasileiro*. 2. ed. São Paulo: Thomson Reuters, 2020, p. 703-704. No mesmo sentido opinamos no contexto da implementação de programas de *compliance* à luz da Lei Anticorrupção: CARVALHOSA, Modesto; KUYVEN, Fernando. Personalidade jurídica, *compliance* e combate à corrupção. In: CARVALHOSA, Modesto; KUYVEN, Fernando (coord.). Compliance *no direito empresarial* (Coleção *compliance*, vol. 4). São Paulo: Thomson Reuters Brasil, 2020, p. 40.

18. CUEVA, Ricardo Villas Bôas. Funções e finalidades dos programas de *compliance*. In: CUEVA, Ricardo Villas Bôas; FRAZÃO, Ana (Coord.). Compliance: *perspectivas e desafios dos programas de conformidade*. Belo Horizonte: Fórum, 2018, p. 61.

dos processos internos para tratamento de dados, a criação de canais seguros para denúncias anônimas sobre infrações e a efetiva punição das condutas infringentes do programa de *compliance*[19], observados os elementos constantes das alíneas do inciso I do § 2º do artigo 50 da LGPD e as normas, regulamentos e orientações sobre proteção de dados que vierem a ser editados pela ANPD.

À evidência, a implementação de um programa efetivo de *compliance* implica em custos e em certa burocratização das atividades, podendo constituir um verdadeiro entrave no que toca a pequenas empresas e *startups*, entrave esse não verificado em relação a grandes companhias, especialmente companhias abertas, naturalmente institucionalizadas e que, em regra, possuem mais recursos disponíveis para investir em políticas internas, sendo delas esperada a adoção de programas de *compliance* mais robustos.

Em contrapartida, a implementação de políticas de conformidade e o investimento em proteção de dados já se demonstraram importante fator de retorno financeiro aos agentes econômicos. Isso porque, além de mitigarem os riscos de responsabilização da empresa pelo tratamento inadequado de dados, favorecem a competitividade da empresa, sendo atributo para a construção de uma boa imagem no mercado e ferramenta para o aumento da eficiência dos procedimentos internos, o que tende a majorar a lucratividade das atividades desenvolvidas[20].

É, ainda, de se notar que a aplicação de sanções administrativas pela ANPD não exclui a responsabilização civil[21] dos agentes de tratamento por

---

19. FRAZÃO, Ana; OLIVA, Milena Donato; ABILIO, Vivianne da Silveira. *Compliance* de dados pessoais. In: FRAZÃO, Ana; TEPEDINO, Gustavo; OLIVA, Milena Donato (coord.). *Lei Geral de Proteção de Dados Pessoais e suas repercussões no direito brasileiro*. 2. ed. São Paulo: Thomson Reuters, 2020, p. 678-685.

20. Nesse sentido, a *Cisco Annual Cybersecurity Benchmark Study 2020* promoveu um estudo para analisar o retorno gerado a empresas de diversos países, incluindo o Brasil, em virtude de investimentos em privacidade e proteção de dados, tendo apurado um retorno positivo na maior parte das empresas examinadas. De acordo com o estudo, cada dólar investido em privacidade gerou, em média, 2,70 dólares de retorno. No Brasil, os benefícios decorrentes do investimento atingiram a média de 3,30 dólares para cada dólar investido. Apurou-se, ademais, que a proporção entre investimento e retorno não variou significativamente em razão do tamanho da empresa, sendo, contudo, evidente que quanto maior o investimento, maior o benefício. Estudo disponível em: <https://www.cisco.com/c/dam/global/en_uk/products/pdfs/data-privacy-cybersecurity-series-jan-20.pdf >. Acesso em: 10 mai. 2021.

21. Sobre a natureza da responsabilidade dos agentes de tratamento, diverge a doutrina se seria objetiva ou subjetiva, diante da falta de clareza do legislador neste aspecto.

danos patrimoniais ou morais que venham a causar ao titular em virtude do tratamento irregular de dados, em violação à legislação de proteção de dados ou ao dever de segurança dos dados tratados, podendo a tutela do lesado se dar de forma individual ou coletiva, nos termos dos artigos 42 a 45 e 52, § 2º, da LGPD.

3. *COMPLIANCE* DE DADOS E RESPONSABILIDADE CIVIL EM COMPANHIAS ABERTAS

Em virtude das novas regras instituídas pela LGPD, notadamente relacionadas à legitimação para o tratamento de dados, aos direitos de seu titular, às obrigações dos agentes de tratamento de dados, bem como à sua responsabilização, tornou-se imperativa a adequação de todos os agentes de tratamento às novas regras, independentemente de seu tamanho, do número de funcionários, do volume de transações comerciais, de sua receita, de suas atividades ou de seu tipo societário.

Isso quer dizer que a nova Lei obrigou a todos, indistintamente[22], a ela se adequarem, incentivando a autorregulação mediante a criação de regras de boas práticas e de governança voltadas ao regime de funcionamento dos procedimentos de tratamento de dados e de exercício de direitos do titular.

Não obstante, tais obrigações tornam-se ainda mais acentuadas no âmbito do Mercado de Capitais, incidindo a LGPD sobre atividades de administração, gestão e distribuição de valores mobiliários, atividades essas que inevitavelmente envolvem o tratamento de dados de milhões de investidores, impondo responsabilidades não só aos agentes de mercado – sejam companhias abertas,

---

Sobre o tema, ver SIMÃO, José Fernando; DANTAS BISNETO, Cícero. Responsabilidade civil: uma leitura crítica dos artigos 42 a 45 da LGPD. In: MONACO, Gustavo Ferraz de Campos; MARTINS, Amanda Cunha e Mello Smith; CAMARGO, Solano de (orgs.). *Lei Geral de Proteção de Dados*: ensaios e controvérsias da Lei 13.709/2018. São Paulo: Quartier Latin, 2020, p. 399-406.

22. Nos termos do artigo 3º da LGPD, aplica-se a Lei a "*qualquer operação de tratamento realizada por pessoa natural ou por pessoa jurídica de direito público ou privado, independentemente do meio, do país de sua sede ou do país onde estejam localizados os dados, desde que: I - a operação de tratamento seja realizada no território nacional; II - a atividade de tratamento tenha por objetivo a oferta ou o fornecimento de bens ou serviços ou o tratamento de dados de indivíduos localizados no território nacional; ou III - os dados pessoais objeto do tratamento tenham sido coletados no território nacional.*" Exceções são elencadas no artigo subsequente da referida Lei.

fundos de investimento e até mesmo a CVM[23] e a própria B3[24] – que tomam decisões sobre o tratamento de dados (controladora), como aos encarregados pelo seu tratamento efetivo (operadora).

No que tange ao tratamento de dados em companhias abertas, grande parte dos dados coletados no mercado independe do consentimento do titular, tendo o seu tratamento autorizado especialmente nas hipóteses dos incisos II e V do artigo 7º da LGPD, seja para cumprimento de dever regulatório ou legal, seja para a execução de um contrato a pedido do titular, o que, de resto, não afasta o dever da companhia de observância das demais obrigações legais, especialmente em relação aos direitos do titular e aos princípios gerais da LGPD.

Referidas companhias têm, ademais, deveres para com investidores de mercado e agentes reguladores, devendo divulgar informações relevantes ao mercado, nos termos das Instruções Normativas 400/2003 e 480/2009 e a Resolução

---

23. A propósito, a CVM atualizou seu Plano de Dados Abertos com vigência até junho de 2023, que visa orientar as ações da Autarquia para a implementação e a promoção da abertura de dados, de forma a facilitar e a fomentar o uso de suas bases de dados, conciliando os regimes da transparência e da privacidade de dados, nos seguintes termos: "*Deve ser salientado que o PDA-CVM não se aplica apenas aos dados gerados pela Autarquia, mas também àquelas informações recebidas de participantes do mercado de capitais, encaminhadas de forma voluntária ou em atenção à legislação ou regulamentação aplicável. Nesse sentido, cabe destacar que a própria lei que instituiu a CVM exige que o exercício das atribuições da Autarquia deve perseguir algumas finalidades (art. 4º, Lei nº 6.385, de 7 de dezembro de 1976), entre elas a de* 'assegurar o acesso do público a informações sobre os valores mobiliários negociados e as companhias que os tenham emitido'. *Essa é uma questão sensível, pois muitos dados de terceiros envolvem informações pessoais, sendo especialmente aplicáveis as regras da Lei Geral de Proteção de Dados (LGPD), a Lei nº 13.709, de 14 de agosto de 2018, que entrou em vigor em 2020.*" Disponível em: <https://www.gov.br/cvm/pt-br/acesso-a-informacao-cvm/dados-abertos/portaria-cvm-pte-114-de-25-06-2021-pda-2021-2023.pdf>. Acesso em: 04 nov. 2021. Ademais, em 2019, a CVM divulgou o estudo "Cadastro de Investidores: Desafios Operacionais, Inovações Tecnológicas e Proposta", fruto de uma parceria firmada entre a Autarquia e o Instituto de Tecnologia e Sociedade (ITS Rio), que buscou apurar meios para conferir maior autonomia para o investidor gerenciar seus dados cadastrais. Disponível em: <https://www.gov.br/cvm/pt-br/assuntos/noticias/cvm-e-its-rio-lancam-estudo-sobre-cenario-atual-e-possiveis-melhorias-no-cadastro-de-investidores-no-mercado-413ae-e0fd5e44862b84be3b1a46253af>. Acesso em: 04 nov. 2021.

24. Já a B3 disponibilizou em seu *site* uma Declaração de Proteção de Dados Pessoais, como parte de sua política de transparência a respeito do processo de coleta e utilização de dados pessoais. Disponível em: <https://www.b3.com.br/pt_br/termos-de-uso-e-protecao-de-dados/declaracao-de-protecao-de-dados-pessoais/>. Acesso em: 7 mai. 2021.

44/2021, todas da CVM, em observância ao princípio da transparência (*full and fair disclosure*), cujo objetivo primordial é a proteção do Público Investidor e da Economia Popular. As companhias abertas passam, assim, a se sujeitarem não só ao cumprimento das regras impostas pela CVM em matéria de divulgação de informações, enquanto agentes de mercado, como também às regras de tratamento de dados pessoais de todos os seus acionistas e de pessoas que com elas venham contratar. Desse modo, essas companhias devem promover uma adequação de suas políticas internas de forma a acomodar e conciliar todas as obrigações a que se sujeitam.

A propósito, sabe-se que o mercado financeiro e de capitais foi o berço do *compliance*. Este é, à evidência, um setor de heterogeneidade normativa, que exige políticas de conformidade extremamente robustas em virtude dos maiores riscos que as atividades características do meio representam. Nele também predominam rígidos e específicos deveres impostos a companhias abertas em razão da captação de recursos com a Poupança Popular, pautando-se as relações mantidas entre companhia emissora e o público investidor essencialmente na *confiança*, o que igualmente justifica a importância da implementação de rigorosos programas de conformidade.

Nesse contexto, mais do que regras voluntárias, os programas de *compliance* são de implementação imprescindível em companhias atuantes do mercado de capitais como elemento necessário para a realização de negócios no setor[25], constituindo, inclusive, requisito para participação nos segmentos mais elevados de listagem da B3.

Além de favorecerem as companhias sob o ponto de vista reputacional, constituindo importante ferramenta de atração de investidores, as regras diferenciadas de governança corporativa com a adoção de rígidas políticas de *compliance* contribuem significativamente para a redução de riscos de responsabilização da companhia, seja pelo descumprimento de deveres de divulgação de informações nos termos de instruções normativas da CVM, seja sob a ótica do tratamento irregular de dados.

A LGPD reafirmou a responsabilidade civil da companhia, enquanto agente de tratamento de dados, por falhas na gestão das informações sob sua guarda. Tais falhas podem resultar não só em sanções administrativas – impostas

25. SWISTALKI, Andressa; LOBATO, Carla Cristina Cavalheiro. *Compliance* no setor financeiro e mercado de capitais. In: CARVALHO, André Castro; ALVIM, Tiago Cripa; BERTOCCELLI, Rodrigo de Pinho; VENTURINI, Otavio (coord.). *Manual de* compliance. Rio de Janeiro: Forense, 2019, p. 569-570.

pela CVM ou pela ANPD –, como também em responsabilização civil por danos causados aos acionistas e aos investidores, seja pela queda do preço das ações negociadas na Bolsa resultante da divulgação ao mercado de informações incompletas, inexatas, intempestivas ou inverídicas, seja pelas falhas na segurança de dados.

A falha nos controles internos que resulta numa concreta violação da LGPD, provocando danos ao titular dos dados, assim como a efetiva divulgação de informações enganosas ao mercado gera a responsabilização da companhia perante acionistas e terceiros lesados, presumindo-se, se não a prática deliberada de um ilícito, pelo menos a culpa da companhia aberta pela grave negligência e deslealdade no exercício do seu dever de informação e proteção de dados.

A propósito, no § 2º do artigo 42, a LGPD estabelece a possibilidade de o juiz, na ação em responsabilidade civil, inverter o ônus da prova a favor do titular dos dados quando for verossímil sua alegação, como no caso de um evento de efetiva violação da privacidade de dados, diante da assimetria informacional e do fato de as provas estarem, em regra, na posse exclusiva do controlador, tornando-se muito difícil e/ou onerosa a produção de prova pelo titular. Nessa hipótese, diante da verossimilhança da prática de um ato ilícito danoso ao titular dos dados, presume-se a culpa da companhia aberta que controlava os dados, cabendo a ela provar a ocorrência das excludentes de responsabilidade previstas no artigo 43 da LGPD.

Não pode restar dúvida de que a responsabilidade – seja pela falha na proteção dos dados dos investidores, seja pela prestação de informações não fidedignas ao público investidor – é da própria companhia emissora, com maior evidência na prática de atos típicos de gestão, como a elaboração e a publicação de informações financeiras ou a gestão dos dados de seus acionistas, sem prejuízo de uma ação regressiva dela contra as pessoas físicas que a personificam e que tenham em nome dela praticado os ilícitos que prejudicaram acionistas ou terceiros.

No entanto, distinguem-se essas duas situações jurídicas em relação às pessoas lesadas e aos danos por elas sofridos.

No primeiro caso, a divulgação de informações falsas gera a responsabilidade da companhia perante todos seus investidores de mercado, em decorrência da queda no valor de mercado das ações, causada pela omissão de fatos relevantes ou pela divulgação de informações enganosas. É sabido que o valor de mercado das ações é formado pelas informações disponíveis sobre a companhia e os valores mobiliários por ela emitidos, sobretudo as informações divulgadas pela própria companhia, justamente porque ela está submetida, por Lei, ao dever de informação, respondendo pela sua eventual violação. Afinal, se o investidor assume riscos relacionados com as variáveis de mercado e o objeto social da companhia emissora, não pode-se presumir que ele assuma o risco de essa companhia praticar atos antijurídicos.

É o que ocorreu no recente caso envolvendo o Instituto de Resseguros do Brasil – IRB, em que ele confessou ter prestado informação enganosa sobre a composição de sua base acionária, "vazando" indevidamente a informação falsa de que um investidor muito influente estaria aumentando sua participação em ações de emissão dessa companhia. Essa informação enganosa teve o efeito inicial de elevar o valor das ações diante da percepção do mercado de que tal investidor – muito bem-informado por seus experientes analistas de investimento – entendia que tais ações tinham grande potencial de rentabilidade futura. Contudo, uma vez revelada a verdade, de que o influente investidor nunca deteve ações do IRB, nem pretendia detê-las, tais ações sofreram uma queda acentuada em seu valor de mercado, causando graves perdas a todos os investidores dessa companhia.

Por outro lado, a falha na proteção de dados, por exemplo, por meio do vazamento de dados verídicos sobre a identidade ou o número de ações detido por determinado acionista, faz com que a companhia emissora responda, à luz da LGPD, pelos danos patrimoniais ou morais causados a este investidor específico, titular dos dados que foram ilicitamente revelados. É o caso, por exemplo, do vazamento da informação de que o controlador de uma companhia investe em ações de sua principal concorrente, causando danos morais e patrimoniais àquele investidor e à companhia por ele controlada, na medida em que o mercado avalia que o próprio controlador, que conhece bem a situação empresarial e financeira de sua companhia, não confia na sua capacidade futura de geração de valor ao público investidor.

Há, portanto, um duplo regime de responsabilidade informacional das companhias abertas, que passam a responder com base nas regras gerais de responsabilidade civil, não só por danos causados ao público investidor em virtude do descumprimento do dever de informação e transparência, previsto nas leis e nas instruções normativas que regulam o Mercado de Valores Mobiliários,[26] mas também por incidentes de segurança envolvendo dados pessoais que efetivamente ocasionarem danos aos seus titulares, de acordo com a LGPD.

26. Sobre o tema, ver LEÃES, Luiz Gastão Paes de Barros; CARVALHOSA, Modesto Souza Barros; WALD, Arnoldo (org.). *A responsabilidade civil da empresa perante os investidores*: contribuição para a modernização e moralização do mercado de capitais. São Paulo: Quartier Latin, 2018.

Nesse sentido, a adoção de políticas efetivas de *compliance* se mostra de extrema relevância não só como atenuante de sanções administrativas, podendo também impactar sobre a responsabilidade civil da companhia. Em se tratando, contudo, de políticas de fachada, existentes e não cumpridas, ou inadequadas aos riscos da atividade ou, ainda, inefetivas, não haverá que se cogitar de qualquer benefício à companhia em relação à sua responsabilidade.

Conclusão

Muito embora a implementação de políticas de *compliance* de dados estimulada pela LGPD seja um projeto contínuo de reavaliação periódica que requer investimentos consideráveis, são diversos os benefícios dela decorrente, seja para os titulares de dados, que passam a ter acesso facilitado à transparência e à gestão deles, seja para as companhias, como mecanismo de prevenção de práticas de não conformidade que podem implicar a sua responsabilização.

Com efeito, a implementação de programas de conformidade, além de criar um ambiente permeado pela confiança, que atrai investidores, e constituir vantagem comercial e competitiva, favorecendo a imagem da empresa no mercado, reduz a exposição da companhia a riscos decorrentes das atividades de tratamento de dados, aumenta a sua eficiência operacional e, na ocorrência de práticas de desconformidade, permite a sua identificação precoce e coibição e, ainda, contribui para a atenuação de sanções administrativas a serem impostas pela ANPD.

À evidência, o investimento em referidos programas deve ser proporcional ao grau de risco das atividades empresariais. Em se tratando de companhias abertas sujeitas a normas de alta complexidade que regem o Mercado de Capitais, é de rigor que sejam adotadas políticas de conformidade robustas e efetivas a fim de promover o controle interno da informação de forma a conciliar o sigilo e segurança de dados com as regras de transparência fundamentais à proteção de investidores de mercado, evitando-se, assim, a sua responsabilização por danos ocasionados a terceiros por ilícitos ou falhas informacionais.

A LGPD é, portanto, mais um diploma normativo que, estabelecendo direitos e obrigações para o correto tratamento de dados e incentivando o investimento em ferramentas de segurança de dados e eficiência de processos, tende a promover, acima de tudo, uma mudança cultural em termos de comportamento institucional das companhias abertas.

Referências

CARVALHO, André Castro; ALVIM, Tiago Cripa; BERTOCCELLI, Rodrigo de Pinho; VENTURINI, Otavio (coord.). *Manual de* compliance. Rio de Janeiro: Forense, 2019.

CARVALHOSA, Modesto. Considerações sobre a Lei Anticorrupção das pessoas jurídicas: Lei nº 12.846/2013. São Paulo: Editora Revista dos Tribunais, 2015.

CARVALHOSA, Modesto; KUYVEN, Fernando (coord.). Compliance *no direito empresarial* (Coleção *compliance*, vol. 4). São Paulo: Thomson Reuters Brasil, 2020.

CUEVA, Ricardo Villas Bôas; FRAZÃO, Ana (Coord.). Compliance: *perspectivas e desafios dos programas de conformidade*. Belo Horizonte: Fórum, 2018.

FRAZÃO, Ana; TEPEDINO, Gustavo; OLIVA, Milena Donato (coord.). *Lei Geral de Proteção de Dados Pessoais e suas repercussões no direito brasileiro*. 2. ed. São Paulo: Thomson Reuters, 2020.

LEÃES, Luiz Gastão Paes de Barros; CARVALHOSA, Modesto Souza Barros; WALD, Arnoldo (org.). *A responsabilidade civil da empresa perante os investidores*: contribuição para a modernização e moralização do mercado de capitais. São Paulo: Quartier Latin, 2018.

KUYVEN, Fernando; CARVALHOSA, Modesto (coord.). Compliance *no direito empresarial* (Coleção *compliance*, vol. 4). São Paulo: Thomson Reuters Brasil, 2020.

MALDONADO, Viviane Nóbrega; BLUM, Renato Opice (coord.). *LGPD – Lei Geral de Proteção de Dados Pessoais comentada*. 3. ed. São Paulo: Revista dos Tribunais, 2021.

MONACO, Gustavo Ferraz de Campos; MARTINS, Amanda Cunha e Mello Smith; CAMARGO, Solano de (orgs.). *Lei Geral de Proteção de Dados*: ensaios e controvérsias da Lei 13.709/2018. São Paulo: Quartier Latin, 2020.

Compliance de dados em sociedades integrantes de grupos de fato

Sérgio Campinho[1]

Mariana Pinto[2]

Sumário: 1. Grupo econômico: facetas de um conceito ainda em formação; 2. Grupos de direito, grupos de fato e grupos pessoais; 3. Considerações introdutórias sobre o *compliance* de dados; 4. O fluxo de dados pessoais entre sociedades integrantes de um grupo de fato; 5. Conclusões; 6. Referências.

1. Grupo econômico: facetas de um conceito ainda em formação

De há muito, restou insatisfatória a análise da sociedade de modo estanque, sob o prisma estritamente isolado. A busca por eficiência e desenvolvimento

---

1. Advogado. Sócio do Escritório Campinho Advogados. Professor de Direito Comercial da Faculdade de Direito da Universidade do Estado do Rio de Janeiro (UERJ).

2. Advogada. Sócia do Escritório Campinho Advogados. Mestre em Economia Empresarial pela Universidade Candido Mendes. Doutora em Direito pela Universidade do Estado do Rio de Janeiro (UERJ), na linha de pesquisa denominada Empresa e Atividades Econômicas.

estimula a formação dos mais distintos arranjos para a exploração da atividade econômica, seja por meio do estabelecimento de vínculos societários, seja por meio da constituição de liames contratuais, seja, ainda, em virtude da conjugação de ambos os modelos[3]. O cardápio é extenso. Está-se, pois, diante de um sem-fim de formas de organização do exercício da atividade econômica.

O grupo econômico se apresenta como uma técnica de exploração racional dessa atividade, na busca de um processo de investimentos, pesquisa, produção e comercialização mais eficientes[4-5], sendo certo que fatores econômicos, financeiros, mercadológicos, políticos, administrativos, organizacionais e de *marketing* podem servir de justificativa para a sua formação[6].

---

3. O diagnóstico ecoa na doutrina. Enfocando nos grupos societários, com precisão, registra Ana Frazão: "O franco e dinâmico desenvolvimento de novas formas de organização empresarial apresenta complexos desafios à regulação jurídica, sobretudo no que diz respeito à responsabilização dos agentes econômicos. O exercício do poder empresarial toma formas diversas para abarcar novos modelos de negócio e de gestão, construindo sistemas complexos de relações interempresariais, nos quais diversas sociedades empresárias podem estar tanto subordinadas a uma fonte central de comandos ou, ainda, simplesmente se coordenarem para um fim comum, porém, preservando sua autonomia. Mais recentemente, a própria ideia de vínculo entre sociedades empresárias vem tornando-se mais opaca, na medida em que a influência de uma sociedade sobre a outra pode se dar mediante formas menos visíveis do que o controle acionário" (Grupos societários no direito do trabalho: Critérios de configuração e consequências. *Revista Semestral de Direito Empresarial (RSDE)*. Rio de Janeiro: Processo, nº. 16, jan./jun. de 2015. p. 115). A lição é complementada pelo escólio de Paula Forgioni que, tendo em mira os contratos empresariais, assim atesta: "Não se pode pensar a empresa de forma isolada. Essa visão confina o agente econômico nas próprias fronteiras, desliga-o do funcionamento do mercado, reduzindo impropriamente a análise. A perspectiva estreita não permite reconhecer o papel essencial desempenhado pelas *relações estabelecidas entre os entes que atuam no mercado*" (*Contratos empresariais: Teoria geral e aplicação*. 4ª ed. São Paulo: Thomson Reuters, 2019. p. 23. Grifos do original).
4. Sérgio Campinho. *Curso de direito comercial: Sociedade anônima*. 5ª ed. São Paulo: Saraiva, 2020. p. 423.
5. Como consigna Fábio Konder Comparato, não se pode negar "que os grupos econômicos foram criados, exatamente, para racionalizar a exploração empresarial, harmonizando e mesmo unificando as atividades das várias empresas que os compõem. É graças a essa racionalização administrativa que o lucro marginal é elevado, com a baixa do custo unitário de produção. Eles propiciam a criação de 'economias internas de escala', já assinaladas pelos economistas desde fins do século XIX" (Fábio Konder Comparato; Calixto Salomão Filho. *O poder de controle na sociedade anônima*. 5ª ed. Rio de Janeiro: Forense, 2008. p. 498).
6. Ao discorrer sobre fatores e benefícios atrelados aos grupamentos societários, José Luiz Bulhões Pedreira apresenta a seguinte listagem exemplificativa: "alguns são

Diversos esquemas grupais são a todo tempo concebidos para acomodar novos modelos de negócio, de gestão e de relacionamento interempresarial. Um traço comum os une: as sociedades que os integram possuem autonomia jurídica e patrimonial. Ademais, a despeito de toda a delicadeza associada à apresentação de um conceito uniforme de grupo econômico[7], tem-se, a partir da experiência colhida no direito comparado e no próprio direito brasileiro, que a direção econômica unitária entre as sociedades que dele participam se apresenta como o elemento mais relevante para a sua identificação[8-9].

---

econômicos (por ex.: otimização do uso dos recursos das diversas sociedades, integração de seguimentos do processo produtivo ou obtenção de economias de escala); outros são políticos (constituição pela empresa transnacional de subsidiárias sujeitas às leis de cada país), financeiros (aumento da capacidade de captar capitais de risco ou empréstimo, ou melhor utilização das disponibilidades de caixa das diversas sociedades), de mercado (especialização de empresas em diferentes atividades ou regiões, ou utilização da mesma marca para diversos produtos), administrativos (para descentralização ou especialização de atividades) etc.". Mais adiante, aduz que a reunião de sociedades em grupo produz "efeitos que influenciam todas, embora de modo e em proporções diferentes: (a) o controle comum faz com que os mercados reconheçam a existência do grupo e considerem as sociedades como elementos de um único conjunto; (b) todas as sociedades se beneficiam da diversificação de riscos buscada pelo empresário, pois as fases cíclicas de dificuldades ou menor rentabilidade não ocorrem simultaneamente em todas as empresas, e umas podem auxiliar outras; (c) o controle comum possibilita a organização unificada de atividades que proporcione economias de escala em benefício de todas as empresas; e (d) a unidade de comando assegura que cada empresa dê preferência aos bens e serviços produzidos pelas demais" (Grupos de sociedades. In: LAMY FILHO, Alfredo; PEDREIRA, José Luiz Bulhões (Coord.). *Direito das companhias*. Rio de Janeiro: Forense, 2009. v. II, p. 1.933-1.935).

7. Ao tratar da delimitação do conceito de grupo, Pablo Girgado Perandones assim conclui: "Por todo ello, y a falta de una normativa propia y específica sobre grupos, entendemos que parece más oportuno dejar en espera la cuestión acerca del concepto legal más apropiado. Pues el riesgo de una búsqueda 'frenética' – un deseo comprensible, pero prescindible – de un concepto legal de grupo nos puede llevar a desatender el alcance – normalmente, sectorial – que realmente persigue el precepto elegido, como de hecho ha ocurrido en los últimos cambios legislativos" (El régimen legal de los grupos de sociedades en el ordenamiento jurídico español y sus propuestas de reforma. In: ARAUJO, Danilo Borges dos Santos Gomes de; WARDE JR., Walfrido Jorge (Org.). *Os grupos de sociedades: Organização e exercício da empresa*. São Paulo: Saraiva, 2012. p. 66).

8. Sérgio Campinho. Responsabilidade das sociedades agrupadas. In: AMARAL, Antonio Carlos Rodrigues do; BERALDO, Mariana Passos (Coord.). *Estudos jurídicos: Constitucional e empresarial*. São Carlos: Rima, 2020. p. 496.

A intensidade dessa direção econômica unitária pode oscilar, apresentando-se como mais ou menos aguda, a depender da estrutura adotada. O controle é reconhecidamente o modo mais firme de sua implementação. Mas não é o único. Outros instrumentos ou mecanismos podem levar à unificação da direção econômica, ensejando, por conseguinte, a caracterização do grupo econômico, ainda que de forma mais descentralizada, em prestígio à coordenação. Nesse compasso, classificam-se os grupos econômicos em *grupos de subordinação* e *grupos de coordenação*. Os primeiros são marcados por uma hierarquia mais rígi-

9. Engrácia Antunes, em sua clássica obra dedicada ao tema, assevera que o grupo representa "um conjunto mais ou menos vasto de sociedades comerciais que, mantendo formalmente a sua individualidade jurídica própria, se encontram subordinadas, em maior ou menor grau, a uma direção econômica unitária e comum" (*Os grupos de sociedades: Estrutura e organização jurídica da empresa plurissocietária*. Coimbra: Almedina, 2002. p. 607. Grifos do original). Ao analisar o regime dos grupos de sociedades no ordenamento jurídico espanhol e suas propostas de reforma, Pablo Girgado Perandones assim anota: "En cualquier caso, la noción de grupos de sociedades no puede desentenderse de la unidad de decisión como criterio determinante. En este sentido, las declaraciones de los arts. 42 Cdc y 18 LSC sólo indican cuándo 'existe' un grupo de sociedades, pero no qué es un grupo de sociedades. Cuestión que ni el mismo legislador tiene clara, como demuestra la presencia de la 'unidad de decisión' en otros preceptos como en las normativas de sociedades cooperativas y concursal o incluso en el propio régimen contable de la LSC al exigir en la Memoria que se indique el grupo al que pertenezca la sociedad (v. art. 260 LSC, indicación decimotercera)" (El régimen legal de los grupos de sociedades en el ordenamiento jurídico español y sus propuestas de reforma. In: ARAUJO, Danilo Borges dos Santos Gomes de; WARDE JR., Walfrido Jorge (Org.). *Os grupos de sociedades: Organização e exercício da empresa*. São Paulo: Saraiva, 2012. p. 66). Ana Frazão salienta que, "em qualquer que seja a área jurídica, o elemento mais importante para a definição de grupo societário é a existência da *direção econômica unitária* entre as sociedades participantes ou, adotando-se as referências do direito estrangeiro, o que se chama de *unified management*, *einheitlicher Leitung*, *direction économique unitaire*, *unidad de dirección* ou *direzione unitaria*" (Grupos societários no direito do trabalho: Critérios de configuração e consequências. *Revista Semestral de Direito Empresarial (RSDE)*. Rio de Janeiro: Processo, nº. 16, jan./jun. de 2015. p. 116). Jorge Lobo, por seu turno, traz a baila o posicionamento de Anne Petit e Pierre Sauvain nos seguintes moldes: "Anote-se, a propósito, ainda, a acertada observação de Anne Petit e Pierre Sauvain: 'A gestão unitária pode ser centralizada e descentralizada, hierárquica ou colegial, pode traduzir-se numa intervenção constante nos negócios das filiais ou limitar-se à definição das grandes linhas de conjunto da respectiva política: ela estará sempre, e como quer que seja, presente e far-se-á sempre sentir para reprimir as atitudes incompatíveis com o espírito e os interesses do grupo, ou simplesmente, de sua organização'" (Direito dos grupos de sociedades. *Revista dos Tribunais*. São Paulo: Revista dos Tribunais, v. 88, nº. 763, maio de 1999. p. 32).

da entre controladora e controladas; e os segundos por uma unidade de direção econômica sem relação de dominação ou dependência entre as sociedades que os compõem[10-11].

A par dessa categorização, à luz dos meios e instrumentos vinculados às suas correspondentes constituições, os grupos econômicos podem, ainda, ser classificados como *grupos de direito*, *grupos de fato* e *grupos pessoais*, aos quais nos dedicaremos ao longo do item subsequente.

2. GRUPOS DE DIREITO, GRUPOS DE FATO E GRUPOS PESSOAIS

Tomando como modelo legal a Lei Alemã de 1965 e inspirados, ainda, no sistema de concentração japonês (*Zaibatsu*), Alfredo Lamy Filho e José Luiz Bulhões Pedreira, autores do anteprojeto da Lei nº. 6.404/76, previram, no referido diploma, a disciplina dos grupos[12].

---

10. Sérgio Campinho. Responsabilidade das sociedades agrupadas. In: AMARAL, Antonio Carlos Rodrigues do; BERALDO, Mariana Passos (Coord.). *Estudos jurídicos: Constitucional e empresarial*. São Carlos: Rima, 2020. p. 497.

11. Engrácia Antunes diferencia os grupos de subordinação e de coordenação, observando que, apesar de as sociedades reunidas nesta segunda modalidade de grupo contarem com maior autonomia jurídica, sempre haverá a necessidade de uma direção econômica unitária (*Os grupos de sociedades: Estrutura e organização jurídica da empresa plurissocietária*. Coimbra: Almedina, 2002. p. 80). Ana Frazão cuida do ponto de modo didático: "[...] por mais que haja maior autonomia econômica das sociedades participantes de um grupo de coordenação, é necessário haver entre elas uma direção econômica unitária, sem o que não há um grupo societário. Logo, certa dose de subordinação econômica é inerente aos grupos: o que varia entre os grupos de subordinação e coordenação é apenas o grau de subordinação. Se houvesse entre as sociedades mera relação de coordenação, não se estaria diante de um grupo – uma empresa plurissocietária – mas sim diante de relações de mercado". Em arremate, acrescenta que, "mesmo nos grupos de coordenação, não deixa de haver uma hierarquia entre a direção unitária compartilhada pelas sociedades e a direção individual de cada uma" (Grupos societários no direito do trabalho: Critérios de configuração e consequências. *Revista Semestral de Direito Empresarial (RSDE)*. Rio de Janeiro: Processo, nº. 16, jan./jun. de 2015. p. 120).

12. José Waldecy Lucena contempla, em seu relato histórico acerca dos grupamentos societários, o seguinte trecho de autoria de Mário Henrique Simonsen, então Ministro da Fazenda, acerca da estratégia econômica traçada, à época, pelo Governo: "Nos últimos anos o Governo vem procurando criar um novo modelo de grande empresa privada nacional, incentivando as fusões e a formação de conglomerados, numa espécie de imitação do modelo japonês" (Mário Henrique Simonsen e Roberto de Oliveira Campos. A nova economia brasileira, 3ª ed., 1979, p. 206-207 *apud* José

Até o advento do Código Civil de 2002, as regras constantes dos Capítulos XX ("Sociedades Coligadas, Controladoras e Controladas") e XXI ("Grupo de Sociedades") da Lei nº. 6.404/76 traduziam regras gerais em matéria de Direito Societário. Com a entrada do aludido diploma em vigor, as sociedades contratuais passaram a observar o disposto no Capítulo VIII ("Das Sociedades Coligadas"), do Subtítulo II ("Da Sociedade Personificada"), do Título II ("Da Sociedade"), do Livro II ("Do Direito de Empresa"), de sua Parte Especial e, ainda, os preceitos inseridos nos Capítulos XX e XXI da Lei das Sociedades Anônimas, desde que não se choquem com o previsto no mencionado diploma codificado.

A doutrina classifica os grupamentos societários como grupos de direito e grupos de fato[13].

Waldecy Lucena. *Das sociedades anônimas: Comentários à lei*. Rio de Janeiro: Renovar, 2012. v. III, p. 994-995). Na sequência, José Waldecy Lucena assim conclui: "Os elaboradores da Lei brasileira basearam-se, assim, para a inclusão do direito grupal, no modelo japonês – *Zaibatzu*, tão celebrado à época, em face do chamado *milagre japonês*, que recuperou a economia nipônica destruída pela Segunda Guerra Mundial, mas copiaram, em sua maior parte, as disposições da Lei de Sociedades por Ações alemã de 1965, que disciplinara detalhadamente os grupos empresariais (*Konzern*), mesmo porque os *Zaibatzu* não eram, como ainda não são, regulamentados em lei" (*Das sociedades anônimas: Comentários à lei*. Rio de Janeiro: Renovar, 2012. v. III, p. 995. Grifos do original). Nesse passo, valioso é o registro de Modesto Carvalhosa: "O diploma de 1976, ao dedicar todo um capítulo à matéria do grupo convencional de sociedades (Capítulo XXI), atendeu à política econômica esposada à época (1975), pelo governo brasileiro, consubstanciada no II PND (1973-1975). Contrariando a tendência mundial de repressão às concentrações empresariais, a partir do final do século XIX (Lei Shermann e 'Clayton Act'), o nosso II PND (1973-1975) estabeleceu um amplo programa de formação de conglomerados financeiro-industrial-comerciais, pois considerava tal regime concentracionista fundamental para o revigoramento das atividades empresariais do setor privado nacional. O II PND justificava essa proposta declarando que apenas por meio dessa concentração institucional incentivada pelo Estado poderia a empresa privada brasileira competir com as estatais e as multinacionais. [...] Inspiraram-se, à época, as autoridades econômicas governamentais (II PND) na implementação de uma política de criação do Poder Nacional baseada nos sistemas de concentração japonês (*Zaibatsu*) e alemão (*Konzern*). Em consequência, a reforma da nossa lei societária de 1976 deveria, como efetivamente ocorreu, institucionalizar a prática oligopolística, tendo como modelo legal a reforma societária alemã de 1965. E o veículo escolhido pelo II PND para a criação dos conglomerados institucionais entre nós foi a lei societária de 1976 [...]" (*Comentários à Lei de Sociedades anônimas*. 3ª ed. São Paulo: Saraiva, 2009. v. 4, tomo II, p. 305-307).

13. Em verdade, as expressões *grupo de fato* e *grupo de direito*, a despeito de consagradas pela doutrina, não constam da Lei nº. 6.404/76 e tampouco do Código Civil.

Os *grupos de direito* são formados por sociedades que celebram uma convenção, por intermédio da qual, nos termos do *caput* do artigo 265 da Lei nº. 6.404/76, se obrigam "a combinar recursos ou esforços para a realização dos respectivos objetos, ou a participar de atividades ou empreendimentos comuns"[14]. São eles marcados pela existência de um interesse geral, um interesse do grupo, que transcende aos específicos interesses das sociedades que os compõem.

Já os *grupos de fato* são integrados por sociedades coligadas, controladoras e controladas que mantêm entre si relações societárias dirigidas segundo o regime legal próprio das sociedades isoladas, sem reclamar uma convenção formal para sua disciplina[15]. A identificação de um grupo de fato passa, portanto, pelos conceitos de *controle* e de *coligação*.

A Lei nº. 6.404/76 não contempla o conceito de controle. Cuida tão somente de definir *acionista controlador* e *sociedade controlada*, no *caput* do artigo 116[16] e no § 2º do artigo 243[17].

Consoante se infere da exposição de motivos do diploma de 1976, os autores de seu anteprojeto optaram por estabelecer o antagonismo entre "a) sociedades coligadas, controladoras e controladas, que mantêm entre si relações societárias segundo o regime legal de sociedades isoladas e não se organizam em conjunto reguladas neste Capítulo [o Capítulo XX]; b) sociedades controladoras e controladas que, por convenção levada ao Registro de Comércio, passam a constituir grupos societários, com disciplina própria, prevista no Capítulo XXI". As primeiras formam os *grupos de fato* e as segundas, os *grupos de direito*. Nesse sentido, os próprios autores do prefalado anteprojeto anotam que "as leis, em geral, disciplinaram a empresa-grupo sob dois ângulos: o grupo de fato, constituído por sociedades ligadas, apenas, pela existência de um controle comum, e o grupo de direito, que representa uma estrutura jurídica nova, na qual se integram as sociedades" (Alfredo Lamy Filho; José Luiz Bulhões Pedreira. *A lei das S.A.* 3ª ed. Rio de Janeiro: Renovar, 1997. v. I, p. 88-89).

14. A convenção deverá ser arquivada na Junta Comercial da sede da sociedade de comando, nos moldes do artigo 271 da Lei nº. 6.404/76.

15. Sérgio Campinho. *Curso de direito comercial: Sociedade anônima*. 5ª ed. São Paulo: Saraiva, 2020. p. 437.

16. *Caput* do artigo 116 da Lei nº. 6.404/76: "Art. 116. Entende-se por acionista controlador a pessoa, natural ou jurídica, ou o grupo de pessoas vinculadas por acordo de voto, ou sob controle comum, que: *a)* é titular de direitos de sócio que lhe assegurem, de modo permanente, a maioria dos votos nas deliberações da assembleia geral e o poder de eleger a maioria dos administradores da companhia; e *b)* usa efetivamente seu poder para dirigir as atividades sociais e orientar o funcionamento dos órgãos da companhia".

17. § 2º do artigo 243 da Lei nº. 6.404/76: "§ 2º. Considera-se controlada a sociedade na qual a controladora, diretamente ou através de outras controladas, é titular de direitos

Partindo-se, pois, dos conceitos de acionista controlador e de sociedade controlada, o controle pode ser compreendido como o poder efetivo atrelado à ordenação e à direção dos negócios sociais, exercido por uma pessoa ou por um grupo de pessoas, de forma direta ou indireta, mas sempre de modo continuado ou permanente. Corresponde, portanto, ao poder de governar a empresa explorada pela sociedade[18-19].

Já o § 1º do artigo 243 da Lei nº. 6.404/76 define como coligadas as sociedades nas quais a investidora tenha *influência significativa*, sendo certo que,

---

de sócio que lhe assegurem, de modo permanente, preponderância nas deliberações sociais e o poder de eleger a maioria dos administradores".

18. Nesse sentido, já sustentou Sérgio Campinho, coautor deste trabalho, em seu *Curso de direito comercial: Sociedade anônima*. 5ª ed. São Paulo: Saraiva, 2020. p. 241. Para Alfredo Lamy Filho e José Luiz Bulhões Pedreira, "controle é a capacidade de causar, determinar ou alterar a ação dos órgãos da companhia. É o poder político na sociedade, no sentido de poder supremo da sua estrutura interna, que compreende a capacidade de alocar e distribuir poder nessa estrutura. Segundo o modelo legal de organização da companhia, esse poder compete à Assembleia Geral; e como esse órgão delibera por maioria de votos, dentro da Assembleia é exercido pelo conjunto de acionistas que formam a maioria" (*A Lei das S.A.* 3ª ed. Rio de Janeiro: Renovar, 1997. v. I, p. 66). Nas palavras de Modesto Carvalhosa, o "controle societário pode ser entendido como o poder de dirigir as atividades sociais. Essa noção tem um sentido material ou substancial e não apenas formal. Assim, o controle é o poder *efetivo* de direção dos negócios sociais. Não se trata de um poder potencial, eventual, simbólico ou diferido" (*Comentários à lei de sociedades anônimas*. 4ª ed. São Paulo: Saraiva, 2009. v. 2, p. 489).

19. Sentimos falta, no teor do § 2º do artigo 243 da Lei nº. 6.404/76, de uma menção à necessidade de identificação do uso *efetivo* do poder para dirigir as atividades sociais e orientar o funcionamento dos órgãos sociais. O poder de controle é um poder de fato e deve ser aferido em cada caso concreto. Para ostentá-lo, não basta titularizar direitos de sócios que assegurem, de modo permanente, a maioria dos votos nas deliberações sociais e o poder de eleger a maioria dos administradores. É necessário fazer uso desse poder. A exposição de motivos da Lei nº. 6.404/76 evidencia que essa omissão foi intencional, ao dispor que "o conceito de sociedade controladora corresponde ao de acionista controlador, do parágrafo único do artigo 116, com as adaptações necessárias para compreender quaisquer formas de sociedades controladas (e não apenas a de companhia) e a possibilidade de controle indireto, através de cadeia ou pirâmide de sociedades. Além disso, não se requer, no caso de sociedades, o efetivo exercício do poder de dirigir as atividades das sociedades controladas, que se presume nas relações intersocietárias". A nosso ver, essa presunção não é absoluta, mas sim relativa. Em última análise, caso o exercício *efetivo* do poder de controle não se verifique, a suposta relação de controladora e controlada não se estabelece. Nesse caso, há apenas uma relação de investimento, passível de ser caracterizada como uma coligação.

na dicção do § 4º do referido preceito, considera-se que ela existe "quando a investidora detém ou exerce o poder de participar nas decisões das políticas financeira ou operacional da investida, sem controlá-la". Em complementação, o § 5º do mesmo dispositivo estabelece ser tal influência significativa presumida quando a investidora titularizar 20% ou mais dos votos conferidos pelo capital da investida, sem controlá-la[20-21].

No âmbito da Lei das Sociedades Anônimas, portanto, os grupos de fato são disciplinados pelas regras constantes de seu Capítulo XX, intitulado *Sociedades Coligadas, Controladoras e Controladas*; e os grupos de direito são regidos pelos preceitos constantes de seu Capítulo XXI, denominado *Grupo de Sociedades*[22].

O Código Civil, por seu turno, apenas tratou dos grupos de fato, dedicando às sociedades coligadas[23], como registrado linhas supra, o Capítulo VIII, do Subtítulo II ("Da Sociedade Personificada"), do Título II ("Da Sociedade"), do Livro II ("Do Direito de Empresa"), de sua Parte Especial.

Para os fins do Código Civil, é controlada a sociedade de cujo capital outra participe, titularizando direitos de sócio capazes de lhe conferir a maioria de votos nas deliberações sociais, tomadas em sede de assembleia geral ou de reunião de sócios, e o poder de eleger a maioria dos administradores e, ainda, a sociedade cujo controle, na forma retromencionada, esteja em poder de outra sociedade, mediante ações ou quotas titularizadas por sociedade ou sociedades por esta já controladas (artigo 1.098). Coligada ou filiada é a sociedade de cujo capital outra participe, na razão de no mínimo 10%, sem, contudo, controlá-la

20. Cabe anotar que o § 1º do artigo 243 contou originariamente com a seguinte redação: "São coligadas as sociedades quando uma participa, com 10% (dez por cento) ou mais, do capital da outra, sem controlá-la".

21. Entre sociedades coligadas, não há relação de comando, mas sim de coordenação. Justamente por isso, costuma-se afirmar que entre coligadas é estabelecida uma relação horizontal, ao passo em que entre controladora e controlada verifica-se a existência de uma relação vertical.

22. O trecho da exposição de motivos da Lei nº. 6.404/76 referente ao aludido Capítulo XXI é inaugurado com as seguintes palavras: "O grupo de sociedades é uma forma evoluída de inter-relacionamento de sociedades que, mediante aprovação pelas assembleias gerais de uma 'convenção de grupo' dão origem a uma 'sociedade de sociedades'". De todo modo, cabe observar que o *grupo de direito* é despido de personalidade jurídica.

23. De acordo com o artigo 1.097 do Código Civil, "consideram-se coligadas as sociedades que, em suas relações de capital, são controladas, filiadas, ou de simples participação, na forma dos artigos seguintes".

(artigo 1.099)[24]. Por sua vez, é de simples participação a sociedade de cujo capital outra participe, titularizando menos de 10% do capital votante (artigo 1.100).

A distinção entre os conceitos de *sociedade coligada* estabelecidos pela Lei nº. 6.404/76 e pelo Código Civil é clara: o primeiro diploma, no § 1º de seu artigo 243, adota o critério da influência significativa, que vem detalhado ao longo dos §§ 4º e 5º; já o segundo diploma, em seu artigo 1.099, considera coligada a sociedade de cujo capital outra participe, titularizando no mínimo 10% desse capital, mas sem controlá-la[25].

Diante dessa divergência de conceitos, o artigo 46 da Lei nº. 11.941/2009 preconiza que a definição de coligada obtida pela conjugação dos §§ 1º, 4º e 5º do artigo 243 da Lei nº. 6.404/76[26] somente será utilizada para os propósitos contidos na própria Lei das Sociedades Anônimas, de modo que, para os fins previstos em outros diplomas legais, o conceito de coligação se estabelece nos moldes do artigo 1.099 do Código Civil.

Partindo-se das premissas de que o poder de controle é um poder de fato, que deve ser efetivamente exercido por seu titular, e, ainda, de que as relações societárias são cada vez mais dinâmicas, tem-se que a caracterização de um grupo de fato deve ser feita à luz do caso concreto, levando-se em consideração o quadro fático que, naquele momento, é apresentado para a aferição.

Por fim, há os *grupos pessoais*, que são justamente aqueles em que se identifica a coincidência nos órgãos de administração de diversas sociedades, que atuam de forma coordenada, em uma espécie de controle gerencial compartilhado[27].

---

24. O conceito de sociedade coligada constante do artigo 1.099 do Código Civil em muito se aproxima daquele contemplado na versão originária do § 1º do artigo 243 da Lei nº. 6.404/76, cuja redação reproduzimos em nota de rodapé *supra*.

25. O nosso direito positivo jamais consagrou a coligação indireta. A versão original do § 1º do artigo 243 da Lei nº. 6.404/76 e a sua versão atual, fruto da alteração veiculada por meio da Lei nº. 11.941/2009, bem como o teor do artigo 1.099 do Código Civil, apenas admitem a coligação direta, ou seja, aquela que se estabelece via relação direta de investimento por parte de uma sociedade em outra.

26. O § 5º do artigo 243 da Lei nº. 6.404/76 teve sua redação modificada pela Lei nº. 14.195/2021, justamente em função da incorporação, em nosso ordenamento jurídico, do voto plural.

27. Nesse sentido: Ana Frazão. Grupos societários no direito do trabalho: Critérios de configuração e consequências. *Revista Semestral de Direito Empresarial (RSDE)*. Rio de Janeiro: Processo, nº. 16, jan./jun. de 2015. p. 123; Sérgio Campinho. Responsabilidade das sociedades agrupadas. In: AMARAL, Antonio Carlos Rodrigues do; BERALDO, Mariana Passos (Coord.). *Estudos jurídicos: Constitucional e empresarial*. São Carlos: Rima, 2020. p. 498.

3. Considerações introdutórias sobre o *compliance* de dados

Ao longo das últimas décadas, como natural decorrência do desenvolvimento tecnológico, constatou-se que as proteções à liberdade, à privacidade e à intimidade, pelos meios até então empregados, por si sós, não mais eram suficientes. Desse modo, com o propósito de assegurar, em sua plenitude, esses e outros direitos fundamentais, tais como o livre desenvolvimento da personalidade, a dignidade e o exercício da cidadania, era preciso ir além, tutelando o tratamento de dados pessoais[28].

Nesse contexto, em agosto de 2018, foi publicada, sob o nº. 13.709, a nossa Lei Geral de Proteção de Dados Pessoais, ou simplesmente LGPD, inspirada no Regulamento Geral sobre a Proteção de Dados da União Europeia, mais conhecido como GDPR[29].

Ao dispor sobre o tratamento de dados pessoais, sensíveis ou não, de pessoas naturais, a LGPD define como *tratamento* "toda operação realizada com dados pessoais, como as que se referem a coleta, produção, recepção, classificação, utilização, acesso, reprodução, transmissão, distribuição, processamento, arquivamento, armazenamento, eliminação, avaliação ou controle da informação, modificação, comunicação, transferência, difusão ou extração" (artigo 5º, inciso X).

Ademais, o ainda novo diploma abriga sob a expressão *agentes de tratamento* as figuras do *controlador* e do *operador*, pessoas naturais ou jurídicas, de direito público ou privado, competindo ao primeiro as decisões referentes ao tratamento de dados pessoais[30] e ao segundo a realização do tratamento de tais dados, em nome daquele e de acordo com as instruções dele recebidas[31] (artigo 5º, incisos IX, VI e VII, respectivamente, e artigo 39).

---

28. Na expressão de Gustavo Tepedino e Chiara Spadaccini de Teffé, "a proteção dos dados pessoais compõe uma das partes essenciais da tutela da dignidade da pessoa humana, mostrando-se essencial para a garantia das liberdades fundamentais, da igualdade e da integridade psicofísica" (Consentimento e proteção de dados pessoais na LGPD. In: TEPEDINO, Gustavo; FRAZÃO, Ana; OLIVA, Milena Donato (Coord.). *Lei Geral de Proteção de Dados Pessoais e suas repercussões no direito brasileiro*. São Paulo: Thomson Reuters, 2019. p. 288).

29. O *General Data Protection Regulation* – GDPR (Regulamento UE 2016/679) foi adotado em substituição à Diretiva 95/46/CE.

30. Como colocado no item 2.5 do Guia Orientativo para Definições dos Agentes de Tratamento de Dados Pessoais e do Encarregado, publicado pela Autoridade Nacional de Proteção de Dados (ANPD) em 28.05.2021, não se faz necessário que todas as decisões sejam tomadas pelo controlador, "bastando apenas que este mantenha sob

Com efeito, a LGPD disciplinou a proteção de dados pessoais tendo em mira a atuação isolada, a atuação estanque dos entes que têm contato com tais dados, passando ao largo das peculiaridades associadas às sociedades integrantes de um grupo econômico e, em última análise, da própria ampliação do conceito de empresa, que faz aflorar a noção de *empresa plurissocietária*[32].

Nesse compasso, emergem relevantes questões concernentes à aplicação da Lei nº. 13.709/2018 a sociedades componentes de grupos econômicos, com destaque para os grupos de fato, mais presentes em nossa realidade societária. Diante da LGPD, de que modo poderiam os dados pessoais recebidos por uma específica sociedade fluir para outras participantes desse mesmo grupo? Quais seriam os limites, as balizas relacionadas a esse fluxo de informações?

---

sua influência e controle as principais decisões, isto é, aquelas relativas aos elementos essenciais para o cumprimento da finalidade do tratamento". Entre os elementos decisórios essenciais ou principais, estariam a definição da própria finalidade do tratamento, da natureza dos dados tratados e da duração do tratamento. Disponível em: https://www.gov.br/anpd/pt-br/assuntos/noticias/inclusao-de-arquivos-para-link-nas-noticias/2021-05-27-guia-agentes-de-tratamento_final.pdf. Acesso realizado em 31.05.2021.

31. A LGPD não cuidou da figura do suboperador. Contudo, como consignado no item 5.1 do referido Guia Orientativo para Definições dos Agentes de Tratamento de Dados Pessoais e do Encarregado, publicado pela Autoridade Nacional de Proteção de Dados (ANPD) em 28.05.2021, "o tema pode ser utilizado como parâmetro de análise para compreensão de cadeias mais complexas de tratamento de dados", entendendo-se, pois, como suboperador "aquele contratado pelo operador para auxiliá-lo a realizar o tratamento de dados pessoais em nome do controlador". Disponível em: https://www.gov.br/anpd/pt-br/assuntos/noticias/inclusao-de-arquivos-para-link-nas-noticias/2021-05-27-guia-agentes-de-tratamento_final.pdf. Acesso realizado em 31.05.2021.

32. Sobre esse específico ponto, Sérgio Campinho, coautor deste trabalho, assim já registrou: "Em um cenário de concentração econômica, tem-se a aglutinação ou a integração de diversas empresas isoladamente exploradas por cada sociedade componente do grupo econômico. Desse entrelaçamento estratégico, pode ser visualizada uma única empresa, realizada a partir da instrumentalização da atividade econômica fragmentada em distintas sociedades. Vê-se aflorar, pois, um conceito ampliado de empresa, que se tem consolidado na esteira do capitalismo contemporâneo, no qual proliferam os grupos econômicos, constituídos para lograr maior eficiência empresarial, a partir da racionalização de meios e processos de produção e gestão. As sociedades que os integram têm, assim, uma função instrumental, consistente no estabelecimento de uma estrutura jurídica que define e resguarda os direitos de propriedade compreendidos na criação e no funcionamento de empresa única, explorada de forma plurissocietária" (*Curso de direito comercial: Falência e recuperação de empresa*. 11ª ed. São Paulo: Saraiva, 2020. p. 134-135).

Tomando-se o *compliance* como o "conjunto de ações a serem adotadas no ambiente corporativo para que se reforce a anuência da empresa à legislação vigente, de modo a prevenir a ocorrência de infrações ou, já tendo ocorrido o ilícito, propiciar o imediato retorno ao contexto de normalidade e legalidade"[33], torna-se preciso revisitá-lo à luz do específico feixe de direitos, deveres e responsabilidades objeto da LGPD. E mais: cumpre fazê-lo de modo amplo, capturando as especificidades consentâneas à realidade dos grupos de fato[34]. Assim, no âmbito do próximo item, apresentaremos as nossas primeiras impressões sobre o tema.

4. O FLUXO DE DADOS PESSOAIS ENTRE SOCIEDADES INTEGRANTES DE UM GRUPO DE FATO

Como adiantamos no tópico anterior, a LGPD não se volta na direção de sociedades integrantes de um grupo de fato. Em verdade, a *grupo* somente se fez menção em duas passagens do artigo 52 (mais precisamente no inciso II de seu *caput* e no seu § 4º), referentes à base de cálculo da multa simples, que se apresenta como uma das possíveis sanções administrativas a serem aplicadas pela autoridade nacional, em função do cometimento de infrações. Nada mais.

Ao refletirmos sobre o dia a dia de sociedades participantes de um mesmo grupo de fato, podemos pensar em diversas situações que imponham, ou ao menos justifiquem, que uma determinada pessoa jurídica tenha algum tipo de contato com dados pessoais originariamente captados por outra.

A nosso ver, a análise dos limites atrelados ao compartilhamento de dados pessoais entre sociedades componentes de um grupo de fato tem início com o exame do *caput* do artigo 7º da LGPD, que elenca, em *numerus clausus*, as hipóteses em que o tratamento de dados pessoais se faz possível.

---

33. O conceito é articulado por Ana Frazão em seu Programas de *compliance* e critérios de responsabilização de pessoas jurídicas por ilícitos administrativos. In: ROSSETTI, Maristela Abla; PITTA, Andre Grunspun (Coord.). *Governança corporativa: Avanços e retrocessos*. São Paulo: Quartier Latin, 2017. p. 42.

34. Ao dedicar-se ao estudo da governança nos grupos, Engrácia Antunes assim pontua: "Now, the group (polycorporate enterprise) gives rise to the same type of questions as any single corporation (singlecorporate enterprise): a corporate group has to be formed, it must be managed and supervised, it must be financed and render account, it must rule the internal relations between its members and the external relations regarding third parties, and it has eventually to be dissolved" (The governance of corporate groups. In: ARAUJO, Danilo Borges dos Santos Gomes de; WARDE JR., Walfrido Jorge (Org.). *Os grupos de sociedades: Organização e exercício da empresa*. São Paulo: Saraiva, 2012. p. 25).

Para os fins deste trabalho, ganha relevo a possibilidade de tratamento de dados pessoais – desde que não enquadrados no conceito de dados pessoais sensíveis[35] –, independentemente da concessão de consentimento por parte do correspondente titular[36], quando tal tratamento for necessário para atender aos interesses legítimos do controlador ou de terceiro, ressalvada a situação de prevalência de direitos e liberdades fundamentais do indigitado titular, que demandem a proteção dos dados pessoais (artigo 7º, inciso IX).

Em complementação à previsão constante do artigo 7º, inciso IX, preconiza-se, no *caput* do artigo 10, que "o legítimo interesse do controlador somente poderá fundamentar tratamento de dados pessoais para finalidades legítimas, consideradas a partir de situações concretas, que incluem, mas não se limitam a: I – apoio e promoção de atividades do controlador; e II – proteção, em relação ao titular, do exercício regular de seus direitos ou prestação de serviços que o beneficiem, respeitadas as legítimas expectativas dele e os direitos e liberdades fundamentais, nos termos desta Lei"[37]. Em listagem claramente exemplificativa, são esses os dois parâmetros conferidos pelo legislador para fins de formação do conceito jurídico, nitidamente aberto e indeterminado, de legítimo interesse.

---

35. Aos dados pessoais sensíveis, espécie do gênero dados pessoais, o legislador concedeu proteção mais rigorosa. Nos termos do artigo 5º, incisos I e II, considera-se dado pessoal a "informação relacionada a pessoa natural identificada ou identificável" e dado pessoal sensível "dado pessoal sobre origem racial ou étnica, convicção religiosa, opinião política, filiação a sindicato ou a organização de caráter religioso, filosófico ou político, dado referente à saúde ou à vida sexual, dado genético ou biométrico, quando vinculado a uma pessoa natural". O tratamento dos dados pessoais é disciplinado no artigo 7º, cujo inciso IX traz justamente a hipótese de atendimento a legítimo interesse do controlador ou de terceiro, exceto no caso de prevalecerem direitos e liberdades fundamentais do titular que exijam a proteção de tais dados. Já o tratamento dos dados pessoais sensíveis é regulado no artigo 11, que não contempla regra semelhante.

36. A hipótese de tratamento de dados pessoais "mediante o fornecimento de consentimento pelo titular" consta do inciso I do artigo 7º da LGPD.

37. Os §§ 1º, 2º e 3º do artigo em comento vêm assim redigidos: "§ 1º. Quando o tratamento for baseado no legítimo interesse do controlador, somente os dados pessoais estritamente necessários para a finalidade pretendida poderão ser tratados. § 2º. O controlador deverá adotar medidas para garantir a transparência do tratamento de dados baseado em seu legítimo interesse. § 3º. A autoridade nacional poderá solicitar ao controlador relatório de impacto à proteção de dados pessoais, quando o tratamento tiver como fundamento seu interesse legítimo, observados os segredos comercial e industrial". Ademais, de acordo com o artigo 37 da LGPD, "o controlador e o operador devem manter registro das operações de tratamento de dados pessoais que realizarem, especialmente quando baseado no legítimo interesse".

Diante dessas notas essenciais relativas ao legítimo interesse, cabe indagar: a participação em um mesmo grupo de fato pode caracterizar legítimo interesse do controlador[38] ou até mesmo de terceiro (*in casu*, outra sociedade do mesmo grupo), a justificar o tratamento de dados pessoais dentro do grupo, independentemente do consentimento do titular? Parece-nos que sim.

A nosso ver, o fato de a LGPD não ter cuidado expressamente dos tratamentos de dados pessoais que envolvem mais de uma sociedade integrante de um grupo de fato não quer traduzir um óbice à sua verificação e tampouco pode inviabilizar o regular funcionamento desses grupamentos societários, restringindo, em última análise, a exploração da empresa plurissocietária.

Diferentemente da LGPD, o GDPR dedicou especial atenção aos grupos econômicos, colhendo-se, ao longo deste último diploma, inúmeras referências a eles[39-40]. O considerando nº. 47 volta-se na direção dos "interesses legítimos dos responsáveis pelo tratamento, incluindo os dos responsáveis a quem os dados pessoais possam ser comunicados, ou de terceiros", sendo certo que do considerando subsequente, de nº. 48, assim consta expressamente:

> (48) Os responsáveis pelo tratamento que façam parte de um grupo empresarial ou de uma instituição associada a um organismo central poderão ter um interesse legítimo em transmitir dados pessoais no âmbito do grupo de empresas para fins administrativos internos,

---

38. Nos moldes do artigo 5º, inciso VI, da LGPD.

39. Cabe conferir os considerandos nºs. 36, 37, 48 e 110; o artigo 4º, nºs. 19 e 20; o artigo 36º, nº. 3, alínea "a"; o artigo 37º, nº. 2; o artigo 47º; e o artigo 88º, nº. 2.

40. Anderson Schreiber assim observa: "A Lei Geral de Proteção de Dados Pessoais é marcadamente influenciada pelo *GDPR*. A diferença mais evidente entre os dois conjuntos de normas é o grau de detalhamento: enquanto o Regulamento europeu possui 99 artigos que disciplinam os mais diversos aspectos do tratamento de dados pessoais de modo minucioso, nossa lei conta com 65 artigos (alguns deles inteiramente vetados), muito mais 'enxutos'. Longe de evidenciar qualquer defeito, essa distinção explica-se pela diferença de contextos e experiências. O problema da proteção de dados é objeto de atenção pelos países europeus há décadas, já tendo sido, inclusive, tratado em leis anteriores, enquanto, no Brasil, ainda estamos dando os primeiros passos na matéria. Além disso, o *GDPR* é um regulamento comunitário, destinado a viger em países com diferentes sistemas e tradições jurídicas, o que exige, muitas vezes, contenções da norma comunitária. Peculiaridades à parte, a proximidade entre os dois conjuntos normativos é notável" (Direito ao esquecimento e proteção de dados pessoais na Lei 13.709/2018: Distinções e potenciais convergências. In: TEPEDINO, Gustavo; FRAZÃO, Ana; OLIVA, Milena Donato (Coord.). *Lei Geral de Proteção de Dados Pessoais e suas repercussões no direito brasileiro*. São Paulo: Thomson Reuters, 2019. p. 369).

> incluindo o tratamento de dados pessoais de clientes ou funcionários. Os princípios gerais que regem a transmissão de dados pessoais, no âmbito de um grupo empresarial, para uma empresa localizada num país terceiro mantêm-se inalterados.

Há, pois, o categórico reconhecimento da possibilidade de configuração de legítimo interesse na transmissão, no âmbito do grupo, de dados pessoais – aí incluídos aqueles vinculados a clientes e funcionários –, "para fins administrativos internos".

O compartilhamento de dados pessoais entre sociedades integrantes de um grupo também reluz por ocasião da singela leitura de outros preceitos do GDPR. A título exemplificativo, tem-se que, ao realizar consulta prévia à "autoridade de controlo", o "responsável pelo tratamento" deve lhe comunicar, entre outros elementos, "se for aplicável, a repartição de responsabilidades entre o responsável pelo tratamento, os responsáveis conjuntos pelo tratamento e os subcontratantes envolvidos no tratamento, nomeadamente no caso de um tratamento dentro de um grupo empresarial" (artigo 36°, n°. 3, alínea "a", do GDPR). É prevista a possibilidade de designação de um único encarregado na proteção de dados[41] para o grupo como um todo, desde que ele seja facilmente acessível a partir de cada estabelecimento (artigo 37°, n°. 2, do GDPR). Mais adiante, entre as especificações mínimas das "regras vinculativas aplicáveis às empresas"[42], faz-se constar a estrutura e os contatos do grupo empresarial "ou do grupo de empresas envolvidas numa atividade económica conjunta" e de ca-

41. De acordo com o artigo 37°, n°. 1, do GDPR, "o responsável pelo tratamento e o subcontratante designam um encarregado da proteção de dados sempre que: a) o tratamento for efetuado por uma autoridade ou um organismo público, excetuando os tribunais no exercício da sua função jurisdicional; b) as atividades principais do responsável pelo tratamento ou do subcontratante consistam em operações de tratamento que, devido à sua natureza, âmbito e/ou finalidade, exijam um controlo regular e sistemático dos titulares dos dados em grande escala; ou c) as atividades principais do responsável pelo tratamento ou do subcontratante consistam em operações de tratamento em grande escala de categorias especiais de dados nos termos do artigo 9° e de dados pessoais relacionados com condenações penais e infrações a que se refere o artigo 10°".
42. Nos moldes do artigo 4°, n°. 20, do GDPR, entende-se por regras vinculativas aplicáveis às empresas "as regras internas de proteção de dados pessoais aplicadas por um responsável pelo tratamento ou um subcontratante estabelecido no território de um Estado-Membro para as transferências ou conjuntos de transferências de dados pessoais para um responsável ou subcontratante num ou mais países terceiros, dentro de um grupo empresarial ou de um grupo de empresas envolvidas numa atividade económica conjunta".

da uma das entidades que o compõem e os procedimentos existentes no grupo empresarial "ou no grupo de empresas envolvidas numa atividade económica conjunta" destinados a assegurar a verificação do cumprimento dessas regras vinculativas (artigo 47º, nº. 2, alíneas "a" e "j", do GDPR). Ademais, faculta-se aos Estados-Membros estabelecer, em seus próprios ordenamentos jurídicos ou em convenções coletivas, regras mais específicas para garantir a defesa de direitos e liberdades referentes ao tratamento de dados pessoais dos trabalhadores no contexto laboral, aí incluídas "medidas adequadas e específicas para salvaguardar a dignidade, os interesses legítimos e os direitos fundamentais do titular dos dados, com especial relevo para a transparência do tratamento de dados, a transferência de dados pessoais num grupo empresarial ou num grupo de empresas envolvidas numa atividade económica conjunta e os sistemas de controlo no local de trabalho" (artigo 88º, nºs. 1 e 2, do GDPR). De todo modo, não é apenas a referência de como a matéria é disciplinada no regulamento europeu que nos conduz nessa direção.

Se, por um lado, entre os fundamentos da disciplina da proteção de dados, ao conceber a nossa LGPD, o legislador pátrio elencou o respeito à privacidade; a autodeterminação informativa; a liberdade de expressão, de informação, de comunicação e de opinião; a inviolabilidade da intimidade, da honra e da imagem; a defesa do consumidor; e os direitos humanos, o livre desenvolvimento da personalidade, a dignidade e o exercício da cidadania pelas pessoas naturais (artigo 2º, incisos I, II, III, IV, VI e VII), demonstrando todo o seu zelo com os titulares de dados pessoais, tem-se que, por outro, também incluiu nesse rol o desenvolvimento econômico e tecnológico e a inovação, bem como a livre-iniciativa e a livre concorrência (artigo 2º, incisos V e VI), dispensando atenção aos agentes de tratamento no âmbito da exploração de suas correspondentes atividades[43].

Além de amparar-se nos aludidos fundamentos, o tratamento de dados pessoais deve ainda observar a boa-fé e os princípios da finalidade, da adequação, da necessidade, do livre acesso, da qualidade dos dados, da transparência, da segurança, da prevenção, da não discriminação e da responsabilização e prestação de contas (artigo 6º). Nesse passo, cabe anotar que a própria necessidade de observância dos princípios da segurança[44] e da prevenção[45] pode ensejar o

43. Ao longo da LGPD há diversas menções a "segredos comercial e industrial", o que também denota a atenção dispensada pelo legislador aos agentes de tratamento.

44. Nos termos do inciso VII do artigo 6º da LGPD, consiste na "utilização de medidas técnicas e administrativas aptas a proteger os dados pessoais de acessos não autorizados e de situações acidentais ou ilícitas de destruição, perda, alteração, comunicação ou difusão".

compartilhamento de certos dados pessoais entre sociedades que façam parte de um mesmo grupo de fato[46].

Os fundamentos indicados no artigo 2º e os princípios apontados no artigo 6º, ambos da LGPD, funcionam como autêntico arcabouço de conformidade para a realização do tratamento de dados pessoais com base no legítimo interesse do controlador ou de terceiro. O preenchimento dessa cláusula geral deverá ser sempre feito à luz do caso concreto, mediante adequado exercício de ponderação realizado pelo intérprete[47-48]. Constata-se, pois, que o legítimo

45. Na dicção do inciso VIII do mesmo artigo 6º da LGPD, revela-se pela "adoção de medidas para prevenir a ocorrência de danos em virtude do tratamento de dados pessoais".

46. O considerando nº. 49 do GDPR corrobora o argumento. Eis a sua redação: "O tratamento de dados pessoais, na medida estritamente necessária e proporcionada para assegurar a segurança da rede e das informações, ou seja, a capacidade de uma rede ou de um sistema informático de resistir, com um dado nível de confiança, a eventos acidentais ou a ações maliciosas ou ilícitas que comprometam a disponibilidade, a autenticidade, a integridade e a confidencialidade dos dados pessoais conservados ou transmitidos, bem como a segurança dos serviços conexos oferecidos ou acessíveis através destas redes e sistemas, pelas autoridades públicas, equipas de intervenção em caso de emergências informáticas (CERT), equipas de resposta a incidentes no domínio da segurança informática (CSIRT), fornecedores ou redes de serviços de comunicações eletrónicas e por fornecedores de tecnologias e serviços de segurança, constitui um interesse legítimo do responsável pelo tratamento. Pode ser esse o caso quando o tratamento vise, por exemplo, impedir o acesso não autorizado a redes de comunicações eletrónicas e a distribuição de códigos maliciosos e pôr termo a ataques de «negação de serviço» e a danos causados aos sistemas de comunicações informáticas e eletrônicas".

47. Diante do disposto no trecho final do inciso IX do artigo 7º da LGPD, essa ponderação não ocorrerá quando "prevalecerem direitos e liberdades fundamentais do titular que exijam a proteção dos dados pessoais".

48. O Grupo de Trabalho do Artigo 29º (grupo de trabalho independente que cuidou de questões relacionadas com a proteção de dados pessoais e a privacidade até o início da aplicação do GDPR) emitiu, em 09.04.2014, o Parecer 06/2014, sobre o conceito de interesses legítimos do "responsável pelo tratamento" (controlador) dos dados à luz do artigo 7º, alínea "f", da então vigente Diretiva 95/46/CE. No documento, consignava-se que o mencionado preceito exigia "a ponderação dos interesses legítimos do responsável pelo tratamento, ou de terceiros a quem os dados sejam comunicados, em relação aos interesses ou aos direitos fundamentais da pessoa em causa". Nesse passo, propunha-se a realização de um teste dessa ponderação que determinaria, em larga medida, se o referido dispositivo poderia ser invocado como fundamento jurídico para o tratamento. Disponível em: https://ec.europa.eu/justice/article-29/documentation/opinion-recommendation/files/2014/wp217_pt.pdf. Acesso realizado em 31.05.2021.

interesse pode, sim, a princípio, dar guarida a uma série de fluxos de dados pessoais dentro de um grupo de fato. De todo modo, convém aos controladores agir de forma conservadora: caso, na situação concreta de tratamento de dados pessoais, não se tenha a efetiva convicção acerca da caracterização do legítimo interesse, deve-se buscar o consentimento dos titulares de tais dados, nos moldes do artigo 7º, inciso I, salvo enquadramento em outra situação prevista nos demais incisos do preceito[49].

Por derradeiro, não podemos deixar de fazer referência, ainda que de modo breve, a outras duas hipóteses em que, naturalmente, uma ou mais sociedades poderão ter acesso a dados pessoais que não tenham sido por elas originariamente recebidos. A primeira delas é a de o tratamento envolver, como controladora e operadora, duas distintas sociedades integrantes de um mesmo grupo de fato[50]. A segunda, por seu turno, é a de controladoria conjunta, isto é, de o tratamento envolver mais de uma controladora, todas pessoas jurídicas participantes do mesmo grupamento societário[51]. Observados os limites impostos pela

49. A exemplo do tratamento "para o cumprimento de obrigação legal ou regulatória pelo controlador" (inciso II) ou "para o exercício regular de direitos em processo judicial, administrativo ou arbitral, esse último nos termos da Lei nº 9.307, de 23 de setembro de 1996 (Lei de Arbitragem)" (inciso VI).

50. Como bem anotado no item 1 do Guia Orientativo para Definições dos Agentes de Tratamento de Dados Pessoais e do Encarregado, publicado pela Autoridade Nacional de Proteção de Dados (ANPD) em 28.05.2021, "o agente de tratamento é definido para cada operação de tratamento de dados pessoais", de modo que "a mesma organização poderá ser controladora e operadora, de acordo com sua atuação em diferentes operações de tratamento". Disponível em: https://www.gov.br/anpd/pt-br/assuntos/noticias/inclusao-de-arquivos-para-link-nas-noticias/2021-05-27-guia-agentes-de-tratamento_final.pdf. Acesso realizado em 31.05.2021.

51. A LGPD não cuidou explicitamente da controladoria conjunta. Porém, ainda que de forma discreta e tímida, a possibilidade de o tratamento de dados envolver mais de um controlador foi contemplada no artigo 42, § 1º, inciso II, ao se preconizar que, para assegurar a efetiva indenização ao titular dos dados, "os controladores que estiverem diretamente envolvidos no tratamento do qual decorreram danos ao titular dos dados respondem solidariamente, salvo nos casos de exclusão previstos no art. 43 desta Lei". Desse modo, conforme estabelecido no item 3.1 do aludido Guia Orientativo para Definições dos Agentes de Tratamento de Dados Pessoais e do Encarregado, publicado pela Autoridade Nacional de Proteção de Dados (ANPD) em 28.05.2021, "embora a LGPD não explicite o conceito de controladoria conjunta, é possível inferir que ele está contemplado no sistema jurídico de proteção de dados". Tal conceito pode ser apresentado nos seguintes moldes: "a determinação conjunta, comum ou convergente, por dois ou mais controladores, das finalidades e dos elementos essenciais para a realização do tratamento de dados pessoais, por meio de acordo que estabeleça

LGPD, em ambas as situações haverá um natural e lícito fluxo de dados pessoais entre sociedades componentes de um grupo de fato.

5. Conclusões

De há muito, restou diminuta a análise da sociedade de forma estanque. A busca por eficiência e desenvolvimento estimula a formação dos mais distintos arranjos para a exploração da atividade econômica, seja por meio do estabelecimento de vínculos societários, seja por meio da constituição de liames contratuais, seja, ainda, em virtude da conjugação de ambos os modelos.

O grupo econômico se apresenta, pois, como uma técnica de exploração racional da empresa. Diversos esquemas grupais são a todo tempo concebidos para acomodar novos modelos de negócio, de gestão e de relacionamento interempresarial. Em comum, possuem o traço de que as sociedades que os integram contam com autonomia jurídica e patrimonial e trazem a direção econômica unitária como o elemento mais relevante para a sua identificação.

Ao regular a proteção de dados pessoais, a LGPD passou ao largo das peculiaridades ligadas às sociedades integrantes de um grupo econômico e, em última análise, da própria ampliação do conceito de empresa, que faz aflorar a noção de empresa plurissocietária. Focando nos grupos de fato, resulta oportuno assentar de que modo poderiam os dados pessoais recebidos por uma específica pessoa jurídica fluir para outras componentes desse mesmo grupo, bem como quais seriam os limites e as condições relacionados a esse fluxo de informações.

Nesse curso, parece-nos que a participação em um grupo de fato pode, em princípio, caracterizar legítimo interesse do controlador ou até mesmo de terceiro (*in casu*, outra sociedade do mesmo grupo), a justificar o tratamento de dados pessoais dentro do grupo, independentemente do consentimento do titular desses dados, ressalvada a hipótese de prevalência de direitos e liberdades fundamentais do referido titular, que demandem a proteção de tais dados, nos moldes do artigo 7º, inciso IX, da LGPD.

De se ressaltar que o GDPR reconhece categoricamente a possibilidade de configuração de legítimo interesse na transmissão de dados pessoais, no bojo do grupo, "para fins administrativos internos". O fato reforça o ponto defendido.

---

as respectivas responsabilidades quanto ao cumprimento da LGPD". Disponível em: https://www.gov.br/anpd/pt-br/assuntos/noticias/inclusao-de-arquivos-para-link-nas-noticias/2021-05-27-guia-agentes-de-tratamento_final.pdf. Acesso realizado em 31.05.2021.

De toda sorte, não é apenas a referência de como a matéria é disciplinada no regulamento europeu que nos conduz nessa direção.

Ao longo da LGPD, o legislador demonstra todo o seu zelo com os titulares de dados pessoais, mas sem descurar de também dispensar atenção aos agentes de tratamento no âmbito da exploração de suas correspondentes atividades. Os fundamentos elencados em seu artigo 2º e os princípios listados em seu artigo 6º funcionam como autêntico arcabouço de conformidade para a realização do tratamento de dados pessoais com base no legítimo interesse do controlador ou de terceiro. O preenchimento dessa cláusula geral deverá ser sempre feito à luz do caso concreto, mediante adequado exercício de ponderação realizado pelo intérprete.

A despeito de o legítimo interesse poder, sim, dar guarida a uma série de fluxos de dados pessoais dentro de um grupo de fato, convém aos controladores agir de forma conservadora: caso, na situação concreta de tratamento, não se tenha a efetiva convicção acerca da caracterização do legítimo interesse, deve-se buscar o consentimento dos titulares dos dados pessoais, nos moldes do artigo 7º, inciso I, da LGPD, ressalvado o enquadramento do tratamento em outra circunstância prevista nos demais incisos do preceito.

A par da situação de atendimento a legítimo interesse, contemplada no já aludido artigo 7º, inciso IX, da LGPD, tanto na hipótese de o tratamento envolver, como controladora e operadora, duas distintas sociedades integrantes de um grupo de fato, como na de controladoria conjunta, protagonizada por duas ou mais pessoas jurídicas participantes do mesmo grupamento societário, naturalmente uma ou mais sociedades poderão ter acesso a dados pessoais que não tenham sido por elas originariamente recebidos.

Há diversas situações que impõem, ou ao menos justificam, que uma determinada sociedade tenha algum tipo de contato com dados pessoais originariamente captados por outra, também integrante de seu grupo de fato. Como demonstrado, a própria LGPD confere meios para que esse fluxo ocorra licitamente.

De todo modo, o certo é que o tema objeto destas notas depende de uma minuciosa análise do caso concreto. A caracterização do grupo de fato, a verificação do legítimo interesse e a própria identificação dos agentes de tratamento devem necessariamente ser feitas levando-se em consideração o quadro fático que, por ocasião daquele específico tratamento de dados pessoais, é apresentado para aferição.

6. REFERÊNCIAS

ANTUNES, José Augusto Engrácia. *Os grupos de sociedades: Estrutura e organização jurídica da empresa plurissocietária*. Coimbra: Almedina, 2002.

ANTUNES, José Augusto Engrácia. The governance of corporate groups. In: ARAUJO, Danilo Borges dos Santos Gomes de; WARDE JR., Walfrido Jorge (Org.). *Os grupos de sociedades: Organização e exercício da empresa*. São Paulo: Saraiva, 2012. p. 23-59.

CAMPINHO, Sérgio. *Curso de direito comercial: Sociedade anônima*. 5ª ed. São Paulo: Saraiva, 2020.

CAMPINHO, Sérgio. *Curso de direito comercial: Falência e recuperação de empresa*. 11ª ed. São Paulo: Saraiva, 2020.

CAMPINHO, Sérgio. Responsabilidade das sociedades agrupadas. In: AMARAL, Antonio Carlos Rodrigues do; BERALDO, Mariana Passos (Coord.). *Estudos jurídicos: Constitucional e empresarial*. São Carlos: Rima, 2020. p. 495-509.

CARVALHOSA, Modesto. *Comentários à lei de sociedades anônimas*. 4ª ed. São Paulo: Saraiva, 2009. v. 2.

CARVALHOSA, Modesto. *Comentários à lei de sociedades anônimas*. 3ª ed. São Paulo: Saraiva, 2009. v. 4, tomo II.

COMPARATO, Fábio Konder; SALOMÃO FILHO, Calixto. *O poder de controle na sociedade anônima*. 5ª ed. Rio de Janeiro: Forense, 2008.

FORGIONI, Paula Andrea. *Contratos empresariais: Teoria geral e aplicação*. 4ª ed. São Paulo: Thomson Reuters, 2019.

FRAZÃO, Ana. Grupos societários no direito do trabalho: Critérios de configuração e consequências. *Revista Semestral de Direito Empresarial (RSDE)*. Rio de Janeiro: Processo, nº. 16, jan./jun. de 2015. p. 113-151.

FRAZÃO, Ana. Programas de *compliance* e critérios de responsabilização de pessoas jurídicas por ilícitos administrativos. In: ROSSETTI, Maristela Abla; PITTA, Andre Grunspun (Coord.). *Governança corporativa: Avanços e retrocessos*. São Paulo: Quartier Latin, 2017. p. 23-57.

LAMY FILHO, Alfredo; PEDREIRA, José Luiz Bulhões. *A Lei das S.A.* 3ª ed. Rio de Janeiro: Renovar, 1997. v. I.

LOBO, Jorge Joaquim. Direito dos grupos de sociedades. *Revista dos Tribunais*. São Paulo: Revista dos Tribunais, v. 88, nº. 763, maio de 1999. p. 22-46.

LUCENA, José Waldecy. *Das sociedades anônimas: Comentários à lei*. Rio de Janeiro: Renovar, 2012. v. III.

PEDREIRA, José Luiz Bulhões. Grupos de sociedades. In: LAMY FILHO, Alfredo; PEDREIRA, José Luiz Bulhões (Coord.). *Direito das companhias*. Rio de Janeiro: Forense, 2009. v. II, p. 1.929-1.950.

PERANDONES, Pablo Girgado. El régimen legal de los grupos de sociedades en el ordenamiento jurídico español y sus propuestas de reforma. In: ARAUJO, Danilo Borges dos Santos Gomes de; WARDE JR., Walfrido Jorge (Org.). *Os grupos de sociedades: Organização e exercício da empresa*. São Paulo: Saraiva, 2012. p. 61-82.

SCHREIBER, Anderson. Direito ao esquecimento e proteção de dados pessoais na Lei 13.709/2018: Distinções e potenciais convergências. In: TEPEDINO, Gustavo; FRAZÃO, Ana; OLIVA, Milena Donato (Coord.). *Lei Geral de Proteção de Dados Pessoais e suas repercussões no direito brasileiro*. São Paulo: Thomson Reuters, 2019. p. 367-384.

TEPEDINO, Gustavo; TEFFÉ, Chiara Spadaccini de. Consentimento e proteção de dados pessoais na LGPD. In: TEPEDINO, Gustavo; FRAZÃO, Ana; OLIVA, Milena Donato (Coord.). *Lei Geral de Proteção de Dados Pessoais e suas repercussões no direito brasileiro*. São Paulo: Thomson Reuters, 2019. p. 287-322.

Programas de *compliance* de dados e microempresas e empresas de pequeno porte: algumas impressões e perspectivas

Natália Cristina Chaves[1]

Marcelo Andrade Féres[2]

Sumário: 1. Introdução; 2. Microempresas (ME) e empresas de pequeno porte (EPP); 3. *Compliance* de dados nas microempresas e empresas de pequeno porte: a tensão entre órgão e função; 4. A Autoridade Nacional de Proteção de Dados (ANPD) e as microempresas e empresas de pequeno porte; 5. Considerações finais; 6. Referências.

1. Introdução

A[3] Lei Geral de Proteção de Dados Pessoais – LGPD, Lei n. 13.709/2018, que entrou em vigor em 2020, "dispõe sobre o tratamento de dados pessoais,

1. Professora Adjunta da Faculdade de Direito da UFMG. Advogada.
2. Professor Associado da Faculdade de Direito da UFMG. Procurador Federal.
3. Este estudo foi elaborado antes da edição, pela Autoridade Nacional de Proteção de Dados – ANPD, de qualquer normativa específica a respeito de micro e pequenas empresas. Isso, inclusive, justifica o subtítulo: algumas impressões e perspectivas.

inclusive nos meios digitais, por pessoa natural ou por pessoa jurídica de direito público ou privado, com o objetivo de proteger os direitos fundamentais de liberdade e de privacidade e o livre desenvolvimento da personalidade da pessoa natural", consoante estatuído em seu art. 1º[4]. Disciplina, de modo geral, toda situação de tratamento de dados pessoais[5], aplicando-se, por exemplo, a uma pequena pizzaria com seis empregados, e que coleta e mantém dados de seus clientes, para fins de *delivery*; bem como à Google, que, ao fim e ao cabo, opera dados em escala global.

Tanto grandes quanto pequenos agentes de todo e qualquer setor econômico, no mundo contemporâneo, dependem de tratamento de dados para o exercício de suas atividades.

Com especial atenção à relevância dos dados para pequenas e médias empresas europeias, um Comunicado da Comissão Europeia, emitido em 19 de fevereiro de 2020, intitulado "Uma estratégia europeia para dados", consigna:

> Os dados são vitais para o desenvolvimento económico: estão na base de um grande número de novos produtos e serviços, gerando ganhos de produtividade e de eficiência na utilização de recursos em todos os setores da economia e permitindo obter produtos e serviços mais personalizados, uma melhor definição das políticas e uma modernização dos serviços públicos. Constituem um recurso essencial para o desenvolvimento de produtos e serviços em empresas em fase de arranque e pequenas e médias empresas (PME). A disponibilidade de dados é essencial para treinar sistemas de inteligência artificial, com produtos e serviços que passem rapidamente do reconhecimento de padrões e do estabelecimento de novas correlações para técnicas de previsão mais sofisticadas conducentes a melhores decisões[6].

---

4. BRASIL. *Lei n. 13.709, de 14 de agosto de 2018*. Lei Geral de Proteção de Dados Pessoais (LGPD). Disponível em: <http://www.planalto.gov.br/ccivil_03/_ato2015-2018/2018/lei/L13709compilado.htm>. Acesso em: 14 abr. 2021.
5. Segundo o art. 5º, inciso X, da LGPD, tratamento é: "toda operação realizada com dados pessoais, como as que se referem a coleta, produção, recepção, classificação, utilização, acesso, reprodução, transmissão, distribuição, processamento, arquivamento, armazenamento, eliminação, avaliação ou controle da informação, modificação, comunicação, transferência, difusão ou extração".
6. UNIÃO EUROPEIA. Comissão Europeia. Uma estratégia europeia para os dados. Disponível em: <https://eur-lex.europa.eu/legal-content/PT/TXT/PDF/?uri=CELEX:52020DC0066&from=EN>. Acesso em: 14 abr. 2021.

Para atendimento às determinações contidas na LGPD, os atores do mercado precisam a ela se adequar e isso, no mais das vezes, concretiza-se por meio de um *compliance* de dados, tema em torno do qual gravitam os estudos reunidos nesta obra coletiva.

Numa perspectiva jurídica, o *compliance* "pode ser definido como um sistema de políticas e controles adotados a fim de impedir violações à Lei e assegurar às autoridades externas que todas as medidas no sentido de impedir tais violações estão sendo tomadas"[7].

Sob essa ótica, o *compliance* de dados pode ser compreendido como aquele conjunto de ações voltadas para assegurar o cumprimento às normas de proteção de dados pessoais e, portanto, a conformidade à LGPD, minimizando os riscos de responsabilidade[8].

Por óbvio, um *compliance* de dados ou um programa de proteção de dados importa custos adicionais que o controlador ou o operador de dados deverá assumir, seja com a contratação de *experts* na matéria, com o treinamento de empregados, com investimentos em tecnologia da informação, com a concepção de um código de ética e condutas, entre outros inúmeros aspectos

Em se tratando de micro e pequenas empresas, os custos de um *compliance* de dados podem ser significativos em relação ao faturamento, comprometendo o resultado financeiro e inviabilizando o exercício da própria atividade econômica.

Portanto, ao se pensar em *compliance* de dados no ambiente das micro e pequenas empresas, hão de ser criadas algumas adaptações, ou melhor, admitidas

---

7. CHAVES, Natália Cristina; FÉRES, Marcelo Andrade. A inteligência artificial e a prevenção de ilícitos no âmbito do *compliance* anticorrupção. *In*: FRAZÃO, Ana; MULHOLLAND, Caitlin (coord.). *Inteligência artificial e direito: ética, regulação e responsabilidade*. São Paulo: Thomson Reuters Brasil, 2019. p. 704.

8. "Em um cenário de mudanças tão robustas, o recurso ao estabelecimento de procedimentos de boas práticas pelos agentes econômicos privados torna-se passo fundamental para propiciar a adequação à nova realidade com alguma segurança. O *compliance* de dados pessoais volta-se justamente para auxiliar os agentes de tratamento a aplicar de forma eficaz as normas de proteção de dados e 'conduzirá a pessoa jurídica a manter esses dados e toda sua atividade dentro dos ditames legais, utilizando a segurança da informação em prol da minimização de incidentes que impliquem na responsabilidade empresarial'" (ABILIO, Viviane da Silveira; FRAZÃO, Ana; OLIVA, Milena Donato. *Compliance* de dados pessoais. *In*: FRAZÃO, Ana; OLIVA, Milena Donato; TEPEDINO, Gustavo (coord.). *Lei Geral de Proteção de Dados e suas repercussões no direito brasileiro*. São Paulo: RT, 2019. p. 694).

flexibilizações, com o fim último de garantir o atendimento de direitos e deveres emergentes da LGPD.

A propósito, a Autoridade Nacional de Proteção de Dados – ANPD, em sua agenda regulatória para o biênio 2021/2022, Portaria n. 11/2021[9], imprimiu prioridade máxima à disciplina da "Proteção de dados e da privacidade para pequenas e médias empresas, startups[10] e pessoas físicas que tratam dados pessoais com fins econômicos", com início de trabalhos no primeiro semestre deste ano, inclusive já estando encerrada a fase de tomada pública de subsídios para a matéria[11].

Isso significa que, em breve, haverá uma regulação da matéria pelo órgão de proteção de dados, considerando a realidade das microempresas e empresas de pequeno porte.

Diante desse cenário, o que há ou deveria haver de diferente para as micro e pequenas empresas em matéria de proteção de dados? O que há ou deveria existir de particular no *compliance* de dados desses agentes econômicos de pequeno porte?

Com o objetivo de responder a tais indagações, o presente texto, após esta introdução, passa pelos conceitos de micro e pequena empresas, aborda o *compliance* de dados no ambiente delas e trata do papel da Autoridade Nacional de Proteção de Dados – ANPD nessa temática. Ao final, registram-se as conclusões, seguidas das referências, tudo consoante se descortina nas próximas páginas.

2. MICROEMPRESAS (ME) E EMPRESAS DE PEQUENO PORTE (EPP)

Na abordagem das microempresas e das empresas de pequeno porte, não se deve olvidar que a ordem econômica, na Constituição de 1988, lhes endereça tratamento jurídico diferenciado, insculpido no art. 179, cujo teor segue transcrito:

---

9. BRASIL. Agência Nacional de Proteção de Dados – ANPD. *Portaria n. 11, de 27 de janeiro de 2021*. Torna pública a agenda regulatória para o biênio 2021-2022. Disponível em: <https://www.in.gov.br/en/web/dou/-/portaria-n-11-de-27-de-janeiro-de-2021-301143313>. Acesso em: 14 abr. 2021.
10. Apesar da tendência de tratamento conjunto da matéria de proteção de dados para microempresas, empresas de pequeno porte e *startups*, o presente estudo se limita a abordar somente as duas primeiras entidades mencionadas.
11. Confira-se a notícia no *site* da Agência Nacional de Proteção de Dados – ANPD: <https://www.gov.br/anpd/pt-br/assuntos/noticias/ainda-na-semana-internacional-da-protecao-de-dados-anpd-inicia-tomada-de-subsidios-sobre-microempresa>. Acesso em: 05 abr. 2021.

> Art. 179. A União, os Estados, o Distrito Federal e os Municípios dispensarão às microempresas e às empresas de pequeno porte, assim definidas em lei, tratamento jurídico diferenciado, visando a incentivá-las pela simplificação de suas obrigações administrativas, tributárias, previdenciárias e creditícias, ou pela eliminação ou redução destas por meio de lei[12].

Essa norma, de nítida índole programática, contém uma diretriz para o Estado, no exercício de suas atividades, sobremodo nos planos do Legislativo e do Executivo, objetivando a simplificação, a eliminação ou a redução de obrigações das micro e pequenas empresas, com o consequente fomento das atividades econômicas por elas desempenhadas[13].

No campo infraconstitucional, o art. 3º da Lei Complementar n. 123/2006 define as microempresas e as empresas de pequeno porte, *verbis:*

> Art. 3º. Para os efeitos desta Lei Complementar, consideram-se microempresas ou empresas de pequeno porte, a sociedade empresária, a sociedade simples, a empresa individual de responsabilidade limitada e o empresário a que se refere o art. 966 da Lei 10.406, de 10 de janeiro de 2002 (Código Civil), devidamente registrados no Registro de Empresas Mercantis ou no Registro Civil de Pessoas Jurídicas, conforme o caso, desde que:
>
> I – no caso da microempresa, aufira, em cada ano-calendário, receita bruta igual ou inferior a R$ 360.000,00 (trezentos e sessenta mil reais); e

12. BRASIL. Constituição da República Federativa do Brasil de 1988. Disponível em: <http://www.planalto.gov.br/ccivil_03/constituicao/constituicao.htm>. Acesso em: 14 abr. 2021.
13. Conforme esclarecido por Wilges Bruscato, "Por comando do art. 179 da Constituição da república, as pequenas iniciativas empresariais devem ser incentivadas, mediante tratamento jurídico diferenciado, que simplifique ou elimine suas obrigações administrativas, tributárias, previdenciárias e creditícias. Certamente, assim determinou o constituinte em virtude do destaque que as pequenas iniciativas vêm tendo no mundo todo, como agentes catalisadores e fomentadores da economia em geral, abrindo vagas de trabalho, facilitando o acesso da população a bens e serviços, recolhendo tributos, contribuindo com o desenvolvimento de regiões inteiras. A relevância desse segmento empresarial no Brasil não destoa de sua importância internacional" (BRUSCATO, Wilges. *Manual de direito empresarial brasileiro.* São Paulo: Saraiva, 2011. p. 106).

II – no caso de empresa de pequeno porte, aufira, em cada ano-calendário, receita bruta superior a R$ 360.000,00 (trezentos e sessenta mil reais) e igual ou inferior a R$ 4.800.000,00 (quatro milhões e oitocentos mil reais)[14].

O *caput* do citado dispositivo define quem pode se enquadrar como micro e pequena empresas e os incisos distinguem o porte econômico das espécies em atenção à receita bruta anual, tudo para efeitos da Lei Complementar n. 123/2006.

Referida normativa elegeu a receita bruta como critério de enquadramento[15]. Podia ter escolhido outros parâmetros, tais como o número de empregados, o capital social, o ativo imobilizado e o número médio de consumidores, ou mesmo combinações deles, *verbi gratia*, receita bruta e número de trabalhadores.

---

14. BRASIL. *Lei complementar 123, de 14 de dezembro de 2006*. Institui o Estatuto Nacional da Microempresa e da Empresa de Pequeno Porte; [...]. Disponível em: <http://www.planalto.gov.br/ccivil_03/leis/lcp/lcp123.htm>. Acesso em: 14 abr. 2021.

15. O parágrafo 4º do art. 3º da Lei Complementar n. 123/2006 excepcionou, do tratamento jurídico diferenciado previsto na aludida Lei, as seguintes pessoas jurídicas: I – de cujo capital participe outra pessoa jurídica; II – que seja filial, sucursal, agência ou representação, no País, de pessoa jurídica com sede no exterior; III – de cujo capital participe pessoa física que seja inscrita como empresário ou seja sócia de outra empresa que receba tratamento jurídico diferenciado nos termos da Lei Complementar n. 123/2006, desde que a receita bruta global ultrapasse o limite de que trata o inciso II do *caput* do artigo 3º da citada Lei; IV – cujo titular ou sócio participe com mais de 10% (dez por cento) do capital de outra empresa não beneficiada pela Lei Complementar 123/2006, desde que a receita bruta global ultrapasse o limite de que trata o inciso II do caput do artigo 3º da citada Lei; V – cujo sócio ou titular seja administrador ou equiparado de outra pessoa jurídica com fins lucrativos, desde que a receita bruta global ultrapasse o limite de que trata o inciso II do *caput* do artigo 3º da Lei Complementar n. 123; VI – constituída sob a forma de cooperativas, salvo as de consumo; VII – que participe do capital de outra pessoa jurídica; VIII – que exerça atividade de banco comercial, de investimentos e de desenvolvimento, de caixa econômica, de sociedade de crédito, financiamento e investimento ou de crédito imobiliário, de corretora ou de distribuidora de títulos, valores mobiliários e câmbio, de empresa de arrendamento mercantil, de seguros privados e de capitalização ou de previdência complementar; IX – resultante ou remanescente de cisão ou qualquer outra forma de desmembramento de pessoa jurídica que tenha ocorrido em um dos 5 (cinco) anos-calendário anteriores; X – constituída sob a forma de sociedade por ações; XI – cujos titulares ou sócios guardem, cumulativamente, com o contratante do serviço, relação de pessoalidade, subordinação e habitualidade.

Vale lembra que todo o raciocínio ora desenvolvido aplica-se, igualmente, ao microempreendedor individual – MEI, que, de acordo com o § 1º do art. 18-A da Lei Complementar n. 123/2006, é "o empresário individual que se enquadre na definição do art. 966 da Lei n. 10.406, de 10 de janeiro de 2002 – Código Civil, ou o empreendedor que exerça as atividades de industrialização, comercialização e prestação de serviços no âmbito rural, que tenha auferido receita bruta, no ano-calendário anterior, de até R$ 81.000,00 (oitenta e um mil reais), que seja optante pelo Simples Nacional e que não esteja impedido de optar pela sistemática prevista neste artigo".

Com especial atenção ao objeto do presente texto, cabe indagar sobre quais seriam as definições de microempresa e empresa de pequeno porte no ambiente da legislação de proteção de dados: seriam as mesmas da Lei Complementar n. 123/2006?

A Nota Técnica n. 1/2021/CGN/ANPD, que embasou a "Tomada de subsídios para regulamentação da aplicação da LGPD para microempresas e empresas de pequeno porte (...)", elaborada pela ANPD e mencionada na introdução, consigna, expressamente:

> 7. A regulamentação endereçará essa previsão, considerando, dentre outros aspectos, a garantia aos direitos dos titulares e aspectos como a natureza, o porte da entidade, o tipo do dado e o volume das operações de tratamento, bem como o estímulo à inovação, à digitalização e ao desenvolvimento econômico.
>
> 8. Dessa forma, o objetivo desta tomada de subsídio é coletar informações e estudos que subsidiem a definição de conceitos como: (i) microempresas e empresas de pequeno porte, (ii) iniciativas empresariais de caráter incremental ou disruptivo que se autodeclarem startups ou empresas de inovação, (iii) pessoas físicas que tratam dados pessoais com fins econômicos, de modo que sejam os mais adequados para a regulação setorial de proteção e privacidade de dados[16].

Aparentemente, a ANPD pretende ir além das definições da Lei Complementar n. 123/2006, limitadas ao critério da receita bruta anual. De acordo com a mencionada Nota Técnica, outros critérios poderão ser considerados, "como a natureza, o porte da entidade, o tipo do dado e o volume das operações de

16. BRASIL. Agência Nacional de Proteção de Dados – ANPD. *Nota Técnica nº 1/2021/CGN/ANPD*. 2021. Disponível em: <https://www.gov.br/anpd/pt-br/assuntos/noticias/NotaTecnica.pdf>. Acesso em: 14 abr. 2021.

tratamento, bem como o estímulo à inovação, à digitalização e ao desenvolvimento econômico"[17].

A propósito, no universo das micro e pequenas empresas, hão de se destacar aquelas que são operadoras de dados, pois dada a natureza de suas atividades, não deveriam ser acolhidas na definição de microempresas e empresas de pequeno porte para fins da legislação de proteção de dados. Na verdade, empresas cujo objeto principal seja o tratamento de dados deveriam ser, expressamente, excluídas de qualquer normativa específica de microempresas e empresas de pequeno porte.

De toda forma, nos estudos para a nova regulamentação, deverão ser avaliados os riscos decorrentes de uma flexibilização e até mesmo de um afastamento das disposições previstas na LGPD aos agentes de pequeno porte, em especial, sob o enfoque dos direitos fundamentais de privacidade dos titulares de dados pessoais.

Por outro lado, tais riscos deverão ser sopeados com a própria ameaça de inviabilização do exercício da atividade econômica pelas micro e pequenas empresas, acaso não sejam criados diferentes níveis de exigências legais, no âmbito do sistema normativo de proteção de dados pessoais, os quais levem em conta os distintos portes econômicos dos agentes do mercado.

Essa questão é de suma relevância, especialmente se considerado o número relevante de microempresas e empresas de pequeno porte no Brasil. A partir de dados atualizados até maio de 2020, pela Receita Federal do Brasil, foram identificadas 6.586.497 microempresas e 896.336 empresas de pequeno porte, sendo que as demais totalizavam 1.934.709. Isso sem falar nos microempreendedores, cujo número alcançou, naquele ano, 9.810.483[18].

Diante do quadro delineado, a perspectiva é de que haja, em breve, uma definição especial de micro e pequenas empresas, para efeito de aplicação da LGPD, sobretudo por parte da ANPD.

3. *COMPLIANCE* DE DADOS NAS MICROEMPRESAS E EMPRESAS DE PEQUENO PORTE: A TENSÃO ENTRE ÓRGÃO E FUNÇÃO

A LGPD dedica uma Seção a boas práticas e governança com respeito à matéria. Confira-se, a propósito, o art. 50 e seu § 1º:

---

17. BRASIL. Agência Nacional de Proteção de Dados – ANPD. *Nota Técnica nº 1/2021/ CGN/ANPD*. 2021. Disponível em: <https://www.gov.br/anpd/pt-br/assuntos/noticias/ NotaTecnica.pdf>. Acesso em: 14 abr. 2021.
18. SEBRAE. Disponível em: <https://datasebrae.com.br/totaldeempresas/>. Acesso em: 14 abr. 2021.

> Art. 50. Os controladores e operadores, no âmbito de suas competências, pelo tratamento de dados pessoais, individualmente ou por meio de associações, poderão formular regras de boas práticas e de governança que estabeleçam as condições de organização, o regime de funcionamento, os procedimentos, incluindo reclamações e petições de titulares, as normas de segurança, os padrões técnicos, as obrigações específicas para os diversos envolvidos no tratamento, as ações educativas, os mecanismos internos de supervisão e de mitigação de riscos e outros aspectos relacionados ao tratamento de dados pessoais.
>
> § 1º Ao estabelecer regras de boas práticas, o controlador e o operador levarão em consideração, em relação ao tratamento e aos dados, a natureza, o escopo, a finalidade e a probabilidade e a gravidade dos riscos e dos benefícios decorrentes de tratamento de dados do titular. [...].

Sean Griffith, analisando a ideia do *compliance* sob a perspectiva da teoria econômica da firma (empresa), tenta entendê-la como uma imposição exógena, por parte do Estado, para este lidar com a incompletude regulatória. Confira-se o excerto a seguir:

> A governança corporativa imposta pelo estado é inconsistente em face das teorias atuais da empresa, independentemente de o modelo da empresa ser derivado do "nexo de contratos", da "economia do custo de transação" ou das teorias de "direitos de propriedade". Em todas essas teorias, a governança corporativa é entendida como contratual, sujeita a um histórico de termos obrigatórios fornecidos por estatuto ou precedente judicial. *Compliance* equivale à imposição externa de governança interna. Portanto, não se encaixa em nenhuma das teorias atuais da empresa. No mínimo, o *compliance* inverte a intuição subjacente às teorias dominantes da empresa. A maioria dessas teorias provém da percepção de Coase sobre a incompletude dos contratos em uma empresa em funcionamento. As partes em um relacionamento comercial contínuo são incapazes de especificar todas as contingências que podem surgir em suas relações contratuais ao longo do tempo. O resultado é a criação da empresa, cujo papel é mediar a incompletude contratual por meio de estruturas de autoridade e princípios básicos do dever fiduciário. À luz desses princípios, talvez a melhor maneira de conceituar *compliance* e distingui-lo de outras estruturas de regulação seja retratá-lo como uma resposta semelhante ao problema da incompletude. Como é impossível para os reguladores especificar todas as contingências que poderiam levar à evasão ou violação das regras regulatórias ou para articular todas as etapas que uma empresa deve seguir para prevenir uma ilicitude, eles, portanto, impõem-nas aos departamentos de *compliance* das empresas, cujo papel

> fundamental é mediar as demandas regulatórias em luz da condução contínua dos negócios. Em outras palavras, *compliance* está para a incompletude da especificidade regulatória, assim como a governança está para a incompletude do contrato de investimento[19].

Portanto, o *compliance*, seja da área que for – por exemplo, anticorrupção, ambiental etc. –, é uma onerosa imposição estatal às empresas, bem como uma imposição do próprio mercado, cujos agentes acabam por valorizar e, às vezes, até verificar a efetiva existência de sua implementação para a realização de negócios.

A aplicação dessas ideias ao plano das micro e pequenas empresas revela que os custos do *compliance* podem, em certos episódios da vida, inviabilizar a sobrevivência delas e, como mencionado, devem existir flexibilizações normativas e instrumentos simplificados de *compliance*, para a espécie.

A título ilustrativo, lembra-se da Cartilha sobre Integridade para Pequenos Negócios, lançada pela Controladoria-Geral da União em 2015[20]. Nela são

---

19. Tradução livre do original: "*State-imposed corporate governance is inconsistent with current theories of the firm, whether one's model of the firm is derived from the 'nexus of contracts', 'transaction cost economics', or 'property rights' theories. Under all of these theories, corporate governance is understood as contractual, subject to a background of mandatory terms supplied by statute or judicial precedent. Compliance amounts to the extrafirm imposition of intrafirm governance. It therefore does not fit with any of the current theoretical accounts of the firm. If anything, compliance flips the intuition underlying mainstream theories of the firm. Most of these theories proceed from Coase's realization concerning the incompleteness of contracts in an ongoing business enterprise. Parties in an ongoing business relationship are unable to specify all contingencies that may arise in their contractual relations over time. The result is the creation of the firm, whose role is to mediate contractual incompleteness through structures of authority and background principles of fiduciary duty. In light of these principles, perhaps the best way to conceptualize compliance and distinguish it from other structures of regulation is to portray it as a similar response to the problem of incompleteness. Because it is impossible for regulators to specify all contingencies that could lead to evasion or violation of regulatory rules or to articulate every step a firm must take to prevent a violation, they therefore impose on firms compliance departments whose fundamental role is to mediate regulatory demands in light of the ongoing conduct of the business. In other words, compliance is to the incompleteness of regulatory specificity as governance is to the incompleteness of the investment contract*" (GRIFFITH, Sean J.. Corporate Governance in an Era of Compliance. *William & Mary Law Review*, Vol. 57, No. 6, 2016, p. 2130-2131. Disponível em: <https://papers.ssrn.com/sol3/papers.cfm?abstract_id=2766661>. Acesso em: 10 abr. 2021).
20. BRASIL. Controladoria-Geral da União. *Integridade para Pequenos Negócios*. 2015. Disponível em: <https://www.gov.br/cgu/pt-br/centrais-de-conteudo/publicacoes/integridade/arquivos/integridade-para-pequenos-negocios.pdf>. Acesso em: 19 abr. 2021.

explicadas, de maneira acessível, as etapas de criação de um programa de integridade ou *compliance* anticorrupção, com vistas a estimular micro e pequenas empresas a aderirem à prática de integridade.

O *compliance* de dados é ferramenta necessária às grandes corporações e deve se juntar à governança corporativa. Como bem assinala Alberto Simão Filho:

> [...] do ponto de vista estritamente empresarial, um conjunto de procedimentos de gestão e de decisões assembleares é suficiente para a implantação de regras de governança corporativa ou de governança de dados que comporte a segurança e o sigilo no tráfego de dados, criando-se e operacionalizando um código de melhores práticas com realce para a proteção dos consumidores e titulares dos dados sensíveis, repercutindo na forma como a sociedade, governo e mercados passam a ver a empresa e as instituições, além de contribuir, sobremaneira, para a melhor resposta social e o crescimento sustentável como o fomento das atividades econômicas e institucionais desenvolvidas, sem que se afaste dos princípios protetivos da privacidade e da dignidade humana[21].

Mais relevante do que um *compliance* formal em matéria de proteção de dados, no fundo, é criar uma relação de confiança entre a (pequena) empresa e os titulares dos dados por ela tratados. A respeito, em um instigante artigo, cujo título é *Taking Trust Seriously in Privacy Law,* Neil Richards e Woodrow Hartzog sustentam que a confiança é o principal elemento com respeito à privacidade:

> Nosso conjunto atual de regras básicas sobre quais tipos de uso de dados são permitidos não criará uma sociedade digital sustentável. Para remediar esse problema, oferecemos uma nova teoria de privacidade e confiança. Simplificando, a privacidade é importante porque permite confiança. As regras de privacidade podem reger o uso de informações nos relacionamentos, e essas regras podem construir confiança. As regras de privacidade que promovem a confiança permitem que as pessoas divulguem com segurança informações pessoais de maneiras que beneficiam não apenas os indivíduos, mas também as entidades com as quais compartilham seus dados. Compreender como as regras de privacidade podem promover a confiança vai além do princípio do dano. Em vez de remediar o dano especulativo, a privacidade pode

21. SIMÃO FILHO, Alberto. A governança corporativa aplicada às boas práticas e *compliance* na segurança de dados. *In:* LIMA, Cíntia Rosa Pereira de (Coord.). *Comentários à Lei Geral de Proteção de Dados*. São Paulo: Almedina, 2020. p. 346.

> promover a confiança e prometer um caminho a seguir para a coleta, uso e divulgação segura e equitativa de informações em relacionamentos sustentáveis de longo prazo. Da mesma forma, a confiança atenua os problemas e a desconfiança que se originam da Ilusão de Controle. Dessa perspectiva, a privacidade não é um paradoxo, é essencial para o nosso futuro digital. Não é um dreno no progresso, mas sim uma indicação para o caminho a seguir[22].

Essa inteligência é fundamental para as micro e pequenas empresas. Estabelecer relações confiáveis com os titulares dos dados, por meio de sua seriedade no lidar com estes, é o principal meio de acesso e até ampliação na seara do tratamento de dados.

4. A AUTORIDADE NACIONAL DE PROTEÇÃO DE DADOS (ANPD) E AS MICROEMPRESAS E EMPRESAS DE PEQUENO PORTE

A Autoridade Nacional de Proteção de Dados (ANPD) é órgão da administração pública federal, integrante da Presidência da República, e, entre outras atribuições, nos termos do art. 55-J, XVIII, da LGPD, compete-lhe:

> XVIII – editar normas, orientações e procedimentos simplificados e diferenciados, inclusive quanto aos prazos, para que microempresas e empresas de pequeno porte, bem como iniciativas empresariais de caráter incremental ou disruptivo que se autodeclarem *startups* ou empresas de inovação, possam adequar-se a esta Lei[23].

---

22. Tradução livre do seguinte trecho: "*Our current set of ground rules about what kinds of data uses are permissible will not create a sustainable digital society. To remedy this problem, we offer a new theory of privacy and trust. Put simply, privacy matters because it enables trust. Privacy rules can govern the uses of information in relationships, and these rules can build trust. Trust-promoting privacy rules allow people to safely disclose personal information in ways that benefit not just individuals, but the entities they share their data with as well. Understanding how privacy rules can promote trust goes beyond the Harm Principle. Instead of remedying speculative harm, privacy can promote trust and promise a way forward for the safe and equitable collection, use, and disclosure of information in long-term, sustainable relationships. Similarly, trust mitigates the problems and distrust that stem from the Control Illusion. From this perspective, privacy isn't a paradox, it is essential to our digital future. It's not a drain on progress, but rather a signpost to the way forward*" (RICHARDS, Neil M. *et* Hartzog, Woodrow. Taking Trust Seriously in Privacy Law. *Stanford Technology Law Review* 431, 2016. Disponível em: <https://ssrn.com/abstract=2655719>. Acesso em: 13 abr. 2021).

23. Essa competência encontra-se, de modo semelhante, no art. 2º, XVIII, do Decreto n. 10.474/2020: "*XVIII – editar normas, orientações e procedimentos simplificados e*

É interessante observar que semelhante atribuição é estatuída pelo Regulamento Geral sobre a Proteção de Dados, da União Europeia, que, em seu art. 40º, 1, prevê:

> Art. 40º Códigos de Conduta
>
> 1. Os Estados-Membros, as autoridades de controlo, o Comité e a Comissão promovem a elaboração de códigos de conduta destinados a contribuir para a correta aplicação do presente regulamento, tendo em conta as características dos diferentes setores de tratamento e as necessidades específicas das micro, pequenas e médias empresas[24].

No Brasil, para fazer frente a suas incumbências, o órgão de proteção de dados, em sua agenda regulatória para o biênio 2021/2022, Portaria n. 11/2021, como noticiado, conferiu prioridade à disciplina da "Proteção de dados e da privacidade para pequenas e médias empresas, *startups* e pessoas físicas que tratam dados pessoais com fins econômicos", com trabalhos iniciados no primeiro semestre deste ano[25].

A LGPD, note-se, traz alguns casos expressos de abertura para a flexibilização da matéria em relação às microempresas e empresas de pequeno porte.

O primeiro caso diz respeito à figura do encarregado, que é a "pessoa indicada pelo controlador e operador para atuar como canal de comunicação entre o controlador, os titulares dos dados e a Autoridade Nacional de Proteção de Dados (ANPD)" (art. 5º, VIII).

A propósito, o art. 41, § 3º, estabelece:

> A autoridade nacional poderá estabelecer normas complementares sobre a definição e as atribuições do encarregado, inclusive hipóteses de dispensa da necessidade de sua indicação, conforme a natureza e o porte da entidade ou o volume de operações de tratamento de dados.

---

diferenciados, inclusive quanto aos prazos, para que microempresas, empresas de pequeno porte e iniciativas empresariais de caráter incremental ou disruptivo que se autodeclarem startups ou empresas de inovação possam adequar-se ao disposto na Lei n. 13.709, de 2018".

24. UNIÃO EUROPEIA. *Regulamento Geral sobre a Proteção de Dados*. Disponível em: <https://eur-lex.europa.eu/legal-content/PT/TXT/PDF/?uri=CELEX:02016R0679-20160504&from=EN>. Acesso em: 14 abr. 2021.

25. Confira-se a notícia no site da ANPD: <https://www.gov.br/anpd/pt-br/assuntos/noticias/ainda-na-semana-internacional-da-protecao-de-dados-anpd-inicia-tomada-de-subsidios-sobre-microempresa>. Acesso em: 05 abr. 2021.

Para as micro e pequenas empresas, a ANPD poderia dispensar a indicação de encarregados ou, ao menos, disciplinar que, na inexistência de manifestação expressa em contrário, seus encarregados serão, para pessoas jurídicas, os respectivos representantes legais e, para empresários individuais, estes próprios.

O segundo caso encontra-se na parte em que a LGPD, abordando os direitos do titular dos dados, prescreve:

> Art. 19. A confirmação de existência ou o acesso a dados pessoais serão providenciados, mediante requisição do titular:
>
> I – em formato simplificado, imediatamente; ou
>
> II – por meio de declaração clara e completa, que indique a origem dos dados, a inexistência de registro, os critérios utilizados e a finalidade do tratamento, observados os segredos comercial e industrial, fornecida no prazo de até 15 (quinze) dias, contado da data do requerimento do titular.

Um pouco mais adiante, no § 4º do mesmo dispositivo, a LGPD estabelece que "A autoridade nacional poderá dispor de forma diferenciada acerca dos prazos previstos nos incisos I e II do *caput* deste artigo para os setores específicos".

No ponto, quanto às micro e pequenas empresas, referidos prazos deveriam ser elastecidos pela ANPD, por exemplo, 15 dias na hipótese do inciso I e 30 dias naquela do inciso II.

Além das duas hipóteses explícitas da legislação, há outros temas que podem ser regulados de modo simplificado e adequado à realidade das micro e pequenas empresas.

É o caso do art. 55 da Lei Geral de Proteção de Dados – LGPD, que, em seus incisos IV e XVI, dispõe sobre a atividade fiscalizatória da ANPD. Observe-se o teor normativo:

> IV – fiscalizar e aplicar sanções em caso de tratamento de dados realizado em descumprimento à legislação, mediante processo administrativo que assegure o contraditório, a ampla defesa e o direito de recurso; [...]
>
> XVI – realizar auditorias, ou determinar sua realização, no âmbito da atividade de fiscalização de que trata o inciso IV e com a devida observância do disposto no inciso II do caput deste artigo, sobre o tratamento de dados pessoais efetuado pelos agentes de tratamento, incluído o poder público.

Na disciplina específica que será criada para as microempresas e empresas de pequeno porte, poderia haver uma norma afastando a fiscalização ou a realização de auditoria de ofício pela ANPD. Não há dúvidas de que, no campo de sua atribuição regulatória, o órgão pode balizar suas demais atribuições. Inclusive, considerando-se a vasta competência territorial da ANPD, uma norma de tal natureza ajudaria não apenas as micro e pequenas empresas, mas a própria Autoridade.

De toda sorte, em havendo qualquer fiscalização sobre as microempresas e empresas de pequeno porte, não se pode olvidar o caráter orientador de tal expediente, segundo dispõe o art. 55 da Lei Complementar n. 123/2006, *litteris:*

> Art. 55. A fiscalização, no que se refere aos aspectos trabalhista, metrológico, sanitário, ambiental, de segurança, de relações de consumo e de uso e ocupação do solo das microempresas e das empresas de pequeno porte, deverá ser prioritariamente orientadora quando a atividade ou situação, por sua natureza, comportar grau de risco compatível com esse procedimento.
>
> § 1º. Será observado o critério de dupla visita para lavratura de autos de infração, salvo quando for constatada infração por falta de registro de empregado ou anotação da Carteira de Trabalho e Previdência Social – CTPS, ou, ainda, na ocorrência de reincidência, fraude, resistência ou embaraço à fiscalização. [...].

Apesar de a proteção de dados não se encontrar expressa na norma supra, que é mais antiga, a ideia da fiscalização prioritariamente orientadora também se aplica à matéria, pois, na praxe, a proteção de dados está ligada a outros temas, como a proteção de dados de consumidores ou de trabalhadores.

Dessarte, a par do art. 55 da Lei n. 123/2006, a normativa sobre microempresas e empresas de pequeno porte, a ser editada pela ANPD, deveria trazer regra expressa no sentido de sua eventual fiscalização ser prioritariamente orientadora, e não sancionatória.

Outro tema que merece reflexão é a manutenção de registro das operações de tratamento de dados pessoais, obrigação imposta pelo art. 37 da LGPD[26] aos controladores e operadores.

A título exemplificativo, o Regulamento Geral sobre a Proteção de Dados, da União Europeia, no seu art. 30º, 5, exime, em regra, empresas ou organizações com menos de 250 trabalhadores da citada obrigação. A respeito, transcreve-se a disposição:

26. Confira-se o teor do dispositivo legal: "Art. 37. O controlador e o operador devem manter registro das operações de tratamento de dados pessoais que realizarem, especialmente quando baseado no legítimo interesse".

> Art. 30º - Registros das atividades de tratamentos [...]
>
> 5. As obrigações a que se referem os ns. 1 e 2 não se aplicam às empresas ou organizações com menos de 250 trabalhadores, a menos que o tratamento efetuado seja suscetível de implicar um risco para os direitos e liberdades do titular dos dados, não seja ocasional ou abranja as categorias especiais de dados a que se refere o artigo 9º, n. 1, ou dados pessoais relativos a condenações penais e infrações referido no artigo 10º.

Sem embargo de a regra europeia não ser específica para micro e pequenas empresas, é de se questionar se, no Brasil, seria possível à ANPD, de modo semelhante, afastar tal sorte de obrigação.

Acredita-se que a ANPD pode e deve, ou afastar essa onerosa obrigação das microempresas e empresas de pequeno porte, ou mantê-la, conjugada com a estipulação de um prazo. Exemplificativamente, no caso dessas empresas, poderia se fixar um prazo de apenas um ano para manutenção do registro das operações de tratamento de dados.

As sanções administrativas a serem aplicadas pela ANPD, às micro e pequenas empresas, em decorrência de infrações no âmbito da LGPD, também merecem um olhar mais sensível à realidade delas. Tanto que o próprio art. 52 da LGPD, em seu § 1º, inc. IV, estabelece, como um dos critérios para a aplicação das sanções, a condição econômica do infrator[27]. Oportuno citar interessante proposta de regulamentação do tratamento diferenciado para microempresas e empresas de pequeno porte, no contexto da LGPD, aprovada, em 24/02/2021, na 1ª Reunião Ordinária do Fórum Permanente das Microempresas e Empresas de Pequeno Porte e já encaminhada à ANPD. O texto contou com a colaboração de diversas entidades, com destaque para o SEBRAE[28].

---

27. O § 1º de aludido dispositivo legal assim preceitua: "Art. 52. [...] § 1º. As sanções serão aplicadas após procedimento administrativo que possibilite a oportunidade da ampla defesa, de forma gradativa, isolada ou cumulativa, de acordo com as peculiaridades do caso concreto e considerados os seguintes parâmetros e critérios: I – a gravidade e a natureza das infrações e dos direitos pessoais afetados; II – a boa-fé do infrator; III – a vantagem auferida ou pretendida pelo infrator; IV – a condição econômica do infrator; [...]".

28. BRASIL. Ministério da Economia. Ministério da Economia apresenta proposta de regulamentação do tratamento diferenciado para MPEs. Disponível em: <https://www.gov.br/economia/pt-br/assuntos/noticias/2021/fevereiro/ministerio-da-economia-apresenta-proposta-de-regulamentacao-do-tratamento-diferenciado-para-mpes>. Acesso em: 14 abr. 2021.

No tocante às sanções, a sugestão foi no sentido de que, antes de aplicadas penalidades financeiras, "seja iniciado um processo educativo para aquelas empresas que apresentem queixas. Essa etapa funcionaria como uma orientação, dando prazo para que a empresa corrija eventuais divergências"[29], isso, inclusive, na mesma linha aqui defendida.

Aludida proposta, de fato, coaduna-se com o caráter orientador que deve nortear a atuação fiscalizadora da ANPD, no âmbito das micro e pequenas empresas, priorizando medidas educativas, que possam prevenir futuros comportamentos ilícitos, à luz da LGPD.

Em suma, o papel da ANPD será fundamental à consolidação das expectativas das micro e pequenas empresas.

5. CONSIDERAÇÕES FINAIS

Pelo exposto, evidencia-se que o presente texto tem, em grande medida, caráter transitório, em razão da iminente regulação, pela Autoridade Nacional de Proteção de Dados – ANPD, da temática no âmbito das microempresas e empresas de pequeno porte. Como vertido no título, aqui, mais se encontram algumas impressões e perspectivas sobre a matéria, do que propriamente respostas definitivas sobre o tema.

De fato, a regulação vindoura há de cumprir as metas constitucionais de simplificação das obrigações legais das micro e pequenas empresas, objetivando estimulá-las. A flexibilização de algumas normas, aliada a uma simplificação do *compliance* de dados na espécie, parecem a combinação mais próxima do ideal.

No contexto das micro e pequenas empresas, é fundamental o sério engajamento de todos os atores para o cumprimento da LGPD, sobremodo para se assegurar o respeito aos direitos dos titulares dos dados por elas controlados ou operados. Isso é o principal, mais do que ter um programa de *compliance* formalizado ou ostentar um *data protection officer.* Hão de existir os elementos do *compliance* em funcionamento, e não propriamente um órgão de *compliance.*

Numa eventual responsabilização administrativa de micro e pequenas empresas por parte da ANPD, a efetiva vitalidade dos elementos do *compliance* será mais relevante do que a sua organicidade.

---

29. Revista Pequenas Empresas & Grandes Negócios. *Proposta pede tratamento diferenciado para aplicação da LGPD às MPE*. Disponível em: <https://revistapegn.globo.com/Negocios/noticia/2021/02/proposta-pede-tratamento-diferenciado-para-aplicacao-da-lgpd-mpe.html>. Acesso em: 14 abr. 2021.

Ademais, o papel da ANPD na promoção e na divulgação da LGPD, bem como dos direitos e deveres dela emergentes, será decisivo para o seu cumprimento, especialmente para as micro e pequenas empresas, comumente desassistidas pelo Estado e carentes de efetivo acesso aos grandes profissionais das searas jurídicas e tecnológicas. Por tudo ora exposto, espera-se que as micro e pequenas empresas, a sociedade em geral, os titulares de dados pessoais e as instituições, nesse caso, em particular, a ANPD, saibam concorrer, em sinergia, para a construção de um ambiente confiável e seguro de tráfego de informações.

6. REFERÊNCIAS

ABILIO, Viviane da Silveira; FRAZÃO, Ana; OLIVA, Milena Donato. *Compliance* de dados pessoais. *In*: FRAZÃO, Ana; OLIVA, Milena Donato; TEPEDINO, Gustavo (coord.). *Lei geral de proteção de dados e suas repercussões no direito brasileiro*. São Paulo: RT, 2019. p. 677-715.

BRASIL. Agência Nacional de Proteção de Dados – ANPD. *Portaria n. 11, de 27 de janeiro de 2021*. Torna pública a agenda regulatória para o biênio 2021-2022. Disponível em: <https://www.in.gov.br/en/web/dou/-/portaria-n-11-de-27-de-janeiro-de-2021-301143313>. Acesso em: 14 abr. 2021.

BRASIL. Agência Nacional de Proteção de Dados – ANPD. *Nota Técnica n 1/2021/CGN/ANPD*. 2021. Disponível em: <https://www.gov.br/anpd/pt-br/assuntos/noticias/NotaTecnica.pdf>. Acesso em: 14 abr. 2021.

BRASIL. Agência Nacional de Proteção de Dados – ANPD: <https://www.gov.br/anpd/pt-br/assuntos/noticias/ainda-na-semana-internacional-da-protecao-de-dados-anpd-inicia-tomada-de-subsidios-sobre-microempresa>. Acesso em: 05 abr. 2021.

BRASIL. *Constituição da República Federativa do Brasil de 1988*. Disponível em: <http://www.planalto.gov.br/ccivil_03/constituicao/constituicao.htm>. Acesso em: 14 abr. 2021.

BRASIL. Controladoria-Geral da União. *Integridade para Pequenos Negócios*. 2015. Disponível em: <https://www.gov.br/cgu/pt-br/centrais-de-conteudo/publicacoes/integridade/arquivos/integridade-para-pequenos-negocios.pdf>. Acesso em: 19 abr. 2021.

BRASIL. *Lei complementar 123, de 14 de dezembro de 2006*. Institui o Estatuto Nacional da Microempresa e da Empresa de Pequeno Porte; [...]. Disponível em: <http://www.planalto.gov.br/ccivil_03/leis/lcp/lcp123.htm>. Acesso em: 14 abr. 2021.

BRASIL. *Lei n. 13.709, de 14 de agosto de 2018*. Lei Geral de Proteção de Dados Pessoais (LGPD). Disponível em: <http://www.planalto.gov.br/ccivil_03/_ato2015-2018/2018/lei/L13709compilado.htm>. Acesso em: 14 abr. 2021.

BRASIL. Ministério da Economia. Ministério da Economia apresenta proposta de regulamentação do tratamento diferenciado para MPEs. Disponível em: <https://www.

gov.br/economia/pt-br/assuntos/noticias/2021/fevereiro/ministerio-da-economia--apresenta-proposta-de-regulamentacao-do-tratamento-diferenciado-para-mpes>. Acesso em: 14 abr. 2021.

BRUSCATO, Wilges. *Manual de direito empresarial brasileiro*. São Paulo: Saraiva, 2011.

CHAVES, Natália Cristina; FÉRES, Marcelo Andrade. A inteligência artificial e a prevenção de ilícitos no âmbito do *compliance* anticorrupção. *In*: FRAZÃO, Ana; MULHOLLAND, Caitlin (coord.). Inteligência artificial e direito: ética, regulação e responsabilidade. São Paulo: Thomson Reuters Brasil, 2019. p. 697-716.

CUEVA, Ricardo Villas Bôas *et* FRAZÃO, Ana (Coord.). *Compliance: Perspectivas e Desafios dos Programas de Integridade*. Belo Horizonte: Fórum, 2018.

GRIFFITH, Sean J. Corporate Governance in an Era of Compliance. *William & Mary Law Review*, Vol. 57, No. 6, 2016, p. 2075-2140. Disponível em: <https://papers.ssrn.com/sol3/papers.cfm?abstract_id=2766661>. Acesso em: 10 abr. 2021.

REVISTA PEQUENAS EMPRESAS & GRANDES NEGÓCIOS. *Proposta pede tratamento diferenciado para aplicação da LGPD às MPE*. Disponível em: <https://revistapegn.globo.com/Negocios/noticia/2021/02/proposta-pede-tratamento-diferenciado-para-aplicacao-da-lgpd-mpe.html>. Acesso em: 14 abr. 2021.

RICHARDS, Neil M. *et* Hartzog, Woodrow. Taking Trust Seriously in Privacy Law. *Stanford Technology Law Review* 431, 2016. Disponível em: <https://ssrn.com/abstract=2655719>. Acesso em: 13 abr. 2021.

SEBRAE. Disponível em: <https://datasebrae.com.br/totaldeempresas/>. Acesso em: 14 abr. 2021.

SIMÃO FILHO, Alberto. A governança corporativa aplicada às boas práticas e *compliance* na segurança de dados. *In:* LIMA, Cíntia Rosa Pereira de (Coord.). *Comentários à Lei Geral de Proteção de Dados*. São Paulo: Almedina, 2020.

UNIÃO EUROPEIA. Comissão Europeia. Uma estratégia europeia para os dados. Disponível em: <https://eur-lex.europa.eu/legal-content/PT/TXT/PDF/?uri=CELEX:-52020DC0066&from=EN>. Acesso em: 14 abr. 2021.

UNIÃO EUROPEIA. *Regulamento Geral sobre a Proteção de Dados*. Disponível em: <https://eur-lex.europa.eu/legal-content/PT/TXT/PDF/?uri=CELEX:02016R0679-20160504&from=EN>. Acesso em: 14 abr. 2021.

Reflexões sobre *compliance* de dados pessoais dos pacientes e a prestação de serviços médicos na era digital

Paula Moura Francesconi de Lemos Pereira[1]

Sumário: 1. Notas introdutórias: a prestação de serviços médicos na era digital; 2. Da proteção dos dados pessoais dos pacientes; 3. O *compliance* de dados dos pacientes e a prevenção de riscos; Considerações finais; Referências.

1. Notas introdutórias: a prestação de serviços médicos na era digital

A sociedade contemporânea utiliza amplamente a tecnologia da informática em um crescente processo de digitalização, o que propicia uma grande circulação de dados pelas redes eletrônicas e, em especial, o uso da Internet das Coisas em diversas áreas do saber, entre elas, a Medicina.

---

1. Doutora e mestre em Direito Civil pela Universidade do Estado do Rio de Janeiro (UERJ). Especialista em Advocacia Pública pela PGE-CEPED-UERJ. Especialista em Direito Médico pela Universidade de Coimbra-PT. Professora do Instituto de Direito da PUC-Rio. Membro da Comissão da OAB-RJ de Direito Civil e de Órfãos e Sucessões. Coordenadora Adjunta de Direito Civil da ESA-RJ. Advogada. E-mail: paula@francesconilemos.com.br, Lattes: http://lattes.cnpq.br/5276030017603037.

Na era digital a relação médico-paciente é fortemente afetada, o que acarreta um grande impacto na esfera de alguns direitos humanos fundamentais, entre os quais, o direito à proteção de dados pessoais e sensíveis dos pacientes. Isso porque os dados sensíveis, em especial os dados de saúde, estão mais expostos, mais vulneráveis à ocorrência de incidentes com as diversas formas de circulação (ex. nuvem), além de integrar o *Big Data*.

Na área da saúde, o avanço da inteligência artificial, as novas ferramentas tecnológicas de comunicação e biotecnológicas oferecem aos médicos diversos meios para melhor atender seus pacientes, principalmente com a Internet, o uso de aplicativos, *software*, mídias sociais, *sites*, flexibilizando todas as barreiras geográficas, otimizando o tempo e garantindo maior acesso à população. Além disso, existem novos tratamentos, dispositivos médicos e equipamentos que utilizam a inteligência artificial,[2] algoritmos que se alimentam de dados pessoais sensíveis dos pacientes, contribuindo para facilitar tanto a atuação dos profissionais de saúde quanto o cuidado com os pacientes.

Os avanços na informática conferem maior facilidade no acesso às informações dos dados de saúde, científicos, de pesquisas e inovações tecnológicas, e permitem a troca de informações com outros médicos à distância (teleinterconsulta) e o envio de dados do paciente, até mesmo, em grande volume. Isso facilita a identificação de doenças, o diagnóstico por meio de recursos mais velozes e eficazes, e uma maior socialização dos dados médicos.

Todavia, surgem algumas indagações: como garantir que o acesso às informações de saúde, dados pessoais sensíveis dos pacientes veiculados na Internet, em aplicativos, e outros veículos de comunicação ocorra de maneira segura? Como compatibilizar a circulação de imagens, exames, atestados, prescrição médica, prontuário, dados clínicos do paciente sem causar lesão à intimidade, à privacidade, à confidencialidade e ao sigilo desses dados sensíveis? Quais são os deveres dos médicos diante dessa nova realidade tecnológica, do uso da inteligência artificial no que diz respeito ao tratamento dos dados sensíveis dos pacientes?

Esses questionamentos estão relacionados com a nova forma de prestação de serviços médicos, inclusive, com o aumento da prática da medicina, da

2. Para um aprofundamento a respeito da inteligência artificial na saúde e a importância do estabelecimento de guias de boas práticas, cabe citar o artigo: PEREIRA, Paula Moura Francesconi de Lemos; SCHULMAN, Gabriel. Futuro da saúde e saúde do futuro: impactos e limites reais da inteligência artificial. In: TEPEDINO, Gustavo; SILVA, Rodrigo da Guia (Org.). *O Direito Civil na era da Inteligência Artificial*. São Paulo: Thomson Reuters, 2020, p. 165-182.

terapia *on-line* e das consultas médicas à distância (telemedicina), que se desenvolveram de forma mais célere com a pandemia da Covid-19, declarada pela Organização Mundial de Saúde (OMS).[3]

O uso da informática no campo da Medicina, da Biomedicina e nos serviços de saúde, apesar de considerado, hoje, indispensável, pode acarretar diversos riscos e danos aos pacientes, tais como os danos decorrentes da violação de seus dados pessoais e sensíveis, que podem ser de ordem patrimonial ou extrapatrimonial. Esses danos são causados diretamente à personalidade do paciente, ao seu direito à saúde, à igualdade, à não discriminação e à liberdade.

A Constituição Federal (art. 5º, incisos X e LXXII) assegura, mesmo que de forma implícita[4] e, em breve, expressa, a proteção dos dados pessoais,[5] juntamente com algumas normas infraconstitucionais,[6] ganhando relevo a Lei Geral

---

3. Portaria nº 188, de 3 de fevereiro de 2020 – Declara Emergência em Saúde Pública de importância Nacional (ESPIN) em decorrência da Infecção Humana pelo novo Coronavírus (2019-nCoV). Disponível em https://www.in.gov.br/en/web/dou/-/portaria-n-188-de-3-de-fevereiro-de-2020-241408388. Acesso em: 25 mai. 2021.
   Decreto nº 46.973, de 16 de março de 2020: Reconhece a situação de emergência na saúde pública do estado do Rio de Janeiro em razão do contágio e adota medidas para enfrentamento da propagação decorrente do novo coronavírus (Covid-19); e dá outras providências. Disponível em: https://pge.rj.gov.br/comum/code/MostrarArquivo.php?C=MTAyMjI%2C. Acesso em: 25 mai. 2021.
   Lei nº 13.979, de 6 de fevereiro de 2020: Dispõe sobre as medidas para enfrentamento da emergência de saúde pública de importância internacional decorrente do coronavírus responsável pelo surto de 2019. Disponível em: https://www.in.gov.br/en/web/dou/-/lei-n-13.979-de-6-de-fevereiro-de-2020-242078735. Acesso em: 27 mai. 2021.
4. No tocante à natureza do direito à proteção de dados, merece leitura o artigo: SARLET, Ingo Wolfgang. Fundamentos constitucionais: o direito fundamental à proteção de dados. In: DONEDA, Danilo (et al.). *Tratado de proteção de dados pessoais*. 2. reimp. Rio de Janeiro: Forense, 2021, p. 21-59.
5. No dia 20/10/2021 foi aprovada no Senado Federal a Proposta de Emenda à Constituição nº 17/2019, que torna a proteção de dados pessoais, inclusive nos meios digitais, um direito fundamental previsto na Constituição, agora o texto segue para promulgação, em sessão do Congresso Nacional, ainda a ser marcada. Disponível em: https://www12.senado.leg.br/noticias/materias/2021/10/20/senado-inclui-protecao-de-dados-pessoais-como-direito-fundamental-na-constituicao. Acesso em: 08 nov. 2021.
6. Código de Defesa do Consumidor (nº 8.078/1990), Código Civil (nº 10.406/2002), Lei de Interceptação Telefônica e Telemática (nº 9.296/1996), Lei Geral de Telecomunicações (nº 9.472/1997), Lei Complementar sobre o sigilo das operações de instituições financeiras (nº 105/2001), Lei do *Habeas Data* (nº 9.507/1997), Lei nº 12.414/2011, que disciplinou o cadastro positivo, Marco Civil da Internet (Lei nº 12.965/2014), Lei de Acesso à Informação (nº 12.527/2011), entre outras.

de Proteção de Dados – LGPD, Lei nº 13.709/2018.[7] Essa lei sistematiza e apresenta elementos, princípios próprios, bases legais para regular as atividades, públicas e privadas, que tratam de dados pessoais, interferindo em várias áreas de atuação da sociedade, que passa a incorporar seus valores, com reflexo direto na adoção de novas medidas, novas políticas necessárias para a readaptação ao perfil da regulação protetiva dos dados.[8]

O médico, pela interpretação da LGPD, pode ser enquadrado como agente de tratamento de dados,[9] seja na posição de controlador[10] ou de operador de dados[11]

---

7. A LGPD recebeu forte influência do direito comunitário europeu, desde a Diretiva de Proteção de Dados de 1995 até o Regulamento Geral de Proteção de Dados da União Europeia (GDPR), em vigor a partir de maio de 2018.
8. Cf. DONEDA, Danilo. Panorama Histórico da Proteção de Dados Pessoais. In: DONEDA, Danilo (et al.). Tratado de proteção de dados pessoais. 2. reimp. Rio de Janeiro: Forense, 2021, p. 03-20.
9. Em 28 de maio de 2021, a Autoridade Nacional de Proteção de Dados – ANPD publicou o Guia Orientativo para a Definição dos Agentes de Tratamento e do Encarregado. Disponível em: https://www.gov.br/anpd/pt-br/assuntos/noticias/inclusao-de-arquivos-para-link-nas-noticias/2021-05-27-guia-agentes-de-tratamento_final.pdf Acesso em: 31 maio 2021.
10. "Daí decorre que não são controladoras as pessoas naturais que atuam como profissionais subordinados a uma pessoa jurídica ou como membros de seus órgãos. É o caso de empregados, administradores, sócios, servidores e outras pessoas naturais que integram a pessoa jurídica e cujos atos expressam a atuação desta. Nesse sentido, a definição legal de controlador não deve ser entendida como uma norma de distribuição interna de competências e responsabilidades. De forma diversa, trata-se de comando legal que atribui obrigações específicas à pessoa jurídica, de modo que esta assume a responsabilidade pelos atos praticados por seus agentes e prepostos em face dos titulares e da ANPD. [...] Uma pessoa natural poderá ser controladora nas situações em que é a responsável pelas principais decisões referentes ao tratamento de dados pessoais. Nessa hipótese, a pessoa natural age de forma independente e em nome próprio – e não de forma subordinada a uma pessoa jurídica ou como membro de um órgão desta. 31. É o que ocorre, por exemplo, com os empresários individuais, os profissionais liberais (como advogados, contadores e médicos) e os responsáveis pelas serventias extrajudiciais." Disponível em: https://www.gov.br/anpd/pt-br/assuntos/noticias/inclusao-de-arquivos-para-link-nas-noticias/ 2021-05-27-guia-agentes-de-tratamento_final.pdf. Acesso em: 31 maio 2021.
11. "O operador é o agente responsável por realizar o tratamento de dados em nome do controlador e conforme a finalidade por este delimitada. [...] Cabe destacar, ainda, algumas das obrigações do operador: (i) seguir as instruções do controlador; (ii) firmar contratos que estabeleçam, dentre outros assuntos, o regime de atividades e responsabilidades com o controlador; (iii) dar ciência ao controlador em caso de contrato

(arts. 5º, VI, VII e IX; e 39, LGPD),[12] já que realiza a operação de dados pessoais dos pacientes, inclusive de dados sensíveis (art. 5º, I e II, LGPD), em qualquer de suas etapas previstas no art. 5º, X, LGPD:

> coleta, produção, recepção, classificação, utilização, acesso, reprodução, transmissão, distribuição, processamento, arquivamento, armazenamento, eliminação, avaliação ou controle da informação, modificação, comunicação, transferência, difusão ou extração.

A interdisciplinaridade da Informática, da Medicina e do Direito acaba por atrair a aplicação de normas jurídicas, éticas, técnicas e administrativas, que permitem um diálogo entre a regulação legal e a autorregulamentação, a exemplo dos Códigos Deontológicos e de outras Resoluções do Conselho Federal de Medicina – CFM, Conselhos Regionais de Medicina – CRMs, caminhando para o que hoje se chama de corregulação.[13] Esse conjunto de normas vai cooperar com o arcabouço legislativo já concebido pelo Direito para regular as relações privadas afetadas pelas novas tecnologias.

Caberá aos operadores do Direito, em um diálogo multidisciplinar, guiados pelo pluralismo e pela cientificidade, estudar os instrumentos necessários

---

com suboperador." Disponível em: https://www.gov.br/anpd/pt-br/assuntos/noticias/inclusao-de-arquivos-para-link-nas-noticias/2021-05-27-guia-agentes-de-tratamento_final.pdf. Acesso em: 31 maio 2021.

12. "Para essa análise, é fundamental verificar o âmbito do tratamento. Quando o tratamento é restrito a um profissional pessoa física – como uma médica profissional liberal atendendo seus pacientes ou um contador autônomo prestando serviços a seus clientes –, então essa pessoa física será enquadrada como 'controladora' ou 'operadora' desses dados pessoais. Nos exemplos citados, a médica seria definida como controladora e o contador, como operador dos dados pessoais, conforme parâmetros definidos ao longo deste texto." Disponível em: https://www.migalhas.com.br/depeso/326741/descomplicando--agentes-de-tratamento. Acesso em: 29 maio 2021.

13. FRAZÃO, Ana; OLIVA, Milena Donato; ABILIO, Vivianne da Silveira. "Sobre o assunto, não é demais lembrar as lições de Diane Rowland, Uta Kohl e Andrew Charlesworth de que o problema da regulação, especialmente no ambiente digital, não é, na prática, uma escolha rígida entre o modelo 'comando-controle' e a autorregulação, até porque os dois não são polos extremos que se excluem mutuamente. Daí a discussão atual sobre um terceiro gênero – o da corregulação – que combinaria diferentes categorias de práticas regulatórias e exigiria o envolvimento central dos agentes privados e dos governos, a fim de propiciar muitas vantagens da autorregulação sem as mesmas desvantagens". *Compliance* de dados pessoais. In: FRAZÃO, Ana; TEPEDINO, Gustavo; OLIVA, Milena Donato (coord.). *Lei Geral de Proteção de Dados Pessoais e suas repercussões no direito brasileiro*. São Paulo: Thomson Reuters Brasil, 2019, p. 685.

para garantir maior proteção e segurança dos dados pessoais e sensíveis dos pacientes, considerados consumidores[14] com vulnerabilidade potencializada (arts. 5º, XXXII, e 170, V, ambos da CF; arts. 2º, 17, e 29, todos do Código de Defesa do Consumidor – CDC).

Torna-se, portanto, indispensável, para além da obtenção do consentimento livre e esclarecido para legitimar o ato médico, a autorização para o tratamento dos dados do paciente, ressalvadas as exceções legais;[15] a adoção de medidas de segurança, de boas práticas, de governança, de um sistema de gestão de *compliance*.[16] Para isso, os médicos devem valer-se de alguns instrumentos para garantir a proteção quanto aos apurados riscos atrelados à violação de privacidade de dados, ao sigilo, à confidencialidade dos dados sensíveis e à imagem dos pacientes, que circulam nas redes, em observância à LGPD.

O objetivo do presente artigo é, diante da nova realidade tecnológica da atuação dos médicos, profissionais liberais e pequenos empresários, que são controladores de dados pessoais, traçar algumas medidas que precisam ser implementadas de forma a salvaguardar os interesses dos pacientes.[17] Tudo com foco na proteção de dados pessoais e sensíveis dos pacientes, calcada nos princípios da dignidade humana (art. 1º, inciso III, da CF), do livre desenvolvimento

---

14. A relação médico-paciente é considerada de consumo pela maioria da doutrina e jurisprudência pátria, apesar das críticas feitas à aplicação do Código de Defesa do Consumidor a esta relação. Nesse sentido: SOUZA, Eduardo Nunes de. *Do Erro à culpa*: Na responsabilidade civil do médico. Rio de Janeiro: Renovar, 2015. p. 95-96.

15. Cita-se como exemplo de uma exceção a permissão de acesso à base de dados sensíveis de saúde a realização de estudos em saúde pública (art. 13, LGPD).

16. A respeito do tema: SAAVEDRA, Giovani Agostini. *Compliance* de dados. In: DONEDA, Danilo (et al.). Tratado de proteção de dados pessoais. [2. reimp.]. Rio de Janeiro: Forense, 2021, p. 727-741.

17. Cabe ressaltar que, em outubro de 2021, a ANPD, em observância ao disposto no art. 55-J, XVIII da LGPD, publicou o Guia Orientativo sobre Segurança da Informação para Agentes de Tratamento de Pequeno Porte, bem como um checklist. A ANPD considera agentes de pequeno porte as microempresas e empresas de pequeno porte (sociedade empresária, sociedade simples, empresa individual de responsabilidade limitada e o empresário), bem como as iniciativas empresariais de caráter incremental ou disruptivo que se autodeclarem *startups* ou empresas de inovação, além de outras categorias de organizações. O objetivo do guia é proteger os dados pessoais sob a guarda dos agentes de pequeno porte, no qual é possível enquadrar os médicos que utilizam estruturas de pequeno porte para o exercício de suas atividades. Disponível em: https://www.gov.br/anpd/pt-br/documentos-e-publicacoes/guia-vf.pdfhttps://www.gov.br/anpd/pt-br/documentos-e-publicacoes/checklist-vf.pdf. Acesso em: 08 nov. 2021.

da personalidade, da igualdade, da não discriminação, da liberdade, da autonomia informacional, da privacidade e da intimidade.

2. DA PROTEÇÃO DOS DADOS PESSOAIS DOS PACIENTES

O médico pode exercer sua atividade de diversas formas e por diferentes vínculos, seja como empregado de instituição hospitalar/clínica; servidor público; militar; sócio de sociedade; profissional liberal; empresário individual; constituir empresa de responsabilidade limitada; sociedade unipessoal, entre outras. Essas posições ocupadas pelo médico podem interferir em sua qualificação como agente de tratamento de dados, seja no papel de controlador, seja no de operador, ou, até mesmo, se ele não se enquadrar como agente.[18]

Em todas as formas de atuação, o profissional médico mantém os seus direitos e deveres decorrentes da relação médico-paciente, que constituem uma via de mão dupla, pautados no princípio da confiança e da boa-fé objetiva. Ganham destaque os deveres do médico de cuidado, de assistência, de informar, de sigilo e de confidencialidade (Capítulo I, IX, XI, art. 34, CEM)[19] e, hoje, com destaque para o dever de proteção dos dados dos pacientes (art. 17, LGPD), este

---

18. "A seguir, alguns exemplos que demonstram quem pode assumir o papel de controlador a depender do cenário. Exemplo 1 – Médica profissional liberal. Uma médica, profissional liberal, armazena os prontuários e os demais dados pessoais de seus pacientes no computador de seu consultório. A médica, pessoa natural, é a controladora dos dados pessoais. Exemplo 2 – Médica empregada de um hospital. Uma médica é empregada de um hospital, constituído sob a forma de associação civil sem fins lucrativos. Nessa condição, atua como principal representante do hospital junto a um serviço de armazenamento de dados de pacientes em nuvem, inclusive assinando os contratos correspondentes. O hospital, isto é, a associação civil, pessoa jurídica de direito privado, é o controlador na hipótese. A médica, por atuar sob o poder diretivo da organização, não se caracteriza como agente de tratamento". Disponível em: https://www.gov.br/anpd/pt-br/assuntos/noticias/inclusao-de-arquivos-para- link-nas-noticias/2021-05-27-guia-agentes-de-tratamento_final.pdf. Acesso em: 31 maio 2021.

19. "O caráter existencial da relação médico-paciente faz nascer diversos direitos e deveres tanto para o médico quanto para o paciente (direito do paciente ao sigilo, à recusa do tratamento médico, direito à informação e de não ser informado, seu dever de informar ao médico, o dever do médico de informar, de manter sigilo, de se abster, de dar cuidado, de não agir de forma abusiva, o direito do médico de exercer sua autonomia, entre outros). Esses direitos ganham especial proteção por se tratar da saúde, da vida humana, do poder de autodeterminação do paciente, sua autonomia privada, suas escolhas em relação à disposição de seu próprio corpo". In: PEREIRA, Paula Moura Francesconi de Lemos. *Relação médico-paciente*: o respeito à autonomia do

último quando atua como agente de tratamento de dados, entre outros deveres. E o direito do médico de exercer de forma autônoma sua atividade (Resolução nº 2.217/2018, capítulo I, inciso VII, VIII, XVI – Código de Ética Médica). Da mesma forma, o paciente também tem deveres que decorrem do autocuidado, como o dever de observar as prescrições médicas; e no que diz respeito aos seus dados pessoais, o de evitar incidentes com maior guarda e segurança dos dados, não compartilhando senhas, não entrando em *links* desconhecidos, além de verificar determinadas fontes em busca de vazamento dos dados.

A inobservância pelo médico desses deveres pode acarretar responsabilidade (arts. 186 e 927 do CC, art. 14, parágrafo 4º, do CDC, arts. 42, 43, 44, LGPD[20-21]) pelos danos patrimoniais ou extrapatrimoniais causados ao paciente em várias esferas (integridade psicofísica, personalidade, privacidade, liberdade etc.), a despeito da responsabilidade ético-disciplinar que será apurada por seu órgão de classe (Resolução CFM nº 2.145/2016, Capítulo II, XIX, XX, CEM), aplicação de sanções administrativas, entre elas, a publicização da infração após devidamente apurada e confirmada sua ocorrência, a proibição parcial ou total do exercício de atividades relacionadas de dados[22] (art. 12, Lei nº 12.965/2014,

---

paciente e a responsabilidade civil do médico pelo dever de informar. Rio De Janeiro: Lumen Juris, 2011. v. 1. 304p.

20. Cf. FILHO, Eduardo Tomasevicius. *Responsabilidade civil na LGPD na área da saúde*. In: DALARRI, Analluza Bolivar; MONACO, Gustavo Ferraz de Campos (coord.). LGPD na Saúde [livro eletrônico]. São Paulo: Thomson Reuters Brasil, 2021.

21. A responsabilidade do médico, profissional liberal, à luz da LGPD deve ser subjetiva, já que a relação médico-paciente é considerada relação de consumo pela maioria da doutrina e jurisprudência. Logo, é possível interpretar o disposto no art. 45 da LGPD com o art. 14, parágrafo 4º, do CDC. No entanto, essa interpretação não tem sido feita, cabendo trazer à baila um posicionamento mais amplo quanto à aplicação do regime objetivo de responsabilidade civil na LGPD. "Quanto à responsabilidade civil, a despeito de parte da doutrina sinalizar pela adoção de regime de responsabilidade subjetiva decorrente da inobservância de deveres expressamente tratados na lei, parece preponderar a constatação de que a responsabilidade civil trabalhada pela LGPD é de natureza objetiva e contempla o risco como núcleo essencial para a delimitação de critérios próprios de imputação advindos da violação dos deveres estabelecidos pela legislação protetiva, e que podem sofrer, ainda, a incidência dos efeitos da existência de eventuais políticas de governança e programas de integridade." MARTINS, G. M.; FALEIROS JUNIOR, J. *Compliance* digital e responsabilidade civil na Lei Geral de Proteção de Dados. In: MARTINS, Guilherme Magalhães; ROSENVALD, Nelson (org.). *Responsabilidade civil e novas tecnologias*. Indaiatuba: Foco, 2020, p. 263-297.

22. A ANDP publicou a Resolução CD/ANPD nº 1, de 28 de outubro de 2021, que aprova o Regulamento do Processo de Fiscalização e do Processo Administrativo

art. 52, 55-J, IV, LGPD), e a responsabilidade criminal (ex. crime de inviolabilidade dos segredos, tipificados no art. 153, 154 e 325 do Código Penal).

A dinâmica da relação médico-paciente vem sofrendo ao longo dos anos profundas mudanças decorrentes de novos paradigmas que afastam o perfil autoritário-vertical para um perfil dialógico-horizontal, ao mesmo tempo em que ocorre a massificação do serviço, e o crescimento acelerado da tecnologia, da biotecnologia, que implica no surgimento de situações jurídicas, com formatos de prestação de serviços diversos, trazendo novos desafios. As novas situações jurídicas, os novos métodos de atendimento médico decorrentes do progresso científico e tecnológico, não subtraem os deveres já inerentes, ao revés, acabam por trazer novos ônus para os profissionais médicos, que, embora se beneficiem da celeridade no atendimento; do maior acesso à informação, do auxílio no tratamento e diagnóstico, criam riscos e outras hipóteses de danos causados a bens jurídicos merecedores de tutela, tais como os dados pessoais.

Nesse contexto, dá-se ênfase aos dados pessoais dos pacientes, chamados de dados sensíveis, definidos pela LGPD como: "dado pessoal sobre origem racial ou étnica, convicção religiosa, opinião política, filiação a sindicato ou a organização de caráter religioso, filosófico ou político, dado referente à saúde ou à vida sexual, dado genético ou biométrico, quando vinculado a uma pessoa natural; [...]" (art. 5º, II), e cuja proteção constitui direitos humanos[23] fundamentais de natureza[24] existencial, embora reflitam potencial valor econômico, mas cuja fruição encontra limite legal (art. 11, parágrafo 4º, LGPD).[25]

Sancionador no âmbito da Autoridade Nacional de Proteção de Dados. Disponível em: https://www.in.gov.br/en/web/dou/-/resolucao-cd/anpd-n-1-de-28-de-outubro-de-2021-355817513. Acesso em: 09 nov. 2021.

23. A Carta dos Direitos Fundamentais da União Europeia no art. 8º prevê expressamente o direito à proteção de dados: "Artigo 8º – Protecção de dados pessoais – 1. Todas as pessoas têm direito à protecção dos dados de carácter pessoal que lhes digam respeito. 2. Esses dados devem ser objecto de um tratamento legal, para fins específicos e com o consentimento da pessoa interessada ou com outro fundamento legítimo previsto por lei. Todas as pessoas têm o direito de aceder aos dados coligidos que lhes digam respeito e de obter a respectiva rectificação. 3. O cumprimento destas regras fica sujeito a fiscalização por parte de uma autoridade independente."

24. "Portanto, a opção legislativa, manifestada no *caput* do art. 17 da LGPD, de tratar a pessoa física a quem os dados se vinculam como seu titular, denota a intenção de refletir que o exercício do direito ali descrito se dará de modo direto e imediato, empregando-se termo que corresponde ao gênero do qual a propriedade é espécie. Tal passagem da lei evidencia, ainda, a preocupação em demonstrar que a tutela ali conferida tem dupla natureza, restando contemplados os aspectos patrimoniais decorrentes

Os dados dos pacientes são de diversos conteúdos, desde os pessoais, atinentes a sua qualificação (art. 5º, I, LGPD),[26] até dados de saúde, de vida sexual, genéticos, biométricos e que são considerados dados sensíveis. O dado sensível, ao mesmo tempo em que representa a extensão da personalidade da pessoa e é fundamental para a construção de sua identidade, e integra sua vida privada (art. 21 do Código Civil), possui um alto nível discriminatório,[27] que pode afetar em vários setores da vida pessoal e social (dificuldade de contratação para emprego, seguro etc.), o que fez com que o ordenamento jurídico dispensasse um tratamento especial (arts. 5º, II, e 11, da LGPD).[28]

É de grande importância a proteção das informações sobre o paciente, o que atrai maior atenção quanto aos veículos utilizados pelos profissionais médicos

---

da disposição dos dados – atribuída ao seu titular – e os extrapatrimoniais. Portanto, o referido dispositivo legal serve de exemplo da constatação, por parte do legislador, de que a distinção mais relevante para o direito civil, hoje, não é a que aparta direitos reais e obrigações, mas sim as que separam as relações jurídicas absolutas das relativas e as patrimoniais daquelas extrapatrimoniais". MAIA, Roberta Mauro Medina. A titularidade de dados pessoais, prevista no art. 17 da LGPD: direito real ou pessoal? In: FRAZÃO, Ana; TEPEDINO, Gustavo; OLIVA, Milena Donato Oliva (coord.). *Lei Geral de Proteção de Dados Pessoais e suas repercussões no direito brasileiro*. São Paulo: Thomson Reuters Brasil, 2019, p. 153.

25. A respeito do valor econômico atribuído aos dados: PALHARES, Felipe. Vantagem econômica no compartilhamento de dados de saúde: Interpretação do artigo 11, § 4º, da LGPD. In: DALARRI, Analluza Bolivar; MONACO, Gustavo Ferraz de Campos (coord.). *LGPD na Saúde* [livro eletrônico]. São Paulo: Thomson Reuters Brasil, 2021.

26. "Portanto, podemos classificar os dados, de acordo com a LGPD, da seguinte forma: Dados pessoais diretos: identifica diretamente uma pessoa natural, sem a necessidade de outras informações, como CPF, título eleitoral, nome (se não houver homônimos)". VAINZOF, Rony. In: MALDONADO, Viviane Nóbrega; BLUM, Renato Opice (coord.). *LGPD:* Lei Geral de Proteção de Dados Pessoais comentada. 3. ed. rev., atual. e ampl. São Paulo: Thomson Reuters Brasil, 2021, p. 96.

27. Stefano Rodotà, ao tratar de dados sensíveis, traz um exemplo de tratamento discriminatório em razão do uso indevido de dados pessoal sensível: "não há dúvida de que o conhecimento, por parte do empregador ou de companhia seguradora, de informações sobre uma pessoa infectada pelo HIV, ou que apresente características genéticas particulares, pode gerar discriminações. Estas podem assumir a forma da demissão da não admissão, da recusa em estipular um contrato de seguro, da solicitação de um prêmio de seguro especialmente elevado." A vida na sociedade de vigilância: a privacidade hoje. Trad. Danilo Doneda e Luciana Cabral Doneda. Rio de Janeiro: Renovar, 2008, p. 70.

28. Cf. MULHOLLAND, Caitlin. O tratamento de dados pessoais sensíveis. In: MULHOLLAND, Caitlin (org.). *LGPD e o novo marco normativo no Brasil*. Porto Alegre: Arquipélago Editorial, 2020, v. 1, p. 121-156.

para coleta, armazenamento, transmissão dos dados para o próprio paciente, para terceiros e para outros profissionais. Por isso, nessa seara, para além de toda a normativa já existente que regula a atividade médica; das leis como a que dispõe sobre o exercício da Medicina, Lei nº 12.842/2013; o Código de Defesa do Consumidor; e normas éticas, aplica-se a Lei Geral de Proteção de Dados, que traz novos contornos de proteção e que vão além dos deveres já existentes de sigilo e confidencialidade dos dados dos pacientes. Deve-se, portanto, melhor compreender os dados pessoais envolvidos, as normativas éticas e jurídicas aplicáveis de forma a garantir os direitos em relação à proteção, à confidencialidade, à privacidade e ao sigilo dos dados dos pacientes. Novos cuidados devem ser tomados a fim de proteger a privacidade; a autodeterminação informativa; a liberdade de expressão, de informação, de comunicação e de opinião; a intimidade, a honra e a imagem; os direitos humanos; o livre desenvolvimento da personalidade; a dignidade e o exercício da cidadania pelas pessoas naturais (art. 2º da LGPD). Devem-se observar os princípios e bases legais expressamente previstos na LGPD como o da finalidade e seus corolários, o da adequação, da necessidade, da garantia do acesso e controle do titular de dados, da qualidade dos dados, da transparência, da segurança, da prevenção, da não discriminação, da responsabilização (art. 6º) e as bases legais, tal como a proteção da vida ou da incolumidade física do titular ou de terceiro; para a tutela da saúde, exclusivamente, em procedimento realizado por profissionais de saúde, serviços de saúde ou autoridade sanitária (arts. 7º, VII e VIII, e 11, II, "e" e "f", LGPD).

As informações acerca de dados clínicos dos pacientes podem circular por diversos meios, físico ou eletrônico, na forma de: i) cadastros, prontuários físicos e eletrônicos,[29] marcação de consultas, fichas médicas, prescrição, receita,

---

29. No Brasil ainda não foi implantado um prontuário único para o paciente com acesso geral, mas no âmbito público há o RES. "O conceito mais básico a esse respeito é o de Registro Eletrônico em Saúde (RES). Trata-se de um repositório de informação referente à saúde de um ou mais indivíduos, processável por meios informáticos, transmitida com segurança para um conjunto de múltiplos usuários. Caracteriza-o, também, a estruturação lógica da informação. Em outros termos, pode ser definido como uma 'coleção longitudinal de informações eletrônicas sobre a saúde de pacientes individuais e populações'; o conceito cobre tanto a noção paradigmática de uma 'construção de amplo espectro, transinstitucional e, até mesmo, nacional', quanto estruturas mais fragmentadas, distribuídas e menos formais". COSTA, José Augusto Fontoura. Tratamento de dados de saúde na LGPD: Obrigações, limites e responsabilidade dos agentes. In: DALARRI, Analluza Bolivar; MONACO, Gustavo Ferraz de Campos (coord.). *LGPD na Saúde* [livro eletrônico]. São Paulo: Thomson Reuters Brasil, 2021.

exames, atestados médicos; ii) envio por e-mail, troca de mensagens do médico com o próprio paciente ou com outros profissionais de saúde e terceiros fornecedores de produtos e serviços atrelados ao atendimento médico, tais como farmácias[30] e planos de saúde; além do iii) armazenamento dessas informações. Esses documentos, por conterem dados considerados sensíveis, impõem um maior controle, pois dizem respeito diretamente à privacidade e à intimidade do paciente, ao sigilo profissional das informações e à confidencialidade, aumentando a responsabilidade daqueles que utilizam e realizam o tratamento dos dados, como as clínicas, laboratórios, planos de saúde, os próprios médicos e os outros agentes que tratam dados.

Entre os diversos meios de circulação de dados dos pacientes, ganha destaque o prontuário. Mas o que seria o prontuário? Quais são as normas já existentes que traduzem sua importância e mecanismos de proteção dos dados dos pacientes neles contidos?

O prontuário do paciente é definido pela Resolução CFM nº 1.638/2002, como:

> o documento único constituído de um conjunto de informações, sinais e imagens registradas, geradas a partir de fatos, acontecimentos e situações sobre a saúde do paciente e a assistência a ele prestada, de caráter legal, sigiloso e científico, que possibilita a comunicação entre membros da equipe multiprofissional e a continuidade da assistência prestada ao indivíduo.

A Resolução nº 1.821/2007 do CFM, modificada pela Resolução nº 2.218/2018 do CFM, estabeleceu normas técnicas para elaboração, guarda e manuseio dos documentos que instruem o prontuário eletrônico, permitindo, inclusive, que se elimine o papel e a troca de informação, mas ressalvando a necessidade de que a prescrição no prontuário seja feita diariamente. E, para

---

30. Devem-se observar as restrições éticas referentes à prestação de serviços médicos, atrelada a parcerias com outros prestadores de serviços, cabendo citar as proibições previstas no Código de Ética Médica:
"Art. 68 Exercer a profissão com interação ou dependência de farmácia, indústria farmacêutica, óptica ou qualquer organização destinada à fabricação, manipulação, promoção ou comercialização de produtos de prescrição médica, qualquer que seja sua natureza.
Art. 69 Exercer simultaneamente a medicina e a farmácia ou obter vantagem pelo encaminhamento de procedimentos, pela prescrição e/ou comercialização de medicamentos, órteses, próteses ou implantes de qualquer natureza, cuja compra decorra de influência direta em virtude de sua atividade profissional."

segurança dos prontuários eletrônicos, deve-se observar o Manual de Certificação para Sistemas de Registro Eletrônico em Saúde, as normas de digitalização e prévia análise da Comissão de Revisão de Prontuários e as normas da Comissão de Avaliação de Documentos da unidade médico-hospitalar geradora do arquivo (arts. 1º e 2º).

Os prontuários ficam sob os cuidados do médico ou da instituição em que o paciente é assistido, como clínicas, hospitais, prontos-socorros, sanatórios, casas de saúde, laboratórios e empresas que prestam serviços médico-hospitalares, devidamente registradas (art. 87, §2º, do CEM), enquadráveis como controladores de dados (arts. 5º, VI, 37, LGPD). Esses agentes estão sujeitos não só às normas previstas no Código de Ética Médica (inciso I e II do preâmbulo), na Res. CFM nº 1.642/2002 (art. 1º), mas também à LGPD. Devem, portanto, observar todos os princípios legitimadores do tratamento de dados, a política de segurança e instrumentos estabelecidos na LGPD (art. 11, parágrafo primeiro), juntamente com a legislação própria. Em 27 de dezembro de 2018 foi publicada a Lei nº 13.787, que dispõe sobre a digitalização e a utilização de sistemas informatizados para a guarda, o armazenamento e o manuseio de prontuário de paciente, que deve ocorrer de forma a assegurar a integridade, a autenticidade e a confidencialidade do documento digital (arts. 1º e 2º), e que se soma ao emaranhado de normas aplicáveis à relação médico-paciente.

Os dados contidos nos prontuários são exclusivamente do paciente e considerados sensíveis por englobar dados de saúde e genéticos (art. 5º, II, LGPD), pelo que a ele deve-se assegurar total acesso (art. 88 do CEM, arts. 6º, IV, e 9º, LGPD); garantir a possibilidade de retificação (art. 18, III, LGPD), sendo restritas as formas de divulgação e transmissão para terceiros (arts. 77, 85, CEM). E, mesmo que o prontuário esteja na forma de papel ou em meio eletrônico, devem ser assegurados o sigilo profissional e a privacidade do paciente, que configuram direito personalíssimo do paciente e dever do médico, calcado na confiança que surge na relação médico-paciente somado aos mecanismos de proteção legal.

O paciente tem o direito de que seus informes médicos sejam tratados com confidencialidade, com total sigilo profissional sobre suas condições, seus dados pessoais sensíveis, as alternativas de tratamento, com fundamento nos princípios constitucionais da proteção da dignidade da pessoa humana, fundamento da República Federativa do Brasil (art. 1º, III, da Constituição Federal), da tutela da honra, da imagem e da intimidade e da privacidade (art. 5º, inciso X, da Constituição Federal; art. 21 do Código Civil). Esse direito não cessa, mesmo que o fato seja de conhecimento público ou que o paciente venha a óbito. No entanto, caso isso ocorra, o Conselho Federal de Medicina editou a

Recomendação nº 03/2014, indicando, nos termos do seu art. 1º, que os médicos e as instituições de saúde forneçam, quando solicitado pelo cônjuge/companheiro sobrevivente do paciente morto, e sucessivamente pelos sucessores legítimos do paciente em linha reta, ou colaterais até o quarto grau, os prontuários médicos do paciente falecido.[31]

Ao lado desse direito ao sigilo, o médico e as sociedades prestadoras de serviços médico-hospitalares têm o dever de guardar segredo acerca dos fatos dos quais teve ciência em razão de sua atividade profissional (arts. 73 a 79 do CEM), e de proteção dos dados pessoais e sensíveis do paciente, dos resultados de exames realizados com finalidade terapêutica, diagnóstica ou prognóstica e das informações contidas no prontuário, arquivo ou boletim médico (art. 19, parágrafo 1º, LGPD). Além do dever de se abster de abusos, já que a relação médico-paciente está fundada na confiança, no respeito mútuo, na discrição e na reserva.

Ao profissional da área médica é vedado liberar cópias do prontuário que estão sob sua guarda, salvo quando: i) autorizado, por escrito, pelo paciente, ou seu representante legal; ii) para atender ordem judicial; iii) para a sua própria defesa; iv) por dever legal ou justa causa; v) se houver a anuência do Conselho Regional de Medicina da jurisdição. Tudo em conformidade com o art. 89 do CEM e a Resolução nº 1.605/2000 do CFM, e que também encontra respaldo no art. 7º, VI, da LGPD.

Questão relevante diz respeito à eliminação do prontuário que guarda relação direta com o prazo durante o qual os prontuários médicos devem ser guardados.

A Lei nº 13.787/2018 assegura o prazo de 20 (vinte) anos, a partir do último registro, para guarda dos prontuários, tanto em suporte de papel quanto de forma digitalizada, salvo previsão diversa em regulamento; após esse período, poderão ser eliminados ou devolvidos aos pacientes (art. 6º). A Resolução nº 1.821/2007 do CFM, modificada pela Resolução nº 2.218/2018 do CFM, artigo 8º, também prevê o prazo de 20 (vinte) anos, a partir do último registro, para a preservação dos prontuários dos pacientes em suporte de papel, que não foram arquivados eletronicamente em meio óptico, microfilmados ou digitalizados.[32]

---

31. Ação Civil Pública nº 26798-86.2012.4.01.3500, movida pelo Ministério Público Federal, em trâmite na 3ª Vara Federal da Seção Judiciária do Estado de Goiás.

32. Algumas leis e normas deontológicas estabelecem prazos diversos da Lei nº 13.787/2018, como o Estatuto da Criança e do Adolescente, Lei nº 8.069/90, que, em seu artigo 10, I, estabeleceu o prazo de 18 anos para os hospitais manterem os registros das atividades desenvolvidas por meio de prontuários; e a Lei nº 9.434/97, referente à remoção de

A LGPD define a eliminação de dados como a "exclusão de dado ou de conjunto de dados armazenados em banco de dados, independentemente do procedimento empregado" (art. 5º, XIV, da LGPD), podendo ocorrer quando: i) alcançada sua finalidade; ii) pelo fim do tratamento; iii) por vontade do próprio titular; ou iv) por determinação da autoridade nacional. Mas a própria lei ressalva a possibilidade de sua manutenção, como no caso de cumprimento de obrigação legal (arts. 15, 16, 17, 18, VI). Em se tratando de prontuários deve-se interpretar as leis aplicáveis de forma sistemática, cabendo a observância da legislação especial e do direito do paciente, titular dos dados, merecendo diretrizes da Autoridade Nacional de Dados a respeito da matéria.

Nesse contexto, não se pode deixar de ressaltar os avanços tecnológicos e biotecnológicos que ganharam maior visibilidade nesta fase pandêmica da Covid-19, afetando diretamente a relação médico-paciente e aumentando os riscos em relação aos dados pessoais dos pacientes. Ocorre o recrudescimento da telemedicina em razão do aumento da busca por serviços à distância, do alto índice de contaminação da doença, dos riscos hospitalares, das situações de isolamento social, entre outros.[33]

A telemedicina já era utilizada na prática há muitos anos devido à dificuldade de locomoção nos grandes centros urbanos; à ausência de profissionais em determinadas localidade; à falta de tempo, somada ao crescimento das novas tecnologias de comunicação que facilitaram o contato não presencial, mesmo que de forma mais tímida no Brasil.[34] Isso porque o uso da telemedicina

---

órgãos, tecidos, e partes do corpo humano para fins de transplantes e tratamento, que, em seu artigo 3º, § 1º, prevê o prazo mínimo de cinco anos para guarda de prontuários.

33. Observa-se, também na fase da pandemia da Covid-19, a circulação e divulgação de dados de saúde das pessoas que contraíram a Covid-19 e seus familiares, já que se trata de uma doença de notificação compulsória (Lista Nacional de Notificação Compulsória contida no anexo da Portaria nº 204, de 17 de fevereiro de 2016 – item 43) e que deve ser comunicada pelos médicos (Lei nº 6.259/75 e Decreto nº 49.974-A/61). A Lei nº 13.979/2020, que dispõe sobre as medidas para enfrentamento da emergência de saúde pública decorrente do coronavírus, prevê expressamente a obrigatoriedade de compartilhamento entre órgãos e entidades da administração pública federal, estadual, distrital e municipal dos dados essenciais à identificação de pessoas infectadas ou com suspeita de infecção pelo coronavírus, (art. 6º), o que também tem respaldo na Lei nº 12.527/11 (art. 31, § 1º, II, § 3º, V), e na Lei Geral de Proteção de Dados (arts. 7º, VIII, 10, 11, II, *f*). A inobservância pelo médico desse dever se enquadra no tipo penal – omissão de notificação de doença (art. 269 do Código Penal).

34. Cf. TERRA, Aline de Miranda Valverde; PEREIRA, Paula Moura Francesconi de Lemos. *Telemedicina no sistema privado de saúde:* quando a realidade se impõe. Migalhas,

foi restrito pelo CFM (art. 37 do Código de Ética Médica, art. 3º da Resolução nº 1.643/2002 do CFM), possibilitado para certas modalidades (telerradiologia regulada pela Resolução nº 2.107/2014 do CFM, e telepatologia pela Resolução nº 2.264/2019 do CFM), mas limitado para o modelo assistencial, seja pelo risco da despersonalização da relação médico-paciente, seja pela exposição do paciente, pelo comprometimento do diagnóstico, do tratamento ministrado, seja pelas instruções mal interpretadas, pelo que só era cabível em situações emergenciais, de urgência.

Um dos problemas apresentados acerca do exercício da telemedicina é a ausência de normas deontológicas uniformes, de lei, que acarretam diversas incertezas, entre elas, as modalidades cabíveis, os veículos que serão utilizados, a forma de proteção dos dados dos pacientes e que geram, para os profissionais médicos e pacientes, insegurança do ponto de vista ético e jurídico. Todavia, o vácuo legislativo por si só não afasta a legalidade da prestação de serviços médicos à distância, e, na fase de emergência pública decorrente da Covid-19, diversas resoluções, ofícios e portarias foram expedidos pelo CFM, CRMs e Ministério da Saúde, tais como a Resolução CREMERJ 305/2020;[35] o Ofício CFM nº 1756/2020 – COJUR; a Portaria nº 467/2020 – MS e a edição da Lei nº 13.989/2020, que dispõe sobre o uso da telemedicina durante a crise causada pelo coronavírus (SARS-CoV-2).

A prestação de serviço médico presencial ou por meio da telemedicina que lida com dados dos pacientes, coletados de forma física, analógica ou digital, deve ocorrer de maneira segura, utilizando a infraestrutura tecnológica apropriada, seguindo as normas de coleta, guarda, manuseio, transmissão de dados, diretamente relacionados à tutela dos direitos do paciente, sob pena de o médico assistente do paciente e demais envolvidos responderem de forma solidária.

Um dos grandes dilemas dos profissionais médicos é o uso de determinadas mídias sociais, seja no que diz respeito à publicidade médica,[36] ao uso de

---

2020. Disponível em: https://www.migalhas.com.br/coluna/migalhas-de-vulnerabilidade/322083/telemedicina-no-sistema-privado-de-saude--quando-a-realidade-se-impoe. Acesso em: 31 maio 2021.

35. Cabe ressaltar acerca do tema a leitura: PEREIRA, Paula Moura Francesconi de Lemos. O uso da internet na prestação de serviços médicos. In: SOUZA, Allan Rocha de (et al.). *Direito digital:* direito privado e internet. 4. ed. Indaiatuba: Editora FOCO, 2021.

36. Para aprofundar sobre a publicidade médica, merece a leitura: PEREIRA, Paula Moura Francesconi de Lemos; MILDEMBERGER, C. S. Publicidade médica nas mídias sociais: proposta de um modelo contemporâneo no Brasil. In: NOGAROLI, Rafaella; NETO, Miguel Kfouri (org.). *Debates contemporâneos em direito médico e da saúde.* São Paulo: Thomson Reuters, 2020, p. 399-428, e PEREIRA, Paula Moura Francesconi

imagem dos pacientes,[37] seja no tocante ao uso de plataformas, aplicativos,[38] inclusive os de comunicação[39] instantânea, como *WhatsApp* e *Telegram*.

A respeito do *WhatsApp*, esse tem sido utilizado não só entre os profissionais médicos como entre estes e os seus pacientes, já que permite um diálogo mais célere e um fácil acesso às informações. Entretanto, questiona-se acerca da segurança desse veículo quanto à possibilidade de vazamento dos dados pessoais e sensíveis dos pacientes, mesmo que as conversas sejam criptografadas, pois é possível o acesso por terceiros, encaminhamentos de mensagens de forma indevida, entre outros riscos, o que pode acarretar problemas quanto ao sigilo de dados, à confidencialidade. Além disso, há os riscos quanto ao correto diagnóstico dos casos médicos analisados à distância, erro de prescrição de condutas terapêuticas, entre outros.

---

de Lemos; MILDEMBERGER, C. S. Publicidade médica em tempos de pandemia do novo coronavírus. *Revista dos Tribunais*, 2020, v. 1017, p. 385-391.

37. Aos médicos é vedado expor os pacientes, exibir seus retratos em anúncios profissionais ou em assuntos médicos em qualquer meio de comunicação, incluindo as redes, como se depreende do disposto no art. 75 do Código de Ética Médica, e regulado pela Resolução nº 1.974/2011 do CFM, alterada pelas Resoluções nºs 2.126/2015 e 2.133/2015, ambas do CFM, referentes à propaganda em Medicina.
Parecer nº 126/2020 do CRM-MG - Ementa: A formação de um grupo fechado de médicos para discussão de casos é permitida, sendo para tanto necessário um administrador médico, com garantia da segurança do sistema e da privacidade dos pacientes. Disponível em: https://sistemas.cfm.org.br/normas/visualizar/pareceres/MG/2020/126. Acesso em: 31 maio 2021.

38. A Resolução CFM nº 2.178/2017 regulamenta o funcionamento de aplicativos que oferecem consulta médica em domicílio, tratando, inclusive, da cobrança de honorários, em que veda a divulgação de valores em anúncios promocionais em razão de poder configurar forma de angariar clientela ou concorrência desleal.

39. A ANPD ressalta, em seu guia orientativo sobre segurança da informação para agentes de tratamento de pequeno porte, a importância da segurança das comunicações frente à vulnerabilidade nos processos de transmissão de dados e informações, sugerindo algumas medidas para evitar incidentes. A título de exemplo, utilizar conexões cifradas (com o uso de TLS/HTTPS) ou aplicativos com criptografia fim a fim; tráfego de rede deve ser gerenciado, podendo instalar e manter um sistema de firewall13; caso utilize serviços web, dar preferência a firewalls de aplicação web (Web Application Firewall – WAF); utilizar ferramentas para proteger serviços de e-mail, tais como antivírus integrados, ferramentas anti-spam e filtros de e-mail; remover dados desnecessários em sites da empresa e criar canais de acesso restritos para clientes quando envolver dados sensíveis. Disponível em: https://www.gov.br/anpd/pt-br/documentos-e-publicacoes/guia-vf.pdf. Acesso em: 08 nov. 2021.

O Conselho Federal de Medicina e alguns Conselhos Regionais[40] já se pronunciaram acerca da questão, sendo que não há entre os órgãos de classe uma uniformidade, pois, ao mesmo tempo em que o parecer nº 14/2017 se pronunciou favorável ao uso do WhatsApp[41] e de plataformas similares para a comunicação entre os médicos e seus pacientes para envio de dados e como meio para sanar dúvidas, inclusive, em grupos fechados de especialistas e corpo clínico de instituição, fazendo a ressalva quanto ao caráter confidencial das informações trocadas,[42] o Conselho Regional de Medicina do Estado do Amazonas expressou opinião contrária.[43].

Outra preocupação é a forma de envio de exames,[44] prescrições, atestados médicos, marcação de consultas,[45] que deve ocorrer por meios seguros, com o

---

40. Parecer nº 212/2020 CRM-MG, Ementa: "As plataformas que atendem ao nível de segurança NGS2, estabelecido pela Portaria 467 do Ministério da Saúde, bem como a Lei 13.898/2020, podem ser utilizadas no exercício da Telemedicina". Disponível em: https://sistemas.cfm.org.br/normas/visualizar/pareceres/MG/2020/212 Acesso em: 31 maio 2021. Parecer 08/2020, CRM-MG, Ementa: "É permitido o uso do WhatsApp e plataformas similares para comunicação entre médicos e seus pacientes; em caráter privativo, para enviar dados ou tirar dúvidas em absoluto caráter confidencial; sendo opcional esta via de comunicação entre o médico e o paciente". Disponível em: https://sistemas.cfm.org.br/normas/visualizar/pareceres/MG/2020/8. Acesso em: 31 maio 2021.

41. Disponível em: https://sistemas.cfm.org.br/normas/visualizar/pareceres/BR/2017/14. Acesso em 31 maio 2021.

42. O Conselho Regional de Medicina do Estado do Paraná, no ano de 2015, em resposta à consulta formulada acerca do uso do aplicativo WhatsApp por representantes legais de menores com envio de fotos para receber atendimento médico via telefone, não proibiu o seu uso, mas esclareceu que não se trata de ato médico completo, e que não prescinde da realização da anamnese e exame físico prévio, ficando a critério do médico e em acordo com o paciente ou representante legal combinar o envio de exames ou novas informações por meio eletrônico, considerando o disposto nos arts. 5º, 32, 37, 87, todos do Código de Ética Médica e art. 1º da Resolução 1.958/2010 do CFM. Ressalvou, ainda, que o profissional médico não poderá receber remuneração por suas orientações/prescrições via WhatsApp por não se tratar de ato médico completo.

43. Parecer nº 6/2018, CREMAN, Ementa: "Telerradiologia. Prática por meio de Whatsapp, e-mail e afins. Impossibilidade. Registro nos Regionais onde estão ocorrendo a transmissão. Obrigatoriedade. Deve atender aos requisitos obrigatórios do 'Nível de Garantia de Segurança 2 (NGS2)', estabelecida no Manual de Certificação para Sistemas de Registro Eletrônico em Saúde vigente, editado pelo CFM e Sociedade Brasileira de Informática em Saúde (SBIS). O médico também deve estar registrado em ambos os regionais". Disponível em: https://sistemas.cfm.org.br/normas/ visualizar/pareceres/AM/2018/6. Acesso em: 31 maio 2021.

44. O Conselho Regional do Paraná, por meio do Parecer nº 1931/2008, referente ao envio pela Internet de exame de Termometria Cutânea (medida da temperatura cutânea

uso de ferramentas que protejam o acesso por pessoas não autorizadas, seja com o uso de senha, *firewall*, cópias de segurança, filtros, dados biométricos, entre outros, o que nem sempre conseguem proteger contra ataques cibernéticos,[46] vazamentos, acessos indevidos. Caberá ao controlador de dados comunicar, em caso de incidentes, à Autoridade Nacional e ao titular dos dados (art. 48 da LGPD e art. 10, do CDC).[47]

Toda fragilidade à qual os dados sensíveis dos pacientes estão sujeitos impõe aos médicos, aos profissionais liberais e aos que constituíram pessoa jurídica o dever de observar os valores e princípios da LGPD, como a finalidade; a adequação; a necessidade; o livre acesso; a qualidade dos dados; a transparência; a segurança; a prevenção; a não discriminação; e a responsabilização e a prestação de contas (art. 6º da LGPD).

A LGPD impõe aos agentes de tratamento o dever de adotar medidas de segurança[48] técnicas e administrativas capazes de proteger os dados pessoais de "acessos não autorizados e de situações acidentais ou ilícitas de destruição,

---

de alguma parte do corpo) conclui pela possibilidade, desde que seguidas às normas técnicas de segurança em transmissão de dados via Internet para garantir o sigilo e a privacidade do paciente.

45. Resolução nº 97/2001 do CREMESP, que, ao se referir às consultas médicas e orientações pela Internet, concluiu: "As clínicas, hospitais e consultórios podem usar a Internet para agendamento e marcação de consultas via e-mail."

46. Em 2017, foi noticiado crime praticado no Hospital de Câncer de Barretos por *hackers* que interrompem até quimioterapia em sequestros virtuais. Disponível em: https://www.bbc.com/portuguese/brasil-40870377 Acesso em 31 maio 2021. Na Alemanha, ataque de *ransomware* em hospital leva paciente à morte. Disponível em: https://olhardigital.com.br/2020/09/18/seguranca/ataque-de-ransomware-em-hospital-leva-paciente-a-morte-na-alemanha/?gfetch=2020%2F09%2F18%2Fseguranca%2Fataque-de-ransomware-em-hospital-leva-paciente-a-morte-na-alemanha%2F. Acesso em: 31 maio 2021.
"Ataques cibernéticos em hospitais aumentam 45% em todo o mundo. A Check Point Research (CPR) relatou um aumento de 45% nos ataques cibernéticos a organizações de saúde em todo o mundo nos últimos dois meses, tornando a saúde o setor mais visado por criminosos cibernéticos." Disponível em; https://minutodaseguranca.blog.br/ataques-ciberneticos-em-hospitais-aumentam-45-em-todo-o-mundo/. Acesso em: 31 maio 2021.

47. Quanto à comunicação de incidentes de segurança com dados pessoais à ANPD acessar: https://www.gov.br/anpd/pt-br/assuntos/incidente-de-seguranca. Acesso em: 08 nov. 2021.

48. ISO/IEC 27002:2013 – Tecnologia da informação – Técnicas de segurança – Código de prática para controles de segurança da informação.

perda, alteração, comunicação ou qualquer forma de tratamento inadequado ou ilícito", desde a concepção do serviço até a sua execução (*privacy by design e privacy by default*), e após seu término (arts. 15, 16, 46 e 47), sob pena de responsabilidade e cominação de sanções administrativas[49] (arts. 44 e 52).

Para além do dever de segurança da informação que abrange a confidencialidade, a disponibilidade e a integridade,[50] a LGPD dispõe sobre a adoção de boas práticas e programas de governança em privacidade para o tratamento de dados pessoais que, a despeito de a lei não estabelecer uma obrigatoriedade, considera sua utilização quando da imposição de sanções administrativas (arts. 50 e 52).

Aos profissionais médicos é aconselhável que formulem suas regras de boas práticas e de governança de dados[51] para as quais devem seguir alguns passos planejados de acordo com sua atividade, sua estrutura, sua finalidade de atuação, os riscos envolvidos em relação à possibilidade de ocorrer incidentes e os benefícios decorrentes do tratamento de dados.

No entanto, indaga-se: quais políticas de segurança[52] e de governança estabelecidas na própria LGPD poderiam ser utilizadas pelos médicos profissionais

49. "Centro Hospitalar Barreiro Montijo foi multado em 400.000 euros por violar o Regulamento Geral de Proteção de Dados. A autoridade de supervisão do país, a Comissão Nacional de Proteção de Dados, constatou que houve três violações do GDPR". Disponível em: https://www.lgpdbrasil.com.br/em-portugal-centro-hospital-e-multado-em-400-mil-euros-por-violar-gdpr/. Acesso em: 31 mai. 2021.

50. ABNT NBR ISO/IEC 27001:2003 – Tecnologia da informação – Técnicas de segurança – Sistemas de gestão da segurança da informação – Requisitos, ISO/IEC 27002:2013 – Tecnologia da informação – Técnicas de segurança – Código de prática para controles de segurança da informação. ISO/IEC 27701:2019 – Técnicas de segurança – Extensão da ABNT NBR ISO/IEC 27001 e ABNT NBR ISO/IEC 27002 para gestão da privacidade da informação – Requisitos e diretrizes.

51. Decreto nº 10.046/2019 – Dispõe sobre a governança no compartilhamento de dados no âmbito da administração pública federal e institui o Cadastro Base do Cidadão e o Comitê Central de Governança de Dados: "Art. 2º Para fins deste Decreto, considera-se: [...] XV – governança de dados – exercício de autoridade e controle que permite o gerenciamento de dados sob as perspectivas do compartilhamento, da arquitetura, da segurança, da qualidade, da operação e de outros aspectos tecnológicos; [...]."

52. As medidas administrativas de segurança de dados pessoais, como ressaltado pela ANPD, devem abranger: i) política de segurança da informação; ii) conscientização e treinamento; iii) gerenciamento de contratos; as medidas técnicas: i) controle de acesso; ii) segurança dos dados pessoais armazenados; iii) segurança das comunicações; e iv) manutenção de programa de gerenciamento de vulnerabilidades; além de medidas relacionadas ao uso de dispositivos móveis e medidas relacionadas ao serviço em

liberais que são controladores de dados, que atuam em seus consultórios de forma autônoma ou que constituíram pequenas clínicas? Para responder é fundamental a interpretação de cada atuação médica profissional a fim de averiguar que instrumentos devem ser utilizados para se adaptarem à LGPD, bem como os que propiciam um sistema de *compliance* de dados pessoais, o que atrai uma atuação multidisciplinar.

3. O *COMPLIANCE* DE DADOS DOS PACIENTES E A PREVENÇÃO DE RISCOS

No exercício da atividade médica, nos termos da Lei nº 12.842/2013, que dispõe sobre o exercício da Medicina, o alvo é a promoção, a proteção, a recuperação da saúde, a prevenção, o diagnóstico, o tratamento das doenças, a reabilitação dos enfermos e das pessoas com deficiências, devendo o médico agir em prol da saúde do ser humano e da coletividade, sem qualquer discriminação e viés mercantilista (Capítulos I, II, Capítulo II, IX, art. 58, Código de Ética Médica).

Entre os direitos dos pacientes e os deveres dos médicos sempre foi ressaltado o direito do paciente ao sigilo de seus dados e, consequentemente, o dever do médico de mantê-lo como preceituam as normas deontológicas (Capítulo I, IX, arts. 73 a 79, 85 e 89), assim como o direito do paciente de decidir de forma autônoma sobre o tratamento médico, o que resulta no dever do médico de obter o consentimento livre e esclarecido do paciente (art. 22 do CEM, arts. 13 e 15 do Código Civil).

Todavia, não basta o médico manter o sigilo dos dados e observar a autonomia do paciente no que diz respeito às disposições acerca do próprio corpo. A LGPD asseverou o direito do paciente[53] ao sigilo, à informação, com ênfase no tratamento dos seus dados pessoais e sensíveis abrangendo o seu acesso facilitado, claro e ostensivo às informações; as formas de acesso; a disponibilidade; o

---

nuvem. Disponível em: https://www.gov.br/anpd/pt-br/documentos-e-publicacoes/guia-vf.pdf. Acesso em: 08 nov. 2021.

53. Cabe ressaltar que o paciente pode ser criança e adolescente, o que atrai normativa mais protetiva diante da vulnerabilidade que fica ainda mais potencializada, nos termos do art. 14 da LGPD, independentemente das especificidades na seara médica quanto à disposição de seu próprio corpo, sua autonomia existencial, a figura do assentimento livre e esclarecido. A respeito do tema, merece leitura: TEFFÉ, Chiara Spadaccini de. Tratamento de dados pessoais de crianças e adolescentes: considerações sobre o artigo 14 da LGPD. In: A LGPD e o novo marco normativo no Brasil / organização Caitlin Mulholland. Porto Alegre: Arquipélago, 2020.

local de armazenamento; a recuperação; a retificação, correção ou atualização; a portabilidade; o compartilhamento; a ocultação, a anonimização e pseudonimização;[54] o bloqueio ou eliminação, apagamento, esquecimento; a limitação do tratamento; a revogação do consentimento; a revisão de decisões etc. (arts. 9º, 12, 18, 19 e 20, LGPD).[55]

Desses direitos nascem deveres que são atribuídos ao médico-controlador, como o de obter o consentimento livre e esclarecido do paciente para esse fim específico, salvo exceção legal (arts. 7º, 8º e 11, LGPD),[56] que vai além do consentimento referente ao tratamento médico; e o dever de garantir a segurança dos dados por meio de determinadas medidas e instrumentos, sendo de grande valia a utilização de um sistema de governança e *compliance* digital, agindo com transparência, integridade, responsabilidade e prestação de contas na sua atuação.

De acordo com Ana Frazão,[57] *compliance*[58] refere-se

> ao conjunto de ações a serem adotadas no ambiente corporativo para que se reforce a anuência da empresa à legislação vigente, de modo

54. "A pseudonimização é um instrumento utilizado para dificultar a identificação das pessoas quando no tratamento de dados pessoais. Essa técnica se efetiva pela criação de pseudônimos, isto é, pela substituição de um atributo de um registro por outro. Para essa substituição, pode-se recorrer à encriptação, ou seja, os dados encriptados, por meio de uma cifra, denominada chave criptográfica e conhecida apenas por quem está realizando o tratamento dos dados. [...] Já a anonimização consiste na remoção ou na ofuscação de toda a informação pessoal de uma base de dados, com o objetivo de impedir a identificação dos indivíduos. Aplicam-se técnicas que pretendem tornar impraticável, ou razoavelmente impossível, a reidentificação, inclusive pelo próprio técnico que realizou a operação inicial." EHRHARDT JR., Marcos; MODESTO, Jéssica Andrade. Breves Notas Sobre Anonimização e Proteção De Dados Pessoais. *Revista Magister de Direito Civil e Processual Civil*, Porto Alegre, v. 17, n. 99, p. 67-100, nov./dez. 2020.

55. Está previsto no Capítulo III do GDPR os direitos do titular dos dados.

56. A respeito do tema, os ensinamentos de Caitlin Mullholland em artigo: O tratamento de dados pessoais sensíveis. In: MULHOLLAND, Caitlin (org.). *A LGPD e o novo marco normativo no Brasil.* Porto Alegre: Arquipélago, 2020, p. 121-156.

57. FRAZÃO, Ana. Programas de *compliance* e critérios de responsabilização de pessoas jurídicas por ilícitos administrativos. In: ROSSETTI, Maristela Abla; PITTA, André Grunspun. *Governança corporativa*: avanços e retrocessos. São Paulo: Quartier Latin, 2007. p. 42.

58. "O termo *compliance* é sabidamente oriundo da Língua Inglesa. Sua origem está na etimologia do verbo 'to comply', que não possui tradução exata, mas revela a expectativa de uma postura de conformidade e adesão a parâmetros regulatórios". MARTINS,

a prevenir a ocorrência de infrações ou, já tendo ocorrido o ilícito, propiciar o imediato retorno ao contexto de normalidade e legalidade.

E, no que tange ao sistema de *compliance* de dados pessoais, o programa se destina a garantir a observância das normas de proteção dos dados pessoais, em especial as diretrizes da Lei Geral de Proteção de Dados, independentemente de outras normas existentes, já que os dados pessoais deixaram de ser tratados como ativos próprios, livremente comercializados e utilizados, para serem tratados por determinados agentes sem que se desprendam dos seus titulares, trazendo novos deveres de guarda, armazenamento, retificação de informações, entre outras medidas de segurança.

A política de *compliance* de dados auxiliará os médicos na adoção de padrões uniformes de conduta e estratégias para manter os dados pessoais e sensíveis dos pacientes protegidos dentro dos parâmetros legais de forma a minimizar os incidentes que geram violação dos direitos dos titulares quando ocorre o desvio, o vazamento dos dados. Esses incidentes devem ser evitados, pois acabam por violar os direitos dos pacientes, reduzindo sua capacidade de escolha, sujeitando-os a discriminações, suprimindo sua privacidade, o que a LGPD visa combater.

Mas como o médico deve proceder para cumprir seu dever de proteção dos dados pessoais e sensíveis do paciente? O objetivo não é onerar ainda mais os profissionais da saúde, mas trazer uma nova cultura de cidadania digital de maneira a assegurar o uso legítimo dos dados dos pacientes e conferir proteção, evitando responsabilidades, principalmente como o aumento da circulação dos dados, do uso da telemedicina.

Inicialmente, é importante estabelecer algumas etapas a seguir para que o profissional se adapte às novas exigências legais, a fim de legitimar sua atuação profissional não só no que diz respeito ao ato médico, mas diante de seu novo papel de controlador de dados pessoais. Isso porque cabe aos médicos, como agentes de tratamento, agirem de forma transparente quanto ao uso dos dados, cuja finalidade principal é a tutela da saúde humana, prestando contas integralmente e se responsabilizando pelos resultados alcançados.

No caso dos profissionais médicos, é oportuno identificar que medidas organizacionais precisam ser adotadas para se construir um programa de

G. M.; FALEIROS JUNIOR, J. *Compliance* digital e responsabilidade civil na Lei Geral de Proteção de Dados. In: MARTINS, Guilherme Magalhães; ROSENVALD, Nelson (org.). *Responsabilidade civil e novas tecnologias*. Indaiatuba: Foco, 2020, p. 274.

compliance digital, tendo como base a finalidade da coleta dos dados dos pacientes, a estrutura e os direitos assegurados aos titulares de dados (arts. 2º, 7º, 11 e 18, LGPD).

O primeiro passo é identificar os riscos decorrentes do fluxo de dados existentes no exercício da atividade médica, o que deve ser feito de forma periódica (gerenciamento de riscos). Para isso, deve-se verificar o momento em que ocorre a coleta dos dados, de que forma (cadastros, físicos ou digitais, presencial ou virtual etc.); qual é a qualidade e a quantidade de dados (tipos de dados – pessoais e/ou sensíveis, observado o princípio da necessidade (art. 6º, III, da LGPD); as características dos dados; quem faz a coleta dos dados (funcionários, secretárias ou o próprio médico) e em que momento; quem tem acesso; qual é o prazo de conservação e a forma de acessibilidade.

O médico deve esclarecer ao paciente a finalidade da coleta dos dados (tutela da saúde do titular), especificar caso utilize para outros fins como eventualmente publicitários (ex. envio de informações sobre tratamentos por e-mail), pesquisa científica (Resolução nº 466/20212 do Conselho Nacional de Saúde), eventual compartilhamento com terceiros, outros profissionais da área da saúde (teleinterconsulta), com empresas de apoio de diagnóstico, laboratórios, serviços médicos e de saúde terceirizados, operadoras de planos de saúde/seguro saúde,[59] quando o serviço prestado ao paciente tenha sido realizado por meio de convênio médico. Ressalta-se que o médico poderá utilizar os dados pessoais do paciente em casos em que serão necessários para o cumprimento de obrigação legal ou regulatória; para o exercício regular de direito de defesa em processos judiciais, administrativos ou arbitrais e para a própria tutela da saúde do paciente; realização de estudos por órgão de pesquisa, garantida, sempre que possível, a anonimização dos dados pessoais sensíveis, entre outras hipóteses previstas no art. 7º referente aos dados pessoais e art. 11 da LGPD para os dados pessoais sensíveis.

Far-se-á, portanto, um mapeamento dos dados envolvidos para, em seguida, implementar um procedimento eficaz que, apesar de não poder assegurar integralmente a não utilização indevida por terceiros, o vazamento, pode minimizar os riscos a que os dados dos pacientes estão expostos, fechando as brechas dos canais de comunicação, tanto internamente quanto externamente, observando, com isso, o princípio da prevenção (art. 6º, VIII, LGPD).

59. NOTA TÉCNICA Nº 3/2019/GEPIN/DIRAD-DIDES/DIDES. Disponível em: https://www.sbac.org.br/wp-content/uploads/2019/12/Nota-Te%CC%81cnica-sobre-LGPD.pdf. Acesso em: 31 maio 2021.

O segundo passo é a elaboração, a título de exemplo, de documentos como: i) termo de consentimento livre e esclarecido; ii) código de ética e de conduta (boas práticas) contendo procedimentos do tratamento dos dados, instruções gerais, valores que devem guiar os funcionários, as pessoas que trabalham na clínica, no consultório, parceiros, colaboradores, especificar a finalidade do uso dos dados, as medidas de segurança a serem adotadas para proteger e recuperar os dados; iii) o desenvolvimento de política de privacidade; iv) termo de sigilo e confidencialidade para os funcionários (Non-Disclosure Agreement – NDA) para que estes se comprometam a não divulgar informações confidenciais que envolvam dados pessoais[60]; v) relatório de impacto; vi) canal de reclamações, de denúncias para o paciente, a fim de interromper práticas irregulares; vii) eleger um encarregado pelo tratamento de dados – canal de comunicação – interno e externo; viii) adotar medidas técnicas como anonimização ou pseudonimização de dados pessoais para impossibilitar a reconexão de dados pessoais a seus titulares;[61] ix) promoção de interação entre vários profissionais; x) utilizar tecnologias seguras, verificar os sistemas utilizados pelas empresas de tecnologia que fornecem os aplicativos, as plataformas, os locais de armazenamento, se possuem certificações, acreditações e procedimentos de controle;[62] xi) utilizar ferramentas de prevenção, consultas prévias; xii) comunicação de incidentes – incidentes de segurança; xiii) treinar periodicamente a equipe; xiv) realizar monitoramento dos dados, fazer relatórios; xv) manter registros das operações de tratamento de dados; xvi) realizar contratações com fornecedores que observam a LGPD e legislações atinentes, e que tenham certificações, acreditações por entidades especializadas; xvii) elaborar regulamento interno, entre outros instrumentos.

---

60. Disponível em: https://www.gov.br/anpd/pt-br/documentos-e-publicacoes/guia-vf.pdf. Acesso em: 08 nov. 2021.

61. Cf. ALMEIRA, Mariana de Moraes. A segurança e as boas práticas no tratamento de dados pessoais. In: MULHOLLAND, Caitlin (org.). *A LGPD e o novo marco normativo no Brasil*. Porto Alegre: Arquipélago, 2020, p. 319-342.

62. "[...] empresas de tecnologia que trabalham com *cloud computing* têm uma preocupação muito grande e procuram certificações e procedimentos de controle, até mesmo internacionais como o *Health Insurance Portability and Accountability Act* (HIPAA – Lei de portabilidade e responsabilidade de provedores de saúde)." As maiores preocupações em *compliance* na saúde com empresas de tecnologia. Por Iomani Engelmann em 26 de maio de 2020. Disponível em: https://www.pixeon.com/blog/compliance-na-saude/#:~:text=As%20maiores%20preocupa%C3%A7%C3%B5es%20em%20compliance%20na%20sa%C3%BAde%20com%20empresas%20de%20tecnologia&text=Compliance%20na%20sa%C3%BAde%2C%20de%20forma,controles%20acordados%20com%20as%20empresas. Acesso em: 31 maio 2021.

E, por fim, será necessário o auxílio dos operadores de TI para implementar várias medidas já apontadas, de forma a utilizar veículos e ferramentas seguras, uso de senhas, *firewall*, criptografia etc.

A obtenção do consentimento livre e esclarecido do paciente é fundamental para o tratamento dos dados do paciente, salvo nas hipóteses de dispensa prevista em lei (arts. 7º e 11, LGPD), e, uma vez coletados os dados, identificar quem, porventura, poderia ter acesso, como restringir no ambiente do trabalho o acesso por secretárias, outros profissionais da clínica e terceiros não parceiros ou não autorizados. É importante definir, com suporte técnico, quais veículos de comunicação, plataformas, software, aplicativos, mídias sociais, serão utilizados com os pacientes para troca de informações, envio de pedidos médicos para a realização de exames, a manipulação de medicamentos, receitas, atestados, observados os limites de segurança para salvaguarda dos dados pessoais dos pacientes desde a concepção e a proteção por defeito.

As regras de boas práticas de governança e o desenvolvimento de mecanismos de *compliance* facilitarão o processo de adaptação à LGPD, modificando a cultura de proteção de dados pessoais desde a base organizacional da atividade médica. É por meio da atuação proativa dos médicos, controladores de dados dos pacientes, que será possível dar efetividade ao exercício dos direitos dos titulares/pacientes e ao livre desenvolvimento de sua personalidade.

Considerações finais

O elevado volume de circulação de dados pessoais e de dados clínicos (sensíveis) pelas redes, pelas mídias sociais, torna os pacientes cada vez mais vulneráveis, sendo alvos fáceis de incidentes que expõem seus dados de forma indevida, podendo comprometer sua saúde, seu convívio em sociedade, restringindo seu campo de contratações, sua atividade laborativa, seu acesso a seguros, planos de saúde, afetando diretamente sua capacidade de escolha, sendo alvo de discriminações e supressão da sua privacidade. São esses riscos e a forte probabilidade de danos extrapatrimoniais e patrimoniais a que estão sujeitos os titulares de dados pessoais e sensíveis que a Lei Geral de Proteção de Dados visa combater por meio de uma regulação sistemática e sancionatória, que, somada a outras normas existentes, pretendem tutelar determinados bens merecedores de tutelas.

A relação médico-paciente é pautada na confiança estabelecida entre eles, no princípio da transparência e da boa-fé, e vai além dos cuidados com a saúde e o corpo do paciente, alcançando a sua personalidade com um todo, que se completa nos seus dados pessoais e sensíveis. Os grandes desafios da era digital relevam também no setor da saúde um grande despertar da urgente necessidade de tutelar os dados sensíveis dos pacientes pelo seu forte potencial de causar danos quando violados.

O fato de os médicos atuarem de forma autônoma ou de constituírem pessoas jurídicas de pequeno porte não os afasta da importância de desenvolver uma cultura de governança de dados. O que implica na adoção de medidas técnicas, administrativas, éticas, na área de segurança da informação, com suporte de uma consultoria jurídica, de TI, para manter íntegros os dados pessoais dos pacientes durante toda a atividade de tratamento.

A integridade da prestação de serviços médicos tem em um de seus pilares a adoção de práticas de *compliance* de dados indissociáveis dos padrões éticos de conduta, da autorregulação, da autovigilância. Portanto, caberá ao médico agir de forma diligente na implementação, no desenvolvimento e monitoramento dos programas de *compliance*. Essa tarefa depende de uma iniciativa de conteúdo multidisciplinar, em que será possível assegurar o cumprimento não só das leis de proteção de dados, mas também das normas deontológicas, dos guias de boas práticas. Tudo tendo como principal objetivo proteger os interesses dos pacientes vulneráveis em sua integralidade, abrangendo não apenas sua integridade psicofísica como o livre desenvolvimento da sua personalidade, o exercício da sua dignidade.

REFERÊNCIAS

ALMEIRA, Mariana de Moraes. A segurança e as boas práticas no tratamento de dados pessoais. In: MULHOLLAND, Caitlin (org.). *A LGPD e o novo marco normativo no Brasil*. Porto Alegre: Arquipélago, 2020, p. 319-342.

CABELLA, Daniela Monte Serrat; FERREIRA, Raissa Moura. *Descomplicando: Agentes de tratamento*. Disponível em: https://www.migalhas.com.br/depeso/326741/descomplicando-agentes-de-tratamento. Acesso em: 29 maio 2021.

COSTA, José Augusto Fontoura. Tratamento de dados de saúde na LGPD: Obrigações, limites e responsabilidade dos agentes. In: DALARRI, Analluza Bolivar; MONACO, Gustavo Ferraz de Campos (coord.). *LGPD na Saúde* [livro eletrônico]. São Paulo: Thomson Reuters Brasil, 2021.

COTS, Márcio; OLIVEIRA, Ricardo. *Lei Geral de proteção de dados pessoais comentada*. 3. ed. rev., atual e ampl. São Paulo: Thomson Reuters Brasil, 2019.

DONEDA, Danilo. Panorama Histórico da Proteção de Dados Pessoais. In: DONEDA, Danilo (coord.). *Tratado de proteção de dados pessoais*. [2. reimp.]. Rio de Janeiro: Forense, 2021, p. 03-20.

FILHO, Eduardo Tomasevicius. Responsabilidade civil na LGPD na área da saúde. In: DALARRI, Analluza Bolivar; MONACO, Gustavo Ferraz de Campos (coord.). *LGPD na Saúde* [livro eletrônico]. São Paulo: Thomson Reuters Brasil, 2021.

FRAZÃO, Ana; OLIVA, Milena Donato; ABILIO, Vivianne da Silveira. *Compliance* de dados pessoais. In: FRAZÃO, Ana Frazão; TEPEDINO, Gustavo; OLIVA, Milena Donato (coord.) *Lei Geral de Proteção de Dados Pessoais e suas repercussões no direito brasileiro*. São Paulo: Thomson Reuters Brasil, 2019, p. 677-715.

FRAZÃO, Ana. Programas de *compliance* e critérios de responsabilização de pessoas jurídicas por ilícitos administrativos. In: ROSSETTI, Maristela Abla; PITTA, André Grunspun. *Governança corporativa:* avanços e retrocessos. São Paulo: Quartier Latin, 2007, p. 23-57.

MAIA, Roberta Mauro Medina. A titularidade de dados pessoais prevista no art. 17 da LGPD: direito real ou pessoal?. In: FRAZÃO, Ana Frazão; TEPEDINO, Gustavo; OLIVA, Milena Donato (coord.). *Lei Geral de Proteção de Dados Pessoais e suas repercussões no direito brasileiro*. São Paulo: Thomson Reuters Brasil, 2019, p. 131-156.

MALDONADO, Viviane Nóbrega; BLUM, Renato Opice (coord.). In: LGPD: *Lei Geral de Proteção de Dados Pessoais comentada*. 3. ed. rev., atual. e ampl. São Paulo: Thomson Reuters Brasil, 2021.

MARTINS, G. M.; FALEIROS JUNIOR, J. *Compliance* digital e responsabilidade civil na Lei Geral de Proteção de Dados. In: MARTINS, Guilherme Magalhães; ROSENVALD, Nelson (org.). *Responsabilidade civil e novas tecnologias*. Indaiatuba: Foco, 2020, p. 263-297.

MULHOLLAND, Caitlin. O tratamento de dados pessoais sensíveis. In: MULHOLLAND, Caitlin (org.). *LGPD e o novo marco normativo no Brasil*. Porto Alegre: Arquipélago Editorial, 2020, v. 1, p. 121-156.

PALHARES, Felipe. Vantagem econômica no compartilhamento de dados de saúde: Interpretação do artigo 11, § 4º, da LGPD. In: DALARRI, Analluza Bolivar; MONACO, Gustavo Ferraz de Campos (coord.). *LGPD na Saúde* [livro eletrônico]. São Paulo: Thomson Reuters Brasil, 2021.

PEREIRA, Paula Moura Francesconi de Lemos; MILDEMBERGER, C. S. Publicidade médica em tempos de pandemia do novo coronavírus. *Revista dos Tribunais*, 2020, v. 1017, p. 385-391.

______. Publicidade médica nas mídias sociais: proposta de um modelo contemporâneo no Brasil. In: NOGAROLI, Rafaella; NETO, Miguel Kfouri (org.). *Debates contemporâneos em direito médico e da saúde*. São Paulo: Thomson Reuters, 2020, p. 399-428.

______. O uso da internet na prestação de serviços médicos. In: *Direito digital: direito privado e internet* / Allan Rocha de Souza [et al.]. 4. ed. Indaiatuba: Editora Foco, 2021.

______. *Relação médico-paciente:* o respeito à autonomia do paciente e a responsabilidade civil do médico pelo dever de informar. Rio de Janeiro: Lumen Juris, 2011.

______; SCHULMAN, Gabriel. Futuro da saúde e saúde do futuro: impactos e limites reais da inteligência artificial. In: TEPEDINO, Gustavo; SILVA, Rodrigo da Guia (Org.). *O Direito Civil na era da Inteligência Artificial.* São Paulo: Thomson Reuters, 2020, p. 165-182.

RODOTÀ, Stefano. A vida na sociedade de vigilância: a privacidade hoje. Trad. Danilo Doneda e Luciana Cabral Doneda. Rio de Janeiro: Renovar, 2008.

SAAVEDRA, Giovani Agostini. *Compliance* de dados. In: DONEDA, Danilo (et al.). *Tratado de proteção de dados pessoais.* [2. reimp.]. Rio de Janeiro: Forense, 2021, p. 727-741.

SARLET, Ingo Wolfgang. Fundamentos constitucionais: o direito fundamental à proteção de dados. In: DONEDA, Danilo (et al.). *Tratado de proteção de dados pessoais.* [2. reimp.]. Rio de Janeiro: Forense, 2021, p. 21-59.

TEFFÉ, Chiara Spadaccini de. Tratamento de dados pessoais de crianças e adolescentes: considerações sobre o artigo 14 da LGPD. In: MULHOLLAND, Caitlin (org.). *A LGPD e o novo marco normativo no Brasil.* Porto Alegre: Arquipélago, 2020, p. 157-177.

TERRA, Aline de Miranda Valverde; PEREIRA, Paula Moura Francesconi de Lemos. *Telemedicina no sistema privado de saúde: quando a realidade se impõe.* Migalhas, 2020. Disponível em: https://www.migalhas.com.br/coluna/migalhas-de-vulnerabilidade/322083/telemedicina-no-sistema-privado-de-saude--quando-a-realidade-se-impoe Acesso em 31 maio 2021.

Compliance de dados em escritórios de advocacia

Ana Frazão[1]

Angelo Prata de Carvalho[2]

Sumário: I. Introdução; II. Programas de *compliance* em escritórios de advocacia: a importância do diálogo entre a LGPD e o Estatuto e o Código de Ética da Advocacia; III. O tratamento de dados pessoais e os deveres e responsabilidades dos escritórios de advocacia; III.1. Os escritórios de advocacia no contexto dos agentes de tratamento; III.2. Principais fluxos de dados de escritórios de advocacia; III.3. Cuidados gerais sobre tratamento de dados

---

1. Advogada e Professora de Direito Civil, Comercial e Econômico da Universidade de Brasília – UnB. Ex-Conselheira do CADE – Conselho Administrativo de Defesa Econômica (2012-2015). Ex-Diretora da Faculdade de Direito da Universidade de Brasília (2009-2012). Graduada em Direito pela Universidade de Brasília – UnB. Especialista em Direito Econômico e Empresarial pela Fundação Getulio Vargas – FGV. Mestre em Direito e Estado pela Universidade de Brasília – UnB. Doutora em Direito Comercial pela Pontifícia Universidade Católica de São Paulo – PUCSP. Líder do GECEM – Grupo de Estudos Constituição, Empresa e Mercado.

2. Advogado. Mestre e Doutorando em Direito na Universidade de Brasília. Professor voluntário na Faculdade de Direito da Universidade de Brasília. Vice-líder do GECEM – Grupo de Estudos Constituição, Empresa e Mercado.

sobre potenciais clientes; III.4. Cuidados gerais sobre tratamento de dados de clientes do escritório ou de pessoas naturais a eles relacionadas; III.4.1. Cuidados durante a prestação do serviço; III.4.2. Cuidados após a prestação do serviço; III.5. Cuidados gerais sobre tratamento de dados de terceiros obtidos por meio do cliente ou em virtude de uma determinada causa; IV. Elementos distintivos de programas de *compliance* em escritórios de advocacia; V. Considerações finais; VI. Referências.

I. Introdução

A relevância dos diplomas de proteção de dados pessoais, entre os quais a Lei Geral de Proteção de Dados – LGPD brasileira, não é mais novidade, assim como o fato de que suas normas já geram direitos e obrigações cogentes e exigíveis, de tal maneira a impor uma conduta responsável dos agentes de tratamento.

No entanto, como costuma ocorrer com novas legislações, a concretização e a defesa dos direitos previstos pela LGPD não somente ainda requerem amadurecimento dos próprios processos de aplicação da lei, como também a internalização da cultura de proteção de dados às rotinas das organizações que efetivamente processam dados pessoais.

Daí a relevância dos programas de *compliance*, assim entendidos como conjuntos de estratégias destinadas a incentivar o cumprimento da ética e da legislação e a prevenir e coibir práticas contrárias ao ordenamento jurídico e aos valores de cada organização. Tais iniciativas vêm desempenhando a importante função de difundir uma cultura de conformidade em relação a diversos microssistemas jurídicos, como é o caso do Direito Anticorrupção e do Direito da Concorrência[3], esperando-se que possam cumprir o mesmo papel em relação ao direito da Proteção de Dados Pessoais.

Como não poderia ser diferente, no campo da proteção de dados, especialmente diante do regime de responsabilidade estabelecido pela LGPD, programas de *compliance* têm recebido atenção cada vez maior, na medida em que se apresentam como importantes ferramentas para o mapeamento, prevenção e

3. Ver: FRAZÃO, Ana; PRATA DE CARVALHO, Angelo. Corrupção, cultura e *compliance*: o papel das normas jurídicas na construção de uma cultura de respeito ao ordenamento. In: CUEVA, Ricardo Villas Bôas. *Compliance:* perspectivas e desafios dos programas de conformidade. Belo Horizonte: Fórum, 2018. p. 130.

mitigação de riscos tanto de eventos de segurança quanto de processos de tratamento indevido de dados.

Nesse sentido, para além da aplicação da letra da legislação de proteção de dados, programas de *compliance* servem em grande medida para conferir efetividade a essas normas e até para ir além delas por meio de soluções adaptadas para a realidade de cada organização. Ademais, a sua elaboração constitui preocupação central às entidades que pretendam construir resposta efetiva às contingências relacionadas à proteção de dados.

Evidentemente que cada tipo de negócio e cada setor econômico terá preocupações específicas que ensejarão soluções apropriadas a cada processo de tratamento de dados, considerando que se faz necessário um olhar especial a cada conjunto de riscos a que se submetem os dados tratados por determinada organização.

Diante desse cenário, produziu-se torrencial quantidade de conteúdo sobre a LGPD, que veio acompanhada de um crescimento exponencial de programas de *compliance* de dados que, em larga medida, são estruturados por escritórios de advocacia que procedem à revisão de procedimentos internos e ao mapeamento dos fluxos de dados pertinentes às atividades de cada organização.

Acontece que, conforme aduz Jürgen Wessing, "advogados raramente se olham no espelho quando se trata da conformidade de seus próprios escritórios"[4], de tal maneira que pouca atenção se tem dado aos riscos especificamente relacionados às atividades de escritórios de advocacia, responsáveis por relevantes fluxos de dados de seus clientes.

Dessa maneira, considerando as peculiaridades que são próprias à gestão de fluxos de dados em escritórios de advocacia e a necessidade de sistematização das principais preocupações e contingências relacionadas ao setor, o presente trabalho pretenderá tratar das finalidades e do *modus operandi* de programas de *compliance* de dados em escritórios de advocacia.

II. Programas de *compliance* em escritórios de advocacia: a importância do diálogo entre a LGPD e o Estatuto e o Código de Ética da Advocacia

Programas de *compliance* de dados constituem legítimos exercícios de autonomia privada voltados à construção de um regulamento interno voltado ao

4. WESSING, Jürgen. Compliance in Anwaltskanzleien. *Zeitschrift für Internationale Strafrechtsdogmatik*. v. 9, pp. 368-374, 2018. p. 368.

diagnóstico, à mitigação e à prevenção de riscos e contingências relacionados à proteção dados, considerando especialmente as normas cogentes contidas na LGPD. No entanto, não se pode esquecer que tais programas consistem em salvaguardas intimamente relacionadas à necessidade de conformidade das organizações com a legislação em virtude do rigoroso regime de responsabilidade inaugurado pela lei. Por esse motivo, é fundamental que a estrutura de responsabilidades dos escritórios de advocacia esteja bem definida para que se possa implementar um programa de *compliance* minimamente eficaz.

Não se pode esquecer, nesse sentido, que a LGPD tem por um de seus principais objetivos resgatar a dignidade dos titulares de dados e seus direitos básicos relacionados à autodeterminação informativa[5], de tal maneira que a formulação de estratégias de conformidade deve ter como preocupação principal a proteção do indivíduo afetado pelo tratamento de dados.

Tal aspecto é fundamental para a compreensão da legislação, porque os valores e objetivos por ela reconhecidos representam um importante contraponto à tendência de monetização dos dados, considerando-os como *commodities* e objeto de livre-extração ou negociação. De forma contrária, os princípios da LGPD mostram que dados pessoais não são meros bens de cunho patrimonial, o que revela a insuficiência das soluções de mercado para qualquer disposição a respeito deles[6].

No caso específico dos escritórios de advocacia, além das preocupações gerais que decorrem diretamente da LGPD, a proteção de dados está intimamente relacionada também com o atendimento às atividades finalísticas da advocacia, notadamente a direção técnica das causas que lhe são submetidas e a defesa dos interesses dos clientes, na medida em que a indevida exposição de informações pessoais tanto pode comprometer a causa em específico quanto abrir espaço para outras violações a direitos que decorram do tratamento indevido. Paralelo interessante, nesse sentido, é o sigilo profissional, que não constitui garantia *do advogado*, mas do cliente e da sociedade como um todo, na medida em que "É do interesse geral que cada pessoa humana, empresa ou entidade tenha assegurado que o de mais íntimo e reservado recebido pelo advogado não extravase para o espaço público"[7].

---

5. FRAZÃO, Ana. Objetivos e alcance da Lei Geral de Proteção de Dados. In: TEPEDINO, Gustavo; FRAZÃO, Ana; OLIVA, Milena Donato. *Lei Geral de Proteção de Dados e suas repercussões no direito brasileiro*. São Paulo: Revista dos Tribunais, 2019. p. 100.
6. FRAZÃO, Op. cit., 2019, p. 103.
7. LÔBO, Paulo. *Comentários ao Estatuto da Advocacia e da OAB*. São Paulo: Saraiva, 2020. pp. 84-85.

Ademais, não se pode esquecer que advogados tendem a conhecer os segredos mais íntimos de seus clientes, de tal maneira que os dados a que têm acesso não estão relacionados apenas a estratégias de defesa, mas à própria dignidade de seus contratantes que sejam pessoas naturais ou das pessoas naturais envolvidas na prestação de serviços advocatícios por pessoas jurídicas[8]. Por conseguinte, os dados pessoais envolvidos na prestação de serviços advocatícios constituem, no mais das vezes, dados sensíveis que ensejam cuidados redobrados no momento do tratamento, armazenamento e descarte.

Dessa maneira, falar em proteção de dados significa também falar na proteção da própria defesa de interesses preconizada pela advocacia, de sorte que, com a entrada em vigor da LGPD, da mesma forma que não se pode cogitar da advocacia sem a proteção do sigilo profissional e da observância de deveres éticos, não mais se pode pensar em organização de escritórios que não se socorra de mecanismos adequados de tratamento, armazenamento e proteção dos dados confiados pelos seus clientes.

É evidente que, para além da estrutura de responsabilidade inaugurada pela LGPD, as salvaguardas por ela estabelecidas estão vinculadas aos deveres aplicáveis aos advogados em geral, notadamente aqueles relacionados à ética profissional e à prevenção ao conflito de interesses.

O Código de Ética da Advocacia, nesse sentido, estabelece os deveres do advogado perante os seus clientes, dispondo inclusive sobre a tutela de informações confiadas ao patrono pelo contratante. É o que determina o art. 19 do aludido Código, segundo o qual "O advogado, ao postular em nome de terceiros, contra ex-cliente ou ex-empregador, judicial ou extrajudicialmente, deve resguardar o segredo profissional e as informações reservadas ou privilegiadas que lhe tenham sido confiadas". Certamente que tal obrigação está relacionada não apenas à proteção da privacidade, mas também à prevenção de conflitos de interesses, mas certo é que ela se insere em um contexto no qual o agir para a garantia dos interesses do cliente se apresenta como verdadeiro dever geral do advogado.

Não é sem motivo que o Estatuto da OAB preceitua, em seu art. 17, que "Além da sociedade, o sócio e o titular da sociedade individual de advocacia respondem subsidiária e ilimitadamente pelos danos causados aos clientes por ação ou omissão no exercício da advocacia, sem prejuízo da responsabilidade disciplinar em que possam incorrer". Em outras palavras, o Estatuto da OAB

---

8. Ver: ALLEN, Anita. *Unpopular privacy.* Oxford: Oxford University Press, 2011. pp. 110-111.

institui regime de responsabilidade amplo dos advogados por danos que possam perpetrar em face de seus clientes, que são apurados inclusive de maneira independente à responsabilidade disciplinar.

Tais preocupações, por conseguinte, não estão relacionadas a causas pontuais, mas dizem respeito a elementos constitutivos da própria organização da sociedade de advogados, cujas atividades têm por pressuposto a proteção dos interesses de seus clientes e, como consequência fundamental disso, a proteção dos dados que lhe são confiados. A autorregulação, assim, é essencial para a construção de uma cultura de respeito à legalidade, à ética e à própria ideia de autodeterminação informativa, considerando que os incentivos ao cumprimento das normas aplicáveis ao setor não devem ser exclusivamente externos, mas devem também partir de estruturas e deveres de conduta internamente estabelecidos[9].

Significa dizer que os dados sujeitos ao tratamento pelos escritórios de advocacia constituem fenômeno de incidência múltipla, tornando tais entidades passíveis de responsabilização tanto sob a ótica da LGPD quanto sob o prisma da ética profissional. A partir do momento em que a autorregulação e o *compliance* se somam a essas fontes regulatórias para criar incentivos internos a determinados comportamentos, as sociedades de advogados não estão sujeitas simplesmente a penalidades pecuniárias advindas do regime de responsabilidade criado pela LGPD ou às medidas disciplinares aplicadas pelos Tribunais de Ética e Disciplina da OAB, mas também a "sanções" que, no fim e ao cabo, talvez sejam ainda mais relevantes do que as mencionadas, como é o caso dos danos reputacionais que podem levar à perda de contratos, de oportunidades comerciais e mesmo da credibilidade do escritório perante o mercado[10].

Diante desse cenário, pode-se sintetizar, a partir dos princípios de aplicação da LGPD, algumas soluções e recomendações capazes de colaborar na consolidação de programas de *compliance* de dados em escritórios de advocacia, de maneira a verdadeiramente internalizar as salvaguardas relacionadas à proteção da privacidade. Observe-se que, especialmente em se tratando de dados que dizem respeito à relação entre advogados e clientes, um programa de *compliance* assume relevância muito maior do que a simples conformidade com a

9. FRAZÃO, Ana; PRATA DE CARVALHO, Angelo. O compliance concorrencial no Brasil: Desafios e perspectivas decorrentes da relação entre heterorregulação e autorregulação. In: CARVALHOSA, Modesto; KUYVEN, Fernando. *Compliance no direito empresarial*. São Paulo: Revista dos Tribunais, 2020. p. 372.
10. Nesse sentido: FRAZÃO; PRATA DE CARVALHO, Op. cit., p. 372.

legislação, mas antes de tudo com um arcabouço de valores éticos que permitem a verificação dinâmica do lícito e do ilícito, do moral e do imoral.

Não basta, por conseguinte, a "sujeição ingênua" aos preceitos legais contidos na LGPD, que se fragilizaria mediante qualquer simples alteração do suporte fático, sendo necessário internalizar incentivos mediante a construção de um código de ética que verdadeiramente se apresente como um ordenamento privado, cuja eficácia decorre não da aplicação unilateral da regulação estatal (que evidentemente influencia os elementos constitutivos do programa de *compliance*, mas não é o único fundamento para que suas normas sejam seguidas), mas do consentimento daqueles afetados pelas normas de conduta em questão.

A implementação de boas práticas no tratamento de dados pessoais possui estrondoso potencial para auxiliar no atendimento aos comandos gerais da lei de acordo com as particularidades de determinados agentes econômicos, bem como prevenir a ocorrência de violações aos direitos dos titulares, na medida em que permite orientar os agentes de tratamento, traduzindo para suas atividades cotidianas as premissas principiológicas da LGPD e concretizando vários dos seus standards e conceitos abertos. Por se tratar de complemento à regulação estatal, apresenta, ainda, a capacidade de gerar incentivos que agregam e aprofundam controles, adaptando-lhes diante da natureza extremamente dinâmica das evoluções tecnológicas em matéria de dados[11].

Diante disso, os mecanismos de prevenção e mitigação aos riscos relacionados ao tratamento de dados não serão suficientes caso estejam limitados a situações pontuais com as quais o escritório de advocacia pode vir a se deparar, na medida em que suas atividades – para que efetivamente alcancem seus objetivos finalísticos – envolvem permanentes (ou no mínimo duradouras) e abrangentes cautelas para que se garanta a adequada proteção à privacidade dos usuários.

Isso porque a defesa dos interesses de um cliente não se encerra em um determinado processo, mas permanece relevante seja quanto ao aproveitamento de peças e estratégias, ao armazenamento de documentos e mesmo ao patrocínio de causas que possam gerar algum conflito de interesses, de sorte que a formulação de estratégia organizacional que internalize os incentivos à proteção de dados é determinante inclusive para que se defina o tipo e a extensão das responsabilidades do escritório, como se mostrará no capítulo seguinte.

---

11. Ver: FRAZÃO, Ana; OLIVA, Milena Donato; ABILIO, Viviane Silveira. Compliance de dados pessoais. In: TEPEDINO, Gustavo; FRAZÃO, Ana; OLIVA, Milena Donato. *Lei Geral de Proteção de Dados e suas repercussões no direito brasileiro*. São Paulo: Revista dos Tribunais, 2019. p. 682.

III. O TRATAMENTO DE DADOS PESSOAIS E OS DEVERES E RESPONSABILIDADES DOS ESCRITÓRIOS DE ADVOCACIA

A estruturação de programas de *compliance* de dados nos escritórios de advocacia, como já se viu, deve atender à função de efetivamente proteger as informações dos titulares. Daí a razão pela qual se pode afirmar que o regime de responsabilidade criado pela LGPD tem características proativas[12], considerando especialmente o disposto no inciso X do art. 6º da Lei Geral de Proteção de Dados, que consagra entre os princípios regentes do diploma o da "responsabilização e prestação de contas", que corresponde à "demonstração, pelo agente, da adoção de medidas eficazes e capazes de comprovar a observância e o cumprimento das normas de proteção de dados pessoais e, inclusive, da eficácia dessas medidas".

Note-se, por conseguinte, que, mais do que contribuir para a construção de uma cultura de conformidade à lei ou criar incentivos intrínsecos ao atendimento aos deveres atinentes à proteção de dados para prevenir e mitigar riscos de danos e da correspondente responsabilização, a criação de medidas eficazes para fazer cumprir a legislação de proteção de dados é dever expresso dos agentes de tratamento.

III.1. Os escritórios de advocacia no contexto dos agentes de tratamento

Preliminarmente, escritórios de advocacia, assim como advogados autônomos, são considerados controladores, para efeitos da LGPD, nos termos do art. 5º, VI, que considera como tal toda pessoa natural ou jurídica, de direito público ou privado, a quem competem as decisões referentes ao tratamento de dados pessoais.

Aliás, no recente Guia Orientativo para Definições dos Agentes de Tratamento de Dados Pessoais e do Encarregado, editado pela ANPD[13], são mencionados exemplos que se aplicam perfeitamente à situação da advocacia. Assim como a médica profissional liberal é considerada pela ANPD exemplo de

12. Ver: MORAES, Maria Celina Bodin. LGPD: um novo regime de responsabilização civil dito proativo. *Civilistica.com*. v. 8, n. 3, 2019.

13. ANPD. Guia orientativo para definições dos agentes de tratamento de dados pessoais e do encarregado. Brasília: ANPD, 2021. Disponível em: https://www.gov.br/anpd/pt-br/assuntos/noticias/2021-05-27-guia-agentes-de-tratamento_final.pdf. Acesso em: 2 jun. 2021.

controladora dos dados pessoais dos seus pacientes, o mesmo ocorrerá com o advogado profissional liberal. Assim como a médica empregada de um hospital, que atua sob o poder diretivo da organização, não é considerada nem mesmo agente de tratamento, o mesmo ocorrerá com advogados empregados e outros membros de escritórios.

Especialmente em casos de escritórios de advocacia que trabalham em parcerias, é importante que se atente para a figura do controle conjunto, verificável, segundo a ANPD[14], quando estão presentes os seguintes requisitos: (i) mais de um controlador com poder de decisão sobre o tratamento de dados; (ii) interesse mútuo de dois ou mais controladores, com base em finalidades próprias, sobre um mesmo tratamento; e (iii) tomada de decisões comuns ou convergentes sobre as finalidades e elementos essenciais do tratamento.

Ainda é preciso lembrar que, ao lado dos controladores, a LGPD ainda atribui especial relevância operadores, que, de acordo com a definição do art. 5º, VII, serão as pessoas que realizam o tratamento de dados em nome do controlador. Isso pode acontecer quando o escritório delega a um terceiro, que pode ser um outro escritório de advocacia ou algum perito ou especialista, algum tratamento de dados do seu cliente, caso em que o escritório delegante será o controlador e agente delegado, ainda que seja também um escritório de advocacia, será o operador.

O Guia da ANPD contém importantes esclarecimentos a esse respeito, ao assim afirmar[15]:

> 57. Em caso de pessoa jurídica, importa destacar que a organização ou empresa é entendida como agente de tratamento, de forma que seus funcionários apenas a representam. Assim como explicado no tópico 2.2 e de forma análoga à definição de controlador, a definição legal de operador também não deve ser entendida como uma norma de distribuição interna de competências e responsabilidades.
>
> 58. Nesse cenário, empregados, administradores, sócios, servidores e outras pessoas naturais que integram a pessoa jurídica e cujos atos expressam a atuação desta não devem ser considerados operadores, tendo em vista que o operador será sempre uma pessoa distinta do controlador, isto é, que não atua como profissional subordinado a este ou como membro de seus órgãos.

14. ANPD, Op. cit.
15. ANPD, Op. cit.

Dessa maneira, para efeitos do tratamento dos dados de clientes, todos os membros dos escritórios de advocacia – administradores, sócios, empregados e estagiários – não são considerados operadores. Entretanto, serão considerados operadores colaboradores externos que realizem tratamento de dados de clientes do escritório a pedido deste e de acordo com as instruções por ele determinadas. Da mesma forma, um escritório pode ser considerado operador de outro escritório quando realiza tratamento de dados a pedido e de acordo com as instruções deste último, que assume a posição de controlador.

Significa dizer que, com a legislação vigente, o dever de diligência das pessoas jurídicas consideradas controladoras – como é o caso dos escritórios de advocacia que tenham poder de decisão sobre os dados pessoais sujeitos a tratamento – recebe especial ênfase, de tal forma que a responsabilidade e a seriedade no tratamento de dados – com a necessária observância dos princípios constantes do art. 6º da LGPD – dizem respeito não a condutas específicas, mas a soluções organizacionais abrangentes.

Daí dizer Maria Celina Bodin de Moraes que "Em termos práticos, estes novos princípios requerem que as empresas analisem os dados que tratam, com que finalidade o fazem e que tipo de operações de tratamento levam a cabo. Exigem-se, em síntese, atitudes conscientes, diligentes e proativas por parte das empresas em relação à utilização dos dados pessoais"[16]. Tal conclusão certamente se aplica integralmente aos escritórios de advocacia.

III.2. Principais fluxos de dados de escritórios de advocacia

Evidentemente que o tratamento de dados realizado por escritórios de advocacia não se limita ao processamento de dados de clientes, na medida em que tais entidades também devem lidar com dados sobre empregados, sobre fornecedores e mesmo sobre escritórios parceiros com quem mantêm contatos mais ou menos frequentes. Mais do que isso, envolve dados sobre pessoas naturais envolvidas nos casos e processos nos quais o escritório atue, como é o caso de partes contrárias, testemunhas, julgadores e todos os que participam dos procedimentos judiciais, administrativos e arbitrais a cujos dados os escritórios tenham acesso.

Dessa forma, um programa de *compliance* estruturado no âmbito de um escritório de advocacia naturalmente deve considerar a complexidade mencionada, reunindo mecanismos de governança e controles de processos de tratamento de dados que são aplicáveis às organizações de forma geral, ainda tendo que

16. MORAES, Op. cit., p. 6.

complementá-los e adaptá-los diante das peculiaridades da atividade advocatícia. Aliás, dependendo do porte e da complexidade organizacional do escritório de advocacia, o seu programa de *compliance* de dados não se distinguirá, em termos de alcance e sofisticação, dos programas de muitas grandes empresas.

Para tanto, é fundamental que se identifique propriamente que tipos de dados são tratados por escritórios de advocacia e qual a função que desempenham na manutenção do escritório e no desempenho de suas atividades cotidianas, de modo a esclarecer o regime de responsabilidade aplicável ao escritório, sua qualificação como operador ou controlador, e, consequentemente, as salvaguardas a serem implementadas para que se garanta a efetividade do programa de *compliance*.

Nesse sentido, obviamente que não se pode supor que escritórios de advocacia organizam processos homogêneos de tratamento de dados, tendo em vista que é justamente em virtude das particulares finalidades do tratamento levado a cabo nessas organizações que se pode propor a estruturação de programas de *compliance* especificamente voltados a esse tipo de entidade.

Assim, considerando que os escritórios de advocacia ensejam especiais preocupações em virtude de suas atividades finalísticas, nomeadamente, conforme critério proposto por David Zeetony,[17] pode-se cogitar de pelo menos três grandes conjuntos de dados pessoais tratados por essas organizações, sem prejuízo de diversas outras subclassificações:

> (i) dados sobre potenciais clientes, sejam aqueles que já entraram em contrato com o escritório e se encontram com a contratação pendente, sejam os dados de potenciais clientes que tenham de alguma forma entrado em contado e fornecido informações ao escritório (por exemplo, via e-mail ou via formulário disponibilizado no *website* da sociedade);
>
> (ii) dados sobre os clientes (atuais ou antigos) do escritório que permitam a identificação do cliente propriamente dito ou das pessoas naturais a ele vinculadas ou vinculadas aos fatos discutidos na consulta ou na lide, servindo para uma miríade de finalidades para além da execução da atividade fim do escritório, como a verificação de conflitos de interesses, a emissão de notas fiscais, a cobrança de honorários, o envio de material institucional, entre outros processos de comunicação entre escritório e cliente e as pessoas naturais a ele relacionadas;

17. ZEETONY, David. GDPR: Law Firm Information Collection; Processors or Controllers? *The National Law Review.* Disponível em: https://www.natlawreview.com/article/gdpr-law-firm-information-collection-processors-or-controllers. Acesso em: 2 maio 2021.

(iii) dados de terceiros obtidos em virtude da prestação de serviços advocatícios, por exemplo, dados sigilosos obtidos em virtude de provas produzidas em um determinado processo ou mesmo dados públicos ou tornados públicos pelo titular, os quais também estão sujeitos à proteção da LGPD.

Trata-se, por conseguinte, de três dimensões que, por mais que sejam relacionadas, dizem respeito a situações distintas nas quais a responsabilidade do escritório de advocacia – e, fatalmente, as medidas de conformidade e mitigação de riscos a serem adotadas nos processos de tratamento – devem ser avaliadas em particular.

Uma vez verificado o enquadramento de cada uma dessas modalidades de tratamento de dados, a estruturação de um programa de *compliance* de dados deverá necessariamente identificar: (i) a base legal para o tratamento; (ii) a posição do escritório de advocacia como controlador ou operador; e (iii) todas as medidas e salvaguardas para respeitar os princípios da LGPD e os direitos dos titulares de dados, notadamente os descritos no art. 18.

Dessa maneira, os tópicos a seguir procurarão analisar detidamente as peculiaridades associadas a cada uma das hipóteses de tratamento anteriormente elencadas, de modo a encaminhar possíveis soluções organizacionais para a garantia da conformidade do tratamento de dados com a LGPD.

III.3. Cuidados gerais sobre tratamento de dados sobre potenciais clientes

Como regra, as bases legais que poderão ser invocadas para o tratamento de dados de potenciais clientes serão o consentimento (LGPD, art. 7º, I), os procedimentos preliminares para a contratação dos serviços advocatícios (LGPD, art. 7º, V) e o exercício regular de direitos em processos judiciais, administrativos ou arbitrais (LGPD, art. 7º, VI), sendo que esta última inclui os procedimentos preliminares. Para os dados sensíveis, as bases serão o consentimento (LGPD, art. 11, I) e os procedimentos preliminares para exercício regular de direitos em processos judiciais, administrativos ou arbitrais (LGPD, art. 11, II, "d"). Vale ressaltar que se aplicam aos escritórios de advocacia todos os receios que dizem respeito ao consentimento como base legal[18].

18. Nesse sentido: UTZ, Christine et al. (Un)informed Consent: Studying GDPR Consent Notices in the Field. *CCS'19*. pp. 973-990, nov. 2019; KHALIL, Mohammad; PRINSLOO, Paul; SLADE, Sharon. The unbearable lightness of consent: Mapping

A importância de se pensar sobre os dados de potenciais clientes decorre da constatação de que as atividades de tratamento de dados realizadas por escritórios de advocacia não se limitam àquelas relacionadas especificamente a um contrato de prestação de serviços advocatícios já celebrado ou que digam respeito a uma causa em andamento, mas devem abranger também os tratamentos de dados que decorrem dos contatos – muitas vezes imprescindíveis – entre advogados e potenciais clientes que já envolvem a transmissão de dados pessoais.

Ora, é bastante comum que, na análise de uma possível nova causa, o escritório precise analisar informações pessoais do potencial cliente para que possa checar a existência de eventuais conflitos de interesse (medida que se dá no interesse de ambas as partes e também de terceiros) e também para verificar a viabilidade e a conveniência de aceitação da demanda.

Diante disso, é possível e provável que faça parte da rotina dos escritórios de advocacia o acesso a dados de pessoas naturais com quem sequer mantêm contrato vigente e com quem talvez jamais venham a contratar, o que inclui dados pessoais de funcionários e administradores do potencial cliente e dados de terceiros que estejam eventualmente relacionados à causa apresentada pelo potencial cliente.

Contudo, essas circunstâncias não afastam a aplicação da LGPD e tampouco a necessidade de se tomar as devidas salvaguardas para que o tratamento de dados se dê em conformidade com a legislação e com as normas ético-disciplinares aplicáveis à advocacia. Basta ver que, nos termos do art. 25 do Código de Ética e Disciplina da OAB, "O sigilo profissional é inerente à profissão, impondo-se o seu respeito, salvo grave ameaça ao direito à vida, à honra, ou quando o advogado se veja afrontado pelo próprio cliente e, em defesa própria, tenha que revelar segredo, porem sempre restrito ao interesse da causa"; e, segundo o parágrafo único do art. 27, "Presumem-se confidenciais as comunicações epistolares entre advogado e cliente, as quais não podem ser reveladas a terceiros".

É verdade que, em virtude da incidência da cláusula geral da boa-fé objetiva, no sistema brasileiro as tratativas já impõem deveres especiais às partes contratantes, de tal maneira que a quebra desses deveres de conduta esperados dos agentes na fase pré-contratual já tem o condão inclusive de produzir dano

MOOC providers' response do consent. No prelo. Disponível em: https://www.academia.edu/37010670/The_unbearable_lightness_of_consent_Mapping_MOOC_providers_response_to_consent. Acesso em: 3 jun. 2021.

indenizável[19]. Diante disso, para além de não se admitir qualquer comportamento desleal por alguma das partes, no mínimo já se esperaria que, antes mesmo da conclusão do contrato, o escritório já tomasse os devidos cuidados com as informações que lhe foram confiadas.

Vale ressaltar que a boa-fé objetiva, nesse caso, abrange igualmente os terceiros que, como é o caso de empregados e administradores dos clientes ou mesmo de agentes externos cujos dados pessoais fazem parte dos documentos e informações relacionadas à demanda. Dessa maneira, o dever de proteção e confidencialidade igualmente se estende a todas as pessoas naturais cujos dados pessoais estiverem envolvidos no exame da causa.

Assim, há que se assegurar que o acesso a dados fornecidos por titulares que não mantenham relação jurídica contratual com o escritório de advocacia – o que, por si só, já é um tratamento de dados –, bem como outros tratamentos de dados – como a utilização dos dados para envio de materiais promocionais ou informativos – estejam de acordo com a LGPD. Consequentemente, o envio (por e-mail, mensagem ou formulário específico), ainda prévio à contratação, de dados, documentos, consultas ou mesmo informações sobre processos a escritórios de advocacia por sujeito que consulte a organização em questão, solicitando a análise da questão para eventual atuação, já configura tratamento de dados, exigindo a necessária proteção.

Cabe notar, nesse ponto, que pessoas jurídicas envolvidas em tratativas ou negociações costumam se resguardar em grande medida por intermédio de acordos de confidencialidade, que impõem consideráveis ônus àqueles que os violam, inclusive com a capacidade de modular deveres e responsabilidades na exata medida das necessidades dos agentes envolvidos[20]. A LGPD, assim, estende esse tipo de garantia às pessoas naturais envolvidas, que agora se encontram

---

19. Ver, por todos: MARTINS-COSTA, Judith. *A boa-fé no direito privado*. São Paulo: Saraiva, 2018. pp. 458-459.

20. Nesse sentido: "A empresa que pretende limitar a difusão de informações relativamente a suas atividades no mercado pode, mediante um contrato, proteger-se contra o perigo de uma divulgação indesejada. A vantagem de utilizar essa via é a de evitar-se toda e qualquer discussão propósito do caráter confidencial ou não das informações. Ademais, esta via contratual se revela como ideal na consecução o objetivo do objetivo de obter uma proteção adequada, conforme as reais necessidades da empresa contratante." (FRADERA, Véra Jacob. Informar ou não informar, eis a questão! In: MARTINS-COSTA, Judith; FRADERA, Véra Jacob. *Estudos de Direito Privado e Processual Civil em homenagem a Clóvis do Couto e Silva*. São Paulo: Revista dos Tribunais, 2014. p. 244).

munidas de instrumentos capazes inclusive de responsabilizar os perpetradores de danos relacionados ao uso indevido de suas informações pessoais.

Também é fundamental observar todos os princípios aplicáveis ao tratamento de dados, especialmente o da finalidade, que tem interpenetrações diretas com os deveres éticos da advocacia. Nesse sentido, o Tribunal de Ética e Disciplina do Conselho Seccional da OAB de São Paulo, mesmo antes da edição da Lei Geral de Proteção de Dados, já asseverava que "Assumindo que interessado deixe voluntariamente, e sem qualquer induzimento, seu nome, telefone e e-mail em site de escritório de advocacia, nestas circunstâncias, não haverá, em princípio, óbice ético a que o advogado retorne o contato utilizando os dados ofertados, porque se presume a vontade daquele que inseriu as informações no retorno do advogado"[21]. Tal autorização, porém, não se confunde com a captação ativa de clientes baseada em dados que foram disponibilizados com finalidade distinta, conduta que tanto constituiria irregularidade no tratamento de dados por violação aos princípios da Lei Geral de Proteção de Dados quanto violaria as normas ético-disciplinares da OAB.

Dessa maneira, mesmo em momento pré-contratual, é necessário que o tratamento de dados receba especial atenção, especialmente diante da posição de controlador que o escritório de advocacia comumente ocupará nessas circunstâncias. Maior atenção deve ser conferida aos dados de potenciais clientes que, no fim e ao cabo, não celebraram contratos com o escritório, situação na qual os dados não devem ser armazenados, sem prejuízo de que se estruturem mecanismos de controle para efeitos de verificação de conflitos de interesses, já que a finalidade para a qual os dados foram fornecidos – isto é, a possível celebração de contrato de prestação de serviços advocatícios – já foi atingida.

Vale, ainda, salientar que o tratamento de tais dados deve ser marcado por cuidados adicionais que garantam a restrição de acesso no exame e o posterior apagamento de forma irreversível, tendo em vista que possivelmente não serão objeto de prestação de serviços pelo escritório, de tal maneira a reduzir ao máximo os riscos de danos decorrentes de incidentes de segurança ou de violação à privacidade.

Por fim, ainda é importante que se cogite de soluções para a operacionalização dos direitos dos titulares de dados durante o tratamento, especialmente aqueles previstos no art. 18 da LGPD.

---

21. TED-OABSP, Proc. E-5.068/2018, Rel. Dr. Sérgio Kehdi Fagundes, Ver. Dr. Cláudio Felippe Zalaf, julg. 16.08.2018.

III.4. Cuidados gerais sobre tratamento de dados de clientes do escritório ou de pessoas naturais a eles relacionadas

III.4.1. Cuidados durante a prestação do serviço

Uma vez aperfeiçoada a contratação dos serviços advocatícios, inaugura-se a principal hipótese de tratamento de dados por organizações de advocacia, na qual o escritório atua como controlador por excelência, em virtude do objeto da sua prestação de serviços. Trata-se, por conseguinte, do aperfeiçoamento da relação anteriormente mencionada, aplicando-se também, como regra geral, as bases legais contidas nos incisos I, V e VI do art. 7º e I, II, "d", do art. 11, da LGPD, com as ressalvas já mencionadas anteriormente.

Por dados dos clientes, deve-se entender não apenas os dados dos clientes em si – até porque muitos serão pessoas jurídicas – mas de todas as pessoas naturais que presentam ou representam a pessoa jurídica cliente, dos seus empregados e de todos aqueles que estiverem envolvidos com os fatos a serem objeto da prestação profissional, especialmente se os dados pessoais constarem de documentos ou outros meios de provas.

É importante advertir que, além de contar com diversos requisitos para a sua validade, o consentimento obviamente apenas pode ser base legal para o cliente pessoa natural. Em se tratando de pessoas jurídicas, elas não poderão consentir em nome das pessoas naturais a ela vinculadas. Em outras palavras, o tratamento deverá ser justificado em razão de outra base legal ou fundamentado no consentimento individualizado de cada pessoa natural afetada.

O tratamento de dados, cabe repisar, é central para o exercício das atividades finalísticas da advocacia, uma vez que o exercício de atividade profissional exige a possibilidade de os profissionais do direito decidirem quais informações deverão ser coletadas de seu cliente e de que maneira deverão ser utilizadas, circunstância que evidentemente atribui aos escritórios também todas as responsabilidades relacionadas ao armazenamento e à extensão do tratamento dos dados[22].

Dessa maneira, os dados dos clientes ou das pessoas naturais a eles vinculadas evidentemente constituem o elemento mais central para a prestação de serviços e o principal ponto de atenção em um programa de *compliance* de

22. Ver: PUISZIS, Steven M. Unlocking the EU General Data Protection Regulation. *Journal of the professional lawyer.* Disponível em: https://www.americanbar.org/content/dam/aba/administrative/professional_responsibility/2018-jtpl-puiszis.pdf. Acesso em: 10 maio 2021.

dados, na medida em que estará em jogo tanto a privacidade dos titulares de dados quanto a própria estratégia processual a ser implementada pelo escritório.

Acontece que, mesmo no tocante a dados relacionados ao contrato vigente, é imprescindível que o tratamento observe os princípios reitores da LGPD, notadamente os da adequação e da finalidade – já que não se pode, sem a autorização do titular, utilizar os dados oriundos do contrato para atividades distintas daquelas relacionadas ao objeto da prestação de serviços –, da segurança – que se soma à confidencialidade que é própria da relação entre advogado e cliente – e da necessidade – na medida em que não faria sentido exigir do titular o fornecimento de dados inúteis ou impertinentes à prestação de serviços ou que fujam aos seus propósitos, especialmente quando a mera transmissão dos dados possa gerar riscos aos titulares.

Também é importante ressaltar que as legítimas expectativas dos clientes e das pessoas naturais cujos dados pessoais estão sendo tratados são parâmetros cruciais a serem observados pelos escritórios de advocacia, até porque a boa-fé contratual, além de inerente ao contrato de prestação de serviços advocatícios, ainda é expressamente prevista pelo art. 6º, *caput*, da LGPD. Como tais expectativas podem ser alteradas no curso da relação profissional – tal como decorre da ideia da obrigação como um processo –, o que se reforça diante da dinamicidade da relação entre clientes e advogados, é importante que o tratamento de dados seja visto nesse contexto.

O término da prestação de serviços – seja pelo fim da causa em questão, seja pela revogação do mandato ou substabelecimento sem reserva de iguais poderes – é outro importante parâmetro de controle do tratamento de dados, uma vez que, regra geral, não se justifica a manutenção dos dados em poder do escritório de advocacia – ou ao menos de *todos* os dados necessários à execução do contrato – após o fim da prestação de serviços, salvo para finalidades legítimas que serão mais bem exploradas no tópico seguinte.

Outro ponto importante para entender melhor o alcance da proteção de dados em relação a escritórios de advocacia é o fato de o Brasil adotar sistema de publicidade ampla dos atos processuais, de tal maneira que não apenas acórdãos e atas de julgamento são disponíveis ao público, mas também as peças processuais[23]. Nesse sentido, nos termos do § 6º do art. 11 da Lei do Processo

23. Veja-se voto do Ministro Luiz Fux no âmbito da ADI 4414, que dizia respeito à possibilidade de criação, por lei estadual, de varas especializadas em delitos praticados por organizações criminosas (STF, ADI 4414, Rel. Min. Luiz Fux, Tribunal Pleno, julg. 31.05.2012, publ. 17.06.2013).

Eletrônico (Lei nº 11.419/2006): "Os documentos digitalizados juntados em processo eletrônico estarão disponíveis para acesso por meio da rede externa pelas respectivas partes processuais, pelos advogados, independentemente de procuração nos autos, pelos membros do Ministério Público e pelos magistrados, sem prejuízo da possibilidade de visualização nas secretarias dos órgãos julgadores, à exceção daqueles que tramitarem em segredo de justiça". Dessa forma, a própria sistemática processual brasileira determina que, ainda que com algumas restrições, as peças processuais – e, por conseguinte, os dados nelas contidos – sejam disponibilizadas publicamente[24].

Não obstante, o fato de dados pessoais constantes de peças processuais se encontrarem disponíveis publicamente não é suficiente para autorizar que escritórios de advocacia explorem tais dados da maneira que desejarem. Com maior razão, devem ser objeto de especial cuidado os dados transmitidos pelo cliente que não foram efetivamente utilizados nos processos e que, portanto, não foram tornados públicos. Aliás, precisamente em razão dessa circunstância, uma das mais importantes decisões do escritório, na condição de controlador, é decidir que dados pessoais devem constar ou não de processos judiciais públicos, de acordo com a natureza da controvérsia e o ônus probatório que se exige do cliente.

III.4.2. Cuidados após a prestação do serviço

Por mais que dados pessoais dos clientes estejam disponíveis nas peças constantes de processos judiciais, há razões para se entender que, finda a prestação de serviços, há um tempo adequado para que os escritórios permaneçam com eles, até para efeitos de prestação de contas, findo o qual o tratamento de dados deveria ser extinto. Nesse sentido, pode-se cogitar de mecanismos de anonimização ou supressão de dados pessoais que possibilitem o aproveitamento de petições, arrazoados, documentos e teses construídos pelo escritório, de maneira a proteger o trabalho intelectual empreendido pelo advogado e garantir-lhe a possibilidade de explorá-lo em outras oportunidades[25], sem expor os antigos clientes por tempo indeterminado.

---

24. Ver: MARANHÃO, Juliano Souza de Albuquerque et al. *Acesso a dados de processos judiciais no Brasil*. São Paulo: Lawgorithm, 2019.

25. Apesar do interesse de escritórios protegerem as teses que desenvolveram em suas causas, cabe notar que, a princípio, petições não são protegidas pelos direitos autorais, como já entendeu o STJ em acórdão de Relatoria do Min. Ruy Rosado de Aguiar Júnior: "Por seu caráter utilitário, a petição inicial somente estará protegida pela legislação sobre direito autoral se constituir criação literária, fato negado pelas

Com efeito, nos termos do art. 15 da Lei Geral de Proteção de Dados, o tratamento de dados terminará com (i) a verificação de que a finalidade foi alcançada ou de que os dados deixaram de ser necessários ou pertinentes ao alcance da finalidade específica almejada; (ii) o fim do período de tratamento; (iii) a comunicação do titular, inclusive no exercício de seu direito de revogação do consentimento; (iv) a determinação da autoridade nacional.

Em seguida, prevê o art. 16 da Lei Geral de Proteção de Dados que os dados pessoais, que, regra geral, serão eliminados quando terminado o tratamento, poderão ser conservados para: (i) cumprimento de obrigação legal ou regulatória pelo controlador; (ii) estudo por órgão de pesquisa, garantida, sempre que possível, a anonimização dos dados pessoais; (iii) transferência a terceiro, desde que respeitados os requisitos de tratamento de dados dispostos nesta Lei; ou (iv) uso exclusivo do controlador, vedado seu acesso por terceiro, e desde que anonimizados os dados.

Significa dizer que, uma vez atingida a finalidade pretendida pelo tratamento – por exemplo, com o trânsito em julgado da demanda para a qual o escritório foi contratado e a quitação de todas as prestações devidas – ou solicitado o encerramento do tratamento pelo cliente – por exemplo, com a revogação do mandato – ou com base em alguma outra hipótese legal de extinção do tratamento, a manutenção dos dados do clientes apenas será justificável para assegurar o cumprimento de obrigações pós-contratuais ou se atender a algum dos requisitos do art. 16 da LGPD. De toda sorte, não há que se falar na manutenção, em caráter permanente e absoluto, de dados pessoais em poder do escritório.

Entre as situações nas quais os dados precisam ser armazenados por mais tempo após a extinção do tratamento, encontra-se o cumprimento de deveres legais que obrigam o escritório a manter os dados por um determinado período fixado pela lei, como é o caso de obrigações tributárias, que se encaixaria na autorização do art. 16, I, da LGPD, no que se refere aos dados necessários para atendê-las.

No que toca às obrigações pós-contratuais que justificariam a manutenção dos dados, inclusive de acordo com a finalidade que justificou o próprio tratamento, pode-se imaginar no armazenamento durante o prazo decadencial da ação rescisória ou mesmo para o fim de se analisar a superveniente existência de conflitos de interesses antes do recebimento de uma nova causa, o que normalmente envolverá a análise de informações relevantes sobre as partes envolvidas

instâncias ordinárias. Súmula 7/STJ." (STJ, REsp 351.358, Rel. Min. Ruy Rosado de Aguiar Júnior, Quarta Turma, julg. 04.06.2002, publ. 16.09.2002).

em lides anteriores – pelo menos por um período razoável – e a discussão travada no caso em questão[26].

Em homenagem ao princípio da finalidade, assinala Wessing que, a rigor, o armazenamento para a verificação de conflitos de interesses deveria estar vinculado a consentimento específico do cliente, na medida em que não se poderia supor que o contrato de mandato para a prestação de serviços advocatícios teria como consequência inafastável a necessidade de armazenamento por período indeterminado[27]. Daí por que o cenário mais cauteloso seria o da eliminação dos dados após prazo razoável para a identificação dos conflitos.

De toda sorte, trata-se de questão delicada, que merece maior atenção dos escritórios de advocacia no momento da celebração do contrato de prestação de serviços, sendo de todo conveniente que seja regida por cláusulas contratuais claras a respeito do assunto ou que, na inexistência delas, seja obtido o consentimento do cliente e/ou das pessoas naturais envolvidas após a finalização da prestação dos serviços.

Note-se, ainda, que, como já se advertiu anteriormente, o consentimento pode ser base legal bastante complexa, especialmente em se tratando de dados sensíveis, na medida em que o grau de informação necessário ao consentimento nesse caso dificilmente pode ser aferido e, ainda, sujeita o tratamento de dados a considerável instabilidade, já que o fim do tratamento de dados pode decorrer da mera revogação do consentimento.

Essa é mais uma razão pela qual o armazenamento de dados no período pós-contratual, mesmo com o consentimento do cliente e das pessoas naturais afetadas, deve ser feito com extrema cautela, sempre por prazos razoáveis e com respeito absoluto a todos os princípios e diretrizes da LPGD.

Por fim, vale ressaltar que as considerações expostas nesta subseção aplicam-se, no que for possível, aos dados de potenciais clientes, os quais poderão ensejar problemas semelhantes do ponto de vista de conflitos de interesses.

III.5. Cuidados gerais sobre tratamento de dados de terceiros obtidos por meio do cliente ou em virtude de uma determinada causa

Por fim, não se pode esquecer que escritórios de advocacia não têm acesso unicamente aos dados de seus clientes, mas também a informações de terceiros

26. WESSING, Op. cit., p. 369.
27. WESSING, Op. cit., p. 370.

trazidas pelo cliente para a comprovação dos seus direitos ou dos terceiros que participam dos procedimentos judiciais, administrativos ou arbitrais, incluindo aí julgadores, testemunhas, secretários e colaboradores, como peritos. Quando os dados de terceiros forem necessários para a defesa do cliente, a base legal que parece mais adequada para justificar o tratamento é do art. 7º, VI, e do art. 11, II, "d", da Lei Geral de Proteção de Dados.

Mesmo quando esses dados sejam acessados por meio de processos públicos ou coletados na ocasião da própria prática dos atos processuais, isso não quer dizer que possam ser explorados de qualquer maneira, especialmente quando forem dados sensíveis. Quando se tratar de autos confidenciais, as cautelas devem ser redobradas.

Vale ressaltar que a LGPD também protege os dados de acesso público e os dados tornados públicos pelo titular, ao estabelecer, nos §§ 3º e 4º do art. 7º, respectivamente, que "O tratamento de dados pessoais cujo acesso é público deve considerar a finalidade, a boa-fé e o interesse público que justificaram sua disponibilização" e "É dispensada a exigência do consentimento previsto no *caput* deste artigo para os dados tornados manifestamente públicos pelo titular, resguardados os direitos do titular e os princípios previstos nesta Lei". Pode-se, ainda, mencionar o § 7º do mesmo artigo, segundo o qual "O tratamento posterior dos dados pessoais a que se referem os §§ 3º e 4º deste artigo poderá ser realizado para novas finalidades, desde que observados os propósitos legítimos e específicos para o novo tratamento e a preservação dos direitos do titular, assim como os fundamentos e os princípios previstos nesta Lei".

Dessa maneira, os dados constantes de processos públicos não consistem em simples informações públicas que podem ser utilizadas de qualquer maneira, mas sim dados cujo acesso e posterior tratamento devem observar os comandos da LGPD. No caso dos dados de terceiros, não sendo as informações utilizadas para finalidades distintas daquelas para as quais foram disponibilizadas, o acesso pelo escritório de advocacia é lícito e regular. Entretanto, o mesmo não se pode dizer se o escritório resolver atribuir finalidade distinta ou se desrespeitar os princípios da LGPD aplicáveis à situação.

Em outras palavras, mesmo diante de informações de acesso público ou tornadas públicas pelo titular há deveres a serem observados pelos agentes de tratamento, de maneira que não se pode sustentar que os dados podem ser livre e ilimitadamente tratados sem o consentimento de seus titulares[28]. Assim, por

28. Ver: TAVARES, Giovanna Milanez. *O tratamento de dados pessoas disponíveis publicamente e os limites impostos pela Lei Geral de Proteção de Dados Pessoais*. Monografia (Bacharelado em Direito) – Faculdade de Direito, Universidade de Brasília, 2021.

mais que um escritório tenha acesso a determinados documentos que contenham dados de terceiros, isso não o autoriza a realizar tratamento "secundário", situação para a qual dependerá de consentimento específico ou do preenchimento de outra base legal prevista na Lei Geral de Proteção de Dados.

IV. ELEMENTOS DISTINTIVOS DE PROGRAMAS DE *COMPLIANCE* EM ESCRITÓRIOS DE ADVOCACIA

Considerando as diversas modalidades de tratamento de dados que podem vir a ocorrer no âmbito de um escritório de advocacia, a efetividade de um programa de *compliance* depende diretamente da estruturação de mecanismos que ofereçam as instruções e incentivos adequados às atividades do escritório. Dessa maneira, o endereçamento das preocupações sinalizadas no capítulo anterior deve passar pela criação de rotinas voltadas, de um lado, a compreender a estrutura organizacional para identificar riscos e contingências nos processos de tratamento de dados e, de outro, a criar incentivos ao comportamento virtuoso no interior da organização, por mais específicos e peculiares que possam ser os tratamentos de dados.

Um efetivo programa de *compliance* de um escritório de advocacia deve, ao mesmo tempo, garantir a proteção da segurança e da confidencialidade que é própria da relação entre advogado e cliente e assegurar que o tratamento de dados está adstrito às finalidades que são próprias de contratos de prestação de serviços advocatícios, ou seja, que os dados mantidos pelo escritório sejam explorados nos limites da causa de que decorrem.

Diante da preocupação em se evitar "programas de papel", que não consistem em mecanismos de efetivo autocontrole[29] e ainda podem resultar em penalidades maiores do que aquelas que seriam aplicáveis em sua ausência[30], é importante lembrar do conjunto mínimo de requisitos para que um programa de *compliance* seja verdadeiramente eficaz: (i) avaliação contínua de riscos e atualização do programa; (ii) elaboração de Código de Ética e Conduta; (iii) organização compatível com o risco da atividade; (iv) comprometimento da alta administração; (v) autonomia e independência do setor de *compliance*; (vi) treinamentos periódicos; (vii) criação de uma cultura corporativa de respeito à ética

---

29. FRAZÃO; OLIVA; ABILIO, Op. cit., p. 686.

30. CUEVA, Ricardo Villas Bôas. Funções e finalidades dos programas de compliance. In: CUEVA, Ricardo Villas Bôas; FRAZÃO, Ana. *Compliance*: perspectivas e desafios dos programas de conformidade. Belo Horizonte: Fórum, 2018. p. 61.

e às leis; (viii) monitoramento constante dos controles e processos, inclusive para fins de atualização do programa; (ix) canais seguros e abertos de comunicação de infrações e mecanismos de proteção dos informantes; (x) detecção, apuração e punição de condutas contrárias ao programa de *compliance*.

Por essa razão, é de todo aconselhável que a política de dados de escritórios de advocacia seja integrada ao programa mais abrangente de *compliance*, com o qual ela precisa formar um todo coerente, até porque a questão da proteção de dados é transversal e repercute em várias outras áreas. Um bom exemplo é a questão dos dados de empregados, cuja proteção precisa estar integrada com as proteções mais amplas previstas no *compliance* trabalhista.

Ademais, programas de *compliance* devem ser estruturados e modulados de acordo com o porte do escritório, tendo em vista que entidades maiores, com maior número de advogados, de casos e de clientes, terão processos de tratamento de dados mais complexos e que ensejam, por conseguinte, maiores cuidados.

Feitas essas ressalvas, e sem prejuízo das cautelas e rotinas que escritórios de advocacia terão que implementar para o tratamento de dados pessoais que digam respeito a suas atividades-meio – dados de empregados, fornecedores etc. – alguns pontos fundamentais precisam ser endereçados pelos programas de *compliance* de dados relacionados a suas atividades-fim:

(i) *Mapeamento e classificação dos dados segundo sua natureza, base legal e princípios aplicáveis*

O primeiro passo a ser tomado na estruturação de um programa de *compliance* em escritório de advocacia deve ser não somente o mapeamento de fluxos de dados – medida essencial de qualquer programa de *compliance* –, mas também a identificação e classificação desses dados a partir das categorias elencadas ao longo do presente artigo em conformidade igualmente com as regras do Estatuto e do Código de Ética da OAB.

Assim, faz-se necessário verificar se os dados dizem respeito a clientes potenciais, a clientes atuais ou antigos ou a terceiros, de maneira a permitir a implementação de procedimentos e cautelas adequados aos pressupostos e aos riscos que dizem respeito a cada uma dessas categorias.

A classificação dos dados nesses grupos, no entanto, não é suficiente para modelar as cautelas relacionadas ao tratamento, na medida em que se faz necessário também identificar quais dados podem ser considerados sensíveis e quais são marcados por algum tipo de publicidade – isto é, se são dados de acesso público ou tornados públicos com o titular.

Em qualquer caso, é fundamental identificar a base legal que justifica o tratamento de dados, assim como criar mecanismos para o cumprimento dos princípios fundamentais do art. 6º da LGPD, notadamente os da finalidade e adequação (incisos I e II) – especialmente importante para delimitar o escopo dos tratamentos à luz da natureza do cliente ou terceiro que forneceu aqueles dados –, da necessidade (inciso III) – considerando a importância dos cuidados a serem tomados durante e após o término do tratamento de dados – e da segurança (inciso VII) – tendo em vista as cautelas a serem tomadas para garantir a confidencialidade e a higidez dos dados de clientes e de pessoas naturais a eles vinculadas, que podem ser também informações estratégicas aos processos a que se vinculam.

De acordo com as reflexões que têm sido desenvolvidas sobre a proteção de dados no âmbito internacional, sobretudo a partir do Regulamento Geral de Proteção de Dados europeu, pode-se, ainda, destacar a importância de dois princípios fundamentais para o caso específico dos escritórios de advocacia: (i) a proporcionalidade, que exige a identificação da legitimidade dos objetivos do tratamento de dados e do escopo da sua extensão e intensidade diante da interferência sobre direitos dos titulares e os riscos daí decorrentes[31]; e (ii) a minimização, no sentido de que os dados pessoais devem ser adequados, relevantes e limitados aos propósitos do processamento[32]. Tais princípios são reconhecidos pelo art. 6º, III, da LPGD, ao prever, como princípio da necessidade, a "limitação do tratamento ao mínimo necessário para a realização de suas finalidades, com abrangência dos dados pertinentes, proporcionais e não excessivos em relação às finalidades do tratamento de dados."

Nesse sentido, sobretudo diante da já mencionada circunstância de que, regra geral, o sistema processual brasileiro impõe a publicidade de peças processuais de que constam dados pessoais – muitas vezes de natureza sensível –, os escritórios de advocacia têm um papel importante, à luz das ideias de proporcionalidade e minimização, de selecionar quais dados pessoais fornecidos pelo titular para a prestação dos serviços advocatícios devem ser incluídos em peças processuais e, por conseguinte, disponibilizados publicamente.

---

31. EDPS. EDPS Guidelines on assessing the proportionality of measures that limit the fundamental rights to privacy and to the protection of personal data. 2019. Disponível em: https://edps.europa.eu/sites/edp/files/publication/19-12-19_edps_proportionality_guidelines_en.pdf. Acesso em: 2 jun. 2021.

32. ICO. Principle (c): Data minimisation. Disponível em: https://ico.org.uk/for-organisations/guide-to-data-protection/guide-to-the-general-data-protection-regulation-gdpr/principles/data-minimisation/. Acesso em: 2 jun. 2021.

Repise-se, nesse ponto, que todos esses cuidados devem ser modelados de acordo com o porte do escritório, de tal forma que, eventualmente, pode-se cogitar não somente da implementação de alterações na própria estrutura da entidade, mas também da instituição de outras rotinas, como a elaboração de relatórios de impacto à proteção de dados pessoais.

(ii) *Mecanismos de prevenção e endereçamento de incidentes de segurança*

Por mais que as preocupações com a segurança da informação devam fazer parte de qualquer programa de *compliance* de dados, no caso dos escritórios de advocacia tais estratégias devem receber grande atenção, sobretudo diante da natureza dos dados mantidos por essas entidades – que comumente tratam dados sensíveis – e muitas vezes do valor econômico atrelado a esses dados.

Basta ver que, nos últimos anos, escritórios de advocacia têm sido alvos de ataques de *hackers* por intermédio dos chamados *ransomwares*[33], estratégias consistentes na captura de dados de determinada entidade para que posteriormente se possa cobrar resgate em troca da devolução dos dados[34]. Não é sem motivo que, segundo o art. 47 da LGPD, "Os agentes de tratamento ou qualquer outra pessoa que intervenha em uma das fases do tratamento obriga-se a garantir a segurança da informação prevista nesta Lei em relação aos dados pessoais, mesmo após o seu término".

Vale ressaltar que esse tipo de incidente compromete não somente a segurança e o sigilo dos dados, como também a sua integridade – diante dos riscos de adulteração – e mesmo a sua disponibilidade para que a organização possa realizar suas atividades. Em outras palavras, incidentes desse tipo podem inviabilizar o funcionamento do escritório, causando diversos danos e transtornos, muitos deles irreversíveis ou de difícil reversibilidade.

Os impactos decorrentes de ataques de *ransomware*, aliás, recentemente foram visualizados por toda a comunidade jurídica por ocasião do incidente sofrido pelo Superior Tribunal de Justiça, que chegou a suspender o acesso do público externo a seus sistemas por alguns dias[35]. O restabelecimento dos sistemas

---

33. MIGALHAS. Ramsonware: o sequestro de dados que preocupa os escritórios de advocacia. Disponível em: https://www.migalhas.com.br/quentes/245150/ramsonware--o-sequestro-de-dados-que-preocupa-os-escritorios-de-advocacia. Acesso em: 2 jun. 2021.

34. Ver: MASSENO, Manuel David; WENDT, Emerson. O ransomware na lei: apontamentos breves e direito português e brasileiro. *Direito & TI – Debates contemporâneos*. Disponível em: http://direitoeti.com.br/artigos/o-ransomware-na-lei-apontamentos--breves-de-direito-portugues-e-brasileiro/. Acesso em: 2 jun. 2021.

35. SANTINO, Renato. STJ se restabelece após ransomware; PF investiga cópia de dados. *Olhar digital*. Disponível em: https://olhardigital.com.br/2020/11/13/seguranca/

do Tribunal, nesse sentido, mostra a relevância de manutenção de cópias de segurança dos arquivos, tendo em vista que é a existência de arquivos em *backup* que permite que as entidades não se encontrem completamente sob o jugo dos invasores.

Não obstante, cabe notar que a existência de cópias de segurança não é suficiente para lidar com incidentes de segurança, mas tão somente para que se garanta a continuidade das atividades relacionadas àqueles dados. Isso porque, uma vez capturados os dados por terceiros mal-intencionados, as informações poderão circular nos mais diversos espaços do mundo virtual e inclusive ser postas à venda para terceiros, de maneira a tornar os dados em questão ainda mais expostos a eventuais danos a seus titulares.

É fundamental, por conseguinte, que escritórios de advocacia mantenham – proporcionalmente ao seu porte, à quantidade de casos e à natureza dos dados armazenados –estrutura tecnológica e de suporte, própria ou terceirizada, que garanta a integridade, a segurança e a proteção das informações e dados de seus clientes e das pessoas físicas envolvidas em sua atuação.

Por fim, não se pode esquecer também que a noção de incidente de segurança é ampla, indo muito além de invasões de *hackers* ou outros eventos atribuíveis a terceiros. Pelo contrário, incidentes de segurança causados por falhas humanas devem estar no centro das preocupações de programas de *compliance* de escritórios de advocacia, de tal forma que se deve intensificar os cuidados relacionados ao treinamento de advogados, estagiários, funcionários e demais membros.

É fundamental, portanto, criar rotinas e *checklists* para tarefas aparentemente triviais como o envio de e-mails a agentes externos à organização – considerando o risco de envio, por engano, a terceiros não relacionados ao processo em questão – e o uso de acesso remoto a redes do escritório – que costuma contar com recursos de segurança mais fracos do que as redes locais –, entre outros.

De forma geral, faz-se necessário implementar procedimentos de segurança e mecanismos de controle de acesso que permitam: (i) a identificação dos usuários que acessam os documentos digitais; (ii) a identificação das pessoas que acessam os documentos físicos, por meio do registro de assinatura; (iii) o

---

stj-se-restabelece-apos-ransomware-mas-pf-investiga-copia-de=-dados/?gfetch-2020%2F11%2F13%2Fsafety%2Fstj-restores-after-ransomware-but-pf-investigates--data-copies%2F. Acesso em: 2 junho 2021.

bloqueio por senha ou token dos documentos digitais sigilosos; (iv) a contratação de serviços de antivírus e *backup* seguros e de qualidade; (v) a tomada de cautelas redobradas na utilização de mecanismos para acesso remoto aos arquivos e aos dados do escritório; (vi) a eventual necessidade de notificação à Autoridade Nacional de Proteção de Dados; e (vii) a estruturação de medidas de reação a incidentes de segurança e de mitigação de danos.

Por fim, não se pode esquecer que a Autoridade Nacional de Proteção de Dados brasileira já conta com procedimento de notificação de incidentes de segurança, que tanto define o conceito de incidente de segurança[36] – "Um incidente de segurança com dados pessoais é qualquer evento adverso, confirmado ou sob suspeita, relacionado à violação na segurança de dados pessoais, tais como acesso não autorizado, acidental ou ilícito que resulte na destruição, perda, alteração, vazamento ou ainda, qualquer forma de tratamento de dados inadequada ou ilícita, os quais possam ocasionar risco para os direitos e liberdades do titular dos dados pessoais" – quanto disponibiliza formulário para que o agente de tratamento comunique à autoridade (i) a ocorrência de um evento de segurança, mesmo quando houver dúvida sobre a relevância dos riscos e danos envolvidos (de maneira que a comunicação é cabível, a princípio, a todas as entidades); (ii) os dados do agente responsável pelo tratamento e do encarregado de proteção de dados; (iii) informações específicas sobre o incidente, como data, hora e dados pessoais afetados; (iv) possíveis consequências sobre os titulares afetados; (v) medidas de segurança, técnicas e administrativas preventivas tomadas pelo controlador de acordo com a Lei Geral de Proteção de Dados; (vi) resumo das medidas implementadas até o momento para controlar os possíveis danos, entre outros elementos que sirvam para identificar os potenciais efeitos daquele incidente.

Em síntese, a própria ANPD dispõe que as entidades que realizam tratamento de dados devem minimamente contar com um plano de ação para responder a incidentes de segurança, devendo os agentes de tratamento declinar inclusive as medidas de mitigação de danos adotadas diante de eventos como esse. Assim, por mais que as exigências quanto à segurança da informação possam ser moduladas em virtude do porte do escritório em questão, mesmo entidades com estrutura enxuta não estão isentas de adotar medidas de segurança e de prestar contas à autoridade na hipótese de ocorrência de algum incidente que possa envolver risco relevante.

36. ANPD. Comunicação de incidentes de segurança. Disponível em: https://www.gov.br/anpd/pt-br/assuntos/incidente-de-seguranca. Acesso em: 2 junho 2021.

Também é importante mencionar que a ANPD recentemente editou um guia[37] e um roteiro (checklist)[38] para procedimentos de segurança a serem adotados por agentes de pequeno porte, o que pode ser visto como um piso mínimo de precauções nesse sentido.

(iii) *Mecanismos de apagamento ou anonimização de dados na gestão documental*

Tendo em vista a importância da padronização de estratégias do escritório diante de questões semelhantes e diante do cenário de massificação de demandas judiciais, não é incomum que peças processuais sejam reaproveitadas como modelos para a elaboração de petições em outros processos que envolvam discussões correlatas. Nessa hipótese, ao se reaproveitar petições de casos anteriores, ainda que se possa manter determinadas estruturas e argumentos, há boas razões para se sustentar, com base na LGPD, que não seria razoável armazenar dados pessoais de clientes por tempo indeterminado, nos termos do que já se mencionou anteriormente.

Na gestão desses e de outros documentos que possam conter dados pessoais, assim, é necessário que se proceda ao apagamento ou a anonimização dos dados, nos termos do inciso IV do art. 16 da LGPD, segundo o qual se pode manter dados pessoais após o término do tratamento para "uso exclusivo do controlador, vedado seu acesso por terceiro, e desde que anonimizados os dados".

Assim, o encerramento da prestação de serviços, seja pelo trânsito em julgado, pelo substabelecimento sem reserva de poderes ou pela entrega final do trabalho, deve desencadear processos de arquivamento adequado e apagamento ou anonimização dos documentos e dados confiados ao escritório, sendo possível a preservação dos dados em seu formato original desde que para atender a obrigações pós-contratuais ou desde que atendidos os requisitos do art. 16 da LGPD.

Ressalte-se que a anonimização continua a ensejar a responsabilidade correspondente para o controlador, até para se resguardar a sua irreversibilidade.

---

37. ANPD. Guia Orientativo. Medidas de segurança para agentes de tratamento de pequeno porte. Disponível em: https://www.gov.br/anpd/pt-br/documentos-e-publicacoes/guia-vf.pdf. Acesso em: 20 out. 2021.

38. ANPD. Checklist de medidas de segurança para agentes de tratamento de pequeno porte. Disponível em https://www.gov.br/anpd/pt-br/documentos-e-publicacoes/checklist-vf.pdf. Acesso em: 20 out. 2021.

(iv) *Constituição de encarregado e definição de competências e autorizações internas*

Escritórios de advocacia são compostos por sujeitos que desempenham atividades distintas e, com base nas suas competências internas, faz-se necessária a definição de níveis de autorização de acesso a dados, seja de processos em andamento ou de processos encerrados. Nesse sentido, um programa de *compliance* deve estabelecer pormenorizadamente quais sujeitos poderão estar envolvidos em processos de tratamento de dados.

A título de exemplo, faz sentido que advogados sócios tenham acesso amplo tanto a informações financeiras quanto a informações relacionadas a processo (ou ao menos alguns dos sócios ou o sócio administrador), ao passo que a outros advogados ou mesmo a estagiários pode não ser adequado que tenham acesso a informações financeiras ou fiscais, como aquelas necessárias à emissão de nota fiscal. De outro lado, franquear acesso a dados relacionados a questões jurídico-processuais a integrantes do corpo administrativo do escritório pode não ser recomendável à luz de um programa de *compliance* que pretenda respeitar os princípios de adequação e finalidade previstos pela LGPD.

A indicação de um encarregado de proteção de dados – que pode tanto desempenhar essa função de maneira exclusiva quanto acumulá-la com outra, a depender do tamanho da organização e de suas necessidades e possibilidades materiais – também se mostra importante e necessário passo da implementação de um programa de *compliance* de dados, de maneira que a definição de competências e níveis de acesso pode também reduzir sobremaneira os riscos e contingências enfrentados pelo escritório.

Observe-se, ainda, que, no Guia orientativo para definições dos agentes de tratamento de dados pessoais e do encarregado da ANPD[39], esclareceu-se que a figura do encarregado é necessária em todo tipo de organização, embora seja possível adotar solução que se amolde às características da entidade em questão, na medida em que "o encarregado poderá ser tanto um funcionário da instituição quanto um agente externo, de natureza física ou jurídica".

Assim, a ANPD esclarece que a LGPD admite as mais diversas soluções para a indicação de encarregado, podendo o escritório de advocacia em questão adotar a que mais bem se amolde à sua estrutura e às complexidades de seus procedimentos de tratamento de dados, sendo possível inclusive contar com a *expertise* de agentes externos.

39. ANPD, Op. cit., 2021.

(v) *Mecanismos de preservação do dever de confidencialidade e de garantia de observância de normas ético-disciplinares*

De acordo com as normas contidas no Estatuto da Advocacia e no Código de Ética e Conduta da Ordem dos Advogados do Brasil, devem também os programas de *compliance* de dados de escritórios de advocacia incorporar as preocupações relacionadas a deveres de conduta como a confidencialidade quanto a toda comunicação relacionada à defesa dos interesses de um cliente e as vedações à publicidade.

Assim, tais deveres de conduta devem ser lidos juntamente dos princípios reitores da LGPD para que se defina a possibilidade ou não de determinado processo de tratamento de dados, notadamente quando se pretenda lançar mão de dados pessoais de clientes ou de terceiros para a formulação de estratégias de comunicação.

A preservação do dever de confidencialidade está também relacionada à proteção a documentos e arquivos sigilosos, que devem receber especial proteção tanto por mecanismos tecnológicos – como a criação de senhas específicas, restrição de acesso, segregação de redes, entre outras estratégias – quando mecanismos físicos – como a segregação de servidores e arquivos físicos e a instituição de controles de acesso.

Tais cautelas, cabe notar, por mais que sejam aplicáveis a todos os perfis de escritórios, certamente que se aplicam com maior ênfase àqueles que contam com grandes estruturas institucionais e, por isso, lidam com uma maior quantidade de dados, sendo capazes inclusive de alterar sua estrutura física e dedicar determinados espaços ao armazenamento de dados que ensejem maiores cuidados.

(vi) *Mecanismos de prevenção a riscos de conflitos de interesses*

Na esteira do que se expôs no capítulo anterior, com vistas a efetivamente observar as normas ético-disciplinares da OAB, é essencial que escritórios de advocacia mantenham mecanismos de prevenção a conflitos de interesses, seja para proteger os clientes atuais e potenciais, seja para mitigar riscos de responsabilização do próprio escritório.

Por mais que a prevenção de conflitos de interesses possa exigir o armazenamento e o tratamento de dados de clientes, mesmo após o término da prestação de serviços, e por mais que esteja perfeitamente justificada na hipótese de cumprimento de obrigações legais, não pode servir de pretexto para que se armazenem todos os dados pertinentes a determinado cliente ou causa por tempo indeterminado.

É necessário, nesse sentido, que sejam preservados, por tempo que se mostre adequado e razoável, tão somente os dados estritamente necessários à identificação do conflito. Com isso, assegura-se a *minimização* dos dados pessoais armazenados para tais finalidades, uma vez que a supressão ou a anonimização mostrar-se-iam pouco práticas[40]. Mesmo nessa hipótese, dificilmente se justificará que todo e qualquer integrante do escritório tenha acesso a esse tipo de informação, de sorte que a autorização para acesso a dados cujo tratamento já se esgotou pode ser conferida apenas a determinados sujeitos, para assim limitar ao máximo o acesso àqueles dados.

V. CONSIDERAÇÕES FINAIS

A estruturação de programas de *compliance* de dados em escritórios de advocacia constitui assunto ainda pouco explorado e com poucos parâmetros normativos específicos. Porém, diante da vigência da LGPD, não podem tais organizações furtarem-se de sua observância, especialmente diante do papel de protagonismo que escritórios de advocacia têm desempenhado na consolidação da aplicação desse diploma.

É fundamental, assim, que esses programas estruturem rotinas que reconheçam que escritórios de advocacia são organizações submetidas a diversos sistemas normativos distintos e que, por conseguinte, devem manter cautelas relacionadas à observância de suas obrigações ético-disciplinares com seus clientes e com a sociedade como um todo.

Diante do contexto descrito, o objetivo do presente trabalho não foi o de repisar todos os elementos gerais que se fazem necessários à construção de um programa de *compliance* de dados, mas sim o de enfatizar as peculiaridades que demandam especial atenção por escritórios de advocacia, diante das contingências que orbitam essas organizações e da necessidade de observância concomitante de normas específicas, tais como as obrigações ético-disciplinares aplicáveis à profissão.

A partir das premissas que foram expostas ao longo do artigo, é possível sintetizar um conjunto de passos a serem tomados por escritórios de advocacia

---

40. A respeito da minimização de dados, ver: BIEGA, Asia; FINCK, Michèle. Reviving purpose limitation and data minimisation in personalisation, profiling and decision-making systems. Disponível em: https://papers.ssrn.com/sol3/papers.cfm?abstract_id=3749078. Acesso em: 15 maio 2021.

que pretendam instituir programas de *compliance* de dados que adequadamente enderecem as necessidades dessas entidades:

> (i) O mapeamento dos fluxos de dados e dos riscos relativos à proteção de dados e às contingências relacionadas aos dados sensíveis relativos aos processos do escritório;
>
> (ii) A criação de procedimentos de avaliação contínua de riscos à privacidade e à segurança, sobretudo com a chegada de novos processos;
>
> (iii) A instituição de canais seguros e abertos de comunicação de potenciais violações ou eventos de segurança, com a devida proteção dos informantes;
>
> (iv) A indicação de um encarregado de proteção de dados, que poderá exercer essa atividade de maneira exclusiva ou cumulada com outras funções;
>
> (v) A estruturação de Código de Conduta que estabeleça competências internas e procedimentos relacionados à proteção de dados;
>
> (vi) A criação de rotinas relacionadas à proteção de dados de potenciais clientes, clientes atuais, clientes antigos e terceiros – bem como das pessoas naturais a eles vinculadas, incluindo a limitação de acesso e procedimentos de apagamento ou anonimização;
>
> (vii) A criação de procedimentos para a gestão documental de processos em andamento e para o apagamento ou anonimização de dados em processos concluídos;
>
> (viii) A criação de mecanismos de prevenção ao conflito de interesses e à violação de normas da ética profissional que protegem os dados pessoais de clientes;
>
> (ix) A contratação de serviços de segurança da informação, a instituição de medidas de segregação física de dados e a criação de cópias de segurança voltadas a garantir a segurança da informação e a continuidade dos serviços;
>
> (x) A criação de planos de reação a incidentes de segurança, inclusive no que diz respeito à interlocução com a ANPD e com os afetados, bem como no tocante às medidas de mitigação dos danos.

Voltando à afirmação feita na introdução, de que os advogados nem sempre olham para si próprios, é fundamental compreender que nada justifica essa postura. Até por deterem a competência técnica para compreenderem os deveres previstos na LGPD em toda a sua complexidade e extensão, a boa-fé objetiva impõe aos advogados que atendam adequadamente aos deveres legais e às expectativas de respeito e proteção dos clientes e dos demais titulares de dados.

VI. REFERÊNCIAS

ALLEN, Anita. *Unpopular privacy*. Oxford: Oxford University Press, 2011.

ANPD. Guia orientativo para definições dos agentes de tratamento de dados pessoais e do encarregado. Brasília: ANPD, 2021. Disponível em: https://www.gov.br/anpd/pt-br/assuntos/noticias/2021-05-27-guia-agentes-de-tratamento_final.pdf. Acesso em: 2 jun. 2021.

ANPD. Comunicação de incidentes de segurança. Disponível em: https://www.gov.br/anpd/pt-br/assuntos/incidente-de-seguranca. Acesso em: 2 junho 2021.

ANPD. Checklist de medidas de segurança para agentes de tratamento de pequeno porte. Disponível em: https://www.gov.br/anpd/pt-br/documentos-e-publicacoes/checklist-vf.pdf. Acesso em: 20 out. 2021.

ANPD. Guia Orientativo. Medidas de segurança para agentes de tratamento de pequeno porte. Disponível em: https://www.gov.br/anpd/pt-br/documentos-e-publicacoes/guia-vf.pdf. Acesso em: 20 out. 2021.

BIEGA, Asia; FINCK, Michèle. Reviving purpose limitation and data minimisation in personalisation, profiling and decision-making systems. Disponível em: https://papers.ssrn.com/sol3/papers.cfm?abstract_id=3749078. Acesso em: 15 maio 2021.

CUEVA, Ricardo Villas Bôas. Funções e finalidades dos programas de compliance. In: CUEVA, Ricardo Villas Bôas; FRAZÃO, Ana. *Compliance*: perspectivas e desafios dos programas de conformidade. Belo Horizonte: Fórum, 2018.

EDPS. EDPS Guidelines on assessing the proportionality of measures that limit the fundamental rights to privacy and to the protection of personal data. 2019. Disponível em: https://edps.europa.eu/sites/edp/files/publication/19-12-19_edps_proportionality_guidelines_en.pdf. Acesso em: 2 jun. 2021.

FRADERA, Véra Jacob. Informar ou não informar, eis a questão! In: MARTINS-COSTA, Judith; FRADERA, Véra Jacob. *Estudos de Direito Privado e Processual Civil em homenagem a Clóvis do Couto e Silva*. São Paulo: Revista dos Tribunais, 2014.

FRAZÃO, Ana. Objetivos e alcance da Lei Geral de Proteção de Dados. In: TEPEDINO, Gustavo; FRAZÃO, Ana; OLIVA, Milena Donato. *Lei Geral de Proteção de Dados e suas repercussões no direito brasileiro*. São Paulo: Revista dos Tribunais, 2019.

FRAZÃO, Ana; PRATA DE CARVALHO, Angelo. O compliance concorrencial no Brasil: Desafios e perspectivas decorrentes da relação entre heterorregulação e autorregulação. In: CARVALHOSA, Modesto; KUYVEN, Fernando. *Compliance no direito empresarial*. São Paulo: Revista dos Tribunais, 2020.

FRAZÃO, Ana; OLIVA, Milena Donato; ABILIO, Viviane Silveira. Compliance de dados pessoais. In: TEPEDINO, Gustavo; FRAZÃO, Ana; OLIVA, Milena Donato. *Lei Geral de Proteção de Dados e suas repercussões no direito brasileiro*. São Paulo: Revista dos Tribunais, 2019.

FRAZÃO, Ana; PRATA DE CARVALHO, Angelo. Corrupção, cultura e compliance: o papel das normas jurídicas na construção de uma cultura de respeito ao ordenamento. In: CUEVA, Ricardo Villas Bôas. *Compliance:* perspectivas e desafios dos programas de conformidade. Belo Horizonte: Fórum, 2018.

ICO. Principle (c): Data minimisation. Disponível em: https://ico.org.uk/for-organisations/guide-to-data-protection/guide-to-the-general-data-protection-regulation-gdpr/principles/data-minimisation/. Acesso em: 2 jun. 2021.

KHALIL, Mohammad; PRINSLOO, Paul; SLADE, Sharon. The unbearable lightness of consent: Mapping MOOC providers' response do consent. No prelo. Disponível em: https://www.academia.edu/37010670/The_unbearable_lightness_of_consent_Mapping_MOOC_providers_response_to_consent. Acesso em: 3 jun. 2021.

LÔBO, Paulo. *Comentários ao Estatuto da Advocacia e da OAB*. São Paulo: Saraiva, 2020.

MARANHÃO, Juliano Souza de Albuquerque et al. *Acesso a dados de processos judiciais no Brasil*. São Paulo: Lawgorithm, 2019.

MARTINS-COSTA, Judith. *A boa-fé no direito privado*. São Paulo: Saraiva, 2018.

MASSENO, Manuel David; WENDT, Emerson. O ransomware na lei: apontamentos breves e direito português e brasileiro. Direito & TI – Debates contemporâneos. Disponível em: http://direitoeti.com.br/artigos/o-ransomware-na-lei-apontamentos-breves-de-direito-portugues-e-brasileiro/. Acesso em: 2 jun. 2021.

MIGALHAS. Ramsonware: o sequestro de dados que preocupa os escritórios de advocacia. Disponível em: https://www.migalhas.com.br/quentes/245150/ramsonware--o-sequestro-de-dados-que-preocupa-os-escritorios-de-advocacia. Acesso em: 2 jun. 2021.

MORAES, Maria Celina Bodin. LGPD: um novo regime de responsabilização civil dito proativo. *Civilistica.com*. v. 8, n. 3, 2019.

PUISZIS, Steven M. Unlocking the EU General Data Protection Regulation. *Journal of the professional lawyer.* Disponível em: https://www.americanbar.org/content/dam/aba/administrative/professional_responsibility/2018-jtpl-puiszis.pdf. Acesso em: 10 maio 2021.

SANTINO, Renato. STJ se restabelece após ransomware; PF investiga cópia de dados. Olhar digital. Disponível em: https://olhardigital.com.br/2020/11/13/seguranca/stj-se-restabelece-apos-ransomware-mas-pf-investiga-copia-de=-dados/?gfetch-2020%2F11%2F13%2Fsafety%2Fstj-restores-after-ransomware-but-pf-investigates-data-copies%2F. Acesso em: 2 junho 2021.

TAVARES, Giovanna Milanez. *O tratamento de dados pessoas disponíveis publicamente e os limites impostos pela Lei Geral de Proteção de Dados Pessoais*. Monografia (Bacharelado em Direito) – Faculdade de Direito, Universidade de Brasília, 2021.

UTZ, Christine et al. (Un)informed Consent: Studying GDPR Consent Notices in the Field. CCS'19. pp. 973-990, nov. 2019.

WESSING, Jürgen. Compliance in Anwaltskanzleien. *Zeitschrift für Internationale Strafrechtsdogmatik*. v. 9, pp. 368-374, 2018.

ZEETONY, David. GDPR: Law Firm Information Collection; Processors or Controllers? *The National Law Review.* Disponível em: https://www.natlawreview.com/article/gdpr-law-firm-information-collection-processors-or-controllers. Acesso em: 2 maio 2021.

Desafios do *compliance* de dados nas instituições de ensino básico e superior

Mônica Tiemy Fujimoto[1]

Sumário: I. Introdução; II. Tratamento de dados de crianças e adolescentes; III. Tratamento de dados para oferta de publicidade; IV. Compartilhamento de dados pelas instituições de ensino para cumprimento de obrigação regulatória e elaboração de estudos estatísticos; V. Tratamento de dados realizado por meio da utilização de Tecnologias de Informação e Comunicação (TIC); VI. Conclusão; VII. Referências bibliográficas.

I. Introdução

A entrada em vigor da Lei 13.709, de 14 e agosto de 2018 (Lei Geral de Proteção de Dados Pessoais – LGPD), representou um verdadeiro marco para

1. Professora de Direito Empresarial do Instituto Brasiliense de Direito Público (IDP). Doutoranda e Mestre em Direito Empresarial e Econômico pela Universidade de Brasília (UnB) e graduada em direito pela Universidade de São Paulo (USP). É Coordenadora de Relações Institucionais do Centro de Direito, Internet e Sociedade (CEDIS) e foi Coordenadora de Análise Antitruste no Conselho Administrativo de Defesa Econômica (CADE). É Sócia do escritório MHBA Advogados e Consultora da Laura Schertel Mendes Advocacia e Consultoria. E-mail: monicatfj@gmail.com.

a proteção de dados no Brasil. Ainda que a proteção da privacidade e dos direitos da personalidade já tivessem amparo legal antes da edição da lei, a LGPD inaugura um regime geral de proteção de dados, sendo introduzidas no ordenamento pátrio uma série de princípios, agentes de tratamento aos quais foram atribuídas obrigações e deveres, um rol de direitos dos titulares e requisitos legais que devem preceder o tratamento de dados pessoais.

Esse conjunto de procedimentos estabelecidos na lei pode ser compreendido em três níveis[2]: i) o tratamento de dados pessoais requer o cumprimento de suas condições de legitimidade para ser iniciado (preenchimento de uma das bases legais – art. 7º e 11, LGPD) e deve ser compatível com os princípios previstos na lei (art. 6º, LGPD); ii) após iniciado, devem ser realizados os procedimentos para garantir os direitos do titular e as obrigações dos agentes de tratamento (arts. 18, 37, 38, 39 e 41, LGPD); iii) caso o disposto na LGPD não seja cumprindo, são aplicáveis sanções administrativas (art. 52, LGPD) e os agentes de tratamento podem ser obrigados a reparar danos que porventura tenham sido causados (art. 42, LGPD).

Tais aspectos tornam a implementação de um programa de *compliance* de dados[3] indispensável para as empresas que tratam dados pessoais, em especial, dados pessoais de titulares em situação de vulnerabilidade (dados pessoais sensíveis). Daí a importância de falarmos sobre os principais desafios dos programas de adequação das instituições de ensino.

Por esse motivo, neste trabalho, abordaremos as especificidades do primeiro nível dos procedimentos estabelecidos pelo regime geral de proteção de dados brasileiro, quais sejam as condições de legitimidade, tendo em vista que esse é o nível que suscita a maior parte das dúvidas por parte das instituições de ensino. Observaremos tanto o tipo de dado que é tratado (dados pessoais ordinários, dados pessoais sensíveis), quanto a finalidade do tratamento e a

---

2. SCHERTEL, Laura. A Lei Geral de Proteção de Dados Pessoais: um modelo de aplicação em três níveis. Caderno Especial LGPD. p. 35 – 56. São Paulo: **Revista dos Tribunais**, nov./2019.

3. Os programas de *compliance* consistem na "estruturação de políticas e procedimentos corporativos que se traduzem em ações sistemáticas com o objetivo de atender ao cumprimento de preceitos normativos, a permitir a prevenção do ato ilícito ou, caso não seja possível, minorar seus efeitos e sancionar eventuais responsáveis". FRAZÃO, Ana; OLIVA, Milena Donato; AVILIO, Vivianne da Silveira. Compliance de dados pessoais. In: Gustavo Tepedino et al. (Coords.). **A Lei Geral de Proteção de Dados Pessoais e suas Repercussões no Direito Brasileiro**. 1ª ed., São Paulo: Thomson Reuters Brasil, 2019.

compatibilidade com os princípios da minimização e necessidade, além da utilização das bases legais previstas na Lei.

Observa-se que, além dos desafios enfrentados por todos os agentes que realizam o *compliance* de dados – como a realização do mapeamento do tratamento de dados, a adequação dos portais eletrônicos, a realização do Relatório de Impacto e a criação de sistema para atender as demandas dos titulares –, a atuação dos agentes privados no setor educacional (básico e superior) está permeada por desafios adicionais característicos do setor. Soma-se a esse aspecto a existência de regulação do Ministério da Educação (MEC), tanto em relação à educação básica quando ao ensino superior, que impõe a necessidade de coleta e compartilhamento de dados dos alunos.

Nesse sentido, cabe ressaltar que nas suas atividades cotidianas as instituições de ensino lidam com dados como: i) histórico escolar; ii) dados e documentos pessoais dos alunos, pais, professores, funcionários, fornecedores; iii) dados de cobrança e iv) dados socioeconômicos do grupo familiar, que são necessários para atividades como: i) seleção de bolsistas; ii) marketing; iii) armazenamento de dados de alunos (como histórico escolar e avaliações de desempenho); iv) controle de frequência; v) utilização de plataformas digitais de ensino; vi) utilização de redes wi-fi; vii) segurança do ambiente escolar; viii) gestão de alunos inadimplentes; ix) fornecimento de dados para o cumprimento de obrigações regulatórias.

À luz desses tipos de dados e das atividades de tratamento, neste trabalho, exploraremos os principais aspectos do *compliance* de dados nas instituições de ensino básico e superior, tendo em vista: i) tratamento de dados de crianças e adolescentes; ii) tratamento de dados para oferta de publicidade; iii) compartilhamento de dados para cumprimento de obrigação regulatória pelas instituições de ensino; iv) tratamento de dados realizado por meio da utilização de Tecnologias de Informação e Comunicação (TIC). Para tanto, exploraremos as questões sensíveis em cada uma das hipóteses e buscaremos analisar os pontos de atenção especialmente em relação ao cumprimento das condições de legitimidade para o tratamento de dados.

II. TRATAMENTO DE DADOS DE CRIANÇAS E ADOLESCENTES

O primeiro aspecto que deve ser ressaltado é que, especialmente na gestão de dados de crianças e adolescentes, a LGPD prevê condições especiais para o seu tratamento, uma vez que se trata de grupo vulnerável reconhecido pelo ECA – Estatuto da Criança e do Adolescente (Lei nº 8.069, de 13 de julho de 1990). Nos termos do art. 14 da LGPD:

> Art. 14. O tratamento de dados pessoais de crianças e de adolescentes deverá ser realizado em seu melhor interesse, nos termos deste artigo e da legislação pertinente.
>
> § 1º O tratamento de dados pessoais de **crianças deverá ser realizado com o consentimento específico e em destaque dado por pelo menos um dos pais ou pelo responsável legal**.
>
> § 2º No tratamento de dados de que trata o § 1º deste artigo, os controladores deverão manter pública a informação sobre os tipos de dados coletados, a forma de sua utilização e os procedimentos para o exercício dos direitos a que se refere o art. 18 desta Lei.
>
> § 3º Poderão ser coletados dados pessoais de crianças sem o consentimento a que se refere o § 1º deste artigo **quando a coleta for necessária para contatar os pais ou o responsável legal, utilizados uma única vez e sem armazenamento, ou para sua proteção**, e em nenhum caso poderão ser repassados a terceiro sem o consentimento de que trata o § 1º deste artigo.
>
> § 4º Os controladores **não deverão condicionar a participação dos titulares de que trata o § 1º deste artigo em jogos, aplicações de internet ou outras atividades ao fornecimento de informações pessoais além das estritamente necessárias à atividade**.
>
> § 5º O controlador deve realizar todos os esforços razoáveis para verificar que o consentimento a que se refere o § 1º deste artigo foi dado pelo responsável pela criança, consideradas as tecnologias disponíveis.
>
> § 6º As informações sobre o tratamento de dados referidas neste artigo deverão ser fornecidas de maneira simples, clara e acessível, consideradas as características físico-motoras, perceptivas, sensoriais, intelectuais e mentais do usuário, com uso de recursos audiovisuais quando adequado, de forma a proporcionar a informação necessária aos pais ou ao responsável legal e adequada ao entendimento da criança (grifamos).

Veja-se que o disposto no art. 14 impõe: i) a utilização da base legal do consentimento como regra geral, excetuando-se o seu uso apenas quando o tratamento for necessário para a contatação dos pais ou responsáveis ou para a proteção da criança; ii) a obrigatoriedade da intervenção dos pais ou responsáveis legais no oferecimento do consentimento; iii) a restrição do armazenamento dos dados que forem coletados sem o consentimento; iv) a minimização do fornecimento de dados de crianças e adolescentes na utilização de jogos e recursos da internet. Soma-se à essas exigências os requisitos para a validade do consentimento, previstos no art. 5º, XII, da LGPD, quais sejam, ser livre, inequívoco e específico.

Tais condições são plenamente compatíveis com o regime de proteção ao melhor interesse da criança[4] e do adolescente, previstos tanto no art. 227 da Constituição Federal de 1988[5] e quanto no art. 1.634, VII, do Código Civil[6]; que impõe às instituições de ensino o dever de conferir maior cuidado ao tratamento de dados desse grupo de estudantes. Nesse aspecto, chama atenção que, ao contrário do disposto no art. 3º e 4º do Código Civil, que estabelece a incapacidade absoluta e relativa dos adolescentes para o exercício de atos da vida civil, a LGPD não diferencia os requisitos relativos ao tratamento de dados de menores de 16 anos e aqueles que possuem entre 16 e 18 anos.

Nesse sentido, ressalta-se o disposto no Considerando nº 38 do Regulamento Europeu (GDPR), que trata da necessidade de proteção especial em relação às crianças (jovens de até 16 anos), tendo em vista que elas podem estar "menos cientes dos riscos, consequências e garantias em questão e dos seus direitos relacionados com o tratamento dos dados pessoais", não sendo necessário o consentimento dos pais ou responsável legal quando da prestação de "serviços preventivos ou de aconselhamento oferecidos diretamente a uma criança". O regulamento também exige que a linguagem dirigida a crianças seja clara e simples, garantindo que a criança compreenda a mensagem (Considerando nº 58).

Ademais, muito embora a GDPR permita a utilização da base legal "legítimo interesse" no tratamento de dados de crianças e adolescentes de forma explícita em seu art. 6º, uma cuidadosa leitura da LGPD indica que a legislação não possibilita a utilização dessa base. Já em seu art. 8º[7], o regulamento

---

4. TEIXEIRA, Ana Carolina; RETTORE, Anna Cristina de Carvalho. A autoridade parental e o tratamento de dados pessoais de crianças e adolescentes. In: Gustavo Tepedino et al (Coords.). **A Lei Geral de Proteção de Dados Pessoais e suas Repercussões no Direito Brasileiro**. 1ª ed., São Paulo: Thomson Reuters Brasil, 2019. p. 505-530.

5. "Art. 227. É dever da família, da sociedade e do Estado assegurar à criança, ao adolescente e ao jovem, com absoluta prioridade, o direito à vida, à saúde, à alimentação, à educação, ao lazer, à profissionalização, à cultura, à dignidade, ao respeito, à liberdade e à convivência familiar e comunitária, além de colocá-los a salvo de toda forma de negligência, discriminação, exploração, violência, crueldade e opressão."

6. "Art. 1.634. Compete a ambos os pais, qualquer que seja a sua situação conjugal, o pleno exercício do poder familiar, que consiste em, quanto aos filhos: (...) VII – representá-los judicial e extrajudicialmente até os 16 (dezesseis) anos, nos atos da vida civil, e assisti-los, após essa idade, nos atos em que forem partes, suprindo-lhes o consentimento".

7. GDPR: "Artigo 8º Condições aplicáveis ao consentimento de crianças em relação aos serviços da sociedade da informação. 1. Quando for aplicável o artigo 6º, nº 1, alínea a), no que respeita à oferta direta de serviços da sociedade da informação às

possibilita que Estados-Membro disponham condições de proteção diferenciadas em relação à oferta de "serviços da sociedade da informação" para jovens a partir de 13 anos.

Interessa notar que, ao contrário da GDPR, a LGPD estabelece apenas um princípio geral de tratamento de dados no melhor interesse da criança e do adolescente em seu *caput*, mas não diferencia as especificidades relativas à base legal aplicável em relação aos adolescentes[8], o que pode ser um ponto de atenção às Instituições de Ensino que tratarem esses dados.

Assim, o grande desafio desse tipo de tratamento de dados é que as bases legais aplicáveis são mais restritas, de tal sorte que pode existir dúvida quanto à correta aplicação das hipóteses de exceção da base legal do consentimento. Já em relação aos princípios, em virtude da proteção adicional destinada às crianças e adolescentes, as instituições que tratarem esse tipo de dados devem se atentar à observância do princípio da finalidade e minimização.

Nesse sentido, destaca-se a problemática suscitada relativamente à utilização de tecnologias como reconhecimento facial de crianças no ambiente escolar. A utilização desse tipo de tecnologia foi objeto de investigação e da primeira pena imposta na Suécia que, após utilizar a tecnologia de reconhecimento facial para monitorar a presença dos alunos, recebeu uma multa de aproximadamente 20 mil euros[9]. De acordo com a autoridade de proteção de dados sueca, ainda que o consentimento tenha sido solicitado, este não poderia ser considerado

---

crianças, dos dados pessoais de crianças é lícito se elas tiverem pelo menos 16 anos. Caso a criança tenha menos de 16 anos, o tratamento só é lícito se e na medida em que o consentimento seja dado ou autorizado pelos titulares das responsabilidades parentais da criança. Os Estados-Membros podem dispor no seu direito uma idade inferior para os efeitos referidos, desde que essa idade não seja inferior a 13 anos. 2. Nesses casos, o responsável pelo tratamento envida todos os esforços adequados para verificar que o consentimento foi dado ou autorizado pelo titular das responsabilidades parentais da criança, tendo em conta a tecnologia disponível. 3. O disposto no nº 1 não afeta o direito contratual geral dos Estados-Membros, como as disposições que regulam a validade, a formação ou os efeitos de um contrato em relação a uma criança".

8. De acordo com o art. 2º do ECA: "Considera-se criança, para os efeitos desta Lei, a pessoa até doze anos de idade incompletos, e adolescente aquela entre doze e dezoito anos de idade".

9. EDPB. **Facial recognition in school renders Sweden's first GDPR fine**. Disponível em: https://edpb.europa.eu/news/national-news/2019/facial-recognition-school-renders-swedens-first-gdpr-fine_sv. Acesso em 16/05/2021.

válido para o fim que se pretendia, tendo em vista que a instituição estaria tratando dados pessoais sensíveis de forma excessiva, sem a correta avaliação de impacto[10].

O mesmo caso está sendo discutido com a inclusão do registro de presença do estudante em sala de aula com a utilização de dados biométricos[11] que, apesar de até o momento não ter sido objeto de autuação pelo poder público, suscitou discussões sobre os limites do uso desse tipo de tecnologia no ambiente escolar. Assim, especialmente quando da utilização de tecnologias consideradas invasivas, é necessário avaliar o princípio da minimização e proporcionalidade, devendo a Instituição de Ensino se perguntar se existe outra forma menos invasiva para atingir o mesmo resultado, especialmente se os titulares são majoritariamente crianças.

III. TRATAMENTO DE DADOS PARA OFERTA DE PUBLICIDADE

Um tipo de tratamento de dados utilizado pelas Instituições de Ensino privadas para captação de novos alunos é o direcionamento de publicidade digital que, em grande parte das vezes, utiliza bases de dados pessoais para a escolha de seus "alvos". Nesse sentido, é necessário destacar três aspectos desse tipo de tratamento: i) a escolha da base legal aplicável; ii) A realização de publicidade dirigida; e iii) o direcionamento de publicidade às crianças e aos adolescentes.

Em relação à escolha da base legal aplicável à oferta de publicidade, ressalta-se que a LGPD traz uma inovação importante em relação ao MCI – Marco Civil da Internet (Lei nº 12.965, de 23 de abril de 2014). Antes da entrada em vigor desse novo regime geral de proteção de dados, apesar de o CDC já prever alguns dos direitos e princípios que foram consubstanciados na LGPD, foi por meio do MCI que efetivamente foram definidas as regras específicas sobre a proteção de dados, de modo que se considera que o MCI inaugurou a o marco legal que tutela os dados no Brasil no contexto da utilização da internet, trazendo as primeiras linhas do que hoje chamamos de bases legais.

10. BBC NEWS. Facial recognition: School ID checks lead to GDPR fine. Publicado em 27 de agosto de 2019. Disponível em: https://www.bbc.com/news/technology-49489154. Acesso em 16/05/2021.
11. IFES. Projetos inovadores do Ifes chamam atenção no StartUp Summit 2019. Disponível em: https://ifes.edu.br/noticias/19075-projetos-de-carro-autonomo-reconhecimento-facial-cultura-maker-e-realidade-virtual-chamam-atencao-no-startup-summit-2019. Acesso em 16/05/2021.

Não obstante essa importante inovação, as condições de legitimidade voltavam-se tão somente para o consentimento[12]. Por esse motivo, a LGPD apresenta uma verdadeira revolução no que diz respeito à expansão das bases legais para tratamento de dados, retirando a centralidade do consentimento. Esse aspecto suscitou diversas discussões sobre a necessidade de utilização do consentimento para a oferta de publicidade, especialmente considerando a introdução da base legal "legítimo interesse" e a inexistência de benefício de ordem na aplicação das bases legais previstas no art. 7º, LGPD.

Assim, mesmo diante da relativa preferência do público geral pela utilização do consentimento para o direcionamento de publicidade, acredita-se que é possível utilizar a base legal do legítimo interesse, especialmente considerando as discussões atuais acerca da fadiga do consentimento[13]. Ressalta-se que, ainda que essa base legal seja utilizada para o apoio e promoção das atividades do controlador por meio de publicidade (art. 10, I, LGPD), é necessária a garantia do exercício dos direitos do titular e, principalmente, que sejam respeitadas as legítimas expectativas do titular (art. 10, II, LGPD).

Portanto, ao direcionar publicidade para captação de novos alunos, mesmo que se considere o aumento da competitividade no setor, as Instituições

---

12. Marco Civil da Internet – Art. 7º O acesso à internet é essencial ao exercício da cidadania, e ao usuário são assegurados os seguintes direitos:(...) VII – não fornecimento a terceiros de seus dados pessoais, inclusive registros de conexão, e de acesso a aplicações de internet, salvo mediante consentimento livre, expresso e informado ou nas hipóteses previstas em lei.
13. MCDONALD, Aleecia; CRANOR, Lorrie. The Cost of Reading Privacy Policies. **I/S: A Journal of Law and Policy for the Information Society**, vol 4, nº 3, 2008. Disponível em: http://www.is-journal.org/. Acesso em 16/05/2021; UTZ, Cristine; DEGELIN, Martin; FAHL, Sascha; SCHAUB, Florian; HOLZ, Thorsten. (Un)informed Consent: Studyng GDPR Consent Notices in the Field. **Proceedings of the 2019 ACM SIGSAC Conference on Computer and Communications Security**. Disponível em: https://arxiv.org/abs/1909.02638. Acesso em 16/05/2021; ACQUISTY, Alessandro; ADJERID, Idris; BALEBAKO, Rebecca; BRANDIMARTE, Laura; CRANOR, Lorrie; KOMANDURI, Saranga; LEON, Pedro; SADEH, Norman; SCHAUB, Florian; SLEEPER, Manya; WANG, Yang; WILSON, Shomir. Nudges for Privacy and Security: Understanding and Assisting Users' Choices Online. **ACM Computing Surveys**, Vol. 50, No. 3, Article 44, 2017; POLLACH, Irene. Whats Wrong with Online Privacy Policies. **Communications of the ACM**, vol 50, nº 9, pp. 103-108; September 2007; GLUCK, Joshua; SCHAUB, Florian; HABIB, Hana; SADEH, Norman; CRANOR, Lorrie; AGARWAL, Yudraj. How Short Is Too Short? Implications of Length and Framing on the Effectiveness of Privacy Notices. **Symposium on Usable Privacy and Security**. June 22-24, 2016. Disponível em: https://www.usenix.org/system/files/conference/soups2016/soups2016-paper-gluck.pdf. Acesso em 16/05/2021.

de Ensino devem ter especial atenção na realização do *assessment* interno para escolha das bases legais aplicáveis. Assim, tendo em vista que o legítimo interesse é a base legal que pode possibilitar o enquadramento do maior número de hipóteses de tratamento por conta de sua ampla margem de aplicação, sugere-se que seja realizado o "*legitimate interests assessment*" – LIA[14] ou o teste da proporcionalidade do legítimo interesse[15] para que se avalie se de fato essa é a base mais adequada.

De acordo com as melhores práticas da autoridade de proteção de dados do Reino Unido[16], "*Information Commissioner's Office*" – ICO, a análise deve ser feita em três etapas: i) identificar o legítimo interesse (adequação); ii) demonstrar que o processamento dos dados é necessário para atingi-lo (necessidade); iii) contrabalanceá-lo com os direitos e liberdades do usuário (proporcionalidade).

A segunda preocupação em relação ao direcionamento de publicidade diz respeito à realização de publicidade dirigida, notadamente aquela realizada com base na formação de perfis e na utilização de algorítmicos e Inteligência Artificial. Esse direcionamento de publicidade dirigida ("*targeting*") pode ocorrer por meio de três principais estratégias, a depender da forma que os dados são utilizados[17]: i) direcionamento por meio de dados ativamente fornecidos pelos titulares; ii) direcionamento por meio de dados coletados por meio de plataformas, cookies, terceiros ou pela utilização de outros serviços; iii) direcionamento com base na "inferência" de informações relativas a aspectos como o comportamento do titular ou conexões.

A preocupação com esse direcionamento tem como principal aspecto a utilização da base legal mais adequada e a proporcionalidade e a legítima expectativa do titular. Por exemplo, a Instituição de Ensino A coletou dados de possíveis

---

14. ICO. Legitimate interests. Disponível em: https://ico.org.uk/for-organisations/guide-to-data-protection/guide-to-the-general-data-protection-regulation-gdpr/lawful-basis-for-processing/legitimate-interests/. Acesso em 16/05/2021.
15. MATTIUZZO, Marcela; PONCE, Paula Pedigoni. O legítimo interesse e o teste da proporcionalidade: uma proposta interpretativa. Disponível em: https://revista.internetlab.org.br/o-legitimo-interesse-e-o-teste-da-proporcionalidade-uma-proposta-interpretativa/. Acesso em 16/05/2021.
16. ICO. Legitimate interests. Disponível em: https://ico.org.uk/for-organisations/guide-to-data-protection/guide-to-the-general-data-protection-regulation-gdpr/lawful-basis-for-processing/legitimate-interests/. Acesso em 16/05/2021.
17. EDPB. Guidelines 8/2020 on the targeting of social media users. Set/2020. Disponível em: https://edpb.europa.eu/sites/default/files/consultation/edpb_guidelines_202008_onthetargetingofsocialmediausers_en.pdf. Acesso em 16/05/2021.

alunos por meio do preenchimento de formulários do "fale conosco" no website da própria instituição. Nesse caso, é possível compreender que aquele que forneceu as informações estaria interessado em obter mais informações sobre as atividades da escola e ela pode direcionar publicidade para essa base. Já no caso de dados coletados por meio de terceiros ou via "inferência", esse teste pode ser mais complexo, especialmente se esse direcionamento for realizado por meio da utilização de inteligência artificial.

Essa preocupação decorre dos riscos relativos ao tratamento potencialmente discriminatório e excludente que pode ser realizado com a criação de padrões e perfis de forma automatizada, e o princípio geral de não discriminação[18] presente no art. 6º, IX, da LGPG, que veda "o tratamento para fins discriminatórios ilícitos ou abusivos", sobretudo quando a abusividade versar sobre (i) discriminação por erro estatístico; (ii) discriminação pelo uso de dados sensíveis; (iii) discriminação por generalização injusta; iv) discriminação limitadora do exercício de direitos[19].

Quando da realização de marketing digital, as Instituições de Ensino também devem se atentar ao disposto no Anexo B do Código de Autorregulação Publicitária do Conselho Nacional de Autorregulamentação Publicitária – CONAR, que dispõe normas específicas para a publicidade relativa à educação, quais sejam:

> 1. Não deverá afirmar ou induzir o público a crer que um estabelecimento ou curso é oficializado, reconhecido, autorizado, aprovado, ou que tenha sua situação legal definida, a menos que o Anunciante esteja em condição de comprová-lo.
>
> 2. Tendo em vista que nem todos os estabelecimentos e cursos que podem ser anunciados estão sujeitos a autorização de funcionamento e fiscalização das autoridades de ensino, recomenda-se aos Anunciantes que tenham a sua situação legal definida, que facilitem a sua identificação, informando em sua publicidade o nome da escola ou curso e o respectivo ato oficial de autorização ou reconhecimento.
>
> 3. Para ser aceito como documento válido capaz de possibilitar ao seu portador o prosseguimento de seus estudos, a legislação em vigor

---

18. SCHERTEL, Laura; FUJIMOTO, Mônica, MATTIUZZO, Marcela. Discriminação algorítmica à luz da Lei Geral de Proteção de Dados. In: Bioni et al (Coords.). **Tratado de Proteção de Dados Pessoais**. Rio de Janeiro: Forense, 2021.
19. MATIUZZO, M.; SCHERTEL, L. Proteção de dados e Inteligência Artificial: perspectivas éticas e regulatórias. **RDU**, Porto Alegre, v. 16, n. 90, p. 39-64, nov./dez. 2019.

estabelece determinados requisitos a serem atendidos pelo estabelecimento ou curso para a emissão de diplomas ou certificados. Assim sendo, os anúncios não deverão insinuar, sugerir ou afirmar que os diplomas ou certificados prometidos tenham valor mais amplo do que efetivamente tiverem. De igual forma deverá ficar claro no anúncio quando o aluno estiver obrigado a submeter-se a exame de avaliação e/ou prova de assiduidade para validar o curso.

4. Não deverá afirmar ou induzir o Consumidor a crer que a inscrição ou matrícula no curso lhe proporcionará um emprego, a menos que o Anunciante assuma, no mesmo anúncio e com clareza, total responsabilidade.

5. Não se permitirá que o anúncio prometa benefícios exagerados quanto à conquista de títulos, tais como promessas de "doutoramento", quando na verdade o curso é de "bacharelado".

6. Não se permitirão promessas de sucesso ou promoção garantida na carreira profissional do aluno, a não ser que tais fatos sejam comprováveis.

7. Não se admitirão alegações inverídicas sobre o nível do curso anunciado, como é o caso da frase "em nível de pós-graduação" para designar simples cursos de extensão cultural.

8. O anúncio de curso ou cursinho que exigir frequência do aluno deverá explicitar o tempo de sua duração.

9. O anúncio que fizer menção a preço, deverá indicar claramente o total a ser pago pelo aluno.

10. A utilização de testemunhas e a publicação de listas de aprovação em concursos e exames vestibulares estão sujeitas à comprovação, de acordo com as provisões deste Código, no que toca a "testemunhais" (Capítulo II, Seção 5, Artigo 27, § 9º).

11. O anúncio de curso de instrução ou de preparação para o aprendizado de ofícios ou matérias que conduzam a exames profissionais ou técnicos não poderá oferecer empregos ou oportunidades irreais de remuneração, a menos que o anunciante assuma, no mesmo anúncio e com clareza, total responsabilidade.

12. O anúncio de curso de instrução ou preparação para concursos públicos ou exames vestibulares não poderá prometer a aprovação do candidato nos concursos ou exames.

13. O anúncio de curso por correspondência ou à distância, além das recomendações contidas nos demais itens deste Anexo, atenderá ao seguinte:

a. tornará explícito que o curso é ministrado por correspondência ou à distância e de nenhum modo procurará confundi-lo com curso por frequência;

b. deverá divulgar nos anúncios impressos o nome do Anunciante (ou o título do estabelecimento) e o respectivo endereço completo, que não poderá se restringir ao número da caixa postal. Quando contiver cupom ou similar, o endereço completo deverá figurar também no corpo do anúncio.

Ademais, também é necessária atenção com o direcionamento de publicidade ao público infantil, principalmente considerando as Instituições de Ensino Básico, tendo em vista que, além de existir um diploma especial para o tratamento de dados de crianças e adolescentes (cf. item II supra), a vedação à publicidade infantil encontra amparo explícito em diplomas legais como o Decreto nº 99.710, de 21 de novembro de 1990, que promulga a Convenção das Nações Unidas sobre os Direitos das Crianças e o Comentário Geral 25 da ONU[20] que inclui a proteção infantil frente a publicidade dirigida, o Código de Defesa do Consumidor – CDC (Lei nº 8.078, de 11 de setembro de 1990)[21] e o Código de Autorregulação Publicitária do CONAR[22].

---

20. "42. Estados Partes devem proibir por lei o perfilamento ou publicidade direcionada para crianças de qualquer idade para fins comerciais com base em um registro digital de suas características reais ou inferidas, incluindo dados grupais ou coletivos, publicidade direcionada por associação ou perfis de afinidade. As práticas que dependem de *neuromarketing*, análise emocional, publicidade imersiva e publicidade em ambientes de realidade virtual e aumentada para promover produtos, aplicações e serviços, também devem ser proibidas de se envolver direta ou indiretamente com crianças".

21. "Art. 37. É proibida toda publicidade enganosa ou abusiva. (...) § 2º É abusiva, dentre outras a publicidade discriminatória de qualquer natureza, a que incite à violência, explore o medo ou a superstição, **se aproveite da deficiência de julgamento e experiência da criança**, desrespeita valores ambientais, ou que seja capaz de induzir o consumidor a se comportar de forma prejudicial ou perigosa à sua saúde ou segurança" (grifamos).

22. "Artigo 37 – Os esforços de pais, educadores, autoridades e da comunidade devem encontrar na publicidade fator coadjuvante na formação de cidadãos responsáveis e consumidores conscientes. Diante de tal perspectiva, nenhum anúncio dirigirá apelo imperativo de consumo diretamente à criança. E mais: I – Os anúncios deverão refletir cuidados especiais em relação a segurança e às boas maneiras e, ainda, abster-se de: desmerecer valores sociais positivos, tais como, dentre outros, amizade, urbanidade, honestidade, justiça, generosidade e respeito a pessoas, animais e ao meio ambiente; provocar deliberadamente qualquer tipo de discriminação, em particular daqueles

Veja-se que essa vedação se estende ao tratamento de dados para esta finalidade, uma vez que a estratégia de marketing pode ser efetivada por meio do perfilamento e do direcionamento da publicidade para o público infantil,

---

que, por qualquer motivo, não sejam consumidores do produto; associar crianças e adolescentes a situações incompatíveis com sua condição, sejam elas ilegais, perigosas ou socialmente condenáveis; impor a noção de que o consumo do produto proporcione superioridade ou, na sua falta, a inferioridade; provocar situações de constrangimento aos pais ou responsáveis, ou molestar terceiros, com o propósito de impingir o consumo; empregar crianças e adolescentes como modelos para vocalizar apelo direto, recomendação ou sugestão de uso ou consumo, admitida, entretanto, a participação deles nas demonstrações pertinentes de serviço ou produto; utilizar formato jornalístico, a fim de evitar que anúncio seja confundido com notícia; apregoar que produto destinado ao consumo por crianças e adolescentes contenha características peculiares que, em verdade, são encontradas em todos os similares; utilizar situações de pressão psicológica ou violência que sejam capazes de infundir medo. II – Quando os produtos forem destinados ao consumo por crianças e adolescentes seus anúncios deverão: procurar contribuir para o desenvolvimento positivo das relações entre pais e filhos, alunos e professores, e demais relacionamentos que envolvam o público-alvo; respeitar a dignidade, ingenuidade, credulidade, inexperiência e o sentimento de lealdade do público-alvo; dar atenção especial às características psicológicas do público-alvo, presumida sua menor capacidade de discernimento; obedecer a cuidados tais que evitem eventuais distorções psicológicas nos modelos publicitários e no público-alvo; abster-se de estimular comportamentos socialmente condenáveis. III – Este Código condena a ação de merchandising ou publicidade indireta contratada que empregue crianças, elementos do universo infantil ou outros artifícios com a deliberada finalidade de captar a atenção desse público específico, qualquer que seja o veículo utilizado. IV – Nos conteúdos segmentados, criados, produzidos ou programados especificamente para o público infantil, qualquer que seja o veículo utilizado, a publicidade de produtos e serviços destinados exclusivamente a esse público estará restrita aos intervalos e espaços comerciais. V – Para a avaliação da conformidade das ações de merchandising ou publicidade indireta contratada ao disposto nesta Seção, levar-se-á em consideração que: o público-alvo a que elas são dirigidas seja adulto; o produto ou serviço não seja anunciado objetivando seu consumo por crianças; a linguagem, imagens, sons e outros artifícios nelas presentes sejam destituídos da finalidade de despertar a curiosidade ou a atenção das crianças. Parágrafo 1º Crianças e adolescentes não deverão figurar como modelos publicitários em anúncio que promova o consumo de quaisquer bens e serviços incompatíveis com sua condição, tais como armas de fogo, bebidas alcoólicas, cigarros, fogos de artifício e loterias, e todos os demais igualmente afetados por restrição legal. Parágrafo 2º O planejamento de mídia dos anúncios de produtos de que trata o inciso II levará em conta que crianças e adolescentes têm sua atenção especialmente despertada para eles. Assim, tais anúncios refletirão as restrições técnica e eticamente recomendáveis, e adotar-se-á a interpretação mais restritiva para todas as normas aqui dispostas".

podendo colocar em risco o desenvolvimento da personalidade das crianças e possibilitando a limitação do seu "acesso a diferente oportunidades e contato com a diversidade de opiniões e ideias no seu desenvolvimento"[23].

IV. COMPARTILHAMENTO DE DADOS PELAS INSTITUIÇÕES DE ENSINO PARA CUMPRIMENTO DE OBRIGAÇÃO REGULATÓRIA E ELABORAÇÃO DE ESTUDOS ESTATÍSTICOS

Além das preocupações relativas ao desenvolvimento da criança e do adolescente e ao tratamento de dados para oferta de publicidade, o setor educacional também possui uma particularidade relativa à expressiva regulação do setor e a necessidade de compartilhamento de dados para a elaboração de estudos estatísticos relativos à educação brasileira. Como bem elucidou João Paulo Bachur, a coleta de dados pelo poder público por meio do censo anual da educação básica e superior, realizado pelo Instituto Nacional de Estudos e Pesquisas Educacionais Anísio Teixeira – INEP, é um importante pilar para elaboração de grande parte das políticas educacionais nacionais, contudo, o poder público deve realizar o tratamento desses dados visando a necessidade específica da política educacional de educação[24].

A base legal para a elaboração do Censo Educacional no ensino básico e superior é o Decreto nº 6.425, de 4 de abril de 2008, e o tratamento de dados por parte do órgão público é realizado pelo Poder Executivo dos Estados, Distrito Federal e dos Municípios, que "são responsáveis pela exatidão e fidedignidade das informações prestadas para o censo escolar" (art. 2º, § 1º). Ademais, o decreto também garante o sigilo e a proteção dos dados fornecidos por meio do censo, reforçando o princípio da finalidade, na medida em que veda a utilização de dados "para fins estranhos aos previstos na legislação educacional aplicável" (art. 6º).

No âmbito das instituições de ensino, o representante legal também "é responsável pela exatidão e fidedignidade das informações prestadas ao censo

23. HENRIQUES, Isabella; PITA, Marina; HARTUNG, Pedro. A Proteção de Dados Pessoais de Crianças e Adolescentes. In: Bioni et al (Coords.). **Tratado de Proteção de Dados Pessoais**. Rio de Janeiro: Forense, 2021. p. 204.

24. Esses dados podem servir para a distribuição do Fundo de Manutenção e Desenvolvimento da Educação Básica e de Valorização dos Profissionais da Educação – Fundeb, dos recursos da arrecadação da contribuição social do salário-educação e dos programas de apoio à alimentação escolar, transporte e manutenção das escolas. BACHUR, João Paulo. Proteção de dados pessoais na educação. In: Bioni et al (Coords.). **Tratado de Proteção de Dados Pessoais**. Rio de Janeiro: Forense, 2021.

escolar, no limite de suas atribuições institucionais" (art. 2º, § 2º). Nesse sentido, exsurge a necessidade dos representantes das instituições se atentarem ao princípio da qualidade dos dados previsto na LGPD, bem como da proporcionalidade na coleta de dados que devem ser fornecidos ao INEP. Isso porque, ainda que o tratamento desses dados pelo IBGE resulte no processo de anonimização dos titulares e seja realizado com base no disposto no art. 7º, IV, da LGPD[25], o compartilhamento desses dados pela instituição de ensino deve garantir que, além de exatas e fidedignas, elas sejam adequadas e minimizadas.

Ademais, considerando que os formulários do Censo Escolar também exigem o preenchimento de dados considerados sensíveis nos termos da LGPD, é necessário que a instituição de ensino tome precauções para que esses dados não sejam utilizados para outras finalidades ou, caso sejam, estejam resguardadas por alguma base legal. Ademais, tais dados devem ser armazenados de forma adequada para impedir a sua divulgação e acesso por terceiros não autorizados.

Por exemplo, no caso do censo do ensino básico, além de informações genéricas sobre as turmas, são fornecidos dados sensíveis de alunos e profissionais relativos à origem ética, raça, condições de saúde (tipo de deficiência). Ademais, também são fornecidos dados ordinários como CPF, nome completo, data de nascimento, endereço, ficha de matrícula, histórico escolar, diário de classe, controle de frequência, entre outros dados que possibilitam a identificação do titular.

Quanto ao Censo do Ensino Superior além do fornecimento de dados sensíveis e ordinários sobre os alunos e profissionais do ensino, são apresentadas informações financeiras diversas relativas aos programas de financiamento estudantil (Fies, Prouni, programa de financiamento do governo estadual, programa de financiamento do governo municipal, programa de financiamento da IES e programa de financiamento de entidades externas), sendo possível traçar o perfil completo do estudante com base nessas informações.

Veja-se que a obrigação de fornecer dados para o censo anualmente requer a coleta de dados de categorias diversas, como dados sobre saúde dos estudantes e profissionais, dados financeiros e dados escolares, de modo que, caso não seja atendido o princípio da finalidade, o tratamento indevido desses dados pode gerar grandes prejuízos aos titulares, mesmo em relação aos dados não sensíveis. Os dados financeiros, em particular, sempre geraram grande preocupação

25. Art. 7º O tratamento de dados pessoais somente poderá ser realizado nas seguintes hipóteses:(...) IV – para a realização de estudos por órgão de pesquisa, garantida, sempre que possível, a anonimização dos dados pessoais.

quanto ao seu potencial lesivo, sendo grandes protagonistas das primeiras discussões sobre o tratamento de dados no Brasil[26]. Daí a preocupação de especialistas do setor educacional[27] e desta autora com a utilização de dados que são fornecidos para o cumprimento de obrigações regulatórias, especialmente aqueles fornecidos para participação de programas sociais ou para a concessão de bolsas de estudo.

Note-se que, ainda que o ensino seja livre à iniciativa privada (art. 7º, Lei nº 9.394, de 20 de dezembro de 1996, Lei de Diretrizes e Bases da Educação Nacional – LDB), existem diversas obrigações regulatórias que decorrem do direito fundamental à educação (art. 6º, Constituição Federal de 1988) e a sua inserção no Sistema Nacional da Educação. Dessa forma, além da coleta de dados para o desempenho de suas atividades cotidianas, as instituições devem fornecer dados ao poder público de forma constante, a fim de garantir a organização e execução das políticas educacionais nacionais.

Mesmo sob a perspectiva do poder público, necessário ressaltar que, mesmo que o tratamento seja realizado com base nos termos do art. 7º, III, atendendo um ato legal ou infralegal, é imprescindível avaliar se a norma atende aos princípios dispostos na LGPD[28], tendo em vista que "eventual mau uso

---

26. Inspirada na proteção ao crédito estabelecida pelo *National Consume Act* e pelo *Fair Credit Reporting Act* norte americano, o Código de Defesa do Consumidor dispôs em seu art. 43 a proteção às informações existentes em cadastros, fichas, registros e dados pessoais e de consumo arquivados, representando as bases das preocupações com a proteção de dados dos consumidores. De acordo com Doneda, "o Fair Credit Reporting Act (FCRA)189, que posteriormente influenciou fortemente a legislação brasileira na matéria190, estabeleceu obrigações de segredo e correção para dados financeiros de consumidores tratados por operadores de cadastros de crédito de consumo. De acordo com essa lei, tais operadores podem revelar os dados que possuem sobre consumidores nos seguintes casos, alternativamente: (i) cumprimento de ordem judicial, (ii) com consentimento do interessado, (iii) quando existam razões para crer que se pretende utilizar essa informação para verificações concernentes a qualquer requisição do interessado de crédito, emprego, seguro, benefícios governamentais ou similares (incluindo-se uma cláusula bastante ampla como a de legitimate business needs)". DONEDA, Danilo. **Da privacidade à proteção de dados pessoais**. São Paulo: Thomson Reuters Brasil, 2019. Posição 16.
27. BACHUR, João Paulo. Proteção de dados pessoais na educação. In: Bioni et al (Coords.). **Tratado de Proteção de Dados Pessoais**. Rio de Janeiro: Forense, 2021.
28. SCHERTEL, Laura; GASIOLA, Gustavo; MACHADO, Diego. A Administração Pública entre transparência e proteção de dados. In: RANCOSKI, Denise de Souza Luiz; TASSO, Fernando Antônio (coord.). **A Lei Geral de Proteção de Dados Pessoais: Aspectos práticos e teóricos relevantes no setor público e privado**. São Paulo: Revista dos Tribunais, 2021.

de dados pelo Estado produz impactos abrangentes não apenas sobre a esfera de direitos individuais, mas sobre a sociedade como um todo"[29]. Nesse sentido, cabe mencionar a decisão histórica proferida no bojo das ADIs 6387, 6388, 6389, 6390 e 6393[30] que, ao reconhecer o direito fundamental à proteção de dados, questionou o ato normativo que permitia compartilhamento entre usuários dos dados telefônicos e o IBGE, colocando em discussão os limites da utilização de dados para fins estatísticos, ainda que respaldados em disposição legal.

V. TRATAMENTO DE DADOS REALIZADO POR MEIO DA UTILIZAÇÃO DE TECNOLOGIAS DE INFORMAÇÃO E COMUNICAÇÃO (TIC)

O último desafio destacado neste artigo versa sobre a utilização de Tecnologias de Informação e Comunicação (TIC) no ambiente escolar. Especialmente ao longo do último ano, com a ampla utilização do ensino a distância em decorrência da pandemia do novo coronavírus, as Instituições de Ensino se viram obrigadas a adotar recursos digitais como uma forma de garantir a segurança sanitária de seus alunos e funcionários.

Ainda que em meio a diversos desafios enfrentados para implementação dessa modalidade de ensino, muito se fala sobre a mudança de cultura que o ensino a distância sofreu com a utilização dessas tecnologias[31] e sobre o crescimento dessa modalidade. Destaca-se o expressivo crescimento da modalidade no ensino superior, que vem aumentando a participação do EaD desde 2019[32]. A própria UNESCO defende a utilização de TIC na educação brasileira, tendo

29. WIMMER, Miriam. O regime do tratamento de dados pessoais pelo poder público. In: Bioni et al (Coords.). **Tratado de Proteção de Dados Pessoais.** Rio de Janeiro: Forense, 2021, p. 275.

30. STF. ADIs nº 6387, 6388, 6389, 6390 e 6393 (julgamento conjunto). Rel. Min. Rosa Weber, Tribunal Pleno, j. 06 e 07/05/2020, DJE nº 270, publicado em 12/11/2020.

31. Disponível em: https://folhadirigida.com.br/mais/noticias/ead/pandemia-trouxe-novo-olhar-para-o-ensino-a-distancia-no-pais. Acesso em 16/05/2021.

32. "O censo mostra ainda que, em 2019, pela primeira vez na história, o número de ingressantes em cursos de EaD ultrapassou a quantidade de estudantes que iniciaram a graduação presencial, na rede privada. Ao todo, 50,7% (1.559.725) dos alunos que ingressaram em instituições privadas optaram por cursos de EaD. Em contraponto, 49,3% (1.514.302) dos estudantes escolheram ingressar na educação superior de modo presencial". MEC. Ensino a distância se confirma como tendência. Disponível em: https://www.gov.br/inep/pt-br/assuntos/noticias/censo-da-educacao-superior/ensino-a-distancia-se-confirma-como-tendencia. Acesso em 16/05/2021.

em vista que o recurso pode contribuir para o acesso à educação, equidade e qualidade do ensino e aprendizagem[33].

Não obstante a importância da utilização desses recursos, as Instituições de Ensino devem ter atenção às medidas de segurança digital que são necessárias para utilização de Ambientes Virtuais de Aprendizagem – AVA, como a utilização de antivírus, autenticação de acesso às plataformas e a realização de controle de brechas que podem representas aspectos vulneráveis à ataques e utilização de *firewalls* em conjunto com componentes como *Intrusion Detection System* (IDS) e *Intrusion Prevention System* (IPS).

Nesse sentido, destaca-se que, além do cuidado com os requisitos de segurança dos sistemas, um aspecto que também vem sendo discutido pelas autoridades de todo o mundo é a coleta de dados dos estudantes pelas plataformas utilizadas. Muito embora as plataformas digitais tenham contribuído de forma substancial para a rápida adesão das Instituições de Ensino ao regime a distância, os limites da coleta de dados por parte desses aplicativos são alvo de questionamentos no que se refere à proteção da privacidade dos usuários, especialmente quando se trata de crianças.

O *Hesse Commissioner for Data Protection and Freedom of Information* (HBDI) na Alemanha, por exemplo, proibiu a utilização da Office 365 pelas escolas, tendo em vista que o software não cumpria com o disposto no regulamento europeu (GDPR)[34]. A autoridade considerou problemático o funcionamento dos diagnósticos do software enviados pelo sistema operacional do Windows 10, que poderiam incluir dados coletados do pacote Office, como linhas dos documentos e assuntos dos e-mails.

Veja-se que a utilização de softwares que possam coletar dados na utilização de plataforma ou que possam monitorar os usuários é um dos grandes temas da proteção de dados, especialmente aqueles oferecidos no modelo "preço

---

33. UNESCO. TIC na educação do Brasil. Disponível em: https://pt.unesco.org/fieldoffice/brasilia/expertise/ict-education-brazil. Acesso em 16/05/2021.

34. DATENSCHUTZ HESSEN. Stellungnahme des Hessischen Beauftragten für Datenschutz und Informationsfreiheit zum Einsatz von Microsoft Office 365 in hessischen Schulen. Disponível em https://datenschutz.hessen.de/pressemitteilungen/stellungnahme-des-hessischen-beauftragten-f%C3%BCr-datenschutz-und. Acesso em 16/05/2021. Apud. PORTER, Jon. German state bans Office 365 in schools, citing privacy concerns. The Verge. Publicado em: 15/07/2019. Disponível em: https://www.theverge.com/2019/7/15/20694797/hesse-german-state-gdpr-office-365-schools-illegal-data-protection. 16/05/2021.

zero"[35], devendo as escolas ter particular cuidado com esse tipo de serviço. Este modelo é utilizado como forma para obtenção de dados de um grupo de usuários que, posteriormente, serão utilizados em outros mercados como insumo para estratégias como direcionamento de publicidade, previsão de comportamentos etc. Como diz o ditado: "se você não está pagando por um serviço na web, o produto é você".

O Google também enfrentou as autoridades por conta da utilização de seu sistema em escolas, sendo processado pelo Novo México[36] por conta dos seus produtos educacionais. De acordo com a denúncia, por meio dessas aplicações, os estudantes eram monitorados, sendo coletadas informações pessoais, históricos de navegação, vídeos assistidos no Youtube e até mesmo gravações de vozes[37].

A denúncia alega que a empresa teria violado o "*Children's Online Privacy Protection Act*" que determina que o consentimento dos pais deve ser obtido antes da coleta de dados de menores de 13 anos. Por outro lado, o Google alega que as alegações são infundadas, tendo em vista que o "G Suite for Education" permite que as escolas controlem o acesso às contas, e exige que os pais consintam quando necessário, e que os dados de crianças das escolas primárias e secundárias não são usados para o direcionamento de publicidade.

Qualquer que seja o caso, fato é que mesmo no Brasil tais discussões também estão eclodindo por conta da ampla utilização dos recursos tecnológicos no ensino a distância, de modo que algumas iniciativas legislativas foram realizadas no ano passado (2020) com o intuito de endereçar o problema, quais sejam, a Lei Estadual do RJ nº 8.973, de 10 de agosto de 2020 e o Projeto de Lei 4695/2020.

No Rio de Janeiro, a Lei Estadual do RJ nº 8.973/2020 proíbe que plataformas de ensino EaD utilizem dados pessoais para fins comerciais (art. 1º). A norma aplica-se às operações realizadas por plataformas virtuais EAD de

35. REZENTTI, Bruno; BUENO, Carolina; PAIXÃO, Raíssa. Mercados Digitais: alguns conceitos. In: **Direto da Concorrência em plataformas digitais**. São Paulo: FGV Direito SP, 2020, p. 30.
36. Complaint. State of New Mexico v. Google LLC. Disponível em: https://cdn.vox-cdn.com/uploads/chorus_asset/file/19734145/document_50_.pdf. Acesso em: 17/05/2020.
37. SINGER, Natasha; WAKABAYASHI, Daisuke. New Mexico Sues Google Over Children's Privacy Violations. **The New York Times**. Publicado em 20/02/2020. Disponível em: https://www.nytimes.com/2020/02/20/technology/new-mexico-google-lawsuit.html. Acesso em: 17/05/2020.

instituições públicas ou privadas, sejam elas de educação infantil, ensino fundamental, ensino médio ou universidades. Interessante notar, contudo, que a lei excepciona a vedação quando do fornecimento de consentimento, não existindo previsão específica em relação à validade do consentimento de crianças e adolescentes:

> Art. 1º (...) § 1º Excepciona-se à vedação contida no *caput* os casos em que o titular dos dados consentir com seu tratamento no ato da contratação dos serviços.
>
> § 2º O consentimento previsto no § 1º deverá ser fornecido por escrito ou por outro meio que demonstre a manifestação de vontade do titular.
>
> Art. 2º Para os fins desta lei, considera-se:
>
> I – Caso o consentimento seja fornecido por escrito, esse deverá constar de cláusula destacada das demais cláusulas contratuais;
>
> II – Cabe ao controlador o ônus da prova de que o consentimento foi obtido em conformidade com o disposto nesta Lei;
>
> III – É vedado o tratamento de dados pessoais mediante vício de consentimento;
>
> IV – O consentimento deverá referir-se a finalidades determinadas, e as autorizações genéricas para o tratamento de dados pessoais serão nulas;
>
> V – O consentimento pode ser revogado a qualquer momento mediante manifestação expressa do titular, por procedimento gratuito e facilitado, ratificados os tratamentos realizados sob amparo do consentimento anteriormente manifestado;
>
> VI – Em caso de alteração das finalidades determinadas, expressas no momento do consentimento, o controlador deverá informar ao titular, com destaque de forma específica do teor das alterações, podendo o titular, nos casos em que o seu consentimento é exigido, revogá-lo caso discorde da alteração.

Já o Projeto de Lei 4695/2020 proposto pelo deputado Danilo Cabral determina que as plataformas tecnológicas de ensino a distância observem, na coleta e compartilhamento de dados pessoais dos alunos, pais e professores, os requisitos fixados na LGPD. Por meio desse projeto, pretende-se alterar LDB para estabelecer diretrizes para o tratamento de dados pessoais em plataformas tecnológicas de ensino a distância, sendo alterado o art. 80 da Lei, acrescido o seguinte:

> § 5º A plataforma tecnológica de ensino à distância observará, na coleta e compartilhamento de dados, os requisitos de tratamento de

> dados pessoais estabelecidos na Lei Geral de Proteção de Dados – Lei nº 13.709, de 14 de agosto de 2018, e garantirá:
>
> I – sempre que possível, o uso da tecnologia sem o fornecimento e compartilhamento de dados pessoais;
>
> II – sempre que possível, a não coleta e disponibilização de dados sensíveis relativos à origem racial ou étnica, convicções religiosas ou políticas, filiação a sindicato ou a organização de caráter religioso, filosófico ou político, à saúde ou à vida sexual, à genética ou à biometria do usuário;
>
> III – que o tratamento, coleta e compartilhamento de dados dos profissionais da educação, pais ou responsáveis ou alunos se dará mediante prévio e expresso consentimento dos titulares dos dados;
>
> IV – que os dados coletados serão armazenados em território nacional, e só poderão ser usados para treinamento de sistemas de inteligência artificial mediante prévio e expresso consentimento dos titulares dos dados.

Veja-se que, ainda que a efetividade e utilidade de tais projetos seja altamente questionável, a solução apresentada pelos projetos quanto à possibilidade de coleta excessiva de dados se baseia no entendimento que o consentimento do titular seria a base legal mais adequada para a validação do uso de tais dados, sem que fosse considerada a finalidade, a minimização da coleta ou mesmo o fato de os titulares muitas vezes serem crianças.

VI. CONCLUSÃO

Ante o exposto, observa-se que os maiores desafios enfrentados pelas Instituições versam sobre a aplicação das bases legais e princípios em relação ao i) tratamento de dados de crianças e adolescentes; ii) tratamento de dados para oferta de publicidade; iii) compartilhamento de dados para cumprimento de obrigação regulatória pelas instituições de ensino; iv) tratamento de dados realizado por meio da utilização de TIC.

Nesse sentido, a implementação de um *compliance* de dados pelas instituições de ensino deve avaliar, em primeiro lugar, quais tipos de dados estão sendo tratados, se dados de crianças, adolescentes, dados sensíveis ou ordinários. Em segundo lugar, quando da escolha da base legal para oferta de publicidade, deve-se realizar o teste do legítimo interesse e é necessário cuidado adicional com o potencial discriminatório de atividades de direcionamento.

Quando do cumprimento de obrigações regulatórias, tendo em vista o volume considerável de dados que é solicitado pelo MEC e pelos órgãos de pesquisa, o tratamento secundário realizado pela Instituição de Ensino com esses dados deve ser ponderado, notadamente por meio da utilização do princípio da finalidade e minimização. Já no tratamento de dados realizados com a utilização TIC, a utilização de plataformas digitais requer atenção quanto à coleta excessiva de dados.

Por fim, este trabalho não busca esgotar os desafios enfrentados pelo setor, nem poderia ante tamanha complexidade. Contudo, esperamos trazer reflexões frutíferas sobre este tema que vem suscitando tantas discussões em todos os setores.

VII. Referências bibliográficas

ACQUISTY, Alessandro; ADJERID, Idris; BALEBAKO, Rebecca; BRANDIMARTE, Laura; CRANOR, Lorrie; KOMANDURI, Saranga; LEON, Pedro; SADEH, Norman; SCHAUB, Florian; SLEEPER, Manya; WANG, Yang; WILSON, Shomir. Nudges for Privacy and Security: Understanding and Assisting Users' Choices Online. **ACM Computing Surveys**, Vol. 50, No. 3, Article 44, 2017.

BACHUR, João Paulo. Proteção de dados pessoais na educação. In: Bioni et al (Coords.). **Tratado de Proteção de Dados Pessoais**. Rio de Janeiro: Forense, 2021.

BBC NEWS. Facial recognition: School ID checks lead to GDPR fine. Publicado em 27 de agosto de 2019. Disponível em: https://www.bbc.com/news/technology-49489154. Acesso em 16/05/2021.

DONEDA, Danilo. **Da privacidade à proteção de dados pessoais**. São Paulo: Thomson Reuters Brasil, 2019.

EDPB. **Facial recognition in school renders Sweden's first GDPR fine**. Disponível em: https://edpb.europa.eu/news/national-news/2019/facial-recognition-school-renders-swedens-first-gdpr-fine_sv. Acesso em 16/05/2021.

EDPB. Guidelines 8/2020 on the targeting of social media users. Set/2020. Disponível em: https://edpb.europa.eu/sites/default/files/consultation/edpb_guidelines_202008_onthetargetingofsocialmediausers_en.pdf. Acesso em 16/05/2021.

FRAZÃO, Ana; OLIVA, Milena Donato; AVILIO, Vivianne da Silveira. Compliance de dados pessoais. In: Gustavo Tepedino et al (Coords.). **A Lei Geral de Proteção de Dados Pessoais e suas Repercussões no Direito Brasileiro**. 1ª ed., São Paulo: Thomson Reuters Brasil, 2019.

GLUCK, Joshua; SCHAUB, Florian; HABIB, Hana; SADEH, Norman; CRANOR, Lorrie; AGARWAL, Yudraj. How Short Is Too Short? Implications of Length and Framing on the Effectiveness of Privacy Notices. **Symposium on Usable Privacy and Security**. June 22-24, 2016. Disponível em: https://www.usenix.org/system/files/conference/soups2016/soups2016-paper-gluck.pdf. Acesso em 16/05/2021.

HENRIQUES, Isabella; PITA, Marina; HARTUNG, Pedro. A Proteção de Dados Pessoais de Crianças e Adolescentes. In: Bioni et al (Coords.). **Tratado de Proteção de Dados Pessoais**. Rio de Janeiro: Forense, 2021.

ICO. Legitimate interests. Disponível em: https://ico.org.uk/for-organisations/guide-to-data-protection/guide-to-the-general-data-protection-regulation-gdpr/lawful-basis-for-processing/legitimate-interests/. Acesso em 16/05/2021.

IFES. Projetos inovadores do Ifes chamam atenção no StartUp Summit 2019. Disponível em: https://ifes.edu.br/noticias/19075-projetos-de-carro-autonomo-reconhecimento-facial-cultura-maker-e-realidade-virtual-chamam-atencao-no-startup-summit-2019. Acesso em 16/05/2021.

MATIUZZO, M.; SCHERTEL, L. Proteção de dados e Inteligência Artificial: perspectivas éticas e regulatórias. **RDU**, Porto Alegre, v. 16, n. 90, p. 39-64, nov./dez. 2019.

MATTIUZZO, Marcela; PONCE, Paula Pedigoni. O legítimo interesse e o teste da proporcionalidade: uma proposta interpretativa. Disponível em: https://revista.internetlab.org.br/o-legitimo-interesse-e-o-teste-da-proporcionalidade-uma-proposta-interpretativa/. Acesso em 16/05/2021.

MCDONALD, Aleecia; CRANOR, Lorrie. The Cost of Reading Privacy Policies. **I/S: A Journal of Law and Policy for the Information Society**, vol 4, nº 3, 2008. Disponível em: http://www.is-journal.org/. Acesso em 16/05/2021.

POLLACH, Irene. Whats Wrong with Online Privacy Policies. **Communications of the ACM**, vol 50, nº 9, pp. 103-108; September 2007.

REIDENBERG, Joel; BREAUX, Travis; CRANOR, Lorrie; FRENCH, Brian. Disagreeable Privacy Policies: Mismatches between Meaning and Users Understanding. **2014 TPRC Conference Paper Berkeley Technology Law Journal**, Vol. 30, 2015. Disponível em: https://papers.ssrn.com/sol3/papers.cfm?abstract_id=2418297. Acesso em 16/05/2021.

REZENTTI, Bruno; BUENO, Carolina; PAIXÃO, Raíssa. Mercados Digitais: alguns conceitos. In: **Direto da Concorrência em plataformas digitais.** São Paulo: FGV Direito SP, 2020.

SCHERTEL, Laura. A Lei Geral de Proteção de Dados Pessoais: um modelo de aplicação em três níveis. Caderno Especial LGPD. p. 35 – 56. São Paulo: **Revista dos Tribunais**, nov/2019.

SCHERTEL, Laura; FUJIMOTO, Mônica, MATTIUZZO, Marcela. Discriminação algorítmica à luz da Lei Geral de Proteção de Dados. In: Bioni et al (Coords.). **Tratado de Proteção de Dados Pessoais**. Rio de Janeiro: Forense, 2021.

SCHERTEL, Laura; GASIOLA, Gustavo; MACHADO, Diego. A Administração Pública entre transparência e proteção de dados. In: RANCOSKI, Denise de Souza Luiz; TASSO, Fernando Antônio (coord.). **A Lei Geral de Proteção de Dados Pessoais: Aspectos práticos e teóricos relevantes no setor público e privado**. São Paulo: Revista dos Tribunais, 2021.

SINGER, Natasha; WAKABAYASHI, Daisuke. New Mexico Sues Google Over Children's Privacy Violations. **The New York Times**. Publicado em 20/02/2020. Disponível em: https://www.nytimes.com/2020/02/20/technology/new-mexico-google-lawsuit.html. Acesso em: 17/05/2020.

TEIXEIRA, Ana Carolina; RETTORE, Anna Cristina de Carvalho. A autoridade parental e o tratamento de dados pessoais de crianças e adolescentes. In: Gustavo Tepedino et al (Coords). **A Lei Geral de Proteção de Dados Pessoais e suas Repercussões no Direito Brasileiro**. 1ª ed., São Paulo: Thomson Reuters Brasil, 2019.

UNESCO. TIC na educação do Brasil. Disponível em: https://pt.unesco.org/fieldoffice/brasilia/expertise/ict-education-brazil. Acesso em 16/05/2021.

UTZ, Cristine; DEGELIN, Martin; FAHL, Sascha; SCHAUB, Florian; HOLZ, Thorsten. (Un)informed Consent: Studyng GDPR Consent Notices in the Field. **Proceedings of the 2019 ACM SIGSAC Conference on Computer and Communications Security**. Disponível em: https://arxiv.org/abs/1909.02638. Acesso em 16/05/2021.

WIMMER, Miriam. O regime do tratamento de dados pessoais pelo poder público. In: Bioni et al (Coords.). **Tratado de Proteção de Dados Pessoais**. Rio de Janeiro: Forense, 2021.

COMPLIANCE DE DADOS EM TECNOLOGIAS DE SEGURANÇA E VIGILÂNCIA

CHIARA SPADACCINI DE TEFFÉ[1]

Sumário: 1. A Lei Geral de Proteção de Dados em programas de *compliance*: relevância e impacto nas instituições; 2. Tecnologias de segurança e de vigilância em massa; 3. Temas de destaque no *compliance* de dados em tecnologias de controle e vigilância; 3.1. Proteção ampliada para os dados sensíveis tratados; 3.2. Gestão eficiente de riscos e minimização de vulnerabilidades; 3.3. Ações para evitar e mitigar incidentes de segurança; 3.4. Hipóteses de não aplicação direta da LGPD: Art. 4º, inciso III; 4. Considerações finais.

1. Doutoranda e Mestre em Direito Civil pela Universidade do Estado do Rio de Janeiro (UERJ). Atualmente, é professora de Direito Civil e de Direito e Tecnologia na Faculdade de Direito do IBMEC. Coordenadora de pesquisa e publicações da pós-graduação em Direito Digital do ITS Rio em parceria com a UERJ-CEPED. Leciona em cursos de pós-graduação do CEPED-UERJ, na Pós-graduação da PUC-Rio, na Pós-graduação do Instituto New Law e na Pós-graduação da EBRADI. É também professora da Escola da Magistratura do Estado do Rio de Janeiro (EMERJ) e do Instituto de Tecnologia e Sociedade do Rio (ITS Rio). Membro da Comissão de Proteção de Dados e Privacidade da OABRJ. Membro do conselho executivo da revista eletrônica civilistica.com. Membro do Fórum permanente de mídia e liberdade de expressão da EMERJ. Foi professora de Direito Civil na UFRJ. Associada ao Instituto Brasileiro de Estudos em Responsabilidade Civil (IBERC). Advogada e consultora em proteção de dados pessoais.

1. A LEI GERAL DE PROTEÇÃO DE DADOS EM PROGRAMAS DE *COMPLIANCE*: RELEVÂNCIA E IMPACTO NAS INSTITUIÇÕES

"The Internet is the most liberating tool for humanity ever invented, and also the best for surveillance. It's not one or the other. It's both."[2], afirmou John Perry Barlow. As potencialidades da rede são múltiplas e permitem a concretização de diversos direitos humanos, porém, seu uso também permite vigiar, controlar e manipular em massa diversas pessoas, o que traz sérias consequências para os indivíduos, nos âmbitos individual e coletivo. Informações pessoais são extraídas, transferidas e organizadas de forma cada vez mais rápida e integrada, dialogando com diversos sistemas e bases de dados.

Identificação pessoal por biometria, rastreio de localização em dispositivos móveis e logins em aplicativos são exemplos de interações que permitem elevado tratamento de dados, inclusive para fins de segurança e controle, por parte de diversos agentes, tanto de natureza pública quanto privada. Quanto maior a conexão e a inteligência de bens e serviços, maior será a vigilância imposta sobre os nossos corpos e dados. Gostos, preferências, relacionamentos, rotas e consumo: tudo é minuciosamente coletado para o desenvolvimento de inferências, predições e informações cada vez mais sensíveis sobre a pessoa humana.[3]

Tutelar integralmente a dignidade da pessoa humana significa hoje, na sociedade da informação, proteger de forma ampla dados pessoais, permitindo que ela possa expressar sua autodeterminação informativa[4] e não sofra discriminações ilícitas ou abusivas por parte de terceiros.[5] A depender da forma como os algoritmos são programados, as bases de dados selecionadas e os processos

---

2. Tradução: "A Internet é a ferramenta mais libertadora já inventada para a humanidade e também a melhor para vigilância". Mais informações sobre Barlow em: https://www.internetlab.org.br/pt/noticias/aos-70-falece-john-perry-barlow-um-dos-fundadores-do-movimento-ciberlibertarianista-e-da-electronic-frontier-foundation/. Acesso em: 04.05.21.

3. TEPEDINO, Gustavo; TEFFÉ, Chiara Spadaccini de. O consentimento na circulação de dados pessoais. *Revista Brasileira de Direito Civil – RBDCivil*, Belo Horizonte, v. 25, p. 83-116, jul./set. 2020.

4. MENDES, Laura Schertel Ferreira. Autodeterminação informativa: a história de um conceito. *Pensar*, Fortaleza, v. 25, n. 4, p. 1-18, out./dez. 2020. P. 12.

5. LATERÇA, Priscilla Silva; FERNANDES, Elora; TEFFÉ, Chiara Spadaccini de; BRANCO, Sérgio (Coords.). *Privacidade e Proteção de Dados de Crianças e Adolescentes*. Rio de Janeiro: Instituto de Tecnologia e Sociedade do Rio de Janeiro; Obliq, 2021. E-book.

estabelecidos e valorados, o resultado do tratamento pode expandir assimetrias, preconceitos e desigualdades, restringindo indevidamente o acesso a bens e a oportunidades por determinadas pessoas, situação essa violadora dos objetivos da República e dos Direitos Fundamentais expressos na Constituição de 1988.

Diante do crescente aumento da exposição de indivíduos e de sua sujeição constante a estruturas tecnológicas – pertencentes a Estados e grandes empresas –, verifica-se a relevância de se desenvolver instrumentos jurídicos e políticas de compliance voltadas para o tratamento de dados pessoais. Considerando, inclusive, questões de ordem técnica e de gestão de riscos, tais instrumentos devem ser aplicados sob a lógica da prevenção do cometimento de ilícitos e danos aos titulares de dados, havendo, então, o estabelecimento de deveres e responsabilidades específicas aos agentes de tratamento, bem como regras de boas práticas e de governança.

Entende-se que, além de seguir estritamente normas, decretos, resoluções, atos e portarias, as instituições devem obedecer a todo o arcabouço regulatório pertinente à atividade desenvolvida e criar suas próprias normas internas – como Códigos de Ética e Conduta –, visando a direcionar o comportamento de seus diretores, executivos e funcionários, coibindo comportamentos negativos, desvios de conduta e inconformidades com as normas.[6] Doutrina destaca a importância do compliance, sendo ele responsável pela:

> (...) estruturação de políticas e procedimentos corporativos que se traduzam em ações sistemáticas com o objetivo de atender ao cumprimento aos preceitos normativos, a permitir a prevenção do ato ilícito ou, caso tal não seja possível, minorar seus efeitos e sancionar eventuais responsáveis. Os programas de *compliance* relacionam-se à fixação de controles internos que, em reforço à regulação estatal, auxiliem os agentes econômicos a se manterem em conformidade com a lei (e, de forma mais ampla, também com suas políticas corporativas). Sua relevância aprofundou-se nas últimas décadas diante da ampliação do papel sancionador do Estado: paradoxalmente, ao mesmo tempo em que se os agentes econômicos passaram a se preocupar com as (cada vez mais elevadas) sanções aplicadas pelo Estado, passou-se a denotar que apenas essa perspectiva era incapaz de apresentar as soluções necessárias.[7]

6. ANTONIK, Luis Roberto. *Compliance, ética, responsabilidade social e empresarial*: uma visão prática. Rio de Janeiro: Alta Books, 2016.
7. FRAZÃO, Ana; OLIVA, Milena Donato; ABILIO, Vivianne da Silveira. Compliance de dados pessoais. In: FRAZÃO, Ana; TEPEDINO, Gustavo; OLIVA, Milena Donato

Nesse ambiente, insere-se a Lei Geral de Proteção de Dados brasileira (Lei nº 13.709/2018 – LGPD), que entrou em vigor no segundo semestre de 2020. A proteção de dados e a norma jurídica referente à matéria podem ser percebidas como formas de: (I) conter os efeitos nefastos do capitalismo de vigilância e as manipulações oriundas de grandes plataformas; (II) afastar os riscos que determinadas aplicações com algoritmos podem oferecer às liberdades fundamentais; e (III) trazer garantias às pessoas diante da opacidade e da ausência de *accountability* de muitas estruturas políticas e econômicas.[8-9]

A LGPD trouxe normas de cumprimento obrigatório para os agentes de tratamento, assim como apresentou estrutura normativa que impõe que tanto pessoas naturais quanto jurídicas, de direito público ou privado, se adequem aos seus comandos, havendo exigências, por exemplo, o registro documental de fluxos de dados[10], aditivos contratuais[11] (considerando políticas de terceiros e *due diligence*), atualização de políticas de privacidade e termos de uso,

---

(Coords.). *A lei geral de proteção de dados pessoais e suas repercussões no direito brasileiro*. São Paulo: Thomson Reuters Revista dos Tribunais, 2019. p. 683-684.

8. Cf. FRAZÃO, Ana. Fundamentos da proteção dos dados pessoais. Noções introdutórias para a compreensão da importância da Lei Geral de Proteção de dados. In: Gustavo Tepedino, Ana Frazão e Milena Donato Oliva (Org.). *Lei Geral de Proteção de Dados Pessoais e suas repercussões no Direito Brasileiro*. 1. ed. São Paulo: Thomson Reuters – Revista dos Tribunais, 2019, v. 1, p. 23-52.

9. "À medida que, através de sensores biométricos, cada vez mais dados fluírem de seu corpo e seu cérebro para máquinas inteligentes, será fácil para corporações e agências do governo conhecer você, manipular você e tomar decisões por você. Mais importante ainda, eles serão capazes de decifrar os mecanismos profundos de todos os corpos e cérebros, e com isso adquirir o poder de fazer a engenharia da vida. Se quisermos evitar que uma pequena elite monopolize esses poderes, que parecem divinos, e se quisermos impedir que a humanidade se fragmente em castas biológicas, a questão chave é: quem é dono dos dados? Os dados de meu DNA, meu cérebro e minha vida pertencem a mim, ao governo, a uma corporação ou ao coletivo humano?" (HARARI, Yuval Noah. *21 lições para o século 21*. 1. ed. Companhia das Letras: 2018, p. 109).

10. Mapeamento de todos os dados pessoais e operações de tratamento que envolvam tanto dados de usuários de produtos e/ou serviços da organização quanto de não usuários, como funcionários, representantes de clientes, parceiros, fornecedores ou terceiros.

11. Deve-se verificar todos os contratos vigentes e realizar a inclusão ou a revisão das cláusulas de proteção de dados pessoais e privacidade. Além disso, mostra-se relevante elaborar ou revisar cláusulas padrão de proteção de dados customizadas especialmente para o modelo de negócio em questão.

ampliação das áreas de segurança da informações e proteção de dados (com o estabelecimento de encarregado – *data protection officer*) e minimização de riscos de acesso indevido a dados por terceiros ou pessoas não autorizadas, conforme os artigos 46-48 da norma.

Além de se preocupar com o cumprimento integral das normas relativas à proteção de dados, na forma do art. 50 da LGPD, os controladores e operadores, no âmbito de suas competências, individualmente ou por meio de associações, poderão formular regras de boas práticas e de governança que estabeleçam as condições de organização, o regime de funcionamento, os procedimentos, incluindo reclamações e petições de titulares, as normas de segurança, os padrões técnicos, as obrigações específicas para os diversos envolvidos no tratamento, as ações educativas, os mecanismos internos de supervisão e de mitigação de riscos e outros aspectos relacionados ao tratamento de dados pessoais. Tais regras deverão, inclusive, ser publicadas e atualizadas periodicamente.

Estar em conformidade significa alterar toda a cultura da instituição no que tange ao tema, observando de forma específica os princípios da LGPD (especialmente a responsabilidade e a prestação de contas, a segurança, a prevenção, a transparência e a não discriminação), bem como capacitar todos os sujeitos para que atuem conforme as normas que apresentam relevância jurídica por força de lei ou contrato. A conformidade é caracterizada "pelo compromisso com a criação de um sistema complexo de políticas, de controles internos e de procedimentos, que demonstrem que a empresa está buscando 'garantir' que se mantenha em um estado de *compliance*."[12]

A adoção de um programa de compliance que tenha atenção aos tratamentos de dados realizados pela instituição mostra-se essencial para auxiliar no efetivo atendimento aos comandos da lei, de acordo com as particularidades de cada empresa, bem como para prevenir a ocorrência de violações aos direitos dos titulares, traduzindo de forma concreta para as atividades cotidianas da empresa as premissas da LGPD.[13] Por exemplo, as regras de governança podem

---

12. SAAVEDRA, Giovani Agostini. Compliance de dados. In: Bruno Bioni, Laura Schertel Mendes, Danilo Doneda, Otavio Luiz Rodrigues Jr., Ingo Wolfgang Sarlet (Org.). *Tratado de Proteção de dados pessoais*. 1. ed. Rio de Janeiro: Forense, 2021, v. 1, p. 729.

13. "A expressão *Sistema de Gestão de Compliance* (*Compliance Management System*) foi cunhada pela International Organization for Standardization (ISO), por meio da norma ISO 19600. Conforme referido anteriormente, não há dúvida de que a proteção de dados e a tão difundida necessidade de 'adequação à LGPD' nada mais são do que um elemento desse sistema mais amplo de gestão de *compliance*. (...) Uma das grandes novidades que as legislações recentes sobre proteção de dados trouxeram foi a adoção

dispor sobre as hipóteses específicas em que o tratamento será considerado pela entidade como fundamentado em seu legítimo interesse (Art. 7º, IX, da LGPD).

Um programa que envolva altas lideranças corporativas, tenha suporte financeiro adequado, ofereça autonomia e independência aos envolvidos e detecte e puna exemplarmente condutas contrárias às diretrizes adotadas contribui tanto para a boa reputação da empresa quanto para a criação de um ambiente de confiança com os titulares de dados (como clientes e parceiros), além de representar diferencial competitivo frente aos demais agentes que atuam no mesmo setor. Para tanto, devem ser reforçados canais de denúncia, comitês de ética, políticas de consequências e penalidades e auditorias, "para que se possa averiguar se as políticas e demais medidas do sistema de gestão de *compliance* de dados estão sendo aplicadas corretamente e se os envolvidos na gestão do sistema estão registrando adequadamente as evidências do sistema."[14]

Considerar aspectos éticos e boas práticas internacionalmente elogiadas e aplicadas no tratamento de dados é medida fundamental no programa implementado. Por meio de uma cultura de compliance proativo de dados, as instituições podem buscar uma transformação digital segura, assim como evitar os riscos associados à não conformidade regulatória, por exemplo, multas, restrições, perda da confiança do consumidor e de clientes e diminuição de oportunidades de negócios. A LGPD demanda novos modelos empresariais, sendo programas robustos de compliance e o gerenciamento ágil dos riscos essenciais para proteger as instituições e promover seu desenvolvimento.

Nesse sentido, vale lembrar a sigla que vem sendo intensamente discutida nos últimos tempos: a "ESG", que significa *environmental, social and corporate governance*. Ela é usada para se referir e mensurar as práticas ambientais, sociais e de governança de um negócio. Como exemplos[15], é possível afirmar que o pilar ambiental tem como foco a gestão das emissões de gases de efeito estufa e o consumo de recursos naturais (como água, energia, produção e descarte adequado de resíduos); o social analisa o relacionamento com os colaboradores, os valores

---

da sistemática de *compliance* como critério interno de conexão entre os vários institutos da legislação. O sistema de gestão de *compliance* de dados aparece nessa legislação como expressão do princípio da *accountability* e como meio de proteção dos direitos subjetivos/fundamentais de dados." (SAAVEDRA, op. cit. p. 730-731).

14. SAAVEDRA, op. cit. p. 739.

15. **COELHO, Nathália; LIMA, Antônio Pedro.** ESG: por que essa sigla vai mudar o seu negócio daqui para a frente? Firjan, 19 de abril de 2021. Disponível em: https://casafirjan.com.br/lab-de-tendencias/artigos-estudos-e-pesquisas/esg-por-que-essa-sigla-vai-mudar-o-seu-negocio-daqui. Acesso em: 04.05.21.

da empresa, a diversidade no corpo de funcionários e campanhas externas; e o de governança trata de aspectos relacionados às políticas e práticas da empresa, à diversidade nos conselhos corporativos e às aplicações voltadas à ética, transparência e práticas anticorrupção. Percebe-se que tal cuidado beneficia, além do coletivo, a própria empresa, a qual se torna mais competitiva, tem melhor controle sobre os riscos e tende a alcançar melhores resultados no longo prazo.

Preocupar-se e atuar ativamente em tais setores representa, nos últimos tempos, critério relevante para o recebimento de investimentos e caminha ao encontro da lógica do "capitalismo de stakeholders", conceito que visa a debater qual papel os stakeholders podem desempenhar na busca de uma economia global mais sustentável, resiliente e inclusiva.[16] Klaus Schwab[17] propõe que as empresas busquem a criação de valores de longo prazo, ao invés de lucros de curto prazo, levando em consideração as necessidades de todas as partes interessadas e da sociedade em geral. Os governos devem cooperar para criar a maior prosperidade possível para seu povo, enquanto a sociedade civil e as organizações internacionais completam o diálogo com as partes interessadas, ajudando a equilibrar os interesses das pessoas e do planeta.

Assim, empresas comprometidas com a redução de seus impactos ambientais, com a construção de um ambiente socialmente responsável para seus colaboradores e para a comunidade em seu entorno e com os melhores processos de administração vêm se destacando, por mostrar o quanto são resilientes e sustentáveis. Sistemas de gestão de *compliance* comprometidos com as questões apresentadas protegem a instituição, por exemplo, de sanções impostas pela Autoridade Nacional de Proteção de Dados, pelo Poder Judiciário e agências reguladoras, bem como de questionamentos de autoridades.

16. "Em tempos em que os investimentos ESG estão em alta, a discussão sobre o que seria o capitalismo de *stakeholders* – que se preocupa não apenas com os acionistas, mas também com as demais partes interessadas, tais como consumidores, trabalhadores, meio ambiente, demais agentes econômicos e a sociedade como um todo – e qual deveria ser o interesse social das sociedades empresárias fica em maior evidência, até por refletir os propósitos da atividade econômica." (FRAZÃO, Ana. Capitalismo de stakeholders e investimentos ESG. *Jota*, publicado em 28 de abril de 2021).

17. Em 2021, na reunião anual do Fórum Econômico Mundial, debateu-se a questão do capitalismo de stakeholders, tema desenvolvido na obra *Stakeholder Capitalism: A Global Economy that Works for Progress, People and Planet*, do economista alemão Klaus Schwab, fundador e presidente-executivo do Fórum, e de Peter Vanham. Fonte: https://www.weforum.org/agenda/2021/01/klaus-schwab-on-what-is-stakeholder-capitalism-history-relevance/. Acesso em: 02.05.21.

As referidas ações caminham no sentido de oferecer à pessoa humana, tanto em âmbito individual quanto coletivo[18], instrumentos que lhe garantam assumir efetivamente o controle acerca do uso e da integridade de suas informações pessoais. A proteção de dados hoje encontra-se garantida como direito fundamental[19], figurando a privacidade como uma de suas referências axiológicas. Quando se controla o tratamento de informações pessoais, não se resguarda apenas o indivíduo, cujos dados estão relacionados, mas também o seu grupo social, interesses coletivos e as futuras gerações. A partir de coletas massivas de dados, é possível realizar perfilizações (*profiling*), inferências discriminatórias e análises preditivas de comportamentos, tratamentos tais que mostram a relevância de se trabalhar o direito à proteção de dados e o direito à privacidade também como direitos de grupos.[20]

Vivemos em um ambiente marcado por elevada assimetria informacional: uma parte, geralmente composta por grandes empresas e Estados, detém mais poder, recursos e melhores informações do que a outra, o cidadão comum. Esse cenário enseja diversos questionamentos acerca, por exemplo, da validade do consentimento expresso pelo titular dos dados nos contratos celebrados, principalmente quando são de adesão, os quais trazem muitas vezes autorizações genéricas para a coleta de diversas informações pessoais do usuário. Tal assimetria informacional não se revela apenas no poder que os agentes dispõem sobre os dados pessoais de terceiros, mas também nas novas modalidades de negócios,

---

18. Como destacado expressamente pela própria LGPD (artigos 22 e 42, § 3º), também às coletividades devem ser garantidos meios jurídicos, técnicos e sociais que aumentem seu poder e controle sobre os dados. Ferramentas como a Ação Civil Pública, termos de ajustamento de conduta (TAC), a tutela inibitória e o dano moral coletivo mostram-se fundamentais para a proteção de interesses coletivos *lato sensu*. Além disso, ressalta-se, também, a importância do incremento de legitimados para a tutela coletiva, seja em juízo ou fora dele, como determinadas associações, o Ministério Público e a Defensoria Pública, bem como de sujeitos habilitados a participar como *amicus curiae* em ações sobre a matéria. Além disso, instituições governamentais como secretarias e PROCONs merecem, também, maior destaque, emitindo notificações e recebendo reclamações.
19. Em relevante precedente do Supremo Tribunal Federal (ADI 6387 MC-REF/DF) sobre a temática, pontuou-se que a proteção de dados pessoais e a autodeterminação informativa seriam direitos fundamentais autônomos, extraídos do texto constitucional a partir da garantia da inviolabilidade da intimidade e da vida privada (art. 5º, X), do princípio da dignidade da pessoa humana (art. 1º, III) e da garantia processual do *habeas data* (art. 5º, LXXII).
20. FLORIDI, Luciano. Open Data, Data Protection, and Group Privacy. *Philos. Technol.* 27, 1–3, 2014.

em que informações pessoais de seus usuários representam uma das bases centrais do sistema desenvolvido, havendo, por consequência, a ampliação da vigilância e do controle sobre eles.

A Lei Geral de Proteção de Dados e o Regulamento Geral Europeu para a Proteção de Dados representam, no contexto atual, instrumentos significativos para a tutela e garantia da pessoa humana, uma vez que facilitam o controle dos dados tratados, impõem deveres e responsabilidades aos agentes e proporcionam segurança à circulação de informações. Os dois sistemas encontram-se fortemente alinhados, como desejou o legislador brasileiro, para que a norma nacional, nos próximos anos, seja reconhecida como adequada[21] perante o sistema europeu, uma vez que isso facilitará a realização de transações e de cooperações com países do bloco e com a Organização para a Cooperação e Desenvolvimento Econômico (OCDE),[22] instituição a qual o Brasil busca, por meio de amplo esforço político, ingressar. Inclusive, para o setor empresarial, ter uma lei específica para a matéria e instituições sensíveis e adequadas à norma mostra-se estratégico para dinamizar e ampliar as negociações com sujeitos estrangeiros.

Não obstante os diversos benefícios apresentados em torno da lei e de políticas que busquem a sua efetividade, no momento percebe-se ainda baixa adequação das instituições à LGPD, bem como um aumento significativo de ataques cibernéticos e vazamentos de dados. A LGPD toma corpo em um momento extremamente delicado para a sociedade: a pandemia da Covid-19.[23]

---

21. A lista de países considerados adequados perante o Conselho Europeu pode ser encontrada aqui: https://ec.europa.eu/info/law/law-topic/data-protection/international-dimension-data-protection/adequacy-decisions_en. Acesso em: 26.04.21.

22. OECD. *A Caminho da Era Digital no Brasil*. OECD Publishing, Paris: 2020. Disponível em: *<https://doi.org/10.1787/45a84b29-pt>*. Acesso em: 18.12.20.

23. "Ainda que tais medidas objetivem a tutela emergencial da saúde pública, é evidente o conflito entre a busca por maximizar a efetividade das políticas de vigilância, ainda que em prol do interesse público, com os limites estabelecidos por direitos e valores fundamentais como a privacidade e a proteção de dados pessoais. A *vexata quaestio* concerne à harmonização dos diversos direitos e interesses em jogo. Em nome da segurança e do interesse público, quais tipos de intervenções e ferramentas tecnológicas podem ser legitimamente implementadas? Como garantir que o banco de dados desenvolvido para a tutela da saúde da população não será direcionado a finalidades diversas e nem de longe tão nobres? Quais parâmetros normativos deverão ser usados para analisar os tratamentos de dados realizados tanto pelo setor público quanto pelo privado? Sem dúvidas, a desenfreada instituição de rígidos sistemas de controle sobre nossos corpos e dados, por meio de mecanismos de vigilância, irá

Diante desse cenário, o debate em torno de tecnologias de vigilância e segurança, como reconhecimento facial, drones, *contact tracing* e mapas de calor, que tratam e utilizam bancos de dados sensíveis, tornou-se ainda mais importante, trazendo novas preocupações para os titulares dos dados e organizações, devendo ser ponderadas estratégias e questões de destaque quando da implementação delas pelos setores público e privado.

2. TECNOLOGIAS DE SEGURANÇA E DE VIGILÂNCIA EM MASSA

A tecnologia expande o alcance da capacidade humana, registrando com precisão localizações geográficas, preferências pessoais, dados sensíveis e pessoas com quem nos relacionamos. Diante disso, há que se definir, além de hipóteses específicas para o tratamento de dados, quando, onde, como e para quais finalidades poderão ser tratadas informações pessoais. Além disso, devem ser estabelecidas boas práticas, restrições e salvaguardadas à pessoa em toda a atividade relacionada a dados, tendo em vista, especialmente, os valores estratégico, financeiro e comercial que eles guardam.

Com a inteligência gerada a partir da análise de dados, as informações pessoais converteram-se em fatores essenciais para impulsionar setores relacionados à economia, ao mercado e à segurança, sendo incrementadas, por consequência, estruturas de vigilância e de extração de dados, tanto por parte do setor privado quanto público, como também o compartilhamento de informações entre diferentes agentes.

O uso de *big data* e de inteligência artificial nas atividades do Estado vem ao encontro de um discurso de ampliação de eficiência e digitalização da Administração Pública. Entende-se que "bases de dados mais amplas e acessíveis a um número maior de instituições do Estado permitiriam aumentar a precisão de diagnósticos, planejamento e sinergia das atividades das diversas instituições."[24] O significativo aumento da capacidade do Estado de tratar informações altera de forma importante o seu poder em relação aos cidadãos e assevera a

---

influenciar sobremaneira o futuro da humanidade." (GABRIEL, Anderson de Paiva; TEFFÉ, Chiara Spadaccini de. Ferramentas tecnológicas e controle da pandemia. *Jota*, Rio de Janeiro, 14 jun. 2020. Disponível em: https://www.jota.info/opiniao-e-analise/colunas/juiz-hermes/ferramentas-tecnologicas-e-controle-da-pandemia-14062020. Acesso em: 12.05.21).

24. GROSS, Clarissa; ZANATTA, Rafael; SANTOS, Bruna Martins dos. Vigiar e confundir. *Quatro cinco um*. Publicado em: 01 de maio de 2021. Disponível em: https://www.quatrocincoum.com.br/br/artigos/laut/vigiar-e-confundir. Acesso em: 05.05.21

assimetria entre as partes. No campo da segurança pública, tais ferramentas tornam mais precisos e invasivos mecanismos de identificação, rastreio e vigilância utilizados tanto preventivamente quanto para a persecução penal.

Sistemas dotados de Inteligência Artificial apresentam aplicações em diversas atividades voltadas à segurança e à defesa, por exemplo, em plataformas e aplicações relacionadas a *smart cities* e em estruturas de reconhecimento facial e de policiamento inteligente. Há soluções que permitem a identificação de objetos e de pessoas em imagens, bem como aplicações de análise de áudio que demonstram capacidade de detecção, por exemplo, de sons de tiros, batidas de carros ou aglomerações, havendo o envio automático de alertas para as autoridades responsáveis.[25]

Vigilância e controle são elementos relevantes também em modelos de negócio e aplicações desenvolvidas em âmbito privado. Tim Wu[26] afirma que haveria uma verdadeira disputa das diversas formas de comunicação pela atenção do consumidor e por seus dados pessoais. Não existiria, assim, acesso à Internet, a e-mail, à mídia social, à programação de TV ou a blog gratuito. Tudo seria pago indiretamente por nós, por meio do interesse e do tempo despendidos. Empresas acompanhariam e monetizariam nossas compras, desejos, interações e medos.[27] Quanto mais engajados, maior será a quantidade de dados acumulados sobre nós e a acuidade preditiva dos mecanismos algorítmicos, o que, consequentemente, aumentará a personalização e as receitas dos serviços. Por esta razão, muitas estratégias deste mercado estão voltadas a desenvolver mecanismos para capturar a atenção de seus usuários, para que eles sejam ativos nas plataformas e para que alimentem o ambiente com informações que, mais tarde,

25. Portaria GM nº 4.617, de 6 de abril de 2021. Institui a Estratégia Brasileira de Inteligência Artificial e seus eixos temáticos.

26. WU, Tim. *The Attention Merchants: The Epic Scramble to Get Inside Our Heads*. Knopf, 2016.

27. "A corrida para obter dados já começou, liderada por gigantes como Google, Facebook e Tencent. Até agora, muitos deles parecem ter adotado o modelo de negócios dos 'mercadores da atenção'. Eles capturam nossa atenção fornecendo-nos gratuitamente informação, serviços e entretenimento, e depois revendem nossa atenção aos anunciantes. Mas provavelmente visam a muito mais do que qualquer mercador de atenção anterior. Seu verdadeiro negócio não é vender anúncios. E sim, ao captar nossa atenção, eles conseguem acumular imensa quantidade de dados sobre nós, o que vale mais do que qualquer receita de publicidade. Nós não somos seus clientes – somos seu produto." (HARARI, Yuval Noah. *21 lições para o século 21*. 1. ed. Companhia das Letras: 2018, p. 107-108).

serão tratadas e monetizadas a curto, médio e longo prazo, tanto pelo agente quanto por terceiros, para as mais diversas finalidades.

Nos últimos anos, o poder de uma plataforma vem sendo avaliado, entre outros fatores e elementos, com base no tempo gasto pelos usuários nela e na quantidade de interações que eles realizam em seu ambiente, uma vez que o acesso e a permanência deles facilitam, por exemplo, a coleta de dados e permite maior exposição à publicidade e a outras formas de exploração. Além disso, os usuários ficam sujeitos a ações que visam a influenciar suas preferências e visões de mundo,[28] desenhadas, por vezes, a partir dos interesses de agentes que remuneram diretamente a plataforma, sem que haja transparência e uma análise ética de suas reais motivações.

No contexto atual, verifica-se o quão difícil é sair de estruturas estabelecidas por grandes agentes de tecnologia e pelos Estados, seja pela utilidade e pela qualidade dos serviços oferecidos, seja em razão de sua essencialidade para o exercício de direitos e deveres como cidadão. Isso pode se tornar ainda mais difícil, inclusive, se as pessoas começarem a depender das redes tanto para tomarem grande parte de suas decisões, quanto para contratarem e utilizarem bens e serviços. A rastreabilidade da pessoa vem sendo cada vez mais sofisticada, havendo inclusive o compartilhamento de dados entre agentes para fins de controle e segurança nos âmbitos públicos e privados, como em aeroportos, locais de grandes eventos e áreas identificadas como demandantes de maior atenção.

Essa dinâmica é analisada por Shoshana Zuboff, que desenvolveu o conceito de *capitalismo de vigilância*: estrutura que considera a experiência humana como material cru, gratuito, e disponível para práticas comerciais ocultas de

---

28. Com bases nas lições de Wu, Frazão afirma que: "(...) a partir do momento em que atenção se torna comoditizada, o tempo em que as pessoas passam em determinadas plataformas passa a ser importante fator não apenas para sujeitá-las à publicidade e à coleta dos seus dados, mas também para sujeitá-las a estratégias que visam influenciar e alterar suas preferências e visões de mundo. É por essa razão que Tim Wu sustenta que o verdadeiro negócio de muitas das indústrias da nova economia é o de influenciar consciências. Vista a questão por esse ângulo, a tecnologia pode estar sendo utilizada contra aquilo que temos de mais precioso: a nossa individualidade. A partir do momento em que as máquinas conseguem nos conhecer melhor do que nós mesmos, podem utilizar nossas fragilidades para manipular nossas emoções, crenças e opiniões para os mais diversos fins, inclusive políticos." (FRAZÃO, Ana. Data-driven economy e seus impactos sobre os direitos de personalidade. Disponível em: https://www.jota.info/opiniao-e-analise/colunas/constituicao-empresa-e-mercado/data-driven-economy-e-seus-impactos-sobre-os-direitos-de-personalidade-17072018. Acesso em: 14.01.20).

extração, de predição e de venda de dados.[29] Através do oferecimento de serviços aparentemente gratuitos para bilhões de pessoas, os provedores responsáveis por esses serviços monitoram o comportamento dos usuários, obtendo detalhes surpreendentes, inferindo e, até mesmo, moldando comportamentos. Os *capitalistas de vigilância* descobriram que poderiam tratar dados não apenas para conhecer nosso comportamento, mas também para moldá-lo. Isso tornou-se um imperativo econômico. Já não bastava automatizar o fluxo de informações sobre nós; o objetivo passou a ser automatizar-nos.[30] Esta seria mais uma fase da evolução do capitalismo: ele visaria à exploração de previsões comportamentais secretamente derivadas da vigilância imposta aos usuários.

Dessa forma, quase todo produto ou serviço que começa com a palavra "inteligente" ou "personalizado", todo dispositivo habilitado para a internet e todo "assistente digital" representam uma interface da cadeia de suprimentos para o fluxo de dados comportamentais em seu caminho para prever nossos futuros em uma economia de vigilância.

Embora alguns desses dados sejam aplicados à melhoria do serviço, boa parte alimenta processos avançados, conhecidos como *inteligência de máquina*, e são importantes para a elaboração de produtos de previsão que antecipam o que você fará agora, em breve e mais tarde. Esses produtos de previsão são negociados em um novo tipo de mercado, o qual é chamado, pela autora, de *mercados futuros comportamentais*. Neste cenário, os agentes do capitalismo de vigilância teriam enriquecido imensamente com essas operações comerciais, pois muitas empresas estariam dispostas a apostar em nosso comportamento futuro. Zuboff afirma que conhecimento, autoridade e poder dependeriam do capital de vigilância, para o qual seríamos apenas "recursos humanos naturais".

Criou-se, então, o que foi chamado por Frank Pasquale de *one way mirror*[31], em que os dados pessoais dos cidadãos têm sido utilizados por governos e por

29. Cf. ZUBOFF, Shoshana. *The Age of Surveillance Capitalism: The Fight for a Human Future at the New Frontier of Power.* 1. ed. PublicAffairs: 2019.

30. Disponível em: https://www.washingtonpost.com/opinions/surveillance-capitalism-has-gone-rogue-we-must-curb-its-excesses/2019/01/24/be463f48-1ffa-11e-9-9145-3f74070bbdb9_story.html. Acesso em: 26.12.20.

31. "We do not live in a peaceable kingdom of private walled gardens; the contemporary world more closely resembles a one-way mirror. Important corporate actors have unprecedented knowledge of the minutiae of our daily lives, while we know little to nothing about how they use this knowledge to influence the important decisions that we–and they–make." (PASQUALE, Frank. *The black box society*. Cambridge: Harvard University Press. 2015. p. 9).

grandes *players* econômicos para que tais agentes saibam tudo sobre as pessoas, enquanto elas nada ou pouco sabem sobre os dois primeiros. Suas previsões são *sobre* nós, mas não *para* nós. Tudo isso acontece por meio de monitoramento e de vigília constantes e massivos acerca de cada passo da vida dos indivíduos, o que leva a um verdadeiro *capitalismo de vigilância*, cuja principal consequência é a consolidação de uma sociedade também de vigilância.[32-33]

3. Temas de destaque no *compliance* de dados em tecnologias de controle e vigilância

Além do diálogo dentro da organização em torno do cumprimento de normas e do estabelecimento de padrões de conduta, promover a interação entre *players* que desenvolvem atividades semelhantes e agentes de diferentes setores

---

32. "The corporate strategists and governmental authorities of the future will deploy their massive resources to keep their one-way mirrors in place; the advantages conferred upon them by Big Data technologies are too great to give up without a fight. But black boxes are a signal that information imbalances have gone too far. We have come to rely on the titans of reputation, search, and finance to help us make sense of the world; it is time for policymakers to help us make sense of the sensemakers." (PASQUALE, op. cit. p. 17).

33. Neste cenário, realizar a distinção entre o que é um dado pessoal e o que não é vem se tornando cada vez mais difícil. O progresso tecnológico permite que, de forma rápida, fácil e acessível, dados sejam vinculados a indivíduos de maneiras antes não previstas. (The Evolving Privacy Landscape: 30 Years After the OECD Privacy Guidelines, *OECD Digital Economy Papers*, No. 176, OECD Publishing, Paris, 2011, p. 31-32. Disponível em: https://doi.org/10.1787/5kgf09z90c31-en. Acesso em: 03.01.21). Além disso, dados podem ser combinados com outros dados e, no processo, tornar indivíduos identificáveis, havendo alto grau de precisão na atividade. Por exemplo, embora haja algum debate se os endereços IP são dados pessoais, é possível entender que, pelo menos em determinados contextos, eles assim devem ser considerados. Mostra-se possível, por exemplo, identificar um indivíduo vinculando um endereço IP a outras informações, como pesquisas na web. Ressalta-se que o volume de endereços IP da próxima geração (IPv6) permitirá maior uso de endereços estáticos, aumentando a facilidade com que os indivíduos poderão ser identificados. As informações coletadas em pesquisas podem revelar, inclusive, informações muito sensíveis sobre as práticas, preferências e crenças da pessoa. Adicionalmente, sabe-se que muitos bancos de dados "anônimos" podem ter os dados vinculados novamente aos seus titulares, se utilizadas técnicas específicas e cruzamentos de informações. (SOUZA, Carlos Affonso. Eles sabem quem é você? Entenda o monitoramento de celulares na quarentena, *Tecfront*, publicado em 17 de abril de 2020. Disponível em: https://tecfront.blogosfera.uol.com.br/2020/04/17/eles-sabem-quem-e-voce-entenda-o-monitoramento-de--celulares-na-quarentena/?cmpid=copiaecola. Acesso em: 03.01.21).

da sociedade parece estratégia interessante para se promover um uso seguro e ético de mecanismos tecnológicos, de forma a se compreender melhor onde, como e quando aplicá-los. Quando se elabora um programa de *compliance* de dados voltado para tecnologias de segurança e vigilância, alguns temas mostram-se de fundamental relevância, devendo, claro, ser organizados e especificados de acordo com a atividade prestada e os agentes envolvidos.

Diante disso, no presente eixo do artigo, busca-se salientar pontos de fundamental atenção no desenvolvimento e uso de quaisquer ferramentas que atuem em áreas de segurança, controle e vigilância, por exemplo, a proteção ampliada que deverá ser conferida aos dados sensíveis tratados (direta ou indiretamente), a aplicação do *privacy by design*, a elaboração de relatórios de impacto e de planos de resposta a incidentes e a possível aplicação de norma especial para os casos em que a LGPD não incidir diretamente (art. 4º, III, da LGPD).[34]

3.1. Proteção ampliada para os dados sensíveis tratados

A LGPD, ainda que não defina expressamente o que são dados sensíveis, apresenta em seu Art. 5º, inciso II, dados assim considerados, como aqueles que

34. Na estratégia brasileira de IA, no campo da segurança pública, foram salientadas algumas medidas para garantir o desenvolvimento tecnológico e a proteção de dados pessoais: 1) Mecanismos de *soft law*, como guias e recomendações que auxiliem as partes a aplicar as previsões normativas relevantes. Esses documentos deverão ser desenvolvidos por autoridades, agências reguladoras e instituições públicas. 2) Estrutura de supervisão (*oversight*) que inclua representantes legitimados pelo Estado, que possuam instrumentos para garantir a aplicabilidade da lei (*enforcement*), assim como recomendações de boas práticas e outras salvaguardas. Mostra-se desejável ter mecanismos de supervisão bem estruturados que incluam elementos como uma autoridade supervisora independente; a obtenção de autorização prévia para a atividade de vigilância; o monitoramento do uso das tecnologias em questão; e a existência de remédios jurídicos eficazes para endereçar eventuais abusos. 3) Adoção de normas ou padrões técnicos. 4) Regulações de proteção de dados aplicadas à segurança pública. 5) Implementação de *sandbox* regulatório. Em resumo, as ações estratégicas seriam: "Estabelecer mecanismos supervisores para monitorar o uso da IA para atividades de segurança pública. – Estimular que os órgãos que venham a fazer uso da IA para monitoramento apresentem relatório de impacto de proteção de dados previamente à implementação. – Disponibilizar mecanismos eficazes para que os indivíduos monitorados possam reagir à operação de vigilância. – Apresentar relatórios com estatísticas e resultados do serviço implementado. – Elaborar lei sobre proteção de dados aplicadas à segurança pública. – Implementar um sandbox regulatório da privacidade e proteção de dados para sistemas de IA voltados para a segurança pública." (Estratégia Brasileira de Inteligência Artificial e seus eixos temáticos. p. 26-28).

versam sobre origem racial ou étnica, convicção religiosa, opinião política e filiação a sindicato ou a organização de caráter religioso, filosófico ou político.[35] São também sensíveis os dados referentes à saúde ou à vida sexual e dados genéticos ou biométricos. A legislação brasileira seguiu, em grande parte, a noção europeia de dados sensíveis e expandiu o rol já desenvolvido pela Lei do Cadastro Positivo (Lei n. 12.414/2011).[36]

A proteção ampliada dos dados sensíveis[37] nas normais legais representa concretização dos princípios do livre desenvolvimento da personalidade e da não discriminação[38]. Ela mostra-se especialmente relevante para a garantia dos direitos e liberdades fundamentais dos titulares dos dados.[39] Isso porque, em

---

35. Cf. TEFFÉ, Chiara Spadaccini de. A categoria especial dos dados sensíveis: fundamentos e contornos. No prelo.
36. "Art. 3º Os bancos de dados poderão conter informações de adimplemento do cadastrado, para a formação do histórico de crédito, nas condições estabelecidas nesta Lei. (...) § 3º Ficam proibidas as anotações de: (...) II – informações sensíveis, assim consideradas aquelas pertinentes à origem social e étnica, à saúde, à informação genética, à orientação sexual e às convicções políticas, religiosas e filosóficas."
37. TEFFÉ, Chiara Spadaccini de. A categoria especial dos dados sensíveis: fundamentos e contornos. In: Anderson Schreiber; Carlos Edison do Rêgo Monteiro Filho; Milena Donato Oliva (Coord.). *Problemas de direito civil*: homenagem aos 30 anos de cátedra do professor Gustavo Tepedino por seus orientandos e ex-orientandos.1. ed. Rio de Janeiro: Forense, 2021.
38. O *princípio da não discriminação* – relevante fundamento para a tutela ampliada dos dados sensíveis – aparece na LGPD duas vezes: na primeira, no inciso IX do art. 6º, que o conceitua como "impossibilidade de realização do tratamento para fins discriminatórios ilícitos ou abusivos", e na segunda, no § 2º do art. 20, que prevê a possibilidade de a Autoridade Nacional de Proteção de Dados realizar auditoria para verificação de aspectos discriminatórios em tratamento automatizado de dados pessoais.
39. "A ligação entre proteção de dados e prevenção da discriminação é intuitiva. Ao se restringir ou condicionar o uso de determinados dados pessoais pelos agentes de tratamento, tem-se, como corolário, o impedimento de sua consideração em prejuízo do titular deles. Em uma sociedade cada vez mais digital, os instrumentos fornecidos aos indivíduos pelas leis de proteção de dados, como o direito de acesso aos dados tratados pelo controlador e os direitos à explicação e revisão das decisões automatizadas, afiguram-se essenciais para a exposição e minimização de tratamentos discriminatórios. Some-se a eles, ainda, a explicitação de um princípio da não discriminação ilícita ou abusiva, a possível exigência de um relatório de impacto à proteção de dados pessoais (RIPD) e uma auditoria pela ANPD para verificação de aspectos discriminatórios nos tratamentos automatizados, e logo se conclui: o controle da discriminação nas relações entre privados no Brasil tende a mudar de patamar com a entrada em vigor da Lei Geral de Proteção de Dados (LGPD)." (JUNQUEIRA, Thiago.

virtude da qualidade e da natureza das informações que trazem, seu tratamento ou eventual vazamento poderá gerar riscos significativos à pessoa humana, podendo ser fonte para preconceitos e discriminações ilícitas ou abusivas.[40] Na categoria em questão, são verificados importantes conteúdos relacionados à intimidade, à identidade e à expressão da pessoa natural, que, como regra, só a ela dizem respeito.

Não há dúvidas de que o tratamento de dados sensíveis por parte, por exemplo, de grandes empresas de tecnologia, empregadores, recrutadores, companhias seguradoras, planos de saúde ou governos, se não observadas as salvaguardas adequadas, poderá ampliar cenários de violações a direitos. Outro ponto de preocupação é o desenvolvimento contínuo de análises e de perfis comportamentais com tais dados, visando tanto a direcionar e personalizar bens e serviços quanto a inferir e controlar os comportamentos dos indivíduos.

- Cabe lembrar, ainda, que tipos específicos de tratamentos de dados podem implicar risco acentuado para os titulares das informações, assim como resultar em dados sensíveis. Nesse sentido, a lei estabelece que o disposto no artigo 11 – que apresenta as bases legais para o tratamento de dados sensíveis – aplica-se a qualquer tratamento de dados pessoais que revele dados pessoais sensíveis e que possa causar dano ao titular, ressalvado o disposto em legislação específica (Art. 11, § 1º).[41] Além disso, entende-se que dados sensíveis podem alcançar diferentes níveis de sensibilidade, a depender da espécie de dado em questão, da informação em si que guardam e/ou do titular a

---

Tratamento de Dados Pessoais e Discriminação Algorítmica nos Seguros. Revista dos Tribunais, 2020, p. 240).

40. DONEDA, Danilo. *Da privacidade à proteção de dados pessoais*. 2. ed. São Paulo: Thomson Reuters Brasil, 2019.

41. "A característica comum a todos os dados sensíveis é a suscetibilidade de sua utilização para fins discriminatórios, de modo que, em decorrência dos efeitos potencialmente lesivos de seu tratamento, não é possível aceitar que exista um rol taxativo de dados sensíveis. A propósito, Stefano Rodotà explica que a formação de perfis com base em dados pessoais pode ensejar discriminação em diferentes situações: (i) há dados pessoais que, embora sejam aparentemente não sensíveis, podem, quando tratados, se tornar sensíveis, viabilizando, inclusive, a identificação da pessoa e dos seus hábitos, relacionamentos, preferências, convicções religiosas, políticas e filosóficas etc.; e (ii) quando o tratamento de dados identifica um grupo de pessoas ao qual são atribuídas conotações negativas." (RODRIGUES, Marco Antonio dos Santos; HIBNER, Davi Amaral. Parâmetros para a proteção de dados pessoais em tempos de pandemia. *Revista de Direito e as Novas Tecnologias*, vol. 8/2020, Jul – Set/2020).

quem dizem respeito, impactando em graus de intensidade diversos a esfera privada de seu titular. Quanto mais sensíveis forem as informações pessoais, maiores serão os riscos e danos, se houver um vazamento ou violação de privacidade.

- Dessa forma, a fim de evitar efeitos adversos para o titular, o tratamento de dados sensíveis para fins legítimos deverá ser acompanhado por salvaguardas adequadas, que considerem os riscos em jogo e os direitos a serem protegidos, como bases legais específicas e mais restritas para o seu tratamento; obrigação de sigilo profissional; análises de risco; relatórios de impacto; e medidas de segurança organizacional e técnica.

Ações alinhadas à lógica do ***privacy by design***[42-43] – que preconiza que a privacidade e a proteção de dados devem ser consideradas desde a concepção e durante todo o ciclo de vida do projeto, sistema, serviço, produto ou processo – devem sempre ser tomadas no desenvolvimento de tecnologias de vigilância e controle, sendo incluídas avaliações prévias de impacto e medidas técnicas e organizacionais de prestação de contas (*accountability*). A privacidade por design garante que os dados pessoais sejam protegidos automaticamente em qualquer sistema de TI ou prática comercial. Mesmo se um indivíduo não fizer nada, sua privacidade ainda permanecerá protegida. Portanto, nenhuma ação será necessária por parte dele para proteger sua privacidade: isso será integrado de forma automática ao sistema, por padrão (*by default*). Do ponto de vista técnico,

---

42. CAVOUKIAN, Ann. Operationalizing Privacy by Design: A Guide to Implementing Strong Privacy Practices. Dez. 2012. CAVOUKIAN, Ann. Privacy by Design: The 7 Foundational Principles. Disponível em: https://iapp.org/resources/article/privacy-by-design-the-7-foundational-principles/. Acesso em: 09.04.21. EDPB. Guidelines 4/2019 on Article 25 Data Protection by Design and by Default. Adopted on 20 October 2020. Disponível em: https://edpb.europa.eu/our-work-tools/our-documents/guidelines/guidelines-42019-article-25-data-protection-design-and_en. Acesso em: 10.05.21.

43. LGPD, "Art. 46. Os agentes de tratamento devem adotar medidas de segurança, técnicas e administrativas aptas a proteger os dados pessoais de acessos não autorizados e de situações acidentais ou ilícitas de destruição, perda, alteração, comunicação ou qualquer forma de tratamento inadequado ou ilícito. (...) § 2º As medidas de que trata o *caput* deste artigo deverão ser observadas desde a fase de concepção do produto ou do serviço até a sua execução." "Art. 49. Os sistemas utilizados para o tratamento de dados pessoais devem ser estruturados de forma a atender aos requisitos de segurança, aos padrões de boas práticas e de governança e aos princípios gerais previstos nesta Lei e às demais normas regulamentares."

alguns procedimentos podem ser observados, por exemplo, a minimização dos dados tratados nas fases de treinamento e inferência, devendo-se dar preferência à anonimização de dados pessoais e ao uso de ferramentas tecnológicas capazes de dar transparência aos critérios utilizados para a tomada de decisões.

De modo a ampliar as garantias aos dados sensíveis e a afirmar a relevância do *princípio da não discriminação* nas atividades de tratamento, recorda-se que na LGPD o titular dos dados poderá revogar o consentimento manifestado (Art. 18, IX) ou pleitear o direito à oposição (Art. 18, § 2º), quando o tratamento ocorrer com fundamento em uma das hipóteses de dispensa de consentimento, em caso de descumprimento ao disposto nesta Lei. Ainda, o agente deverá certificar-se de estar tratando apenas o mínimo necessário de dados sensíveis (*princípio da minimização*). Devido às restrições legais, havendo dúvidas sobre a necessidade da informação, a solução mais adequada será a sua não coleta ou, se já coletada, a sua eliminação.[44] Outro princípio relevante é o da *prevenção*, o qual preconiza a adoção de medidas técnicas, organizacionais e jurídicas para prevenir a ocorrência de danos em virtude do tratamento de dados.

Mostra-se também fundamental ter documentados os tratamentos que envolvem dados sensíveis, as técnicas adotadas e as estruturas de compartilhamento e de descarte, assim como diagnosticar riscos com precisão e trabalhar em sua mitigação. Ainda que no Brasil o **relatório de impacto à proteção de dados pessoais**[45] não seja como regra obrigatório para o tratamento de dados sensíveis, além de ser uma boa prática e instrumento de conformidade e de prestação de contas, ele poderá ser requerido pela Autoridade Nacional de Proteção de Dados (ANPD), a depender do caso.[46]

---

44. Disponível em: https://www.cnil.fr/en/sheet-ndeg7-minimize-data-collection. Acesso em: 02.11.20.

45. Cf. GOMES, Maria Cecília Oliveira. Relatório de Impacto a Proteção de Dados. Uma breve análise da sua definição e papel na LGPD. *Revista da AASP*, n. 144, 2019. _________. Entre o método e a complexidade: compreendendo a noção de risco na LGPD. In: *Temas atuais de proteção de dados*. São Paulo: Thomson Reuters Brasil, 2020, p 245-271. Kloza, D., Van Dijk, N., Gellert, R. M., Borocz, I. M., Tanas, A., Mantovani, E., & Quinn, P. Analyse d'impact relative à la protection des données dans l'Union européenne: une protection des personnes plus solide en complétant le nouveau cadre juridique. *d.pia.lab Policy Brief*, *2017*(1), 1-8. QUELLE, Claudia. 2018: Enhancing Compliance under the General Data Protection Regulation: The Risky Upshot of the Accountability-and Risk-based Approach, *European Journal of Risk Regulation*, 9, p. 502-526.

46. LGPD, "Art. 38. A autoridade nacional poderá determinar ao controlador que elabore relatório de impacto à proteção de dados pessoais, inclusive de dados sensíveis,

O relatório pode ser definido como a documentação do controlador que contém a descrição dos processos de tratamento de dados pessoais que podem gerar riscos às liberdades civis e aos direitos fundamentais, bem como medidas, salvaguardas e mecanismos de mitigação de risco.[47] Ele deverá conter, no mínimo, a descrição dos tipos de dados coletados, a metodologia utilizada para a coleta e para a garantia da segurança das informações e a análise do controlador com relação a medidas, salvaguardas e mecanismos de mitigação de risco adotados.[48] O documento deverá ser elaborado antes de a instituição iniciar o tratamento de dados, preferencialmente, na fase inicial do programa, projeto ou serviço que tem o propósito de usar esses dados.

Os casos previstos pela LGPD em que o RIPD deverá ou poderá ser solicitado são, por exemplo: a) para tratamento de dados pessoais realizados para

---

referente a suas operações de tratamento de dados, nos termos de regulamento, observados os segredos comercial e industrial. Parágrafo único. Observado o disposto no *caput* deste artigo, o relatório deverá conter, no mínimo, a descrição dos tipos de dados coletados, a metodologia utilizada para a coleta e para a garantia da segurança das informações e a análise do controlador com relação a medidas, salvaguardas e mecanismos de mitigação de risco adotados." Recorda-se também aqui: "Art. 46. Os agentes de tratamento devem adotar medidas de segurança, técnicas e administrativas aptas a proteger os dados pessoais de acessos não autorizados e de situações acidentais ou ilícitas de destruição, perda, alteração, comunicação ou qualquer forma de tratamento inadequado ou ilícito. § 1º A autoridade nacional poderá dispor sobre padrões técnicos mínimos para tornar aplicável o disposto no *caput* deste artigo, considerados a natureza das informações tratadas, as características específicas do tratamento e o estado atual da tecnologia, especialmente no caso de dados pessoais sensíveis, assim como os princípios previstos no *caput* do art. 6º desta Lei. (...)"

47. Este documento dialoga diretamente com a seguinte norma técnica: ABNT NBR ISO/IEC 29134:2020 - Tecnologia da informação – Técnicas de segurança – Avaliação de impacto de privacidade. Outra norma relevante no tema é: ABNT NBR ISO/IEC 29151:2020 – Tecnologia da informação – Técnicas de segurança – Código de prática para proteção de dados pessoais.

48. A elaboração de um RIPD para todas as operações de tratamento de dados pessoais ou de um RIPD para cada projeto, sistema ou serviço deve ser avaliada de forma criteriosa por cada instituição. Por exemplo, instituição que realize tratamento de quantidade reduzida de dados, com poucos processos e serviços, pode optar por um RIPD único. Por outro lado, instituição que implemente vários processos e projetos que envolvam o tratamento de expressiva quantidade e diversidade de dados pessoais pode optar por elaborar RIPDs específicos, por ser mais adequado à sua realidade. Fonte: Guia operacional sobre o Relatório de Impacto de proteção de dados https://www.gov.br/governodigital/pt-br/governanca-de-dados/guias-operacionais-para-adequacao-a-lgpd. Acesso em: 10.05.21.

fins de segurança pública, defesa nacional, segurança do Estado ou atividades de investigação e repressão de infrações penais (exceções previstas pelo inciso III do art. 4º); b) alguns autores[49] entendem, a partir da combinação dos arts. 31 e 32 da LGPD, que quando houver infração dela em decorrência do tratamento de dados pessoais por órgãos públicos o relatório também será necessário; c) a autoridade nacional poderá solicitar ao controlador relatório de impacto à proteção de dados pessoais, quando o tratamento tiver como fundamento seu interesse legítimo, observados os segredos comercial e industrial (Art. 10, § 3º); e d) a qualquer momento sob determinação da ANPD (Art. 38)[50].

Conforme orientação de Guia Operacional para adequação à LGPD[51], o qual aborda o relatório de impacto, é indicada a sua elaboração ou atualização sempre que existir a possibilidade de ocorrer impacto na proteção dos dados pessoais resultante de, por exemplo: a) uma tecnologia, serviço ou outra nova iniciativa em que dados pessoais e dados sensíveis sejam ou devam ser tratados; b) rastreamento da localização dos indivíduos ou qualquer outra ação de tratamento que vise à formação de perfil comportamental de pessoa natural, se identificada (LGPD, art. 12, § 2º); c) tratamento de dado pessoal sobre "origem racial ou étnica, convicção religiosa, opinião política, filiação a sindicato ou a organização de caráter religioso, filosófico ou político, dado referente à saúde ou à vida sexual, dado genético ou biométrico, quando vinculado a uma pessoa natural" (LGPD, art. 5º, II); d) processamento de dados pessoais usado para tomar decisões automatizadas que possam ter efeitos legais, incluídas as decisões destinadas a definir o seu perfil pessoal, profissional, de consumo e de crédito ou os aspectos de sua personalidade (LGPD, art. 20); e) tratamento de dados pessoais de crianças e adolescentes (LGPD, art. 14).[52]

---

49. Guia operacional... op. cit.
50. LGPD, Art. 38. A autoridade nacional poderá determinar ao controlador que elabore relatório de impacto à proteção de dados pessoais, inclusive de dados sensíveis, referente a suas operações de tratamento de dados, nos termos de regulamento, observados os segredos comercial e industrial. Parágrafo único. Observado o disposto no caput deste artigo, o relatório deverá conter, no mínimo, a descrição dos tipos de dados coletados, a metodologia utilizada para a coleta e para a garantia da segurança das informações e a análise do controlador com relação a medidas, salvaguardas e mecanismos de mitigação de risco adotados.
51. Guia operacional... op. cit.
52. TEFFÉ, Chiara Spadaccini de. Dados sensíveis de crianças e adolescentes: aplicação do melhor interesse e tutela integral. In: LATERÇA, Priscilla Silva; FERNANDES, Elora; TEFFÉ, Chiara Spadaccini de; BRANCO, Sérgio (Coords.). *Privacidade e Proteção de*

O tratamento de dados sensíveis é inevitável no mundo contemporâneo e nem sempre terá por objetivo práticas negativas ou discriminatórias, podendo contribuir para a melhor organização de instituições e para o funcionamento de bens e serviços, gerando, então, resultados benéficos para os titulares de dados. Contudo, é imprescindível que tais dados sejam utilizados respeitando-se, estritamente, os princípios e os limites impostos na Constituição Federal e na LGPD.

Cuidados adicionais para a proteção de dados sensíveis são essenciais para seu regular tratamento, uma vez que a tônica de sua tutela é "permitir uma igualdade substancial no tratamento dos dados, vedando a discriminação e o abuso que dele podem surgir."[53] Isso se mostra relevante pois a mera proibição do tratamento de dados sensíveis seria inviável e desproporcional, já que, em alguns momentos, o uso de tais dados será legítimo e necessário. Além disso, existem determinados organismos cuja própria razão de ser estaria comprometida, caso não pudessem obter informações desta categoria, por exemplo, algumas entidades de caráter político, religioso ou filosófico.[54] Dessa forma, entende-se que o tratamento de dados sensíveis é possível e, inclusive, pode ser essencial em determinadas circunstâncias. Entretanto, deverá ser estritamente pautado nos ditames legais, pela relevância dos valores em questão, e legitimado apenas quando se mostrar proporcional e relevante frente às normas constitucionais.[55]

Em tecnologias de vigilância e segurança costuma ocorrer expressivo tratamento de dados biométricos, em virtude de eles oferecem meios de identificar e autenticar indivíduos de maneira confiável e rápida, com base em um conjunto de dados reconhecíveis e verificáveis, que são únicos e específicos sobre seus titulares. Ao contrário dos dados sensíveis mais voltados à expressão da pessoa na esfera pública, os dados biométricos – assim como os dados genéticos – não advém como regra de escolhas pessoais dos indivíduos. O corpo torna-se a senha, meio único e exclusivo de individualização da pessoa.

A LGPD não apresenta definição para os dados biométricos, porém, seu conceito pode ser extraído tanto da doutrina e de estudos publicados por grupos

---

Dados de Crianças e Adolescentes. Rio de Janeiro: Instituto de Tecnologia e Sociedade do Rio de Janeiro; Obliq, 2021. E-book.

53. MULHOLLAND, Caitlin. Dados pessoais sensíveis e consentimento na Lei Geral de Proteção de Dados Pessoais. *Migalhas*, publicado em 22 de junho de 2020.

54. DONEDA, op. cit. p. 144.

55. VIOLA, Mario; TEFFÉ, Chiara Spadaccini de. Tratamento de dados pessoais na LGPD: estudo sobre as bases legais dos artigos 7º e 11. In: Bruno Bioni, Laura Schertel Mendes, Danilo Doneda, Otavio Luiz Rodrigues Jr., Ingo Sarlet. (Org.). *Tratado de Proteção de dados pessoais*. 1. ed. Rio de Janeiro: Forense, 2021, v. 1, p. 117-148.

específicos[56] quanto de normas estrangeiras. Nesse sentido, o GDPR em seu artigo 4º, 14, dispõe que são dados biométricos os "dados pessoais resultantes de um tratamento técnico específico relativo às características físicas, fisiológicas ou comportamentais de uma pessoa singular que permitam ou confirmem a identificação única dessa pessoa singular, nomeadamente imagens faciais ou dados dactiloscópicos".[57]

Conforme a tecnologia avança, o uso de características humanas como informação continuará a apresentar desafios para as noções de privacidade e de proteção de dados pessoais. A confiabilidade das informações e dos sistemas biométricos vem sendo incrementada, e a biometria é geralmente considerada forte e valiosa para sistemas de autenticação. Contudo, mostra-se necessário entender formas de melhor proteger tais dados e evitar tratamentos desproporcionais.[58]

---

56. Article 29 Data Protection Working Party. Working document on biometrics. 01/08/2003. Disponível em: https://ec.europa.eu/justice/article-29/documentation/opinion-recommendation/files/2003/wp80_en.pdf. Article 29 Data Protection Working Party. Opinion 02/2012 on facial recognition in online and mobile services. 22/03/2012. Disponível em: https://ec.europa.eu/justice/article-29/documentation/opinion-recommendation/files/2012/wp192_en.pdf. Article 29 Data Protection Working Party. Opinion 3/2012 on developments in biometric technologies. Adotada em 27 de abril de 2012. Disponível em: https://ec.europa.eu/justice/article-29/documentation/opinion-recommendation/files/2012/wp193_en.pdf. Acesso em: 27.02.21.

57. Disponível em: https://eur-lex.europa.eu/legal-content/PT/TXT/?uri=celex%3A32016R0679. Acesso em: 27.02.21. Encontramos a mesma definição no art. 3º, 13, da Diretiva (UE) 2016/680 do Parlamento Europeu e do Conselho.

58. "À medida que, através de sensores biométricos, cada vez mais dados fluírem de seu corpo e seu cérebro para máquinas inteligentes, será fácil para corporações e agências do governo conhecer você, manipular você e tomar decisões por você. Mais importante ainda, eles serão capazes de decifrar os mecanismos profundos de todos os corpos e cérebros, e com isso adquirir o poder de fazer a engenharia da vida. Se quisermos evitar que uma pequena elite monopolize esses poderes, que parecem divinos, e se quisermos impedir que a humanidade se fragmente em castas biológicas, a questão chave é: quem é dono dos dados? Os dados de meu DNA, meu cérebro e minha vida pertencem a mim, ao governo, a uma corporação ou ao coletivo humano?" (HARARI, op. cit. p. 94-95). Harari prossegue: "Num nível ainda mais profundo, sensores biométricos e interfaces cérebro-computador diretas visam a erodir a fronteira entre máquinas eletrônicas e corpos orgânicos e, literalmente, entrar debaixo de nossa pele. Quando os gigantes de tecnologia adquirirem compreensão completa do corpo humano, poderão acabar manipulando todo o nosso corpo da mesma maneira que manipulam nossos olhos, dedos e cartões de crédito." (HARARI, op. cit. p. 105).

Além de questões relacionadas à segurança pública[59], persecução criminal e prevenção ao terrorismo, nos últimos tempos, vem crescendo o debate acerca do estabelecimento de bancos de dados biométricos para a identificação dos cidadãos em processos de validação de identidades e de concessão de benefícios e auxílios governamentais. Recorda-se, aqui, a Lei nº 13.444/2017, que criou a Identificação Civil Nacional (ICN), "com o objetivo de identificar o brasileiro em suas relações com a sociedade e com os órgãos e entidades governamentais e privados." Sua base de dados contará com diversas informações, incluindo a base de dados biométricos da Justiça Eleitoral. A intenção com isso é de que a ICN seja estabelecida como o meio preferencial de validação dos usuários dos serviços públicos digitais ofertados pelos portais oficiais do Governo Federal. Ou seja, a partir da validação dos dados biométricos do cidadão na base da ICN, será possível usufruir de serviços públicos antes disponíveis apenas no atendimento presencial de órgãos públicos federais, como o INSS e a Receita Federal.[60] O registro de dados biométricos em cadastros de órgãos públicos vem se mostrando uma tendência, sendo possível mencionar exemplos na Índia[61], na China e nos Estados Unidos.[62]

Dados biométricos como regra dizem respeito a uma pessoa identificada e, justamente, por isso permitem a identificação imediata de uma pessoa natural,

---

59. A Lei nº 13.964/19, conhecida como Lei Anticrime, em seu art. 12, autorizou a criação, no Ministério da Justiça e Segurança Pública, do Banco Nacional Multibiométrico e de Impressões Digitais.

60. TSE assina acordo com a Presidência da República para implementar a Identificação Civil Nacional (ICN). Notícia publicada em 15 de março de 2021. Disponível em: https://www.tse.jus.br/imprensa/noticias-tse/2021/Marco/tse-assina-acordo-com-a-presidencia-da-republica-para-implementar-a-identificacao-civil-nacional-icn. Acesso em: 17.03.21. Identificação Civil: ABRID e Conadi celebram novo Acordo de Cooperação Técnica. Notícia publicada em 15 de março de 2021. Disponível em: https://cryptoid.com.br/banco-de-noticias/identificacao-civil-abrid-e-conadi-celebram-novo-acordo-de-cooperacao-tecnica/. Acesso em: 17.03.21. Segundo a notícia, "O Acordo tem por finalidade estabelecer e regulamentar um programa de cooperação técnica relacionado a atividades ligadas a área de identificação civil e criminal desenvolvidas no país, incluindo dados sobre novas tecnologias de bens e serviços aplicáveis à identificação digital e à segurança documental em áreas de interesse comum e outras atividades afins."

61. Disponível em: https://uidai.gov.in/. Acesso em 01.03.21.

62. Cf. DOERING, Victor; SILVA, Alexandre Pacheco da. O tratamento de dados biométricos na LGPD: dilemas jurídicos e políticos de seu processamento. In: FILHO, Francisco; RAIS, Diogo (Coord.). *Direito público digital*. São Paulo: Thomson Reuters Brasil, 2020. p. 99-113.

sem a necessidade da realização de múltiplos cruzamentos de dados.[63] Havendo a coleta e o registro de dados biométricos desde o nascimento[64] será possível

63. Conforme dispõe o considerando 51 do GDPR, o tratamento de fotografias não deverá ser considerado sistematicamente um tratamento de categorias especiais de dados pessoais, uma vez que elas serão apenas abrangidas pela definição de dados biométricos quando forem processadas por meios técnicos específicos que permitam a identificação inequívoca ou a autenticação de uma pessoa singular. Além de questões biométricas, considerando-se que uma imagem possa revelar, em alguns casos, por exemplo, dados de origem étnica ou racial, de saúde, de orientação sexual ou questões religiosas de determinada pessoa, é possível defender seu enquadramento, em determinados contextos e diante de certos usos, como um dado pessoal sensível. Vale ressaltar que na Europa vem sendo firmado entendimento de que imagens processadas por sistemas de vigilância por vídeo, sem reconhecimento facial, apenas para segurança em área comercial, geralmente não serão consideradas como estando dentro de um tratamento de dados sensíveis. Nos últimos anos, as autoridades nacionais de proteção de dados europeias e o *European Data Protection Board* (Comitê Europeu para a Proteção de Dados) vêm estabelecendo diversos parâmetros para o tratamento de dados pessoais por meio de dispositivos de vídeo. Dessa forma, antes de operar um sistema de câmera, o controlador deverá avaliar onde e se as medidas de vigilância por vídeo são estritamente necessárias. Em geral, como princípio, sempre que instalar tal sistema, ele deverá considerar cuidadosamente o princípio da minimização de dados e aspectos relacionados à segurança da informação, sob pena de severas sanções. Assim, mesmo nos casos em que o artigo 9º, nº 1, não se aplicar, o responsável pelo tratamento dos dados deverá minimizar o risco de captura de imagens que revelem outros dados sensíveis (para além do artigo 9º). (EDPB. Guidelines 3/2019 on processing of personal data through video devices. Adotada em 29 de janeiro de 2020.) Neste sentido, de acordo com o *Information Commissioner's Office* (ICO), se você processar fotografias digitais de pessoas, esses dados não serão automaticamente biométricos, mesmo que sejam usados para fins de identificação. Embora uma imagem digital possa permitir a identificação por meio de características físicas, ela só se tornará um dado biométrico se você realizar um "processamento técnico específico". Normalmente, isso envolve o uso dos dados da imagem para criar um modelo digital individual ou perfil, que, por sua vez, você usará para correspondência automática de imagens e identificação. (Disponível em: https://ico.org.uk/for-organisations/guide-to-data-protection/guide-to-the-general-data-protection-regulation-gdpr/special-category-data/what-is-special-category-data/#scd4. Acesso em: 27.02.21).

64. Portaria nº 248, de 2 de fevereiro de 2018 – Altera a Portaria de Consolidação nº 4/GM/MS, de 28 de setembro de 2017, para dispor sobre o registro biométrico do recém-nascido e de sua mãe. "Art. 1º O Anexo III à Portaria de Consolidação nº 4/GM/MS, de 28 de setembro de 2017, passa a vigorar com as seguintes alterações: "Art. 6º .... Parágrafo único. **As Declarações de Nascidos Vivos – DNV, a que se refere a alínea "h" do inciso XIX do caput, deverão ser vinculadas ao registro biométrico do recém-nascido e de sua mãe, na forma de ato conjunto das Secretarias de Vigilância em Saúde e**

o rastreio, o monitoramento e uma profunda análise das pessoas pelos setores público e privado. Mais do que unificar documentos, será possível implementar sistemas sofisticados de vigilância e controle sob a população, bem como desenvolver seus perfis e analisar de forma sofisticada suas emoções e possíveis reações.

3.2. Gestão eficiente de riscos e minimização de vulnerabilidades

Analisar e gerenciar riscos é a razão de existência de sistemas de *compliance*, mostrando-se ação estratégica e que deve estar presente em todas as tomadas de decisão. A partir dessa prática, busca-se medir a probabilidade que uma ameaça tem de "explorar" determinada vulnerabilidade da instituição, trazendo perdas, danos e/ou prejuízos. Diante disso, age-se na direção de identificar, prevenir, controlar e minimizar os possíveis riscos enfrentados pela organização, instituindo atividades coordenadas.

Durante o processo, mostra-se relevante definir critérios para analisar a importância dos riscos na estrutura da organização, incluindo a definição de como a probabilidade, o impacto e os níveis de risco serão estimados, assim como estabelecer diretrizes para avaliar e priorizar determinados riscos e selecionar as respostas mais apropriadas para tratá-los. Em seguida, sugere-se a implementação de procedimentos para monitorar a ocorrência de riscos e a eficácia das respostas adotadas, bem como para reportar às instâncias de governança e gestão o desempenho do processo de gestão de riscos e os aspectos que necessitam ser eventualmente aperfeiçoados.[65]

Todos os processos implementados deverão ser devidamente registrados. Recomenda-se também uma ampla comunicação sobre assuntos relacionados a riscos, que deverá assegurar que tanto os responsáveis pela implantação do processo de gestão de riscos quanto as demais partes interessadas internas e externas compreendam o contexto, as decisões tomadas e as ações necessárias.[66]

---

de Atenção à Saúde." (NR) Art. 2º As Secretarias de Vigilância em Saúde e de Atenção à Saúde, em ato conjunto a ser editado no prazo de até noventa dias a contar da data de publicação desta Portaria, disporão sobre as normas e os procedimentos necessários à execução do disposto no parágrafo único do art. 6º do Anexo III à Portaria de Consolidação nº 4/GM/MS, de 28 de setembro de 2017." (grifo nosso)

65. Tribunal de Contas da União. 10 passos para a boa gestão de riscos/Tribunal de Contas da União. Brasília: TCU, Secretaria de Métodos e Suporte ao Controle Externo (Semec), 2018. p. 19.

66. Tribunal de Contas da União... op. cit. p. 24.

Com base em metodologias e melhores práticas no tema, doutrina destaca algumas etapas consideradas fundamentais:

> 1) conhecer a empresa; 2) conhecer seu ambiente legal e suas obrigações de *compliance*; 3) realizar entrevistas e análise de documentos; 4) fazer testes e checagem dos dados levantados; 5) identificar riscos e fatores de risco; 6) realizar avaliação de probabilidade; 7) desenvolver matriz de riscos; 8) realizar monitoramento. A avaliação de riscos conecta-se com o sistema de gestão de *compliance* de maneira essencial, dado que tanto o escopo quanto o projeto de implantação do sistema de gestão de *compliance* são construídos a partir da avaliação de riscos.[67]

Por fim, cabe lembrar no que diz respeito à gestão de riscos da norma técnica ABNT NBR ISO 31.000 que apresenta processo de gerenciamento bem delimitado. Além dela, mostra-se relevante também o estudo dos documentos desenvolvidos pelo COSO, *Committee of Sponsoring Organizations of the Treadway Commission*, que publicou em 2017 modelo de gestão de riscos chamado de *Enterprise Risk Management–Integrating with Strategy and Performance* (Gerenciamento de Riscos Corporativos integrado com a Estratégia e o Desempenho), buscando ressaltar a importância de se considerar os riscos tanto no estabelecimento da estratégia quanto na condução do desempenho.[68]

3.3. Ações para evitar e mitigar incidentes de segurança

Conforme dispõe a LGPD, "os agentes de tratamento ou qualquer outra pessoa que intervenha em uma das fases do tratamento obriga-se a garantir a segurança da informação prevista nesta Lei em relação aos dados pessoais, mesmo após o seu término" (art. 47). É, portanto, fundamental designar um Comitê de Segurança da Informação; implementar uma Política de Segurança da Informação, que estabeleça diretrizes sobre padrões e medidas técnicas internas de segurança; e desenvolver um Plano de Resposta a Incidentes de Privacidade e Remediação. Segundo a ANPD,

> Um incidente de segurança com dados pessoais é qualquer evento adverso, confirmado ou sob suspeita, relacionado à violação na segurança

---

67. SAAVEDRA, op. cit.

68. Art. 49. Os sistemas utilizados para o tratamento de dados pessoais devem ser estruturados de forma a atender aos requisitos de segurança, aos padrões de boas práticas e de governança e aos princípios gerais previstos nesta Lei e às demais normas regulamentares.

> de dados pessoais, tais como acesso não autorizado, acidental ou ilícito que resulte na destruição, perda, alteração, vazamento ou ainda, qualquer forma de tratamento de dados inadequada ou ilícita, os quais possam ocasionar risco para os direitos e liberdades do titular dos dados pessoais. (...) os agentes de tratamento de dados pessoais devem adotar medidas de segurança, técnicas e administrativas aptas a proteger os dados pessoais de acessos não autorizados e de situações acidentais ou ilícitas de destruição, perda, alteração, comunicação ou qualquer forma de tratamento inadequado ou ilícito.[69-70]

Em caso de um incidente de segurança com dados pessoais, as primeiras medidas a se tomar são: avaliar internamente o incidente (sua natureza e tipo; quantidade de titulares de dados afetados; se havia menores entre os titulares; a facilidade ou não de identificação dos titulares; espécies e quantidade de dados afetados; e consequências concretas e prováveis do incidente); comunicar ao encarregado; comunicar ao controlador, se você for o operador; o controlador deverá comunicar[71] à Autoridade Nacional de Proteção de Dados e ao titular a ocorrência de incidente de segurança que possa acarretar risco ou dano relevante aos titulares[72]; e elaborar documentação com a avaliação interna do incidente, medidas tomadas e análise de risco.[73]

---

69. Disponível em: https://www.gov.br/anpd/pt-br/assuntos/incidente-de-seguranca. Acesso em: 10.05.21.

70. "(...) assim como nem todo incidente de segurança necessariamente envolve vazamento de dados ou comprometimento de todos dos princípios da SI a um só tempo (confidencialidade, integridade, disponibilidade, não-repúdio, autenticidade, privacidade e legalidade), nem todo incidente de segurança, mesmo que envolva dados pessoais, necessariamente implica em responsabilização do agente de tratamento caso este comprove não ter sido negligente ou que a falha de segurança deu-se em virtude de algum fator alheio e aquém de seu controle." (BRAZ JR., Marcilio. Considerações sobre a notificação de incidente de segurança da informação no contexto da lei geral de proteção de dados (e além). *Migalhas*, 1 de fevereiro de 2019. Disponível em: https://www.migalhas.com.br/depeso/295440/consideracoes-sobre-a-notificacao-de-incidente-de-seguranca-da-informacao-no-contexto-da-lei-geral-de-protecao-de-dados--e-alem. Acesso em: 13.05.21).

71. "Enquanto pendente a regulamentação, recomenda-se que após a ciência do evento adverso e havendo risco relevante, a ANPD seja comunicada com a maior brevidade possível, sendo tal considerado a título indicativo o prazo de 2 dias úteis, contados da data do conhecimento do incidente." Disponível em: https://www.gov.br/anpd/pt-br/assuntos/incidente-de-seguranca. Acesso em: 10.05.21.

72. LGPD, Art. 48 (...) § 1º A comunicação será feita em prazo razoável, conforme definido pela autoridade nacional, e deverá mencionar, no mínimo: I – a descrição da

A ANPD recomenda que os controladores sejam cautelosos, de modo que ocorra a comunicação mesmo nos casos em que houver dúvida sobre a relevância dos riscos e danos envolvidos no caso. Eventual ou comprovada subavaliação dos riscos e danos por parte dos controladores poderá ser considerada descumprimento à LGPD. Embora a responsabilidade e a obrigação pela comunicação à ANPD sejam do controlador, caso sejam apresentadas informações pelo operador, elas serão devidamente analisadas pela Autoridade.

Acerca da notificação, é necessário mapear os agentes internos e externos que deverão ser devidamente avisados, bem como designar previamente equipe interdisciplinar para atuar em tal situação. Recomenda-se também a elaboração de um plano de comunicação tanto interna quanto externa sobre o incidente

---

natureza dos dados pessoais afetados; II – as informações sobre os titulares envolvidos; III – a indicação das medidas técnicas e de segurança utilizadas para a proteção dos dados, observados os segredos comercial e industrial; IV – os riscos relacionados ao incidente; V – os motivos da demora, no caso de a comunicação não ter sido imediata; e VI – as medidas que foram ou que serão adotadas para reverter ou mitigar os efeitos do prejuízo. § 2º A autoridade nacional verificará a gravidade do incidente e poderá, caso necessário para a salvaguarda dos direitos dos titulares, determinar ao controlador a adoção de providências, tais como: I – ampla divulgação do fato em meios de comunicação; e II – medidas para reverter ou mitigar os efeitos do incidente. § 3º No juízo de gravidade do incidente, será avaliada eventual comprovação de que foram adotadas medidas técnicas adequadas que tornem os dados pessoais afetados ininteligíveis, no âmbito e nos limites técnicos de seus serviços, para terceiros não autorizados a acessá-los.

73. Dentro de uma abordagem que avalie e faça a gestão de riscos, mostra-se necessário estabelecer um processo que deva ser utilizado quando da verificação de incidentes de segurança. Para tanto, cabe recordar alguns *frameworks* regulatórios baseados em melhores práticas: ABNT NBR ISO/IEC 27.001:2013 – Sistema de gestão de Segurança da Informação – Requisitos; ABNT NBR ISO/IEC 27.002:2013 – Tecnologia da informação – Técnicas de segurança – Código de prática para a gestão da Segurança da Informação; ABNT NBR ISO/IEC 27.005:2011 – Gestão de Riscos de Segurança da Informação; ABNT NBR ISO/IEC 27.003:2011 – Tecnologia da informação – Técnicas de segurança – Sistemas de gestão da segurança da informação – Orientações; ABNT NBR ISO/IEC 27701:2020 – Técnicas de segurança – Extensão da ABNT NBR ISO/IEC 27001 e ABNT NBR ISO/IEC 27002 para gestão da privacidade da informação – Requisitos e diretrizes; ABNT NBR ISO/IEC 29100:2020 – Tecnologia da informação – Técnicas de segurança – Estrutura de Privacidade; ISO/IEC 27035-1:2016 – Information technology – Security techniques – Information security incident management – Part 1: Principles of incident management; e ISO/IEC 27035-2:2016 – Information technology – Security techniques – Information security incident management – Part 2: Guidelines to plan and prepare for incident response.

de segurança da informação, de forma a cumprir a lei, respeitar os direitos dos titulares e proteger a reputação e confiança depositada na empresa. Um seguro com cobertura específica para incidentes de segurança da informação pode ser uma opção interessante, a depender da estrutura da instituição e da atividade desenvolvida.

3.4. Hipóteses de não aplicação direta da LGPD: Art. 4°, inciso III

O artigo 4º da LGPD apresenta hipóteses em que a Lei não se aplicará diretamente ao tratamento de dados pessoais realizado por agentes públicos e/ou privados, o que deverá ser observado nos programas de compliance.[74] A disposição mostra-se particularmente relevante para o presente estudo, uma vez que ela excepciona da aplicação direta da LGPD o tratamento de dados realizado para fins exclusivos de: a) segurança pública; b) defesa nacional; c) segurança do Estado; ou d) atividades de investigação e repressão de infrações penais (Art. 4º, III, da LGPD). Mesmo os dados tratados sendo sensíveis, caso a situação se encontre no bojo do artigo 4º, III, a LGPD, por expressa exceção na lei, não será integralmente aplicada.

74. Art. 4º Esta Lei não se aplica ao tratamento de dados pessoais: I – realizado por pessoa natural para fins exclusivamente particulares e não econômicos; II – realizado para fins exclusivamente: a) jornalístico e artísticos; ou b) acadêmicos, aplicando-se a esta hipótese os arts. 7º e 11 desta Lei; III – realizado para fins exclusivos de: a) segurança pública; b) defesa nacional; c) segurança do Estado; ou d) atividades de investigação e repressão de infrações penais; ou IV – provenientes de fora do território nacional e que não sejam objeto de comunicação, uso compartilhado de dados com agentes de tratamento brasileiros ou objeto de transferência internacional de dados com outro país que não o de proveniência, desde que o país de proveniência proporcione grau de proteção de dados pessoais adequado ao previsto nesta Lei. § 1º O tratamento de dados pessoais previsto no inciso III será regido por legislação específica, que deverá prever medidas proporcionais e estritamente necessárias ao atendimento do interesse público, observados o devido processo legal, os princípios gerais de proteção e os direitos do titular previstos nesta Lei. § 2º É vedado o tratamento dos dados a que se refere o inciso III do *caput* deste artigo por pessoa de direito privado, exceto em procedimentos sob tutela de pessoa jurídica de direito público, que serão objeto de informe específico à autoridade nacional e que deverão observar a limitação imposta no § 4º deste artigo. § 3º A autoridade nacional emitirá opiniões técnicas ou recomendações referentes às exceções previstas no inciso III do *caput* deste artigo e deverá solicitar aos responsáveis relatórios de impacto à proteção de dados pessoais. § 4º Em nenhum caso a totalidade dos dados pessoais de banco de dados de que trata o inciso III do *caput* deste artigo poderá ser tratada por pessoa de direito privado, salvo por aquela que possua capital integralmente constituído pelo poder público.

Dispõe o § 1º, do art. 4º, da LGPD, que "o tratamento de dados pessoais previsto no inciso III será regido por *legislação específica*, que deverá prever medidas proporcionais e estritamente necessárias ao atendimento do interesse público, observados o devido processo legal, os princípios gerais de proteção e os direitos do titular previstos nesta Lei". Adicionalmente, "a Autoridade Nacional de Proteção de Dados emitirá opiniões técnicas ou recomendações referentes às exceções previstas no inciso III do *caput* deste artigo e deverá solicitar aos responsáveis relatórios de impacto à proteção de dados pessoais" (§ 3º), sendo esse um caso de obrigatoriedade de elaboração do relatório, o que, por não ser a regra na lei, demarca bem o caráter protetivo da norma.

Diante da previsão legal, uma comissão de juristas foi criada pelo presidente da Câmara na época para elaborar anteprojeto de legislação específica[75], que foi divulgado em novembro de 2020 e ficou conhecido como a "LGPD Penal". Esse projeto busca oferecer parâmetros específicos e seguros para operações de tratamento de dados pessoais no âmbito de atividades de *segurança pública* e de *persecução criminal*, equilibrando tanto a proteção do titular contra abusos quanto o acesso de autoridades a todo potencial de ferramentas e plataformas para segurança pública e investigações.[76] Não cobre, portanto, toda a extensão de atividades do inciso III.[77] Na exposição de motivos do anteprojeto, afirmou-se que:

> (...) há um enorme déficit de proteção dos cidadãos, visto que não há regulação geral sobre a licitude, a transparência ou a segurança do tratamento de dados em matéria penal, tampouco direitos estabelecidos ou requisitos para utilização de novas tecnologias que possibilitam um grau de vigilância e monitoramento impensável há alguns anos. Apesar do crescimento vertiginoso de novas técnicas de vigilância e de investigação, a ausência de regulamentação sobre o tema gera uma assimetria de poder muito grande entre os atores envolvidos (Estado e cidadão).[78]

---

75. CÂMARA DOS DEPUTADOS. Ato do Presidente, de 26 de novembro de 2019. Disponível em: https://www2.camara.leg.br/atividade-legislativa/comissoes/grupos-de--trabalho/56a-legislatura/comissao-de-juristas-dados-pessoais-seguranca-publica/conheca-a-comissao/criacao-e-constituicao/ato-de-criacao. Acesso em: 14 jun. 2020.
76. EXPOSIÇÃO DE MOTIVOS: Anteprojeto de Lei de Proteção de Dados para segurança pública e persecução penal.
77. Anteprojeto: "Art. 1º Esta Lei dispõe sobre o tratamento de dados pessoais realizado por autoridades competentes para atividades de segurança pública e de persecução penal, com o objetivo de proteger os direitos fundamentais de liberdade e de privacidade e o livre desenvolvimento da personalidade da pessoa natural."
78. EXPOSIÇÃO DE MOTIVOS... op. cit.

A LGPD inspirou-se claramente no Regulamento europeu de proteção de dados. A norma europeia regulou o tratamento de dados para fins de segurança pública e persecução penal separadamente de seu marco normativo aplicável ao tratamento de dados pessoais como um todo (Regulamento 679/2016), havendo, assim, norma especial: a Diretiva (UE) 2016/680 do Parlamento Europeu e do Conselho, de 27 de abril de 2016, a qual estabelece regras específicas relativas à proteção das pessoas singulares no que diz respeito ao tratamento de dados pessoais pelas autoridades competentes para efeitos de prevenção, investigação, detecção ou repressão de infrações penais ou execução de sanções penais, incluindo a salvaguarda e prevenção de ameaças à segurança pública. Como apresentado anteriormente, a mesma escolha pela lei específica foi tomada na LGPD, em seu art. 4º, parágrafo 1º, para atividades estratégicas do Poder Público voltadas à proteção do Estado e dos cidadãos.[79]

Na LGPD, acerca do tratamento de dados para *fins exclusivos de segurança pública* (Art. 4º, III, "a"), vale levantar algumas questões: o bem tutelado seria apenas a segurança pública em sentido estrito ou poderia ser alargado em um contexto próximo ao de interesse público? Questões de segurança nacional estão englobadas pelo Art. 4º, III, da LGPD? Como poderia ser aplicada a mencionada exceção para respaldar tratamentos de dados advindos de reconhecimento facial realizado pelo Estado? Quais seriam os limites se a mencionada tecnologia fosse fruto – como geralmente ocorre – de uma parceria com agente privado?[80-81]

---

79. Cf. HU, Margaret. Small Data Surveillance v. Big Data Cybersurveillance,42 Pepp. L. Rev. 773 (2014). Disponível em: https://digitalcommons.pepperdine.edu/plr/vol42/iss4/3/. FERGUSON, Andrew. *The Rise of Big Data Policing*: Surveillance, Race, and the Future of Law Enforcement. New York University Press, 2017. ANGWIN, Agoia; LARSON, Jeff; MATTU, Surya; KIRCHNER, Laure. Machine Bias: Risk assessments in criminal sentencing. *ProPublica*, mai. 2016. Disponível em: https://www.propublica.org/article/machine-bias-risk-assessments-in-criminal-sentencing. MAYSON, Sandra Gabriel. Bias In, Bias Out. 128 Yale Law Journal 2218 (2019), University of Georgia School of Law Legal Studies, Research Paper No. 2018-35. Disponível em: <https://ssrn.com/abstract=3257004>. Acesso em: 03.05.21.

80. TEFFÉ, Chiara Spadaccini de; FERNANDES, Elora. Tratamento de dados sensíveis por tecnologias de reconhecimento facial: proteção e limites. In: Gustavo Tepedino, Rodrigo da Guia Silva. (Org.). *O Direito Civil na Era da Inteligência Artificial*. 1. ed. São Paulo: Editora dos Tribunais, 2020, v. 1, p. 283-310.

81. A título exemplificativo, recorda-se experimento promovido durante o Carnaval de 2019 no Rio de Janeiro pela Polícia Militar e empresa de telefonia. Os dados foram tratados pela Oi e houve aplicação de tecnologia da Huawei, quando algumas pessoas foram presas. Nesse caso, houve intenso debate sobre os dados coletados, a falta de transparência da empresa sobre determinados tratamentos realizados e a real

Pensando na última questão, o parágrafo 2º do art. 4º destaca que é vedado o tratamento dos dados a que se refere o inciso III por pessoa jurídica de direito privado, exceto em procedimentos sob tutela de pessoa jurídica de direito público, que serão objeto de informe específico à Autoridade Nacional e que deverão observar a limitação imposta no parágrafo 4º: "Em nenhum caso a totalidade dos dados pessoais de banco de dados de que trata o inciso III do *caput* deste artigo poderá ser tratada por pessoa de direito privado, salvo por aquela que possua capital integralmente constituído pelo poder público."

No mencionado anteprojeto de lei para tratar das atividades previstas no Art. 4º, inciso III, da LGPD, em seu Capítulo VII, há previsão específica a respeito de "tecnologias de monitoramento[82] e tratamento de dados de elevado risco", a qual foi baseada em legislações norte-americanas, sobretudo da cidade de Nova York e do estado de Washington. Dispõe o art. 42 do anteprojeto que:

> Art. 42. A utilização de tecnologias de monitoramento ou o tratamento de dados pessoais que representem elevado risco para direitos, liberdades e garantias dos titulares dos dados por autoridades competentes dependerá de previsão legal específica, que estabeleça garantias aos direitos dos titulares e seja precedida de relatório de impacto de vigilância. § 1º Para fins de avaliação do risco, deve-se considerar, pelo menos: I – a natureza dos dados pessoais envolvidos; II – as finalidades específicas do tratamento; III – a quantidade de agentes de tratamento de dados envolvidos; IV – a quantidade de titulares de dados potencialmente atingidos; V – se é utilizado algum tipo de nova tecnologia; VI – a possibilidade de tratamento discriminatório; e VII – as expectativas legítimas do titular de dados. (grifos nossos)

O § 2º do art. 42 destaca que o processo legislativo será instruído de análise de impacto regulatório[83] que contenha: "I – uma descrição do escopo do

---

efetividade da tecnologia. (MARTINS, Helena. Reconhecimento Facial: a banalização de uma tecnologia controversa. *Le Monde Diplomatique Brasil*. 22 abr. 2020. Disponível em: https://diplomatique.org.br/reconhecimento-facial-a-banalizacao-de-uma-tecnologia-controversa/. Acesso em: 08 de maio 2020).

82. Anteprojeto, Art. 5º, XXIII – tecnologia de monitoramento: equipamento, programa de computador ou sistema informático que possa ser usado ou implementado para tratamento de dados pessoais captados ou analisados, entre outros, em vídeo, imagem ou áudio;

83. Anteprojeto, Art. 5º, XIX – análise de impacto regulatório: documentação para instruir o processo legislativo acerca da autorização para a utilização de tecnologias de vigilância e o tratamento de dados pessoais por autoridades competentes que implique elevado risco aos direitos, liberdades e garantias dos titulares dos dados;

tratamento e das capacidades da tecnologia de vigilância; II – quaisquer testes ou relatórios relativos aos efeitos do tratamento e da tecnologia de vigilância na saúde e na segurança de pessoas; III – quaisquer impactos potencialmente díspares do tratamento de dados e da tecnologia de vigilância ou de sua política de uso em quaisquer populações específicas; IV – as medidas previstas para fazer frente aos riscos mencionados nos incisos anteriores; V – as garantias, as medidas de segurança e os mecanismos para assegurar a proteção dos dados pessoais e demonstrar a conformidade do tratamento com a presente lei; e VI – a política de uso e as garantias dos direitos dos titulares, conforme o disposto no § 3º deste artigo."

Em seguida, o § 3º afirma que a lei deverá estabelecer política de uso que garanta os direitos dos titulares de dados e contenha: "I – regras, processos e diretrizes emitidas pela autoridade competente que regulem o tratamento de dados, incluindo o acesso e o uso interno de tal tecnologia de vigilância; II – salvaguardas ou medidas de segurança destinadas a proteger as informações coletadas por tal tecnologia de vigilância contra o acesso não autorizado, incluindo, mas não se limitando à existência de criptografia e mecanismos de controle de acesso; III – políticas e práticas relacionadas à retenção, acesso e uso dos dados tratados; IV – políticas e procedimentos relativos ao acesso ou uso dos dados tratados por meio de tal tecnologia de vigilância por membros do público; V – as hipóteses de uso compartilhado, se admitido; VI – se algum treinamento é exigido pela autoridade competente para um indivíduo realizar o tratamento, usar tal tecnologia de vigilância ou acessar informações tratadas; VII – uma descrição da auditoria interna e mecanismos de supervisão dentro da autoridade competente para garantir a conformidade com a política de uso que rege o uso de tal tecnologia de vigilância. VIII – diretrizes sobre realização, atualização e revisão do relatório de impacto de proteção de dados pessoais."

Por fim, o § 5º do art. 42 destaca que, quando admitida por lei, a utilização de tecnologias de monitoramento ou o tratamento de dados pessoais de alto risco por autoridade competente será objeto de relatório de impacto de proteção de dados pessoais, que abrangerá os mesmos quesitos do artigo 42, § 2º e § 3º. Há, portanto, uma proteção em três níveis: exigência de legislação específica precedida de uma análise de impacto regulatório (1º nível), previsão de uma série de direitos e garantias para o uso da tecnologia em questão, na legislação a ser criada (2º nível), e depois da aprovação dessa lei a feitura obrigatória do relatório de impacto de uso (3º nível).[84]

---

84. SCHERTEL, Laura. Fonte oral extraída de Live do Data Privacy Brasil – LGPD penal: proteção de dados pessoais, segurança pública e investigações. Publicado em: 27 de

Verifica-se que, embora o anteprojeto tenha optado por encaminhar a outro processo legislativo a autorização ou proibição de tecnologias de monitoramento, ele expressamente trouxe restrições a determinadas tecnologias diante de certos contextos em seu art. 43. Veja-se:

> Art. 43. No âmbito de atividades de segurança pública, é vedada a utilização de tecnologias de vigilância diretamente acrescida de técnicas de identificação de pessoas indeterminadas em tempo real e de forma contínua quando não houver a conexão com a atividade de persecução penal individualizada e autorizada por lei e decisão judicial.

Ainda que a proposta não mencione expressamente tecnologias de reconhecimento facial, parece fazer referência a elas e ao tratamento de dados biométricos.[85] Sem dúvidas, o uso de ferramentas de reconhecimento facial, no estado da técnica em que se encontram, é cercado de polêmicas por afetar diversas questões relativas às liberdades fundamentais e à igualdade. Contudo, vedar *a priori* seu uso pode prejudicar questões de ordem coletiva e de interesse público[86], como aquelas concernentes à prevenção do terrorismo e à contenção da violência urbana.

---

novembro de 2020. Disponível em: https://www.youtube.com/watch?v=ZCnvMtPtDho&t=3271s. Acesso em: 03.05.21.

85. "O próprio anteprojeto prevê uma exceção a essa vedação ao autorizar esta modalidade de uso quando ela estiver conectada a uma atividade de persecução penal individualizada autorizada por lei e decisão judicial. Esta exceção permite o uso de reconhecimento facial para identificar uma pessoa em desfavor da qual foi expedido um mandado de prisão. No entanto, não fica claro se essa permissão autoriza a busca contínua e simultânea de várias pessoas com mandados de prisão em aberto. Isto é, o uso de tecnologias de reconhecimento facial com uma base de dados composta por faces de centenas pessoas com mandados de prisão expedidos individualmente contra cada uma delas poderia ser considerado atividade de persecução penal individualizada? A busca por mais de uma pessoa simultaneamente afastaria o caráter individual do uso?" (LEMOS, Alessandra et al. *Comentários ao Anteprojeto de Lei de Proteção de Dados para a Segurança Pública*: Tecnologia de Reconhecimento Facial. ITS Rio. Março de 2021).

86. No âmbito do Distrito Federal, a Lei nº 6.712/2020 dispõe sobre o uso de tecnologia de reconhecimento facial na segurança pública: "Art. 2º Para os efeitos desta Lei, considera-se: I – tecnologia de reconhecimento facial: a tecnologia que analisa as características faciais usada para a identificação pessoal exclusiva de indivíduos em imagens estáticas ou em vídeos; II – vigilância contínua: a utilização de TRF para envolver-se em um esforço contínuo de rastreamento dos movimentos físicos de um indivíduo identificado em um ou mais locais públicos onde esses movimentos ocorrem, durante

Sabe-se que com a ampliação do reconhecimento facial para fins de segurança pública, o Estado poderá rastrear seus cidadãos, verificando que lugares eles frequentam, e manter bancos de dados com informações de participantes em manifestações políticas ou de pessoas com opiniões políticas diversas, por exemplo. A coleta de imagens de rostos pode acabar sendo realizada sem ao menos a efetiva ciência dos indivíduos, abrindo margem para uma vigilância biométrica coletiva, opaca e não transparente. Isso impõe um necessário cuidado com a observância das normas jurídicas e códigos de ética, sendo relevante também ocorrer a supervisão e a prestação de contas contínuas por parte dos agentes responsáveis pela tecnologia e sua utilização. De fato, as "manifestações políticas, a interação social, as liberdades básicas e o tratamento igualitário dos indivíduos restarão em xeque caso não sejam traçados parâmetros específicos para a utilização de tal tecnologia."[87]

---

um período de tempo superior a 72 horas, seja em tempo real, seja por meio da aplicação dessa tecnologia para registros históricos. Art. 3º Fica vedado o uso de TRF para vigilância contínua de um indivíduo ou grupo de indivíduos, em qualquer hipótese. Art. 4º A utilização de TRF na segurança pública é restrita a equipamentos públicos localizados em espaços públicos. Parágrafo único. Nos locais onde houver captação de imagens com TRF, devem ser fixadas placas visíveis contendo a respectiva informação." Sobre ela, recomenda-se leitura de Nota Técnica desenvolvida pelo LAPIN. Disponível em: https://lapin.org.br/2021/02/22/nota-tecnica-lei-distrital-6712-2020-df/. Há ainda leis estaduais sobre a aplicação de reconhecimento facial em estádios de futebol: Lei nº 21.737/2015 – Estado de Minas Gerais – "Art. 4º Fica autorizada a instalação de sistemas de reconhecimento facial nos estádios de futebol localizados no Estado." Lei Nº 8.113/19 – Estado de Alagoas – "Art. 5º Fica autorizada a instalação de sistemas de reconhecimento facial nos estádios localizados no Estado." Nas duas, não há qualquer indicação acerca da finalidade e da necessidade do uso dessa tecnologia no referido ambiente. Acerca do tratamento de dados biométricos e da identificação de pessoas naturais em transportes, no estado do Rio de Janeiro, a Lei nº 4.291/2004 estabelece que: "Art. 9º (...) § 1º O controle das gratuidades e dos benefícios tarifários valer-se-á dos meios tecnologicamente adequados, inclusive a biometria, obrigatoriamente custeados pelas concessionárias e permissionárias dos serviços de transporte público de passageiro por ônibus, para garantir o seu exercício legítimo, vedando-se que, em qualquer hipótese, o custo da implementação da tecnologia seja repassado à tarifa do serviço público ou ao Poder Concedente na forma de reequilíbrio econômico financeiro. § 2º – A implantação do controle biométrico, preferencialmente facial ou de outro tecnologicamente adequado, será efetuada por meio de cadastramento ou recadastramento dos usuários, considerando a definição de prazos de validade do cartão eletrônico a critério do Poder Concedente." Ainda, no estado do Rio de Janeiro, a Lei nº 9.167/2021 dispõe que o Poder Executivo poderá instituir o Banco de Dados de Reconhecimento Facial e Digital de Crianças e Adolescentes Desaparecidos, vinculado ao Detran/RJ.

87. TEFFÉ, Chiara Spadaccini de; FERNANDES, Elora. Tratamento de dados sensíveis por tecnologias de reconhecimento facial: proteção e limites. In: Gustavo Tepedino,

Por fim, no art. 44, estabeleceu-se que o Conselho Nacional de Justiça emitirá opiniões técnicas ou recomendações referentes à utilização de tecnologias de vigilância ou ao tratamento de dados pessoais que representem elevado risco para direitos, liberdades e garantias dos titulares dos dados. O CNJ deverá publicar relatório anual acerca do uso de tecnologias de monitoramento pelas autoridades competentes no território nacional. Em caso de denúncia de uso de tecnologia de monitoramento em descumprimento a esta Lei, o CNJ realizará auditoria para verificação da base legal, da publicação de relatório de impacto e da implementação das medidas e garantias para preservação do direito dos titulares, sem prejuízo de outros mecanismos de controle e supervisão administrativo e judicial.

A escolha do CNJ como autoridade competente destaca posição crítica da Comissão de Juristas responsável pela redação do Anteprojeto de Lei à atual estrutura da Autoridade Nacional de Proteção de Dados na LGPD (Art. 55-A e seguintes). A ANPD é integrante da Presidência da República e tem seu Conselho Diretor escolhido pelo Presidente e por ele nomeado, após aprovação pelo Senado Federal. Ainda, ato do Presidente é responsável por dispor sobre a estrutura regimental da ANPD. Verifica-se, desde logo, uma aproximação talvez excessiva da ANPD à Presidência, situação diversa da desenhada no Projeto aprovado pelo Senado em 2018, quando a Autoridade teria natureza de autarquia especial, estaria vinculada ao Ministério da Justiça e gozaria de ampla independência e autonomia.[88] Todavia, isso não parece ser um óbice à boa atuação da Autoridade, que tem em seu corpo técnico atual pessoas de elevada qualificação. Na prática, há dúvidas se a disposição do anteprojeto acerca do CNJ não causará questões acerca da competência das mencionadas instituições em casos concretos.

4. CONSIDERAÇÕES FINAIS

No atual cenário tecnológico, marcado pela hiperconectividade e pelo amplo uso de inteligência artificial, não mais parece fazer sentido considerar um dado ou um conjunto de dados pessoais de forma isolada e estática, mas, sim, dentro de uma perspectiva dinâmica, que considere diversos fatores, sujeitos e

---

Rodrigo da Guia Silva. (Org.). *O Direito Civil na Era da Inteligência Artificial*. 1. ed. São Paulo: Editora dos Tribunais, 2020, v. 1, p. 283-310.

88. TEFFÉ, Chiara Spadaccini de. Por que precisamos de uma Autoridade Nacional de Proteção de Dados? *Jota*, publicado em 07 de janeiro de 2020. Disponível em: https://www.jota.info/opiniao-e-analise/artigos/por-que-precisamos-de-uma-autoridade-nacional-de-protecao-de-dados-07012020. Acesso em: 03.05.21.

possibilidades de tratamento. Há cada vez mais formas de análises que podem identificar indivíduos e, inclusive, revelar dados sensíveis sobre eles.

Neste contexto, ferramentas de vigilância e de segurança vêm sendo largamente utilizadas por atores tanto públicos quanto privados. Conjugadas com sofisticados tratamentos de informações, como dados biométricos ou de geolocalização, tais ferramentas expandem as possibilidades de controle sobre a integridade psicofísica e as liberdades da pessoa humana, nos âmbitos individual e coletivo. Diante disso, percebe-se a necessidade de uma aplicação rigorosa da Lei Geral de Proteção de Dados, assim como de as instituições estabelecerem amplas políticas de compliance, que envolvam todo o tratamento de dados realizado e a gestão integral dos riscos decorrentes. Além do diálogo dentro da organização em torno do cumprimento de normas e do estabelecimento de padrões de conduta, promover interações entre agentes que desenvolvem atividades semelhantes e sujeitos de diferentes setores da sociedade mostra-se também relevante para a promoção de um uso responsável, seguro e ético de mecanismos tecnológicos.

Como abordado, em um programa de compliance de dados voltado para tecnologias de segurança e vigilância, alguns temas deverão receber atenção de forma preferencial, por exemplo, a proteção ampliada que deverá ser conferida aos dados sensíveis tratados, a aplicação do *privacy by design* em todo o ciclo de tratamento de dados e a elaboração de relatórios de impacto e de planos de resposta a incidentes. Além disso, a depender da atividade e do agente envolvido poderá ser hipótese de não aplicação direta da LGPD, mas de norma específica a ser criada para reger os tratamentos de dados realizados para fins exclusivos de: segurança pública, defesa nacional, segurança do Estado ou atividades de investigação e repressão de infrações penais, conforme o artigo 4º, III, da LGPD.

A adoção de um programa de compliance que tenha atenção aos tratamentos de dados realizados pela empresa é essencial para auxiliar no efetivo atendimento dos comandos da lei, de acordo com as particularidades da instituição, bem como para prevenir a ocorrência de violações aos direitos fundamentais dos titulares dos dados tratados, representando, portanto, prática necessária para a garantia de direitos e para a boa gestão da empresa.

POLÍTICA DE SEGURANÇA CIBERNÉTICA NO PODER JUDICIÁRIO

JEFFERSON CARÚS GUEDES[1]

MONTGOMERY WELLINGTON MUNIZ[2]

Sumário: 1. Lei Geral de Proteção de Dados (LGPD) e política de segurança cibernética; 2. Política de segurança cibernética – o que é? 3. Política de segurança cibernética no poder judiciário; 3.1. Res. CNJ nº 396 de 07/06/2021 – Institui a Estratégia Nacional de Segurança Cibernética do Poder Judiciário (ENSEC-PJ); 3.2. O Protocolo de Prevenção de Incidentes Cibernéticos do Poder Judiciário

---

1. Doutor em Direito das Relações Sociais, com tese sobre a Igualdade e Desigualdade no Processo Civil, pela PUC-SP (2008). Mestre no mesmo Programa de Direito (2001). Especialista em Processo Civil pela PUC-RS (1996). Graduação em Direito pela Universidade da Região de Campanha/URCAMP – Bagé-RS (1993). Professor do Centro Universitário de Brasília – CEUB na Graduação, Pós-Graduação, Mestrado e Doutorado. Publicou pela Editora Thomson Reuters Revista dos Tribunais: *Princípio da Oralidade* (2003) e *Igualdade e Desigualdade* (2014); atualizou em coautoria 4 tomos do *Tratado de Direito Privado de Pontes de Miranda* (2012), dentre outras obras. Advogado e Consultor Jurídico em Brasília. Advogado da União (AGU), 2000-2018, exerceu funções de Procurador-Geral da União, Procurador-Chefe Nacional do INSS, Consultor Jurídico do Ministério da Previdência Social, Diretor da Escola da AGU e Vice-Presidente Jurídico dos Correios.
2. Mestre em Direito, UniCeub. Doutorando em Direito Constitucional, IDP. Secretário de Gestão Estratégica, STJ.

1. LEI GERAL DE PROTEÇÃO DE DADOS (LGPD) E POLÍTICA DE SEGURANÇA CIBERNÉTICA

Ao entrar em vigor em 18/09/2020, a Lei Geral de Proteção de Dados Pessoais – LGPD (Lei 13.709/2018), após longo período de discussões no congresso *e vacatio legis* de cerca de 24 meses, impôs ajustes nos procedimentos de segurança de dados pessoais às áreas públicas e privadas do país. A possibilidade de imposição de sanções administrativas foi postergada para 01/08/2021, a fim de possibilitar que empresas e poder público preparassem seus ambientes computacionais às responsabilidades constantes da LGPD.

As sanções administrativas previstas no art. 52 da LGPD para aplicação pela Autoridade Nacional de Proteção de Dados – ANPD – incluem advertência, multa simples, multa diária, suspensão parcial ou total de funcionamento, além de outras sanções.

A aplicação das sanções administrativas só poderá se dar após procedimento administrativo regular, com ampla defesa, de acordo com as peculiaridades do caso concreto e considerados como parâmetros e critérios, entre outros, a adoção reiterada e demonstrada de mecanismos e procedimentos internos capazes de minimizar o dano, voltados ao tratamento seguro e adequado de dados, em consonância com medidas para reverter ou mitigar os efeitos do incidente, além da adoção de política de boas práticas e governança (LGPD, art. 52, § 1º, inc. VIII e IX, c/c art. 48, § 2º, inc. II).

Assim, a existência de Política de Segurança Cibernética nas organizações, compreendida como todos os procedimentos e normas internas, bem como sua verificação de conformidade, destinados a preservar a proteção de dados pessoais, ganha importância como um dos critérios a serem considerados na imposição de sanções. A garantia da segurança da informação não se confunde com o direito à proteção de dados pessoais, no entanto, há íntima relação entre elas[3].

3. PALHARES, Felipe; PRADO, Luis Fernando; VIDIGAL, Paulo. Compliance digital e LGPD. In: Coleção Compliance. NOHARA, Irene Patrícia Diom; ALMEIDA Luiz Eduardo de, Coord. [livro eletrônico]. 1. ed. São Paulo: Thomson Reuters Brasil, 2021.

2. POLÍTICA DE SEGURANÇA CIBERNÉTICA – O QUE É?

A segurança cibernética é disciplina albergada no campo da segurança da informação e atua diretamente na proteção de tudo o que se encontra no espaço cibernético. A cibersegurança pretende garantir que os dados, as redes e os computadores saiam ilesos de qualquer possível ameaça digital. A segurança da informação, mais abrangente, pretende proteger a informação independente do formato em que ela se encontre, seja em meio físico, lógico, intelectual e humano.

A segurança cibernética inclui as medidas de segurança diretamente ligadas à tecnologia, como controles de acesso, antivírus, firewall e outros.

Com o avanço dos serviços em nuvem e a transformação digital nas organizações, todos os dados presentes em ambiente virtual passam a fazer parte do plano de defesa cibernética.

A segurança cibernética sempre foi uma preocupação dos profissionais de Tecnologia da Informação (TI), que sempre estabeleceram controles de acesso aos sistemas internos de uma organização. A abordagem dessa segurança, antes se limitava a estabelecer um perímetro de confiança, com os dispositivos da organização, como computadores de mesa e notebooks controlados, onde não se permitia a instalação de softwares não autorizados, eram conectados através de uma rede local, onde se controlava o acesso à rede e se confiava em todo o tráfego interno nessa rede. Atualmente, com a possibilidade de conexão de qualquer dispositivo às redes, inclusive dispositivos particulares, que não estão sujeitos ao controle de segurança da organização, como celulares, tablets, notebooks, as ameaças à integridade dos dados podem vir de qualquer lugar. Em suma, confiança é uma palavra que não se aplica mais a sistemas digitais.

As ameaças à segurança cibernética podem ser internas ou externas, conforme venham de dentro da organização ou de fora dela. As ameaças internas ocasionadas por usuários de dentro da organização, de forma intencional ou não, tem o potencial de causar maior dano, pois os usuários internos têm acesso direto aos dispositivos de infraestrutura e normalmente tem conhecimento da rede corporativa, de seus recursos e de seus dados confidenciais, podendo conhecer ainda as contramedidas de segurança, política e níveis de acesso. As ameaças externas exploram vulnerabilidades de dispositivos conectados, ou usam engenharia social para ter acesso à rede e seus recursos.

Hoje em dia, com o crescimento das conexões propiciado pela disponibilização de conexões wi-fi em diversos ambientes, e também pela internet das coisas, que permite aos usuários a conexão remota a milhares de dispositivos, como aparelhos, automação residencial, dispositivos de entretenimento, e outros, com capacidade própria de armazenamento de dados, as aplicações de processamento de dados tradicionais se tornaram inadequadas. Fatores como o grande volume de dados, a velocidade e a variedade de fontes de dados, impõem desafios aos profissionais da área e exigem mudança das organizações, com atualizações constantes de suas tecnologias e práticas[4], com mais regulamentação, e controles de segurança, sempre visando à proteção dos dados.

As ameaças também se tornaram mais sofisticadas, com estratégias mais elaboradas e armas mais avançadas, o que exige que as organizações tenham em seus quadros profissionais de segurança cibernética e que tenham as mesmas habilidades que os hackers, com conhecimento e qualificações profissionais especializadas. Os profissionais dessa área devem ser capazes de responder as ameaças assim que elas ocorrem, o que significa que dificilmente seu regime de trabalho será o convencional do restante da organização. Também devem pensar como o hacker, a fim de tentar prever seus ataques e identificar as vulnerabilidades da organização, estabelecendo políticas de acesso aos recursos internos que evitem o ataque, ou atenuem seus efeitos, em caso de sucesso. Também devem se manter sempre atualizados com as tecnologias de ponta na área de invasões e de segurança,

A políticas de segurança cibernética devem abordar os três momentos distintos de um ataque hacker, a prevenção, com medidas que dificultem o ataque, a atuação durante o ataque, com medidas que atenuem o seu dano e a repressão, com medidas que possibilitem o rastreamento do ataque, e, talvez, o atacante.

A LGPD também prevê atuação preventiva, baseada na ideia do risco. Assim, os agentes de tratamento devem ter um comportamento proativo ao estabelecer medidas aptas a mitigação de riscos.

A glamourização da atividade hacker, com filmes e divulgação de ataques bem-sucedidos, parece fazer aumentar a quantidade de pessoas que se dedicam a essa atividade, muitas vezes sem interesse financeiro. Mapas estatísticos

---

4. Big Data = tecnologia que permite que um volume descomunal de dados seja estruturado e analisado para uma gama indeterminada de finalidades. Big Data é comumente associado a 3 (três) "Vs": volume, velocidade e variedade. Volume e variedade, porque ele excede a capacidade das tecnologias "tradicionais" de processamento, conseguindo organizar quantidades antes inimagináveis e em diversos formatos – e.g., textos, fotos etc. – e, tudo isso, em alta velocidade. Tal evolução poderia ser imputada a uma diferença crucial entre o Big Data e as outras metodologias comuns de processamento de dados, que é o fato da prescindibilidade de os dados estarem previamente estruturados para o seu tratamento. BIONI, Bruno Ricardo. Proteção de dados pessoais: a função e os limites do consentimento. Rio de Janeiro: Forense, 2019.

disponíveis para consulta na rede mundial de computadores, normalmente de fornecedores de softwares de segurança, indicam que a incidência de ataques mundial é da ordem de milhares por segundo[5-6], chegando a milhões por dia, com o Brasil em quarta colocação ao tempo da consulta. Como esses mapas são elaborados por empresas que fornecem softwares de segurança, as estatísticas geralmente se referem à utilização de seus produtos, não representando a totalidade de ataques.

A Administração Pública brasileira, incluindo o Poder Judiciário, não estão imunes a esses ataques.

3. POLÍTICA DE SEGURANÇA CIBERNÉTICA NO PODER JUDICIÁRIO

A Associação Brasileira de normas Técnicas, desde 2001 e, após atualizações, em setembro de 2005, editou a norma ABNT NBR ISO/IEC 17799:2005[7] (com sucessivas atualizações, atualmente em vigor a ABNT NBR ISO/IEC 27002:2013) que estabeleceu diretrizes e princípios gerais para iniciar, implementar, manter e melhorar a gestão de segurança da informação em uma organização.

Essa norma fundamentou acórdão do Tribunal de Contas da União, o Acórdão 1603/2008 – Plenário[8], que, em seu item 188, inciso I, recomenda que o Conselho Nacional de Justiça:

> c) promova ações com objetivo de disseminar a importância do gerenciamento da segurança da informação e induzir, mediante orientação normativa, os órgãos do Poder Judiciário a realizarem ações para

---

5. https://cybermap.kaspersky.com/pt/stats. Ciberameaça – mapa em tempo real – consulta em 14/05/2021.
6. https://threatmap.checkpoint.com/. Mapa de ameaça em tempo real – consulta em 14/05/2021.
7. Disponível em https://www.abntcatalogo.com.br/norma.aspx?ID=60452. Consulta em 15/05/2021.
8. Disponível em http: //www.mp.go.gov.br/portalweb/hp/12/docs/acordao_tcu_-_13-08-2008.pdf%3B. Consulta em 15/05/2021.
Sumário executivo disponível em https://portal.tcu.gov.br/lumis/portal/file/fileDownload.jsp?fileId=8A8182A24F0A728E014F0AE67C673303. Consulta em 15/05/2021.
O Levantamento do TCU em toda a Administração Pública Federal, à época, identificou que: "O aspecto em que a situação da governança de TI está mais crítica é no que diz respeito ao tratamento da segurança da informação. Conclui-se que essa é uma área em que o TCU pode, e deve, atuar como indutor do processo de aperfeiçoamento da governança de TI." p. 10.

implantação e/ou aperfeiçoamento da gestão da continuidade do negócio, da gestão de mudanças, da gestão de capacidade, da classificação da informação, da gerência de incidentes, da análise de riscos de TI, da área específica para gerenciamento da segurança da informação, da política de segurança da informação e dos procedimentos de controle de acesso (parágrafos 54 a 87.11);

O Conselho Nacional de Justiça editou a Resolução nº 211 de 15/12/2015[9], considerando sua atribuição de coordenar o planejamento e a gestão estratégica de Tecnologia da Informação e Comunicação (TIC) do Poder Judiciário, o acórdão do TCU anteriormente referido, os sucessivos acórdãos do TCU tratando do tema, além de considerar a adequação dos órgãos do Poder Judiciário para cumprimento do determinado na LGPD, principalmente em seu art. 50[10]. Essa Resolução instituía a Estratégia Nacional de Tecnologia da Informação e Comunicação do Poder Judiciário (ENTIC-JUD) para o sexênio 2015-2020 e foi recentemente revogada pela Resolução nº 370, de 28/01/2021, que estabelece a ENTIC-JUD para o sexênio 2021-2026[11].

Consta da ENTIC-JUD-2015, em seu artigo 9º que "Cada órgão deverá elaborar e aplicar política, gestão e processo de segurança da informação a serem desenvolvidos em todos os níveis da instituição, por meio de um Comitê Gestor de Segurança da Informação (CGSI), e em harmonia com as diretrizes nacionais preconizadas pelo Conselho Nacional de Justiça." A ENTIC-JUD-2021 trouxe disposição semelhante em seu artigo 40, posteriormente revogada pela Res. 396 de 07/06/2021, com o acréscimo em suas atribuições do seguinte:

> *§ 2º Compete ao comitê acompanhar os processos de segurança da informação e os processos de proteção de dados pessoais;*

---

9. Disponível em https://atos.cnj.jus.br/atos/detalhar/2227. Consulta em 15/05/2021.
10. Lei 13.709/2018, Art. 50. Os controladores e operadores, no âmbito de suas competências, pelo tratamento de dados pessoais, individualmente ou por meio de associações, poderão formular regras de boas práticas e de governança que estabeleçam as condições de organização, o regime de funcionamento, os procedimentos, incluindo reclamações e petições de titulares, as normas de segurança, os padrões técnicos, as obrigações específicas para os diversos envolvidos no tratamento, as ações educativas, os mecanismos internos de supervisão e de mitigação de riscos e outros aspectos relacionados ao tratamento de dados pessoais.
§ 1º Ao estabelecer regras de boas práticas, o controlador e o operador levarão em consideração, em relação ao tratamento e aos dados, a natureza, o escopo, a finalidade e a probabilidade e a gravidade dos riscos e dos benefícios decorrentes de tratamento de dados do titular.
11. Disponível em https://atos.cnj.jus.br/atos/detalhar/3706. Consulta em 15/05/2021.

A Res. CNJ 396, em seu art. 20, repetiu a determinação de se criar o CGSI, em cada órgão do poder judiciário, detalhando suas atribuições e, no art. 21, determinando a criação de "estrutura de segurança da informação subordinada diretamente à alta administração do órgão e desvinculada da área de TIC", o que destaca mais uma vez o caráter mais abrangente da segurança da informação em relação à segurança cibernética.

Ademais, a norma referente à ENTIC-JUD, atualizada para o sexênio 2021-2026, traz uma Seção própria para tratar de Riscos, Segurança da Informação e Proteção de Dados, determinando no art. 41 que "cada órgão deverá constituir um Comitê gestor institucional para tratar da Lei Geral de Proteção de dados (LGPD), que ficará responsável pela avaliação dos mecanismos de tratamento e proteção dos dados existentes, pela proposição de ações voltadas a seu aperfeiçoamento e por gerar os requisitos para área de TIC, em consonância com as diretrizes nacionais preconizadas pelo Conselho Nacional de Justiça".

Percebe-se que o CNJ deu uma ênfase maior nos processos de segurança da informação, focando especialmente na segurança cibernética, quando determina que:

> *Art. 37. Cada órgão deverá elaborar Plano de Gestão de Riscos de TIC, com foco na continuidade de negócios, manutenção dos serviços e alinhado ao plano institucional de gestão de riscos, objetivando mitigar as ameaças mapeadas para atuar de forma preditiva e preventiva às possíveis incertezas.*
>
> *Art. 38. Cada órgão deverá elaborar e aplicar práticas e processos de segurança da informação e proteção de dados a serem adotadas na instituição, conforme disposto na Lei nº 13.709/2018 que dispõe sobre a Proteção de Dados Pessoais.*

Os ataques que ocorrem aos milhares por segundo, conforme referido anteriormente, também são direcionados aos órgãos do Poder Judiciário e, em 2020, lograram êxito em vários tribunais brasileiros[12-13-14]. Em 2021, também

---

12. https://g1.globo.com/politica/noticia/2020/11/04/stj-aciona-pf-para-apurar-possivel--ataque-de-hackers-ao-sistema-do-tribunal.ghtml. Consulta em 15/05/2021.
13. https://noticias.uol.com.br/eleicoes/2020/11/19/ataque-hacker-ao-tse-tambem-acessou-dados-de-2020-do-tribunal.htm. Consulta em 15/05/2021.
14. https://gauchazh.clicrbs.com.br/geral/noticia/2020/11/sistema-do-tribunal-de-justica-gaucho-e-alvo-de-ataque-hacker-ckhdu0rm9002l016gp5te9fai.html. Consulta em 15/05/2021.

já ocorreram alguns ataques que conseguiram penetrar as defesas de alguns tribunais[15-16].

As políticas de segurança cibernética sempre foram uma preocupação dos profissionais de tecnologia da Informação. Com as ocorrências relatadas anteriormente, passaram a ser uma preocupação de todos, ao menos nos órgãos em que os ataques tiveram êxito. As políticas se tornaram mais rigorosas e as regras de segurança mais rígidas, o que causou algum incômodo com procedimentos mais burocráticos para um simples acesso ao *e-mail* institucional, mas essas mudanças foram bem compreendidas pelos colaboradores, que chegaram a passar uma semana ou mais sem acesso aos recursos dos tribunais.

Entre os profissionais de segurança é conhecimento comum que o elo mais fraco na cadeia de segurança são as pessoas[17-18-19]. Com a expansão do perímetro de segurança e a utilização de dispositivos móveis de fora da organização, a complexidade da matéria aumentou consideravelmente e as pessoas foram cada vez mais envolvidas nos controles de segurança. A cultura de cibersegurança deve atingir a todos, indistintamente, pois todos são responsáveis pelo sucesso ou fracasso na implementação da garantia da segurança[20]. Uma forma de se fomentar essa cultura de cibersegurança é por meio de ações de conscientização e de treinamento[21].

Os ataques que tiveram sucesso em órgãos do Poder Judiciário, com o Superior Tribunal de Justiça, o Tribunal de Justiça do Estado do Rio Grande do Sul e o Supremo Tribunal Federal, embora reprováveis, tiveram um importante papel de conscientização nas pessoas envolvidas. Os procedimentos de segurança que foram reforçados, foram bem aceitos por todos.

---

15. https://www.conjur.com.br/2021-abr-30/tj-rio-grande-sul-volta-alvo-ataque-hacker. Consulta em 15/05/2021.
16. https://olhardigital.com.br/2021/05/07/seguranca/site-do-stf-fica-fora-do-ar-apos-suposto-ataque-hacker/. Consulta em 15/05/2021.
17. https://blog.avast.com/pt-br/weakest-link-in-security-avast. Consulta em 15/05/2021.
18. https://computerworld.com.br/seguranca/como-reforcar-o-elo-mais-fraco-da-seguranca-da-informacao/. Consulta em 15/05/2021.
19. https://www.securityreport.com.br/destaques/quando-o-fator-humano-e-o-elo-mais-relevante-da-cadeia/#.YKH-gKhKjIU. Consulta em 15/05/2021.
20. AGUILERA-FERNANDES, Edson. GONÇALVES, Rafael Augusto Moreno. PEREIRA-BARRETTO, Marcos Ribeiro. Lei Geral de Proteção de Dados Pessoais (LGPD): guia de implantação. São Paulo: Blucher, 2019. E-book.
21. CASTRO, Tatiana Alves de. Cases de implantação LGPD: a evangelização dos colaboradores In: ROSSI, Bernardo Menicucci (Org.). Lei Geral de Proteção de Dados: Uma análise preliminar da Lei 13.709/2018 e da experiência de sua implantação no contexto empresarial [recurso eletrônico]. Porto Alegre, RS: Editora Fi, 2020. p. 376.

O Conselho Nacional de Justiça, atento à necessidade de uniformização dos procedimentos de segurança cibernética e às recomendações internacionais[22] e nacionais sobre segurança da informação[23], no final de 2020, editou as resoluções nº 360 de 17/12/2020, que determina a adoção do Protocolo de Gerenciamento de Crises Cibernéticas no âmbito do Poder Judiciário (PGCC/PJ), a nº 361 de 17/12/2020, que determina a adoção de Protocolo de Prevenção a Incidentes Cibernéticos no âmbito do Poder Judiciário (PPICiber/PJ) e a nº 362 de 17/12/2020 que institui o Protocolo de Investigação para Ilícitos Cibernéticos no âmbito do Poder Judiciário (PGCC/ PJ).

Apenas 6 meses depois, em junho de 2021, editou a Resolução nº 396, que revogou as resoluções mencionadas, considerando que "para contemplar aspectos fundamentais para o desenvolvimento da Política sobre a área da Segurança Cibernética, será necessário abordar aspectos da Segurança da Informação, área sistêmica e mais abrangente", e instituiu a Estratégia Nacional de Segurança da Informação e Cibernética do Poder Judiciário (ENSEC-PJ).

3.1. Res. CNJ nº 396 de 07/06/2021 - Institui a Estratégia Nacional de Segurança Cibernética do Poder Judiciário (ENSEC-PJ)

Após a edição das resoluções 360, 361 e 362, e o início da movimentação dos tribunais para a implantação dos protocolos previstos, o CNJ edita nova

22. A "International Organization for Standardization" (Organização Internacional para Padronização), tem toda uma família de normas sobre segurança da informação, a família ISO 27000. "A ISO, fundada em 1947, é uma organização privada, sem fins lucrativos. É uma federação dos Organismos Nacionais de Normalização (ONN). Seu papel é a elaboração das normas internacionais por meio da conciliação dos interesses de fornecedores, consumidores, governos, comunidade científica e demais representantes da sociedade civil organizada". Disponível em https://www.abntonline.com.br/ad/ex/rec_dicas2.html. Consulta em 15/05/2021.

23. "A representação nos organismos internacionais de normalização é feita pelos organismos nacionais de normalização de cada país. No Brasil, a ABNT tem esse papel, sendo o único organismo representante do País na ISO e na IEC. Tal como as normas nacionais, as normas ISO e IEC são voluntárias, cabendo aos seus membros decidirem se as adotam como normas nacionais ou não. Quando isto ocorre, as normas nacionais adotam também a designação que têm na ISO ou a IEC, complementada com o código nacional respectivo, de maneira a ficar claro que se trata da adoção na íntegra de uma norma ISO ou IEC." Disponível em https://www.abntonline.com.br/ad/ex/rec_dicas2.html. Consulta em 15/05/2021.

resolução, com caráter mais abrangente, revoga as anteriores, incorpora os protocolos referidos nas resoluções anteriores, institui a rede de cooperação do judiciário para a segurança cibernética (art. 18), estabelece modelo centralizado de governança cibernética nacional, institui o Comitê Gestor de Segurança da Informação do Poder Judiciário (CGSI-PJ), além de prever a criação do Centro de Prevenção, Tratamento e Resposta a Incidentes Cibernéticos do Poder Judiciário (CPTRIC-PJ), ao qual se reportarão todos os órgãos do poder judiciário em caso de ataques (art. 18, par. único).

A nova resolução prevê um modelo centralizado de governança nacional na segurança cibernética do poder judiciário, com a centralização do tratamento aos incidentes cibernéticos, tratamento que faltou nas resoluções anteriores. A Estratégia Nacional de Segurança Cibernética do Poder Judiciário (ENSEC-PJ) instituída por esta nova resolução certamente trará ganhos a todos.

Na iniciativa privada os incidentes cibernéticos raramente são divulgados, só se percebe alguns de seus efeitos, como a indisponibilidade de sites, uma vez que as empresas parecem acreditar que a exposição do ataque sofrido pode trazer repercussões negativas para sua imagem, assim a troca de informações sobre o ataque e, consequentemente a prevenção para novos ataques fica prejudicada, uma vez que somente a própria empresa e, talvez, a empresa de segurança cibernética, conhecerão os detalhes do ataque e poderão utilizar essa experiência para prevenção de novos ataques do mesmo tipo. Mesmo com os fóruns especializados, o alcance é restrito e a experiência do ataque sofrido dificilmente gera aprendizado que possa ser aproveitado por todos.

A ENSEC-PJ, ao criar a rede Nacional de Cooperação do Poder Judiciário na Área de Segurança Cibernética, em seu capítulo VI, com a previsão no parágrafo único do art. 18 de que todos os órgãos do poder judiciário que detectarem incidentes de segurança cibernética os reportem ao CPTRIC, tem o potencial de propiciar um grande aprendizado sobre os ataques sofridos e uma aplicação na prevenção de novos ataques do mesmo tipo que seja útil para todos os órgãos.

A Res. CNJ 396/2021 também estabelece em seu artigo 25 que são instrumentos da política de segurança cibernética do poder judiciário o Protocolo de Prevenção de Incidentes Cibernéticos no âmbito do Poder Judiciário (PPINC-PJ); o Protocolo de Gerenciamento de Crises Cibernéticas no âmbito do Poder Judiciário (PGCC-PJ) e o Protocolo de Investigação para Ilícitos Cibernéticos no âmbito do Poder Judiciário (PIILC-PJ). Esses protocolos e seus manuais de referências serão aprovados por ato do presidente do CNJ (art. 25, § 2º).

O art. 26 determina que todos os órgãos do poder judiciário deverão adotar e seguir os 3 protocolos e os manuais de referência para o gerenciamento, controle e padrões necessários ao aperfeiçoamento da segurança cibernética.

Os protocolos e os manuais foram aprovados logo a seguir, em 10 de junho de 2021, pela Portaria do Presidente do CNJ nº 162[24]. Os manuais não serão objeto de análise nesse artigo.

3.2. O Protocolo de Prevenção de Incidentes Cibernéticos do Poder Judiciário (PPINC-PJ)

O anexo I da Portaria CNJ nº 162 estabelece o Protocolo de Prevenção de Incidentes Cibernéticos do Poder Judiciário (**PPINC-PJ**) que contemplará um conjunto de diretrizes para a prevenção a incidentes cibernéticos em seu mais alto nível, além de estabelecer que essas diretrizes poderão ser adaptadas, incrementadas ou ajustadas, considerando-se a realidade de cada órgão do Poder Judiciário.

Em seu item 2, traz que são funções básicas do **PPINC-PJ** a de identificar, proteger, detectar, responder e recuperar, além de conceituar cada uma dessas funções.

No item 3, ao dispor sobre os princípios críticos, traz dentre estes, a base de conhecimento de defesa, que consiste no uso de informações e conhecimento de ataques reais que comprometeram sistemas; a priorização, que consiste em foco prioritário na formação, na revisão de controles/acessos, nos processos e na disseminação da cultura de segurança cibernética; os instrumentos de medição e métricas: definição e estabelecimento de métricas comuns que fornecem linguagem compartilhada e de compreensão abrangente para magistrados, servidores, colaboradores, prestadores de serviços, especialistas em tecnologia da informação, auditores e demais atores do sistema de segurança; o diagnóstico contínuo: processo de trabalho que realiza continuamente medição para testar e validar a eficácia das medidas de segurança atuais e contribui para a definição de prioridades e para os próximos passos a serem tomados; formação, capacitação e conscientização: processos formais de educação continuada com a inclusão em planos de capacitação que contemplem a disseminação, a formação, a conscientização e a instrução para todos os atores envolvidos em atividades diretas ou indiretas que contribuam para a cultura de segurança cibernética dentro da

24. https://atos.cnj.jus.br/files/original1355352021061460c75fd70e87f.pdf Consulta em 10/11/2021.

organização; automação: incentivo à busca de soluções automatizadas de segurança cibernética para que as organizações obtenham medições confiáveis, escaláveis e contínuas; resiliência: poder de recuperação ou capacidade de a organização resistir aos efeitos de um incidente, bem como impedir a reincidência secundária do incidente identificado.

Sabemos que este universo exige constante atualização dos profissionais envolvidos e esses princípios vieram reforçar essa necessidade.

No item 5 determina que deverão ser formalmente instituídas Equipes de Tratamento e Resposta a Incidentes de Segurança Cibernética (ETIR). Dispõe a seguir sobre as atribuições das ETIR´s. O documento formal de constituição da ETIR deverá ser publicado no sítio do órgão (item 6).

No item 7, apresenta as boas práticas de segurança cibernética, como preparação, identificação, contenção, erradicação, recuperação e lições aprendidas, conceitua cada uma dessas funções, considerando que a segurança cibernética é um empreendimento coletivo (item 7.2).

3.3. Protocolo de Gerenciamento de Crises Cibernéticas do Poder Judiciário (PGCC-PJ)

O anexo II da Portaria CNJ nº 162 estabelece o Protocolo de Gerenciamento de Crises Cibernéticas do Poder Judiciário (PGCC-PJ), que prevê as ações responsivas a serem colocadas em prática quando ficar evidente que um incidente de segurança cibernética não será mitigado rapidamente e poderá durar dias, semanas ou meses.

Em seu item 2 estabelece que o gerenciamento de incidentes se refere às atividades que devem ser executadas na ocorrência de um evento adverso de segurança da informação, para avaliar o problema e determinar a resposta inicial, e no item 2.2, relaciona quando se inicia o gerenciamento de crises, dentre outros motivos destacamos a alínea c quando o incidente impactar a atividade finalística ou o serviço crítico mantido pela organização.

O item 3 relaciona as fases em que podem ser divididas as crises : a fase de planejamento, ou pré-crise, para a fase de execução, que ocorre durante a crise e para a fase pós-crise, denominada fase de melhoria contínua.

No item 4 determina que, na fase preparatória, ou pré-crise, se elabore um Programa de Gestão da Continuidade de Serviços, e no item 4.2 determina a criação de um Comitê e de Crises Cibernéticas, e faz referência a um Plano de Gestão de Incidentes Cibernéticos, que vem com um exemplo no item 7, onde constam a indicação do incidente cibernético a os procedimentos a se adotar.

Nos itens referentes a fase "durante a crise", são relacionados dispositivos sobre o funcionamento do comitê de crise e sobre as características da sala de situação, além de determinar que todos os incidentes graves sejam imediatamente comunicados ao CPTRIC-PJ/CNJ.

Na fase de aprendizado e revisão (pós-crise), determina que o Comitê de Crise Cibernética analise as ações adotadas identificando as que foram bem-sucedidas e as que foram inadequadas, elaborando o Relatório de Comunicação de Incidente de Segurança Cibernética.

3.4. Protocolo de Investigação para Ilícitos Cibernéticos do Poder Judiciário (PIILC-PJ)[25]

O anexo III da Portaria CNJ nº 162 estabelece o Protocolo de Investigação para Ilícitos Cibernéticos do Poder Judiciário (PIILC-PJ) com a finalidade de estabelecer os procedimentos básicos para coleta e preservação de evidências, bem como para comunicação obrigatória dos fatos penalmente relevantes ao Ministério Público e ao órgão de polícia judiciária com atribuição para o início da persecução penal.

No item 2 estabelece o padrão de horário que deve ser utilizado por todos como sendo a "Hora Legal Brasileira (HLB)", de acordo com o serviço oferecido e assegurado pelo Observatório Nacional (ON).

Nos itens 2.2 e 2.3, estabelece que os ativos de informação devem ser configurados de forma a registrar todos os eventos relevantes de Segurança da Informação e Comunicações (SIC), relacionando que dados devem constar do registro dessas informações e no item 2.5, estabelece que a rede deve ser monitorada, identificando os eventos essenciais que devem constar desse monitoramento.

A seguir, no item 3, estabelece os procedimentos de coleta e preservação das evidências, estabelecendo ainda que todo material coletado deverá ser lacrado e custodiado pelo agente responsável pela ETIR.

O item 4 estabelece que o incidente deverá ser comunicado ao órgão de polícia judiciária competente.

Deverá ser elaborado um Relatório de Comunicação de Incidente de Segurança Cibernética, que descreverá detalhadamente o incidente e será encaminhado a autoridade responsável pelo órgão do Poder Judiciário, que deverá encaminhá-lo formalmente ao Ministério Público e ao órgão de polícia judiciária

25. Constou na publicação a sigla PGCC, da portaria anterior, assim tomamos a liberdade de efetuar a alteração da sigla para PIIC.

com atribuição para apurar os fatos, juntamente com o todo o material previsto neste protocolo, para fins de instrução da notícia crime.

4. Sanções aplicadas na Europa – relevância da política de cibersegurança

A LGPD confere poderes à Administração Pública, notadamente à Autoridade Nacional de Proteção de Dados ("ANPD"), para proteger o interesse público. O interesse público definido pela LGPD é a proteção de dados pessoais e a tutela do direito à privacidade. A ANPD é a autoridade competente para aplicar as sanções administrativas na hipótese do cometimento das infrações administrativas previstas.

As sanções por descumprimento da LGPD no art. 52 são: (i) advertência, com indicação de prazo para adoção de medidas corretivas; (ii) multa simples, de até 2% do faturamento da pessoa jurídica de direito privado, grupo ou conglomerado no Brasil no seu último exercício, excluídos os tributos, limitada, no total, a R$ 50.000.000,00 por infração; (iii) multa diária, observado o limite total a que se refere a sanção anterior; (iv) publicização da infração após devidamente apurada e confirmada a sua ocorrência; (v) bloqueio dos dados pessoais a que se refere a infração até a sua regularização; (vi) eliminação dos dados pessoais a que se refere a infração; (vii) suspensão parcial do funcionamento do banco de dados a que se refere a infração pelo período máximo de 6 meses, prorrogável por igual período, até a regularização da atividade de tratamento pelo controlador; (viii) suspensão do exercício da atividade de tratamento dos dados pessoais a que se refere a infração pelo período máximo de 6 meses, prorrogável por igual período; e (ix) proibição parcial ou total do exercício de atividades relacionadas a tratamento de dados.

O art. 53 determina que a ANPD definirá, por meio de regulamento próprio sobre sanções administrativas a infrações à lei, devendo ser objeto de consulta pública, as metodologias que orientarão o cálculo do valor-base das sanções de multa.

O art. 52, § 1º, estabelece que

> As sanções serão aplicadas após procedimento administrativo que possibilite a oportunidade da ampla defesa, de forma gradativa, isolada ou cumulativa, de acordo com as peculiaridades do caso concreto e considerados os seguintes parâmetros e critérios:
>
> (...)
>
> VIII – a adoção reiterada e demonstrada de mecanismos e procedimentos internos capazes de minimizar o dano, voltados ao tratamento

> seguro e adequado de dados, em consonância com o disposto no inciso II do § 2º do art. 48 desta Lei;
>
> IX – a adoção de política de boas práticas e governança;

Assim, percebe-se que, embora a LGPD não estabeleça as boas práticas a se adotar, as considera para estabelecer o *quantum* da sanção a aplicar, em caso de descumprimento de suas determinações[26].

Com as regras técnicas internacionais traduzidas pela ABNT e utilizadas como parâmetro para a edição das resoluções do CNJ, definiu-se as "boas práticas" para o Poder Judiciário. Um programa de governança efetivo permite que irregularidades no tratamento de dados sejam evitadas, permitindo também que o controlador identifique e corrija os problemas com maior celeridade. Ademais, o art. 52, § 1º, IX, estabelece que a adoção de um programa de boas práticas e governança possa servir como um critério ao se estabelecer a intensidade da sanção a ser aplicada pela ANPD. Assim, em caso de infração administrativa, ANPD deve considerar a efetividade da política adotada pelo órgão como atenuante para a aplicação da sanção.

No Brasil ainda não temos aplicação de sanções pelo descumprimento da Lei Geral de Proteção de Dados Pessoais – LGPD – ao tempo da confecção deste artigo, uma vez que essa parte da lei entrou em vigor em agosto de 2021 e teve sua regulamentação aprovada em 28/10/2021 pelo Conselho Diretor da ANPD, com o primeiro ciclo de monitoramento tendo início previsto para janeiro de 2022[27]. Tomando-se por base as aplicações de sanções na lei europeia, o Regulamento Geral de Proteção de Dados Pessoais – RGPD, até outubro de 2021, temos que cerca de 20% (184 de 894) das sanções aplicadas são decorrentes de não observância de medidas técnicas e organizacionais adequadas para garantir a segurança da informação nas organizações[28], ou seja, esse é um aspecto relevantíssimo a ser considerado na implantação da LGPD, ainda mais se con-

---

26. ALMEIDA, Pedro Luiz Ferreira de; GALIL, João Victor Tavares. O regime sancionador na LGPD. In: POZZO, Augusto Neves Dal; MARTINS, Ricardo Marcondes (Coord.). LGPD e administração pública [livro eletrônico]: uma análise ampla dos impactos. 1. ed. São Paulo: Thomson Reuters Brasil, 2020.
27. https://www.in.gov.br/en/web/dou/-/resolucao-cd/anpd-n-1-de-28-de-outubro-de-2021-355817513 consulta em 10/11/2021.
28. Disponível em https://www.enforcementtracker.com/. Consulta em 15/05/2021. Aplicado o filtro "Insufficient technical and organisational measures to ensure information security" foi encontrado o valor de 146 de um total de 677, com a ressalva de que "Since not all fines are made public, this list can of course never be complete."

siderarmos que a falta de medidas de segurança da informação compromete a imagem das organizações e leva a crer que incidentes de vazamentos de dados tem uma maior probabilidade de ocorrer.

5. CONCLUSÃO

Iniciamos discorrendo sobre as exigências da LGPD a respeito da segurança no tratamento de dados pessoais em meio informatizado. A seguir, foi abordado o conceito de segurança cibernética e sua complexidade crescente, com o aumento de dispositivos sem controle que podem ser conectados à rede, como celulares, tablets e notebooks, o que exige muito mais dos profissionais da área de segurança atualmente. Após, foram apresentadas as normas do CNJ que visam a trazer uniformidade à aplicação de medidas de segurança cibernética a todos os órgãos do Poder Judiciário, principalmente a Resolução 396 de 07/06/2021 e a Portaria CNJ 162, de 10 de junho de 2021. A Res. 396 tem o importante papel de prever ações conjuntas das cortes do país para o enfrentamento dos crescentes ataques hacker à suas estruturas, além de proporcionar uma coordenação nacional da segurança cibernética dos tribunais, o que propiciará um enorme ganho em aprendizado com os ataques ocorridos e consequentemente uma maior prevenção a novos ataques. Apresentamos ainda uma estatística de aplicação de sanções similares na Europa, a fim de demonstrar que um quinto das sanções aplicadas naquele continente se devem a falta de medidas de segurança da informação, o que sobreleva a importância da implantação dessas medidas.

A observância pelos tribunais dos protocolos definidos pela Portaria CNJ 162/2021, com ações previstas para execução antes, durante e após uma crise cibernética, com a elaboração do Protocolo de Prevenção de Incidentes Cibernéticos, o Protocolo de Gerenciamento de Crises Cibernéticas e após a crise, com o Protocolo de Investigação para Ilícitos Cibernéticos, colocam o Poder Judiciário no caminho de uma política de proteção dos dados efetiva, o que deverá ser considerado pela ANPD em caso de incidentes de segurança cibernética futuros. Sabemos que essas normas não afastam outros procedimentos internos de cada órgão, pois a segurança efetiva exige ainda a adequação dos processos de governança corporativa, com a implementação de programas consistentes de *compliance* digital e atualização das ferramentas de segurança de dados[29].

---

29. PINHEIRO, Patrícia Peck. Proteção de dados pessoais: comentários à lei n. 13.709/2018 (LGPD) [livro eletrônico]. São Paulo: Saraiva, 2018.

6. Referências bibliográficas

ALMEIDA, Pedro Luiz Ferreira de; GALIL, João Victor Tavares. O regime sancionador na LGPD. In: POZZO, Augusto Neves Dal; MARTINS, Ricardo Marcondes (Coord.). **LGPD e administração pública** [livro eletrônico]: uma análise ampla dos impactos. 1. ed. São Paulo: Thomson Reuters Brasil, 2020.

BIONI, Bruno Ricardo. **Proteção de dados pessoais: a função e os limites do consentimento**. Rio de Janeiro: Forense, 2019.

FRANCOSKI, Denise de Souza Luiz. TASSO, Fernando Antonio. Coordenadores. **A Lei Geral de Proteção de Dados Pessoais LGPD: aspectos práticos e teóricos relevantes no setor público e privado** [livro eletrônico]. 1. ed. São Paulo: Thomson Reuters Brasil, 2021.

GARCIA, Lara Rocha. AGUILERA-FERNANDES, Edson. GONÇALVES, Rafael Augusto Moreno. PEREIRA-BARRETTO, Marcos Ribeiro. **Lei Geral de Proteção de Dados Pessoais (LGPD): guia de implantação.** São Paulo: Blucher, 2019. E-book.

GROSSI, Bernardo Menicucci (Org.). **Lei Geral de Proteção de Dados: Uma análise preliminar da Lei 13.709/2018 e da experiência de sua implantação** no contexto empresarial [livro eletrônico]. Porto Alegre, RS: Editora Fi, 2020.

LIMA, Ana Paula Moraes Canto de; ALMEIDA, Dionice de; MAROSO, Eduardo Pereira. **LGPD – Lei Geral de Proteção de Dados: sua empresa está pronta?** [livro eletrônico]. São Paulo, SP: Literace Books International, 2020.

PALHARES, Felipe; PRADO, Luis Fernando; VIDIGAL, Paulo. Compliance digital e LGPD. In: **Coleção Compliance** [livro eletrônico]. NOHARA, Irene Patrícia Diom; ALMEIDA Luiz Eduardo de, Coord. 1. ed. São Paulo: Thomson Reuters Brasil, 2021.

PINHEIRO, Patrícia Peck. **Proteção de dados pessoais: comentários à lei n. 13.709/2018 (LGPD)** [livro eletrônico]. São Paulo: Saraiva, 2018.

A proteção de dados no âmbito da Justiça Eleitoral

Luis Felipe Salomão[1]

Daniel Vianna Vargas[2]

1. Introdução

São significativos os desafios impostos pela entrada em vigor da Lei Geral de Proteção de Dados (Lei n. 13.709, de 14 de agosto de 2018)[3], principalmente no que toca aos seus reflexos na esfera da Justiça Eleitoral, podendo-se apontar como vetor a busca pelo necessário equilíbrio entre a manutenção da eficiência constitucional na prestação dos serviços eleitorais e o tratamento de dados pessoais.

1. Ministro do Superior Tribunal de Justiça e do Tribunal Superior Eleitoral. Corregedor-Geral da Justiça Eleitoral.
2. Juiz Instrutor do Superior Tribunal de Justiça e Juiz Auxiliar no Tribunal Superior Eleitoral. Doutor e Mestre/UERJ.
3. Disponível em: http://www.planalto.gov.br/ccivil_03/_ato2015-2018/2018/lei/l13709.htm. Acesso em 27-04-2021.

Importa assentar, desde logo, que é ínsito ao funcionamento do Estado reunir e armazenar uma enorme base de dados como ativo do serviço público; vale dizer, a Administração, para a implementação de suas políticas públicas, deve ter acesso aos dados daqueles que serão objeto da prestação para que possa dirigir sua atuação conforme o interesse da coletividade.

A Administração Pública da contemporaneidade, de caráter gerencial, deve ter por norte a eficiência[4] insculpida no art. 37 da Constituição da República, diante da escassez de recursos e da necessidade de sua alocação de forma racionalizada.

A adequação dos recursos financeiros, humanos e materiais aos objetivos pretendidos pelo Estado na busca do bem comum deve desbordar dos critérios exclusivamente empresariais, mediante uma maior capacidade de governança e atuação que oriente decisões administrativas e políticas públicas de forma eficiente e democrática.

Maior grau de autonomia, agilidade e fluidez deve necessariamente vir acompanhado de incremento nos mecanismos de controle e fiscalização, especialmente por meio da racionalidade e exposição pública das razões de decidir utilizadas nos processos de tomada de decisão e de atuação, em obediência ao princípio da participação popular.

Todas essas exigências do Estado moderno somente têm alcance possível com informação, com acesso aos dados da sua própria estrutura e, principalmente, aos dados pessoais da população que compõe aquela sociedade que será objeto da prestação dos serviços.

O Estado Democrático de Direito[5] conduz à existência do direito fundamental a uma Administração Pública democrática e eficiente. Deve-se asseverar que a ausência de participação democrática no controle e na fiscalização é

---

4. "Numa noção mais elementar, *eficácia* consiste na aptidão para produzir efeitos, enquanto a *eficiência* mede a relação entre os meios empregados e os resultados alcançados. Já a *efetividade*, para Natalino Irti, é suscetível do desenvolvimento histórico, constituindo o atributo empírico das normas jurídicas." (CUNHA, Leonardo Carneiro da. *A previsão do princípio da eficiência no projeto do novo código de processo civil brasileiro*. Revista de Processo, vol. 233/2014, p. 65-84 | jul. 2014 – grifos no original).

5. Conforme Ferrajoli, a expressão 'Estado de Direito' em sua acepção substancial significa "aqueles ordenamentos nos quais os poderes públicos estão sujeito à lei, não apenas quanto às formas, mas também quanto aos conteúdos do seu exercício." (FERRAJOLI, Luigi. O Estado de Direito entre o passado e o futuro. *In:* O Estado de Direito: história, teoria, crítica. Org. Pietro Costa e Danilo Zolo. Trad. Carlo Alberto Dastoli. São Paulo: Martins Fontes, 2006, p. 417).

um reflexo de ordem metajurídica. Segundo Alain Touraine, "muitas vezes, o governo é percebido como algo à parte do mundo das pessoas comuns: *elas* não vivem, diz-se, no mundo que é *nosso*".[6] Assim, mostra-se imperioso, em termos democráticos, que o povo tenha acesso aos dados da Administração Pública e que o Estado tenha pleno acesso aos dados relevantes da sociedade. Sem informação, torna-se, no mínimo, ineficiente a gestão.

Nesse sentido, basta lembrar a tradicional ferramenta para a aquisição de tais dados, o censo demográfico, que, desde o Recenseamento da População do Império do Brasil de 1872[7], colhe informações sobre o número de habitantes no País e sobre suas características pessoais.

A própria Administração vai à residência do cidadão com o objetivo de ter acesso aos seus dados pessoais, sendo sua participação, inclusive, obrigatória, nos termos da Lei n. 5.534, de 1968, sob pena de multa[8]. A justificativa do legislador, ao criar esse dever para o súdito, reside na finalidade maior de definição e instituição de políticas públicas de forma adequada ao perfil da população, entre elas os principais programas sociais.

Imagine-se, exemplificativamente, a gestão de um programa nacional de imunização sem acesso aos dados referentes ao perfil da população, número de cidadãos em cada faixa etária, portadores de comorbidades, entre outras circunstâncias. Insere-se, nesse cenário, o próprio pacto federativo, devido à necessidade de verificar a população de cada unidade da Federação para fins de repartição e transferência de recursos.

De forma geral, o tratamento de dados pelo Poder Público deve ser realizado considerando-se o devido cotejo entre os princípios da Lei Geral de Proteção de Dados (LGPD) e os princípios constitucionais da Administração Pública.

6. TOURAINE, Alain. O que é a democracia? Tradução de Guilherme João de Freitas Teixeira. Petrópolis: Vozes, 1996, p. 44. Grifo no original.

7. https://oglobo.globo.com/economia/o-brasil-o-ibge-atraves-dos-censos-19367495, acesso em 27-04-2021.

8. Art. 1º Tôda pessoa natural ou jurídica de direito público ou de direito privado que esteja sob a jurisdição da lei brasileira é obrigada a prestar as informações solicitadas pela Fundação IBGE para a execução do Plano Nacional de Estatística (Decreto-lei nº 161, de 13 de fevereiro de 1967, art. 2º, § 2º). Parágrafo único. As informações prestadas terão caráter sigiloso, serão usadas exclusivamente para fins estatísticos, e não poderão ser objeto de certidão, nem, em hipótese alguma, servirão de prova em processo administrativo, fiscal ou judicial, excetuado, apenas, no que resultar de infração a dispositivos desta lei. Disponível em: http://www.planalto.gov.br/ccivil_03/leis/l5534.htm. Acesso em 27-04-2021.

O cumprimento dos princípios da finalidade, da adequação, da transparência e do acesso livre no tratamento de dados deve ser compreendido no contexto do indispensável atendimento aos princípios da legalidade, da moralidade, da publicidade e da eficiência.

Em suma, a atuação da Administração, nesse particular, deve colocar em evidência a execução de suas competências legais e a finalidade da prestação de serviço público. Vale salientar que, conquanto não tenham por objetivo auferir lucro, os princípios da transparência e da finalidade devem ser atendidos, mesmo que os dados se tornem públicos.

A implementação da LGPD acaba por conferir maior credibilidade ao órgão público que trate dados pessoais, não obstante exija adequação de ferramentas, fluxos e rotinas operacionais que lidem com esses dados. Devem-se assegurar direitos e garantir segurança às informações, sem perda de eficiência. A tarefa não é simples.

Assim, para que se compreenda bem essa dualidade, é importante relembrar que a introdução do princípio da eficiência na Constituição da República de 1988, por intermédio da Emenda Constitucional n. 19, explicitou a busca por um caráter gerencial da Administração Pública, objetivando a sintonia entre as consequências das ações do Estado com o interesse público primário[9].

É crucial a advertência, porém, de que a utilização de técnicas de empreendedorismo privado não pode descurar da dimensão sociopolítica na qual está inserida a própria Administração, devendo-se levar em conta a busca pela prestação dos serviços diante das vicissitudes sociais presentes no seu campo de atuação, almejando o bem comum.

Se, por um lado, a eficiência administrativa[10] somente é alcançada com a real compreensão das necessidades e das características da população, por outro, a busca pelos dados pessoais deve ser responsável e devidamente regulamentada.

---

9. "(...) complesso degli interessi individuali prevalenti in una determinata organizzazione giuridica della collettività (...)." (ALESSI, Renato. Sistema instituzionale Del diritto amministrativo italiano. Milão: Giuffrè, 2ª Ed., 1958, p. 179-180).

10. Segundo Abreu Dallari "é preciso superar concepções puramente burocráticas ou meramente formalísticas, dando-se maior ênfase ao exame da legitimidade, da economicidade e da razoabilidade, em benefício da eficiência". "Não por acaso, aos princípios já previstos na redação original do art. 37, foi acrescentado o princípio da eficiência. É óbvio que esse princípio já estava implícito. Ao torna-lo explícito, ao afirma-lo expressamente, o que se pretendeu foi demonstrar a redobrada importância que ele passou a ter. Em termos práticos, deve-se considerar que, quando mera formalidade

A Lei Geral de Proteção de Dados é o marco normativo que confere regulação, formalidade, limites e responsabilidade no tratamento desses dados pessoais.

Todavia, não pode ser analisada de forma isolada. A LGPD deve ser compreendida no arcabouço normativo do ordenamento jurídico atual, principalmente compatibilizada com a Constituição e com a legislação eleitoral, naquilo que diz respeito ao objeto do presente estudo.

Com efeito, a aplicação da LGPD, no ramo da Justiça Eleitoral, pode ser analisada por duas vertentes: a) pelo seu aspecto interno – como a legislação específica se aplica às funções da Justiça Eleitoral, parte daí a regulação quanto à proteção de dados no setor público; e b) pelo seu aspecto externo – como a legislação será aplicada pela Justiça Eleitoral, no exercício de suas funções normativa e jurisdicional, aos partidos e aos políticos que se comunicam e que tratam dados, para auxiliar na formação da vontade política e para comunicar-se com os eleitores.

2. ASPECTO INTERNO

Sob esse prisma, cumpre assinalar que a base de dados do TSE é composta por informações pessoais de cerca de 150 milhões de eleitores, imprescindíveis para que a Justiça Eleitoral possa atingir seus objetivos e garantir o direito de participação democrática – de forma legítima, ativa (*jus singuli*) e passiva (*jus honorum*) – no processo político de determinação dos rumos da coletividade.

Desse modo, para a garantia do aspecto do direito de sufrágio revelado pela capacidade eleitoral ativa – direito de votar e expressar sua opinião política –, são armazenados os registros que permitam a individualização dos participantes. Grande parte dos eleitores são biometrizados, tendo suas impressões datiloscópicas e fotografias digitais coletadas e armazenadas.

---

burocrática for um empecilho à realização do interesse público, o formalismo deve ceder diante da eficiência. Isso significa que é preciso superar concepções puramente burocráticas ou meramente formalísticas, dando-se maior ênfase ao exame da legitimidade, da economicidade e da razoabilidade, em benefício da eficiência. Não basta ao administrador demonstrar que agiu bem, em estrita conformidade com a lei; sem se divorciar da legalidade (que não se confunde com a estrita legalidade), cabe a ele evidenciar que caminhou no sentido da obtenção dos melhores resultados". (DALLARI, Adilson de Abreu. Artigo: Privatização, Eficiência e Responsabilidade. Apud, MOREIRA NETO, Diogo de Figueiredo (coordenador). Uma Avaliação das Tendências Contemporâneas do Direito Administrativo: Obra em homenagem a Eduardo García de Enterría. Rio de Janeiro: Renovar, 2003, p. 219).

A Justiça Eleitoral, por meio do seu Projeto de Identificação Biométrica, até o encerramento do cadastro eleitoral de 2020, computava 119.717.413 eleitores com seus dados biométricos cadastrados, representando 79,54% do eleitorado, que totalizava 150.519.635[11] de pessoas.

É um projeto de âmbito nacional para a identificação e verificação biométrica da impressão digital do eleitor, conferindo certeza em sua identidade e na correspondência entre aquele que se habilitou no alistamento eleitoral e o cidadão que se apresentou para exercer seu direito ao voto.

Em relação à capacidade eleitoral passiva, a possibilidade de alguém ocupar um cargo eletivo, o denominado *jus honorum*, na busca pela transparência do processo eleitoral, a Justiça trata todos os dados que entende de interesse público, objetivando maior controle social por parte dos cidadãos[12]. Consoante doutrina especializada, trata-se de um "*status jurídico* (situação jurídica subjetiva), que se adquire pelo preenchimento de condições estabelecidas na Constituição Federal e na lei infraconstitucional"[13].

O Sistema DivulgaCand, por exemplo, é um recurso disponibilizado na rede mundial de computadores que possibilita o acesso dos cidadãos a informações detalhadas acerca de todos os candidatos que pediram o registro na Justiça Eleitoral, como nome completo, nome escolhido para a urna, partido ou coligação, número, cargo eletivo a disputar, situação do processo de registro de candidatura, declaração de bens, certidões criminais e página oficial, além da sua data de nascimento, estado civil, naturalidade, ocupação e grau de instrução.

---

11. Dados obtidos junto ao Tribunal Superior Eleitoral. Disponível em https://www.tse.jus.br/eleitor/biometria. Acesso em: 27-04-2021.

12. O Ministro Néri da Silveira leciona que "a democracia política e representativa encontra no sistema eleitoral forma significativa de manifestação de sua legitimidade, que pela lisura na composição do corpo eleitoral, que no sufrágio esclarecido, consciente e livre de qualquer forma de coação ou pressão, quer pela apuração dos votos sem ilegalidade nem fraude". E, conclui: "Daí por que alcançar a imagem cada vez mais aproximada da vontade geral, na eleição dos representantes do povo, há de se constituir meta fundamental do processo eleitoral, ganhando especial relevo a correta aplicação da lei específica, que deve estipular regras para que, no dizer de Assis Brasil, 'todos os que possam conscientemente votar, votem ao abrigo da fraude e da violência', escoimando-se de vício o processo pelo qual a vontade de cada um se manifesta". (SILVEIRA, José Néri da. *Aspectos do processo eleitoral*. Porto Alegre: Livraria do Advogado, 1998).

13. JORGE, Flávio Cheim; LIBERATO, Ludgero; RODRIGUES, Marcelo Abelha. *Curso de Direito Eleitoral*. 2ª ed. Salvador: Editora Juspodivm, 2017. Pg. 100.

Em relação ao combate do enriquecimento ilícito, os dados pessoais relativos à declaração de bens são de extrema relevância, permitindo o acompanhamento da evolução patrimonial do candidato. A opção pela vida pública e a escolha pela disputa de um cargo público, em regra, trazem a reboque a submissão às normas que regem o processo eleitoral – em sentido lato –, abrangendo a disponibilização dos seus dados pessoais para o público em geral e para os órgãos de imprensa.

O direito à intimidade cedia diante do interesse público consubstanciado na finalidade eleitoral de acesso aos dados. Contudo, passado o período de eleições, o Tribunal Superior Eleitoral possuía jurisprudência firme no sentido de que, em relação aos ex-candidatos, não havia mais finalidade na exposição e na manutenção de alguns dados pessoais na internet, retirando essas informações do Sistema DivulgaCand (PA n. 501-91/PR, rel. Min. Dias Toffoli, julgado em 26.11.2013, DJe de 14.2.2014; Pet n. 534-47/CE, rel. Min. Maria Thereza de Assis Moura, julgada em 23.9.2014, DJe de 7.10.2014; e Pet n. 508-49/SP, rel. Min. Maria Thereza de Assis Moura, julgada em 23.9.2014, DJe de 7.10.2014).

Exercia-se um juízo de ponderação entre o direito do cidadão ao acesso irrestrito às informações dos participantes do pleito eleitoral e o direito à privacidade dos candidatos. Essa cautela, colacionada casuisticamente, revela uma preocupação e um entendimento do Tribunal Superior Eleitoral que foram positivados pelo legislador na LGPD, os quais, entre outros objetivos, explicitam a proteção aos direitos fundamentais de liberdade e de privacidade e o livre desenvolvimento da personalidade da pessoa natural.

A premissa maior reside no fato de que o tratamento de dados pessoais pelo Poder Público deve ser realizado para atender à sua finalidade pública, na persecução do interesse público, com o escopo de executar as competências legais ou cumprir as atribuições legais do serviço público e concretizar políticas públicas. Verificado, no caso concreto, que tal propósito foi alcançado ou exaurido, não sendo os dados imprescindíveis ou pertinentes – em relação de causalidade com suas finalidades justificantes –, torna-se dever do Poder Público encerrar o tratamento, principalmente nas hipóteses em que o acesso aos dados for de caráter público.

Retornando ao ponto genérico do aspecto interno da aplicação da LGPD pela Justiça Eleitoral, diante do volume de dados tratados, para que se tenha uma noção do desafio a ser enfrentado, convém recordar que recentemente houve vazamento massivo de dados, aparentemente de diversas fontes, expondo informações de grande parcela da população, além de dados de pessoas falecidas. Estima-se que o vazamento tenha atingido cerca de 40 milhões de empresas, podendo chegar até 220 milhões de dados pessoais, reunindo informações sobre nome, data de nascimento e CPF, inclusive de autoridades.

A Justiça Eleitoral vem se preparando para sua adequação ao novo regime jurídico de tratamento de dados.

Consoante o disposto na LGPD, seis deverão ser os domínios de implementação essenciais para a proteção de dados pessoais: governança de proteção de dados; gestão de dados pessoais; segurança da informação; gestão de risco dos dados pessoais; gestão de dados pessoais em terceiros; e gestão de incidentes.

Em adição, são bases legais para o tratamento de dados na LGPD: a) acesso e correção dos dados; b) eliminação e portabilidade dos dados; c) realização de compartilhamento de dados; d) consequências do não consentimento; e) revogação do consentimento e oposição ao tratamento; f) revisão do tratamento da automatização (inteligência artificial); g) forma da resposta (impressa ou digital).

Considerando a complexidade das atividades envolvidas no cumprimento das diretrizes previstas na LGPD, destaca-se do próprio texto normativo, especialmente do seu art. 25, a noção de interoperabilidade – quer dizer, a capacidade de um sistema se comunicar com outro sistema que pode ou não ser idêntico ao primeiro.

Os dados pessoais devem ser capazes de transitar entre os diversos sistemas e órgãos públicos – interoperar – com respeito aos princípios protetivos previstos em lei. Trata-se de instrumento de transparência na prestação dos serviços públicos. Se houver um circuito para fluxo e tratamento dos dados, haverá maior garantia de proteção.

Com relação à transparência, ressalte-se que, quanto maior o número de canais de contato, menor a integridade do sistema e a segurança dos dados. Esse panorama implica maior investimento. Quanto maior a base de dados, maior o desafio para manter a segurança e o direito de acesso, valendo a constatação de que a circunstância de o voto ser obrigatório evidencia um número maior de eleitores e de dados.

No TSE, com a edição da Portaria n. 14, de 8/1/2021, foi instituída a Ouvidoria como Unidade Encarregada da Proteção de Dados Pessoais (Data Protection Officer – DPO).

Além disso, faz-se mister apontar que o TSE também é o administrador legal da base de dados da Identificação Civil Nacional (ICN), criada pela Lei n. 13.444/2017, com o objetivo de cadastrar os brasileiros para permitir sua identificação com segurança e facilitar sua interação nas relações públicas e particulares.

A ICN utilizará a base de dados biométricos da Justiça Eleitoral, a base de dados do Sistema Nacional de Informações de Registro Civil (Sirc), criado pelo Poder Executivo Federal, e a base de dados da Central Nacional de Informações do Registro Civil (CRC Nacional), instituída pelo Conselho Nacional de Justiça, em cumprimento ao disposto no art. 41 da Lei n. 11.977/2009. Nos termos do art. 2º, § 1º, dessa lei, o TSE armazenará e gerenciará a base de dados da ICN, adotando as providências para garantir a integridade e a segurança do seu conteúdo, bem como da interoperabilidade entre os outros sistemas eletrônicos governamentais.

Em março de 2021, o TSE firmou acordo de cooperação técnica com o Executivo Federal para a implementação dos programas da ICN, inclusive com a instituição do Comitê Gestor da Identificação Civil Nacional (CGICN), composto por representantes do Poder Executivo Federal, do TSE, do Senado Federal, da Câmara dos Deputados e do Conselho Nacional de Justiça.

É um novo passo na ampliação da base de dados da Justiça Eleitoral já sob a égide da LGPD, gerando, em virtude da interação com outros órgãos, prevista legalmente, cuidados sobrelevados concernentes ao direito ao acesso e à finalidade específica do tratamento e do compartilhamento, seu formato e duração. A atribuição de responsabilidades dos agentes que realizarão o tratamento é igualmente outra preocupação considerável, conforme exigência normativa.

3. ASPECTO EXTERNO

Nos termos metodológicos propostos no texto, passa-se ao exame das implicações da LGPD em outras funções da Justiça Eleitoral.

No que diz respeito ao aspecto externo, compete à Justiça Eleitoral apreciar a licitude do tratamento e do acesso de dados pelos candidatos e partidos. Sabe-se que o processo eleitoral é movido a dados e informações, e, nesse particular, a LGPD contribui orientando na função normativa e jurisdicional da Justiça Eleitoral.

A forma de propagação dos discursos foi sendo modificada ao longo do tempo em decorrência da necessidade de maior alcance e otimização do poder de convencimento, fomentando a busca por dados daqueles que se pretendia atingir com o intuito de aprimorar o discurso, tornando-o mais eficiente.

Nessa linha de entendimento, a pesquisa por dados exige um debate acerca do direito à privacidade, que, conforme a doutrina, tem sua gênese em um ensaio realizado por Samuel Warren e Louis Brandeis, em 1890, baseado na análise de decisões de tribunais ingleses e norte-americanos. Conclui-se que a jurisprudência evoluiu, àquela época, para a compreensão de um espectro jurídico de proteção da propriedade imaterial – privacidade[14] – revelado na prerrogativa de não ser incomodado e de ser deixado só[15].

O tratamento legal da matéria pode ser percebido, inicialmente, na Lei sueca n. 289, promulgada em 1973, denominada *Datalagen*[16]. Nos EUA, o *Privacy Act*, de 1974[17], trazia regulamentação quanto à proteção da privacidade pela limitação das informações passíveis de coleta e armazenamento, limitando-se àqueles dados relevantes e necessários[18]. É oportuno considerar que as basilares fontes normativas protetivas dos direitos do homem não tratavam do tema, inexistindo referência específica nas declarações inglesas do século XVII, na Declaração de Virgínia de 1796 ou mesmo na Declaração dos Direitos do Homem e do Cidadão de 1789[19].

No campo judicial, aponta-se um julgado do Tribunal Constitucional Federal da Alemanha, de 15/12/1983, como pioneiro nessa matéria (BverfGE 65,1)[20].

---

14. Alexy explicita: "(...) É possível distinguir três esferas, com intensidades de proteção decrescente: a esfera mais interior ('último e inviolável âmbito de liberdade humana', âmbito mais interno (íntimo), 'esfera íntima inviolável', 'esfera nuclear da configuração da vida privada, protegida de forma absoluta'), a esfera privada ampliada, que inclui o âmbito privado que não pertence à esfera mais interior, e a esfera social, que inclui tudo aquilo que não for atribuído bem ao menos à esfera privada ampliada." (ALEXY, Robert. Teoria dos direitos fundamentais. Tradução: Virgílio Afonso da Silva. 2. ed. São Paulo: Malheiros, 2012, p. 360-361).

15. CACHAPUZ, Maria Cláudia. Intimidade e vida privada no novo Código Civil brasileiro: uma leitura orientada no discurso jurídico. Porto Alegre: Sergio Antonio Fabris Editor, 2006.

16. Disponível em: https://data.riksdagen.se/dokument/GDB126. Acesso em 29-04-2021.

17. "The Privacy Act of 1974, as amended, 5 U.S.C. § 552a, establishes a code of fair information practices that governs the collection, maintenance, use, and dissemination of information about individuals that is maintained in systems of records by federal agencies. A system of records is a group of records under the control of an agency from which information is retrieved by the name of the individual or by some identifier assigned to the individual." Disponível em: https://www.justice.gov/opcl/privacy-act-1974#:~:text=The%20Privacy%20Act%20of%201974,of%20records%20by%20federal%20agencies. Acesso em: 29-04-2021.

18. CACHAPUZ, op.cit.

19. SARLET, Ingo Wolfang. Direitos fundamentais em espécie. In: MARINONI, Luiz Guilherme; MITIDIERO, Daniel; SARLET, Ingo Wolfang. Curso de direito constitucional. (Org.). 2. ed. São Paulo: Revista dos Tribunais, 2013.

20. SCHWABE, Jürgen. 50 anos de jurisprudência do Tribunal Federal Constitucional Alemão. Tradução: Beatriz Hennig et al. Montevidéu: Fundacion Konrad-Adenauer,

Analisou-se a constitucionalidade de lei que determinava o recenseamento geral da população. O Tribunal decidiu que o direito da personalidade abrangia a proteção do indivíduo contra levantamento, armazenagem, uso e transmissão irrestritos de seus dados pessoais, exigindo sua autorização para o tratamento e a utilização. Surge desse julgado o conceito de autodeterminação individual informativa.

No Brasil, no âmbito do Superior Tribunal de Justiça, o debate teve contornos concretos no julgamento do REsp n. 1.348.532/SP, no qual a discussão girava em torno da abusividade – ou não – de cláusula prevista em contrato de cartão de crédito que autorizava o banco contratante a compartilhar dados dos consumidores com outras entidades financeiras, assim como entidades mantenedoras de cadastros de análise de crédito. Consta daquele julgado:

> É abusiva e ilegal cláusula prevista em contrato de prestação de serviços de cartão de crédito, que autoriza o banco contratante a compartilhar dados dos consumidores com outras entidades financeiras, assim como com entidades mantenedoras de cadastros positivos e negativos de consumidores, sem que seja dada opção de discordar daquele compartilhamento.

Especificamente quanto ao tema do consentimento do consumidor, a partir do julgamento do REsp n. 1.419.697/RS e REsp n. 1.268.478/RS[21], foram estabelecidos padrões decisórios no Superior Tribunal de Justiça, conforme pode ser extraído do julgamento do REsp n. 1.419.697/RS, representativo de controvérsia, sobre o sistema *credit scoring*, submetido ao rito dos repetitivos[22] (Tema 710), dando origem à Súmula n. 550, cujo enunciado restou assim assentado:

2005. Disponível em: https://www.kas.de/c/document_library/get_file?uuid=c0b3d-47d-beba-eb55-0b11-df6c530ddf52&groupId=252038. Acesso em: 27-04-2021.

21. "Com relação ao Crediscore, o interesse de agir na cautelar de exibição de documentos exige, no mínimo, que o requerente comprove que a recusa do crédito almejado se deu em razão da pontuação que lhe foi atribuída pela dita ferramenta de scoring. Somado a isso, deverá, ainda, demonstrar que houve requerimento ou, ao menos, a tentativa de fazê-lo à instituição responsável pelo sistema de pontuação para permitir, inclusive, que o fornecedor exerça o seu dever de informação e, ao mesmo tempo, que o consumidor realize o controle dos dados considerados e as respectivas fontes para atribuição da nota (CDC, art. 43 e Lei n. 12.414/2011, art. 5º), podendo retificá-los ou restringi-los caso se tratem de informações sensíveis ou excessivas que venham a configurar abuso de direito". Disponível em: https://scon.stj.jus.br/SCON/GetInteiroTeorDoAcordao?num_registro=201101776778&dt_publicacao=03/02/2015.

22. "1) O sistema 'credit scoring' é um método desenvolvido para avaliação do risco de concessão de crédito, a partir de modelos estatísticos, considerando diversas variáveis,

> A utilização de escore de crédito, método estatístico de avaliação de risco que não constitui banco de dados, dispensa o consentimento do consumidor, que terá o direito de solicitar esclarecimentos sobre as informações pessoais valoradas e as fontes dos dados considerados no respectivo cálculo.

Em maio de 2020, o Plenário do STF reconheceu direito fundamental à proteção de dados pessoais, referendando medidas liminares concedidas nas ADIs n. 6.387, 6.388, 6.389, 6.390 e 6.393, todas ajuizadas contra a Medida Provisória n. 954/2020, que previa o compartilhamento de dados de usuários de telecomunicações com o Instituto Brasileiro de Geografia e Estatística (IBGE), para a produção de estatística oficial durante a pandemia do novo coronavírus. O argumento central do julgado residiu na violação dos dispositivos da Constituição Federal que asseguram a dignidade da pessoa humana, a inviolabilidade da intimidade, da vida privada, da honra e da imagem das pessoas, além do sigilo dos dados, ao obrigar as empresas de telefonia fixa e móvel a disponibilizar à Fundação IBGE a relação dos nomes, dos números de telefone e dos endereços de seus consumidores, pessoas físicas ou jurídicas.

Nesse ambiente, com base nos marcos jurisprudenciais e normativos, é que devemos reconhecer que os dados pessoais são insumos valorosos para a tomada de decisão nas campanhas eleitorais, atraindo o aspecto externo dos reflexos da LGPD na Justiça Eleitoral, conforme debatido neste trabalho.

---

com atribuição de uma pontuação ao consumidor avaliado (nota do risco de crédito). 2) Essa prática comercial é lícita, estando autorizada pelo art. 5º, IV, e pelo art. 7º, I, da Lei n. 12.414/2011 (lei do cadastro positivo). 3) Na avaliação do risco de crédito, devem ser respeitados os limites estabelecidos pelo sistema de proteção do consumidor no sentido da tutela da privacidade e da máxima transparência nas relações negociais, conforme previsão do CDC e da Lei n. 12.414/2011. 4) Apesar de desnecessário o consentimento do consumidor consultado, devem ser a ele fornecidos esclarecimentos, caso solicitados, acerca das fontes dos dados considerados (histórico de crédito), bem como as informações pessoais valoradas. 5) O desrespeito aos limites legais na utilização do sistema 'credit scoring', configurando abuso no exercício desse direito (art. 187 do CC), pode ensejar a responsabilidade objetiva e solidária do fornecedor do serviço, do responsável pelo banco de dados, da fonte e do consulente (art. 16 da Lei n. 12.414/2011) pela ocorrência de danos morais nas hipóteses de utilização de informações excessivas ou sensíveis (art. 3º, § 3º, I e II, da Lei n. 12.414/2011), bem como nos casos de comprovada recusa indevida de crédito pelo uso de dados incorretos ou desatualizados". Disponível em: https://scon.stj.jus.br/SCON/GetInteiroTeorDoAcordao?num_registro=201303862850&dt_publicacao=17/11/2014.

A chamada democracia digital tem origem com o surgimento de novas tecnologias ainda em meados do século passado, sendo incrementada com as transmissões televisivas, com espaços para debates e exposição de propostas aos cidadãos. A interatividade com os destinatários da informação, aqueles que levariam o representante até o poder, tem início na década de 1990 com a disseminação do acesso à internet e a criação de ágoras virtuais, como fóruns de debate, *blogs* e páginas pessoais dos postulantes aos cargos públicos.

Essa interatividade traz consigo a necessidade de conhecimento do interlocutor, para eficiência na capacidade de angariar simpatizantes. O debate e a persuasão, para fins democraticamente legítimos, devem admitir o contraponto eficaz e tempestivo, sendo mesmo um ideal socrático direcionado à descoberta da verdade como um processo no qual o debate deve ser isento e sem interferências externas.

Os dados pessoais podem servir para construir perfis de eleitores. Quando conseguimos perfilhar uma pessoa, conseguimos influenciá-la. Os limites da legitimidade desse método de convencimento são tênues, e ainda há um caminho a ser percorrido pela doutrina e pela jurisprudência. Todos os cidadãos devem poder tomar suas decisões de forma livre, sem influências artificiais.

Decisões estratégicas, como onde devem ser realizados atos de campanha, qual o público-alvo, qual o discurso a ser proferido para aquele público específico, com vistas à manutenção de apoio ou à conquista de adeptos de outras ideologias, todas dependem do tratamento de dados pessoais. O *marketing* político possui como ativo o tratamento de dados pessoais, aumentando a possibilidade de criação de estados mentais.

Por outro ângulo, a utilização de novas tecnologias com capacidade para esse tratamento de forma célere e exponencial possibilita o atingimento de uma maior camada de indecisos. Quais os limites? Campanhas sofisticadas com utilização de novas tecnologias em termos de *marketing* político exigem novos parâmetros e concepções da Justiça Eleitoral também quanto às condutas abusivas.

Discute-se ainda risco de vigilância dos cidadãos e ameaças para a própria democracia. É possível, percuciente e preocupante constatar que a percepção das pessoas de estarem em constante estado de vigilância inibiria a participação política. Pode-se pensar em receio de reunião ou de associação, caso estejam sendo virtualmente vigiadas. Logo, o dilema não se resume exclusivamente à privacidade e à intimidade, mas à democracia.

A LGPD repercute na possibilidade de a sociedade proteger a formação política de seus eleitores por meio da defesa da autodeterminação informativa. Nesse intento, a Justiça Eleitoral tem papel fundamental, garantindo que se conheça quem trata os dados dos cidadãos para fins eleitorais. Deve ser possível corrigir esses dados e controlar minimamente como eles são tratados. Deve-se garantir a liberdade de comunicação, informação e expressão. Cuida-se, ao fim e ao cabo, da proteção da autonomia da escolha do eleitor.

É interessante observar que, nos termos do entendimento já exposto pelo Supremo Tribunal Federal, há um dever jurídico estatal – social – para a proteção dos dados pessoais que possui dupla face: dever de omissão, em que o Estado não pode agir para ofender o bem jurídico aqui tutelado; e dever de agir, para proteger esse direito fundamental.

No exercício de sua função normativa, ocupou-se o TSE do tema na Resolução n. 23.610, de 18/12/2019[23], especificamente em seus arts. 29, 31 e 41, cuja redação deverá ser aprimorada e compatibilizada, considerando a entrada em vigor da LGPD.

Nada obstante, já previa aquele diploma normativo que era vedada a propaganda paga na internet, com exceção do impulsionamento nas hipóteses lá mencionadas, com identificação plena daqueles que utilizavam tal mecanismo. Igualmente, a Resolução vedava aos elencados no art. 24 da Lei n. 9.504/1997 e às pessoas jurídicas de direito privado o tratamento de dados pessoais dos seus clientes em favor de candidatos, partidos políticos ou coligações.

4. CONSIDERAÇÕES FINAIS

Como analisado nessas breves linhas, o desafio a ser enfrentado pela Justiça Eleitoral na implementação da Lei Geral de Proteção de Danos não é simples.

Entretanto, o papel exercido por esse ramo especializado do Poder Judiciário é dos mais significativos e notáveis no País, possuindo história que remonta a 1932, tendo sido criado em substituição ao sistema eleitoral até então vigente na República Velha.

Modelo ímpar de sistema judicial eleitoral que engloba não somente atribuições jurisdicionais sobre as eleições, mas também responsabilidade sobre a administração de todo o processo eleitoral[24].

O reconhecimento legislativo e jurisprudencial do direito à proteção dos dados pessoais é um marco na sociedade contemporânea, permeada por

23. Disponível em: https://www.tse.jus.br/legislacao/compilada/res/2019/resolucao-no--23-610-de-18-de-dezembro-de-2019. Acesso em 29-04-2021.

24. Assentava o art. 5º do Decreto 21.076, de 24 de fevereiro de 1932: "É instituída a Justiça Eleitoral, com funções contenciosas e administrativas".

relações fluidas, instantâneas e complexas, exigindo hiperintegração normativa e atuação proativa do Estado.

A Justiça Eleitoral tem posição fundamental nesse desafio, não apenas pelo volume de dados pessoais tratados no exercício de suas múltiplas funções, mas também pelo relevante papel que ocupa na defesa do Estado Democrático de Direito.

5. REFERÊNCIAS BIBLIOGRÁFICAS

ALESSI, Renato. Sistema instituzionale Del diritto amministrativo italiano. Milão: Giuffrè, 2ª ed., 1958, p. 179-180.

ALEXY, Robert. Teoria dos direitos fundamentais. Tradução: Virgílio Afonso da Silva. 2. ed. São Paulo: Malheiros, 2012, p. 360-361.

CACHAPUZ, Maria Cláudia. Intimidade e vida privada no novo Código Civil brasileiro: uma leitura orientada no discurso jurídico. Porto Alegre: Sergio Antonio Fabris Editor, 2006.

CUNHA, Leonardo Carneiro da. *A previsão do princípio da eficiência no projeto do novo código de processo civil brasileiro.* Revista de processo, vol. 233/2014, p. 65 – 84 | jul. 2014.

DALLARI, Adilson de Abreu. Artigo: Privatização, Eficiência e Responsabilidade. Apud, MOREIRA NETO, Diogo de Figueiredo (coordenador). Uma Avaliação das Tendências Contemporâneas do Direito Administrativo: Obra em homenagem a Eduardo García de Enterría. Rio de Janeiro: Renovar, 2003, p. 219.

FERRAJOLI, Luigi. O Estado de Direito entre o passado e o futuro. *In:* O Estado de Direito: história, teoria, crítica. Org. Pietro Costa e Danilo Zolo. Trad. Carlo Alberto Dastoli. São Paulo: Martins Fontes, 2006, p. 417.

JORGE, Flávio Cheim; LIBERATO, Ludgero; RODRIGUES, Marcelo Abelha. *Curso de Direito Eleitoral.* 2ª ed. Salvador: Editora Juspodivm, 2017. p. 100.

SARLET, Ingo Wolfang. Direitos fundamentais em espécie. In: MARINONI, Luiz Guilherme; MITIDIERO, Daniel; SARLET, Ingo Wolfang. Curso de direito constitucional. (Org.). 2. ed. São Paulo: Revista dos Tribunais, 2013.

SCHWABE, Jürgen. 50 anos de jurisprudência do Tribunal Federal Constitucional Alemão. Tradução: Beatriz Hennig et al. Montevidéu: Fundacion Konrad-Adenauer, 2005. Disponível em: https://www.kas.de/c/document_library/get_file?uuid=c0b3d47d-beba-eb55-0b11-df6c530ddf52&groupId=252038. Acesso em: 27-04-2021.

SILVEIRA, José Néri da. *Aspectos do processo eleitoral.* Porto Alegre: Livraria do Advogado, 1998.

TOURAINE, Alain. O que é a democracia? Tradução de Guilherme João de Freitas Teixeira. Petrópolis: Vozes, 1996, p. 44.

Diagramação eletrônica:
Linotec Fotocomposição e Fotolito Ltda., CNPJ 60.442.175/0001-80

Impressão e encadernação:
Paym Gráfica e Editora Ltda., CNPJ 02.514.013/0001-04

A.S.L. 10463